Die sieben Säulen der Freiheit:
Vom modernen Sklaven zum unabhängigen Menschen

Impressum

Copyright: © 2014 Alfred Mittelbach
„Die sieben Säulen der Freiheit: Vom modernen Sklaven zum unabhängigen Menschen", 5. Auflage

Verlag: tredition GmbH, Hamburg; https://tredition.de
Buchdesign: Zorana Tadic; https://fiverr.com/zoranalp

978-3-8495-9990-4 (Paperback)
978-3-8495-9991-1 (Hardcover)
978-3-8495-9992-8 (e-Book)

INHALTSVERZEICHNIS

Rechtliches Seite 5
Meine Geschichte Seite 7
Vorwort Seite 15

Die Grundprinzipien eines freiheitlichen Staates Seite 28
Das Märchen vom Recht(s)staat Seite 35

Teil I – Das Vermögen Seite 60

Zwangsgeld, Falschmünzerei und die Schein-Welt einer Wohlstandsillusion Seite 60
Die Situation zu Beginn der Finanzkrise und vor dem Kollaps Seite 60
Die Tragödie des Schuldgeldsystems – Leistung ohne Gegenleistung Seite 61
„Fractional banking" und das Mindestreserveprinzip Seite 64
Die gesellschaftlichen Auswirkungen des Falschgeldes Seite 68
Das Ende der Fahnenstange, oder: Die Unreformierbarkeit des
 schuldenbasierten Finanzsystems Seite 70
Der unauflösbare Widerspruch zwischen Papier und Geld Seite 72
Der Untergang des deckungslosen Weltfinanzsystems – eine Prognose Seite 79
Die Konsequenzen eines Staatsbankrotts Seite 83
Der Zins Seite 84
Der Selbstvernichtungsfaktor des ungedeckten Geldsystems: die
Exponentialfunktion des Zinseszins Seite 85
Tauschhandel vs. wertgedecktes Geldsystem Seite 86
Nicht genug Gold und Silber zur Deckung des Geldes? Seite 90
Wie Enteignung durch Deflation stattfindet Seite 92
Was Inflation in Wirklichkeit bedeutet Seite 92
Wie Enteignung durch Inflation stattfindet Seite 93
Währungsreform Seite 94
Staatliche Statistiklügen – und was sie für Ihre Ersparnisse bedeuten Seite 95
Die Illusion eines Einlagensicherungsfonds Seite 97

Kapitel 1 – Die Anlageklassen Seite 98
A) Bargeld und Kontogeld (Sicht- und Termineinlagen) Seite 98
B) Anleihen (Bonds / Renten / Festverzinsliche) Seite 100
C) Aktien Seite 103
D) Fonds Seite 108
E) Zertifikate, Optionsscheine und andere Derivate Seite 109
F) Wohn- und Gewerbeimmobilien Seite 109
G) Agrarimmobilien (Forst, Agrar- und Grünland) Seite 113
H) Sonstige Wertanlagen (z.B. Diamanten, Oldtimer, Kunst, …) Seite 114
I) Innerer und äußerer Reichtum aus biblischer Sicht Seite 115

Kapitel 2 – Die alten Geldmetalle und ihre Remonetisierung Seite 117

Die Manipulation der Edelmetallpreise am Papiermarkt … Seite 118
… und wie Sie sie sich zunutze machen können! Seite 121
Charts Seite 123

Das natürliche Mengenverhältnis von Gold und Silber Seite 124
Die Wahrheit über das US-Goldverbot von 1933 und welche Schlüsse Anleger
daraus ziehen sollten Seite 128
Weitere geldähnliche Metalle – Kupfer, Platin, Palladium Seite 135

Kapitel 3 – Die Kaufkraft von Silber im historischen Vergleich Seite 138

Kapitel 4 – Abschließende Betrachtungen und Schlußfolgerungen Seite 140

Kapitel 5 – Der Schutz vor Enteignung Seite 143

Kapitel 6 – Die Zukunft des Geldes Seite 145

**Kapitel 7 – Weiterführende Literatur und empfehlenswerte Finanz- und
             Nachrichten-Seiten** Seite 149

<u>Teil II – Die Gesundheit</u>

Einleitung Seite 152

**Kapitel 1 – Die Reinigung des Körpers von Toxinen, Schlacken und
              sonstigen Stoffwechselrückständen** Seite 172
    A) Die Schwermetallausleitung nach Dr. Klinghardt Seite 174
       mit Chlorella, Bärlauch, Koriander
    B) Die Nierenreinigung Seite 176
    C) Die Leberreinigung nach Martin Frischknecht Seite 180
    D) Die Ausleitung fettlöslicher Toxine Seite 185

Kapitel 2 – Die Darmreinigung und -sanierung Seite 186

Kapitel 3 – Die Blutelektrifizierung Seite 194

Kapitel 4 – Effektive Mikroorganismen Seite 200

Kapitel 5 – Homöopathie und Schüßlersalze Seite 201

Kapitel 6 – Die Bekämpfung krankmachender (= pathogener) Keime
    A) Kolloidales Silber Seite 207
    B) MMS – Miracle Mineral Supplement Seite 211

Kapitel 7 – Die Blutegeltherapie Seite 214
**Kapitel 8 – Die Neutralisierung elektromagnetischer Strahlung und von Schadstoffen
              in der Luft** Seite 217

Kapitel 9 – Zahngesundheit und Augentraining Seite 223

Kapitel 10 – Die Ernährung Seite 228

Kapitel 11 – Die Rehabilitation einer alten Kultur- und Nutzpflanze: der Hanf Seite 231

Kapitel 12 – Wildkräuter und Wildfrüchte	Seite 237
Kapitel 13 – Die Übersäuerung: Ursachen, Symptomatik und Abhilfe	Seite 240
Kapitel 14 – Bewegung und Sport	Seite 247
Kapitel 15 – Weiterführende Literatur und empfehlenswerte Internetseiten	Seite 251
Ein weiteres „vergessenes" Heilmittel: Petroleum	Seite 256

Teil III – Der krisenfeste Haushalt und die Selbstversorgung

Die Lebensmittelbevorratung und Selbstversorgung	Seite 258
Wie stellt sich die derzeitige Versorgungslage dar?	Seite 260
Die hochspezialisierte Produktions- und Logistikkette: der Fallstrick der modernen Lebensmittelversorgung	Seite 266
Kapitel 1 – Der Lebensmittelvorrat	Seite 270
Der Erdkeller / Naturkeller	Seite 272
Die Grundnahrungsmittel	Seite 272
Nudeln, Pasta & Co.	Seite 273
Suppen	Seite 273
Öl, Essig & Co.	Seite 274
Die Gefäße zur Aufbewahrung der Vorräte	Seite 274
Salz, Zucker & Honig	Seite 274
Gewürze, Nüsse & Trockenobst	Seite 276
Kapitel 2 – Die Selbstversorgung	Seite 277
Abfallverwertung und Pflanzenstärkung	Seite 277
Die stromunhängige Komposttoilette	Seite 280
Pflanzlicher Flüssigdünger aus Wildkräutern	Seite 282
Gartenwerkzeuge	Seite 283
Die Bodenarten	Seite 285
Der Samen	Seite 288
Die Samengewinnung	Seite 288
Monokultur oder Mischkultur?	Seite 290
Mischkulturentabelle – welche Pflanzen sind gute Beetnachbarn?	Seite 291
Kapitel 3 – Der Gartenbau zur Selbstversorgung	Seite 292
Eßbare Landschaften: Der Wohnungs- und Balkongarten	Seite 292
A) Die Tiefkultur	Seite 298
B) Das Hochbeet	Seite 300
C) Bauerngarten in Misch- und Permakultur	Seite 301
Die Mulchwirtschaft	Seite 303
Humusgewinnung für (Klein)Gärtner – die Regenwurmfarm	Seite 310
Ideal zur Selbstversorgung auf kleinstem Raum – der Kartoffelanbau	Seite 311
Methoden des Kartoffelanbaus für Selbstversorger	Seite 311

A) Anbau im Kartoffel-Anzuchtbeet	Seite 312
B) Anbau in einer Tonne / in Autoreifen / im Kartoffelpflanzturm	Seite 312
C) Heukartoffeln	Seite 313
D) Kartoffeln im Strohkasten	Seite 313
Die Lagerung	Seite 314
Das „Einmieten"	Seite 314
Nutztierhaltung in der Selbstversorgung	Seite 315
Hühner	Seite 315
Ziegen und Schafe	Seite 320
Andere Tiere	Seite 321

Kapitel 4 – Das Selbermachen — Seite 323
Rezept für einen kleinen Käse — Seite 324

Kapitel 5 – Der krisenfeste und unabhängige Haushalt — Seite 327

Die Trinkwasserversorgung	Seite 327
Die handbetriebene Getreidemühle	Seite 328
Die (Not-)Stromversorgung	Seite 328
Heizen und Kochen	Seite 329
Das eigene Backhäuschen	Seite 333
Kochen mit Sonnenenergie	Seite 337
Eigenstromerzeugung	Seite 337
Licht – ohne Strom	Seite 339
Kleinutensilien des täglichen Bedarfs	Seite 340
Taschenlampe & Co.	Seite 341
Hygieneartikel	Seite 341
Werkzeuge und Gebrauchsgegenstände	Seite 342
Kleidung & Schuhe	Seite 343
Die Kommunikation	Seite 343
Die Mobilität	Seite 344
Fazit zur Vorsorge	Seite 346

Teil IV – Das krisensichere Einkommen — Seite 349

Kapitel 1 – Die Wertschöpfung — Seite 354

Kapitel 2 – Handel- und Tauschwirtschaft — Seite 359
→ Tausch- und Handelswaren — Seite 360

Teil V – Die passive und aktive Sicherheit — Seite 365

Ursachenforschung und Gesellschaftskritik: Der Versuch der Trennung
von Handeln + Verantwortung = eine aus den Fugen geratene Gesellschaft — Seite 365

Der Schutz von Familie, Leib, Leben und Eigentum — Seite 368

Die Umerziehung und Zerstörung der Gesellschaft durch Political Correctness,
Gender Mainstreaming, Quotenwahn & Co. — Seite 371

Kapitel 1 – Die passive Sicherheit	Seite 379
Kapitel 2 – Die aktive Sicherheit	Seite 384
Der vielseitige, treue und verläßliche Wächter und Beschützer der Familie: der Hund	Seite 385
Teil VI – Nachdenkenswerte Zitate	Seite 417
Teil VII – Die Bibel in aller Kürze	Seite 440
Die Doktrin der Schlange – der Mensch als Gott: Der Sündenfall	Seite 443
Der den Menschen mit sich selbst versöhnende Gott – Wer ist Jesus von Nazareth?	Seite 447
Der Untergang Babylons, der kurze Aufstieg des antichristlichen Reiches und die Vollendung biblischer Endzeitprophetie	Seite 461
Biblische Endzeitprophetie	Seite 462
Buchvorstellung „Das sechste Siegel: Die Signale der Endzeit und die Rückkehr des Königs"	Seite 462
Was die Bibel über Wirtschaft, Gesellschaft und unseren Umgang miteinander zu sagen hat …	Seite 465

Rechtliches

Die Benutzung dieses Buches und die Umsetzung der darin enthaltenen Informationen erfolgt ausdrücklich stets in voller Eigenverantwortung und auf eigenes Risiko des Anwenders. Der Verlag und auch der Autor können für etwaige Unfälle und Schäden jeder Art, die sich beim Gebrauch der geschilderten Methoden, Gegenstände und Handlungen, aus keinem Rechtsgrund eine Haftung übernehmen. Haftungsansprüche gegen den Verlag und den Autor für Schäden materieller oder ideeller Art, die durch die Nutzung oder Nichtnutzung der Informationen bzw. durch die Nutzung fehlerhafter und/oder unvollständiger Informationen verursacht wurden, sind grundsätzlich ausgeschlossen. Rechts- und Schadenersatzansprüche sind daher ebenfalls ausgeschlossen. Das Werk inklusive aller Inhalte wurde unter größter Sorgfalt erarbeitet. Der Verlag und der Autor übernehmen jedoch keine Gewähr für die Aktualität, Korrektheit, Vollständigkeit und Qualität der bereitgestellten Informationen. Druckfehler können nicht vollständig ausgeschlossen werden. Es kann keine juristische Verantwortung sowie Haftung in irgendeiner Form für fehlerhafte Angaben und daraus entstandenen Folgen vom Verlag bzw. Autor übernommen werden. **Im Kapitel „Gesundheit" vorgestellte Behandlungsmethoden werden von der Schulmedizin derzeit nicht anerkannt. Gemäß des Arzneimittelgesetzes stellen sie keine Heilungsversprechen dar. Vielmehr handelt es sich um persönliche Erfahrungsberichte des Autors. Die Informationen in diesem Buch dürfen auf keinen Fall als Ersatz für professionelle Beratung oder Behandlung durch ausgebildete und anerkannte Ärzte angesehen werden, noch stellen Sie eine rechtsverbindliche Anlageberatung dar (Kapitel „Vermögen").** Für die Inhalte von den in diesem Buch abgedruckten Internetseiten sind ausschließlich die Betreiber der jeweiligen Seiten verantwortlich. Der Verlag und der Autor haben keinen Einfluß auf Gestaltung und Inhalte fremder Internetseiten. Verlag und Autor distanzieren sich daher von allen fremden Inhalten. Zum Zeitpunkt der Verwendung waren keinerlei illegale Inhalte auf den Internetseiten vorhanden. Diese Rechtsbelehrung erfolgte aufgrund derzeit geltender Gesetzgebung und gilt mit Benutzung des Buches als anerkannt.

Lange Internet-Links, mit denen ich auf Nachrichten oder Krisenvorsorgeprodukte verweise, habe ich mit Hilfe von **http://tinyurl.com** verkleinert, um eine manuelle Eingabe im Internet-Browser zu erleichtern. Ein Beispiel: Statt www.xyz.de/1234567890... eingeben zu müssen, wurde der lange Link so verkürzt, daß man die betreffende Website nun erreicht, indem man www.tinyurl.com/abc123 eingibt. Eine solche Verlinkung habe ich kenntlich gemacht durch, **Link xyz.de: http://tinyurl.com/abc123**

Um von vornherein meinen absoluten Standpunkt deutlich zu machen und eventuelle Begehrlichkeiten zu unterbinden, zitiere ich das **Grundgesetz Artikel 5**: (1) Jeder hat das Recht, seine Meinung in Wort, Schrift und Bild frei zu äußern und zu verbreiten und sich aus allgemein zugänglichen Quellen ungehindert zu unterrichten. Die Pressefreiheit und die Freiheit der Berichterstat-tung durch Rundfunk und Film werden gewährleistet. Eine Zensur findet nicht statt. (2) Diese Rechte finden ihre Schranken in den Vorschriften der allgemeinen Gesetze, den gesetzlichen Bestimmungen zum Schutz der Jugend und in dem Recht der persönlichen Ehre. (3) Kunst und Wissenschaft, Forschung und Lehre sind frei. Die Freiheit der Lehre entbindet nicht von der Treue zur Verfassung.

Europäische Menschenrechtskonvention Art. 10 Freiheit der Meinungsäußerung: (1) Jede Person hat das Recht auf freie Meinungsäußerung. Dieses Recht schließt die Meinungsfreiheit und die Freiheit ein, Informationen und Ideen ohne behördliche Eingriffe und ohne Rücksicht auf Staatsgrenzen zu empfangen und weiterzugeben. Dieser Artikel hindert die Staaten nicht, für Hörfunk-, Fernseh- oder Kinounternehmen eine Genehmigung vorzuschreiben.

Mit der Bitte um Beachtung

Dieses Buch wurde ohne professionelles Lektorat und Korrektorat erstellt. Etwaige Fehler in Orthographie und Zeichensetzung bitte ich deshalb vielmals zu entschuldigen. Desweiteren habe ich dieses Buch aus Gründen der Verständlichkeit nach den Regeln der alten Rechtschreibung verfaßt, die vor der sinnentstellenden und sprachverzerrenden Schlechtschreibreform galten.

Danksagung

Ich danke von ganzem Herzen meiner wunderbaren Familie, deren Rückhalt und unentwegte Unterstützung die Entstehung dieses Buches erst ermöglicht hat. Weiterhin möchte ich den Betreibern jener Internetseiten vielmals danken, die es mir durch die kostenfreie Benutzung ihrer Software ermöglicht haben, das Manuskript dieses Buches zu bearbeiten und in ein druckfähiges Werk umzuwandeln.

Herzlichen Dank an:

http://smallpdf.com
http://sejda.org
http://convert.neevia.com/pdfresize

> „Bitte hör' nicht auf zu träumen
> von einer besseren Welt,
> Fang'n wir an aufzuräumen
> Bau sie auf wie sie dir gefällt"
>
> Xavier Naidoo in seinem Lied „Bitte hör' nicht auf zu träumen"

Meine Geschichte

Liebe Leserin, lieber Leser,

mein Name ist Alfred Mittelbach.

Bitte erlauben Sie mir, Ihnen in aller Kürze meine Geschichte zu erzählen. Die Ausführungen werden Ihnen dabei helfen, mich, meine Argumentation und Positionen besser zu verstehen. Nicht zuletzt bilden sie die Motivation, die mich zum Schreiben dieses Buches veranlaßt haben. Sowohl meine Großeltern als auch meine Eltern lehrten mich, daß nicht der äußere Stand eines Menschen entscheidend ist – Geschlecht, Herkunft, Hautfarbe, Religion, Aussehen, finanzieller Status, gesellschaftliches Ansehen, Macht – sondern daß es die stillen, verborgenen Dinge sind: das innere Wesen, der Charakter, der einen Menschen ausmacht.

Ich glaube, Kinder sind unschuldig bis zu dem Moment, in dem sie ihr eigenes Ich bewußt entdecken und erkennen, daß sie gezielt Einfluß auf ihre Mitmenschen und Mitwelt auszuüben fähig sind. Einige wenige neigen zu dominantem Verhalten, andere scheinen sich an der Dominanz der ersten Gruppe zu orientieren und neigen zum Folgen, und eine dritte Gruppe zieht sich eher erschrocken vor den anderen und dem neuentdeckten eigenen Ich in sich selbst zurück.

Selbstverständlich stellt diese Einschätzung lediglich meine eigene Beobachtung, und keine Bewertung dar. Vielleicht liegt hier dennoch ein erster zaghafter Ansatzpunkt bei der Suche nach einer Erklärung vor, warum unsere Welt ausgerechnet so aussieht, wie sie es tut. Ich gehörte eher zur dritten Gruppe. Zwar spielte ich auch gern mit meinen Altersgenossen, aber am liebsten saß ich in einer stillen Ecke und beschäftigte mich mit Büchern. Ich liebe Bücher von klein auf!

Je älter ich wurde, desto häufiger kam ich auch in Kontakt mit allen möglichen Facetten, die die Welt zu bieten hat: Freude, Fröhlichkeit, Unbeschwertheit, aber auch Kummer, Sorgen, eigenes und fremdes Leid. Später entdecke ich noch beunruhigendere Dinge: Willkür, Haß, Krieg, und Gewalt. Sicher bleibt es als Kind kaum aus, daß man Gehässigkeiten von anderen Kindern erfährt, aber noch mehr erschreckte mich die Entdeckung, daß ich selbst auch gemein anderen gegenüber sein konnte. Nicht oft, aber es kam vor! Da ich kaum zufriedenstellende Erklärungen finden konnte – warum die Welt so ist, wie sie ist, warum ich selbst so bin, wie ich bin – begann ich, in Büchern danach zu suchen.

Während meiner Entwicklung zum Teenager und Jugendlichen bemerkte ich schnell, daß oberflächliche Dinge – Geld, Konsum, Sexualität, ja Materialismus im Allgemeinen – meinem Leben keinen echten, dauerhaften Sinn geben konnten, und mir selbst weder Ruhe noch Zufriedenheit.

Ich wollte wissen, woher wir kommen, was das alles soll, und was die Welt in ihrem Inneren zusammenhält. Und so begann ich alles zu lesen, was ich in die Finger bekam: die alten griechischen Philosophen und faszinierenden Denker der Antike wie Plato, Aristoteles, Epikur, die Stoa; römische Denker, wie Cicero und Tacitus, dazu die modernen Denker der „Aufklärung". Alle hatten – soweit ich das erfassen konnte – irgendwie recht, aber je mehr ich las, je mehr Wissen ich anhäufte, umso unruhiger und unzufriedener wurde ich. Wie soll ich es ausdrücken …?

Mein Herz wurde nicht ruhig, meine Seele wurde nicht satt von dem Wissen. Je mehr ich wußte, desto mehr wurde mir klar, daß ich tatsächlich überhaupt nichts weiß. „Woher kommen wir? Was soll das alles? Was soll dieses Leid, diese Schuld, dieser Haß, dieses Morden, dieser Betrug, diese Zerstörung von Natur, Tier und Mensch? Warum? Wozu?" ... Ich glaube, ab einem gewissen Punkt läßt sich die Frage nach Gott nicht mehr unterdrücken. Und so war es auch bei mir. Daß es mit der Evolutionstheorie nicht weit her sein konnte, hatte ich schnell heraus. „Von nichts kommt nichts". Heute würde ich sagen: DNA, der Baustein des Lebens, ist pure Information. In jeder einzelnen Zelle steckt das gesamte Betriebssystem unseres gesamten Körpers! Unvorstellbar, und doch wahr. Information entsteht niemals von allein, nie aus sich selbst heraus.

Man kann Quadrillionen von Jahren vor einem PC sitzen und warten, bis sich zufällig ein Betriebssystem (= Information) programmiert. Es geschieht einfach nicht, wenn kein Programmierer da ist! Und ein Betriebssystem ist ein Fliegendreck verglichen mit der komplexen Vielfalt des Lebens aus Flora und Fauna auf der Erde, die in einer hochkomplexen Wechselwirkung unter- und zueinander stehen. Wenn sich ein Einzeller teilt, dann entsteht daraus abermals ein Einzeller mit denselben Erbinformationen. Wissenschaftler behaupten, die Evolution (= Höherentwicklung) habe durch Mutation stattgefunden. Den Beweis dafür bleiben sie bis heute schuldig. In Wirklichkeit führen Mutationen nicht zur Evolution mit einer Neuentstehung von Genen, sondern zu einer genetischen Degeneration (= Verfall). Mutationen – selbst Kreuzungen zwischen zwei genetisch gefestigten, hochentwickelten Säugetieren mit ähnlicher DNA – sind entweder meist nicht lange lebensfähig, aber keinesfalls fortpflanzungsfähig. Beispiele dafür sind Kreuzungen zwischen Löwe und Tiger, oder Pferd und Esel. Oder woher stammt das Wasser, wenn kein Wasserkreislauf existiert, der wiederum erst durch vorhandenes Wasser beginnen kann (Wolkenbildung)?

Wissenschaftler haben zur Simulation von Mutationen spezielle Zufallsgeneratoren programmiert (im Internet verfügbar: „Random Mutation Generator"). Man kann den Generator mit Informationen füttern, wie Sätze, Rechenaufgaben, Zahlenreihen, mathematischen Formeln oder anderen naturwissenschaftlichen Elementen – jede mögliche Art von Information. Anschließend wird diese Information „per Zufall" mutiert. Probieren Sie es einmal aus. Die Qualität der Information ent-wickelt sich nicht höher, sie zerfällt bereits nach wenigen Mutationen bis zur Unkenntlichkeit der Urinformation. Der Vorgang kann unzählige Male wiederholt werden. Das Ergebnis ist stets dasselbe: Im Zufall steckt kein Plan, keine Information, keine Intelligenz. Ja, allein das Wort selbst – Zufall – schließt diese bereits von vornherein aus!

Und nun: Wieviele Mutationen wären nötig gewesen, um aus einem Einzeller einen **lebensfähigen** Molch, einen Fisch, einen Vogel, einen Affen, einen Menschen werden zu lassen, der ein fertig ausgebildetes und **funktionstüchtiges** Herz-Kreislauf-System, Zentrales Nervensystem, Kapillar-system (Blutgefäße), Entgiftungsorgane wie Niere und Leber, Verdauungsorgane, Sinnesorgane, Zähne, Gliedmaßen hervorbringt – und das alles zur gleichen Zeit, überall auf der Erde, und in solcher Vielfalt – UND der danach auch noch fortpflanzungsfähig ist? Ein Ohr allein wäre ja kaum überlebensfähig.

Und woher soll der Zufall wissen, was zum Leben benötigt wird? Würde der Zufall testen, dann handelte es sich ja wiederum um ein planvolles Vorgehen. Handelt es sich aber um einen Plan, dann kann es kein Zufall sein.

Beim Zerbruch einer Ordnung entsteht Chaos, aber aus dem Chaos entsteht keine Ordnung – es sei denn, es existiert ein Plan und eine ordnende Hand! Das ist übrigens ein Freimaurermotto: „Ordo ab chao" - Ordnung aus dem Chaos. Sie kennen es sicher aus der Politik. Es wird ein künstliches Problem erzeugt (z.B. „internationaler Terrorismus"), und dem verschreckten Publikum sofort die passende Lösung dafür präsentiert (z.B. Abschaffung des Bankgeheimnis, „Gläserner Bürger", permanente Überwachung), natürliches alles nur zum Besten für die damit „Beglückten". Und die Bürger bauen ein Gefängnis ohne Mauern, mit sich selbst als Insassen, und bezahlen es gleich noch selbst.

Die Evolutionstheorie möchte uns gern einem imaginären „Recht des Stärkeren" unterwerfen. Ihre Theorie zu Ende gedacht sind wir nichts weiter als die zufällige Ansammlung molekularer Biomasse. Und Biomasse hat – in extremster Auslegung – kein Recht auf Leben, Freiheit oder Privat-sphäre oder -eigentum. Haben Sachen ein Recht auf Leben, Freiheit oder Eigemtum?

Wenn sich jemand auf ein imaginär-evolutionäres „Recht des Stärkeren" beruft, wenn es ihm darum geht, Menschen zu beherrschen und zu kontrollieren – „Es ist mein evolutionäres Recht, weil ich der Stärkere bin" – dann ließe sich diese wissenschaftliche Theorie zur Rechtfertigung mißbrauchen. Der Frage „Wem zum Vorteil?" (lat.: „Cui bono?") werden wir übrigens noch häufiger begegnen.

Nicht das Argument, daß es sich beim Schöpfer der Welt um ein planvolles, hochintelligentes Wesen handeln muß, ist lächerlich, sondern die Vorstellung, daß dies alles aus purem Zufall, aus der „Ursuppe", aus dem Nichts heraus entstanden sein soll.

Ich schaute mich in den Religionen um: Judentum – das Alte Testament, Islam, Buddhismus, Hinduismus, Taoismus, Konfuzianismus, Shintoismus. Das hatte ich nicht erwartet. Überall fand ich Ansatzpunkte, denen ich zustimmen konnte. Andere Lehrsätze wiederum stießen mich ab. Es ist übrigens nicht wahr, daß alle Religionen dieselbe Wahrheit auf eine andere Weise ausdrücken. Einige lassen die Fragen nach dem „Woher?" völlig unbeantwortet, lehnen Logik gar ab, oder haben keinen Gott auf der Rechnung. Und doch ist die Frage nach dem „Woher?" die Entscheidende, nach deren Beantwortung alle anderen Fragen erst eine tragfähige Grundlage finden. Denn auf die Frage, woher wir kommen, weiß etwa der Buddhismus keine Antwort. Wenn wir aber nicht wissen, woher wir kommen, wie sollen wir dann wissen, wohin wir gehen?

Die meisten der Religionen stellen die aufrichtige Suche der Menschen nach Gott, bzw. der Auflösung der Probleme der Welt und des Ich (Buddhismus) dar. Aber woher kommt der Haß und die Zerstörungswut den Menschen? Ich habe mich während dieser Jahre zu einem skeptischen, kritischen und in vielerlei Hinsicht auch mißtrauischen Menschen entwickelt, der durch bittere Erfahrung lernen mußte, daß Vertrauen wertlos ist, wenn es auf Einseitigkeit beruht, und dann leicht ausgenutzt und mißbraucht wird. Mein Inneres kam während der Suche in den Religionen nicht zur Ruhe. Die Frage nach Gott bringt unvermeidlich eine weitere ans Tageslicht: die Frage nach der Schuld. Ich habe keine Vorurteile gegenüber Religionen und denen, die sie ausüben. Allerdings erlauben viele Aussagen keine unzweideutige Auslegung.

Unsere gebildeten Politiker sollten übrigens nochmals einen Arabischkurs für Anfänger belegen, denn „Islam" bedeutet nicht Frieden. Frieden = arab.: „salam"; wie in „salam aleikum" („Friede sei mit dir"). Islam bedeutet Beugung, Unterwerfung. Der Mensch soll sich vor Allah, und vor Mohammed beziehungsweise dessen religiösen Vertretern und Geboten, beugen bzw. unterwerfen. Beim Blick in die Welt muß man resümieren, daß radikale Anhänger Mohammeds diesen Aufruf heute mit aller Vehemenz durchzusetzen versuchen, sodaß ich mich frage, ob denn Gott wohl Freude hätte an einem zwangsbekehrten oder zu Tode gebrachten Menschen – und wie dies vereinbar ist mit der Erschaffung des Menschen als freies und vernunftbegabtes Wesen nach Gottes Abbild.

Eine zwanghafte Bekehrung verspottet den elementaren Schöpfungszustand geradezu. Wenn Gott uns dereinst persönlich für unser Tun und Lassen zur Verantwortung zieht – das kann ich verstehen. Aber daß sich Menschen „an Gottes Statt" erheben, um über Leben und Tod anderer Menschen zu befinden, was kann das anderes werden als die Hölle auf Erden? Für mich ist dies die Definition eines jeden menschengemachten „Gottesstaates". Die Expansion des Islam durch die Ausübung von Drohung, Gewalt und Zwang mag nicht recht in eine freie Welt passen. Die menschenverachtenden Strafen der islamischen „Scharia", bei der Verstümmelungen und Todesstrafen an der Tagesordnung sind, öffnen Tür und Tor für Unterdrückung und Willkür: eine Minderheit herrscht in Willkür über eine Mehrheit. Hat das die Menschheit nicht schon viel zu oft durchexerziert?

Ebenso halte ich es für unangemessen, im Westen unter der Vorgabe von Toleranz und Gleichberechtigung Moscheen zu bauen, solange in islamischen Staaten noch immer und verstärkt Anhänger anderer Religionen und insbesondere Christen unterdrückt, verfolgt, gefoltert und ermordet werden – doch wo bleibt der Aufschrei der Berufsempörten und deren Lichterketten?

Warum sollte man im Westen keine Moscheen bauen? Aber dann bitte auch Kirchen und Synagogen in Ankara, Mekka, Medina, Islamabad und Teheran. Wenn schon, dann muß gleiches Recht für alle gelten! An der Tatsache, daß dies nicht geschieht, wird bereits erkennbar, wie wenig tolerant der Islam überall dort ist, wo er politische und religiöse Macht ausübt. **Am Ende wird die Wahrheit stets ans Licht kommen und sich durchsetzen. Ein Schwert benötigt sie dabei nicht.**

Die Kritik am Islam hat übrigens nichts mit „Rassismus" zu tun, denn der Islam ist keine Rasse, sondern eine höchst politische Religion, bei der Menschen, die sich von ihr abwenden, gemäß islamischem Gesetz („Scharia") mit der Todesstrafe rechnen müssen. Die in der Scharia festgelegten unmenschlich harten Körperstrafen kennen keine Gnade und geben daher auch keinen Raum für Erbarmen, Mitgefühl und körperlich unversehrtes Weiterleben des Angeklagten. Sie verschließen ihm zudem eine Rückkehr ins normale Leben, denn einem an Händen und Füßen verstümmelten Menschen bleibt nur noch ein Leben als Bettler, der vom Mitleid anderer leben muß, und dessen Verstümmelung ihn Zeit seines Lebens vor den Augen anderer als einen Menschen entblößt, den man einst des Diebstahls oder eines anderen Deliktes für schuldig befunden hat. Die Scharia öffnet somit Tür und Tor für eine Willkür- und Terrorjustiz, für die jeder Kritiker, Andersdenkende oder auf andere Weise mißliebige Mensch fortan als vogelfrei gilt und nach Belieben auch unter erfundenen Vorwänden, verfolgt, verhaftet, angeklagt und abgestraft werden kann.

Sehen Sie hier einen Bericht und Aufruf von Mosab Hassan – den Sohn eines Begründers der radikalislamischen „Hamas", Scheich Hasan Yousef – der sich zum Christentum bekehrte. Als Kenner des Islam und ehemaliger Führer einer islamischen Jugendbewegung sagt er, das Hauptproblem der Radikalisierung, des Mißbrauchs und der Unterdrückung von Moslems durch religiöse Führer sei einerseits Sure 9, Vers 5 im Koran: „Und wenn nun die heiligen Monate abgelaufen sind, dann tötet die Heiden, wo (immer) ihr sie findet, greift sie, umzingelt sie und lauert ihnen überall auf! ..." Zum Anderen sagt er, daß der Koran beliebig auslegbar sei. In Kriegszeiten kommen die Dschihad-Verse zur Anwendung; befindet sich der Islam jedoch in der Minderheit, stellt er sich friedliebend und tolerant. Er sagt, dies sei KEINE Kritik an den MOSLEMS, sondern soll ihnen die Augen öffnen. **Mosab Hassan Yousef: http://tinyurl.com/7rntjn2**

Einseitige Toleranz endet zwangsläufig im Desaster. Wer immer nur nehmen will und nicht auch zum Geben und Entgegenkommen bereit ist, der beweist, daß er anderes im Schilde führt als das, was er selbst für sich einfordert: Akzeptanz, Frieden, Freiheit, Gerechtigkeit, Toleranz. Die heute praktizierte Forderungsmentalität gerade durch religiöse Verbände, Politik und Kirchen, dergemäß sich der Gastgeber geflissentlich an die Wünsche seines Gastes anzupassen habe, widerspricht der gerade im Orient üblichen **Tradition der Gastfreundschaft**, ja pervertiert sie geradezu ins Gegenteil und mißbraucht sie auf's Schändlichste. Der Gast spricht auf diese Weise dem Gastgeber die Ehre und Würde ab, und verliert sie zugleich selbst. Respektloses Verhalten gegenüber dem Gastgeber zieht im Orient im Übrigen den Verlust des Gastrechtes nach sich. Wo die Toleranz immer wieder vor der Intoleranz einknickt und klein beigibt, ziehen klammheimlich die Untermieter der Intoleranz – Unterdrückung und Tyrannei – ein.

Ich bin jedem Menschen eines jeden Volkes, unabhängig von Herkunft, Hautfarbe, Religion, Alter und Geschlecht freundlich gesinnt, der sich nach einem Leben in Freiheit und Frieden sehnt und seine Kräfte zur Erreichung und zum Erhalt dieses Ziels einsetzt; der Respekt verdient, weil er selbst respekvoll handelt und anderen die Achtung zugesteht, die er selbst für sich fordert.

Ich bin zudem fest davon überzeugt, daß es im Grunde ihres Herzens das Ziel aller normaler Menschen überall auf der Welt ist, in Ruhe und Frieden zu leben, ihre Familie durch ehrliche Arbeit zu ernähren und ihre Kinder und Enkel aufwachsen zu sehen und sie zu verantwortungsvollen Persönlichkeiten zu erziehen.

Nicht die Völker produzieren Haß und Kriege sowie wirtschaftliche Ungleichgewichte durch das Setzen falscher Anreize, sondern die Wenigen, die über die Völker herrschen. Sie säen Zwietracht und Mißtrauen zwischen den Völkern, zwingen unbeteiligte Menschen in Kriege, während die Kriegstreiber und -hetzer sich feige in ihren Bunkern verkriechen und die Not anderer und die Zerstörung der Erde finanziell ausschlachten. Wann werden die Menschen endlich den Punkt erreichen, an dem sie sich nicht mehr von Obrigkeiten für deren Ziele befehlen und mißbrauchen lassen?

Die Entscheidungen, die wir in unserem Leben treffen, spiegeln die fundamentalen Werte wider, denen wir uns gewissensmäßig verpflichtet fühlen. Leider ist es heute so, daß sich Gewissen- und Gesetzlosigkeit stark ausgebreitet haben, und am bittersten ist die Feststellung, daß dies ausgerechnet auf viele Menschen zutrifft, die an der Spitze ihrer Völker stehen und deren Interessen repräsentieren sollten, die nach Belieben Gesetze verändern, umformulieren, streichen oder erfinden.

Die Frage nach dem Gewissen erzwingt früher oder später die Frage nach der höchsten moralischen Instanz. Ich selbst bin im Alter von 19 Jahren aus der Evangelischen Kirche ausgetreten. Nein, mir ging es dabei nicht einmal in erster Linie um den monatlichen automatischen Abzug der Kirchensteuer, sondern noch mehr darum, für welche Projekte mein Geld verwendet wurde. Das war ich nicht mehr bereit finanziell zu unterstützen. Hinzu kam, daß ich Leute kennengelernt haben, die sich Christen nennen … Sonntags fromm in der Kirche, und wochentags ein Teufel für die Nachbarn. Also wenn das Christen waren, dann wollte ich unter keinen Umständen einer sein!

Auch wenn ich Predigten an Kernaussagen der Bibel maß, dann wurde mir schlecht! „Die Christen sind auch nicht besser – im Gegenteil!", dachte ich mir. Vielleicht kennen Sie das ja … . Wie hat wohl ein Samuel, ein Jesaja, ein Johannes der Täufer oder gar Jesus den Leuten – auch und gerade den Machthabern und Kirchenfürsten – buchstäblich die Leviten gelesen! Aber dieses „Gott hat euch alle lieb"-Geschwafel, das ich von den Kanzeln hörte, konnte ich angesichts der Mißstände in der Gesellschaft und der Welt im Hinblick auf die charakterliche Entwicklung vieler Zeitgenossen nicht dauerhaft ertragen. Also habe ich alldem frustriert und resigniert den Rücken gekehrt.

Und dann kam meine dunkelste Zeit, auf die ich nicht stolz bin. Auf meiner verzweifelten Suche nach Gott und Lebenssinn habe ich dann den Okkultismus gestreift, dem heute viele verfallen sind. Erschwerend hinzu kam ausgerechnet in dieser Phase noch die erste Liebe, als ob das alles nicht schon kompliziert genug gewesen wäre … eine schwierige Zeit! Esoterik ist eine mystisch angehauchte, geheimnisvoll erscheinende Welt, die verborgenes Wissen verspricht und die „spirituell" und „wissend" auftritt. Am Anfang fand ich es spannend, möglicherweise mehr über mich und meine Zukunft in Erfahrung zu bringen: Der Konsum und das Praktizieren von Wahrsagerei durch Horoskop, Pendeln, Geomantie, Tarot, I-Ging, Runen – eine aufregende, unbekannte Welt! So scheint es zumindest. Bis auf vielfältig interpretierbare Aussagen auf meine Fragen kam ich meinem Ziel der Sinnsuche dabei jedoch nicht ein Stück näher.

Stattdessen begannen die verwendeten Praktiken selbst, zu meinem Sinn zu werden und mich im-mer stärker in ihren Bann zu ziehen. Meine Eltern konnten damals ein Lied davon singen, aber kein fröhliches. Mein Charakter hatte sich verändert, und nicht zum Besseren. Ich nenne nur einmal erhöhte Reizbarkeit und Jähzorn, sobald die nach außen zur Schau getragene Freundlichkeit bröckelt. Es kommt nicht selten vor, daß Menschen, die sich auf okkulte Praktiken eingelassen haben, nicht einmal mehr aus dem Haus gehen, ohne zuvor das Pendel oder die Karten zu befragen.

Okkultimus ist eine Sucht, eine psychische Abhängigkeit – die Eingangspforte zum Satanismus. Jugendliche, aber auch Erwachsene, kann ich vor dem Experimentieren damit nur warnen. Man läßt sich dabei auf Mächte ein – unvorstellbar bösartige, zerstörerische Mächte – von denen man nicht die geringste Ahnung hat. Man beherrscht diese Mächte nicht – sie beherrschen einen selbst.

Im Nachhinein denke ich, daß ich ohne Gott allein nicht davon losgekommen wäre. Es war ein ganz normaler Wochentag ohne besondere Vorkommnisse gewesen. Ich kann mich nicht daran erinnern, warum ich irgendwann in der Nacht aufwachte. Ich war schweißgebadet und fühlte mich furchtbar elend. Trotz warmer Decke fror ich, und meine Stirn erschien mir glühend heiß. Meine Herz raste und das Atmen fiel mir schwer. Mir war so schlecht, daß ich auf die Toilette gehen wollte, aber es war keine Kraft in mir, um aufzustehen. Das erschreckte mich am meisten, weil ich nicht unbedingt ein „Handtuch" war. Was geschehen ist, weiß ich bis heute nicht. Mir schoß durch den Kopf „Ich will nicht sterben!". Ich hatte Todesangst. Und dann durchfuhr es mich mit einer Klarheit, die ich in dieser Art vorher noch nie empfunden hatte: „Wenn ich jetzt sterbe, dann gehe ich auf geradem Weg in die Hölle ... ich will nicht in die Hölle!" Ich glaube nicht an Zufälle und bis dahin glaubte ich auch nicht an die Hölle. Hier wurde mir klar, daß sie ganz real ist. Gott sagte mir auf eine für mich schockierende Art „So nicht!". Ich bin nicht der Herr über mein Leben, das wurde mir hier klar. Auf meinem Nachttisch lag noch eine Bibel herum, die mein Bruder einmal zur Konfirmation geschenkt bekommen hatte. Es war eine Luther-Bibel mit grünem Einband, in der wichtige Textstellen fettgedruckt sind.

Ich schlug fieberhaft irgendeine Stelle auf, und das erste Wort, das ich dort fand, war **Jesaja 43, 1-5**, das unter der Überschrift „Gott erlöst sein Volk" steht: *„Und nun spricht der HERR, der dich geschaffen hat, Jakob, und dich gemacht hat, Israel: Fürchte dich nicht, denn ich habe dich erlöst; ich habe dich bei deinem Namen gerufen; du bist mein! Denn so du durch Wasser gehst, will ich bei dir sein, daß dich die Ströme nicht ersäufen; und so du ins Feuer gehst, sollst du nicht brennen, und die Flamme soll dich nicht versengen. Denn ich bin der HERR, dein Gott, der Heilige Israels, dein Heiland. Ich habe Ägypten für dich als Lösegeld gegeben, Äthiopien und Saba (= das waren die reichsten Länder der damaligen Zeit, Anm. d. Autors) an deiner Statt, weil du in meinen Augen so wert geachtet und auch herrlich bist und ich dich lieb habe. Darum gebe ich Menschen an deiner Statt, und Völker für deine Seele. So fürchte dich nun nicht; denn ich bin bei dir."*

Die Liebe Gottes war für mich immer eher ein abstraktes Mysterium als eine persönliche Kraft, mit der ich bis dahin nichts anfangen konnte. Hier aber schlug sie eine Bresche in mein Leben. „Aber was soll ich tun? Was willst du von mir?" Ich hatte immer ernsthaft nach Gott gesucht, war dabei aber auf selbstgesuchten Wegen immer weiter von Ihm weg geraten. Hier fand nicht ich Ihn – nein, Er fand mich.

Ich schlug eine weitere Seite auf, und was ich dort las, ließ auf einmal alle Last, allen Kummer, alle Sorgen, alle Verzweiflung von mir abfallen: *„Denn so sehr hat Gott die Welt geliebt, daß er seinen einzigen Sohn nicht verschonte, sondern ihn dahingab, damit alle, die an ihn glauben, nicht verlorengehen, sondern das ewige Leben haben."* (Joh. 3, 16). Vor meinem geistigen Auge sah ich diese Szene: das Kreuz, der geschundene, leidende und sterbende Mann mit der Spottkrone auf dem Kopf. Und das werde ich nie vergessen. Ich fragte ihn: „Warum?" Er sah mich an und sagte: „Für dich!"

Heute bin ich davon überzeugt, daß jeder individuellen Bekehrung ein Zusammenstoß des betreffenden Menschen mit der Realität des lebendigen Gottes vorausgeht. Ich habe jahrelang versucht, mich Gott auf intellektuellem Weg und aus ehrlichem Interesse zu nähern. Im Nachhinein muß ich eingestehen, war es aber der Ausdruck meiner Arroganz, meiner Selbstüberschätzung, kurzum: meines Ego, anzunehmen, daß mein dreidimensional begrenzter menschlicher Verstand in der Lage sei, Gott zu erfassen, zu begreifen, zu verstehen.

Es ist wahr, daß es möglich ist, sich auch auf wissenschaftlichem Weg auf die Suche nach Gott zu machen – der Weg des Wissens. Viele derjenigen, die diesen Weg gehen, machen dabei aber den Fehler, den auch ich gemacht habe. Sie erheben ihren Verstand zur ultimativ obersten Instanz.

Und weil unser Verstand nicht in der Lage ist, Gott zu entdecken, kristallisiert sich heraus: „Wenn ihn mein Verstand, mein Wissen, meine Gelehrsamkeit nicht beweisen kann, darum kann er nicht existieren". Der Knackpunkt ist unser Ego: Weil ICH ihn nicht entdecke, weil MEIN Verstand ihn nicht faßt, darum kann, ja, darf es nicht sein …

Ich hatte mich auf meiner Exkursion durch die Philosophien, Theorien und Religionen natürlich auch mit dem Alten und Neuen Testament beschäftigt, aber die Zusammenhänge blieben mir ver-borgen – weil ich sie ausschließlich intellektuell betrachtet hatte. Meine Bekehrung war keinesfalls so spektakulär wie etwa die des Saulus von Tarsus. Er war damals ein junger, eifriger Schriftgelehrter und Pharisäer, und der „Neue Weg", wie man damals das Christentum nannte, machte ihn rasend. „Wie kann Gottes Sohn am Kreuz sterben? Das ist Gotteslästerung!". Es kann nicht sein, was nicht sein darf!

Ist diese Einstellung nicht auch heute überall gegenwärtig? Unterscheiden sich die moderne Meinungsdiktatur durch „Political correctness", die sich hinter Parolen und Totschlagwörtern versteckt, in irgendeiner Weise von mittelalterlichen Hexenverbrennungsprozessen durch Machtbesessene, die sich aus Mangel an Fakten und Argumenten kurzerhand selbst zur obersten moralischen Instanz (= Gott) erheben und behaupten, dies entspreche dem Willen Gottes / der Gerechtigkeit / dem Willen des Volkes, um auf gesellschaftliche Mißstände hinweisende Stimmen mundtot zu machen, die etwa auf die ungezügelte Zuwanderung krimineller Straftäter hinweisen? Wer Wahrheit befiehlt, wer Nachfragen, Nachforschen und Zweifeln verbietet, der deckt die Lüge, denn Wahrheit muß nicht befohlen werden. Sie kann allein aufrecht stehen. Wird der Name und die Autorität Gottes nicht seit alten Zeiten bis heute immer auf dieselbe Weise mißbraucht und in den Dreck getreten?

So wurde auch der junge Schriftgelehrte und Pharisäerschüler Saulus ein Hasser von Christus und den Christen, die er im Auftrag der damals höchsten religiösen Instanz in Israel verfolgte und zur Hinrichtung abführen ließ. Dieser junger Mann war auf dem Weg nach Damaskus, um die Christen aufzustöbern, die aus Jerusalem dorthin geflüchtet waren.

Vor den Toren von Damaskus stellte sich ihm der auferstandene Christus persönlich in den Weg. *„Saul, Saul, warum verfolgst du mich?"* **(Apostelgeschichte 9, 4).** Jesus nimmt die Anschläge auf Seine Angehörigen sehr persönlich. Es tobt ein Kampf Böse gegen Gut in dieser Welt. Auf welcher Seite stehen Sie?

Hier wurde das gesamte Lebens- und Glaubenskonzept eines hochintelligenten und gebildeten Mannes bis in die Grundfesten erschüttert. Er wurde blind, sowohl buchstäblich als auch im übertragenen Sinne. Er blickte nicht mehr durch. Und auch wenn die meisten Christen keine solch dramatische Bekehrung erlebt haben wie Saulus, der zu Paulus wurde, so steht am Anfang doch stets die Begegnung des einzelnen Menschen mit dem gekreuzigten und auferstandenen Herrn, Jesus Christus. **Wo stellt Gott sich Ihnen in Ihrem Leben in den Weg?**

Dieses Erlebnis entscheidet über den Weg, den wir anschließend gehen. Paulus konnte nun nicht mehr nach Damaskus gehen, um Christen gefangenzunehmen. Er erkannte seinen Irrtum und wechselte die Seiten, trat damit seinen Auftraggebern in den Allerwertesten und machte sich damit selbst vom inbrünstigen Verfolger zum demütigen Verfolgten. Man führte ihn ins Haus eines Christen, wo er sich taufen ließ. Die Taufe ist eine symbolische Handlung, die die innere Reinigung unseres Ich äußerlich darstellt.

Anschließend ging er für drei Jahre in die arabische Wüste. In der Stille und Einsamkeit erfahren wir, wie unbedeutend unsere Geltungsbedürfnis und Hochmut sind. Auch ich konnte anschließend nicht so weitermachen wie bisher. Mein Leben veränderte sich nicht von heute auf morgen. Es war – und ist – ein fortlaufender, schrittweiser Prozeß. Gott fordert uns, aber Er überfordert uns nicht. Auf dem Weg verändern wir uns. Der Weg verändert uns.

„Ich bin der Weg, und die Wahrheit, und das Leben; niemand kommt zum Vater außer durch mich" (Joh. 14, 6), sagt Jesus. Die Bedeutung Seiner Worte bleiben uns verborgen, bis wir sie mit den Augen eines Glaubenden lesen und uns mit dem Herzen eines Suchenden auf diesen Weg wagen. Dann aber wird unsere nach Sinn hungernde Seele satt.

Aus einer meiner dunkelsten Stunden wurde meine hellste Stunde. Erkenntnisse und Erfahrungen, die ich seither sammelte, möchte ich mit Ihnen auf den nun folgenden Seiten teilen und wünsche Ihnen dabei eine spannende Lektüre und möglicherweise wertvolle Erkenntnisse für Ihren eigenen Weg.

Nachdem man die allergrößten Anstrengungen unternommen hat, Gott per „Wissenschaft" zur fixen Idee zu erklären, den man zwar leugnet, aber andererseits gern die Auswüchse menschlichen Ego- und Machtwahns in die Schuhe schiebt, möchte ich Sie **ab Seite 429** einmal auf eine kleine Exkursion einladen, in deren Rahmen wir einmal entdecken wollen, was dieses von Vielen geliebte, von noch mehr Menschen verachtete und gehaßte Buch, die Bibel, zu sagen hat über Gott und die Welt, in der wir leben.

<u>Vorwort</u>

„In einer Welt der universellen Täuschung wird das Aussprechen der Wahrheit zum revolutionären Akt."
George Orwell (1903 – 1950), britischer Schriftsteller und Journalist

„… und habt keine Gemeinschaft mit den unfruchtbaren Werken der Finsternis; deckt sie vielmehr auf."
(Die Bibel, Brief des Paulus an die Epheser 5:11)

"Dieses Buch soll ein Stachel im Fleisch all derer sein, die danach streben, Macht und Kontrolle über Menschen auszuüben. Darüberhinaus ist es Feuerprobe und Lackmus-Test für den Zustand des Staates und der Menschenrechte in Ihrem Land." - Alfred Mittelbach

Liebe Leserin, lieber Leser,

den Titel dieses Buches habe ich bewußt provokant gewählt. Provokation soll zum unbequemen Nachdenken abseits gängiger Lehrmeinungen herausfordern. „Vom modernen Sklaven zum unabhängigen Menschen". Erzählt man uns nicht ständig, wir lebten in der freiesten und besten Gesellschaft aller Zeiten? Können wir nicht gehen und reisen, wohin wir wollen, und in gewissem Maß tun und lassen, was wir wollen? Oberflächlich betrachtet mag das durchaus zutreffen. Kratzt man jedoch nur ein wenig an der Oberfläche des schönen Scheins, dann erkennen wir, wie stark unsere vermeintliche Freiheit durch bürokratische Auflagen, Gesetze, Verordnungen, und nicht zuletzt durch unseren finanziellen Spielraum limitiert und eingeschränkt werden. Was bedeutet Freiheit überhaupt, wenn nicht die Fähigkeit, eigenständig für die elementaren Bedürfnisse des Lebens sorgen zu können, ohne auf Gedeih oder Verderb auf Dritte angewiesen zu sein?
Die Menschen innerhalb der vermeintlich freiesten Gesellschaft aller Zeiten sind heute nicht mehr in der Lage, ohne fremde Hilfe
→ 1) für ihre Ernährung und sauberes Trinkwasser zu sorgen,
→ 2) ihre Gesundheit zu erhalten und Krankheiten zu behandeln und zu heilen,
→ 3) ihren Bedarf an Brennstoffen, Strom und Energie zu decken,
→ 4) ihre eigene Sicherheit zu gewährleisten,
→ 5) ihren Lebensunterhalt mit einem verläßlichen Einkommen zu bestreiten und
→ 6) ihr Geld eigenständig zu verwalten.

Alle diese essentiellen Eckpunkte des Lebens werden heute mehr oder weniger von 147 globalen Konzernen gesteuert, die wiederum von einer handvoll Familien kontrolliert werden. Die Anhäufung von so viel Macht in so wenigen Händen wurde erst durch ein defektes Finanzsystem möglich, das weltweit etabliert wurde. Entweder handelt es sich dabei um den größten Irrtum, oder die größte Verschwörung der Menschheits-geschichte. Die darin verankerten wirtschaftlichen Abhängigkeiten des Systems - Verschuldung, Angst vor Jobverlust und dem „Staat", Angst vor Isolation bei Verstoß gegen die gelehrten Ideologien u.v.m. - sind die Peitsche des modernen Sklaventums und üben einen solch starken Existenzdruck auf den Einzelnen aus, daß die Betreffenden vielfach entgegen ihrer eigenen Überzeugungen handeln und damit ein System am Laufen halten, das sie selbst mißbraucht und beraubt. Ein Sklave wird gezwungen, 100 Prozent seiner Arbeitsleistung ohne Gegenleistung abzuliefern. Wieviel Prozent Ihrer Arbeitsleistung und Ihres Eigentums liefern Sie als Tribut in Form von Steuern und Abgaben ab? Wieviel würde ein Mensch abliefern, der kein Sklave ist? Sind Sie also tatsächlich so frei, wie Sie zu sein meinen? Sind Sie in der Lage, für die obengenannten Dinge selbständig Sorge zu tragen? Oder sind Sie ebenfalls ein moderner Sklave, dem man erzählt hat, er sei frei? Der alte Goethe erkannte: **„Niemand ist hoffnungsloser versklavt als der, der fälschlich glaubt frei zu sein."**
Da Sie nun aber die unsichtbaren Ketten erkennen, die Sie binden, sind Sie in der Lage, diese Fesseln zu zerschlagen und der freie und unabhängige Mensch zu werden, der Sie sein sollten. Dieses Buch legt Ihnen den Schlüssel dazu in Ihre Hand. Ihn zu gebrauchen liegt nun ganz bei Ihnen.

Wir leben zu Beginn des 21. Jahrhunderts nach Christus in einer Welt kollektiver Täuschung, permanenter Manipulation und universeller Lüge – einer Scheinwelt, die dem Publikum täglich vorgeführt, die sorgsam gepflegt und in der das Publikum von Kindesbeinen an durch ein Zwangsschulsystem ideologisch eingenordet, gehirngewaschen und durch Massenpsychologie gesteuert wird. Die (Ab)Lenkung der Massen geschieht auf subtile Weise, indem man sich der Massenmedien und -psychologie bedient, um gezielt

→ **Neid und Mißgunst** – z.B. die „bösen Reichen" (= diejenigen, die noch nicht auf Sozialhilfe-Niveau verarmt wurden),
→ **Denunziantentum** – die Menschen sollen sich gegenseitig bespitzeln und anzeigen
→ **Angst** – z.B. der Popanz des „internationalen Terrorismus", der den schrittweisen Abbau der Menschenrechte vereinfacht und die Schaffung des „gläsernen Bürgers" zu dessen umfassender Entrechtung und finanzieller Ausplünderung erleichert
→ **Zwietracht, Mißtrauen und Haß** – z.B. die „faulen europäischen Südländer!",
→ **Hysterie** – z.B. eine „neue tödliche Pandemie durch einen neuen Supervirus" (selbstgezüchtet?), die angebliche „globale Klimaerwärmung durch Kohlendioxid (CO_2)" … und viele mehr

zu fördern und eine ehemals freie und funktionierende Gesellschaft schrittweise in ein polizeistaatliches Massengefängnis ohne Mauern umzubauen, das fortan von neidzerfressenen Egoisten, ruhelosen und verzweifelt nach Sinn suchenden Partymachern, notorischen Besserwissern und großmäuligen Feiglingen bewohnt wird. Glücklicherweise ist es bislang nicht geglückt, den meisten Menschen guten Willens Herz und Hirn wegzuzüchten, so daß doch zweifellos Aussicht auf Besserung besteht. Mittlerweile begnügt man sich nicht allein mit der Gehirnwäsche der Massen, sondern ist auf der Suche nach handfesteren Arten der Manipulation unter anderem beim Wetter fündig geworden. Das Versprühen von hochgiftigen Chemikalien in der Atmosphäre – **Chemtrails** genannt – kann wahlweise Dürren oder Unwetter bis hin zu täglich zu befürchtenden Starkregenfällen und Überschwemmungen selbst in gemäßigten Klimazonen nach Belieben auslösen, wie die weltweite massive Zunahme von Unwettern und Naturkatastrophen eindrucksvoll belegt. Wer an Leib, Leben, Hab und Gut Schaden nimmt, der kümmert sich eben nicht um die hohe Politik.

Nachrichtensender wie **n-tv** widmen den künstlichen Eingriffen in die Natur allmählich Dokumentationen, etwa unter dem Titel **„Kriegswaffe Wetter"**. Der „menschengemachte Klimawandel" hat also völlig andere Ursachen als das harmlose Kohlendioxid (chemisches Symbol: CO_2), das Pflanzen unter dem Einfluß von Sonnenlicht aufnehmen (Photosynthese), um es in Kohlenstoff (C; = Pflanzenwachstum) und Sauerstoff (O_2) umzuwandeln, den Mensch und Tier wiederum zum Atmen benötigen. Mit welch faschistoiden Ideologien wir es mittlerweile zu tun haben, offenbart die Forderung des Professors Richard Parncutt von der Uni Graz nach der präventiven Hinrichtung all derer, die die CO_2-Klimalüge anzweifeln, von der sogar der ORF berichtete. **Link iknews.de: http://tinyurl.com/agsvun9**

Nicht genug, daß wir unser eigenes äußeres und inneres Gefängnis gebaut haben. Oh nein, wir haben es obendrein auch gleich noch selbst finanziert. Nach der gleichnamigen Kino-Trilogie bezeichnen manche diese Welt des Scheins auch als Matrix. Systematische Erziehung zu Unmündigkeit, Angepaßtheit, Resignation und Abhängigkeit innerhalb eines modernen Sklaventums ist ohne professionelle pseudointellektuelle Begleitung unmöglich, gemäß dem Motto: „(Ich) Bild`dir deine Meinung."

Daß es sich bei den heute sichtbaren ruinösen Entwicklungen in Politik, Wirtschaft und Gesellschaft leider nicht um Verschwörungstheorie handelt, wird am ganz realen Aufbau eines repressiven Überwachungs- und Behördenapparates erkennbar, dessen Ziel ein aggressiver Zentralismus („Föderalismus") mit einer Konzentration von immer mehr Macht in immer weniger Händen ist – angeblich „zum eigenen Besten" für die Bürger, die diesen Apparat per verfassungswidriger Doppelt- und Dreifachbesteuerung mit einer realen kumulierten Steuerlast von bis zu 85% ihres Einkommens zu finanzieren gezwungen werden.

Anliegen dieses Buches ist die **friedliche Auflösung des sich immer stärker zuspitzenden Konfliktes** einer Politik, die in zunehmend offener Unterdrückung, Bevormundung, Enteignung, Entrechtung, Zwang und Repression gegen ihr Volk vorgeht. Dieses Buch soll zur Gesundung der Gesellschaft durch die Rückbesinnung auf alte Werte beitragen und die Menschen in die Lage versetzen, ihr Leben von Abhängigkeiten zu befreien und in Selbstbestimmung und Eigenverantwortung zu führen. Dafür ist es unverzichtbar, den Zusammenhang zwischen Souveränität, Macht und Geldwesen zu verstehen, denn hier wird die Grundlage für die Freiheit oder Unfreiheit einer Gesellschaft und eines Volkes gelegt.

Die Umgestaltung der Gesellschaft – mit, ohne, oder trotz Politik

Wir leben in geschichtsträchtigen Zeiten, die uns heute und in Zukunft vor noch nie dagewesene individuelle und gesellschaftliche Herausforderungen stellen und noch stellen werden. Wie so oft – viel zu oft! – in der Vergangenheit, so hat auch heute das wahnsinnige Streben eines kleinen Personenkreises nach unein-geschränkter Herrschaft, Macht und Kontrolle über Staaten, Völker, Konzerne, Resourcen und Menschen die Menschheit in eine Situation hineingezwungen, aus der es keinen einfachen Ausweg gibt – denn „das System" wurde ganz gezielt auf Abhängigkeiten aufgebaut.

Das Ziel meiner Arbeit ist, Ihnen dabei zu helfen, sich von den Abhängigkeiten dieses Systems zu lösen, die die Politik durch die Monopolisierung der Wirtschaft zugunsten der Konzerne auf Kosten der Steuerzahler immer weiter vorangetrieben hat, während im Verlauf dieses Prozesses die Ersparnisse der Menschen durch Besteuerung und Inflation konfisziert und ihre Rechte immer weiter abgebaut wurden. Sprache ist dazu da, um Informationen auszutauschen. „Herrschaftssprache", wie sie der bekannte Kabarettist Georg Schramm nennt, wird verwendet, um Pläne und Ziele der Herrschenden zu verschleiern. Sie soll das Volk dazu bewegen, eigenständiges Denken auszuschalten und fortan den „Experten" zu überlassen.
Link Georg Schramm: http://tinyurl.com/bsg4mqf

Ich möchte Sie zum selbständigen und kritischen Denken und Hinterfragen geradezu herausfordern. Es ist die Basis einer gesunden und unabhängigen Meinungsbildung, und die Grundlage für verantwortungsbewußtes und eigeninitiatives Handeln – das Kennzeichen eines freien und mündigen Menschen. Als ein solcher werden Sie bald feststellen, daß sich hinter Phrasen wie „Fiskalunion", „Politische Union", „Wirtschaftsregierung" und „Global Governance" ein und dasselbe Ansinnen verbirgt, nämlich die Konzentration von immer mehr Macht in immer weniger Händen.
Ermöglicht wurde die Finanzierung des Wahnsinns, wie stets in der Geschichte, durch ein defektes Finanzsystem – ein sogenanntes Schuldgeldsystem – das auf keinerlei Werten beruht und in dem „Geld" in beliebiger Menge erzeugt werden kann, was zu einer noch nie dagewesenen Anhäufung von Macht und Besitz in den Händen Weniger auf der einen, und zu einer globalen Armut auf der anderen Seite geführt hat. Wir leben (noch) in einer Geld- und Wohlstandsillusion, einer Illusion von Macht, die durch die Illusion von Geld erzeugt wird.

Die politischen Mißstände

Die Politik strebt mit an Wahnsinn grenzende Verbissenheit in Richtung ihrer „globalen Agenda" und will die Völker gewaltsam zwingen, ihr blindlings gegen ihren Willen dorthin zu folgen: immer mehr Macht in immer weniger Händen – bis in die Diktatur eines „Weltstaates". Schauen wir uns die Realität an, die uns heute umgibt, dann stellen wir fest: Steuergelder für nichtwählbare antidemokratische Organisationen, Banken, Konzerne und den Aufbau eines repressiven Überwachungsapparates; Steuererhöhungen, Lohnsenkungen, Arbeitslosigkeit, Armut, Tränengas, Schlagstöcke, Wasserwerfer, Gummigeschosse, Inhaftierungen für das protestierende Volk. Und das Volk zahlt die Löhne derer, von denen es schikaniert und verprügelt werden soll. So sieht pervertierte Demokratie im Endstadium aus.

Widerstand ist nur „symbolisch" erlaubt, darf auf keinen Fall die Pläne des Establishment gefährden – oder wird anderenfalls erbarmungslos zusammengeknüppelt und hart sanktioniert, siehe „Occupy" und „Stuttgart 21", oder in südeuropäischen Metropolen unserer Tage. Willkommen in der „neuen Weltordnung" des Neo-Feudalismus, der nur noch eine winzige Gruppe Herrschende und Alles-Besitzende und Milliarden kollektiv entrechteter, verarmender bzw. bereits eigentumsloser Beherrschter kennt. Zur kurzen Erläuterung: „Besitz" bezeichnet eine Sache, die Sie nutzen, ohne daß diese Ihnen rechtmäßig gehört. „Eigentum" bedeutet, daß Sie eine Sache rechtmäßig erworben haben, die Sie nutzen und die folglich Ihnen gehört.

Das Ziel meiner Arbeit ist es, eine Situation auf friedliche Weise aufzulösen, die die Politik zu Lasten ihres Volkes immer weiter verschärft, zuspitzt und Eskalationen provoziert, um immer härteres Vorgehen zu rechtfertigen.

Das Streben nach totaler Macht durch Wenige war stets eine Einbahnstraße ins Verderben, die gepflastert war mit Hunderten Millionen unschuldiger Opfer allein während des letzten Jahrhunderts, die auf das Gewissen von Massenmördern wie Uljanow („Kampfname" Lenin), Hitler, Churchill, F.D.Roosevelt, Dschugaschwili („Stalin"), Mao Zedong und Pol Pot gehen, um nur eine Auswahl aufzuzählen, die Verbrechen gegen einzelne Menschen, ganze Völker und Völkerrecht anordneten und somit die Hauptverantwortung dafür tragen. Der hohe Blutzoll, den der Wahnsinn stets forderte, ging dabei stets Hand in Hand mit der Entrechtung, Bevormundung, Verarmung, Verelendung und offenen Unterdrückung der davon betroffenen Völker.

Dennoch wären Verbrechen dieses Ausmaßes nicht möglich gewesen ohne eine Vielzahl von gewöhnlichen Menschen, die es aufgrund von ungerechtfertigtem Vertrauen in die Legitimität der Gewalthaber für ihre „Pflicht" hielten, als beamteter „Schreibtischtäter" oder Bindeglied in einer Befehlskette deren Verordnungen, Anweisungen, Gesetzen und Befehlen im Rahmen ihrer Position in Parlament, Justiz, Behörden, Polizei, Armee und privaten Unternehmen auszuführen und durch ihren blinden Kadavergehorsam und ihr willenloses, unkritisches Funktionieren die Installation der Tyrannei erst zu ermöglichen. Andere wiederum versprachen sich als Helfershelfer der Gewalthaber persönliche Vorteile und die Gunst der Herrschenden. Macht korrumpiert, und absolute Macht korrumpiert absolut – bis zum heutigen Tage.

Der Chilene Humberto Maturana (geb. 1928), ein Professor für Biologie, der unter dem Diktator Pinochet lebte und arbeitete, bringt es so auf den Punkt: **„Macht ist die Folge eines Akts der Unterwerfung, <u>der von den Entscheidungen (…) desjenigen abhängt, der sich unterwirft.</u>** Sie wird jemandem, der als Diktator auftritt, zuge-standen, indem man tut, was er möchte. Macht gibt man einem Menschen, um etwas - das eigene Leben, die Freiheit, den Besitz, eine bestimmte Beziehung, den eigenen Arbeitsplatz usw. - zu erhalten, das man sonst verlieren würde. (…) Macht entsteht durch Gehorsam."
Link Humberto Maturana: http://tinyurl.com/a6nzauq

Umgekehrt geschlußfolgert existieren also weder Macht, noch können Diktaturen etabliert werden, wenn kein Gehorsam geleistet wird und somit keine Unterwerfung stattfindet. Menschen gestehen einer autoritär auftretenden Person, Personengruppe oder einer nach Macht strebenden Organisation oder sonstigem Konstrukt Macht zu, indem sie deren Anweisungen Folge leisten und sich durch Gehorsam unter deren Willen unterwerfen – auch wenn dieser Wille weder ihrem eigenen entspricht, noch ihren eigenen Interessen dient.

Die Druckmittel der Tyrannei sind, wie Maturana bereits feststellte, bewußt aufgebaute Abhängigkeiten, die die zu beherrschenden Menschen zwingen sollen, sich anders zu verhalten, als sie es aus eigener freier Überzeugung tun würden, und im Extremfall Dinge zu tun, die sie unter normalen Umständen niemals tun würden. Willkommen im Hamsterrad! Diese Abhängigkeiten sind heute hauptsächlich: **Verschuldung** (beispielsweise für Hypotheken), **Angst** vor Anwendung des Gewaltmonopols durch den Staat oder **Verlust des Arbeitsplatzes** und damit **Vernichtung des sozialen Status und der Existenzgrundlage**, um etwa den erstgenannten Schuldendienst leisten zu können. Machterhalt und -ausdehnung beruhen maßgeblich auf Einschüchterung sowie der Erzeugung von Angst und Schrecken („shock & awe"), um Widerstände zu unterdrücken, die die Privilegien einer kleinen herrschenden Kaste gefährden könnten.

Der Wandel der Organisation „Staat" vom Erhalter, Beschützer und Bewahrer zum Tyrannen, Plünderer und Aggressor

Ohne zahlendes Volk existierten keine Regierungen, keine Parteien, keine Behörden, kurzum: kein Staatsapparat, denn die staatlichen Organe erschaffen durch ihre verwaltende Tätigkeit keinerlei reale Werte, sondern sind auf die Finanzierung durch das Volk angewiesen, das durch seine Arbeit produktiv tätig ist und dadurch reale Werte erschafft.

Aus dieser Tatsache resultieren zweierlei: Zum Ersten die Stellung des Volkes als rechtmäßiger Souverän des Staates, und zum Zweiten die Aufgabe des Staates als Schützer und Diener des Volkes, was seine einzige Legitimation und sein einziges Mandat darstellt. Dies ist ins-besondere dann gültig, wenn er sich selbst als freiheitlich und rechtstaatlich bezeichnet.

Das einzige Prinzip eines legitimen Staates als freiwillige Organisation von freien Menschen für freie Menschen ist der Schutz des Lebens, des Privateigentums und weitreichender **Bürgerrechte**, minimal jedoch der **Schutz und Erhalt der Menschenrechte** (der sogenannten „Grundrechte") gegenüber inneren und äußeren Feinden. Menschenrechte sind universell (d.h. für jeden Menschen gültig), unveränderlich (d.h. niemand hat das Recht, sie zu verändern oder gar aufzulösen) und unteilbar (das heißt, daß Gesetze, die Menschenrechte einschränken und aushebeln wollen, null und nichtig sind).

Menschenrechte werden von keiner menschlichen Gruppierung oder Organisation (z.B. UN) garantiert, sondern stehen über jedem fremden Anspruch und Gesetz. Das bedeutet, daß Ihre natürlichen Rechte als Mensch von Natur aus existieren, lange vor Bestehen irgendeiner Organisation oder Institution. Gehen heute die UN unter, existieren Ihre Rechte weiterhin. Sie sind untrennbar mit der Schaffung des Menschen durch Gott verbunden, also gottgegeben, und aus diesem Grunde unveräußerlich und verlieren niemals ihre Gültigkeit: *„Gott schuf den Menschen nach seinem Abbild; nach dem Abbild Gottes schuf er ihn. Als Mann und Frau schuf er sie."* (1.Mose 1:27)

Eine zufällige Anhäufung molekularer Biomasse – die der Mensch gemäß Evolutionstheorie sein soll – hat als Sache hingegen keinerlei Rechte und kann somit nach Belieben einem imaginären „Recht des Stärkeren" unterworfen und rücksichtslos belogen, betrogen, ausgebeutet, unterdrückt, bestohlen, entrechtet, gefoltert und ermordet werden.

Eine solche Weltanschauung kann als Grundlage interpretiert werden, um eine Tyrannei zu installieren. Haben Sie die Welt, die zunehmende Repression der Regierungen gegen ihre Völker, schon einmal aus diesem Blinkwinkel betrachtet? Der Abbau der Menschenrechte ist weltweit in vollem Gange. Zu den Menschenrechten zählen unter anderen das Recht auf Leben und körperliche Un-versehrtheit, der Schutz vor Folter und Menschenversuchen, das Recht auf Freiheit, Eigentum und Sicherheit, das Recht auf Privatsphäre, auf Denk-, Meinungs- und Redefreiheit, das Recht auf Informations-, Versammlungs- und Vertragsfreiheit.

Welche Menschenrechte stehen in Ihrem Land zunehmend unter Beschuß – und welche Vorwände werden angeführt, um sie einzuschränken und abzuschaffen?

Die Organisation „Staat" wurde stets nach kurzer Zeit vom Erhalter und Bewahrer der Rechte, des Eigentums und des Lebens der Menschen zu einer kriminellen Vereinigung mit mafiösen Strukturen, mit deren Hilfe eine kleine Minderheit die obengenannten Werte, die der Staat ursprünglich zu schützen und zu verteidigen verpflichtet ist, zunehmend auflöst, abschafft und stiehlt. Heute sind nicht mehr die Regierungen und Behörden dem Volk auskunfts- und rechenschaftspflichtig, sondern das gesamte Staatsprinzip wurde umgekehrt und völlig pervertiert. Das Paradoxon der sogenannten repräsentativen Demokratie ist der Bürger, der gemäß Verfassung zwar Souverän, real jedoch Untertan ist.

Thomas Jefferson, 3. Präsident der USA, kam zu der Erkenntnis: **„Die Erfahrung zeigt, daß selbst unter der besten Form von Regierung diejenigen, denen die Macht anvertraut wurde, sie mit der Zeit und schrittweise in eine Tyrannei pervertieren."**

Der Ökonom und bekannte Vertreter der „Österreichischen Schule der Nationalökonomie", Ludwig von Mises, definierte das Wesen des Staates einmal so: **„Der Staatsapparat ist ein Zwangs- und Unterdrückungsapparat. Das Wesen der Staatstätigkeit ist, Menschen durch Gewaltanwendung oder Gewaltandrohung zu zwingen, sich anders zu verhalten, als sie sich aus freiem Antriebe verhalten würden."**

Das Volk mag zwar „auf dem Papier" (z.B. Verfassung) der Souverän des Staates sein.
Souveränität wird jedoch weder garantiert noch verliehen oder zugesprochen, sondern sie wird in Anspruch genommen und ausgeübt. Wer erst um Erlaubnis fragen muß, der handelt und ist eben <u>nicht</u> souverän, sondern tritt die Macht (in Form von Entscheidungsgewalt) bewußt oder unbewußt an den-jenigen ab, den er meint, um Erlaubnis fragen zu müssen.

Da die Menschen die ihnen als Bürger, Steuerzahler und somit Finanzier des Staates und seiner Organe zustehende Souveränität praktisch niemals ausüben, ist diese Welt und diese Gesellschaft, so wie sie heute aussehen, nicht allein die Schuld von fremden Entscheidern und Politikern, sondern die logische Konsequenz unseres eigenen unterwürfigen Denkens und Handelns gegenüber allem, was sich uns als „staatliche Autorität" vorstellt, wobei die Dressur zum angepaßten „Untertan" und funktionierendem Befehlsempfänger, Steuerzahler und wahllosem Stimmvieh natürlich nur allzugern durch ein staatliches „Bildungs"- und Zwangsschulsystem manifestiert wird, das das Auswendiglernen und Verinnerlichen der Ideologien der jeweiligen Gewalthaber fördert und belohnt, und stromlinienförmig angepaßte Untertanen produziert.
Der erst kürzlich leider verstorbene US-amerikanische Historiker, Politikwissenschaftler und emeritierte Professor an der Universität von Boston, Howard Zinn (1922 – 2010), charakterisierte die Konsequenzen unserer eigenen Lethargie, Apathie, Feigheit und Gleichgültigkeit mit den Worten: **„Unser Problem ist nicht ziviler Ungehorsam, sondern ziviler Gehorsam."**

Weil wir als einzelne Menschen innerhalb einer Masse von Menschen schweigen und dulden wie Schafe, die man zur Schlachtbank führt, nur deshalb ist die Politik auf einen Weg abgekommen, auf dem Regierungen aller Couleur mit Höchstgeschwindigkeit und verzweifelter Hast an ihren Völkern vorbeiregieren und nicht mehr den Menschen dienen, sondern an einer menschen- und lebensfeindlichen Kunstwelt bauen, von der sie selbst träumen: einer immer stärker zentralisierten Welt mit immer größeren und von keinem Volk mehr beeinflußbaren Machtstrukturen in Form privater „übergeordneter Nichtregierungsorganisationen" (z.B. UN, EU, WHO, WTO, NATO, IWF, BIS, Weltbank, NAFTA, FAO, …) **, die immer mehr Macht in immer weniger Händen bündeln**.

Die Bürger indes finanzieren ihre eigene Entrechtung, Enteignung, Verarmung, Bevormundung, kurzum: ihre eigene Versklavung. Die Bündelung von Macht und die Gleichschaltung von staatlichen Gewalten (Gesetzgebende - Legislative, Ausführende - Exekutive, Rechtsprechende - Judikative, sowie der Medien), zu dem sich außerdem noch die Verflechtung von wirtschaftlichen und meist auch religiösen Interessen gesellen, um eine umfassende Kontrolle über Menschen auszuüben, sind die Kennzeichen von Faschismus. Beständiges Verweisen auf die Vergangenheit lenkt von der Betrachtung der Gegenwart ab. Heute wird die Verfilzung von Politik und Wirtschaft verschleiernd als „Lobbyismus" bezeichnet und der Öffentlichkeit als völlig normal oder sogar zwingend notwendig verkauft.

Tyrannei entsteht nicht über Nacht. Sie benötigt Vorwände, um den Rahmen für die Akzeptanz repressiver Maßnahmen zu schaffen, die zunächst ihre Implementierung ermöglichen, potenzielle Gegner schwächen oder ausschalten sollen, die sich ihr in den Weg stellen könnten, und anschließend dem Erhalt und der Ausdehnung der Macht der Gewalthaber dienen. Vorwände zielen also in erster Linie auf die Schaffung einer Grundlage ab, von der aus die Einschränkung und die schrittweise Auflösung der Menschenrechte Akzeptanz bei denen erreichen soll, deren Rechte man abbauen will.

Im Jahre 1933 war der Reichstagsbrand Vorwand und Auslöser für den Abbau der Grundrechte im Deutschen Reich. Er wurde von Hitler als „gottgegebenes Zeichen" instrumentalisiert, um per Ermächtigungsgesetz de facto Recht und Gesetz auszuhebeln und rücksichtslos gegen Andersdenkende und Kritiker vorzugehen. Im Jahre 2001 war es der Terror des 11.September, der den damaligen US-Präsidenten George W. Bush zu den Worten veranlaßte: „Wir werden unsere Freiheit mit allen Mitteln verteidigen". Ich erinnere mich an die erschütternden Fernsehbilder und die bedeutungsschwangeren Worte des RTL-"Anchorman" Peter Kloeppel: „Dieser Tag wird die Welt für immer verändern."

Kurze Zeit später wurde der Plan offenbar, wie unsere Freiheit verteidigt werden soll: indem man sie abschafft, jeden unbescholtenen Bürger als potenziellen „Terroristen" kriminalisiert und unter Generalverdacht und Rundumüberwachung stellt, ihr Leben von da an durch von Lobbyisten, Bürokraten, Juristen und Politikern – durch fließende Übergänge oft kaum voneinander zu unterscheiden – erlassenen Gesetzen bis in den kleinsten Winkel des privaten Lebens regeln läßt und die Menschen damit entmündigt.

„Wer in der Demokratie schläft, wacht in der Diktatur auf" - Johann Wolfgang von Goethe

Da die Politik offenbar weder willens noch in der Lage ist, die Probleme unserer Zeit anzusprechen geschweige denn im Sinne ihrer freiheitsliebenden Völker zu lösen, müssen die Menschen nun selbst aktiv werden.

Dies ist ein Weckruf an alle, die ihn hören und damit aufhören wollen, ihr Leben von Politikern, Lobbyisten, Juristen und Bürokraten führen zu lassen, die sich anmaßen, darüber zu entscheiden, was für Sie das Beste sei, was Sie zu denken, wie Sie zu reden, was Sie zu tun, was Sie zu essen und wieviel Sie zu zahlen haben, um einen außer Kontrolle geratenen Macht- und Repressionsapparat zu finanzieren, der Ihre gottgegebenen Rechte auf Leben, Privatsphäre und Eigentum unter welchen Vorwänden auch immer „alternativlos" und „sozial gerecht" in Frage stellt und zunehmend aushöhlt und auflöst, während Sie seine ungezügelte Ausdehnung durch Ihre Enteignung, Bevormundung und Entrechtung via Besteuerung und Inflation (= Geldmengenausweitung) gleich noch selbst bezahlen sollen.

Wie sagte doch Frau Merkel am 3.2.2003 im CDU-Präsidium: **„Es ist Aufgabe der Politik, das Bedrohungsgefühl in der Bevölkerung zu stärken."**

Handeln Sie im Interesse Ihres Volkes, Frau Merkel? Denn dieses möchte sich ganz gewiß **nicht** stärker bedroht fühlen! Ein Beispiel, wie heute das Menschenrecht auf Datenschutz und Privatsphäre ausgehebelt wird: es werden untergeordnete „Gesetze" wie etwa ein Impressumsgesetz oder ein Zensusgesetz erlassen, um die Anonymität von Privatpersonen und das Menschenrecht auf Schutz der Privatsphäre aufzulösen. Selbstverständlich ist dies illegal, aber perfekt abgerichtete Untertanen sind eben auf „Schlucken und Ducken" dressiert, anstatt sich gegen den Abbau ihrer Rechte zu wehren und Zinn's / Maturana's Worte zu beherzigen, indem sie sich durch zivilen Ungehorsam eben nicht denen unterwerfen, die ihnen dienen sollten!

Klopfen Sie doch einmal die Gesetze Ihres Landes ab, ob und inwiefern sie gegen Menschenrechte verstoßen und folglich illegal sind. Welche Gesetze schränken also Ihr Menschenrecht auf Meinungsfreiheit, Privatsphäre und Eigentum (Steuergesetze!) ein? Sie werden verblüfft sein! Warum werden immer mehr

Rechte eingeschränkt? Weil der Souverän es duldet und den Anweisungen derer Folge leistet, die ihm zu dienen verpflichtet sind! So entstehen Diktatur und Tyrannei. Niemand erkämpft und erhält Ihre Rechte, wenn Sie es nicht selbst tun!

Stichwort Steuern: Ja, es gibt durchaus legitime und – wenn Sie so wollen – gerechte Steuern. Akzeptabel sind sie dann, wenn einer **Leistung** („Zahlung") eine zuvor festgelegte **Gegenleistung** gegenübersteht, die damit finanziert werden soll. In einem legitimen Staat hat der Zahler das Recht auf Mitsprache, wie und wofür seine Gelder verwendet werden. So sähe ein akzeptables Steuersystem aus.

Ein Beispiel: Eine KFZ-Steuer ist dann berechtigt, wenn als Gegenleistung für die Zahlung etwa die Straßen instandgehalten werden. So wurde die Erhebung der KFZ-Steuer zumindest früher begründet. Heute gibt es neben der KFZ-Steuer auch eine (massive) Mineralölsteuer, Ökosteuer, bald vielleicht zusätzlich eine Maut? Und das Resultat: Die Infrastruktur (hier: Straßen) verfällt trotz verfassungswidriger massiver Doppelt- und Dreifachbesteuerung. Ostblockverhältnisse drohen im „reichen Westen". Wohin flossen und fließen die gewaltigen Volksvermögen in Form von Steuergeldern, denn in der Infrastruktur kommen sie offensichtlich nicht an?

Mit kritischem Hinterfragen – auch und gerade von vermeintlichen Selbstverständlichkeiten – beginnt Mündigkeit. Mündigkeit und Eigenverantwortung sind die Grundlage von Freiheit. Wollen Sie frei werden, dann werden Sie mündig und beginnen Sie damit, das zu tun, was Ihnen ein staatliches „Bildungs"-System austreiben will: das selbständige Denken und kritische Hinterfragen!

Wir stehen heute an einem Kreuzweg, an dem wir uns entscheiden müssen. Entweder wir gestehen „dem Staat", oder wer auch immer sich dafür halten mag – denn WIR DAS VOLK sind es durch eigene Versäumnis schon lange nicht mehr – durch unser stilles Leiden und stummes Dulden weiterhin so viel Macht zu, bis unsere Rechte und unser Eigentum vollends gestohlen wurden und der freie Mensch abgeschafft wurde.

Oder freiheitsliebende Menschen entschließen sich dazu, ab sofort ihre Rechte und Ihre Freiheiten wieder als Souverän in Anspruch zu nehmen und auszuüben. Hans-Hermann Hoppe, einer der kompromißlosesten Denker im libertären Lager, drückt es so aus: „Entweder der freie Mensch bringt den Staat um, oder der Staat wird den freien Menschen umbringen."

Die Alternative zu einem staatlichen Konstrukt, das viel Macht in der Hand von wenigen bündelt, ist eine Gesellschaft, die auf einer privatrechtlichen Ordnung basiert.

Daß es früher oder später auf diese Entscheidung hinauslaufen wird – freier Mensch vs. autoritär-totalitärer Staat – davon bin auch ich mittlerweile überzeugt. Die Organisation „Staat" wurde in jeder Herrschafts- und Regierungsform immer wieder von Wenigen unterwandert, ausgehöhlt, gekidnappt und mißbraucht, um Macht und Kontrolle über Viele auszuüben, sie zu entrechten, auszuplündern und in Kriegen für Privatinteressen zu verheizen. Es gibt keinen Bereich des Lebens, den mündige Menschen nicht eigenständig besser und effizienter regeln können, ohne dabei staatliche Agitation zu benötigen. Der Staat schützt auch nicht die Schwachen, sondern ist allem voran ein Instrument zum Machterhalt der Herrschenden. Auch die Demokratie ist keine ideale Regierungsform. Sie kann nur in kleinen Strukturen funktionieren. Nicht das antike Hellas war demokratisch, sondern einzelne kleine Stadtstaaten, wie Athen, Korinth, Sparta!

Im Extremfall kann „Herrschaft der Mehrheit" auch „Herrschaft des Mobs" bedeuten, wenn 50,1% eines Volkes den übrigen 49,9% alles auf ganz „demokratische" Weise nehmen kann, vom Eigentum bis hin zum Leben. Noch einmal Thomas Jefferson: **„Demokratie ist, wenn ein Schaf und zwei Wölfe entscheiden, was es zum Abendessen gibt."**

Es gibt keine gerechte menschliche Herrschaftsform, und es wird sie niemals geben. Menschen sind auf Eigennutz, Machterhalt und -ausdehnung bedacht. Es liegt in der menschlichen Natur, weswegen auch Demokratie und Sozialismus immer wieder scheitern müssen. Wir sollten uns deshalb ernsthaft die Frage stellen, ob wir in Zukunft wirklich noch staatliche Strukturen benötigen, die wie jede Organisation, Partei, Kirche, Vereinigung, Gewerkschaft von fremden Interessen unterwandert, gekidnappt und ferngesteuert werden können. Ein Tyrann, der sich auf welche Weise auch immer des Staates bemächtigt, gewinnt umgehend Kontrolle über Millionen von Menschen.

Wir sollten es NIEMANDEM mehr erlauben, über uns zu herrschen. Die Lösung der heutigen Probleme kann **nicht** lauten: mehr Globalisierung, mehr „Staat", mehr „EU", mehr Steuern, mehr Überwachung, mehr Gesetze, … . Wir brauchen vielmehr eine Zerschlagung und Verteilung der Macht auf jeden einzelnen Menschen.

Das bedeutet, das jeder Verantwortung für sein eigenes Leben übernehmen muß, denn eine Verantwortung der Allgemeinheit existiert ebensowenig wie eine kollektive Schuld. Verantwortung und Schuld sind IMMER untrennbar mit dem Handeln einer Person verbunden.

Der Versuch der Auflösung von Handeln und Verantwortung hat zu einem katastrophalen Werteverlust und rücksichtslosem Egoismus geführt, der sich von oben nach unten durch die gesamte Gesellschaft gefressen hat – mit verheerenden Konsequenzen!

Mein Aufruf an alle Menschen, die fried- und freiheitsliebend sind, unabhängig von Geschlecht, Alter, Herkunft, und Religion: **„Hört auf damit, die Welt zu bauen, von der Gewalthaber träumen – baut stattdessen die Welt, in der Ihr und Eure Familien gern leben möchtet!"**

Die finanziellen Mißstände

Unsere Welt ist in jeder Hinsicht bankrott: finanziell, wirtschaftlich, gesellschaftlich und moralisch. Der Grund für die globale Misere ist ein Finanzsystem, das auf jegliche Werte verzichtet, und „Geld" willkürlich und in beliebiger Menge in Druckerpressen oder per Tastendruck am Computer in elektronischer Form erzeugen kann, ohne dabei eine reale Leistung erbringen zu müssen. Der ehemalige Direktor der „Bank of England" und zweitreichste Brite seiner Zeit, Sir Josiah Stamp, erklärte in einer Rede anläßlich der Abschlußfeier an der University of Texas im Jahre 1927 vor etwa 150 Studenten selbstkritisch und in unmißverständlichen, klaren Worten die Funktionsweise eines schuldenbasierten Weltfinanzsystems:

„Das moderne Bankensystem erzeugt Geld aus dem Nichts. Dieser Prozeß ist vielleicht der erstaunlichste Taschenspielertrick, der jemals erfunden wurde. Das moderne Finanzwesen wurde in Ungerechtigkeit gezeugt und in Sünde geboren … Die Bankiers besitzen die Erde. Wenn Sie ihnen diese wegnehmen, ihnen aber die Macht der Geldschöpfung lassen, dann werden sie mit einem Federstrich genug Geld schöpfen, um die Erde wieder zurückzukaufen … Wenn Sie ihnen diese große Macht nehmen, dann werden alle großen Vermögen, wie z.B. meines, verschwinden; und dann wäre dies eine bessere Welt, in der man glücklicher leben könnte … Aber, wenn Sie weiterhin die Sklaven der Bankiers sein und die Kosten Ihrer eigenen Sklaverei bezahlen wollen, dann lassen Sie es zu, daß die Bankiers weiterhin Geld schöpfen und die Kreditvergabe kontrollieren."

Dies ist die detaillierteste, meistzitierte Aussage, die Wirkungsweise und Konsequenzen eines Schuldgeldsystems beschreibt. Zugleich ist es das Zitat, dem am häufigsten widersprochen wird. Stamp habe dies insbesondere in Anbetracht seiner Position niemals gesagt, wird argumentiert. Dabei ist es völlig gleichgültig, WER die Wahrheit ausspricht, oder aus welchem Grund. Entscheidend ist, DASS sie ausgesprochen wird in unserer „politisch korrekt" zensierten, weichgespülten und ISO-standardisierten Welt aus Desinformation, Feigheit und Relativismus.

Erst wenn wir damit beginnen, die Dinge ohne Scheu, Beschönigung und Verharmlosung beim Namen zu nennen, erst dann schaffen wir die Voraussetzung dafür, um Mißstände und Fehler korrigieren und den eingeschlagenen Weg, der uns zur Zerstörung führen soll, verlassen zu können, anstatt ihn in Resignation, Gleichgültigkeit und Duckmäusertum bis zum bitteren Ende zu gehen.

Bei dem von Stamp beschriebenen monetären Phänomen handelt es sich um das Prinzip des „Fractional Banking", was etwa mit „Teildeckungsprinzip" übersetzt werden kann. „Geld" entsteht dabei durch den Akt der Kreditvergabe oder „Kreditschöpfung" durch Zentralbanken an Banken und Regierungen. Regierungen verschulden sich im Namen und auf Rechnung ihres Volkes bei der Zentralbank. Im zweiten Schritt vermehren die Banken das „Geld" ebenfalls durch Kreditvergabe, und zwar an Unternehmen und Privatpersonen. Die Entstehung und Vermehrung dieses „Geldes" geschieht durch einen simplen Buchungs-vorgang: Soll (Schulden) – Haben (Guthaben).

Dieses „Geld" wird von Zentralbanken und Banken gegen Zins (und Zinseszins) an Regierungen, Unternehmen und Privatpersonen verliehen. Die Banken selbst erbringen dabei keinerlei reale Leistung. Das „Geld" entsteht dabei förmlich „aus dem Nichts". Man bezeichnet es deshalb auch als „Fiat Money", von lat. „fiat" = es werde; engl. „money" = Geld - „es werde Geld", also Zaubergeld, oder auch als Illusion von Geld. Es wurde leistungslos erschaffen und besitzt deshalb keinen realen Gegenwert als nur den von Papier (eigentlich ein Papier-Baumwoll-Gemisch), Farbe, Bits & Bytes. Ökonomen argumentieren, dieses Schuldgeld sei durch die Arbeitsleistung eines Volkes „gedeckt", aber dies trifft nur zum Teil zu. In diesem Fall muß nämlich die „Arbeitsleistung" definiert werden.

Die Summen, mit denen Regierungen ihre Völker bei den Banken verschuldet haben, sind durch Zins und Zinseszins, durch den Zinsen immer wieder mitverzinst werden, in solch astronomische Höhen angewachsen, daß die Rückzahlung der Kredite für den vermeintlichen Wohlstand der vergangenen 50 Jahre je nach Staat derzeit etwa 600 Jahre (BRD), 800 Jahre (USA) oder 1.000 Jahre (Japan) betragen würde, ein mäßiges Wirtschaftswachstum von 2% jährlich während dieses Zeit-raums vorausgesetzt. Mit anderen Worten: Die Politik hat die Völker in die Schuldsklaverei der Banken verkauft. Bis zu 1.000 Jahre Schuldendienst für 50 Jahre vermeintlichen Wohlstand. Da es in einer begrenzten Welt kein unbegrenztes Wachstum geben kann, sind die Schulden real niemals rückzahlbar. Wir leben in einer Wohlstandsillusion, die kurz vor dem Platzen steht. Wenn Sie mir nicht glauben, vielleicht glauben Sie dann Mister Dax, **Dirk Müller: http://tinyurl.com/aoohgn9**

Verstehen Sie nun, warum Henry Ford einst sagte: **„Es ist gut, daß die Menschen unser Bankensystem nicht verstehen, denn wenn sie es täten, so fürchte ich, hätten wir eine Revolution noch vor morgen früh."**

Zugleich erkennen wir auch, wieviel Wahrheit in den Worten von Stamp steckt – ganz gleichgültig, ob er sie selbst geäußert hat, oder irgendeine andere Person. Die Abkopplung von Geld und realem Wert hat zu einer noch nie dagewesenen Anhäufung von finanzieller und politischer Macht geführt, denn mit Hilfe dieses „Geldes aus dem Nichts" wurden fortan Staaten: Politik, Regierungen, Parteien; staatliche Organe: Justiz, Polizei, Armeen; Konzerne und Wirtschaft: Ernährung und Trinkwasserversorgung, Gesundheit, Land-wirtschaft, Energieversorgung, Rüstung, Medien, Universitäten / Wissenschaft, Kirchen u.v.m. von denjenigen gesteuert und kontrolliert, die die Kreditvergabe kontrollieren.

Der 28. Präsident der USA, Woodrow Wilson, schrieb ein paar Jahre nach der Unterzeichnung des „Federal Reserve Act" im Jahre 1913, mit der er einem privaten Bankenkartell („Zentralbank") das Geldmonopol das Staates übertrug (vermutlich eine Zusammenfassung zweier Zitate aus seinem Buch „The New Freedom", 1916):
„Ich bin ein höchst unglücklicher Mann. Ich habe unabsichtlich mein Land ruiniert. Eine große Industrienation wird nun von ihrem Kreditsystem beherrscht. Unsere Regierung basiert nicht länger auf der freien Meinung, noch auf der Überzeugung und des Mehrheitsbeschlusses, es ist nun eine Regierung, welche der Überzeugung und dem Zwang einer kleinen Gruppe mächtiger Männer unterworfen ist."

Mit anderen Worten: Die Staaten wurden abhängig vom Geld der Banken, denn das „Zentralbank"-Modell wurde in alle Welt exportiert, notfalls mit Gewalt und unter Bruch des Völkerrechts in verfassungswidrigen Kriegen. Die Übertragung des Geldmonopols an Privatbanken hebelt jede Verfassung aus und entmachtet das Volk. Regierungen verkommen vom Diener ihres Volkes zum Erfüllungsgehilfen privater Sonderinteressen. Regierungen und Parteien dienen nicht mehr den Menschen, sondern den Konzernen. Politische Fehler werden nach „Wahlen" nicht korrigiert, denn es existiert keinerlei reale Opposition mehr, da alle dieselbe „NOCH MEHR"-Politik verfolgen: mehr „Staat", mehr Behörden, mehr Bürokratie, mehr Steuern, mehr „EUropa", mehr Verbote, mehr Überwachung, mehr Gesetze,…. Gesetze werden von Lobbyisten diktiert. Das „Geld aus dem Nichts" dient nicht mehr den Menschen, sondern zwingt die Menschen, den Banken, Konzernen, Regierungen, Behörden und dem Geld selbst zu dienen.

Der Staatsapparat ist außer Kontrolle geraten in seiner Gier nach immer mehr von genau dem, was die Probleme erst verursacht hat. Die Politik läuft Amok gegen ihr Volk. Wenn die Menschen darüber bestimmen, was sie als Geld zur Bezahlung ihrer Arbeit und Waren akzeptieren, dann sind sie mündig und frei. Wenn die Regierung bestimmt, was die Menschen als Geld zu verwenden haben („Zwangsgeld"), dann herrscht die Regierung über die Menschen – eine kleine Minderheit über eine große Mehrheit.

Wie stellt sich die Lage dar? Wir haben es mit einem Finanzsystem zu tun, das auf keinerlei Werten, sondern auf Schulden beruht - mit einem sogenannten **Schuldgeldsystem**. Lug und Trug bedienen sich gern Gaukeleien, die beim Publikum einen „als ob"-Eindruck erwecken sollen. Wir werden ihnen auf unserer Suche nach der Wahrheit und dem Ausweg aus dem Wahnsinn unserer Zeit immer wieder begegnen. Die gesamte Geschichte der Macht, der Herrschaft und der heimlichen Herrscher dieser Welt liest sich wie eine wahre Kriminalgeschichte, und wie wir immer wieder feststellen werden, ist sie es leider tatsächlich.

Was charakterisiert eigentlich ein Schuldgeldsystem wie das derzeitige Weltfinanzsystem? Seine Grundlage besteht aus einem reinen Bilanztrick. Auf der einen Seite stehen Schulden (= Soll), auf der anderen Guthaben (= Haben). Währungen entstehen dabei erst im Augenblick einer Verschuldung durch Kreditaufnahme. Die parallel dazu entstehenden Guthaben sind folglich mit den gegenüberstehenden Schulden „gedeckt".

Seine temporäre, punktuell jedoch gewaltige Macht zieht das System daraus, daß es auf die Verwendung jeglicher Werte verzichtet und – wie wir noch sehen werden – politisch gestützt werden muß, um von den Menschen akzeptiert zu werden. Zur Verwendung der buchhalterischen Guthaben als „Geld" werden diese in Form von bedrucktem Papier gewissermaßen sichtbar gemacht.

Kurz zusammengefaßt: Der tatsächliche Wert dieses Systemgeldes – ich werde es ab sofort meist als Währung bezeichnen – beruht folglich auf dem Gegenwert von Papier, und ist durch die ihm gegenüberstehenden Schulden „gedeckt".

"Wer die Wahrheit nicht weiß, der ist ein Dummkopf. Wer die Wahrheit aber kennt und sie eine Lüge nennt, der ist ein Verbrecher." – Bertolt Brecht in „Leben des Galilei"

„**Es ist leichter, eine Lüge zu glauben, die man hundertmal gehört hat, als eine Wahrheit, die man noch nie gehört hat."** "**Man muß das Wahre immer wiederholen, weil auch der Irrtum um uns her immer wieder gepredigt wird und zwar nicht von einzelnen, sondern von der Masse, in Zeitungen und Enzyklopädien, auf Schulen und Universitäten. Überall ist der Irrtum obenauf, und es ist ihm wohl und behaglich im Gefühl der Majorität, die auf seiner Seite ist."** – Johann Wolfgang von Goethe

Den Rat Goethes beherzigend, bitte ich Sie – liebe Leserin, lieber Leser – daher um Verzeihung, wenn ich mich von Zeit zu Zeit wiederhole. Wiederholungen dienen der Einprägung von Hintergründen und Zusammenhängen, die zusammengesetzt letztlich das „große Bild" ergeben: warum unsere Welt heute so aussieht, wie sie es tut. Außerdem wird Ihnen nicht entgehen, daß ich die alte Art der Rechtschreibung gebrauche, und nicht die oft sinnentstellende Form der „Schlechtschreibreform".

Doch zurück zum Thema: Zwei hervorstechende Eigenschaften charakterisieren ein Schuldgeldsystem als **Falschgeldsystem**.

Erstens: Es ist keinerlei Einlöseverpflichtung der Geldscheine in konkrete Sachwerte vorgesehen, so wie dies bei Banknoten in der Vergangenheit der Fall war. Banknoten verbriefen stets den Anspruch auf das Eigentum an einer festgelegten Menge konkreter Werte in Form von Gold und Silber. Dabei repräsentierten die Banknoten jedoch nie selbst den Wert, sondern lediglich den **Eigentumsanspruch** auf diesen. Auf den Punkt gebracht waren sie also **Schuldverschreibungen mit Einlösegarantie**.

Die alten Geldmetalle Silber und Gold wurden während eines zusammenhängenden Zeitraums von etwa 5.000 Jahren in allen Hochkulturen und unabhängig voneinander als Geld verwendet, weil sie die Charakteristika, die Geld aufweisen muß, in idealer Weise erfüllen. In mehreren Sprachen steht Silber synonym für „Geld". Das Wort „Bank" bedeutet im Chinesischen „Silberhaus". Silber und Gold stellen **kein verbrieftes Zahlungsversprechen** dar, das jederzeit gebrochen oder nicht eingelöst werden kann, sondern ihr Wert liegt in ihnen selbst. Sie sind das, was man als **ehrliches Geld** (engl.: „sound money") bezeichnet.

Im Buchteil **„Das Vermögen"** gehe ich ausführlicher auf dieses Thema ein. Da die **alten Geldmetalle** im Gegensatz zu einem schuldenbasierten Währungssystem **reale Werte** repräsentieren, stellen sie die **monetären Todfeinde** eines real wertelosen Systems dar und mußten daher als Zahlungsmittel abgeschafft werden, damit ein Schuldgeldsystem etabliert werden konnte.

Aus welchem Grund ein Schuldgeldsystem für Machthaber jeder Zeit und politischer Strömung ungeheuer verlockend und attraktiv erscheint, was letztlich auch der Grund für seine globale Einführung war, werden wir in einer Minute herausfinden. Im Laufe der Zeit wurde die Einlöseverpflichtung der Banknoten völlig aufgehoben. Die der Einlösegarantie beraubten Banknoten wurden zu **Geld-Scheinen**, und aus Geld-Scheinen wurde **Schein-Geld**. Diese Entwicklung trifft auf jede heute im Umlauf befindliche Währung der Welt zu. Sie erwecken den **Anschein von Geld**, können aber dessen **Funktionen nicht vollständig erfüllen**, die wir ebenfalls untersuchen werden.

Zweitens: Die Kosten eines solchen Währungszettels belaufen sich auf etwa 2 Cent. Ihr aufgedruckter Nennwert behauptet jedoch: 10 Franken, 50 Euro, 100 Dollar, … . Wir haben es also mit einem Fall von **Geldfälschung**, von **Falschmünzerei zu tun. Der angegebene Nennwert beträgt das Vielfache des tatsächlichen Wertes des Zettels. Oder anders ausgedrückt: Es steht viel mehr „drauf", als in Wirklich-keit „drin" ist.**

Da die Menschen seit jeher aufgrund ihrer schlechten Erfahrungen skeptisch waren, was die Verwendung von Papier als Geld angeht, wurden diese Währungen mit einem **Annahmezwang** durch die Regierungen versehen. Das bedeutet, daß jeder Arbeitende, jeder Hersteller und Verkäufer von Waren und jeder Anbieter einer Dienstleistung diese Papierzettel akzeptieren muß, wenn sie ihm zur Entlohnung der Arbeit oder der Bezahlung seiner Waren oder Dienstleistungen angeboten werden. Um die Misere in einem Satz auf den springenden Punkt zu bringen: Wir haben es mit politischem **Zwangsgeld** zu tun, **dessen Basis Schulden** und deren Gegenposition („Guthaben") **Falschgeld** sind, die entweder nur **als elektronische Notiz im Computer existieren** (= das Buch-, Giral- oder Kontogeld) oder in Form von Geld-Scheinen **den realen Gegenwert von Papier besitzen**.

Unwillkürlich drängt sich dabei der Gedanke an Händler auf, die die Ureinwohner neuentdeckter Kontinente mit wertlosen bunten Glasperlen im Tausch gegen werthaltige Güter „bezahlten". Und genau darauf läuft dieses System hinaus. Es steht für die Abschöpfung realer Vermögenswerte und der Leistung realer Arbeit im Tausch gegen Nichts. Daraus zieht dieses System seine Macht und dessen Betreiber ihren Reichtum und Einfluß. Die Bibel lehrt uns, daß Gott Betrug, Wucher und Falschmünzerei haßt. *„Ehrliche Maße und ehrliche Gewichte sollst du verwenden, damit du lange lebst in dem Lande, das der HERR, dein Gott, dir geben wird."* (5.Mose, 15; 3.Mose 19, 36)

Das Weltfinanzsystem des ausgehenden 20. / beginnenden 21. Jahrhunderts beruht auf der Illusion von Geld und Wohlstand, die sich mit politischer Macht verbündet hat. Politik und Banken / supranationale Konzerne haben ein Machtkartell gebildet, das sich gegenseitig stützt. Fällt eine dieser beiden Parteien, dann stürzt auch die andere. Aus diesem Grunde – zum System- und damit Machterhalt – findet ein globales Rettungstheater statt, das die Völker bezahlen sollen, während man ihre Vermögen und ihre Rechte auflöst. Die tatsächlichen Machtverhältnisse werden daran ersichtlich, daß die Verursacher der größten Weltwirtschaftskrise aller Zeiten mit Milliarden und Billionen Steuergeldern „gerettet", die die Völker zu zahlen gezwungen werden. Wir haben es mit einer modernen globalen Sklaverei zu tun. Ich bezeichne es als „Das Imperium der Lüge": Das moderne Babylon.

Die Verlockungen des Falschgeldes

Babylon stützte seine Macht bereits vor 4000 Jahren auf ein ausgeklügeltes Bankensystem, das von den Sonnengott-Tempeln ausgeübt wurde und die gesamte Wirtschaft und Gesellschaft dominierte. Die **Encyclopedia Britannica** dokumentiert in ihrer Ausgabe des Jahres 1943 im Kapitel „History of Banks" die Existenz der **babylonischen Igibi-Bank**, die um das Jahr 575 v. Chr. die gesamte Wirtschaft und Gesellschaft stark beeinflußte und in Aufbau und Organisation eine erstaunliche Ähnlichkeit mit dem „Rotschild"-Bankenimperium aufweist, das ab dem 19. Jahrhundert immer mehr Einfluß gewann.

In China begannen Papiergeldexperimente vor fast 3000 Jahren – und scheitern seit dieser Zeit unabläßlich am inhärenten Widerspruch zwischen Wert und Papier. Der Grund, warum Machthaber seit dem späten Mittelalter immer wieder versuchen, Papier als Geld zu verwenden, ist einleuchtend. Man kann es im Gegensatz zu den alten Geldmetallen in nahezu jeder beliebigen Menge herstellen. Finanzpolitisch bedeutet das: Mit Steuergeldern muß nicht verantwortungsvoll, sparsam und wirtschaftlich klug gehaushaltet werden, so daß man nur ausgeben kann, was man zuvor eingenommen hat.

Und die Konsequenzen für das damit „beglückte" Volk: Es erlebt eine permanente Abschöpfung und Verwässerung seines Vermögens, das durch seine Arbeit geschaffen wird, und verarmt in diesem Prozeß erst schleichend, dann rasant, und in beschleunigtem Maße im Verlauf dieses Zyklus. Die Geschichte der Papierwährungen ist eine Geschichte von Währungszusammenbrüchen, Vermögensvernichtungen und Veredelung ganzer Völker. Jede Papierwährung mußte seit Beginn der Geldexperimente unweigerlich untergehen.

Und dennoch wollen Staatenlenker nicht davon ablassen, es immer und immer wieder auf's Neue zu versuchen. Doch was ist daran so reizvoll? Für jeden Menschen, der (wieder) frei sein oder werden will, ist das Verstehen der Zusammenhänge von entscheidender Bedeutung. Papiergeld stellt ein Medium der erleichterten Umverteilung von Vermögen dar: Weg von denen, die die Werte erwirtschaftet haben, hin zu den Eigentümern der Geldschöpfung und ihren Günstlingen. Der Auslöser der Umverteilung ist der Zins.

Der Zins ist die Gegenleistung oder Preis für den Kredit, der in einem Schuldgeldsystem völlig leistungslos erzeugt wurde. Ein Tastendruck im Computer genügt, um eine beliebige Menge „Kreditgeld" zu erzeugen.

In einem Schuldgeldsystem wie dem derzeitigen bedeutet das: Das Zinsgeld fließt vom Kreditnehmer – der sich das Geld erarbeiten muß – zum Kreditgeber, der das Geld bereitstellt (Soll – Haben), ohne daß dieser eine reale Leistung dafür zu erbringen hat. Das ist das Monopol für legalisierten Betrug. Ein wesentlicher Fehler eines solchen Geldsystems ist also das eklatante **Mißverhältnis zwischen Leistung und Gegenleistung.**

Die Verwandlung der Organisation „Staat" als Institution von freien Menschen, für freie Menschen zum alles vereinnehmenden, alles regelnwollenden totalitären Bürokratiemonster und kriminellen Vereinigung mit mafiösen Strukturen

Die Regierungen und Parteien sind heute zur größten Bedrohung der Rechte, der individuellen Freiheit und des Eigentums der Menschen geworden.

Ohne zahlendes Volk gäbe es keinen Staatsapparat, keine Parteien, keine Regierungen, keine Behörden, denn sie alle werden vom Volk finanziert. Daraus ergibt sich die Stellung des Volkes als rechtmäßiger Souverän des Staates. Des Staates einzige Legitimation und einziges Mandat ist daher der Dienst an seinem Volk.

Wenn nun der Staat seinem Volk nicht mehr dient, dann verliert er seine einzige Legitimation und Existenzberechtigung, denn der Staat ist NICHT das politische Führungsgremium, sondern die Gesamtheit eines Volkes. Es ist ein heißes Feuer, mit dem Vertreter der Politik heute spielen und sich zwangsläufig daran verbrennen werden, wenn sie ihr Volk vollends in eine Situation hineintreiben, in der es nichts mehr zu verlieren hat.

Die Grundprinzipien eines freiheitlichen Staates

Die Organisation Staat ist kein Naturgesetz, sondern ein freiwilliger Zusammenschluß von Menschen zu ihrem eigenen Schutz und Nutzen. Lassen Sie uns doch einmal untersuchen, welches die Beweggründe für die Gründung einer solchen Organisation waren, und ob moderne Staatsgebilde ihrem Ursprungszweck überhaupt noch gerecht werden und den Menschen tatsächlich dienen und nützen.

1) Der Staat ist der Garant der freiheitlichen Rechte seiner Bürger.

Frage: Schützt und garantiert der Staat Ihres Landes Ihre Rechte als Mensch und Bürger – oder baut er sie Stück für Stück ab? Strebt er gar totale Kontrolle und Überwachung an? Besitzen Sie noch die Möglichkeiten, sich frei zu entfalten, oder werden Sie von Gesetzen und Verordnungen eingeschnürt und bevormundet? Kontrollieren Sie Ihre Regierung, oder kontrolliert die Regierung Sie?

Wer hält die Macht innerhalb eines Staates – der Kontrollierte, oder der Kontrollierende? Frage: Welcher von beiden sind Sie?

„Wo ein Volk seine Regierung fürchtet – da ist Tyrannei. Wo eine Regierung ihr Volk fürchtet – da ist Freiheit." – Thomas Jefferson

2) Der Staat schützt das Vermögen seiner Bürger, denen er wiederum vollständig rechenschaftspflichtig ist.

Frage: Welchen Prozentsatz des von Ihnen erwirtschafteten Vermögens beansprucht der Staat für sich, wenn Sie alle Ihre Steuern und Abgaben zusammenaddieren (= kumulieren)? Verfügen Sie über ein Mitspracherecht, wie Ihr Geld, das Ihnen per Besteuerung abgenommen wird, Verwendung findet und welche Projekte damit finanziert werden? Oder machen Politik und Behörden Ihres Landes, was sie wollen?

Legen Politiker und Behörden Ihres Landes Ihnen gegenüber Rechenschaft über ihr Tun ab, oder halten Politiker und Behörden Sie für auskunfts- und rechenschaftspflichtig? Wurde also das Staatsprinzip in Ihrem Land pervertiert, so daß nicht mehr Sie die Regierung und Behörden kontrollieren, sondern umgekehrt?

3) Der legitime Staat verfügt über eine schlanke Justiz und eine für Jedermann verständliche, einfache und transparente Gesetzgebung. Recht geht einher im Gleichklang mit Gerechtigkeit. Richter werden vom Volk berufen und können bei Vergehen von diesem sofort und unter Verlust ihrer Ansprüche aus ihren Ämtern enthoben werden.

Frage: Derjenige kontrolliert und beeinflußt die Justiz, der die Richter beruft. Ist das in Ihrem Land das Volk, oder die Vertreter der Politik? In wessen Verantwortung steht die Justiz Ihres Landes also? Wem fühlt sie sich daher wohl verpflichtet? Sind Richter und Staatsanwälte Ihres Landes weisungsgebunden oder unabhängig von der Politik? Sind die Richter Angehörige von Parteien – also parteiisch, oder politisch ungebunden und somit unparteiisch, was sie ihres Amtes gemäß sein sollten? Von wem werden die Richter bezahlt – aber ist es nicht das Volk, von dem die Gelder stammen? Sind Justiz und Richter Ihres Landes zu Weisungsempfängern der Politik geworden?

Herrscht eine Trennung von gesetzgebender Gewalt (= Legislative), juristischer Gewalt (= Judikative), ausführender Gewalt (= Exekutive) innerhalb des Staates, oder findet bzw. fand eine Gleichschaltung der Gewalten statt?

Bei einem sogenannten Nachtwächterstaat handelt es sich um eine **schlanke staatliche Organisation**, dessen **einzige Aufgabe der Dienst an seinem Volk** ist. Er stellt sozusagen das theoretische Ideal eines Staates dar. Der Begriff entstammt der Tätigkeit der Nachtwächter im Mittelalter. Sie waren dafür zuständig, für Ruhe und Ordnung zu sorgen und die Sicherheit der Bürger und den Schutz deren Eigentums – inbesondere in der Nacht – zu gewährleisten.

Daraus leiten sich die Aufgaben eines Nachtwächterstaates ab: die Gewährleistung einer Rechtssicherheit (Justiz), der Schutz der öffentlichen Ruhe und Ordnung (Polizeidienst) und die Verteidigung gegen innere und äußere Feinde, die die Bürger und deren Rechte und deren Eigentum bedrohen (Militär). Das sind seine einzigen legitimen Aufgaben. Ein „Bildungs- und Erziehungsauftrag" des Staates bezüglich der Bürger obliegen den Regierenden gewiß nicht.

Zahlreiche weitere Programme zählen ebenfalls nicht zu den Aufgaben eines Staates, und doch wurden sie Schritt für Schritt installiert und in Gesetze („Pflichten") gegossen, um ihren unrechtmäßigen Anspruch zu zementieren. Um die politische Macht auszuweiten, wurde mit dem Geld der Steuerzahler ein Behördenmoloch gezüchtet, der auf maximale Expansion ausgelegt ist. Je größer nun dieser Apparat wird, desto mehr Gelder verschlingt und fordert er in Form von Steuern und Abgaben ein, um sich selbst am Leben zu halten und weiter auszudehnen.

Die gesellschaftliche Unterschicht wird als „Leiharbeiter" (früher: Tagelöhner) in „Mini-Jobs" verheizt und von der Politik gegen die „Reichen" aufgehetzt, deren Vermögen als nächstes zur Plünderung reifgemacht werden soll, um „soziale Gerechtigkeit" zu schaffen, sprich eine kollektive Armut zu realisieren und parallel dazu die Menschenrechte einzuäschern – denn jeder Bürger, der diese Herrschaftsform kritisiert, ist schließlich Terrorist, nicht wahr?

Die Menschen bluten währenddessen finanziell aus und verlieren dabei nicht nur ihre Würde, sondern auch ihre elementaren Menschenrechte. Zugleich maßt der staatliche Apparat sich an, jedes Detail im Leben der Menschen bestimmen, regulieren und beeinflussen zu wollen. Finanziert wird der Terror des Staates natürlich aus Steuergeldern, denn **Politik, Behörden und Verwaltung erwirtschaften selbst keinerlei Werte.**

Alles Geld, das der Staat einnimmt, wurde durch das Volk erarbeitet. Aus diesem Grunde ist die Feststellung, das die Bürger ihre eigene Bevormundung, Entrechtung, Entwaffnung, Enteignung gleich selbst finanzieren, und damit zu Sklaven im eigenen Land werden, vollkommen gerechtfertigt.

Das moderne Ausbeutungs- und Versklavungssystem der Parteien-Oligarchie als Demokratie zu bezeichnen, in der die Sklaven ja – auf dem Papier – „die Macht besitzen", ihre Ausplünderung und Bevormundung ihrem eigenen Willen entspricht und nur zu ihrem eigenen Besten und „alternativlos" geschieht, ist an Dreistigkeit und Verlogenheit kaum zu überbieten. Dieses System ähnelt in nichts einer Demokratie nach Athener Muster, sondern übertrifft in seiner Skrupellosigkeit und gottlosen Anmaßung selbst das dekadente Alte Rom. Und der staatliche Moloch ist unersättlich. Übrigens war „Moloch" der Hauptgötze der Kanaanäer, die von den Israeliten bei der Einnahme Palästinas vertrieben wurden. Die heidnischen Völker brachten dem Scheusal ihre eigenen Kinder als Menschenopfer dar. Gibt es heute irgendetwas, das der „moderne Moloch" nicht für sich beansprucht, ja einfordert? Der Fiskus „bittet" nicht „zur Kasse" – er nimmt sich einfach, was er haben will. Kein Gesetz da? Dann wird eines erfunden!

„Die Erfahrung zeigt, daß selbst unter der besten Form von Regierung diejenigen, denen die Macht anvertraut wurde, sie mit der Zeit und schrittweise in eine Tyrannei pervertieren." - Thomas Jefferson

Während in den vergangenen Jahrzehnten die Rechte der Bürger schrittweise ausgehöhlt und abgeschafft wurden, legte die Politik durch Subventionierung der Großkonzerne zu Lasten der Steuerzahler den Grundstein für die Monopolisierung der Wirtschaft, und somit die Zerstörung des Mittelstandes, die Spaltung der Gesellschaft in Transferzahlungsleistende und -empfänger, und letztlich den Bankrott des Staates und die kollektive Verarmung des Volkes.

Jede Form von Subvention stellt einen willkürlichen manipulativen Eingriff in die Mechanismen eines sich durch Angebot und Nachfrage frei regelnden Marktes dar. Dieser führt innerhalb eines Marktbereichs zur Begünstigung einer Gruppierung gegenüber ihrer Konkurrenz, die diese spezielle Form der Förderung nicht erhält. Daraus entstehen wirtschaftliche Ungleichgewichte und Marktverzerrungen, indem die geförderte Lobby beispielsweise ihre Waren zu billigeren Preisen anbieten kann als deren nicht geförderte Konkurrenten, die auf diese Weise letztlich aus dem Markt gedrängt werden und deren Ruin der Hauptgrund der Massenarbeitslosigkeit ist. Durch diese Art der Manipulation eines freien Marktes wird durch Lobbyismus der Grundstein für eine Günstlings-wirtschaft gelegt, die zur Entstehung einer Gesellschaft aus Privilegierten und Unprivilegierten führt.

Der Begriff Kapitalismus beschreibt das Prinzip der freien Marktwirtschaft. Dieses bedeutet nicht die Herrschaft des Kapitals, sondern daß die Preisfindung einer Ware in einem freien Markt durch eine einvernehmliche Einigung (= beidseitige Willenserklärung) zwischen Käufer und Verkäufer erfolgt. Diese erfolgt mittels Kapital, also Geld. Dabei ergibt sich der Wert einer Ware aus dem höchsten Preis, den ein Käufer zu zahlen bereit ist, und dem niedrigsten Preis, zu dem ein Verkäufer zu verkaufen bereit ist. Bei dem Preis, auf den sich beide frei und einvernehmlich einigen, wird der Markt geräumt, das heißt: die Ware und das Geld wechseln jeweils den Eigentümer.

Die Ausstattung mit Privilegien, wobei die Unprivilegierten per Gesetz gezwungen werden, die Kosten für die Privilegierten (z.B. Konzerne, Beispiel: Erhöhte Stromkosten durch „EEG-Gesetz" werden von den Konzernen auf die Privathaushalte umgelegt) zu tragen, führt wiederum zur Entstehung eines Neo-Feudalismus, der nur Herrschende und Beherrschte kennt. Dieses Phänomen gipfelt unter anderem in einer entarteten Rechtsprechung, in der „Recht" nichts mehr mit Gerechtigkeit zu tun hat. Alles wurde verdreht. Stattdessen bilden sich zwei verschiedene Arten von „Recht" heraus: ein Mildes wird auf die Kaste der privilegierten Minderheit angewandt, ein Hartes auf die Masse der Unprivilegierten.

Brechen Günstlinge dieses Systems Gesetze und werden so ertappt, daß sich der Gesetzesbruch nicht mehr vertuschen läßt, dann kommen sie entweder ganz ungeschoren davon, oder können sich durch Zahlung einer vergleichsweise lächerlichen Geldstrafe freikaufen, behalten danach oftmals sogar ihre Privilegien; die Unprivilegierten hingegen werden selbst bei geringsten Verstößen gegen die Gesetze der Machthaber auf das Härteste bestraft.

Herrschen in Ihrem Land zwei Arten von „Recht" - ein Herrenrecht und ein Sklavenrecht?

Wir erleben, wie ein ungerechtes, auf betrügerischen Prinzipien basierendes Finanzsystem alles korrumpiert und verdreht hat, und zwar quer durch alle Bevölkerungsschichten, und jeden Bereich und Aspekt unseres Lebens betreffend. Es ermöglicht einer winzigen Minderheit, Kontrolle und Macht über die überwältigende Mehrheit auszuüben – denn jedermann ist zunächst von ihm abhängig. Immer wieder erhebt der häßliche alte sozialistische (Alp)Traum sein Haupt: Man druckt sich einfach „reich" - fragen Sie die Simbabwer, wie erfolgreich das funktioniert – und kauft Wählerstimmen durch Wahlversprechen, die finanzielle Vergünstigungen in Aussicht stellen.

Leider erweisen sich die vermeintlichen Wohltaten zur Beglückung des Volkes als windiges Kuckucksei, denn die Gewählten finanzieren die Ausgaben durch die Aufnahme von Krediten im Namen und auf Rechnung der Bürger. Das Verständnis dieses Zusammenhanges beantwortet die Frage, woher die überbordenden Staatsverschuldungen stammen. Wir leben in einer Wohlstandsillusion auf Pump, die unbezahlbar und deren Schuldenlast untragbar geworden ist. Zur Aufrechterhaltung der Illusion des Wohlstandes muß die Geldmenge immer mehr ausgedehnt werden, und erzeugt dennoch immer weniger wirtschaftliches Wachstum. Sobald keine weitere Aufschuldung mehr möglich ist, bricht das System zusammen. Schulden werden faul, können nicht mehr bedient werden – und parallel zur riesigen Schuldenmenge verlieren die gegenüberstehenden Guthaben immer mehr an Kaufkraft, je mehr davon geschaffen werden.

Die Achillesferse des ungedeckten Papiergeldes ist: je mehr davon produziert wird, umso rasanter verliert es an Wert in Form von Kaufkraft – und seine Verwender verlieren parallel zur Kaufkraft ihr Vertrauen: die einzige „Deckung", die Papiergeld noch aufweist.

<u>Wie konnten wir in diese Situation geraten?</u>

Die Regierungen haben das Geldmonopol, das dem Volk zusteht, an private Banken und Zentralbanken übertragen. Bei den Zentralbanken handelt es sich um Bankenkartelle, die aus privaten Banken bestehen, wie wir am Beispiel der Gründung der US-Zentralbank „Federal Reserve" noch sehen werden. Die Politik hat sich dabei in die Position eines Drogenabhängigen manövriert, der immer mehr „Stoff" benötigt, um seinen berauschenden Zustand der Macht aufrechtzuerhalten.

Sie hat sich selbst und ihr Volk abhängig gemacht vom Zettelgeld der Banken, indem sie es per Gesetz als alleingültiges „gesetzliches Zahlungsmittel" festlegte, wiewohl der Staat ebenso seine eigenes Geld herausgeben könnte, ohne es gegen Zins von den Banken zu leihen. Und die Konsequenz: Der Staat – und damit seine Bürger – wären faktisch schuldenfrei.

Der US-Präsident John Fitzgerald Kennedy war der letzte, der es wagte, staatliches Geld unter Umgehung der Banken in Umlauf zu bringen. Am 4. Juni 1963 unterzeichnete er die „Executive Order no. 11110" - eine Verordnung, die die US-Regierung ermächtigte, eigenes, silbergedecktes Geld – die United States Note – herauszugeben, anstatt „Federal Reserve Notes" zu leihen und dafür Zinsen zu zahlen. Am 22. November 1963 wurde Kennedy durch drei Kugeln eines „geistig verwirrten Einzeltäters" ermordet, der wiederum 2 Tage später im Polizeigewahrsam von einem Nachtclubbesitzer erschossen wurde, noch bevor Anklage gegen ihn erhoben werden und er zu dem Fall befragt werden konnte.

So zumindest lautet die offizielle Version bis heute. **Quelle:** http://de.wikipedia.org/wiki/Lee_Harvey_Oswald

Die erste Amtshandlung des neuernannten Präsidenten, Lyndon B. Johnson, war es, die Executive Order no. 11110 rückgängig zu machen und das Regierungsgeld wieder aus dem Verkehr zu ziehen. Bis heute wird als offizieller Grund dafür angegeben, bei dem Regierungsgeld habe es sich um Falschgeld gehandelt. Seit jenen Tagen wagte es kein Präsident mehr, sich in die Geldpolitik einzumischen.

Im Gegenzug zur Andienung des Geldmonopols zugunsten privater Banken erhielten die Regierungen nun die Erlaubnis, sich im Namen und auf Rechnung ihrer Bürger in unbegrenzter Höhe bei den Banken zu verschulden. Wenn Sie sich also gefragt haben, woher die Milliarden, Billionen, Billiarden kommen, die „in die Wirtschaft gepumpt" oder mit denen strauchelnde Banken gestützt werden, dann wissen Sie nun: **Sie existieren überhaupt nicht**, sondern werden einfach nach Belieben in Druckerpressen und als digitale Notizen per Tastendruck am Computer erzeugt. Ihre Gegenposition sind Schulden. Die **Guthaben werden auf das Konto der Banken gebucht**, die **Schulden auf Seiten der Steuerzahler**, um es einmal ganz vereinfacht und anschaulich auszudrücken.

Das ist das Fatale innerhalb eines Schuldgeldsystems. Es führt zwangsläufig zur Herrschaft der Geldverleiher und zur Schuldsklaverei des Volkes, da Regierungen nicht mehr genötigt sind, sparsam und verantwortungsvoll mit dem hart erarbeiteten und per Steuern eingezogenen Geld ihrer Bürger umgehen zu müssen. Erkennbar wird dieser Umstand an den „alternativlosen Rettungen" und der behaupteten „Systemrelevanz" der Banken. Ja, ohne Banken keine Finanzierung der Parteidemokratie, und ohne Parteidemokratie keine Enteignung und Entrechtung der Bürger. Seit der Übertragung der Geldhoheit des Staates an private Banken führen diese die Regierungs-geschäfte, und die Politik ist zu ihrer Erfüllungsgehilfin geworden.

„Es gibt zwei Wege, eine Nation zu erobern und zu versklaven. Der eine ist durch das Schwert, der andere durch Verschuldung."
Adam Smith (1723 - 1790), Begründer der klassischen Nationalökonomie

Regierungen und Parteifunktionäre verschwinden irgendwann, aber die von ihnen angehäuften Schulden bleiben zurück. Sie führen in eine Schuldknechtschaft des Volkes bei den Banken bzw. deren Eigentümern. Kann es daher noch verwundern, daß Banken „alternativlos" und „koste es was es wolle" durch die Steuerzahler „gerettet" werden müssen? Die **unheilige Allianz aus Politik und Banken** hat ein **Machtkartell** aus beiden entstehen lassen. Stürzen die Banken und deren Währungen, dann stürzen auch die Regierungen, die das private Bankengeld zum alleingültigen gesetzlichen Zahlungsmittel erhoben haben. Mit dem Vertrauen der Menschen in die Zahlungsmittel zerbrechen auch die Reste womöglich noch vorhandenen Vertrauens in die Politik.

Wer dieses System kennt und einmal begriffen und durchschaut hat, der ist weder erschrocken noch erstaunt über die Forderung vermeintlicher Volksvertreter nach der Abschaffung der souveränen nationalen Staaten zugunsten einer Konzentration von immer mehr Macht in immer weniger Händen in Form neugegründeter „übergeordneter Nichtregierungsorganisationen" - wie etwa UN, EU, NATO, WHO, WTO, BIS, IWF, FAO, Weltbank, BIS, ... Niemand kann zwei Herren dienen. Entweder man dient seinem Volk, oder den Oligarchen. Es ist bedauerlich, daß das an und für sich gutgemeinte Konzept der Demokratie im Laufe der Zeit von Parteifunktionären bis zur völligen Unkenntlichkeit verzerrt, entstellt und somit auf's Schwerste beschädigt wurde. Sie ist zur bloßen zerbröckelten Fassade einer Parteidiktatur verkommen, so wie sie es leider seit den Zeiten des antiken Hellas tat, wenn Despoten demokratische Strukturen ausnutzten, um ihre Macht zu festigen und immer weiter auszudehnen.

Wenn ein Herr Steinbrück die Offenlegung seiner Nebeneinkünfte mit der Aussage zu verhindern versucht: „Transparenz gibt es nur in einer Diktatur.", dann bestätigt er unverblümt und auf seine ihm eigene arrogant-zynische Art, daß der „gläserne und totalüberwachte Bürger" bereits heute in einer Diktatur lebt, während für Parteifunktionäre und andere Privilegierte offenbar andere Regeln gelten sollen.

Das Ankreuzen auf willkürlich von Parteien zusammengestellten Wahllisten alle 4 Jahre, mit dem der Wähler praktisch alles automatisch legitimiert, was die gewählten Vertreter während der nächsten Regierungsperiode beschließen, wird als Idiotie in die Geschichte eingehen. Unsere Kinder und Enkel werden uns für verrückt erklären, wenn sie von unserer blind-naiven Staatsgläubigkeit und mutlosen Unterwürfigkeit erfahren. Es ist kein Wunder, daß die Zahl der Nichtwähler explodiert, denn dieses System kann in keinem Wahllokal der Welt abgewählt werden.

Wer die Wahl hat zwischen Pest und Cholera, der behält seine Stimme am besten für sich selbst und beginnt seine Interessen in Zukunft selbst zu vertreten, indem er sein Leben eigenverantwortlich wieder in seine eigenen Hände nimmt und sich von den Abhängigkeiten des menschenverachtenden Systems befreit.

Da eine Abwahl bestehender Mißstände unmöglich ist, da die vereinigten Einheitsparteien allesamt dieselben Ziele verfolgen und Systemänderungen keinesfalls gewünscht sind, werden die Bürger auch angesichts der sich rapide verschlechternden wirtschaftlichen Verhältnisse verstärkt nach Wegen suchen, um finanzielle Einsparungen zu erzielen. Sie wenden sich von einem System ab, das ihre Arbeit, ihre Vermögen, ihren Halt, ihre Familien und die gesellschaftlichen Werte und Traditionen in einem Wahn von Gleichmacherei und Dirigismus zerstört hat – kurzum: das für eine wesentliche Verschlechterung ihrer Lebensqualität verantwortlich ist, und beginnen damit, den überdehnten Prozeß der Umerziehung bewußt oder unbewußt umzukehren und ihr Leben wieder in die eigenen Hände zu nehmen.

Durch die Abwendung vom Konsum um jeden Preis – allein aus wirtschaftlicher Notwendigkeit heraus – entziehen die Menschen dem System unbewußt die Finanzierung, und damit seinen Lebenssaft. Wer Dinge des täglichen Bedarfs selbermacht, anstatt zu kaufen, spart sofort allein schon die sogenannte „Mehrwertsteuer". 20 Prozent und mehr fallen dabei schnell ins Gewicht.

Geld regiert die Welt, so sagt man. Aber wer regiert das Geld? Wer bestimmt das Geschick der Völker? „**Gebt mir die Kontrolle über das Geld einer Nation, und es ist mir gleichgültig, wer darin die Gesetze macht**" (zitiert in „**The Creature of Jekyll Island**" von G. Edward Griffin, Seite 218), forderte einst Mayer Anselm Bauer (1744 – 1812), der Gründer der „Rothschild"-Dynastie.

Hatte er recht mit seiner These? Herrscht derjenige über ein Volk, der über dessen Geld bestimmt? Wir können es nur herausfinden, indem wir die Aussagen auf ihre Stichhaltigkeit überprüfen! Übt also nicht derjenige die Macht innerhalb eines Landes aus, der es „auf dem Papier" tut, etwa laut einer Verfassung? Ist der eigentliche Machthaber wirklich derjenige, der über das Geldsystem gebietet?

Denken Sie einmal darüber nach! Wer in einem Land darüber bestimmt, was als Geld verwendet wird, der kontrolliert letztlich die Politik des Landes, deren Wirtschaft, deren Gerichte und Behörden, die Polizei, die Medien, die Schulen, die Universitäten, die Kirchen, steuert deren Armeen, bestimmt so den Weg eines ganzen Volkes oder kontrolliert mehr oder weniger jede einzelne Person innerhalb dieses Einflußbereiches. Das Ergebnis: Durch die Übertragung des Monopols der Geldschöpfung an private Banken wurden der Staat und seine Organe von den Geldverleihern gekidnappt und seitdem zugunsten dieser Privatinteressen ferngesteuert.

Der ehemalige Vorsitzende der „Federal Reserve", Alan Greenspan, sagte in einem Interview: „**Die Fed ist eine unabhängige Institution, und es gibt keine andere Institution, die ihr Befehle erteilen kann. Das gilt auch für die US-Regierung und den Kongreß.**"
Link Alan Greenspan: http://tinyurl.com/cmmjfxd

Geld ist der Schmierstoff einer Wirtschaft und einer Gesellschaft, denn alles ist direkt oder indirekt von dem Geld abhängig. Innerhalb des ungedeckten Finanzsystems wird es möglich, durch beliebige Steuerung der Geldmenge in Form von Ausweitung (verbunden mit niedrigen Zinsen) und Verknappung (hoher Zins) gezielt Aufschwung und Niedergang („Boom & Bust") der Wirtschaft herbeizuführen.

Wer die Mechanismen steuert, weiß was als nächstes geschieht und profitiert von den Konsequenzen. Menschen werden während der ersten Phase ermuntert, sich zu verschulden, und verlieren in der zweiten Phase ihre Ersparnisse und Vermögenswerte, die sie als Pfand für das aus dem Nichts erzeugte Kreditgeld der Banken hinterlegen müssen.

Ein Schuldgeldsystem führt zu einer permanenten Umverteilung des Vermögens von denen, die es tatsächlich erarbeiten, hin zu den Betreibern des Systems und deren Günstlingen. Am anderen Ende des Extrems führt es Menschen in wirtschaftliche und finanzielle Abhängigkeiten (z.B. „HartzIV"). So wird ein Volk von finanziell und wirtschaftlich Abhängigen geschaffen, die aufgrund ihrer Abhängigkeit leicht steuer-, manipulier- und kontrollierbar werden. Zentralbanken erzeugen Währungen aus dünner Luft, buchstäblich aus dem Nichts. Es existieren keine Resourcen, keine zugrundeliegenden Warengeschäfte.

Dieses Zentralbankgeld entsteht also völlig leistungslos. Es wird nicht erarbeitet, sondern entsteht willkürlich nach Bedarf per Knopfdruck an Druckerpresse oder Computer. Wer auch immer über ein System gebietet, in dem aus Schulden „Geld" wird, dem ist es gelungen, wonach die Alchimisten des Mittelalters vergeblich geforscht haben: aus Blei beliebig viel Gold (= Geld) zu machen. Wer dieses System kontrolliert, der ist in der Lage, soviel „Geld" zu erschaffen, wie er nur will – und sich damit im Extremfall die ganze Welt anzueignen. Wer steuert also die Zentralbanken, Banken, Industriekonzerne und Medien, wer finanziert Regierungen und die großen „übergeordneten Weltorganisationen", die von demokratischer Mitsprache sorgfältig abgekapselt werden?

Wenn Sie mehr über den Charakter eines Menschen lernen wollen, dann beachten Sie einmal das Jesuswort: *„Ein guter Baum kann nicht schlechte Früchte, und ein innerlich verfaulter Baum kann nicht gute Früchte hervorbringen. An ihren Früchten werdet ihr sie erkennen."* (Matth. 7:18) und *„denn er selbst, der Satan, verstellt sich zum Engel des Lichtes. Darum ist es auch nicht ein Großes, wenn sich seine Diener verstellen als Prediger der Gerechtigkeit; ihr Ende wird sein nach ihren Werken."* (2. Korinther 11:14–15).

Sogar als „christlich" oder „jüdisch" tarnen sie sich zuweilen, um ihre eigentlichen Pläne zu verschleiern. Erkennbar werden sie schließlich nicht an dem, was sie **sagen**, sondern an dem, was sie **tun**. Und daß es teuflisch in dieser Welt zugeht, wer mag das bestreiten?

Man spricht von „sozialer Gerechtigkeit", und meint die kollektive Verarmung des gesamten Volkes, gewissermaßen eine Vereinheitlichung der Armut, während Großkonzerne auf Steuerzahlerkosten (= durch Subventionen) in Monopolstellungen gehievt werden. Man spricht vom Sparen, und giert nach immer neuen und mehr Steuergeldern. Bürger, die ihr Eigentum behalten möchten und sich der Enteignung entziehen, sind „Steuersünder". Bald vielleicht gar „Volksschädlinge"?

Steuerhinterzieher werden gejagt, aber die Veruntreuung von ungleich höherer Summen an Volks-vermögen und Steuergeldern geht straffrei aus. Der „Bund der Steuerzahler" der BRD belegt in seinem jährlich erscheinenden „Schwarzbuch" die Verschwendung von jährlich 30 Milliarden Euro und mehr durch Regierung und Behörden. Wohin flossen und fließen die veruntreuten Gelder? Wurden je Verantwortliche – nicht nur Bauernopfer – zur Rechenschaft gezogen? Oder wenigstens die Verschwendungen abgestellt? Warum steht die Verschwendung und Veruntreuung von Steuergeldern im Amt nicht auf derselben Stufe als Straftat wie Steuerhinterziehung? Warum werden Veruntreuung und Verschwendung von Volksvermögen, Wahllügen, Bestechlichkeit und Korruption im Amt nicht ebenso geahndet?

Dabei handelt es sich nur um zwei Beispiele unter vielen. Sollte ein Staat, der sich selbst als Rechtstaat betrachtet und nach außen darstellt, nicht zuerst die immense Veruntreuung von Steuergeldern verfolgen und abstellen, bevor er immer mehr Steuern von seinen Bürgern erpreßt?

Aus dem Erkennen der Sinnlosigkeit und des kollektiven Betrugs dieses gesamten Systems heraus wächst bei einer Vielzahl von Menschen eine starke innerliche Weigerung, diesen Weg noch einen einzigen Schritt weiterzugehen. Darin liegt bereits der Schlüssel, um die Ketten zu sprengen, die wir uns durch jahrelange Lethargie und stumme Duldung selbst geschmiedet und angelegt haben. Wozu auch immer länger und immer härter arbeiten, damit andere den Lohn der Arbeit wie selbstverständlich für sich selbst beanspruchen und man selbst kaum noch von den Brosamen leben kann, die übrigbleiben? Weil es „Gesetz" ist? Nur, wessen Gesetz ist es denn?
Wenn es sich um kein Naturgesetz handelt, dann ist es nur von Menschen gemacht, die davon profitieren. Naturgesetze können nicht außer Kraft gesetzt werden, aber es gibt kein menschengemachtes Gesetz, keine Vereinbarung und keinen Vertrag, der nicht jederzeit aufgehoben, geändert und abgeschafft werden könnte.

Das Märchen vom Recht(s)staat

Soviel vorab: Es gab meines Wissens nach niemals einen, es gibt derzeit keinen und es wird höchstwahrscheinlich niemals einen geben – den „Recht(s)staat". Der amerikanische Naturforscher und Philosoph Edward Abbey (1927 – 1989) charakterisierte ihn einmal wie folgt:

„Wenn du dich weigerst, ungerechte Steuern zu bezahlen, wird dein Eigentum konfisziert. Wenn du versuchst, dein Eigentum zu verteidigen, wirst du festgenommen. Wenn du dich der Festnahme widersetzt, wirst du niedergeknüppelt. Wenn du dich dagegen wehrst, wirst du erschossen. Diese Maßnahmen sind bekannt als Rechtstaatlichkeit."

Abbey entlarvt in wenigen Zeilen den „Rechtstaat" als Illusion. Entspricht seine Definition nicht dem, was wir tagtäglich selbst hören und erleben, daß Behörden immer repressiver gegen die „kleinen Leute" vorgehen? Jede der Tugenden, die uns verantwortungsvolle Eltern gelehrt haben – Ehrlichkeit, Sparsamkeit, Gewaltverzicht, Mitgefühl, Bescheidenheit, um nur einige wenige Beispiele zu nennen – sind dem Staat völlig fremd.

Die jeder Privatperson verbotene Mißachtung und Verletzung der Rechte und des Eigentums Dritter bilden geradezu die Geschäftsgrundlage des Staates. Niemals in der Geschichte ist je ein Staat ohne den Bruch von Individualrechten entstanden, zu denen Betrug, Raub, Erpressung, Freiheitsberaubung, Totschlag und (Massen-)Mord zählen. Die systematische Mißachtung geltender Rechtsnormen einer freien Gesellschaft wird vor allem in dem von Abbey beschriebenem Aggressionspotenzial des Staates deutlich. Ein wie auch immer gegründeter „Verdacht" genügt, um die Rechte der Menschen auszuhebeln, darunter auch das Recht der **Unverletzlichkeit der Wohnung** als kleinster Raum bürgerlicher Privatsphäre.

Kinder müssen von klein auf lernen, daß sie keine Gewalt gegenüber Dritten initiieren dürfen, oder daß sie anderenfalls mit Strafe rechnen müssen. Außer im Fall von Notwehr oder Nothilfe ist die Anwendung von Gewalt innerhalb einer zivilisierten Gesellschaft generell inakzeptabel. Hätten Ihre Eltern es geduldet, wenn Sie Ihren Spielkameraden deren Eigentum weggenommen hätten – nur weil Sie der Stärkere waren? Und doch ist es genau das, was der Staat permanent tut.
Er kennt keine Skrupel, sein Gewaltmonopol gegen wehrlose Bürger zu mobilisieren, deren einziges „Verbrechen" es ist, ihr rechtmäßig erworbenes Eigentum behalten zu wollen, wenn es ihm darum geht, sich deren Eigentum anzueignen. Wer das bezweifelt, der versuche einmal, sich der Schutz-gelderpressung des Staates – auch als „Steuern" bekannt – zu verweigern. Er wird schneller mit der real existierenden „Rechtstaatlichkeit" Bekanntschaft schließen, als er „Rechtstaat" japsen kann.

Der Staat verpflichtet seine Bürger zur Einhaltung des Nichtaggressionsprinzips und des öffentlichen Friedens – die Gewalthaber, die sich gern in absolutistischer Weise selbst für „den Staat" halten – und auch vom Volk (viel zu) lange als dieser akzeptiert werden – scheren sich aber nicht darum, sich anlehnend an den selbstgefälligen Ausspruch des „Sonnenkönigs" Louis XIV.: **„L'etat c'est moi - Der Staat bin ich."**

Der Staat erlaubt es seinen Opfern („Bürgern") nicht einmal ohne massiven Widerstand, aus ihm auszutreten und sich von ihm loszusagen, sobald er das Prinzip eines legitimen Staates pervertiert und sich vom Schützer und Hüter der Freiheit und des Rechts zugunsten der Bürger zum Aggressor, Unterdrücker, Räuber, Tyrannen und einer kriminellen Organisation mit mafiösen Strukturen gewandelt hat. Ein Unrechtsstaat zwingt seine Bürger sogar, ihn trotz seiner Gesetzesbrüche bis hin zu völkerrechtswidrigen Kriegen und anderen Straftaten weiterhin durch Besteuerung zu finanzieren.

Sind wir also tatsächlich frei? Wir werden nicht gehört werden, bis wir die uns zustehenden, un-veräußerlichen Rechte einfordern und durchsetzen. DAS ist Souveränität. In welchem Staat haben Sie heute noch die Möglichkeit, aus dem Wahnsinn auszusteigen, indem Sie beispielsweise einen Selbstversorgerhof bewirtschaften? Es ist unmöglich, denn Sie müssen entweder Pacht zahlen, oder aber eine alljährliche „Grundsteuer" entrichten, nur weil Sie der Eigentümer von Land sind, was einer Dauerenteignung gleichkommt.

In jedem Falle werden Sie auf diese Weise indirekt gezwungen, sich das gesetzliche Zahlungsmittel besorgen zu müssen, indem Sie beispielsweise Ihre Erzeugnisse verkaufen, die aber wiederum mit einer Steuer belegt werden. Darüberhinaus werden Sie gezwungen, ein Gewerbe anzumelden, eine Zwangsmitgliedschaft in Innungen, Verbänden und Krankenkassen abzuschließen – und schon sind Sie wieder mittendrin im Hamsterrad. So sehen moderne Sklaverei und Zwangsarbeit aus, die in „der freiesten Gesellschaft der Welt-geschichte" offiziell natürlich nicht existieren.

Die Organisation des Staates als Institution von Menschen für Menschen ist eine Utopie, die in der Geschichte der Menschheit praktisch niemals über einen längeren Zeitraum verwirklicht wurde. Die Staaten der Vergangenheit und Gegenwart stellen nichts anderes dar als Instrumente des Machterhalts und der Machtausdehnung, derer sich Wenige bedienen, um die große Mehrheit unter Kontrolle zu halten und restlos auszuplündern. Wie sich das jeweilige Herrschaftssystem dabei selbst bezeichnet, ist völlig unbedeutend.

Befindet man sich im Rechtsstreit mit staatlichen Behörden, wer ist es dann, der über die Ange-legenheit in Form von Rechtsprechung letztlich befindet, wenn nicht die staatlichen Gerichte? Und von wem werden sie bezahlt? Ja, sie erhalten das Geld „vom Staat", aber es handelt sich um das Geld des / der Angeklagten. Und wie kommt es, daß vor einem ordentlichen Gericht grundsätzlich die Unschuldsvermutung gilt, während der Bürger gegenüber Anschuldigungen von Behörden seine eigene Unschuld nachweisen muß, die Behörden also das Prinzip der Unschuldsvermutung einfach umkehren? In einer unrechten Justiz kann nur derjenige zu seinem Recht gelangen, der es sich finanziell leisten kann, sich notfalls durch alle Instanzen zu klagen. Aber wartet dort am Ende das Recht?

Nein, in einem Staat, dessen Prinzip pervertiert und umgedreht wurde, in dem das Volk nicht mehr die Regierung und die Behörden kontrolliert, sondern umgekehrt, stimmt nichts mehr. Gerade die politische Führung eines Volkes sollte Vorbild sein für Ehrlichkeit, Integrität und Loyalität. Leider ist der menschliche Charakter schwach und strebt letztlich doch immer wieder nach Erhalt und Ausdehnung seiner Machtposition, die die persönliche Bereicherung ermöglicht: Spendenaffären, Schwarzgeldkonten, gefälschte Doktorarbeiten, Nebeneinkünfte die ein Vielfaches des Abgeordnetensalärs betragen, Nebenjobs in Aufsichts- und Verwaltungsräten, … .

Sobald es für Gewalthaber rentierlicher wird, fremdes Geld in eigene Taschen umzulenken, als ihrer Verpflichtung nachzukommen und im Interessen ihres Volkes zu handeln, gerät die Ordnung des Staates unweigerlich durcheinander. Im Zerbruch endet sie, sobald die herrschende Kaste damit beginnt, ihre politische Gewalt zu mißbrauchen, indem sie sie aus Angst vor dem Verlust ihrer Macht und Privilegien gegen das aufbegehrende verarmende, entrechtete und wütende Volk einsetzt.

Der Beginn einer solchen immer in Desaster endenden Entwicklung wird dann absehbar, wenn Machthaber sich selbst unter Schutz stellen, um ihr Tun unangreifbar zu machen. Früher geschah dies, indem sich der Macht-haber zum „Gottkaiser" ernannte oder als „von Gottes Gnaden" betitelte. Wer gegen die entstehende Willkür aufbegehrte, handelte also „gegen Gottes festgesetzte Ordnung" – zumindest aus Sicht der Gewalthaber. Die Geschichte ist voll davon, und der Charakter des Menschen hat sich seit 6.000 Jahren nicht verändert. Die Verwendung von Massenpsychologie oder Propaganda ist seit alters bekannt und heute weiter fortgeschritten denn je zuvor. So erkannte NSDAP-Propagandaminister (damals wurde das Kind zumindest noch beim Namen genannt) Dr. Joseph Goebbels im Jahre 1933: **„Das ist das Geheimnis der Propaganda: den, den die Propaganda fassen will, ganz mit den Ideen der Propaganda zu durchtränken, ohne daß er überhaupt merkt, daß er durchtränkt wird."**

Und der Diktator und Massenmörder Josef Wissarionowitsch Dschugaschwili („Stalin") erkannte: **„Gedanken sind mächtiger als Waffen. Wir erlauben es unseren Bürgern nicht, Waffen zu führen - warum sollten wir es ihnen erlauben, selbständig zu denken?".** Er gab in unverhohlener Offenheit weiterhin zu: **„Der Staat ist eine Maschine in den Händen der herrschenden Klasse zur Unterdrückung des Widerstands ihrer Klassengegner. In dieser Hinsicht unterscheidet sich die Diktatur des Proletariats im Grunde genommen durch nichts von der Diktatur jeder anderen Klasse, denn der proletarische Staat ist eine Maschine zur Niederhaltung der Bourgeoisie."** *(in: Stalin, Werke Band 6, Über die Grundlagen des Leninismus, IV. Die Diktatur des Proletariats)*

Heute stellen sich politische Entscheidungsträger unter juristische Immunität, um keine Verantwortung für ihr Handeln zu tragen und Strafverfolgung zu entgehen. Ein solcher Freibrief diente damals wie heute allzuoft als Deckmantel für geplante Straftaten aller Art.
Wie können diese Personen dann noch vorgeben, im Namen und Interesse zum Wohl des Volkes zu handeln? Wir werden heute fast täglich Zeugen, wie bestehende Gesetze nach Belieben gebrochen, ausgehebelt und verändert werden. Demokratie in Verbindung mit sozialistischen Prinzipien enden letztlich alle, ohne Ausnahme, in Tyrannei und Faschismus. Vertrauenswürdigkeit und Verantwortungsbewußtsein werden durch Scham-, Ehr- und Gesetzlosigkeit auf Seiten der Gesetzgeber abgelöst.

Sie wähnen sich selbst über Recht und Gesetz stehend.

Das Volk wird entrechtet und unter Mißbrauch gesetzgebender, ausführender und rechtsprechender Gewalt ausgeraubt. Heuchlerisch und unerträglich, wie mit Wortverdrehungen und Begrifflichkeiten gelogen wird:

Kriege werden „aus humanitären Gründen" und „für die Demokratie" (welche Demokratie?) geführt, um wirtschaftliche und geopolitische Interessen zu verschleiern; politische und behördliche Willkür und Zwang ist „gelebte Demokratie"; Generalverdächtigung, Überwachung und Bespitzelung der Bürger gewährleisten „Freiheit und Sicherheit"; modernes Raubrittertum (verfassungswidrige „Doppel- und Dreifachbesteuerung") und Umverteilung der erarbeiteten Vermögen, wobei der Großteil der Gelder im eigens dafür errichteten und aufgeblähten sozial-industriellen Komplex mit Pöstchenverteilung und Vetternwirtschaft kleben bleibt, ist „soziale Gerechtigkeit", … .

Die Liste ließe sich fortführen, aber mir würde schlecht angesichts so viel geballter Scheinheiligkeit, Heuchelei, modernem Pharisäer- und falschem Gutmenschentum: es täuscht Gutes vor, aber geht den Weg des Bösen.

Und immer wieder erhebt sich dieselbe häßliche Fratze: Das Böse verstellt sich selbst zum „Engel des Lichts" und als Prediger der Gerechtigkeit. Seine Taten aber entlarven seine tatsächlichen Absichten. Jesus Christus warnt vor solchen falschen Predigern, **„die in Schafskleiden zu euch kommen, inwendig aber sind sie reißende Wölfe. An ihren Früchten werdet ihr sie erkennen."** (Matthäus 7:15 – 16)

Gewalthaber ohne Moral und Anstand wollen den Menschen befehlen, wie sie ihr Leben zu leben, was sie zu tun und zu denken haben, und das sie für ihre Unterdrückung, Beraubung und Bevormundung immer mehr zu zahlen haben. Ist unter diesen Umständen die Feststellung tatsächlich zu hochgegriffen, die Bürger finanzierten ihre eigene Entrechtung, Bevormundung, Enteignung und letztlich völlige Versklavung?

Wikipedia definiert den Begriff Soziopathie wie folgt: „Die heutige Bedeutung des Begriffes **Soziopath** bezieht sich auf Personen, die nicht oder nur eingeschränkt fähig sind, **Mitgefühl** zu empfinden, sich nur **schwer in andere hineinversetzen** können und die **Folgen ihres Handelns nicht abwägen können**. Soziopathen leiden unter **„dissozialen Persönlichkeitsstörung"**, die sich unter anderem wie folgt äußert: Unfähigkeit, sich in andere hineinzuversetzen; Unfähigkeit zur Verantwortungsübernahme, gleichzeitig eine klare Ablehnung und Mißachtung sämtlicher sozialer Normen, Regeln und Verpflichtungen; Unfähigkeit, längerfristige Beziehungen aufrechtzuerhalten, jedoch keine Probleme mit der Knüpfung frischer Beziehungen; geringe Frustrations-toleranz, Neigung zu aggressivem und gewalttätigem Verhalten; fehlendes Schuldbewußtsein; Unfähigkeit, aus Erfahrungen zu lernen; anhaltende Reizbarkeit."

Quelle Wikipedia „Soziopathie": https://de.wikipedia.org/wiki/Soziopathie

Fügen wir noch die Psychopathie hinzu, das völlige Fehlen von Empathie gepaart mit Verantwortungs- und Gewissenlosigkeit, dann zeichnet dies ein Bild von Personen, die anders als „normale" Menschen danach streben, über andere zu deren Nachteil und eigenem Vorteil zu herrschen.

Quelle Wikipedia „Pschopathie": https://de.wikipedia.org/wiki/Psychopathie

Der Stützpfeiler der Macht – die Arbeit der Massen und deren Enteignung durch Besteuerung und Geldentwertung (= Inflation)

Für die Finanzierung seiner hoheitlichen Aufgaben ist der Staat selbstverständlich auf das Geld seiner Bürger angewiesen, da er selbst nicht produktiv tätig ist und folglich keine eigenen Werte erwirtschaftet. Zur Leistung der obengenannten Kernaufgaben sollte er sich mit nicht mehr als 5 - 10 Prozent des Einkommens der Bürger bescheiden. Wie hoch belaufen sich aber die kumulierten Steuersätze in Ihrem Land heute? Und dennoch sind alle Staaten unrettbar überschuldet! Wie kann das sein?

Das Ergebnis eines begrenzten **Staates mit strikt begrenzten Machtbefugnissen**, mit **strikter Reglementierung des politischen und behördlichen Einflusses** und **maximalem Selbstbestimmungsrecht seiner Bürger** bietet eine Grundlage für einen akzeptablen, funktionstüchtigen Ordnungsapparat, solange er seinen Bürgern eine solide Rechtsgrundlage garantiert und ihnen den Großteil des Lohnes ihrer Arbeit beläßt. Durch den Schutz vor inneren und äußeren Feinden bietet er des weiteren eine tragfähige Grundlage für Frieden, Freiheit und weitgehende Selbstbestim-mung seiner Bürger, die durch ihre Arbeit Wohlstand erwerben könnten, der ihnen aufgrund minimaler Besteuerung auch belassen wird.

Wie steht es aber heute allein um die Rechtssicherheit, wenn willkürlich und nach Belieben Gesetze und Verfassungen verändert oder von den Gewalthaber selbst mißachtet werden? Sie ist praktisch nicht mehr vorhanden. Die Demokratie ist zur Herrschaft des Mobs verkommen, wie jedesmal zuvor in der Geschichte. Der Staat ist zum Selbstzweck und Machtinstrument einer kleinen Clique geworden, die die Menschen ausplündert, bevormundet und bedroht.

Ein unersättlicher Staatsapparat sucht unablässig nach Wegen, das Eigentum der Bürger zu rauben, das er noch nicht antasten konnte. Alte Steuern werden erhöht und neue erfunden, um sich fremdes Eigentum anzueignen.

Floskeln wie „Steuergeschenk" deuten an, daß der Staat das Eigentum der Bürger insgeheim als von Beginn an ihm zustehend betrachtet und eine teilweise Rückerstattung als unverdiente Gnade betrachtet. Handelt es sich bei den heutigen exzessiven Steuern von kumuliert bis zu 85% des erwirtschafteten Vermögens heute nicht um politisches Raubrittertum?
Wurde nicht das gesamte Staatsprinzip als Diener des Volkes vollständig pervertiert, und sind die heutigen Staatsgebilde damit überhaupt noch legitim? Legitim sind Steuern dann, wenn einer Leistung (Zahlung) eine Gegenleistung gegenübersteht, etwa wenn durch Erhebung einer KFZ-Steuer Straßen instandgehalten werden.

Worum handelt es sich bei der heutigen exzessiven Besteuerung von Lohn, Besitz und Eigentum, wenn nicht um politische **Erpressung** und legalisierten **Raub**?
Erpressung deshalb, weil sie unter Androhung von Gewaltanwendung unter Mißbrauch und Gleichschaltung des staatlichen Gewaltmonopols (Justiz, Behörden, Polizei) eingetrieben werden.
Raub deshalb, weil es sich um die Aneignung fremden Eigentums unter permanenter Androhung von Gewaltmaßnahmen handelt, dem keinerlei konkrete Gegenleistung gegenübersteht. Man erfindet einfach ein Gesetz, um sich zu nehmen, was einem nicht gehört, was man jedoch zur Finanzierung eigener Pläne beansprucht.

Das Beispiel der sogenannten „Mehrwertsteuer" beweist dies eindrücklich: Ein Mehrwert entsteht während eines Wertschöpfungsprozesses. Aus einem unveredelten Rohstoff wird in einem handwerklichen Arbeitsvorgang ein hochwertiges Endprodukt, aus leichtverderblicher Milch wird beispielsweise halt- und lagerbarer Hartkäse. Der dabei entstehende Mehrwert wird vom Hersteller des Produkts erarbeitet, der während der Fertigung seine Arbeit, Zeit, sein Können, Fachwissen und andere zur Herstellung nötige Zutaten in das Produkt einfließen läßt. Dieser „Mehrwert" spiegelt sich im Verkaufspreis der Ware wider, den er dafür verlangt.
Nun sucht der Staat nach neuen Einkommensquellen, denn er nimmt praktisch nie genug ein, um alle seine ehrgeizigen Ziele zu finanzieren. Er kommt auf die Idee, nun ebenfalls von der Wertschöpfung – der Erschaffung des „Mehrwertes" – profitieren zu wollen, und erläßt daher ein Gesetz, demzufolge ihm 20% des Warenwertes zustehen, die er durch Erhebung einer Steuer einfordert und abschöpft.

Aber weder hat er bei der Entstehung des Produkts irgendeine Leistung erbracht, noch legt er dem Bürger Rechenschaft darüber ab, warum und wofür er die Einnahmen verwenden will. Die „Mehrwertsteuer" ist somit eine reine Enteignungs- und Geldbeschaffungssteuer. Und dies ist nur ein Beispiel unter vielen. Und daran geht dieses System letztlich zugrunde: Leistung ohne Gegenleistung.

Was hat das alles noch mit Ordnung, Recht und Gesetz zu tun? Bei den heute herrschenden exzessiven Steuern der „Neuweltdemokratien" handelt es sich folglich um exzessiven Diebstahl von Vermögenswerten, die durch Arbeit, Innovation und Kreativität der Bevölkerung erschaffen und durch Besteuerung kurzerhand konfisziert werden. Politik und Verwaltung sind selbst niemals produktiv. Das politische Handeln unserer Tage offenbart eine Politik zugunsten der Großkonzerne und damit der Finanzoligarchen. Lobbyisten der Industrien besetzen Gremien und Expertenräte, überwachen sich selbst, schreiben sich selbst Empfehlungen und die notwendigen Gesetze zum Erhalt und der Ausdehnung ihres Monopols gleich obendrein.
In den heutigen Parteidemokratien dient die Politik den Großkonzernen Monopolstellungen an und verschafft ihnen durch die Zahlung von Subventionen einen ungerechtfertigten finanziellen Vorteil. Dabei findet eine willkürliche Umverteilung von Volksvermögen in Form von Fördergeldern an politisch bevorzugte und privilegierte Sonderinteressengruppierungen statt. Wer überprüft diese Vorgänge? Wer legt den Steuerzahlern darüber Rechenschaft ab?

Kleine und mittlere Betriebe erhalten keine oder eine deutlich geringe Förderung. Da kleine Unternehmen die subventionierten Preise der Großkonzerne nicht mithalten können, werden sie aus dem Markt gedrängt und durch den dabei entstehenden Verlust an mittelständischen Arbeitsplätzen ein Heer an Arbeitslosen und wirtschaftlich-finanziell Abhängigen geschaffen.

Der neueste Coup der „welches Volk eigentlich?" vertretenden Zunft: Steigende Strompreise werden nun nach der sogenannten „Energiewende" per Gesetz von den Großkonzernen direkt auf die Privathaushalte umgelegt. Die Vertreter der Parteien gehen großzügig mit dem Geld der Bürger um – sie haben ja selbst nicht dafür arbeiten müssen. Und für all diejenige, die an den „gerechten" und uneigennützigen Staat glauben; der ist der Hauptnutznießer der Abzocke.
Link handelsblatt.com „Staat kassiert Hälfte des Strompreises": http://tinyurl.com/csrhoe9

In Neuseeland hat der weltbekannteste Genmanipulierer die Verabschiedung eines Gesetzes bewirkt, nach dem es Privatpersonen nur noch mit Sondergenehmigung erlaubt ist, in ihrem Garten Obst und Gemüse anzubauen. Muß man blind sein, um zu erkennen, wohin wir geraten sind? Da solche „Gesetze" gegen elementares Menschenrecht auf Selbstbestimmung verstoßen, sind sie ohnehin illegal. Sie dienen weder dem einzelnen Menschen noch der gesamten Gesellschaft, sondern lediglich einer winzigen Gruppierung mit privaten Interessen.

Aber wer setzt das Recht durch, wenn Richter und Staatsanwälte von der Politik berufen, weisungsgebunden und „vom Staat" (aber aus Steuergeldern) bezahlt werden?

Die neuzeitlichen, der Eigendefinition zufolge „demokratischen Rechtstaaten" sind zu kleptokratisch-totalitären Zombies mutiert, die ihre Bürger förmlich ausweiden, sie per Steuern und Abgaben kalt enteignen und elementare Menschenrechte mit Füßen treten. Dazu gehören das Recht auf Eigentum, das Recht auf Privatsphäre, die Informations-, Versammlungs-, Rede-, Meinungs- und Vertragsfreiheit. Im Gegenzug sollen national-hoheitliche Aufgaben des Staates an anti-demokratisch wählbare „übergeordnete Organisationen" abgetreten werden.

Dabei werden natürlich gewachsene gesellschaftliche Strukturen samt Kulturen und Traditionen in Schutt und Asche gelegt, um endlich auf den Trümmern einer „supranationalen Herrschaftsform" den Steigbügel der Weltherrschaft zu halten. Der Mißbrauch der staatlichen Organe wie Justiz, Polizei und Militär durch die Politik werden zur Erreichung ihrer ultimativ antidemokratischen Ziele nur allzugern in Kauf genommen. Ja – ohne diese wären sie schlicht nicht durchführbar.

Internationalsozialistische Politik, repräsentative / indirekte Demokratie, Zentralbanken- und Fiat-Money-System, Föderalismus, Globalismus, Machtzentralisierung, EU, NATO, UN & Co sind nicht die Lösung, sie sind der Zirkelpunkt aller Probleme!

Sobald aus Gewaltenteilung eine Gewaltbündelung nach jakobischer Machart konstruiert wird, halten Machtmißbrauch, Korruption, Verantwortungslosigkeit, Willkür und schließlich Tyrannei und Diktatur Einzug in die Gesellschaft und Politik.

Wird dem Volk die direkte Einflußnahme auf politische Entscheidungen vorenthalten (z.B. durch verbindlich zu beachtende Volksentscheide), verkommen Staatsgebilde früher oder später zu aggressiven Machtvehikeln, unter deren Zuhilfenahme eine winzig kleine Minderheit über die große Mehrheit des Volkes willkürlich herrscht. Ursprünglich als Dienst am Volk vorgesehen, wandeln sich Behördentum und Justiz eines überdehnten Staatsapparates zu einem Gängelungs- und Unterdrückungsapparat für die Bürger, den die Bürger zudem durch Besteuerung zu finanzieren gezwungen werden.

Zweifeln Sie daran? Dann fragen Sie sich doch einmal: Kontrollieren Sie – als Souverän des Staates – die Behörden? Oder kontrollieren die Behörden Sie? Das Regieren erfolgt mit Höchstgeschwindigkeit am Volk vorbei. Die Verfassung steht der „globalen Agenda" der Verarmung und Entrechtung im Weg? Bittesehr, dann wird sie eben geändert!

Die Nichtexistenz von Rechtssicherheit für den „gemeinen Bürger" ist ein Kennzeichen für Diktaturen und der Herrschaft von Tyrannen. Die von ihnen aufgestellten Gesetze werden von ihnen selbst nicht beachtet, beliebig verändert oder außer Kraft gesetzt. Stichwort Maastricht-Vertrag, der die Haftung für die Schulden ausländischer Regierungen strikt verbietet. **Die Politik bricht ihre eigenen Gesetze**, während das Volk mit immer mehr und immer neuen Gesetzen geknebelt wird. Mißachtung des Privateigentums, der Meinungs- und Redefreiheit, die Unterstellung von Abgeordneten unter Parteienzwang oder deren Diffamierung als „Abweichler" sprechen allesamt eine beredte Sprache, wie aus Demokratie die Diktatur einer Parteienoligarchie werden kann.

Letztlich diskreditieren sich die politischen Vertreter damit jedoch selbst, indem sie das Vertrauen der Menschen mißbrauchen. Denn wie ist es dem Volk zu vermitteln, daß es Gesetze beachten soll, wenn es die Politik nicht einmal mehr selbst tut? Wann es den Bürgern angesichts der Entwicklungen endgültig reicht, und sie in offenem Ungehorsam die direkte und indirekte Finanzierung ihrer eigenen Versklavung ablehnen werden, ist nur noch eine Frage der Zeit. Eine Frage von Wochen und Monaten, nicht von Jahren.

Die Politik spitzt die Situation ja immer weiter zu, indem sie den Druck auf das Volk durch immer mehr Zwänge und Verbote immer weiter erhöht! Die Vertreter der Politik demontieren auf diese Weise ihre eigene Legitimität und lange akzeptierte Autorität. Der Vertrauensverlust in die Parteien und deren Vertreter ist förmlich mit Händen greifbar. Im Volk herrscht **keine Politikverdrossenheit, sondern eine Politiker-verdrossenheit**!

Zwei Beispiele sollen einmal zur besseren Veranschaulichung dienen, welch korrupte und totalitäre Strukturen sich zwischenzeitlich entwickelt haben. Eine davon ist die **Legalisierung von Staatsterror und Folter, die sich im Helfergewand versteckt: Die Zwangspsychiatrisierung.**

Fallstudie 1: Im Jahre 2006 wurde Gustl Mollath in die Psychiatrie eingewiesen, nachdem er die Behörden auf einen Schwarzgeldskandal bei der HypoVereinsbank (HVB) aufmerksam gemacht hatte, in den auch seine Frau verwickelt war. Die durch Herrn Mollath vorgelegten Indizien wurden von behördlicher Seite ignoriert; im Jahre 2012 drang der Fall trotz aller Vertuschungsversuche dennoch an die Öffentlichkeit. Es ist zu erwarten, daß hochrangige Kreise darin verwickelt sind, was letztlich auch im Versuch gipfelte, Herrn Mollath durch Zwangspsychiatrisierung mundtot zu machen. Da wichtige Indizien kurzerhand ignoriert wurden, kann niemand behaupten, er oder sie habe von nichts gewußt. Die darin involvierte Justiz, Politik, Ärzte, Psychologen haben sich einer sechsjährigen Freiheitsberaubung des Herrn Mollath schuldig gemacht. Das System offenbart faschistoide Züge. Der Steuerzahler kommt trug die Kosten dafür, die sich laut der Internetseite „Arbeitsgemeinschaft Gustl Mollath" auf über 600.000 € belaufen.
http://gustl-for-help.de / http://www.gegen-stimmen.de/?p=19737
Studie zur Zwangspsychiatrisierung: http://www.irrenoffensive.de/foltersystem.htm

Fallstudie 2: Ein Bauer kaufte genetisch veränderten Mais von einem großen Gentechnikkonzern. Den Mais verfütterte er an seine Zuchtrinder. Der Informationsdienst „Deutsche Wirtschafts-Nachrichten" (DWN), der im Gegensatz zu den Massenmedien seine journalistische Pflicht erfüllt, indem er über Mißstände informiert, sie aufdeckt und benennt, statt bei der Vertuschung behilflich zu sein, schreibt: „Die genmanipulierten Pflanzen produzierten ein Gift, das den Maiszünzler-Schädling bekämpft. Darüber hinaus war der Proteingehalt der Pflanzen höher als bei konventionellen Maissorten. Zwei Jahre lang fütterte Glöckner seine Hochleistungs-Zuchtrinder mit dem Genmais, bis sie Durchfall und eitrige Euter bekamen und nur mehr vier bis sieben Liter Milch am Tag gaben. Außerdem kam es zu Mißbildungen bei Kälbchen und Todesfällen. (…)"
Er ließ eigene Nachforschungen über die Gründe für die Schäden seines Tierbestandes durchführen, die ergaben, daß sich in Futter, Milch und Gülle giftige Stoffe befanden. Daraufhin wandte er sich an die Öffentlichkeit, die damalige Verbraucherschutzministerin Künast („Die Grünen") und „Greenpeace". Weiterhin berichtete er im In- und Ausland von seinen Erfahrungen. Der Konzern bot ihm eine Entschädigung an, wenn er die Vorträge beendet, was der Bauer jedoch ablehnte.

Kurz danach kam es in seinem Scheidungsprozeß zu einer Wendung. Er wurde der Vergewaltigung in der Ehe angeklagt und zu zwei Jahren Haft verurteilt. Ob der Gentechnik-konzern hinter der Verurteilung steckt, konnte bis auf weiteres nicht geklärt werden. DWN: „In Deutschland sind 80 Prozent der Bürger gegen den Anbau von Gen-Pflanzen. Die Bundesregierung und die EU-Lobbyisten agierten deshalb gegen den Willen des Volkes." „Es geht ja dabei um sehr viel Geld", so der Geschädigte.
Link deutsche-wirtschafts-nachrichten.de: http://tinyurl.com/cgc4mk7

Sehen Sie, dies ist die Situation, in der wir uns heute befinden. Personen, die durch ihre Suche nach der Wahrheit die Lügen und damit den Erhalt des Systems und die Vorteile seiner Nutznießer gefährden, werden häufig unter inszenierten Vorwänden und dem Gebrauch von Rufmord und falschen Anschuldigungen inhaftiert und gar „zwangspsychiatrisiert". Andere systemkritische Personen kommen häufig unter „mysteriösen Umständen" ums Leben. In der Bevölkerung hat sich der Begriff „Verunfallung" durchgesetzt. Ein Beispiel dafür ist die **Richterin Kirsten Heisig**, die sich kurz vor Veröffentlichung ihres brisanten Buches, auf die sich nach Aussagen aus ihrem Bekannten- und Familienkreis freute, offenbar selbst erhängt haben, nachdem sie ihren Hund umgebracht, verscharrt und tonnenschwere Baumstämme über dem Kadaver des Tieres aufgeschichtet haben muß. Die Behörden schlossen den Fall ab, da offensichtlich ein Selbstmord und keinerlei Fremdeinwirkung vorlag. **Zusammenfassung des Falls von info.kopp-verlag.de: http://tinyurl.com/d5j7ljj**

Der New Yorker Künstler **Mark Lombardi** recherchierte akribisch Hintergründe und Zusammenhänge von Bestechungsskandalen und Verstrickungen von Politik und Konzernen. Er stellte Verbindungen von hoch-rangigen Politikern, dem Bankensystem und Osama bin Laden – noch vor dem Terror vom 11.September 2001! – in noch nie dagewesener Weise grafisch dar und seine Kunstwerke in der Öffentlichkeit aus. Am 22. April 2000 fand man ihn erhängt in seinem Studio. Die Polizei stellte Selbstmord als Todesursache fest und schloß den Fall ab. Mark Lombardi hatte sich kurz zuvor von seiner Freundin getrennt, eines seiner Kunstwerke wurde kurz vor einer Ausstellung durch eine Sprinkleranlage zerstört, und er erhielt Morddrohungen. **Video: http://tinyurl.com/bt4uj42**

Auch der Fall des verurteilten Kinderschänders **Marc Dutroux** wurde niemals rückhaltlos aufgeklärt. In den 1990er Jahren wurden in Belgien mehrere Mädchen entführt und teilweise ermordet aufgefunden. Dutroux wurde von der Justiz als Einzeltäter ermittelt, verurteilt und der Fall abgeschlossen. 27 Zeugen (!!!), die zu dem Fall aussagen sollten, kamen auf besagte „mysteriöse Weise" ums Leben, bevor sie ihre Aussagen machen konnten. Aufgrund der massiven Ermittlungspannen, Vertuschungen und massive Häufung „mysteriöser Zwischenfälle" wurden Verwicklungen einflußreichster Kreise in den Skandal vermutet. Kinderschändung und Kindermord bzw Menschenopfer sind ebenso wie das Trinken von Blut Kennzeichen von Satanismus. Die Unterhaltungsindustrie (u.a. Film, Musikvideos) ist sehr darum bemüht, okkulte Rituale und Praktiken mittels „sympathischer" Vampire, Hexen und Zauberer einer breiten ahnungslosen Öffentlichkeit und vor allem der Jugend schmackhaft zu machen.
Eine knapp halbstündige Dokumentation des Falles Dutroux: http://tinyurl.com/czbjc4n

Wir befinden uns mitten in einem unaufhaltsamen Zeitenwandel, der alle bestehenden Herrschaftsstrukturen trotz aller noch folgender Zwangsmaßnahmen unwiderstehlich hinwegreißen und alle Verbrechen des Systems letztlich ans Tageslicht bringen wird. Selbst die systemtreue „Boston Consulting Group" erkennt die Staatsfinanzierung durch Verschuldung mittlerweile als Schneeballsystem, das urplötzlich zusammenbrechen wird. **Link deutsche-wirtschafts-nachrichten.de: http://tinyurl.com/bo3uqdo**

Die Völker erwachen gründlich und überall auf der Welt sichtbar und sind immer weniger bereit, Unterdrückung und Bevormundung zu dulden. Der Staat wird als Unterdrückungsapparat erkannt und benannt. Dem Mißbrauch des Staates wird dann Tür und Tor geöffnet, sobald es einer Gruppierung oder Geheimorganisation gelingt, den Staat zu unterwandern, auszuhöhlen und ihre Handlanger in Schlüsselpositionen zu installieren. Dem kann ausschließlich durch direkte Einflußnahme des Volkes auf die Politik entgegengewirkt werden.

Wer über das Geld bestimmt, der kontrolliert die Geschicke eines Volkes. Die Geschichte staatlichen Geldes ist eine Geschichte fortwährenden Betrugs und Verarmung und Entrechtung der Massen. Wer recht- und besitzlos, wer wirtschaftlich und finanziell abhängig, wer auf die Fürsorge eines Staatsapparates angewiesen, wer idealerweise verschuldet ist, der pariert leichter, der muckt weniger auf, der ist leichter beeinflußbar, kontrollierbar und steuerbar. Ein perfekter moderner Arbeitssklave und gehorsamer Untertan. Schulden bedeuten Abhängigkeit, und Abhängigkeit macht gefügig. Und so hat das korrupte System des Schuldgeldes, das auf der Illusion von real nicht existierendem Wohlstand beruht, alles korrumpiert, was mit ihm in Berührung gekommen ist: die Politik, die Wirtschaft, die Bildung, die Wissenschaft, die Medien, die Kirchen, und nicht zuletzt das Verhalten der ganzen Gesellschaft und eines jeden Einzelnen. Die Gesellschaft leidet unter einem massiven Werteverfall. Wir haben Schulen und Universitäten besucht, die mit dem „Geld aus dem Nichts" finanziert wurden. Auch unsere Lehrer wurden mit ihm bezahlt. Die Gesellschaft wurde abhängig von ihm und folgte seinen Regeln, die ebenfalls keine Werte mehr kennen.

Uns wurde nicht mehr gelehrt, kreativ und eigenständig zu denken. Stattdessen verinnerlichen wir Ideologien. „Bildung" wurde zum Schlagwort. Es meint die Intensivierung der Volksverblödung, der Indoktriniation: die Erziehung zu einem perfekt funktionierenden Untertanen, der gefälligst Steuern zu zahlen, zu konsumieren, nichts zu hinterfragen, sich idealerweise maximal zu verschulden und damit leicht steuer- und erpreßbar zu machen und sich ansonsten ruhig, gefügig und angepaßt zu verhalten hat.

Die staatlichen Bildungseinrichtungen erziehen die Jugend nicht mehr zu selbständig denkenden, mündigen und verantwortungsvollen Menschen, sondern dienen der Vorbereitung auf das Funktionieren im Hamsterrad und die Verinnerlichung der systemdienlichen Propaganda und Unterordnung. Ja, sie erziehen zur Unterwürfigkeit unter alles, was sich als Autorität bezeichnet. Political Correctness ist eine solche moderne Meinungs- und Denkpolizei, installiert im eigenen Kopf. Weil diese Art der Gehirnwäsche für das Funktionieren des Systems wichtig ist, muß jedes nichtprivilegierte Kind diese Einrichtungen durchlaufen (Schulpflicht = Schulzwang). Konservative und christliche Eltern insbesondere in den USA bestehen daher auf dem Prinzip des „Homeschooling": die Erziehung und Bildung der Kinder zu Hause durch die Eltern, was selbstverständlich ein hohes Maß an Verantwortungsbewußtsein und Diszipilin von Eltern und Kindern erfordert.
Video „**Schulen – ein anderes Wort für Gefängnis**": http://tinyurl.com/kwdtqt5

Das Verbot, daß Mütter und Väter ihren Kindern Grenzen aufzeigen, die den wachsenden jungen Persönlichkeiten Orientierung und Halt bieten können, hat zu einer schwerwiegenden Autoritätskrise auf Seite der Eltern geführt. So ging sowohl der Respekt der Kinder vor ihren Eltern, als auch vor Mitmenschen und Mitgeschöpfen weitgehend verloren. Dies wiederum führte zu einem generellen Ehrfurchtsverlust gegenüber geschriebenen und ungeschriebenen Regeln, die sowohl dem Einzelnen als auch der Gesellschaft förderlich sind.

Die Ausbeutung und Zerstörung der Natur unseres einzigartigen Lebensraumes, Akkordschlachthöfe, Massentierhaltungen, Massentiertransporte, Tierversuche, Abtreibungen sind allesamt Auswirkungen dieses Respektsverlustes.

So wurde uns gelehrt, unser eigenes Wohlergehen über das eines jeden anderen zu stellen. Unsere Eltern, die uns geschützt und umsorgt haben, als wir noch Kinder waren, schieben wir im Alter in „Pflegeheime" ab, wo sie mit Medikamenten ruhiggestellt werden, um niemandem zur Last zu fallen – wir haben keine Zeit zur Fürsorge und brauchen ja den „Job", um unseren Konsumwahn auf Pump im Hamsterrad abzuarbeiten.

Auch unser stilles Dulden hat uns mitschuldig gemacht – Hauptsache **mich** trifft es nicht; Hauptsache **mir** geht es gut; **mein** Bauch gehört **mir**; weil **ich** es **mir** wert bin … . Wir sind zu verfluchten Egoisten geworden, die fremdes Leid nicht mehr berührt. Unser Egoismus hat uns in die innere Einsamkeit getrieben. Wir sind fast unfähig geworden, echtes Mitleid und Mitgefühl zu empfinden.

Der uns angezüchtete Egoismus hat unsere Ehen und Freundschaften vergiftet. Echte Freundschaften zerbrechen, aber dafür haben wir jede Menge virtuelle „Freunde" in „(a)sozialen Netzwerken"!

Das alte **„Divide et impera – Teile (genauer: entzweie) und herrsche"**-Konzept der altrömischen Caesaren hat neben dem ebenso gepflegten „panem et circenis" (**„Brot & Spiele"**) nichts von seiner Beliebtheit im Establishment eingebüßt und wird noch immer gern zur Zersplitterung des Volkes angewandt und medial Feindbilder geschürt und zelebriert: bereits verarmt gegen noch-etwas-besitzend, Jung gegen Alt, Frau gegen Mann, Links gegen Rechts, Beamte gegen Volk, Polizei gegen Volk, Westdeutsche gegen Mitteldeutsche (ex-"DDR"), Arbeitslose gegen Beschäftigte, Arbeiter gegen Unternehmer, Ausländer gegen Einheimischer… und alles retour.

Das Konzept sieht die Aufteilung der Menschen in willkürliche, beliebige Gruppierungen vor. Künstliche Feindbilder werden aufgebaut und anschließend unter eifrigem Einsatz der Meinungsmacher (heute: Massenmedien) gegeneinander aufgewiegelt und ausgespielt. Wo Gleichberechtigung draufsteht, steckt nichts anderes drin als der Versuch der Einebnung und Gleichmachung mit dem Ziel der Vereinheitlichung und Standardisierung: richtig und falsch, gut und böse, ja sogar der Versuch, biologische Unterschiede zwischen Mann und Frau bis zur Unkenntlichkeit zu verwischen.

Dieses System hat die Werte zerstört, auf deren Grundlagen eine gesunde Gesellschaft leben kann. Es beruht auf nichts als auf einer Illusion der Macht und „funktioniert" nur, weil die Masse der Menschen, dem blinden Herdentrieb folgend, die Spielregeln eines Spiels mitspielt, das sie nicht gewinnen kann.

„Die Mächtigen werden dann aufhören zu herrschen, wenn die Kleinen aufhören zu kriechen." Friedrich Schiller

Selbst weder Werte, noch Anstand, noch Moral kennend oder respektierend, verspottet es tragfähige Werte als „altmodisch", so als sei Wert einer vergänglichen Mode unterworfen. Doch ebendiese Werte bilden die Grundpfeiler einer gesunden Gesellschaft. Es hat die tradtionellen Familien und deren Zusammenhalt zerrüttet, hat jahrhundertelang gewachsene Gesellschaftsstrukturen ausgelöscht und das friedliche Miteinander der Völker schwer beschädigt, Haß und Mißtrauen erzeugt. Sein Crash wird kein Weltuntergang, sondern eine Befreiung vom ausgeklügelsten Versklavungssystem sein, das je entwickelt wurde.

Die großen Wirtschaftsbooms und -zusammenbrüche seit der Amsterdamer Tulpenspekulation und der „South Sea Bubble" wurden ebenso mit dem in beliebiger Menge erschaffbaren Falschgeld finanziert wie die verheerenden Kriege seit dem 17. Jahrhundert – durch Kreditaufnahme und Verschuldung, oder einfach durch die Druckerpresse, und heute elektronisch und digital. Ohne dieses „Geld aus dem Nichts" gäbe es diese verheerenden Kriege nicht. Sie wären in ehrlichem Geld unbezahlbar und Perversionen wie die Konzentration von immer mehr finanzieller und wirtschaftlicher Macht in immer weniger Händen („Weltherrschaft") wäre schlicht unmöglich.

Aus diesem Grunde schafften Machthaber mit Kriegsabsichten schon früher stets Gold und Silber als Geld ab, und installierten stattdessen ein schuldenbasiertes Kreditgeldsystem zur maximalen Verschuldung und Finanzierung des Krieges. Die Lasten der Machtgier seiner Beherrscher trug stets das Volk – finanziell ruiniert und obendrein den Blutzoll des Größen- und Machtwahns zahlend. Falschgeld beraubt die Menschen um den Lohn ihrer Arbeit durch willkürliche Entwertung. Es finanziert unsere Entrechtung, Enteignung, Bevormundung – unsere Versklavung. Dieses System, das sich wie der Teufel selbst als Engel des Lichts verstellt, hat uns die Hoffnung auf Gott, den Glauben an Gerechtigkeit, Ehrlichkeit, Mut, und auf eine Veränderung zum Besseren abgezogen und uns stattdessen auf Feigheit, Resignation und Unterwürfigkeit getrimmt. Vorgefertigte fremde Meinungen als die Eigene übernehmen ist bequemer, als seinen eigenen Kopf zu gebrauchen. Der „moderne" Mensch besitzt die Mentalität eines satten Sklaven. „Da kann man doch eh nichts machen ..." - Resignation, Gleichgültigkeit, Dummheit.

Die sogenannte „repräsentative Demokratie" führt zur Herrschaft von Parteifunktionären, die entgegengesetzt zum Willen des Volkes handeln, das sie längst schon nur noch dem Namen nach vertreten, in Wirklichkeit aber völlig andere Interessen vorantreiben. Die Völker lehnen Banken-rettungen, EU-Diktatur, Euro, ESM, Kriegseinsätze mehrheitlich ab – die politischen Vertreter ziehen ihre Pläne dennoch „alternativlos" durch. So liest sich das Rezept für Scheitern und Katastrophe. Es entstand ein **plutokratischer Korporatismus** (= ein Regieren für die Konzerne statt für die Menschen) und ein **Neo-Feudalismus**, der nur noch allesbesitzende Herrschende und völlig besitz- und rechtlose Beherrschte kennt.

Im angeblich so reichen Deutschland sind zahlreiche Städte und Kommunen real so pleite, daß sie sogar die privaten Adressen der Bürger an Adreßhändler verkaufen! Heruntergewirtschaftete Verwaltungseinheiten werden nur künstlich durch zwanghaften „Länderfinanzausgleich" am Leben erhalten, anstatt den resourcenverschlingenden Behördenmoloch abzuspecken, der auf Kosten der Steuerzahler aufgebläht und ohne eigene Produktivität Unsummen an Geldern der Bürger verschlingt, und dabei jede Form individueller und unternehmerischer Freiheit im Keim erstickt.
Immer mehr Menschen sind nicht mehr in der Lage, trotz Arbeit ihren Lebensunterhalt zu bestreiten. Professor Sinn vom ifo-Institut veranschlagte den realen Schuldenstand der BRD auf mindestens 15 Billionen Euro (Stand: Juli 2012). Demgegenüber stehen allenfalls die Hälfte an Vermögenswerten in den Händen der Bürger, und zwar vor dem kommenden Immobilien-, Anleihen-, Aktien- und Währungskollaps!

Aus Marktwirtschaft wurde Planwirtschaft, und Planwirtschaft endet immer (!) in Miß- und Mangelwirtschaft. So sieht der „real existierende Sozialismus" aus. Die Politik meint, die Wirtschaft kontrollieren und „regulieren" zu müssen oder zu können, und greift durch Begünstigung bevorzugter Lobbygruppen in Form von Subventionen permanent in den freien Markt ein, der dadurch unfrei wird und sich nicht mehr selbst durch Bankrotte reinigen kann.

So werden Staaten verschuldet, die mittelständische Wirtschaft durch Monopolisierung der Großkonzerne auf Steuerzahlerkosten ruiniert und seine Bevölkerung in wirtschaftliche und finanzielle Abhängigkeit gefesselt. Der vermeintliche Wohlfahrtsstaat ist entartet zum Machterhaltungsinstrument einer soziopathischen Kleptokratie, die Land und Volk rücksichtslos ausgeplündert hat und anschließend wie zur Belohnung nach der Abschaffung der nationalstaatlichen Strukturen und der Konzentration von immer mehr Macht in immer weniger Händen nicht demokratisch beeinflußbarer Überorganisationen schreien.
Erwarten Sie keine Abhilfe von denen, die sich an Ihrer Mühe und Arbeit bereichern, die „Gesetze" erfinden und die auf Kosten Ihres Fleißes und Ihrer Arbeit leben. Die Umgestaltung dieser Welt und Ihres eigenen Lebens in Richtung Lebenswert kann und wird nicht von der Art Politik herbeigeführt werden, die der Auslöser für die existierende Mißstände sind. Die Politik, die die Probleme verursacht hat, sowie deren verbissene Fortführung, kann nicht Teil deren Lösung sein.

„Die Definition von Wahnsinn ist, immer wieder das Gleiche zu tun und andere Ergebnisse zu erwarten." – Albert Einstein

Echte Veränderung und Neugestaltung dieser Welt kann nicht von der Politik, sondern muß vom Volk selbst ausgehen und bei jedem einzelnen Menschen beginnen. Die Grundlage des Neuaufbaus der Gesellschaft auf einem gesunden Fundament muß ein völlig neues Denken sein, das auf handfesten Informationen und tragfähigen Werten beruht.

Erst aus dieser neuen Grundlage heraus kann eine neue Art des Handelns entspringen. Wenn wir immer nur denken und handeln, wie es uns von Kindesbeinen an beigebracht wurde, weil „man das schon immer so macht", dann werden wir stets nur das immer gleiche unbefriedigende Ergebnis erzielen, bei dem alles doch nur beim Alten bleibt.

Das gesamte derzeitige Machtsystem aus Finanzen, Politik und Wirtschaft ist so marode, so völlig korrumpiert und mit Seilschaften verfilzt, die Völker dermaßen verschuldet, daß es nicht reformierbar ist. Ein „Reset" - ein Neustart dieses Systems würde denselben alten Betrug unter neuem Namen weiter fortführen: bis zur völligen Entrechtung und Verarmung der Massen. Soll die Welt so aussehen, in der Sie zukünftig leben wollen? Was wollen Sie Ihren Kindern und Enkeln sagen, wenn sie Sie eines Tages fragen werden: **„Warum hast du das tatenlos zugelassen?"**

Und während der Irrsinn verbissen nach Verwirklichung sucht, erwacht die Sehnsucht unzähliger Menschen nach Freiheit, nach einem selbstbestimmten Leben, das wieder lebenswert ist und auskömmlicher Arbeit, die Sinn und Freude macht. Unterhalten Sie sich einmal mit Ihren Mitmenschen: Sie werden erstaunt sein, wieviele von ihnen genug haben von Konsumrausch, Hamsterrad und Bevormundung, und sich nach einem einfachen, glücklichen, sinnerfülltem Leben sehnen. Die „neuen Werte" dieses Systems haben sich als Anti-Werte entpuppt. Sie machen nicht heil, machen die Gesellschaft nicht besser oder gerechter, sondern machen sie kaputt. Sie machen uns nicht froh, sondern krank, und zwar an Körper, Geist und Seele. Die „sieben Säulen der Freiheit" werden Ihnen dabei helfen, sich aus Abhängigkeiten zu lösen und Ihr leben wieder selbst in Ihre eigenen Hände zu nehmen. Aber das geschieht nicht von allein, sondern erfordert Ihre Bereitschaft, wieder selbst Verantwortung für Ihr Leben zu übernehmen. Der Schlüssel zur Freiheit liegt in der Vereinfachung unseres Lebens.

Lernen Sie abzustreifen, was Sie ohnehin nicht benötigen und Sie nur unnötig gefangenhält und belastet! Sind Sie dazu bereit, lieber ein einfaches und freies Leben zu führen, oder sind Ihnen Komfort und Bequemlichkeit wichtiger? Lassen Sie uns diese wunderbare Welt umgestalten und alte, traditionelle Werte neu entdecken: den Zusammenhalt der Familie, Ehrlichkeit, Freundlichkeit, Höflichkeit, Bescheidenheit, Demut vor Gott und Respekt vor dem Geschöpf, Treue, Verantwortungsbewußtsein, Disziplin, Vertrauenswürdigkeit, Loyalität, Mut, Tapferkeit, Wahrheitsliebe, Sparsamkeit, Verläßlichkeit, Nachbarschaftshilfe, Nächstenliebe, ...
Als welche Art Mensch sollen Ihre Familie, Kinder, Enkel, Freunde, Nachbarn, Kollegen Sie in Erinnerung behalten? Welches Vermächtnis wollen Sie hier auf Erden hinterlassen? So zu leben, wie alle es tun, als Schaf inmitten einer Herde von Schafen, die immer nur auf den Wink eines Führers warten? Ist ein solches Leben eines freien, mündigen Menschen würdig? Leben Sie Ihr Leben selbst, übernehmen Sie Eigenverantwortung, und leben Sie Ihr Leben fortan als mündiger und freier Mensch, der Sie sein sollten! In dem Maße, wie Sie bereit sind, ein einfaches (grundlegendes, nicht zu verwechseln mit leichtes!) Leben zu führen, wird Ihre eigene Unabhängigkeit und Freiheit zunehmen. Dieses Buch will Ihnen trotz seiner Unvollkommenheit dabei helfen, Ihr Leben wieder in Ihre eigenen Hände zu nehmen und Ihnen als Grundlage einer neuen, freieren und vor allem lebenswerteren Zukunft dienen. Diese zu erkämpfen, und zwar auf friedlichem, aber kompromißlosem Weg, sind wir uns selbst und unseren Nachkommen schuldig.

In der Biologie bezeichnet man einen Organismus als Parasiten, der seine Lebenenergie daraus bezieht, indem er sie einem anderen Lebewesen – genannt „Wirt" – entzieht. Der Parasit lebt also vollständig auf Kosten des Wirtes. Ohne den Wirt wäre der Parasit nicht (über)lebensfähig. Im gleichen Maße, wie sich der Parasit nun vom Wirt nährt und dabei kräftiger wird und sich vermehrt, entzieht er dem Wirt zunehmend Lebensenergie.
Die Kräfte des Wirtes schwinden, während der Parasit dem Wirt und dessen Gesundheit immer mehr Schaden zufügt. Nun gibt es nur zwei Möglichkeiten, wie die Geschichte ausgeht. Entweder entzieht der Wirt dem Parasiten seinen Lebenssaft, lange noch Kraft in ihm selbst ist, damit der Parasit abstirbt. Oder der Wirt wartet einfach ab und tut gar nichts („Das wird schon alles wieder", „Da kann man doch eh nichts machen"), bis der Parasit ihn völlig ausgezehrt hat und er selbst stirbt. Am Ende steht also entweder der Tod des Wirtes, oder das Ende des Parasiten.
Eine dauerhafte friedliche Koexistenz zwischen beiden kann und wird es niemals geben, da es sich um einen einseitigen Vorteil handelt: den des auf Kosten des Wirtes lebenden Parasiten. Der Wirt zieht also keinerlei Nutzen aus der Existenz des Parasiten. Im Gegenteil: Er würde ohne ihn besser leben.
Die Entscheidung darüber, wie die Geschichte ausgeht, liegt keine Sekunde lang in der Hand des Parasiten. Sie liegt einzig und allein in der Hand des Wirtes! Es liegt allein bei Ihnen!

Gleichzeitig wird Ihre persönliche Unabhängigkeitskeitserklärung Ihnen hoffentlich dabei helfen, den Untergang des Systems ein wenig besser zu überstehen als viele Unvorbereitete. Denn sein Eckpfeiler der Macht – und gleichzeitig seine Achillesferse – ist ein auf Illusion gegründete Finanzsystem, vor dessen Selbstzerstörung wir heute stehen.

Der Popanz des „Rechtextremismus"

„**Der neue Faschmismus wird nicht sagen: Ich bin der Faschismus; er wird sagen: Ich bin der Anti-Faschismus.**" Ignazio Silone (1900 – 1978)

„**Ich fürchte nicht die Rückkehr der Faschisten in der Maske der Faschisten, sondern die Rückkehr der Faschisten in der Maske der Demokraten**" Theodor W. Adorno (1903 – 1969)

Wenn wir heute hören „Die Nationalsozialisten waren Faschisten", dann ist das wahr. Aber warum definiert niemand den Begriff, um den Hintergrund verständlich zu machen? Nun, sie werden es in 10 Sekunden verstehen. In dem Wortstamm steckt das lateinische Wort „fascis", plural: fasces. Er wird vor allem in der Medizin und Anatomie verwendet und bezeichnet die **Bündelung** oder einen **Verbund** von (Muskel-)Fasern. Viele allein schwache Fasern werden zu einem starken Verbund zusammengeschlossen. Unter Faschismus im politischen Sinne versteht man also die Bündelung und Gleichschaltung staatlicher Gewalten (gesetzgebende / juristische / ausführende; Medien) sowie politischer, wirtschaftlicher, und häufig auch religiöser Macht und Interessen. Verstehen Sie nun, warum der Begriff nicht mehr offiziell definiert wird?

Das wohl abscheulichste Merkmal des Faschismus ist die Vernichtung von Leben, das von der Ideologie als „unterklassig", „minderwertig" oder „unwert" klassifiziert wird. Häufig richtet sich die Willkür und Gewalt gegen Menschen, die der stets lebensverachtenden Ideologie im Weg stehen oder sich gar erdreisten, diese zu kritisieren. Die Despoten Hitler, Stalin, Mao, Idi Amin, aber auch verklärte Mörder wie Ernesto „Che" Guevara sind allesamt Beispiele dafür, daß Faschismus stets auf einem sozialistischen Fundament beruht.
Heutige Ideologien wie „Political Correctness" sind subtiler konzipiert, zielen aber dennoch auf die Abschaffung elementarer Menschenrechte wie das der informationellen Selbstbestimmung und das der Denk-, Rede- und Meinungsfreiheit ab. Zwangspsychiatrisierungen, willkürliche Festnahmen und behördliche Schikanierung der Bürger belegen, wie weit der Faschismus bereits Einzug gehalten hat unter dem Deckmantel des „Sozialen" und der „Gerechtigkeit" und „Demokratie".

Es ist heute an der Tagesordnung, daß Menschen, die sich für die Rechte der Bürger ihres Volkes einsetzen, die sich gegen widernatürliche Ideologien aussprechen, auf bestehende Mißstände aufmerksam machen und vor deren Konsequenzen warnen, als „Rechtsradikale, -extreme, -populisten" und dergleichen diffamiert, niedergeschrien und gesellschaftlich geächtet werden.

Die Massenpsychologie der Politik des 21. Jahrhunderts nach Christus unterscheidet sich in seiner Verlogenheit in nichts von jener der Inquisition und Hexenverfolgungen des Mittelalters zur Aufwiegelung, Ablenkung und Steuerung der Massen. „Wenn der Delinquent untergeht und ertrinkt, dann ist er unschuldig; wenn er aber oben schwimmt, dann muß er mit dem Teufel im Bunde sein und verbrannt werden." Wie man es auch dreht und wendet, der Beschuldigte konnte in keinem Fall gewinnen. Ist das Prinzip denn nicht heute dasselbe?

Wer sich ein wenig im politischen Spektrum auskennt, der weiß, das „Links" für die totale Macht des Staatsapparates steht – und damit derer, die sich an seine Spitze gesetzt haben. „Rechts" hingegen steht für die Rechte des maximal selbstbestimmten Menschen. Bei dem angeblichen „Kampf gegen den rechten Terror" handelt es sich in Wirklichkeit um nichts anderes als um den Kampf der Minderheit der Nutznießer eines autoritär-sozialistischen Staates gegen die Mehrheit eines freien, mündigen und vermögenden Bürgertums.

Die Zerstörung der Familie, der Vermögen und die Verspottung des Glaubens und der traditionellen Werte weisen alle in diese Richtung. „Rechten" – also bürgerlichen – Bewegungen wird von den linksgerichteten staatlich kontrollierten Medien als Sprachrohr der Herrschenden eine Verwandtschaft oder gar Gleichbedeutung mit dem Verbrechen Nationalsozialismus angedichtet.

Nun handelt es sich jedoch beim NationalSOZIALISMUS – wie der Name bereits verrät – tatsächlich um eine linke (= staatlich-autoritäre) politische Bewegung. Dazu NSDAP-Propagandaminister Joseph Goebbels im Jahre 1931 in „Der Angriff": **„Der Idee der NSDAP entsprechend sind wir deutsche Linke ... Nichts ist uns verhaßter als der rechtsstehende nationale Besitzbürgerblock."**

Verblüffend: Bereits die „Nazis" haben also „gegen Rechts" propagiert. Also kann „rechts" nicht gleichbedeutend sein mit „Nazi". Gegen wen richtet sich also der „Kampf gegen rechts" in Wirklichkeit? Die linke Medienwelt war konsterniert, als die „Bund der Vertriebenen"-Vorsitzende Erika Steinbach „twitterte", die NSDAP sei links gewesen. Auch der bekannte deutsche Historiker Götz Aly entlarvt in seinem bemerkens-werten Beitrag in der „Frankfurter Rundschau" die Nazis als Linke. **Link fr-online.de:** http://tinyurl.com/9y3mgsa

Hitler selbst merkte gegen Kriegsende an, es sei einer seiner größten Fehler gewesen, nicht beizeiten mit den Rechten aufgeräumt, den "Kampf gegen Rechts" also nicht konsequent genug geführt zu haben. Der Wider-stand gegen Hitler im Juli 1944 war bürgerlicher Widerstand „von Rechts" – denn Hitler war „brauner" Sozialist aus eigener Interpretation: **„Wir haben die linken („roten", Anm.d.Autors) Klassenkämpfer liquidiert, aber leider haben wir dabei vergessen, auch den Schlag gegen rechts zu führen. Das ist unsere große Unterlassungssünde."** (Adolf Hitler am 24. Februar 1945, Tagung der Reichs- und Gauleiter, zitiert bei Rainer Zitelmann in „Hitler–Selbstverständnis eines Revolutionärs", Seite 457)

Buchempfehlungen:

Udo Walendy
„Wahrheit für Deutschland: Die Schuldfrage des Zweiten Weltkrieges"

Robert L. Brock
„Freispruch für Deutschland: Ausländische Historiker und Publizisten widerlegen antideutsche Geschichtslügen"

Gerd Schultze-Ronhof
„1939 – Der Krieg, der viele Väter hatte: Der lange Anlauf zum Zweiten Weltkrieg"

Wenn Rotsozialisten (in den Medien: „Sozialdemokraten", „Kommunisten", „Antifa", „links") und Braun-sozialisten (in den Medien: „Neonazis", „Rechtsradikale", „rechts") sich heute wieder – wie in den 20er und 30er Jahren – Straßenschlachten liefern, dann nur um die Konkurrenz um die angebliche „Volksnähe" psychologisch in Schach zu halten.

Wenn wir uns darüber einig sind, daß man den Sozialismus als atheistisch und antiklerikal, anti-marktwirtschaftlich und kollektivistisch, gleichschaltend und gleichstellend, menschenfeindlich, eigentums- und freiheitsfeindlich, staatlich-totalitär-autoritär und also links charakterisieren kann, dann wird offenkundig, daß die Nationalsozialisten zu keinem Zeitpunkt rechts waren und es niemals sein können. Vergleichen Sie einmal die Parteiprogramme der NSDAP und SED mit denen der heutigen sozialistischen Einheitsparteien CDU/CSU, FDP, SPD, Grüne, Linke und dem kläglichen Rest der unbedeutenden Blockparteien. Alle verfolgen ausnahmslos sozialistische Ziele.

Beispiele gefällig?

Die **Verstaatlichung von Banken in „Notfällen"**; das **staatliche Schneeballsystem der Zwangsversorgung und Zwangsversicherung (Renten, Krankenversicherung)** als Dauersubvention für Bürokratieapparat und Versicherungskonzerne, ein zunehmend verstaatlichtes Gesundheitswesen, das **staatliche Zwangsschulsystem („Schulpflicht") und damit das Erziehungsmonopol der Jugend,** und viele mehr, zielen allesamt auf die vollständige und zwanghafte Bevormundung, ja Entmündigung des Bürgers ab, dem das Recht auf private Vorsorge und die Fähigkeit zur Selbstbestimmung und eigenverantwortlichem Leben und Handeln komplett abgesprochen wird. Ist es denn ein Wunder, daß Schulabgänger kaum noch richtig schreiben, lesen und rechnen können, wenn sie in den staatlichen Erziehungsanstalten vom Kindergarten bis zur Uni vornehmlich sozialistische Ideologien und Propaganda verinnerlichen sollen?

Und die Kirchen? Die machen mit, fordern und bejubeln die Enteignung (Das achte Gebot – ja, es ist wirklich das Achte! http://10gebote.at: „Du sollst nicht stehlen") der „Reichen" als Ausdruck von „Solidarität". Es ist die von Gott und Gottes Prinzipien abgefallene Kirche der Endzeit. Sie sind gelenkte Opposition. Ist etwas anderes zu erwarten, wenn der Staat für die Kirchen sogar die „Kirchensteuer" einzieht? Wo ist die angebliche Trennung von Kirche und Staat? Die Kirchen haben ihren ureigenen Auftrag und ihre Sendung vergessen, ihren Herrn verlassen. Von den Kanzeln hört man dasselbe Eiapopeia wie in der Politik, statt den Ruf nach Umkehr, haben sie doch mit den weltlichen Machthabern paktiert. Und Ihr meint, die Menschen sind so dumm und igno-rant und merken das nicht? Und da wundert Ihr Kirchenleute Euch über leere Kirchenbänke und angewidert flüchtende Mitglieder?

Die heutigen „christlichen" Parteien tragen diese Ehrenbezeichnung allein zum Zwecke der Täuschung und Ablenkung von ihren eigentlichen, gottfeindlichen und antichristlichen Zielen. **Christentum und jede Form von (Inter-National-)Sozialismus sind in ihren geistigen Grundhaltungen zueinander vollkommen unvereinbar.** Inter-National-Sozialisten stehen den Völkern des alten und neuen Bundes, Juden und Christen, Alt- und Neutestamentarischen ebenso feindselig gegenüber wie nationaler Identität und bedrohen sie existentiell. Jeder Form des Sozialismus hatte letzten Endes verheerende Auswirkungen. Er ist stets gekennzeichnet von totalitärem Machtwahn und Menschenverachtung. Neonazis von heute beziehen sich nicht auf die deutsche Geschichte, sondern auf die zwölf in rote Fahnen mit okkulten Hakenkreuzsymboliken getauchten Jahre der Altnazis. Diese zwölf Jahre aber stehen wesensfremd in der deutschen Geschichte. Doch werden sie von allen Sozialisten – roten wie braunen – heute so behandelt, als handle es sich um die gesamte Historie. Beide Gruppierungen haben ein Interesse daran, die Geschichte Deutschlands tief im Schatten der eigenen Ideologie festzuhalten.

Und es geht den Linken um mehr: Sie wollen im „Kampf gegen Rechts" das vollenden, was Hitler versäumte – die endgültige **Abschaffung von Nation, Familie, Produktiv- und Privateigentum,** und damit **letztlich der Freiheit des Volkes** und **Individualität des Menschen – alles gleichgemacht in einer anonymen, identitäts-, halt- und orientierungslosen dumpfen Masse.**

Erkundigen Sie sich einmal in Ihrem staatsgläubigen Bekanntenkreis! Sie werden sich wundern, wie viele dieses Programm für selbstverständlich halten. Jede bürgerliche Bewegung und Initiative wird nun automatisch in die sorgfältig vorbereitete „national-sozialistische" Schublade des Vorzeige-Warn-und-Systemkonstrukts „NPD" gesteckt, als „rechtsradikal" diffamiert und bekämpft, um den Bürgern Angst und Mißtrauen vor sich selbst einzuflößen. „Rechts" (= freier besitzender Bürger) ist böse, „links" (= der totalitär-autoritäre Staatsapparat) ist gut.

Das ist die dabei verbreitete Botschaft an die von Kindesbeinen an auf sozialistische Ideologien dressierte Masse. Dies trifft insbesondere dann zu, wenn sich die Bürger gegen die Konsequenzen der fehlgeschlagenen „Multikulti"-Politik der Sozialisten und gegen Gewalt und Bedrohung von Ausländern gegenüber Einheimischen wehren und beginnen, sich zu ihrem eigenen Schutz selbst zu organisieren, weil die staatlichen Sicherheitskräfte nicht in der Lage oder willens sind, ihre hoheitlichen Aufgaben zu erfüllen, für die sie von den Steuerzahlern bezahlt werden.

Das bedeutet mitnichten, daß ich eine „ausländerfeindliche" Position vertrete, sondern daß ich die per politischer Gesetzgebung vorangetriebene – nicht natürlich gewachsene – Vermischung der Kulturen und Völker im babylonischen Stil für unverantwortlich halte. Sie wird in Zukunft zu unabsehbaren Konflikten und neuen Ungerechtigkeiten führen wird. Genügen die Konfikte ex-Jugoslawiens und der ex-Sowjetunion nicht als warnende Beispiele?

Ergibt nun das unerträgliche Hickhack um das Verbot der „NPD" Sinn? Man gewinnt den Eindruck, daß nach Abzug der V-Leute des „Verfassungsschutzes" kaum „Neonazis" mehr übrigbleiben werden. Sogar die Massenmedien berichteten kürzlich davon, daß jährlich 20 Millionen Euro Steuergelder für „Spitzel des Verfassungsschutzes" (Zitat: bild.de) ausgegeben werden!

Link bild.de: http://tinyurl.com/ckvoqxm
Link spiegel-online.de: http://tinyurl.com/9wbhd27

Die NPD ist ein für die Linken unverzichtbares Medium zur Unterdrückung jedes bürgerlichen Engagements. **Ich fordere daher eine unverzügliche Selbstauflösung der „NPD"!**

Der Rotsozialismus verheimlicht die Gewalt von Ausländern gegen Einheimische und unterdrückt die Berichterstattung darüber, während sie die umgekehrte Variante aufbauschen. Der Braunsozialismus tut es genau umgekehrt. Beide verzerren die Realität und haben mit Realität und Gerechtigkeit nichts zu tun, sondern kennen nur ihre ideologisch vorbereiteten Schubladen, in dem massivst und rücksichtslos gegen Andersdenkende und Kritiker vorgegangen wird. Viele Parteien führen das Menschheitsverbrechen Sozialismus im Programm.

Würde die Zivilgesellschaft den (Inter-) Nationalsozialismus bekämpfen wollen, dann müßte das Motto **„Kampf gegen Links"** oder **"Kampf gegen National- und Internationalsozialismus"**, **„Kampf gegen den autoritär-totalitären Staat"** oder am zutreffendsten **"Kampf für Freiheit, Familie und Privateigentum"** lauten.

Daß eine Gesellschaft, die in Schulden und durch Verfassungsrecht abgesicherten Versorgungszwängen, in demographischem Desaster und Dekadenz versinkt, nun nervös wird und einen Feind braucht, hat einen einfachen Grund: Man will das bankrotte System der „sozialen Errungenschaften" solange durch die Einschüchterung des politischen Gegners freihalten, bis man wieder einmal den vermeintlichen „Heilsbringer" des „wahren Sozialismus" der Unterdrückung und Ausbeutung eines Volkes unter demokratischem Deckmantel abermals aus dem Orkus der Geschichte ziehen kann.

Aber wie kann die Enteignung der Produktiven zugunsten der Unproduktiven als „sozial" bezeichnet werden? Hier entlarvt jede Farbschattierung des Sozialismus ihren ureigenen Charakter: Er ist stets abgrundtief asozial, ideologisch verblendet, vollendet verantwortungslos, fundamental zerstörerisch und gesellschaftszersetzend, und zutiefst Menschen und Leben verachtend. Die Strategie des inter-national-sozialistischen Wahns vom Endsieg hat sich niemals geändert: „Sieg oder totale Zerstörung. Nach uns die Sintflut!".

Der große Diener der Finanzoligarchie, Winston Churchill, sagte einmal: **„Dem Kapitalismus wohnt ein Laster inne: Die Verteilung der Güter. Dem Sozialismus hingegen wohnt eine Tugend inne: Die gleichmäßige Verteilung des Elends."**

Eine für den Sozialismus typische Vorgehensweise ist es, zuerst die Mechanismen einer freien Wirtschaft durch illegitime Eingriffe in Form von Subventionen auszuhebeln, um sodann seinen Todfeind – die Marktwirtschaft des freien Unternehmertums – für die Konsequenzen seiner eigenen ungerechten Politik verantwortlich zu machen und noch mehr politische Einflußnahme zu fordern.

Für individuelle Souveränität, gegen Bevormundung und Vereinheitlichung!
Für echte Solidarität = Hilfe zur Selbsthilfe, gegen die asoziale Alimentierung der Armut!
Für Freiheit und Selbstbestimmung, gegen Überwachung!
Für die traditionelle Familie!
Für Privateigentum, gegen Kollektivismus!
Für einen bedingungslosen Friedensvertrag des deutschen Volkes mit den Siegermächten – der sich auch so nennt; ohne offene und geheime Zusatzklauseln und Sondervereinbarungen; sowie eine Volksabstimmung in freier Selbstbestimmung!
Für die unverzügliche Einstellung aller Kriegshandlungen weltweit und die sofortige Heimholung aller Truppen; gegen jede Form der Einmischung in innere Angelegenheit anderer Völker!
Für eine Rückführung der Goldreserven (= rechtmäßiges Eigentum des Volkes) auf heimischen Boden und Überprüfung auf Echtheit und Reinheit sowie die Abschaffung aller Zentralbanken!

Mein Plädoyer

Die wie-auch-immer-farbige sozialistische Politik der westlichen Staaten hat Haß, Neid, Mißgunst und Mißtrauen gezüchtet. Der Zorn der Völker auf Politiker und Banker wächst, und ebenso das Mißtrauen der Völker untereinander. Unsere Gesellschaft ist aus den Fugen geraten, weil wir – wir alle! – die alten Werte vergessen oder als „altmodisch" verlacht haben, so als seien Werte einer vergänglichen Mode unterworfen. Doch sie sind es, die das Fundament einer gesunden Gesellschaft bilden, das ein gedeihliches, harmonisches, friedliches und freies Zusammenleben aller Bewohner dieses wunderbaren Planeten erst ermöglicht.

Ich rufe jedermann zu Friedfertigkeit, Gewaltverzicht, Mäßigung und Besonnenheit auf!

Der Finanz- und Wirtschaftskollaps kommt unvermeidlich, aber es verbessert die Situation von niemandem, wenn Rachegelüste gegenüber Politikern und Bankmanagern gehegt werden. Wir können keine neue, bessere Gesellschaft auf der Grundlage von Haß, Rache und Revanche gründen, ohne dadurch genau zu dem zu werden, was wir heute verabscheuen.

Die Verantwortlichen werden Rechenschaft ablegen müssen für das, was sie angerichtet haben. Aber es ist nicht die Zeit, nach Rache zu dürsten, sondern alle unsere Anstrengungen zu mobilisieren, um eine Welt aufzubauen, die ein lebenswertes Leben für alle ihre Geschöpfe ermöglicht.

Eine gesunde Gesellschaft braucht eine Basis aus Rechtschaffenheit, nicht aus Greuel. Sonst legen wir selbst den Grundstein für eine neue Tyrannei. Laßt uns doch aus den Fehlern der Vergangenheit lernen, unseren Blick aber auf die Gestaltung unserer Gegenwart und Zukunft richten, statt permanent gedanklich in der Vergangenheit zu leben. Laßt uns die Geschehnisse der Französischen Revolution als warnendes Exempel verstehen!
Sie war keine Revolution des Volkes, also „von unten", sondern beseitigte die ineffiziente private Leibeigenschaft, indem sie die moderne Form der Sklaverei – eine Leibeigenschaft der „Bürger" durch den „Staat" – einführte; geplant und organisiert von Freimaurerlogen, finanziert durch das „Geld aus dem Nichts", das die unerträglichen Zustände erst ermöglicht hat, mit denen wir heute täglich weltweit konfrontiert werden.

Beim Studium von Aufständen, Revolutionen und Umstürzen fällt auf, daß die Ursachen dafür nie beim „kleinen Mann", niemals beim Volk und dessen vermeintlicher Aufsässigkeit zu finden ist, sondern stets in der eskalierenden Provokation des Volkes durch die jeweiligen Machthaber. Ihre Politik und die Finanzierung ihres Machtapparates verschuldete das Land und ruinierte die Wirtschaft. Die Folge waren stets die Verarmung und Verelendung der Menschen. Aus Angst vor dem Zorn der verzweifelten Masse übten die Machthaber noch mehr Druck auf das Volk aus und spitzten die Situation immer weiter zu. Bis das Faß schließlich überlief. Wehret den Anfängen!

Die Gewalthaber warne ich davor, den Druck auf das Volk zu erhöhen. Wie der Druck in einem Kessel kann auch der Druck auf das Volk nicht unbegrenzt erhöht werden, ohne daß der Druck gewaltsam entweicht. Das kann unmöglich Euer Ziel sein, denn er würde Euch selbst urplötzlich hinwegreißen.

IHR seid diejenigen, von den Gewalt und Terror ausgehen und die die Spirale der Gewalt provozieren! Es ist Wahnsinn, daß ein 1/1000stel der Menschheit meint, 99,999% der Menschheit versklaven und kontrollieren zu können, ohne daß sich die Massen erheben!

Das Wort Gottes warnt: *„Wer Wind sät, wird Sturm ernten."* (Hosea 8:7)

Versöhnt Euch in Euren Familien, in der Nachbarschaft, im Kollegenkreis! Die traditionelle Familie sind die kleinste funktionierende Zelle einer gesunden Gesellschaft. Unsere Gesellschaft ist krank, weil das Verhältnisse in unseren Familien vergiftet und zerstört sind.

Laßt uns – uns alle! – doch zum ersten Mal eine Lehre aus der Geschichte ziehen!

Wir brauchen keine äußere Revolution, vor allem aber keine Kriege oder Bürgerkriege, keinen Haß, keine Gewalt und keinen Rachedurst, um radikale Veränderungen zur Gesundung der Gesellschaft in Gang zu setzen. Stattdessen benötigen wir dringend eine Revolution in uns selbst, in unserem eigenen Denken und Handeln. „Radikal" ist entgegen heutiger Lehrmeinung nicht zwangsläufig gleichbedeutend mit „gefährlich" oder „bedrohlich". Es bedeutet, Fehlentwicklungen zu erkennen, zu benennen, und die Ursache der Probleme **an der Wurzel** (lat.: radix) anzupacken, statt nur die Symptome zu behandeln.

Unsere Gesellschaft und diese Welt brauchen dringend eine Umkehr vom eingeschlagenen Weg, eine Reinigung und Erneuerung. Unser einzigartiger Planet blutet aus unzähligen Wunden, die wir ihm in unserer Gier nach immer mehr kurzfristigen Profit zugefügt und damit auch unseren eige-nen Lebensraum zerstört haben – ja, auch dies wurde erst ermöglicht durch unser Dulden. Was kümmert uns das Leid anderer, wenn es uns nicht persönlich betrifft, nicht wahr? Das Problem scheint mir zu sein, daß der Mensch erst dann Werte zu schätzen beginnt, sobald er sie verliert oder bereits verloren hat, wie beispielsweise die Freiheit. Selbstverständlichkeit, Gleichgültigkeit, Sattheit und Feigheit sind die Triebfedern der Verachtung von belastbaren, tragfähigen Werten. Verachtung der Werte wiederum führt zu Dekadenz und letztlich zum Niedergang einer Gesellschaft.

Zwar können wir Vergangenes und Versäumtes nicht ungeschehen machen, aber wir können aus Fehlern der Vergangenheit lernen – wenn wir nur dazu bereit sind! Wir müssen es wieder neu lernen, selbst Verantwortung für unser Leben zu übernehmen und in eigener Initiative zu handeln. Das ist Souveränität! Dazu gehört es aber auch, altgewohnte und nie hinterfragte Selbstverständlichkeiten und möglicherweise liebgewonnene Gewohnheiten auf den Prüfstand zu stellen und uns fragen: Wie soll die Welt aussehen, in der wir leben wollen? Wie wollen wir zukünftig miteinander umgehen mit unseren Eltern, Kindern, Kollegen, Nachbarn? Laßt uns wieder Achtung und Respekt voreinander und voneinander lernen!

Wie wollen wir mit den Schwächsten der Gesellschaft umgehen: Arme, Obdachlose, Menschen ohne Familie: Witwen und Waisen, aber auch mit den Tieren, die auf uns angewiesen sind und für die wir Verantwortung tragen? Eine Rückbesinnung auf alte, tragfähige und funktionierende Werte ist dabei ebenso unverzichtbar wie die konsequente Trennung von Gescheitertem. Die Reaktivierung und Weitergabe von altem, handwerklichem Wissen, oder die Rückkehr zu einer Landwirtschaft, die sich an den Gesetzen der Natur orientiert, und der zu der auch eine artgerechte, arbeitsextensive Haltung robuster und gesunder alter Haustierrassen gehört, kann zu einer neuen Lebensweise führen, die altes Wissen und Erfahrungen aus der Industriegesellschaft kombiniert, um Dinge zukünftig besser zu machen, effizienter und mit neuen Erkenntnissen ausgerüstet zu wirtschaften und alte Fehler zu vermeiden.

Dabei um ein Konzept, von dem alle profitieren können: Natur, Tier und nicht zuletzt auch der Mensch: Handwerkliche Produkte hoher Qualität statt minderwertiger industrieller Massenware; gesunde, frische, vollwertige Lebensmittel statt denaturierter, skandalschwangerer Industriekost, kurzum: eine gesunde Wirtschaft, und damit ein höheres Maß an Wohlstand, Gesundheit und Lebensqualität.

Es liegt heute in unserer Hand – in IHRER und in MEINER – die Weichen zu stellen für ein besseres Leben in einer besseren Welt. Und geben wir zu: viel Raum für Verschlechterung im Vergleich zu heutigen Verhältnissen gibt es kaum. Aber nicht am Schlechten sollten wir uns orientieren, auch nicht mehr zurückschauen, sondern unseren Blick nach vorn richten und nach dem Besten streben, das zu erreichen für uns möglich ist. Dazu wird jeder gebraucht.

Ich bin davon überzuegt, daß die Gesundung unserer Gesellschaft, unseres Landes und dieser Welt ebenso möglich ist wie das dauerhafte, friedliche Zusammenleben aller freien und unabhängigen Völker. Wovon träumt jeder normale Mensch sonst, außer ein zufriedenes Leben in Frieden und Freiheit zu führen und einer ehrlichen, sinnvollen Arbeit nachzugehen, von der er gut leben und seine Familie ernähren kann? Die Kriegstreiber sind nicht die Völker, sondern die, die über sie herrschen. Laßt diese doch ihre eigenen Kriege untereinander austragen – Mann gegen Mann – anstatt die Völker in Leid und Tod zu schicken, während sie sich selbst in Bunkern und hinter hohler Propaganda verstecken!

Das Wichtigste: Versöhnen Sie sich in Ihrer Familie, mit Freunden, Nachbarn, Kollegen. Nicht Frau - Mann, Arm - Reich, Alt - Jung, Ausländer – Einheimischer u.v.m. bedrohen unsere Rechte und Freiheit, sondern Kriminelle und Gesetzlose, die sich durch Androhung und / oder Ausübung von Gewalt ein leistungsloses Einkommen auf Kosten der Ausgeraubten sichern wollen.

Lassen Sie sich nicht mehr im „Teile & Herrsche" gegen andere Menschen und Völker aufhetzen und ausspielen. Kein normaler Mensch will Krieg, sondern in Freiheit und Frieden einer ehrlichen Arbeit nachgehen und seine Kinder und Enkel aufwachsen sehen. Spielen Sie einfach nicht mehr mit!

Verzichten Sie darauf, „Brot & Spiele" zu konsumieren – stellen Sie stattdessen Ihr „Brot" selbst her und sparen Sie dabei Steuern; Sie bestimmen, welche Zutaten Sie verwenden, und über den Geschmack muß man ohnehin nicht reden. Und was die „Spiele" betrifft: Verbringen Sie so viel Zeit wie möglich mit Ihrer Familie; unternehmen Sie gemeinsam Ausflüge in die Natur, sammeln Sie Ihr Essen doch einmal im Wald und auf der Wiese, oder bereiten Sie es im Freien zu. Ihre Kinder werden es lieben! Lernen Sie, sich in der Natur mit Karte und Kompaß zu orientieren, mit einfachen Werkzeugen Feuer zu machen, ein Lager zu bauen, Brennholz zu machen ... Achten Sie dabei darauf, die Rechte und das Eigentum anderer nicht zu verletzen! Handeln Sie verantwortungs- und rücksichtsvoll! Teilen Sie Ihre Erfahrungen und Ihre Zeit miteinander!

Musizieren Sie miteinander, tüfteln Sie über Brett-, Denk- und Kartenspielen. Trainieren Sie Ihren Körper und Geist und entdecken Sie, wieviele Ideen und Talente in Ihnen schlummern!

Die Abschaffung der Verblödungsverstärker Fernseher und Radio empfand ich selbst als eine Befreiung für mein mit Müll bombardiertes Gehirn. Eine Wohltat! TV-Verbot galt früher als Strafe. Auf heutigem Niveau muß es als Belohnung betrachtet werden.

Lassen Sie uns diese Welt umgestalten in eine Welt, in der es sich wieder zu leben lohnt! Bleiben Sie friedlich, freundlich, hilfsbereit, besonnen – lassen Sie sich nicht provozieren und zu Gewalt hinreißen. Wahrheit und Gerechtigkeit siegen stets, auch wenn es lange Zeit nicht danach aussehen mag! Wir haben so viel Kraft in uns, so viele Ideen, so viele Träume, Sehnsüchte und Hoffnungen. Verschwenden wir sie nicht in Lethargie, Unterwürfigkeit, Feigheit und Resignation! Lassen Sie uns heute damit beginnen, sie umzusetzen und wahr werden zu lassen!

Kinder: Respektiert und achtet Eure Eltern!
Eltern: Eure Kinder brauchen keine Fernseher und andere elektronischen Ablenkungs- und Verblödungsgeräte, sondern sie brauchen **Euch:** Eure Liebe, Eure Zuwendung, Eure Aufmerksamkeit, Euer Wissen, Eure Erfahrung, Euer Vorbild!

Alle Bürger rufe ich zum friedlichen kollektiven zivilen Ungehorsam gegenüber jeglichen politischen Zwangsmaßnahmen auf, ob sie nun als Enteignung, Zwangsabgabe, Zwangssteuer, Solidaritätsopfer, Notopfer, Gewinnausgleich, Zwangshypothek daherkommen, oder sich hinter einer anderen Bezeichnung verstecken.

Lehnen Sie es ab, Aufforderungen nach Zwangsleistungen jeglicher Art Folge zu leisten! SIE haben die Krise nicht verursacht, SIE haben sich nicht illegal daran bereichert, und deshalb werden SIE auch nicht die Lasten dafür tragen! Hätte die Politik den Bankrott insolventer Banken nicht verschleppt und mit Steuergeldern zugekleistert, dann wäre der Höhepunkt der „Krise" längst überwunden worden.

Mein Appell an alle Bürger

Bedenkt, daß auch Beamte, Bankangestellte, Polizisten und Soldaten Eure Brüder und Schwestern sind, die ebenfalls unter dem „Zwang von oben" stehen. Hütet Euch vor der Anwendung von jeglicher Art von Gewalt! Solidarisiert und vernetzt Euch untereinander – Volk, Beamte, Polizisten, Soldaten! WIR sind EIN Volk!

Isoliert Personen, die Euch zu irgendeiner Form der Gewalt anzustiften versuchen!

Mein Appell an Beamte, Anwälte, Richter, Polizisten und Soldaten

Lehnen Sie es ab, Repressionen gegen Ihr Volk als Handlanger Folge zu leisten! Wohin der Weg führt, auf dem Beamte und Uniformträger in blindem Kadavergehorsam „ihre Pflicht tun", indem sie willenlos Anordnungen und Befehle ausführen, zeigen die Regimes von Hitler, Stalin und Mao. **Schaltet Euren Verstand, Euer Gewissen und Eure Herzen wieder ein!**

 Zwei Dinge sind unverzichtbar, um Diktaturen zu installieren: Erstens die Absicht einer herrschenden Kaste, Beamte gegen ihr Volk mißbräuchlich instrumentalisieren zu wollen. Dies geschieht beispielsweise über die Vergabe von Privilegien wie Steuerfreiheit o.ä. Zweitens die stillschweigende Duldung ihres Mißbrauchs seitens der Beamtenschaft. Beamte werden in einem solchen Fall stets als Büttel der Unterdrückung und Gängelung vom Volk wahrgenommen. Setzen Sie sich als Beamter für Ihr Volk ein und hüten Sie sich vor der Anwendung von Willkür aus einer vermeintlichen Machtposition heraus!

Mein Appell an Polizisten und Soldaten:

Früher der Eid auf Hitler, und heute auf „das Gesetz"? Welches Gesetz bietet denn noch eine tragfähige völkerrechtliche und damit die Menschenrechte achtende Grundlage und wird heute nicht nach Belieben von den Gewalthabern gestrichen, umformuliert oder sinnverdreht, zudem in unverständlichem Juristensprech?

Wenn Ihr Euren Dienst tut, dann dient Eurem Volk und damit auch Euch selbst und Euren Familien!

Isoliert Gewalttätige und „Agents Provocateurs" – angeheuerte Unruhestifer – die mißbraucht werden, um Bürger bei Demonstrationen und Protesten zu Gewalt gegen Euch anzustacheln. Bedenkt stets: Auch Ihr selbst und Eure Familien sind ein Teil Eures Volkes. Macht Euch nicht zum Handlanger seiner Ausplünderung, Unterdrückung und Versklavung!

Stellt Euch auf die Seite Eures Volkes, übt keinen Druck aus und wendet keine Gewalt an, es sei denn um Euch selbst im Notfall zu schützen! Wer sich jedoch verpflichtet fühlt, beim Aufbau von Tyrannei behilflich zu sein, die sich letztlich auch gegen den Betreffenden selbst und seine Familie, Kinder und Enkel richten wird, der mag einfach so weitermachen wie bisher.

Mein Appell an Amts- und Freikirchen und alle Kirchenmitarbeiter

Erinnert Euch an den Auftrag Jesu Christi an Euch: *„Geht hinaus in die ganze Welt und verkündet meine Heilsbotschaft allen Geschöpfen!"* (Markus 16:15)

„Denn unser Kampf ist nicht gegen Blut und Fleisch, sondern gegen teuflische Engelfürsten, gegen die Mächte, gegen die Weltherrscher dieser Finsternis, gegen die Dämonen der Bosheit aus der Himmelswelt." (Epheser 6:12)

In 2000 Jahren Kirchengeschichte haben sich Irrlehrer und Irrlehren eingeschlichen, von denen die Kirche gereinigt werden muß, insbesondere die Anbetung von Marien und Heiligen; die Irrlehre von drei Göttern statt eines Gottes, der als Vater, Sohn und Heiliger Geist wirksam ist; die Veränderung der Feiertage und des Sabbats, die an heidnische Kulte angepaßt wurden, und die Verfälschung des 2. Gebotes: *„Du sollst dir kein Bildnis machen, das du anbestest"*, das entfernt und dafür das aus dem 10. Gebot zwei Gebote gemacht wurden. Die Anbetung von Kreuz, Ikonen, Heiligenbildern und Reliquien ist unbiblischer Götzendienst, zu dem ihr die Menschen verführt! Eine Übersicht über die ursprünglichen Gebote in der Bibel und die Veränderungen durch die Kirchen finden Sie unter: http://www.10gebote.at

Die unbiblische Lehre vom Zölibat – der weder im Alten Bund unter Aaron noch im Neuen Bund bei den Aposteln existierte – hat Tür und Tor geöffnet für den Mißbrauch und die Schändung von Kindern und Schutzbefohlenen, und das ist kein Zeichen einer christlichen Gemeinde, sondern der Synagoge des Satans. Wer schweigend duldet, wird mitschuldig!
Findet keine Entfernung des Götzendienstes aus den Kirchen statt, dann gilt für jeden ernsthaften Christen der Aufruf Gottes: *„Geht hinaus aus ihr, mein Volk, damit ihr nicht teilhabt an ihren Sünden und nichts empfangt von ihren Plagen!"* (Offb. 18, 4)

Mein Appell an die Vertreter der Politik

Ihr wollt die Finanzkrise lösen? Dann wickelt insolvente Banken ab und rettet stattdessen die Menschen! Werdet vom Erfüllungsgehilfen der Banken, Konzerne und Lobbys wieder zu Vertretern Eures Volkes! Gebt Eurem Volk das Geldmonopol zurück, das ihm rechtmäßig zusteht, und werdet wieder zum Diener Eures Volkes! Nehmt Eurem Volk die Fesseln ab, die Ihr ihm mit zahllosen Gesetzen und Vorschriften angelegt habt! Beendet die Kontrolle und Überwachung Eures Volkes! Versöhnt Euch mit Eurem Volk, solange Ihr noch die Zeit dafür habt!

Der Staatsapparat hat sich unverzüglich aus dem Privatleben der Menschen zurückzuziehen und fortan herauszuhalten!

Senkt die Steuern massiv, baut Euren Machtapparat ab, den Ihr auf Kosten Eures Volkes installiert habt!

Schafft alle Subvenstionen schrittweise ab und stellt sie schließlich ein, um niemandem mehr einen ungerechten Vorteil zu verschaffen, und um die Innovationskraft und die Produktivität des Mittelstandes zu befreien!

Beendet das **Geo-Engineering-/Chemtrail-Programm** zur Wettermanipulation unverzüglich!
http://sauberer-himmel.de / http://chemtrail.de / http://chemtrail.ch / http://aircrap.org

Nicht Euren Parteien und deren Führungsgremien seid Ihr verpflichtet, sondern Eurem Volk!

Wird der eingeschlagene Kurs der Enteignung, Entrechtung, Bevormundung und Überwachung Eures Volkes nicht geändert, dann tretet aus den Parteien aus!

Der Versuch der Übertragung nationaler Entscheidungsgewalt an übergeordnete Organisationen bedeutet einen Anschlag auf die bestehende Ordnung souveräner Staaten gegen den Volkswillen und ohne explizite Befragung und Zustimmung der Völker und erfüllt somit den Tatbestand des Hochverrats. Kehrt um! Dasselbe trifft auf völkerrechtswidrige Kriege, Bankenrettungen, ESM, EFSF, Schuldentilgungsfonds und andere Tricksereien zur Insolvenzverschleppung und fortgesetzten Ausplünderung der Bürger zu! Achtet auf die Einhaltung Eures Amtseids! Euer Volk wird Euch daran messen.

Arbeiten an der Gegenwart für die Zukunft, statt besessen-verzweifeltes Festhalten am Gescheiterten

Mit dem Crash des Finanzsystems – ich fürchte, für eine Abwendung ist es seit 2008 zu spät – steht ebenfalls ein Ende der kreditfinanzierten Industriegesellschaft, so wie wir sie bisher kennen, bevor. Die Menschen brauchen sinnvolle Arbeit, von der sie leben können – auch und gerade im und nach dem Wirtschaftskollaps! Ich fordere zur Sicherstellung der Lebensmittelversorgung ein umfassendes Projekt zur Schaffung autarker Selbstversorgerhöfe. Finanziert werden könnte das Projekt durch die ersatzlose Streichung der Subvention für den Anbau von „Bioenergiepflanzen", und die schrittweise Reduzierung bis hin zur Einstellung der Subventionierung von widernatürlichen, ohne Zuschüsse ohnehin nicht überlebensfähigen Monokulturbetrieben. Laßt Euch nicht länger im „Teile und herrsche"-Spiel aufspalten, entzweien und gegeneinander aufhetzen und mißbrauchen!

Eines eint uns letztlich alle: Die Sehnsucht nach einem Leben in Freiheit, Frieden, Zufriedenheit und einer sinnvollen Arbeit, von der wir unser Auskommen bestreiten können – das sind die Früchte einer gesunden Gesellschaft. Laßt uns deshalb **nicht mehr länger gegen, sondern miteinander arbeiten**!

Meine Positionen:

a) anti Staat, der immer wieder und wieder als Machtinstrument von wenigen mißbraucht wurde und wird, um die Vielen zu beherrschen, auszuplündern und zu unterdrücken. **Herr Schäuble** meinte anläßlich des Weltbankenkongreß am 18.11.2011 in Frankfurt, die Demokratie sei allein durch die beiden Weltkriege ad absurdum geführt wurden. Ich dagegen meine, das menschliche Machtkonstrukt „Staat" ist während der letzten Jahrtausende permanent zur Unterdrückung und Plünderung der Völker mißbraucht worden, und zwar durch Machthaber jeder Epoche und gleichgültig, wie sich das jeweilige Herrschaftssystem nannte. So liegt die Vermutung nahe, daß sich die Organisation „Staat" selbst längst überholt und ad absurdum geführt hat.

Die Politik behauptet, die Menschen seien nicht in der Lage, eigenständige Entscheidungen oder Vorsorge zu treffen. Nun, nach fast 100 Jahren sozialistischer Gedankensteuerung und Meinungsbildung möglicherweise nicht sofort, aber sie werden es wieder lernen. Es gibt keinen Lebensbereich, den Menschen nicht untereinander besser regeln können – ganz ohne staatliche Agitation und Bevormundung, und unter Anspruchnahme des Rechtes auf Vertragsfreiheit.

Der Staat ist kein Instrument zum Schutz der Schwachen, sondern zum Schutz der Interessen der Gewalthaber und ihrer Günstlinge. Er unterbindet ja durch seine Gesetze und Regularien geradezu das ungehinderte Zusammenkommen der Menschen zum freien privaten und unternehmerischen Gedanken- und Ideenaustausch, hemmt und verhindert sogar die freie Entfaltung und Entwicklung einer Gesellschaft! Hat der Staat Interesse an gebildeten und mündigen Bürgern?

Nein, nur an gehorsamen Steuerzahlern. Der Staat ist ein Machtvehikel der Ausbeutung, der Entrechtung und Enteignung, der Kriegführung, der permanenten offenen oder versteckten Unterdrückung vieler durch wenige. „**Der Staat ist eine riesige Maschinerie institutionalisierten Verbrechens und der Aggression**", schreibt Murray Rothbard in seinem Buch **„Die Ethik der Freiheit"**. Einen Auszug aus seinen Ausführungen die „Staatsmafia" (Zitat: Murray Rothbard) betreffend können Sie hier lesen: **http://tinyurl.com/bpb3e7s**

Das Kriegsbudget der 10 größten Industrienationen beläuft sich auf jährliche 1,5 Billionen Dollar! Der gekidnappte, korrupt und verantwortungslos handelnde Staat ist der größte Kriegstreiber und -hetzer. Zu keinem Zeitpunkt wurden mehr Kriege auf der Welt geführt als heute! Woher nimmt er die Gelder um diese Kriege zu führen? Er enteignet die Steuerzahler.

Würden alle Völker ihre Staatsapparate auflösen und sich die Menschen fortan selbst organisieren und verwalten, dann wüchse nicht nur der Wohlstand, sondern es stünden darüberhinaus enorme Mittel zur Verfügung, um Wohltätigkeit gegenüber tatsächlich Bedürftigen zu üben, ohne die Faulen und Günstlinge der Umverteilung zu finanzieren! Des weiteren: Wenn es einer Geheimgesellschaft oder sonstigen Gruppierung gelingt, den Staat zu unterwandern, auszuhöhlen und seine Organe zu besetzen, dann erhält sie Gewalt über Millionen von Menschen. Die Unterwanderung vieler kleiner private Organisationseinheiten ist jedoch unmöglich. DAS ist effiziente und demokratische Gewaltenteilung!

Wie können wir entgegensteuern?

Die Familie muß wieder zum zentralen Punkt des gesellschaftlichen Lebens werden. Vom Kind bis zum Greis ist jeder wichtig und wird gebraucht! Betreuung in Krankheit und Alter, die Erziehung und Unterricht finden ihren rechtmäßigen Platz in funktionstüchtigen Familienstrukturen. Kirchliche und private karitative Einrichtungen können in Notfällen helfen. Auch für die Rechtsprechung und den Erhalt der öffentlichen Ordnung können die Menschen durchaus eigenständig sorgen – **durch Selbstorganisation und Selbstverwaltung innerhalb einer festgelegten privatrechtlichen Ordnung**.

Aus welchem Grund soll ein Staat hierbei gerechter oder befähigter sein? Vergangenheit und Gegenwart beweisen ja, daß gerade das nicht der Fall ist! Wenn Polizei und Militär auf Befehl gegen ihr eigenes Volk vorgehen sollen, was hat das noch mit „Herrschaft des Volkes" zu tun?
Durch die Abwesenheit eines Bürokratie- und Behördenkomplexes, der die Vermögen der Menschen abschöpft, umverteilt und verschwendet, bleibt der Lohn der Arbeit vollständig in den Händen derer, die ihn primär erarbeiten. Könnten Sie leben, wenn Politiker, Regierungen, Parteien, Behörden plötzlich von heute auf morgen nicht mehr da wären? Meinen Sie nicht, daß Sie ohne Staat, Enteignung und doppelt so hohem Einkommen besser in der Lage wären …

→ einen weitaus höheren Lebensstandard für sich und Ihre Familie zu erreichen, als mit 50% Lohnsteuer eine Politik und Behördenwesen zu finanzieren, das Ihnen vorschreibt, wie Sie Ihr Leben zu führen haben, und mit Ihren „Beiträgen" Versicherungsgesellschaften, deren Prunkbauten, riesigen ineffizientem Verwaltungsapparat und Millionensalären für Vorstände, Aufsichts- und Verwaltungsgremien zu dauerfinanzieren?
→ Ihre eigene private Altersvorsorge zu betreiben, anstatt in staatliche Zwangssysteme einzahlen zu müssen, die jährlich reale inflationsbereinigte Kaufkraftverluste erwirtschaften, und deren klägliche Überreste bei Auszahlung nochmals besteuert werden, so daß Ihnen Armut im Alter sicher ist?
→ Bedürftigen effizienter und direkt zu helfen und somit einen weit höheren Dienst an der Gesellschaft zu leisten, als wenn Sie das Geld an eine aufgeblähte staatliche Sozialindustrie zu überweisen gezwungen werden, die den Großteil der Gelder in einem nutzlosen Verwaltungsapparat verschwendet und sich selbst zuerst versorgt? Da eine Gesellschaft nur dann friedlich sein kann, wenn sie für alle möglichst lebenswert ist, liegt es im eigenen Interesse der Menschen, Wohltätigkeit zu üben gegenüber denen, denen es weniger gut geht: Witwen, Waisen, Alten, Kranken, Obdach- und Familienlosen, aber auch den Schwächsten der Gesellschaft, den Tieren. Die Alimentierung der Faulheit kann darin jedoch keinen Platz mehr haben.

„Wer nicht arbeiten will (nicht „nicht kann"!, und ganz bestimmt nicht als staatliche Zwangsarbeit, sondern zum ehrlichen Verdienst des Lebensunterhalts; Anm.des Autors), der soll auch nicht essen" (1.Thessalonicher 3:19; 2. Mose 20:9). Dies als Antwort für diejenigen, die der Bibel Sozialismus oder Kommunismus unterstellen.

b) anti Krieg, der angelehnt an a) von Wenigen für deren Interessen angezettelt wird, und rücksichtslos Menschen, Familien, Völker und den Lebensraum Erde zerstört.

c) pro Freier Markt, in dem sich freie Menschen ungehindert austauschen und Handel treiben, Verträge schließen, sowie das Geld selbst bestimmen können, mit dem sie für ihre Arbeit, ihre Waren und Dienstleistungen bezahlt werden möchten. Eine freie und sich ungehindert entfaltende Privatwirtschaft ist die Basis für die Stabilität einer Gesellschaft, Basis eines breiten Mittelstandes und Garant eines friedlichen Miteinanders.

<u>**Was sind die sieben Säulen der Freiheit?**</u>

1. Das **Wissen** und die **Information**, die uns die Bildung einer verläßlichen Meinung erlauben und die Grundlage eines gesunden Denkens und Handelns bilden
2. Die **Bereitschaft, Verantwortung für Ihr Leben** zu übernehmen und eigeninitiativ zu handeln; Schafe brauchen einen Führer, Menschen jedoch nicht! Diese beiden ersten Punkte – Wissen/Information und Bereitschaft zur Selbstverantwortung bilden das Fundament, die wichtigsten Lebensbereiche in Ihre eigene Hand zu nehmen:
3. Der Lohn Ihrer Arbeit - das **Vermögen**
4. Die Basis Ihrer Lebensenergie - die **Gesundheit**
5. Die Grundlage Ihres Lebens – die **Selbstversorgung mit gesunden Lebensmitteln innerhalb eines krisenfesten Haushaltes**
6. Die Finanzierung Ihres Lebensunterhaltes – das **krisensichere Einkommen**
7. Der Schutz Ihres Lebens, Ihrer Familie, Ihrer Freiheit, Ihres Eigentums – die **aktive und passive Sicherheit**

Meine ausschlaggebenden Gründe zum Schreiben dieses Buches – die Recherchen und Schreibarbeit nahmen mehr als zwei Jahre in Anspruch – waren die Unerträglichkeit der schamlosen Lügen und der vermeintlichen „Alternativlosigkeit" der Entrechtung, Verblödung, Enteignung und Bevormundung der Menschen durch einen aufgeblähten Bürokraten-, Juristen-, und Parteienkomplex, der den Staat und seine Organe gekidnappt hat und an einem Gefängnisplaneten herumbastelt, den das Volk gefälligst gleich noch selbst bezahlen soll.

→ Ich verabscheue das falsche Gutmenschentum, das die Wahrheit und die Suche nach ihr durch „politische Korrektheit" verzweifelt zu unterdrücken versucht, weil sich die Lüge auf den Schlips getreten und die Existenz ihres Kartenhauses bedroht sieht.
→ Ich verabscheue Ideologien, die bestrebt sind, das Perverse zur Norm zu erheben und das Normale zur Abartigkeit zu stilisieren; die wahnsinnig genug ist, die biologischen Unterschiede von Mann und Frau in ihrem Vereinheitlichungswahn auflösen will und damit sowohl die Würde des Mannes als auch der Frau und damit die besonderen Eigenschaften der Geschlechter zu zerstören.
→ Ich verabscheue Personen, die das Böse hinter dem Deckmantel des Guten einführen wollen; die Freiheit vorgaukeln, während sie Sklaverei vorantreiben; die anderen ihre menschenverachtenden und gotteslästerlichen Ideologien als neue Moral befehlen wollen, während sie selbst weder Anstand noch Moral besitzen.
→ Ich verabscheue gewissen- und skrupellose Menschen, die über rückgratlose Menschen befehlen, damit diese ihr eigenes Volk prügeln, um der menschenverachtenden Minderheit die Illusion der Macht und die Ausplünderung der Vielen zu erhalten.

Um Tyrannei und Verelendung ein Ende zu bereiten, braucht es weder Generalstreik, noch Massendemonstrationen, noch Gewalt, noch eine äußerlich sichtbare Revolution. Alles Notwendige liegt bereits in Ihrer Hand, und besonders in Ihnen selbst. Es ist die Sehnsucht nach Frieden, Freiheit und einer neuen, nie gekannten Unabhängigkeit. Indem Sie sich von Abhängigkeiten von einem Machtkartell aus Politik und Konzernmonopolen befreien, die Ihre Ernährung, Ihr Trinkwasser, Ihre Gesundheit, Ihre Stromversorgung, Ihren Transport und Ihr Geld – und damit letztich Sie selbst kontrollieren. Verlassen Sie das Hamsterrad und werden Sie vom modernen Sklaven zum mündigen und unabhängigen Menschen!

Nach der Lektüre dieses Buches werden Sie verstehen, daß es nicht „böse Spekulanten" waren, die für den Sturz des Systems verantwortlich waren, sondern daß es sich selbst ausgelöscht hat, da es auf den stets scheiternden Prinzipien des Falschgelds beruhte, das den Diebstahl und Umverteilung der erarbeiteten Vermögen ermöglichte. Aus Schulden Geld zu machen scheiterte jedesmal in der Geschichte und wird immer und immer wieder scheitern, bis die Völker endgültig „Nein!" zu Schein-Geld sagen werden. Sein eingebauter Fehler – der Zinseszins – ließ Schulden und Guthaben zugleich explodieren, was die Reichen immer reicher und die Armen immer ärmer machte, bis beide – Schulden und Guthaben, wertlos wurden. Kein Betrug ist stärker als Gottes Naturgesetze, auch wenn die „Zentralplaner" eine auf ihren verqueren Ideologien basierende neue Realität zu schaffen gedachten. Diese schüren den Haß, den sie angeblich zu bekämpfen vorgeben.

Beispiel: „Multikulti" ist zum unkontrollierten Zustrom von Asylanten ausgeufert. Nach der Entscheidung des Bundesverfassungsgerichts steht jedem Asylanten automatisch auch Sozialhilfe zu. Jedem Asylanten steht demnach ebensoviel Geld zu wie einem 60-jährigen Bürger, der nach 45 Arbeitsjahren und Einzahlungen ins staatliche Sicherungssystem arbeitslos wird und nach zweijährigem Bezug von Arbeitslosengeld auf dasselbe wirtschaftliche und finanzielle Niveau abrutscht wie eine Person, die niemals hier gearbeitet und keinen Pfennig in das System eingezahlt hat. Bevor der Bürger jedoch Sozialhilfe bezieht, muß er von seinen Ersparnissen leben, die er sich vom Munde abgespart hat. Leidtragende sind nicht nur die eingeborene Bevölkerung, sondern auch gebürtige Ausländer, die hier eine echte neue Heimat gefunden haben und mit ihrer Hände ehrlicher Arbeit für ihren eigenen Lebensunterhalt sorgen. Daß diese schreiende Ungerechtigkeit letztlich zum Kollaps des gesamten Systems führen **muß**, ist allein aus rein mathematischer Sicht unabwendbar.

Desweiteren spaltet diese Entscheidung des Gerichts die Gesellschaft und gießt zusätzlich Öl in eine ohnehin bereits schwelende problematische Situation, indem Wirtschaftsflüchtlinge anzieht und den Druck auf den sozialen Frieden weiter erhöht, was im Interesse keines fried- und freiheitsliebenden Menschen gleich welcher Herkunft sein kann! Was soll darüberhinaus der Anreiz oder gar die Rechtfertigung sein, um überhaupt noch länger in ein solches System einzuzahlen, wenn es zum Selbstbedienungsinstrument und zur globalen sozialen Hängematte für alle Welt verkommen ist – nur die Einzahler selbst gehen leer dabei aus? Statt die Hoffnung noch länger auf die staatlichen Versicherungen zu setzen, ist die private Versorge außerhalb des gesamten Systems die weitaus klügere und erfolgversprechende Lösung. Wie Sie sich von den Fesseln dieses zutiefst ungerechten ausplündernden und umverteilenden Systems lösen, dabei möchte Ihnen dieses Buch helfen.

Nun wünsche ich Ihnen eine spannende, segensreiche Lektüre und viel Freude auf Ihrem Weg zu persönlicher Freiheit und Unabhängigkeit! Verwirklichen Sie sie für sich selbst, und stecken Sie andere mit ihrer Sehnsucht danach an! Lassen Sie uns gemeinsam eine lebenswertere Gesellschaft für alle aufbauen und Egoismus, Lethargie, Resignation, Feigheit, Unterwürfigkeit, Herzlosigkeit, Gleichgültigkeit, Neid und Haß abschütteln! Nehmen Sie Ihr Leben wieder in Ihre eigenen Hände! Haben Sie den Mut, vorgefertigte Meinungen und Vorurteile kritisch zu hinterfragen, sich unabhängig und eigenständig zu informieren und selbst zu denken! Blicken Sie nicht im Zorn zurück – blicken Sie hoffnungsvoll auf die Gestaltung des Hier und Jetzt!

Die sieben Säulen der Freiheit werden Ihnen dabei helfen, das Hamsterrad und seine Abhängigkeiten hinter sich zu lassen.

Bauen Sie nicht länger an der Welt, von der „die Eliten" träumen– Bauen Sie die Welt, in der SIE und Ihre Familie zukünftig leben wollen!

Wir haben keine Zeit zu verschwenden und viel Arbeit vor uns. Packen wir's an!

Herzlichst,
Ihr Alfred Mittelbach

Teil I: Das Vermögen

Zwangsgeld, Falschmünzerei und die Schein-Welt einer Wohlstandsillusion

Das Ziel dieses Vermögensleifadens ist es, Sie mit einem grundlegenden finanziellen Wissen auszurüsten und Ihnen einen Einblick in die Wirkungsweise eines schuldenbasierten Finanzsystems, der Wirtschaft und des Geldes zu geben, der es Ihnen ermöglicht, sich eine eigene informierte Meinung zu bilden, auf der Sie jetzt und zukünftig die eigenständige Verwaltung Ihrer Ersparnisse übernehmen können.

Wird Ihnen schwindelig bei all den neuen Milliardenlöchern, exorbitanten Staatsverschuldungen, wöchentlichen „Krisengipfeln", und erdrückenden Steuerlasten bei zusätzlich explodierenden Lebenshaltungskosten?

Wird Ihnen angst und bange bei der geballten Inkompetenz, Dekadenz und Korruption in Politik, Medien, Wirtschaft und Gesellschaft?

Oder packt Sie einfach die Wut, daß Sie zwangsverpflichtet werden sollen, eine Kunstwährung permanent mit Ihren Steuergeldern "retten" zu müssen, die Sie niemals haben wollten, und die Ihnen unter falschen Versprechungen angeblicher Stabilität untergeschoben wurde?

Geld ist der ökonomische Stützpfeiler einer Gesellschaft und der entscheidende Gradmesser, auf welcher Grundlage diese Wirtschaft beruht, die untrennbar mit dem Geldsystem verwoben ist. Gleichzeitig ist das Geldsystem ein Indikator, wie frei ein Volk tatsächlich ist. Darf es selbst entscheiden, was es als Geld verwendet, oder wird es ihm „per Gesetz" verordnet?

Wir verstehen die Vorgänge in dieser Welt nicht, solange wir nicht den Zusammenhang zwischen der Kontrolle des Geldsystems und dessen Verknüpfung mit der Macht verstehen.

Von diesem Verständnis hängt die Fähigkeit zur Erkenntnis ab, ob wir endlich in der Lage sein werden, die Fesseln der Verdummung, der Täuschung, der Lügen und Manipulationen, der beständigen Ausplünderung unserer Arbeitskraft, des Raubes unserer hart erarbeiteten Ersparnisse, die unaufhörliche Beschneidung unserer gottgegebenen Rechte und Freiheiten und die Steuerung der Mehrheit durch eine winzige Minderheit zu beenden.

Die unterschiedliche Situationen zu Beginn der Wirtschaftskrise und vor dem Kollaps

Der große Unterschied zwischen dem Ausbruch der Weltfinanz- und -wirtschaftskrise in den Jahren 2008/2009 zu heute besteht darin, daß heute die Kriegskasse des Staates leer ist. Stimulusinstrumente und Konjunkturprogramme wie etwa die Abwrackprämie (= Bailout für die Autoindustrie) verpuffen, da sie heute auf einen gesättigten Markt treffen, dessen Käufer immer weniger Kaufkraft und damit immer weniger Bonität besitzen. Konjunkturspritzen sind nicht mehr in der Lage, eine höhere Nachfrage zu erzeugen.

Deshalb wird die nun anlaufende Verschärfung der Rezession völlig anders verlaufen als zu Beginn des Wirtschaftseinbruchs im Jahr 2008, als man noch eine künstliche Nachfrage erzeugen konnte. Die nun folgenden Konsequenzen werden zunächst mehr Kurzarbeit, anschließend Massenentlassungen und zuletzt Massenpleiten sein. Am Ende der Pleitewelle steht neben der Massenarbeitslosigkeit und einer zerstörten Wirtschaft der Staatsbankrott aller „entwickelten" Staaten.

Die „Target2"-Salden offenbaren, warum das Synthese aus Finanzsystem und Weltwirtschaft kollabieren wird: Mit den Waren wird der Kredit gleich mitexportiert, damit die auf Export ausgerichtete Wirtschaft nicht sofort kollabiert, deren Waren sich die Abnehmer aber überhaupt nicht mehr leisten können!

Ein langes Siechtum wie in den Südländern Europas wird es in wirtschaftlich stärkeren Ländern jedoch nicht geben. Wenn der letzte Zahler urplötzlich selbst zahlungsunfähig wird oder die Sparer aus dem Euro und/oder Dollar flüchten, erfolgt der Systemkollaps umgehend und setzt dringend benötigte Reinigungskräfte frei, der Fehlentwicklungen in Politik, Wirtschaft und Gesellschaft korrigieren wird. Jedoch: Reinigungsprozesse sind schmerzhaft.

Je früher eine Reinigung erfolgt, desto besser. Je länger hinausgezögert, desto schmerzhafter.

Im Versuch der „Rettung" eines nicht mehr rettbaren Bankensystems entzieht die Politik der Privatwirtschaft immer exzessivere Gelder in Form von Steuern, um sie in ein Faß ohne Boden zu stecken. Dies hat eine verheerende Auswirkung auf die finanziellen Resourcen der Bürger und Unternehmer, denen immer weniger Geld verbleibt. Und diese Gelder wiederum stehen fortan nicht mehr für Konsum und Investition zur Verfügung und fehlen daraufhin der Privatwirtschaft, was in einen Teufelskreis anstößt, der zur Beschleunigung des Kollaps der Wirtschaft, einer noch höheren Arbeitslosigkeit, kollabierenden Steuereinnahmen und explodierenden Sozialausgaben, einer noch höheren Verschuldung und damit Entwertung der Kaufkraft der Währung, und letztlich zum Kollaps auch der Politik führt, die sich in ihrem Unverstand ihr eigenes Grab schaufelt.

Die Tragödie eines Schuldgeldsystems – Leistung ohne Gegenleistung

Nirgendwo habe ich eine Beschreibung des heutigen schuldenbasierten Finanzsystems gefunden, die so kurz und präzise auf den Punkt bringt, worum es geht und worin seine Ungerechtigkeit besteht, wie in einem Zitat von **Sir Josiah Stamp** (1880 – 1941), ehemaliger Direktor der „Bank of England" und zweitreichster Mann Englands zu seiner Zeit, das **aus einer Rede an der Universität von Texas im Jahre 1927** stammt:

„Das moderne Bankensystem erzeugt Geld aus dem Nichts. Dieser Prozeß ist vielleicht der erstaunlichste Taschenspielertrick, der jemals erfunden wurde. Das moderne Finanzwesen wurde in Ungerechtigkeit gezeugt und in Sünde geboren ... Die Bankiers besitzen die Erde. Wenn Sie ihnen diese wegnehmen, ihnen aber die Macht zur Geldschöpfung lassen, dann werden sie mit einem Federstrich genug Geld schöpfen, um die Erde wieder zurückzukaufen … Wenn Sie ihnen diese große Macht nehmen, dann werden alle großen Vermögen, wie z.B. meines, verschwinden; und dann wäre dies eine bessere Welt, in der man glücklicher leben könnte … Aber, wenn Sie weiterhin die Sklaven der Bankiers sein und die Kosten Ihrer eigenen Sklaverei bezahlen wollen, dann lassen Sie es zu, daß die Bankiers weiterhin Geld schöpfen und die Kreditvergabe kontrollieren."

Stamp erklärt hier klipp und klar, woher das heutige Geld kommt: Es existiert überhaupt nicht, sondern wird einzig und allein durch Kreditvergabe geschaffen. Bei allen heute gebräuchlichen Währungen dieser Welt haben wir es mit derselben Art eines leistungslos erschaffenen Geldes zu tun. Kenner bezeichnen es als „Fiat money" (lat. *fiat* = es werde; engl. *money* = Geld) – Geld aus dem Nichts. Das Geldmonopol, das hoheitlich dem Staat – also dem Volk – zusteht, wurde von den Regierungen an private Bankenkonsortien vergeben, die man heute als „Zentralbank" kennt.

Sie erwecken einen staatlichen Eindruck, ihre Gründungsbanken befinden sich jedoch im Privatbesitz. Das Geldmonopol aller Staaten befindet sich also im Besitz von Privatbankiers. Am anschaulichsten wird der Umstand an der US-Zentralbank „Federal Reserve" deutlich. Sie erweckt den Anschein einer staatlichen Institution (engl. *federal* = staatlich) und gibt vor, über Rücklagen zu verfügen (engl. *reserve* = Reserve, Rücklage). Beides trifft nicht zu. Sie wurde im Jahre 1913 unter dem Vorwand gegründet, die Macht der Banken („Bankers Trust") zerschlagen zu wollen. Am 23.12.1913 – also einen Tag vor Weihnachten – durch den US-Kongreß geschleust und vom damaligen US-Präsidenten Woodrow Wilson unterzeichnet.

Der Schriftsteller und Biograf **Eustace Mullins** merkte dazu folgendes an: "**Woodrow Wilson unterzeichnete den Federal Reserve Act am 23. Dezember 1913. Die Geschichte hat gezeigt, daß an jenem Tag die Verfassung aufhörte, das amerikanische Volk zu steuern, und unsere Freiheiten wurden einer kleinen Gruppe von internationalen Bankiers überlassen.** (…) **Da die Federal Reserve Bank of New York die Zinssätze und die direkten Marktoperationen festzusetzen hat, und damit die tägliche Verwaltung von Angebot und Preis des Geldes in den Vereinigten Staaten steuert, sind die Aktionäre dieser Bank die wirklichen Führer des gesamten Systems.**"

Buchempfehlung:

G. Edward Griffin „**Die Kreatur von Jekyll Island: Die US-Notenbank Federal Reserve – das schrecklichste Ungeheuer, das die internationale Hochfinanz je schuf**"

Seitdem obliegt die Geldschöpfung nicht mehr der Regierung – dem Staat, dem Volk – sondern den privaten Eigentümern der Zentralbanken, die damit alles kontrollieren.

Nun fragen Sie sich einmal: Wie kommt es, daß heute fast alle Staaten bis über beide Ohren **in ihrer eigenen Währung verschuldet** sind?
Warum verschuldet sich der Staat bei den Banken, indem er deren leistungslos erzeugtes Geld leiht, für das er obendrein Zinsen zahlt, für deren Schuldendienst er seine Bürger mittels Besteuerung enteignen muß, wenn er auch eigenes Geld – unter Umgehung der Banken – herausgeben könnte? Das bemerkenswerte Ergebnis: Gäbe der Staat sein eigenes Geld heraus, dann wäre er schuldenfrei und könnte sich mit deutlich weniger Steuereinnahmen bescheiden!
Und nun kommt Ihr großer Auftritt: Werden Sie nun einmal zum mündigen Souverän Ihres Staates! Wie? Die Regierungen und Behörden fordern permanent von Ihnen? Dann drehen Sie den Spieß doch einfach einmal um! Fordern Sie Ihre Regierung und Abgeordneten doch einmal auf, Rechenschaft darüber abzulegen, warum der Staat Geld „am Kapitalmarkt leihen" muß, anstatt es selbst herauszugeben, was zwar immer noch weit vom Ideal eines ehrliches Geldsystem entfernt ist, jedoch nicht unmittelbar zur Herrschaft der Zentralbankeigentümer führt. **Wie ein besseres, ehrliches Geldsystem aussehen könnte, dazu mehr im Kapitel 6.**
Fragen Sie doch einmal, wie es mit der Verfassung vereinbar ist, daß die Politik die Geldhoheit, die dem Volk zusteht, an private Banken abgetreten hat, die Geld aus dem Nichts erzeugen und dafür auch noch Zinsen verlangen, die wiederum via Besteuerung von den Bürgern eingetrieben, die Bürger also für die Zinszahlung an Banken enteignet werden.

Die Rolle des Staatssouveräns steht Ihnen als Steuerzahler doch verfassungsgemäß zu, denn Sie sind es ja schließlich auch, der die Regierung und den gesamten Staatshaushalt letztlich finanziert, und dem Ihre Regierung die Zinslast der Banken aufbürdet!

Wenn Sie diesen Zusammenhang, diese Problematik verstanden haben, dann sind Sie dem großen Geheimnis der Gier nach Kontrolle und Macht auf die Spur gekommen. Das Geld, mit dem Sie heute tagtäglich Käufe aller Art bezahlen, ist nicht das Geld der Regierung, nicht das Geld des Staates. Es ist das Geld privater Banken. Sie kontrollieren die Steuerung der Geldmenge und betreiben Kreditschöpfung nach Belieben. Die Zentralbanken, die sich ebenfalls in Privatbesitz befinden, legen den Zins fest und steuern alle Mechanismen und jede einzelne Nische des Finanzmarkts. Die Hoheit über das Geld ist das Privileg des Volkes. Seine Abtretung in die Hände von Privatinteressen ist ebenso verfassungswidrig wie die Verschuldung der Regierungen auf Rechnung ihrer Bürger, sowie die Verpfändung der Arbeitskraft und der Steuern ihres Volkes zum Schuldendienst an die Banken.

Mittels ihres Geldes steuern sie außerdem die gesamte Wirtschaft, die nun auf demselben Prinzip der Verschuldung und Kreditvergabe / Kreditnahme von den Banken und deren Geld bzw. Kredit abhängig ist.

Fassen wir einmal kurz zusammen: Die Politik hat die Geldhoheit, die dem Volk zusteht, an private Banken abgetreten, die nun die gesamte Geldschöpfung kontrollieren. Die Politik hat im Gegenzug die Erlaubnis erhalten, ihr Volk unlimitiert bei den Banken zu verschulden. Die Banken wiederum haben das Privileg erhalten, Geld durch Kreditvergabe zu erzeugen und dieses gegen Zins zu verleihen, ohne eine reale Gegenleistung dafür erbringen zu müssen. Das ist die offizielle Erlaubnis zur Geldfälschung.

Die Banken selbst besitzen also überhaupt kein Geld – sie schöpfen es aus dem Nichts, indem sie Kredite vergeben. Wie das vor sich geht, schauen wir uns gleich einmal an. Der Zins, den sie für ihr „fiat money" verlangen, muß jedoch real erarbeitet werden.

Welche Auswirkungen dies auf eine Gesellschaft hat, schauen wir uns gleich an. Im Falle der Staaten werden die Zinszahlungen aus Steuereinnahmen bestritten, die direkt an die Banken fließen. Auf diese Weise haben die Eigentümer der Banken von der Politik die Erlaubnis zur indirekten Besteuerung der Bürger und Völker erhalten, die nun – ohne es zu ahnen – als Schuldsklaven für die Betreiber der Banken arbeiten, die dadurch Leistung (Zinsgeld) erhalten, ohne eine Gegenleistung dafür erbringen zu müssen.

Dieses Prinzip – Leistung ohne Gegenleistung – tritt nur in drei Szenarien auf:

1) **Wohltätigkeit**: Ein Mensch mit Herz tätigt eine Spende zugunsten eines Waisenhauses, eines Tierheims, oder einer anderen karitativen Einrichtung (Spende = Leistung). Eine Gegenleistung erwartet er dafür jedoch nicht.

2) **Sklaverei**: Ein Sklave arbeitet für seinen Besitzer, erbringt damit also Leistung; eine Gegenleistung (abgesehen von Kost und Unterkunft) erhält er jedoch nicht.

3) **Diebstahl und Raub:** Der Dieb oder Räuber entwendet das Eigentum des Beraubten. Eine Gegenleistung oder Entschädigung erbringt er dafür selbstverständlich nicht.

Daß Sie jetzt ja nicht auf die Idee kommen, auf den kleinen Beamten, Bankangestellten oder anderen Berufsständen oder Personen herumzuhacken – die stecken nämlich allesamt in derselben Klemme wie jeder andere von uns: ein Zahnrädchen im Hamsterrad. Das System selbst ist die Wurzel des Übels!

Alle Welt versinkt in Schulden. Staaten, Bundesstaaten, Gemeinden, Städte, Unternehmen, Privatleute … . Wir wissen, daß in diesem schuldenbasierten Finanzsystem Guthaben die Gegenposition der Schulden sind. Wo aber sind die Guthaben? Wer hat das ganze Vermögen abgeschöpft?

Die Entscheidungsgewalt liegt also heute nicht mehr bei den Regierungen, sondern bei den Eigentümern der Banken, weil die Regierungen sich selbst und ihr Volk vom Zettelgeld der Banken in dem Moment abhängig gemacht haben, als sie es zum „gesetzlichen Zahlungsmittel" machten. Gehen nun die Banken und deren Zettelgeld unter, dann gehen auch die Regierungen unter, die dieses Zettelgeld zum gesetzlichen Zahlungsmittel erhoben haben, weil die Bürger dann erkennen, daß sie alles verloren haben.

Es findet dann ein massiver Vertrauensverlust statt.

Verstehen Sie, was Henry Ford meinte, als er sagte: „**Es ist gut, daß die Menschen unser Bankensystem nicht verstehen, denn sonst, so glaube ich, hätten wir eine Revolution noch vor morgen früh.**"

„Fractional banking" und das Mindestreserveprinzip

Wie geschieht nun die Geldschöpfung durch die Banken?

Das Geld wird **im ersten Schritt von den Zentralbanken durch Kreditvergabe an Banken und Regierungen** erschaffen, und **im zweiten Schritt durch die Geschäftsbanken im sogenannten "fractional banking"** - zu deutsch in etwa: Buchgeldschöpfung oder Teildeckungsprinzip – **multipliziert**, was wiederum durch Kreditvergabe stattfindet, aber diesmal an die Kunden der Bank. Zentralbanken machen einen Teil der Guthaben sichtbar, indem sie bunte Zettel aus Papier und Baumwolle mit allerlei Zahlen bedrucken, die an die Banken ausgegebenwerden und über die Ausgabe an die Bankkunden in den Wirtschaftskreislauf gelangen, da sie nun als Zahlungsmittel zur Bezahlung von Waren und Dienstleistungen verwendet werden.

Um Sie nicht mit ausschweifenden theoretischen Abhandlungen zu ermüden, betrachten wir am besten einmal ein Beispiel, wie die Geldschöpfung in der heutigen Praxis aussieht. Schauen wir einmal, wie die Geldschöpfung durch die Geschäftsbanken vor sich geht: Nehmen wir an, Sie möchten eine Wohnung kaufen. Sie gehen zur Bank, und die Bank bewilligt nach Prüfung Ihrer Unterlagen den Kredit, verlangt aber die Eintragung einer Grundschuld zur Absicherung der Hypothek.
Daraufhin wird eine Buchung vorgenommen: Sie erhalten 100.000 Euro auf Ihrem Konto gut-geschrieben („Haben"), mit dem Sie nun den Verkäufer der Wohnung bezahlen können. Und gleichzeitig weist Ihr neues Darlehenskonto ebenfalls 100.000 Euro aus – nur hier eben als Verbindlichkeit („Soll"). Die Bank besitzt kein Geld. Sie erschafft es durch eine simple Kontobuchung. Alles, was sie dazu benötigt, um einen Kredit über 100.000 Euro zu vergeben, sind 2.000 Euro, die ein anderer Sparer zuvor auf sein Konto oder Sparbuch eingezahlt hat.

Und das geschieht so:

Viele Zeitgenossen nehmen an, sie brächten 2.000 Euro auf die Bank und zahlen es dort auf ihr Sparbuch ein. Dafür erhalten sie von der Bank einen Guthabenzins von sagen wir einmal 2%, und die Bank leiht dieses Geld zu 6% als Kredit aus. Die Gewinnspanne der Bank – man bezeichnet sie auch als „Marge" – würde dann 4% betragen. Das wäre doch eine ehrenwerte Geschäftspraktik, oder nicht? Leider sieht die Realität anders aus. Die Bank nimmt die 2.000 Euro und multipliziert sie mit dem Faktor 50. Dabei erschafft sie leistungslos 100.000 Euro. Das heißt, sie arbeitet nicht für das Geld. Sie führt nur eine einfache Kontobuchung durch. Soll – Haben. Nun kommt die sogenannte **„Mindestreserve"** ins Spiel. Die Mindestreserve verpflichtet die Bank, die 2.000 Euro des Kunden als Sicherheit einzubehalten. Aber was macht sie mit den neuerschaffenen 98.000 Euro? Sie will schließlich einen Profit mit dem Geld erzielen.
Sie leiht es beispielsweise als Kredit aus, und kassiert nun nicht für 2.000 Euro 6% Zinsen, sondern für 98.000 Euro. Das ist doch ein Unterschied, meinen Sie nicht? Statt 120 € Zinsen für 2.000 Euro erhält sie nun 5.880 Euro Zinsen für 98.000 Euro. Ergibt eine Differenz von immerhin 5.760 Euro leistungs- und risikolosen Gewinn für die Bank – und das aus einem Kundenguthaben von nur 2.000 Euro.

Anders ausgedrückt: Die Bank hat das Guthaben des Kunden nicht einmal, sondern fünfzigmal, beim einem Mindestreservesatz von 1% gar 100mal als Kredit verliehen. Je häufiger das Geld aber verliehen wurde, desto größer wird auch die Gefahr, daß ein oder mehrere Schuldner das Geld nicht zurückzahlen können. Dieser Fall ist heute eingetreten.

Ein Schuldgeldsystem lebt von ständiger Ausdehnung durch immer mehr Verschuldung. Sobald keine weitere Aufschuldung mehr möglich, also die Wirtschaft am Boden ist und mit ihr die Zahlungskraft- und -willigkeit der Steuerzahler, dann implodiert es. Auf diese Weise ging seither jedes Papiergeld innerhalb eines Zeitrahmens von meist zwischen 40 und 70 Jahren unter – und mit ihm die Ersparnisse des davon betroffenen Volkes.

Währungen entstehen allein durch den Akt der Kreditschöpfung. Mit Rückzahlung des Kredites verschwindet auch das Geld, deshalb KÖNNEN etwa Staatsschulden NIEMALS zurückgezahlt, sondern nur bis zum Kollaps ausgedehnt werden – weil das System sonst kollabiert. Machen Sie einmal die Gegenprobe, um die Richtigkeit dieser Tatsache zu überprüfen. Beispiel: Ihr laufendes Konto (Gironkonto) weist ein Guthaben von 1.000 Euro (HABEN) aus, Ihr Darlehenskonto einen Kredit von 1.000 Euro (SOLL) aus. Nun möchten Sie den Kredit zurückzahlen. Sie überweisen also die 1.000 Euro von Ihrem Girokonto auf Ihr Darlehenskonto. Das Resultat: Sowohl Ihr Guthaben als auch Ihre Schulden verschwinden.

Nun tasten wir uns immer näher an das Problem der „Bankenrettungen" heran. Das Problem der Banken heute ist, daß sie das Geld unter anderem an insolvente Regierungen verliehen haben, indem sie deren Staatsanleihen (= Staatsschulden) gekauft haben. Nun sind viele dieser Staaten aber nicht mehr in der Lage, nicht nur das Geld nicht mehr zurückzuzahlen – das ja aus dem Guthaben unseres Kunden erschaffen wurde – sondern nicht einmal mehr den Zins für den Kredit zahlen können. Und nun kommt der Trick mit der „Systemrelevanz" und den „Bankenrettungen" ins Spiel. Der Staatsschulden, die die Bank nun in ihrem Wertpapierdepot hält, sind faul geworden. Das heißt: Der Kreditnehmer ist nicht einmal mehr in der Lage, die Zinsen dafür zu zahlen, geschweige denn den Kredit zu tilgen.

Das bedeutet auch: das Sparguthaben, aus dem der Kredit geschöpft wurde, ist ebenfalls weg. Es wurde längst vom Kreditnehmer verkonsumiert, der nun nicht einmal mehr die Zinsen bedienen kann.

Der Zins stellt in diesem System den Risikofaktor dar. Je höher der Zins eines Schuldenpapiers, desto höher das Risiko seines Ausfalls oder gar Totalausfalls. Anleihen sind Schuldpapiere und werden wie andere Papiere börsentäglich gehandelt.

Bekommen es Käufer einer solchen notleidenden Anleihe mit der Angst zu tun, so daß sie die Zahlungsunfähigkeit des Schuldners / Kreditnehmers befürchten, dann stoßen sie die Schuldpapiere ab, verkaufen sie also. Tun viele Anleger dasselbe, dann fällt der Kurswert des Papiers, und der Zins steigt. Der steigende Zins soll bewirken, daß renditehungrige Anleger, wie Fonds oder Banken, angelockt und vom Kauf dieser Anleihe überzeugt werden.

Nun sind die Banken als gute Kaufleute verpflichtet, diesen Wertverlust in ihren Bilanzen zu berücksichtigen, indem sie ihn abschreiben. Da aber heute in diesem globalen Verschuldungsspiel mit enormen Summen gepokert wird, beliefe sich der Wertverlust in vielen Fällen auf mehrere Milliarden Euro, den die Bank an Verlust erzielt hat.

Da die Spareinlagen als Eigenkapital der Bank gerechnet werden – der Kunde gibt der Bank damit Kredit! – würde eine solche Wertberichtigung und Verlustausweis Panik bei dem Kunden hervorrufen, der dann womöglich sein Geld zurückhaben möchte, weil er der Bank nicht mehr vertraut. Zieht der Kunde aber sein Geld von der Bank ab, dann fehlt plötzlich die Grundlage für den davon erzeugten fünfzigfach vergebenen Kredit! Die Bank würde also zusätzlich „Eigenkapital" verlieren.

Wenn nun viele Kunden das Vertrauen in die Bank – oder die Banken als Ganzes – verlieren, und ihr Geld abheben, dann bricht das ganze Kredit-aus-dem-Nichts-System zusammen, und damit phantastische Profite, die die Eigentümer der Banken abschöpfen.

Durch Versprechungen, das Geld der Sparer sei sicher – obwohl es ja mehrmals als Kredit verliehen wurde – soll verhindert werden, daß die Sparer aus Angst um Ihre Ersparnisse auf die Bank gehen und ihr Geld wiederhaben wollen. Deshalb wurde den Bürgern und Sparern erklärt, das Geld sei sicher und die Banken „systemrelevant". Mit anderen Worten: Wenn ihr euer Geld abhebt, dann gehen die Banken unter, und wenn die Banken untergehen, dann geht die Welt unter. Glücklicherweise trifft dies nicht zu.

Vielmehr werden dann die bis heute durch vermeintliche „Rettungen" unterdrückten dringend benötigten Reinigungskräfte freigesetzt, ohne die es keine wirtschaftliche, finanzielle und gesellschaftliche Erholung geben kann!

Banken und Politik ein vernetztes Problem. Die Kredite der Banken sind faul geworden, weil die Kreditnehmer zahlungsunfähig geworden sind und die Banken selbst sich verzockt haben. Das Problem der Politik ist, daß sie das Geld der Banken zum gesetzlichen Zahlungsmittel bestimmt hat. Geht dieses Geld gemeinsam mit den Banken unter, dann verlieren beide – Banken und Politik – die Glaubwürdigkeit und Legitimität / Autorität in den Augen des Volkes. Daher kommen wir nun zu den Bankenrettungen.

Und die geschehen so:

Die Bankenrettungspakete haben das wahre Gesicht des schuldenbasierten Finanzsystems zum Vorschein gebracht. Die Banken brauchen Geld, also bekommen sie es vom Staat. Der hat aber selbst kein Geld, und gibt von den Steuereinnahmen ohnehin stets mehr aus, als er einnimmt. Also leiht er sich das Geld von den Banken. Doch woher haben diese nun plötzlich das Geld, um es dem Staat zu leihen, wenn sie selber bankrott sind? Banken verleihen eben kein vorhandenes Geld – denn sie haben keins. Sie erschaffen es, indem sie Kredit geben. So entsteht das, von dem man uns erzählt hat, es sei Geld – durch Kreditvergabe. Gehen wir beispielhaft einmal von einem „Rettungspaket" über 100 Milliarden Euro aus: Die Zentralbank erzeugt das Kreditgeld per Knopfdruck – es existiert ja kein Geld – und schreibt der Bank / den Banken 100 Milliarden Euro auf der Haben-Seite gut.

Und die Schulden über 100 Milliarden? Die werden auf Seiten des Staatshaushaltes verbucht. Dieses Geld wird dann per „Steuern und Abgaben" durch die Regierung von ihren Bürgern eingetrieben und als Zinszahlung an die Zentralbank umgeleitet. So rauben Politik und Banken gemeinsam das Volk aus. Und deshalb nennt man ihn „Bürger". Er bürgt für den Kredit. Bei den vermeintlichen Rettungen bankrotter Regierungen verläuft es ähnlich. Die Zentralbank schöpft das Geld aus dem Nichts, die Schulden werden dem Steuerzahler verbucht (Soll-Seite), und die Guthaben auf der Seite des „geretteten" Staates (Haben-Seite). Nicht allein, daß es sich dabei um einen Gesetzesbruch des Maastricht-Abkommens handelt, der die Haftung für die Schulden ausländerischer Regierungen strikt verbietet. Nein, leider sind Machterhalt und Bereicherung systemrelevanter geworden als das Einhalten eigener Gesetze oder das Interesse des Volkes.
Das Geld kommt nun aber nicht den ausländischen wirtschaftlich gebeutelten Völkern wie Griechen, Spaniern, Portugiesen oder Iren zugute, sondern es wird auf direktem Weg an die Banken transferiert – als Zinszahlung für die bankrotten Staatsanleihen!
! ANSCHAUEN !: Video „Appell spanischer Bürger an das deutsche Volk": http://tinyurl.com/ae2pbmj

Gleichzeitig sollen die bankrotten Regierungen stärker sparen, um den Zinszahlungen an die Banken nachzukommen. An wem wird gespart? An der Infrastruktur und an der Versorgung des Volkes. Viele Menschen in diesen haben alles verloren, besitzen nichts mehr, schlafen auf der Straße. Die Selbstmordraten explodieren dank des „Friedensprojektes Euro und EU". Die Bürger Südeuropas durchschauen das Spiel schon sehr genau und protestieren gegen die Politik. Sie sind zornig auf die Regierung Merkel, die das „Sparen" diktiert. Zwist und Haß wird auf beiden Seiten von den Medien geschürt. Griechische Massenmedien grölen: „Nazis!" Und den Deutschen wiederum wird in den Medien vorgeführt: „Die faulen Südländer! Wollen auf eure Kosten leben und nicht sparen!" So wurde aus dem „Friedensprojekt Euro" der Zankapfel von zuvor befreundeten und friedlich zusammenlebenden Völkern.
Nun können weder die Deutschen, noch die europäischen Nachbarvölker etwas für die Misere. Nutznießer sind in jedem Fall die Banken. Sie kassieren die Zinsen von beiden, und die Politik treibt sie von den jeweiligen Steuerzahlern ein. Also werden nicht die Staaten gerettet, sondern die Banken, und zwar – typisch sozialistisch – unter heftigem Getöse und Einsatz von Lügen, Drohungen, Anschuldigungen und Manipulationen aller Art. **Das ist die Sachlage, mit der wir es heute zu tun haben!**

Es geht nicht um „Hilfe" für Griechenland oder irgendein anderes Volk. Es geht darum, den unvermeidlichen Bankenkollaps noch ein wenig zu verzögern. Der Kollaps kommt dann, wenn die Steuerzahler finanziell ausgesaugt wurden und kein Geld mehr fließt. Bis dahin wird die Peitsche geschwungen. Das bedeutet für das Volk: Härter arbeiten, länger arbeiten, billiger arbeiten (geringere Löhne), Steuererhöhung, Lastenausgleich, „Reichensteuer", Zwangshypothek, Zwangsrente, Notopfer …

Rechte werden abgebaut und proportional dazu „Pflichten" (= deutsch für „Zwang") angehäuft. Hier sehen Sie den „real existierenden Sozialismus" bei der Arbeit.

Konkursverschleppung nennt man diese strafbare Tat. Versuchen Sie das als Privatperson oder Unternehmer … da werden Sie Ihres Lebens nicht mehr froh! Betreiben aber Regierungen Konkursverschleppung, dann bezeichnet man es beispielsweise als „Eurorettung".

Bestehende Gesetze werden dann kurzerhand umformuliert, abgeschafft oder ignoriert, wenn sie dem Machterhalt im Wege stehen. Leider diskreditiert sich die Politik damit im Volk selbst, was an der Eskalation der Proteste in den Ländern abgelesen werden kann. Eine funktionierende freie Marktwirtschaft wurde innerhalb weniger Jahre und Jahrzehnte schleichend in eine Günstlingswirtschaft, in eine Plan- und Mißwirtschaft umgebaut. Die Mangelwirtschaft wird demnächst schärfere Konturen annehmen.

Das ist Sozialismus. Auf der einen Seite der autoritär-totalitäre Staat, der seine Günstlinge be-schenkt, bevorzugt und seine Bürokratie ausdehnt, und auf der anderen Seite das Volk, das infolge dieser Politik – die es selbst bezahlen soll – verarmt und verelendet.

Den bevorzugten Industrielobbys wurde durch Subventionierung Monopolstellungen angedient, damit die gesunde Wirtschaft und der freie Wettbewerb ausgehebelt, und das Volk zahlt und verarmt. Zuerst um die Großkonzerne zu Monopolisten zu machen, und nachdem dadurch die mittelständische Konkurrenz aus dem Markt gedrängt wurde, für die Preise der Monopolisten, die diese dann frei bestimmen können. Es existiert ja keine Konkurrenz mehr!

So wird aus Sozialismus stets Faschismus: die Ausbeutung und Unterdrückung des Volkes durch Regierung, Banken, und wirtschaftliche Privatinteressen. Aber ich will Ihnen keine Angst machen, sondern vielmehr Hoffnung einflößen: **Es währt nur, solange das Geld der Umverteilung fließt, und das verliert überall immer schneller an Glaubwürdigkeit und Vertrauen.**

Aus dem Hamsterrad der fortwährenden Ausplünderung kann sich jeder befreien – und auf ganz einfache und friedliche Weise noch dazu! – der bereit ist, die Abhängigkeiten von diesem System zu reduzieren oder nicht mehr in Anspruch zu nehmen. Das ist mit ein wenig Eigeninitiative durchaus machbar und nicht kompliziert. Es führt geradewegs zu einem schlichteren, genügsameren und zufriedenerem Lebensstil, der aber der Sehnsucht einer schnell wachsenden Menschenmenge entspricht, die genug von Konsumwahn und Materialismus haben.

Wie Sie Ihre Ersparnisse vor dem Kollaps des Weltfinanz- und Wirtschaftssystems retten können, und warum es dabei von entscheidender Bedeutung ist, Ihr Geld außerhalb des Bankensystems in Sicherheit zu bringen – und wie leicht das zu bewerkstelligen ist – erfahren Sie auf den folgenden Seiten, der den Vermögensaufbau und -schutz thematisieren.

Dazu wünsche ich Ihnen viel Lesevergnügen und den Mut für kluge Vorsorgemaßnahmen!

Es wird höchste Zeit, die Kontrolle und Verantwortung unseres Lebens wieder in unsere eigenen Hände zu nehmen.

Die gesellschaftlichen Auswirkungen des Falschgeldes

„Gold ist das Geld der Könige, Silber ist das Geld der Gentlemen, der Tausch ist das Geld der Bauern, aber Schulden sind das Geld der Sklaven." (Norm Franz in „Money and Wealth in the New Millenium")

Wie wir gesehen haben, stellen Guthaben die buchhalterische Gegenposition der Schulden dar. Beide Seiten – Soll und Haben – sind dabei stets ausgeglichen. So viele Schulden, wie erschaffen werden, so viele Guthaben werden dabei erzeugt. Das Geld für den Zins wird dabei aber nicht miterzeugt. Dieser muß im realen Leben, im freien Markt, erarbeitet, ja erkämpft werden. Da alle Banknoten von den Zentralbanken und das Giralgeld von den Geschäftsbanken nur verliehen wurden und das Geld für alle Zinsen noch gar nicht existiert, stellt sich die Frage, womit man denn dann die Zinsen bezahlen soll.

Sicher ist Ihnen das Spiel „Reise nach Jerusalem" ein Begriff. In der Mitte eines Raumes stehen Stühle – aber immer einer weniger, als es Mitspieler gibt. Dann beginnt die Musik zu spielen, und alle rennen um die Stühle herum. Sobald die Musik willkürlich gestoppt wird, versucht jeder Spieler einen der Stühle zu ergattern, auf den er sich setzen kann. Einer geht dabei immer leer aus. Derjenige scheidet dann aus dem Spiel aus.

Und genau das geschieht auf dem Arbeitsmarkt, auf dem man sich den Zins beschaffen muß. Denn die Banken erschaffen Schulden und Guthaben, aber nicht den Zins. Der Arbeitsmarkt ist das Spielfeld, auf dem es geschieht. Hier wird um den Zins gekämpft. Sobald die Banken die Musik abstellen, also keine Kredite mehr für die Zinsen vergeben, müssen sich die Menschen das fehlende Geld gegenseitig abjagen. Dieses Phänomen bezeichnen Ökonomen als *„Rezession"*, eine schwere Wirtschaftsschwäche wird als *„Depression"* bezeichnet. Gleichgültig, wie fleißig man auch arbeitet und spart, die gesamte Geldmenge reicht niemals für alle.

Die Verlierer, die sich nicht höher verschulden können, verlieren dann ihr als Kreditsicherheit gestelltes Vermögen an die Banken. Dabei wird der Staat als Komplize mißbraucht, denn er zwingt die Menschen einerseits dazu, das Bankengeld als *„gesetzliches Zahlungsmittel"* zu akzeptieren, andererseits gebraucht er seine Organe (Justiz, Polizei usw.) um die Übergabe des Kreditpfands durchzusetzen, obwohl das Geld des Kredits ohne Leistung seitens der Bank erbracht wurde.

Durch die Spirale von immer schneller wachsender Verschuldung – bedingt durch den Zinseszins (den Gesellen nehmen wir noch unter die Lupe!) – auf der einen und immer schneller wachsenden Vermögen auf der anderen Seite gewinnt die Umverteilung von „fleißig" nach „reich" durch Zinsen und Steuern automatisch immer mehr an Dynamik.

Ein anderes Spiel verdeutlicht den Effekt: Monopoly. Straßen und Häuser, sowie Industrieanlagen wurden bereits verteilt. Wer nichts davon besitzt, muß nun im Kreis laufen, also arbeiten. Kommt daher der Begriff „Hamsterrad"?

Erreicht man das „Los"-Feld, dann erhält man dafür Geld: das Gehalt. Benutzen Sie ein Feld, auf dem fremder Besitz steht, müssen Sie zahlen (Brot & Spiele, Steuern usw.). Wenn das Geld verbraucht wurde, dann ist das Spiel aus. Beim Monopoly könnte man nun von Neuem anfangen. Aber die Profiteure in der realen Welt wollen weiterspielen. Die Verlierer erhalten entweder neue Kredite, die schwieriger abzuzahlen sind, je höher die Summe oder der Zins wird. Oder sie geraten in wirtschaftliche und finanzielle Abhängigkeit vom „treusorgenden Übervater Staat", die sich „Sozialhilfe" nennt und einer Totalentmündigung durch Schweigegeld gleichkommt.

Im täglichen Kampf um die Zinsen – und wer ist heute nicht verschuldet für Haus, Urlaub, Auto, … – sind die meisten Menschen so mit dem Rennen im Hamsterrad beschäftigt, daß sie dabei den Fehler im System nicht erkennen. Man hilft sich kaum noch gegenseitig. Jeder kämpft für sich im „Jeder gegen jeden".

Auf diese Weise führt das schuldenbasierte Währungssystem zu asozialem Verhalten der Menschen untereinander: Egoismus, Habgier, Mißtrauen, Neid, Mißgunst ersetzen ungeheuchelte Freundlichkeit, Hilfsbereitschaft und ehrliches Mitgefühl. Den Menschen wird der Eindruck vermittelt: „Normalität, Ehrlichkeit und Anstand bringen mich nicht weiter. Erfolg hat nur der Betrüger, der Brutale, der Perverse, der Rücksichtslose, der Kriminelle." Das System hält die Menschen an, sich anders zu verhalten, als sie es unter normalen Umständen tun würden. Daraus resultiert eine allgemeine Verrohung, ja Asozialisierung der Gesellschaft.

Als Bezeichnung für das sterbende oligopolistische Machtsystem der Parteien setzt sich zunehmend der Begriff **Ineptokratie** durch – eine Herrschaftsform, in der die Unfähigsten von den Unproduktivsten gewählt werden, wobei die Mitglieder der Gesellschaft, die sich am wenigsten selbst erhalten oder gar Erfolg haben können, mit Gütern und Dienstleistungen belohnt werden, die aus dem konfiszierten Wohlstand einer immer stärker schwindenden Anzahl der Wertschaffenden bezahlt werden.

Der aus diesem Zusammenhang resultierende Anstieg an Kriminalität und Verzweiflungstaten (z.B. Amokläufe) entstammt nicht einem Mangel an Verboten, Gesetzen und Überwachung, wie dies gern von Politikern und Medien nimmermüde betont wird, sondern es ist Konsequenz einer immer kaputteren Gesellschaft, in der die Menschen – auf Egoismus und Materialismus dressiert – sich selbst und gegenseitig im zinseszinsbedingtem „Kampf ums Dasein" aufreiben.

Die fatalen Auswirkungen des Zinseszins sind seit Jahrtausenden bekannt. Das Alte Testament verbietet die Zinsnahme unter Volksgenossen auf Schärfste, belegt sie gar – ebenso wie übrigens die originale US-Verfassung – mit der Todesstrafe. Mit einem „Rachegott" hat das nichts zu tun. Die Gründe für Todesstrafen im Alten Bund waren die Zerstörung der Gesellschaft durch
a) Zerstörung des Menschen (z.B. durch Mord und Vergewaltigung),
b) Zerstörung der Familie (z.B. die Entweihung und Zerstörung der kleinsten Zelle einer funktionieren Gesellschaft – der Ehe als Basis der traditionellen Familie – durch Ehebruch) und
c) Zerstörung der Wirtschaft (z.B. durch Zinsnahme oder gar Zinswucher und damit Zerstörung des Geldes → durch Zins wird Geld leistungslos, ohne Arbeit vermehrt = also Geldwucher).

Da sich die Mächtigen des Landes dennoch kaum an die Verordnungen hielten, falls sie ihnen nicht persönlich von Nutzen waren, kam es – ähnlich wie heute – regelmäßig zu Wirtschaftszusammenbrüchen und in deren Folge zur Verarmung und Verelendung des Volkes. Aus diesem Grunde verordnete die **Torah** (= das jüdisches Gesetzbuch; die 5 Bücher Mose) ein sogenanntes „Jobeljahr": ein Erlaßjahr, das alle 50 Jahre (daher das Sprichwort: „alle Jubeljahre") durch das Blasen von Widderhörnern (hebr.: Schofar, Jobel) ausgerufen wurde und einen kompletten Schuldenerlaß für das Volk nach sich zog, um der Konzentration von Gütern, Macht und Geld in wenigen Händen entgegenzuwirken (nachzulesen in Leviticus – für alle weniger Bibelfesten unter Ihnen – **3.Buch Mose, Kapitel 25 ff.**).

Da der freiwillige Schuldenerlaß in Form des Bankrotts gescheiterter Unternehmen durch vermeintliche Rettungsmaßnahmen künstlich unterdrückt wurde, wird er letztlich unkontrolliert durchschlagen und dabei das gesamte Finanzsystem auslöschen. Die „Rettungen" waren der gescheiterte Versuch, die Titanic durch Vertäuung an einem Rettungsboot am Untergang zu hindern. Das Ergebnis: Das Rettungsboot wird ebenfalls untergehen.
Am Ende dieses Prozesses werden deshalb nicht nur die Schulden vernichtet werden, sondern ebenfalls alle Vermögen, die in Papierwerten angehäuft wurden. Das System wird sich also selbst auslöschen.

Durch künstlich niedrige Zinsen und billige Kredite werden die Bürger zur privaten Kreditaufnahme und Verschuldung verleitet, kurzum: zum Konsum auf Pump. Anschließend werden Geld und Kredit verknappt, die Zinsen steigen - und die Menschen verlieren ihren Besitz in Form der gestellten Sicherheiten. Aus eben diesem Grund warnte Thomas Jefferson, der 3. Präsident der USA, vor der Vergabe des Geldmonopols an die Banken.

Er sagte: „Wenn das (...) Volk jemals privaten Banken erlaubt, die Währung zu kontrollieren, dann werden die Banken zuerst durch Inflation, dann durch Deflation das Volk all seines Eigentums berauben, bis die Kinder obdachlos auf dem Kontinent aufwachen, den ihre Vorväter einst eroberten. Die Geldschöpfung muß den Banken entrissen und dem Volk zurückgegeben werden, dem sie rechtmäßig gehört. (...) Ich glaube, daß Banken gefährlicher für unsere Freiheiten sind als stehende Armeen. (...) Die moderne Theorie der Verschuldung hat die Erde mit Blut getränkt und ihre Bewohner in ein Schuldsystem gebracht, das ohne Ende wächst."

Das Ende der Fahnenstange, oder: Die Unreformierbarkeit des schuldenbasierten Finanzsystems

Die EZB ist heute die größte europäische „Bad Bank". Stand Juni 2012 stehen einem Eigenkapital von 10,8 Milliarden € über 700 Milliarden € an Forderungen gegenüber insolventen den Regierungen Südeuropas, deren notleidende Staatsanleihen in dem verzweifelten Versuch angekauft wurden, den offiziellen Bankrott zu verschleppen. Die gesamte Bilanzsumme der EZB beläuft sich auf unfaßbare 3 Billionen (= 3.000 Milliarden) Euro – bei einem Eigenkapital von weniger als 11 Milliarden Euro, wohlgemerkt!
Link handelsblatt.com: http://tinyurl.com/6wtsqns

Mit anderen Worten: der Euro ist heute "gedeckt" mit Staatsanleihen aus Griechenland, Portugal, Irland, Spanien, Italien, Belgien, und dementsprechend ebensoviel "wert" wie diese Anleihen. Doch auch um die deutsche „Bundesbank" steht es nicht viel besser, die ebenfalls bei der Konkursverschleppung durch den unerlaubten Aufkauf obengenannter Staatsanleihen kräftig zugelangt hat – kurzfristiger Systemerhalt um jeden Preis.
Um alle anderen Währungen steht es keineswegs besser. Die „Weltleitwährung" US-Dollar ist zur Weltleidwährung geworden, erscheint nur aufgrund der Schwindsucht des „Euro" stabiler und stärker. Bei genauerer Betrachtung erweist sich die USA als Griechenland mal Hundert.

Die bestellten Statistiken der Behörden ergeben keinen Aufschluß darüber, wie katastrophal die Situation wirklich ist. Über 50 Millionen Amerikaner (Stand: November 2011) sind zum Überleben auf Lebensmittelmarken angewiesen. Das ist jeder Fünfte Amerikaner, oder 20 Prozent der Gesamtbevölkerung der USA. Parallel dazu behauptet das BLS (Bureau of Labor Statistics), das einige bitter als „Wahrheitsministerium" bezeichnen, eine Arbeitslosenquote von 8%. Real liegt sie jedoch näher an 25%! Der Mittelstand wird parallel zu den Arbeitsplätzen in der Privatwirtschaft vernichtet.

Wenn heute von der Schaffung neuer Arbeitsplätze berichtet wird, dann handelt es sich vor allem um Jobs im „Staatsdienst". Wie wir immer wieder sehen, wirken diese nicht produktiv, also wertschaffend, sondern im Gegenteil vermögenszerstörend, da das Geld für ihre Finanzierung der Privatwirtschaft durch Besteuerung zuvor entzogen wird. Die einzig – noch – florierenden Geschäftszweige sind der Export von grün bedrucktem Papier, das als „Dollar" bekannt wurde und als Bezahlung realer Sachwerte derzeit noch international als Welt-Leidwährung akzeptiert wird, und die Rüstungsindustrie eines industriell-militärischen Komplexes, der auf Expansion und Machterhalt des Imperiums abzielt.

Während erstgenanntes Exportgut der Grund für die Verarmung der amerikanischen Mittelschicht durch den Verlust von Kaufkraft und Arbeitsplätzen in Folge von überbordender Verschuldung ist, fordert letzteres einen hohen Tribut in Form von Blut und Leben der Söhne und Töchter des Landes. Die USA befinden sich auf dem Weg zum Drittweltland. Die amerikanischen Schulden in Höhe von offiziellen 15 Billionen US-Dollar – die realen Zahlen dürften um ein Vielfaches höher liegen – könnten nicht einmal mehr zurückgezahlt werden, wenn man die US-Amerikaner zu 100% besteuern würde!

Die USA sind das jüngste Beispiel eines sich im freien Fall befindlichen Weltimperiums. Dies meine ich mitnichten schadenfroh, sondern betrübt und bitter, denn es beweist:

Die einfachen Menschen profitieren niemals von einem „Imperium"-Status. Sein Untergang aber trifft sie am härtesten. Die durch billige Kredite aufgeblähte US-Immobilienblase ist längst geplatzt, hat hunderttausende Familien finanziell ruiniert, und ein Ende der Talfahrt der Immo-Preise ist nicht absehbar. Dennoch wird um jeden Preis versucht, durch künstliche niedrige Zinsen die Bereinigung des Marktes auf seinen tatsächlichen Wert zu verzögern. Die USA stehen erst noch vor der Feststellung der realen Häuserpreise, denn durch die Stützung des Bankenkartells durch Niedrigzinsen wurden die faulen Hypothekenkredite vorübergehend vor dem Totalausfall bewahrt.

Der Unterschied der US-Häuslebauer gegenüber den Europäern: In den USA bezieht sich die Hypothek ausschließlich auf die Immobilie. In der BRD beispielsweise haftet der Kreditnehmer gesamtschuldnerisch, also mit seinem gesamten Vermögen. Können US-Hypothekennehmer die Zinsen für ihren Kredit nicht mehr bedienen, und der Preis des Hauses fällt unter den nominellen Restwert des Kredites, dann hat es sich mittlerweile eingebürgert, daß der Kreditnehmer einfach den Hausschlüssel an die Bank schickt, das Haus verläßt und sich in den unzähligen verlassenen Häusern eine neue Bleibe für sich und seine Familie sucht. Die Banken bleiben dabei auf unzähligen, wegen der noch immer viel zu hohen Preise unverkäuflichen, und mit der Zeit verfallenden Häusern sitzen. Das ist die US-amerikanische Variante von zivilem Protest gegen die Praktiken der Banken und der Regierung bei Häuserräumungen.

Die Ära des weltweiten Papiergeldexperiments geht zu Ende; zwar nicht so schnell wie manche erwarteten oder erhofften, aber sein Untergang wird urplötzlich und ohne Vorwarnung geschehen und dadurch letztlich doch alle überraschen.

Steigende Zinsen, die die Anleger aus aller Welt bald aus Mißtrauen gegenüber allen Währungen für Anleihen fordern werden, stellen die Zentralbanken vor ein unlösbares Problem: Weigern sie sich, von ihrer Niedrigzinspolitik abzukehren, dann werden sie mit dem Abverkauf der Anleihen und in Folge mit dem Crash des gesamten Anleihemarktes konfrontiert, der auch die Währungen – Schulden und Guthaben – vernichten wird.

Erhöhen sie jedoch die Zinsen, dann droht die Zahlungsunfähigkeit von Staaten, Bundesstaaten und -ländern, Unternehmen, Privatpersonen, und ein Kollaps der Immobilienmärkte, da die Schuldner kaum noch die Kreditraten während der Niedrigzinsphase, geschweige denn höhere Zinsen zu leisten in der Lage sind. Allein ein Anstieg der Hypothekenzinsen wird zu einer Explosion der Insolvenz von Kreditnehmern, und in dessen Folge ihrer Kreditgeber führen, die die dann faulen Kredite abschreiben können und somit ihre Kundenguthaben vernichten, aus denen sie die Kredite erschaffen haben.

Der globale Verlust der Kreditwürdigkeit aller Institutionen der ganzen Welt verhindert die Fortführung des ganzen Kredit- und Verschuldungsspiels in neuen Währungen. Mit dem Kollaps des Finanzsystem wird es keine Kreditgeber mehr geben, da deren Vermögen gemeinsam mit den Währungen untergegangen sind, und niemand wird und kann aus demselben Grund mehr die Schulden von Staaten und anderen Institutionen kaufen, die zuvor ihre Solvenz (= Kreditwürdigkeit) verloren haben – und das trifft aufgrund der Bürgschaften, Garantien und generellen Gesamtverschuldungssituation auf ausnahmslos alle Staaten zu.

Warum der vermeintliche Wohlfahrtsstaat im Chaos enden muß, führt der ehemalige US-Präsidentschaftsanwärter Ron Paul auf einen aufgeblähten Staat zurück, dessen Bürokratie der Wirtschaft die Eigenständigkeit genommen und sie in Abhängigkeit geführt hat. Sein Fazit: **„Der Staat ist ein gigantischer blutsaugender Parasit in einer ansonsten gesunden Wirtschaft." Link propagandafront.de: http://tinyurl.com/by3zzdj**

Wenn ein Staat bankrott ist, dann ist er es auch in einer neuen ungedeckten Währung. Die Schulden des Staates werden gegen die Guthaben der Sparer, Lebensversicherungen, Renten usw. abgeschrieben – das Volk verliert zum Teil massive Kaufkraft. Das bezeichnet es auch beschönigend als „Währungsreform", aber dazu später mehr.

Insolvenz bedeutet den vollständigen Verlust der Kreditwürdigkeit.

Das derzeitig noch intakte, aber bröckelnde Privileg des US-Dollar ist es, daß der gesamte internationale Handel und Warenverkehr in US-Dollar abgewickelt wird. Das bedeutet, daß Käufer zunächst Dollar kaufen müssen und so diese Währung durch Nachfrage am Markt stützen. Auf diese Weise ist die Illusion des vermeintlichen „sicheren Hafens" der US-Währung und deren US-Schuldverschreibungen („Treasuries") entstanden, das in sämtlichen Unis und Finanzinstitutionen als Dogma gelehrt wird.

Die Realität sieht so aus, daß die USA jährlich 1,5 Billionen Dollar mehr ausgeben, als sie einnehmen. Fragen Sie einmal nach, wohin die unvorstellbaren Summen geflossen sind. Angesichts der Verarmung der Bevölkerung kann es dort kaum angekommen sein.

Das Volk verarmt, die Mittelschicht erodiert rapide, während die Manager der Großbanken und -konzerne jährlich Milliarden an Boni einheimsen, nachdem diese Unternehmungen aus Steuergeldern "gerettet" werden oder von „Konjunkturspritzen" kurzzeitig profitieren, und die Eigentümer der Konzerne durch Kursstützungen am Aktienmarkt oder Dividende subventioniert werden.

Es findet eine **Umverteilung der Vermögen** statt, weg von der arbeitenden Bevölkerung hin zu den Geldverleihern. Neben der persönlichen Bereicherung und Vorteilnahme im Amt führt die betriebene Klientelpolitik auf Kosten des Volkes zu dessen Entrechtung, Verarmung, Enteignung (natürlich „solidarisch"), kurzum: zur vollständigen Verelendung.

Apropos Solidarität: Wie jeder Begriff heute bis zur Unkenntlichkeit überdehnt und verdreht wurde, so auch dieser.

Echte Solidarität bedeutet eben **nicht** die Alimentierung der Armut, sondern einzig und allein die Hilfe zur Selbsthilfe. Solidarität bedeutet eine Hilfestellung, die den Hilfsbedürftigen in die Lage versetzt, sein Leben aus eigener Kraft bestreiten und eigenverantwortlich führen zu können – künftig also nicht mehr auf fremde Hilfe angewiesen zu sein. Pervertierte Solidarität wird zu Asozialität – zur Rechtfertigung eines permanent-parasitären Lebens auf Kosten anderer.

Jedes Herrschaftssystem der Menschheitsgeschichte ist auf Engste verknüpft mit der Beherrschung des Geldsystems. Wer über das Geld bestimmt, kontrolliert alles: die Wirtschaft, die Politik, und mit ihr Gerichte, Armeen, Transport, Lebensmittelversorgung, und damit zuletzt die Menschen.

Anders ausgedrückt: Ehrliches Geld dient den Menschen und ist Grundlage einer gesunden Wirtschaft. Ein auf betrügerischen Prinzipien beruhendes Geld dient nicht mehr den Menschen, sondern die Menschen dienen dem Geld. Das ist die moderne Version des Tanzes um das Kalb, mit der Ausnahme, daß es heute nicht mehr aus Gold, sondern aus Papier ist.

<u>Der unauflösbare Widerspruch zwischen Papier und Geld</u>

Es gibt zahlreiche nützliche Anwendungsbereiche für Papier. Man kann darauf schreiben und somit Informationen speichern und weitergeben. Man kann es verbrennen, um damit in gewissem Maß Wärme und Energie zu erzeugen. Oder man kann es nach zur Hygiene nach dem Toilettengang verwenden. Zur Verwendung als Geld ist es jedoch nicht geeignet, weil es nicht alle Funktionen erfüllen kann, die Geld erfüllen muß. Lassen Sie uns diese einmal betrachten.

Wenn es uns tatsächlich um die Suche nach Wahrheit geht, dann ist es nicht damit getan, Thesen aufzustellen. Um die Tauglichkeit von Papier als Geld zu überprüfen, müssen wir untersuchen:

Wodurch zeichnet sich ehrliches Geld aus?

Geld muß zuallererst

→ als **Tausch- bzw. Zahlungsmittel** dienen und idealerweise weltweit akzeptiert werden
→ als **Recheneinheit** fungieren, um den Preis von Waren und Dienstleistungen vergleichen zu können
→ als **Wertespeicher und Wertaufbewahrungsmittel** tauglich sein, um Ersparnisse und den Lohn der Arbeit dauerhaft zu erhalten.

Weiterhin muß es

→ **beliebig teilbar sein**, ohne dabei seinen Wert zu verändern oder zu zerstören, und **leicht handelbar**, um sowohl kleinste als auch größte Anschaffungen damit bezahlen zu können
→ **austauschbar** sein: eine Maßeinheit (z.B. ein Gramm) muß dieselbe Beschaffenheit haben wie jede andere; aus diesem Grunde sind etwa Immobilien oder
Diamanten nicht als Geld geeignet.
→ **Homogenität** – seine Beschaffenheit muß weltweit gleich sein (Wiederkennungswert), um im internationalen Handel akzeptiert zu werden
→ um als Wertespeicher zu dienen, muß es **knapp und begehrt**, seine Menge **auf natürliche Weise begrenzt** sein - **nicht beliebig vermehrbar**, um es vor willkürlicher Entwertung zu schützen
→ um die Wertespeicher-Funktion zu erfüllen, muß es auch **haltbar** und nahezu **unzerstörbar** sein und über Hunderte oder gar Tausende Jahre **seinen Wert bewahren**; es **darf nicht vergammeln oder verrotten** ; Nehmen Sie an, Sie graben Ihren Garten um und stoßen dabei auf den verborgenen Schatz Ihres Großvaters aus der Kaiserzeit. Worüber würden Sie sich mehr freuen – über einen Packen Staatsanleihen oder eine Kiste von Papiergeld? Oder eine Schatulle mit Gold- und Silbermünzen?
→ **leicht transportierbar** sein und eine **hohe Wertdichte** besitzen
→ aufgrund seines homogenen Gewichtes **leicht meß- und zählbar** sein – eine Unze Gold ist eine Unze Gold, und dasselbe trifft auf Silber zu: überall auf der Welt
→ aufgrund seiner spezifischen physikalischen Daten fälschungssicher sein. Mit modernen Ultraschallmeßgeräten kann die Echtheit heute schnell und leicht überprüft werden, ohne die Münze oder den Barren zu beschädigen.

http://aurotest.de   http://gemsecurity.de

Aber auch mit Hilfe eines einfachen Neodym-Magneten kann man die Wahrscheinlichkeit schnell selbst überprüfen, ob eine Münze oder ein Barren tatsächlich aus Gold oder Silber ist. Gold und Silber sind nicht magnetisch, werden also nicht vom Magneten angezogen, im Gegensatz zu unedleren Eisenmetallen. Dies könnte hilfreich sein, falls Sie später einmal für Ihre Arbeit oder Ihre Waren in Edelmetallen bezahlt werden sollten.
Aus allen diesen vorgenannten Gründen taugt Papier nicht als Geld. Insbesondere ist es beliebig vermehrbar und damit sehr leicht willkürlich manipulierbar, wobei die in ihm gesparten Vermögen ebenfalls leicht zu entwerten sind. **Kurzum: Sein Wert sinkt, je mehr davon erschaffen wird.**

Bei den heute gebräuchlichen Papierzetteln handelt es sich also nicht um Geld, sondern lediglich um Währungen. Und das trifft auf alle heute weltweit im Umlauf befindlichen Währungen zu. Man kann sie als Recheneinheit und als Tausch- und Zahlungsmittel verwenden, solange sie noch als diese akzeptiert werden. Ihre Wertspeicherfunktion aber sinkt, je mehr davon erzeugt werden. **Der Wert der alten Geldmetalle hingegen liegt in ihrer natürlichen Begrenztheit und idealen Erfüllung der Geldfunktionen.** Sie sind weltweit ausreichend vorhanden, um eine liquiden Wirtschaftskreislauf zu gewährleisten, kommen aber nicht in so großer Menge vor, daß ihre jährliche Fördermenge die bereits existierende Geldbasis weniger wertvoll macht.

Die jährliche Fördermenge von Gold (2.000 Tonnen) beträgt derzeit ca. 0,7% der bereits weltweit existierenden Menge an Gold. Das entspräche also einer jährlichen **realen** Inflation von ca. 0,7%, wobei ein Wertverlust wegen der sogar stärker wachsenden Erdbevölkerung kaum zu erwarten wäre.

Wegen der hohen Nachfrage ist sogar mit weiter steigenden Kaufkraft zu rechnen – und das völlig unabhängig davon, was die Zentralbanken tun, und ohne den Crash des Papiergeldsystems zu berücksichtigen, in dem Gold und Silber die beiden einzigen überlebenden Vermögenswerte sein werden.

Der zweite fatale Fehler neben den **fehlenden Werthaltigkeit** ist der **Zinseszinseffekt**. Dabei wird nicht nur der ursprüngliche Nominalbetrag verzinst, sondern ebenfalls die dabei angelaufenen Zinsen. Auf diese Weise wird eine Exponentialfunktion der unlimitierten Verschuldung in eine auf natürliche Weise begrenzte Welt eingebracht, die nicht unendlich wachsen kann.

Die Schuldner sind deshalb nie mehr in der Lage, die unglaublichen Summen jemals zurückzuzahlen - und werden faktisch zu Sklaven der Banken, die sie immer wieder auf Entscheidung der Politik vor dem Kollaps „retten" müssen.

Zahlreiche Staaten benötigen heute bereits 80% ihrer gesamten Steuereinnahmen - oder sogar mehr – nur um die Zinsen der Staatsverschuldungen bezahlen zu können. Getilgt wurde niemals auch nur ein einziger Pfennig. Die Behauptung, man wolle die „Reichen" höher besteuern, um den Staatshaushalt zu sanieren, ist eine glatte Lüge, denn mit der Tilgung der Schulden werden in einem Schuldgeldsystem ebenfalls die Guthaben ausgestrichen. Es ist immer derselbe Trick: Soll – Haben. Im Falle einer Schuldenrückzahlung würde das System augenblicklich kollabieren, da es nur so lange überlebensfähig ist, solange es durch Kreditvergabe die Geldmenge ausweiten kann.

Man hat ausgerechnet, daß beispielsweise die Deutschen 800 Jahre arbeiten müßten, um die Schulden abzutragen, mit denen es seine Regierungen in nur 50 Jahren verschuldet hat. In Japan beläuft sich der Zeitraum des Schuldendienstes gar auf 1.500 Jahre, in den USA auf 1.000 Jahre.

Wenn einige Ökonomen behaupten, die heutigen Währungen seien mit der Arbeit des Volkes gedeckt, dann stimmt das sogar teilweise. Nur hat man die vergessen, die Menge und Zeit der Arbeit zu definieren.

Für das Beispiel Deutschlands: 4 Generationen = 100 Jahre. Zum Abtragen der angehäuften Staatsschulden sind bei jährlichem Wirtschaftswachstum von 2% derzeit ca. 600 Jahre nötig. Das Wirtschaftswachstum – und das ist das Fatale, ist heute nur noch durch die Ausweitung der Geld-menge möglich: durch Verschuldung! Beides aber – Wirtschaftswachstum UND gleichzeitige Schuldentilgung, schließen sich in einem schuldenbasierten Finanzsystem kategorisch aus.

Die Schulden können also niemals zurückgezahlt werden. Es ist ein System der Erzeugung von Abhängigkeiten und Unfreiheiten, der Ausplünderung und Umverteilung.

Schulden machen gefügig, erpreßbar und abhängig. Das trifft nicht nur für Privatpersonen, sondern ebenfalls auf Staaten zu. Sie verlieren ihre finanzielle und wirtschaftliche Souveränität.

Das Maß der globalen Verschuldung ist heute allerdings auf dermaßen utopische Höhen angewachsen, daß gerade die „Stützungen" und gegenseitigen „Rettungen" von Währungen, Zentralbanken, Banken und Regierungen zwangsläufig den Kollaps des gesamten Systems auslösen werden, sobald die Stützungen und Manipulationen versagen werden.

Mit einem begleitendem Zusammenbruch der Weltwirtschaft ist zu rechnen, da diese auf Engste mit dem Finanzsystem vernetzt ist und auf denselben Prinzipien aufgebaut wurde: Kredit. Ohne Kredite ist kein Wachstum mehr möglich. Das bisherige Wirtschaftswachstum war vielfach nicht gesund, nachhaltig. Es resultierte einfach aus dem unlimitierten Hineinpumpen von frischgeschaffenen Geldern in die Wirtschaft durch Kredite, Subventionen und „Bailouts". Aber nun ist der Konsumhunger gesättigt. Die Welt ist bankrott.

Der Grund, warum ein kompletter Systemkollaps zu erwarten ist, liegt weniger an den unfaßbaren 500 Billionen $ (in Zahlen: 500.000.000.000.000) globaler Verschuldung, sondern vielmehr an einem absurd aufgeblähtem Derivatemarkt in Höhe von 1.000 Billiarden $ (!!!) (in Zahlen: 1.000.000.000.000.000.000), denen keinerlei Gegenwerte gegenüberstehen.

Eine Gesamtverschuldung von 1.500 Billiarden Dollar aus purer Illusion. Das Finanzsystem ist also völlig **unrettbar**, und sein Untergang nicht abzuwenden, allenfalls noch etwas verzögerbar durch noch ein wenig mehr Aufschuldung und Druck zu Lasten der Völker durch vermeintliche „Rettungen" …

Unter Derivaten versteht man Finanzwetten der Banken, denen keinerlei realer Gegenwert gegenübersteht. US-Investor Warren Buffett bezeichnete sie einst als finanzielle Massenvernichtungswaffen - und genau als diese werden sie sich letztlich herausstellen. Das „Finanzkrise"-Problem der Überschuldung lösen zu wollen, indem immer mehr Schulden erzeugt werden, ist pure Verzweiflung und zugleich amoklaufender Weltherrschaftswahn.

Mit Ihren neugewonnenen Erkenntnissen werden Sie unter anderem *vor vielen anderen* feststellen, warum jede neue Währung ebenfalls wieder dem Untergang geweiht sein wird, wenn sie auf demselben Prinzip des Schuldgeldes und Zins(eszins)systems konzipiert wurde - und wie Sie sich davor schützen: durch ehrliches Geld, das keinen Zins vorsieht.

Waren im Jahre 2008 die Großbanken real bankrott, so sind es nun heute die Regierungen selbst, die diese Banken gestützt haben - und damit die Bürger selbst. Denn die an bankrotte Staaten und Unternehmen vergebenen Kredite wurden längst verkonsumiert: nur hat man sich noch nicht getraut, es den Sparern und Steuerzahlern zu sagen.

Die Hintergründe des Rettungstheaters

Die Banken haben einen großen Teil ihrer Kundenersparnisse als Kredite an bankrotte Staaten verliehen, und das nicht einmal, sondern nach dem eingangs besprochenen Teildeckungssystem bis zu fünfzigmal und mehr. Da diese Kredite nicht zurückgezahlt werden können, sondern von den kreditnehmenden Regierungen längst ausgegeben wurden, müssen sie von den Banken als Totalverlust abgeschrieben werden. Das Hinausschieben des Eingeständnisses, daß die Kundengelder in Wirklichkeit weg sind, ist der Grund für die „Rettungen".

Daß die Steuerzahler dafür haften sollen, bedeutet nichts anderes, als daß sie für die Konkursverschleppung durch die Politik bezahlen sollen, weil die Banken sich weigern, die Verluste einzugestehen und die faulen Kredite abzuschreiben – was die Banken umbrächte und das Machtkartell Politik / Banken kollabieren ließe. Der letzter Strohhalm des endgültigen Scheitern des Papiergeldsystems wird der Versuch von Währungsreformen sein, durch die Regierungen und Banken versuchen werden, sich auf Kosten der Steuerzahler, Immobilienbesitzer und Sparer zu entschulden.

Real handelt es sich bei den "Rettungen" also um eine heimliche Rettung und Stützung der Banken. Es findet eine Umverteilung von Steuergeldern in Milliardenhöhe an die Eigentümer der Banken statt, die die ihnen anvertrauten Kundengelder als Kredite an bankrotte Regierungen (durch den Kauf von Staatsanleihen) vergeben haben.

Der Zins ist der Risikofaktor einer Vermögensanlage. Je höher der Zins, desto höher die Gefahr eines Totalausfalls. Fällt der Kurswert eines Anleihepapiers, weil viele Anleger an der Kreditwürdigkeit des Schuldners zweifeln und die Papiere deshalb verkaufen, dann steigt sein Zins. Der steigende Zins soll bewirken, daß an Rendite interessierte Anleger die Papiere nun aufkaufen. Diese steigenden Zinssätze sind bei allen notleidenden Anleihen erkennbar: Griechenland, Spanien, Portugal, Irland, Italien, … .

Die Mehrzahl dieser Anleihen befinden sich im Besitz von Banken, Versicherungen, Fonds und Rentenkassen, die darin die Ersparnisse ihrer Sparer investiert haben.

Die Ungerechtigkeit und Verlogenheit der „Rettungen" besteht darin, daß die Eigentümer dieser Anleihen zwar den höheren Zins aufgrund des gestiegenen Ausfallrisikos kassieren wollen, sich aber weigern, den ebenfalls gesunkenen Kurswert der Anleihen in ihren Bilanzen auszuweisen. **Die Steuerzahler haften wegen den gebrochenen Maastricht-Vertrages für die Schulden ausländischer Regierungen → die Steuergelder werden an die bankrotten Staaten transferiert → und von dort direkt als Zinszahlung an die Besitzer der Staatsanleihen überwiesen. Wem gehört der Großteil der Staatsanleihen? Den Banken und Zentralbanken. Und wem gehören Banken und Zentralbanken?**

Fazit: Die Steuerzahler zahlen, bürgen, haften und retten, bis sie selber finanziell ins Gras beißen. Nach den Steuerzahlern gehen danach auch die Banken unter. Warum? Weil nach Enteignung durch Besteuerung und Inflation/Währungskollaps keine Vermögen mehr vorhanden sein werden. Es gibt dann keine Guthaben mehr, die erneut als Kredite vergeben werden könnten – und an wen auch? Die ganze Welt ist bankrott. Wer bankrott ist, der hat seine Kreditwürdigkeit verloren. Wir haben es heute als nicht mur mit einer Schuldenkrise, sondern mit einer Solvenzkrise zu tun, die zu einer Systemkrise ausgewachsen ist. Die alleinige Ursache dafür ist aber das Geld ohne Wert, das den Diebstahl ungeahnter Vermögen erst ermöglicht hat. Auch neue Papierwährungen verbessern die Solvenz nicht, zumal nun die Realwirtschaft absackt. Aus diesem Grunde folgt nun das Ende des globalen Papiergeldsystems.

Da nach vier Jahren globaler Tour des Rettungszirkus nun die Steuerzahler finanziell sichtbar ausgeblutet sind, nun aber die Zahlungsunfähigkeit aufgrund massivster Überschuldung in der realen Wirtschaft angelangt ist, beginnt diese rapide zu erodieren. Globale Massenarbeitslosigkeit voraus! Sie ist die Folge permanenter staatlicher Eingriffe und Monopolerschaffung.
Die Banken sind längst nicht gerettet, aber die Steuerzahler sind nun am Ende. Wir stehen vor dem Kollaps der Banken und der Regierungen, die für diese Staaten gebürgt haben. Mit den Banken und Regierungen werden parallel die Währungen kollabieren, die auf dem Schuldgeldprinzip beruhen. Woran die Menschen den Kollaps bemerken werden? An geschlossenen Banken, an Geldautomaten „außer Betrieb", an nicht funktionierenden (= gesperrten) Geldkarten, und daran, daß mit diesen Karten in Supermärkten nicht mehr bezahlt werden kann, sowie an baldigen Preisexplosionen für sämtliche lebensnotwendigen Güter.

Die kommenden "Bankfeiertage" werden für die Bankkunden alles andere als Gründe zum Feiern sein.

<u>Die zerstörerische Wirkung des Falschgelds auf Vermögen und Wirtschaft</u>

Gehen Sie davon aus, daß Ihnen der tatsächliche Zustand der Finanzen und der Wirtschaft von Politik und Medien verheimlicht wird, bis der Kollaps „völlig unvorhersehbar" urplötzlich und unkontrolliert hereinbrechen wird. Es ist dieses Illusionsgeld welches die ständige Abfolge von Boom und Kollaps der Wirtschaft verursacht, bei dem sich jedesmal diejenigen bereichern, die das Geldmonopol kontrollieren. Mit Hilfe dieses Geldes aus dem Nichts wurden zwei verheerende Weltkriege und Abermillionen Opfern finanziert. In einem soliden Geldsystem aus wertbeständigem Geld wären die Kriegstreiber in dem Moment bankrott gewesen, wenn sie das Geld ausgegeben hätten.

Aber durch das beliebig erzeugbare „Geld ohne Gegenwert" wurde die Zeit des Leides und der Vernichtung von Leben und Werten verlängert.

Dieses Falschgeld – denn nichts anderes ist leistungslos erzeugtes Geld – ist die Ursache milliardenfachen Leides und Ungerechtigkeit in dieser Welt. Es ist das Vehikel der Plünderung, das Völker verarmen läßt, Lebensersparnisse vernichtet und die Völker versklavt. Da diejenigen, die dieses System kontrollieren, ganz genau wissen, daß es sich selbst mit „Währungsreformen" nicht mehr länger halten läßt, versuchen nun gewissenlose Handlanger, die bestehende Ordnung der souveränen Nationalstaaten aufzulösen und „übergeordnete Organisationen" wie IWF, WHO, BIZ, NATO, UN und EU als Grundstein eines „Eine Welt-Staates" zu legen, um alle Völker vollends zu versklaven.

Dieses leistungslos erzeugte, schuldenbasierte Geld aus dem Nichts ist die Ursache der größten Übel dieser Welt: verheerende Kriege, die Ausplünderung und Zerstörung der Erde und der Vernichtung der Ökosysteme der Welt, das Aussterben unzähliger Pflanzen- und Tierarten, des Hungers in der Dritten Welt, von abermilliardenfachen Leid der Tiere in Versuchslaboren, Massentierhaltungen und Akkordschlachthöfen, … . Gegen welches Unrecht Sie auch immer kämpfen mögen – es wird mit diesem Falschgeld finanziert.

Die Unbezahlbarkeit des ihm eigenen Zinseszins hält die Welt in einem Schuldenturm gefangen und die Rettungen und Stützungen werden letztlich zum Kollaps des gesamten Systems führen.

Der Überwachungs- und vermeintliche Wohlfahrtsstaat wird im Kollaps untergehen, denn nach dem Kollaps von Wirtschaft und Währungen wird es nichts mehr zum Umverteilen geben und die aufgeblähten bürokratischen Strukturen im Kollaps automatisch abgebaut werden – ganz zwangsläufig, da ohne Geld aus dem Nichts unfinanzierbar. Es bedeutet auch das Ende des marxistischen Plans, Wohlstand in Abwesenheit von Leistung – nur durch die Druckerpresse – zu erschaffen.

Nun ist es in einem Schuldgeldsystem völlig unmöglich, Schulden zurückzuzahlen, ohne dabei auch Guthaben zu vernichten. Aus diesem Grund springen die Regierungen in die Bresche und verschulden sich stellvertretend für ihr Volk, weil ein Wachstum der Wirtschaft nach der Überschuldung aller allein noch durch das Wachsen der Geldmenge (= Geldentstehung durch noch mehr Schulden) erzielt werden kann. Das ist der Grund für den „Wachstum, Wachstum, Wachstum"-Wahn, von dem viele Parteifunktionäre befallen sind. Denn wenn die Geldmenge nicht mehr anwachsen kann, weil alle bankrott sind und Kredite nicht mehr bedient werden können, dann stirbt das System selbst ab.

Was umschreibt eigentlich der Begriff "Hamsterrad"? Ein Lebewesen verausgabt seine Kräfte und Energien in einem Ding, das zwar Bewegung und Vorankommen simuliert, das Individuum aber real buchstäblich auf der Stelle treten läßt. Wenn Sie erkennen, daß Sie sich in einem Hamsterrad befinden – steigen Sie aus! Wie das geht? Ganz einfach, indem Sie sich auf das Ende dieses „perpetuum mobile" für moderne Sklaven vorbereiten – Die sieben Säulen der Freiheit – und so dem System die Finanzierung entziehen.

Denn selbst durch einen einfachen Lebensstil und Verzicht auf private Kreditnahme verschuldet sich die Politik im Namen und auf Rechnung des Bürgers – und erpreßt das Geld dafür durch die Erhöhung von Steuern und Abgaben. Die Alternativen lauten also, von der Politik „solidarisch" ruiniert zu werden, oder aus sein Geld aus dem Bankensystem abzuziehen und sein Leben wieder selbst zu organisieren. Das gesamte Weltfinanzsystem ist ein Schneeballsystem. Schneeballsysteme erkennt man daran, daß „Alteinzahler" mit dem Geld der „Neueinzahler" ausgezahlt werden. Eine andere Möglichkeit gibt es nicht.

Ein Hauptfunktionsmerkmal einer freien Marktwirtschaft ist die dringende und in freien Märkten automatisch "eingebaute" Bereinigungsfunktion – die Selbstreinigungskraft eines jeden freien Marktes. Unsolide wirtschaftende Unternehmen gehen bankrott und scheiden aus dem Markt aus. Gescheitertes muß bereinigt werden, damit ein Markt gesund bleibt und nicht wie ein Krebsgeschwür um sich frißt.

Ebenjenes unabdingbare **Kennzeichen eines sich selbst reinigenden Marktes wurde von der Politik aufgehoben,** indem insolvente Großkonzerne und Banken mit Milliardensummen gestützt und die Verluste ungefragt und "alternativlos" den Steuerzahlern aufgelastet wurden. Heute leiden viele Unternehmen unter demselben Problem wie Privathaushalte und Regierungen: Überschuldung, können aber nun nicht erneut "gestützt" werden, sobald die Realwirtschaft kollabiert und real-statistische Massenarbeitslosigkeit zur Normalität wird.

Margaret Thatcher: „Das Problem der Sozialisten ist, daß ihnen irgendwann das Geld der Leute ausgeht."

Die Wurzel allen kollektivistischen Übels ist die Bestrebung, Gutes tun zu wollen mit dem Geld anderer Leute.

Um eines unmißverständlich herauszustellen: Ich lehne jede Form von Sozialismus ab, sei es Nationalsozialismus (braun) oder den heute weltweit betriebenen Internationalsozialismus (rot) mit seinen Bestrebungen der Auflösung souveräner Nationalstaaten zugunsten einer "globalen Ordnung", der Weltdiktatur. Jede Ideologie führt unweigerlich in den wirtschaftlichen Ruin, in die Verarmung der Menschen, in Diktatur und Untergang. Die Volksmassen stehen somit vor dem Verlust Ihrer Ersparnisse und damit ihrer Verarmung, sobald das politische Zwangsgeld wertlos wird.

Der sozialistischen Doktrin des „starken Staates" folgend, wurde der sich selbst regulierende und reinigende Markt („Kapitalismus") durch eine sozialistische Planwirtschaft ersetzt, die alles und jeden kontrollieren und reglementieren will.

Diese Entwicklung geht nahtlos und Hand-in-Hand mit einer Aufblähung des Staatswesens, des Behördentums und der Bürokratie. Am Ende stehen der Ruin der zentralistisch gesteuerten Wirtschaft (durch „Subventionen"), Massenarbeitslosigkeit durch die Zerstörung der kleinen und mittelständischen Betriebe und die Verarmung und Verelendung des Volkes – bzw heute: aller Völker.

Die Merkmale all dieser zentral gesteuerten Beamtenwirtschaft ist, daß sie selbst nicht produktiv ist, daß sie keinerlei Werte schafft, sondern bestenfalls nur verwaltet, im schlimmsten Fall zur korrupten Günstlingswirtschaft ausartet und sowohl die Vermögen zerstört, die Resourcen aufbraucht und die unternehmerischen Freiheiten in Ihrem Regelungswahn im Keim erstickt.

Aus diesem Grunde lehne ich sozialistische Ideen wie die Einführung eines **Mindestlohns** oder eines **leistungslosen "Bürgergeldes"** oder **„leistungslosen Einkommens"** kategorisch ab, die nicht müde werden, die Illusion eines leistungslosen „Wohlstandes für alle" aus der Druckerpresse vorzugaukeln. Wer das soll bezahlen ohne Arbeit, die reale Werte schafft?

Wir leiden heute nicht unter dem Problem zu niedriger Löhne, sondern unter einer Maximalkonfiszierung der Löhne durch Steuern und Abgaben - und nie scheint es genug zu sein, so daß immer neue Steuern erfunden werden, um auch das letzte aus den Arbeitenden herauszuholen.

Zitat Ludwig Erhard (1897 - 1977), Bundesminister für Wirtschaft und zweiter Bundeskanzler der BRD: „**Einmal wird der Tag kommen, da der Bürger erfahren muß, daß er die Schulden zu zahlen habe, die der Staat macht und "zum Wohle des Volkes" deklariert.**"

Der Untergang des deckungslosen Weltfinanzsystems – eine Prognose

Nach der **1) Finanzkrise** und **2) Weltwirtschaftskrise** – beide sind trotz intensiver Medienpropaganda nicht annähernd überwunden, sondern die Auswirkungen der globalen Schuldenkrise wurden durch noch mehr Schulden und leistungslose Geldschöpfung der Zentralbanken hinausgezögert und verschlimmert – folgt nun mit der Flucht aus den Staatsanleihen **3) eine globale Währungskrise**.

Als Auslöser des Untergangs des Finanzsystems ist der Abverkauf und Crash des Marktes für (Staats-)Anleihen sehr wahrscheinlich, sobald offensichtlich wird, daß alle Staaten quasi bankrott sind und die Anleger daran zweifeln, jemals ihr eingesetztes Kapital wiederzusehen, beziehungsweise mit einem massiven Kaufkraftverlust (= Totalverlust) rechnen. Billionensummen sind bis jetzt in Staatspapieren und Depots gebunden.

Nach dem Abstoßen der Papiere werden aus diesen Depotpositionen blitzschnell Kontoguthaben, die sodann als Barvermögen von ihren Besitzern beansprucht werden. Das ist der Moment, vor dem Banken und Politiker gleichermaßen zittern. Wer den Schulden des Staates und somit dem Staat selbst nicht mehr vertraut, dem fehlt auch die Grundlage, der Währung des Staates noch länger zu vertrauen. Diese wird daraufhin ebenfalls panisch ausgegeben („abgestoßen"), bevor sie noch mehr an Kaufkraft und damit Wert verliert. Auf diese Weise werden innerhalb kürzester Zeit unvorstellbare Währungsmengen in Papierform, aber auch in digitaler Form in Umlauf gebracht. Sie gelangen in den Wirtschafskreislauf. Dort treffen sie auf ein natürlich begrenztes Warenangebot.

Was geschieht mit den Preisen, wenn plötzlich viel mehr Geld einer limitierten Warenmenge gegenübersteht? Die Preise der Waren explodieren und führen nun auch dem letzten Realitätsverweigerer vor Augen, daß ihr Bar- und Kontovermögen plötzlich unter der tödlichen Krankheit der monetären Schwindsucht leiden. Folglich werden die Menschen versuchen, ihre Gelder so schnell wie nur möglich in werthaltigere Güter umzutauschen, was den Entwertungseffekt über Nacht multiplizieren wird. Die Folge davon wird der Untergang der Währung in Hyperinflationen sein.

Der Wert der Währungen wird stündlich, ja minütlich gegenüber essentiellen Gütern und Sachwerten fallen. Zentralbanken werden versuchen, ihre Währungen und damit die Basis ihrer Macht zu stützen, indem sie die Zinsen erhöhen, um die Sparer an der Flucht aus der Währung zu hindern. Bei dem heutigen Verschuldungsgrad der Privaten, Unternehmen und Staaten wird dies im Handumdrehen zur Zahlungsunfähigkeit, zum Bankrott führen. Doch auch Zinssätze von 100, 1000 oder 100.000% werden dann nicht mehr in der Lage sein, die Sparer umzustimmen, sondern die ausweglose Lage der Gewalthaber widerspiegeln.

Zwangsmaßnahmen wie die Einschränkung des Bargeldverkehrs oder gar dessen komplettes Verbot durch die Machthaber sind als Zeichen der Schwäche, nicht der Stärke zu werten, die damit verzweifelt versuchen, Bankruns (= das Erstürmen von Banken durch ihre Kunden, um ihre Ersparnisse abzuheben und sie vor dem Untergang zu retten) zu verhindern. Da das Geld auf den Konten mit dem Bondcrash rasant an Wert verlieren wird, werden die Druckerpressen heißlaufen, da sonst Millionen von erzürnten Arbeitern und Sparern auf den Straßen stehen werden.

Aufgrund der dann explodierenden Preise werden noch mehr Währungszettel gedruckt werden, bis die Währungen in einem hyperinflationären Crash untergehen und sie niemand mehr trotz Annahmezwang als Bezahlung akzeptieren wird. Im Crash der Währungen werden die Vermögen der Sparer völlig ausgelöscht werden, was den Katalysator für gravierende Veränderungen darstellen wird.
Die unkontrollierbare Eskalation der Ereignisse mündet in eine neue Phase, in der bestehende Herrschaftssysteme beseitigt werden. Der Fall wird beschleunigt durch diejenigen, die „vom Staat" bezahlt wurden, wie Beamte, Lehrer, Studenten, Polizei, Militär, Transferleistungsempfänger, Rentner und Pensionäre, da die Währung ihres Arbeitgebers praktisch über Nacht nichts mehr wert ist.

Und dann werden wir den Beginn der bis jetzt verschleierten Krise erleben, die diese Bezeichnung verdient, und mit ihm den zumindest zeitweiligen Kollaps des internationalen Handels (**4 – politische Krise**) und den Zerfall der öffentlichen Ordnung (**5 – soziale Krise**). In früheren Zeiten wurden in dieser Phase von den Gewalthabern gern nach inneren und äußeren Feinden gesucht, um Kriege anzuzetteln, die von eigenem Versagen und Schuld ablenken sollten.

Heute sind immer mehr Menschen überall auf der Welt nicht mehr bereit, sich dafür instrumentalisieren zu lassen. Im Staat Israel beispielsweise demonstrieren Hunderttausende gegen einen Angriff auf den Iran und gegen die Kriegsabsichten der Regierung, wenn diese akut werden. Berichten die Qualitätsmedien Ihres Landes darüber, oder berichten Sie stets aus einseitigem Blickwinkel?

Die Gewalthaber selbst erzeugen Krisen, um dem dann idealerweise verängstigten Volk die "Lösung" anzubieten – eingedenk des alten Freimaurermotto **"Ordo ab chao"** - Ordnung aus dem Chaos – mehr Überwachung, Aufgabe der Freiheit, Aufgabe der Privatsphäre, Aufgabe der Menschenrechte, Aufgabe des Privatbesitzes, Aufgabe nationaler Souveränität … kommen Ihnen die Parolen bekannt vor? Ohne riesige, bedrohliche Krisen würden die Menschen diesen Plänen doch niemals zustimmen, nicht wahr?

Vorgehensweise: Gewaltige Krisen und Nöte werden global erzeugt, seien es Wirtschafts- und Finanzkrisen (durch das ungedeckte Zettelgeld der Zentralbanken, das nur durch Verschuldung entsteht) oder der „Klimawandel" durch den bösen Klimakiller CO_2 (in Wirklichkeit ausgelöst durch Wettermanipulation via „Chemtrails" und anderer Wetterwaffen, die nach gusto Unwetter und Überschwemmungen, Dürren und Mißernten, bis hin zu Erdbeben, Vulkanausbrüchen und Tsunamis auszulösen in der Lage sind), um anschließend zu behaupten, nur eine Weltregierung sei in der Lage, diese Probleme zu lösen.

Schuldige werden zurechtgemacht und das fertige „Heilmittel" wird angeboten: Auflösung der Nationalstaaten, Aufgabe der Privatshäre "zur Sicherheit", Abschaffung der Menschenrechte (jeder Bürger ist generalverdächtig und potenzieller Terrorist!), Abschaffung des Privatbesitzes (die bösen Spekulanten!!!), „Alle sind gleich (recht- und besitzlos)" – natürlich bis auf die Herrschen-den selbst. Fertig ist die „neue Weltordnung". Das ist doch praktizierte soziale Gerechtigkeit, oder nicht?! Es wird eine Neidgesellschaft geschürt im alten "Teile und herrsche"-Spiel.

Wie wir das Spiel nun dennoch für uns entscheiden?

Spielen Sie einfach nicht mehr mit! Es ist Zeit für Ihren persönlichen finanziellen Guerilla-einsatz, um die Verhältnisse Ihres Landes wieder zu Ihren Gunsten und damit zu Gunsten Ihres Volkes umzudrehen.

Geschichte – einmal quergedacht

Im Jahre 1989 wurde die DDR von der BRD übernommen. So lehren es die Geschichtsbücher. In Wahrheit wurde das politische System der DDR in der BRD installiert – heute stehen „demokratische" Blockparteien zur Wahl, die alle dieselben sozialistischen Ziele verfolgen („übermächtiger Staat – Bürger als Untertan"). So wird die BRD geleitet von einer in der mittlerweile verbotenen Jugendorganisation FDJ ausgebildeten Spezialistin für Agitation und Propaganda (Agitprop).
Auf gleiche Weise wurde das marktwirtschaftliche System der BRD nach der Ausschlachtung intakter Ostbetriebe durch die „Treuhand" in ein planwirtschaftlich-sozialistisches Geschäftsmodell umgewandelt, in dem freier Unternehmergeist durch Behörden und Gesetze gehemmt und bestraft wird, das die Selbständigen zu Zwangsmitgliedschaften in Innungen und Verbänden nötigt Die Wirtschaft wurde durch Subventionierung der Großkonzerne in eine Monopolwirtschaft der „Schlüsselindustrien" umgewandelt, die jede Konkurrenz aus Kleinbetrieben und Mittelstand mit Hilfe von Steuergeldern aus dem Markt drängt.

Auch die Umstellung der Ersparnisse der Bürger aus Mitteldeutschland (ex-DDR) erfolgte nicht aus reiner Menschenfreundlichkeit in einem völlig realitätsfremden Verhältnis Ostmark:D-Mark 1:1 bzw. 2:1.

Man war sich voll darüber im Klaren, daß die Menschen der DDR nach 40 Jahren der Mangelwirtschaft nach Konsum hungerten, und daß die Ersparnisse folglich zum großen Teil in Konsumgüter fließen würden. Eine gewaltige versteckte Subvention für die zu Beginn der 1990-er Jahre schwächelnde West-Industrie, die damit der eigentliche Profiteur des Wechselkursverhältnisses war!

Nebenbei wurde die Einwanderungspolitik gelockert, so daß der Arbeitsmarkt mit so vielen Billiglohnarbeitern überflutet wurde, daß ein regelrechtes Lohndumping begann. Heute sind immer mehr Arbeitnehmer kaum mehr in der Lage, trotz eines oder gar mehrerer „Jobs" ihren Lebensunterhalt zu bestreiten.

„Deutschland hat vom Euro profitiert", werden Politik und Medien nicht müde zu behaupten. Aufforderung: Definieren sie „Deutschland"! Wenn damit die Konzerne, deren Eigentümer und Manager gemeint sind, deren Boni steil angestiegen sind; wenn ein unersättlicher Bürokratieapparat damit gemeint ist, der im Selbsterhaltungstrieb unzählige nutzlose Verordnungen entwirft, für die das Volk zahlt; wenn eine Politik damit gemeint ist, die sich auf Kosten des Volkes regelmäßig die „Diäten" erhöht, ohne den Interessen ebenjenes Volkes zu dienen ... nun, dann muß man den parolenhaften Phrasen tatsächlich zustimmen.

Wer aber mit „Deutschland" das gemeine deutsche Volk meint, der muß sich fragen lassen: „Auf welchem Planeten leben sie eigentlich?" Acht Millionen Transferleistungsempfänger, vier Millionen Arbeitslose, explodierende Altersarmut und Besteuerung der Rentner, die zuvor bereits x-fach besteuert wurden, explodierende Kosten im Gesundheits- und Sozialwesen. Immer mehr Arbeit sind nicht mehr in der Lage, vom Lohn ihrer Arbeit zu leben! Das sind die realen Auswirkungen staatlicher Regelungswut, Dirigismus und Eingriffen in einen ehemals freien Markt mit freien und funktionierenden Prinzipien.

Die Weltwirtschaft wurde völlig vom Rohöl abhängig gemacht. Ein handvoll Personen kontrollieren heute direkt oder mittels Beteiligungen etwa 87% der globalen Rohölförderung. Lassen sich Parallelen zu den Eigentümern des Finanzsystem finden?

Werfen Sie im Supermarkt doch mal einen Blick auf die Hersteller von Nahrungsmittelprodukten. In der Zwischenzeit wurden kleinere und mittlere Unternehmen entweder aus dem Markt gedrängt oder von den Großkonzernen aufgekauft, die heute quasi eine Monopolstellung einnehmen. Achten Sie einmal darauf! Dieses Phänomen trifft heute auf jeden wirtschaftlichen Sektor zu. Diese Konzerne diktieren aufgrund ihrer monopolistischen Stellung nicht nur die Preise für Erzeuger und Verbraucher nach Belieben, sondern schleusen ebenfalls Technologien wie Genmanipulation und unter politischer Rückendeckung neue chemische Zusätze undeklariert in ihre Produkte (z.B. „Neotame"), ohne den Verbraucher darüber aufzuklären – wohlwissend, daß die Verbraucher diesen Zusätzen mit großer Mehrheit ablehnend gegenübersteht. All das spricht eine beredte Sprache, daß sich niemand der politischen und wirtschaftlichen Verantwortlichen auch nur im Mindesten um das Wohl der Menschen sorgt, sondern alles dem Profit und einem rücksichtslosem Machtstreben unterordnet.

Dasselbe Vorgehen wird erkennbar bei den „Bankenrettungen" in den USA: kleine und mittlere Geschäftsbanken werden in den Bankrott geschickt, während gleichzeitig die Großbanken des Kartells mit Billionensummen aus Steuergeldern „gerettet" werden, die sich anschließend den von der Konkurrenz „befreiten" Markt unter sich aufteilen.

So finanziert das Volk die Monopolisierung der Großkonzerne durch die Politik, die zu seiner eigenen Entrechtung, Enteignung, Verarmung und Versklavung führt.

Diese Art der Marktbeeinflussung und -steuerung ist nur möglich durch das Geldsystem, mit dessen Hilfe die Hochfinanz – manche bezeichnen sie auch als Schattenregierung – alles kontrolliert: Konzerne, Militär, Justiz, Behörden, Regierungen, Politiker.

Der heute sichtbare und erschreckend rasante Verfall der Wirtschaft, der Finanzen, der Politik, der Infrastruktur und des menschlichen Charakters spiegelt eine Gesellschaft wider, der der Bezug zu Werten völlig abhandengekommen ist und ein Abbild findet im Verfall der Moral, der Sitten und des Anstandes.

Werte wurden ersetzt durch dumpfe Ideologien, und während die Mehrheit der Menschen sich noch nichtsahnend in einem auf Pump aufgeblähtem Scheinwohlstand sonnt und alles ihre Komfortzone Störende inklusive der Realität ignoriert, steht die Menschheit des beginnenden 21. Jahrhunderts vor ihrem moralischen, wirtschaftlichen und finanziellen Bankrott. Alle sind miteinander verknüpft und bedingen sich gegenseitig, wie uns bereits ein Blick auf untergegangene Imperien der Geschichte lehrt.

Derivate

Dabei handelt es sich um die sogenannten "Derivate" (lat. derivare = ableiten). Derivate sind nichts als reine Wettscheine. Dem Handel selbst liegt keinerlei realer Warenwert zugrunde. Es handelt sich lediglich um eine Wette auf die weitere Kursentwicklung einer Aktie, eines Fonds, eines Index, eines Rohstoffs, auf den Zahlungsausfall eines Staates … es gibt nichts, was es nicht gibt. Das Volumen des derzeitigen Derivatemarktes – dieser substanzlosen Wetten – beläuft sich zu Beginn des Monats November 2011 auf unfaßbare … und nun halten Sie sich fest … ca. 1,5 Billiarden US-Dollar (Stand: 06/2014)!

Das sind 1,5 Billiarden, 1.500 Billionen oder 1,5 Millionen Milliarden US-Dollar! In Zahlen ausgedrückt: 1.500.000.000.000.000

Das ist etwa das **20-fache (in Worten: Zwanzigfache)** dessen, **was die gesamte Welt, alle Länder und Menschen, innerhalb eines Jahres erwirtschaften** (= Weltbruttosozialprodukt, im Jahre 2011 ca. 50 Billionen US-Dollar)!

Zum Vergleich: der Wert aller Aktien der Welt beläuft sich auf ca. 40 Billionen Dollar. Der Wert aller Anleihen (Schuldverschreibungen) der ganzen Welt summiert sich auf etwa 80 Billionen Dollar. Zusammen ergeben der globale Aktien- und der globale Anleihemarkt (Bondmarkt) eine Gesamtsumme von 120 Billionen Dollar – gerade einmal 8% des globalen Derivatevolumens! Der US-Investor und Multimilliardär Warren Buffet bezeichnete Derivate einmal als **finanzielle Massenvernichtungswaffen**.

Verwettet sich dabei auch nur eine daran teilnehmende Bank im großen Umfang, so daß sie ihre Wettschuld nicht mehr begleichen kann, dann werden die Wetten „faul" und fallen aus. Eingesetztes Kapital wird vernichtet. Ähnlich wie beim Staatsschuldendebakel, nur diesmal mit ein paar Nullen mehr im Schlepptau.

Der Derivatecrash ist ein sehr wahrscheinlicher Auslöser für den Systemkollaps, da die dabei verwetteten Summen so unvorstellbar groß und die Banken dann definitiv „too big to bail" – also völlig unrettbar – sein werden, bis zum finalen Untergang des gesamten Systems. Hinzu kommt, daß diese reinen Casinowetten mit den Schulden der „G10"-Staaten besichert wurden. Crashen also diese Staatsschulden, explodiert die Derivatebombe und wird das Finanzsystem in einem Augenblick einäschern.

Die Reaktionskette: aus welchem Grund auch immer tritt ein substanzieller Zahlungsausfall ein, sei es durch Staatsbankrott, deren Papiere die Bank abschreiben muß, oder durch einen Derivateausfall, dann fällt diese betreffende Bank als Gegenpartei (engl. „counterparty") ALLER ihrer Geschäfte aus.

Das bedeutet, alle anderen Banken, Versicherungen, Hedgefonds, und alle die Geschäfte mit dieser Bank getätigt haben, müssen bei Zahlungsausfall ihrer Gegenpartei ebenfalls ALLE Geschäfte abschreiben (= entwerten), die sie mit dieser Bank getätigt haben.

Durch im Rahmen der Globalisierung enorm komplexe Vernetzung aller Finanzinstitute und Staaten weiß nun kein Marktteilnehmer mehr, welcher seiner Geschäftspartner wieviel Gelder verloren hat, und wer wem wieviel schuldet, und nun ebenfalls vor dem Kollaps steht. Und dann beginnt eine Panikflucht aus allen Papierwerten, weil niemand den Schuldner kennt, von dem er Geld bekommen müßte, und ob dieser nun nicht ebenfalls bankrott ist und von dem eingesetzten Geld nichts mehr zurückkommt.

Rasant beschleunigt wird dieser Prozeß durch die heute eingesetzten Hochleistungssoftwareprogramme (engl.: High Frequency Trading / HFT), die augenblicklich Verkäufe auslösen, sobald im Rahmen der Chartanalyse wichtige Unterstützungszonen nach unten durchbrochen werden.

Anschließend kommt es zu einem unlimitierten, panikartigem Abverkauf von ALLEN Papieren und Währungen, die nichts anderes verbriefen als das Recht auf den Erhalt einer Zahlung. Nur von wem, und wie, und ob überhaupt noch gezahlt werden kann, ist nirgendwo definiert. Ein Bondcrash und noch vielmehr ein Derivatecrash wird zwangsläufig innerhalb von Minuten auf die globalen Aktienmärkte durchschlagen und das gesamte Finanzsystem in Sekundenbruchteilen vaporisieren. Wenn vormals „mündelsichere" Staatsanleihen wertlos werden, dann ist man in Aktien und allen anderen Papierversprechen erst recht nicht mehr sicher.

Heute noch in diesen „Wert-Papieren" gebundene Summen werden sich dann nach dem Panikverkauf auf Konten befinden. Wenn Regierungen ihre Zinsen nicht mehr bedienen können und folglich zahlungsunfähig sind, dann ist auch ihre Währung keinen Pfifferling mehr wert.

Die Folge wird also die Flucht aus den Währungen und Papierwerten hinein in Sachwerte sein, und hier primär in Gold und Silber.

Denn mit dem Crash der Anleihen – Sie erinnern sich: fallender Kurs → steigender Kurs → steigendes Risiko werden auch die Immobilien- und Unternehmenskredite in die Höhe schießen: Ausfallrisiko überall. Die Kreditnehmer werden nicht mehr in der Lage sein, ihre Zinsen zu bedienen, was zu einem Kollaps der Unternehmen, des Immobilienmarktes und zu einem explosionsartig Anstieg der Arbeitslosigkeit führen wird.

Ich skizziere kein Horrorszenario, sondern versuche Ihnen lediglich die Reaktionskette während eines Systemversagens begreiflich zu machen. Aus diesem Grunde sollten Sie Ihre Vorbereitungen nicht länger aufschieben und sich einen Nahrungsmittelvorrat anlegen, für eine (in ihrem Staat legale) Bewaffnung sorgen und ihre Ersparnisse aus dem unvermeidlich untergehenden Bankensystem zurückziehen. Die Zeit des Wartens und Hoffens läuft ab. Heute beginnt die Zeit des Handelns – des besonnenen und konsequenten Handelns.

Die Konsequenzen eines Staatsbankrotts

Ein Staat gilt dann als bankrott, wenn er seine Schuldzinsen nicht mehr, oder nicht mehr voll-ständig, bedienen kann. Staatsbankrott bedeutet den Verlust der Kreditwürdigkeit (= Solvenz) des Staates, oder besser gesagt des jeweiligen Volkes. Der Bankier Carl von Fürstenberg brachte es einmal so auf den Punkt: **„Wenn der Staat Pleite macht, geht natürlich nicht der Staat pleite, sondern seine Bürger."**
Und auch Wladimir Iljitsch Uljanow, Kampfname „Lenin", hatte entdeckt, wie leicht es ist, das Volk zu zerstören, um die Macht an sich zu reißen: **„Um die bürgerliche Gesellschaft zu zerstören, muß man ihr Geldwesen verwüsten."**

Wann begreifen wir endlich, worauf die eigentlichen Pläne abzielen und worin die verborgenen Ziele in Wirklichkeit bestehen?

Und falls Sie mir keinen Glauben schenken wollen und meine Ausführungen bezüglich der Staatsverschuldung als Enteignung des Volkes als „Verschwörungstheorie" betrachten, vielleicht glauben Sie ja dem ehemaligen „Federal Reserve"-Chairman Alan Greenspan, wenn er sagt: **"Staatsverschuldung ist einfach ein Mechanismus für versteckte Enteignung von Vermögen und Gold verhindert diesen heimtückischen Prozeß."**

So ist es, und Silber tut das mindestens fünfmal so gut!

Kann eine Regierung nun ihre Zinszahlungen für ihre Schulden nicht mehr aus ihren Steuereinnahmen begleichen, dann wird auch ihre Währung als Grundlage ihres Kredits wertlos. Seit Einführung dieses Schuldgeldsystems wurde auch nie ein einziger roter Heller je getilgt oder zurückgezahlt! Der Grund: Die Schuld selbst ist nirgendwo definiert.
Zurückgezahlt wird bestenfalls in Schuldversprechen auf Papier. Wieviel dessen Gegenwert zum Zeitpunkt der Rückzahlung beträgt, bleibt jedoch ungewiß. Es ist heute übliche Praxis, die Zinsen für Staatsanleihen kurzerhand "überzurollen" und als neuen Kredit aufzunehmen, so daß die Schuldenlast immer größer und untragbarer wird – und dann kommt der Zinseszins ins Spiel. Wir hatten das Thema bereits kurz angerissen.

Der Zinseszins ist die wiederholte leistungslose Verzinsung eines leistungslos erzeugten Kreditgeldes. Durch den Zinseszins gelangt jedoch der Exponentialfaktor in das Geldsystem. Es müssen also nicht nur Zinsen auf die Schulden gezahlt werden, sondern diese Schuldzinsen werden ebenfalls immer weiter verzinst. Dies führt unweigerlich zum Kollaps, da die Schulden unbezahlbar werden.

Der Zins

Die Anleger werden heute stets dazu angehalten, den Zins als wesentliches Bewertungskriterium einer Anlage und deren Rentabilität zu beachten. Das Problem dabei ist: der Zins unterliegt keiner Preisfestsetzung eines freien Marktes aus Angebot und Nachfrage mehr, sondern wird willkürlich von den Zentralbanken festgelegt. Der Zins ist somit also nicht mehr in der Lage, den **Risikoaufschlag einer Anlage und des Geldes** – und nichts anderes ist er: der Preis des Geldes – korrekt widerzuspiegeln.
Je höher der Zins, desto risikoreicher die Anlage. Die Massenmedien werden nicht müde zu versuchen, die Menschen vor dem Kauf der beiden alten **Geldmetalle Gold und Silber in physischer Form** zurückzuhalten. Das Argument lautet stets: sie **zahlen keinen Zins und keine Dividende**. Und natürlich kann man sie auch nicht essen. Staatsanleihen und Papiergeld werden allerdings ebenfalls von Gourmets verschmäht, wie man unlängst feststellte.

Da Gold und Silber in physischer Form keine Zinsen zahlen, bedeutet das ... richtig! Sie sind völlig risikolos! Kein Zins = kein Ausfallrisiko!

Silber und Gold sind echtes Geld. Sie entstanden nicht leistungslos aus dem Nichts. Sie wurden erarbeitet: gesucht, gefunden, geschürft, ausgegraben, gefördert, von übrigem Gestein getrennt, geschmolzen, verarbeitet, in Barren- und Münzenform gepreßt – alles durch menschliche Arbeitskraft. Die Arbeiter suchten deshalb, weil die beiden Metalle selten und dementsprechend werthaltig sind, und die Geldfunktion ideal ausfüllen. Silber und Gold sind Gottes Geld, das aus der Erde kommt und nicht beliebig vermehrt werden kann.
Aus diesem Grunde ist es auch nicht möglich, alles Gold und Silber zu kontrollieren und durch Zins das Vermögen anderer abzuschöpfen. Denn die Metalle sind über die ganze Erde verteilt und befinden sich in den Händen zahlreicher Menschen – nicht in den Händen eines kleinen Machtzirkels. Gold und Silber sind das ehrliche Geld für die Menschen. Papier und Schulden sind die Umverteilungsmedien eines auf Plünderung und Ausbeutung beruhendem Geschäftskonzepts, das Frieden und Freiheit akut gefährdet.

Die „Dividende" von physischem Gold und Silber liegt im Werterhalt gegenüber dem Kaufkraftverlust von Papiergeld. Es hat also sozusagen eine eingebaute Versicherungsfunktion gegen Zahlungsausfall, um Vermögenswerte aufzubewahren und vor Verlust zu schützen.

Sobald die Preismanipulation zerbricht, stehen die beiden alten Geldmetalle vor einer kompletten Neubewertung. Dennoch bleibt festzuhalten: Jedes Geld, das verzinst wird, wird zu Falschgeld. Es erhöht die Geldmenge, ohne zugleich die Warenmenge zu erhöhen, denn: Geld „arbeitet" eben doch nicht. Die Geldfunktion der Edelmetalle sieht **keine Zinsfunktion** vor, denn diese führt zu einem Wachstum der Geldmenge, ohne daß notwendigerweise Waren erschaffen werden.

Prinzipiell stellt der Zins an sich bereits ein wesentliches Problem eines jeden Geldsystems dar, gleichgültig ob gedeckt oder ungedeckt – er läßt Geld entstehen, ohne daß dafür eine Leistung erbracht werden muß. Verzinstes Geld wird so zu Falschgeld.

Der Selbstvernichtungsfaktor des ungedeckten Geldsystems: die Exponentialfunktion des Zinseszins

Vielleicht ist Ihnen das Gleichnis vom Josefspfennig bekannt. Das geht in etwa so: Hätte Josef seinem Sohn Jesus bei dessen Geburt einen Pfennig zu einem Zinssatz von 5% auf ein Sparbuch gelegt, auf welche Summe würde sich die Anlage heute belaufen? Es ist reine Mathematik. Eine Anlagesumme von 1 Pfennig, zu einem Zinssatz von 5% angelegt … auf welche Summe würden Zins und Zinseszins die Anlage schrauben? Zur Berechnung benötigen wir einen Rechner mit Exponentialfunktion und einer sehr großen Anzeige. Oder einen Zinseszinsrechner, z.B. http://zinseszins.eu

Jahr 0: 1 Pfennig
Jahr 1: 1,05 Pfennig
Jahr 10: 1,6289 Pfennig
Jahr 100: 132 Pfennig = 1,32 Mark
Jahr 200: 17293 Pfennig = 172,93 Mark (Bis hierher ist die Geldmenge recht langsam gewachsen, aber Sie sehen den Effekt bei seiner zunächst offenbar erfreulichen Arbeit … warten Sie aber, bis er zerstörerisch wird!)
Jahr 500: 393.232.618,27 Mark (Nach 500 Jahren sind es schon 393 Millionen Mark …)
Jahr 1000: 15.463.189.207.319.488.512,00 Mark (und jetzt zündet der Zinseszins den Turbo …)
Jahr 2011: 40.895.962.098.293.610.838.586.033.234.853.874.368.512,00 Mark

Versetzen wir – um auf „Mark" zu kommen – die Dezimalen um 2 Stellen nach links, und runden wir der Einfachheit halber auf eine 4 mit 40 Nullen ab, ergibt der im Jahre 0 zu 5% angelegte Pfennig im Jahre 2011 eine Summe von 40 Sextilliarden Mark, oder – und das ist nun nur grob geschätzt – 200 Milliarden Kugeln von der Masse der Erde aus purem Gold – und das nur ausgehend von einem einzigen Pfennig! Da weder diese Menge Gold noch deren Gegenwert auf der Erde existiert, wäre niemand in der Lage, eine solche Summe jemals aufzubringen. Einige Personen behaupten, die Parabel des Josefspfennigs stimme überhaupt nicht und sei eine Milchmädchenrechnung. Die Preise müßten dann eben zusammen mit der Ausweitung der Geldmenge wachsen. Das stimmt! Wissen Sie, welches monetäre Phänomen damit beschrieben wird? Eine theoretische Mega-Hyperinflation, in der der Wert der Anlage und ihr Zinsertrag erst aufgebaut, danach völlig vernichtet wird. Der Schuldner des Spar-Pfennigs verspricht zwar eine Rendite von 5%, aber im Laufe der Zeit wird der Ertrag in einem sich immer schneller entwertenden Geld beglichen.

Warum der Josefspfennig also doch unrealistisch ist, aber beim Verdeutlichen der Praxisuntauglichkeit des Zinseszins dient: Ein solches Geldmodell kann nicht über Tausende Jahre aufrechterhalten werden. Im Durchschnitt kollabiert ein darauf beruhendes System nach etwa 70 Jahren. Während dieses Zeitraums wird die Währung üblicherweise durch Verschuldung so stark vervielfältigt, daß sie sich selbst dabei entwertet.

Der Josefspfennig zeigt lediglich auf, daß der Zinseszins die Geldmenge wachsen läßt, ohne gleichzeitig für das Wachstum der Warenmenge sorgen zu können. Dies geschieht nur durch Produktivität, die der Zinseszins nicht zu leisten vermag. Und hier sind wir soeben auf den Punkt gestoßen, warum jedes Finanzmodell, welches auf dieser Grundlage des leistungslos geschaffenen Geldes beruht, welches wiederum mitverzinst wird, zum Scheitern verurteilt ist, untergehen MUSS, und nichts als Elend und Verarmung hervorbringt.

Der entscheidende Punkt ist, daß es kein grenzenloses Wachstum ohne Arbeit und Leistung geben kann. Werte müssen erarbeitet werden, und Geld „arbeitet" eben nicht!

<u>Tauschhandel vs. wertgedecktes Geldsystem</u>

In frühen Zeiten war der Waren- und Wirtschaftsverkehr im Rahmen eines Tauschhandels üblich. Dabei wurden Naturalien ausgetauscht. Ein Waldbauer bot also beispielsweise Töpfe mit Honig an. Eine Tuchhändlerin brauchte den Honig, und hatte selbst Ballen mit feinem Leinen zu verkaufen. Aber was tun, wenn unser Waldbauer genügend Kleidung besaß und kein Leinen brauchte, sondern etwa Zucker? Und was, wenn der Zuckerhändler eine Ziege haben wollte, und kein Leinen?

Der Waldbauer verkaufte seinen Honig gegen ein paar Gramm Silber, und konnte anschließend mit seinem Silber direkt beim Zuckerhändler dessen Ware erwerben, der sich davon wiederum direkt beim Schäfer eine Ziege kaufen konnte, ohne seine eigene Ware zuvor mehrmals zwischentauschen zu müssen.

Der im Tauschhandel notwendige Zwischentausch war also ungemein zeitraubend und aufwändig. Schnell fand man Zwischenwerte, die bei allen Marktteilnehmern gleichsam begehrt waren, da knapp und wertvoll. So kristallisierte sich in den Zentren der asiatischen, europäischen und auch nordafrikanischen Hochkulturen über einen Zeitraum von insgesamt mehr als 5.000 Jahren zunächst Silber, und später auch Gold als Zahlungsmittel heraus. In anderen, geringer entwickelten Regionen wurden auch Steine oder Muscheln als Geld verwendet, aber dabei handelte es sich nur um regionale Randerscheinungen und soll nicht unser Thema sein.

In den Hochkulturen vereinfachten nun Silber und Gold den Warenaustausch. Der Zwischentausch des Tauschhandels wurde unnötig. Die neuen werthaltigen und begehrten Zahlungsmittel sorgten für ein Aufblühen des Handwerks, der Wissenschaft und der Künste. Der Wohlstand wuchs auch für das einfache Volk, wenn es sich nicht um Sklaven handelte. Die Verwendung wertstabilen Geldes war die Grundlage einer jeden Hochkultur.

Ehrliches Geld bedeutet finanzielle und individuelle Freiheit. Schuldgeld ist das Geld für Sklaven, das Medium ihrer Ausplünderung und der Abschöpfung des Lohns ihrer Arbeit. Die ultimative Versklavung wird die bargeldlose „Währung" des Antichristen sein. Sie bedeutet totale finanzielle und wirtschaftliche Versklavung und Abhängigkeit.

Dasselbe trifft auf „Digitalgeld" und jede Form von monetärer Abstraktheit dar, bei der der Geldcharakter nicht mehr klar definiert ist. Und dies beginnt bereits bei ungedeckten Währungen. Gold und Silber hingegen stehen dieser Art Anti-Werte völlig entgegengesetzt gegenüber. Sie sind ultimative finanzielle Freiheit in gemünzter Form.

Die Not und das fehlende Geld treibt die Bürger zur Wiederentdeckung des privaten Tauschhandels: Ware gegen Ware, Dienstleistung gegen Ware, Ware gegen Dienstleistung. Wegen des bewußten und unbewußten Verzichts auf den Gebrauch des staatlichen Geldes – die Menschen haben einfach keines mehr – fallen im Tauschhandel auch keine Steuern mehr an. Wirtschaftliche Belebung tritt ein, weil der Mehrwert der Wertschöpfung nicht mehr abgeschöpft wird, sondern dort verbleibt, wo er produziert wurde.

Meine Einschätzung zur Debatte Inflation / Deflation:

Heutzutage streiten sich die „Experten", ob wir nun Inflation oder Deflation haben, und was uns in Zukunft erwarten wird: der deflationäre Crash oder die Hyperinflation. Nähern wir uns der Frage zunächst einmal über eine simple Begriffserklärung ohne viel Fachchinesisch. Lassen Sie uns einmal ein Deflations- und ein Inflationsszenario gedanklich durchspielen.

Aber Achtung: diese Analyse trifft lediglich auf ein Schuldgeldsystem wie das derzeitige zu, bei dem „Geld" erst durch Verschuldung / Kreditaufnahme entsteht, NICHT auf ein Geldsystem, das auf realen Werten beruht und in dem kein Zinseszins existiert!

Die Deflation:

Steht eine stabile, relativ gleichbleibende Warenmenge (Angebotsseite) einer immer mehr abnehmenden Geldmenge (Nachfrageseite) gegenüber, dann spricht man von Deflation. Einem stets relativ stabilen Warenangebot steht immer weniger Geld gegenüber, um diese Waren zu kaufen. Diese Geldknappheit spiegelt sich in sinkenden Preise wider, weil Geld an Wert gegenüber den Gütern gewinnt, die man damit kaufen kann.

In einem Deflationszyklus wird die knappe verfügbare Geldmenge verglichen zu Waren, Rohstoffen und Dienstleistungen immer wertvoller, gewinnt also vergleichsweise mehr Kaufkraft. Deflationen sind je nach Intensität gekennzeichnet von zum Teil heftig steigenden Zinsen.

Das Geld wird von Tag zu Tag wertvoller, das heißt: seine Kaufkraft steigt. Jeder, der noch über Geld verfügt, wartet möglichst lange mit Käufen, da die Preise morgen noch niedriger sein werden, und er aufgrund des Kaufkraftgewinns dann umso mehr Waren und Dienstleistungen für sein Geld kaufen kann. Schulden werden wegen der teils explodierenden Zinsen immer drückender.

Eine Deflation endet mit dem finanziellen Kollaps der Kreditnehmer, die aufgrund der explodierenden Zinsen weder Zins noch Tilgung, geschweige denn ihre Schulden zurückzahlen können. Im Kollaps der Schulden werden auch die Guthaben entwertet.

In einem Schuldgeldsystem kann keine reine Deflation entstehen, weil unbedienbare Schulden aufgrund steigender Zinsen die Schulden unbedienbar machten, und die den Schulden gegenüberstehenden Guthaben ebenfalls auslöschen würden. Diese können also nicht an Wert gewinnen, indem sie entwertet werden.

Die heute als Deflation bezeichnete Phase (2009 – 2014) ist dem Platzen der Anlageblasen, z.B. Immobilien in USA, Spanien usw., in zahlreichen Ländern geschuldet. Können die Kredite nicht zurückgezahlt werden, dann gehen auch die Guthaben unter, aus denen der Kredit erzeugt wurde.

So findet eine Liquiditätsverknappung statt, die jedoch durch das massive Gelddrucken der Zentralbanken überkompensiert (= mehr als ausgeglichen) wird. Jeder Hyperinflation ging eine vorübergehende Phase vermeintlicher Deflation voraus. Diese angenommene Deflation war stets der Auslöser für das unkontrollierte Drucken von noch mehr Währung, die in die Hyperinflation mündete.

Bei der vermeintlichen Deflation innerhalb eines Schuldgeldsystems handelt es sich treffender um eine Phase von Dis-Inflation – ein vorübergehender Rückgang der Inflation.

Die Inflation:

Steht eine stabile Warenmenge einer steigenden Geldmenge gegenüber, die diese Waren kaufen kann, dann spricht man von Inflation. Für die gleiche Menge Geldes bekommen die Käufer immer weniger Waren. Die Waren werden also teurer, weil das Geld erst schleichend, dann zum Teil rasant an Wert verliert, je mehr davon erzeugt wird. In einem Inflationszyklus wird die bestehende Geldmenge schleichend, je nach Intensität immer rascher entwertet. Geld (Liquidität, Kredit) ist im Überfluß vorhanden, und dementsprechend niedrig sind auch die Zinsen. Die Extremsituation in diesem Szenario ist die Hyperinflation.

Die Konsumenten kaufen besser heute als morgen aus Angst, daß ihre Vermögen verfallen, da die Preise morgen noch viel höher sein und sie dann viel weniger Waren und Dienstleistungen für ihr Geld bekommen werden. Der Ökonom Ludwig von Mises benannte dieses Szenario, das wir heute erleben, bereits vor 100 Jahren, und nannte es **CRACK-UP BOOM**; frei ins Deutsche übersetzt: **Katastrophenhausse.**

Die Menschen befürchten, daß ihr Geld morgen weniger wert sein wird als heute, oder daß es gar vollständig entwertet, und geben es für Dinge jeder Art aus, die werthaltiger erscheinen als der Wert des mißtrauenerregenden Geldes. Heute: Der vermeintliche Wirtschaftsaufschwung, der dann abrupt enden wird, wenn die Menschen ihr Geld ausgegeben haben werden!

Den Beginn des Crack Up Booms erkennen wir heute an der „Kauflaune" der Verbraucher, die von den Medien bejubelt wird. Die Menschen haben Angst vor dem Wertverfall ihrer Ersparnisse, und um diesem zuvorzukommen, geben sie es aus: für Haussanierung und -renovierung, Reparaturen aller Art, Investitionen in Immobilien.

Typisch ist dabei der Wertverlust aller bis dahin kreditgetriebener Anlageformen, wie Anleihen, Aktien, und Immobilien (= Deflation, die Preise für das Investitionsgut fällt nominal), während gleichzeitig die Preise für lebensnotwendige Güter steigen (= Inflation).

Von Mises beschrieb die Entstehung und Auswirkungen der Inflation einmal wie folgt:
„Vorübergehend ist es zwar möglich, durch zusätzlichen Kredit – das heißt durch Erweiterung des Umlaufes unbedeckter Noten und Giroguthaben – den Zinsfuß des Marktes zu unterbieten und dadurch eine allgemeine Zinsfußermäßigung herbeizuführen. Durch ein solches Vorgehen, das ja in der Tat immer wieder versucht wurde, gelingt es unzweifelhaft, zunächst gute Konjunktur auszulösen. Doch früher oder später muss die Krediterweiterung zum Stillstand kommen; sie kann nicht endlos fortgesetzt werden. Die fortschreitende Vergrößerung der Umlaufmittelmenge führt zu fortschreitenden Preissteigerungen. Inflation aber kann nur solange fortgehen, als die Meinung besteht, daß sie doch in absehbarer Zeit aufhören wird. Hat sich einmal die Überzeugung festgesetzt, daß die Inflation nicht mehr zum Stillstand kommen wird, dann bricht eine Panik aus.

Das Publikum eskomptiert in der Bewertung des Geldes und der Waren die erwarteten Preissteigerungen (= nimmt die Preissteigerungen vorweg, Anm.d. Autors), so daß die Preise sprunghaft über alles Maß hinaufschnellen; es wendet sich von dem Gebrauche des durch die Umlauf-mittelvermehrung kompromittierten Geldes ab, flüchtet zum ausländischen Geld, zum Barrenmetall, zu den Sachwerten, zum Tauschhandel, kurz, die Währung bricht zusammen."

Quelle: http://www.mises.de/public_home/article/262

Die Zentralbanken stehen heute mit dem Rücken zur Wand. Ihnen bleibt kein Ausweg mehr, geschweige denn eine Lösung der Finanzkrise, und zwar aus zwei Gründen:

1) Sie können die Zinsen nicht erhöhen, wie es die „Fed" in den 1970/80er Jahren getan hat, um die Flucht aus dem US-Dollar in Gold/Silber zu stoppen. Damals hob der Fed-Vorsitzende Paul Volcker den Zins auf massive 20% an. Das ist heute deshalb nicht mehr möglich, weil dann auch alle Anleger einen höheren Zins fordern würden. Staaten, Banken, Unternehmen, Privatleute wären dann sofort zahlungsunfähig.

2) Fluten sie die Welt mit ihren Währungen, dann stoßen die Bürger die Währungen und allen Papier-Anlageformen ab, was zum Kollaps der Währung → Banken → der Wirtschaft → der Regierungen führen wird. Rien ne va plus – nichts geht mehr. No way out – Es gibt keinen Ausweg, außer den Crash des gesamten Systems.

Die Menschen werden danach auf der Suche nach Werten sein, nach denen sie hungern werden. Sie werden mit realen Werten für ihre Arbeit bezahlt werden wollen. Wer also keine Getreide- oder Salzsäcke als Bezahlung nach Hause tragen will, die er anschließend erst tauschen muß, um andere lebensnotwendige Güter zu kaufen, der wird sicherlich gern Silber und Gold als Bezahlung akzeptieren.

Im Gegensatz zu Papier muß bei den alten Geldmetallen nicht erst wieder experimentiert werden, ob sie als Geld funktionieren. Sie werden es sofort tun, wie Sie es während der vergangenen 5.000 Jahre getan haben! Diese Wiedereinführung von Gold und Silber als Geld wird von keiner staatlichen Institution veranlaßt werden, sondern die Menschen werden es – aus purer Not heraus – selbst tun. **Eine Remonetisierung von Silber und Gold bedarf keines Dekrets. Es wird von den Menschen selbst wieder als Geld verwendet werden**, ohne daß staatliche Stellen irgendetwas dagegen unternehmen könnten, nachdem das Vertrauen in die Papiergelder und die darin gehaltenen Vermögen zusehends ausgelöscht werden.

Ab diesem Zeitpunkt wird die Kontrolle des Geldes wieder dort angelangt sein, wohin sie gehört: In den Händen des Volkes. Die Menschen und Unternehmer werden dann frei entscheiden, was sie als Bezahlung akzeptieren werden. Doch eines muß ganz klar beachtet werden: selbst das bestmögliche Geldsystem – der Bimetallstandard mit Silber und Gold als Geld – wird unweigerlich scheitern, wenn bewußt oder unbewußt ein Fehler eingebaut wird. Und das ist der Zins und Zinseszins, der Guthaben und Schulden exponentiell anschwellen läßt. In einem Bimetallstandard dürfen zumindest Zinsen also KEINESFALLS mitverzinst werden, sondern die Verzinsung darf nur auf die ursprüngliche Anlagesumme erfolgen!

Wegen der Knappheit der beiden Geldmetalle ist mit einer enormen Aufwertung der Kaufkraft zu rechnen. Denn nur diese beiden werden einen Systemkollaps überleben, in dem alle Papiervermögen vernichtet werden. Wenn Sie sich dann vergegenwärtigen, daß dann abgesehen von einem Markt für den Tauschhandel ALLE WERTE in diesen beiden Metallen ausgedrückt werden: vom Brötchen bis hin zu Immobilien und Firmen, dann bekommen Sie eine ungefähre Vorstellung, wieviel ein Gramm Silber und ein Gramm Gold dann wert sein werden.

Silber und Gold stehen während ihrer Neubewertung als globale Zahlungsmittel vor einer gewaltigen Deflation und Aufwertung (= in diesem Fall: substanzielle Kaufkraftsteigerung) zu erwarten … Sie erinnern sich: stabile Warenmenge und sehr knappes Geldangebot. Die Deflation wird in einem solchen Fall dann zu Ende gehen, sobald die ersten Edelmetall-besitzer günstige Kaufgelegenheit für Investitionen aller Art erkennen werden.

Uns allen bleibt zu hoffen, daß dies rasch geschehen möge, denn die große Masse der Menschen braucht eine neue Perspektive und die Möglichkeit, durch Arbeit Lohn und Brot zu verdienen. Die Bezahlung wird dann jedoch in realen, stabilem Geld mit Wertaufbewahrungsfunktion geschehen.

Nicht genug Gold und Silber zur Deckung des Geldes?

Es ist ein berühmter Mythos: Der Gold- und Silberstandard könne nicht funktionieren, da es zu wenig Gold und Silber auf der Welt gäbe. Diese Annahme ist schlichtweg falsch. Es hängt von der Bewertung des Goldes und Silbers ab und nicht von seiner Menge. Niemals in der Geschichte scheiterte der Gold-, Silber- bzw. Bimetallstandard durch die geringe Menge an Edelmetall.
Beispielhaft möchte ich hier den 1717 durch Sir Isaac Newton (ja, der Physiker Isaac Newton!) begründeten Goldstandard des britischen Empire anführen. Dieses System hielt mehr als 150 Jahre, bis er durch Geldverschlechterung (= durch unedles Metall) verwässert wurde und auf diese Weise faktisch endete und vom Papierstandard abgelöst wurde. Mit der Geldverschlechterung begann der Abstieg des britischen Empire, dessen Grundstein für seinen unglaublichen ökonomischen und geographischen Aufstiegs sein Goldstandard gewesen war. Dieser Goldstandard beruhte auf einem Goldschatz, der weniger als 250 Tonnen umfaßte!

Ein weiterer direkter Zusammenhang zwischen der Wirtschaftskraft, dem Wohlstand eines Landes und dessen Geldsystem, wird am Beispiel des Römischen Reiches deutlich. Auch der Abstieg der einstigen Weltmacht Rom begann mit der erst schleichenden, dann rapiden **Verschlechterung des Geldes** (Gold, vor allem aber Silber) **auf zweierlei Weise**. Zum einen geschah dies durch die **Verringerung des Münzgewichts**, und zum anderen durch die **Verwässerung des Feingehalts des edlen Metalls**.

Vor dem Untergang des Weströmischen Reiches bestand das „Geld" praktisch aus Schlacke – aus metallischen Abfallstoffen. Wann immer ein Reich begann, sein Geld zu entwerten, begann sein wirtschaftlicher, kultureller und gesellschaftlicher Abstieg. Die Gebieter über das Geldsystem – die Staatskasse des Kaisers – bereicherte sich an dem Betrug der Geldentwertung, das Volk trug die Lasten in Form des Kaufkraftverlustes des Geldes – und zuletzt alle aus der Verarmung resultierenden Folgen.

Die militärische Macht Roms während der Republik und am Beginn der Kaiserzeit gründete sich auf der hohen Qualität seines Geldes. Neben der Wirtschaft blühten Kultur, Wirtschaft und Handel auf. Der Reichtum spiegelte sich auch in der Ausrüstung und Bewaffnung der Truppen wider, die damals ausschließlich aus römischen Bürgern bestanden. Die Truppen trugen stählerne Brustpan-zer, Schilde, Beinschienen und Helme.
Gegen Ende der Kaiserzeit, unmittelbar vor dem Untergang des Weströmischen Reiches – das Oströmische Reich hatte sich zuvor unter der Leitung von Byzanz (= Konstantinopel) abgespalten – bestand die Armee von West-Rom aus einem Vielvölker-Söldnerheer. Söldner kämpfen nicht für Freiheit und Heimat. Sie kämpfen für Geld und Besitz. Ihre Motivation war also aufgrund des schlechten Geldes noch geringer.

Die Materialien der Bewaffnung der Truppen – 400 Jahre nach dem Höhepunkt des Imperiums – bestand vornehmlich aus bronzenen Helmen und ledernen Brustpanzern mit geringerer Schutzwirkung. Die Grenzen des Reiches wurden immer weiter zurückgedrängt und von anderen Völkern überrannt, die selbst vor dem Vormarsch der Hunnen unter Attila west- und südwärts flohen – die sogenannte Völkerwanderung. Im Jahre 410 n. Chr. wurde die einst stolze Stadt Rom von den Westgoten überrannt und geplündert.

In den Jahren 475 – 476 n.Chr. wurde West-Rom von einem Kind regiert: Romulus Augustus, den man spöttisch Augustulus nannte. Augustus = „der Erhabene"; Augustulus = „Kaiserlein". Der Staat hatte durch die Unterdrückung und Ausplünderung seines Volkes durch einen aufgeblähten und dekadenten Herrscher- und Behördenapparat jedes Ansehen, jede Legitimität und Autorität im Volk verloren.

Der letztliche Untergang des Staates kam in den Augen der Bevölkerung einer Befreiung von der Repression der Behörden gleich. Das Oströmische Reich unter Führung Konstantinopels blieb bei einem Geldsystem aus Gold und Silber. So erlebte es nun seinerseits einen beispiellosen Aufstieg. Chronisten berichten über die sagenhafte Ausdehnung und den Reichtum und Wohlstand der Stadt und seiner Bewohner.

Sein Glanz währte so lange, bis auch Ost-Rom begann, sein Geld zu verschlechtern, das damit wie alle Imperien zuvor und seitdem seinen Untergang besiegelte. Insgesamt überdauerte das Byzantinische Reich das Weströmische Reich um 1.000 Jahre. Am 29. Mai 1453 wurde Konstantinopel von den Osmanen unter Sultan Mehmed II. eingenommen. Heute heißt die Stadt Istanbul.

Ausblick in eine mögliche Zukunft

Es ist wahrscheinlich, daß nach dem Ende des Papiergeldsystems versucht werden wird, einen neuen Geldbetrug in Form eines „virtuellen" oder „digitalen" Goldstandard zu etablieren. Die Geheimniskrämerei der Zentralbanken stimmt skeptisch, ob deren Goldbestände überhaupt noch vorhanden sind oder tatsächlich nur aus „Goldforderungen" auf Papier in den Bilanzen existieren, die im Ernstfall des Weltfinanzkollaps unter keinen Umständen einbringlich sein werden. Warum weigern sich die Zentralbanken so vehement, die angeblich verwahrten Goldbestände überprüfen zu lassen und an die Völker auszuliefern, für die sie verwahrt werden?

Immer mehr Insider behaupten, das Gold sei verkauft und verleast wurden, um den Goldpreis künstlich zu drücken. Mit einer ordentlichen Überprüfung des Goldes auf Vorhandensein, Echtheit und Reinheit wäre die Behauptung leicht aus der Welt zu schaffen. Warum also wird nicht einfach eine Überprüfung durchgeführt? Schlußfolgerung: Die als „Verschwörungstheorien" diffamierten Behauptungen erweisen sich später häufig als wahr.

„**Verschwörungstheorie**" ist solch ein wunderbares Unwort und Totschlagargument, das gern von Personen ins Gespräch gebracht wird, die zu faul zum eigenständigen, kritischen und differenzierten Informieren und Nachdenken sind. Lieber wird die „offizielle Verlautbarung" eines Sachverhaltes als eigene Meinung übernommen. Das erspart den lästigen Gebrauch des eigenen Verstandes und verspricht maximalen Schaden, sobald die Realität nicht mehr ignoriert werden kann und die betreffende Person mit den persönlichen Konsequenzen konfrontiert wird.

„Wenn du es nicht für nötig hältst, dich mit der Realität zu beschäftigen, wird sich die Realität mit dir beschäftigen" ist ein Satz, dem ich einem „Verschwörungstheorie"-Papageien gern antworte.

Wie viel ein behaupteter Goldstandard wert ist, wird nur in einem einzigen Punkt offenkundig: die Banknoten müssen zu 100% in physisches Gold bzw. Silber konvertierbar sind. Das bedeutet, daß jede Bank in der Lage sein muß, dem Inhaber einer beliebigen Banknote gegen Vorlage den darauf bezeichneten Wert in physischem Gold / Silber auszuzahlen.

Einem „digitalen" Edelmetallstandard würde ich ebensowenig vertrauen wie der Glaubwürdigkeit von Personen, die ihn mir „garantieren". Wie wir gesehen haben, ist ein Gold-/Silber- oder Bimetallstandard nicht abhängig von der Menge des Metalls, sondern davon, wie hoch dieses Metall bewertet wird.

Einen „teilgedeckten" Edelmetallstandard gab es noch nie und wird es auch real niemals geben.

Warum ist das nicht möglich?

Bei einer „Teildeckung der Währung" von 10% Gold bedeutet das beispielsweise nichts anderes, als daß das Gold in einem solchen System noch immer 90% unterbewertet ist – vorausgesetzt die Edelmetalle existieren überhaupt. Und dies ist nur dann bewiesen, wenn die Banknoten jederzeit gegen physisches Gold und Silber eingelöst werden können.

Wie Enteignung durch Deflation stattfindet

Der Wert von Anlagen und Konsumgütern, die zuvor durch ungehemmte Kreditvergabe künstlich hochgetrieben wurden – oft jahrzehntelang, wie Immos oder Autos, stehen vor einem rasanten Preiseinbruch, da die Kreditvergabe nun von den bankrotten Banken verknappt wird und/oder sich die Verbraucher durch eine verschärfende wirtschaftliche Lage (Arbeitslosigkeit, Reallohnverlust) keine neuen Kredite und oft nicht einmal mehr die Zinszahlungen leisten können. In diesen Märkten findet eine Deflation statt. Die Anlagen verlieren an Wert.

Beachten Sie die vorangegangenen Entwicklungen auf den Immobilienmärkten in den USA, in Spanien und Irland als warnende Beispiele. Ähnliche Einbrüche sind überall dort zu erwarten, wo Investitionsgüter vornehmlich durch Kredite finanziert wurden, die durch eine sich verschlechternde Konjunktur und / oder steigende Kreditzinsen faul werden und nicht einmal mehr die Zinsen dafür bedient, geschweige denn der Kredit zurückgezahlt werden kann. Letzten Endes ist die Höhe vieler Hypotheken – also die Schulden – höher als der eigentliche Wert des Hauses.

In Spanien weigert sich das Schlosserhandwerk, die Polizei bei der Zwangsräumung von Häusern zu unterstützen. Das ist ein Vorbild für die Solidarität eines Volkes, das den Gewalthabern nicht mehr behilflich ist, Landsleute zu plündern, nur weil sie (im Moment) nicht selbst davon betroffen sind. Wann schließt sich auch die Polizei in anderen Staaten dem Boykott an, gegen unbescholtene Bürger vorzugehen?
Link derstandard.at: http://tinyurl.com/alke8km

Ähnlich bei Aktien: Künstlich gestützte Aktienmärkte sollen eine robuste Wirtschaft vortäuschen und Anleger anlocken. Sind alle eingestiegen, werden die Stützungen des Marktes eingestellt und die Kurse brechen ein. Beachten Sie als Beispiel die Internetblase 19999 / 2000. Es funktioniert immer auf dieselbe Weise. Wer das System steuert, weiß schon vorher, was passiert, und profitiert davon, weil er – wie in diesem Beispiel – dann etwa gegen Aktien wettet. So findet Umverteilung von Vermögen statt.

Wollen Sie Ihre Ersparnisse retten, dann müssen Sie Ihr Vermögen außerhalb des Bankensystems aufbewahren, solange noch Zeit dazu ist.

Mit dem Kollaps des Euro und fortfolgend des Dollar und aller anderen Währungen wird dafür keine Zeit mehr sein. Die einzige Möglichkeit, Ersparnisse außerhalb des Bankensystems zu bewahren, ist physisch erworbenes und privat – nicht in Schließfächern – gelagertes Gold und Silber.

Es ist nur dann wirklich Ihr Eigentum, wenn Sie jederzeit, also auch an Sonn-, Feier- und Bankfeiertagen Zugriff auf Ihre Ersparnisse haben.

Was Inflation in Wirklichkeit bedeutet

Zuerst ist es unbedingt erforderlich, den Begriff Inflation einmal genau zu definieren, da er nämlich wie alle anderen Schlagworte in Politik, Wirtschaft und Medien völlig verdreht wird. Inflation ist stets ein rein monetäres Phänomen.

Inflation bedeutet die Aufblähung der Geldmenge, die Erschaffung von immer mehr neuem „Geld", durch die die Kaufkraft der bereits existierenden immer mehr abnimmt. Das „Geld" wird immer wertloser. Diese Entwertung der Kaufkraft macht sich bemerkbar in der Teuerung von Waren, z.B. Lebensmitteln. Bei dieser Teuerung handelt es sich nicht um Inflation, so wie es heute von Politik, Wirtschaft und Medien ständig behauptet und dargestellt wird. Sondern die Teuerung ist eine Folge der Inflation, also der Entwertung der Kaufkraft durch die Erzeugung von immer „Geld", das immer wertloser wird, je mehr davon ohne Gegenwert und Gegenleistung aus dem Nichts erschaffen wird.

Inflation führt zur Vernichtung der Ersparnisse durch Geldentwertung. Sie ist Diebstahl von Vermögen durch die Zentralbanken, die diese Gelder aus dem Nichts erzeugen, und der Banken, die es durch Kreditvergabe leistungslos vermehren. Am Ende steht der finanzielle Ruin der Gesellschaft, der darüberhinaus die Grundlage bereitet für Neid, Haß, Mißtrauen, Gewalt – kurz: die Zivilisation bricht zusammen. Inflation ist somit ein Verbrechen an der menschlichen Gesellschaft und an den Völkern an sich.

Wie Enteignung durch Inflation stattfindet

Durch Inflation werden alle Verbraucher erst schleichend, dann immer schneller enteignet, die dazu gezwungen sind, ihre Lebenshaltungskosten auf Lohn- und Gehaltsgrundlage der staatlich manipulierten Inflationsstatistiken bestreiten zu müssen.

Die Erstellung der Statistik erfolgt anhand eines fiktiven „Warenkorbes", der die prozentuale Entwicklung der Preise verschiedener Waren und Dienstleistungen zusammenfaßt. Dabei wird die Gewichtung so vorgenommen, daß im Preis steigende Waren anteilig reduziert, und dafür Waren mit sinkenden Preisen einen höheren Anteil einnehmen, um die Inflationszahl möglichst niedrig zu halten. Die von den Gewerkschaften tariflich "erstrittenen" Löhne und Gehälter orientieren sich an diesen „aufgehübschten" Inflationsstatistiken – sollen sie doch einen Lohnausgleich und Abfederung der Inflation darstellen. In Wirklichkeit sorgen sie für einen permanenten **Reallohnverlust** und damit einen substanziellen Verlust von Kaufkraft für die Arbeitenden. Ein Austritt aus den Gewerkschaften erscheint heute für immer mehr Mitglieder als folgerichtige Konsequenz.

Da wir heute von einer realen Inflationsquote von **mindestens 10%**, aber eher mehr ausgehen müssen, bedeutet eine Lohnerhöhung von 2% einen jährlichen **realen Kaufkraftverlust von mindestens 8%**!

Hinzu kommt, daß auch die Nahrungsmittelmultis den politischen Freibrief zum Betrug im Rah-men der "Freigabe der EU-Verpackungsgrößenverordnung" erhalten haben. Auch wenn die Preise teilweise zumindest für eine gewisse Zeit konstant gehalten werden, ist es heute gängige Praxis, die Packungen mit 10 bis 50% weniger Inhalt auszustatten. Man ändert kurzerhand die Mengenordnung, so daß der Verbraucher die Preise nur noch mit Mühe vergleichen kann. Packungen enthalten weniger Inhalt, der zudem aus immer schlechterer Qualität besteht, weil an allem gespart wird. Am Verfall der Qualität wird der Verfall der Wirtschaft deutlich.

Dieses Phänomen ist allen industriell hergestellten Gütern erkennbar: Haushaltsgegenstände, Elektronikartikel, Gegenstände des täglichen Bedarfs, Schuhe, Kraftfahrzeuge und deren Zubehör, und nicht zuletzt bei Lebensmitteln, um nur einige wenige zu nennen. Um die Preise für die Waren vermeintlich stabil zu halten, aber im Umfeld steigender Rohstoffpreise dennoch Gewinne zu erzielen, sind viele Konzerne verstärkt dazu übergegangen, die Qualität der von ihr verwendeten Materialien abzusenken. Aus diesem Grund ist eine stetige Verminderung der allgemeinen Qualität der Waren seit Jahren erkennbar.

Oft entspricht ihre Lebensdauer geradeso noch der Garantiezeit. Für den Verbraucher bedeutet das, daß er in immer kürzer werdenden Abständen gezwungen wird, diese Waren zu ersetzen – also neu zu kaufen, was natürlich eine stetige Einkommensquelle für die Hersteller bedeutet und somit eine Dauersubvention, die der Bürger ohne Umweg über den Staat direkt an die Industrie und den Handel zahlt. Der Kauf von Qualitätswaren lohnt also in jedem Fall!

Wenn eine Wirtschaft nicht mehr bestrebt ist, qualitativ hochwertige Produkte herzustellen, weil sie an Billigprodukten höhere Profite erzielen kann, dann kann es sich auch nicht mehr um eine gesunde und starke Wirtschaft handeln, deren Waren eine hohen Wert für ihre Käufer darstellen. Es handelt sich vielmehr um eine moralisch und qualitativ degenerierte Wirtschaft, die bis zu dem Tag verfällt, an dem sie beginnt, umzudenken und um 180° umzusteuern – oder vollends kollabiert.

Besonders bedenklich ist die Verschlechterung der Lebensmittelqualität. „Unser täglich Gift", titelte kürzlich die Zeitung „Die Welt". Natürliche Rohstoffe werden durch Laborerzeugnisse ersetzt, wie künstliche „natürliche Aromen", Konservierungsstoffe, „Analogkäse", „Kunstfleisch" und unzählige weitere unbekannte chemische Zusätze. In vielen Joghurts sind keine echten Erdbeeren mehr enthalten, sondern Sägespäne mit Erdbeeraroma.

Den Geschmacksknospen der Verbraucher wird vorgetäuscht, es seien echte Früchte drin, aber letztlich besteht das gesamte Gemisch nur noch aus dem Inventar eines Chemielabors. Seine Inhaltsstoffe machen nicht nur abhängig, sondern auch krank, denn der Körper kann sie weder verwerten, noch ohne Hilfe wieder ausscheiden. Ein auf dieses **„Junk-Food" (wörtlich: „Müll-Essen")** konditionierter Konsument weiß nicht mehr, wie echte Lebensmittel schmecken und hält den chemischen Ersatz sogar für natürlicher und besser.

Die Politik greift nicht ein, um die Ver-braucher zu schützen, denn ihr ist selbst an den vermeintlich „günstigen" Preise der minderwertigen Produkte gelegen, denn diese helfen ihr wiederum bei der Erstellung ihrer Statistiken, um der Bevölkerung zu zeigen: „Was habt ihr denn? Wir haben doch gar keine Inflation!". Das Schema begegnet uns immer wieder: Politik und Industrie bilden ein Kartell, die gemeinsam andere Interessen vertreten als die das Volkes. Machen Sie es sich deshalb zur Gewohnheit, wieder Wert auf Qualität zu legen, und das sowohl bei Gebrauchsgegenständen als auch bei Ihren Lebensmitteln!

Im Umkehrschluß läuft es in vielen Fällen darauf hinaus, Produkte aus kleinen und mittleren Handwerksbetrieben zu bevorzugen und damit zugleich die regionale Wirtschaft zu stärken. **Friedrich der Große** (1712 – 1786) schrieb einmal an der Universität von Potsdam eine Frage zur Studie aus, ob es sich lohne, sein Volk zu betrügen. Diese Frage sollte heute von Politikern dringend einmal entstaubt werden. Steuert die Politik nicht radikal um, wird das Volk diese Frage zuletzt selbst beantworten, und zwar auf eine Weise, die den Politikern nicht gefallen wird.

<u>Währungsreform</u>

Nachdem Ihnen die Wirkungsweise eines Schuldgeldsystems mittlerweile vertraut ist, fällt auch die Einordnung der Bedeutung von Währungsreformen nicht mehr schwer. Den Guthaben stehen Schulden gegenüber. Was muß man also tun, um sich der Schulden zu entledigen, diese also zu entwerten? Richtig. Die gegenüberstehenden Guthaben müssen parallel dazu entwertet werden.

Welche Institutionen sind rettungslos überschuldet? Es sind die staatlichen Institutionen: Staaten, Bundesstaaten, Bundesländer, Städte, Gemeinden, aber auch Großbanken und Großkonzerne. In wessen Händen befinden sich noch Guthaben? Sparer, Pensionskassen, Lebensversicherungen, Rentenversicherungen, und indirekt Immobilienbesitzer. Über eine Währungsreform entscheidet selbstverständlich nicht das Volk, sondern stets die Machthaber des Geldes: Zentralbanken und Politik. Ist das nicht demokratisch? Wo, meinen Sie, wird ein staatlicher Schuldner nun also Geld besorgen, wenn ihm niemand sonst mehr Geld leiht, um seine Schulden zu reduzieren? Natürlich, bei den Besitzern von Guthaben innerhalb seiner bankrotten Währung. Eine neue Währung mit neuem Namen, aber unter demselben Verschuldungsprinzip wird entwickelt, um die Praxis der Verschuldung beizubehalten, denn die Politik mag doch nicht plötzlich mit verantwortungsvollem Haushalten beginnen, oder?

Bei finanziell zerrütteten Währungen, beispielsweise nach Stark- oder Hyperinflationen, werden üblicherweise ein paar Nullen gestrichen. Sehen Sie, wie sich Schulden- und Guthabenseite dabei gegenseitig entwerten? Das Maß der Entwertung legen natürlich die Zentralbanken fest. Das böse Erwachen für die Besitzer der Guthaben beginnt dann, wenn sie den Kaufkraftverlust der neuen Währung bemerken.

Eine neue Währung macht noch lange keinen finanziell gesunden aus einem finanziell und wirt-schaftlich ruinösen Staat.

Fährt die politische Kaste mit derselben Ausgabenpolitik fort, die zur Zerrüttung der alten Währung geführt hat, dann beginnt der Verschuldungszyklus auf's Neue, und das Volk bemerkt den Wertverlust der neuen Währung schnell an ihrer fallenden Kaufkraft. Bei der Einführung des „Euro" handelte es sich also keineswegs um eine reine Währungsumstellung, sondern tatsächlich um eine klassische Währungsreform.

Währungsreform ist ein euphemistischer (= beschönigender) Begriff für finanzielle Enteignung der Guthabenbesitzer zugunsten der Schuldner.

Gehen wir für die Rückabwicklung des „Euro" hin zu einer „neuen D-Mark" aus – nein, freuen Sie sich nicht zu früh! - und einem Umtauschverhältnis Euro : neue D-Mark 1:1, **so ist der Ausgangswert der „neuen D-Mark" ein zu diesem Zeitpunkt gecrashter Euro, der „europäische Traum" - ein Alptraum für die europäischen Völker – der Gewalthaber wird erst mit dem Euro final untergehen.**

Die Banken werden alle euronotierten Anlagen abschreiben müssen, und parallel dazu auch die Ersparnisse der Kunden – wie bei der Besteuerung handelt es sich auch bei einer Währungsreform um eine Art des legalisierten Raubes, bei der sich Politik und Konzerne auf Kosten der Steuerzahler zu entschulden versuchen.

Der Zyklus der Enteignung wird erst mit dem Ende des Schuldgeldsystems ebenfalls sein Ende finden. Wie lange Sie von Regierungen und Zentralbanken belogen und ausgeraubt werden, indem Sie das alte Spiel (Papiergeld) unter neuem Namen („Goldmark" o.ä.) mitspielen, entscheiden allein Sie. Wenn die geplante neue deutsche Währung ebenfalls durch Verschuldung des Staates bei der „Bundesbank" geschöpft wird, und die Währungszettel nicht zu 100% in Gold einlösbar sind, dann ist die „Goldmark" allenfalls ein hochwertiges Bonbonpapier.

Staatliche Statistiklügen – und was sie für Ihre Ersparnisse bedeuten

Bei der Berechnung der **realen Rendite** einer Investition wird offensichtlich, daß die staatlichen Statistiken (z.B. Arbeitslose, Inflation) keinerlei aussagekräftige und glaubwürdige Werte vermitteln. Beinahe scheint es, als hätten sie den Zweck, um das Bild einer „heilen Welt" zu erwecken. Gefälschte Inflationsstatistiken sollen die Inflation niedrig und für die Politik beherrschbar aussehen lassen und sind ein beliebtes Mittel, die Arbeitenden bei Lohnabschlüssen zu betrügen, da sich die Tarifabschlüsse nicht an der tatsächlichen Inflation orientieren.

Als Berechnungsgrundlage werden die Daten "gemanagter Warenkörbe" herangezogen, die unter anderem auch Unterhaltungselektronik und ausländische Ferienimmobilien enthalten. Sarkastisch ausgedrückt: Dinge, die jeder ständig konsumiert. Gern werden mittlerweile auch solch subjektive Parameter wie der technologische Fortschritt eingepreist, etwa bei Elektronikartikeln.

Wenn Sie sich also fragen, warum in Ihrem Land eine offizielle Inflation von 3% gemeldet wird, wo sich doch die Preise für Benzin, Heizöl, Diesel, Strom, Lebensmittel, ja sogar Behördengebühren im Vergleich zum Vorjahr um 10% und mehr erhöht haben, dann wissen Sie ab sofort: Der „Warenkorbanteil" für preislich kollabierende spanische Ferienhäuser wurde höhergewichtet, um die Preissteigerungsraten von lebensnotwendigen Gütern niedriger aussehen zu lassen und den Menschen weiterhin eine stabile Währung zu suggerieren. So büßen Arbeiter und Angestellte in einem zunächst schleichenden, sich dann beschleunigenden Prozeß immer mehr an realer Kaufkraft ein, die ihnen auf Grundlage von verkehrten Statistiken und sich daran anlehnenden Lohnerhöhungen gestohlen wird.

Eine grobe Formel, um die reale Inflation selbst einzuschätzen:

Geldmengenausweitung minus Wirtschaftswachstum = reale Inflation.
Natürlich kann es sich hierbei nur um eine grobe Schätzung handeln, die auf den jeweils „offiziell" verlautbarten Zahlen beruht.

Viel aussagekräftiger ist ein Vergleich der Preisveränderungen für lebensnotwendige Güter innerhalb eines bestimmten monatlichen, halbjährlichen und jährlichen Zeitraums. Insbesondere die Preissteigerungen für Lebensmittel, Strom, Brenn- und Heizmaterialien decken die reale Geldentwertung für jeden Konsumenten rückhaltlos auf. Wenn Sie also die derzeitige reale Geldentwertung in Ihrem Land feststellen wollen, dann sollten Sie die Kassenbelege für Ihre Lebensmittel sammeln und im monatlichen, halbjährlichen oder jährlichen Ryhthmus vergleichen.

Die Nullzinspolitik der Zentralbanken hat nun dafür gesorgt, daß all das viele künstlich erzeugte billige, da fast zinslose Geld in die "Rettung" bankrotter Banken flossen, von dort auf der Suche nach Rendite in die Anleihe- und Aktienmärkte drängten und nun dort spekulative Blasen gebildet haben, die heute bis zum Platzen gefüllt sind. Mittels der Anleihen finanzieren defizitäre Staaten, die finanziell am Abgrund stehen, ihre Haushalte und ihren „Sozialstaat", während mit den steigenden Aktienmärkten auf Pump eine Illusion der Wirtschaftserholung simuliert und der skeptischen Öffentlichkeit vorgegaukelt wird.

Die Zahlungen für Zins und Tilgung sind bereits heute für die meisten Staaten kaum noch zu erbringen, und das einem Leitzins nahe Null! Mittlerweile sind aber sämtliche Staaten durch „Bankenrettungspakete" und „Konjunkturspritzen" derart hoch verschuldet, daß heute nicht nur die Zahlungsfähigkeit der Staaten offen in Frage gestellt werden, sondern ebenfalls die zugrundeliegenden Währungen vor dem Kollaps stehen. Fehlspekulationen und Mißmanagement wurden von den Regierungen belohnt, indem Gewinne privatisiert (Manager-Boni), aber die Verluste sozialisiert, also den Steuerzahlern aufgebürdet wurden.

Mit Kapitalismus, also Bereinigung und freie Regulierung des Marktes durch Bankrote der Fehlspekulanten, hat das derzeitige Finanzsystem längst nichts mehr zu tun. Die funktionierenden Mechanismen einer freien Marktwirtschaft wurde durch politische Eingriffe (u.a. Subventionen) in eine sozialistische Plan-, Miß- und demnächst sichtbar werdenden Mangelwirtschaft umgewandelt. Nachdem die Wirtschaft ruiniert wurde, ergehen sich dieselben Gruppierungen, die für die Misere verantwortlich sind, in „Kapitalismuskritik", den ihre eigene Politik ausgehebelt hat, und fordern noch mehr Eingriffe und „Regulierungen".

„Die Lüge bedarf der Stütze durch die Staatsgewalt, während die Wahrheit von allein aufrecht stehen kann." – Benjamin Franklin

Das Machtkartell betreibt die gezielte Ausplünderung der Völker unter pseudosozialem Deckmantel. Sie schafft die Armut, für die andere „solidarisch" zahlen sollen, bis am Ende alle gleich verarmt sind. Der vermeintliche Wohlfahrtsstaat entspringt nicht der Menschenfreundlichkeit von Behörden und Politikern, sondern der Vorspiegelung von staatlicher Fürsorge auf niedrigstem Niveau („zum Leben zu wenig, zum Sterben zu viel") zur Kontrolle der Menschen.

Ich bezeichne es auch als Bestechungs- und Schweigegeld, damit die Unterklasse die Füße stillhält und den Herrschenden nicht auf's Dach steigt.

Es ist ein **Zwangsalimentierungssystem**, das langfristig ein Volk von wirtschaftlich und finanziell Abhängigen erschafft, die aufgrund ihrer Abhängigkeit leicht beeinfluß- und kontrollierbar sind. Die nächste Blase wird die Mutter aller Blasen sein – das sind die Staatsanleihen und Papiergelder selbst. Die Zentralbanken haben die Zinsen auf nahe Null gesenkt und die Märkte mit billigem Geld geflutet, um ein Zusammenbrechen zu verhindern, haben den Zerfall damit aber lediglich verzögert, und durch „Rettungspakete" wird der Fall umso tiefer und schmerzhafter werden, weil durch die erhöhten Schulden die Vermögensverluste noch viel gewaltiger ausfallen werden.

Noch krasser sichtbar wird die Manipulation der Arbeitslosenstatistiken, in die Arbeitslose unter 25 und über 55 Jahren, 1-Euro-Jobber, krankgemeldete und sich in Weiterbildungsmaßnahmen befindliche Arbeitslose erst gar nicht eingerechnet werden. Hinzu kommt noch die unbedeutende Menge von 9 Millionen HartzIV- und Sozialhilfeempfänger. Ergibt eine Arbeitslosenzahl von unter 4 Millionen! Da staunt der Experte, und der Laie wundert sich. Willkommen in Absurdistan!

Die Illusion eines „Einlagensicherungsfonds"

Kein Sparer sollte einem Einlagensicherungsfonds vertrauen, viel weniger noch den Privatversprechen von Einzelpersonen oder Parteivorsitzenden, denn im Falle eines Dominoeffekts an Bankenzusammenbrüchen wird den Sparern im besten Fall „in gewissem Umfang" ihr Erspartes „garantiert". Muß garantiert werden, was sicher ist? Selbst das Nachrichten-Magazin „Focus" entlarvt den Einlagensicherungsfonds als Farce.
Link focus.de: http://tinyurl.com/7dbccda

Die Absicht der vermeintlichen Rettungen ist nicht etwa die Rettung der Ersparnisse vor dem Bankenkollaps, der unweigerlich eintreten wird, wenn die Kunden in Panik ihre Ersparnisse von den Banken abziehen (= Bankrun), sondern das Hinauszögern des Bankenkollaps zum vorübergehenden Machterhalt des Kartells aus Politik und Banken.

Die Kundenersparnisse wurden an bankrotte Staaten und Unternehmen als Kredite verliehen und dort längst verkonsumiert. Die Gelder sind in Wirklichkeit längst weg – vergeben als Kredite, die niemals zurückgezahlt werden. Man hat sich nur noch nicht getraut, es den Sparern und Steuerzahlern zu sagen, damit der Vermögensraub parallel zur Bevormundung der Menschen noch ein wenig weitergeführt werden kann.

Der allein aus mathematischer Sicht unvermeidliche Kollaps des Finanzsystems wird eine Befreiung der Völker von **Parteien- und Finanzdiktatur**, von **Behördenterror und orwellscher Überwachungsstaat** bedeuten, auch wenn die auf Verschuldung gegründete globale Industriegesellschaft dabei zugleich eingeäschert werden wird.

Nicht ohne Grund haben die Wohltäter aus Brüssel im „Lissabon-Vertrag" explizit Schießbefehl bei den zu erwartenden Aufständen und Generalstreiks, sowie die Todesstrafe für „Rädelsführer" vorgesehen, sollte es jemand wagen, dem „Friedensnobelpreisträger" ohne demokratische Legitimation die Stirn zu bieten. Willkommen im neuen Faschismus. Adorno hatte wohl recht.

Die Weltwirtschaft steht unmittelbar vor einer Vollbremsung – und die Menschen vor dem Überdenken ihres bisherigen Lebensstiles. Die Zeichen stehen in jedem Fall auf einer wesentlichen Entschleunigung. Die Zeit ist reif dafür, die Verwaltung Ihrer Ersparnisse wieder in Ihre eigenen Hände zu nehmen! Immanuel Kant prägte einmal den Ausspruch: **„Sapere aude"** - **„Habe den Mut, dich deines eigenen Verstandes zu gebrauchen!"**

Die grundlegende Beherzigung dieses Ratschlages ist heute notwendiger als jemals zuvor.

Kapitel 1

Die Anlageklassen

Die Grundlage für den Erfolg einer Vermögensanlage besteht im Verständnis, worum es bei der Art der Investition überhaupt geht.

Wie funktioniert die betreffende Anlageform?

Worauf basiert das Geschäftskonzept?

Worauf lasse ich mich ein?

Welche Risiken trage ich als Anleger, und worin liegen meine Chancen, von der Anlage zu profitieren?

Um Ihnen ein Basiswissen im Bereich der Kapitalanlage zu vermitteln und Ihnen dabei zu helfen, Ihr eigener Vermögensberater zu werden, habe ich eine kurze und leicht verständliche Zusammenfassung zu den wichtigsten Anlageklassen erstellt, die ich *„Investorenschule"* nenne.

Vielen Anlagen liegt ein Finanzierungskonzept zugrunde. Als Anleger und Investor treten SIE dabei als Geldgeber auf, der sein Geld etwa dem Herausgeber eines börsennotierten Anteilsscheins – auch „Emittent" genannt – leiht, damit dieser seine Geschäftsideen, Projekte oder sonstige Ausgaben finanzieren kann.

Anleger sind also häufig Kreditgeber. Anlagebeispiele dafür sind unter anderen Schiffsfonds, Anleihen, oder Aktien. Als Käufer von Anleihen leihen Sie beispielsweise dem Emittenten eines solchen Papiers Geld, indem Sie seine Schulden kaufen und dafür als Kompensation (Gegenleistung) und Risikoprämie einen bestimmten Zins erhalten.

Ähnliches trifft auf Käufer von Aktien zu. Falls das Unternehmen einen Gewinn erzielt und an seine Anteilseigentümer ausschüttet, erhalten Sie Ihren Gewinnanteil in Form einer Dividende.

Aber lassen Sie uns nun in die Materie eintauchen und unsere *Investorenschule* beginnen:

A) Bargeld und Kontogeld (Sicht- und Termineinlagen)

Bargeld ist die übliche Form des Geldes, die zur Bezahlung von Gütern und Dienstleistungen aller Art verwendet wird. Wird Geld auf dem Konto einer Bank verwahrt, von dem aus es täglich verfügbar ist, dann bezeichnet man es als **Sichteinlage**, die in elektronischer Form als digitale Kontonotiz vorliegt.

Deponieren Sie Geld auf dem Konto einer Bank, dann räumen Sie ihr damit einen formlosen Kredit ein. Das Geld gehört Ihnen dann nicht mehr, sondern Sie halten von nun an lediglich eine Geldforderung gegenüber der Bank. Die Bank „arbeitet" mit diesem Geld, indem sie es beispielsweise zu einem höherem Zins als Kredit verleiht, als sie Ihnen zahlt, um damit einen Gewinn zu erwirtschaften – oder sie zockt damit hoch gehebelt im globalen Finanzcasino.

Die Bank ist bei Sichteinlagen verpflichtet, das Geld täglich zur Verfügung des Kunden bereitzuhalten. Ein Indiz dafür ist ihre **geringe Verzinsung**, da die Bank diese Gelder nicht längerfristig verleihen darf, um dem Kunden den täglichen Zugriff darauf zu ermöglichen.

Typische Konten für Sichteinlagen sind das **Giro- oder Kontokorrentkonto**.

Sobald eine Bank damit beginnt, Abhebebeschränkungen für diese Konten zu erlassen, ist das ein sicheres Zeichen dafür, daß sie Probleme bei der Beschaffung der Gelder hat, und das Geld offenbar doch längerfristig zur Erzielung eines höheren Zins verliehen wurde.

Aus versicherungstechnischen Gründen halten die Banken generell relativ wenig Bargeld vor, so daß bei der geplanten Abhebung eines höheren Betrages (z.B. ab 10.000 Euro) diese zuvor bei der Bank angemeldet werden sollte. An diesem Vorgehen ist grundsätzlich nichts auszusetzen.

Beginnt eine Bank jedoch selbst bei mittleren (z.B. 5.000 Euro) oder gar niedrigen Summen, auf eine Voranmeldung der Abhebung zu bestehen, dann verdichtet sich der Hinweis, das offenbar viele Kunden ihr Geld von dieser Bank abziehen. Mehrere Umstände können als Auslöser eines Vertrauensverlust in Frage kommen. Dabei kann es sich um einen Verlust des Vertrauens

a) in die Bank
b) in die Währung
c) in die Politik der Regierung
d) in das Finanzsystem

handeln.

Einen massiven, unkontrollierbaren Abzug von Kapital als Folge einer Anlegerpanik bezeichnet man auch als **Bankrun**. Bankensturm wäre eine treffende Übersetzung dafür. Das Vertrauen der Kunden oder Bürger in die obengenannten Institutionen ist dann so gering, daß sie den Verlust ihrer Ersparnisse durch Entwertung (= Inflation, Ausweitung der Geldmenge, erkennbar am Kaufkraftverlust der Währung), Bankenkollaps, Währungskollaps oder Währungsreform befürchten. Daraufhin angestrengte staatliche Abhebeverbote oder ähnliche Beschränkungen beschleunigen die Ereignisse, die sich dann schnell in eine Panik verwandeln.

Derartige **Zwangsmaßnahmen**, die die Sparer an der Aushändigung ihres Eigentums in Form von Bargeld zu hindern versuchen, sind kein Zeichen der Stärke, sondern der Verzweiflung und der Schwäche der Bank, der Währung, der Regierung oder des gesamten Systems, und zeichnen einen baldigen Kollaps voraus.

Im Jahre 2008 wurde ein solcher Bankrun in Deutschland durch die mündliche „Einlagengarantie" von Merkel und Steinbrück abgeschwächt und noch einmal verhindert. Da die Zusagen anschließend nicht als Gesetz formuliert wurden, kann davon ausgegangen werden, daß es sich dabei um ein in Panik gegebenes Versprechen zweier Privatpersonen gehandelt hat.

Da die Politik also die Werthaltigkeit einer Währung garantiert und im Prinzip synonym dafür steht, wird ein Untergang der Währung auch immer zum Untergang des jeweiligen politischen Systems führen. Hier wird die Abhängigkeit der Politik von dem Geldwesen offensichtlich.

<u>Die Termineinlagen</u>

Als Termineinlagen bezeichnet man Gelder, die mit fest vereinbarter Laufzeit bei einer Bank angelegt werden. Typische Konten für Termineinlagen sind **Sparbrief**, **Sparbuch** (heute oft in Verbindung mit längerer Laufzeit und Kündigungsfrist), **Termin- und Festgeld**. Entscheiden sich Kunden für die Anlage ihrer Ersparnisse als Termineinlage, dann verpflichten sie sich, der Bank die Anlagesumme für einen zuvor festgelegten Zeitraum zu leihen. Üblich sind kurze bis mittlere Laufzeiten von einem Monat bis zu einem Jahr.

Für diesen Zeitraum verpflichtet sich die Bank im Gegenzug zur Zahlung eines ebenfalls zuvor festgelegten Zinses. Kündigt man die Anlagesumme nicht oder zu spät in einem vertraglich festgehaltenen Rahmen, dann wird die Anlage oft automatisch verlängert.

Benötigt der Kunde die Gelder aus welchem Grund auch immer vor Fälligkeit, und die Bank stimmt der Abhebung zu, dann berechnet sie für ihre entgangenen Verluste einen sogenannten Vorschußzins, der individuell ausfallen kann – quasi als Strafzahlung für Nichteinhaltung des Vertrages.

Da Sie nun mittlerweile mit den Prinzipien des Schuldgeldsystems vertraut sind, und auch wissen, daß es sich bei Guthaben um nicht mehr als die buchhalterische Gegenposition der Schulden handelt, liegt die Entscheidung allein bei Ihnen, welchen Anteil Ihrer Ersparnisse Sie auf einem der obengenannten Konten belassen möchten. Es macht Sinn, etwa soviel Geld, wie Sie zur Bestreitung der Lebenshaltungskosten für 3 Monate benötigen, auf einem Giro- oder Kontokorrentkonto (z.B. für Überweisungen), oder auf einem laufzeitlosen Sparbuch (zur schnellen Beschaffung für Bargeld) zu deponieren.

Wer seiner Bank jedoch nicht mehr traut, kann das Geld ebensogut abheben und daheim sicher verwahren. Dann ist es jedoch bei Verlust oder Diebstahl nicht versichert. Wie hoch die Wahrscheinlichkeit eines Vermögensverlust durch die Bank oder durch Diebstahl Dritter ist, muß jeder selbst entscheiden. Auf jeden Fall sind Sie stets so in der Lage, Ihre laufenden Kosten für Miete und Verpflegung zu bezahlen.

Ein Letztes sollte Ihnen nicht verschwiegen werden: je 100 Euro digitalem Kontogeld existieren lediglich 2 Euro in gedruckter Form. Wird nur jeder fünfzigste Euro bar abgehoben, bricht das gesamte System der Verarmung, Entrechtung und Enteignung zusammen.

B) Anleihen (Bonds / Renten / Festverzinsliche)

Was sind Anleihen und wie funktionieren sie?

Anleihen sind Schulden, und Schulden sind das Fundament eines schuldenbasierten Finanzsystems. Betrachten wir die Sachlage doch einmal am Beispiel von Staatsanleihen: Bei Staatsanleihen handelt es sich um Schulden, die die Regierung eines Staates am Kapitalmarkt, in diesem Fall am Bondmarkt (= Markt für Schuldverschreibungen) zum Kauf anbietet. Dieses Angebot wird auch als Platzierung oder Emission bezeichnet.

Die Anleihe wird mit einer zuvor festgelegten Laufzeit und Fälligkeitstag, und einem festen Zinssatz versehen, zu dem die Anleihe angeboten wird. Es gibt Anleihen mit einer Laufzeit von nur einem Jahr, aber auch Anleihen mit Laufzeiten von 10 oder gar 30 Jahren.

Typische Käufer von Staatsanleihen sind Beispielsweise Banken, Versicherungsgesellschaften (privat), Pensionsfonds, auf Anleihen spezialisierte Fonds (= die sogenannten Rentenfonds) oder Hedge Fonds. Neben Privatanlegern investieren oftmals auch Städte, Kommunen und Unternehmen ihre Einnahmen häufig in Staatsanleihen, da diese lange Zeit als sicherste Anlage, gar als mündelsicher galten, das heißt: ohne das geringste Verlustrisiko, dafür mit sicherer Verzinsung und meist geringen Kursschwankungen.

Anleihen werden wie alle Wertpapiere täglich an der Börse gehandelt. Durch verschiedene Marktlagen ergeben sich Kursschwankungen. Der Zins zeigt dabei das von der gesamten Investmentgemeinde angenommene Risiko einer Anleihe an, die sich aus Angebot und Nachfrage des betreffenden Schuldscheins ergibt.
Gilt ein Staat (oder Unternehmen, oder Bank) als wirtschaftlich stark und zahlungskräftig, werden seine Papiere zu geringen Zinsen angeboten und gehandelt, denn es finden sich viele Käufer, denen die Sicherheit ihres Investments besonders wichtig ist. Große Nachfrage signalisiert ein geringes Risiko, das einen geringen Wertverlust der Anlage erwarten läßt.

Nun nehmen wir einmal an, ein Staat gerät in wirtschaftliche Schwierigkeiten. Die Wirtschaft bricht ein, ebenso die Steuereinnahmen, durch die die Zinsen bedient werden. Die Käufer der Anleihen dieses Staates werden nervös und befürchten, daß sie ihren Kapitaleinsatz womöglich teilweise abschreiben, eventuell sogar komplett verlieren könnten.
Erste Großanleger beginnen mit dem Abverkauf der Papiere. Neue Investoren zögern mit dem Kauf aufgrund der prekären Situation. Die Folge: Die Zahl der Verkäufer wächst und mit ihr das Angebot an dem Papier, während die Nachfrage stagniert oder ebenfalls zurückgeht. Aus diesem Grund fällt der Kurs der besagten Schuldverschreibung, und ihr Zins steigt an. Der steigende Zins soll dafür sorgen, daß neue Investoren einen günstige Gelegenheit zum Kauf vermuten.
Gelingt dies, dann stoppt der Kurs seinen Verfall, und ebenso stabilisieren sich die Zinsen. Die heutige Situation stellt sich so dar, daß im Prinzip alle Staaten unrettbar überschuldet sind UND die gesamte Weltwirtschaft vor dem Absturz steht. Anleger, die Schulden von Staaten wie Griechenland, Portugal, Irland, Spanien, Italien oder auch Frankreich gekauft haben, wollen fluchtartig aus ihren Anlagen heraus, um nicht noch mehr Geld zu verlieren. Sie befürchten mittlerweile einen Totalverlust ihrer investierten Summen.

Ein steigendes Angebot von Verkaufswilligen trifft auf keinerlei Nachfrage am Markt. Nun springen die Zentralbanken ein und kaufen die Anleihen des wankenden Staates – alte und neue – in dem Versuch auf, den Kursverfall zu stoppen und die Zinsen zu stabilisieren, um einerseits eine Fortsetzung der Panikflucht von Altinvestoren zu unterbinden, und andererseits neue Investoren anzulocken.

Sie verstoßen dabei permanent gegen ihre eigenen Statuten, die ihnen solche Eingriffe untersagen. Durch die künstlichen Eingriffe wird die Bildung eines fairen Marktpreises unterbunden und so eine notwendige Marktbereinigung verhindert, die sich durch eine freie Preisfindung zwischen Angebot und Nachfrage bilden würde.

In der Realität bedeutet das, daß sich kein Investor mehr zum Kauf für diese Papier findet, jedoch alle Besitzer dieser Papiere verkaufen wollen, da ihr Kurs fällt, während der Zins (= plötzlich nicht mehr als Rendite gesucht, sondern als Risikofaktor erkannt!) explodiert.

Merke: Auch ein Zins von 1000% bei den 2-jährigen griechischen Anleihen war nicht mehr in der Lage, neue Investoren als Käufer zu gewinnen, da nicht nur die Zahlungsfähigkeit des Schuldners generell angezweifelt wird, sondern sogar dessen Währung.

Dasselbe Szenario ist bei allen Staatsschuldverschreibungen zu erwarten, sobald Panik in die Märkte sickert. Auch Deutschland wird dann bankrott sein. Der Staat wird in keinem Fall „gerettet", sondern seine Schuldenlast wird immer größer, und die reale Situation verschlimmert sich von Tag zu Tag. Hinzu kommen die anlaufenden Zinsen, die gehebelt durch den Zinseszinseffekt noch stärker anwachsen. Durch den Eingriff der Zentralbanken, der gern als „Intervention" bezeichnet wird, bei dem es sich aber tatsächlich um eine **Marktmanipulation** handelt – einen künstlichen illegalen Eingriff in einen freien Markt – sorgt dafür, daß die Zentralbank als Investor auftritt, was laut deren eigenen Statuten verboten ist.

Gesetzesbruch über Gesetzesbruch.

Das passiert beispielsweise, sobald eine Zentralbank Staatsanleihen aufkauft, und damit selbst als Investor auftritt. Die Währung, der diese Zentralbank vorsteht, wird quasi mit den Schulden des Staates „gedeckt", dessen Schuldverschreibungen sie aufkauft. Um die Bankrotte insolventer Staaten hinauszuzögern und den Käufer der heute wertlosen Anleihen aus ihren Verlustpositionen herauszuhelfen – Banken, private und staatliche Versicherungen (Rente, Arbeitslosen), Krankenkassen, Fonds usw. - sollen die Totalausfälle also direkt auf die Steuerzahler abgewälzt werden.

„Eurobonds" bedeuten, daß bankrotte Regierungen (z.B. von Griechenland, Spanien, Italien) sich zukünftig zu den geringen Zinssätzen deutscher Anleihen verschulden dürfen, während der Steuerzahler die Vollhaftung dafür übernimmt.

Sind Sie der Meinung, daß eine bankrotte Regierung weniger Schulden machen wird oder diese sogar abbaut, wenn die Kredite dafür billiger werden? Und dennoch geht es bei den kolportierten „Rettungen" von Staaten keineswegs um diese Staaten, schon gar nicht um deren Bürger.

Es geht einzig um die „Rettung" der Banken, die die Schulden dieser Staaten gekauft haben (→ Staatsanleihen). Ist nämlich dieser Staat bankrott, dann erfolgen keine Zinszahlungen auf die von den Banken erworbenen Anleihen mehr, und sie müssen diese in ihren Bilanzen als Totalverlust abschreiben.

Weder die Griechen noch andere Völker sehen von diesen „Rettungspaketen" auch nur einen Cent, sondern sie werden umgehend an die Banken weitertransferiert, und zwar als Zinszahlung für die eigentlichen Pleiteanleihen.

Tritt ein Land aus dem „Euro" aus, oder weigern sich die Steuerzahler, diese „Rettungen" in Form von Steuererhöhungen oder Inflation zu bezahlen, dann stürzt das Kartenhaus der Finanzillusoren in einem kaskadenartigen Dominoeffekt innerhalb kürzester Zeit zusammen. Unter „kürzester Zeit" ist aufgrund der globalen Verfilzung eher innerhalb einer Stunde als innerhalb eines Tages zu verstehen. Auf solch tönernen Füßen steht das Weltfinanzsystem. Es entpuppt sich als Illusion von Wohlstand und Macht.

Mit Anleihen – egal ob der Emittent ein Staat oder Unternehmen ist – kaufen Sie also die Schulden des jeweiligen Emittenten. Halten Sie also Anleihen und Schuldverschreibungen in Zeiten überbordender Staats-, Bank- und Unternehmensschulden für ein sicheres Investment?

Im Jahre 2002 gegen den Willen der Völker eingeführt, ist der Euro bereits 10 Jahre später am Ende, erkennbar am bereits eingesetzten Kaufkraftverfall gegenüber existenziellen Gütern (Lebensmittel, Energie usw.).

Die Bösartigkeit dieses Systems: Regierungen verschulden sich „im Namen und auf Rechnung des Volkes" bei den Banken, um ebendiese Banken zu „retten". Die Banken kassieren den Zins für das aus dem Nichts erzeugte Kreditgeld, das sie zahlungsunfähigen Regierungen geliehen haben, und die Steuerzahler werden dafür in Gesamthaftung genommen. Sie bezahlen es doppelt: Zum einen durch Inflation (= Kaufkraftverlust durch Geldmengenausweitung) und durch Enteignung via Steuern und Abgaben.
Die „Rettungsgelder" werden direkt von den bankrotten Staaten an die bankrotten Banken umgeleitet: Es sind die Zinsen für die faulen Staatsanleihen, die in den Bilanzen der Banken schlummern. Mit den Geldern stützen die Banken wiederum die bankrotten Regierungen durch den Ankauf weiterer Staatsanleihen. Wenn die Banken nicht mehr wollen, springen die Zentral-banken ein und kaufen die Staatsanleihen direkt an. Es handelt sich also um ein klassisches Schneeballsystem und unterstreicht die Behauptung, daß es sich um ein Machtkartell aus Politik und Banken handelt, die sich gegenseitig stützen.

Galten Anleihen gestern noch als mündelsicher, sind sie heute das finanziell Gefährlichste, was ein Anleger im Portfolio haben kann.
<u>Die Schulden werden immer deutlicher sichtbar niemals zurückgezahlt werden, und das war auch niemals die Absicht. Diese bestand darin, die Schulden stets „über-zurollen", also in die Zukunft zu verschieben. Die Wohlstandsillusion, in der wir heute leben, ist ein Wohlstand durch vorgezogenen Konsum auf Pump (siehe auch: Staatsverschuldung), der dafür in der Zukunft ausfällt und zurückgezahlt werden muß. Durch die enorme Menge der Verschuldung wurde dank des Zinseszinseffektes ein Schuldengebirge aufgetürmt, das Schulden unbezahlbar macht und die gegenüberstehenden Guthaben auf Papier auslöschen wird – der Weltbankrott..</u>

Wenn Ihnen die Zusammenhänge begreiflich werden und Sie noch Anleihen besitzen sollten, entweder

a) **direkt** als Position in Ihrem Depot

oder

b) **indirekt**, in Form von Riester, Rürup, Lebens- oder sonstiger Versicherung, dann sollten Sie darüber nachdenken, ob Sie nicht besser aus diesen Positionen aussteigen wollen, bevor bei den ebenfalls investierten Banken, Pensionsfonds, Versicherungen und Hedge-Fonds Verkaufspanik wegen des globalen kaskadenartigen Staaten- und Währungskollaps entsteht. Wenn die Großinvestoren flüchten, wird es für die Kleinanleger kein Entkommen mehr geben, sondern nur noch den Totalverlust. Neben Papiergeld sind Anleihen die größte Finanzblase der Menschheitsgeschichte. In ihnen werden im Crash die Massenvermögen der Sparer vernichtet werden. **Die Enteignung der Bondholder (Halter von Anleihen) wird durch den Crash der Anleihemärkte („Bondcrash") geschehen.**

Achten Sie auf explosionsartig ansteigende Zinsen, die das Platzen der (Staats-)Anleihen-blase ankündigen und der Auslöser des Crashs der 1 Billiarde Dollar-Derivatebombe sein werden. Die meisten dieser „Finanzwetten" sind Zinswetten, die mit den Staatsanleihen der sogenannten G10-Staaten besichert sind, die es allesamt mit in den Abgrund reißen wird.

Steigende Zinsen kündigen als zuverlässigster **Risiko-Indikator** den betreffenden Ausfall des Emittenten an (→ Bankrott, Insolvenz). Zins = Risikofaktor!

Achten Sie vor allem auf einen explosiv steigenden Zins für 10-jährige US-Staatsanleihen als Gradmesser für den bevorstehenden Crash: Kritischer Punkt ist die 3%-Marke!

http://pigbonds.info

C) Aktien

Auch dem Kauf von Aktien stehe ich ablehnend gegenüber. Es handelt sich auch hier um einen Markt, der von billigem Kreditgeld in Billionenhöhe getrieben sind, die von den Zentralbanken hineingepumpt wurden, um eine „Der Wirtschaft geht es gut"-Illusion zu erzeugen. Um bei den Anlegern und Bürgern einen scheinbaren Aufschwung und den Anschein wirtschaftlicher Stabilität vorzutäuschen, werden heute Stützungskäufe für Indizes und Aktienkurse von Großbanken und Zentralbanken vorgenommen, um die Lage der Wirtschaft an den Börsen optimistischer aussehen zu lassen, als sie in Wirklichkeit ist.

Der Skandal über die Manipulation des LIBOR-Zins war der Auftakt bei der Aufdeckung umfassender Marktmanipulation durch Banken und Zentralbanken. Am Ende wird ein Trümmerhaufen vom Weltfinanzsystem und der Verlust seiner gesamten Glaubwürdigkeit übrigbleiben, und das Publikum wird gewahr werden: Es gab keinen einzigen Finanzmarkt, der NICHT manipuliert wurde!

In den USA geschieht dies mittels des sogenannten „Plunge Protection Teams" (PPT) (offizielle Bezeichnung: President's Working Team on Financial Markets). Eines Tages wird auch diese Manipulation zu Ende gehen – nun hoffentlich OHNE SIE! Niemand kann zum jetzigen Zeitpunkt vorhersagen, welche Auswirkungen ein Monstercrash im Anleihe- und Aktienmarkt nach sich ziehen wird. Ganz gewiß werden Börsen und Banken schließen – wann und ob sie wieder öffnen, steht dann in den Sternen.
Vielleicht öffnen sie auch überhaupt nicht mehr – das entspräche meiner eigenen Prognose. Kein Mensch kann das mit seriöser Bestimmtheit prognostizieren.

Aktien gelten als Sondervermögen, fallen also nicht in die Insolvenzmasse einer Bank. Das mag gelten beim Kollaps einer Bank, aber das Szenario, daß alle Staaten und Banken gleichzeitig bankrott gehen – das gab es noch nie. Sobald Regimes in ihrer Verzweiflung damit beginnen, Unternehmen zu „retten" und Industriekonzerne zu „verstaatlichen", sollte mit dem unmittelbar bevorstehenden Kollaps des Weltfinanzsystems und der Weltwirtschaft gerechnet werden. Die Arbeiter retten also als Steuerzahler das Hamsterrad, das mittlerweile offensichtlich ihre Existenzgrundlage geworden ist, auf Pump. Das Geld dafür wird per Staatsverschuldung von den Banken geliehen. Der Zins dafür muß jedoch von den Arbeitern selbst erbracht werden, und der korrupte Staatsapparat treibt es per Besteuerung. So sieht gelebte Wirtschaftskriminalität aus.

Sind Sie der Meinung, daß ein Unternehmen, das bankrott ist und dessen Produkte keine Abnehmer mehr findet, weil seine Käufer ebenfalls bankrott sind, nun besser wirtschaften wird, weil es „verstaatlicht" ist und damit nicht mehr ergebnisorientiert, sondern planwirtschaftlich tätig ist, nur um den Zusammenbruch der vereinigten parasitären Schneeballsysteme noch eine kleine Weile zu verschleppen – um die Macht des Establishment noch ein paar Tage länger zu erhalten?

Viele Großunternehmen verfügen heute über eigene Finanzsparten und sind oft ähnlich verschuldet wie Banken. Diese Finanzsparten unterscheiden sich kaum von Banken und kämpfen demzufolge auch mit denselben Problem wie jene. Maschinen und Anlagen werden heute oftmals verkauft und zurückgeliehen (Leasing / „Sell-Lease-Back"). Selbst die Arbeitskraft und das Fachwissen wird heute in Form von Mitarbeitern oft von Zeitarbeitsfirmen ausgeliehen. Somit stellen die Aktien der meisten Konzerne kaum mehr Sachwerte dar, was jedoch noch immer gebetsmühlenartig verbreitet wird. Hinzu kommt der eingangs angesprochene hohe Fremdverschuldungsgrad, der bei vielen Konzernen anzutreffen ist.

Selten war der Kauf und Besitz von Aktien so riskant wie in dem heutigen Umfeld umfassender Marktmanipulationen. Ich selbst halte keinerlei Aktien oder Fonds, und kann niemandem empfehlen, kurz vor einem unvermeidlichen Finanzsystemkollaps in diesen Markt zu investieren. Diese Märkte sind nur noch wegen massivster „Interventionen" (meint: Marktmanipulationen) und das Einschießen unvorstellbarer Summen am Leben. Man versucht, die Sparer mit Propaganda ist den völlig überhypten Aktienmarkt hineinzulocken und eigene Positionen abzustoßen – so wie vor jedem Crash. Es geht nur mehr um den Erhalt des „schönen Scheins", während sich die realen Bedingungen der Wirtschaft wöchentlich verschlimmern. **Sie leidet an derselben unheilbaren Krankheit wie das Finanzsystem: am lethalen Überschuldungssyndrom.**

Im Kollaps, den ich ausgehend vom Markt für US-amerikanische und deutsche Staatsanleihen als „lender of last resort" übergreifend auf den Aktienmarkt erwarte, werden Massenvermögen vernichtet bzw. die kläglichen Reste womöglich überdies für unabsehbare Zeit eingefroren werden („Börsenschließungen"). So ist es in einem solchen Fall völlig unerheblich, mit welchen Summen oder Prozentpunkten Sie zu diesem Zeitpunkt „im Plus" sein werden. Sie werden die Positionen im Crash einfach nicht mehr verkaufen können, und zwar **vermutlich zu keinem Preis**.

Es ist damit zu rechnen, daß die Panik und das Chaos so groß sein werden, daß ALLES abverkauft wird und die Kurse daraufhin regelrecht abstürzen. Selbst die besten Minenaktien könnten zu einem de facto Totalverlust werden, sollten die Börsen vielleicht für unabsehbare Zeit geschlossen werden, und Sie die Papiere nicht mehr rechtzeitig verkaufen können. Sie kommen dann nicht mehr an Ihr Geld heran! Bitte bedenken Sie dies bei Ihren Vorbereitungen unbedingt! Des weiteren besteht zukünftig die Gefahr von Devisenkontrollen, Beschlag-nahme aufgrund ausgerufener „Notstandsgesetze" desperater Regimes, und sonstigen „Regulierungen".

Auch hat „der Staat" vollen Zugriff auf Ihre gesamten Daten innerhalb des Systems. Bankrotte Regierungen schrecken in ihrer Angst vor Machtverlust ohnehin vor nichts zurück, und deshalb sind auch Wertpapiere keineswegs vor deren illegalen Zugriff sicher. Steuern können erfunden und erhoben werden, oder die Anleger verlieren die Position gleich ganz durch Enteignung. Ein Vorwand findet sich immer: die bösen Krisengewinnler, die bösen Kapitalisten, „die Reichen" ... suchen Sie sich einen aus!

Ich selbst besitze überhaupt keine Aktien, nicht einmal mehr ein Wertpapierdepot. Schon der Gedanke an die Abgeltungssteuer, Finanzmarkttransaktionssteuer, Kapitalertragsteuer und wie die Enteignungsvehikel heute als heißen verderben mir das Interesse an solch einer Investition. Einen Teil der Gewinne, für die allein der Investor das Risiko getragen hat, beansprucht der Staat automatisch für sich – ohne jedes Zutun, ohne jegliche Gegenleistung!

Alle anderen „Finanzprodukte", die auf Zahlungsversprechen Dritter basieren, sind ohnehin völlig uninteressant, und werden es auch bleiben. Versprechen werden gebrochen. Immer und immer wieder. Früher brachten Fürsten und Könige ihre Kreditgeber gern um die Ecke, um sich von der Schuldenlast zu befreien. Diese unfreiwilligen Kreditgeber sind heute die Steuerzahler, die offenbar als reine Geldbeschaffungsmaschinen betrachtet werden, an denen sich jeder nach Belieben bedienen darf. Wenn Sie Ihre Ersparnisse wirklich retten wollen, dann müssen Sie aus allen Anlagen heraus, die Zahlungsversprechen repräsentieren, die auf Schulden beruhen.

Zu den alten Geldmetallen Silber und Gold, physisch und am besten anonym erworben und sicher außerhalb des Bankensystems verwahrt, gibt es keine Alternative, um den Untergang des Weltfinanzsystems zumindest finanziell zu überleben.

Wieviel Prozent Ihres Vermögens Sie in Gold und Silber investieren sollen? Nun, wieviel wollen Sie retten?

Auch die **Gefahr der Beschlagnahme von Konzernen und Minen im Ursprungsland („Verstaatlichung")** ist durchaus real. Regimes sind nun einmal die größten Diebe und kennen nichts anderes, als das Eigentum anderer Leute zu stehlen. Daß heute überhaupt noch ein Staat existiert, den man zumindest teilweise als rechtsstaatlich bezeichnen kann, der sich zur Einhaltung des Völkerrechtes und der Menschenrechte verpflichtet und daran gebunden sieht, bezweifle ich.

Auch und gerade die USA lassen sich mittlerweile keineswegs mehr als politisch stabil bezeichnen. Mit längst vorbereiteten Notstandsgesetzen, Zwangsmaßnahmen und Internierungs-lager „für Krisenfälle", die frappierend nationalsozialistischen KZ's ähneln – nicht einmal der Gleisanschluß und die Gas-Brennöfen fehlen, und mit Millionen von bereits ausgehobenen Massengräbern ausgerüstet, bezeugen die „FEMA-Camps" (googeln Sie und sehen Sie selbst!). Die gesamte „Terrorismus"- und „Sicherheits"-Paranoia spiegelt die Angst der Gewalthaber vor den Völkern wider. Da ist jedes Mittel recht, um ein Bedrohungsszenario zu inszenieren und den Terror gleich selbst zu veranstalten, um Totalüberwachung und Polizeistaat voranzutreiben.
Selbst Mainstream-Medien wie n-tv, Die Welt und die Bild-Zeitung berichten mittlerweile offen über die Todesliste des „Menschrechtsanwaltes" und „Friedensnobelpreisträgers" Obama. Sich kritisch über das Regime äußernde Menschen stehen auf „Terrorlisten" des „Menschenrechtsanwalts" und „Friedensnobelpreisträgers" Obama und müssen schon einmal damit rechnen, daß dieser einen unmittelbaren Befehl erläßt, eine unliebsame Person mittels Drohne auszuschalten.
Link fr-online.de „Todesstrafe mit dem Joystick": http://tinyurl.com/af2l78k
Link naturalnews.com „It's now clear: Obama intends to use drone strikes to kill American journalists and and political enemies": http://tinyurl.com/cgzz2x5

Regimekritiker können von den Geheimdiensten nach Belieben verfolgt, verhaftet und ermordet werden: ohne richterlichen Beschluß, ohne anwaltlichen Beistand. Lesen Sie bitte hier das Interview der Deutschen Wirtschafts-Nachrichten mit Professor Armin Krishnan von der Universität von Texas in El Paso:
Link deutsche-wirtschafts-nachrichten.de: http://tinyurl.com/carnm4r
US-Gesetzentwurf: Militär darf bald Regimegegner festnehmen, foltern und töten – ohne Anwalt, ohne Gericht, ganz nach Gutdünken: **Link kopp-verlag.de: http://tinyurl.com/ct2jk4q**
Eine weitere Initiative zielt ebenfalls in diese Richtung. Sie sieht vor, daß Zivilisten in Militärgefängnisse gesperrt werden dürfen im ehemals freiesten Land der Welt: **Link rt.com: http://tinyurl.com/9rt9naq**

Die politische Willkür nimmt wie überall bedrohliche Züge an, sichtbar beginnend unter Bush junior, und sich erschreckend ausbreitend unter dem „Messias der Massenmedien", dessen Kriegsbudget sogar noch das seines Vorgängers bei weitem übertrifft. Der US-Journalist Mike Adams deckte auf, daß die Obama-Administration, die ja auf Heftigste gegen Waffen und Munition in den Händen der Bürger propagiert, selbst Massenvernichtungswaffen hortet und bis heute Sturmgewehre und 1,6 Milliarden Schuß Munition kaufte – selbstverständlich auf Kosten der Steuerzahler – darunter die laut Genfer Konvention geächtete Hohlspitzmunition, die verheerende Verletzungen bei davon Getroffenen verursacht. Da diese Munition in internationalen Kriegseinsätzen nicht eingesetzt werden darf, ist sie ganz offensichtlich für Ziele auf amerikanischem Boden vorgesehen. **Link info.kopp-verlag.de:** **http://tinyurl.com/d7kx94e**

Die US-Regierung bereitet sich also aggressiv auf den Krieg gegen ihre verarmten, entrechteten und über kurz oder lang revoltierenden Bürger vor. Diese Vermutung wird genährt durch die Tatsache, daß sogar Polizeieinheiten mit schwerem Kriegsgerät ausgerüstet werden. Der ehemalige Berater Reagans, Dr. Paul Craig Roberts, bezeichnet eine Regierung als autokratisch und tyrannisch, die die Bürger kriminalisiert, terrorisiert, generalverdächtigt und rundumüberwacht. **Link info.kopp-verlag.de:** **http://tinyurl.com/cjcmng5**

Mit mittlerweile mehr als 47 Millionen US-Bürgern (Stand: Ende 2011), die ohne Lebensmittelmarken nicht überleben könnten – das sind etwa 20% der Gesamtbevölkerung! – einer offiziellen Staatsverschuldung von 15 Billionen US-Dollar und einem de facto bankrotten Bankensystem sind die USA längst auf dem Weg zum Verlust ihres globalen Einflusses, dem Zerfall und Untergang der Welt-Leid-Währung US-Dollar und auf Direktkurs zum Status eines Drittweltlandes. Mithin dürften die realen Schulden wie in jedem Staat deutlich über der offiziell verlautbarten Zahl liegen.

Die US-Regierung gibt jährlich 1,5 Billionen Dollar mehr aus, als sie einnimmt. Selbst mit 100%-Besteuerung eines jeden Amerikaners wären die Schulden niemals mehr rückzahlbar, da die Schuldenmenge dank Zinseszins noch viel rasanter wächst. Wie paßt das wohl zusammen: 20% der Amerikaner können nur mit Lebensmittelmarken und Suppenküchen überleben, und doch soll die Arbeitslosigkeit offiziellen Angaben zufolge bei unter 9% liegen?

Die USA sind vom Land der unbegrenzten Möglichkeiten zum Land der grenzenlosen Armut geworden, und vom größten Gläubiger der Welt zum größten Schuldner der Welt, und das in nur 40 Jahren. Wie der tägliche Überlebenskampf vieler amerikanischer Familien real aussieht, umreißt ein Bericht der DWN in aller Kürze: **http://tinyurl.com/cdbzwuf**

Es ist daneben jedoch auch eine immer stärker werdende Bewegungen der Rückbesinnung auf die originale US-Constitution (Verfassung) aus dem Jahre 1787, die nicht nur die Befugnisse der Regierung wesentlich einschränkt und die Verwendung von anderem Geld als Silber und Gold als Wucher und Ursache der Verarmung erkennt und benennt. Diese Bewegung, in der sich „Constitutionalists", „Sovereign Citizens", „Prepper" und „Tea Party"-Anhänger, die vorrangig aus der verarmenden Mittelschicht stammen und für den Rückzug des Staates aus dem Privatleben und den freien Waffenbesitz zum Schutz vor dem totalitäten Staatsapparat einstehen, wird unter heftigem Medieneinsatz diffamiert und bekämpft.

Auch Angehörige des Militärs, der Polizei, der Nationalgarde und Feuerwehr haben sich zusammengeschlossen, um die Werte der originalen US-Verfassung gegen innere und äußere Feinde zu verteidigen, da die totalitären Bestrebungen in den USA zur Installation einer Diktatur unverkennbar sind und nicht mehr geleugnet werden können. Zahlreiche Menschen, die auch als „Bürger in Uniform" ihre Verantwortung zum Dienst an ihrem Volk, dem Erhalt der Freiheit und der Verfassung wahrnehmen und bekräftigen, haben sich diese stark wachsenden Bewegung der „Oathkeeper" angeschlossen. Sie lehnen es ab, Zwangsmaßnahmen gegenüber ihren Mitbürgern Folge zu leisten oder diese gar auf Befehl zu bekämpfen. **http://oathkeepers.org**

Bundesstaaten wie Montana, Texas („Lone Star State") und Indiana diskutieren ernsthaft den Austritt aus der Union (Sezession) und die Einführung einer eigenen silber- und goldgedeckten Währung. Der Freiheitsgedanke erwacht wieder und wird mit hoher Wahrscheinlichkeit zum Zerfall der USA in ihrer derzeitigen Form führen.

Ein Blick in die Vergangenheit bewirkt die Erkenntnis, daß Aufspaltungen von zerfallenden Riesenreichen meist entlang ihrer sprachlichen, kulturellen und religiösen Grenzen erfolgen. Das dürfte nicht nur nicht nur für die USA zu erwarten sein, sondern ebenfalls für China und die „EU".

Sie können sich vielleicht ansatzweise vorstellen, welche Art Schockwellen dies weltweit auslösen wird. Ob nun zuerst die „EU" und der Euro auseinanderfallen, und anschließend die USA und der Dollar, oder beide parallel, läßt sich im Augenblick nicht vorhersagen. Fest steht nur: Der Kollaps kommt unausweichlich und ist nur noch eine Frage der Zeit.

Es endet, wie es immer enden mußte: Die Zahler sind finanziell ausgelaugt, eben bankrott. Das Umverteilungssystem kollabiert, die schwindsüchtigen Papierwährungen werden abgestoßen. Banken und Politik verlieren Autorität und Legitimität. Die USA sind für Investoren mittlerweile ähnlich ebenso geworden wie Südafrika, Zimbabwe, Russland & Co.

Die globalen Aktienmärkte sind heute nicht von guter Konjunktur, sondern von Ozeanen an Schuldgeld und Manipulation durch künstlich niedriggehaltene Zinsen getrieben. Zudem ist heute längst bekannt, daß Regierungsstellen die Aktienmärkte künstlich durch Käufe zu stützen, um den Anschein einer sich erholenden Wirtschaft zu erzeugen. In den USA ist dieses Manipulationsvehikel unter dem Namen „The President`s Working Group on Financial Markets" bekannt. Unter Insidern wird es scherzhafterweise nur „Plunge Protection Team" (PPT) (auf Deutsch etwa: Absturzverhinderungsmannschaft) genannt.

Die Kausalität „Steigende Aktienmärkte → blendende Wirtschaftskraft" dämmert immer mehr Anlegern als die Illusion, die sie in Wirklichkeit ist. Klein- und Großinvestoren werden mit dem bevorstehenden Crash der (Staats-)Anleihen aus allem flüchten werden, was nur im Geringsten nach Risiko riecht – und dazu gehören eben und gerade auch Aktien.

Wenn die Anleihen (Bonds) kollabieren, weil die Anleger Zweifel an der Wirtschaftskraft der USA und Deutschlands haben – diese beiden „retten" bis zum bitteren Ende – oder der Glaubwürdigkeit der Regimes, oder der Werthaltigkeit ihrer Währungen, dann wird letztlich ein Abverkauf dieser Schuldtitel in Panik erfolgen.

Dies wird zugleich das letzte noch vorhandene Restvertrauen in die Regimes und deren Währungen zerstören. Parallel zum Bondcrash bleibt die Erwartung eines sicheren, epochalen Crash der globalen Aktienmärkte und – davon gehe ich aus – ihre zumindest temporäre Schließung. Trotz gigantischer Wertentwicklung droht ein Totalverlust auch für auf die Förderung von Silber und Gold spezialisierte Bergbaugesellschaften, wenn die Börsen schließen. Für wie lange, kann noch nicht seriös beantwortet werden. Egal wie gut sich Gold- und Silberminenaktienbis dahin entwickelt haben werden – die Anleger kämen auf unbestimmte Zeit nicht mehr an Ihr Geld heran, um sie zu verkaufen.

Und in welchem Geld oder welcher Währung dann die Auszahlung erfolgen würde, bleibt ebenfalls unbeantwortet. Ein Restrisiko für die Enteignung von Minenaktien im Förderland oder im Land des Aktionärs bleibt zunächst bestehen. Wer in diesem System noch verbindliche Rechtssicherheit oder gar Gerechtigkeit erwartet, muß wahrlich ein Narr und Traumtänzer sein.

Und ebendies ist der Unterschied zwischen einer Regierung und einem Regime. In einem Regime gibt es keinerlei Rechtssicherheit mehr. Die Machthaber brechen ihre eigenen Gesetze, tun und lassen, was sie wollen. Es herrscht die nackte Willkür aus Angst vor dem Volk. Sie bemerken nicht, daß sie damit in ahnungsvoller Weise selbst für ihre eigene Vernichtung legen.

D) *Fonds*

Fonds gelten als sogenanntes „Sondervermögen". Das heißt: Falls Ihre Hausbank konkurs geht, dann fällt Ihr Fondsvermögen nicht in deren Konkursmasse. Mit der latenten und täglich größer werdenden Gefahr eines Kollaps der Staatsanleihen, und deren Folge des Aktienmarktes und der Währungen steigt die Gefahr von Banken- und Staatspleiten.

Im Wesentlichen unterscheidet man 4 Arten von Fonds:

a) **Rentenfonds** – Anleihen und Schuldverschreibungen werden als sogenannte „Renten" bezeichnet. Fonds, die sich auf Investitionen in diesem Bereich spezialisiert haben, erwerben mit dem Geld ihrer Anleger und Fondssparer Schuldverschreibungen von Staaten, Banken und sonstigen Unternehmen. Sie kaufen also deren Schulden auf und gewähren dem jeweiligen Emittenten dieses Papiers dadurch Kredit.

b) **Aktienfonds** – Aktien sind Unternehmensbeteiligungen, die einen nicht näher bezeichneten Eigentumsanteil an einem Unternehmen verbriefen.

c) **Offene und geschlossene Immobilienfonds**

d) **Spezialfonds / Sonderfonds**

Halten Sie es für klug, Ihr Vermögen in Zeiten einer globalen Schuldenkrise von Staaten, Banken und Unternehmen in Verbindlichkeiten oder Anteile dieser Institutionen zu investieren?

Weiterhin besteht die Gefahr des Konkurs eines Fondsanbieters, ganz besonders, wenn die Anleger in Scharen aus allen „papierenen" Anlagen flüchten. Denn auch dieses Szenario ist parallel zum bevorstehenden Anleihen-, Währungs- und Aktiencrash zu erwarten. Hier trifft dieselbe Ausgangslage zu wie bei den zuvor besprochenen Anleihe- und Aktienmärkten. Dasselbe gilt für Immobilien-, Schiffs- und sonstige Fonds.

Aufgepaßt! Sowohl Immobilienfonds und Schiffsfonds können durchaus unverkäuflich werden, denn sie werden im Fall eines Zahlungsausfalls illiquide, wenn sie für ihre Investitionsgüter – Immobilien oder Schiffe – keine Käufer mehr finden. Dies passiert, wenn der Immobilienmarkt crasht oder einfach niemand mehr Schiffe finanzieren kann/will oder Reedereien pleitegehen. Für Anleger ist ein Ausstieg dann unmöglich, und meist werden die Anteile der jeweiligen Beteiligung im Konkursfall gesperrt. Es finden sich dann keine Käufer mehr dafür, und die Fondsgesellschaft ist selbst nicht mehr in der Lage, die Anleger auszuzahlen.

Vorsicht! Achten Sie unbedingt auf das Kleingedruckte in den Verträgen der jeweiligen Anlagen, denn einige sehen eine **Nachschußpflicht** (!!!) vor, **die teilweise in unbegrenzter Höhe festgelegt sein kann!** Ein Käufer dieser Finanzprodukte kann durchaus aufgrund der Nachschußpflicht alles verlieren, was er besitzt! Jedenfalls droht ein Totalverlustrisiko!

Worin auch immer ein Fonds investiert: Aktien, Renten (= Anleihen), Rohstoffe, Mischfonds, Immobilien, Schiffsfonds … das Chance / Risiko – Verhältnis verschlechtert sich parallel zur Situation der Weltwirtschaft von Tag zu Tag.

Übrigens: Wenn Sie eine Lebensversicherung abgeschlossen haben, dann investieren Sie damit Ihre Beiträge auch indirekt in Staatsschulden oder im Aktienmarkt.

E) Zertifikate, Optionsscheine und andere Derivate

Es handelt sich hierbei um nichts als Wettscheine, die von einer Bank – oft sogenannte "Primary Dealer" - emittiert werden, mit der die Kunden auf fallende, sinkende oder sogar stagnierende Kurse wetten können. All diese Derivate können jederzeit vom Emittenten (der herausgebenden Bank) ohne Angabe von Gründen vom Markt genommen werden – wie z.B. bei Goldman Sachs bereits in der jüngeren Vergangenheit geschehen.

Verliert die Bank mit einem Schein zu viel, müßte also ihren Kunden massive Beträge auszahlen, dann kann der Schein kurzerhand verrufen werden. Als Anleger sind Sie praktisch der Willkür der emittierenden Bank ausgeliefert. Sollte der Emittent des Zertifikats oder Optionsscheins bankrott geht, dann sind Sie natürlich Ihr Geld los.

Selbst wenn Ihr Gold- oder Silberwettschein Sie zum Buchgeldmillionär machen würde – hat die ausgebende Bank dagegen gewettet und sich finanziell verhoben, dann besitzt der Schein nicht einmal mehr Heizwert, weil er physisch nicht einmal existiert.

Ich rate jedem, solche Papiere – zumal in hochriskanten Zeiten wie diesen – zu meiden. Als Kleinanleger haben Sie keine Chance, hier dauerhaft zu gewinnen. Es gewinnt ausschließlich der Emittent – egal wie diese „Produkte" und deren zugrundeliegenden Märkte sich entwickeln – er bekommt Ihr Geld auf jeden Fall. Ob Courtage, Kauf- und Verkaufgebühr, Depotgebühr – die Bank gewinnt immer. Zumindest unerfahrene Kleinanleger verlieren in den meisten Fällen alles. Kann die Bank im Ernstfall ihren Kunden den Schein nicht einlösen, dann kann er kurzerhand für ungültig erklärt und der Handel eingestellt werden. Das ist alles bereits mehr als einmal vorgekommen!

Auch im Hinblick auf die bevorstehenden Markteruptionen und die hohen Risiken, insbesondere dem Untergang der Emittentenbanken, empfehlen wir den Verkauf aller Hebel- und Spekulationsprodukte wie Zertifikate, Knock-out und Optionsscheine und im Gegenzug die Investition der daraus erzielten Erlöse in **reale, tatsächlich existierende Werte** statt abstrakter Indizes.

F) Wohn- und Gewerbeimmobilien

Oftmals als „Betongold" bezeichnet und von vielen als „mit eingebautem Inflationsschutz" betrachtet, sieht die Realität innerhalb eines Schuldgeldsystems ein wenig anders aus. Der Immobilienmarkt hat zwar in Deutschland in der Vergangenheit bei weitem nicht die Preisexplosionen wie in Südafrika, Osteuropa, Spanien, USA, Großbritannien erlebt und somit ist die Gefahr eines Preiskollapses im Ausmaß der obengenannten Beispiele eher unwahrscheinlich.

Die Finanzierung von Immobilien ist zur Normalität, die Barzahlung zur Seltenheit geworden. Seit die Kreditfinanzierung von Immobilien zum Standard geworden ist, wurden die Preise künstlich aufgebläht. Grund dafür ist der billige Kredit in Verbindung mit den künstlich niedrigen Zinssätzen für Hypothekenkredite, die viele Immobilienkäufer zur Verschuldung ermuntert haben.

Die Preisentwicklung von Wohn- und Gewerbeimmobilien verlief ähnlich. Beide wurden jeweils durch „billiges Geld" und Kreditfinanzierung in die Höhe getrieben. Ihre ähnliche Entwicklung rechtfertigt die gemeinsame Betrachtung beider Anlageformen.

Die überreichliche Kreditvergabe und der zur Norm gewordene Immobilienkauf auf Pump hat zur Bildung surrealistischer Immobilienpreise gesorgt. So ist es heute keine Seltenheit, daß Immobilienkäufer sich ohne nachzudenken für 30 Jahre Zinsdienst und länger an ihre Bank binden – und das nur für ein Dach über dem Kopf!

Viele Immokäufer blenden völlig aus, daß die Bausubstanz ihres Objektes mit den Jahren verfällt, so daß Reparaturkosten, später möglicherweise sogar Sanierungskosten einkalkuliert werden müssen, nur um den Wert des Objekts zu erhalten. Wohnungseigentümer mögen zwar heftig protestieren, aber im Grunde handelt es sich wegen der permanenten laufenden Kosten, die zum Erhalt der Wohnimmobilie nötig sind, nur um deren Substanzwert zu erhalten, nicht um ein Investitionsobjekt, sondern um ein Konsumgut. Zugegeben, das ist schwer zu glauben, denn wir haben es anders gelernt. Lernen Sie umzudenken!

Aber überlegen Sie einmal: Sind Sie gezwungen, bei Sparbüchern, Aktien, Anleihen, oder gar Edelmetallen permanent neues Geld nachzuschießen, um den Wert der ursprünglichen Anlage zu erhalten? Der Preis wird bestimmt von Angebot und Nachfrage. Das Angebot ist riesig – keiner will mehr dort wohnen, wo Straßengangs regieren – die Nachfrage gleich Null. Ein Auto kostet dort mehr als ein Haus. Der Vorteil des Autos: es ist mobil. Man kann damit wegfahren. Bei Immobilien ist das unmöglich. Erwarten Sie dieselbe Entwicklung in den meisten Städten der Welt.

Aufgrund des Gesetzes von Angebot und Nachfrage steigen Immobilien im Preis, wenn die Kreditzinsen sinken. Interessenten sind dann in der Lage, teurere Häuser zu finanzieren. Dies erweckt den Anschein, als würde sich der Kauf einer Immobilien rentieren, da diese im Wert zu steigen scheint. Umgekehrt sinken die Preise für Immobilien, wenn die Kreditzinsen ansteigen. Käufer können sich dann nur noch günstigere Objekte leisten, da sie einen höheren Schuldendienst leisten müssen.

Immobilienblasen entstehen immer dann, wenn die Zinsen extrem oder sogar auf künstlich niedrigem Niveau gehalten werden. Die Sparer bekommen Angst um ihre Ersparnisse und meinen, sie in den bereits preislich stark gestiegenen Immobilien in Sicherheit bringen zu müssen, was deren Preise nach mehr künstlich aufbläht.

Der Zinssatz für Hypotheken in der heute üblichen Immobilienfinanzierung macht eine Immobilie zu einer Art immobilen verzinslichen Anleihe. Wie wir gesehen haben, steigt oder fällt ihr Wert abhängig vom Zinssatz. Anleihen können an jedem Börsenhandelstag zum Tageskurs verkauft werden. Sie sind damit einigermaßen liquide. Sie können durch Verkauf jederzeit aussteigen und erhalten daraus den Bargeldwert.
Diese Liquidität ist bei Immobilien nicht unbedingt vorhanden. Abhängig vom Objekt selbst und dessen Lage muß der Verkäufer damit rechnen, lange auf einen Käufer für sein Objekt warten zu müssen – und eventuell große Abstriche beim Verkaufspreis in Kauf nehmen, um seine Behausung überhaupt verkaufen zu können. Möglicherweise werden Objekte durch Verschlechterung der gesellschaftlichen Situation sogar ganz unverkäuflich. In Stadtteilen von Detroit wurden noch vor 10 Jahren Häuser für 300.000 Dollar und mehr verkauft.
Durch den Verfall der Wirtschaft – Detroit's Wirtschaft war ganz auf General Motors ausgelegt – und den Anstieg der Arbeitslosigkeit stieg auch die Gewalt. Heute gibt es Stadtteile, in denen Häuser für unter 100 Dollar gekauft werden können. Und doch will sie keiner haben, weil die Kriminalität in diesen Stadtteilen explodiert ist.

Wer eine Immobilie abgezahlt hat, muß die Grundschuld aus dem Grundbuch löschen lassen und anschließend die ***vollstreckbare Ausfertigung der Grundschuld-Bestellungs-Urkunde von der Bank zurückfordern!*** Sonst hat die Bank jederzeit ein Anrecht auf Konfiskation und Verwertung der Immobilie – selbst dann, wenn man ihr keinen Cent mehr schuldet! Sie kann das tun, ohne ein Gericht einzuschalten, weil man sich per Unterschrift der jederzeitigen Vollstreckung mit seinem ganzen Vermögen unterworfen hat (→ **Zwangsvollstreckungs-unterwerfung**)! Schauen Sie sich Ihren Hypothekenvertrag einmal ganz genau an!

Spätestens bei einem Crash des Euro und anschließend beginnender Hyperinflation oder Währungsreform **reale – nicht unbedingt nominale – Wert des Objekts stark sinken** – gegen das echte Geld: Gold und Silber. Immobilien sind nur bei Eigennutzung und Barkauf und somit Schuldenfreiheit eine akzeptable Investition. Allerdings sind Immobilien **keine Wertanlage (!!!)**, sondern Konsumvermögen, da Sie permanent Geld hineinstecken müssen, um ihren Substanzwert zu erhalten.

Die Preisentwicklung der Vergangenheit wurden getrieben durch Wirtschaftswachstum und Ausweitung der Kreditvergabe.

Den Markt für Wohn- und Gewerbeimmobilien könnte man als einen einzigen „Boom auf Pump" bezeichnen. Nicht zuletzt preisbeeinflussend war auch der gesellschaftliche Trend zu Single-Haushalten, der für eine anhaltend große Nachfrage sorgte. Mit dem globalen Einbruch der Weltwirtschaft wird diese Entwicklung zu einem Stillstand und zur Umkehrung kommen, da viele Menschen in diesem Szenario nicht mehr in der Lage sein werden, die Kosten für Miete oder Hypothek aufzubringen. Der Trend zum Zusammenrücken der Familien – sowohl im mentalen als im räumlichen Sinn – ist in Ländern bereits stark erkennbar, in denen der Zusammenbruch von Wirtschaft und Finanzen weiter vorangeschritten ist, etwa in Spanien, Großbritannien und den USA.

Die Immobilienpreise wurden dermaßen stark kreditfinanziert, was deren Preise in schwindelerregende Höhen steigen ließ und für normalverdienende Arbeitnehmer schier unerschwinglich gemacht hat. Die Preisentwicklung im Immobilienmarkt ist also weder gesund, noch kann sie als nachhaltig bezeichnet werden. Durch die gravierenden Veränderungen der wirtschaftlichen Lage steht sie sogar auf extrem tönernen Füßen. Somit ist der Immobilienmarkt zu einer riesigen Finanzblase geworden, in der sich Unmengen von Kapital angesammelt hat, das auf Pump finanziert wurde.

Wenn sich die wirtschaftlichen Umstände verändern, weil
→ **die Banken die Kreditvergabe einschränken,**
→ **oder die potenziellen Hauskäufer arbeitslos werden,**
→ **oder Hypothekenschuldner wegen Arbeitslosigkeit oder aus welchen Gründen auch immer ihre Kreditraten nicht mehr zahlen können … dann platzt die Immobilienblase, und die Preise stehen vor dem Verfall.**

Gegenüber lebensnotwendigen Gütern und insbesondere dem neuen und alten Geld – Silber und Gold – werden Immobilien massiv an Wert einbüßen.

Die lineare Denkweise, derzufolge alles stets in bekannten, vorgezeichneten und immer gleichen Mustern abläuft, wurde uns von Kindesbeinen an eingetrichtert. Aus einem liebgewonnenen Denkgefängnis auszubrechen ist nicht leicht. Umdenken erfordert Zeit, manchmal leider auch bittere Erfahrung. Die Kenntnis der tatsächlichen Zusammenhänge aber, und der Wirkungsweise eines schuldenbasierten Finanzsystems, das am Ende seiner Überdehnung angelangt ist, läßt keinen anderen Schluß zu und wird Ihnen beim „Blick über den Tellerrand" sicher von Nutzen sein.

Die heute übliche exzessive Verschuldung für Immobilien auf Pump war wie eine monumentale Sondersubvention für Banken, Baugewerbe und Immobilienmakler, die an den künstlich hohen Preisen massiv verdienten. Gäbe es keine Immobilienkredite, sondern müßte jeder sein Haus bar bezahlen, dann lägen die Preise bei einem Bruchteil der heutige üblichen. Immobilienbesitz wäre dann für Durchschnittsverdiener durchaus bezahlbar – heute aber sind Hunderttausende von Hauskäufern auf Jahrzehnte bei den Banken verschuldet.

In den USA dienen meist nur die Immobilien selbst zur Besicherung der Hypotheken. In Deutschland verpfändet sich der Immobilienkäufer mit seinem gesamten Vermögen, sowie alle gegenwärtigen und zukünftige Einnahmen an die Bank. Sie sind freiwillige Sklaven der Banken, ohne es zu wissen oder wissen zu wollen. Und das alles nur für das Prestige eines „Bauherrn"?
Im Rahmen des kommenden globalen Wirtschaftszusammenbruchs mit explodierender Arbeitslosigkeit werden sich die Menschen zwangsläufig als Großfamilie reorganisieren und zusammenrücken müssen, da allein der Unterhalt einer einzelnen Wohnung für die meisten unerschwinglich sein wird. Singlehaushalte wie heute wird es dann kaum noch geben, zumal es sich zu mehreren auch sicherer lebt.

Eine Folge der sich neu ordnenden Gesellschaft wird ein gewaltiger Überhang an leerstehenden Häusern und Wohnungen sein, da die Menschen sich deren Erhaltung kaum noch werden leisten können. Dies wird einen zusätzlichen Druck auf die Immobilienpreise ausüben.

Falls Sie überlegen, jetzt – kurz vor dem Crash – eine Immobilie zu erwerben, dann sollte es allenfalls eine selbstgenutzte Immobilie auf dem Land sein. Wer warten kann, der sollte seine Ersparnisse in Silber und Gold umwandeln, um nach dem Kollaps des Finanzsystem einen winzigen Bruchteil des heutigen Preises, dann aber in echtem Geld für sein Haus zu bezahlen.

Falls Sie Ihre Immobilie kreditfinanziert haben, und darauf spekulieren, daß ihre Schulden in der (Hyper)-Inflation wertlos werden: möglicherweise haben sie recht damit. Aber achten Sie auf

1) ein stabiles monatliches Einkommen (siehe unseren Ratgeber zum krisenfesten Einkommen)
2) Absicherung / Puffer („Hedge") der Hypothek durch Edelmetalle – die Preise mit dem Schuldenkollaps explodieren – dazu kommen wir gleich.
3) Anlegung eines möglichst umfangreichen Lebensmittelvorrates, denn auch diese Preise werden bald galoppieren, danach explodieren. Und womit dann die Raten zahlen?

Wenn nun Ihre monatlichen Geldeinkünfte komplett von den Preissteigerungen bei Lebensmitteln und Lebenshaltungskosten aufgezehrt werden, dann wird auch der Kredit unbezahlbar! Bitte bedenken Sie dies UNBEDINGT!

Immobilien werden heute fast ausschließlich kreditfinanziert. Die Kreditfinanzierung ist einerseits der Grund, warum Wohneigentum heute so teuer ist – weil dadurch die Preise künstlich in die Höhe getrieben wurden. Gäbe es keine Hypothekenkredite, lägen die Hauspreise heute bei einem Bruchteil des Preises und wären für die Meisten leicht bezahlbar, ohne sich an den Banken als Schuldsklave auf Lebenszeit andienen zu müssen.

Die mit Zusammenbruch der Weltwirtschaft unvermeidliche einsetzende Massenarbeitslosigkeit wird den Trend zum Singlehaushalt überall beenden – sie werden einfach nicht mehr bezahlbar sein – und schon allein aus Kostengründen ein Zurück zur Großfamilie einläuten. Im Immobiliensektor wird dann ein massives Überangebot herrschen, daß zusätzlichen Druck auf die Immobilienpreise ausüben wird.

Auf dem Höhepunkt dieser Entwicklung, und wegen der extremen Geldknappheit, mag zwar heute eine Prognose von einer Unze Gold oder Silber für ein schlichtes, aber guterhaltenes Einfamilienhaus mit Garten lächerlich und völlig an den Haaren herbeigezogen erscheinen, allerdings dann sehr realistisch sein, da dieser Wert dem jahrhundertelangem Durchschnitt weit näher kommen wird als die surrealistischen Immobilienpreise von heute.

Die heutigen Immobilienpreise wurden getrieben durch ein Wirtschaftswachstum auf Pump, das wiederum durch eine unvorstellbare globale Kreditausweitung (= Geldvermehrung) seit Ende des 2.Weltkrieges angefeuert wurde.

Vergeben die Banken wegen des steigenden wirtschaftlichen Risikos, etwa steigender Arbeitslosigkeit, keine Kredite mehr, oder fragen Kunden aus ebendiesen Gründen keine Kredite mehr nach, weil sie es sich einfach nicht mehr leisten können, dann wird der Immobilienmarkt massiv unter Druck geraten. Spanien und die USA mögen hier als Blaupause dienen.

Im Ernstfall wird eine Immobilie vom Prestigeobjekt schnell zum Klotz am Bein, der unter Umständen sogar unverkäuflich werden kann. Eben immobil ... unbeweglich. Sie können damit nicht flüchten, weder vor einem Regime, noch vor möglichen Unruhen oder einer Explosion der Gewalt und Kriminalität.

Wenn irgend möglich sollten Sie die Städte verlassen, ganz besonders die Zentren, und in abgelegenere Randgebiete ziehen, oder besser noch auf's Land. Ich befürchte in Folge des bevorstehenden Systemkollaps in den Städten eine starke Zunahme der Kriminalität und eine deutliche Absenkung der Lebensqualität und Sicherheit. Gehen Sie davon aus, daß in naher Zukunft die Versorgung mit Lebensmitteln besonders in den Städten zum täglichen Überlebenskampf werden wird.

Das Leben auf dem Land bietet bedeutende Vorzüge gegenüber dem jetzt (noch) favorisiertem Stadtleben. Wenn sich der Trend umkehrt, werden viele erstaunt sein, wie schnell dies geschehen wird. Die Immobilienpreise auf dem Land sind im Vergleich zu den Städten noch günstig. Die Landbevölkerung pflegt meist einen stärkeren Zusammenhalt, die Kriminalitätsrate ist deutlich geringer als in den Städten. Auf dem Land sind mehr Bürger bewaffnet (Förster, Jäger, Bauern usw) – ein unschätzbarer Vorteil, der Ihrer eigenen Sicherheit und der Ihrer Familie dient, wenn es um die Fähigkeit geht, im Notfall Bürgerwehren zu organisieren, um im Extremfall die öffentliche Ordnung zu erhalten oder möglichst schnell wiederzugewinnen, sobald der Staatsapparat kollabiert – und das wird er. Wald und Flur bieten Ihnen zudem bei fast jeder Jahreszeit Nahrung in Hülle und Fülle.

Anders verhält es sich bei ...

G) Agrarimmobilien

Ackerland, Bauernhöfe, Mühlen, Wald, Gewässer zur Fischzucht … globale Investoren auf der Suche nach realen Werten treiben die Preise für Agrarimmobilien in die Höhe – und hieran erkennen Sie, daß der Markt von Angebot und Nachfrage sofort wieder funktioniert, wenn man ihn unreguliert läßt und nicht durch Strafen oder Subventionen verzerrt. Eine große Nachfrage trifft auf ein natürlich begrenztes Angebot. Nachdem sich Jahrzehnte niemand für Landwirtschaft und die Basis des primären Wirtschaftsfaktors interessierte, explodiert die weltweite Nachfrage nach Agrarland wie noch nie zuvor.
Käufe von Agrarimmobilien durch Investoren sehe ich skeptisch. Nicht weil sie eine schlechte Anlage wären, im Gegenteil. Nur haben die weitaus meisten Investoren keine Ahnung von der Landwirtschaft, und abgesehen von der zu erwartenden Wertsteigerung oft weder Interesse noch Verständnis für ihre Bedeutung dieses begrenzten Kulturgutes und seiner naturgemäßen Pflege und Bewirtschaftung. Wir können es uns aber nicht leisten, Agrarflächen vor und nach dem Crash brachliegen zu lassen! Wir müssen in Zukunft dringend eine Rückbesinnung auf nachhaltigen Landbau anstreben und die Böden wieder auf natürliche Weise kultivieren lernen, statt ihn durch Kunstdünger zu veröden.

Überlassen Sie das Ackerland den Bauern und den Wald den Förstern zur Hege und Pflege, die sich auf die Bewirtschaftung verstehen – **oder noch viel besser: werden Sie zum Selbstver-sorger! Der Abschnitt „Haushalt und Selbstversorgung" in diesem Buch möchte Ihnen dabei als Starthilfe dienen.**

Ackerland und Wald sind kein „Spielzeug" für Investoren, sondern überlebenswichtig zur Gewährleistung sowohl unserer Lebensmittelversorgung als auch zur Gewinnung von Heizmaterial. Beides ist untrennbar verknüpft mit höchstem Verantwortungsbewußtsein, und es wäre in höchstem Maße verwerflich, die Lebensgrundlage vieler Lebewesen von der reinen Spekulation auf Wertzuwachs abhängig zu machen. Bezahlbare Lebensmittel sind die Grundlage zur Entstehung einer neuen, freieren und besseren Gesellschaft, die aber traumatisiert von epochalen Umbrüchen sein wird, und sich aus den Ruinen von Korruption, Betrug, Ausplünderung und Lüge langsam wird erheben müssen. Wir können nicht mit der Dekadenz der alten, verfallenden Gesellschaft: mit Gier, Korruption, Egomanie und Haß eine neue, bessere Welt für uns und unsere Kinder aufbauen.
Es genügt nicht, alles um uns herum zu ändern, ohne bereit zu sein, UNS SELBST zuallererst zu ändern; unser Denken, unsere Einstellungen, unsere Werte, unseren eigenen Charakter auf den Prüfstand zu stellen. Alles andere wäre pure Arroganz, mit der wir bereits mit dem Neubeginn die Saat für die Zerstörung selbst aussäen würden.

H) Sonstige Wertanlagen

Sind Diamanten, Luxusyachten, Oldtimer, Schmuck, Kunstgegenstände, Flugzeuge, Spirituosen wie erlesene Weine und Whiskeys, vielleicht gar antike Sammlermünzen zur Kapitalanlage geeignet? Nun, da Ihnen die Zusammenhänge von Angebot und Nachfrage, die Preisentwicklung von Märkten in Abhängigkeit von der Art ihrer Finanzierung, und der generell zu erwartenden Ent-wicklung der Wirtschaft bekannt sind, können Sie diese Frage vielleicht bereits selbst für sich beantworten. **„Wird die Anlageform vorrangig bar bezahlt, oder kreditfinanziert?"** sollten Sie stets zuerst fragen. Kreditfinanzierung ist stets der Ausgangspunkt einer Finanzblase. In einem schuldenbasierten System ist die oft vollständige Finanzierung über Kredite bei Waren aller Art üblich – erstaunlicherweise auch in Kreisen sogenannter Neureicher. Darum kamen während der Finanzkrise in Rußland sogar viele der dortigen Oligarchen in finanzielle Not, die gern ihren Reichtum in Form von auf Pump erworbenen Prestigeobjekte zur Schau stellen.

Wer seinen Reichtum auf relativ einfache Art erworben hat, der neigt eher zu einem verschwenderischen Umgang und Lebensstil im Vergleich zu jemandem, der ihn durch harte Arbeit während vieler Jahre erarbeitet hat. Luxusartikel werden bewußt hochpreisig veranschlagt, um einen „exklusiven Käuferkreis" gezielt anzusprechen – also Personen, die sich durch den Kauf eines solchen Produktes von weniger Betuchten abheben. Solche Güter werden gemeinhin auch als Statussymbole oder Prestigeobjekte bezeichnet. Sie dienen der äußerlich sichtbaren Abgrenzung der „oberen Zehntausend" vom Rest der Bevölkerung.

Kein Luxusgegenstand kann jedoch eine Geldfunktion für sich beanspruchen. Luxusgüter sind im Notfall nicht liquide, können ebensowenig jederzeit verkauft und weder werterhaltend getauscht noch geteilt werden. Kunstgegenstände stellen deshalb keine Anlageform per se dar, sondern eher eine Form von Liebhaberei.

Ein Beispiel zur Verdeutlichung: Stellen Sie sich eine Wirtschaftsdepression und einen Währungscrash vor. Ein Kunstmäzen – oder Weinkenner, oder Oldtimerliebhaber, oder ein Sammler antiker Münzen hat all seine Geldvermögen verloren, besitzt keine Lebensmittelvorräte, keine Edelmetalle – nur seine Picassos, Edelweine, Ferraris oder byzantinischen Solidi. Nun muß er aber essen, um nicht zu verhungern, hat aber auch keine Ahnung, wie er sich aus Feld, Wald und Flur ernähren kann.

Weder wird er einen Bauern, noch einen Edelmetallbesitzer finden, der ihm den Gegenwert der Millionen für eines seiner Gemälde geben wird, die er dafür bezahlt hat. Im Extremfall bleibt ihm nichts anderen übrig, als einen Picasso gegen einen Laib Brot oder einen Sack Getreide zu tauschen, nicht wahr? Als Wertanlage sind Kunst- und Luxusgegenstände nur während politisch und wirtschaftlich stabiler Zeiten geeignet. Diamanten können heute in beliebigen Mengen industriell hergestellt werden. Generell ist Kunst nicht „fälschungssicher", und dementsprechend riskant.
Ob es sich bei einem Diamanten um ein Naturprodukt oder einen Industriediamanten handelt, kann allenfalls ein Fachmann feststellen. Da diese Tatsache in der Öffentlichkeit hinlänglich bekannt ist, wird im Zweifelsfall niemand einen Diamanten als Bezahlung annehmen, da er höchstwahrscheinlich nicht feststellen kann, ob das Juwel überhaupt echt ist. Aus diesem Grunde erfüllen Diamanten auch keine Geldfunktion. Keiner gleicht dem anderen. Sie sind nicht homogen und nicht teilbar, ohne dabei an Wert zu verlieren. Natürlich besteht die Möglichkeit, andere Güter im Tausch gegen einen Diamanten zu erwerben.
Rechnen Sie aber nicht felsenfest damit, daß Sie auch nur den annähernden Gegenwert erhalten werden, den Sie selbst für das Schmuckstück bezahlt haben. Im Schmuck steckt die Arbeit, die Kreativität und die Fähigkeiten des Kunstschmiedes oder Juweliers, der ihn kreiert hat. Sein innerer Wert wird stets kaum höher als sein Metallwert oder der Wert der darin verarbeiteten Preziosen sein. Mit seinem ideellen Sammlerwert gleicht Schmuck eher einem Kunstgegenstand als einer klassischen Wertanlage, wenn auch mit höherem Wiederverkaufswert und leichterer Handelbarkeit. Aus Finanzkrisen der Vergangenheit ist bekannt, daß etwa Glieder aus Silber- und Goldketten herausgebrochen und zur Bezahlung verwendet wurden – allemal liquider also als ein Picasso … .

Verlieren Menschen ihre Ersparnisse, kollabiert die Wirtschaft, greifen Massenarbeitslosigkeit und Existenzängste um sich, verfällt die Infrastruktur, steigen die Krimianlitätsraten und die Zerstörungswut der verarmten Massen, explodieren die Preise für lebensnotwendige Güter wie Lebens-mittel und Treibstoff, oder kommt es hier gar zu elementaren Knappheiten, dann läßt sich das gute alte Stück womöglich nicht einmal mehr von A nach B bewegen. Wenn Sie über die Wertanlage in Luxusgütern nachdenken, dann fragen Sie sich am besten einmal: **Möchte ich in einem solchen Umfeld diesen Gegenstand besitzen, oder würde ich ihn dann gar kaufen?**

Der Markt für Luxusgüter boomt nur in Zeiten überfließender finanzieller Liquidität. In einem solchen Umfeld stattfindende Wertentwicklungen werden gern als eingebaute Werterhaltung inter-pretiert. Tatsächlich steigen die Preise dann, wenn Gutbetuchte um ihre Ersparnisse fürchten und das Geld auf dem Konto lieber gegen etwas eintauschen, was ihnen werthaltiger erscheint. Die Preissteigerungen solcher Objekte spiegeln vor allem eines wider, nämlich den Kaufkraftverlust einer Währung, die beliebig vervielfacht werden kann – bis sie faktisch wertlos ist. Exquisite Spirituosen wie teure Weine, Champagner und Whiskeys werden zwar je älter desto besser – und seltener. Das ist wahr. Dennoch sind sie kaum bessere als irgendeine andere Tauschware. Ob Sie dann auf einen Weinkenner treffen, der ihnen aus reiner Menschenfreundlichkeit einen besseren Preis zahlt als für jeden anderen Wein, wenn Sie Ihren „Baron Rothschild Château Lafite" gegen Brot für Ihre Familie eintauschen müssen, ist doch eher zweifelhaft. Und auch für Ihre antike goldene oder silberne Sammlermünze wird man kaum einen höheren Wert veranschlagen als das Münzgewicht in Gold oder Silber.

Der Nischenmarkt für Luxusgüter ist ein Gebiet für Kenner und Spezialisten. Einen solchen in Notzeiten zu finden, der bereit ist, einen höheren, ideellen Wert für eine Ware zu bezahlen, insbesondere dann, wenn die Papiervermögen vernichtet und echtes Geld sehr knapp sein wird, ist eine Unbekannte, die man nicht riskieren muß. Warum nicht heute direkt meine papierenen und elektronischen „Gelder" auf direktem Weg in echtes Geld in Form von Silber und Gold umtauschen, anstatt mich später auf die Lotterie „Tauschwarenhandel" einzulassen? Mit diesem ehrlichen Geld werden Sie später alles kaufen können, was Sie und Ihre Familie zum Leben benötigen werden!

I) Innerer und äußerer Reichtum aus biblischer Sicht

Nicht jeder kann sich Luxusgüter leisten, und wer dazu in der Lage ist, der „hat es geschafft" … sich selbst einzig und allein über sein Geld zu definieren. Materiell reiche Menschen sind oft seelisch arme Menschen, die die Dinge des Lebens nicht kennen, die ein Leben tatsächlich reich machen. Mit Geld kann man sie nicht kaufen, weder in diesem Schuldgeldsystem mit Papier, noch im folgenden mit Silber und Gold. Wer Zufriedenheit und Glück außerhalb von sich selbst sucht, der sucht vergebens. Reichtum macht nicht glücklich, er erleichtert allenfalls die innere Einsamkeit, in der sich reiche Menschen oft befinden. Echte Freundschaften zu schließen und wahre Liebe zu finden wird durch große Vermögen erschwert. „Ist mein Gegenüber wirklich an mir interessiert, oder nicht doch etwa an meinem Geld?"

Viele Zeitgenossen meinen, die Bibel lehnt Reichtum ab und das Christentum neidet den Reichen ihr Vermögen und möchte sie gern enteignen – die abgefallenen Kirchen der Neuzeit erwecken jedenfalls beständig diesen Eindruck, nicht wahr? Die Gleichnisse vom reichen Kornbauern **(Lukas 12:15-21)** und vom reichen Mann und armen Lazarus **(Lukas 16:19-31)**, sowie die Begegnung Jesu mit dem reichen Jüngling **(Lukas 18:18-23; Markus 10:17-22; Matthäus 19:16-22)** beweisen an keiner Stelle und zu keinem Zeitpunkt die Ablehnung des Reichtums und die Forderung nach Armut und deren Bevorzugung von Gott.

Im Gegenteil: Die Bibel ist voller Berichte von Menschen, die Gottes Wegen in ihrem Leben Beachtung schenkten und die Befolgung dieser Prinzipien mit großem Reichtum gesegnet wurden: Abraham, Isaak, Jakob, Hiob, der König David und dessen Sohn Salomo dienen beispielhaft dafür, daß Gott sehr wohl auch auf materielle Weise segnen kann und will. Der Diebstahl von Reichtum und die Enteignung steht im krassen Gegensatz zu den Zehn Geboten, die das Stehlen und das Neiden fremden Besitzes verbieten, und so das private Eigentum heiligen, schützen und garantieren.

Der kleinste Nenner, auf dem sowohl die Gleichnisse als auch die Berichte der Bibel zusammenkommen, ist folgender: Reichtum, Wohlstand, Geld sind weder böse noch gut. Sie sind neutral. Es ist gut oder böse, was der Mensch daraus macht.

Das dem Reichtum innewohnende (= inhärente) Grundproblem, auf das die Bibel an vielen Stellen im Alten und Neuen Testament hinweist, ist das sich-darauf-verlassen vieler Reicher auf ihren Reichtum. Dem Reichtum wird alles andere untergeordnet. Auch die Suche nach und die Verbindung mit Gott.

Die überzogene Betonung des Materiellen, Vergänglichen – auch unseres sehr kurzen irdischen Daseins – macht blind für das Ewige. Der Reichtum wird zum Götzen, zum „Mammon", der unser Leben bestimmt. Es ist diese Gefahr, daß wir wegen der Vergötzung des Reichtums unsere ewige Bestimmung der Gemeinschaft mit Gott verlieren, wovor die Bibel eindringlich warnt.

Viele Reiche, von denen die Bibel berichtet, die sich neu zu Gott hinwenden und mit ihrem kaputten, einsamen Leben zu Jesus kommen, antworten auf ihre Bekehrung mit der Spende eines Teiles oder sogar ihres ganzen Vermögens für die Arbeit am Reich Gottes – so wie es einem jeden gegeben ist.

„Ein jeglicher nach seinem Maß, nicht mit Unwillen oder aus Zwang; denn einen fröhlichen Geber hat Gott lieb." (Römer 12:8)

Mit Gottes Geboten stehen die Enteignungs-Jubelarien der Kirchenfürsten im krassesten aller Widersprüche. Sie haben sich selbst vom Mammon abhängig gemacht, indem sie sich von den weltlichen Machthabern „Kirchensteuern" ihrer Mitglieder einziehen lassen.

Sie verstoßen dabei gegen das achte Gebot: „Du sollst nicht stehlen". Aber fällt das bei der Masse an Verstößen und Veränderungen der Gebote und Festtage Gottes (z.B. Streichung des zweiten Gebotes in der katholischen Kirche und die Verlegung des Sabbat auf den Sonntag, anlehnend an den babylonisch-altägyptischen Sonnenkult) und bei der Menge an Blut, das an ihren Händen klebt, noch ins Gewicht?

Deshalb spricht der auferstandene Jesus Christus zu der Gemeinde von Laodizea (= das ist die von Gott abgefallene Kirche der Endzeit): *„Weil du lau bist und weder heiß noch kalt, will ich dich (vor Ekel) ausspeien aus meinem Munde"* (Offenbarung 3:16)

„Denn die Zeit ist da, daß das Gericht anfängt an dem Hause Gottes. Wenn aber zuerst an uns, was wird es für ein Ende nehmen mit denen, die dem Evangelium Gottes nicht glauben?" (1. Petrus 4:17)

Kapitel 2

Die alten Geldmetalle und ihre Remonetisierung

Die Edelmetallpreise befinden sich mitnichten in einer Spekulationsblase, sind doch bislang gerade einmal etwa 0,5% (Stand: 06/2014) der weltweiten Investorengelder in diese Märkte geflossen. Der größte Teil dieser an sich bereits winzigen Investionsmenge wurde in den papierbasierten Handel der Termin- und Futuresbösen umgeleitet. Dieser Handel basiert auf exakt demselben Prinzip wie die Geldschöpfung des Systems: einem **Teildeckungsprinzip**.

Sie müssen verstehen, daß insbesondere die beiden alten Geldmetalle Gold und Silber als reale Werte die Todfeinde eines auf Anti-Werten basierenden Systems darstellen, die jeden verarmen werden, der sein Erspartes in Form von Papiergeld- oder Kontovermögen in Sicherheit wähnt. Schon Voltaire erkannte: **„Papiergeld kehrt immer wieder zu seinem inneren Wert zurück – und der ist Null."**

Sie sehen: Die Franzosen hatten also bereits während der Zeit der Französischen Revolution leidvolle Erfahrungen mit ungedecktem Papiergeld, den sogenannten **„Assignaten"**, gesammelt. Berichte aus dem alten China vor 3000 Jahren sind ebenfalls überliefert, die von Geldexperimenten mit Papier berichten. Aber Papier ist nun einmal nicht wertstabil, so daß sein Wert ohne Ausnahme stets in Richtung Wertlosigkeit verfällt. Ob Euro, Dollar, Pfund, Franken, Renminbi (Yuan) – alle erwartet dasselbe Schicksal. Es existiert keine einzige ungedeckte Währung, die je überlebt hätte. Neu ist das schuldenbasierte Papiergeldexperiment also nicht. Es wurde unzählige Male versucht, scheiterte jedes Mal und wird bei JEDEM weiteren Versuch ebenso scheitern.

Es nützt allein denjenigen, die es kontrollieren. Durch die Verbindung mit der Politik ist es den Kreditoligarchen gelungen, staatliche Macht zu erlangen. Durch die Kontrolle der Politik gewannen sie ebenso Einfluß auf die Gesetzgebung, die Gerichte, die Richter, die Behörden, die Medien, sowie die staatlichen Sicherheitskräfte Polizei und Militär, die seitdem wie Marionetten gesteuert werden. Der Staat wurde also gekidnappt und wird seitdem ferngesteuert, nicht mehr die besten Interessen seines Volkes vertretend, sondern sondern zugunsten privater Sonderinteressen schaltend und waltend.

„Es wäre unmöglich gewesen, daß wir unseren Plan für die Weltherrschaft hätten entwik-keln können, wenn wir Gegenstand der öffentlichen Beobachtung gewesen wären. Aber die Welt ist jetzt weiter entwickelt und bereit, in Richtung einer Weltregierung zu marschieren. Die supranationale Souveränität einer intellektuellen Elite und der Weltbanker ist sicher der nationalen Souveränität, wie sie in der Vergangenheit praktiziert wurde, vorzuziehen.", sagte David Rockefeller auf dem Bilderberger-Treffen in Baden-Baden im Jahre 1991, auf dem unter anderen auch Bill Gates anwesend war.
„Manche glauben sogar, wir seien Teil einer geheimen Verbindung, welche gegen die besten Interessen der USA arbeitet; sie charakterisieren meine Familie und mich als "Internationalisten" und behaupten, daß wir uns weltweit mit anderen zur Errichtung einer global integrierten, politisch-wirtschaftlichen Struktur verschworen haben, (…). Wenn das die Anklage ist, bekenne ich mich schuldig, und ich bin stolz darauf.", nachzulesen in David Rockefeller`s „Memoiren" aus dem Jahre 2006.

Silber und Gold stellen als natürlich begrenzte und wertstabile Resourcen für Sparer weltweit eine Art Fieberthermometer dar, das die Krankheit, das Siechtum und den Verfall des Blutes dieses Systems anzeigt: des Papiergeldes. Aus diesem Grund müssen insbesondere die Preise der Geldmetalle unbedingt möglichst niedrig gehalten („gepflegt") werden, damit weder große noch kleine Anleger den Verfall des Papiergeldes bemerken und aus dem Papier heraus und hinein in die Geldmetalle flüchten, was unweigerlich das abrupte Ende des Papiergeldsystems und der Macht seiner Betreiber bedeuten würde.

Zur Manipulation der Preise wird sich wie bei der Geldschöpfung durch Kredit ebenfalls des Systems der Teildeckung bedient. Das heißt, daß der Preis nicht festgesetzt wird durch die übliche Vorgehensweise „Geld gegen Ware", sondern durch einen sogenannten „Kontrakt" - ein Lieferversprechen „auf Papier".

Es können nun auch hier – wie bei der Geldschöpfung durch Kreditvergabe – nahezu unbegrenzte Mengen an „Papiersilber" und „Papiergold" erzeugt werden. „Gedeckt" sind sie durch einen Bruchteil an tatsächlich verfügbarem Edelmetall, und das Vertrauen der Anleger, daß ausgerechnet ihr Kontrakt mit physischem Metall gedeckt ist.

Im Papierhandel konnte in der Vergangenheit enorm Druck auf die Preise der Metalle ausgeübt werden, indem einfach beliebig viele Verkaufs- und Kaufkontrakte erzeugt und „auf den Markt geworfen" wurden, da das Vermögen der Käuferseite natürlich begrenzt ist.

Mit Verschärfung der Finanzkrise begannen jedoch immer mehr Großinvestoren, an der Glaubwürdigkeit der Börsen, der (Zentral-)Banken und der Werthaltigkeit der Währungen zu zweifeln, und die physische Auslieferung ihrer Papierkontrakte zu fordern. Mittlerweile haben sich die Edelmetall-Lager der Börsen dramatisch geleert, und die Kontrolle der Edelmetallpreise fällt dem Papier-Kartell immer schwerer.

Der Future-Handel ist recht komplex und schwer zu verstehen. Damit Sie jedoch eine ungefähre Vorstellung haben, wie er abläuft, möchte ich versuchen, ihn kurz zu skizzieren.

<u>Die Manipulation der Edelmetallpreise am Papiermarkt ...</u>

Die Preisfeststellung der Edelmetalle erfolgt derzeit ebenso wie die der Rohstoffe an den Terminmärkten. Während die Rohstoffe an der CME („Chicago Mercantile Exchange") gehandelt werden, findet der Handel der Edelmetall-Futures an der **COMEX in New York** statt. In Europa sei hier der auch weltweit größte Edelmetallmarkt in London zu nennen, die **LBMA (London Bullion Market Association)**.

Einen an den Terminbörsen gehandelten Lagerschein für Waren und Edelmetalle bezeichnet man als „**Kontrakt**". Es gibt Kauf-Kontrakte, und Verkauf-Kontrakte. Auch hier dasselbe Spiel wie im Geldsystem mit seinem Soll und Haben. Beide sind stets ausgeglichen.

Im Grunde handelt es sich hier ebenso wie im deckungs- und leistungslosen Geldsystem um ein Nullsummenspiel. Schulden und Guthaben heben sich gegenseitig auf. Jedem Verkauf-Kontrakt (in der Fachsprache: „**short**") steht exakt ein Kauf-Kontrakt (*„long"*) gegenüber. Ein Kontrakt Gold lautet auf 100 Unzen, ein Kontakt Silber auf 5.000 Unzen.

Bei einem Goldpreis von 1.700 US-Dollar pro Feinunze beläuft sich der Wert eines Goldkontrakts auf 170.000 US-Dollar. Bei einem Silberpreis von 30 US-Dollar pro Feinunze beträgt der Wert eines Silberkontrakts 150.000 US-Dollar.

Will ein Anleger auf einen fallenden Goldpreis wetten, dann würde er zum Beispiel einen Verkauf-Kontrakt erwerben. Fällt der Goldpreis tatsächlich während der Laufzeit des Kontrakts um 50 Dollar, dann gewinnt der Inhaber des Scheins 50 US-Dollar x 100 (Unzen pro Gold-Kontrakt) = 5.000 US-Dollar.

Das Gegenteil geschieht, wenn der Goldpreis während der Laufzeit des Kontrakts um 50 Dollar steigt. Dann erleidet er einen Verlust von 5.000 US-Dollar. Der entscheidende Punkt, der die Anleger in den Terminmarktes lockt, ist die Aussicht, mit relativ geringem Kapitaleinsatz (10% der Kontraktsumme; in unserem Beispiel: 17.000 US-Dollar für Gold, 15.000 US-Dollar für Silber) in kurzer Zeit einen möglichst hohen Gewinn zu erzielen.

Sie haben sicherlich bereits bemerkt, daß es hier in erster Linie nicht um Gold oder Silber geht, sondern das ganze Vorgehen eher dem Geschäftskonzept eines Casinos gleicht: Der Spieler (Anleger) ist weniger an den „Chips" (Gold / Silber) interessiert, sondern an dem Papiergeldgewinn, den er damit zu erzielen hofft.

Zum Vergleich: Die jährliche Fördermengen belaufen sich beim Gold auf etwa 2.000 Tonnen, beim Silber auf etwa 20.000 Tonnen.

Dieses Finanzcasino wurde nun aber zum Maßstab der Preisfeststellung der Edelmetalle – und aller anderen Waren dieser Welt – erhoben. Der Preis entsteht nun nicht beim Handel mit dem realen Metall oder Rohstoff, sondern durch den Wert eines Papierzettels, der behauptet: ich bin 100 Unzen Gold, oder ein Barrel Öl, oder einen Scheffel Weizen wert. Es wird ersichtlich, aus welchem Grund täglich 25 – 100% der jährlichen Fördermenge an Gold und Silber gehandelt werden kann. Die gehandelten Kontrakte sind nur zu einem Bruchteil gedeckt. Wir begegnen hier demselben Schema wie beim Papiergeld: Es steht mehr „drauf", als in Wirklichkeit „drin" ist.

Aber es ist niemals genug für alle da, wie die Lagerscheine vortäuschen. Also handelt es sich auch im Terminmarkt um ein betrügerisches Schneeballsystem.

Schneeballsysteme erkennt man daran, daß Altinvestoren (oder Beitragzahler) mit dem Geld von Neuinvestoren ausgezahlt werden. Das System bricht in dem Moment zusammen, sobald die Neuinvestoren nicht mehr einzahlen können oder wollen. Genau dasselbe trifft – nebenbei bemerkt – ebenfalls auf die staatlichen Versicherungssysteme zu (Krankenversicherung, Renten, Arbeitslosen).
Hier üben die Regierungen Druck und Zwang auf die Neuinvestoren (Beitragzahler) aus, um neue Einzahler in das System hineinzuzwingen (z.B. „Rentenversicherungszwang für Selbständige", „Krankenversicherungszwang" usw.) oder die Einsätze („Beiträge") erhöht werden, um den Kollaps des Schneeballsystems so lange wie möglich hinauszuzögern.
Übrigens darf gemäß des Menschenrechts niemand zur Teilnahme an Schneeballsystemen gezwungen werden. Ich finde, das sollte Ihnen nicht verschwiegen werden.

In Abwesenheit einer Finanzkrise war es üblich, sich die Gewinne auszahlen zu lassen, die Verluste zu begleichen, oder die Kontrakte von Quartal zu Quartal „überzurollen", also im Papiermarkt investiert zu bleiben und von der physischen Auslieferung abzusehen, sondern die Gewinne „laufen zu lassen". Viele Marktteilnehmer waren also mit der Abschöpfung ihrer Gewinne zufrieden – oder verloren ihre Einsätze durch Fehlspekulation.

Mit Entwicklung der globalen Finanzkrise gingen insbesondere Großinvestoren wie Fonds aus aller Welt, vermögende Privatanleger und sogar Staaten zunehmend dazu über, sich die erworbenen Metalle tatsächlich ausliefern zu lassen, da sie der Art der Preisfeststellung, der Kursentwicklung, der tatsächlichen Verfügbarkeit der auf den Lagerscheinen ausgewiesenen Metalle, und der Werthaltigkeit ihrer erzielten Gewinne auf Papier mißtrauten.
Sie begannen nun damit, ihre Edelmetalle nun also dem tatsächlichen Markt zu entziehen, nämlich dem physischen Markt. Je niedriger der Preis „auf dem Papier", desto größere Mengen konnten sie für ihr Geld kaufen. Und so sind heute die Lagerhäuser der Terminbörsen nahezu erschöpft, noch bevor die richtige Panik der Mehrheit der Investoren nach realen, wertbeständigen Anlageformen ausbricht.

Der Makel der Preisfeststellung an den Terminbörsen – und damit der Betrug – ist, daß die fundamentalen Bedingungen – also die Entwicklungen auf dem freien Markt, auf dem die Waren physisch gekauft und verkauft werden, sich im Papiermarkt in keinster Weise widerspiegelt.
Dem Papier, das behauptet, soundsoviele Werte zu repräsentieren, wurde die alleinige Bedeutung bei der Preisfindung eingeräumt. Diese Praxis lädt Manipualtion, Täuschung, Lüge und Betrug geradezu ein, und genau daran wird sie auch scheitern.

Das Schneeballsystem der Terminmärkte wird dann zusammenbrechen, sobald die letzte physische Unze Silber und Gold das Lagerhaus der Börse verlassen hat, oder die Börse unter dem Vorwand „höherer Gewalt" (Fachbegriff: „force majeure") Kontrakte nur noch in Papierwerten auszahlt.

Der Verkauf nichtexistenter Gold- und Silbermengen hat bis dahin einen natürlichen Markt in einem künstlichen, manipulierten Markt verwandelt, der die Preise auf künstlich niedrigem Niveau gehalten hat. Sobald die Drückungen nicht mehr möglich sind, werden die Preise nicht mehr auf dem Papier an der Börse festgelegt, sondern „auf der Straße" gemacht.

Stellen Sie sich die Preisdrückungen vor wie eine Sprungfeder, die immer und immer weiter zusammengepreßt wird, bis der Druckausübende die Kontrolle über sie verliert. Wenn das geschieht, dann ist kein Gegendruck mehr vorhanden und der Weg nach oben unbegrenzt und frei. Wie hoch die Preise dann schnellen werden?

Im Tausch gegen Papiergeld wird dann kaum noch jemand bereit sein, sein Silber und Gold abzugeben. Wie hoch die reale Kaufkraft gegenüber existentiellen Gütern oder Investitionsgütern steigen werden, muß abgewartet werden. Das Papiergeldsystem wird dann tot sein, weil niemand mehr Papier für das dann neue alte Geld akzeptieren wird. Auf diese Weise werden sich die alten Geldmetalle von allein wieder als Geld einsetzen. Sie sind das legitime, wertstabile Geld des Volkes.

Keine Regierung oder sonstige Organisation wird in der Lage sein, die Entfesselung eines Naturgesetzes – und das trifft auch auf ehrliches Geld zu – zu verhindern. Die Akzeptanz von Silber und Gold als Geld bedarf keines Gesetzes und keiner Anordnung. Jeder Mensch wird es dann gern als Bezahlung für seine Arbeit, seine Waren und Dienstleistungen haben wollen.

Im Laufe des vergangenen Jahrzehnts produzierte die chinesische Münzprägeanstalt ca. 600.000 Münzen des „China Panda 1 oz Silver" jährlich. Im Jahre 2011 wurde die Auflage der Münze auf 6 Millionen erhöht – eine Steigerung um 900%, die die Nachfrage der weltweiten Investoren nach Silbermünzen beeindruckend bestätigt.

Die Stagnation der US-Münzprägeanstalt („US Mint") beim Verkauf ihrer Ausgabe der Silberunze – dem „American Silver Eagle" – wird von den qualitätsfreien Medien als Nachfragerückgang gefeiert und der breiten Öffentlichkeit verkauft. Aber ist das tatsächlich der Fall? Werfen wir einmal den Blick auf die nackten Tatsachen: Während die USA im Jahre 2011 noch 29 Tonnen Silber nach Großbritannien exportierten, explodierte der Export nach London (Edelmetallbörse LBMA) auf 291 Tonnen Silber allein in den Monaten Mai, Juni, Juli und August des Jahres 2012 – ein Anstieg um 1.400% innerhalb nur eines Quartals im Vergleich zum gesamten Vorjahr!

Wer diese Zahlen zu interpretieren versteht, dem wird klar, daß die US-Münze nur deshalb weniger Silbermünzen prägt, weil das Silber in London benötigt wird, damit die Londoner Börse ihre riesigen Lieferverpflichtungen an asiatische Investoren erfüllen kann, bevor die physischen Lager völlig geleert sind und das teilgedeckte Schneeballsystem der Systembanken („Goldkartell") in Rauch aufgeht und die Preisdrückung mittels Papier endgültig zerbricht. Die LBMA pfeift also auf dem letzten Loch und wird die physische Silbernachfrage zu aktuellen Preisen nicht mehr lange bedienen können.

Um die prekäre Situation vor der Öffentlichkeit zu verheimlichen, entschied sich die LBMA, keine Daten bezüglich der Silbernachfrage und der Silber-Leasingrate mehr zu veröffentlichen, an denen sich die zuspitzende Dramatik des exorbitanten Nachfrageüberhangs im Silbermarkt ablesen läßt („Backwardation").
Link kingworldnews: http://tinyurl.com/dx6dvff

Als Backwardation wird ein Zustand im Terminmarkt bezeichnet, bei dem Kontrakte, die ihrem Fälligkeitstag näherliegen, zu höheren Preisen gehandelt werden als Kontrakte, deren Fälligkeit weiter in der Zukunft liegen.

Dies deutet auf starke Nachschubprobleme im physischen Markt hin, da Händler am Terminmarkt eine solche Situation für gewöhnlich nutzen, indem er die teureren endfälligen Verträge verkauft und parallel die billigeren Kontrakte mit längerer Laufzeit kauft. Den sich dabei ergebende Gewinn wird als **„Arbitrage"** bezeichnet.

Bei derzeitigen Kursen um 30 Dollar wird der Silbermarkt – alles verfügbare Silber der ganzen Welt – mit nur 30 bis 60 Milliarden US-Dollar bewertet, da man von 1 – 2 Mrd. Unzen verfügbarem Silber in investmentfähiger Form und Schmuck ausgeht. An keinem Punkt wird offensichtlicher, um was für einen in höchstem Maße manipulierten Markt es sich hier handelt.

Das „Federal Reserve System" finanziert das jährliche Budgetdefizit der USA in Höhe von mindestens 1,5 Billionen Dollar. Das sind fast 30 Milliarden Dollar pro Woche (!), die sie aus dem Nichts erzeugt.

Im Monat von Obamas Wiederwahl allein erzeugte die „Fed" 185 Milliarden Dollar aus heißer Luft. Wie ist in diesem Zusammenhang zu erklären, daß trotz explodierender weltweiter Nachfrage nach physischem Gold und Silber, sowie wochen- bis monatelanger Lieferzeiten für umfangreiche Auslieferungen dennoch die Preise fallen können? Wie ist das möglich?

Die Flucht der Sparer und Anleger in Geldmetalle muß daher um jeden Preis verhindert werden, fällt doch sonst das Papiergeldsystem und damit die Macht der herrschenden Kaste in sich zusammen, die auf deren ungedecktem Papiergeld aufgebaut wurde. Dies geschieht durch den Gebrauch von Angst, Hysterie und Massenpsychologie, die suggerieren soll: „Auch Edelmetalle sind keine sicheren Häfen mehr! Alles kann im Preis fallen! Nirgendwo sind eure Ersparnisse sicher!"

... und wie Sie sie sich zunutze machen können!

Achten Sie einmal auf die wasserfallartigen Preisstürze des Papiergoldes und des Papiersilbers mit Beginn des „Comex"-Handels in den USA. Hier handelt es sich offensichtlich um koordinierte Aktionen des Goldkartells – bestehend aus „systemrelevanten" Großbanken – die mit „Gewinnmitnahmen von Spekulanten" nicht glaubhaft erklärt werden können.

Warum?

Investoren sind bemüht, ihre Positionen zu höchstmöglichen Kursen zu verkaufen. Das bedeutet, Positionen Stück für Stück abzustoßen statt alles auf einmal, um eben keinen Preissturz auszulösen, sondern einen höheren Preis zu erzielen. Die wasserfallartigen Preisstürze bezwecken also ganz bewußt die Drückung der Preise, um die systembedrohlichen Geldmetalle schlecht und die zur Massenpsychologie gestützten Märkte wie Aktien, Anleihen oder Währungen gut aussehen zu lassen.

Lassen Sie sich nicht hinter's Licht führen, sondern lassen Sie sich die Preisdrücker ins eigene Fleisch schneiden. Dank der Preisdrückung sind Sie nun nämlich in der Lage, für denselben Betrag in Euro oder Dollar viel mehr echtes physisches Metall zu kaufen, es so dem Markt zu entziehen und das Ende der Finanzrepression und des Finanzterrorismus zu beschleunigen. Kaufen Sie an solchen Drückungstagen, und entziehen Sie dem System das physische Metall, eingedenk Max Keiser's Aufruf: „Crash JP Morgan! Buy physical silver!" Und lagern Sie es im eigenen Tresor statt im Bankschließfach!

Um sich diesen Umstand zunutze zu machen, sollten Sie über die besonders beliebten Tage der Preisdrückung Bescheid wissen.

Dies sind üblicherweise:
* das Ende einer Handelswoche (üblicherweise ein Freitag)
* das Ende eines Monats
* das Ende eines Quartals
* das Ende eines Jahres
* Tage mit Verfallstermin für Optionen und Futures auf Gold und Silber („Option Expiry Dates")
* Tage, an denen das „Offenmarktausschuß" (FOMC) der FED tagt (um den Dollar gut und die Edelmetalle schwach aussehen zu lassen)
* Tage / Wochen vor wichtigen Wahlen
* asiatische Feiertage mit dünnem Handel an den ozeanischen Börsen (Syndney), wo sich mit wenig Aufwand viel Verkaufsdruck aufbauen und somit Kursrutsche besonders leicht erzeugen lassen

Ich halte insbesondere Silber für die beste Investition der Menschheitsgeschichte aufgrund des unvorstellbaren Umfangs der Finanz-Manipulation und des Verlustes von 95% allen jemals geförderten Silbers. Silber steht vor einer völligen Neubewertung, die dann beginnen wird, wenn die künstliche Preisdrückung „auf Papier" an ihre natürlichen Grenzen stoßen wird, wenn die Spekulanten, Anleger und Sparer kein Papiergold und Papiersilber akzeptieren werden, sondern auf die physische Auslieferung der Metalle bestehen werden.

Ein paar kurze Fakten zum Silbermarkt:

Die weltweit geförderte Menge an Silber beträgt ca. 700 Millionen Unzen jährlich, Tendenz stagnierend bis abnehmend. Allein die Industrie verbraucht jährlich 900 Millionen Unzen Silber: in Elekronikbauteilen für Handys und PCs, für medizinische und militärische Produkte, für RFID-Chips, für Solarpaneele und viele Anwendungen mehr. Die jährlich fehlenden 200 Millionen Unzen können nur noch mühsam durch Recycling gedeckt werden. Weitere ca. 100 Millionen Unzen Silber werden jährlich von Anlegern weltweit nachgefragt – Tendenz stark steigend, insbesondere aus China und Indien, sowie den arabischen Staaten. In Mexiko gibt es eine Bürgerinitiative zur Einführung von Silbergeld. Mexico ist eines der größten Förderländer von Silber und nicht mehr bereit, dieses echte Geld im Tausch gegen wertlose Papierdollars herzugeben.
Ein weiterer Indikator der Silberknappheit: Während China im Jahre 2005 noch 100 Millionen Unzen Silber (ca. 3.000 Tonnen) exportierte, importierte es im Jahr 2010 bereits 150 Millionen Unzen (ca. 3.500 Tonnen). So wandelte sich China von einem Nettoexporteur zu einem Netto-importeur von Silber. Für den Silbermarkt bedeutet das eine Marktverschiebung von 250 Millionen Unzen: 100 Millionen Unzen fehlen nun auf der Angebotsseite, während eine neue, zusätzliche Nachfrage von 150 Millionen Unzen entstanden ist, die aus einem rasch schrumpfenden Angebot befriedigt werden muß. Wie lange können also die Preise noch fallen? Geschenkt! Die Preis für Papiersilber und Papiergold, die an den globalen Terminbörsen gehandelt werden, können und werden vermutlich auf Null fallen. **Kaufen Sie also ausschließlich physisches Gold und Silber bei Preisrückgängen, und lagern Sie es privat an einem sicheren Ort. Und schlafen Sie fortan wieder ruhiger!**

Gold und Silber an den Terminmärkten zu handeln ist wie die „Reise nach Jerusalem". Kennen Sie das Spiel? In der Mitte eines Raumes werden Stühle aufgereiht – immer einer weniger, als Spieler teilnehmen. Dann beginnt die Musik zu spielen, und wenn sie abrupt stoppt, dann stürzen sich alle Spieler auf einen Stuhl. Einer verliert immer und scheidet aus dem Spiel aus.
Übertragen auf den Terminmarkt bedeutet die „Reise nach Jerusalem": Es gibt für 100 Spieler einen einzigen Stuhl. Insider behaupten sogar, es gäbe nur einen Stuhl für 1.000 Spieler. Gehen wir einmal nur davon aus, daß hundertmal mehr Unzen Silber verkauft wurden, als tatsächlich physisch existieren. Warten Sie ab, was passieren wird, wenn die Musik aufhört zu spielen. Heute haben Sie noch die Gelegenheit, sich ganz in Ruhe Ihren Stuhl auszusuchen und das Ende des Spiels zu betrachten, das bald weltweit aufgeführt werden wird.

In einem freien, unmanipuliertem Markt erfolgt die Preisfindung durch Angebot und Nachfrage: der Preis, zu dem der Verkäufer gewillt ist seine Ware zu verkaufen, und zu dem der Käufer bereit ist zu kaufen. Das ist das Prinzip der heute plötzlich verpönten freien Marktwirtschaft. Es ist der freie Markt für freie Menschen.

Der Terminmarkt ist eine durchaus sinnvolle Erfindung, beispielsweise für Bergbau- oder landwirtschaftliche Unternehmen, der es ihnen erlaubt, ihre Waren vorab zu verkaufen, um ihre Projekte (beispielsweise die Erschließung einer Mine oder Produktionsaufwand für die Erntesaison) vorzufinanzieren. Heute wird der Terminmarkt jedoch von Banken dominiert, die Güter weder produzieren noch über diese verfügen, und so ist er zu einem riesigen Casino verkommen, in dem hemmungslos gezockt wird.

Charts

Viele Anleger und Leser schenken der Charttechnik heute eine große Beachtung. Als Charts bezeichnet man grafische Darstellungen der Preisentwicklung einer Aktie, Anleihe, eines Rohstoffs oder sonstigen börsengehandelten Wertes in Form eines Diagramms oder Zeitstrahls, innerhalb einer beliebigen Währung. Charts machen die Preisentwicklung während verschiedener Zeiträume sichtbar.

Die x-Achse bildet dabei die Zeit ab, die üblicherweise in Stunden, Tagen, Wochen, Monaten und Jahren dargestellt werden kann. Die y-Achse bildet den Preis der Anlage während eines bestimmten Zeitraums. Der große Nachteil von Charts ist die Nichtberücksichtigung des Wertverlusts der Währungen, in der der Börsenwert dargestellt wird, was den Chart insbesondere über eine langen Zeitraum stark verzerrt darstellt. Wie die Menschen heute mittels Massenpsychologie der Massenmedien gelenkt werden, so sollen Anleger von Charts massenpsychologisch gesteuert werden – bis die Manipulation an der Realität scheitert.

Wertpapierhändler wurden heute zum großen Teil durch Computerprogramme ersetzt, die – gesteuert durch Algorithmen, mathematische Rechenformeln – Käufe und Verkäufe ihrer jeweiligen Programmierung gemäß automatisch auslösen. Das kann zu regelrechten Verkaufs- oder Kaufwellen führen, da der Gebrauch dieser Software bei Banken, Investmentfirmen, Hedgefonds und anderen heute zum Alltag geworden ist.

Nun treffen also keine Menschen mehr die Entscheidung über Kauf und Verkauf, die durch Verstand und Emotion beeinflußt werden, sondern Computer, die auf mathematische Formeln und charttechnische Signale geeicht wurden. Auf diese Weise ist es leicht, Preise künstlich zu beeinflussen – solange alle in vorgefertigtem Rahmen denken und so tun, als überlebe ein Handel ewig, der nur zu einem Bruchteil des Handelsvolumens real gedeckt ist.

Charts sind in einem hochmanipuliertem Finanzmarkt in ihrer Aussagekraft stark begrenzt. Da es im heutigen Finanzmarkt keinen Sektor gibt, der nicht von Zentral- und Großbanken beeinflußt wird, und auch der reale Wertverlust der Währungen durch Inflation nicht in die Charts einfließt, ist die Charttechnik langfristig aussage- und bedeutungslos geworden – zur puren Kaffeesatzleserei. Charts haben heute für viele Anleger einen pseudoreligiösen Charakter angenommen (etwa die „Elliott Wave Theorie"), die wie hypnotisiert auf ihre Striche, Kurven, Linien und Wellen schaut, und diesen mehr Bedeutung beimessen als der Realität – den fundamentalen Daten.
So hat sich die Scheinwelt des deckungslosen Finanzsystems in eine völlig der Realität enthobene grafisch verzerrt dargestellte Scheinwelt von Chartgurus und ihren Anhängern entwickelt, die anhand manipulierter Muster die Entwicklung der Zukunft zu prognostizieren versuchen.
Heute werden so an den Kursen gedreht, daß die Chart- und Kaffeesatzleser nicht vom Glauben an ihre Linien- und Wellenformationen abfallen und plötzlich damit beginnen, sich mit den einzig verläßlichen Daten zu befassen, und das sind die Fundamentaldaten: die Aufblähung der realen Geldbasis und die extreme Knappheit der physischen Metalle.

Aus diesem Grunde konzentriere ich mich einzig und allein auf handfeste, reale, fundamentale Daten und nachprüfbare Tatsachen. Der ultimative, fundamental begründete vehemente Preissprung von Gold und ganz besonders von Silber wird alle Chartisten überraschen, sobald sich herausstellt, daß ein Vielfaches der Geldmetalle „auf Papier" verkauft wurde, die in Wirklichkeit nur zu einem Bruchteil zur Verfügung stehen. Ab diesem Zeitpunkt wird erkennbar werden, daß die Papiergeldkaiser nackt sind, was den Zusammenbruch des globalen Papiergeldes zur Folge haben wird.

Das natürliche Mengenverhältnis zwischen Gold und Silber

Während alles Gold der Welt (ca. 5 Milliarden Unzen) nahezu vollständig erhalten ist und gehortet wird, wurde alles jemals geförderte Silber der Welt – ca. 45 Milliarden Unzen – fast vollständig industriell verbraucht. Heute bleibt ein weltweiter Restbestand von etwa einer Milliarde Unzen Silber. Davon kommen circa 200 Millionen Unzen als sogenanntes investmentfähiges Silber (Fachbegriff: „investment-grade silver") vor, das heißt in Form von Münzen, Barren und Schmuck.

Ausgehend von den Gesamtmengen gibt es heute etwa fünfmal soviel Gold als Silber. Jährlich wird etwa 10mal mehr Silber gefördert als Gold. Und doch kostet Gold heute über 50mal mehr als Silber!

Dieses extreme Marktungleichgewicht verdeutlicht, wie stark der Silberpreis gedrückt wurde, damit ihn die Industrie billigst aufkaufen konnte. Zum anderen wird ablesbar, was mit Preis des Silbers geschehen wird, wenn die Preisdrückung zusammenbricht. Wenn, nicht falls.

Das Verhältnis Gold : Silber lag über viele Jahrhunderte relativ konstant bei etwa 1:15. Es gab also 15mal mehr Silber als Gold, und genau das drückten die Preise aus. Damals existierte und funktionierte also eine Preisfestlegung auf Grundlage eines sich frei regulierenden Marktes, und es gibt keinen Grund anzunehmen, warum dies nicht auch in Zukunft wieder der Fall sein wird – ganz ohne das „Primat der Politik" und deren Primaten.

Viele Investmentexperten – wirkliche Experten in meinen Augen, die dieses Prädikat zurecht tragen und die Situation der Märkte zum Teil des Jahrzehnten beobachten und kennen – rechnen mit einer Rückkehr der Preise zu etwa diesem historischem Verhältnis von Gold : Silber 1:15. Ich möchte versuchen, Ihnen die Gründe zu veranschaulichen, warum ich mit einer beachtlichen Veränderung dieses Verhältnis zugunsten von Silber rechne.

Silber ist der einzige Wertstoff auf der Welt, die heute (im Jahre 2011) billiger ist als 1980, also vor 30 Jahren, als es einen nominellen Höchstpreis bei 50 Dollar erreichte. Dabei gibt es keine Ware auf der Welt, deren Menge im selben Zeitraum dermaßen unwiederbringlich aufgebraucht wurde.

Im Jahre **1980 existierten noch ca. 5 Milliarden Unzen Silber**. Allein die US-Regierung verwahrte damals einen Bestand von 3,5 Milliarden Unzen, die nach dem damaligen Preishoch bei 50 Dollar auf den Markt geworfen wurden, um den Preisanstieg während der Hunt-Spekulation zu begrenzen und einen Absturz der Preise auszulösen.

2011 existieren noch ca. 1 Mrd Unzen Silber an physischen Beständen, und ca. 700 Mio Unzen werden jährlich gefördert – Tendenz stark fallend, und das bei weltweit steigender Nachfrage. Peak Silver. Die weltweiten Silberbestände belaufen sich heute also auf ein Fünftel (1/5) im Vergleich zu 1980. Die **Geldmengen**, die seit Beginn der 1980er Jahre von den Zentralbanken erschaffen wurden, haben sich während der letzten 30 Jahre ungefähr **verzehnfacht**.

Das bedeutet, daß ausgehend von den einem nominalen Silberhoch von $50 noch keine Inflationsbereinigung vorliegt.

Inflationsbereinigt müßte Silber zum jetzigen Zeitpunkt bereits bei ca. $500 pro Unzen notieren. Und dies wiederum berücksichtigt noch immer nicht, daß heute nur noch etwa <u>ein Fünftel</u> der Menge an physischem Silber im Vergleich zum Jahre 1980 existiert.

Zur Berechnung des fairen Wertes müssen wir also eine <u>Bestandsbereinigung</u> vornehmen, die diese Tatsache berücksichtigt. Des weiteren müssen wir zusätzliche eine <u>Inflationsbereinigung</u> vornehmen, denn im Jahre 2011 existieren zehnmal mehr Dollars als im Jahre 1980. Mit anderen Worten: Ein Dollar des Jahres 1980 war zehnmal mehr Wert als der des Jahres 2011.

Daraus errechnen wir den ungefähren derzeitigen Wert von Silber wie folgt:

Wert des Marktwertes von Silber im Vergleich der Jahre 1980 vs. 2011

Bestandsbereinigung 1980 vs 2011

1980:
50 Dollar x 5.000.000.000 Unzen = 250.000.000.000 = 250 Milliarden Dollar

2011:
30 Dollar x 2.000.000.000 Unzen = 60.000.000.000 = 60 Milliarden Dollar

Bestandsbereinigt notiert Silber in 2011 also bei ca. einem Viertel (1/4) seines Wertes von 1980 (50$ x 4), woraus sich ein **aktueller fairer Wert von 200$ pro Unze** ableiten läßt.

Nun müssen wir jedoch zusätzlich die zwanzigmal größere Geldmenge in der Welt berücksichtigen, die in 2011 gegenüber 1980 besteht: Dazu multiplizieren wir das Ergebnis der Bestandsbereinigung (200$) mit dem Faktor der erhöhten Geldmenge von 1980 im Vergleich zu 2011 (x 20), woraus sich ein fairer Wert für Silber von 4.000$ / Unze Silber errechnet.

Dabei handelt es sich wohlgemerkt nicht um mein Kursziel von Silber für das Jahr 2013, sondern der faire Wert des Silbers jetzt und heute. Weiteres Gelddrucken oder gar die kommende unvermeidliche globale Hyperinflation wurden in dieser Prognose noch bei Weitem nicht berücksichtigt!

Im Vergleich zum Jahre 1980 notiert Silber heute – gegen Ende des Jahres 2011 – also zu ca. einem Hundertstel (1/100) seines fairen Wertes!

Von einer „Blase" kann also nicht einmal ansatzweise gesprochen werden. Diese Äußerungen sollen Sparer lediglich davon abhalten, die schlechteste Anlageform (Papiergeld, Bargeld, Termingeld, Anleihen, Aktien, Zertifikate) gegen die Beste zu tauschen.

Somit ist Silber das heute am stärksten unterbewertete Stoff der Erde – bei fallender jährlicher Fördermenge.

Noch einmal kurz zum Vergleich:
Nominaler Höchststand Gold im Jahre 1980: 800 US-Dollar
Weltweiter Goldbestand im Jahre 1980: ca. 4 Milliarden Unzen

Nominaler Jahresendstand Gold im Jahre 2011: 1.600 US-Dollar
Weltweiter Goldbestand im Jahre 2011: ca. 6 Milliarden Unzen

Nominaler Höchststand Silber im Jahre 1980: 50 US-Dollar
Weltweiter Silberbestand im Jahre 1980: ca. 5 Milliarden Unzen

Nominaler Jahresendstand Silber im Jahre 2011: 30 US-Dollar.
Weltweiter Silberbestand im Jahre 2011: ca. 2 Milliarde Unzen.

Bei dieser Betrachtung ist jedoch – wie oben angesprochen – nicht die 20fach höhere Geldmenge im Vergleich 1980 / 2011 enthalten, und ebenfalls nicht die in 2011 höhere Menge des weltweiten Goldbestandes, während nur noch ein Drittel der Menge an Silber im Jahre 2011 existiert im Vergleich zum Jahr 1980.

Der Vollständigkeit halber noch die Inflationsbereinigung des Goldes unter Berücksichtigung der Verzehnfachung der Geldmenge zwischen den Jahren 1980 und 2011:

Höchstand 1980: 800 US-Dollar, multipliziert um den Faktor 20, um die erhöhte Geldmenge widerzuspiegeln = **fairer Wert Gold gegen Ende des Jahres 2011: ca. 16.000 US-Dollar.**

Für das Gold trifft dasselbe zu wie für Silber. 16.000 US-Dollar müßte die Feinunze Gold kosten – hier und heute. Weitere Gelddruckorgien und Geldfälschungen der Zentralbanken wurden auch hier noch nicht eingerechnet.

Ich halte Gold für einen exzellenten Vermögensschutz vor politischen und finanz-mafiösen Raubzügen. Aber es ist eben nur die zweitbeste Investitionsmöglichkeit, die vom Silber um ein Vielfaches übertroffen werden wird!

Seien Sie skeptisch, wenn es um „Anlageprodukte" wie ETF oder ETC geht! Lesen Sie im Zweifelsfall deren AGB aufmerksam durch, ob die Möglichkeit der physischen Auslieferung uneingeschränkt und jederzeit garantiert wird – und testen Sie es! Falls man Ihnen erklärt, es kämen hohe Kosten auf Sie zu, dann ist der Verkauf dieser Papiere und die Unwandlung des Verkaufserlöses beim Edelmetallhändler Ihres Vertrauens die beste Wahl.

JP Morgan kontrolliert heute 40% der Verkaufskontrakte am Papiersilbermarkt. Zugleich ist diese Bank die Verwahrerin des weltgrößte ETF für Gold („GLD") und Silber („SLV"). Können Sie INTERESSENKONFLIKT buchstabieren? Einerseits der größte Verkäufer, andererseits der größte Verwalter? Wie paßt das zusammen? Übrigens: John Pierpont Morgan war Gründungsmitglied der "Federal Reserve Bank".

Wundern Sie sich nicht darüber. Wir leben heute im Imperium der Lüge, des Betrugs, der Manipulation und der Korruption, in der nichts so ist, wie es zu sein scheint. Aber die Fassade des Scheins bröckelt und die Wahrheit drängt mit Macht ans Licht, wie der LIBOR-Skandal zaghaft andeutet. Er ist erst die Spitze des Eisbergs des Betrugs. Und genau auf diese Art des Interessenkonfliktes weisen "Verschwörungstheoretiker" und das Gold-Anti-Trust-Action-Committee (**http://gata.org**) hin, die die dabei praktizierte Marktbeeinflussung unter Geheimhaltung und Vertuschung von Aufsichtsbehörden und US-Regierung seit Jahren sorgfältig dokumentieren. Ich weiß, daß die Versuchung besteht, die Preise von Gold und Silber in Dollar, Euro und Franken zu vergleichen. So wurden wir konditioniert. Und doch erhalten wir dabei nur ein verzerrtes Bild, da auch die Währungen manipuliert und „gestützt" werden.

Eine bessere Alternative bei der Beurteilung der Werthaltigkeit zur Schätzung der Kaufkraft ist deshalb der Vergleich der Wertentwicklung von Gold / Silber gegen die Preise von existentiellen Gütern wie Lebensmitteln und Energie (Brenn- und Treibstoffe) innerhalb eines bestimmten Zeitraums. Eine weitere Möglichkeit besteht im Vergleich zwischen Gold / Silber und Investitionsgütern, wie den Preisen für Ackerland oder Immobilien. Diese Alternativvergleiche sind deutlich aussagekräftiger als der Preisvergleich gegenüber Papierwährungen wie Euro, Dollar, Franken oder D-Mark.

Gold und Silber sind monetäre Freiheit. Sie sind zugleich ein politisches Veto gegen die Enteignungspolitik von Regimes, die nicht einmal mehr ihre eigenen Gesetze halten.

Sie brauchen nicht vier Jahre zu warten, um Ihre Stimme „abzugeben". Stimmabgabe im Wahllokal bedeutet immer, daß Sie mit Ihrer Stimme Parteien und deren Vertreter offiziell legitimieren, vier Jahre tun und lassen zu können, was sie wollen – und das muß nicht zwangsläufig das sein, was in Ihrem besten Interesse ist! Behalten Sie also Ihre Stimme besser für sich und nehmen Sie Ihr Leben und die Entscheidung über Ihre Ersparnisse selbst in die Hand. Die freieste Wahl, die Sie treffen können, findet in keinem Wahllokal der Welt statt, denn dieses System kann man nicht auf diesem Weg abwählen. Die Wahl findet beim Edelmetallhändler Ihres Vertrauens statt.

Die Lösung auf die Frage „Wo ist mein Geld sicher?" lautet heute: Nein, nicht in der Schweiz, den Kanalinseln, den Cayman Islands, in Hongkong oder Singapur … sondern:

Kaufen Sie physisches Gold und Silber und verwahren Sie es privat an einem (oder mehreren) sicheren Ort(en) außerhalb des Bankensystems! Das bedeutet konkret: <u>kein</u> Bankschließfach, <u>kein</u> Zollfreilager, aber auch <u>keine</u> Verwahrung in einem Tresor Dritter!

Am besten tun Sie dies **als anonymes Tafelgeschäft bis zu einem Wert von 15.000 € pro Tag und pro Person**, völlig legal. Banken kennen offenbar die Gesetze nicht und werden nach Ihren Ausweispapieren verlangen. Ausnahme: Reisebank (Stand: 2011). Umgehen Sie bürokratische Schikanen und kaufen Sie stattdessen bei einem der zahlreichen renommierten Edelmetallhändler.

Vielleicht möchten Sie beim Kauf auf das **Gütesiegel des „Berufsverbandes des deutschen Münzenfachhandels"** achten: http://muenzenverband.de

Die aktuelle Mitgliederliste von Händlern, die freiwillig der Kontrolle des Münzverbandes unterliegen, finden Sie hier: http://tinyurl.com/lcbm5je

Eine weitere Übersicht über Händlern in Ihrer Nähe finden Sie hier (Link silber-und-gold.com): http://tinyurl.com/36uu57f

Wenn Sie Neuling im Gold- und Silberinvestment sind und das Risiko von Fälschungen aus-schließen wollen, dann ist der Kauf bei einem dem Verband angeschlossenen Händler empfehlenswert. Diesen können Sie ganz bequem unter der Rubrik „Händlersuche" finden. Wenn es Ihnen zugleich um den günstigsten Erwerb geht, dann können Sie auch selbst Preise vergleichen:

http://gold.de
http://bullion-investor.com
http://silber-investor.de
http://bullionpage.de

Hier finden Sie eine kurze Auflistung empfehlenswerter alter nationaler Kursmünzen, die noch immer einen hohen Wiedererkennungswert haben. Sie sind ein Teil „geprägter Ge-schichte" und werden mit dem Zusammenbruch des globalen Papiergeldsystems sicher sehr schnell als begehrtes echtes Geld erkannt und nachgefragt werden.

Ihr Vorteil gegenüber den „Standard-Anlagemünzen" (Bullion-Münzen): ihre Legierung macht sie abriebfester und somit hervorragend alltagstauglich im physischen Zahlungsverkehr.

Österreich
Silber: 1 / 2 Krone(n) der k.u.k.-Monarchie – 5 / 10 / 25 / 50 / 100 Schilling bis 1974
Gold: 10 / 20 Krone(n), 4 / 8 Florin, 1 / 4 Dukat(en)

Schweiz
Silber: ½ / 1 / 2 / 5 Franken bis Prägejahr 1967; 5 Franken 1968 in Kupfer-Nickel (CuNi); im Jahre 1969 wurden die 5 Franken (auch Fünfliber genannt) nochmals letztmalig in Silber geprägt
Gold: 10 / 20 Vreneli

Großbritannien
Silber: Crown, Half Crown, One / Two Shillings, Sixpence, Threepence (bis 1919 mit einem Silbergehalt von 92,5% = Sterling; ab 1920 bis 1946 Silbergehalt 50%, seit 1947 Kupfer-Nickel)
Gold: Half Sovereign, Sovereign

Edelmetallhändler in der Schweiz (eine Auswahl von Händlern mit Internetpräsenz):
http://muenzenborchert.ch   http://einrappen.ch   http://goldsilber.org
http://schweizer-geld.ch   http://proaurum.ch   http://echtgeld.ch

Edelmetallhändler in Österreich (eine Auswahl von Händlern mit Internetpräsenz):
http://vg-edelmetalle.com   http://goldvorsorge.at
http://proaurum.at   http://edelmetalle-bergmann.at

Edelmetallhändler in GB (eine Auswahl von Händlern mit Internetpräsenz):
http://bullionbypost.co.uk   http://stores.ebay.co.uk/Britannia-Coin-Shop
http://stores.ebay.de/UKB-Coins-and-Collectibles

Die Wahrheit über das US-Goldverbot von 1933 – und welche Lehren Anleger heute darauf ziehen sollten

Das „Goldverbot", das der US-Präsident Franklin D. Roosevelt im Jahre 1933 in Kraft setzte, bezog sich keineswegs auf die im Privatbesitz befindlichen Goldbestände der amerikanischen Bevölkerung in Münzen- und Barrenform, wie heute häufig dargestellt wird. Die Regierung konfiszierte vielmehr Goldkonten und das sich in Bankschließfächern verwahrte Gold – also das Gold, auf das sie leicht Zugriff hatte. Und das war und ist bei im Privatbesitz befindlichen, wohlverwahrten und idealerweise anonym erworbenen Edelmetallen einfach nicht der Fall.

Die Schlußfolgerung, die Anleger heute daraus ziehen sollten, ist diese: Verkaufen Sie Edelmetall-Zertifikate, ETF-Anteile, Optionsscheine, Edelmetallkonten und -sparpläne, sogar Minentitel (Aktien) – kurzum: alles, worauf eine Regierung problemlos und jederzeit zugreifen kann und was ohne Weiteres beschlagnahmt werden könnte, denn genau so sieht der letzte Strohhalm verzweifelter Gewlthaber aus: ihr Volk enteignen, um im Gegenzug selbst noch ein wenig länger „an der Macht" zu bleiben.

Die einzige Möglichkeit, sich finanziell vor den Konsequenzen des Wahnsinns abzusichern, ist Ihr Geld außerhalb des Bankensystems aufzubewahren, und das gelingt ganz vorzüglich, allerdings nur mit Hilfe der alten Geldmetalle, physisch gekauft und privat an sicherer Stelle verwahrt. Daß damit nicht geprahlt werden sollte, versteht sich von selbst. Wenn Sie dies beherzigen, dann sind Sie ab sofort Ihre eigene Bank, mit jederzeit verfügbarer Liquidität, mit permanenter Verfügungsgewalt über Ihr Vermögen rund um die Uhr, auch an Wochenenden und „Bankfeiertagen". Zudem haben Sie mit dieser Vorgehensweise Ihr eigenes Bankgeheimnis wiederhergestellt und gehen damit einen entscheidenden Schritt weg vom totalüberwachten Steuersklaven, den man nach Belieben ausplündern kann, hin zu einem mündigen und souveränen Menschen, der Sie sein sollten.

Nur was Sie in die Hand nehmen können, ist real. Alles andere gehört nicht wirklich Ihnen, auch wenn ein Stück Papier oder „Zertifikat" dies scheinbar bescheinigt. Sie wissen: Papier ist geduldig, und seine Tinte fast nie das Papier wert, auf dem sie gedruckt ist.

Sie sollten mit jeder Form des versuchten legalisierten Diebstahl rechnen. Der Staat – der UNS DAS VOLK schon lange nicht mehr vertritt! - könnte im Rahmen einer Notstandsverordnung einen Bankfeiertag ausrufen, die Schließfächer öffnen und versuchen, reale Werte zu konfiszieren. Das würde in der Geschichte nicht zum ersten Mal passieren. Im Gegenteil: der Diebstahl fremden Eigentums ist gewissermaßen eine sozialistische Paradedisziplin.

Trauen Sie einem bankroten, desperaten Regime ALLES zu. Bevor es untergeht, wird es durch repressives Vorgehen gegen sein Volk und durch den Aufbau künstlicher Feindbilder (die bösen Spekulanten, die bösen "Reichen", die bösen Goldbesitzer usw., das böse Land XY) versuchen, Zwietracht zu säen bzw. sich fremden Eigentums zu bemächtigen, um seinen finanziellen Untergang so lange als möglich auf Kosten der Bevölkerung hinauszuzögern. Verwahren Sie deshalb Ihr Vermögen sicher, anonym und privat.

Enteignung findet in jedem Fall zuerst psychologisch statt und wird dementsprechend meist über einen längeren Zeitraum vorbereitet, um eine möglichst breite Zustimmung der Massen zu seinem Vorhaben zu erreichen. Sie bedeutet den politisch motivierten Diebstahl von Privateigentum. Meist sind Sachwerte die Ziele von Enteignung. Oft gehen Enteignungen Parolen wie „Gemeinwohl geht vor Eigenwohl" voraus, die schon die Nationalsozialisten nutzten. Heute finden Enteignungen von Land wegen Straßen- oder Trassenbau, oder wegen „Olympischen Spielen" statt. Sobald eine solche Entwicklung ihren Anfang nimmt und die Öffentlichkeit als „normal" oder „gerecht" betrachtet, daß Privateigentum nicht mehr respektiert wird, steht das System vor einer Radikalisierung.

Erst geht das Eigentum, dann geht die Freiheit. Stehen Sie also nicht nur für Ihr eigenes Recht auf Eigentum ein, sondern auch für das Recht anderer!

Meine Tresor-Empfehlung ist der Hersteller Waldis aus der Schweiz. Kein anderer Fabrikant gewährt für jeden seiner Tresore eine **20 Jahre Garantie gegen Aufbruch.**

Denn auch die Aufbruchmethoden entwickeln sich weiter. Deshalb ist diese Garantie im Hinblick auf die Aufbruchsicherheit einzigartig – und wird nicht ohne Grund angeboten! http://tresore.ch

Eine Auswahl anderer Tresore finden Sie beispielsweise bei:

http://tresore.net
http://hartmann-tresore.de
http://suedwest-tresore.de

Kommen wir nun zum Kauf physischer Edelmetalle. Physische Edelmetalle – manche sagen irrtümlicherweise „physikalisch" - bedeutet: **Sie können sie jederzeit in Ihre Hände nehmen, haben permanent Zugriff darauf. Sie sind also unmittelbar und jederzeit für Sie verfügbar – keine Zertifikate, kein Versprechen auf Papier, kein Lager- oder Lieferschein, sondern das echte Metall! In Ihrem eigenen Interesse: geben Sie sich bitte NIEMALS, unter keinen Umständen, mit etwas anderem zufrieden!**

"Aber Gold und Silber bringen keine Zinsen und Dividenden!" – Das ist richtig, denn ihr Ausfallrisiko liegt bei Null! Und darüberhinaus bewahren und erhalten sie das in ihnen gespeicherte Vermögen, im Gegensatz zu allen Papieranlagen!

Widerstehen Sie dem Herdentrieb und dem Psychodruck des Systems!

Trotz des regelrechten Psychodrucks, den Banken, Politik und Medien heute ausüben, um die Sparer vor der Flucht aus dem Papier und in die alten Geldmetalle abzuhalten, sollten Sie sich nicht verunsichern lassen. Jedoch sollten Sie Gold und Silber niemals auf Kredit kaufen, und vor allem gehebelte Investmentvehikel wie Optionen, Zertifikate, Goldkonten, ETF / ETC – auch wenn sie auf Edelmetalle lauten – um jeden Preis meiden.
Die darin verbrieften Metalle existieren meist nur "auf Papier" und werden im Konkursfall der emittierenden Bank nicht einmal mehr dieses wert sein. Nie waren Bankguthaben so unsicher wie heute. Rechnen Sie mit „Bankfeiertagen", die einen verzweifelten Versuch darstellen, die Sparer vom Abheben ihrer Guthaben abzuhalten, und die „Währungsreformen" vorausgehen.

Warum Papier niemals Geld sein kann? Geldschöpfung ohne Gegenwert bedeutet letztlich IMMER Inflation = Geldentwertung.

Nicht die „bösen Spekulanten" sind daran Schuld, sondern die Zentralbanken, die die Ozeane an Frischgedrucktem zuvor erschaffen haben. Je mehr davon erzeugt wird, desto schneller verfällt der Wert der bereits bestehenden Geldbasis. Die Abwärtsspirale ist nun nicht mehr zu stoppen. Es ist ein Gemisch aus überbordenden Staatsdefiziten, die auf stark einbrechende Steuereinnahmen bei schnell steigenden Sozialausgaben treffen. **Rechnen Sie mit dem Kollaps des (A)Sozialsystems** (staatliche Versicherungen: Renten, Arbeitslosen, Kranken, HartzIV). Es beruht auf demselben Schneeballprinzip wie der ganze Rest des schuldenbasierten Finanzsystems. Schneeballsysteme sind davon erkennbar, daß Alteinzahler (oder Investoren) mit dem Geld neuer Einzahler ausgezahlt werden. Bröckelt diese Basis frischen Geldes, sei es aufgrund eines Wirtschaftseinbruchs oder einfach, weil die neuen Einzahler erkennen, daß sie selbst kein oder viel weniger Geld aus dem „Topf" erhalten werden, dann kollabieren (auch staatliche) Schneeballsysteme.

In seiner Endphase, in die mir mittlerweile eingetreten sind, stranguliert sich das Papiergeldsystem selbst, da die Schuldenlast exponentiell durch den Zinseszins anwächst und somit den Wert der Guthaben als auch den Wert der Schulden vernichtet. Darüber hinaus erwarte ich eine explodierende Zahl von Arbeitslosen durch Kollaps der Weltwirtschaft und den -handels – damit also noch weniger Steuereinnahmen … setzen Sie die Spirale fort und Sie werden hier der Antwort selbst bekommen. Sie kann nur lauten: wirtschaftliche Depression und Hyperinflation, mit dem Totalverlust alles Papiergeldvermögens. Im Prinzip handelt es sich um die nackte Enteignung aller Sparguthaben. **Wir stehen vor dem Ende dieses gesamten auf staatlichen Betrug, Falschgeld und maßloser Korruption aufgebautem Systems.**

FÜRCHTEN SIE SICH NICHT! ES IST NICHT DAS ENDE DER WELT, SONDERN DAS ENDE EINER EPOCHE MAßLOSER POLITISCHER ARROGANZ, DEKADENZ UND ÜBERHEBLICHKEIT – DAS ENDE EINES BETRÜGERSICHEN FALSCHGELDSYSTEMS, DAS AUF EINER ILLUSION UND MACHTGIER BERUHTE.

Deshalb meine Empfehlung: gehen Sie rechtzeitig raus aus allen Papierwährungen. Wenn Sie der letzte sind, werden Sie alles verlieren und auf dem Scherbenhaufen sitzenbleiben. Wie legen Fonds, Lebensversicherungen, Bausparkassen etc. das Geld an, welches Sie eingezahlt haben? Richtig, sie kaufen vor allem Anleihen, und hier besonders Staatsanleihen. Diese Gelder können heute abgeschrieben werden, denn – der Bondmarkt signalisiert es durch stark steigende Zinssätze – das Risiko steigt → die Staaten sind allesamt finanziell am Ende.

Ziehen Sie Ihr Geld heraus, solange es noch möglich ist. Manchmal ist es besser, einen zwischenzeitlichen Verlust zu akzeptieren, als später einen Totalverlust zu erleiden. Denn die verliehenden Gelder wurden längst von den Schuldnern verkonsumiert. Deren Wirtschaften kollabieren … wovon sollen die die Kredite zurückzahlen? Und selbst wenn, dann nur mit frischgedrucktem Geld. Wieviel mag dieses dann wert sein?
In Argentinien ist es geschehen, daß die dortige Regierung die Pensionskassen zur Übertragung von werthaltigen Anlagen wie Aktien gezwungen hat, und im Gegensatz erhielten Sie „sichere" Staatsanleihen des Bankrottstaates. Kürzlich erfolgte auch in Ungarn eine Enteignung der Pensionskassen, nun ebenso in den USA. **Schlußfolgerung: Wenn Sie weiterhin in Staatsanleihen (= Schulden von Regierungen) investieren wollen, dann sind Sie bei Riester, Rürup, Bauspar und Lebensversicherung goldrichtig.**

Hier die Enteignungsvariante im Obama-Stil (in englischer Sprache): **http://tinyurl.com/c3tfgnv**

Heute haben Sie noch die Gelegenheit, Ihre Ersparnisse zu retten. Morgen kann es schon zu spät sein. Wie lange die künstlich geschürten Neiddebatten, die künstlichen Feindbilder, die politi-schen und religiösen Spaltungen wohl noch funktionieren werden? Ich denke, nur solange, bis das Volk seine Stärke in seiner Einigkeit erkennt. Haben Sie einmal darüber nachge-dacht, daß das Wort „Partei" (lat.: pars) im ureigensten Wortsinn Teilung / Spaltung bedeutet?

Im Augenblick bekommen die Weitsichtigen und Intelligenten ein Angebot, daß es so noch nie in der Menschheitsgeschichte gab. Lassen Sie sich nicht von dubiosen Briefkastenfirmen um Ihren Goldschmuck betrügen und machen „Gold zu Geld". Drehen Sie den Spieß um und machen Sie ihr bunt bedrucktes Papier zu Gold (und Silber)! Gold ist Geld, war immer Geld, wird immer Geld bleiben, und solange Sie für Papier(geld) noch welches bekommen, ist Gold spottbillig! Analysten spekulieren, welchen Preis in Dollar und Euro der Goldpreis erreichen kann. Einige sagen 5.000 $, andere sagen 15.000 oder 50.000 Dollar pro Unze.

Die Papierwährungen werden beginnend mit dem Zusammenbruch des Marktes für Staatsanleihen und damit einhergehender Zerrüttung der jeweiligen Wäh-rungen alle unkonvertierbar gegenüber Gold und Silber werden. Alle gehen den Weg des Simbabwe-Dollar.

Das bedeutet: Sie werden für egal welche Summe Euros, Dollars, Franken, Pfund usw. kein einziges Gramm Gold oder Silber mehr bekommen, völlig gleichgültig wie viele Nullen auf dem Geldschein stehen werden. Wenn Sie fragen, welchen Prozentsatz Sie in Gold und Silber investieren sollen: Nun, wieviel davon wollen Sie retten? Es geht nicht um kurzfristigen Gewinn, sondern um den Aufbau und Schutz Ihrer Lebensersparnisse.

Falls Sie zweifeln, weil alle Medien schreien, wie teuer die Edelmetalle heute angeblich sind, dann bedenken Sie bitte dies: **solange Sie im Tausch gegen ungedecktes, bunt bedrucktes Papier noch Edelmetalle bekommen können, so lange sind Edelmetalle SPOTTBILLIG!**

In Simbabwe konnte eine zehnköpfige Familie während der Zeit der Hyperinflation des „Simbabwe-Dollar" mit nur einem Gramm Gold alles Lebensnotwendige kaufen, um ohne Not ein halbes Jahr lang zu überleben!

Nach dem Ende der Globalisierung schwingt das Pendel nun weltweit zurück in Richtung nationale Identität, Kultur, Sprache, Heimatliebe, Heimatstolz, Volkstum und Volkskunst zurück. Nach dieser Übertreibung in Richtung Globalisierung bleibt zu hoffen, daß uns Auswüchse wie 1933 erspart und die Bürger vernünftig bleiben. Während dieses Prozesses dürften z.B. in Deutschland die alten deutschen Münzen eine Renaissance erleben und besonders begehrt sein.

Ich meine dabei speziell die alten Kursmünzen (Umlaufmünzen) des Kaiserreichs und des Dritten Reichs. Die 10 Mark Goldmünzen aus der Kaiserzeit haben ein Feingewicht von 3,584 Gramm, die 20 Mark Goldmünzen ein Feingewicht von 7,168 Gramm. Bei den Kursmünzen des Deutschen Reiches sind die alten Kursmünzen ½ Mark und 1 Mark besonders empfehlenswert. Diese sind aus 900er Silber (90% Silber und 10% Kupfer). Hier haben Sie die Möglichkeit, antikes, historisches Silber schon für kleines Geld in kleiner Stückelung kaufen zu können. 1 Mark Kaiserreich-Münzen wiegen 5,55 Gramm (ca. 5 Gramm Feinsilber), ½ Mark-Münzen wiegen 2,78 Gramm (bei ca. 2,5 Gramm Feinsilber). Die perfekte Anlageform für das „kleine Vermögen", das einmal groß werden will – und das werden Sie, wenn das Papiergeldsystem untergeht und dabei nur Gold und Silber als Geldwerte überleben werden.

Außerdem sind auch die Schweizer Vrenelis (Feingewicht 5,81 Gramm) weltweit begehrt, verbreitet und dementsprechend bekannt, sowie die Kronen, Dukaten und Florin des Österreichischen Kaiserreiches.

Weltweit bekannte Gold-Anlagemünzen sind:

→ der Krugerrand (bei uns als Krügerrand geläufig) aus Südafrika
→ der Libertad aus Mexico
→ der American Eagle aus den USA
→ der Maple Leaf aus Kanada
→ der Nugget (Kangaroo) aus Australien
→ die Britannia aus Großbritannien
→ der Philharmoniker aus Österreich

Diese werden in folgenden Stückelungen geprägt:

1 Unze (ca. 31,1 Gramm Feingewicht)
½ Unze (ca. 15,55 Gramm Feingewicht)
¼ Unze (ca. 7,79 Gramm Feingewicht)
1/10 Unze (ca. 3,11 Gramm Feingewicht)

Alles jemals geförderte Gold dieser Welt (ca. 155.000 Tonnen, jährlich kommen derzeit ca. 2.000 Tonnen hinzu) paßt in einen Würfel von 20m Kantenlänge. Das entspricht ca. 5 Milliarden Unzen Gold weltweit. Sie werden jetzt denken: da kommt ja nicht mal eine Unze auf jeden Erdenbürger! Und damit liegen Sie genau richtig.

Kommen wir nun zum Silber.

Warum Silber heute die mit Abstand beste Anlageform aller Zeiten ist: Hier wird es sogar für Sparer mit geringem Vermögen interessant! Gleichgültig ob Sie arbeitslos sind oder Sozialhilfe beziehen. Fast jeder kann sich ein paar Gramm Silber leisten! Es kommt darauf an, den Lebens-standard auf die notwendigsten Bedürfnisse abzusenken (hochwertige Lebensmittel, Wohnen, Heizen), und konsumorientierte Ausgaben – Kino, Urlaub, Restaurantbesuche, Elektronikspiel-zeug, Entertainment – auf das Notwendigste zu beschränken.

Sparen wird erst möglich durch KONSUMVERZICHT! Verzichten Sie auf Konsum, sparen Sie gleichzeitig Steuern, die dadurch einem Gängelapparat fortan nicht mehr zur Verfügung stehen – stattdessen verbleibt echtes Geld in IHREN Händen. So entsteht finanzielle Freiheit und wirtschaftliche Unabhängigkeit, die zu persönlicher Freiheit führen.

Aktuell kostet eine Unze Silber (31,1035 Gramm) ca. 14,40 Euro (Stand: 11. Februar 2010). Die Tagespreise der Banken sind für oftmals zu hoch. Banken verkaufen zu teuer, und kaufen zu billig an. Das Verhältnis zwischen An- und Verkauf ist bei Banken meist unvorteilhaft für sowohl Edelmetallkäufer als auch Edelmetall.

Edelmetallhändler bieten zudem häufig den besseren Service, die bessere Beratung, und einen diskreten Kauf im Rahmen eines anonymen Tafelgeschäftes. Die meisten Banken hingegen registrieren alle Ihre persönlichen Daten!

Händlersuche: **http://gold.de/haendler.html**

Fakten zum Silbermarkt:
Alles jemals geförderte Silber beträgt ca. 45 Milliarden Unzen. Die derzeitige jährliche Fördermenge beträgt ca. 20.000 Tonnen.
20.000 Tonnen = 20.000.000 kg = 20.000.000.000 Gramm : 31,1035 = etwa 643 Millionen Unzen Förderung pro Jahr.

Früher verfügten die Regierungen und Zentralbanken über hohe Silberbestände. Um 1900 verwahrte die USA noch etwa 10 Milliarden Unzen Silber. Diese Bestände sind heute komplett abgetragen. Keine Institution hält heute mehr Silber als Reserve. Kein Staat verwendet es gar als Geld. Und genau hier liegt die Chance für das verachtete weiße Metall.

Was meinen Sie: Was werden die einzig verbliebenen sicheren Häfen sein, in die alle Anlegergelder hineinströmen wollen, wenn niemand mehr Anleihen, Aktien, Zertifikate oder Papiergeld haben mag? Wenn sich der Staub nach dem Ende des Finanzsystems legt, dann werden nur noch diese beiden stehen: Silber und Gold. Alle in Papier gehaltenen Zahlungsversprechen in Form von Papier werden dann ebenso verbrannt sein wie ihre gegenüberstehenden Schulden.

Silber und Gold ist das Geld der finanziellen und damit der persönlichen Freiheit und Unabhängigkeit.

Werfen wir einen Blick auf die bekanntesten Silber-Anlagemünzen:

→ die wahrscheinlich bekannteste Silbermünze: der **Silver Eagle** aus den USA
→ der **Libertad** („Freiheit") aus Mexico
→ der **Maple Leaf** („Ahornblatt") aus Kanada
→ der **Philharmoniker** aus Österreich
→ die **Britannia** aus Großbritannien
→ der **Panda** aus China (wobei die beiden Letztgenannten wegen der limitierten Auflage und des damit verbundenen höheren Preises eher als Sammlermünzen gelten).
→ der australische **Kookaburra** („Lachender Hans")

Britannia, Panda und Kookaburra erscheinen ebenso mit jährlich wechselnden Motiven wie die ebenfalls beliebten **Silberunzen aus Somalia** („Elefant") und die **Lunar-Serie** der australischen **Perth Mint**. Mittlerweile sind auch kleinere Stückelungen von Silber erhältlich, die die beste Empfehlung für Sparer mit kleinerem Vermögen darstellen.

Dabei denke ich etwa an die Serie „**Arche Noah**" unter der Lizenz der armenischen Staatsbank, die in höchster Prägequalität in der Scheideanstalt **Heimerle und Meule** in Pforzheim geprägt wird, oder die Münzen mit dem Motiv des Schiffes „Bounty" von den **Cook Islands**, die ebenfalls in Deutschland geprägt werden. Das Silber ist erhältlich in Stückelungen von 1/4 Unze (7,78 Gramm Feinsilber) bis 5 Kilogramm. Zu den derzeitigen künstlich niedrigen Silberpreisen kann sich fast jeder ein paar Gramm Silber leisten! Für Kleinanleger ideal sind dabei die Stückelungen von 1/4 bis 1 Unze. Zum aktuellen Preisvergleich gelangen Sie mit diesem Link von gold.de: http://tinyurl.com/8tceaza

Meine zweite Empfehlung ist die kanadische „Wildlife"-Serie. Diese ist **je Prägemotiv auf eine Million Stück begrenzt**. Im Jahr 2011 erschienen die Motive „Timberwolf" und „Grizzly". Im Jahr 2012 zieren „Puma" (engl.: „cougar") und Elch (engl.:„moose") die Vorderseite der Münze. Bemerkenswert und besonders reizvoll ist, daß es sich bei der „Wildlife"-Serie um Münzen handelt, deren aktuelles Motiv man sehr dicht am aktuellen Spotpreis kaufen kann. Ebenfalls preislich und numismatisch interessant ist die „Wildlife"-Nachfolgeserie der Royal Canadian Mint: „Birds of Prey" (dt.: Raubvögel), die ebenfalls pro Motiv auf 1 Million Stück limitiert sind. Preisliche Aufschläge im Vergleich zu den unlimitiert aufgelegten Anlagemünzen wie American Eagle und Maple Leaf sind sehr gering, der Kauf dieser Bullion-Sammlermünzen daher in jeder Hinsicht sehr aussichtsreich.

Jedoch entwickelt sich der Wert dieser Münzen wegen ihrer Seltenheit besser als der Wert normaler Bullion-Münzen, sobald das betreffende Motiv nach einem halben Jahr nicht mehr geprägt wird. Serienmünzen wie die kanadischen „Wildlife" und „Birds of Prey", die somalische „Elefant" und die ruandische „Wildlife"-Münzen mit jährlich wechselnden Motiven könnte man als Hybridmünzen bezeichnen. Sie sind Anlage- und Sammlermünzen mit eingebautem Seltenheitswert zugleich. Anleger neigen im Notfall außerdem eher dazu, gewöhnliche Anlagemünzen zu verkaufen und seltenere Sammlermünzen zu behalten. Sie verschwinden dann einfach vom Markt, was ihre Seltenheit und Begehrtheit noch zusätzlich steigert.
Preisvergleich Link: http://www.gold.de/silbermuenzen.html

Auch die aktuelle Auflage der „African Ounce" aus Ruanda, die ebenfalls unter Lizenz des Landes in Deutschland geprägt wird, ist preislich sehr interessant und konnte von Jahr zu Jahr eine Steigerung verzeichnen, **Link gold.de:** http://tinyurl.com/9ep6ros

Falls Sie nach außergewöhnlichen Münzen suchen, die meist von Minengesellschaften oder einer der rasch wachsenden Bewegungen für ehrliches Geld – wie beispielsweise der **„Free Lakota Bank"** – der Bank des Stammes der Lakota-Sioux – herausgegeben werden, dann können Sie diese zwar direkt aus Nordamerika importieren. Falls Sie die Mühe jedoch scheuen, werden Sie nun auch bei einem auf den Import dieser Münzen spezialisierten kleinen österreichischen Händler fündig: **http://edelmetalle-all-met.eu**

Wie im Falle von Gold sollten Sie auch hier alten einheimischen Kursmünzen nicht vernach-lässigen, etwa die 2 oder 5 Reichsmark Hindenburg oder Potsdamer Garnisonskirche. Diese wurden in großen Auflagen geprägt, enthalten einen Silberanteil von 90% (900-er Silber bei den 5 RM-Münzen) bzw. 62,5% (625-er Silber bei den 2 RM-Münzen) und werden meist nahe am aktuellen Silberpreis gehandelt. Österreichische Schilling-Münzen der Prägejahre bis 1973 sind ebenfalls aus Silber!

Die Zeiten, in denen Gold und Silber als Geld verwendet und von den Fürsten, Königen und Bischöfen, welche das Recht der Münzprägung für sich beanspruchten, nicht verschlechtert wurden (durch Herabsetzung des Edelmetallgehalts, Ersatz durch unedlere Metalle), waren stets Zeiten von Wohlstand, einer sich entwickelnden Wirtschaft, eines regen freien Handels, einer friedlichen und weitgehend freien Gesellschaft – alles auf der Grundlage verläßlicher, da stabiler Preise.

Silber als „Gold des kleinen Mannes" wurde offiziell als Geld abgeschafft, um das einfache Volk zu „entreichern". Gold verlor seinen monetären Status tatsächlich niemals. Das bedeutet, daß Gold in der öffentlichen Wahrnehmung nie seinen Status als Zahlungsmittel verloren hat. Dem Silber steht jedoch seine Renaissance als Geldmetall bevor, und damit eine komplette Neubewertung, die in den derzeitigen Kursen ebensowenig enthalten ist wie die Knappheit gegenüber Gold. Das Verhältnis Silber : Gold schwankte über Jahrtausende meist zwischen 12:1 und 15:1, in etwa dem natürlichen Vorkommen der beiden Metalle entsprechend. Die heutigen Fördermengen bewegen sich etwa im Verhältnis 10 zu 1 (Silber zu Gold).

Die tatsächlich verfügbare **Menge Silber pro Mensch liegt heute bei unter 5 Gramm** (1 Mrd. Unzen = 31,1 Mrd. Gramm Silber geteilt durch 7 Mrd. Menschen = 4,44 Gramm Silber pro Mensch). In Gold **kommen rein rechnerisch ca. 22 Gramm auf jeden Menschen** (5 Mrd. Unzen zu je 31,1 Gramm = 155,5 Mrd. Gramm geteilt durch 7 Mrd. Menschen = 22,2 Gramm pro Mensch). Die heute weltweit noch vorhandenen Bestände legen also sogar ein Verhältnis von 2:1 bis 5:1 zugunsten von Silber nahe! Silber müßte also doppelt bis fünfmal teurer sein als Gold! Die Masse der Sparer weiß (noch) nichts davon. Sie nun allerdings schon. Was Sie mit diesem Wissen anfangen, liegt einzig und allein bei Ihnen.

Eines ist sicher: Die Drückung der Preise für Gold und Silber wird solange weitergehen, bis sie in einem urplötzlichen Knall zusammenbricht. CME's Jeffrey Christian gab ja bereits in seiner Anhörung vor der Aufsichtsbehörde CFTC im Jahre 2010 zu, daß das Hundertfache der real existierenden Metalle „auf Papier" verkauft wurde, was er nicht als Problem ansah. Nun, zum Problem wird es erst, wenn die Käufer den Währungen, Banken, Regierungen und Aufsichtsbehörden das Vertrauen entziehen und das Metall ausgeliefert haben wollen, daß Sie meinen gekauft zu haben.

Der Zusammenbruch der Manipulation wird sowohl das Goldkartell als auch das Weltfinanzsystem sprengen, da die dann unkontrolliert nach oben schießenden Preise für sofort verfügbares, echtes Gold und Silber in Barren- und Münzform der Welt die Augen öffnen werden und jeder Sparer sein dann rasch immer wertloser werdendes Papier in Gold und vor allem Silber wird umtauschen wollen, um seine Ersparnisse zu schützen. Ein „after hours"-Chart deckt auf, daß Silber nachbörslich während des „Globex"-Handels beim 7,2-fachen seines „normalbörslichen" Kurses gehandelt wird – seit dem Jahre 2004!
Link silverdoctors.com: http://tinyurl.com/8hxobvq

Mit dem Kollaps des Weltfinanzsystems werden neben dem gegen die Bürger immer repressiver auftretenden Überwachungsstaat mit seinem System der Gängelung als auch der umverteilende Wohlfahrtsstaat ihr Ende finden. Jeder vorausschauende und noch zu eigenständigem Denken fähige Mensch sollte sich schon heute darauf einstellen und Eigeninitiative üben.

<u>Weitere geldähnliche Metalle – Kupfer, Platin, Palladium</u>

Bereits in der Antike wurden Münzen von geringstem Wert geprägt, die vor allem aus **Kupfer** bestanden. Das berühmte „Scherflein der armen Witwe", von dem Jesus erzählte, war eine solche Kupfermünze – „Lepton" genannt. Damals war Kupfer also bereits das Geld der sehr armen Bevölkerung, die durch eine geringe oder gar fehlende Arbeit kein Silber geschweige denn Gold als Einkommen erhielten, da diese beide traditionellen Geldmetalle zu werthaltig waren.

Heute ist ein solcher Trend zum Kupfer bereits in den USA wieder bemerkbar, da sich viele Menschen aus der Unterschicht und verarmten Mittelschicht kein Silber mehr leisten können. Aus diesem Grund ist zu erwarten, daß auch das Kupfer wieder eine Renaissance als Geldmetall ein-nehmen könnte, obgleich es aufgrund seines häufigen Vorkommens in seiner Wertdichte eher einer Papier-Währung nahesteht, die beliebig oft vermehrt werden kann. Kupfer ist also nicht in der Lage, alle Funktionen zu erfüllen, die werthaltiges und ehrliches Geld aufweisen muß.

Durch seine Rohstoff- und Sachwertkomponente könnte Kupfer jedoch durchaus interessant werden, sobald sich ein Sparer kein Silber mehr leisten kann. Bis dahin sollte Silber deutlich bevorzugt werden. Überall dort, wo Nachfrage besteht, bildet sich auch ein Angebot und damit ein freier Markt heraus, auf dem die Preise durch Angebot und Nachfrage geregelt werden. Hohe Nachfrage bei geringem Angebot = hoher Preis; niedrige Nachfrage bei hohem Angebot = niedriger Preis; Schwarzmärkte sind beispielsweise solche freien Märkte, auf denen die Regulierung des Preises noch auf diese Methode funktioniert, während der Markt außerhalb durch Eingriffe zerstört wurde.

Falls Sie Ihre Ersparnisse bereits mit Gold und Silber gesichert haben und Sie auch Interesse an einer Diversifikation Ihres Vermögens in Kupfer haben – beispielsweise für den späteren Tauschhandel oder die Bezahlung geringpreisiger Waren – dann stehen Ihnen heute Münzen und Barren in verschiedenen Gewichtsklassen zur Verfügung. Mehr als 5% der Ersparnisse sollten wegen ihrer mangelnden Geldfunktion durch fehlende Wertdichte jedoch nicht in diese Metalle investiert werden. Je höher der Anteil unedlerer Metalle der sich in Umlauf befindlichen Münzen, desto schwächer und substanzärmer wird das Geld und damit auch die Wirtschaft des Landes sein.

Münzen werden als halbe und ganze Unzen beispielsweise von der „Free Lakota Bank" oder der „Lydian Mint" geprägt: **http://edelmetalle-all-met.eu/edelmetalle/kupfer.html**
Barren sind vom Edelmetallhaus Geiger erhältlich: **http://tinyurl.com/b63pdm3**

Weiterhin interessant sind wegen ihres Kupfergehaltes von etwa 89% die **Euro-Centstücke in den Nominalen 10, 20 und 50 Cent.** Die Legierung aus 89% Kupfer, 5% Aluminium, 5% Zink und 1% Zinn wurde erstmalig von der Schwedischen Nationalbank für deren Kronen-Münzen verwendet und daher auch als „Nordisches Gold" bezeichnet, enthält jedoch keine edlen Metalle. Dennoch werden diese Cent-Münzen wohl die ersten Kursmünzen sein, die aus dem Umlauf verschwinden werden, sobald sich die Inflation beschleunigt und der Kupferpreis steigt. 274 Stück der 10 Cent-Euromünze Münze enthalten etwa 1 kg Kupfer.

Die spätere Verwendung von Edel- oder Halbedelmetallen in Granulat- oder Nuggetform zur Bezahlung dürfte sich als kompliziert herausstellen, da sie in Gewicht und Feinheit (Reinheit) nicht standardisiert sind und eine Prüfung vor Ort viele Händler schlicht überfordern dürfte. Es steht Ihnen jedoch frei, diese Formen einzuschmelzen und eigene Münzen zu prägen oder – ganz rustikal – zu schlagen. Beachten Sie jedoch dabei, daß Sie Ihre Produkte zumindest im Augenblick noch nicht als Münze anbieten dürfen, sondern als „Medaille" deklarieren müssen, oder am besten einfach nur das Feingewicht des darin enthaltenen Metalls aufprägen, etwa „1/4 Unze Kupfer". Naturmotive und vielleicht Ihr eigenes Wappen haben das Potenzial zum Verkaufsschlager!

Auf Bezeichnungen aktueller Währungen, wie „Dollar", „Franken" und „Mark" sollten Sie jedoch im eigenen Interesse tunlichst verzichten, da diese gesetzlichen Zahlungsmitteln vorbehalten sind – damit es Ihnen nicht wie Herrn von NotHaus ergeht (siehe Kapitel 6, ab Seite 149 f.). Einen **Münzprägestock** für Ihre heimische Münzpräge erhalten Sie bei: **http://maleschek.com**

Derzeit kosten 50 kg Kupfernuggets in der Reinheit 99,9% ca. 460 Euro. Hier wird einerseits die erwähnte geringe Wertdichte sichtbar. Andererseits bietet dieser Preis eine lukrative Einstiegsgelegenheit für die eigene private Münzpräge. **Link geiger-edelmetalle.de: http://tinyurl.com/b7m6mhu**

Möchten Sie eigene Münzen prägen (oder schlagen), benötigen Sie einen Schmelzofen und weitere Schutz- bzw.Arbeitsausrüstung. Wichtige Metalle und ihre Schmelzpunkte:
Kupfer (Cu): 1.085 °C
Silber (Ag) 962 °C
Gold (Au) 1.063 °C

Schmelzöfen (auch als Bauanleitung) gibt es **bei eBay.de**: **http://tinyurl.com/byeaoxn**

Andere Edelmetalle wie **Platin und Palladium** sind vor allem Industriemetalle, die niemals als Zahlungsmittel verwendet wurden und auch nicht ohne Weiteres von anderen silbrig-glänzenden Metallen unterschieden werden können.

Diese seltenen Platinmetalle dürften ihren Wert sicherlich erhalten, ihr Wertsteigerungspotenzial jedoch wegen sinkender Industrienachfrage und besonders bei Absatzproblemen der Automobilindustrie begrenzt bleiben. Mit der Nachfrage wird auch die Fördermenge sinken, so daß zumindest stabile Preise zu erwarten sind, jedoch stark fallende Preise gegenüber den alten und neuen Geldmetallen Gold und Silber.

Die Hauptförderländer der Platinmetalle sind Südafrika und Rußland. Die Russische Münze prägt seit 1977 jährlich Sammlermünzen aus Platin und Palladium, mit sehr schönen Motiven und stark begrenzten Auflagen, über deren Wertentwicklung Sie sich bei Interesse hier informieren können: **http://moheta.de**

Das einzige Wahllokal, in dem Sie heute noch Unabhängigkeit und Freiheit wählen können, ist der Edelmetallhändler Ihrer Wahl. Jede gekaufte Unze Gold und Silber ist ein Veto gegen die Politik Ihrer wirtschaftlichen und finanziellen Ausplünderung und den Diebstahl Ihrer Ersparnisse!

Kapitel 3

Die Kaufkraft des Silbers im historischen Vergleich

Von der Antike bis ca. um das Jahr 1850 betrug der Tagesverdienst eines Arbeiters ein bis fünf Gramm Silber. Die Bibel spricht in diesem Zusammenhang von einem Denar Tageslohn, was je nach Epoche ca. 2,5 bis 5 Gramm Silber entspricht. Eine Münze „1 Mark Kaiserreich", die fünf Gramm Silber enthält, kostet heute in etwa 5 Euro (Stand: 06 / 2014). Bei einem heutigen Tageslohn von ca. 100 Euro netto könnten Sie also 20 bis 40 antike Tagelöhne „kaufen". Anders ausgedrückt: für diese Menge Silber mußten die Menschen früher 20 bis 40 Tage lang hart arbeiten. Heute bekommen Sie das Silber (noch, aber nicht mehr lange) quasi geschenkt.

Da Silber aber zu keiner Zeit während der letzten 2.000 Jahre knapper war als heute – mindestens 95% der Silberbestände wurden unwiederbringlich industriell verbraucht – und darüberhinaus 7 Milliarden Menschen diese Erde bevölkern im Vergleich zu ca. 50 Millionen vor 2000 Jahren, ist eine Kaufkraftsteigerung des Silbers unvermeidlich.

Silber hingegen wird heute allgemein geringgeschätzt, als „minderwertiges" Edelmetall angesehen und in den Medien gern als reines Industriemetall abgetan. Und doch wurde es in den Hochkulturen als Geld verwendet, als Gold „nur" als Schmuck diente. Dabei ist die Doppelfunktion das besonders reizvolle am Silber. Es ist und bleibt ein monetäres Metall, und ist zugleich für industrielle Anwendungen unverzichtbar. Lassen Sie sich von seinem niedrigen Preis nicht irritieren, denn er den Anschein erwecken, als sei Silber praktisch nichts wert und eine Investition folglich nicht lohnenswert. Das genaue Gegenteil ist der Fall!

Fast niemand kennt die Fakten zum Silbermarkt. Beinahe niemand rechnet mit einer Remonetisierung (= Wiedereinführung als Geld) des Silbers. Genau darin liegt die gewaltige Chance auf enorme Wertsteigerungen – es WIRD wieder Geld werden, sobald Papier sichtbar für jeden kein Geld mehr sein kann!

Betrachten wir ein paar interessante geologische Fakten. In der Erdkruste kommen Gold und Silber ungefähr im Verhältnis 1:15 vor. Dieses natürliche Verhältnis bestand bereits seit der Antike. Für eine Unze Gold bezahlte man also 15 Unzen Silber, und umgekehrt. Die geologische Tatsache, daß Silber eher in den oberen Gesteinsschichten zu finden ist und der Silbererzgehalt in tieferen Schichten abnimmt, veranlaßt das renommierte Silver Institute zu der Schlußfolgerung, daß die noch vorhandenen Silberlagerstätten bis zum Jahr 2020 vollständig ausgebeutet sein werden. Derzeit bewegt sich die jährliche Fördermenge Silber zu Gott noch im Verhältnis 9:1. Und dennoch kostet Gold heute über 60mal mehr als Silber. Es besteht also ein eklatantes Mißverhältnis zwischen der realen Knappheit des Silbers und dessen Preis, der auf Grundlage der Fördermengen mindestens ein Zehntel des Goldpreises betragen müßte, um das natürliche Verhältnis der beiden Edelmetalle realistischer widerzuspiegeln – und dieses Mißverhältnis kann nicht von langer Dauer sein. **Silber wird zudem das erste Element des Periodensystems sein, daß gemäß einer Studie des Silver Institute nicht mehr durch Abbau zu gewinnen sein wird.**

Wenn Sie nun bedenken, daß bei ausgehend von 7 Mrd Erdenbewohnern und bestenfalls 1 Milliarde Unzen Silber gerade einmal knapp 5 Gramm Silber pro Mensch zur Verfügung steht, dann bekommen Sie eine ungefähre Ahnung davon, wie knapp und damit wertvoll Silber in Wirklichkeit ist. (1 Mrd.Unzen = 31.100.000.000 Gramm : 7.000.000.000 Menschen = 4,5 Gramm / Mensch). Besonders in Asien genoß Silber schon seit jeher hohes Ansehen.

Der chinesische General und Feldherr Sun Tsu schreibt in seiner Abhandlung über *„Die Kunst des Krieges"*, daß zur Ausrüstung und Verpflegung einer Armee von 100.000 Mann täglich 1.000 Unzen Silber benötigt werden.

Das bedeutet im Umkehrschluß: Für eine Unze Silber konnte man 100 Mann ausrüsten und pro Tag verpflegen. Oder anders ausgedrückt: einen Mann konnte man 100 Tage lang mit einer Unze Silber verpflegen.

Hier finden Sie einen Hinweis über die Wertschätzung und Werthaltigkeit, den Silber genoß, und das zu Zeiten, in denen aus in Gramm pro Einwohner gerechnet noch weitaus reichlicher vorhanden war.

Versuchen Sie das heute einmal bei derzeit lächerlichen, manipulierten Tagespreisen von 14 Euro!

Gleichzeitig ist dies ein weiterer bedeutsamer Fingerzeig auf den historischen Wert von Silber. Gehen Sie davon aus, daß es diesen Wert und diese Kaufkraft mindestens wieder erlangen wird, sobald es seine öffentliche Anerkennung als monetäres Metall zurück erhält – und das wird es schon aus purer Notwendigkeit im Rahmen des Vertrauensverlusts der Menschen gegenüber bankeigenen und staatlichen Papiergeldern.

Ein letztes Beispiel aus der deutschen Geschichte zeigt abermals den ausgezeichneten Vermögenserhalt, den Silber bietet. Die Kursmünze des Deutschen Kaiserreichs mit einem Nennwert von 1 Mark enthielt 5 Gramm Feinsilber. Eine Unze Silber kostete damals also knapp 6 Deutsche Mark: 1 Unze = 31,1 Gramm Silber geteilt durch 5 Gramm = 6,22 Mark.

Im Januar 1919, also ein paar Monate nach Kriegsende, kostete eine Feinunze Silber bereits 12 Mark. Das Silber in der Münze „1 Mark Kaiserreich" war also ebenso doppelt soviel wert wie noch 3 Jahre zuvor. Am Ende des Jahres 1923 lag der Preis für eine Feinunze Silber bei 543.750.000.000 Mark. Die kleine Kursmünze „1 Mark Kaiserreich" war nun also 1 Billion Mark wert. Raten Sie, was die Menschen damals wohl lieber als Bezahlung annahmen? Die kleine Münze, oder eine Schubkarre voll wertlosem Papier?

Natürlich kann man weder Gold noch Silber essen. Aber man kann auch in den Zeiten größter Not Essen damit kaufen, wenn vor lauter Papiergeld, das niemand mehr haben will, die Welt und die Schubkarren überquellen.

Merke: Papiergeldzeit ist immer Kriegszeit. Das Volk verliert stets alles. Solange Sie nicht selbst bestimmen können, was Sie als Geld akzeptieren, solange werden Sie Sklave der Bankeigentümer und ihrer politischen Helfer bleiben.

„Wann immer Zerstörer unter den Menschen erscheinen, beginnen sie damit, das Geld zu zerstören, denn das Geld ist der Schutz der Menschen und die Grundlage moralischen Daseins. Die Zerstörer bemächtigen sich des Goldes und geben seinen Besitzern dafür ein wertloses Bündel Papier. Damit werden alle objektiven Maßstäbe vernichtet und die Menschen der Willkür derjenigen ausgeliefert, die nun willkürlich Werte festsetzen. Gold war ein objektiver Wert, ein Äquivalent des erzeugten Reichtums. Papier ist ein Pfandbrief auf nicht vorhandene Werte mit einem Gewehr als Sicherheit, das man denen an den Kopf hält, die sie schaffen sollen. Papier ist ein von gesetzlich autorisierten Plünderern auf ein fremdes Konto gezogener Wechsel: ein Wechsel auf die Tugend der Opfer. Und es wird der Tag kommen, an dem er platzt, weil das Konto überzogen ist."
- Ayn Rand (02.02.1905 – 06.03.1982), russisch-amerikanische Schriftstellerin

Kapitel 4

Abschließende Betrachtungen und Schlußfolgerungen

Es wurden keinerlei systemische Probleme innerhalb des Finanzsystems behoben, sondern nur Milliarden, Billionen … bald Billiarden (warten Sie es ab!) in bankrotte Banken und zum Machterhalt despotischer Regimes gepumpt. Das zerfallende Schuldgeldsystem ist ebenso wie der gesamte Machtapparat nichts als Illusion, hinter dem überhaupt nichts steht. Euro, Dollar & Co funktionieren nur deshalb (noch), weil die Menschen (noch) **Vertrauen** haben, damit Güter des täglichen Lebens kaufen zu können. Sie sind nur mit dem Vertrauen der Menschen „gedeckt".

Ebenso die Machtapparate: sie funktionieren nur, solange die Bürger **denken**, die Regimes seien demokratisch gewählt, an ihrer Enteignung, Bevormundung und Gängelung sei „nunmal nichts zu ändern".

„Wir beschließen etwas, stellen das dann in den Raum und warten einige Zeit ab, ob was passiert. Wenn es dann kein großes Geschrei gibt und keine Aufstände, weil die meisten gar nicht begreifen, was da beschlossen wurde, dann machen wir weiter – Schritt für Schritt, bis es kein Zurück mehr gibt."

Jean-Claude Juncker erklärt die „Demokratie"; **Quelle: http://www.spiegel.de/spiegel/print/d-15317086.html**

Mit dem Zerfall des Vertrauens in die ungedeckten privaten Währungen der Hochfinanz (denn das sind Dollar, Euro & Co in Wirklichkeit) werden die Menschen automatisch die Autorität und Legitimität der Machthaber offen anzweifeln – die endliche Demaskierung des größten Betruges in der Menschheitsgeschichte.

Die Offenbarung der bis dahin im Geheimen vorangetriebenen Weltverschwörung der Hochfinanz (Freimaurer, Illuminaten und Zionisten; und als solche in ideologischer Hinsicht Satanisten, weder ethnische noch religiöse Juden) zur Errichtung einer "Eine Welt-Eine Währung-Eine Religion" Diktatur, wie heute längst erkennbar.

Denn wie sagte Frau Merkel im Jahre 2005 im Rahmen der Feierlichkeiten zu „60 Jahre CDU": *„Wir haben wahrlich keinen Rechtsanspruch auf Demokratie und soziale Marktwirtschaft in alle Ewigkeit."*

Papiergeld ist das „Geld" der Finanzoligarchie. Es dient einzig und allein dem Zweck der leistungslosen Umverteilung der Vermögen von „ehrlich und fleißig" zu „kriminell und allmachtsüchtig". Gold und Silber ist das Geld freier, mündiger, wohlhabender, eigenverantwortlicher Menschen.

Inflation ist ein rein monetäres Phänomen. Steigende Preise sind nur die Wirkung der Geldmengenausweitung, nicht die Ursache, ebensowenig wie die "bösen Spekulanten" die Schuldigen sind, sondern diejenigen, die die Unsummen an "Geld" zuvor erst geschaffen haben. Diese Gelder strömen in die Märkte in der Bestrebung, ihren Wert zu erhalten oder gar zu steigern, und konzentrieren sich zwangsläufig und instinktiv in Sachwerten.

Sozialistische Tendenzen wie Preisfestsetzungen (wie in China wieder geplant) dienen lediglich der kurzzeitigen "Beruhigung" der Bevölkerung. Letztlich werden damit die Produzenten der betroffenen Güter in den Bankrott getrieben → bei Nahrungsmitteln ist somit mittelfristig mit Hungersnöten zu rechnen, was in einen Teufelskreis mündet, bis das System vollends kollabiert und sich nach Chaos und Anarchie etwas ganz Neues formieren muß. Es sind die letzten Todeszuckungen eines sterbenden Systems.
Es bedarf keiner Ausweitung von Konsumentenkrediten für eine weltweite Hyperinflation. Es genügt ein Abverkauf und Crash der Staatsanleihen und anschließende zwangsläufige Flucht aus den Papierwährungen in Sachwerte → der Crack-Up Boom, wie ihn der Ökononom Ludwig von Mises schon vor 100 Jahren beschrieb.

Aus diesem Grunde wird auch das Deflationsgeschwafel des Establishments viele Sparer komplett auf dem falschen Fuß erwischen. Heizöl, Benzin, Holz, Nahrungsmittel, Dienstleistungen, sogar staatliche Gebühren – alle Preise explodieren. **Wenn sich eine Ware (hier: Papiergeld) explosionsartig vermehrt, wie kann dann sein Wert steigen?** Es ist sinnbildlich für den Wahnsinn, die Arroganz, das Unwissen und die Perversion unserer Zeit.

Bei Nahrungsmitteln wurde flugs von der EU die Verpackungsgrößenverordnung erlassen, um dem Verbraucher die Inflation zu verschleiern. Wer wach ist, bemerkt es natürlich dennoch, was gespielt wird. So kommt der Tag der Abrechnung eben ein wenig verzögert. Aber er kommt, und für viele wird es leider ein bitteres Erwachen sein. Gold und Silber werden sich mit Entwertung der Papierwährungen automatisch als Bimetallstandard wieder einführen, ohne daß eine Regierung oder übergeordnete Institution dies verhindern kann.

Was wir brauchen, ist: freier Mensch → gesundes Geld (nicht Schuld-/Kreditgeld) → gesunde Wirtschaft. Ob die Organisation „Staat" noch zeitgemäß ist, oder sich wegen ihres permanenten Mißbrauchs in den Augen der Menschen überholt hat, muß sich zeigen.

Wonach ich beim Studium der Geschichte der letzten 5.000 Jahre fast immer vergeblich gesucht habe, waren verantwortungsvolle und mental gesunde Menschen an der Spitze eines Volkes. Vielmehr scheint es so, als würden Machtpositionen besonderen Reiz auf Personen mit Hang zum Größenwahn oder dem anderen Extrem – Minderwertigkeitskomplex – ausüben.

An dieser Stelle möchte ich Ihnen das Buch **„Die Kreatur von Jekyll Island" von G. Edward Griffin** ans Herz legen, aus dem Sie bei Interesse Einblicke erhalten über die Hintergründe der größten Verschwörung gegen die Erde und die Menschheit:

John Coleman **„Das Komitee der 300: die Hierarchie der Verschwörer"**

Schmieden Sie Ihr persönliches freiheitliches Gegenkomplott!

Tauschen Sie Ihre Kunstwährungen Euro, Dollar, Pfund und was weiß ich, was Sie noch haben, gegen echtes Geld in Form von Gold und vor allem Silber, das seinen Wert und damit den Lohn Ihrer Arbeitskraft zu Ihrem Wohl erhalten wird. Der eingebaute Schutz Ihres Vermögens durch die Edelmetalle Silber und Gold stellt den ganz wesentlichen Eckpfeiler zum Erhalt und der Erhöhung Ihrer Kaufkraft und Zahlungsfähigkeit dar.

Gandhi hat einmal eine bemerkenswerte Wahrheit geäußert:

Erst
1) ignorieren sie dich, dann
2) lachen sie über dich, dann
3) bekämpfen sie dich, und dann
4) GEWINNST DU!

Verkaufen Sie Ihr Gold und Silber niemals gegen neue schuldenbasierte Papierwährungen! Wenn eine Golddeckung behauptet wird, dann beobachten Sie, ob das Prinzip der Staatsverschuldung weiterbesteht, oder eine Einlösung der Papiergelder in Gold und / oder Silber möglich ist. NUR DANN existiert ein Edelmetallstandard! Falls dies nicht möglich ist, und das Gold nur im Zentralbanktresor lagert (oder auch nicht), dann handelt es sich um den alten Betrug unter neuem Namen. Eine Kombi-nation einer Währung, die durch Verschuldung entsteht, aber zugleich gold- oder silbergedeckt sein soll, ist unmöglich. Das Gold – falls überhaupt noch vorhanden – würde direkt als Zins an die Kreditgeber abfließen, und das sind die Eigentümer der Zentralbanken!

Bringen Sie Ihre alten Geldmetalle vielmehr in Umlauf, indem Sie reale Sachwerte, wie Bauernhöfe, Handwerksbetriebe, Manufakturen, … damit kaufen und bezahlen. Auch Ihre Arbeiter und Angestellten sollten mit diesem ehrlichen Geld entlohnt werden, das nicht nach Belieben vervielfältigt und somit entwertet werden kann. Sie werden die Werthaltigkeit und Kaufkraft des ehrlichen Geldes schnell zu schätzen lernen. Sie selbst wiederum werden dadurch loyale und tüchtige Mitarbeiter gewinnen. Auf diese Weise bringen Sie das echte Geld in Umlauf und legen damit die Grundlage für eine wirtschaftliche und finanzielle Erholung Ihres Landes und Volkes.

Damit leisten Sie einen ganz wesentlichen Beitrag zum Wiederaufbau der Infrastruktur, indem Sie die Menschen wieder in Lohn und Brot bringen und eine neue Lebensgrundlage bieten. Lassen Sie sich also nicht als „Krisengewinnler" schmähen, weil Sie weit- und umsichtig gehandelt und Ihr Vermögen in die neue kommende Zeit gerettet haben, während andere zu blind oder zu bequem dazu waren.

Übrigens: Es kann keine „Blase" in Gold und Silber geben, da die beiden echtes Geld sind, nicht beliebig erschaffen werden können, keinem Zahlungs- und Einlöseversprechen eines Staates oder einer Bank sowie keinem Ausfallrisiko unterliegen.

Zwei persönliche Bitten habe ich an Sie: mit Ihrem Vermögen – das Ihnen vielleicht nach heutigen Maßstäben noch gering erscheint, aber das wird sich ändern! - werden Sie nach dem Kollaps dieses Systems und der bevorstehenden Marktbereinigung zur wohlhabenden Schicht Ihres Volkes zählen.

Machen Sie es dann bitte besser als die heutigen Politiker und Wirtschaftsbosse. Entlohnen Sie Ihre Mitarbeiter gerecht und mit ehrlichem, soliden Geld. Nur wenn es den den Men-schen, die Sie umgeben, gut geht, werden auch Sie selber gut und sicher leben können. Bitte vergessen Sie dies niemals. Es ist die Basis für eine friedliche Gesellschaft. Eigentum bedeutet ein ganz besonders hohes Maß an Verant-wortung für Mensch, Tier und Natur. Wie alle Dinge von immateriellem Wert nutzt auch die Verantwortung nicht durch Gebrauch ab, sondern wird durch tägliche Übung immer wieder geschärft.

Machen Sie diese Welt ein kleines Stück besser: Behandeln Sie grundsätzlich jedes Leben so, wie Sie selbst behandelt werden möchten: mit gebührender Achtung, Respekt und Würde.

Beginnen Sie, die Menschen und Tiere um Sie herum als Lebewesens mit realen Empfindungen wahrzunehmen – jedes Lebewesen auf diesem unvergleichlich schönen und reichen Planeten, der jedem mehr als genug Platz und Nahrung bietet, will im Grunde nur eines: einfach in Ruhe, Frieden, Freiheit und Sicherheit LEBEN!

Versöhnen Sie sich in Familie, Freundschaft, Nachbarschaft und Kollegenkreis! Besuchen Sie einen Menschen, der einsam ist! Helfen Sie einem Lebewesen in Not, das Ihre Hilfe braucht!

Hören Sie auf damit, die Welt zu bauen, von der Politiker, Bürokraten und Konzerne träumen. Bauen Sie stattdessen die Welt, in der SIE und Ihre Kinder und Kindeskinder leben wollen!

Kapitel 5

Schutz vor Enteignungen aller Art, Zwangshypotheken und sonstigen politischen Räuberpistolen

Überall in Bananenrepubliken läßt sich Kapitalflucht beobachten – und das zurecht, denn sie sind gekennzeichnet durch korrupte, aggressiv-repressive Regimes und schwindsüchtige Währungen. Die Regimes setzen in ihrem fanatisch-verzweifelten Bestreben, immer größere Machtstrukturen zu schaffen und so immer mehr Macht in immer weniger Händen zu vereinen, offenbar alles daran, die Zivilisation zu vernichten, so als würden sie wie durch ein Wunder die Welt retten, wenn sie dem Privatsektor und dem Volk den letzten Cent aus der Tasche ziehen.

Natürlich können Sie Ihre Ersparnisse in Stiftungen (z.B. **http://stiftungsbund.ch**) in Sicherheit bringen, um plündernden Parteifunktionären zumindest vorübergehend den Zugriff darauf zu verweigern. Das Problem: Wenn Sie als Person durch Abschaffung Ihrer Menschenrechte – zu dem auch das Eigentumsrecht gehört – zum völligen Sklaven gemacht wurden, dann nützen Ihnen auch Stiftungen und Firmen im Ausland herzlich wenig, denn dieselbe Politik wird weltweit verfolgt.

Sie können natürlich auch auswandern und Ihre Heimat, das Land Ihrer Vorfahren verlassen, weil die Bevormundung, Enteignung, Reglementierung und Unterdrückung derer, die den Staatsapparat an sich gerissen haben, einfach unerträglich geworden sind. Ja, man kann vor allen Problemen davonlaufen – zumindest für kurze Zeit. Durch unser eigenes stilles Dulden ist die Entstehung der Probleme jedoch erst möglich geworden. Das heißt, wenn Sie sich selbst nicht ändern und ein Dulder bleiben, dann ziehen Sie Ihre Probleme einfach nur mit um. Und diese werden Sie früher oder später auch in Ihrer neuen Heimat wieder einholen.

Die überraschende Wiederentdeckung des Rückgrates

Wäre es nicht besser, wir – wir alle, Sie und ich – würden stattdessen nicht endlich einmal entdecken, daß wir ein Rückgrat besitzen, das uns eine aufrechte Haltung in jeder Hinsicht ermöglicht? Wie verblüffend wäre wohl die unvermutete Feststellung, daß wir keineswegs die Kriechtiere sind, zu denen man uns erzogen hat?

Es ist an der Zeit, Farbe zu bekennen. Männer – seid wieder Männer! Frauen – seid wieder Frauen! Lernen Sie, Unterdrückung, Erpressung und Willkür nicht einfach nur zu dulden, sondern laut und vernehmlich „Nein!" dazu zu sagen – und schließen Sie sich mit anderen fried- und freiheitsliebenden Menschen zusammen, denn eine einzelne Stimme kann leicht verhallen – ein Chor aus Tausenden, Hunderttausenden und Millionen Stimmen wird unweigerlich gehört werden (müssen)! Sie wurden nicht als Untertan, Befehlsempfänger oder staatliches Geldbeschaffungsvieh geboren – warum also wollen Sie es dann bleiben?

Werden Sie der freie Mensch, der Sie von Anbeginn an sein sollten!

Sie sind ein Mensch, von Gottes Geist erdacht und erschaffen, und somit zur Freiheit geboren! Alles andere ist eines Menschen unwürdig. Fordern Sie diese Freiheit für sich ein, kämpfen Sie dafür und übergeben Sie sie ihren Kindern und Enkeln! Oh ja, wir können und werden letztlich alle sterben. Was sind wir nur für erbärmliche Feiglinge und Duckmäuser geworden? Wir leben völlig belanglose Leben.

Wir benässen uns selbst vor Angst um unser kleines erbarmungswürdiges Leben, das andere durch „Gesetze" für uns führen, und können es doch nicht um eine einzige Sekunde verlängern, nicht wahr? Was zählt, ist einzig und allein, **wie** wir unser Leben gelebt haben, und ob sich dieses Leben gelohnt hat. Sie haben nur dieses Eine. Leben Sie weise, würdig und stolz – als Mensch, nicht als Sklave.

Wie wir nachgewiesen haben, herrscht nicht derjenige, der es „auf dem Papier" gemäß Verfassung tut, sondern daß derjenige, der das Geldsystem kontrolliert, auch alles andere kontrolliert: Politik, Wirtschaft, Medien, Armeen. Zugleich haben wir nachgewiesen, daß kein Staat, keine Politik, keine Regierungsform, kein Behördensystem von sich aus überlebensfähig ist, da es selbst keinerlei Werte erschafft, sondern sie sich von den Wertschaffenden durch Enteignung – via Inflation und Steuern / Abgaben – beschaffen muß.

Um dergestalte Unterdrückung und Gängelung der Vielen durch Wenige zu beenden, muß folglich der Geldfluß der parasitären Finanzierung eingestellt werden, denn er stellt das Lebenselixir des Unterdrückers dar. Gewalthabern werden so die Mittel zur Bezahlung seines Unterdrückungskomplexes entzogen.

Der Umtausch der Währung des Gewalthabers in die alten Geldmetalle Gold und Silber, sowie ein genereller Konsumverzicht reduzieren die Steuern wesentlich – entdecken Sie also die unabhängig machende Schönheit der Selbstversorgung, und welche Kosten Sie dabei sparen und wie elegant Sie sich finanziell und wirtschaftlich damit von einem knechtischen System emanzipieren können.

Behalten Sie Ihr Wissen nicht für sich, sondern teilen Sie es verschwenderisch mit anderen, nein – rufen Sie es gemeinsam mit ihrer persönlichen Unabhängig-keitserklärung aus!

„Gewalthaber werden so lange über dich herrschen, solange du nach deren Regeln spielst." Chris Duane, Sons of liberty-Akademie, **http://dont-tread-on.me**

Frage: "Wann wird die globale Schuldenkrise endgültig überwunden sein?"

Antwort: „Die Schuldenkrise und die globale Schuldsklaverei wird mit dem Crash und Untergang des globalen Papiergeldsystems gelöst sein, nachdem der durch „Rettungen" verschleppte und letztlich doch durchschlagende Bankrott die Schulden vernichtet hat und auch den Wohlfahrts- und Überwachungsstaat in den Abgrund gerissen hat. Das Schuldgeldsystem, bei dem „Geld" durch Kreditvergabe entsteht, bringt es zwangsläufig mit sich, daß im Rahmen der unvermeidbaren Schuldentwertung ebenfalls alle gegenüberstehenden Guthaben vernichtet werden. Dies ist der unvermeidliche Charakter eines jeden schuldenbasierten Währungssystems.

Die globale Schuldenkrise wird dann gelöst sein, wenn die Verursacher vor und hinter den Kulissen vor ordentliche Gerichte gestellt und zur Verantwortung für ihre Verbrechen gezogen, statt wie im Moment noch durch „Rettungen" auf Kosten der weltweiten Sparer und Steuerzahler belohnt werden.

Kapitel 6

Die Zukunft des Geldes

Der „Internationale Währungsfonds" (IWF) wartet plötzlich mit der Erkenntnis auf, die Staaten sollten doch besser ihr eigenes Geld schöpfen, ohne dies von den Banken leihen zu müssen. Dieses „Staatsgeld" wird in Fachkreisen zur Unterscheidung vom Geld der Banken als **„Vollgeld"** oder **„Monetative"** bezeichnet. Das Problem dabei: Der Staat muß zwar keine Zinsen mehr an die Banken zahlen, aber eine solche Währung wird dennoch zerstört, wenn mehr von ihr erzeugt wird, als Warenwert entsteht. Und wer bestimmt, wann, wie und vor allem wieviel „Vollgeld" erzeugt werden soll? Beispiele für Länder, die das „Vollgeld"-Prinzip praktizieren, sind etwa der Iran oder Nordkorea. Deren Währungen stehen heute ebenso vor der Hyperinflation wie alle anderen auch.

Eine staatliche Währung ließe sich zwar beispielsweise mit den Gold- und Silberreserven des Landes decken. Aber gibt es sie heute noch, oder wurden sie alle zur Goldpreisdrückung verkauft und verleast? Liegen in Fort Knox und den westlichen Zentralbanken überhaupt noch Goldbarren, oder sind es doch nur Wolframbarren mit Goldüberzug, wie eine zunehmende Zahl von Insidern behaupten? Das Problem dabei: Eine Währung kann nur dann als „gedeckt" bezeichnet werden, wenn ihre Banknoten auch tatsächlich jederzeit zu 100% in Gold und Silber einlösbar sind.

Ein Goldstandard, dessen Gold in den Tresoren einer Zentralbank liegt, ist also nicht das Papier wert, auf dem er behauptet wird, zumal wenn die öffentliche Überprüfung der Reserven auf Vorhandensein und Reinheit vehement abgelehnt wird.

Mittels Ultraschallmessung lassen sich Metalle heute zügig auf Echtheit und Reinheitsgrad überprüfen, ohne diese zu beschädigen. **http://aurotest.de**

Eine angenommene Verwahrung der Goldreserven durch eine ausländische oder auch inländische „Zentralbank" – ohne jederzeitige volle Konvertierbarkeit der Banknoten – lädt geradezu neuen Betrug ein. Insbesondere wenn man sich vergegenwärtigt, daß sich alle „Zentralbanken" oder „Nationalbanken" in Wirklichkeit in Privatbesitz befinden! Wie viel eine solche „Deckung" wert wäre, können Sie sich selbst ausrechnen. Das derzeitige Schuldgeldsystem im Nachhinein mit Edelmetallen zu „decken" wäre ebenso ein Ding der Unmöglichkeit, da die „Deckung" im Nu mittels Zinszahlung für die riesigen Schulden-berge sofort an die Eigentümer der Banken (= Kreditgeber der Regierungen) abfließen würden.

Das Gresham'sche Gesetz

Durch eine freie Preisbildung ohne festgelegte Parität (= Wechselkurs) wird das Inkrafttreten des Gresham'schen Gesetzes verhindert. Sir Thomas Gresham (1519 – 1579) war Finanzagent der englischen Regierung und königlicher Berater. Er stellte fest, daß in einem Edelmetallstandard mit festgelegter Parität „das schlechte Geld das Gute verdrängt". **Quelle Wikipedia.de: http://de.wikipedia.org/wiki/Greshamsches_Gesetz**

In der Praxis bedeutet das, daß das „schlechtere" und vom Materialwert billigere Geld als Zahlungsmittel verwendet, während das „gute" Geld oftmals ins Ausland abfließt und als Wertaufbewahrungsmittel oder Spekulationsgut gehortet wird. Im 13. Jahrhundert machten sich venezianische Händler die willkürliche Wechselkursfestlegung von Gold und Silber (das damals festgelegte Verhältnis: 1 zu 12) zunutze und verbrachten alles erhältliche vermeintlich „billige" Silber nach Asien, wo das Verhältnis 1:6 betrug. So floß viel Silber von Europa nach Asien ab, und die Mittel- und Unterschicht, deren Geld das Silber war, büßte dadurch an Vermögen ein, während die Händler einen schnellen Gewinn von 100% verbuchten.

Willkürlich festgelegte Wechselkursverhältnisse bewirken also eine Verzerrung des Marktes, durch die ein Ungleichgewicht und damit Instabilität im Markt entstehen läßt. Dies ist die Konsequenz eines jeglichen Eingriffes von außen in einen freien Markt, und aus diesem Grunde kategorisch abzulehnen.

Auch eine Mischung aus Papiergeld und Edelmetallgeld führt zur Aktivierung von Gresham's Gesetz. Das Papiergeld wird zur Zahlung verwendet, das Edelmetall verschwindet aus dem Verkehr, weil es gehortet wird. Alle dieses Systeme sind deshalb zwangsläufig früher oder später zum Scheitern verurteilt.

Es gibt zwei Möglichkeiten – eine „mit" und eine „ohne Staat" – die als Grundlage der maximalen Freiheit des Geldsystems und damit des Volkes zu dienen in der Lage sind. Beide sind Teil des „free coinage"-Konzepts – das Wesen des privaten Geldes, das allerdings nicht für die Bankenlobby gilt, sondern für jeden Menschen. Damit dieses Konzept funktioniert, muß eines beachtet werden: Gold und Silber dürfen nicht verzinst und nicht gegen Zins verliehen werden!

Ein freies Geldsystem „mit Staat":

Der Staat richtet **staatliche Münzprägestellen** ein, in der jeder Bürger sein Gold und Silber kostenlos zum Geld des Staates prägen lassen kann. **Silber und Gold dürfen nicht unter einem gemeinsamen Begriff zusammengefaßt werden (z.B. „Mark")** da sonst plötzlich diese Währungseinheit zur Bezugsgröße wird, und nicht mehr die beiden Metalle. Es **darf keine Aufprägung eines Nominalwertes erfolgen**, z.B. „5 Mark", „10 Franken", „20 Schilling".
Das Wertverhältnis Gold zu Silber **darf nicht willkürlich festgelegt werden**, sondern muß sich frei am Markt – das sind die Menschen: Käufer und Verkäufer – einpendeln dürfen, je nach Angebot und Nachfrage.

Am vorteilhaftesten ist es, Gold und Silber überhaupt **keine spezielle Bezeichnung zu geben**, wie Goldmünze → „Gulden", Silbermünze → „Taler", **sondern ihren Wert einzig und allein über das Feingewicht des Metalls in Gramm und Unze zu definieren**.

Warum das Aufprägen willkürlicher Nennwerte nicht funktioniert und dem früher üblichen Münzbetrug durch die Veränderung des Münzgewichts gleichkommt, möchte ich Ihnen anhand eines aktuellen Beispiels einmal kurz verdeutlichen:

Bis zum Jahre 1964 prägte die US-Münzprägeanstalt ihre 10 Cent, 25 Cent, Half Dollar und Dollar-Münzen aus 900-er Silber (90% Silber, 10% Kupfer). Dann stieg der Preis des Silbers, und die Verwendung von Silber für diese Münzen wurde eingestellt. Heute bestehen sie aus im wesentlichen Nickel – ohne jeden Silberanteil. Aus dem Verkehr gezogen wurden sie jedoch nie offiziell. Man könnte bis heute mit ihnen bezahlen, aber niemand tut das. Warum?
Wir erleben hier, wie Gresham's Gesetz aktiviert wird. Der **Materialwert** (= Silberwert) der Münze übersteigt den Nennwert der Münze um ein Vielfaches! Er ist mittlerweile 20mal so hoch, so daß jeder verrückt wäre, der mit dem viel zu niedrigen Nennwert der Münze bezahlen würde. Das Silber macht die Münze viel wertvoller, als ihr Nennwert angibt. Diese vor 1965 geprägten Münzen sind deshalb aus dem Umlauf verschwunden – Gresham würde sagen: verdrängt worden – weil ihr eigentlicher Wert: ihr Materialwert, um ein Vielfaches höher ist als der Wert, der ihnen willkürlich aufgeprägt wurde.

Was sollen wir daraus schlußfolgern? Nicht der Nennwert in Mark, Franken, Schilling, Dollar, Pfund, Renminbi, ... bestimmt den Wert einer Münze, sondern der Wert des Metalls, aus dem die Münze besteht! Dasselbe Prinzip trifft übrigens auch Geldscheine oder Banknoten zu. Sind sie nicht in reale Werte einlösbar (= konvertierbar), dann ist ihr Wert faktisch der des Materials, aus dem sie gemacht wurden (Papier-Baumwoll-Gemisch).

Beispiele für die **Idealform staatlichen Geldes** sind **die mexikanischen „Libertad"-Münzen aus Gold und Silber**, und **der südafrikanische „Krügerrand" aus Gold**. Alle werden durch den Feinmetall-Gehalt einer Münze (1/10, ¼, ½ und 1 Unze) definiert, ohne daß ein aufgeprägter Nennwert ihren Wert als Zahlungsmittel festlegt.

Ein freies Geldsystem „ohne Staat"

Hier werden die Münzen verwendet, die bereits existieren. Auch hier bestimmt nicht ihr aufgeprägter Nominalwert („50 Dollar", „100 Mark") ihren Wert, sondern ihr Feingewicht in Gramm und Unze. Es können sich private Münzprägestellen entwickeln, in denen man beispielsweise Barren oder alte Münzen in neue Münzen umprägen lassen kann. Dabei könnte es sich um Edelmetallhändler handeln, die auch ihr eigenes Münzgeld herausgeben könnten, wie es z.B. heute von der Edelmetallhandelsgesellschaft Geiger praktiziert wird; **http://geiger-edelmetalle.de**

Betrüger werden automatisch aus dem Markt verdrängt, da nach Aufdeckung eines Betruges niemand mehr deren Münzen als Geld akzepiert. So bereinigt sich der Markt selbständig von Schlechtem und Betrügerischem. Nur „gutes Geld" setzt sich dann dauerhaft durch. Der Vorteil eines solchen Geldsystems „ohne Staat" ist die Verteilung der Geldhoheit auf alle Menschen, ohne daß eine private Sondergruppierung sich mit staatlicher Macht und Einfluß verbinden kann, um letztlich durch ihr Geld den Staat und seine Bürger zu kontrollieren.

Gerade die USA sind im Hinblick auf die Wiederherstellung eines verfassungsgemäßen Geldes ein sehr aktives Land. Diese privaten Initiativen, deren Ziel die Wiedereinführung von Gold und Silber als das in der US-Verfassung verankerte rechtmäßige und ehrliche Geld des amerikanischen Volkes ist, stellen die ultimative Existenzbedrohung für die „Geld aus dem Nichts"-Fraktion dar, wie der folgende Fall unterstreicht: Die bis jetzt erfolgreichste Initiative war die der „National Organisation for the Repeal of the Federal Reserve", kurz NORFED genannt. Sie begann im Jahre 1998 mit der Prägung und dem Verkauf ihrer privaten Währung, die als „Liberty Dollar" bekannt wurde. Im Jahre 2007 besetzte die Bundespolizei FBI die Räume der NORFED und nahm ihren Gründer, Bernard von NotHaus, fest. Im Jahre 2011 wurde er wegen Geldfälschung angeklagt und zu einer Geld- und Gefängnisstrafe verurteilt. Sein Fehler: Seine Münzen ähnelten den offiziellen Münzen der USA, und er gebrauchte den Begriff „Dollar".

Von NotHaus' Erkenntnis: **„Wenn den Menschen das Geld gehört, dann kontrollieren sie die Regierung. Wenn der Regierung das Geld gehört, kontrolliert sie die Menschen."**

Präziser kann man es nicht auf den Punkt bringen.

Weitere geldtheoretische Modelle

Der Sozialist **Silvio Gesell** entwickelt die Theorie vom **Schwundgeld**, das so schnell wie möglich wieder in den Geldkreislauf einfließen muß, um die **„Umlaufgeschwindigkeit"** des Geldes zu erhöhen. Er bezeichnete das von ihm bevorzugte zinsbefreite und sich selbst entwertende Zahlungsmittel mit Schwundgeldcharakter als sogenanntes **„Freigeld"**, und sein Wirtschaftsmodell als **„Natürliche Wirtschaftsordnung"**. Gelangt dieses „Freigeld" nicht innerhalb einer festgelegten Zeit in den Geldkreislauf zurück, dann entwertet es sich automatisch. Seine Nutzer werden also zum Konsum förmlich gezwungen. Ein Sparen für Anschaffungen oder als Altersvorsorge wird bei einem sich auf diese Weise selbst entwertetenden „Geld" völlig unmöglich.

Gesell's Geld- und Wirtschaftssystem macht die Menschen finanziell und wirtschaftlich noch viel abhängiger von der Willkür des „allmächtigen Staates", als dies bereits heute mit der Verwendung von Schulden als Geld der Fall ist. Kaum ein Geldsystem ist unfreier, und kaum ein Wirtschafts-system unnatürlicher als Gesell's vermeintliche „natürliche Marktwirtschaft".

Eine Gesellschaft kann nur dann frei sein, wenn das Geld den Menschen dient, und nicht die Menschen dem Geld. Dazu bedarf es eines einfachen, für jedermann leicht verständlichen und ehrlichen Geldes, das nicht nur Finanzmathematiker verstehen können, und das vor allem nicht nach Belieben entwertet werden kann.

Gesell meint es zwar sicherlich gut, aber auch er fällt dem **Aberglauben vom „allmächtigen, gerechten Staat"** zum Opfer, den es niemals gegeben hat, nicht gibt, und niemals geben wird. Menschen sind in erster Linie opportunistisch veranlagt und suchen zuerst ihren eigenen Vorteil. Das ist menschlich! Je mehr Macht man aber einem Menschen oder einer Gruppe von Menschen zugesteht, desto mehr will er bzw. sie haben. Gesell fällt mit seinem Schwungeld einem weiteren Denkfehler zum Opfer, und das ist die Verwendung von Falschgeld. Seine Geldtheorie gründet er auf Geldbetrug. Ein „Geld", das nicht in der Lage ist, Lohn der Arbeitskraft und Vermögen zu bewahren, das sich entwertet, wenn es nicht in Umlauf gebracht wird, ist kein Geld und kann niemals Geld sein. Wenn Zins ein Geld zu Falschgeld macht, dann tut es eine Negativzins umso mehr!

Oft wird „Wörgl" als Paradebeispiel der „Gesellianer" angeführt. Das „Freigeld"-Experiment in der gleichnamigen Kleinstadt nahe Kufstein/Tirol während der Jahre 1932/33 im Umfeld der größten Weltwirtschaftskrise der bisherigen Geschichte sorgte tatsächlich für einen wirtschaft-lichen Aufschwung, da es der damals herrschenden Geldknappheit entgegenwirkte. Jedoch konnte das Experiment sein Ende nicht voll ausspielen, da es 1933 unter Androhung von Armeeeinsatz verboten wurde. Warum? Der „Wörgler Schilling" arbeitete an den Banken vorbei, so daß diese nicht mitverdienen konnten. Die Anektode zeigt weiterhin: Bereits damals wurden die Staaten von den Banken gelenkt. Steht ihr Geldmonopol auf dem Spiel, schrecken Sie nicht vor dem Einsatz der Armee zum Erhalt ihrer privaten Privilegien zurück.

Quelle Wikipedia.de: http://de.wikipedia.org/wiki/Wörgl → „Die Wörgler Geldexperimente"

Auch Falschgeld kann einen belebenden wirtschaftlichen Effekt erzielen – jedoch nur innerhalb eines geschlossenen Geldkreislaufs, und nur so lange, wie es seine Nutzer trotz schwindender Kaufkraft als „Geld" akzeptieren. Da die Menschen nach dem globalen Papiergeldexperiment und dem Verlust aller Vermögen keine Lust auf weitere Geldexperimente haben werden, ist nicht mit einem Freigeld-Experiment zu rechnen. Dazu zählen übrigens auch die „Regional-Gelder", die alle an die „gesetzlichen Zahlungsmittel" gekoppelt sind. Jede Währung, die auf Schuld- oder Schwundgeld beruht, muß letztlich unfehlbar untergehen – ohne Ausnahme.

Es gibt kein Geld, das leichter verständlich und ehrlicher ist als Silber und Gold.

Gold und Silber sind gemünzte und geprägte Freiheit. Kein anderes Geld bietet so viel finanzielle Freiheit wie diese beiden alten Geldmetalle. Sie bedeuten maximale individuelle Freiheit, und Schutz vor dem Zugriff auf Ihr Vermögen durch Kleptokraten, die die Staaten gekidnappt haben und die Völker ausrauben und versklaven.

Wir leben in spannenden Zeiten. Noch nie hatten wir – Sie und ich – eine Gelegenheit, über unser Schicksal auf diesem Gebiet mitzubestimmen, wie es uns zusteht, und wie wir sie heute haben. Nutzen Sie Ihr Wissen, um zum ersten Mal in der Weltgeschichte ein Geldsystem aufzubauen, das vom Volk kontrolliert wird und dem Volke dient.

Retten Sie Ihre Freiheit und Ihre Ersparnisse und schreiben Sie Geschichte!

Kapitel 7

Weiterführende Literatur und empfehlenswerte Finanz- und Nachrichtenseiten

Lesestoff, der Ihnen die Augen öffnen wird:

Roland Baader
„Geldsozialismus: Die wirklichen Ursachen der neuen globalen Depression"
„Die belogene Generation: Politisch manipuliert statt zukunftsfähig informiert"
„Geld, Gold und Gottspieler: Am Vorabend der neuen Weltwirtschaftskrise"
„Totgedacht: Warum Intellektuelle unsere Welt zerstören"
„Kreide für den Wolf: Die tödliche Illusion vom besiegten Sozialismus"
„Krankes Geld – kranke Welt: Analyse und Therapie der globalen Depression"

Reinhard Deutsch
„Das Silberkomplott"

Robin de Ruiter
„Die 13 satanischen Blutlinien"

G. Edward Griffin
„Die Kreatur von Jekyll Island" - die Geschichte der Gründung der US-Zentralbank "Federal Reserve" als privates Bankenkartell der Hochfinanz

John Coleman
„Das Komitee der 300: die Hierarchie der Verschwörer"

Robin de Ruiter
„Die Köder des Satanskultes: Die Musikindustrie, Hollywood und die Illuminaten-Gedankenkontrolle"

Ron Paul
„Befreit die Welt von der US-Notenbank"

Jim Marrs
„Die Billionen-Dollar-Verschwörung: auf dem Weg in die neue Weltordnung"

Dean Henderson
„Das Kartell der Federal Reserve – Acht Familien beherrschen die Welt"

Tilman Knechtel
„Die Rothschilds: Eine Familie beherrscht die Welt"

Bruno Bandulet
„Die letzten Jahre des Euro: ein Bericht über das Geld, das die Deutschen nicht wollten"

Ferdinand Lips
„Die Gold Verschwörung: ein Blick hinter die Kulissen von einem Privatbankier aus der Schweiz"

Bruno Bandulet
„Das geheime Wissen der Goldanleger"

Friedrich August von Hayek
„Der Weg zur Knechtschaft"

Ludwig von Mises
„Vom Wert der besseren Ideen: Sechs Vorlesungen über Wirtschaft und Politik"
„Theorie des Geldes und der Umlaufsmittel"
„Die Bürokratie"

Rahim Taghizadegan
„Wirtschaft wirklich verstehen: Einführung in die Österreichische Schule der Ökonomie"

Eugen Maria Schulak, Rahim Taghizadegan
„Vom Systemtrottel zum Wutbürger"

Die Bibel - über den Ursprung und die damit verbundene Freiheit des Menschen, die jede Herrschaft und Unterdrückung des Menschen durch den Menschen ausschließt. Erfahren Sie sich aus erster Hand über ein gesundes Geldwesen, auf dem nur eine gesunde Wirtschaft wachsen kann, auf biblischer Grundlage. Lernen Sie, warum Gold und Silber das einzig gültige Geld sein kann – es verhindert den Diebstahl der darin enthaltenen Vermögen, weil sie nicht beliebig vermehrt werden können – Gold und Silber sind rar UND wertstabil. Erfahren Sie, warum Gott Zinseszins (–> Wucher) verbietet und worum es sich bei einem Jobeljahr („Jubeljahr") handelt – der Erlassung aller Schulden, um den Beginn eines neuen, freien Lebens zu schaffen.

„Elberfelder Senfkornbibel"
„Die Heilige Schrift" - Übersetzung von Hermann August Menge

<u>Weiterführende Internetseiten (deutsch)</u>

http://krisenfrei.de
http://deutsche-wirtschafts-nachrichten.de
http://deutsche-mittelstands-nachrichten.de
http://radio-reschke.de
http://radio-utopie.de
http://equapio.com
http://novayo.de
http://geolitico.de
http://freiewelt.net
http://preussische-allgemeine.de
http://pi-news.net
http://wirtschaftsfacts.de
http://propagandafront.de
http://infokrieg.tv
http://ef-magazin.de
http://unzensuriert.at

Weiterführende Internetseiten (englisch)

http://veteranstoday.com
http://americanpreppernation.ning.com
http://sgtreport.com
http://srsroccoreport.com
http://activistpost.com
http://usawatchdog.com
http://naturalnews.com
http://shtfplan.com
http://silverdoctors.com
http://pdegraaf.com
http://lewrockwell.com
http://silverstockreport.com
http://kingworldnews.com
http://theeconomiccollapseblog.com
http://dont-tread-on.me
http://goldsilver.com
http://goldseek.com
http://silverseek.com
http://harveyorgan.blogspot.de

Info-Seiten, die die heimliche Verbreitung von Satanismus durch die Musikindustrie thematisieren, die darauf abzielt, insbesondere unsere Kinder und Jugendlichen unter ihren Einfluß zu bringen. Die Texte vermittelt zudem Anti-Werte, die familien- und gesellschaftszersetzende Wirkung ent-falten sollen, wie der Aufruf und die Verherrlichung sexueller Ausschweifungen, Verachtung der traditionellen Familie und Lebensweise, bis hin zum Aufruf zum Selbstmord, oft versteckt als Begleiter von „Liebe" (z.B. Rihanna „Russian Roulette", Bruno Mars „Grenade"). Hier wird erklärt, auf welche Weise ahnungslose Zuhörer einerseits negativ beeinflußt, andererseits beispielsweise auf Konzerten verführt werden, satanische Handzeichen und Symbole zu imitieren, die sie in ihren Bann ziehen sollen, oder die großen „Record-Labels" Tonträger mit dämonischen Flüchen bele-gen, die sich beim Abspielen entfalten sollen. Das Ziel: Anbetung Luzifers (= Satan), Auslösung von Sucht und Abhängigkeit, Fernsteuerung und Gedankenkontrolle.

http://youtube.com/user/theindustryexposed
http://youtube.com/user/AprilandWayneShow
Link abovetopsecret.com, Demons Behind The Music Industry: http://tinyurl.com/porxnlg

Teil II: Die Gesundheit

Einleitung

Das Gesicht unserer Welt hat sich seit dem Beginn der Industrialisierung radikal verändert. Während der vergangenen 200 Jahre wurden unglaubliche Entdeckungen und Erfindungen gemacht, die unser Leben in zahlreichen Bereichen erleichterten. Im Zuge des technologischen Fortschritts wurde gleichzeitig aber auch viel grundlegendes Wissen um die Natur, ihre Gesetze und Prinzipien, zurückgedrängt. Auf diese Weise ging ein umfangreicher und wertvoller Erfahrungsschatz verloren, der für unsere Vorfahren zum Leben und Überleben unverzichtbar war.

Heute leben wir in einer hochtechnisierten Welt. Wir haben vergessen, welches Brennmaterial sich dazu eignet, um ohne Feuerzeug ein Feuer anzuzünden, um darauf unser Essen zuzubereiten. Heute drehen wir an einem Knöpfchen und erwärmen auf unserem Elektroherd oder in unserer Mikrowelle Nahrungsmittel, die wir in einem Supermarkt gekauft haben, und deren Zutaten eher einem Beipackzettel aus der Apotheke ähneln als der Kost, die unsere Eltern und Großeltern gegessen haben. Aber es spart Zeit, denn wir sind stets in Eile. Termine, Verabredungen, Sitzungen, nicht zu vergessen unsere zahlreichen Freizeitbeschäftigungen …

Wir machen unsere Hände nicht mehr naß und schmutzig, um unsere Wäsche zu waschen. Das übernimmt eine Maschine für uns. Dadurch erreichen wir eine bedeutende Zeitersparnis gegenüber der Hausfrau des 20. Jahrhunderts. Aber was fangen wir mit dieser gewonnenen Zeit an? Einige putzen sich nicht einmal mehr selbst die Zähne, sondern lassen das heute von einer Elektro-Zahnbürste erledigen.

Unser modernes Ego ist fragil, bildet heute alle Facetten von „himmelhoch jauchzend" bis „zu Tode betrübt" ab. Die Überbetonung unseres Ich hat nicht nur zu unserer inneren Vereinsamung geführt, sondern auch zu einer Gesellschaft, die von Neid, Mißgunst, Haß, Mißtrauen und Eifersucht dominiert wird. Termindruck, Streß, Hektik, Mobbing. Und doch sehnt sich fast jeder normale Mensch im Grunde seines Herzens doch nur nach Ruhe, Zufriedenheit, Glück, Frieden, … Finden Sie das nicht seltsam?
Wir haben verlernt, wie man miteinander gepflegte und tiefsinnige Gespräche führt, sondern verschicken Kurznachrichten über Handy und Smartphone, die uns und unsere Verhaltensweisen ausspionieren, und tauschen uns in (a)sozialen Netzwerken über die Banalitäten unseres langweiligen, eintönigen, fortschritts- und technikgeprägten Lebens aus.

Das Resultat dieser Ich-zentrierten Gesellschaft, sobald man ihn aus der anonymen Menschenmasse heraushebt, ist der individuelle Mensch, mit krankem Körper und traumatisierter Seele. Die meisten von uns sind mental ausgebrannt und körperlich ausgelaugt. Wie geht es Ihnen?

Auf mich macht unsere Welt heute den Eindruck, als ob der Mensch mit jeder Stufe, die er auf der Leiter des technologischen Fortschritts emporgeklettert ist, im Gegenzug immer mehr an Unabhängigkeit, Überlebensfähigkeit, Eigenständigkeit, Kreativität (= Schöpferkraft!) und Potenzial eingebüßt hat.

Finden Sie nicht auch, daß wir alle in einer dumpfen Masse untergehen und unser ganzes Leben lang nur noch funktionieren sollen: Arbeit, Termine, Freizeit, sogar Urlaub … alles artet in Streß aus. Jeder fordert von uns: Arbeitgeber, Behörden, Nachbarn, Freude, Familie … Die Ego-Gesellschaft hat uns kaputtgemacht.

Und das Schlimmste: Das Problem dabei sind wir selbst, indem wir mitmachen und auf andere denselben Druck ausüben, der auch uns fertigmacht. Jedem Trend und jeder Mode hinterherlaufen, uns auf jeder Party und jedem „Event" sehen lassen. Wir hetzen von einer Veranstaltung zur nächsten. Bloß nicht zur Ruhe kommen! Der „moderne" Mensch fürchtet die Stille. Überall Lärm und Berieselung.

Man könnte ja sonst damit beginnen, über den Unsinn eines solchen Lebensstils nachdenken – aber Halt: Das mag unsere Komfortzone überhaupt nicht, denn das ist verdammt unangenehm. Nachdenken? … geht überhaupt nicht, denn auch hier konsumieren wir lieber vorgefertigte, leichtverdauliche Medienkost. Aber wenn wir einmal ehrlich zu uns selbst sind, dann laufen wir im Grunde nur davon.

Wovor?

Vor der Frage: **„Was zählt im Leben wirklich, wo finde ich Sinn und Bedeutung, und wie komme ich aus diesem Hamsterrad des Wahnsinns, der Oberflächlichkeiten, Sinnlosigkeiten und Banalitäten heraus?"**

Stimmt's?

Der Gebrauch von Herz und Hirn scheint zu sinken, je technisierter die Welt um uns herum wird. Es wird uns ja alles abgenommen: jede Kompetenz, jede Entscheidung, jede Fertigkeit, jede Fähigkeit … Warum noch arbeiten, wenn Roboter das für uns tun können? Warum noch die Mühe machen, selbst zu denken, wenn doch Politiker und Medien für uns denken? Autos, die für uns lenken und bremsen?

Was meinen Sie?

Fortschritt ist ein zwiespältiger Begriff. Es lohnt sich, ihn einmal kritisch zu hinterfragen. Nützt uns wirklich alles, was unser Leben scheinbar vereinfacht? Schleicht sich da nicht auch – unbeachtet von den Meisten – ein geistiger und körperlicher Verfall von uns selbst ein?

Der Fortschritt ist zum Götzen geworden, zum modernen „Goldenen Kalb", um das wir herumtanzen, berauscht vom Machbarkeitswahn. Wie mag die Zivilisation aussehen, wenn unser Leben komplett durchtechnisiert ist? Eine sterile, verblödete, lebensuntüchtige, tablettensüchtige, orientierungs- und haltlose Menschheit ohne jede Moral und Werte, deren Leben von Computern, Maschinen und Robotern abhängt, bestimmt, geregelt, gesteuert wird?
Im selben Maß, wie unser Leben immer mehr vertechnisiert wurde, haben wir den Kontakt zu unserer eigentlichen Natur und Mitwelt verloren. Unsere Mütter und Großmütter wußten noch, wie man Obst und Gemüse anbaut, wie man es pflegt, wann erntet, wie man es haltbar macht und lagert. Sie wußten noch, welche Pflanzen aus der Natur gegen Fieber, Durchfall, und Entzündungen halfen. Kinder spielten im Sandkasten und im Wald, und steckten sich manchmal eine Handvoll Erde in den Mund. Ohne es zu ahnen, bauten sie dadurch ihr Immunsystem auf, weil es auf diese Weise zahlreiche Keime kennenlernen und natürliche Antikörper aufbauen konnte.

Wir hingegen essen Nahrungsbrei aus der Dose und trinken Flüssigkeiten aus Chemielaboren. Bei Unwohlsein oder Kopfschmerzen werfen wir eine Pille oder Tablette ein. Der Apotheker hat's uns ja schließlich empfohlen, und der Arzt eindringlich bezeugt: „Das brauchen Sie"!

Wer heute Kind ist, wächst in einer nahezu sterilen Umgebung auf. Keime sind lebensgefährlich, und deshalb müssen Mama und Papa die Wohnung notfalls mit chemischen Hilfsmitteln desinfizieren. Unser **Immunsystem wird** dadurch natürlich **weder gefördert noch gefordert**. Vielmehr verkümmert es.

Kommt es dann aber doch zu einer Infektion, dann ist die Immunabwehr plötzlich **überlastet und überfordert**. Dringend müssen deshalb Impfungen, Antibiotikaspritzen und Pillen her, um dem Schlimmsten vorzubeugen. Der grundlegend verkehrte Denkansatz wird letztlich zum Auslöser einer völlig verkehrten Reaktionskette.

Wer mag sich da noch über die rapide Zunahme an Allergien, Lebensmittelunverträglichkeiten und sogenannten „Zivilisationskrankheiten" wie Alzheimer, Parkinson oder Demenz, von ADHS, Neurodermitis, Diabetes und Krebs wundern?

Wir haben eine künstliche Welt um uns herum aufgebaut, führen ein künstliches Leben … ist es da wirklich so sonderbar, daß wir unter künstlichen Krankheiten leiden? Es gab niemals eine günstigere Zeit für Veränderungen als das Heute. Immer wieder werden wir daran erinnert, daß die Dinge, die im Leben wirklich zählen, keine Selbstverständlichkeit sind, sondern gehegt und gepflegt werden müssen. Leider herrscht heute ein allgemein grundlegend falsches Verständnis im Hinblick auf unseren Körper, seine wunderbaren Selbstheilungsmechanismen sowie die Ursache und Symptomatik von Krankheiten, was sicherlich unserer Entfremdung von der Natur geschuldet werden muß. In diesem völligen Unverständnis wird heute durch Fehldeutung der Symptome in zahlreiche Heilungs- und Hilfsmechanismen des körpereigenen Immunsystems eingegriffen, die unseren Körper im schlimmsten Fall daran hindern, sich selbst zu helfen.

Der Mensch meint offenbar, er wisse es besser als die Natur und müsse in jegliche Abläufe der Natur korrigierend und verbessernd eingreifen, was sich immer und immer wieder als fataler Trugschluß herausstellt.

So werden kurzzeitige Durchfälle durch Medikamente unterdrückt, obwohl es sich hier um eine Reinigungsmaßnahme des Körpers handelt, mit deren Hilfe er sich beispielsweise von Giftstoffen und Krankheitserregern zu befreien versucht.

Fieber wird bereits vom ersten Tag an mit fiebersenkenden Mitteln bekämpft: Durch eine Erhö-hung seiner Temperatur tötet der Körper hitzeempfindliche krankmachende (= pathogene) Keime ab. Diese erhöhte Körpertemperatur äußert sich eben im Symptom „Fieber" und zeigt an, daß die Immunabwehr des Körpers sich in höchster Verteidigungsbereitschaft befindet.

Fieber wird oftmals begleitet von einem gesteigerten Durstgefühl. Unser Körper signalisert uns dadurch, was er benötigt. Hören wir ihm noch zu? Verstehen wir seine Sprache und Bedürfnisse überhaupt noch? Worauf versucht uns unser Körper aufmerksam zu machen? Er signalisiert uns „Durst", weil er eine größere Menge an Flüssigkeit benötigt, um sich von abgestorbenen Krankheitserregern zu befreien. So erfüllt jedes Krankheits-sysmptom seinen speziellen Zweck.

Unser Körper signalisiert uns durch Schmerzen, daß ein Defekt im Körper vorliegt oder ein Körperteil verletzt ist, der Ruhe und Schonung benötigt, damit er einen Heilungsprozeß einleiten und abschließen kann. Schmerzmittel sind heute eine Gruppe von häufig mißbrauchten Medikamenten, die schnell zu Abhängigkeiten führen. Und so werden Schmerzen ebenfalls mit synthetischer Hilfe beseitigt. Ihre Ursache wird dabei jedoch nicht behoben, sondern der Schmerz nur künstlich durch Lähmung der Nervenbahnen unterdrückt. So kommt das Schmerzsignal nicht mehr als Impuls im Gehirn an.

Die Abwesenheit des Schmerzimpulses simuliert nun wiederum, alles sei in Ordnung – denn der Schmerz ist ja offenbar verschwunden.

Da das Signal zum behutsamem Gebrauch oder der völligen Ruhigstellung des kranken Körperteils aufgrund des unterdrückten Schmerzes nun aber fehlt, belastet ihn der Patient unwillkürlich wieder stärker. Die Folge: Der körpereigene Heilungsprozeß bleibt unabgeschlossen, weil dem Körper die Zeit zur Regeneration genommen wird, und der entstandene Schaden vergrößert sich.

Neues Gewebe bleibt schwach, die Heilung unvollendetes Stückwerk. Womöglich sieht sich der Körper nun zu einem noch stärkeren Gewebewachstum veranlaßt, was zu tumorartigen Wucherungen ausarten kann. Die Verletzung mündet in einen Teufelskreis, wenn anschließend die Dosierung der Schmerzmittel erhöht wird. Ein Mißbrauch abhängigmachender morphinhaltiger Schmerzmittel führt zu Atemnot und Darmlähmung. Am Ende steht der Tod des Patienten durch Ersticken oder Verhungern.

Diese wenigen Beispiele sollten uns einmal zum Nachdenken über die völlig verdrehte Art unserer Wahrnehmung anregen. Aus einer verkehrten Anamnese (körperliche „Bestandsaufnahme") entstehen falsche Diagnosen, aus denen wiederum falsche oder gar schädliche Behandlungen resultieren.

Erst das Verständnis der Zusammenhänge, der Natur von Ursache und Wirkung, versetzt uns in die Lage, diesen Teufelskreis zu erkennen und zu verlassen.

Gesundheit wird heute immer unbezahlbarer. Der Grund neben der Hauptsache billigen Industriekost – es gibt in Supermärkten kaum mehr Nahrungsmittel ohne synthetische Zusätze – die wir heute konsumieren und die eine wesentliche Ursache unseres Siechtums ist, ist ein riesiger bürokratischer Komplex, den wir um das gesamte Gesundheitswesen herum aufgetürmt haben. Und der will natürlich gefüttert und beschäftigt – und bezahlt werden. So bleibt für unsere eigentliche medizinische Versorgung immer weniger Geld übrig – die Bürokratie verschlingt den Löwenanteil.

Hinzu kommt die „Sozialisierung" des Gesundheitssystems. Ob man sich gesund ernährt, sich ausreichend Bewegung und frische Luft gönnt – das spielt keine Rolle, denn das sozialistische Vereinheitlichungskonzept zwingt die Menschen zur Einzahlung in Krankenversicherungen. Es nennt sich natürlich nicht „Zwang", sondern „Pflicht", und bezeichnet auch die „Pflichtzahlung" nicht als Enteignung und Bevormundung, die sie eigentlich ist, sondern als „freiwilliger Beitrag" - auch wenn er nicht freiwillig geleistet wird. Dieser wiederum wird nicht nach gesundem oder ungesunden Lebensstil erhoben, sondern nach der Höhe des Einkommens. Eine Person, die einen schlampigen Lebenswandel führt: sich von „fast food" ernährt, säuft, hurt, raucht ... und damit ein deutlich höheres gesundheitliches Risiko trägt, zahlt bei gleichem Einkommen ebensoviel wie eine andere Person, die auf Ihr Leben achtet.

Das andere Extrem: Extremsport. Manche Menschen suchen den Nervenkitzel im Sport, ruinieren dabei ihre Gesundheit – und alle anderen bezahlen dafür. So fördert das vermeintlich soziale Versicherungswesen letztlich zutiefst asoziales Verhalten. Einer lebt sein Leben auf der Überholspur – und alle zahlen dafür. Gäbe es keine Versicherungen, dann würde automatisch verantwortungsbewußtes Handeln gefördert und gefordert – ob im Straßenverkehr oder allgemein im Leben.

Anstatt ein Leben lang ein Vermögen in Versicherungspolicen einzuzahlen, ohne diese vielleicht jemals in Anspruch zu nehmen, könnten privat Rücklagen gebildet und im Bedarfsfall darauf zugegriffen werden. Das Ergebnis wäre ein Gewinn für die ganze Gesellschaft: verantwortungsvoller Umgang mit Leben und Eigentum, eine höhere gegenseitige Rücksichtnahme und weniger Unfälle im Straßenverkehr, und massiv niedrigere Kosten durch Abwesenheit einer alles erstickenden Bürokratie. In erster Linie ist das gesamte Feld der Versicherungen ein Bombengeschäft für die Versicherungsgesellschaften. Der staatliche Versicherungszwang entmündigt die Menschen und fördert verantwortungsloses und asoziales Verhalten. Er kommt einer Dauersubvention für die Versicherungskonzerne gleich und hat in einem tatsächlich freien Staat nichts zu suchen.

Der finanzielle Untergang der privaten und staatlichen (Zwangs-)Versicherungen im Rahmen des Weltfinanzbankrotts, die das Verantwortungsbewußtsein der Menschen und deren private Vorsorge unterdrückt und stattdessen einen riesigen Bürokratieapparat hochgepäppelt haben, wird diese Fesseln lösen.

Ab diesem Zeitpunkt nämlich wird die Sozialisierung des individuellen Risikos enden und das Leben seiner uralten natürlichen Gesetzmäßigkeit folgen. Und diese lautet: Jeder lebt und handelt wieder auf eigene Gefahr und Kosten. Mit allen Konsequenzen.

Parallel zu den Verschlechterungen der Leistungen im Krankheitswesen bei gleichzeitig steigenden Kosten und wachsenden Zweifeln an der Sicherheit und Wirksamkeit pharmazeutisch-synthetischer Medikamente (Stichwort: Nebenwirkungen) suchen immer mehr Menschen nach alternativen Behandlungsweisen, die nicht nur die Symptome kurzfristig abstellen, sondern die Ursache der Krankheit ausfindig machen und korrigieren.

In dem vorliegenden Kapitel „Gesundheit" möchte ich Ihnen von meinen eigenen Erfahrungen der Selbstmedikation berichten. Ihre Grundlage ist dabei die Entgiftung des Körpers und der Organe, und der Aufbau sowie die Stärkung des Immunsystems. Das Anliegen aller meiner Ratgeber ist nicht das Verfassen von praxisfernen und theoretischen Fachbüchern, sondern das verständliche Vermitteln von Zusammenhängen und sofort umsetzbaren Maßnahmen für Jedermann.

Werfen wir doch zunächst einen Blick auf die Ursachen, warum unsere Gesundheit heute mehr denn je zuvor derart angegriffen ist.

<u>Die Einflüsse der Welt, in der wir leben</u>

1) Die Luftverschmutzung durch Industrie und Transportwesen

Mit fortschreitender Industrialisierung nahm die Luftverschmutzung nicht zuletzt durch Industrieabgase, Flugverkehr und Verbrennungsmotoren stark zu. Sicherlich wurden hier in der Zwischenzeit Verbesserungen erzielt, was den ungefilterten Ausstoß von Verbrennungsgasen zum Teil bereits deutlich reduzierte. Dennoch ist der Anteil von Schwermetallen und schwefelhaltigen Abgasen, inklusive kleinster Partikel der Katalysatorenmetalle Platin und Palladium, die bei der motorisierten Verbrennung von Erdölderivaten freigesetzt werden, noch immer hoch.

Hinzu kommen Absonderungen von Pestiziden wie DDT, Polychlorierte Biphenyle (PCB), Hexachlorbenzol (HCB), Abrieb der Reifen, der Bremsbeläge und der Fahrbahn. Abgase des Luftverkehrs belasten zunächst die obere Atmosphäre, wetterbedingt werden diese jedoch ebenfalls auf die Erde transportiert und schlagen sich hier nieder, sei es in Form des sogenannten „sauren (= schwefelhaltigen) Regens", in unserer Atemluft, in unseren Gewässern, und damit letztlich als Rückstände in unseren Lebensmitteln.

2) Der massiver Einsatz von Agrochemie in der konventionellen Landwirtschaft

Das Tragik der sogenannten konventionellen Landwirtschaft spiegelt sich im unablässigen Arbeiten gegen natürliche Gesetzmäßigkeiten wider. Die offensichtliche Annahme, die Natur unterwerfen zu müssen und beherrschen zu können, um ihr Erträge regelrecht abzutrotzen, unterstreicht die folgenschwere Entfremdung des Menschen von der Natur.

In der Folge dieser generellen Fehlannahme wird unter massivstem Einsatz von Kunstdünger und der massenhaften Verwendung von Pestiziden, Herbiziden, Mykoziden, Fungiziden und Insektiziden die gesamte biologische Wechselwirkung von Boden-Wasser-Luft-Pflanze-Tier-Mensch aus ihrem natürlichen Gleich-gewicht gebracht und auf künstliche Weise in natürliche Kreisläufe eingegriffen. Diese Eingriffe fügen den Böden, Pflanzen, dem Grundwasser, den Tieren und letztlich auch dem Menschen Schäden zu, deren Ausmaß noch nicht abgeschätzt werden können.

Die Endung „*-zid*" bedeutet „***töten, vernichten***". Wir lassen vollkommen außer Acht, daß eine Substanz, die in der Lage ist, einen lebendigen Organismus zu schädigen oder gar zu töten, zwangsläufig auch Auswirkungen auf andere lebende Organismen haben muß. Da wir am Ende der Nahrungskette stehen, vergiften wir uns durch die von uns vergifteten Böden und Lebensmittel letztlich selbst.

Kann Gemüse und Obst noch als gesund gelten, das mit Chemikalien besprüht wurde, die so giftig sind, daß die Arbeiter, die sie versprühen, Ganzkörper-Schutzanzüge und Atemmasken tragen müssen?

Das Beispiel der „modernen" Landwirtschaft verdeutlicht, daß wir alles pervertiert, alles falschgemacht haben – und das ist leider auf jeden einzelnen Bereich unseres Lebens übertragbar.

Monokulturlandschaften – also der ausschließliche Anbau einer einzigen Pflanzenart – entziehen nicht nur dem Boden die immer selben Nährstoffe und laugen ihn damit aus, sondern stellen regelrecht eine Einladung für den massenhaften Einfall von Schadinsekten dar, die auf geschwächte Pflanzen treffen, die wiederum auf einem ausgelaugten und geschwächtem Boden mit Kunstdünger zwangsernährt werden. Um dem Schädlingsbefall anschließend Herr zu werden, werden unvorstellbare Mengen von Pestiziden eingesetzt.

Wann begreifen wir endlich, daß die Reaktionskette „**Monokulturwirtschaft → Kunstdünger-einsatz → kranker Boden → kranke Pflanzen → Schädlingsbefall → Pestizideinsatz → vergifteter Boden, vergiftete Pflanzen, vergiftetes Wasser → kranker Mensch**" ihre Ursache in der Industrialisierung der Landwirtschaft hat, die sich über die Bedürfnisse der Natur und deren Gesetzmäßigkeiten beständig hinwegsetzt?

Daraus wird abermals deutlich, daß aus der grundfalschen Interpretation eines Sachverhalts der gesamte Handlungsstrang ebenfalls von Grund auf falsch sein muß. Wer unvoreingenommen die konventionelle mit einer natürlichen Landwirtschaft vergleicht, der muß unzweifelhaft zu der Einsicht gelangen, daß es sich bei der industrialisierten Landwirtschaft langfristig gesehen um eine Sackgasse handelt, deren Ende wir mittlerweile erreicht haben.

Die Böden sind erschöpft. Die Erträge lassen sich selbst mit immer größer werdenden Kunstdüngermengen nicht mehr steigern, sie fallen sogar.

Zahlreiche alte Kultursorten, die sich durch Robustheit und Nährstoffgehalt auszeichnen, wurden zurückgedrängt oder völlig ausgerottet. An ihre Stelle traten neue Hochleistungssorten, bei denen es sich um genetisch verarmte und damit schwächliche Pflanzen von minderwertiger Qualität handelt, die aber hohen Ertrag an minderwertiger Frucht liefern. Aufgrund ihrer fehlenden natür-lichen Krankheitsresistenz ziehen sie jedoch Unmengen von Schädlingen an, die wiederum zum Einsatz von Unmengen an Pestiziden führen. Ein Teufelskreis.

In noch abartigerer Ausprägung trifft dasselbe auf die Tierhaltung zu. Streßanfällige Hochleistungsrassen, die ebenfalls höchst anfällig gegenüber Krankheiten sind, werden heute widernatürlich zu Tausenden (Rinder), Zehntausenden (Schweine) und Hunderttausenden (Hühner) zusammengepfercht, mit Antibiotika und Hormonen gemästet, um zuletzt in regelrechten Massenvernichtungsfabriken abgeschlachtet zu werden.

Oft sterben sie halbtot in ihrem eigenen Blut liegend, und müssen das furchtbare Gemetzel ihrer Artgenossen und anderer Tiere mit ansehen und anhören.

Hier wird deutlich, wie furchtbar, wie bestialisch der vermeintlich praktizierter, effizienter „Fortschritt" aussehen kann. Muß etwas gut sein, nur weil es „neu" ist? Der Mensch hat alles durcheinandergebracht, die gesamte Natur verdreht, und steht nun als Konsequenz vor den Trümmern seines gescheiterten Fortschrittsdenkens und Machbarkeitswahns.

Die Bauern wurden zum industriellen Agraringenieur degradiert. Viele von ihnen leiden darunter, keine persönlichen Beziehungen mehr zu ihrer Arbeit und zu ihren Tieren zu haben.

Die industrialisierte Landwirtschaft arbeitet nicht nachhaltig, das bedeutet: nicht die begrenzten Resourcen schützend, schonend nutzend und aufbauend (Boden, Wasser) und deren Gesundheit sowie die Tiere und deren Gesundheit bewahrend, sondern der Erzielung eines kurzfristigen maximalen Profits alles andere unterordnend. Das ist der Nährboden für Desaster. Der katastrophale Punkt dabei ist, daß es sich bei dieser widernatürlichen Wirtschaftsweise nicht um eine natürliche Entwicklung handelt, sondern um eine politische Zwangsentwicklung zugunsten immer größer werdender Betriebe, die der Steuerzahler in Form von Subventionen zu finanzieren gezwungen wird, ohne dabei selbst mitentscheiden zu dürfen, welche Art der Landwirtschaft er selbst für förderungswürdig hält.

Perversionen dieser Art sind nur innerhalb eines Schuldgeldsystems finanzierbar, das selbst auf keinerlei Werten mehr beruht, und das daher beliebig vermehrt werden kann. Es ermöglicht die Ausbeutung der Schwächsten (Mensch und Tier), erleichtert die Enteignung der Produktiven entfesselt ungehemmte politische Willkür.

Die Förderung der energieintensiven und mitweltverschmutzenden Mega-Monokulturbetriebe ging zu Lasten Tausender bäuerlicher Kleinbetriebe, die Stück für Stück als lästige Konkurrenz der „Großen" von der Bildfläche gewischt wurden. Die Politik hat durch die Begünstigung der Großbetriebe – die ohne die Finanzierung aus umgeleiteten Steuergeldern nicht lebensfähig wären – in einen freien Markt eingegriffen und diesen bis zur Unkenntlichkeit verzerrt.

Die Kleinbauern können mit den subventionierten Preisen der Großbetriebe nicht mehr mithalten, werden in den Bankrott getrieben und verschwinden vom Markt. Wie in der Schwerindustrie, so auch hier dasselbe Muster. Damit erfolgte die gezielte Schaffung von Monopolen zugunsten der Großkonzerne, deren widernatürliche Wirtschaftsweise finanziell gefördert wird, während den „Kleinen" finanziell und auch von Seiten der Behörden immer größere Steine in den Weg gelegt werden.

Die politisch geförderte Monopolisierung der Wirtschaft zugunsten der Konzerne wird in JEDEM Wirtschaftsbereich offensichtlich. Damit einher geht die Konzentration von immer mehr Macht in immer weniger Händen. Letztlich werden damit ganze Völker in die Abhängigkeit einiger weniger Großkonzerne getrieben, die mittlerweile das Marktmonopol der ganzen Welt besitzen.

Bezeichnend ist die Dominanz von nur 10 Großkonzernen im Nahrungsmittelbereich, die heute die Welt beherrschen, indem kleinere Konkurrenten entweder aufgekauft, oder gleich ganz vom Markt verdrängt wurden.

Biologische Einfalt (= Dummheit) statt Vielfalt lautet die Devise, die heute überall sichtbar geworden ist. Daß diese Art der völligen Abhängigkeit von einigen wenigen Produzenten von Lebensmitteln nicht im Sinne der Menschen sein kann, steht völlig außer Zweifel.

Die ursprüngliche Aufgaben der Landwirtschaft sind:
→ der Erhalt eines gesunden und Förderung eines natürlich fruchtbaren Bodens,
→ die artgerechte Haltung und Fütterung der Tiere,
→ die Förderung von Nützlingen anstatt Pestiziden zur Schädlingsbekämpfung,
→ die Reinhaltung des Grundwassers,
→ die Schonung und Bewahrung der natürlichen Resourcen
→ die Versorgung der Bevölkerung mit gesunden Lebensmitteln

Das Wirtschaften im Einklang mit natürlichen Gegebenheiten nimmt in der industriell betriebenden Landwirtschaft mittlerweile entweder überhaupt keinen oder bestenfalls einen untergeordneten Rang ein. Der in der konventionellen Landwirtschaft übliche massive Kunstdüngereinsatz treibt den Boden zwar kurzzeitig zu hohen Erträgen an, aber zerstört zugleich die gesunde Bodenstruktur, das Zusammenwirken der Mikroorganismen und aller Bodenlebewesen. Der mit Kunstdünger zwangsernährte Boden verliert dabei seine Fähigkeit, selbst Nährstoffe zu produzieren und zu speichern.

Die Mikrobiologie in einem auf diese Weise künstlich zwangsernährten Boden stirbt ab. Der Boden beginnt zu veröden. Er versteppt, und wird durch Erosion abgetragen, seine Nährstoffe werden von Niederschlägen ausgewaschen. Mit dem Absterben des Bodenlebens verliert der Boden seine Fähigkeit, selbst Nährstoffe zu produzieren und zu speichern. Des weiteren geht seine Fähigkeit der Wasserspeicherung verloren.
Auf diese Weise wurden bislang weltweit mehr als 2 Milliarden Quadratkilometer Ackerfläche zerstört, was der gemeinsamen Fläche der USA und Kanadas entspricht! Danach ist es völlig gleichgültig, wieviel zusätzlicher Kunstdünger eingesetzt wird – der Boden kollabiert und ist danach nicht mehr fähig, überhaupt noch Erträge zu erwirtschaften. Sie können sich selbst denken, welche Auswirkungen eine solche Ausbeutung der weltweiten Ackerflächen über kurz oder lang zwingend haben muß, besonders im Hinblick auf die wachsende Erdbevölkerung und deren Gesundheit.

Die konventionelle Landwirtschaft setzt weiterhin Unmengen von Pestiziden, Herbiziden, Insektiziden, Fungiziden ein. Diese werden zuvor in den Laboren der Pharma- und Chemiekonzerne produziert. Mit anderen Worten: Es besteht von keiner dieser Seiten auch nur das geringste Interesse an der Rückkehr zu einer naturgemäßen Landwirtschaft, denn die Fortführung des Wahnsinns generiert Milliardengewinne für die entsprechenden Lobbys.

Diese machen wiederum ihren Einfluß in der Politik geltend, damit das auch ja so bleibt.

Fazit: Eine Veränderung und ein Umdenken in Politik und Wirtschaft ist nicht zu erwarten. Veränderung können nur von jedem Einzelnen von uns ausgehen. Wohin das Geld der Kunden fließen, diese Methoden werden sich letztlich durchsetzen. Aber wieviel ist dem Bürger seine Gesundheit, seine Ernährung und der Erhalt einer lebenswerten Natur für seine Kinder und Enkel noch wert in einer „Geiz ist geil"-gesteuerten Gesellschaft?

Tiere werden ebenso fehl- bzw. zwangsernährt wie der Ackerboden. Rinder werden mit Sojabohnen, Mais, Tier-/Fischmehl und Getreide gefüttert, allenfalls mit Silage (vergorenes Gras = Sauerkraut) während des Winters. Für welches Futter würde sich eine natürlich aufgezogene Kuh wohl instinktiv entscheiden?
Eines der erstgenannten, oder nicht doch etwa frisches Gras im Frühjahr und Sommer, und duftendes Heu und Stroh im Winter?

Wir haben unsere eigene Ernährung und Lebensweise pervertiert, und nun zwingen wir die Tiere, dasselbe zu tun und unter Umständen existieren zu müssen, die sich nicht mehr weiter von einem artgerechten Leben entfernen kann – es geht schon nicht mehr künstlicher!

Den Großkonzernen wurden Monopolstellungen angedient. Diese finanzieren Politiker und Parteien, so daß deren Stimme gehört und in Gesetze umformuliert wird. Unsere angeblich freie Gesellschaft ist einer von Lobbyisten, Technokraten und Konzernen gesteuerten Welt verkommen. Politiker sind nicht mehr Entscheidungsträger, sondern selbst zu Handlangern und Erfüllungsgehilfen geworden. Diese Wirtschaftsform bezeichnet man als Korporatismus, die Herrschaftsform als Plutokratie. Eine winzige Minderheit lenkt die Geschicke der Erde. Klingt das nach einer gesunden und natürlichen Entwicklung in Ihren Ohren?

Alle diese Fehlentwicklungen wurden von einem auf Schulden basierenden Finanzsystem gegründet und finanziert, die eine beispiellose Umverteilung des Vermögens realisiert hat, weg von denen die die Vermögen erwirtschaftet haben, hin zu den Erfindern des ungedeckten Papiergeldsystems, deren vermeintlicher Wohlstand auf dem Gegenwert von Papier beruht. Der Untergang dieses Weltfinanzsystems wird letztlich zu einer Befreiung von all den Fehlentwicklungen und Fesseln der vergangenen Jahrzehnte führen. Warum sein Untergang unvermeidlich ist, erfahren Sie im Vermögensteil dieses Buches. Bis dahin jedoch ist es dringend geboten, schon heute die Weichen zu stellen für eine neue und lebenswertere Zukunft für unsere Erde, indem wir zu einer Landwirtschaft zurückkehren, die sich an den Prinzipien und Gesetzmäßigkeiten der Natur orientiert.

Diese Umgestaltung gilt es durch die konsequente Nachfrage ihrer Erzeugnisse finanziell unterstützen, während zugleich auf den Konsum konventioneller Waren nach Möglichkeit verzichtet werden sollte.

Eine gesunde Ernährung ist die Grundlage der Gesundheit. Das trifft auf Mensch und Tier zu. Ist das Essen minderwertig, industriell verarbeitet, reich an Laborerzeugnissen und dafür arm an Nähr- und Vitalstoffen, dann werden wir zwangsläufig krank. Wir sparen am falschen Ende, wenn wir es an gesundem Essen tun. An unserem Siechtum profitieren Agrar-, Chemie- und Pharmaindustrie, wir selbst aber bezahlen die Geringschätzung gesunder Lebensmittel letztlich doppelt und dreifach.

Heute ist ein fundamentaler Werteverlust innerhalb der westlichen Gesellschaften bemerkbar. Verzichtbares wird hochgeschätzt, Wertvolles wird geringgeschätzt. Es liegt an einem jeden von uns, diesen Prozeß umzukehren, wenn unser Leben in Zukunft von mehr Zufriedenheit, Selbstbestimmung und Gesundheit gekennzeichnet sein soll.

Plädoyer für eine ökologisch nachhaltige Landwirtschaft

Warum wir den Weg zurück zu einer nachhaltigen Landwirtschaft durch kleinbäuerliche freie Unternehmer finden müssen: Wie eingangs kurz angesprochen, verödet der Boden durch massiven Kunstdüngereinsatz. Die Erzeugnisse selbst sind dementsprechend minderwertig im Hinblick auf die Nährwerte und lebenswichtigen Nährstoffe der darauf angebauten Pflanzen.

Wie sollen auch gesunde Pflanzen auf kranken, verseuchten Böden wachsen können?!

Die eigentliche Aufgabe eines Bauern oder Gärtners ist nicht die Stärkung der Pflanze, – schon gar nicht durch ihre Besprühung mit Giftstoffen aller Art! – sondern die Schaffung und der Erhalt eines gesunden Bodens, auf dem die Pflanze gedeiht.

Ein gesunder, auf natürliche Weise mit organischem Material ernährter Boden versorgt die Pflanze mit allen Nährstoffen, die sie für ein kräftiges und gesundes Wachstum benötigt. In einem organisch gesunden, humusreichem Boden ist die Pflanze in der Lage, ihre Wurzeln voll auszubilden und wird aufgrund der darin verfügbaren Nährstoffe optimal ernährt.

Da ein humusreicher Boden darüberhinaus als perfekter Wasserspeicher fungiert, ist neben der Verfügbarkeit großer natürlicher Nährstoffmengen obendrein für eine optimale Bewässerung gesorgt – auch und gerade während der heißen und trockenen Jahreszeit. Ein solcher Boden bietet also eine optimale Versorgung mit Nährstoffen und Wasser für die Pflanzen, die auf ihm wachsen. Da gesunde Pflanzen kaum Anziehungskraft auf Schädlinge ausüben, kann auf die Anwendung chemischer Gifte gänzlich verzichtet, oder durch natürliche Pflanzenstärkungsmittel wie etwa Kräuterjauchen ersetzt werden.

Es ist wahr, daß im konventionellen Anbau gewachsene Hochleistungssorten höhere Erträge erzielen als im biologischen Garten- und Landbau. Gern übersehen wird dabei jedoch die Tatsache, daß im Letzteren oftmals alte Kultursorten angebaut werden, die zwar geringere Erträge liefern, diese jedoch eine vielfach höhere Nährstoffdichte besitzen als die Hochleistungssorten.

Durch den teils deutlich höheren Nähr- und Sättigungswert alter Kulturpflanzen aus naturgemäßem Anbau muß wesentlich weniger Nahrung verzehrt werden, um dieselbe Nährstoffmenge aufzunehmen, die die Pflanzen aus konventionellem Anbau liefern.

Ein Selbstversuch ist stets überzeugender als tausend Worte. Vergleichen Sie einmal selbst, wie satt eine Scheibe Brot macht, dessen Getreide aus nachhaltigem Anbau stammt, und wieviele Scheiben Industriebrot nötig sind, um ein ähnliches Sättigungsgefühl zu erreichen! Sie widerlegen dabei gleichzeitig das Argument, das eine sei zu teuer, und das andere preiswert. Nur verzichten Sie mit den Waren aus organischem Anbau automatisch auf zahlreiche gesundheitsbedenkliche Zusatzstoffe und nicht zuletzt Pestizide aller Art.

Um einen von konventionellem Anbau strapazierten Boden wieder kultivierbar zu machen, ist je nach Schwere der Zerstörung der Bodenstruktur eine mehrjährige Ruhephase und Rekultivierung des Bodenlebens mit reichlichen Gabe von organischem Material nötig.

Ideal hat sich dabei der Einsatz der EM-Technologie und die Entdeckung der „Terra preta"-Schwarzerde bewährt (Effektive Mikroorganismen), denen ich ein eigenes Kapitel gewidmet habe. Jeder Hausgarten und jeder Ackerboden kann auf diese Weise gepflegt, gestärkt und wiederhergestellt werden. Effektive Mikroorganismen verfügen über eine reinigende Kraft für den strapazierten und ausgelaugten Boden und helfen in Verbindung mit kompostiertem Mist oder sonstiger organischer Abfallstoffe bei der Wiederbesiedelung des Bodens durch Regenwürmer und viele anderen nützlichen Klein- und Kleinstlebewesen.

Auf diese Weise wird der bis dahin unterbrochene Wertstoff- und Nährstoffkreislauf wieder geschlossen. Der Boden erhält die aufbereiteten und gereinigten Nährstoffe in Form der verdauten Pflanzen wieder zurück, die auf ihm gewachsen sind. Anstatt Kot und Urin einem stinkenden Fäulnisprozeß zu überlassen, werden sie in einem Fermentationsprozeß gereinigt, bei dem zusätzliche Nährstoffe entstehen. Diese organischen Abfallprodukte gelangen danach gereinigt als hochwertiger und nährstoffreicher biologischer Dünger auf den Acker zurück, anstatt sie als hochgiftigen Klärschlamm teuer zu entsorgen oder ungeklärt als Jauche zu verspritzen.

Auf diese Weise kann der Boden wiederbelebt und seine Fruchtbarkeit wiederhergestellt werden. Anderenfalls ist in den kommenden Jahren zu befürchten, daß die jahrelang ausgebeuteten Böden weltweit kollabieren werden, was die Ernteerträge parallel zu der Nährstoffarmut der angebauten Pflanzen zusätzlich einbrechen lassen wird, sollte hier kein schnelles und grundlegendes Umdenken seitens der Bauern und Verbraucher stattfinden.

Die Rückkehr zu einer Landwirtschaft, die nach dem Vorbild der Natur handelt, stellt einen tragenden Stützpfeiler bei der Wiederherstellung der Gesundheit von Mensch, Tier und Erde dar.

Nur wir Verbraucher können dies durch unsere Nachfrage ändern! Wessen Strategie wir durch unsere Nachfrage finanziell fördern und unterstützen, entscheidet darüber, welche Art der Landwirtschaft und Qualität unserer Lebensmittel und damit unserer Gesundheit sich letztlich durchsetzen wird – SIE haben heute noch die Wahl!

3) Die Gefahr synthetischer Drogen, molekularer Teilchen und von Schwermetallen in Medikamenten und Impfseren

Dies ist einer der Hauptgründe, warum immer mehr Patienten und solche, die es nicht werden wollen, an den Prinzipien der Schulmedizin zweifeln und sich von ihr auf der Suche nach sanfteren und verträglicheren Heilweisen abwenden. Vermeidbare Risiken und Nebenwirkungen mag niemand mehr eingehen, als unbedingt nötig sind.
Selbstverständlich finden in unserem Körper biochemische Abläufe statt. Dies findet aber auf natürlicher Ebene statt, und zwar auf Grundlage der im Rahmen unserer Ernährung aufgenommenen Nähr- und Vitalstoffe: Vitamine, Enzyme, Mineralstoffe und Spurenelemente, sekundäre Pflanzenstoffe und viele weitere. Sie werden in den Verdauungsorganen für unseren Körper verwertbar gemacht und versorgen nicht nur die Zellen unseres Körpers, sondern werden auch zur Herstellung körpereigener Hormone herangezogen.

Den Wirkungsansatz der Schulmedizin, durch Medikamente auf synthetisch-chemischer Ebene direkt in körpereigene Stoffwechselvorgänge einzugreifen, birgt zahlreiche Risiken und mögliche unkalkulierbare Langzeitschäden bis hin zur Veränderung unseres Erbgutes.

Die Arbeit der Ärzte und des Krankenpflegepersonals ist immens wichtig und ihr Einsatz kann kaum hoch genug gewürdigt werden. Das Arbeiten unter hohem Verantwortungs- und Zeitdruck ist heute zur Norm geworden. Dabei können sich Fehler einschleichen. Ärzte und Pfleger sind schließlich auch nur Menschen.

Was heute jedoch leider häufig praktiziert wird, und das bemängeln auch viele Patienten, ist das Behandeln der Symptome statt die Suche nach der Krankheitsursache. Deshalb wollen wir uns in diesem Kapitel ganz speziell darauf konzentrieren.

Pharmaunternehmen arbeiten nicht gemeinnützig, sind keine Wohltätigkeitsorganisationen. Ihre Tätigkeit ist profitorientiert, und der Profitmaximierung wird eine (zu) hohe Priorität eingeräumt. Für ein wirtschaftlich arbeitendes Unternehmen ist das prinzipiell nicht verwerflich. Ärzte und Forscher können ja nicht nur von Luft und Liebe leben. Fatal wird das Geschäftskonzept jedoch dann, sobald Profite höhergewichtet werden als die Gesundheit der Patienten.

Urban Priol vom Satire-Magazin „Neues aus der Anstalt" (3Sat / ARD) äußerte sich in einer Sendung einmal sinngemäß so: „Neue Medikamente hat die Pharmaindustrie ja längst erfunden. Nur die passenden Krankheiten dazu fehlen ihr noch." Link **„Neues aus der Anstalt": http://tinyurl.com/cl6psml**

Der Wunsch der Menschen nach mehr Eigeninitiative bei der Gesundheitsvorsorge und Unabhängigkeit von möglicherweise risikobehafteten synthetischen Medikamenten spiegelt sich in der wachsenden Anerkennung der alternativen Medizin und der Wiederentdeckung sanfter Heilmethoden wider – ohne Stahl (OP), Strahl (nukleare Bestrahlung) und Chemie (Medikamente, Impfungen, Chemotherapie).

Der Münchener Satiriker und Humorist Eugen Roth (1895 – 1976) dichtete einmal folgende Verse:

„Was bringt den Doktor um sein Brot?
A – die Gesundheit
B – der Tod
Drum hält er uns – auf daß ER lebe,
stets zwischen beiden in der Schwebe"

Ich glaube, was Roth damit auf humorvolle Weise ausdrücken möchte, ist keinesfalls mangelnder Respekt vor der Arbeit des Arztes, sondern vielmehr dessen ständig schwelender Interessenskonflikt. Ist ein Mensch gesund, braucht er keinen Arzt. Ist er tot, dann ebenfalls nicht mehr. Müssen Ärzte und Pharmaproduzenten also allein schon von berufswegen Interesse an möglichst vielen kranken Patienten haben – damit sie selbst ein Auskommen haben?

Wie dem auch sei: Der Bedarf nach Heilung und Linderung ist heute größer denn je zuvor. Unsere Gesellschaft ist durch und durch siech, und dieser Zustand läßt niemanden von uns unberührt. Viele „neue" Heilmethoden sind in Wirklichkeit schon sehr alt, wurden in der Neuzeit erst „wiederentdeckt".

Ihre Wirksamkeit beruht in ihrem schlüssigen Behandlungsansatz, der darauf abzielt, die körpereigenen Heilungskräfte zu aktivieren und zu unterstützen, anstatt sie auf chemisch-synthetischem Weg zu „überstimmen".

4) Synthetische Zusatzstoffe in Nahrungs-, Reinigungs- und Körperpflegemitteln

„Wer das Öl kontrolliert, beherrscht die Nationen; wer die Nahrung kontrolliert, beherrscht die Menschen."
Bilderberger, Freimaurer und ex-US-Außenminister Henry Kissinger

Eine immer noch unterschätzte – da unsichtbare – Gefahr für unsere Gesundheit geht von synthetischen Stoffen aller Art aus, die heute in großem Umfang unserer Nahrung, aber auch Reinigungs- und Hygieneartikeln, Baumaterialien und Wohngegenständen zugesetzt werden.

Totengräber schlagen Alarm: Tote verwesen nicht mehr. Feuchte Böden? Papperlapapp! Denken Sie stattdessen einmal in Richtung „Verzehr industrialisierter Nahrungsmittel, die Unmengen von **Konservierungsstoffen** enthalten"!
Link bz-online: http://tinyurl.com/cu3lvrb

Sie sollten bitte umgehend auf den Inhalt Ihres Essens denken und von Ihrer Verwendungsliste streichen:
– **Aspartame / künstlicher Süßstoff** (giftig und krebserregend! Interessante Nebenerkenntnis: engl.: „tame" = zahm, gezähmt). Für gezähmte Bürger?
– ein noch größeres Verbrechen als Aspartam: **Neotame**, ein neuartiges „verbessertes" Neurotoxin (Nervengift), welches kürzlich von USDA (US Drug Administration, der US-amerikanischen „Gesundheitsbehörde") und EU ohne Auflagen und ohne Kennzeichnungspflicht für Lebensmittel freigegeben wurde. Selbstverständlich und wie gewohnt, ohne die Verbraucher darüber zu informieren.
– **jodiertes Speisesalz;** industriell zugesetztes Jod schützt ihre Schilddrüse **nicht**, sondern schädigt sie ebenso wie Ihre Gelenke und Kapillargefäße!
– **fluoridierte Zahncreme;** Fluor ist ebenso wie Jod ein Abfall der Industrie. Wie haben unsere Großmütter und Großväter oft noch ihre Zähne geputzt? Mit Schlämmkreide! Sie enthält natürliche Mineralien, die Zahnfleisch und Zähne auf natürliche Weise reinigen und remineralisieren; Entzündungen im Mund verschwinden, die Mundflora geschützt, die Abwehrkräfte in der Mundschleimhaut werden aufgebaut: http://hausmittel-mauch.de/Koerperpflege_01007.html
– **Industriezucker** sollte nur extrem sparsam verwendet werden. Er rückt zusehens als „süßes Gift" ins Bewußtsein von Ärzten, Heilpraktikern und Verbrauchern. Übrigens: Krebszellen lieben Zucker. Wußten Sie, daß vor flächendeckender Einführung von industriell verarbeitetem Zucker die Stoffwechselkrankheit Diabetes, die „Zuckerkrankheit", unbekannt war? Warum nicht wiederentdecken, daß das Süßen mit Honig oder Ahornsirup heute immer noch genauso gut funktioniert (und schmeckt) wie zu Zeiten unserer Großeltern?

Alternative zum Jodsalz: unbehandeltes Deutsches Steinsalz aus Mitteleuropa, z.B. von http://firmahurtig.de

Sie können sich darauf verlassen, daß in diesem industriell unverseuchten Naturprodukt der natürliche Jodanteil hoch genug ist, um Mangelerscheinungen in Ihrem angeblichen „Jodmangelland" vorzubeugen.

Hinterfragen Sie doch einmal kritisch, woher die rasanten Zunahmen aller sogenannter Zivilisationskrankheiten unserer Zeit kommen: Demenz, Alzheimer, Parkinson, oder neuartige Autoimmunkrankheiten, bei denen Körperzellen mutieren und den eigenen Körper angreifen und schädigen oder gar vollständig zerstören. Dieses Phänomen ist in der Natur nirgends feststellbar.

Wäre es nicht denkbar, daß die Verseuchung unserer Nahrung mit synthetischen Zusatzstoffen, mit Medikamenten auf synthetischer Basis, oder mit Nervengiften wie Aluminium und Quecksilber in Impfseren der Grund dafür sein könnte, daß Gehirn-, Nerven- und Gewebezellen geschädigt und zerstört werden?

Leider kein Scherz: Fluor lagert sich in einem Areal des Gehirns ab, das für kritisches Denken zuständig ist und so langsam aber sukzessive den freien Willen zerstört. Klingt nach „Verschwörungstheorie"? Ist wie vieles andere heute leider gängige und verschwiegene Verschwörungspraxis. Macht den Menschen nicht heiß, was er nicht weiß? Denken Sie doch einmal darüber nach, warum gewöhnliche Zahncremes aus dem Supermarkt von Pharmakonzernen produziert werden, und ausnahmslos alle das **hochgiftige Insektizid Natriumfluorid** enthalten. Produziert man auf diese Art seine zukünftigen Patienten gleich selbst?
Link info.kopp-verlag.de: http://tinyurl.com/8nk7f5b

Eine bessere und zugleich natürliche Art der Zahnreinigung ist die Verwendung von Schlämmkreide (Calciumcarbonat). Sie stellt einen idealen Putzkörper zur schonenden Entfernung von Zahnbelag (Plaque) und zur milden Pflege von Zahnfleisch und Zähnen dar. Darüberhinaus findet durch die natürlich darin vorkommenden Nährstoffe eine Remineralisierung der Zähne und des Zahnfleischs statt.

Aber auch Alternativ-Zahncremes sind erhältlich, die kein Fluor enthalten: z.B. von Ajona, Weleda oder auch Zahncreme auf Basis von Sole (Salz) oder Propolis (Bienenharz).

Stichwort Impfungen: Es gibt gute Gründe, warum die Impfung eines Patienten ohne dessen ausdrückliche Zustimmung den Tatbestand der Körperverletzung erfüllt. Aus welchem Grund wird heute das Führen einer offenen Impfdebatte so vehement von Lobbys und Behörden bekämpft, unterdrückt und Impfskeptiker, zu denen auch immer mehr Ärzte gehören, angefeindet, diffamiert und sogar mit der Staatsmacht – auf juristischem Weg – gegen sie vorgegangen? Wahrheit hat doch nichts zu befürchten!

Der Impfzusatz Squalen ist dafür bekannt, daß Körperabwehrzellen diesen zunächst angreifen, dabei jedoch so manipuliert werden, daß sie anschließend körpereigene Zellen und Organe attackieren. Das Ergebnis können sogenannte Autoimmunerkrankheiten sein. In der Natur kommt es nirgends vor, daß ein Organismus gegen sich selbst Amok läuft. Aber warum geht man nicht offen mit den Patienten um und warnt sie vor den Gefahren? Irreparable Impfschäden sind die Folge für die Patienten, die dann mit ihrer geschädigten Gesundheit alleingelassen werden.

Demokratie lebt doch gerade vom offenen und ungehinderten Meinungsaustausch, der letztlich der Wahrheitsfindung dient, die wiederum jedem Menschen nutzt! Wo bleibt der empirische Nachweis der Wirksamkeit und Ungefährlichkeit von Impfungen? Oder geht es tatsächlich – wie immer – auch hier nur um Geld, Macht und totale Kontrolle der Menschen?

Wenn es auf Kosten der Gesundheit der Menschen geht, halte ich das für moralisch extrem verwerflich. Moral wiederum würde jedoch die Existenz von Gewissen voraussetzen. Muß das Gewissen erschlagen werden, um dem maximalen Profitstreben nicht mehr trotzig im Weg zu stehen? Wo liegen unsere Werte heute … begraben?

Haushaltsgifte: Unterschätzen Sie außerdem die Chemie in den konventionellen Haushaltsreinigern nicht. Nicht ohne Grund sind viele davon mit Gefahrenhinweisen gekennzeichnet. Die meisten von ihnen sind so gesundheitsgefährdend, daß sie allenfalls in der Apotheke verkäuflich sein dürften. Dabei ist es unkompliziert und kostensparend, den Haushalt mit kostengünstigen, schonenden und natürlichen Mitteln zu reinigen, die man zudem sogar selbst herstellen können, statt sich ahnungslos mit aggressiven Chemikalien in Waschmitteln, WC-Reinigern, WC-Steinen, Allzweckreinigern, Raumsprays, Shampoos, Duschgels, Nagellacken, Haarsprays, Haartönungen, Sonnencremes, Deos … zu belasten.

Chemische Bestandteile werden über Haut und Atmung in den Körper aufgenommen und führen oftmals zu einer schleichenden Vergiftung und zu allergischen Reaktionen bei Mensch und Tier.

Selbstverständlich fällt das Überdenken von Gewohnheiten schwer, aber es lohnt sich wirklich, von Zeit zu Zeit unsere Denk- und Handlungsmuster auf den Prüfstand zu stellen und Dinge kritisch zu hinterfragen, die man lange Zeit als selbstverständlich betrachtet hat. Nichts ist "alternativlos" – im Gegenteil. Gute Alternativen für ein besseres, gesünderes Leben gibt es überall: Waschmittel und Reiniger ohne Phosphate, ohne optische Aufheller, Körperpflegemittel ohne Mineralöle, chemische Emulgatoren, Paraben & Co.

Ein ausgezeichneter Anhaltspunkt beim Finden von Hygiene- und Haushaltsreinigungs-produkten ohne Chemie ist, darauf zu achten, daß der Hersteller keine Tierversuche durchführt: Wozu auch Tierversuche durchführen, wenn doch die verwendeten Inhaltsstoffe unbedenklich sind? Ohne die Verwendung von zweifelhaften chemischen Zusätzen hat der Hersteller weder einen Grund, Tier-versuche durchzuführen noch juristische Klagen von Kunden zu fürchten.

http://clematis-naturkosmetik.de   http://waschbaer.de

Viele Pflegeprodukte können Sie sogar sehr kostengünstig und einfach selbst herstellen!

Buchempfehlung:

Jane Newdick **„Aus der guten alten Zeit: Rezepte und Hausmittel"**
Körperpflegeprodukte:

Da unsere Haut von Natur aus basisch ist, sollte sie auch basisch gepflegt werden. Der „Säureschutzmantel" der Haut ist eine Erfindung der Kosmetikindustrie. Eine Haut mit saurem pH-Wert ist eine Haut, die versucht, überschüssige Säuren aus dem Körper auszuscheiden, der durch eine ungesunde Lebensweise in einen Zustand der Übersäuerung geraten ist. Basische Haut- und Haarpflege – nur auf den ersten Blick „teuer", da enorm sparsam zu verwenden – wird Ihnen ein bislang ungekanntes Wohlgefühl verschaffen, so daß sie sich in Ihrer Haut wieder wohlfühlen, ohne die Gefahr von Allergien zu riskieren oder sich mit gereizter Haut plagen zu müssen.

Da die Haut neben den Ausscheidungsorganen Leber und Nieren das wichtigste Entgiftungsorgan ist, wird sie durch die basische Pflege entlastet und überschüssige Säuren abgebaut. So wird die Umstellung auf ein natürlich gesundes Hautmilieu (von sauer auf basisch) unterstützt, gleichzeitig wird Allergien und zivilisatorischen Hauterkrankungen vorgebeugt oder entgegengewirkt. Hervorheben möchte ich dabei die gute alte Kernseife und die Pflegeserien von VicoPura und Bioticana, die Sie begeistern werden und u.a. hier erhältlich sind:
http://basischeprodukte.de   http://zentrum-der-gesundheit.de   http://kautzversand.de

Selbstverständlich können Sie auch Ihre eigene Seife herstellen. Ein Grundrezept dafür finden Sie unter diesem Link, der Sie auf die Seite von **produkteohnetierversuche.de** führt: **http://tinyurl.com/cpyzonz**

5) Lebensmittelkonservierung

Konservierungsstoffe sollen die Haltbarkeit von Lebensmitteln verlängern, indem sie den durch Bakterien, Hefe- und Schimmelpilze verursachten Verderb verzögern. Andererseits ermöglichen sie unsinnig lange Transportwege und Lagerzeiten. Außerdem begleiten sie häufig eine nachlässige hygienische Verarbeitung. Neben natürlichen Konservierungsmethoden wie z.B. dem Dörren, Trocknen, Räuchern und Einkochen – die allesamt eine stärkere Aufmerksamkeit und Anwendung verdient haben – stellen die synthetischen Konservierungsmittel eine Bedrohung für den Körper dar. Sie sind so unnatürlich, daß der Körper sie nicht ohne fremde Hilfe ausscheiden kann. Sammeln sie sich im Körper an, dann verursachen sie vielfältige Arten von Krankheitsbeschwerden. Sie vergiften die Organe und wirken ebenso zerstörend auf die Gehirn- und Nervenzellen. Vor allem möglichen wird heute gewarnt – vor Konservierungsstoffen warnt jedoch kaum jemand. Weshalb nicht?

Kurz auf den Punkt gebracht: Konservierungsmittel bewirken, daß sich damit behandelte Nahrungsmittel länger halten, ihre Produzenten mehr verdienen, und ihre Konsumenten früher sterben.

Noch nie in der Geschichte der Menschheit gab es einen so hohen Anteil von Übergewichtigen bis hin zu Fettsüchtigen in der wirtschaftlichen Unterschicht einer Gesellschaft. Haben Sie schon einmal darüber nachgedacht, was der Grund dafür sein könnte? Eine der Hauptursachen für Fettleibigkeit (Adipositas) in der vermeintlichen Wohlstandsgesellschaft ist der massive Überkonsum von synthetischen Zusatzstoffen in einer denaturierten Industriekost, von denen sich Körper nicht mehr ohne Hilfe befreien kann. Synthetische Zusatzstoffe machen abhängig und fett, aber nicht satt. Und so werden immer größere Mengen davon konsumiert. Auch hier: ein Teufelskreis.

Industrienahrung ist voller Farb- und Konservierungsstoffen, Geschmacksverstärkern, Aromastoffen, Hilfsstoffen. Sie machen schleichend krank und abhängig. Suchen Sie einmal im Supermarkt nach einem Produkt, das beispielsweise keine „**Citronensäure**" enthält! Wir assoziieren „Citronensäure" im ersten Moment vielleicht mit "Gesundheit" und "Vitamin C", aber wußten Sie, daß synthetisch hergestellte Citronensäure nichts mit dem natürlichen Saft der Zitrone zu tun hat, sondern die Aufnahme von Schwermetallen und deren Einlagerung im Körper erleichtert? Achten Sie auf den Verzicht von Produkten, die „Citronensäure" enthalten – viel Auswahl bleibt danach nicht übrig – und die stattdessen **Zitronensaft** zur Konservierung verwenden!

Schwermetalle sind außerdem in Impfstoffen enthalten. Es ist sehr befremdlich, warum viele Ärzte es versäumen, ihre Patienten lückenlos über die Inhaltsstoffe von Impfseren und deren mögliche Nebenwirkungen aufzuklären: von Schwermetallen, Formaldehyd, Wirkstoffverstärkern (den sogenannten Adjuvantien; Einzahl: Adjuvans); Squalen – eine Substanz, die von Körperzellen angegriffen wird, woraufhin diese Zellen dann den eigenen Körper attackieren, was zu sogenannten Autoimmunerkrankungen führt; bis hin zu genmanipulierten Erregerstämmen. Viele Ärzte sorgen sich ehrlich um das Wohl ihrer Patienten, sind aber oftmals im selben System und Denkmuster gefangen wie alle anderen, oder werden behindert, wenn sie „gegen den Strom schwimmen".

Schwermetalle zerstören Nerven- und Gehirnzellen irreversibel. Haben wir hier bereits einen Grund für die massenhafte Zunahme von neuen Krankheiten wie Demenz, Alzheimer und Parkinson gefunden? Ein Arzt sollte so etwas wissen! Alle zerstören Nerven- und/oder Gehirn-zellen. Ist das Zufall, oder profitiert von so etwas? Die Behörden warnen die Verbraucher heute vor allerlei Dingen. Warum warnt niemand vor Impfstoffen und deren Inhaltsstoffen?

Sie als Verbraucher und Patient haben es mit Ihrer Auswahl in der Hand, was Sie essen, wie Sie Ihre Gesundheit erhalten bzw. behandeln lassen möchten. Heute ist es an der Zeit, wieder mehr Eigeninitiative und Selbstverantwortung zu entwickeln!

6) Die genetische Manipulation

Heute wird versucht, Genmanipulation im Nahrungsmittelsektor das Label „grün" anzuheften, was soviel wie frisch, gesund, natürlich symbolisieren soll. Und auch der vermeintlich gute Vorwand darf dabei natürlich nicht fehlen: „Den Hunger in der Welt besiegen". Des Weiteren finden Genmanipulationen ebenfalls in der Pharmaindustrie, in Impfstoffen und Medikamenten, und in der chemischen Industrie als Pflanzenzüchtungen wie der Genkartoffel „Amflora" oder Genmais statt. Dabei wird in den Medien insbesondere der Mais präsentiert, um von der Tatsache abzulenken, daß etwa 90% des Weizens genmanipuliert wurde, ohne den Verbrauchern ein „Sterbenswörtchen" davon zu sagen. Wer diese Art „Forschung" kritisiert, wird schnell mit dem alten Knüppel der „Ewiggestrigkeit" und des „Fortschrittsverweigerers" bearbeitet. Nebenbei bemerkt: Nicht alles, was neu ist, ist automatisch auch gut, geschweige denn besser. Wie steht es nun nach einem Blick auf die Motivation und wirklichen Beweggründe derjenigen Interessengruppen, die Genmanipulation auf allen Gebieten „auf Teufel komm raus" etablieren und den Menschen unterschieben, teilweise sogar ohne deren Wissen und Zustimmung regelrecht unterschmuggeln wollen?

Der Unterschied zwischen genetischer Veränderung durch Zuchtauswahl und Genmanipulation ist der direkte, künstliche und willkürliche menschliche Eingriff in einen natürlichen Kreislauf auf eine Art und Weise, der in der Natur nicht möglich und aus diesem Grunde nicht vorgesehen ist. Hier wird keine ganze Reaktionskette aufeinander abgestimmt verändert, sondern lediglich die Wirkungsweise einzelner Gene.

Es obliegt nun einmal nicht den Gegebenheiten einer Nutzpflanze wie z.B. Mais, gleichzeitig ein Insektizid, also ein Insektenvernichtungsmittel zu produzieren. **Entweder handelt es sich um ein Nahrungsmittel ODER ein Insektenvernichtungsmittel – aber niemals beides zugleich.**

Wie an vielen vorangegangenen Beispielen verdeutlicht, hat das wertelose Finanzsystem alles entwertet, das mit ihm in Berührung gekommen ist; so auch die Wissenschaft, die skrupellos und auf rücksichts- und gewissenlose Weise in gewachsene Strukturen der Natur hineinpfuscht, indem sie unter dem Banner des Popanz „Fortschritt" menschliches, tierisches und pflanzliches Erbgut miteinander verkreuzt (z.B. zur Schaffung von Mensch-Tier-Kreuzungen, sogenannter Chimären) ohne im pseudowissenschaftlichen Größen- und Machbarkeitswahn die Auswirkungen ihres Wahnsinns zu bedenken.
Genmanipulation ist Zombie"wissenschaft". Genmanipulatoren sind nicht an der Bekämpfung des Hungers in der Welt interessiert, wie sie stets angeben, sondern um die Erzielung maximaler Profite und Marktkontrolle, wobei die Konsequenzen ihres Tuns vollständig ausgeblendet und – falls Informationen in die Öffentlichkeit gelangen – vertuscht werden. Gern wird der Versuch unternommen, Kritiker auf juristischem Wege mundtot zu machen. Es ist nur deshalb möglich, weil Politik, Konzerne und Gerichte denselben Herren gehorchen.

Es gibt eine zunehmende Anzahl an Menschen, die erkennen, daß es sich bei der Genmanipulation um einen Mechanismus zur Kontrolle der Nahrung und damit der Beherrschung der Menschen handelt (siehe Kissinger-Zitat). Im Augenblick werden Personen, die auf diese Bestrebungen hinweisen, von den qualitätsfreien Medien ignoriert, um die breite Masse nicht auf das Thema aufmerksam zu machen, oder als Verschwörungstheoretiker diffamiert. Dennoch ist unbestreitbar, daß sich die Beweise häufen und zunehmend schwerer widerlegbar werden. Die angestrebte Patentierung einzelner Pflanzen, Tiere und Gene durch Konzerne sollte Jedermann auf die Barrikaden bringen, der sich noch den Luxus leistet, sich des eigenständigen Gebrauchs seines Gehirns zu erfreuen.
Jeder Mensch sollte sich darüber bewußt sein, daß er eine aktive Rolle dabei einnimmt, wie unsere zukünftige Ernährung aussieht. Monopolisiert, genverändert, standardisiert und „politisch korrekt", oder naturbelassen und urwüchsig gesund – verzichten Sie bewußt auf Waren, deren Art der Erzeugung Sie ablehnen. Das trifft für Unternehmer ebenso zu wie für jeden einzelnen Endverbraucher.

Die Masche einiger Großkonzerne ist es, Landwirte mit Lockangeboten in ihre Abhängigkeit zu ziehen. Genmanipulierte Pflanzen wurden als „Terminator-Saatgut" konzipiert, um maximale Abhängigkeit der Bauern von den Gen-Konzernen zu erreichen. Das bedeutet, diese Saaten können nicht vermehrt werden, so daß stets neues „Saatgut" nachgekauft werden muß. Einerseits vernichten sich diese Zombie-Pflanzen durch ihre fehlende Keimfähigkeit selbst, aber durch die Verbreitung ihrer Pollen durch Insekten und Wind und der dabei stattfindenen Verkreuzung mit genetisch nicht manipulierten Pflanzen, ist die Verankerung von künstlichen genetischen Modifikationen aus menschlicher Sicht unumkehrbar, das heißt nicht mehr auszurotten. Dasselbe trifft auf die genetische Gottspielerei in der Tierzucht zu. Durch unzählige Verkreuzungen von natürlicher Tiere mit Labor-Tieren ist praktisch nicht mehr nachzuvollziehen, welche Tiere aus den Nachzuchten diese Zombie-Gene nun in sich tragen – und womöglich ebenfalls weitergeben werden.
Pflanzen, denen im Labor menschliche und tierische Gene eingesetzt wurden, mögen zwar aussehen wie Pflanzen, aber es handelt sich in Wirklichkeit um völlig neue Arten, die in der Natur nicht vorkommen. Auch das trifft auf Tiere zu – Schweine, Rinder, Geflügel, Fische – denen pflanzliche, menschliche und Gene anderer Tiere eingepflanzt wurden. Sie mögen zwar rein äußerlich aussehen wie diese Tierarten, aber es handelt sich um völlig neuartige Kreaturen.

Da in der Natur keine natürliche Kreuzung tierischer, menschlicher und pflanzlicher Gene geschehen kann, sondern diese künstlich im Labor durch direkte Eingriffe in die DNA vorgenommen wurde, sind diese Neuzüchtungen tatsächlich Zombies. Die Folgen sind weder absehbar noch kalkulierbar. Ginge das Konzept der Schaffung von Abhängigkeiten durch die Kontrolle von Grundnahrungsmitteln auf, dann äßen wir bald ausschließlich in Laboren gezüchtete, patentierte Pflanzen mit unbekannten Inhaltsstoffen von einigen wenigen Monopolisten, deren Inhaltsstoffe nicht kennzeichnungspflichtig sind und die zudem die Preise beliebig festlegen könnten – mit unabsehbaren Folgen für unsere Gesundheit, von unserer Freiheit ganz zu schweigen!

Die Organisation „Keine Patente auf Saatgut (und Leben)": http://no-patents-on-seeds.org

Die natürliche Schöpfungsordnung sieht vor, daß jeder Mensch in der Lage ist, seine eigenen Lebensmittel frei anzubauen und zu verzehren. Dazu gehört auch der freie Zugang zu und die kostenlose Nutzung von Trinkwasser. Die angestrebten Patentierungen von Genen oder ganzen Pflanzen, Tieren, Wasser ... zielen auf eine Totalüberwachung und Kontrolle aller Menschen durch eine Handvoll Monopolisten ab, die den Planeten Erde und alle ihre Bewohner als ihr Eigentum betrachten. Berichte über Mißernten aus Indien und Südafrika mit Bezug zu genmanipulierten Pflanzungen häufen sich – leider weitgehend unbeachtet von der heimischen Presse.
Link wearechangeaustria.de: http://tinyurl.com/8w5n7fv
Link digitaljournal.com (Englisch): http://tinyurl.com/d2hbyz
Link naturalnews.com (Englisch): http://tinyurl.com/nxvte4

Folgende Quintessenz läßt sich daraus ableiten: Genmanipuliertes Saatgut (GMO = Genetically Modified Organism) verfehlt nicht nur das medial verbreitete Ziel, den Hunger zu bekämpfen. GMOs sind maßgeblicher Auslöser von Mißernten und verantwortlich für den Massensuizid zahlreicher bei den Gen-Multis hochverschuldeter Bauern, und das überall auf der Welt. Genmanipulation ist eine weit davon entfernt, das Allheilmittel des Hungers auf der Welt zu sein. Sie ist eine frankenstein'sche Zombie-Pseudo-Wissenschaft, die nicht den Menschen nutzt, sondern nur den Konzernen, die damit das Nahrungsmittelmonopol über die ganze Welt verwirklichen wollen.

Das Bestreben, einzelne Gene oder gleich ganze Pflanzen und Tiere patentieren lassen zu wollen, ist ein Verbrechen an der gesamten Schöpfung und kerkert die Menschheit auf einem Gefängnisplaneten ein, der von Psychopathen geleitet wird. Die Folgeschäden der Genmanipulation sind unabsehbar und nicht im Mindesten erforscht. Veränderungen oder Schädigungen des Erbgutes (DNA) durch Konsum genveränderter Lebewesen sind zu erwarten, werden aber erst nach einer Generation (25 Jahre) zum Vorschein kommen.

Die Lobbyisten besetzen die Kommissionen, schreiben sich selbst Empfehlungen und mitllerweile sogar die Gesetze gleich selbst. Die heutige Politik ist leider moralisch und sittlich so von Betrug und Korruption durchsetzt wie das gesamte politische System, Wirtschafts- und Finanzsystem.

Ausgestiegene Insider, die ihr Gewissen plagt – sogenannte „Whistleblower" – behaupten, daß private Interessen einer Handvoll Superreicher, gegenüber denen Bill Gates im Vergleich ein armer Schlucker ist, die hinter den Kulissen und von der Öffentlichkeit weitgehend unbemerkt ganze Industrien und Konzerne kontrollieren samt der Politik von Staaten, Gerichte, Armeen, Universitäten und damit das Monopol über die die Wissenschaft und die Erziehung und „Bildung" sowie die Medien besitzen, den weltweiten Drogenhandel (siehe Afghanistan → Bewachung der Mohnfelder) und Ölmarkt (siehe Irak, Libyen, Syrien, Iran) kontrollieren – alles auf der Grundlage ihres Falschgeldes mit dem Gegenwert von Papier – im Rahmen einer „übergeordneten Agenda" im Geheimen eine Reduzierung der Weltbevölkerung auf 300 Millionen Menschen planen. Medienmogul Robert „Ted" Turner sagte in einem Interview mit dem „Audubon"-Magazin: **„Eine Gesamtbevölkerung von 250 bis 300 Millionen Menschen, eine 95%-ige Reduzierung vom derzeitigen Niveau, wäre ideal!"**

Ideal für wen oder wofür, fragt man dabei unwillkürlich … und wer bestimmt, welche Menschen „überflüssig" und wessen Leben „unwert" ist? Die alte Nazi-Ideologie der vermeintlichen „Übermenschen" war niemals wirklich weg!

Zwar wird häufig die angebliche Überbevölkerung der Erde als Grund für die Pläne angegeben, so sie denn trotz Geheimhaltung in die Öffentlichkeit durchsickern, aber der wahre Grund dürfte vielmehr sein, daß ein paar Hundert Millionen Menschen bei weitem leichter kontrollier- und überwachbar sind als mehrere Milliarden im Konzept der Weltregierung der „neuen Weltordnung". Denn die Erde könnte bei nachhaltiger Bewirtschaftung durchaus auch 12 Milliarden Menschen ernähren.

Eine Schädigung der Erbsubstanz (DNA) durch genetisch veränderte Substanzen, die Vergiftung des Körpers durch synthetische Zusatzstoffe in Nahrungsmitteln, durch Schwermetalle oder andere unbekannte Zusatzstoffe in Impfungen (z.B. Squalen) und Medikamenten, die Verseuchung der Nahrung durch Pestizide, oder verunreinigtes Trinkwasser wären allesamt sichere Wege, um eine solche langfristige Reduzierung zu erreichen, ohne Aufsehen zu erregen, da die Konsequenzen erst Jahre oder Generationen später sichtbar werden. Wenn man die bewußte Desinformation und Verschleierungstaktiken, die "gesetzlich zugelassenen" Zusatzstoffe in Medikamenten und Nahrungsmitteln der jeweiligen Industrien genauer betrachtet, deren Langzeitwirkung nie auch nur annähernd erforscht wurden, dann wird genau dieser Eindruck verstärkt.

Vertrauen Sie nur, wo Ihr Vertrauen wirklich gerechtfertigt ist! Bevorzugen Sie frische, unbehandelte und natürliche Lebensmittel von bäuerlichen Erzeugern aus Ihrem Wohnort und Ihrer Region: im Direktvertrieb ab Hof oder auf Bauernmärkten, und die idealerweise aus einem Anbau stammen, der konsequent auf den Einsatz von Kunstdünger und Pestiziden verzichtet. Durch Ihr Kaufverhalten entscheiden Sie wesentlich mit, woher in Zukunft Ihre Lebensmittel stammen und auf welche Art und Weise sie angebaut und geerntet werden!

7) Unser Trinkwasser

Unser Trinkwasser wird heute gern als „das am besten kontrollierte Lebensmittel" bezeichnet. Ja, aber wer kontrolliert es denn? Wer das Wasser kontrolliert, kontrolliert gleichzeitig die Konsumenten dieses Wassers. Haben Sie schon einmal darüber nachgedacht? Wenn Sie Politikern, Parlamenten und Behörden nicht mehr vertrauen, dann sollten Sie auch der Qualität und vor allem den Inhaltsstoffen Ihres Leitungswassers skeptisch gegenüberstehen.

Peter Brabeck, Vorsitzender des weltgrößten Nahrungsmittelkonzerns – drängt beständig auf großzügige Gentechnik-Auflagen und wird nicht müde zu behaupten, in Zukunft gehe kein Weg an „Genfood" vorbei. Er ist zudem ein Verfechter der „Wasserrechte müssen privatisiert werden"-Theorie. Zudem sei natürlich gewachsene und erzeugte Nahrung nicht „besser" als ökologisch erzeugte. Besser für wen, darüber schweigt er sich jedoch aus. Aber hören Sie einmal selbst, welche Ziele er anstrebt, und bilden Sie sich ihr eigenes, informiertes Urteil: **http://tinyurl.com/ctgndxw**

Sehen Sie hier den Bericht des Schweizer Reporters Res Gehriger über Nestlès Lobbyarbeit im Wassermarkt im Video „Bottled Life – Die Wahrheit über Nestlès Geschäfte mit dem Wasser." **Link onlineaktivisten.de: http://tinyurl.com/c2vrsdz**

Fakt ist: Jedes Produkt, das jeder Mensch im Prinzip ohne viel Aufwand selbst erzeugen und herstellen kann, z.B. ökologischer Dünger auf Mistbasis (Dünger kommt von „Dung"), Öl als Brenn- und Treibstoff sowie Papier und Textilien aus Hanf, kostenlose Heilmittel aus der Natur, Wasser aus Quellen, Bächen, Flüssen und Seen und zahlreiche Beispiele mehr würden es den Konzernen nicht mehr länger erlauben, riesige Profite aus ihren Monopolstellungen abzuschöpfen. Im Gegenteil: Sie wären dann überflüssig.

Der sicherste Weg und gleichzeitig der einfachste ist die Reinigung des Wassers direkt ab Wasserhahn. Dadurch wird Ihr Trinkwasser on Düngerrückständen, Coli- und anderen Bakterien, Fäkalkeimen, Uran, Asbest und Blei, Medikamenten- und Hormonrückständen befreit. Zugleich schützen Sie sich auf diese Weise automatisch vor möglichen potenziellen Zwangsmaßnahmen wie Zwangsmedikation der Bevölkerung durch medikamentöse oder sonstige chemische Zusätze zum Hauswasser, und Ihr Trink-wasser erhält durch die Reinigung seine Quellwasser-qualität zurück, die es eigentlich haben sollte.

Auch künstlich zugesetztes Chlor und Fluor haben im Trinkwasser nichts verloren und sollten unbedingt ausgefiltert werden. Neben der Installation eines einzelnen Wasserfilters haben Sie auch die Möglichkeit, mittels einer Hauswasserstation gleich das Wasser aller Wasserhähne Ihres Hauses zu reinigen. Oder eine sogenannte Umkehrosmoseanlage zu installieren. Die Installation ist nicht kompliziert.

Eine Osmoseanlage macht aus einem durchschnittlichen und alles andere als unbedenklichem Trinkwasser das wichtigste Lebensmittel in Quellwasser-Qualität. Es gibt Geräte mit einfachem bis hin zu Geräten mit 6-stufigem Filter, in der je nach Filter unterschiedlich große Partikel entfernt werden: von groben Teilchen wie Kalk und Sand, bis hin zu kleinsten Partikeln wie radioaktivem Fallout, Bakterien und Viren. Für Notsituationen und mögliche Stromausfallszenarien bietet sich außerdem ein mobiler Wasserfilter an, den Camper und Wanderer möglicherweise bereits kennen: den **Katadyn Pocket**.

Selbst aus Brackwasser können Sie mit Hilfe des Pocket Trinkwasser herstellen. In Österreich und Deutschland bezahlen Sie für einen Katadyn Pocket im Augenblick ca. 300 €.

Für den Hausgebrauch ist ein festinstalliertes System empfehlenswert. Welches für Sie am besten geeignet ist, hängt primär von Ihrem Budget ab, das Sie dafür aufwenden möchten. Die hochpreisigere Wahl ist ein Wasserfiltersystem für das ganze Haus, das jeden Wasserhahn Ihrer Wohnung bzw. Ihres Hauses mit reinstem Wasser versorgt – eine sogenannte Hauswasserstation:
Link vitality4life.de: **http://tinyurl.com/cdhkb88**
Link info-wasserfilter.de: **http://tinyurl.com/c8c9tzy**
Link trinkwassershop.de: **http://tinyurl.com/dyuhfb2**

Alternativ dazu besteht die Möglichkeit, eine Umkehrosmose-Anlage an nur einem Wasserhahn, z.B. in der Küche, zu installieren, z.B. erhältlich bei: **http://wasserhaus.de**   **http://bestwater.de**

Die Filter entfernen grobere Partikel wie z.B. Kalk, Asbest, Hormon-, Medikamenten- und metallische Rückstände, Cadmium und Uran, sowie das von den Wasserwerken künstlich zugesetzte Chlor und Fluor, was nicht nur Ihnen ganz besonders gut schmecken und bekommen wird, sondern ebenfalls zur Gesundheit Ihrer Haustiere und Wohnungs- bzw. Gartenpflanzen beitragen wird! Neben dem vorteilhaften gesundheitlichen Aspekt des klaren, reinen Trinkwassers sparen Sie sich außerdem das zukünftige Schleppen der Getränkekisten. Wollen Sie nicht vom Mineralwasser lassen, dann sollten Sie darauf achten, daß dieses Wasser keine Kohlensäure enthält.

Unser Körper muß Kohlensäure zunächst wieder über die Nieren entfernen, was eine unnötige zusätzliche Belastung dieser heute ohnehin stark geforderten Entgiftungsorgane darstellt. Das beste Trinkwasser ist reines Quellwasser und frei von jeglichen Mineralien. Ihr Körper ist nicht in der Lage, in Wasser gelöste Mineralien aufzunehmen und zu verstoffwechseln, auch wenn Mineralwasserhersteller genau mit dieser Aussage werben. Diese Mineralien werden ungenutzt wieder ausgeschieden. Somit ist Mineralwasser vor allem eines, nämlich gut gemeint, aber teuer. Unser Mineralienhaushalt sollte durch eine vollwertige, ausgewogene Ernährung gedeckt werden. Aber dazu später mehr in unserem Kapitel „Ernährung". Nachdem wir uns einen Überblick über die gesundheitlichen Gefahren verschafft haben, geht es nun darum, unseren Körper von Schlacken, Gallensteinen,

Giftstoffen und Schwermetallen zu befreien – ohne Streß, und ohne Operation, ohne hohe Kosten, und in Eigeninitiative und Selbstverantwortung. Es ist viel weniger schwierig, als Sie vielleicht denken! Lassen Sie uns also mit den "Aufräumarbeiten" beginnen, den Körper entschlacken, entgiften, entsäuern und somit sein Immunsystem entlasten und seine Leistungsfähigkeit verbessern!

Bitte beachten Sie: Es gibt **kein** Medikament, **keinen** Wirkstoff, der in der Lage ist, Heilungen zu vollbringen. Die Heilung geht **in jedem Fall** einzig und allein von Ihrem Immunsystem und den Heilungskräften Ihres Körpers aus. Ein **wirksames** Medikament ist ein solches, das den Selbstheilungskräften des Körpers dabei unterstützt, seine Arbeit zu tun. Aus diesem Grunde ist jedes Versprechen „Dieses und jenes Medikament wird Ihnen helfen / Sie heilen" unseriös, so daß ich mich von solchen Äußerungen distanziere.

Wichtig bei jeder Behandlung ist ein Vertrauensverhältnis zwischen Patient und Arzt. Viele Krankheiten können durch eine rechtzeitige Änderung des Lebensstils abgemildert oder gar geheilt werden.Ist ein Krankheitsverlauf aber zu weit fortgeschritten, ist der Prozeß jedoch nicht mehr umkehrbar. Eigeninitiative und Ursachenforschung wie das rechtzeitiges Überdenken des Lebenswandels und Abstellung der Ursachen sind unverzichtbar.

Bitten Sie nicht zuletzt auch Gott um Kraft, Geduld und Heilung. Schütten Sie Ihm Ihr Herz aus – das nennt die Bibel „beten"! Und beten Sie auch für kranke Familienmitglieder, Freunde, Kollegen, Bekannte. Die Heilung des Körpers beginnt mit der Heilung der Seele. Der Heilung des Körpers muß die Heilug der Seele vorausgehen, oder sie wird nicht stattfinden. Aus diesem Grunde vergab Jesus zuerst die Sünden der Kranken, bevor er auch ihre körperlichen Gebrechen heilte.

Einer der Namen Gottes im Alten Testament lautet nicht ohne Grund: *„Jahwe, dein Arzt"*. **(2.Mose 15,26; 5.Mose 7,15; 5.Mose 32,39; Matthäus 9,12)**. Jesus trägt unsere Nöte, Leiden und Krankheiten – damals wie heute. Er ist unveränderlich *„derselbe: gestern, heute und in Ewigkeit."* **(Hebräer 13, 8)**.

Er ist willens und in der Lage, zu heilen, aber wie vor 2000 Jahren tut Er dies vor allem bei denen, die sich Ihm anvertrauen.

Kapitel 1

Die Reinigung des Körpers von Toxinen, Schlacken und sonstigen Stoffwechselrückständen

A) Die Schwermetallausleitung nach Dr. Klinghardt mit Chlorella, Bärlauch und Koriander

Am Anfang jeder Körperreinigung muß die mechanische Beseitigung der Ursache stehen, die eine gesundheitliche Bedrohung darstellt. Es gibt praktisch niemanden mehr, der bei den heute vorherrschenden Umwelteinflüssen nicht auf die eine oder andere Weise mit Schwermetallen in Kontakt kommt.

Da die Aufnahme von Schwermetallen – in **Wasser, Luft, Nahrung und in Laborerzeugnissen** – von Natur aus nicht vorgesehen war und ist, verfügt der Körper über keinen Mechanismus, um sich selbständig davon befreien zu können.

Dem Körper bleibt nichts anderes übrig, als sie in den Zellen zwischenzulagern.

Parasiten wie z.B. Pilze (Candida albicans, Helicobacter pylori) besitzen eine große Aufnahmefähigkeit für Schwermetalle. Bei starker Schwermetallvergiftung kommt es vor, daß sich der Körper gezielt solche Parasiten hält oder gar züchtet, da der Parasit die Schwermetalle aufnimmt und bindet. Ein Parasit stellt in einem solchen Fall für den Körper eine geringere Gefahr und Belastung dar als die gesundheitlichen Folgen einer Schwermetallvergiftung.

Im Umkehrschluß bedeutet das, daß bei einer Diagnose „Candida albicans" oder „Helicobacter pylori" höchstwahrscheinlich eine hohe Schwermetallbelastung im Körper des Patienten vorliegt.

Achtung: Bei der Behandlung ist darauf zu achten, daß zuerst die Schwermetalle ausgeleitet werden müssen, und erst anschließend eine Parasitenkur durchgeführt werden darf. Der absterbende Parasit gibt sonst die von ihm gespeicherten Schwermetalle an den Körper ab und würde ihn damit umso stärker belasten.

Schwermetalle haben im Körper eine **hochtoxische** – also eine giftige – **Wirkung** auf die Zellen des Bindegewebes, der inneren Organe, der Nerven und des Gehirns. Wenn Sie nach der Ursache für Zivilisationskrankheiten wie Alzheimer, Demenz, Parkinson und dergleichen suchen, sind Sie hier auf einer heißen Spur.

Aus diesem Grunde ist es zunächst notwendig, die **primären Schwermetallherde** zu entfernen. Dabei handelt es sich in erster Linie um Zahnfüllungen aus Amalgam, die neben Quecksilber auch Zinn, Kupfer, Palladium und andere Metalle enthalten können.

Diese geben quasi permanent Moleküle an den Speichel ab, durch den sie ins Körperinnere transportiert werden.

Deshalb ist ...

... der erste Behandlungsschritt: Die mechanische Beseitigung von Schwermetallherden

Suchen Sie wenn möglich nach einem Zahnarzt, der sich auf das Thema spezialisiert hat, und lassen Sie sich Ihre Amalgamplomben unter Dreifachschutz entfernen:

1) **Atemschutz/Augenschutz** bei Zufuhr von reinem Sauerstoff bzw der goldbedampfter Atmenschutzmaske von Prophydent (http://www.prophy-dent.com/patienten.php) – empfehlen Sie die doch auch Ihren Zahnarzt, vielleicht übernimmt dieser sogar die Kosten!
2) **Cofferdam** (Vileda-Vlies), um die Gefahr des Abschluckens grober Quecksilberteilchen während des Ausbohrens zu vermeiden
3) **Amalgam-Ausbohrung** mit Hartmetallbohrer bei langsamer Drehzahl; danach Mundspülung mit 10%igem Natriumthiosulfat – beraten Sie sich bitte mit Ihrem Zahnarzt!
4) Sobald Sie zu Hause sind, ist eine Einnahme von Chlorella-Preßlingen oder Kohle-Pulvis (Medizinalkohle, Hersteller: Firma Köhler, Alsbach), um Schwermetallreste zu binden, die sich eventuell nach dem Ausbohren im Verdauungstrakt befinden, sehr empfehlenswert!

Chlorella ist eine Süßwasseralge, die in der Lage ist, enorm hohe Mengen an Giftstoffen im Darm zu binden und anschließend auszuscheiden. Sie ist in Form von Tabletten (Preßlingen), Kapseln und in Pulverform erhältlich. Aus therapeutischen und geschmacklichen Gründen habe ich persönlich mit der **Einnahme von Preßlingen gute Erfahrungen gesammelt**.
Das Pulver besitzt aufgrund seiner Oberflächenstruktur eine noch höhere Aufnahmefähigkeit für Giftstoffe als die Preßlinge, aber sein intensiver Geschmack ist nur für Hartgesottene geeignet. Die Chlorella-Kur ist Hauptbestandteil der Schwermetallausleitungstherapie nach Dr. Klinghardt, die ich ebenfalls durchgeführt habe und aufgrund der Einfachheit der Anwendung und der positiven Wirkung auf den Körper in relativ kurzer Zeit nur empfehlen kann.

Wenn Sie sich über den Grad Ihrer Schwermetallbelastung und Symptomatik im Unklaren befinden, sollten Sie unbedingt einen Heilpraktiker oder Klinghardt-Therapeuten konsultieren, der mittels einer sogenannten kinesiologischen Analyse feststellen kann, von welchen Schwermetallen ihr Körper speziell belastet wird, und so eine exakt auf Sie zugeschnittene Ausleitungskur gemeinsam mit Ihnen ausarbeiten kann.
http://inkstuttgart.de/die-methode

Eine Übersicht über Klinghardt-Therapeuten finden Sie unter diesem Link: **http://tinyurl.com/8wd6aso**

Meine eigene gesundheitliche Leidensgeschichte begann nach einer dreifachen Tollwutimpfung, die Voraussetzung vor der Aufnahme eines tiermedizinischen Studiums war (= Zwangsimpfung, wenn man so will). Die Impfung und Auffrischungen erfolgten im jährlichen Abstand.

Selbstverständlich wird die Kausalität zwischen Impfungen und Krankheitsausbrüchen bestritten, treten die Symptome doch in den meisten Fällen oft erst Jahre oder gar Jahrzehnte später auf. Es sei denn, man erleidet direkt nach der Impfung noch in der Arztpraxis einen anaphylaktischen Schock aufgrund einer allergischen Reaktion wegen eines oder mehrere der Inhaltsstoffe.
Ich kann jedoch versichern, daß außer den Impfungen keinerlei weitere äußere Einflüsse in meinem Leben stattfanden, die eine solch gravierende Verschlechterung meines Gesundheitszustandes und meines allgemeinen Wohlbefindens hervorzurufen in der Lage gewesen wäre. Zu Beginn der Impfungen war ich 22 Jahre alt und ein begeisterter Schwerathlet mit damals 6 Jahren Trainingserfahrung (bewußt ohne Doping!) und einem Gewicht von 97 Kilogramm bei einer Körpergröße von 179 cm. Innerhalb weniger Monate fiel mein Körpergewicht um über 17 auf 80 Kilogramm, obwohl ich neben dem körperlichen Training eine vollwertige und reichhaltige Ernährung beibehielt und auf ausreichende Regeneration zwischen den Trainingseinheiten achtete.
Ich fühlte mich zunehmend abgeschlagen, müde, schlapp und die Anfälligkeit gegenüber grippalen Infekten erhöhte sich. Dann stellte ich den Beginn eines kreisrunden Haarausfalls (Alopezie) fest, der sich rasch fortsetzte und verstärkte. Die Schulmedizin und die darin ausgebildeten Ärzte waren nicht in der Lage, mir zu helfen. Alle möglichen Tests und Untersuchungen, bis hin zu Labor- und Bluttests wurden an mir durchgeführt, ohne daß die Ursache für mein Siechtum gefunden werden konnte.

Da ich mich – zumal in meinem Alter – mit diesem Ergebnis nicht abfinden wollte und konnte, begann ich eigeninitiativ mit einer naturheilkundlichen Eigenbehandlung zur Stärkung und zum Aufbau meines Immunsystems, und eine intensive Recherche nach den Ursachen meines körperlichen Verfalls. Dabei stieß ich unter anderen immer wieder auf Schwermetalle als Ursache für Krankheiten, deren Symptome zu meinem eigenen Krankheitsverlauf paßten, und daß Impfungseren im Verdacht stehen sollen, bedenkliche Mengen an Schwermetallen zu enthalten.

Ich begann also mit dem Schritt, den ich Ihnen ebenfalls am Anfang einer Schwermetallausleitung empfehle – **zunächst müssen die sich noch im Körper befindlichen Schwermetallherde aus dem Mund entfernt werden, um eine immer fortwährende Vergiftung zu unterbinden.**

Mittlerweile hat sich mein körperliches Befinden stabilisiert. Meine Infektneigung konnte stark reduziert werden, meine körperliche Leistungsfähigkeit kehrt immer mehr zurück, und sogar meine Haare wachsen wieder, wobei sie an den Stellen zuletzt wachsen, an der der Ausfall begann. Es ist ein langwieriger Prozeß, aber es ist machbar, wenn man weiß, was und warum man etwas tut.

Mit Gendefekten, der heute für alles Unerklärliche verantwortlich gemacht wird, hat der Haarausfall in den meisten Fällen überhaupt nichts zu tun, wenn Sie als Kind Haare besaßen. Es sei denn, Ihre Erbinformation (DNA) wäre in der Zwischenzeit beschädigt worden – durch Schwermetalle in Impfungen, Genmanipulation oder systhetischen Zusätzen in der Nahrung, …? Das Interessante ist: Unser Körper entgiftet sehr stark über die Haut, insbesondere über die Kopfhaut. Das ist vermutlich der Grund, warum Chemotherapie-Patienten ihre Haare verlieren während der Therapie verlieren.

Durch Einlagerung von Schwermetallen werden große Mengen an Mineralien verbraucht, um diese zu binden. Die Fehlallokation der Mineralien begünstigt eine Energieblockade, so daß der Haarboden die Haarwurzeln nicht mehr mit ausreichend Nährstoffen und Sauerstoff versorgen kann. Meine Energieblockaden konnte ich durch eine Blutelektrifizierung korrigieren (siehe Kapitel 3), was u.a. in einem erneuten Wachstum meiner Kopfhaare bemerkbar wurde – ohne sonstige Präparate wie Haartoniken, Haarwässer, Pillen oder sonstige Haarwuchsmittel.

Die Schwermetalle zu mobilisieren, zu binden und auszuscheiden, die Körperzellen neu zu mineralisieren und bestehende Energieblockaden zu beheben – meinen Erfahrungsbericht finden Sie in Kapitel 1, sowie vieles Weitere mehr. Falls Sie die beschriebenen Methoden ebenfalls ausprobieren möchten, dann bedenken Sie bitte, daß Sie stets eigenverantwortlich handeln. Garantien und Heilungsversprechen werden auch hinsichtlich des Heilmittelgesetzes nicht gegeben. **Lassen Sie sich insbesondere am Anfang unbedingt von einem erfahrenen Arzt, Heilpraktiker oder Therapeuten medizinisch beraten und begleiten!**

A) Die Schwermetallausleitung nach Dr. Klinghardt mit Chlorella, Bärlauch, Koriander

Dr. Klinghardt empfiehlt die Einnahme von täglich 10 Chlorella-Tabletten zur Schwermetallbindung und -ausleitung. Es gibt Hinweise darauf, daß Chlorella neben der Fähigkeit der Schwermetallbindung ebenfalls eine gewisse Wirkung bei deren Mobilisierung besitzt. Sie werden bemerken, daß ich bei allen Therapieansätzen eine Einnahme nach dem Minimalprinzip favorisiere. Das bedeutet, man beginnt mit der Einnahme von nur einer Kapsel, einer (halben) Tablette, einem Tropfen, beobachtet stets die Reaktion des Körpers, und erhöht die Dosis schrittweise bis zur Höhe der Einnahmeempfehlung.

Neben Chorella setzt die Klinghardt-Kur auf **Bärlauch** und **Koriander**. Bärlauch ist eine meist wildwachsende Pflanze der Gattung Allium und somit verwandt mit Schnittlauch, Zwiebel und Knoblauch. Er ist reich an schwefelhaltigen Substanzen, die der Grund für seine therapeutische Wirksamkeit sind, um Schwermetalle aus den Organen und dem Bindegewebe zu mobilisieren.

Bärlauch setzt sie frei, Chlorella bindet sie im Darmtrakt und sorgt für ihre Ausscheidung. Bärlauch kann als Tinktur, in Kapselform oder frisch als Öl-Bärlauch-Pesto eingenommen werden. Seine schwefelhaltigen Substanzen sind fettlöslich, daher ist eine Kombination mit einem hochwertigen kaltgepreßtem Öl eine sinnvolle und wohlschmeckende Wahl.

Ich selbst habe Bärlauch erst dann in mein Ausleitungsprogramm aufgenommen, als ich bei einer Einnahme von täglich 10 Chlorella-Tabletten angelangt war. **Während der Ausleitungstherapie ist es wichtig, daß niemals mehr Schwermetalle im Körper mobilisiert werden, als Chlorella aufnehmen kann.**

Sobald ich die Einnahme von täglich 10 Chlorella-Preßlingen erreicht hatte, begann ich mit der Einnahme von einem Tropfen Bärlauch. Anschließend steigerte ich die Einnahme von Bärlauch täglich tropfenweise. Sie können stattdessen auch Kapseln verwenden. Solange Sie sich dabei körperlich wohlfühlen und keine Symptome erkennbar sind, die auf eine zu starke Freisetzung von Schwermetallen hindeutet, wie z.B. ein leichter Hautausschlag, Durchfall oder einen allgemeinen Zustand erhöhter Infektionsneigung (z.B. Schnupfen, Erkältungssymptome).

An den Tagen 11 und 12 sollte man von der Kur ausruhen. Anschließend wird sie mit der Dosis wieder aufgenommen wie vor der Pause. Ich habe im Verlauf meiner Eigentherapie meine Chlorella-Einnahme auf **bis zu täglich 30 Preßlingen** und **parallel dazu 25-30 Tropfen Bärlauchtinktur** erhöht, um eine maximale Freisetzung, Bindung und Ausscheidung der Toxine zu erzielen.

Im Verlauf der Kur werden Sie ein zunehmend stärkeres Körperbewußtsein entwickeln, indem Sie auf Ihren Körper achten und seine Signale besser zu verstehen und zu deuten lernen.

Denken Sie an die einnahmefreien Tage 11 und 12, um Ihrem Körper ausreichend Zeit zur Erholung und Regeneration zu geben! Die Entgiftung kostet ihn viel Kraft und Energie.

Koriander

Wurde das Bindegewebe und die Organe genügend entgiftet, ist es an der Zeit, die Knochen, die Nerven und das Gehirn von Schwermetallen zu befreien. Koriander kommt zur Entgiftung in Tinktur- oder Kapselform sowie frisch zum Einsatz. Getrocknetes Korianderkraut besitzt keinerlei Entgiftungswirkung. Die Entgiftung erfolgt nach dem Osmoseprinzip, indem die Zellen mit dem höheren Toxinanteil (hier: Knochen, Nerven, Gehirn) diese an die Zellen mit dem geringeren (hier: Bindegewebe) abgeben. Von dort aus werden sie abermals mit Bärlauch mobilisiert und von Chlorella gebunden und ausgeschieden.

Es ist von größter Bedeutung, daß das Bindegewebe bereits ordentlich entgiftet wurde, bevor Koriander eingesetzt wird. Ist der Schwermetallgehalt des Gewebes größer als der der Knochen, der Nerven und des Gehirns, dann erfolgt eine Schwermetallverschiebung vom Gewebe in die Knochen, die Nerven oder das Gehirn – dies gilt es unter allen Umstände zu vermeiden!

Stimmen Sie sich deshalb im Zweifelfall stets mit Ihrem Heilpraktiker oder Klinghardt-Therapeuten ab, der die Schwermetallbelastung kinesiologisch bestimmen sollte, bevor Sie Koriander erstmalig einsetzen. Ist Ihr Körper endlich von Schwermetallen befreit, was in Fällen starker Belastung durchaus 2 Jahre dauern kann, dann können Sie mit der Blutelektrifizierung fortfahren, um vorliegende Energieblockaden zu beseitigen.

Achtung: Solange Sie Bärlauch oder eine andere stark schwefelhaltige Pflanze bzw. Substanz einnehmen, dürfen Sie die Blutelektrifizierung unter keinen Umständen anwenden. Bitte unbedingt beachten!

Die schwefelhaltigen Substanzen in diesen Pflanzen sind in der Lage, in Verbindung mit dem elektrischen Schwachstrom der Blutelektrifizierung die Blut-Hirn-Schranke zu überwinden, und eine tödliche Vergiftung beider Gehirnhälften hervorzurufen. Nach dem letzten Konsum von Knoblauch sollten deshalb mindestens 3 Tage vergangen sein, bevor mit der Blutelektrifizierung begonnen wird!

Beide Therapien weisen unschätzbare Vorteil auf, dürfen jedoch nur einzeln angewandt werden, um sicher zu sein. Hier zeigt sich, wie bedeutend mündige Eigeninitiative und Selbstverantwortung in der Gesundheitsvorsorge sind!

B) Die Nierenreinigung

Die Nieren gehören zu unseren wichtigsten Entgiftungsorganen. Da sie aufgrund der heutigen Belastungen in Umwelt und Nahrung mit verschiedenartigsten Gift- und Schlackenstoffen konfrontiert werden, müssen sie Schwerstarbeit leisten. Der andauernde Konsum ungesunder Nahrung und Getränke begünstigt ihre Verschlackung. Abbauprodukte können nicht mehr vollständig ausgeschieden werden und lagern sich in den Organen ab.

Industrielles Kochsalz ist nach neuesten Erkenntnissen offenbar eine der Hauptursachen für die Bildung von Harngrieß und Harnsteinen. Eine heute recht häufige Diagnose lautet deshalb heute: Blut im Urin. Oft in geringsten Mengen auftretend, die häufig nur schwierig feststellbar sind, deutet auf winzig kleine Verletzungen im Nieren/Blasen-Bereich hin. In fast jedem Fall werden diese Mikroverletzungen durch winzige Nieren- bzw Blasensteine / -grieß hervorgerufen, die sogar mit medizinischen Geräten kaum nachgewiesen werden können, weil sie so winzig klein sind.

Stellen Sie sich die abgelagerten Schlackenstoffe als winzig kleine Kristalle vor, die sich an den Wänden der Niere und /oder Blase abgelagert haben. Aufgrund ihrer kristallinen Struktur sind sie sehr scharfkantig und fügen den Organen durch Reibung kleinste Verletzungen zu. Das Resultat sind winzige Mengen Blut im Urin, die sich im Anfangsstadium nur mittels Teststreifen und Laboranalyse nachweisen lassen. Zu Beginn ist das Beschwerdebild oft diffus und Symptome schwer zuzuordnen.

Trotz anfänglichem Fehlen deutlicher Schmerzanzeichen und keinem sichtbaren Blut im Urin, öffnen winzigste Verletzungen der Organe (Blase / Nieren) Tür und Tor für Infektionen, die über feinste Wunden in die Organe eindringen können. Setzt sich die Verschlackung fort, vergrößern sich die Kristalle durch Verklumpungen und können sich zu sogenannten Nieren- bzw Blasensteinen entwickeln, die durch ihre größere Oberfläche ebenfalls größere Verletzungen der Organe bis hin zu Koliken auslösen können.

Die Niere ist nach der Haut gemeinsam mit der Leber das wichtigste Entgiftungs- und Ausscheidungsorgan unseres Körpers, das die Hauptlast des Abbaus von Abfallprodukten aus der heute so beliebten Zivilisationskost mit ihren industriellen Konservierungs- und Farbstoffen, künstlichen „natürlichen Aromen", Emulgatoren, Stabilisatoren, gehärteten Fetten und sonstigen Laborerzeugnissen zu tragen hat, die wir unserem täglich Körper zumuten.

Sie sollten nicht warten, bis Sie offensichtliche Symptome oder gar Schmerzen verspüren, sondern Ihrem Körper dabei helfen, Abfallprodukte wie Schlacken und sonstige Giftstoffe gründlich zu entfernen. Dazu bietet sich eine jährliche Reinigung an, die mit der Reinigung der Nieren beginnen, und an die sich eine Leberreinigung anschließen sollte. Da die Nieren bei einer Leberreinigung mit Abfallstoffen aller Art zusätzlich belastet werden, sollten Sie die Nierenreinigung zuerst durchführen. Zum Einen werden auf diese Weise ihre Nieren vorab entlastet, zum Zweiten erzielen Sie anschließend eine noch gründlichere Leberreinigung. Wie kommt es zur Verschlackung der Entgiftungsorgane?

Wie schon angesprochen, liegen die Gründe für die Verschlackung des Körpers in psychischem Druck und Streß, desweiteren in falscher Ernährung: viel zu viel Wurst und Fleisch (die angeblich "Wohlstand" symbolisieren sollen), zu viel Eiweiß (darauf kommen wir gleich noch), zu viel Süßes, sowie industrielle Konservierungs- und Zusatzstoffe aller Art, die unser Körper nicht verwerten kann. Und da sie von unnatürlicher Art – also künstlich – sind, kann er sie ohne Hilfe nicht ausscheiden.

Aus diesem Grunde bietet sich eine parallele Entsäuerung/Entschlackung durch eine Trinkkur (z.B. mit Brennesseltee) zur Nierenreinigungskur in Verbindung mit Basenbändern an. Da die Haut ein wichtiges Entgiftungsorgan ist und große Mengen Schlacken in Form von im Bindegewebe abgelagerten Salzen abgeben kann und muß, um sich davon zu befreien, ist ein Basenbad ideal dazu geeignet. Die Salze stammen ursprünglich aus säurehaltigen Lebensmitteln, die wir zuvor (oft jahrzehntelang) konsumiert haben. Diese stammen vor allem aus dem übermäßigen Verzehr von tierischen Produkten aller Art (Fleisch, Wurst, Käse, Milch, Fisch), denen eine unzureichende Aufnahme basischer Kost (vor allem Obst, Gemüse) gegenübersteht.

Der Körper benötigt basische Mineralien, um die Säuren jedoch abpuffern und ausscheiden zu können. Fehlen sie, dann wandelt der Körper die Säuren in Salze um, die er aber nicht ausscheiden kann, sondern stattdessen im Bindegewebe und in den Organen ablagern muß, wo sie zunehmend Krankheitsbilder verursachen.

Dabei handelt es sich um **keinen** Fehler oder Irrtum des Körpers! Die Alternative des Körpers wäre, von den Säuren verätzt zu werden. Er wählt stattdessen eine Verlangsamung des Vergiftungsprozesses durch Umwandlung der Säuren in Salze und deren anschließende Ablagerung – eine Verzögerungstaktik des Körpers zum Eigenschutz. Dieser Vorgang wird von Naturheilkundlern als Übersäuerung und im Volksmund auch als Verschlackung bezeichnet. Die Ursachen und mögliche Krankheitsbilder der Übersäuerung und Verschlackung werden im Kapitel „Ernährung" detaillierter beschrieben. Diese Salze werden im Bindegewebe, in den Organen und vor allem im Unterhautfettgewebe gespeichert, wo sie jedoch leicht über die Haut abgegeben werden können. Und diese Eigenschaft machen wir uns mittels eines Basenbades zunutze. Deshalb ist eine Entschlackungskur über die Haut optimal.

Die Allzweckwaffe zur Entsäuerung – das Basenbad

Es gibt einige Hersteller bestimmter Basenbäder, bei denen sich die Inhaltsstoffe unwesentlich unterscheiden. Meiner Erfahrung nach sind sie alle sehr wohltuend, empfehlenswert und erfüllen ihren Zweck. Sie haben die Wahl zwischen Produkten aus dem Hause Jentschura, VicoPura, alvito, Bioticana, Osiba, Michael DrosteLaux, ph-Cosmetics und Dr. Jacob's. Jeder dieser Hersteller hat sich auf die gesamte Palette der innerlichen und äußerlichen basischen Körperpflege spezialisiert: vom Basenbad über basische Ernährung und Basentees, bis hin zu basischen Körperpflegeprodukten. Jedes dieser Produkte wird Ihnen dabei helfen, diese abgelagerten Salze schnell und körperschonend auszuscheiden und Ihren Körper auf diese Weise von gesundheits-gefährdendem Ballast nachhaltig befreien.
Testen Sie, welche Produkte Sie bevorzugen. Die basische Pflege Ihres Körpers wird Ihnen jedoch generell guttun. Bleiben Sie anschließend ruhig bei dem, womit Sie sich wohlfühlen! Neben einer schrittweisen Umstellung der Ernährung in Richtung basischer Kost bietet sich der Genuß eines Basentees morgens und abends an, um die Entschlackung und Entsäuerung Ihres Körpers einzuleiten. Abgerundet wird die Entsäuerungskur mit einem Basenbad, bei dem gelöste Säuren in Form von Salzen über die Haut an das an basischen Mineralien reiche Badewasser abgegeben werden.

Basenbäder sind u.a. hier erhältlich: **http://basischeprodukte.de**

Und so wird`s gemacht:

Vorgehensweise Basenbad

Entscheiden Sie sich für ein Basenbad eines oben genannten Herstellers, oder wählen sich die ganz einfache und unkomplizierte Variante: Ursteinsalz (erhältlich z.B. von **http://firma-hurtig.de**) oder **Kaiser Natron / Bullrich Salz**.

Verwenden Sie keinesfalls industrielles Speisesalz! Die künstlich zugesetzten Mineralien schmecken nicht nur schärfer und aggressiver als naturbelassenes Ursteinsalz – sie sind es auch tatsächlich für die Haut! Einen Entgiftungserfolg werden Sie mit industriell aufbereitetem Speisesalz – vielleicht sogar mit künstlichem Fluor- und Jodzusatz – nicht erreichen!

Während im Ursteinsalz zahlreiche Mineralien gebunden sind, ist der Wirkstoff von Kaiser Natron und Bullrich-Salz das Hydrogencarbonat, welches eine stark basische und damit entsäuernde Wirkung auf den Organismus besitzt.

Für ein **Vollbad** sollten Sie **150 - 200 Gramm Steinsalz** oder **3-4 Beutel "Kaiser Natron"** in die Badewanne geben. Die optimale **Temperatur** des Badewassers liegt bei **36-38 °C**, was unserer Körpertemperatur entspricht. Die **Badedauer** sollte mindestens **30 Minuten**, **idealerweise eine Stunde** oder sogar länger betragen. Dies wird Ihre Entsäuerung beschleunigen.

Falls Sie über keine Badewanne verfügen oder nicht die Zeit haben, dann sind häufige **Fußbäder** mit einem Beutel Natronsalz (Kaiser Natron, Bullrich Salz o.ä.) oder mit 50 Gramm Ursteinsalz eine Wohltat und geeignete Alternative. Wenn die Wassertemperatur mit der Zeit sinkt, kann das durch neues heißes Wasser ausgeglichen werden. So ist das Baden auch angenehmer. Ein **Badethermometer** ist dabei sehr hilfreich.

Die Entgiftung erfolgt auch hier gemäß des Osmoseprinzips: Da das oben beschriebene Basenbad dieselbe Zusammensetzung wie das Plasma unserer Körperzellen aufweist, erfolgt ein Austausch in Form einer Abgabe der im Körper gebundenen sauren Abfallstoffe an das Wasser, wobei die Basenverbindungen im Badewasser die Salze binden, die die Haut über die Poren und Schweißdrüsen abgibt.

WICHTIG! Bitte verwenden Sie keine konventionellen Badezusätze, Duschbäder, Shampoos oder ähnliches. Andernfalls könnten die chemischen Bestandteile darin leicht in die Haut eindringen und sich im Körper ablagern!

Sie werden schnell bemerken, wie sich nach den Bädern Ihre gesamte Hautstruktur und das Hautgefühl verbessern, und Sie eine besonders weiche, saubere Haut bekommen. Bei dem angeblichen „Säureschutzmantel" handelt es sich um eine Erfindung der Kosmetikindustrie. Eine Haut mit saurem pH-Wert ist eine Haut, die versucht, überschüssige Säuren auszu-scheiden! Die menschliche Haut ist von Natur aus basisch. In diesem basischen Milieu (pH-Wert <7) siedeln diejenigen Mikroben und Pilze, die ein Eindringen von pathogenen Keimen verhindern und diese bekämpfen.

Merke: Die Mikrobe ist nichts, das Milieu ist alles! Krankheitsfördernde Keime können in einem basischem Milieu nicht überleben.

Tip: Verbinden Sie doch einfach Entgiftung mit Entsäuerung! So befreien Sie Ihren Körper zügiger von Giften und Schlacken, was an der Verbesserung Ihres Wohlbefindens und Linderung von Krankheitsbeschwerden erkennbar sein wird.

Die Trinkkur zur Nierenreinigung

Nierentees können fertig erworben oder selbst gemischt werden, oder man kann sie sich von einem Apotheker mischen lassen. Fertigmischungen sind zum Beispiel hier erhältlich: **http://tinyurl.com/3rlcly2**
Die Kräuter wirken harntreibend, entspannend, entzündungshemmend und krampflösend und zersetzen alle Ablagerungen. Erwachsene sollten mindestens 1 bis 1 1/2 Liter täglich davon trinken, 1-2 Wochen lang wären für den Anfang empfehlenswert.

Beobachten Sie dabei stets, was in Ihrem Körper vorgeht und wie Sie sich fühlen. Nach einer 30tägigen Nierenreinigungskur sollten Sie zunächst eine ebensolange Pause davon einlegen. Bei Kindern ist es je nach Alter und Körpergewicht ratsam, mit einer bis zwei Tassen täglich zu beginnen, um die Reaktion des Körpers darauf zu testen.

Bitte beachten Sie: Wie bei der Homöopathie kann es besonders am Anfang zu sogenannten „Erstverschlimmerungen" als Folge der Entgiftungsreaktion des Körpers kommen, wie z.B. leichter Hautausschlag, leichte Kopfschmerzen, leichte Erkältungssymptome, leichter Durchfall, Harndrang usw.

Diese klingen aber im Normalfall zügig ab. Bei deutlichen Symptomen sollte die Dosis etwas, bei heftigen Reaktionen des Körpers stark reduziert werden.

Bei jeglicher Therapie ist es generell empfehlenswert, jede medizinische Gabe zunächst nach dem Minimalprinzip auf Ihre individuelle Verträglichkeit zu testen. Beginnen Sie also zunächst mit ein paar Gramm / einer Tablette / einer Kapsel usw., beobachten und erhöhen Sie anschließend schrittweise die Einnahme angepaßt an die Reaktionen Ihres Körpers.

Leichte Reaktionen sind normal, gewollt, und ein Anzeichen dafür, daß der Stoffwechsel auf den Wirkungsreiz anspricht und beginnt, sich von Abfallstoffen zu befreien. Die möglicherweise auftretenden Symptome sind ein äußerlich sichtbarer Beleg dafür.

Die Nierenreinigung können Sie je nach Bedarf wiederholen. Beispiel: Sie führen die Trinkkur 30 Tage lang durch. Danach pausieren Sie damit für die folgenden 30 Tage, bevor Sie sie erneut anwenden.

Um nach erfolgter Entschlackung zukünftige Probleme und wiederkehrende Symptome oder gar Schmerzen zu vermeiden, ist eine Änderung der Ernährungsweise dringend geraten.

Aus eigener Erfahrung weiß ich, wie schwer die Radikalumstellung einer alten Gewohnheit fällt – und wie schnell man dabei in die alte Gewohnheit zurückfallen kann, weil man es einfach nicht schafft. Gleichgültig ob es um die Umstellung der Ernährung, der Verzicht auf Fleisch, auf Süßes, auf Salziges, auf Softdrinks handelt:

Streichen Sie Ihre gewohnte ungesunde Nahrung nicht **rigoros. Das wird Sie nur frustrieren und ein Scheitern vorprogammieren. Beginnen Sie vielmehr damit, die ungesunde Nahrung Stück für Stück und Tag für Tag, Woche für Woche schrittweise zu reduzieren.**

Arbeiten Sie, falls Sie Anregungen oder Hilfe benötigen, mit einem Ernährungsberater zusammen, der Ihnen dabei helfen wird, einen auf Sie zugeschnittenen Essensplan zu erarbeiten, mit Lebensmitteln, die zugleich vollwertig und nährstoffreich sind und Ihnen schmecken.

Ich beleuchte das Thema noch gesondert im *„Kapitel 10 – Die Ernährung"*. Insbesondere zu Beginn der Nieren- und Leberreinigungskur empfiehlt sich stattdessen frischer, am besten naturtrüber Apfelsaft, gern ein Liter pro Tag, der den Nieren während der Kur zusätzlich beim Entgiften hilft und die Leberreinigung vorbereitet, da seine Inhaltsstoffe die Eigenschaft haben, Gallensteine aufzuweichen und so ein leichteres Lösen und ihren Abtransport ermöglichen.

Danach sollten Sie sich das beste Getränk der Welt zur Stillung Ihres Durstes zur täglichen Gewohnheit machen: und das ist Wasser in Quellwasserqualität, welches Sie durch eine Umkehrosmoseanlage oder ein Dampfdestilliergerät ganz einfach zubereiten können. Mehr dazu im Kapitel „Trinkwasser". Sie mögen kein Wasser? Dann haben Sie entweder noch nie richtig Durst gehabt, oder Sie haben noch nie reines Quellwasser probiert!

Beim Filtervorgang werden die Zusatzstoffe des Leistungswasser je nach Filter nahezu rückstandslos entfernt, z.B. Hormon- und Medikamentenrückstände, Fluor, Chlor, Asbestfasern, Blei- oder Kupferpartikel, Uran, Benzol und viele viele mehr. Ein vielleicht wichtigste Eigenschaft von sauberem Wasser: Es ist ein ausgezeichneter Informationsträger. In der Homöopathie wird sich diese Tatsache unter anderem zunutze gemacht.

Was bedeutet das für unser Trinkwasser? Wassermoleküle können jede Art von Information speichern – abhängig von dem Stoff, mit dem sie sich verbinden.

Das beste Wasser ist FREI von Information. Damit ist es in der Lage, neue Informationen aufzunehmen. Und genau diese Eigenschaft ist elementar und essentiell wichtig zur Entgiftung unseres Körpers.

Stellen Sie es sich einen Bus vor, in dem bereits alle (Informations-)Plätze besetzt sind. Ein Toxin etwa kann dann nicht mehr transportiert werden. Genau das ist der Fall bei der Aufnahme von womit auch immer angereichertem Trinkwasser. Statt Gifte mitzunehmen und auszuscheiden, lotst es neue Giftstoffe in den Körper hinein – wie ein trojanisches Pferd. Aus diesem Grunde sollte Leistungswasser unbedingt gereinigt werden, bevor es wirklich Lebensmittelqualität aufweisen kann.

Durch die Filterung werden seine Wassercluster verkleinert und die Plätze der mit Giftstoffen angereicherten Information gelöscht. Das beste Trinkwasser ist also frei von Informationen. Das bedeutet, es sollte auch keine Mineralien enthalten, die der Körper ohnehin nicht zu verstoffwechseln in der Lage ist.

Aus totem Leitungswasser wird durch Osmose lebendiges Wasser – der wichtigste Baustein des Lebens – welches anschließend wieder in der Lage ist, selbst Informationen aufzunehmen und zu speichern, und nun einen wesentlichen Beitrag zur Ausleitung von Giften und Schlacken leisten kann.

<u>C) Die Leberreinigung nach Martin Frischknecht</u>

Die Leber ist das größte und wichtigste Stoffwechsel-Organ des Körpers und zugleich die größte Drüse. Ihre wichtigsten Aufgaben sind die Produktion wichtiger Eiweißstoffe (z.B. Gerinnungsfaktoren), die Verwertung von Nahrungsbestandteilen (z.B. Proteine, Glukose und Vitamine), die Galleproduktion und damit verbunden der Abbau und die Ausscheidung von Stoffwechselprodukten, Medikamenten und Giftstoffen (Entgiftungsfunktion).

Es besteht ein großer und immer noch sehr weitverbreiteter Irrtum, was die Entstehung von Gallensteinen angeht. Den Patienten will man glauben machen, das Problem sei die Gallenblase. In Wahrheit ist es jedoch tatsächlich die Leber, in der Ablagerungsprodukte wie Gallensteine entstehen und die den Gallesekret produziert.

Eine gesunde Leber produziert täglich ca. einen Liter Gallenflüssigkeit. Galle spielt eine wesentliche Rolle in der Fettverdauung. Sie macht Nahrungsfette löslich und ermöglicht so deren Aufnahme über den Darm. Die Leber ist von feinen Kanälchen durchzogen, die sich zu einem galleführenden Gang vereinigen. Die Gallenblase ist mit diesem Gang verbunden und stellt ein Reservoir für das Gallesekret dar.

Wenn man Fette oder Eiweiße zu sich nimmt, entleert sich die Gallenblase nach etwa zwanzig Minuten, und die gespeicherte Galle wandert über den Gang in den Dünndarm. Es gibt Substanzen, die die Gallenblase zur verstärkten Abgabe von Galle reizen, z.B. Cayennepfeffer, Ingwer und Fruchtsäuren. Galle trägt entscheidend zur Ausscheidung von Cholesterin, Bilirubin, Medikamenten und Giftstoffen bei. Aus diesem Grunde haben Sie erhöhte Cholesterinwerte, wenn Ihre Leber von auskristallierten, verklumpten Cholesterinteilchen verstopft ist, die aneinanderhaften und auf diese Weise größere Steine bilden.
Ihre Leber kann dann das überschüssige Cholesterin nicht ausscheiden – daher die erhöhten Cholesterinwerte!

Eine operative Entfernung der Gallenblase – also des Reservoirs des Gallensekrets – löst das Problem in keiner Weise und ist in Wirklichkeit eine sinnlose Verstümmelung, die Ihre Beschwerden nur scheinbar kurzzeitig behebt, wenn Gallensteine in die Gallenblase gewandert sind und dort Schmerzen verursacht haben. Allein in Deutschland wird jährlich ca. 100.000 Menschen die Gallenblase aufgrund dieser falschen Diagnose operativ entfernt.

Der Auslöser zahlreicher gesundheitlicher Probleme – von Gelenk-, Muskel- und Rückenschmerzen bis hin zu verschiedensten Allergien – sind nicht die wenigen Steine, die aus der Leber in die Gallenblase gewandert sind, sondern tausende Steine unterschiedlichster Größe, die Ihre Leberkanälchen verstopfen!

Bei einer Gallenblasen-OP wird also lediglich das Gallesekretreservoir entfernt. Anschließend ist der Körper nicht mehr in der Lage, Gallesekret zu bilden, weshalb dann eine lebenslange spezielle Diät beachtet werden muß, da Ihr Körper Fette und Proteine nicht mehr entsprechend aufschließen kann. Damit ist eine operative Gallenblasen-Entfernung nicht nur wirkungslos und unsinnig, sondern beinhaltet zusätzlich ein Narkoserisiko, deren chemische Wirkstoffe ebenfalls wieder ausgeleitet werden müssen, um den Körper wieder zu entgiften.

Die Alternative: Behalten Sie also Ihre Gallenblase und entfernen Sie die Gallensteine von dort, wo sie durch Kristallisation tatsächlich entstehen und sich ablagern, bevor sie teilweise in die Gallenblase abwandern: aus der Leber! – und zwar auf völlig schmerzlose Weise, und ganz ohne Operation und Narkoserisiko!

Vorgehensweise Leberreinigung:

Einige Anwender empfehlen, eine Leberreinigung bei abnehmendem Mond durchzuführen. Ich war zunächst skeptisch und erzielte auch ohne Beobachtung der Mondphasen in meinen Augen einen überzeugenden Erfolg. Als ich die Mondphase bei meiner zweiten Leberreinigung berücksichtigte, war der Erfolg noch erstaunlicher.

Ich hatte den Eindruck, mehr Steine auszuscheiden, und doch strengte es meinen Körper offenbar weniger an.

Probieren Sie es einmal aus, ob Sie bei abnehmendem Mond noch bessere Resultate erzielen! Wenn Sie selbst die Durchführung einer Leberreinigung planen, dann sollten Sie dafür am besten ein verlängertes Wochenende reservieren (mit Beginn idealerweise an einem Freitag).

Und so geht`s: Sie benötigen

4 Esslöffel (EL) oder 4 x 12 Kapseln Bittersalz (wird auch als Epsomsalz bezeichnet)
→ 125 ml mildes, kaltgepreßtes Olivenöl („extra vergine")
→ Frische rotfleischige Grapefruits, 2 mittlere oder 1 große, für ca. 170 bis 190 ml frischen Saft
→ Ein Mixbecher mit Deckel zum Verschütteln des Olivenöls mit dem Grapefruitsaft

Das Bittersalz – **ACHTUNG: bitte nicht mit Glaubersalz verwechseln!** – erweitert die Leberkanälchen, damit sich die Gallensteine lockern und freigegeben werden. Diese Prozedur ist dank des Bittersalzes übrigens vollkommen schmerzfrei.

Die Durchführung

Im folgenden Video wird die Leberreinigung Schritt für Schritt von Herrn Frischknecht selbst erklärt. In die danach folgende schriftliche Anleitung habe ich zusätzlich meine eigenen Erfah-rungen einfließen lassen. **Video Leberreinigung: http://tinyurl.com/ae9s2nl**

Führen Sie die Reinigung am besten an einem verlängerten Wochenende durch. Sie werden die nächsten beiden Tage zur Erholung brauchen. Verzichten Sie nach Möglichkeit auf Arzneimittel und Nahrungsergänzungsmittel, die Sie nicht unbedingt benötigen, um den Erfolg der Kur nicht unnötig zu gefährden. Beim Frühstück und Mittagessen sollte auf Fett (z.B. Butter) verzichtet werden. Eine bessere Wahl sind am Tag der Leberreinigung gekochte Getreideflocken mit Obst, Obstsaft, Brot und Marmelade oder Honig, zum Mittagessen am besten Reis, Kartoffeln oder Gemüse. Würzen Sie höchstens mit ein wenig Salz. Dadurch wird mehr Gallesekret angesammelt und ein höherer Druck in der Leber aufbauen. Dieser bewirkt, daß mehr Steine ausgeschieden werden können.

Der hier vorgestellte Zeitplan zielt auf den Beginn der Leberreinigung an einem Freitag auf den Beginn der Nachtruhe um 22 Uhr ab und kann selbstverständlich an Ihre persönlichen Schlafgewohnheiten angepaßt werden.

Wegen des anstrengenden Reinigungsprozesses sollten Sie Ihrem Körper jedoch eine früh beginnende Ruhephase mit ausreichend Vormitternachtsschlaf gönnen. Am Tag des Beginns der Leberreinigung sollten Sie **ab 14 Uhr nichts mehr essen und trinken**. So vermeiden Sie späteres Unwohlsein. Die genaue Einhaltung des Zeitablaufs ist für die Reinigung von großer Bedeutung!

Weichen Sie für den größtmöglichen Erfolg nicht mehr als 10 Minuten von den angegebenen Zeiten ab!

Vorbereitung des Bittersalz-Trinkkur:

Lösen Sie pro erwachsener Person 4 Eßlöffel Bittersalz (insgesamt etwa 80 Gramm) in 800 Milliliter Wasser auf, und gießen Sie die Lösung in ein Trinkgefäß. Dies ergibt 4 Portionen Bittersalzlösung zu jeweils 200 Milliliter. Stellen Sie das Gefäß anschließend zum Abkühlen in den Kühlschrank oder einen kühlen Ort. Das Trinken wird Ihnen dadurch leichter fallen. Sollten Sie sich für die „Bittersalz in Kapseln"-Variante entscheiden, kann dieser Schritt entfallen.

17:30 Uhr:
Nehmen Sie die Bittersalzlösung aus dem Kühlschrank, damit es nicht eiskalt, sondern nur gekühlt ist. Zu kaltes Bittersalzwasser belastet die Nieren unnötig.

18 Uhr:
Trinken Sie nun die erste Portion (200 Milliliter) der Bittersalzlösung. Zur Verbesserung des Geschmacks können Sie bei Bedarf eine Messerspitze Vitamin C oder einen Spritzer frisch gepreßten Zitronensaft (ohne Fruchtfleisch) hinzufügen. Anschließend können Sie einen kleinen Schluck Wasser trinken oder den Mund ausspülen, um den intensiven Geschmack des Bittersalzes zu neutralisieren. Falls Ihnen der typische Bittersalzgeschmack nichts ausmacht und Sie eine gute Summe Geld sparen wollen, sollten Sie sich für das Bittersalzpulver entscheiden. Andernfalls empfinden Sie die Einnahme der Kapseln möglicherweise als angenehmer.

Wenn Sie das Bittersalz in Kapseln verwenden, nehmen Sie jeweils 12 Kapseln und schlucken diese mit reichlich Wasser. Trinken Sie dabei mindestens 200 bis 250 ml hochwertiges stilles Wasser pro 12 Kapseln Bittersalz, das am besten durch ein Osmosegerät gefiltert wurde.

20 Uhr:
Um 20 Uhr trinken Sie die zweiten 200 Milliliter-Bittersalzlösung oder nehmen Sie weitere 12 Kapseln mit mindestens 200 bis 250 ml Wasser ein. Obwohl Sie nun seit 14 Uhr nichts mehr gegessen haben, werden Sie nun kaum Hunger verspüren. Ruhen Sie sich aus und entspannen Sie sich. Der kräftezehrende zweite Teil der Reinigung – die Ausscheidung der Steine – liegt noch vor Ihnen.

21:30 Uhr:
Füllen Sie eine halbe Tasse (125 ml) Olivenöl in das Mixgefäß ab. Pressen Sie die Grapefruits aus – zum Beispiel mit Hilfe einer Zitronenpresse – und gießen Sie den Saft durch ein feines Sieb in den Meßbecher, um das Fruchtfleich abzuseihen. Der Saft sollte mindestens 170 ml, besser noch 190 ml ergeben. Erfahrungsgemäß genügt meist eine große, saftige Grapefruit pro Person. Gießen Sie den Saft zum Olivenöl. Es ist wichtig, zuerst das Öl und danach den Saft in das Trinkgefäß zu geben, da das Öl sonst auf dem Saft schwimmt und immer wieder oben absetzt, was zu geschmacklichen Problemen beim Trinken der Mischung führen kann.

Verschließen Sie das Gefäß oder Mixer dicht mit dem dazugehörigen Deckel, und schütteln Sie es kräftig, bis die Mischung ein wäßriges Aussehen erhält. Die richtige Konsistenz gelingt übrigens nur mit frischem Grapefruitsaft ohne Fruchtfleisch. Falls nötig, dann gehen Sie einmal auf die Toilette, denn die ersten beiden Bittersalzanwendungen werden vermutlich schon Wirkung zeigen. Vielleicht verzögert sich der nächste Punkt dadurch ein wenig. Diese Verspätung darf jedoch höchstens 15 Minuten ausmachen, da sich sonst das Ergebnis verschlechtert.

22 Uhr:
Trinken Sie nun die zubereitete Öl-Saft-Mischung. Den unangenehmen Geschmack, von dem einige Anwender erzählen, kann ich nicht bestätigen. Meiner Familie und mir hat er sogar sehr gut geschmeckt; sicher auch dem Durst geschuldet, den man zu diesem Zeitpunkt zweifellos verspürt. Wir haben uns für ein sehr hochwertiges und mildes Olivenöl entschieden, das den Geschmack ganz sicherlich positiv beeinflußt und das Trinken erleichtert hat. (MANI Bläuel nativ extra), **Link erlesene-kartoffeln.de: http://tinyurl.com/43fdqtt**

Das Trinken ist wesentlich angenehmer und fällt sicherlich leichter, wenn das Öl nicht im Hals "kratzt". Es gibt zahlreiche hochwertige kaltgepreßte Olivenöle. Testen Sie zuvor, welches Ihnen persönlich am besten schmeckt!

Die Absonderung der Gallensteine erfordert eine hohe Energieleistung des Körpers. Dies macht sich durch eine Erhöhung der Herztätigkeit (Herzfrequenz) bemerkbar. Einige Menschen empfinden dabei ein Gefühl von Angst und Unwohlsein, was ein leichtes Einschlafen eher verhindert.

Falls Sie annehmen, daß Ihnen das nichts ausmacht, können Sie natürlich auch auf das Ornithin – im übrigen die bei weitem teuerste Zutat der Leberreinigung – verzichten.

Nehmen Sie die Öl-Saft-Mischung mit ans Bett, und trinken Sie sie im Stehen. Das Gefäß sollte innerhalb von fünf Minuten geleert sein. Den Becher in etwa 20 Sekunden auszutrinken, empfand ich nicht als Problem. Auch kostete es mich keine sonderliche Überwindung. Nehmen Sie zu den ersten Schlucken vier bis sechs Ornithinkapseln, falls Sie Schwierigkeiten beim Einschlafen erwarten. Wenn Sie bereits an Schlaflosigkeit leiden, nehmen Sie acht Kapseln ein.
Legen Sie sich nach der vollständigen Leerung des Bechers sofort ins Bett, und zwar flach auf den Rücken. Positionieren Sie Ihren Kopf ein wenig erhöht – ein aufgeschütteltes Kopfkissen erfüllt seinen Zweck am besten. Wenn Sie dies nicht tun, scheiden Sie möglicherweise keine Steine aus. Je rascher Sie sich nach dem Trinken des Saftes hinlegen, desto mehr Steine werden sich lösen.

Sorgen Sie dafür, daß Sie schon für die Nachtruhe bereit sind. Konzentrieren Sie sich nun einmal darauf, was jetzt in der Leber vor sich geht. Bleiben Sie mindestens zwanzig Minuten so ruhig wie möglich auf dem Rücken liegen. Möglicherweise spüren Sie nun, daß sich Steine lösen und wie Murmeln durch die Gallengänge wandern. Dies geschieht völlig schmerzlos, da die Gallengänge zuvor durch das Bittersalz geweitet wurden.

Wahrscheinlich werden Sie nun recht müde sein, da Sie auf Essen und Trinken verzichtet haben. Versuchen Sie nun zu schlafen - dies ist für den Erfolg sehr wichtig!

Durch die Wirkung des Bittersalzes kann sich ab diesem Zeitpunkt ein erhöhter Toilettendrang einstellen. Die ersten Gallensteine kommen nach meiner eigenen Erfahrung jedoch erst am kommenden Morgen zum Vorschein. Lassen Sie sich nicht beunruhigen: Während der Leberreinigung sind 15 oder auch 20 Toilettengänge innerhalb von ein paar Stunden keine Seltenheit!

Am nächsten Morgen (ab ca. 6 Uhr):
Nehmen Sie nach dem Aufwachen die dritte Ration Bittersalz ein. Wenn Sie eine Magenverstimmung oder Übelkeit verspüren, sollten Sie warten, bis diese abgeklungen ist. Da die Reinigung eine große Anstrengung und Energieleistung für den Körper darstellt und Sie nun einen halben Tag lang nichts gegessen und wenig getrunken haben, werden Sie nun vor allem durstig und wegen des hohen Wasserverlustes und der großen körperlichen Anstrengung noch etwas wackelig auf den Beinen sein.

Zwei Stunden später (gegen ca. 8 Uhr):
Gegen 8 Uhr nehmen Sie den vierten und letzten Bittersalztrunk beziehungsweise die letzte Ration mit 12 Kapseln ein. Am besten gehen Sie danach wieder ins Bett, um Ihrem Körper weitere Ruhe und Erholung zu gönnen. Gegen **10 Uhr** wird das Fasten aufgehoben, indem Sie etwas Nahrung in flüssiger Form zu sich nehmen. Dazu eignet sich ein hochwertiger Obst- oder Gemüsesaft ausgezeichnet. Apfelsaft ist nach meinen Erfahrungen ideal. Essen Sie dann eine halbe Stunde später etwas frisches Obst, wie einen Apfel oder eine Banane. Eine weitere Stunde später können Sie bereits die erste leichte Mahlzeit zu sich nehmen. Bis zum Abendessen sollten Sie sich wieder erholt fühlen.

Die Überprüfung des Erfolgs:
Am Morgen werden Sie die reinigende Wirkung des Bittersalzes erleben. Durchfall ist ein Hilfsprogramm Ihres Körpers zur schnelleren Ausscheidung von körperbelastenden Stoffen – in diesem Fall von Gallensteinen und anderen Abfallprodukten. Sie werden zwar den Abgang von zum Teil massenhaft Steinen bemerken, aber dies wird für Sie völlig schmerzfrei sein. Suchen Sie nach erbsengrünen Steinen, die der Beweis dafür sind, daß es sich tatsächlich um Gallensteine, nicht um Verdauungsreste handelt. Nur Galle aus der Leber hat eine erbsengrüne Farbe. Der Stuhl sinkt nach unten, während die Gallensteine wegen ihres Cholesteringehalts und ihrer Struktur oben schwimmen. Schätzen Sie die Menge der ausgeschiedenen Steine grob ein.

Sie werden insgesamt bis zu 2000 Steine ausscheiden, bevor die Leber so gründlich gereinigt ist, daß Sie auf Dauer von Allergien, Asthma, Schleimbeutelentzündung, Gelenkschmerzen, Muskel- und Rückenschmerzen befreit sind oder die Symptome zumindest deutlich gelindert sein werden. Wiederholen Sie die Leberreinigung nach Bedarf. Einige Anwender empfehlen eine Pause von 2-3 Wochen, bevor die Kur wiederholt wird. Damit Ihr Körper sich jedoch von der doch recht hohen körperlichen Anstrengung erholen kann – es ist eine echte Energieleistung – sollten Sie meiner Erfahrung nach mindestens 2-3 Monate pausieren, bis Sie die Leberreinigung wiederholen.
Nach der ersten Reinigung sind Sie vielleicht bereits einige Tage symptomfrei; wenn jedoch die Steine aus dem hinteren Teil der Leber nach vorne wandern, treten die Symptome erneut auf.

Zwei jährliche Leberreinigungen im Turnus von je 6 Monaten werden die Steine zuverlässig und vollständig entfernen – vorausgesetzt, Sie stellen Ihre Ernährung um, was meist auf eine drastische Reduzierung des Fleisch- und Wurstkonsums hinausläuft. Gelegentlich sind die Gallengänge voller Cholesterinkristalle, die sich nicht zu runden Steinen geformt haben. Sie erscheinen als bräunliche **„Spreu"**, die in der Toilette auf der Oberfläche des Wassers schwimmt. Sie besteht aus Millionen winziger Kristalle. Die Ausscheidung dieser Spreu ist ebenso wichtig wie die Ausscheidung der Steine. Die Leberreinigung ist völlig schmerzfrei und unbedenklich. Sie wurde bislang millionenfach durchgeführt, darunter auch von vielen 80- und 90-Jährigen. Keiner von ihnen musste in die Klinik, und niemand berichtete jemals über Schmerzen. Einige wenige fühlten sich in der Tat einen oder zwei Tage danach ein wenig schwach, aber das ist dem Umstand des verstärkten Flüssigkeitsverlustes im Rahmen der Steineausscheidung geschuldet.

Herzlichen Glückwunsch zu Ihrer ersten Gallensteinentfernung ohne Operation!

Welches sind nun die nächsten Schritte? Sie sollten die Leberreinigung so lange wiederholen, bis Sie keine Steine mehr ausscheiden. Je nach Ernährungsweise können dazu eine oder mehrere Reinigungen erforderlich sein. Auf diese Weise können Sie jedoch sicher sein, daß Ihre Leber vollständig von Gallensteinen befreit wurde. Nach einer grundlegenden Reinigung genügt es, die Leberreinigung jährlich durchzuführen, oder noch besser: Ihre Ernährung auf eine überwiegend vegetarische Grundlage zu stellen. Mehr dazu im Kapitel „Ernährung". Nachdem wir sichergestellt haben, daß die Leber ihre natürliche Sekretion, Schutz- und Entgiftungsfunktion wieder erfüllen kann, folgt nun Schritt zwei es Reinigungsprozesses.

Beachten Sie bitte die Pausen zwischen den einzelnen Anwendungen, damit sich Ihr Körper zwischendurch vollständig erholen kann!

D) Die Ausleitung fettlöslicher Toxine

Eine sehr einfache und kostengünstige Methode, um Nervengifte (Neurotoxine) zu binden und auszuscheiden ist die Krautwickel-Methode nach Thomas Häberle.

Für die Ausleitungskur benötigt man ein **frisches Weißkraut (Weißkohl)**, ein **Well- oder Nudelholz** und **natives Olivenöl**.

Mit dem Nudelholz werden rohe Blätter eines frischen Weißkohls gerollt. Dabei werden die Blattadern gequetscht, damit der Saft des Kohls austreten kann. Anschließend werden die Blätter über Nacht direkt auf der Haut am Körper fixiert.

Der besseren Fixierungsmöglichkeiten wegen bieten sich dabei meiner Erfahrung nach die Unterschenkel an. Die vorsichtige Befestigung – der Verband darf nicht zu fest angelegt werden, um die Blutzirkulation nicht zu behindern – erfolgt durch eine locker angelegte Mullbinde, der durch ein Paar Kniestrümpfe zusätzlich Halt gegeben werden kann. So ist eine bessere Fixierung als beispielsweise an den Armen möglich.

Wurden Gifte entzogen, dann sind die Kohlblätter am nächsten Morgen wie mit Tautropfen über-zogen. Das Kraut ist dann hochgiftig und darf nicht in den Kompost gegeben, sondern muß im Hausmüll entsorgt werden. Fettlösliche Gifte werden erreicht, indem man die Haut nach der Morgenwäsche mit nativem Olivenöl einreibt. Während des Tages kann das Öl einwirken und fettlösliche Toxine mobilisieren, die dann in der Nacht ausgeschieden werden.

Sind die Blätter morgens nicht mehr naß, ist die Entgiftung beendet.

Buchempfehlung:

Thomas Häberle
„Raten und Retten"

Kapitel 2

Die Darmreinigung und -sanierung

Unsere Ziele bei einer Darmreinigung und -sanierung setzen sich, wie der Name bereits aussagt, folgendermaßen zusammen:

1) Der Reinigungsprozeß: Die <u>Bindung und der Abtransport von unverdauten Nahrungsresten</u>, die im Darm in einen <u>von Fäulnisbekaterien verursachten Verwesungsprozeß</u> übergegangen sind. Warum dies geschieht, lesen Sie im Kapitel Ernährung.

2) Der Sanierungsprozeß: Parallel mit der <u>Zurückdrängung und Auscheidung der Fäulnisbakterien müssen</u> wir damit beginnen, die <u>Darmflora wieder aufzubauen</u>. Dies erreichen wir, indem wir im Gegenzug <u>darmfreundliche, verdauungsfördernde Milchsäurebakterien neu im Darm ansiedeln</u>.

Die Milchsäurebakterien tragen wesentlich zur Regeneration und Neuaufbau des Darms und damit des Immunsystems bei!

Sie entstehen in Fermentationsprozessen. **Fermentation ist das Gegenteil von Fäulnis**. In der Fäulnis werden Nährstoffe zerstört, während sie durch Fermentation gebildet werden. Mit anderen Worten handelt es sich bei Fäulnis um einen Abbauprozeß, bei Fermentation um einen Aufbauprozeß. Die Neubesiedelung des Darms mit Milchsäurebakterien läßt sich auf ganz einfache Weise erreichen. Ich empfehle, täglich ein Schnapsglas voll **Brottrunk**, hochwertigem **Sauerkrautsaft** oder **Effektive Mikroorganismen (EM)** einzunehmen. Das ist alles! Die Darmreinigung und -sanierung sollten also idealerweise parallel zueinander aufgenommen werden.
Bezugsquelle Brottrunk: http://kanne-brottrunk.de

Bei Effektiven Mikroorganismen (EM) hingegen müssen Sie keinen teuren Fermentationsgetränke zu sich nehmen. Ich selbst habe sehr gute Erfahrungen mit einem Teelöffel (TL) EMa gemacht, die ich bis auf maximal 3 TL täglich gesteigert habe.

Hinweis: Bei EM-aktiv handelt es sich nicht um ein zugelassenes Lebens- oder Nahrungsergänzungsmittel! Eine Einnahme erfolgt deshalb stets eigenverantwortlich. Ich nehme bei Bedarf und in kurmäßiger Anwendung – also nicht dauerhaft – einen Teelöffel pro Tag ein. Das genügt meiner Erfahrung nach, um eine positive Wirkung auf die Verdauung und Stärkung des Immunsystems zu erzielen.
Bezugsquelle Effektive Mikroorganismen (EM) (**Link: triaterra.de**): http://tinyurl.com/9szs8uc

Der Darm leistet die Hauptarbeit bei der Immunabwehr, und hat schon allein aus diesem Grund viel mehr Aufmerksamkeit, Wertschätzung und Pflege verdient! Etwa 80% der körpereigenen Abwehrzellen sind im Darm angesiedelt! Daraus leitet sich die Schlußfolgerung ab, daß eine Darmreinigung den Grundpfeiler zum Erhalt / zur Wiederherstellung des körpereigenen Immunsystems darstellen muß.

Das leistet Ihr Darm für Ihre Gesundheit:

→ er hemmt das Wachstum von Krankheitserregern
→ er produziert und beherbergt 80% Ihrer körpereigenen Abwehrzellen
→ er produziert Folsäure, sowie die Vitamine A und K
→ er produziert Immunoglobine, die die von Funktion von Antikörpern erfüllen, die u.a. Fremdkörper und schädliche Substanzen abwehren und Ihren Körper so vor Infektionen schützen.

Allein aus der Produktion und Heimstatt der körpereigenen Immunabwehr erschließt sich die Bedeutung der Funktion des Darms. Er hat also bei weitem mehr Beachtung, Aufmerksamkeit und Pflege verdient. Ihn von unverdaulichen Nahrungsresten zu befreien, Giftstoffe zu binden und auszuscheiden, ist daher von essentieller Wichtigkeit für die Einleitung eines Gesundheitsprozesses. Dazu kommen wir in einem Moment. Vorab nur noch der Hinweis auf ein natürliches Hilfsmittel, das bei der Reinigung und späteren Darmpflege sehr helfen wird.

Flohsamenschalen

Helfen Sie Ihrem Darm mit der täglichen Einnahme von Flohsamenschalen, die im Vergleich zu ganzen Flohsamen eine vielfach größere Oberfläche und damit Aufnahme- und Quellfähigkeit besitzen. Sie enthalten Schleimstoffe, die zugleich Quell- und Gleitmittel sind.

Flohsamenschalen quellen im Magen und Darm unter Zugabe von Wasser stark auf. Sie bewirken dadurch eine Vergrößerung des Darminhalts, der dadurch einen stärkeren Druck auf die Darmwand ausübt, was die Peristaltik des Darms, also den Transport der Nahrung, und deren Entleerung fördert. Flohsamenschalen werden sowohl bei Verstopfung als auch bei Durchfall angewendet, und können ebenfalls das sogenannte Reizdarmsymptom lindern. Desweiteren schaffen Sie Erleichterung bei Hämorrhoiden, Analfissuren und nach rektalen operativen Eingriffen. Sie sind in der Lage, **große Mengen an Giftstoffen** im Darm **zu binden und auszuscheiden**, ohne selbst vom Körper verstoffwechselt zu werden.

Einnahmevorschlag

Es empfiehlt sich eine tägliche Einnahme von 1-2 Teelöffeln (TL) Flohsamenschalen, zum Bei-spiel ins Müsli gemischt, oder in ein Glas Wasser gerührt und leicht aufgequollen, zu sich zu nehmen. In wenigen Fällen ist es möglich, daß es vereinzelt zu Völlegefühl, Appetitmangel bis hin zu Blähungen kommen kann. Auch Überempfindlichkeitsreaktionen können möglicherweise von einigen Anwendern beobachten werden. Aus diesem Grunde sollte auch hier die Menge und Dauer der Einnahme vom Patienten selbst ausprobiert und reguliert werden, da die Samen bei jeder Person unterschiedlich wirken können. Grundsätzlich stets empfehlenswert ist in jedem Fall eine Beratung beziehungsweise Betreuung durch einen Arzt oder Apotheker.

Krank durch denaturierte Zivilisationskost

Durch eine unnatürliche Ernährungsweise und dem Verzehr von zuviel Fett, Wurst, Fleisch, Süßigkeiten, weißen Auszugsmehle, und eine generellen Verwendung denaturierter Industrienahrung (= künstliche, tote Nahrung) wird unser Körper selbst zu einer Industriemülhalde.

Es ist heute nahezu unmöglich, Supermarktprodukte zu finden, die keine modifizierten Stärken, gehärteten Pflanzenfette, Emulgatoren, Stabilisatoren, Glutamate, künstliche Süßstoffe, Konservierungsmittel, Säuerungsmittel, Farbstoffe, künstliche "natürliche und naturidentische Aromen", Duft- und Lockstoffe enthalten.

Die Zunahme von Krankheiten wie Krebs, Fettsucht, Alzheimer, Demenz, Parkinson sollte vor diesem Hinter- grund einmal näher hinterfragt werden. Die Supermärkte dienen als Absatzmärkte der Nahrungsmittelindustrie. Hauptsache billig muß es sein – um die Gesundheit ist man meist erst dann besorgt, wenn sie bereits irreparabel geschädigt wurde. Infolge der Lebensgewohnheiten und nicht zuletzt der Ernährung – bezeichnen wir sie einmal als Zivilisationskost - wird unser Verdauungstrakt geflutet und verstopft von Bestandteilen, die er nicht verwerten kann und die nicht zur menschlichen Ernährung geeignet sind. Ein solcher Nahrungsbrei kann nun nicht mehr schnell verarbeitet und die Abfallstoffe zügig ausgeschieden werden kann, geht schließlich in einen Fäulnisprozeß über und beginnt zu verwesen und dabei Giftstoffe abzugeben.

Diese Nahrungsrückstände bilden einen idealen Nährboden für Fäulniserreger aller Art, die sich nicht nur rasant vermehren, sondern überdies giftige Stoffwechselprodukte absondern, so daß das gesamte Darmmilieu zunehmend in Richtung Fäulnis kippt. Die daraus resultierenden Erkrankungen beschränken sich nicht ausschließlich auf die Organe des Verdauungstrakts, sondern werden unter anderem als Allergien, Muskel- und Gelenkschmerzen, Asthma und sonstige Atemwegserkrankungen und viele mehr, auffällig.

Aus diesem Grunde ist eine grundlegende Entschlackung und Entgiftung unverzichtbar, wenn Sie Ihre Gesund-heit verbessern und Ihrem Körper dabei helfen wollen, Ihren Körpern von überschüssigen Schlacken und Säuren befreien, und dadurch seine Selbstheilungskräfte entlasten und stärken wollen.

Manche schlucken nicht gern Kapseln, andere wiederum möchten kein Pulver anrühren, Deshalb möchte ich Ihnen zwei Alternativen vorstellen, so daß Sie selbst entscheiden können, ob und welche Sie ausprobieren wollen.

Eines ist klar: Sie müssen Ihrem Körper dabei helfen, die Gifte und Schlacken loszuwerden – das wird Ihnen mit beiden Programmen gelingen. Ich persönlich bevorzuge wenn möglich immer die einfache Methode, die meist auch die preisgünstigere ist. Der Vorteil dabei erschließt sich aus ihrer Einfachheit, der höheren Eigen-ständigkeit, und der Beschaffbarkeit in Krisenzeiten, wenn das komplexere Produkt möglicherweise nicht mehr oder nur noch eingeschränkt erhältlich sein könnte.

A) Die Entgiftung und Entsäuerung mit Zeolith und (Aktiv-)Bentonit

Zeolith (Klinoptilolith)

Zeolith (griech. zeo = sieden, lithos = Stein; siedender Stein), das man auch als Klinoptilolith bezeichnet, ist ein natürliches Silikatmineral (Silizium), das durch vulkanische Eruptionen entstand, bei denen sich siedendes vulkanisches Tuffgestein im Meerwasser abkühlte und chemische Verbindungen mit den im Wasser enthaltenen Mineralien einging. Es weist eine dreidimensionale, wabenartige Kristallgitterstruktur auf, die von Hohlräumen (Poren und Kanälen) durchzogen wird. Die innere Gesamtoberfläche von nur 2 Gramm Zeolith kann unglaubliche 1.200 Quadratmeter betragen.

Aufgrund dieser Charakteristika zum einen, und seiner außergewöhnlichen biochemisch Eigenschaften zum anderen, ist es in der Lage, große Mengen an Freien Radikalen, Schwermetallen, Ammonium an sich zu binden und zu speichern.

Die Aufnahme erfolgt dabei durch einen Kationenaustausch, bei dem das Zeolith seine in gelöster Form vorliegenden Kationen (positiv geladene Ionen) gegen im Körper vorhandene z.B. Schwermetallionen ersetzt. Bei Zeolith handelt es sich um die Mineralien Kalium, Natrium, sowie die Spurenelemente Zink, Kupfer und Chrom.

Da Zeolith vom Körper selbst nicht aufgenommen und verwertet wird, sondern den Verdauungstrakt nur durchwandert, wirkt es als eine Art 100%-Ballaststoff, so daß das Zeolith gemeinsam mit den gebundenen Schadstoffen wieder ausgeschieden wird. Desweiteren ist Zeolith in der Lage, radioaktive Strahlung zu absorbieren.

Erst allmählich verbreitet sich das Wissen, daß nach dem Reaktorunglück von Tschnernobyl (damals Rußland, heute liegt es in der Ukraine) ein sogenannter „Sarkophag" um den harvarierten Reaktor gebaut wurde, um die Strahlung abzuschirmen. Aus diesem Grunde ist es auch zweckmäßiger, eine Einnahme von Zeolith statt einer Gabe von Jodtabletten zu bevorzugen, da eine Überdosierung von Jod eine sogenannte thyreotoxische Krise auslösen kann – eine außer Kontrolle geratene Schilddrüsenüberfunktion.

(Aktiv-)Bentonit (Montmorillonit)

Bei Bentonit handelt es sich um ein ultrafeines Tonmineral, das ebenso wie Zeolith vulkanischen Ursprungs ist und eine leicht unterschiedliche Mineralienzusammensetzung aufweist. Beiden gemein ist die Fähigkeit, durch Ionenaustausch Schadstoffe im Körper zu binden und auszuscheiden, wichtige Mineralien zur Verfügung zu stellen und die Selbstregulation des Körpers zu unterstützen. Während aber Zeolith aufgrund seiner abschabenden, tiefreinigenden Wirkung als „Darmbürste" bezeichnet wird, erfüllt Bentonit eine glättende Funktion – ideal bei Magen-Darm-Reizungen.
Der Grund: Bentonit überzieht die Verdauungsorgane mit gel-artigem Film, der eine beruhigende und schützende Wirkung auf Nerven und Schleimhäute hat. Beide Mineralien miteinander kombiniert ergeben ein kongeniales Duo sowohl zur gründlichen Darmreinigung und Entgiftung als auch zur gleichzeitig schonenden Darmsanierung. Wenn die Rede von Bentonit ist, so meine ich **alkalisch aktiviertes Bentonit** („Natrium-Bentonit") gemeint – nicht das oft in der Landwirtschaft eingesetzte Calcium-Bentonit.

Achtung: Es handelt es sich um kein offiziell für den menschlichen Verzehr zugelassenes Lebens- oder Nahrungsergänzungsmittel!

Weitere Einsatzgebiete der beiden „Minerale des 21. Jahrhunderts" (Zitat Prof. Dr. Karl Hecht):

→ in der Landwirtschaft, zur Entgiftung von Acker- und Gartenböden
→ als Entgiftungsfuttermittel für Tiere
→ als Katzenstreu wegen seiner keim- und geruchsbindenden Wirkung (Bentonit)
→ als Filtermaterial in der Aquaristik, zur Entgiftung und Sauberhaltung von stehenden Gewässern, z.B. in der Fischzucht

Einnahmehinweis:

Als Pulver eingenommen erinnern sowohl Zeolith als auch Bentonit in punkto Mundgefühl und Geschmack an Heilerde. Aufgrund der stark entgiftungsfördernden Wirkung sollte niemand auf die Anwendung verzichten. Für jeden aber, der den Geschmack des Pulvers nicht mag, sind sie ebenfalls in Kapselform erhältlich. Ich persönlich bevorzuge das Pulver, da ich nicht gern Kapseln einnehme und sie zudem teurer sind.

ACHTUNG bei der Anwendung von Pulver, z.B. vor dem Einrühren in Wasser: Der Hauptwirkstoff ist Silizium. Durch die übliche mikrofeine Vermahlung kann es beim Einrühren ins Wasser zu leichter Staubentwicklung kommen. Atmen Sie die Stäube nicht ein, da diese zu Silikose führen können!

Als Aktiv-Bentonit bezeichnet man in Soda / Hydrogencarbonat aufbereitetes Bentonit, das zu diesem Zweck angefeuchtet und anschließend vor der Vermahlung getrocknet wird. **Professor Karl Hecht** fand heraus, daß es bis zum 180-fache seines eigenen Gewichts aufnehmen kann und es da-her als Trägersubstanz für Schlacken, Säuren, Toxine, Freie Radikale, radioaktive Partikel, Schwermetalle u.a. geradezu prädestiniert. Offiziell ist Aktiv-Bentonit nur als Futtermittel für Tiere zugelassen, und wird unter anderem zur Behandlung von Magenkrankheiten bei Rindern verwendet.

Bitte beachten! Eine alleinige Einnahme von reinem Aktiv-Bentonit ist wegen seiner starken Entsäuerungswirkung NICHT ratsam, da sonst mit massiven Entgiftungsreaktionen gerechnet werden muß, z.B. Muskel-, Gelenk- und/oder Kopfschmerzen, Gelenkschwellungen mit Rötung und Hitze, trockene Mundschleimhäute, oder Müdigkeit. Man sagt, Müdigkeit sei der Schmerz der Leber. Leiden Sie unter permanenter Müdig-, Lustlosig- oder Antriebslosigkeit, dann kann dies ein Hinweis auf eine Erkrankung der Leber sein. Neben einer oder mehrerer Leberreinigungen sollte die Leber mit den richtigen Nährstoffen versorgt werden.

Nahrung zur Stärkung der Leber:

Unterstützen Sie Ihre Leber durch den Verzehr geeigneter Gemüsesorten, wie z.B. dunkelgrünes Blattgemüse, Rucola, Löwenzahn, Weizengras, Artischocke, Klette, Rüben, Brokkoli, Rosenkohl, Weißkohl, Blumenkohl, Grünkohl, Zwiebeln. Sie kurbeln die Verdauung an und liefern wichtige Bitterstoffe für die Arbeit der Leber.

Leberunterstützende Früchte: Grapefruit, Mangos, Zitronen, Papaya helfen Ihrer Leber dabei, sich gegen Parasiten und Pilze zu wehren.

Bauen Sie leberunterstützende Kräuter in Ihren Speiseplan ein: Bärlauch, Mariendistel, Cayennepfeffer, Ingwer, Kurkuma, Petersilie, Fenchel, Koriander. Diese Kräuter helfen der Leber bei der Entgiftungsarbeit.

Neue Energie durch Vitamine: B-Vitamine, Vitamin E und C, Glutathion, Carotinoide, Glutamin, Glycin, Taurin, Methionin. Die Entgiftungsarbeit der Leber verbraucht zahlreiche Vitamine.

Machen Sie keine Wissenschaft aus Ihrer Ernährung! Die beste Ernährung ist einfach und grund-legend. Frisches Obst und Gemüse aus organischem Anbau ohne Kunstdünger und Pestizide, frisch geerntet und möglichst roh oder gedünstet (nicht gekocht!) verzehrt, sollte den Hauptanteil einer gesunden, vollwertigen und abwechslungsreichen Ernährung ausmachen. Ergänzen Sie Ihre Ernährung, indem Sie Wildkräuter in Ihren Speiseplan aufnehmen. Sie sind von menschlichen Zuchteingriffen verschont geblieben und konnten so ihren Vitalstoffreichtum und Nährwert voll erhalten! **Vitamin B15** – die Schulmedizin bestreitet übrigens seine Existenz – steigert die Regenerationsfähigkeit des Organismus, und **Vitamin B17** wird immer bekannter als krebsbesiegender Wirkstoff. Es wird auch als **Laetril oder Amygdalin** bezeichnet. Große Mengen von Vitamin B17 befinden sich in bitteren Aprikosenkernen.

Achtung: diese enthalten Blausäure.

Zum Thema Krebsleiden und Krebsheilung verweise ich separat auf die Literaturempfehlungsliste und die Liste der empfohlenen Websites am Ende dieses Buchteils, da das Thema zu umfangreich ist, um vollständig im Rahmen dieses Buches behandelt zu werden. Nehmen wir zu wenig Nährstoffe auf, leeren sich unsere Nährstoffspeicher schnell, die verfügbaren Substanzen werden angezapft: Zähne, Knochen, Haut und Haare werden in Mitleidenschaft gezogen. Wir fühlen uns müde und buchstäblich ausgelaugt. Aus diesem Grunde ist eine vollwertige, nährstoff- und vitaminreiche Ernährung so wichtig. Intensiv riechender und/oder farblicher Urin deuten auf ein Problem der Nieren bzw. auf Wassermangel hin – Wasser ist nicht nur der wichtigste Stoff des Lebens und Bestandteil unseres Körpers, sondern leider auch der Wichtigste zur Entgiftung und Informationsträger.

Es empfiehlt sich, regelmäßig, ganz besonders aber dem Beginn JEDER Entgiftungs- und Entsäuerungstherapie eine Nierenreinigung voranzustellen, siehe auch Kapitel 1 – Die Nierenreinigung.

Beispiel für eine

Milde Entgiftung / Entsäuerung:
Zutaten: Zeolith, Sango Korallenpulver, frischer Sauer-krautsaft oder EM-aktiv
Wie ich es dosiere: 2 x täglich je 1 Teelöffel (TL) Zeolith + 1 Meßbecher Sango Korallenpulver in einem Glas Wasser auflösen; 1 TL Sauerkraftsaft oder EM-aktiv hinzufügen; anschließend ein weiteres Glas reines, stilles Wasser trinken

Kräftige Entsäuerung mit Schleimhautschutz:
Zutaten: Zeolith (Anteil ca. 90%) und Aktiv-Bentonit (= Natrium-Bentonit, Anteil ca. 10%), Sango Korallenpulver, frischer Sauerkrautsaft oder EM aktiv
Wie ich es dosiere: 2 x täglich je 1 TL Zeolith + 1 Meßbecher Aktiv-Bentonit + 1 Meßbecher Sango Korallenpulver in einem Glas Wasser auflösen; 1 TL Sauerkrautsaft oder EM aktiv hinzufügen; Anschließend ein weiteres Glas reines, stilles Wasser trinken

Starke Entsäuerung:
Zutaten: Zeolith (Anteil ca. 80%) und Aktiv-Bentonit (Anteil ca. 20%), Sango Korallenpulver oder EM aktiv
Wie ich es dosiere: 2 x täglich je 1 TL Zeolith + 2 Meßbecher Aktiv-Bentonit + 1 Meßbecher San-go Korallenpulver in einem Glas Wasser auflösen; 1 TL Sauerkraftsaft oder EM aktiv hinzufügen; Anschließend ein weiteres Glas reines, stilles Wasser trinken.

Die verwendeten Zutaten kann man beispielsweise beziehen bei: **http://feine-algen.de** (Aktiv-Bentonit und Sango Korallenpulver), **http://triaterra.de** (Zeolith und EM-aktiv). Die erwähnten Meßbecher werden mitgeliefert. 1 Meßbecher des Aktiv-Bentonits entspricht ca. 1 Gramm; ein Meßbecher des Sango Korallenpulvers entspricht ca. 0,8 Gramm. Beachten Sie bitte stets die Dosierungsempfehlungen des Herstellers! Weitere umfangreiche Informationen zum Thema Bentonit und Gesundheit: **http://www.zentrum-der-gesundheit.de/bentonit-wahrheit-ia.html**

Da die Mobilisierung von Toxinen, Schlacken und sonstigen Abfallprodukten eine enorme Kraft-anstrengung von unserem Körper erfordert und große Nährstoffresourcen beansprucht, ist zur Auffüllung des Mineralstoffhaushaltes die zusätzliche Einnahme eines Mineralstoffkomplexes empfehlenswert, falls Sie sich nicht sicher sind, ob Sie über die Nahrung genügend zu sich nehmen. Dies geschieht in unseren Beispielfällen mit Hilfe des Korallenpulvers, das aus einem organischem (in der Natur vorkommendem) Mineralienkomplex besteht. Der an gesundheits-fördernden Mikroorganismen reiche frische Sauerkrautsaft bzw. EM aktiv dienen dem Aufbau der Darmflora. Ideal ist in jedem Fall eine Ernährung aus frischem und möglichst naturbelassenem Obst und Gemüse!

Entgiftungspflaster

Die Füße sind der Körperteil, der nachts besonders stark durchblutet wird. Zudem befinden sich hier die Reflexzonen sämtlicher Organe. Insbesondere in Japan wird dieses Wissen schon seit alten Zeiten für eine besonders schonende Entgiftung genutzt. Die Pflaster lassen sich jedoch auch an jedem anderen beliebigen Körperteil befestigen, um die darunterliegenden Organe ganz gezielt zu von Giftstoffen zu entlasten. Die Inhaltsstoffe der Pflaster setzen sich aus verschiedenen Bambus- und Baumessigen sowie je nach Hersteller aus diversen sonstigen Blatt- und Pflanzenessenzen zusammen. Ihr Hauptwirkstoff ist pulverisierter Turmalin, ein Halbedelstein mitbesonderen Eigenschaften. Unter Druck- und/oder Wärmeeinfluß produziert Turmalin eine elektrische Aufladung, die Negativ-Ionen anzieht und Infrarotwärme abgibt. **eBay** bietet einen recht guten Überblick darüber, welche unterschiedlichen Vitalpflaster angeboten werden: **http://tinyurl.com/5t2p3vg**

Tipp: Achten Sie auf den Turmalinanteil der Pflaster. Je höher dieser ist, desto höher auch deren Wirksamkeit. Einige Hersteller bieten einen Turmalinanteil von bis zu 50%. Die Verkäufer werden Ihnen sicherlich gern Auskunft über die Inhaltsstoffe ihrer Pflaster geben.

Anwendung: Kleben Sie abends bzw vor dem Schlafengehen je ein Pflaster auf jeden Ihrer Füße: die goldene Seite wird auf das Pflaster geklebt, die netzartige Seite hat Hautkontakt). Die Pflaster sollten **mindestens** 8 Stunden wirken. Erhöhen Sie die Entgiftungswirkung, indem Sie nach Anlegen der Pflaster Socken anziehen. So werden die Pflaster besser fixiert, verrutschen nicht, und die Temperatur und somit die Blutzirkulation in Ihren Füßen wird erhöht, was eine noch effektivere Entgiftung zur Folge hat.

Sollten Sie ein Komplettprogramm zur Darmreinigung und -sanierung ausprobieren wollen, dann habe ich mit dem von Dr. Natura gute Ergebnisse erzielt. Dieses Programm besteht aus zwei aufeinander aufgebauten Kuren, die jedoch auch unabhängig voneinander angewandt werden können: **"Colonix"** zur Darmreinigung und -sanierung, und **"Toxinout"** zur Schwermetallausleitung. Nach der Einnahme von "ToxinOut" stellte ich bei mir eine relativ heftige **Entgiftungsreaktion** in Form von kleinen juckenden Wasserbläschen an jeweils zwei Fingern jeder Hand fest. Diese Symptome klangen nach Beendigung des Programms innerhalb von ein paar Tagen vollständig ab.

Leider wurde der Vertrieb von Dr. Natura europaweit im Dezember 2012 eingestellt. Auf Nachfrage bei der US-amerikanischen Mutterfirma nach den Gründen hierfür erklärte man mir, man kenne den Grund für die Einstellung der Vertriebstätigkeit in Europa nicht. In den USA sind die Produkte weiterhin erhältlich, sind nun jedoch auf den Vertrieb innerhalb Nordamerikas beschränkt.

Mit Einstellung des Vertriebs in Europa sowie der Internetpräsenz gingen leider auch die Erfahrungsberichte sowie die Fotos der Ergebnisse der Darmreinigungen von Kunden verloren, die einen erschreckenden und zugleich eindrucksvollen Beweis auf der Suche nach den Gründen liefern, was die tatsächlichen Auslöser vielfältiger heutiger Krankheitssymptome sind: unter anderem jahrzehntealte unverdauliche Speisereste, die unser Darm aus Ballaststoffmangel nicht mehr selbständig auszuscheiden in der Lage ist. Diese Nahrungsabfälle produzieren während ihres langsamem Verwesungsprozesses im Darm Unmengen an Giften.

Da Bilder oft aussagekräftiger sind als tausend Worte, diese jedoch nach Beendigung der Internetpräsenz von Dr. Natura in Europa nicht mehr zugänglich sind, habe ich mich auf die Suche nach privaten Dokumentationen gemacht, die unser heutiges Ernährungs- und Gesundheitsproblem verdeutlichen: http://colonixreview.com

Selbstverständlich sind zahlreiche weitere Darmreinigungs- und -sanierungskuren erhältlich. Bei diesen kann ich jedoch nicht mit einem eigenen Erfahrungsbericht dienen, werde dies aber womöglich in der nächsten Auflage dieses Buches nachholen.

Beispiele für weitere Darmreinigungsprogramme (wurden bislang nicht von mir getestet):
http://zentrum-der-gesundheit.de/darmreinigung.html
http://darmreiniger.de
http://darmreinigungsmittel.com
http://darmsanierung-darmreinigung.de
http://darmreinigung.net

Ganz gleich, ob Sie sich für eine Darmreinigung mit Hilfe von Zeolith, Bentonit und Effektiven Mirkoorganismen oder Sauerkrautsaft entscheiden sollten, um Ihren Darm zu reinigen, zu sanieren und mit „darmfreundlichen" Bakterien neu zu besiedeln, oder ob Sie ein vollständiges Darmreinigungsprogramm bevorzugen, das auf ballaststoffreiche Drinks und aufeinander abgestimmte Wirkstoffe in Kapselform setzt – das Ergebnis in der Toilette wird sie vermutlich schockieren und zugleich beeindrucken.

Sie werden bald bemerken, daß Sie sich vielleicht zum ersten Mal zu langem „rein" und innerlich befreit fühlen, und auch die Tatsache, daß Sie plötzlich mehr Energie und Vitalität an sich bemerken werden, wird Sie davon überzeugen, wie wichtig nicht nur der Aspekt unserer Ernährung ist, sondern auch, daß Ihr Darm weitaus mehr Beachtung und Pflege verdient hat, als Sie ihm vermutlich bis jetzt geschenkt haben.

Man geht heute davon aus, daß unser Immunsystem zu 70 – 80% im Darm angesiedelt ist. Mit der Entgiftung und Sanierung Ihres Darmes leisten Sie also zugleich einen wesentlichen Beitrag zum Erhalt oder der Wiederherstellung Ihrer allgemeinen Gesundheit!

Eine billige und effektive Entgiftungsmethode – das „Ölziehen"

Das sogenannte „Ölziehen" ist eine alte Entgiftungsmethode aus dem indischen Ayurveda. Für einen gesunden Organismus stellt eine begrenzte Menge an Giftstoffen kein Problem dar. Die hohe Krankheitsrate unserer Zeit zeigt jedoch deutlich, wie regelrecht mit Giftstoffen aller Art unsere Umwelt, unsere Luft, unsere Nahrung, unser Wasser, unser Ackerboden … . Die Vielzahl der Gifte, mit denen unser Organismus heute konfrontiert ist, überfordern unser Immunsystem, das diese Toxine nicht selbständig ausscheiden kann, weil sie unnatürlicher – eben künstlicher – Natur sind. So werden Mensch und Tier krank.
Eine ausgezeichnete Methode, unseren Körper bei der Ausscheidung der Gifte zu unterstützen, ist das sogenannte Ölziehen. Neben seiner stark entgiftenden und antibakteriellen Wirkung, die in wissenschaftlichen Tests nachgewiesen wurde, stärkt es die Zähne, das Zahnfleisch und die Kiefermuskulatur. Es beugt rissigen Lippen, Mundgeruch, Zahnfäule und Mundtrockenheit vor. Das Prinzip und gleichzeitig seine hohe Wirksamkeit beruht darauf, daß der Körper fettlösliche Giftstoffe über die Mundschleimhaut an das Öl abgibt, das im Mund bewegt wird.
Verwenden Sie für diese einfache Entgiftungsmethode ausschließlich Bio-Sesamöl oder Bio-Sonnenblumenöl. Konventionelle Öle enthalten oftmals Pestizide oder sonstige Giftstoffe, so daß sie für diese Art der Anwendung unbrauchbar sind. In Tests wurden festgestellt, daß andere Ölsorten bei Weitem schlechtere Ergebnisse erzielten, so daß sich die Öle der Wahl auf Sesam- und Sonnenblumenöl reduzieren.

Beide sind angenehm im Geschmack, dürfen jedoch während und nach der Anwendung keinesfalls geschluckt werden!

So wird es gemacht:

→ Morgens nach dem Aufstehen, auf nüchternen Magen. Gebißträger sollten dieses vor dem Ölziehen herausnehmen. Für Kinder ab 6 Jahren ist ein Teelöffel (TL) die richtige Menge. Erwachsene nehmen einen Eßlöffel (EL) des Öls ein. Bewegen Sie das Öl anschließend für ca. 15 Minuten im Mund, so als würden Sie nach dem Zähneputzen den Mund ausspülen.
→ Halten Sie das Öl in Ihrem Mund in Bewegung, und ziehen Sie es schlürfend und saugend zwischen den Zähnen hindurch. Bauen Sie auch kauende Bewegung mit ein. Keinesfalls sollten Sie den Kopf in den Nacken legen, so als ob Sie gurgeln wollen. Denn die an das Öl abgegebenen Toxine sind hochgiftig und dürfen unter keinen Umständen geschluckt werden!
→ Bekommen Sie während der 15 Minuten einen Muskelkrampf in den Wangen- und Kiefermuskeln, dann liegt das an der Übersäuerung der Muskulatur und signalisiert, daß Sie die Bewegungen mit zu viel Anstrengung ausführen. Gehen Sie das Ölziehen am besten ganz entspannt und natürlich-unverkrampft an, dann erzielen Sie die besten Ergebnisse ohne Unannehmlichkeiten.
→ Nach 15 Minuten spucken Sie die Flüssigkeit aus Speichel und Öl wegen deren hohen Giftgehalt vorzugsweise in die Toilette. Abschließend spülen Sie Ihren Mund mehrmals mit warmem Wasser aus. Dieses Wasser sollten Sie ebenfalls in die Toilette ausspucken. Danach putzen Sie sich gründlich die Zähne. Um den basischen pH-Wert Ihrer Mundflora zu unterstützen, nehmen Sie einen halben Meßlöffel (ca. 0,4 Gramm) Sango Meereskorallenpulver ein. Das Pulver löst sich leicht im Mund auf und trägt so zu einer gesunden Mundhygiene bei. **http://www.zentrum-der-gesundheit.de/sango-koralle.html**

Literaturempfehlungen zum Thema Entgiftung:

Karl Hecht & Elena Hecht-Savoley „**Siliziummineralien und Gesundheit: Klinoptilolith-Zeolith**"

Joachim Mutter: „**Amalgam. Risiko für die Menschheit. Quecksilbervergiftungen richtig ausleiten. Neue Fakten und Hilfe, auch nach der Amalgamentfernung**"

Kapitel 3

Die Blutelektrifizierung

Aufgrund der im Vorfeld angesprochenen Verarmung und Zerstörung der landwirtschaftlich genutzten Böden leidet die Menschheit heute generell an einer Mangelversorgung mit Nährstoffen aller Art. Diese werden jedoch vom Körper benötigt, um die Energie der körpereigenen Abwehrkräfte zu erzeugen.

Letztlich wird kein Weg an einem radikalen Umdenken und einer Rückkehr zu nachhaltiger Landwirtschaft unter Verzicht auf Chemie vorbeiführen, damit die Böden wieder gesunden und die Grundlage für entsprechend gesunde und nährstoffreiche Pflanzen bieten können. Dabei können Sie Ihrem Immunsystem schon heute helfen, die Energie seiner Körperabwehrzellen zu erhöhen, um Energieblockaden zu beseitigen, und Ihr Immunsystem durch das Abtöten und Ausscheiden von Blutparasiten zu entlasten.

Hier bietet es sich an, die Entgiftungstherapie mit der Therapie der Blutelektrifizierung zu verknüpfen. Bei der Blutelektrifizierung handelt es sich um eine noch sehr junge Therapie, die mit Schwachstrom arbeitet, der über die Haut direkt in die Blutbahn induziert wird.

Der Erfinder der Therapie, der Physiker **Dr. Robert C. Beck**, bezeichnet das Gerät als **Blutzapper**. Die Anwendung kann kinderleicht selbst durchgeführt werden. Dr. Beck testete die Methode ausgiebig an sich selbst, und zwar täglich über 2 Jahre hinweg, um die Sicherheit einer langfristigen Anwendung selbst zu überprüfen.

Dies entspricht dem Konzept eines Paracelsus und Samuel Hahnemann: Sie erprobten ihre medizinischen Theorien und Erkenntnisse an sich selbst. Diese Vorgehensweise bringt den höchsten Grad an Respekt und Verantwortungsbewußtsein gegenüber ihren Patienten zum Ausdruck. Forscher moderner Labore hingegen verwenden dafür Tiere und / oder Testpersonen, stehen also nicht mit ihrem eigenen Leben für ihre Tests ein, handeln also ungleich risikofreudiger mit dem Leben anderer.

Im Alter von 70 Jahren begann Dr. Beck als übergewichtiger Glatzkopf. Nach Beendigung seiner Tests besaß er Normalgewicht und volles, pigmentiertes Haar.

Was während der Blutzapper-Kur zu beachten ist:

Achtung: Dr. Beck empfiehlt, während der Blutzapper-Anwendung **auf den Genuß von Knoblauch zu verzichten**. Dies umfaßt auch Knoblauchgranulat, -butter, -salz, -saucen und andere. Das im Knoblauch enthaltene **Sulfonhydroxyl** ist in der Lage, die Blut-Hirn-Schranke zu überwinden und beide Gehirnhälften zu vergiften, was tödlich sein kann. Ebenso sollten auf die Einnahme von **Rhizinus** und **Vitamin A (Beta Carotin) in hoher Dosis** verzichtet werden.

WARNHINWEIS: Bitte verwenden Sie keinen Blutzapper während der Schwangerschaft, oder falls Sie einen Herzschrittmacher tragen, da die Gefahr besteht, daß dabei dessen Frequenz geändert oder der Schrittmacher unterbrochen wird. Wie alle anderen in diesem Buch beschriebenen Behandlungsmethoden ist auch diese nicht schulmedizinisch anerkannt und muß daher in therapeutischer Autonomie und Eigenverantwortung erfolgen.
Dr. Beck empfiehlt, mit einer Anwendungsdauer von 10 bis 20 Minuten zu beginnen und in täglichem Einsatz um 10 Minuten zu steigern, bis nach etwa 2 Wochen die von ihm empfohlene Anwendungsdauer von 2 Stunden pro Tag erreicht ist. Nach 3 Wochen täglicher Anwendung empfiehlt er eine mehrwöchige Pause bis zur erneuten Aufnahme.

Der Grund, warum alternative Behandlungsmethoden in vielen Foren und auch Medien ins Lächerliche gezogen, verzerrt dargestellt und diffamiert werden, ist sicherlich darin zu suchen, daß die jeweiligen Lobbys an einem unabhängigen, eigenverantwortlich handelnden und weitgehend autark lebenden Menschen kaum einen Cent verdienen. So bleibt einem freiheitsliebendem Menschen, den der Wunsch nach Unabhängigkeit und – als Patient – Heilung treibt, keine andere Möglichkeit, als dem Weg von Paracelsus, Hahnemann, Beck & vielen anderen zu folgen, und selbst auszuprobieren, was tatsächlich funktioniert, und was nicht.

Die Blutzapper-Anwendung

Zwei Goldelektroden werden in je ein angefeuchtetes Schwammtäschchen gesteckt und per Kabel mit dem Zapper verbunden. Die Schwämmchen werden deshalb angefeuchtet, um eine bessere Leitfähigkeit zu erreichen.

Die Batteriespannung des Zappers, der von einem 9V-Akku betrieben wird, beträgt maximal 30 Volt. Mittels eines Quarzoszillators wird das Ausgangssignal auf genau 3,92 Hertz gesteuert. Dies entspricht der halben Schumann-Frequenz und ist mit den Theta-Wellen des Gehirns kompatibel.

Der von Dr. Beck geforderte Ausgangsstrom liegt bei maximal 2,5 mA, was wiederum einen Stromfluss von 50 – 100 mA im Blut erzeugt, der die gewünschten Ergebnisse erzielt. Die Spannung ist mittels eines stufenlos verstellbaren Drehknopfes individuell justierbar.

Die Goldelektroden mit Schwämmchen werden nun mit einem Klettband am Handgelenk links und rechts des Pulses an der Innenseite des Unterarms fixiert, und das Gerät eingeschaltet. Achten Sie dabei zu Beginn darauf, daß Sie den Drehknopf auf minimal gestellt haben, und **drehen Sie ihn dann langsam auf, bis Sie ein leichtes, nicht ungenehmes Kribbeln an den Handgelenken spüren. Dann ist es genau richtig eingestellt!**

Mit der Zeit werden Sie den Stromfluß erhöhen können, da Ihr Körper sich daran anpaßt und eine höhere Intensität toleriert. Je stärker diese ist, ohne eine unangenehmes Gefühl hervorzurufen, desto wirksamer erfolgt die Abtötung der Blutparasiten.
Dr. Beck stellte fest, daß sich das Blutbild bereits nach nur 3 Wochen bei täglicher Anwendung wesentlich verbesserte, was unter einem Dunkelfeld-Mikroskop nachweisbar wird: Verklumpungen von roten Blutkörperchen (Erytrozyten) verschwinden nach mehrfacher Stromanwendung.

Die Wirkungen der Blutelektrifizierung im Überblick:

→ bietet einen Schutz vor drohenden unheilbaren Krankheiten und biologischen Waffensystemen (Zitat Dr. Beck)
→ hilft bei der Befreiung von Infektionskrankheiten und dabei entstehenden Toxinen (Zitat Dr. Beck)
→ vernichtet Krebszellen, wenn im Zuge der Behandlung Interleukin und Interferon vom wiederhergestellten Immunsystem verstärkt produziert wird; sobald das Immunsystem wiederhergestellt ist, kann es auch Krebs überwinden (Zitat Dr. Beck)
→ neutralisiert pathogene Mikroben wie Bakterien, Viren, Parasiten, Pilze und weitere Erreger im Blut; Heilungserfolge stellen sich ein (Zitat Dr. Beck)
→ stellt die Gesundheit des Blutes wieder her, so wie sie sein sollte. Untersucht man das Blut einer "normalgesunden" Person unter einem Dunkelfeld-Mikroskop, werden in der Regel viele darin enthaltenen Parasitenwürmer, Protozoen und andere pathogene Keime sichtbar. Nach 3 Wochen täglicher Blutelektrifizierung in Kombination mit der Anwen-dung eines Magnetpulsers und der Einnahme von frisch hergestelltem Silberkolloid ist das Blut ohne Erreger und nicht mehr geldrollenartig verklumpt.
→ die Spannung körpereigener Zellen kann wesentlich erhöht und das chronische Müdigkeitssyndrom (CFS) überwunden werden

→ pathogene Mikroben im Blut können inaktiviert bzw. gelähmt werden. Sie sind dann nicht mehr fähig, körpereigene Zellen zu infizieren. Das Immunsystem kann nun die Erreger eigenständig innerhalb von 3 Wochen aus dem Körper entfernen. Nach wenigen Wochen sind keine oder kaum mehr Erreger nachweisbar. Dr. Beck: „Es ist eine absolut zuverlässige Methode zur Auslöschung der Blutparasiten."
Über ein Dutzend US-Patente sowie ein sowjetisches Patent untermauern diese Sachlage.
→ die Lebensdauer von Blutkörperchen wird verdoppelt; der Grund dafür wird in der energetischen Aufladung vermutet
→ durch die Energetisierung werden die Leukozyten (weiße Blutkörperchen = „Gesundheitspolizei") aktiviert, die die Entgiftung verstärken, da sie die durch den Stromfluß geschwächten und gelähmten Keime erkennen und töten können
→ Rote Blutkörperchen fungieren als Botenzellen und somit auch als Träger von Sauerstoff, Nähr- und Abfallstoffen. Sie reagieren äußerst sensibel gegenüber jeder Störung und Angriff von außen (z.B. durch Bestrahlung, Elektrosmog usw.). Gibt es nicht genügend elektromagnetisch geladene rote Blutkörperchen, dann funktioniert die gegenseitige Abstoßung nicht mehr, so daß die Zellen verkleben und verklumpen können. Die Folge ist ein Verkehrsstau, der den Transport in den Kapillargefäßen blockiert.
→ Blutelektrifizierung führt zur Rückbildung von krankhaften Zuständen, Infektionen sind dann kaum mehr möglich.
→ es bilden sich spontan Na-Ionen, die verstärkt in Zellen einfließen, was zu einem osmotischen Aufschwellen der Erreger und deren Zerplatzen führt.
→ die Bildung und Speicherung energiereiche intrazelluläre Phosphate (z.B. Adenosintriphosphat, ATP) nimmt zu und führt zu einer Verbesserung des Zellstoffwechsels und der Proteinsynthese. Der Zellstoffwechsel wird wieder normalisiert.
→ Körpereigene Reparaturprozesse können dadurch beschleunigt und die durch freie Radikale hervorgerufenen Schäden repariert werden.

Nun mag sich mancher fragen: „Wenn der Stromfluß pathogene Keime abzutöten in der Lage ist, warum schadet er dann körpereigenen Zellen nicht?" Forscher gehen davon aus, daß körpereigene Zellen über eine von Natur aus weitaus höhere elektrophysiologische Robustheit verfügen, weil sie Teil eines Organismus sind, der eine stark erhöhte bioelektrische Resistenz besitzt.

Unbedingt beachtet werden sollte, daß es während der Dauer der Anwendung zu zum Teil recht intensiven Entgiftungsreaktionen kommen kann, da viele Krankheitserreger in kurzer Zeit abgetötet werden und ausgeschieden werden müssen, was sich in Symptomen wie Rötungen, Ausschlägen oder Fieber äußern kann.

Dazu Dr. Beck: **„Die erste Nebenwirkung ist universell: die Entgiftungsreaktion. Wenn das geschieht, d.h. wenn alle im Organismus plötzlich anfallenden toten Mikroorganismen über die Leber verstoffwechselt werden müssen, fühlt man sich elend. Man bekommt dann Rötungen, Hautausschläge, Fieber, Depressions- und Angstgefühle. Wenn Sie kein Alkoholiker sind, nicht unter Leberzirrhose oder AIDS leiden und nicht auf dem Totenbett liegen, dann haben Sie es leichter."**

Die Leber und Nieren sorgen nun für die Ausscheidung der abgetöteten Mikroben. Allerdings erfolgt dieser Vorgang individuell unterschiedlich schnell. Deshalb sollte man langsam beginnen und die Intensität der Anwendung je nach körperlicher Verfassung von Woche zu Woche steigern.

Dr. Beck: **„Die zweite Nebenwirkung ist die Elektroporation. Die aufgrund der Blutelektri-fizierung und der Behandlung mit dem Magnetischen Impulsgenerator (auch „Magnet-pulser" genannt) entstehenden Wirbelströme können dazu führen, daß eingenommene Medizin, Kräuter oder Enzyme in ihrer Wirkung um das 20- bis 30-fache verstärkt werden. Wir haben immer wieder betont, daß man bei diesem elektromedizinischen Therapiesystem** *nicht gleichzeitig Medikamente einnehmen* **darf!"**

Nimmt man Medikamente ein, die laut Arzt unverzichtbar sind, wie z.B. bei hohem Blutdruck oder Diabetes, sollte man eine Elektrotherapie erst dann beginnen, nachdem man diese Medikamente nicht mehr benötigt.

Während einer Zapper-Kur sollte auf die Einnahme von Medizinalkräutern ebenso konsequent verzichtet werden wie auf den Konsum von Alkohol, Nikotin, Abführ- und Aufputschmittel, Hormonpräparate, Psychopharmaka, Knoblauch und potentiell toxische Vitamine (Beta Carotin), da diese im Rahmen der vorübergehenden und bereits angesprochenen Elektroporation während der Blutelektrifizierung oder Magnetpulser-Anwendung tödlich wirken können.

Die begleitende Einnahme von **Kampfermilch** (als Pulver erhältlich) oder **Mohnblütenöl** während der Elektrotherapie hat durch seine große Menge an verfügbaren Biophotonen eine **unterstützende Wirkung auf das Entgiftungsprogramm** des Körpers. Zur Ausscheidung der abgetöteten Krankheitserreger wird das **Trinken von basischem, ionisiertem Wasser** empfohlen, das zugleich auch die **Wiederherstellung eines ausgeglichenen Säure-Basen-Haushalts** unterstützt und **die Entsäuerung des Körpers** fördert.

Begleitet werden sollte jede Entgiftungstherapie durch eine **Umstellung der Ernährung in Richtung der Einnahme lebendiger Kost** wie Obst, Gemüse, reines Trinkwasser und der **Verzicht auf „raffinierte" Produkte**, sowie **Bewegung an frischer Luft und Sonne** (z.B. Waldspaziergang), bei dem durchaus auch ins Schwitzen geraten kann, da sich der Körper durch seine Ausscheidungen (Schweiß) sowohl von abgestorbenen Parasiten als auch überschüssigen Schlackenstoffen befreit.

Die Elektrotherapie ist ideal mit anderen Therapien zur Entgiftung und Ausscheidung kombinierbar, wie etwa der Einnahme von Zeolith / Aktivbentonit zur Bindung toxischer Substanzen, die während der Abtötung der Parasiten freigesetzt werden.

Bezüglich der Entgiftungskur und Anwendung des Blutzappers sagt Dr. Beck:
„Man muß dafür Zeit aufbringen. Man muß das Therapieverfahren mindestens 3 Wochen lang anwenden und dann einige Wochen aussetzen. Während dieser Zeit sollte man andere Therapieelemente wie das ozonisierte Wasser weiter anwenden. Es ist wichtig, nicht zu übertreiben. Man beobachte genau, wie der Körper auf die Behandlung antwortet. Man bedenke, daß es sich um ein die Gesundheit langfristig erhaltendes Verfahren handelt."

Weiterführende Internetseite:

http://freiemedizin.de/beckzapper.htm

Der Körper entgiftet sich selbst am stärksten über die Kopfhaut. Das ist der Grund, warum viele Frauen und Männer an dünnem Haar und Haarausfall leiden: **Energiemangel aufgrund von Mineralstoff- und Sauerstoffmangel.**

Der Hauptgrund ist neben einem Mangel im Mineralienhaushalt in erster Linie in einer starken Schwermetallbelastung des Körpers zu suchen, und NICHT wie heute gebetsmühlenartig wiederholt in „Veranlagung" oder Genetik – es sei denn, die DNA wäre verändert worden – genetisch veränderte Substanzen und Schwermetalle in Impfseren?

Wenn Haarausfall eine genetische Prädisposition wäre, wie ist es dann zu erklären, daß die davon betroffene Person überhaupt je Haare hatte? Selbstverständlich existiert Haarlosigkeit auch als Gendefekt, z.B. bei bestimmten Katzenrassen: **http://de.wikipedia.org/wiki/Sphynx-Katze**
und Hunderassen: **http://de.wikipedia.org/wiki/Chinesischer_Schopfhund**

In diesen Fällen besteht der Gendefekt jedoch von Beginn an. Die genetisch bedingte Haarlosigkeit geht in diesen Fällen mit einer von Natur aus höheren Körpertemperatur, und in oftmals auch mit einem unvollständigem Gebiß einher. Durch die Blutelektrifizierung werden nicht nur bestehende Energieblockaden des Körpers behoben.

Sollten Sie unter Haarausfall leiden, werden Ihre Haare nach ein paar Wochen täglicher Anwendung des Zappers damit beginnen, wieder pigmentiert nachzuwachsen – ohne schmerzhafte Haarimplantation, teure Haarwässerchen oder riskante Medikamente. Im Nachwachsen Ihrer pigmentierten Haare haben sie gleichzeitig den sichtbaren Beweis, daß Ihr Körper mit Entgiftung reagiert. Es ist möglich, daß Sie eine vorübergehende Verschlechterung Ihres Gesundheitszustandes feststellen, weil die beim „Zappen" abgestorbenen Blutparasiten sich noch in der Blutbahn befinden, bis Ihr Körper sie ausgeschieden hat. Stellen Sie deshalb bitte sicher, daß Sie täglich 2,5 bis 3 Liter Quellwasser / Osmosewasser / ozonisiertes Wasser trinken, um diese Ausschwemmung zur unterstützen. Ihr Körper wird Ihnen durch stärker als gewöhnliches Durstgefühl signalisieren, daß er zur Ausscheidung abgestorbener Krankheitserreger mehr Wasser benötigt.

Ein Interview mit Dr. Robert Beck können Sie hier nachlesen: **http://robertbeck.org**

Der Blutzapper zur Blutelektrifizierung nach Dr. Robert Beck:
http://blutzapper.com/de/Beck-Geraete/Blutzapper

Den **izap** von Dr. Hulda Clark für die Wirkung auf's Bindegewebe („radionische Bioresonanzmethode"): **http://i-zap.co.uk**

Der Blutzapper nach Dr. Beck wird mit einem 9V-Akku betrieben. Statt NiCd oder NiMH-Akkus können mittlerweile Li-Ion-Akkus verwendet werden, die deutlich leistungsfähiger und sparsamer sind.
Link voelkner.de: http://tinyurl.com/c577pr6

Neue Volkskrankheit: Borreliose

Borreliose ist die vermutlich am meisten unterschätzte Krankheit gegen Ende des 20. und zu Beginn des 21. Jahrhunderts. Besonders tückisch macht sie, das ihre Symptome fast immer anderen Krankheiten zugeschrieben werden. Abhängig davon, welche Körperteile oder Organe von den Borrelien befallen werden, können sich diese in einer facettenartigen Bandbreite als Gelenkbeschwerden (Rheuma, Arthritis, Arthrose, …), Rückenschmerzen, Herzbeschwerden, Demenz, Parkinson, Alzheimer, Multiple Sklerose, oder auch als Krankheit von Organen (z.B. des Magen-Darm-Traktes) und vielen weiteren Beschwerden äußern.
Aus diesem Grund wird die Erkrankung in den meisten Fällen nicht erkannt, weswegen sie im Umkehrschluß auch fast nie behandelt wird. Borrelien sind in der Lage, körpereigene Abwehrzellen zu befallen und zu manipulieren, so daß diese nicht in der Lage sind, Antikörper gegen Borrelien zu bilden. Man vermutet heute, daß Borrelien seit dem zweiten Weltkrieg in geheimen Laboren als biologische Waffen gezielt manipuliert und gezüchtet und durch ihren Einsatz über weiten Teilen der Erde ausgebracht wurden. Forscher gehen heute davon aus, daß ca. 80% der Amerikaner und Europäer unter Borreliose leiden, ohne es zu wissen.

http://zentrum-der-gesundheit.de/borreliose.html
http://rocco-kirch.de/texte-zur-homoopathie/borreliose-zeckenstiche

Ihre Verbreitung erfolgt vorrangig über Zecken. Dennoch gibt es heute Hinweise, daß womöglich auch Stechinsekten Borrelien in sich tragen und parasitär (durch Blutsaugen) an ihre Opfer weitergeben. In vielen derartigen Fällen tritt nach dem Stich einer mit Borrelien befallenen Zecke oder anderen Insekts häufig eine sogenannte Wanderröte auf, die mehr oder weniger stark ausgeprägt sein kann und beispielsweise am Kopf oder Rücken des Opfers kaum bemerkt wird.

Der Grund für die Krankheitssymptome sind die giftigen Stoffwechselprodukte der Borrelien, die gebunden und ausgeschieden werden müssen. Da eine der sichersten Behandlungen zur vollständigen Abtötung der Borrelien und damit Heilung der Symptome die Blutelektrifizierung mit dem Beck-Zapper ist, erwähne ich das Thema in diesem Kapitel separat. Da bei Borreliose-Erkrankten häufig ein Magnesiummangel festgestellt wird, empfiehlt es sich, diesen Mangel auf die denkbar einfachste Art auszugleichen: **Magesiumchlorid** wird nicht getrunken, sondern auf die Haut aufgesprüht und so besonders schnell und vollständig für den Körper verfügbar gemacht.
http://zentrum-der-gesundheit.de/magnesiumchlorid-shop.html

Des weiteren stellte man fest, daß Zecken und andere Blutsauger vom Geruch von **Kokosöl** abgestoßen. Das Aufbringen und Einreiben weniger Tropfen genügt dabei – regelmäßig zu Beginn des Frühlings – um eine langanhaltende Wirkung zu erzielen. Eine ausgezeichnete Wirkung wird auch bei Haustieren erzielt, ohne gesundheitliche Nebenwirkungen befürchten zu müssen! http://virgin-coconut-oil.de

Buchempfehlung:

Wolf-Dieter Storl
„**Borreliose natürlich heilen**"

Empfehlenswerte Internetseiten:

http://kardenshop.de/Kardentinktur
http://zentrum-der-gesundheit.de/borreliose.html

DENAS / DENS

Was ist DENS? DENS ist die Abkürzung für "Dynamische Elekto-Neuro-Stimulation". Sie ist eine völlig neuartige nicht-medikamentöse, nicht-invasive (kein operativer Eingriff) Behandlungsmethode, die ursprünglich für die russische Raumfahrt entwickelt wurde. Bei der Behandlung werden Reflexzonenpunkte in der Haut mittels eines Schwachstroms (erzeugt durch eine 1,5V-Batterie bzw. eines 9V-AkkuBlocks) so stimuliert, daß ähnlich der Akupunktur der Körper an den Magnetismus seines gesunden Zustands quasi „erinnert" wird. Bestehende Blockaden werden dabei gelöst, Schmerzen gelindert und der Gesundungsprozeß eingeleitet.
Die Therapie wurde so weiterentwickelt und ihre Anwendung so vereinfacht, daß sie mittlerweile von jedermann für die eigenständige Behandlung einsetzbar ist. Begeisterte Anwender bezeichnen sie als revolutionär und als "**Hausarzt in der Tasche**". Die Wirksamkeit der Technologie hat auch uns in kürzester Zeit überzeugt, insbesondere unter Berücksichtigung der zum Teil chronischen Beschwerden, an denen wir das Gerät getestet haben. Schmerzpatienten berichten von einer überraschend schnellen Linderung ihrer Symptome. Mittels unterschiedlicher Frequenzen sollen sowohl Verletzungen von Muskeln und Gelenken, als auch kardiovaskuläre Erkrankungen (z.B. Bluthochdruck), Verstauchungen, Kopfschmerzen und Migräne, bis hin zum Grauen und Grünen Star behandelt werden können.

Eigene erste Erfahrungen mit DENS verliefen sehr erfreulich. So behandelte ich eine schmerzhafte Schulter-verspannung in wenigen Tagen bis zur völligen Schmerzfreiheit, die durch andere Wirkstoffe nicht erreicht werden konnte.

Links:
http://denasms.de
http://cellinfomedshop.de
http://denas-shop.de

Kapitel 4

Effektive Mikroorganismen

Effektive Mikroorganismen (EM) sind nicht-genveränderte Mikroben, vor allem verschiedene Arten von milchsauren Hefen und Photosynthesebakterien, die durch Fermentation vermehrt werden. Fermentation stellt einen Reinigungsprozess und das Gegenprinzip zur Fäulnis dar. Während Fäulnis Abbau und Zerstörung kennzeichnen, steht Fermentation für Aufbau und Gesundung. In der Fermentation werden organische Stoffe aller Art gereinigt.

In Keramik gebrannt besitzen EM die Fähigkeit, einen Ionenaustausch mittels langwelliger Infrarotstrahlung zu bewirken, die in der Lage ist, Informationen in Wassermolekülen zu tilgen, und den reinen Originalzustand des Wassers wiederherzustellen. Des weiteren erzeugen die für die Fermentation zuständigen Milchsäurebakterien Enzyme, Spurenelemente, Mineral- und sonstige Vitalstoffe. Es erfolgt ein Abbau von Giftstoffen, Bekämpfung pathogener Keime, und im Gegenzug durch die Änderung des Umgebungsmilieus die Umwandlung in einen Zustand des Aufbaus. EM lassen sich sowohl innerlich als auch äußerlich vielseitig einsetzen.

Da die Wirkungsweise erst Anfang der 1980er Jahre von dem japanischen Wissenschaftler **Dr. Teruo Higa** entdeckt und untersucht wurden, ist die Vielzahl der Einsatzmöglichkeiten bei weitem noch nicht vollständig ausgeschöpft. Ständig werden neue Anwendungsgebiete entdeckt.

EM werden heute weltweit bereits auf vielen unterschiedlichen Gebieten eingesetzt, u.a.:
→ Gesundheit von Mensch und Tier
→ Landwirtschaft zur Behandlung und Gesundung kranker Böden
→ Abfallentsorgung
→ Wasserwitschaft
→ rund um den Garten, z.B. Kompostierung
→ Lösung der Probleme der Schwemmkanalisation und endliche Schließung des Wertstoffkreislaufs, indem Fäkalien nicht mehr mit wertvollem Trinkwasser weggespült und teuer geklärt werden müssen und darüberhinaus unser Grundwasser verunreinigen.

Stattdessen können mit Hilfe eines Trenntoilettensystems Kot und Urin voneinander getrennt und mittels EM-Einsatzes unter Beigabe von Urgesteinsmehl und Holzkohle in einem Fermentationsprozeß zu wertvoller Schwarzerde mit stabilem und extrem hohen Humusgehalt umgewandelt werden → Sie ergibt die Grundlage zur Beseitigung des Hungers in der Welt: ohne Kunstdünger, ohne Pestizide aller Art, und ohne die „Segnungen" der Genmanipulation. Die stromunabhängige und geruchlose Trockentoilette mit gemahlener Holzkohle (zur Geruchssbindung), Urgesteinsmehl (zur zusätzlichen natürlichen Mineralisierung der zukünftigen Schwarzerde) und Effektiven Mikroorganismen, die das organische Material in einem Fermentationsprozess reinigen und für den Boden verfügbar machen: **http://www.triaterra.de/**

Buchempfehlungen:

Anne Lorch
„EM – Eine Chance für unsere Erde"

Dr. Anne Katharina Zschocke;
„Die erstaunlichen Kräfte der Effektiven Mikroorganismen – EM"

Kapitel 5

Homöopathie und Schüßler-Salze

Die Homöopathie

Die Homöopathie wurde vom sächsischen Arzt Samuel Hahnemann (1755 – 1843) entdeckt und begründet. Sie beruht bei Ihrer Diagnosefindung auf dem Ähnlichkeitsprinzip: **„similia similibus curentur"** - Ähnliches soll durch Ähnliches geheilt werden. Auf Grundlage dieses Prinzips wird das Heilmittel ausgewählt, das an Gesunden ähnliche Symptome hervorruft wie die, an denen der Kranke leidet. Umgekehrt ausgedrückt ist das potenzierte (= homöopathisch verdünnte) Mittel einer Ursubstanz in der Lage, dieselben Symptome bei Kranken zu heilen, die sie in unverdünnter Form bei Gesunden hervorruft.

Im Gegensatz zur konventionellen Medizin kennt und berücksichtigt die Homöopathie drei Bewußtseinsebenen innerhalb eines Organismus: den körperlichen Aspekt, den emotionalen Aspekt und den seelischen Aspekt. Sie erfüllt damit die Voraussetzungen einer ganzheitlichen Betrachtungs- und Behandlungsweise, die im Gegensatz zur konventionellen Behandlung Krankheiten nicht isoliert betrachtet und behandelt, sondern stets die komplexen individuellen Unterschiede und Symptome eines Patienten und des speziellen Krankheitsbildes berücksichtigt.

Die dabei verwendeten Substanzen tierischen, pflanzlichen oder mineralischen Ursprungs werden potenziert. das bedeutet sie werden meist mit Wasser verschüttelt oder mit Milchzucker verrieben.

Häufig werden sie durch Potenzierung so verdünnt, daß kein Molekül der Ausgangssubstanz mehr nachweisbar, sondern ausschließlich noch als Information in der Trägersubstanz (z.B. Wasser oder Alkohol) nachzuweisen ist. Diese Art der energetischen Information macht sie so einzigartig und hochwirksam.

Wegen der komplexen Anwendungsweise ist die Homöopathie trotz ihrer rasant wachsenden Beliebtheit nicht unbedingt zur Selbstbehandlung für Laien geeignet. Um sich damit vertraut zu machen, ist zumindest eine anfängliche Betreuung und Anleitung durch einen erfahrenen Homöopathen unbedingt empfehlenswert. Die Homöopathie macht es erforderlich, daß sich der geneigte Anwender in die Materie einarbeitet und ein Gefühl dafür entwickelt, den gesundheitlichen und emotionalen Zustand des Patienten zutreffend einschätzen zu können, um das geeignete Behandlungsmittel zu finden. Besonders kompliziert ist dies dann, wenn man Behandler und Patient zugleich ist!
Dennoch gibt es eine erstaunlich große Anzahl an Menschen, die sich zum Homöopathen eignen. Ich kann jeden Interessierten nur dazu ermutigen, sich in dieses lohnende Umfeld einzuarbeiten und zumindest in eine homöopathische Hausapotheke und wenigstens einen guten Praxisratgeber für die Notfall- und Eigenbehandlung zu investieren. Sollten die Zeiten sich so verschlimmern, daß es ein Ding der Unmöglichkeit wird, einen kompetenten Arzt zu konsultieren geschweige denn zu bezahlen, dann befinden Sie sich in der Position, bei Erkrankungen Linderung zu verschaffen: von Geburtshilfe, Insektenstichen bis hin zu Fieber und Durchfall.

In einer Rede am 30. August 1936 äußerte sich Mohandras ("Mahatma") Gandhi wie folgt über die Homöopathie:
„Homöopathie ist die modernste und durchdachteste Methode, um Kranke ökonomisch und gewaltlos zu behandeln. Die Regierung muß sie in unserem Land fördern und unterstützen. Genauso wie mein Prinzip der Gewaltlosigkeit niemals scheitern wird, enttäuscht auch die Homöopathie nie. Aber die Anhänger der Homöopathie könnten infolge falscher Anwendung der homöopathischen Prinzipien versagen. Dr. Hahnemann besaß einen genialen Geist und entwickelte eine Methode, in der es keine Begrenzung gibt, um das menschliche Leben zu retten. Ich verneige mich in Ehrfurcht vor seinem Können und dem großen humanitären Werk, welches er schuf."

Grundvoraussetzung für die Anwendung der Homöopathie und Schüßlersalze in Eigenregie ist die sorgfältige ganzheitliche Betrachtung des Körpers des zu behandelnden Indidivuums (Mensch und Tier, und sogar Pflanze) und seines gesamten Lebensumfeldes, um anhand der Symptome das geeignete Mittel zur Behandlung zu finden! Bei einer homöopathischen Behandlung ist weiterhin dringend zu beachten, daß ätherische Öle (z.B. in Zahnpasta, Einreibungen, Tees usw.) die Wirksamkeit des homöopathischen Mittels aufheben. Aus diesem Grunde ist es ratsam, während einer solchen Behandlung Zahncremes zu verwenden, die keine ätherischen Essenzen wie Menthol, Salbei, Minze, Kamille und kein Fluor oder Jod enthalten.

Da der Anwendungsbereich der Homöopathie den Rahmen meines Leitfadens bei weitem sprengen würde, möchte ich Ihnen folgende Nachschlagewerke zur detaillierten Einarbeitung in die Wirkungsweise der Homöopathie ans Herz legen:

Buchempfehlungen Homöopathie:

Samuel Hahnemann
„Organon der Heilkunst"
„Organon 6 der Heilkunst" (Lern- und Arbeitsbuch-Gesamtausgabe)

Eric Meyer **„Das große Handbuch der Homöopathie"**

Georgos Vithoulkas
„Medizin der Zukunft. Homöopathie"
„Energiemedizin"
„Die Praxis homöopatischen Heilens"

Als Ratgeber für eine Hausapotheke bieten sich folgende Quickfinder an.

Für Erwachsene:
Markus Wiesenauer **„Homöopathie-Quickfinder"**

Für Kinder:
Markus Wiesenauer **„Homöopathie-Quickfinder für Kinder"**

Ursula Keicher **„Quickfinder Kinderkrankheiten"**

Die Schüßler-Salze

Die als Schüßler-Salze bezeichneten Mineralsalze gehen auf die Wirksamkeit des deutschen Homöopathie-Arztes **Wilhelm Heinrich Schüßler** (1821 – 1898) zurück, der feststellte, daß Krankheiten aufgrund biochemischer Störungen des Mineralstoffhaushaltes innerhalb der Körperzellen entstehen, wobei das Fehlen eines einzelnen Minerals bereits den gesamten Stoffwechsel negativ beeinflußt.

Heute weiß jedes Kind, daß unser Körper aus einem Wasseranteil von ca. 70 bis 80 % besteht. Schüßler fand heraus, daß sich dieses Wasser (Zellplasma) aus einer Lösung von 12 essentiellen Mineralien zusammensetzt, wobei sich das Fehlen eines jeglichen Minerals in spezifischen Krankheitsbildern äußert. Um diesen Mangel auszugleichen, verdünnte Schüßler das betroffene Mineral durch Potenzierung, da es auf diese Weise als gelöste feinstoffliche Information in dem Wasser als Trägersubstanz (Informationsträgerfunktion) sofort zur Verfügung steht und direkt ins Zellinnere gelangen kann.

Schüßler empfahl, den Mangel außerhalb der Zellen – dem Extrazellularraum – durch eine nährstoff- und basenreiche Ernährung auszugleichen, um beide in einem Gleichgewicht zu halten.

Schüßler`s Erkenntnisse in aller Kürze: Wird eine Zelle von krankmachenden Keimen befallen, dann verstärkt sie ihre Funktion, um diesen pathogenen Reiz abzustoßen. Infolgedessen werden die für ihre Funktion nötigen spezifischen Mineralreserven ausgelaugt und geraten in einen Zustand des Mangels, der – und hier kommt der Wirkansatz der Schüßler-Salze ins Spiel – durch die Zuführung des bestimmten Minerals in potenzierter Form ausgeglichen werden kann.

Bei den Schüßler-Salzen unterscheidet man zwischen 12 sogenannten Funktionsmitteln und 15 sogenannten Ergänzungsmitteln.

Die 12 Funktionsmittel:

1) Das Salz des Bindegewebes, der Gelenke und der Haut (Calcium fluoratum – Kalziumfluorid)
2) Das Salz der Knochen und Zähne (Calcium phosphoricum – Kalziumphosphat)
3) Das Salz des Immunsystems (Ferrum phosphoricum – Eisenphosphat)
4) Das Salz der Schleimhäute (Kalium chloratum – Kaliumchlorid)
5) Das Salz der Nerven und der Psyche (Kalium phosphoricum – Kaliumphosphat)
6) Das Salz der Entschlackung (Kalium sulfuricum – Kaliumsulfat)
7) Das Salz der Muskeln und Nerven (Magnesium phosphoricum – Magnesiumphosphat)
8) Das Salz des Flüssigkeitshaushalts (Natrium chloratum – Natriumchlorid)
9) Das Salz des Stoffwechsels (Natrium phosphoricum – Natriumphosphat)
10) Das Salz der inneren Reinigung (Natrium sulfuricum – Natriumsulfat)
11) Das Salz der Haare, Haut und des Bindegewebes (Silicea – Kieselsäure)
12) Das Salz der Gelenke (Calcium sulfuricum – Kalziumsulfat)

Die 15 Ergänzungsmittel:

13) Kalium arsenicosum D6 (Kaliumarsenit)
14) Kalium bromatum D6 (Kaliumbromid)
15) Kalium jodatum D6 (Kaliumiodid)
16) Lithium chloratum D6 (Lithiumchlorid)
17) Manganum sulfuricum D6 (Mangansulfat)
18) Calcium sulfuratum D6 (Calciumsulfid)
19) Cuprum arsenicosum D6 (Kupferarsenit)
20) Kalium-Aluminium sulfuricum D6 (Alaun)
21) Zincum chloratum D6 (Zinkchlorid)
22) Calcium carbonicum D6 (Calciumcarbonat)
23) Natrium bicarbonicum D6 (Natriumhydrogencarbonat)
24) Arsenum jodatum D6 (Arsentriiodid)
25) Aurum Chloratum Natronatum D6 (Gold-Natriumchlorid)
26) Selenium D6 (Selen)
27) Kalium bichromicum D12 (Kaliumdichromat)

Da auch die detaillierte Abhandlung und Zuordnung der Krankheitsbilder bei den Schüßler-Salzen ebenso wie die Homöopathie ein eigenes Buch füllen würde, möchte ich Ihnen als Nachschlagewerk ans Herz legen: den „Schüßler-Salze Quickfinder", der Ihnen mit seinem durchdachten Ansatz dabei hilft, das richtige Schüßler-Salz anhand bestimmter Krankheitssymptome zu finden.

Meine eigene Hausapotheke habe ich mit folgenden Schüßlersalzen aufgebaut. Link jeweils **naturheilapotheke-badems.de**

Funktionsmittel 1 – 12: http://tinyurl.com/8elj7s4
Ergänzungsmittel 13-27: http://tinyurl.com/8uqomad

Empfehlung: Dem Set Schüßlersalze der Apotheke Bad Ems liegt eine kurz-gefaßte Einführung in die Welt der Schüßlersalze bei, die Krankheitsbilder und die dazu passenden Salze auflistet!

Unentbehrlich für jede Hausapotheke – der Schüßlersalz-Quickfinder mit der Beschreibung von spezifischen Krankheitsbildern und den zur Behandlung geeigneten Schüßler-salzen:

Günther H. Heepen
„**Quickfinder Schüßler-Salze**"
„**Maxi-Quickfinder Schüßler-Salze**"

Thomas Feichtinger, Elisabeth Mandl, Susana Niedan-Feichtinger
„**Handbuch der Biochemie nach Dr. Schüßler: Grundlagen, Materia medica, Repertorium**"

Gisela Elisabeth Geiger „**Die Schüssler-Mineralsalze: Das Praxisbuch zur Selbstheilung**"

Angelika Gräfin Wolffskeel von Reichenberg
„**Die 12 Salze des Lebens – Biochemie nach Dr. Schüßler: Ein Schüßlersalze-Ratgeber für Erwachsene und Kinder**"

<u>Die Zellreinigung und -erneuerung</u>

Um unserem Körper dabei zu helfen, die vielschichtigen Symptome einer Übersäuerung zu beseitigen, bietet sich eine komplette Zellreinigungskur an, mit der wir unsere Zellen mit Nährstoffen regelrecht fluten und wirksam zu säubern. Dazu benötigen Sie einen kompletten Satz Schüßler-Salze (Biochemie 1 bis Biochemie 12, jeweils 120 Tabletten), und einen chlorophyllhaltigen Zellerneuerer in Form von pulverisiertem Gerstengrasextrakt. Dieser ist unter dem Namen „Green Magma" von der Firma allcura im Handel erhältlich.
Link Preissuchmaschine.de: „Green Magma" (150 Gramm): http://tinyurl.com/5v69exe

Schüßler-Salze sind sehr zellgängig. Das bedeutet, sie können aufgrund ihrer biochemisch-feinstofflichen Struktur schnell ins Zellinnere transportiert werden. Dort dienen Sie gewissermaßen als „Türöffner" für andere Nähr- und Wirkstoffe. Die Kombination aller 12 Schüßler-Hauptsalze (der „Funktionsmittel") haben die exakte mineralische Zusammensetzung von Meerwasser, welches ebenfalls dem Wasser in und außerhalb unserer Körperzellen entspricht. Mineralienmangel macht sich an unterschiedlichsten Symptomen bemerkbar, unter anderem: Abbau von Zahn- und Knochensubstanz (Osteoporose), Haarausfall, dünner und brüchiger werdendes und/oder ergrauendes Haar, rissige Finger- und Fußnägel, allgemeine Müdigkeit und Abgeschlagenheit, erhöhte Empfänglichkeit gegenüber Infektionskrankheiten u.v.m.
Gerstengras ist reich an **Chlorophyll**, dem Farb- und Lebensstoff der Pflanzen, der maßgeblich zur Photosynthese beiträgt. Ohne dabei ins Esoterische abzurutschen, kann man es durchaus als in Pflanzen gebundene Sonnenenergie bezeichnen. Dabei wandeln die Pflanzen den angeblichen „Klimakiller" Kohlendioxid (CO_2) der Luft und das Wasser (H_2O) des Bodens in Glucose (Vorstufe des Traubenzuckers) und Sauerstoff um. Chlorophyll enthält alle 8 essentiellen (= lebenswichtigen) Aminosäuren. Das sind Eiweißbausteine, die unser Körper nicht selbst bilden kann, sondern von außen zuführen muß. Des weiteren ist es reich an Vitaminen, Mineralstoffen, Spurenelementen und Enzymen. Und es besitzt eine große Reinigungswirkung auf das Innere unserer Zellen.

Machen wir uns die „Türsteherfunktion" der Schüßler-Salze zunutze und kombinieren deren Einnahme mit einem täglichen Teelöffel „Green Magma", dann erreichen wir eine Tiefenreinigung unserer Körperzellen.

Dosierung: 30 Tage lang täglich 4 Tabletten von **jedem** der 12 Schüßlersalze in einem Glas warmem Wasser auflösen, 1 TL Green Magma hinzugeben.

Mit dieser Kur erreichen wir eine intrazelluläre Entsäuerung in zwei Schritten:

1) Gerstengrassaft bzw. dessen Pulver reinigt die Zellen, indem es Schlacken / Salze, die sich in den Zellen eingelagert haben, nach außen transportieren kann.

2) Im zweiten Schritt erfolgt eine Remineralisierung der Körperzellen, die Ihnen in den Schüßler-Salzen in feinstofflicher Form zur Verfügung stehen und so direkt ins Zellinnere gelangen können.

Diese Kur kann nach Bedarf angewandt werden.

Bitte beachten: Es wird dabei kein spezifisches Krankheitsbild behandelt! Die Kombination der Salze stellt dem Körper die wichtigsten Mineralien zur Verfügung, von denen er nur die aufnimmt, an denen es ihm mangelt. Es handelt sich also um eine Kur zur gezielten Remineralisierung des Körpers zur Beseitigung von mineralischen Mangelzuständen.

Einnahmevorschlag:

Lösen Sie am Vormittag zwischen Frühstück und Mittagessen jeweils 4 Tabletten von jedem der 12 Schüßlersalze in einem Glas Wasser auf und fügen Sie einen gestrichenen TL *"**Green Magma**"* (entspricht ca. 3 Gramm) hinzu. Verrühren Sie die Mischung, so daß sich die Tabletten auflösen. Eine solche Tagesdosis von insgesamt 48 Tabletten stellt ca. eine Broteinheit (BE) für Diabetiker dar. Ich hatte beim Anblick und Geruch von „Green Magma" zunächst einen Chlorella-ähnlichen Geschmack erwartet. Glücklicherweise trifft dies überhaupt nicht zu. Green Magma schmeckt in der oben genannten Mischung wie ein angenehmer, leicht wäßriger Gemüsesaft.

Da der Körper die unterschiedlichen Mineralien offenbar zu bestimmten Stunden des Tages am besten aufnimmt, verteile ich die Einnahme der Schüßlersalze auf 2 Gaben pro Tag:
Vormittags als Zwischenmahlzeit zwischen Frühstück und Mittagessen: die Salze Nr. 1 / 3 / 4 / 5 / 9 / 11
Nachmittags als Zwischenmahlzeit zwischen Mittagessen und Abendbrot: die Salze Nr. 2 / 6 / 7 / 8 / 10 / 12

Dauer der Kur: Nach Bedarf. Nach einer Monatskur (30 Tage) ziehe ich es persönlich vor, mindestens so viele Tage mit der weiteren Einnahme zu pausieren, wie die vorangegangene Kur gedauert hat – hier also: 30 Tage.

Am Zustand unserer Haare, Fuß- und Fingernägeln wird der Mineralstoffhaushalt unseres Körpers erkennbar. Beobachten Sie sie während der Zeit unserer Revitalisierungskur auf Veränderungen bzw. Verbesserungen! Achten Sie einmal auf die Wirkung der Kur auf Ihr Wohlbefinden, auf Ihre Ausdauer und Ihre Regenerationsfähigkeit – beispielsweise beim Treppensteigen. Sie werden feststellen, wie schnell sie sich verbessern, wenn die Kur mit körperlicher Aktivität kombiniert wird. Beide ergänzen und unterstützen sich.

Im Verlauf einer solchen Zellreinigungs- und -erneuerungskur reaktivieren viele Anwender die Fähigkeit, die Rückmeldungen ihres eigenen Körpers (Biofeedback) zu verstehen. Sie lernen - oft durch Versuch und Irrtum - selbst zu unterscheiden, ob und wie lange eine Maßnahme gut für sie ist oder nicht. Probieren Sie sie doch aus, um Ihren Körper nach der generellen Entgiftung, Darmreinigung und -sanierung zu remineralisieren, sprich neu mit Mineralien aufzufüllen.

Stellen Sie im Anschluß Ihre Ernährung auf eine vollwertige, mineralstoffreiche und vorwiegend basische Kost und Körperhygiene (ebenfalls auf basischer Grundlage) um, und ergänzen Ihren täglichen Speiseplan mit selbstgezogenen Keimsprossen wie Gerstengras, Braunhirse, Alfalfa, Mungbohnen, Rauke, Senfsaat – oder was Ihnen sonst am besten schmeckt – dann erhalten Sie alle notwendigen Nährstoffe über Ihre natürliche Ernährung.

Diese Methode ist der Einnahme von Nahrungsergänzungen in jedem Fall vorzuziehen. Ich betrachte die Nahrungsergänzungen lediglich als Hilfsmittel, um zunächst den Zustand der Übersäuerung und Verschlackung abzubauen.

Sollten Sie danach noch körperliche Mangelerscheinungen in Form von stumpfem, brüchigem Haar und Nägeln, Abgeschlagenheit, Müdigkeit, oder Muskel- und Gelenkschmerzen feststellen, können Sie eine solche Kur selbstverständlich jederzeit wiederholen.

Kapitel 6

Die Bekämpfung krankmachender (= pathogener) Keime

Mit dem massenhaften Einsatz von Antibiotika in der industriellen Massentierhaltung stieg auch die Zahl ungewollter der Antibiotika-Medikamentation auf der Seite der Konsumenten dieser Produkte. Das Resultat sind die Zunahme antibiotikaresistenter Krankheitserreger, gegen die auch neuartige synthetische Antibiotika unwirksam sind. Wir benötigen also Wirkstoffe, die krankmachende Einzeller sofort und vollständig abtöten, um die Entwicklung von Resistenzen zu verhindern. Zwei solcher natürlicher und hochwirksamer Verbindung möchte ich Ihnen im Folgenden vorstellen. Nach zahlreichen Praxistests and Mensch und Haustier sind diese beiden heute aus einer Haus- und Stallapotheke sind nicht mehr wegzudenken.

A) Kolloidales Silber / Silberkolloid (KS)

Die Anwendungsmöglichkeiten von Silber in der Medizin sind aufgrund der Eigenschaften dieses wahrlich einzigartigen Metalls enorm vielfältig. Den meisten ist es als wesentlicher Bestandteil von Wundpflastern wegen seiner stark antibakteriellen und antimikrobiellen Wirkung bekannt, oder ganz aktuell: in Deodorants und Duschbädern. Was bislang noch wenige wissen: Diese Eigenschaften bieten ein breiten Wirkungskreis zur innerlichen und äußerlichen Anwendung. In dieser Form wurde es bereits zu Beginn des 19. Jahrhunderts als natürliches Antibiotikum eingesetzt, geriet aber wegen unkundiger Herstellungsweise und dem Aufkommen synthetischer Antibiotika anschließend zunehmend in Vergessenheit.

Heute entwickeln pathogene Keime zunehmend Resistenzen gegen synthetische Antibiotika, so daß man sich wieder auf bewährte, funktionierende alte Heilmethoden rückbesinnt. Ein Beispiel dafür ist Silberkolloid – winzige Silberpartikel in feinstofflicher Form, elektrolytisch gelöst in destilliertem Wasser. Eine Eigenart von feinstofflich vorliegenden Mineralien ist ihre leichte Verfügbarkeit und Aufnahmefähigkeit in lebendigen Zellen.

Durch die vielseitige innerliche und äußerliche Anwendbarkeit – bei Beachtung sauberer Herstellung und achtsamer Dosierung – werden Sie Silberkolloid sicherlich bald als eine echte Alternative zu synthetischen Antiobiotika betrachten.

Denn Silberkolloid ist:

→ das stärkste natürliche Antibiotikum
→ wirkt in großen Spektren antibakteriell und antimikrobiell
→ wirkt gegen alle pathogenen Einzeller (Protozoen), wie z.B. Pilze, Staphylokokken und Streptokokken, Bakterien, Viren, ohne die "guten" Mikroorganismen, die in einer Symbiose mit unserem Körper zusammenarbeiten, in Mitleidenschaft zu ziehen.

Das alles ohne die schädlichen Nebenwirkungen von synthetisch hergestellten Antibiotika, die „gute" und „böse" Mikroben gleichermaßen abtöten und so auch dem Verdauungstrakt belasten. Während ein herkömmliches Breitband-Antibiotikum lediglich ca.15 verschiedene Bakterienstämme erfolgreich bekämpft, sind es bei kolloidalem Silber 650 verschiedene Bakterienstämme innerhalb der ersten 5-6 Minuten! Dabei wird weder das Immunsystem geschwächt noch der Verdauungstrakt belastet, wie es bei chemischen Antibiotika der Fall ist, sondern die sofortige Abtötung der pathogenen Keime durch das Silber in kolloidaler (= feinstofflicher) Form wird das Immunsystem auf natürliche Weise entlastet und gestärkt.

Videokanal von Dr. Rima E. Laibow: https://youtube.com/user/NaturalSolutions

ACHTUNG! Patienten, die unter Niereninsuffizienz leiden, dürfen unter keinen Umständen Silberkolloid einnehmen!

Die einzigartige Wirkungsweise von kolloidalem Silber beruht darauf, daß es ein Enzym blockiert, das die Mikroben zur Atmung benötigen. Geschieht dies, werden sie schnell und vollständig abgetötet.

Ein weiterer Pluspunkt: Anders als bei chemischen Antibiotika können Bakterien und andere Kranheitskeime keinerlei Resistenzen gegen Silberkolloid entwickeln! Es wirkt seit 5.000 Jahren, als die Ägypter entdeckten, daß sich Milch viel länger haltbar wird, wenn man eine Silbermünze hineinlegt (durch Hemmung der Gärungsprozesse, die durch Bakterien hervorgerufen werden).

Bei innerlicher Anwendung sollten Sie Silberkolloid idealerweise 5 bis 6 Minuten im Mund behalten, wo es über die Mundschleimhaut besonders gut und schnell aufgenommen wird. Bevor Sie Silberkolloid jedoch anwenden, ist es dringend zu empfehlen, eventuell noch vorhandene Schwermetallherde aus Ihrem Mund zu entfernen. Aus diesem Grund, und weil der erste logische Schritt zur Entgiftung die restlose Entfernung aller Schwermetallquellen aus Ihrem Körper sein muß, beginnt alles mit der Entfernung der Amalgam-Zahnfüllungen. Danach können Sie KS ohne Bedenken im Rahmen von Kuranwendungen, z.B. bei erhöhter Infektionsgefahr, anwenden.

Mittlerweile fällt Silberkolloid unter das Arzneimittelgesetz. Aus diesem Grunde darf ich keine Einnahmeempfehlung aussprechen. Ich berichte hier lediglich von meinen eigenen Erfahrungen!

Meine persönlichen Erfahrungen mit Silberkolloid:

In mehreren Tests („Versuch und Irrtum") stellte ich fest, daß für die **innere Anwendung** die kleinstmögliche Konzentration in geringer Menge in den meisten Fällen zur Vorbeugung völlig ausreichend ist. **Dr. Rima E. Laibow** stellte in Tests fest, daß beispielsweise das „Ebola"-Virus von einer 10 ppm-Dosis kolloidalen Silbers rasch und zuverlässig abgetötet wird – wie jede andere pathogene Mikrobe auch.

Bei akuter Infektionsgefahr habe ich die Erfahrung gemacht, daß eine Konzentration von 10 bis maximal 25 ppm in jedem Fall ausreichte, um eine drastische Abkürzung und Abmilderung des Krankheitsverlaufs und der Krankheitssymptome zu erreichen, bei rechtzeitiger, prophylaktischer Einnahme (z.B. bei den ersten leichten Erkältungssymptomen) eine Verhinderung des Krankheitsausbruchs. Die Behandlung bestand dabei in der Einnahme je eines Schnapsglases (ca. 20 ml) Silberkolloid jeweils morgens und abends für meist nicht mehr als 2 – 3 Tage, bis sich die Symptome abschwächen oder ganz verschwinden. Auch nach Ausbruch einer Infektionskrankheit ist es durch die Einnahme von Silberkolloid möglich, den Heilungsverlauf zu beschleunigen. Eine darüber hinausgehende Medikation mit anderen Mitteln ist dabei nicht notwendig.

Bei der **äußerlichen Anwendung**, z.B. bei Sonnenbrand und sonstigen äußeren Verletzungen aller Art (bei Mensch und Tier) haben die höchsten privat herstellbaren Konzentration (75 bis ca.90 ppm) stets eine enorme schnelle und positive Wirkung erzielt, um den Heilungsprozeß abzukürzen und zu beschleunigen.

Als Faustregel stellte ich dabei für meinen privaten Einsatz fest: **Silberkolloid zur innerlichen Anwendung – niedrige Konzentration; Silberkolloid zur äußerlichen Anwendung – mittlere bis hohe Konzentration.**

Zur innerlichen Anwendung nahm ich stets ein Schnapsgläschen voll unverdünntes Silberkolloid zu mir. Auch bei der Einnahme von höheren Konzentrationen, und in größerer Menge, konnte ich keinerlei negative Begleiterscheinungen feststellen – außer daß das Durstgefühl noch mehr anstieg.

Eine folgerichtige und logische Konsequenz: Silber tötet pathogene Mikroben ab. Der Körper hat nun in der Folge einen höheren Wasserbedarf, da er diese abgetöteten Keime ausscheiden will, also signalisiert der Körper: ich brauche mehr Wasser → Durst.

Natürlich wird durch eine Einnahme von mehr Silberkolloid (höhere Konzentration und / oder größere Menge) auch mehr Mikroben abgetötet, so daß das Durstgefühl dementsprechend ebenfalls wächst.

Zur äußeren Anwendung (Verwahrung und Verwendung in 150ml Violettglas-Sprühflasche) sprühte ich die zu behandelnde Körperregion ein, ließ das Kolloid in die Haut einziehen, und wiederholte den Vorgang so lange, bis die Haut damit gesättigt war und kein weiteres Silberkolloid aufnahm.

Haben Sie Halsschmerzen, dann gurgeln Sie ein paar Minuten lang mit der Silberkolloid-Suspension. Sie werden staunen, wie schnell das Halsweh verschwindet! Aus diesem Grunde setze ich KS auch **NICHT** permanent ein, damit sich keine Gewöhnungseffekt einstellt, sondern nur in kurmäßigen Anwendungen von max. ein bis zwei Wochen während Zeiten erhöhter Infektionsgefahr, also den traditionellen Erkältungszeiten im Frühjahr und Herbst. KS entlastet unser Immunsystem stark, hat dabei aber weder negative Auswirkungen auf das Immunsystem noch den Magen-Darm-Trakt, wie dies bei synthetischen Antibiotika der Fall ist.

Der Unterschied liegt darin, daß synthetische Antibiotika im Gegensatz zu Silberkolloid „schlechte" wie auch „gute" Mikroorganismen abtöten, während Silberkolloid die für den Stoffwechsel des Körpes nötigen Mikroorganismen nicht beeinträchtigt. Die Gründe dafür konnten noch nicht abschließend geklärt werden. Vielleicht aber ist das ein Grund dafür, warum sich die Einnahme von synthetischen Antibiotika oftmals „auf den Magen schlägt" und Verdauungsprobleme hervorruft – weil die Abtötung der zum Verdauungsvorgang notwendigen Mikroorganismen die Darmflora aus dem Gleichgewicht bringt?

Unser Ziel sind starke eigene Abwehrkräfte, deshalb setzen wir Silberkolloid ganz gezielt dann zur Stärkung ein, wenn erhöhte Infektionsgefahr besteht.

Silberkolloid können Sie auch in Form von **Augen-, Ohren- und Nasentropfen** verwenden. Sie können KS bei nahezu allen Verletzungen und Infektionen innerlich und äußerlich anwenden: Erkältungen, Sonnenbrand, Neurodermitis, Heuschnupfen, Schnittverletzungen, Gürtelrose … die Einsatzbereiche sind fast unbegrenzt.

Um KS selber herstellen zu können, ist eine einmalige Anschaffung des Silbergenerators und des Zubehörs nötig. Aktuell gibt es Angebote, bei denen Sie alles komplett für weniger als 160 € erhalten. Danach verfügen Sie über alles, womit Sie Ihr stärkstes natürliches Antibiotikum ohne Nebenwirkungen kinderleicht in etwa 20 Minuten herstellen können.

Bei diesen Anbietern finden Sie qualitativ hochwertige Silbergeneratoren aus deutscher Herstellung und sämtliches Zubehör:

http://www.schmidt-versand.de

http://www.silbergeneratoren.de

Von Doktor Klaus ist ein Groß-Pulser zur Herstellung großer Mengen Silberkolloids erhältlich – ideal zur Versorgung von Großfamilien, Höfen mit Tierzucht, oder auch Tierheime.

Link kolloidales-silber.com: http://tinyurl.com/bwm46ew

Zusammenfassung zur sicheren Herstellung:

Wenn wir reines Silberkolloid herstellen wollen, dann dürfen wir dafür **ausschließlich** destilliertes Wasser verwenden, wie es in jedem Supermarkt erhältlich ist, aber auch mittels eines Destillators selbst hergestellt werden kann. Empfehlenswert ist die Abfüllung in saubere Glasflaschen sofort nach dem Kauf, um den Kontakt zur Plastikverpackung so kurz wie möglich zu halten. **Bitte niemals und unter keinen Umständen Mineral- oder Leitungswasser zur Herstellung von Silberkolloid verwenden!** Weiterhin sollten Sie zur Erwärmung des Wassers keinen Topf aus Metall, sondern stattdessen einen aus Emaille oder Keramik verwenden.

Das Silber würde beim Herstellungsvorgang mit den Mineralien im Mineral- oder Leitungswasser eine chemische Verbindung eingehen. Das Endergebnis wäre kein reines KS, sondern eine Silbersalzlösung. Während diese zwar nicht generell gesundheitsschädlich sind, würden Silbersalze jedoch wie andere Salze ebenfalls bei Einnahme in großen Mengen in den Hautschichten dauerhaft eingelagert werden würde. Dadurch könnte sich die Haut und die Schleimhäute blau bis schiefergrau verfärben. Dieser Zustand ist irreversibel, könnte also nicht rückgängig gemacht werden. Das Phänomen wird als „**Argyrie**" bezeichnet.

Die Pharmaindustrie gebraucht diesen Umstand, der aus der Verwendung unreiner Zutaten bei der Herstellung resultiert, um vor der Anwendung von Silberkolloid im Allgemeinen zu warnen. Natürliche Antibiotika, die jeder Patient jederzeit selbst herzustellen in der Lage ist, wird von vielen Herstellern synthetischer Antibiotika als existenzielle Bedrohung empfunden.

Eigenartig: Vor den Gefahren, die von Impfungen (Squalen), nuklearen Bestrahlungen (Chemotherapie), synthetischen Antibiotika und sonstigen Medikamenten, Konservierungsstoffen und sonstigen Laborerzeugnissen ausgehen, wird nicht gewarnt. Die Verfilzung von Politik und Industrie macht es möglich, daß Lobbyisten ihre eigenen Gesetze verfassen, die anschließend mit staatlicher Gewalt durchgesetzt werden. Ob Sie diesen unzumutbaren Zustand als Faschismus, Lobbyismus und Korporatismus bezeichnen möchten, liegt bei Ihnen. Jedenfalls wäre eine Empfehlung von KS ohne diesen besonderen Hinweis bezüglich seiner Herstellung (also nur mit destilliertem Wasser in einem sauberen Emailletopf!) unseriös und unvollständig.

Früher kam Argyrie relativ häufig vor, weil man die chemischen Besonderheiten bei der Herstellung noch nicht kannte. Mit dem heutigen Wissen lässt sich Argyrie leicht vermeiden. Haben Sie also keine Angst, KS für sich selbst, Ihre Familie, Haustiere und Pflanzen zu nutzen. Achten Sie aber darauf, daß Sie ausschließlich destilliertes Wasser bei der Herstellung verwenden, dann sind Sie auf der sicheren Seite.

KS kann bei der Behandlung vieler Krankheiten helfen und das Immunsystem unterstützen, indem es pathogene Keime schnell abtötet, ist aber dennoch kein „Wundermittel" und sollte – wie jedes Medikament, mit Sachverstand hergestellt und mit Augenmaß verabreicht werden.

Zur äußerlichen Anwendung ist eine **Silber-Creme** wichtiger Bestandteil einer Hausapotheke und bei mir in ständigem Gebrauch. Sie enthält neben kolloidalem Silber auch Ringelblume, Jojoba- und Kokosöl, Sterole aus Avocado, Bienenwachs, pflanzliches Glyzerin, Provitamin B5 und natür-liches Vitamin E. Ich habe diese Salbe **bei Hautirritationen und äußeren Verletzungen** ebenso mit Erfolg angewendet und empfohlen wie **bei Akne, Neurodermitis** und **Gürtelrose**. Sie ist auch für sehr empfindliche Haut geeignet.

Link **Bachbluetenhaus.com**: **http://tinyurl.com/3fk52ke**

Gehen Sie also bitte nicht der Einstellung „einmal nehmen und gut" an Ihre Behandlung, sondern geben Sie Silberkolloid eine faire Chance. Sie werden es ganz gewiß nicht bereuen!

Die Herstellung von KS ist kinderleicht.

Was wir benötigen:

Perfekt geeignet ist ein Emaille- oder Keramiktopf, aber auch ein Edelstahl-Wasserkocher oder Edelstahltopf ohne Ablagerungen erfüllt hier notfalls seinen Zweck.

Bitte verwenden Sie keinen Aluminium- oder Kupfertopf für die Herstellung, sonst wird eine giftige Silber-Alu/Kupfer-Lösung produziert!

Für die Herstellung benötigt man einen haushaltsüblichen Meßbecher für die exakte Dosierung des destillierten Wassers. Ich verwende für jede Herstellung 200 ml destilliertes Wasser, das **im Keramik- oder Emailletopf erhitzt** wird. Die Bildung von Wasserdampf zeigt die richtige Temperatur des Wasser für die Herstellung an. In der Zwischenzeit stellen wir die Zeitschaltuhr („Timer") auf z.B. 20 Minuten ein, wenn wir eine mittlere Konzentration von 25 ppm herstellen möchten.
25 ppm bedeutet: 25 parts per million. Das heißt, auf 25 Silberteilchen kommen 1 Million Teile des Trägerstoffes, in unserem Fall also destilliertes Wasser. Füllen Sie dann das Wasser in das 250 ml-Violettglas um. Danach drücken Sie die beiden mitgelieferten Silberstäbe in die beiden vorgesehenen Einlässe auf der Unterseite des Silbergenerators, bis sie einrasten. Einer der Stäbe fungiert als Anode (+Pol), der andere als Kathode (-Pol). Das ist das Prinzip der **Elektrolyse**.

Anschließend legen wir den Silbergenerator so über das Violettglas, dass beide Silberstäbe ins Wasser eintauchen. Zuletzt stecken Sie den Timer in die Steckdose, die Herstellung beginnt und endet automatisch nach der von Ihnen eingestellten Zeit. **Je länger die eingestellte Zeit, desto höher wird die Konzentration des Silbers im Wasser.**

Die Konzentration wird in ppm (parts per million) gemessen. Das heißt: bei einer Konzentration von 25 ppm (die bei 200 ml destilliertem Wasser und 20 Minuten Elektrolyse entsteht) kommen auf 1 Million Wassermoleküle 25 Teile Silber. Je höher die Konzentration des Silbers, desto bitterer bzw. metallischer schmeckt es. Es empfiehlt sich, hohe Konzentrationen ab 50 ppm zur äußerlichen Anwendung (Nasentropfen, Augentropfen, Lösung zum Aufsprühen) herzustellen. Zur inneren Anwendung (Trinken) ist in den meisten Fällen zur Vorbeugung (Prophylaxe) eine Lösung von 25 ppm ausreichend, bei akuten Infektionen entsprechend höher. Mit **kolloidalem Silber** haben Sie ein enorm potentes und dazu günstiges Heilmittel zu Ihrer Verfügung, das Ihnen dabei helfen wird, Ihre Gesundheit zu stärken und Ihre Immunabwehr auf unkomplizierte Weise wirksam zu unterstützen, ganz besonders in Zeiten erhöhter Infektionsgefahr (z.B. Erkältungszeit).

B) MMS – Miracle Mineral Supplement

Ein weiteres mächtiges Antioxidans ist Natriumchlorit, das unter anderen in den USA und Australien als Desinfektionsmittel in Krankenhäusern verwendet wird und auch unter der Bezeichnung MMS (Miracle Mineral Supplement) auf dem Markt erhältlich ist.

Offiziell ist es weder als Nahrungsergänzungsmittel noch als Heilmittel, sondern ausschließlich zur Trinkwasserentkeimung und -reinigung zugelassen, so daß seine Einnahme eigenverantwortlich erfolgt. Es wurde quasi zufällig von dem Luftfahrt-Ingenieur Jim Humble entdeckt, der damals als Goldsucher im Dschungel von Guyana tätig war und wie viele seiner Begleiter aufgrund von Moskitostichen an Malaria erkrankte.
Vom nächsten Krankenhaus und Malariamedikamenten Hunderte Kilometer weit entfernt, und mit nichts anderem verfügbar als einem Mittel zur Wasserdesinfektion, schlußfolgerte Humble, daß wenn dieses Mittel in der Lage ist, Bakterien und sonstige Keime im Wasser abzutöten, es dies möglicherweise auch im Körper vollbringen kann, der ja bekanntlich zu 70-80% aus Wasser besteht.

Er gab es ins Wasser und flößte es seinen Begleitern ein, die bereits stärker als er selbst am Fieber litten. Bereits eine Stunde später sank das Fieber, und einige Stunden später waren die Erkrankten symptomfrei. Beeindruckt von der Wirkungsweise und Effizienz dieses Mittels stellte er weitere Forschungen an. Dabei stellte er fest, daß die Wirksamkeit noch erhöht wird, wenn das Mittel vor der Einnahme mit einer Säure aktiviert wird.

Ihm stand lediglich 10%-ige Zitronensäure zur Verfügung. Wegen der eingangs angesprochenen Eigenart, die Anreicherung von Schwermetallen im Körper zu begünstigen, wird heute 50%ige Weinsäurelösung oder 5%ige Salzsäure verwendet. Heute ist bekannt, daß Vitamin C die Wirksamkeit von Natriumchlorit aushebelt. Künstliche Zitronensäure hingegen begünstigt die Aufnahme von Schwermetallen im Körper. Aus diesem Grunde sollte 50%-iger Weinsäureessig (alternativ: 5%-ige Salzsäure) als Aktivator verwendet werden. Bei der chemischen Reaktion von Natriumchlorit + Aktivator entsteht Chlordioxid, was dem aktivierten Mittel seinen charakteristischen Geruch verleiht.

Da es sich um ein derart starkes Antioxidans handelt, welches pathogenen Keimen und Giftstoffen fünf Elektronen entzieht und diese auf diese Weise unschädlich macht, während es selbst dabei in körper-unschädliche Spaltprodukte zerfällt, ist eine **extrem vorsichtige und bedachtsame Anwendung unbedingt erforderlich**. **Seine starke Entgiftungswirkung kann starke Reaktionen im Körper hervorrufen**.

Die Flaschen sollten deshalb sicher vor unbeabsichtigtem Zugriff durch Kinderhände verwahrt werden. Einige Hersteller bieten ihre Produkte heute jedoch in Flaschen mit Kinderschutz an. MMS ist vielleicht das Mittel, welches wir in unserem Ratgeber vorstellen, für das wie kein anderes die **strikte Anwendung nach dem Minimalprinzip** gelten muß.

Je nach Hersteller wird ein Tropfen MMS mit je 1 bis hin zu 5 Tropfen des Aktivators aktiviert. Eine eigenverantwortliche Einnahme und strikte Beachtung der Einnahmeempfehlungen des Herstellers wird dabei zwangsläufig vorausgesetzt! Bei den zukünftig zu erwartenden stark steigenden Silberpreisen stellt MMS eine sehr günstige Alternative zu Silberkolloid dar, weswegen wir beide gemeinsam in diesem Kapitel vorstellen.

Ebenso wie Silberkolloid kann auch MMS vielseitig innerlich und äußerlich angewandt werden.

Wer bereit ist, das Prinzip der Eigenverantwortung auch im Bereich der Gesundheit anzuwenden, dessen Hausapotheke kommt kaum an MMS vorbei. Es ist ein extrem mächtiger Radikalenfänger und bekämpft wirksam und vor allem schnell alle pathogenen Mikroben.

Daraus erschließt sich seine Anwendung bei einer Vielzahl von Krankheiten, insbesondere dann, wenn konventionelle Heilansätze keine Linderung oder gar Heilung gebracht haben. Geruch und Geschmack indes sind insbesondere bei höheren Dosierungen sehr gewöhnungsbedürftig.

Falls Sie sich entscheiden, MMS einmal auszuprobieren, dann ist auch hier die Dosierung nach dem Minimalprinzip ratsam. Dabei wird die Einnahme nur tröpfchenweise erhöht, z.B. heute ein Tropfen, morgen 2 Tropfen, übermorgen 3 Tropfen usw, bis maximal 15 Tropfen. Ruft die Dosierung Übelkeit hervor, dann sollte die Dosierung auf das Maß reduziert werden, das zuletzt vertragen wurde.

Bitte beachten Sie nochmals: Eine erstmalige Einnahme sollte stets mit nur einem einzigen Tropfen MMS + Aktivator beginnen. Die Angaben und Empfehlungen des jeweiligen Herstellers sind unbedingt zu beachten!

Bezugsquellen: **http://miraclems.de**

Weiterführende Websites:

http://jimhumblemms.de

http://zeitenschrift.com/magazin/59_mms.ihtml

Empfehlenswerte Literatur:

Larry A.Smith
„MMS – Der natürliche Viruskiller"

Antje Oswald
„Das MMS-Handbuch: Gesundheit in eigener Verantwortung"

Silvio Hellemann
„MMS oder probieren geht über studieren"

Jim Humble
„MMS: Der Durchbruch"

Leo Koehof
„MMS – Krankheiten einfach heilen"

Walter Last
„Krebs natürlich heilen"

Kapitel 7

Die Blutegeltherapie

Kommen wir nun zu einer jahrtausendealten Behandlungsmethode, die lange Zeit in Vergessenheit geraten war, nun aber wieder stark ins Interesse von Therapeuten und Patienten gewinnt, und damit wieder vermehrt die Aufmerksamkeit erfährt, die sie zweifellos verdient – die Blutegeltherapie. Ich kann Ihnen versichern, daß an dieser Therapieform nichts Ekliges ist. Die Bezeichnung „Egel" hat im Übrigen auch nichts mit dem Ekel, oder „sich ekeln" gemein. Das Wort stammt vielmehr aus dem Griechischen und bedeutet **„kleine Schlange"**. Bei den Germanen wurde das Wort „Blutegel" nahezu gleichbedeutend mit dem Wort „Heiler" gebraucht. Woran mag es wohl liegen, daß der moderne Mensch von heute ganz natürliche Gegebenheiten als ekelerregend und abstoßend empfindet? Das beginnt beim gespaltenen Verhältnis im Umgang mit den Abbauprodukten des eigenes Körpers (die Wertstoffe Kot und Urin) und hört beim Umgang mit Pflanzen und Tieren nicht auf.
Bereits die Ärzte der alten Babylonier, Ägypter, Hellenen und des Römischen Reiches verschafften ihren Patienten Erleichterung und Schmerzlinderung, indem sie Blutegel zum reinigenden Aderlaß einsetzten. Auf diese Weise trugen sie zur Entgiftung bei, indem sie eine kleine Menge Blut des Patienten aus dessen Blutkreislauf entnahmen und so die Viskosität und Fließfähigkeit des Blutes zu erhöhen, während sie gleichzeitig die Menge an den Körper belastenden Stoffen reduzierten.

In der Natur kommen Blutegel in Mittel- und Osteuropa als auch in einigen Gegenden Nordafrikas vor.

Durch häufigen Einsatz Medizinischer Blutegel zu Beginn des 19. Jahrhunderts und den massenhaften Export nach Westeuropa und Amerika wurden die frei in der Natur lebenden Blutegelbestände stark dezimiert, so daß er mittlerweile nur noch in wenigen Gegenden Europas wildebend vorkommt und daher unter Naturschutz steht. Der Blutegel gehört zu den Ringelwürmern (lat.: Aniliden). Je nach Herkunft unterteilt man die Egel in zwei Arten: den Balkanegel bzw. Ungarischen Egel (Hirudo verbana, Synonym: Hirudo officinalis) und der Deutsche bzw. Medizinische Egel (lat. Hirudo medicinalis), wobei es sich jedoch um die gleiche Art handelt.

Im Speichel des Egels finden sich einzigartige Substanzen, die unter anderem eine blutgerinnungshemmende, lymphstrombeschleunigende, antithrombische (also Thrombose vorbeugend) und gefäßkrampflösende Wirkung besitzen. Dafür verantwortlich sind vor allem die besonderen Wirkstoffe Hirudin, Heparin und Histamin genannt. Dem Erstgenannten verdankt der Egel seinen lateinischen Namen. Die Einsatzgebiete von Blutegeln als Therapeuten erschließen sich aus dem Wirkungsspektrum dieser heilkräftigen Wirkstoffe. Dieses umfaßt alle Erkrankungen, die durch eine gestörte Zirkulation des Blutes und der Lymphe begleitet werden, …

… zum Beispiel:
→ Erkrankung des Herzens / Angina pectoris,
→ das Schulter-Arm-Syndrom,
→ Rheuma und Gicht,
→ Arthrose / Arthritis,
→ sämtliche Gelenkerkrankungen, vor allem von Knie- und Sprunggelenk,
→ Migräne
→ Verspannungen und Verstauchungen
→ Blutergüsse (Hämatome)
→ Krämpfe
→ Furunkel / Karbunkel
→ Schmerzen
→ Lymphstau in den Gliedmaßen (z.B. „Wasser in den Beinen")

Tiere scheinen instinktiv um die Heilkräfte der Egel zu wissen, suchen sie doch z.B. bei Gelenkerkrankungen gezielt egelbewohnte Gewässer auf, und warten geduldig darauf, daß die kleinen Heiler sich ihre winzige Mahlzeit holen und im Gegenzug ihre heilkräftigen Wirkstoffe hinterlassen. Derartige Symbiosen sind in der Natur häufig zu finden, die jedem Beteiligten Nutzen bringen, und die auch wir uns wieder zu Nutzen machen sollten. Heute werden ausschließlich Egel aus speziellen Blutegelzuchten im medizinischen Einsatz verwendet, die man übrigens in jeder Apotheke nach Vorbestellung kaufen kann. Diese gezüchteten Tiere sind frei von Keimen und Krankheitserregern.

Ihr Biß kann leicht unterschiedliche Intensitäten besitzen. Das Gefühl wird dabei mit einem Mückenstich, bis hin zum Hautkontakt mit einer Brennessel beschrieben. Blutegel können bis zu zwei Jahre von einer einzigen Mahlzeit leben.

Die Anwendung:

Wenn Sie Blutegel in Eigentherapie einsetzen möchten, ist es besonders empfehlenswert, sich insbesondere bei der ersten Behandlung den ganzen Vorgang von einem ausgebildeten Blutegeltherapeuten zeigen zu lassen, der Ihnen wertvolle Hinweise geben wird, was Sie dabei beachten sollten.

Sie können sich sogar selbst in zum **Blutegeltherapeuten** ausbilden lassen! Vor dem Hintergrund des stark wachsenden Interesses und einer wachsenden Aufgeschlossenheit vieler Patienten gegenüber alten und neuen alternativen Behandlungsmethoden könnte sich dabei eine überlegenswerte Möglichkeiten zu krisensicheren Neben- oder gar künftigen Haupteinkommen bieten.

Link **Ausbildung bei Blutegel-Online.com**: http://tinyurl.com/c8fa3ho

In der Regel werden fünf Egel zur Behandlung eingesetzt. Sie fühlen sich bei Zimmertemperatur am wohlsten und sind dann auch am beißfreudigsten. Ideal ist es, einen Egel nach dem anderen mit einem nach einer Seite offenen Gefäß vorsichtig und direkt an die zu behandelnde Stelle anzusetzen. Viele Therapeuten benutzen dazu eine Plastikspritze, bei der die Unterseite abgeschnitten wird.

Es kommt zuweilen vor, daß der oder die Egel nicht beißen wollen, was häufig bei Patienten vorkommt, die Raucher sind oder deren Blut anderweitig stark belastet ist. Hier kann Abhilfe geschaffen werden, indem ein Stückchen Butter auf der Haut verrieben wird. Der Saugvorgang selbst wird dabei dennoch kürzer dauern als gewöhnlich.

Der Egel kann während eines Saugaktes, der bis zu 60 Minuten dauern kann, zwischen 2 und 10 ml Blut aufnehmen und so sein Gewicht verdoppeln. Dieser Saugvorgang darf keinesfalls unterbrochen oder gestört werden. Ist der Blutegel satt, dann löst er sich von ganz allein.

Der Egel darf **niemals mit Salz bestreut** werden, um ihn zum vorzeitigen Loslassen zu bewegen. Das Salz würde ihn töten. Der Egel wird von allein „loslassen", sobald er satt ist. Welcher Patient würde seinen Arzt umbringen, der ihm geholfen und Linderung verschafft hat? Ein wesentliches Kennzeichen einer Blutegeltherapie ist das sogenannte Nachbluten der Bißstelle, nachdem sich der Egel gelöst hat. Dieses **Nachbluten kann bis zu 24 Stunden andauern**, **darf nicht unterbunden werden** und **ist für den Erfolg der Behandlung von höchster Bedeutung**.

Während des Nachblutens wird in etwa nochmals die Menge an Blut ausgeleitet, die zuvor auch der Egel selbst aufgenommen hat.

Was tun mit den Egeln nach der Therapie? Heute gibt es sogenannte „Rentnerteiche", in die Egel gesetzt werden, die bereits im therapeutischen Einsatz waren. Es spricht jedoch auch überhaupt nichts dagegen, die Egel in einem eigens dafür vorgesehenen Mini-Aquarium zu halten, damit die Tiere bei derselben Person zu einem späteren Zeitpunkt erneut eingesetzt werden können.

Auf diese Weise kann jedes Familienmitglied – vom Zwei- bis zum Vierbeiner – sein eigenes Blutegel-Therapeutenteam besitzen, um die Egel ausschließlich bei dem einen betreffenden Patienten einzusetzen, um eventuelle Ansteckungen auf andere Personen zu vermeiden. Es gibt teure spezielle Egelaquarien, aber es genügt ganz sicherlich das kleinste erhältliche Aquarium aus dem Aquaristik-Fachhandel. Lassen Sie sich beraten! Beschriften Sie doch dazu einfach das Egel-Aquarium mit dem Namen des jeweiligen Patienten, bei dem die Egel zum Einsatz kommen.

Weiterführende Websites / Infos / Bezugsquellen:

http://blutegel-online.de

http://blutegel.de

http://blutegel.org

http://blutegelfarm.de

http://biorepro.de

http://hirumed.ch

http://blutegeltherapie-duesseldorf.de

Weiterführende Literatur:

Andreas Michalsen
"Blutegeltherapie"

Claudia Moser und Karla Moser
"So hilft Ihnen die Blutegeltherapie"

Kapitel 8

Die Neutralisierung elektromagnetischer Strahlung und von Schadstoffen in der Luft

Die Wettermanipulation via „Chemtrails":

Gezielte Wettermanipulationen sind heute längst über den Status der „Verschwörungstheorie" hinaus, denn mittlerweile beschäftigen sich sogar Anwälte und Gerichte mit diesem Thema, die gegen die UN Klage eingereicht haben, unter deren Schirmherrschaft „Chemtrails" weltweit eingesetzt werden.
Der Nachrichtensender http://n-tv.de widmete dem Thema bereits eine Dokumentation unter dem Titel „**Kriegswaffe Wetter**". Link dailymotion.com: http://tinyurl.com/l7e89fq

Ich empfehle, das 1-Click-Dailymotion Video Downloader-AddOn im Mozilla Firefox-Browser herunterzuladen, den Videolink aufzurufen und das Video auf der Festplatte des Computers zu speichern.
Damit können Sie das Video mit nur einem Klick speichern und weiterverbreiten. Diese Dokumentation wurde von anderen Videoportalen wie YouTube bereits zensiert und entfernt, woraus hervorgeht, wieviel Angst die Verantwortlichen vor der Verbreitung der Wahrheit haben. Wenn auch das oben angeführte Video Zensur zum Opfer fallen oder wegen „Verletzung des Urheberrechts" gelöscht werden sollte, weil das Problem und die Hintergründe mittlerweile immer stärker in der Öffentlichkeit wahrgenommen werden und sich zunehmend Widerstand dagegen organisiert, dann geben Sie in eine Suchmaschine Ihrer Wahl die Suchbegriffe „Kriegswaffe Wetter", „Chemtrails", „Geo-Engineering" oder „Welsbach-Patent" ein, um sich einmal über die Dinge zu informieren, die täglich – ja, auch über Ihrem Kopf – vor sich gehen. Daß es nichts Gutes sein kann, wird daran erkennbar, daß die Verantwortlichen versuchen, das Thema zu verschweigen und zu vertuschen. Warum informiert man die Menschen nicht darüber, was da geschieht? Allein die Heimlichkeit, mit der die Sache tagtäglich betrieben wird, zeugt davon, daß hier ein Verbrechen abläuft, ja ein täglicher globaler Völkermord auf Raten.

Die n-tv-Dokumentation ist deshalb so brisant, weil darin ganz unverhohlen das Ziel der „Forscher" und der Initiatoren zur Sprache kommt, das Wetter bis zum Jahr 2025 so beeinflussen zu können, daß mittels Wettermanipulation Kriege vom Zaun gebrochen werden können, ohne daß irgendjemand weiß, wer den Krieg begonnen hat. Sie möchten nicht mehr von Suchmaschinen ausgespäht werden? Versuchen Sie es doch einmal mit http://startpage.com !

Haben Sie in letzter Zeit einmal einen Blick zum Himmel geworfen? Haben Die einmal bemerkt, daß es fast kaum mehr einen Tag im Jahr gibt, an dem der Himmel wirklich klar ist und die Sonne von einem blauen Himmel scheint? Haben Sie einmal bewußt auf den Geruch der Luft an einem beliebigen, „hochnebeligen" Tag geachtet und bemerkt, daß die ehemals „frische Luft" heute auffallend nach Chemie stinkt? Sind Ihnen vielleicht gar die Streifen hinter Flugzeugen aufgefallen, die aussehen wie dicke Kreidestriche auf einer Schiefertafel? Zunächst waren diese Streifen grell-weiß, heute sind auch viele schmutzig-graue Streifen zu beobachten. Sie lösen sich aber nicht nach kurzer Zeit auf, wie es bei gewöhnlichen Kondensstreifen üblich ist. Normale Kondensstreifen bestehen aus heißen Gasen und einer Ansammlung von Wassertröpfchen, die aus dem Kerosin-Verbrennungsvorgang der Flugzeugmotoren stammen. Die Verbindung der heißen Abgase der Flugzeugmotoren, die sich mit der kalten Luft der Atmosphäre vermischen, erscheinen als dünner, schmaler Streifen am Himmel, der sich nach kurzer Zeit vollständig auflöst.

Im Gegensatz zu Kondensstreifen – den sogenannten „Contrails" – handelt es sich bei Chemtrails um chemische, möglicherweise auch biologische Substanzen, die von Flugzeugen versprüht werden, und nichts mit dem Verbrennungsvorgang der Flugzeugmotoren zu tun haben.

Chemtrails werden willkürlich schachbrettmusterartig am Himmel versprüht und verlaufen anschließend zu einem milchig-weißen Sprühnebel, der schließlich den ganzen Himmel bedeckt. Nachrichtensender berichten mittlerweile offen über die fieberhaften Forschungen, um das Wetter gezielt als Kriegswaffe zu mißbrauchen. Der breiten Masse hingegen wird als Ursache der dabei ausgelösten Unwetter oder Dürren als „CO_2-bedingter Klimawandel" untergejubelt.

Buchempfehlung:

Chris Haderer und Peter Hiess
„Chemtrails. Verschwörung am Himmel? Wettermanipulation unter den Augen der Öffentlichkeit"

Hier handelt es sich um sogenannte „Chemtrails" - also „Chemiestreifen". Ausgebracht werden sie vorrangig durch zivile, aber auch durch Militärflugzeuge. Den deutlich erkennbaren Unterschied zwischen Kondensstreifen (Contrail) und Chemiestreifen (Chemtrail) wird im folgenden Video veranschaulicht: http://tinyurl.com/9spktg6

Um einen angeblich durch CO_2 verursachten Klimawandel durch Wetterextreme zu untermauern, startete dem Jahre 1997 unter Vorsitz der „Vereinten Nationen" (UN) die systematischen Besprühung der Erde mit Chemikalien. Leider handelt es sich hierbei nicht um eine „Verschwörungstheorie", sondern um reale Verschwörungspraxis und einen schwerwiegenden Verstoß gegen internationales Recht. Mittlerweile haben sich sogar Rechtsanwälte eingeschaltet, die gerichtlich gegen Chemtrails vorgehen.

Link Rechtsanwalt Dominik Storr: http://buergeranwalt.com
Bürgerinitiative gegen Chemtrails: http://sauberer-himmel.de

Ein aufschlußreiches Interview des Rechtsanwaltes Dominik Storr mit der **Neuen Südtiroler Zeitung**, die Chemtrail-Problematik betreffend, können Sie sie hier nachlesen:
Link sauberer-himmel.de: http://tinyurl.com/cztpjn9

Im Hinblick auf die heute keineswegs mehr unparteiischen Gerichte verspreche ich mir vom juristischen Weg nicht viel. Die Systemgerichte dienen denselben Herren, die die Konzerne und die Finanzillusion lenken. Warum sollten diese ihr hochprofitables Verbrechen einstellen? An der Herstellung der eingesetzten Chemikalien profitiert die Chemieindustrie. Von den daraus resultierenden Krankheiten profitiert die Pharmaindustrie. Von den erzeugten Schäden an Wasser, Land und Ernten profitieren die Personen, die als Eigentümer der Zentralbanken auch alles andere kontrollieren, und die genau wissen, welche Ernteschäden wo zu erwarten sind, und wie dies die Preise für Lebensmittel beeinflussen wird. Mittels Positionierung entsprechender Finanzvehikel kassiert diese Klientel also zusätzlich auch für den Schaden ab, den sie bewußt angerichtet hat.

Es können bewußt Starkregenfälle oder Dürren erzeugt werden. Wer weiß, was wo initiiert wird, setzt am Beispiel der Dürre in den USA im Jahre 2012 auf fallende Fleischpreise und explodierende Preise für Getreide, Soja und Mais. Das Schicksal von Erde, Mensch und Tier interessiert diese Personen, die sich – falls sie sich in das Licht der Öffentlichkeit wagen – gern als Schöngeister und Philantropen („Menschenfreunde") präsentieren. Ich verspreche mir wie überall den besten Protesterfolg über den unabhängigen, zivilen Weg: Überfluten Sie die Airlines und Abgeordneten mit Protestschreiben und verzichten Sie auf die Nutzung der Fluggesellschaften, bis diese die Besprühung einstellen! Machen Sie Familie, Freunde, Nachbarn, Kollegen auf die Problematik aufmerksam und klären Sie sie über die Sachverhalte auf! Auch Parteien und Initiativen anderer Staaten gehen mittlerweile vehement gegen die Besprühung der Bevölkerung und des Landes mit chemischen und biologischen Substanzen vor, so unter anderem in Australien und Kalifornien:
Link aircrap.org: http://tinyurl.com/9dgw94z
Link stopsprayingcalifornia.com: http://tinyurl.com/9zfwram

Der ex-FBI-Direktor Ted L. Gunderson bezeichnete Chemtrails in einem Interview als „**Todesladungen**" (engl.: death dumps) und forderte ihre umgehende Einstellung, **Link aircrap.org:** http://tinyurl.com/nrz9cho

Selbst die schwedische „Grünen"-Politikerin **Pernilla Hagberg** wies öffentlich auf die Existenz von „Chemtrails" hin. **Link sauberer-himmel.de:** http://tinyurl.com/lof7wm9

Es gibt nichts, was die Bevölkerung nicht auch eigenständig regeln könnte – ganz ohne Staat oder die, die die modernen Staaten unterwandert und gekidnappt haben. Mit Chemtrails wird – neben einem noch nie dagewesenen massenhaften Vogel- und Bienensterben – auch neuartige Erkrankungen wie beispielsweise die sogenannte Morgellonkrankheit, in Verbindung gebracht. **Link chemtrails-info.de:** http://tinyurl.com/9gndphu

Je nach Chemikalienart lassen sich nach Bedarf Unwetter und Starkregen (z.B. Mitteleuropa, Norden und Osten Nordamerikas) oder Trockenheit, Dürre, und sogar Wirbelstürme künstlich erzeugen (z.B. iberische Halbinsel, vor allem der Süden / Mittlerer Westen der USA, Nordafrika).

Finden Sie es nicht erstaunlich, daß die Wetterextreme in den letzten Jahr auf weltweiter Basis massiv zugenommen haben? In Wahrheit werden über unseren Köpfen via Chemtrails beinahe täglich hochgiftige Chemikalien, Aluminium-Barium-Quecksilber-Titan-Polymer-Gemische und andere hochtoxische Substanzen in unserer Luft versprüht, um das Wetter gezielt zu manipulieren.

Das Wetter wird heute regelrecht als Waffe eingesetzt – auch und gerade gegen die ahnungslose eigene Bevölkerung. Es ist ein nichterklärter chemisch-biologischer Krieg von Regierungen gegen das eigene Volk. Alles rein demokratisch, und in alter Freimaurertradition natürlich streng geheim – man will doch schließlich nur das Beste für die Menschen. Besonders intensiv wird dabei die **Bahn des Sonnenverlaufs** besprüht, um die Sonneneinstrahlung zu hemmen. Sonnenstrahlen sind lebenswichtig für die Gesundheit von Mensch und Tier.

Ein Mangel an Sonnenlicht führt beispielsweise beim Menschen zu einem Mangel an dem lebenswichtigen Vitamin D, das der Körper nicht selbst herstellen kann. Für Pflanzen ist das Sonnenlicht ebenso lebenswichtig wie der „Klimakiller" Kohlendioxid (CO_2).

Ohne ausreichende Sonneneinstrahlung können Kulturpflanzen ihre Vitamine und Mineralstoffe voll entwickeln, bleiben also unreif und dementsprechend aus ernährungsspezifischer Sicht minderwertig. Verbrauchern fällt es durch den Verzehr dieser unreifen Früchte schwerer, ihren täglichen Vitamin- und Mineralstoffbedarf zu decken – weitere Mangelerscheinungen sind die Folge.

Kohlendioxid ist das Gas, das Pflanzen für ihr Wachstum benötigen und von ihnen im Rahmen der Photosynthese in Wachstum (Kohlenstoff, C) und ... ja ist denn das zu fassen?! ... in Sauerstoff (O_2) umgewandelt wird. Ohne Kohlendioxid kein Pflanzenwachstum, und ohne daraus entstehenden Sauerstoff keine Atmung und kein Leben; denn es besteht eine Symbiose zwischen Pflanzen und Menschen / Tieren. Die Pflanzen produzieren aus dem Kohlendioxid, welches Tiere und Menschen ausatmen, Wachstum und Sauerstoff, den Mensch und Tier wiederum zum Atmen brauchen.

Das Sonnenlicht trägt dabei wesentlich zur Ausbildung der vollen Reife und aller Nährstoffe in den Früchten der Pflanze bei. Mangelnde Sonneneinstrahlung hemmt sowohl den Reifeprozeß als auch die Ausbildung der arttypischen Nährstoffe. Die Initiatoren der Chemtrails sind dieselben Leute, die uns erklären wollen, wir seien für eine „Klimaerwärmung" verantwortlich und sollten am besten eine Klimasteuer zahlen, die das Weltklima retten würde.

Es gibt heute keinen Lebensbereich, keinen Begriff mehr, der nicht durch Dekadenz, Lüge, Manipulation und Betrug völlig entstellt, verdreht und bis zur Unkenntlichkeit korrumpiert wurde.

Der explosive Anstieg von bisher unbekannten Krankheiten, sowie eine latenter Nährstoffmangel trotz eines Nahrungsmittel-Überangebots sprechen eine deutliche Sprache.Dazu paßt der **„Codex alimentarius"** der sogenannten Weltgesundheitsorganisation (WHO), deren „Wissenschaftler" Vitamine, Mineralstoffe und Spurenelemente als potenziell tödlich klassifiziert haben. Gemäß „Codex alimentarius", **der unbemerkt von der uninformierten Weltbevölkerung am 1.1.2010 weltweit in Kraft gesetzt wurde**, müssen nun Lebensmittel so stark besprüht, behandelt, begast, erhitzt, gefrostet werden, bis der Großteil der Vitalstoffe zerstört wird.
Es gibt mittlerweile in vielen Ländern Bürgerinitiativen und Parteien (Australische Regierung) die eine Einstellung der Chemtrails fordern. Selbst Rechtsanwälte klagen bereits gegen diese Praxis, die es „offiziell" natürlich überhaupt nicht gibt. Wenn sich dieses für alle sichtbare Verbrechen nicht mehr länger vor der Öffentlichkeit verbergen kann, wird man behaupten, man tue das nur, um die Sonneneinstrahlung wegen der „Klimaerwärmung" zu dämmen.

In Wirklichkeit verhindert die weiße Chemikalien-Dunstglocke die Abstrahlung des Sonnenlichts von der Erde in den Weltraum, so daß an Sommertagen häufig eine unerträglich schwüle Hitze wie in einem Treibhaus entsteht, die die Ursache der wolkenbruchartigen Niederschläge, Starkstürme und ähnlicher Wetterphänomene sind.

Informieren Sie sich bitte selbst über die Hintergründe, und bilden Sie sich ein eigenes, fundiertes Urteil, wenn Sie Ihren Kindern und Enkeln eine lebenswerte Welt hinterlassen wollen! Zudem werden wir heute permanent bestrahlt: Handymasten, WLAN, Funk-, Satelliten und Radaranlagen. Diese eletromagnetischen Ströme lassen unser Gehirn praktisch nie zur Ruhe kommen, damit es sich regenerieren könnte. So verstumpft und verblödet die Masse neben der medialen Gehirnwäsche und Propaganda zusätzlich.

Von wem werden denn all die Wissenschaftsinstitute finanziert? Wem gehören sie? Es sind diesselben Kreise, die Regierungen, Politiker, Großkonzerne und vieles andere kontrollieren. Das eigentliche Problem unserer Erde ist kein menschengemachter (anthropogener) Klimawandel durch CO_2, sondern durch das Chemtrail-Programm der UN, zu dem sich eine maßlose Umwelt- und Naturverschmutzung durch die Konzerne und Privatpersonen, deren respektloser Umgang mit der Natur und den Lebewesen der Erde eine Mischung aus Gedankenlosigkeit, Gleichgültigkeit und Profitsucht ist. Diese Geringsschätzung der Schöpfung durch den Einzelnen wird in den kommenden Zeiten zwangsläufig ebenso zu Ende gehen müssen wie die Wettermanipulationen, die mit dem Sturz der globalen Regimes und der Auflösung aller „übergeordneten Organisationen" ebenfalls enden werden. Der Mensch wird sich zukünftig zwangsläufig an die Natur anpassen müssen, anstatt zu versuchen, die Natur an sich selbst anzupassen.

Wenn Sie sich nicht permanent bestrahlen und mit Chemikalien besprühen lassen und es nicht mehr zulassen wollen, daß menschengemachte Wetterextreme Ihre Häuser unter Wasser setzen und Ihr Hab und Gut wegspülen – ein verzweifelter und beliebter Versuch, gerade zu Zeiten eines Systemcrashs von den wahren Schuldigen abzulenken, gibt es ein hochwirksames Mittel dagegen: Der Entdecker dieser Energie – der Forscher Wilhelm Reich – bezeichnete sie als **Orgon**. Auf der folgenden Internetseite finden Sie zahlreiche Informationen rund um dieses Phänomen. Sicherlich werden Sie – so wie ich – zuerst skeptisch sein und anschließend staunen:
http://orgonised-germany.de

Die Wirkung von Orgon findet auf feinstofflicher Ebene statt und konnte deshalb bislang nicht eingehend erforscht werden. Insbesondere im Sommer lassen sich jedoch bemerkenswerte Veränderungen am Himmel beobachten, was darauf schließen läßt, daß die Kombination organischen und anorganischen Materials umso effizienter, je stärker sie direkter Sonneneinstrahlung ausgesetzt ist. Stellt man ein Großgerät wie einen Chembuster in die Sonne, dann läßt sich eine starke Aufheizung (Energiesammlung) feststellen.

Diese Energie wird durch Metallrohre (meist aus Kupfer) an die Umgebung abgegeben. Bald lösen sich weißlich-graue Sprühnebel am Himmel auf, und das Azurblau des Himmels kommt wieder zum Vorschein. Steigern Sie Ihr also Wohlbefinden mit Orgon, das darüberhinaus auch elektromagnetische Strahlung zu neutralisieren in der Lage ist. Besonders in Kombination mit Sonnenenergie wirkt es geradezu sensationell.

Reich entwickelte in den 1950er Jahren einen Orgonakkumulator und brachte ihn in den Wüsten im Südwesten der USA aus. Die USA mußten anschließend ihre Atomwaffentests in diesen Gebieten aussetzen, um das Orgonit zu entfernen, da Atombomben als sogenannte Resonan-zbomben nicht zünden können, wenn positive Energien vorherrschend sind. Atombomben lassen sich nicht an jedem Punkt der Erde zünden, wie man uns glauben machen will, sondern nur in mit negativen Energien verseuchten Gebieten. Durch Reich's Orgontests verzögerten sich Atombombentests in der Wüste von Nevada um mehrere Monate und brachten Reich auf die Abschußliste einflußreicher Kreise. Er wurde in den USA inhaftiert und verstarb kurze Zeit nach seiner Inhaftierung.

Mit Hilfe eines kleinen Orgonkegels können Sie ganz unkompliziert Elektrostrahlung (Fernseher, PC, Handy, Mikrowelle) innerhalb Ihrer Wohnung oder Ihres Hauses unschädlich machen. Dauerhaft und wartungsfrei.

Es ist heute leider eine Tatsache, daß eine zunehmende Anzahl an Menschen unter Schlafstörungen leiden. Ein wesentlicher Grund dafür ist, daß unser Körper und ganz besonders unser Gehirn in der heutigen „zivilisierten" Zeit einer permanenten Bestrahlung ausgesetzt ist – Fernseh-, Radio-, Mikro-, Radarwellen, Atomreaktoren - die unsere Gedankenströme pausenlos beeinflussen, ja, die es nicht einmal in der Nacht zur Ruhe kommen lassen (z.B. Radiowecker).

Konzentrationsstörungen, Schwindel, Kopfschmerzen bis hin zu Migräne, Depressionen und im Extremfall Tumore sind alles Hinweise auf diese unsichtbaren Bedrohungen, denen wir täglich ausgesetzt sind. Da diese Bestrahlung nicht von selbst aufhören wird, leisten Sie einen wesentlichen Beitrag zur Gesundung Ihrer unmittelbaren Umwelt und Natur, wenn Sie einen Chembuster in Ihrem Garten oder Ihrer Wohnung platzieren. Darüber hinaus werden sich die Extremregenfälle und sonstige künstlich erzeugte Wetterkapriolen in Ihrem Umkreis wohltuend und spürbar reduzieren. Der damit ebenso reduzierte Streßfaktor durch wegfallende Sorgen um etwaige Überschwemmungen und sonstige Wetterkapriolen wird deutlich zu Ihrer verbesserten Gesundheit beitragen – von permanenter Dauerbestrahlung einmal ganz abgesehen!

Lassen Sie einmal Ihr Regenwasser in einem unabhängigen Labor auf chemische Rückstände, insbesondere Aluminium und Barium, Strontium und Arsen untersuchen. Schwermetalle zerstören Nerven- und Gehirnzellen irreversibel. Wenn Sie also wissen wollen, was die tatsächlichen Gründe für das explosionsartige Auftreten von Neuweltkrankheiten wie Alzheimer, Demenz und Parkinson sind, dann befinden Sie sich hier auf ganz heißer Spur.

Weitere Auswirkungen von Chemtrails auf Lebewesen:
→ verhindern das Keimen von Samen
→ rufen eine verkümmerte Blattbildung hervor (bei Pflanzen)
→ hemmen die Photosynthese
→ behindern das Wachstum und die Aufnahme von Nährstoffen
→ verändern und zerstören DNA
→ begünstigen Mutationen
→ erhöhen die allgemeine Sterblichkeit (Mortalität) wesentlich

Auch wenn Sie dabei ebenso wie ich nicht auf die Unterstützung der systemeigenen Gerichtshöfe vertrauen, so können Sie dennoch Rechenschaft von Ihren gewählten Abgeordneten fordern – dies ist eines Ihrer zahlreichen vernachlässigten Rechte als Souverän Ihres Staates. Schließen Sie auch die Fluggesellschaften in Ihre Forderung nach lückenloser Aufklärung mit ein, und fordern Sie die unverzügliche Einstellung der Chemtrails.

Wiegelt man Sie ab, bleibt Ihnen immer noch die wirksamste Waffe als freier Mensch: der bewußte Verzicht. Daneben kann Orgonit (die Kombination organischer und anorganischer Materie) möglicherweise als wichtiger Baustein dienen, um dieses Ziel auf zivilem Wege zu erreichen.

http://sauberer-himmel.de

http://chemtrails-info.de

http://chemtrails.ch

http://chemtrail.de

http://aircrap.org

http://geoengineeringwatch.org

http://globalmarchagainstchemtrailsandgeoengineering.com

Kapitel 9

Zahngesundheit und Augentraining

Das Gesundheitswesen steht vor einem radikalem Umbruch: Weg von der illusionären und nichtexistenten Verantwortung der Allgemeinheit gegenüber dem Einzelnen, zurück zur Verantwortung des Einzelnen, oder Individualverantwortung. In Zukunft könnte es bei massiver Verschlechterung der finanziellen und wirtschaftlichen Lage möglicherweise kompliziert oder zumindest kostspielig werden, die Dienste eines Arztes, Heilpraktikers oder Therapeuten in Anspruch zu nehmen. Krankenkassen – gleichgültig ob gesetzlich oder privat – werden den Kollaps des Finanzsystems nicht überleben. Die effizienteste Gesundheitsreform wird darin bestehen, bestmögliche eigenverantwortliche Vorsorge (Prophylaxe) zu betreiben, um die Beanspruchung ärztlicher Hilfe so gering wie möglich zu halten. Wesentliche Bereiche – wenn auch oftmals stiefmütterlich behandelt – sind unsere Zähne und Augen. Durch welche Art der Ernährung wir unsere Zahngesundheit optimal unterstützen, betrachten wir im anschließenden Kapitel 10.

Womit wir unsere Zähne und die Gesundheit unseres Mundraumes auf einfache Weise pflegen können, und ob wir ohne Optiker tatsächlich ohne Durchblick sind, wollen wir uns im vorliegenden Kapitel einmal anschauen.

Die Regenerationsfähigkeit der Zähne

Unsere Zähne leiden unter unserer falschen Ernährung. Ihr Hauptproblem ist dabei das Übermaß an Zucker und stark zuckerhaltiger Substanzen, die wir täglich so gern konsumieren. Zucker wird im Körper in Säuren umgewandelt, und diese sogenannten Kariessäuren sind es, die den Zahnschmelz angreifen. Man kann mit Fug und Recht behaupten, daß es sich hier tatsächlich um eine Wohlstandserkrankung handelt, die durch Fehlernährung begünstigt wird.

Wollen wir das Problem dauerhaft beheben, dann kommen wir um eine Umstellung unserer Ernährungsgewohnheiten und die Reduzierung unseres Zuckerkonsums nicht umhin. Unseren angegriffenen Zähnen hilft das allerdings kurzfristig nicht. Je länger die Kariessäuren aktiv sind, desto stärker wird der Zahnschmelz beschädigt. Am Ende ist er stellenweise abgetragen und ein Loch im Zahn. Experimentierfreudige Menschen haben sich nun einmal darüber Gedanken gemacht, ob denn wohl die Zähne ein ähnliches Reparaturprogramm besitzen wie der Rest unseres Körpers.
Zähne wachsen aus Zahnkeimen, und sollten aus diesem Grund auch die Fähigkeit besitzen, nachzuwachsen und sich selbst zu erneuern, so wie alle Zellen unseres Körpers. Die Anlage der Zahnkeime ist in unserer DNA genetisch fixiert. Wurde diese nicht geändert oder beschädigt, dann müßte folglich auch die Eigenreparatur der Zähne möglich sein. Unser Körper ist ständig damit beschäftigt, sich selbst zu erneuern und zu reparieren. Etwa 500 Millionen Zellen – so schätzt man – sind es täglich, die er ersetzt, indem er altes gegen neues Material austauscht. Nun, Versuch macht klug, sagt man. Stimmt die Theorie, dann benötigt unser Körper insbesondere die Mineralien zur Reparatur der Zähne, aus denen die Zähne selbst bestehen.

Hier ist ein Rezept, mit dem Sie es selbst einmal selbst probieren können. Seine Zutaten bestehen aus Beinwell zum einen, und aus gereinigten und feingemahlenen Bio-Eierschalen zum anderen. Beinwell wird im Englischen auch als „knitbone" bezeichnet, was so viel wie „Knochenkitt" bedeutet. Seine Wirkstoffe besitzen nachweislich die Fähigkeit, Knochen und Knochengewebe zu reparieren und zu heilen. Die Zusammensetzung unserer Knochen und unserer Zähne ist sich sehr ähnlich. Eierschalen enthalten zahlreiche basische Mineralien, an denen es unserer unnatürlichen Wohlstandsernährung mangelt: allen voran Calcium, das es quasi als Baumaterial für die Erneuerung unserer Zähne verwenden kann. Ein weiterer positiver Effekt der Einnahme pulverisierter Eierschale ist die Erhöhung der Knochendichte, die Knochenkrankheiten wie z.B. Osteoporose entgegenwirkt.

In unserem natürlichen Zahnreparaturprogramm verwenden wir Beinwell in Form einer Mundspülung, und pulverisierte Eierschalen zur Wiederauffüllung der Mineralreserven unseres Körpers, der Remineralisierung.

Warum verwenden wir die Schalen von Bio-Eiern? Weil Eier aus anderen Haltungsformen, die eher der industriellen Nutzung als dem Tier dienen, oftmals mit antibiotikaresistenten Keimen und Rückständen von Insektiziden behaftet sein können, mit denen die Tiere eingesprüht werden.

Es ergibt keinen Sinn, die Zähne reparieren zu wollen, und dabei die Aufnahme von unbekannten Giften in unseren Körper in Kauf zu nehmen. Ideal wäre es daher natürlich, wenn Sie bereits eigene Hühner zur Selbstversorgung halten. Dann wissen Sie ganz genau, womit Sie Ihre Tiere füttern, tränken und notfalls Krankheiten behandeln.

Zuerst werden die leeren Eierschalen gründlich unter heißem Wasser gereinigt und anschließend getrocknet. Danach werden sie fein vermahlen. Manche Anwender bevorzugen dazu eine Kaffeemühle oder einen Mixer. Wenn Sie das „stromlos = unabhängig-Konzept schon begriffen und verinnerlicht haben, dann entscheiden Sie sich am zweckmäßigsten für einen Granitmörser, wie sie ihn beispielsweise auch zum Zerkleinern von Gewürzen und Kräutern verwenden können. Wir verwenden die Schale eines ganzen Ei's. Das Endergebnis ist feinstes Eierschalenpulver.

Dieses Pulver wird nun in einem Getränk angerührt, das idealerweise aus unbehandelter Roh- oder Vorzugsmilch besteht. Diese enthält im Gegensatz zu haltbarer Milch noch alle Vitamine und Mineralien. In die Milch – falls Sie an Laktoseintoleranz leiden sollten, können Sie selbstverständlich statt der Milch eine andere Grundlage verwenden – kommen nun fein zerkleinerte Früchte der Saison, nach Verfügbarkeit kleingehackte Nüsse oder Mandelmus, und je nach Geschmack verschiedene Gewürze, wie Zimt, Vanille oder Roh-Kakaopulver, wenn Sie es lieber schokoladig mögen.

Eine wichtige Zutat ist die unvermeidliche Banane! Schütteln Sie alles gründlich im Mixer, bis eine cremige Konsistenz entsteht, und dann lassen Sie es sich schmecken! Diese Mischung versorgt Ihren Körper mit allen Mineralien, die er zum Einbau in Knochen und Zähne benötigt.

Eine weitere Möglichkeit ist das Vermischen des Eierschalenpulvers mit Zitronensaft, am besten aus einer frischgepreßten und unbehandelten Zitrone. Der Saft der Zitrone macht das Eierschalenpulver „weicher", so daß es leichter geschluckt werden kann. Diese Mischung sollte 6 Stunden lang stehengelassen werden, bevor sie löffelweise eingenommen wird. Falls Ihre Ernährung nicht ausreichend Magnesium enthält, ist die zusätzliche Einnahme von 400 mg Magnesiumcitrat empfehlenswert, aber bei vollwertiger Ernährung (häufiger Verzehr von Wildkräutern!) unnötig.

Während wir den Körper nun mit einer Fülle von Mineralien und insbesondere Calcium versorgen, wenden wir täglich unsere Beinwell-Mundspülung an, von deren Wirkung sowohl die Zähne als auch das Zahnfleisch gleichermaßen profitieren. Für die Mundspülung kann die frische oder die getrocknete Beinwellwurzel verwendet werden, wobei die frische wirkungsvoller ist. Sollten Sie sich für die getrocknete Wurzel entscheiden, dann sollte sie zehn Minuten lang leicht köcheln, damit sie Wasser aufnimmt. Nehmen Sie ein kleines Stück der Wurzel und mischen Sie sie mit so vielen Teelöffeln Wasser, bis eine sehr flüssige Mischung entsteht. Mit dieser Mischung spülen Sie zwanzig Minuten lang Ihre Mundhöhle aus. Anschließend spucken Sie die Spülung wieder aus. Dieser Vorgang sollte mindestens einmal täglich durchgeführt werden.

Achtung: Während der Schwangerschaft und Stillzeit sollten Sie auf die Anwendung verzichten!

Erste Erfolge der Reparaturkur sollten nach wenigen Wochen spür- und erkennbar sein. Einige Anwender berichten davon, daß sich bei konsequent-regelmäßiger Anwendung der Kur die meisten Löcher in nur ein bis zwei Monaten wieder vollständig schließen.

Probieren Sie es aus! Nur auf diese Weise lassen sich Erfahrungen sammeln. Probieren geht eben über studieren. Vielleicht können auch sie bald auf Metalle und fragwürdige chemischen Substanzen in Ihrem Mund verzichten – Ihrer Gesundheit zuliebe! Ich wünsche Ihnen viel Erfolg!

Die Zahnpflege

Wie prinzipiell im Leben, so liegt auch bei der Zahnpflege und Mundhygiene die Schönheit in der Einfachheit. Mit einer simplen und grundlegenden Zahnreinigung sparen Sie hohe Kosten, stärken und schützen Ihre Kauwerkzeuge auf die denkbar natürlichste Art, und durch den Verzicht auf fragwürdige synthetische Zusätze als Inhaltsstoffe „moderner" Zahncremes schonen Sie dabei auch noch ihre Gesundheit. Auch im Bereich der Mundhygiene ist eine Rückkehr zu traditionellen Materialien zu erkennen. In Afrika und dem Nahen / Mittleren Osten wächst ein Strauch, Miswak genannt. Er wird in diesen Regionen traditionell zur Zahnpflege verwendet. Man schneidet einen Zweig des Miswak-Strauches ab und vollführt einen Rundschnitt etwa 1 cm nach der Schnittstelle. Nun wird die Rinde an dieser Stelle abgeschält oder abgekaut. Zum Vorschein kommen zahlreiche Holzfasern, die bürsten- oder pinselähnlich aussehen und sich als Zahnbürste eignen. Für Liebhaber der modernen Zahnbürstenform ist die Miswak-Faser auch als separater Bürstenkopf erhältlich, der auf den Griff aufgesteckt wird. Im sortierten Fachhandel wird alles rund um das Zähneputzen nach dieser Methode unter dem Namen „*Swak*" vermarktet.

Doch wozu weit schweifen, wenn Gutes doch so nahe liegt? Auch in Mitteleuropa wurden früher auf diese Weise die Zähne gereinigt. Hier wächst jedoch kein Miswak-Strauch, sondern die gute alte Weide – und das fast überall. So können Sie also auch einen Weidenzweig abschneiden, diesen mit heißem Wasser reinigen, und anschließend analog zu Miswak als Zahnbürste verwenden. Die Weide enthält – wie der Miswak auch – wertvolle Gerbstoffe, die eine antibakterielle und desinfizierende, wohltuende Wirkung auf Zahnfleisch, Mundflora und Mundschleimhaut haben. **Weidenarten** (z.B. Silberweide, lat.: salix alba) enthalten, wie der lateinische Name bereits andeutet, das Schmerzmittel Salicin und andere Derivate der Salicylsäure, die hier in natürlicher Form als Aspirin-Alternative vor Ihrer Haustür wachsen.
Link wikipedia.de - „Salicin": http://de.wikipedia.org/wiki/Salicin

Wer auf Zahnpasta nicht verzichten mag, dem sei das Putzen mit Zahncremes auf Sole-Basis empfohlen (z.B. von der Firma Weleda). Auch die bewährte Ajona-Zahncreme (in fast jedem Drogeriemarkt erhältlich) enthält kein Fluor und reinigt Zähne und Zahnfleisch, schmeckt außerdem angenehm mild, wenn man die Dosierungsempfehlung beherzigt. Besonders günstig aus ökonomischer und gesundheitlicher Sicht ist jedoch das Zähneputzen mit Schlämmkreide, deren wertvolle Inhaltsstoffe in Form von Mineralien den Zahnschmelz und das Zahnfleisch gleich noch remineralisieren. **Link Dr. Mauch Schlämmkreide:** http://tinyurl.com/9384bou

Wer unter Zahnschmerzen oder (eitrigen) Entzündungen im Mundraum leidet, beispielsweise von Zähnen, Zahnwurzeln oder Zahnfleisch, sollte einmal probieren, ob eine Spülung mit möglichst warmem Salzwasser Linderung verschafft. Wichtig ist neben der Verwendung von **warmem Wasser** eine möglichst **hohe Salzkonzentration**. Verzichten Sie dabei wie in Ihrer Ernährung unbedingt auf Industriesalz, das womöglich noch mit Jod oder Fluor versetzt wurde, und verwenden Sie auch hier ausschließlich **naturbelassenes Steinsalz**. Salz übernimmt wichtige Stoffwechselfunktionen im Körper und deshalb sollte das Beste gerade gut genug sein. Naturbelassenes Salz hat eine reinigende und desinfizierende Wirkung. Seine im Wasser gelösten natürlichen Mineralien unterstützen die naürliche Remineralisierung der Zähne ganz nebenbei.

Dieses Salz entstand durch die Austrocknung des Urmeers und lagert nun in einer Tiefe von 400 bis 700 Metern vor Umwelteinflüssen geschützt in sogenannten Salzstollen. Nach dem Abbau und schonender Reinigung ohne chemische Hilfsmittel wird es vermahlen. Es enthält keinerlei chemische Rieselhilfen oder andere künstliche Zusätze. Erhältlich beispielsweise bei: **http://firmahurtig.de**

Ich habe dabei gute Erfahrungen mit einem halben Teelöffel Salz auf etwa 20 Milliliter warmem Wasser gemacht, was etwa einem kräftigen Schluck entspricht. Mit dieser Lösung wird der Mund gründlich gespült, besonders der Bereich, der von der Entzündung betroffen ist. Spülen Sie, solange Sie möchten, aber 5 Minuten sollten es nach Möglichkeit mindestens sein. Anschließend wird die Lösung ausgespuckt und bei Bedarf der Mund etwas ausgespült. Wenn Ihnen der Geschmack – er ist bei der Verwendung von Steinsalz nicht unangenehm – nichts ausmachen sollte, ist es umso besser, da das Salz über einen längeren Zeitraum nachwirken kann. Nicht angewendet werden sollte die Mundspülung, wenn der Patient einen Riß im Zahn haben oder der Zahn anderweitig beschädigt sein sollte.

Im Notfall bleibt nur die Entfernung eines defekten Zahnes, um die Schmerzen zu beseitigen. Die Fertigkeit, Zähne zu extrahieren, die in den 1950er-Jahren noch jeder Landarzt besaß, erscheint heute unvorstellbar. Mit hoher Wahrscheinlichkeit wird diese Fähigkeit in Zukunft wieder notwendig werden, und so ist es ratsam, sich mit den einzelnen Arbeitsschritte vertraut zu machen, bevor ein akuter Notfall eintritt. Dazu empfehle ich den kleinen Ratgeber **„Kleine Chirurgie der Zähne"**, Link survivalpress.org: http://tinyurl.com/lck29nj

Entsprechende Werkzeuge zur Zahnbehandlung, von Geräten zur Zahnsteinentfernung bis hin zum Zahnzangen-Komplettset sind im Internet erhältlich, bei Internet-Auktionshäusern, spezialisieren Händlern, oder auch direkt von den Herstellern. Achtung: Bei unsachgemäßer Handhabung besteht Verletzungsrisiko. Vor einem Badezimmerspiegel, hellem Licht und beidhändiger Instrumentenführung lernt man schnell die richtige und vor allem notwendige Vorsicht beim Gebrauch von **Zahnsonde**, **Zahnsteinkratzer** und **Zahnreiniger**.

Bitte bedenken Sie auch, daß Zahnimplantate, sogar wenn sie scheinbar komplikationslos einwachsen, heftige Nebenwirkungen in anderen Bereichen des Körpers verursachen können, die insbesondere von Zahnmedizinern, die nach schulmedizinischen Maßstäben prakzieren, nicht ursächlich mit dem Implantat als Verursacher in Verbindung gebracht werden! Eine Leserin schrieb mir ihren Leidensbericht und erlaubte mir, diesen zu veröffentlichen, was ich hiermit gern tue, um Lesern zu helfen, denen es möglicherweise ähnlich ergeht.

„Zur Zahnmedizin habe ich noch folgendes zu sagen: ich bin ein Opfer derselben. Vor fünfzehn Jahren hat mein Immunsystem unter der Belastung einer privaten Krise versagt, und die lebenslang bestehende, schleichende Vergiftung durch Zahnmetalle hat Symptome wie bei einer MS (Multiple Sklerose, Anm. des Autors) ausgelöst. Ich habe mich damals von der Schulmedizin getrennt und all das beherzigt, was Sie auch in Ihrem Brief erwähnen. Ich bin wieder gesund geworden, obwohl mir die Neurologen sagten: 'Machen Sie sich keine Hoffnung.'

Nun bin ich leider Anfang 2013 in die Hände eines „ehrgeizigen" jungen Zahnarztes gekommen, der mir Implantate riet – und ich fiel darauf herein. Fast jeder Bekannte ist Zahnimplantatträger, und die Lobeshymnen tönen laut. Also fiel ich drauf herein. 14 Tage nach der Operation kamen die ersten Schmerzen – im linken Oberschenkel. Diese breiteten sich aus auf die gesamte linke Körperhälfte. Tremor, Nervenschmerzen, leichte Lähmungen, Übelkeit, Erschöpfung und Schlafattacken und ein Dutzend weiterer Beschwerden machten mir anderthalb Jahre das Leben zur Hölle. Ich wollte nur noch sterben, so elend fühlte ich mich. Die Implantate selbst waren tadellos eingeheilt. Ich litt unter Anfällen, als stünde ich unter Strom. Diese Anfälle kamen in Wellen, spätestens jeden zweiten Tag. Ich war zu nichts mehr fähig und vegetierte nur noch weinend dahin. Das ist keine Übertreibung.

Von Beginn an wußte ich tief im Inneren, daß die Implantate die Ursache waren, aber man glaubte mir nicht und wies darauf hin, daß man nur zufriedene Patienten habe – mit Ausnahme derer, bei denen die Metalle nicht einheilen. Das war ja bei mir nicht der Fall. Ein eingeheiltes Implantat gilt der Schulmedizin als Erfolg. Mut und Hartnäckigkeit brauchte ich, bis ich einen Kieferchirurgen fand, der sich für mich einsetzte und erreichte, daß im Salzburger Landeskrankenhaus die fünf (!) Titanschrauben aus dem Oberkiefer gefräst wurden. Man sagte mir ins Gesicht, daß dies eine Dummheit sei, denn niemand werde krank, und fast jeder vertrage die Implantate gut. Man warnte mich und sagte, daß ich beides verlöre: festsitzende Zahnversorgung UND Gesundheit. Denn man könne sich nicht vorstellen, daß meine Beschwerden von den Titanimplantaten kämen.

Die Entfernung der Metalle geschah in Etappen. Im Mai dieses Jahres wurden die letzten zwei der insgesamt fünf Titanschrauben explantiert. Danach setzte schlagartig Besserung ein. Meine Gesundheit ist zwar bis jetzt noch nicht völlig wiederhergestellt, aber mit jeder Woche werden die Symptome milder. Ich bin inzwischen wieder lebensfroh, arbeite und treibe Sport. Daß es mir viel besser geht, ist der Beweis für meine These: Die Implantate hätten mich ins Grab gebracht. Diese Geschichte erzähle ich deshalb, weil ich glaube, daß jedes Metall im Körper Schaden anrichten kann – und daß eine große Zahl von Zahnimplantatträgern mit der Zeit erkrankt, ohne diese Erkrankung auf die Implantate zurückzuführen: vor allem Schmerzen in Gelenken, Sehnenansätzen (Hals) und Muskeln werden ja gern als altersbedingte, degenerative Entwicklung abgetan. Ich bin da anderer Meinung. Ärzte haben ohnehin keine Ahnung von den Zusammenhängen. Auch mir wurde mein Alter vorgehalten: 65 Jahre – das ist ein Witz! Mit 65 ist man nicht alt, und schon gar nicht krank, sofern man sich artgerecht ernährt und das Glück hat, nicht mit vielen Umweltgiften in Kontakt gekommen zu sein. Dann hieß es: Finden Sie sich ab, sie sind „chronischer Schmerzpatient". Das ist eine tolle Diagnose? Ein Arzt, der so etwas sagt, verdient wenig Achtung. Gern können Sie meinen Fall als Warnung nehmen. Das Implantieren von künstlichen Zahnwurzeln ist seit Jahren DAS Geschäft in der Zahnmedizin, und die Zahnärzte ziehen sogar noch erhaltenswürdige Zähne, um Implantate zu setzen. Das geschieht zwar auch, aber nicht ausschließlich aus Gewinnsucht. Es ist auch eine ordentliche Portion Dummheit dabei, und das blinde Folgen zeitgeistig aktueller Praktiken. Hier muß jeder für sich selbst denken und sorgen. Als selbstdenkender Patient habe ich persönlich versagt, obwohl ich einschlägige Erfahrungen mitgebracht habe. Ich habe es teuer bezahlt. Der Mensch irrt, so lange er lebt."

Buchempfehlungen:

Dorothea Brandt **„Zahnarztlügen: Wie Sie Ihr Zahnarzt krank behandelt"**
„Zahngesund: Wie Sie ohne Zahnarzt gesund bleiben"

Die Augen

Neben unseren Zähnen sind auch unsere Augen durch Reizüberflutung und Arbeit am Computer arg strapaziert. Augenärzte empfehlen häufig, jede Stunde für mindestens 5 – 10 Minuten zu pausieren und mit dem Blick in die Ferne zu schweifen. Die Farbe „grün" ist sehr wohltuend für unsere Augen. Von ein wenig Entspannung im Grünen profitieren Sie ebenso wie Ihre Augen. Konzentrieren Sie sich einmal bewußt darauf, Gegenstände in Ihrer Nähe und in der Ferne zu fixieren und „scharf zu stellen". Auf diese Weise trainieren Sie die Muskeln Ihrer Augen. Wie jeder andere Muskel mit gestreifter Muskulatur lassen sich auch die Muskeln der Augen trainieren. Zur Erreicherung des lohnenswerten Ziels „Verbesserung der Sehkraft" sind verschiedene Augenübungen notwendig, die leider den Rahmen dieses Buches sprengen würden und auch der Illustration bedürfen.

Buchempfehlungen:

Leo Angart **„Vergiß deine Brille: Mit effektiven und gezielten Übungen zurück zur natürlichen Sehkraft / mit persönlichem Sehtest"**
Mirsakarim Norbekov, Felix Eder **„Eselsweisheit: Der Schlüssel zum Durchblick – oder – Wie Sie Ihre Brille loswerden"**

Aldous Huxley **„Die Kunst des Sehens: Was wir für unsere Augen tun können"**

Janet Goodrich **„Natürlich besser sehen"**

Eines ist sicher: Unsere Sehkraft hat sich nicht von heute auf morgen verschlechtert. Sie wird ebensowenig von heute auf morgen wiederhergestellt werden können. Geben Sie aber sich und Ihren Augen die Chance und die Zeit – üben Sie regelmäßig, und Sie werden **„sehen"**! Die Mühe lohnt sich!

Kapitel 10

Die Ernährung

Jeder Gesundheitsratgeber wäre unvollständig, wenn er nicht auch den Aspekt der Ernährung berücksichtigen würde. Die Qualität unserer Gesundheit ist ein direktes Produkt der Qualität der Nahrung, die wir zu uns nehmen. Da die Industrialisierung der Wirtschaft auch in den Bereich der Ernährung und in die Produktion unserer Lebensmittel Einzug gehalten hat, können wir heute mit Fug und Recht von industrialisierten Nahrungsmitteln sprechen, die wir zu uns nehmen.

Wir leben ein völlig unnatürliches Leben, das uns zwar ein gewisses Maß an Bequemlichkeit und Komfort beschert, aber uns damit auch in Abhängigkeiten geführt hat, die unsere Vorfahren in dieser Form niemals kannten. Eine zunehmende Anzahl von Menschen weiß nicht mehr, wie natürliche Lebensmittel schmecken, wo sie welche kaufen können oder gar, wie man diese selbst anbauen kann.

Wir leben in den Tag hinein, als könne dieses Leben des vermeintlichen Schlaraffenlandes nie zu Ende gehen, als hätten wir das Recht auf Trägheit und Luxus für immer gepachtet. Leider haben wir uns mit dieser Einschätzung selbst entmündigt und die existenzielle Grundlage unseres Lebens an die Produzenten unserer Nahrung abgetreten, da wir nicht mehr eigenständig in der Lage sind, dafür Verantwortung zu tragen.

Unsere Entfremdung von der Natur kommt auch hier abermals zum Vorschein: Kinder, die in der Stadt leben und aufgewachsen sind, haben oft noch nie eine Kuh, eine Schwein oder ein Huhn gesehen. Daß sie sie allenfalls aus der Werbung kennen und denken, sie seien lila, stellt auch dem vermeintlich modernen Bildungssystem kein gutes Zeugnis aus. Tiere kennen wir heute meist nur zerstückelt und verpackt aus dem Supermarkt. Daß es sich dabei um ein ehemals lebendes Individuum gehandelt hat, und unter welchen Umständen es aufgewachsen und zu Tode gekommen ist, verdrängen wir gern. Einerseits bereitet uns der Gedanke Unbehagen, und andererseits betrifft uns das Schicksal dieses Tieres doch nicht persönlich.

Oder etwa doch?

Wenn wir uns jedoch vergegenwärtigen, daß wir durch unsere Nachfrage nach billigem Fleisch maßgeblich zum Schicksal dieser Tiere beigetragen haben, dann beginnen wir die Sache eventuell aus einem neuen Blickwinkel heraus zu betrachten.

Die Forderung nach billigem Fleisch, und generell billiger Nahrung, wirft die Frage auf: Woran soll gespart werden, um es in den Augen des Konsumenten so billig wie nur möglich zu machen? Verstehen Sie, irgendjemand muß ja die Kosten tragen und die Rechnung zahlen, wenn es der Verbraucher nicht tun will!

Die Kosten trug der naturgemäße Landbau und die Kleinbauern, die durch eine Verindustrialisierung der Landwirtschaft mit industrieller Massenproduktion zurückgedrängt wurden, deren Monokulturbetriebe auf Kosten der Steuerzahler finanziert wurden, da sie selbst weder ökologisch noch ökonomisch zu wirtschaften in der Lage sind.

Die Rechnung zahlten das gesamte Ökosystem: Die Böden sind durch Kunstdünger ausgelaugt und durch Unmengen an Jauche aus der Massentierhaltung versauert, somit auch das Grundwasser verunreinigt und die Luft durch die Gasentwicklung der Massenbetriebe verpestet. Wenn Sie das nicht glauben, dann begeben Sie sich einmal in die Nähe einer Hühner-, Schweine- oder Rindermastanlage. Sie können sie nicht verfehlen, denn Sie werden sie schon von Weitem riechen.

Das „billige Fleisch", das darin aufwächst und sein Leben dort fristet, hat keine Wahl, kann sich seine Lebensumstände nicht selbsr auswählen, und es bleibt ihm nichts anderes übrig, als die giftigen Ammoniakdämpfe tagtäglich einzuatmen. Damit es davon nicht erkrankt, wird es vorsorglich mit Unmengen von Antibiotika gefüttert. Um schnell schlachtreif zu werden, darf es sich nicht viel bewegen. Aber da die Tiere auf engstem Raum zusammengepfercht werden, ist ohnehin keine Bewegung möglich. Dazu wird ihnen Futter verabreicht, die sie freiwillig nie zu sich nehmen würden – wenn sie nur so lebten, wie es ihrer Art entspräche.

Oder haben Sie schon einmal Kühe in Weidehaltung gesehen, die sich statt an frischem Gras im Sommer und duftendem Heu im Winter lieber an Sauerkraut (= Silage), Mais, Sojabohnen oder Getreide gütlich tun?

Nicht zuletzt werden den Tieren Hormone als Wachstumsbeschleuniger verabreicht. Es soll ja ein maximales Schlachtgewicht in kürzester Zeit erreichen, und der moderne Konsument ekelt sich vor Fett. Was liegt da näher, als auf pharmazeutischem Weg ein wenig nachzuhelfen, und zwei Fliegen mit einer Klappe zu schlagen?

Unsere Forderung nach billigem Fleisch – angeblich soll sein Verzehr Wohlstand symbolisieren – hat die Tiere zu einem unnatürlichen Leben und art-untypischem Verhalten gezwungen. In den meisten Fällen können die Tiere niemals einen einzigen Atemzug in frischer Luft tun, oder die Erde und grünes Gras unter ihren Füßen, Klauen und Hufen fühlen, bis sie nach kurzer Leidenszeit in Massenvernichtungsanlagen qualvoll im Akkord und Massenabfertigung gemeinsam mit anderen getötet werden.
Wenn uns diese Zusammenhänge bewußt werden, dann beginnen wir zu ahnen, daß das Leben dieser Tiere womöglich doch einen direkten Einfluß auf unser eigenes Leben haben muß – und letztlich auch auf unsere Gesundheit. So zahlen also am Ende nicht nur die Tiere einen hohen Preis für unsere Gier nach billigem Fleisch. Auch wir selbst bezahlen am Ende – mit unserer Gesundheit.

Vielleicht denken wir das nächste Mal im Supermarkt darüber nach – auch wenn es uns aus unserer persönlichen Komfortzone herausführt – unter welchen Umständen das billige Schnitzel, das Steak im Sonderangebot oder das marinierte Hähnchenbrustfilet sein Leben als unser Mitgeschöpf fristen mußte, zu dem es unsere Gier nach täglichem billigen Fleischverzehr gezwungen hat. Wenn man anschließend konsequent weiterzudenken bereit und in der Lage ist, dann kommen wir nicht an der Frage vorbei, weshalb die Stücke dieses ehemaligen Lebewesens billiger zum Verkauf angeboten werden können als die vergleichbare Menge an Lebensmitteln, mit denen es wohl selbst gefüttert wurde.

Was müssen die Tiere wohl für ein erbärmliches Leben gefristet haben, wenn schon ihr „Endprodukt Fleisch" so billig in den Auslagen liegt, und doch jeder, vom Erzeuger, über den Futtermittelhersteller und -händler, den Hersteller der pharmazeutischen Produkte, bis hin zum Schlachthof, Metzger und Verkäufer, bezahlt und dabei einen Gewinn erzielen will?
Ist es da so schwer begreiflich, daß am Ende nicht nur die geschundene Kreatur, die zerstückt vor uns liegt, die Rechnung bezahlen mußte, sondern im Endeffekt auch wir selbst als seine Verzehrer? Das Leben und Sterben dieser geschundenen Tiere bekommt so zwangsläufig einen direkten Einfluß auf unser eigenes Leben. Durch unseren Verzehr machen wir sein Schicksal letztlich zu unserem eigenen. Auch um unsere Pflanzen steht es nicht viel besser. Auf die Problematik unserer ausgelaugten und mit Kunstdünger zwangsernährten Böden, auf denen kranke und minderwertige Pflanzen wachsen, die zwar sattmachen, aber nicht in der Lage sind, uns zu **nähren**, gehe ich detailliert ein im Teil III dieses Buches – die Selbstversorgung.

Das Wissen und die Fähigkeit, unsere selbstgewählte Abhängigkeit zu verlassen, indem wir wieder lernen, selbst gesunde Lebensmittel anzubauen und unsere Ernährung aus dem kostenlosen reichhaltigen Schatz der Natur zu ergänzen, wird einen wesentlichen Beitrag bei der Gesundheit unseres Körpers und auch unseres Geistes leisten, denn die Römer hatten nicht unrecht, wenn sie behaupteten: **Mens sana in corpore sano – Nur in einem gesunden Körper kann auch ein gesunder Geist wohnen.**

Von **Hippokrates von Kos**, dem berühmten Arzt der Antike (460 v.Chr. - 377 v.Chr.), stammt der Ausspruch:
„Eure Nahrungsmittel sollen eure Heilmittel und eure Heilmittel eure Nahrungsmittel sein."

Dieser Rat verliert niemals an Bedeutung und ist umso mehr heute gültig angesichts der „modern-zivilisatorischen" Kost, die zunehmend aus dem Labor stammt und industriell „verfeinert", „aufbereitet" und „veredelt" wurde, was auf eine „Anreicherung" mit allerlei synthetischen Zugaben wie Aromen, gehärtete Fette, Geschmacksverstärker, Farbstoffe hinausläuft, oder das Produkt gleich ganz aus dem Reagenzglas stammt.

Ansatzpunkt Nummer eins bei der Wiederherstellung unserer Gesundheit muß heute dringender denn je die neue Wertschätzung unserer Lebensmittel und deren Herstellung sein.

Eine Bekannte schenkte mir kürzlich ein Buch mit dem Hinweis, dies stamme von ihren Eltern und sie habe weder die Zeit, es zu lesen, noch genügend Platz im Bücherregal. Da ich zumindest mit dem Platzmangel im Bücherregal vertraut bin, nahm ich es nur widerwillig an und stellte es zunächst beiseite, bis ich beim eher beiläufigen Durchblättern verstand, wie hochaktuell und wert-voll dieses Buch in Wirklichkeit ist.

Der Autor, Dr. med. E.Schneider, beschrieb hier bereits Anfang der 1950er Jahre unsere Lebensmittel und ihre spezifischen Heilkräfte, so daß für jeden Menschen der Rat des Hippokrates plötzlich ganz einfach und praktisch anwendbar wird. Aus diesem Grunde möchte ich auch Ihnen dieses Buch wärmstens empfehlen.

Der Autor des Buches machte erste erstaunliche Erfahrungen mit der Heilkraft von Beerenobst, als er sich als in russischer Kriegsgefangenschaft und katastrophaler Gesundheit befand, ebenso wie der Rest der Gefangenen – bis die Lagerleitung entschied, die Kranken in den Obstgarten einer Kolchose zu bringen. Ein Praxis-Buch zum Staunen, und mit leckeren Rezepten zum Selbstausprobieren!

Dr. med. E.Schneider
„Nutze die Heilkraft unserer Nahrung"

Kräuterpfarrer Johann Künzle
„Das große Kräuterheilbuch"
„Chrut und Uchrut" (schwyzerdytsch für „Kraut und Unkraut")

Kapitel 11

Die Rehabilitation und Renaissance einer uralten Kulturpflanze: der Hanf

Eines vorab: Der Hanf ist eine wahrhaft furchterregende und hochgefährliche Pflanze. Warum das, fragen Sie?

Weil sich Regierungen, Industrien (Öl, Papier, Pharma, Textil) und Drogenkartelle davor fürchten, daß der ideologisch geschulte Mensch plötzlich wiederentdecken könnte, was seine Vorfahren seit Tausenden von Jahren über die Vielseitigkeit dieser hübsch gefächerten alten Kulturpflanze wußten – nämlich daß der Hanf den Menschen in die Lage versetzt, sein eigenes Öl (als Brennstoff und Lebensmittel), seine eigenen Textilien (für Kleidung und Seilwaren), sein eigenes Papier und seine eigene schmerzstillende und entzündungshemmende Medizin selbst anzubauen und herzustellen. **Sämtliche Monopole, die Vielen schaden und an denen Wenige sich skrupellos bereichern, wären umgehend gebrochen!**

Vielleicht wird Ihnen im Verlauf der im Folgenden kurz beschriebenen Vielseitigkeit dieser vermutlich ältesten menschlichen Kulturpflanze deutlich, warum sie von Politik und Lobbys dämonisiert und „per Gesetz" strengstens als hochgefährliche Droge eingestuft und bekämpft werden mußte – und warum sie dennoch vor einem neuerlichen Siegeszug steht.

Die Drogenpolitik westlicher Regierungen unterscheidet sich in ihrer Verlogenheit nicht von allen anderen Bereich der Politik. Die Verbote natürlicher und harmloser Pflanzen sind dafür verantwortlich, daß dem Drogenmarkt mit all seinen Begleiterscheinungen wie Banden- und Beschaffungskriminalität sowie den „harten synthetischen Drogen" mit ihrer zerstörerischen Wirkung auf Nerven, Gehirn und Psyche ihrer Konsumenten erst Tür und Tor weit geöffnet haben. Nutznießer der staatlichen Verbote sind erstaunlicherweise die Drogenkartelle, die von den Schwarzmarktpreisen profitieren, die sich naturgemäß in allen Verbotssparten bilden, und denen die „Null Toleranz"-Politik die Abhängigen geradezu in die Hände treibt.
Einmal mehr erweist sich die Politik in ihrem Gesetzeswahn hilfreich und überaus parteiisch bei der Schaffung von Monopolen. Harte Drogen zerstören die körperliche und geistige Gesundheit ihrer Konsumenten. Sie sind die hauptsächliche Ursache für steigende Kriminalität (→ Beschaffungskriminalität) und das allgemeine Sinken der Hemmschwellen.

Eine Legalisierung – noch zutreffender: Entkriminalisierung – der wohl ältesten Kulturpflanze der Menschheit: des Hanfs, ließe den Markt der „harten Drogen" wohl deutlich schrumpfen. Jeder wäre dann in der Lage, seine eigene dieser gesundheitlich entgegen der Propaganda harmlosen Pflanzen in Wohnung oder Garten selbst anzubauen, wie es seit Tausenden von Jahren praktiziert wurde.

Dies hätte einen weiteren positiven Effekt auf die Eindämmung der drogenbasierten Kriminalität. Die Freigabe des Drogenmarktes würde die Drogenkartelle entmachten und die Anwender weicher Drogen aus der Kriminalitätsecke herausholen. Wie verlogen die gesamte Thematik ist, erkennt man an der Alkohol- und Tabakpolitik. Aber hier profitiert ja auch „der Staat" durch Besteuerung nicht zu knapp, nicht wahr?

Hinter dem Verbot der wohl ältesten Kultur-, Heil- und Nutzpflanze, des Hanfs (lat.: Cannabis sativa), stehen wie in allen anderen Bereichen in Wirklichkeit die Monopolisierung industrieller Interessen und deren synthetischer Erzeugnisse, die gefährlichste Neben- und Langzeitwirkungen auf Mensch, Tier, Pflanze und unseren gesamten Lebensraum mit sich bringen. Das Verbot der uralten Kulturpflanze Hanf im Jahre 1937 in den USA wurde nach Ende des Zweiten Weltkrieges im Rahmen der Besatzung Europas auf alle Einflußbereiche des Imperiums ausgedehnt. Industrielobbys und deren synthetischen Produkten wurden auf politischem und juristischem Wege Monopolstellungen eingeräumt. Bis heute wurde diese Bemühungen immer weiter verstärkt.

Sie gipfeln heute in dem perversen Versuch, ausgwählten Konzernen Patente auf Leben, auf Pflanzen, Tiere und sogar menschliche Gene zuzusprechen, obwohl diese keineswegs die „Erfindung" dieser Konzerne sind. Dies führt so weit, daß alle Mittel des „Rechtsstaates" gegen Farmer, Bauern, Ärzte und Wissenschaftler bemüht werden, um die angediente Vorrangstellung der Quasi-Monopolisten nicht in Frage zu stellen und zu gefährden.

Unter dem Vorwand und Behauptung des Vorteils, des Schutzes und der Arbeitsplätze der Bevölkerung wurde immer mehr Macht und Einfluß an Großkonzerne abgegeben, und so ist es kein Wunder, daß heute weniger als 10 Konzerne die Nahrungsmittelproduktion der ganzen Welt kontrollieren – und damit direkt und indirekt ihre Konsumenten.

Ein Opfer auf dem Weg der totalen Marktkontrolle war auch die vermutlich älteste Kulturpflanze, der Hanf (Cannabis sativa). Cannabis ist die wohl vielseitigste Nutzpflanze, die die Menschheit kennt. Sie reinigt die Luft und verbessert die Belüftung eines jeden Bodens, auf dem sie gedeiht, durch ihre starke Verwurzelung. **Er liefert pro Hektar sechsmal mehr Biomasse als der Wald, und das in nur einer Saison, während der Wald eine Generation (25 Jahre) und mehr für diese Entwicklung benötigt, und bedarf dabei keinerlei Pestizide oder besondere Pflege!**

Hanf gedeiht auf nahezu jedem Boden und in jedem Klima. In einer kurzen Zeitspanne von nur vier bis fünf Monaten kann sie eine Höhe von bis zu 6 Meter erreichen, und nimmt während ihres Wachstums große Mengen Kohlendioxid (Stickstoff) auf, der im Rahmen des Photosyntheseprozesses mit Hilfe von Sonnenenergie in Sauerstoff und Kohlehydrate (= Pflanzenwachstum) umgewandelt wird. Sie dient als Nahrung, denn ihre ölreichen Samen enthalten das hochwertigste pflanzliche Protein, ebenso wie zahlreiche weitere Nährstoffe. Insbesondere auf das **ideale Verhältnis von Omega 3- und Omega 6-Fettsäuren** wird immer wieder hingewiesen.

Die Verteufelung und das nahezu weltweite Verbot des Hanfs half dem Ölkartell beim Aufbau seines globalen Monopols, denn das Öl des Hanfs war das früher am weitesten verbreitete und günstigste Brennmaterial, das zudem jedermann selbst herstellen konnte. Hanföl wurde sogar als Treibstoff für Automobile verwendet. Zu Beginn der 1930er Jahre baute Henry Ford ein Auto-mobil, das er „das Auto vom Acker" nannte. Es bestand fast vollständig aus Hanfmaterialien: einer Kunststoffaser auf Hanfbasis, und es wurde betrieben mit Hanföl. Durch das Verbot des Hanfs in den USA wurde eine Markteinführung dieses Modells verhindert. Rudolf Diesel entwickelte einen mit Hanföl betriebenen Motor – bis er unter bis heute ungeklärten Ursachen von einer Kanalfähre fiel. **Link julius-hensel.com: http://tinyurl.com/b5aqus5**

Hanföl ist 100% biologisch verträglicher und abbaubarer Biodiesel, dessen Anbau und Verarbeitung Millionen Menschen neue Arbeit, Perspektive und Hoffnung geben könnte – wenn es denn politisch gewollt wäre. Das Ölkartell, bestehend aus Shell und Standard Oil legte die Preise für das von ihm geförderten Rohöls über einen Zeitraum von 10 Jahren bei 4 US-Dollar pro Barrel (also je 159 Liter) fest und unterbot damit alle Konkurrenzprodukte.

Auf diese Weise wurde die natürliche Konkurrenz des Rohöls nachhaltig zerstört und aus dem Markt gedrängt. Dies hatte zur Folge, daß die heutige Weltwirtschaft nahezu komplett vom Rohöl und denen, die es kontrollieren, abhängig gemacht wurde. Die Preise dafür können nun nach Belieben festgelegt werden, da sich das Ölkartell ja in einer Monopolposition befindet.

Ich hoffe, dieser kleine Einschub macht deutlich, wie Machtpositionen innerhalb dieses Finanz- und Wirtschaftssystems aufgebaut werden, und wie wenige Personen es sind, die daraus Nutzen ziehen, wohingegen alle anderen Schaden erleiden. Hanffasern können zu Textilien und zu Papier verarbeitet werden, das im Gegensatz zu Papier aus Holz ohne chemische Zusätze (Säure) auskommt. Hanffasern besitzen fast die Festigkeit von Draht, sind dabei aber ähnlich weich wie Baumwolle, für deren Anbau jährlich 50% aller weltweit produzierten Pestizide verwendet werden.

Hanf benötigt ebenso wie jede andere gesunde Pflanze in ökologischem Anbau keinerlei Pestizide. Während Bibliotheken über den Zerfall ihrer Bücher klagen, die nach dem Jahr 1850 gedruckt wurden, und deren Papierqualität von Jahr zu Jahr abnimmt, ist beispielsweise bei Gutenberg-Bibeln kein Verfall feststellbar, obwohl sie viele Jahrhunderte älter sind. Gutenberg-Bibeln wurden auf Hanfpapier gedruckt. Erst ab dem Jahr 1850 begann man, Papier aus Holz herzustellen. Nicht zuletzt verfügt Hanf über eine Vielzahl möglicher medizinischer Anwendungen. Der natürliche Wirkstoff, weswegen er in erster Linie nicht nur verboten, sondern als „Rauschgift" und „Einstiegsdroge" dämonisiert wurde – THC (TetraHydroCannabinol) – besitzt eine stark schmerzstillende und entspannend-beruhigende Wirkung. Während die psychoaktiven Wirkstoffe in **Cannabis sativa**-Sorten für ein zerebrales „**high**", eine Schärfung der Sinne und der Konzentration sorgen, bewirken **Cannabis indica**-Sorten eine tiefe körperliche Entspannung („**stoney**"). Dementsprechend erschließen sich medizinische Behandlungsmöglichkeiten. Seit langem wurde die augeninnendrucksenkende Wirkung von Cannabis wissenschaftlich nachgewiesen und bestätigt, so daß Cannabis erfolgreich bei der Behandlung und Heilung beispielsweise von **Augenerkankungen wie dem Grünen Star** eingesetzt wird.

Da Cannabis ebenfalls eine stark muskelentspannende Wirkung hervorruft, wird er immer häufiger von Multiple Sklerose-Patienten eingesetzt, um Muskelkrämpfe (Spasmen) zu lösen beziehungsweise diesen vorzubeugen.

Ein natürliches Medikament, das zudem jeder selbst anbauen kann, steht logischerweise in direkter Konkurrenz zu synthetischen Erzeugnissen und ist den Lobbys demnetsprechend ein Dorn im Auge und Stachel im Fleisch der Konzerne.

Um das Hanfverbot im Jahre 1937 psychologisch durchzusetzen, wurde das mexikanische Slangwort „Marijuana" an Stelle von „Hanf" verwendet, da ein Verbot von Hanf aufgrund seiner zahlreichen Anwendungsmöglichkeiten und jahrtausendealten Verwendung als Kulturpfanze auf völliges Unverständnis in der Bevölkerung gestoßen wäre.

Übrigens produziert lediglich die weibliche Hanfpflanze den Wirkstoff THC in größerem Umfang. Bei männlichen Pflanzen ist der THC-Anteil wesentlich geringer. Das gleiche trifft auf den aus den russischen Steppen stammenden „Ur-Hanf" **Cannabis Ruderalis** zu, der stattdessen einen weitaus höheren Anteil an CBD (Cannabidiol) aufweist.

Dieser Umstand prädestiniert ihn für medizinische Anwendungen, ohne durch zu hohen THC-Anteil ungewollt auf die Psyche oder den Körper der Patienten einzuwirken.

Ein weiterer Vorteil gegenüber dem aus Zentralasien stammenden Hanf, der viel Wärme und Sonne benötigt, um die Blühphase zu erreichen, ist die beeindruckende Robustheit und Kälteresistenz von Cannabis Ruderalis, was ihn zum Freiland-Anbau in gemäßigten Klimazonen geradezu prädestiniert, während die Sorten der Cannabis sativa und Cannabis indica (Indischer Hanf) meist sehr viel höhere Anforderungen bezüglich Licht und Wärme stellen und also einen geschützten, warmen Platz im Haus oder Gewächshaus bevorzugen, um zufriedenstellende Ernten zu erzielen. **Link sensiseeds.com: http://tinyurl.com/m47blgn**

Während einige Staaten ihren Bürgern den Anbau von Hanf als industrielle Nutzpflanze mittler-weile wieder erlauben, z.B. zur Fasergewinnung und Textilherstellung, teilweise sogar in geringeren Mengen zum Eigenbedarf, ist in Deutschland nur der industrielle Anbau mit Sonderge-nehmigung und nur bei größeren Betrieben erlaubt. Die private Nutzung wird grundsätzlich sanktioniert und mit allen „rechtstaatlichen Mitteln" hart gegen Verstöße vorgegangen.

Dennoch beginnt sich durch durch Druck der Bevölkerung auf die politisch Verantwortlichen in vielen Staaten ein Umdenken einzustellen, so daß es wenigstens Schwerstkranken mittlerweile erlaubt wird, Hanf daheim zu medizinischen Zwecken anzubauen und privat zu nutzen. Eine Bresche zur Entkriminalisierung dieser einzigartigen Pflanze wurde damit also bereits geschlagen.

Die Politik wäre gut beraten, von der Politik zugunsten der Konzerne wieder zu einer Politik für ihr Volk zurückzukehren. EU-Vorstöße wie das Verbot des Saatguttauschs unter Hobbygärtnern sind überdeutliche Anzeichen, wie arrogant und volksfern die Protagonisten geworden sind – und wie lächerlich sie sich damit machen.

Regierungen verkommen zu Regimes, wenn Totalitarismus wie im obengenannten Fall die Oberhand gewinnt und die Menschen mit Verboten, Drohungen, Einschüchterungen, Strafen gesteuert werden: der Staatsapparat wendet Mafiamethoden an, wird selbst zur kriminellen Organisation: die Gesetzlosigkeit der Gesetzgeber (oder die sich dafür halten), mit komplett fehlender Rechtssicherheit für den „kleinen Mann" als Privatperson und als Unternehmer.

Und so wurde „Marihuana" bzw seine lateinische Bezeichnung „Cannabis" als Teufelsdroge gebrandmarkt, um die gewünschten Ziele zu erreichen. Hinter dem Verbot stecken also in erster Linie handfeste wirtschaftliche Interessen. Darum geht es, und alles andere sind lediglich Nebelkerzen, die von den wahren Gründen ablenken sollen.

Sollte in Ihrem Land der private Anbau und die Nutzung von Hanf / Cannabis / „Marihuana" erlaubt sein, dann sollten Sie diese Gelegenheit aufgrund der vielfältigen Anwendungsmöglichkeiten unbedingt in Anspruch nehmen. Daß aber auch in zahlreichen Staaten mit aktiver Prohibition („Verbot") der private Anbau von Hanf immer stärker wächst, indiziert letztlich den realen Machtverlust der politischen Machthaber.

Die Bürger haben immer weniger Lust, sich ihr Leben im wahrsten Sinne des Wortes diktieren zu lassen. Mit dem Kollaps des Finanzsystems werden auch die bis dahin geltenden Verbote des Systems zu Ende gehen, so auch der Anbau des Faser- als auch auch des medizinisch nutzbaren Hanf.

Sollte das Verbot in Ihrem Land noch nicht gefallen sein, dann sollten Sie sich bis dahin wenigstens die Vorzüge des Hanfsamens in der Ernährung zu Nutzen machen. Auch als Vogelfutter ist er ausgezeichnet geeignet. Die Vögel bevorzugen ihn vor fast jedem anderen Futter. Sie wissen erstaunlicherweise offenbar besser als Politiker und Vertreter der Medien und der Pharmaindustrie, was ihnen gut tut. Vertrauen Sie diesen Natur-Experten und tun Sie es ihnen gleich!

Die Vögel nehmen instinktsicher wahr, warum der Hanf eine der besten Nahrungsquellen für sie ist!

Hanfsamen selbst enthalten übrigens keinerlei THC, sondern unterscheiden sich nicht wesentlich von anderen Pflanzensamen. Deshalb reagieren etwa Drogenspürhunde nicht auf sie. Im übrigen steht es mir selbstverständlich fern, Sie zu Gesetzesbrüchen zu animieren, jedoch vertrete ich die Ansicht, daß insbesondere das Recht auf Linderung bzw. Heilung von Krankheiten, wie Asthma, Arthritis, Multiple Sklerose, Grünem Star u.v.m. in jedem Fall über der Beachtung menschen-gemachter Gesetze zum Schutz von wirtschaftlichen Sonderinteressen stehen.

Daß Kranke auf der Suche nach Linderung noch immer als Verbrecher kriminalisiert werden, ist ein weiteres Zeugnis dafür, welch antifreiheitliche und realitätsferne Entwicklung die Politik vieler Länder eingeschlagen hat. Hier offenbart sich die Tendenz, daß mehr zum Schutz der Industriemonopole regiert wird statt zum Wohle der Menschen. Einen Überblick über derzeitige Züchtungen samt Preisvergleich können Sie sich hier verschaffen: http://hanfsamen.net

Anbauanleitungen (engl.: „Grow Guide"):
http://growcannabis.com
http://amsterdammarijuanaseeds.com/growguide.php

Ich fordere an dieser Stelle die vollständige Abschaffung des Hanfverbots sowie des „Betäubungsmittelgesetzes" (BtmG), welches natürliche Wirkstoffe und deren Nutzer kriminalisiert und im Gegenzug die chemisch-synthetischen Erzeugnisse der Lobbys als Monopol schützt.

http://hanfverband.at
http://hanfverband.de
http://asac.ch

Unterstützen Sie den Anbau von Hanf durch den Kauf von Gebrauchsgegenständen aus Hanf:
http://hanfhaus.de

Da der Besitz von Hanfsamen – beispielsweise zur Ernährungszwecken – selbst in Ländern mit striktem Nutzungsverbot nicht unter das Verbot fällt, solange er nicht angebaut wird, bietet sich dadurch dennoch seine Lagerung und sein reger kulinarischer Genuß an.

Fazit: Beginnen Sie doch am besten sofort mit dem Anbau von Hanf, wenn Sie in einem Land leben, in dem kein Verbot herrscht bzw. in dem der Hanfanbau und -besitz wieder entkriminalisiert wurde. Ihnen stehen dann sämtliche Verwendungsmöglichkeiten offen: der Anbau zu medizinischen Zwecken, wegen seiner ölreichen Samen (= als Grundlage einer gesunden Ernährung und als Brennmaterial), als Zwischenfrucht zur Verbesserung des Bodens in Garten und Landwirtschaft; wegen seiner hochwertigen natürlichen Textilfasern (Kleidung, Seilwaren), oder auch nur zur Verwendung als Mulchmaterial.

Sollte der private Anbau und die Nutzung des Hanfs in Ihrem Land noch verboten sein, dann können Sie immerhin den Samen als Vogelfutter verwenden und seine Samen als Teil einer gesunden Ernährung in Ihren Ernährungsplan einbauen. Weiterhin können Sie aus dem Samen ein hochwertiges Öl gewinnen, und bei einer Aufhebung des Verbots – per Gesetz oder Ende des politischen Systems in seinem Finanzcrash – umgehend mit dem Anbau beginnen.

Insbesondere die medizinische Wirkung von Inhaltsstoffen des Hanfs dürfte in Zukunft verstärkt ins Interesse der Öffentlichkeit rücken.

Link sensiseeds.com
„Wie man eine medizinische Cannabissorte auswählt":
http://tinyurl.com/qg3vwp3

Räuchern statt Rauchen

Zur Anwendung für alle Nichtraucher sei die Kunst des Räucherns empfohlen. Früher weitverbreitet, werden seine positiven Auswirkungen auf Körper und Geist wie viele andere Dinge heute von immer mehr Menschen wiederentdeckt. Zubehör für das Räuchern, wie Räucherschalen (aus Kupfer, Messing, Keramik, Ton oder Stein), Kohletabletten, Räucherwerk (Kräuter, Harze, Wurzeln), Zangen und Löffel lassen sich im Internet sehr leicht finden, etwa bei http://raeucherfee.com.

Das Verbot dieser harmlosen, aber einzigartigen Pflanzen war und ist ein Verbrechen an Natur, Wirtschaft und Menschheit. Der Hanf hat die Zeit seiner weltweiten Ächtung und regelrechten Verteufelung dennoch überlebt. Seine vielfältigen Eigenschaften könnten zur Entwicklung einer neuen, gesunden und natürlichen Wirtschaft und Millionen Menschen Arbeit und eine neue Perspektive bieten. Dem Autor Mathias Broeckers kann ich mich vorbehaltlos anschließen, wenn er uns im Hinblick auf den Hanf auffordert: „Es gibt viel zu tun – pflanzen wir`s an!"

Buchempfehlungen:

Mathias Broeckers
„Cannabis, Hanf, Hemp, Chanvre, Canamo"

Jack Herer, Mathias Broeckers
„Die Wiederentdeckung der alten Nutzpflanze Hanf"

Ralf Buck
„Kochen und Backen mit Hanf"

Lark-Lajon Lizerman
„Der Cannabis-Anbau: Alles über Botanik, Anbau, Vermehrung, Weiterverarbeitung und medizinische Anwendung sowie THC-Meßverfahren"

Jorge Cervantes
„Marihuana drinnen: Alles über den Anbau im Haus"

Jorge Cervantes
„Marihuana Anbaugrundlagen"

Tom Flowers
„Ewige Blütenkraft: Neue Techniken des Design-Anbaus zur ganzjährigen Hanfernte"

Ed Rosenthal
„Marijuana Growers Handbuch"

Robert Connell Clark
„Hanf: Botanik, Anbau, Vermehrung, Züchtung"

Kapitel 12

Wildkräuter und Wildfrüchte

Auch mit Beeren, Früchten und Pilzen ist der Tisch der Natur besonders in unserer Region Mitteleuropa reich gedeckt, mit denen Sie unbedingt Ihre Nahrung ergänzen sollten – ebenfalls vollkommen kostenlos und dabei urgesund! Es scheint, als verlöre jede Pflanze an Wert und Nährstoffen, je mehr der Mensch versucht, sie züchterisch zu verändern und an seine spezifischen Wachstumsideale anzupassen. Aus diesem Grunde tut jeder Mensch gut daran, die am häufigsten vorkommenden eßbaren Wildpflanzen und deren Früchte kennenzulernen und in seinen täglichen Ernährungsplan einzubauen. Besonders die als „Unkraut" verunglimpften Pflanzen, die praktisch überall vorkommen, sind einen zweiten Blick durchaus wert und haben wesentlich mehr Ansehen und Respekt verdient.

Übrigens: Die stärksten Individuen unseres Planeten sind Pflanzenfresser, darunter Elefanten, Nashörner, Gorillas, aber auch Pferde und Ochsen. Wildpflanzen enthalten Vitalstoffe – Vitamine, Mineralstoffe, Spurenelemente und sekundäre Pflanzenstoffe – in ihrer ursprünglichsten Form, ohne daß der Mensch durch selektive Zuchtauswahl und Kultivierung in ihre Entwicklung eingegriffen hätte. Dementsprechend sind sie sehr anspruchslos, was ihre Standortwahl anbelangt, und robust, was ihre Gesundheit betrifft. Die Pflanzen enthalten eine Vielzahl an hochwertigen Proteinen und Ballaststoffen, und sind gerade zum ungekochten Verzehr bestens geeignet. Dann erhalten Sie sogar ihre Vielzahl an wertvollen Inhaltsstoffen, die durch den Vorgang des Erhitzens zerstört würden. Ein Salat macht bekanntlich kaum Satt. Wildpflanzen jedoch sorgen für ein hohes natürliches Sättigungsgefühl. Sie geben unserem Körper alle lebensnotwendigen Stoffe, die er benötigt.

Brennesseln und Löwenzahn etwa wurden in vergangenen „schlechten Zeiten" häufig und gern als Spinatersatz bzw. Salat verwendet. Beide schmecken tatsächlich ausgezeichnet, und es ist ein Jammer, daß man heute versucht, diese großartigen Pflanzen chemisch zu bekämpfen, anstatt sich ihren hohen Wert in der Ernährung und als Heilpflanze zunutze zu machen. Wir leben heute in einem „Supermarkt der Natur" - die Nahrung wächst kostenlos vor unserer Haustür … und wir erkennen sie nicht mehr, sind blind dafür geworden!

Es ist sogar möglich, sich einzig und allein aus der Natur zu ernähren, und das mit Pflanzen, die überall in unserer Umgebung zu finden sind, aber leider (noch) nicht genügend Aufmerksamkeit erfahren.

Giersch, **Bärlauch**, **Gänseblümchen**, **Löwenzahn**, **Weiß- und Rotklee**, **Brunnenkresse**, **Scharbockskraut**, **Sauerampfer**, **Spitz- und Breitwegerich**, **Vogelmiere**, **Schafgarbe**, **Kamille**, **Gundelrebe** und **Taubnessel**, **Eßkastanie**, **Schlehe** und **Holunder** sind nur einige wenige Beispiele, welche Pflanzen wir heute praktisch sofort in unsere Ernährung einbauen können. Sie helfen unserem Körper zu entsäuern und zu entgiften, und machen uns satt – kostenlos!

Lernen Sie wieder, sie zu erkennen und verhängnisvolle Verwechslungen zu vermeiden (z.B. Bärlauch – Maiglöckchen). Beide sehen ähnlich aus, Maiglöckchen sind jedoch giftig. Das beste Unterscheidungsmerkmal, um den Bärlauch zweifelsfrei zu bestimmen, ist sein intensiver Knoblauchgeruch. Dies ist nur ein Beispiel. Leider ging in den vergangenen Jahrhunderten und Jahrzehnten viel Wissen rund um unseren einheimischen Wildkräuter, Wildbeeren und -früchte und ihre Verwendung als Nahrung und ihre Heilwirkung zunehmend verloren, so daß diese Kenntnisse mühsam wieder aufgebaut werden müssen, um unseren Kindern und Enkeln diesen reichen Schatz bewahren und weitergeben können.

Eignen Sie sich dieses Wissen wieder neu an, geben Sie es an Ihre Nachkommen, an Ihre Freunde und Nachbarn weiter. Ja, lehren Sie es anderen und verdienen Sie sich so ein kleines Zubrot!

Buchempfehlungen

Christine Recht
„Ernte am Wegrand: Wildkräuter, Früchte und Beeren"

Fleischhauer / Guthmann / Spiegelberger
„Eßbare Wildpflanzen: 200 Arten bestimmen und verwenden"

Marlies Busch
„Wildkräuter: Frisch – Würzig – Wohltuend"

Markus Strauß
„Die 12 wichtigsten eßbaren Wildpflanzen: bestimmen, sammeln und zubereiten"
„Köstliches von Waldbäumen: Bestimmen, sammeln und zubereiten"
„Köstliches von Hecken und Sträuchern: Bestimmen, sammeln und zubereiten"

Eva-Maria Dreyer
„Welche Wildkräuter und Beeren sind das? 130 Wildkräuter und Beeren einfach bestimmen"

Pilze

Peter Braun
„Pilze einfach und sicher bestimmen: Extra: Jahresuhr"

Elisabeth Mayer und Werner Klien
„Pilze zu jeder Jahreszeit: Finden, Erkennen, Zubereiten"

Christine Schneider und Maurice Gliem
„Pilze finden! Das 1x1 des Pilzefindens"

Der Weg der Industrialisierung ist der Weg in die landwirtschaftliche Veröldung unserer Erde und der Dezimierung ihrer biologischen Vielfalt, unserer Nahrung und letztlich unser selbst; das Ende der Vielfalt und der Weg in den chronischen Hunger und die permanente Abhängigkeit.

Die „moderne" Zucht konzentriert sich auf ertragstarke, dafür aber extrem nährwertarme und krankheitsanfällige Getreide-, Obst- und Gemüsesorten, so daß alte, robuste und nährstoffreiche Sorten an den Rand des Aussterbens gebracht wurden. Sie sehen: Das Wenigste, was sich heute modern nennt, ist gleichzeitig ein Fortschritt. In Wahrheit handelt es sich oft um Degeneration.

Sie als Verbraucher können maßgeblich durch Ihre Konsumnachfrage dazu beitragen, daß unsere Böden sich wieder regenerieren und alte Pflanzensorten mit all ihren Vorzügen wieder in Landwirtschaft und auf Ihrem Teller zu der Bedeutung in Bezug auf gesunde Ernährung zur Geltung kommen, wie sie – und Sie als Verbraucher – es verdienen! Alte Getreidesorten sind zum Beispiel Einkorn, Dinkel, Emmer und Sibirisches Urkorn.

Bereits die alten Römer bauten ihre Ernährung auf diesen Grundpfeilern auf. Fleisch aßen die Römer sehr selten, und wenn, dann eher die reichen Bürger und nicht das einfache Volk. Die Reichen wiederum zahlten den Preis ihrer Völlerei und dekadenten Konsums mit ihrer ruinierten Gesundheit.

Kommen Ihnen die Parallelen zu heute bekannt vor?

Die Griechen bezeichneten die römischen Legionäre etwas abfällig als „Breifresser". Das hielt die Römer nicht davon ab, sowohl das Territorium der Griechen als auch riesige Gebiete darüber hinaus zu erobern.

Schauen wir uns einmal die größte Ausdehnung des Römischen Reiches an. Diese Gebiete wurden ohne Motorisierung, Panzer, Flugzeuge, Bomben, Flugzeugträger, Artillerie und Interkontinentalraketen erobert. Und die Gegner der Römer – Gallier, Kelten, Thraker, Pikten, Germanen, Iberer, Hellenen, Syrer, Karthager – waren beileibe keine Schwächlinge und haben ihre Heimat und ihre Freiheit nicht kampflos hergeschenkt.

Das bedeutet nicht, daß ich Eroberung und Landnahme gutheiße, im Gegenteil. Es geht vielmehr um die Veranschaulichung der Leistungsfähigkeit der römischen Truppen. Die Kampfkraft der Römer zu Zeiten der Republik und während der ersten Jahrzehnte der Kaiserzeit war unglaublich hoch und von den Nachbarvölkern gefürchtet, und **die Grundlage für die körperliche Leistungskraft war ihre Ernährung**.

Jeder Legionär erhielt eine Tagesration von ca. einem Kilogramm ungemahlenem Getreide, das täglich frisch und vom Legionär selbst gemahlen und zubereitet wurde, zu dem sogenannten Legionärsbrot („panis militaris mundus") und ungesäuertem Fladenbrot („panis militaris castrensis").

Nur ungemahlenes Getreide war unkompliziert transportierbar, lagerfähig und haltbar. Fleisch gab es nur in Ausnahmefällen. Die Römer führten aus taktischen Gründen der Beweglichkeit keinen zivilen Troß oder gar Tiere zur Ernährung mit sich.
Falls dies Ihre Neugier geweckt hat und Sie sich für die Ernährung eines Legionärs interessieren, möchte ich Ihnen dieses Buch des Historikers **Marcus Junkelmann** empfehlen:

"Panis Militaris. Die Ernährung des römischen Soldaten oder der Grundstoff der Macht"

Wenn Sie so körperlich leistungsfähig und gesund wie ein römischer Legionär werden wollen, dann müssen Sie sich wie einer ernähren. Ein Legionär mußte nicht nur täglich 30 Kilometer in voller Ausrüstung und Bewaffnung marschieren, die gut 30 Kilo wog.

Anschließend mußte noch das Lager aufgeschlagen und befestigt werden, stets in Lebensgefahr durch die obengenannten Völker und Stammesbünde.

Das Projekt „Leistungsdiagnostik" (www.leistungsdiagnostik.de) führte einmal ein Experiment mit einem Triathleten durch, bei dem die Tagesbelastung eines römischen Infanteristen mit Hilfe eines Laufbandes simuliert wurde. Den Ergebnissen zufolge muß ein damaliger Legionär die Leistungsfähigkeit eines Tour de France-Radsportlers besessen haben – aber ohne Doping!

Kapitel 13

Die Übersäuerung – Ursachen, Symptomatik und Abhilfe

„Moderne" Ernährungsweise – die angeblich Wohlstand symbolisieren soll – hat dazu geführt, daß nahezu 100% der Bevölkerungen vor allem der westlichen Welt heute heillos übersäuert sind. Die Übersäuerung wird außerdem umgangssprachlich oft als „Verschlackung" bezeichnet. Von Schulmedizinern oftmals noch nicht anerkannt, führen Naturheilkundler diese Übersäuerung als Hauptursache für die sogenannten Zivilisationskrankheiten an: Bluthochdruck, Arteriosklerose, Herzinfarkt, Allergien, Unverträglichkeiten, Adipositas (Fettleibigkeit) und viele viele mehr.

Übersäuerung steht dabei ganz am Anfang eines jeden Leidensweges, ohne aber anfänglich spürbar zu sein. Ausschlaggebend für Übersäuerung ist die ungleiche Aufnahme von Mineralstoffen, die im Körper eine saure oder basische Stoffwechselwirkung haben. Dabei ist der Geschmack eines Lebensmittels kein Indikator auf den pH-Wert seiner Inhaltsstoffe. Sauerkraut etwa schmeckt zwar sauer, weist aber einen basischen pH-Wert auf.

Der Körper versucht lange Zeit, einen Ausgleich zwischen Säuren und Basen zu schaffen. Über die Ernährung aufgenommene Basen binden Säuren. Werden dem Körper zu viele Säuren in Form von Lebensmittel mit saurem pH-Wert zugeführt, oder nimmt ein Mensch zu wenig basische Lebensmittel auf, dann entsteht ein Ungleichgewicht im Körper. Die Basen reichen nicht aus, um die Säuren zu binden und zu neutralisieren.

Wie versucht sich der Körper zu helfen?

Er wandelt die überschüssigen Säuren in Salze um, um nicht zu verätzen, und versucht zunächst, diese Salze über die Lunge (Atmung), über Darm, Niere und Haut (Schwitzen) auszuscheiden. Stößt der Körper dabei jedoch an seine Grenzen und kommt mit der Ausscheidung schlicht nicht mehr nach, kann ein sogenannter Säurestau bzw. Säureblockade entstehen. Er versucht nun, die überschüssigen Salze im Bindegewebe, aber auch in Organen und im Knochengewebe einzulagern. Seine gesundheitliche Situationen verschlimmert sich dabei jedoch stetig.

Der Grund: Die Salz- und Schlackenablagerungen beeinträchtigen den Stoffwechsel innerhalb der Zellen und verursachen spezifische Krankheitsbilder verursacht, die dem betroffenen Organ oder Körperteil entsprechen: z.B. … Neurodermitis, Akne und Ausschläge machen das Problem der Übersäuerung anhand der Hautreaktion sichtbar. Muskel- und Gelenkschmerzen deuten auf vermehrte Schlackenablagerung in diesen Bereichen hin. Selbst in Hirn- und Blutgefäßen werden Schlacken abgelagert, die diese verengen und zu Bluthochdruck und im weiteren Verlauf zu Schlaganfall (Gehirn) und Herzinfarkt (Herz) führen können.

Die gute Nachricht ist, daß Sie nicht warten müssen, bis das geschieht! Es gibt Mittel und Wege, die Schlacken und Salze zu binden und auszuscheiden. Das ist der eine Schritt. Der zweite, noch wichtigere ist allerdings die Umstellung Ihrer Ernährung – ja, ich weiß, die Leute hören das nicht gern und lassen ungern von ihren Gewohnheiten, ganz besonders wenn es um die Ernährung geht. Sie haben aber keine andere Wahl, wollen Sie zukünftige Probleme im Siechtum als medikamentenabhängiger Dauerpatient vermeiden.

Die Alternativen heißen nur: Änderung der Gewohnheiten, oder mit den Konsequenzen leben müssen. So hart, aber auch so einfach ist das. Einen anderen Weg gibt es nicht. Zur Unterstützung der Entschlackung und Entsäuerung über die Haut – eines unserer größten und besten Entgiftungsorgane – sind die im Zusammenhang mit der Nierenreinigung empfohlenen Basenbäder von großem Nutzen. Des weiteren sollten Sie Ihre Körperpflege auf basische Pflegeprodukte umstellen, um die von der Haut nach außen transportierten Säuren zu binden und auszuscheiden.

Nutzen Sie weiterhin ein Basenpulver, das Ihnen dabei helfen wird, Säuren innerhalb Ihres Körpers direkt zu neutralisieren, z.B. Bullrich Vital, oder das vermutlich beste am Markt erhältliche Basenpulver, auf das viele Anwender schwören: Dr. Jacob`s Basenpulver, mit wenig Natrium, und vielen natürlichen Citraten, die eine Pufferung und Neutralisation fördern.

Gegenanzeigen: Keine Einnahme von Basenpulvern bei Alkalose, Hyperkaliämie und Nierenversagen!

All diese Produkte sind auf den ersten Blick nicht ganz billig, aber sehr sehr sparsam anzuwenden, so daß sich die Preise bei weitem relativieren, u.a. erhältlich bei:

http://zentrum-der-gesundheit.de
http://basischeprodukte.de

Der Stellenwert der Ernährung

Die Ursache der zivilisatorischen Fehlernährung liegt in einer kolossalen Überbetonung von tierischen Eiweißen und Fetten (vor allem Fleisch/Wurst), aber auch ein zuviel an Milch und Käse, Backwaren aus Weißmehl (Auszugsmehl), viel zu viele Süßwaren aus Industriezucker, und einem viel zu hohen täglichen Konsum an Salzigem, hier ebenfalls des künstlichen jodierten Industriesalzes.
Eine ausgezeichnete Übersicht über basen- und säurebildende Lebensmittel, die Ihnen bei der Zusammenstellung eines ausgewogenen Speiseplans helfen wird, finden Sie unter diesem Link des Zentrum der Gesundheit. **Link zentrum-der-gesundheit.de: http://tinyurl.com/93ruhxf**

Die Grundlage der Gesundheit ist eine voll- und hochwertige Nahrung, die den Körper wirklich er**nährt** statt nur satt zu machen. Die aufgenommenen und – wichtiger noch – vom Darm verwertbaren Nährstoffe sind der Grundstein eines gesunden Immunsystems, das mit allen Krankheitserregern fertig wird. Dies trifft auf Mensch und Tier gleichermaßen zu. Aus diesem Grunde ist die artspezifische Ernährung von solch großer Bedeutung. Welche Art der Ernährung für Hund, Pferd und Mensch die richtige ist, bedarf keines Dogma oder Streites, sondern wird an der jeweiligen Physiologie unmißverständlich erkennbar.

Ein populärer Irrtum

Heute wird vielfach das Argument der sogenannten Evolutionstheorie ins Feld geführt, der Mensch sei ein "Fleisch- bzw. Allesfresser". Ob diese Theorie tatsächlich stimmt, enthüllt eine Untersuchung unserer Physiologie und unseres Verdauungssystems. Heute herrscht ein regelrechter „Glaubenskrieg" zwischen Veganern und Fleischverzehrern, mit den Vegetariern zwischen diesen beiden Fronten. Einer fühlt sich dem Anderen in irgendeiner Form überlegen, sei es in moralischer oder physischer Hinsicht.

Mir geht es weder um die „Bekehrung" zu diesem oder jenem Ernährungsstil, oder um die Parteinahme für eine der Strömungen. Bei Argumentationen ist es heute jedoch leider vielfach so, daß jeder mitreden will, aber kaum jemand informiert ist. Lassen Sie uns einmal frei von jeglicher Ideologie die Grundlagen betrachten, die pflanzliche und fleischliche Kost favorisieren, und die Verdauungstrakte von Fleischfressern (Carnivoren) und Pflanzenfressern (Herbivoren) vergleichen, um zu sehen, für welche Art Nahrung der menschliche Verdauungstrakt von Natur aus prädestiniert ist.

Zur Definition sauer / basisch: Dabei handelt es sich um die Charakterisierung des pH-Wertes auf einer Skala von 0 bis 14. Ein pH-Wert zwischen 0 und 7 ist sauer; 7 ist neutral; pH-Werte zwischen 7 und 14 sind basisch.

Der Verdauungstrakt beginnt bereits mit dem …

1) Gebiß:

Betrachten Sie doch einmal das Gebiß eines Carnivoren (Fleischfresser), z.B. Katze, Hund, Tiger, Marder, Iltis, Hai, Seeleopard uvm. und vergleichen Sie es mit einem menschlichen Gebiß. Beim Carnivor sind die Zähne spitz, und zwar jeder Zahn! Im menschlichen Gebiß dagegen findet man keinen einzigen spitzen Zahn, was eindeutig gegen die Fähigkeit zum Fleischverzehr spricht. Das menschliche Gebiß ist optimal zum Verzehr von Früchten, Obst und Gemüse geschaffen – durch Schneide- und Backenzähne, die diese Art Nahrung optimal verarbeiten und für den weiteren Verdauungsvorgang vorbereiten.
Diese Fähigkeit wiederum fehlt einem Carnivoren. Zwar fressen z.B. Wölfe in freier Wildbahn zuerst den Mageninhalt des Beutetieres, um ihren Bedarf an Kohlehydraten zu decken. Aber diese pflanzliche Nahrung durchlief bereits die Verdauung des Beutetieres und ist für die Verdauung des Wolfes somit verwertbar. Weder Gebiß, Speichel, noch Magen eines Fleischfressers sind zur Aufnahme von unaufgeschlossenen Kohlehydraten und Ballaststoffen vorbereitet. Dies trifft in umgekehrter Weise auch auf die Pflanzenfresser zu.

Ohne die Veränderung der fleischlichen Faserstruktur durch die Zuhilfenahme von manuellem Werkzeug zum Zerkleinern, Zerschneiden, Hacken bzw.Wolfen wäre kein Mensch ansatzweise in der Lage, Fleisch zu verzehren. Hinzu kommt, daß die manuell veränderte Fleischfaser abgesehen vom Wolfen noch immer nicht für den Menschen verzehrbar ist, wenn die Fleischfasern nicht auch mittels Zuführung von Energie durch Braten, Erhitzen, Garen, Grillen oder Kochen weicher gemacht werden würde. Bereits am Zerkleinern des naturbelassenen Fleisches scheitert das menschliche Gebiß. Dies ist ein unwiderlagbarer Hinweis darauf, daß der Fleischverzehr für den Menschen keinesfalls von Natur aus vorgesehen ist. Fleischfresser oder auch Allesfresser wie Schwein oder Bär benötigen keinerlei Hilfsmittel, um Fleisch zu verzehren.

2) Speichel:

Der Speichel von Fleischfressern ist sauer. Der Speichel von Pflanzenfressern ist basisch, wodurch pflanzliche Nahrungsmittel vorverdaut werden kann. Menschlicher Speichel ist basisch. Zwischeninfo: Fleischverzehr versetzt den menschlichen Körper wegen der schlechten Verwertung des Fleisches in einen sauren Zustand, der dauerhaft zu einem Zustand der **Übersäuerung** führt. Ist die Nahrung nun von Gebiß und Speichel zur weiteren Verdauung aufbereitet, gelangt sie zur weiteren Verarbeitung in den ...

3) Magen:

Die Mägen von Fleischfressern sind 20 mal saurer als die Mägen von Pflanzenfressern. Das menschliche Magensäure-Niveau entspricht eher dem von Pflanzenfressern und ist damit nicht in der Lage, fleischliche Nahrung ausreichend verdauen zu können.

4) Darm:

Carnivoren haben Därme, die 3 bis 6 mal so lang sind wie ihre Körperlänge, während Pflanzenfresser Därme besitzen, die 10 bis 12 mal so lang wie ihre Körper sind. Menschen haben dasselbe Darm-zu-Körper-Verhältnis wie Pflanzenfresser (Herbivoren). Dies liegt daran, daß der Darm auf die Verwertung von Ballaststoffen und Kohlehydraten ausgelegt ist. Im Darm werden die Mehrzahl der Nährstoffe aufgenommen und dem Körper verfügbar gemacht.

Der kurze Darm der Carnivoren sorgt für eine kurze Verweildauer und somit zu einer schnellen Passage der verwerteten Nahrung.

Nimmt der Mensch mit seinem langen Verdauungstrakt Fleisch zu sich, das in den oberen Zerkleinerungsvorgängen bereits völlig unzureichend vorbereitet wurde, verstopft der Fleischbrei die Darmwindungen. Er geht im Darm in einen Zustand der Verwesung über und wird nicht mehr vollständig ausgeschieden. Die durch den Verwesungs- und Zersetzungsprozeß (Fäulnis) freigesetzten Toxine äußern sich in zahlreichen unterschiedlichen Krankheitsbildern. Der Körper wird schleichend und zunächst unmerkbar vergiftet, erkennbar an Symptomen wie Gicht, Rheuma, Arthrose und Arthritis, Allergien, Nahrungsmittel-unverträglichkeiten, allgemeine Muskel- und Gelenkschmerzen, verlangsamte Regeneration nach Erkrankungen und Verletzungen und viele andere mehr.

Desweiteren wird die Fähigkeit des Darms, Nährstoffe aufzunehmen und zu verwerten, stark behindert. Menschliche Magensäure ist im Vergleich zu Fleischfressern viel zu gering konzentriert, um Fleisch verdauen, und der Darm viel zu lang, um Fleischbrei schnell ausscheiden zu können.

Die Morphologie der Eingeweide

Der Darm eines Carnivoren ist glatt und ähnelt einer Röhre, damit der Nahrungsbrei **schneller passieren kann und kurz genug ist, damit er dabei nicht in einen Fäulnisprozeß übergeht. Der Darm eines Fleischfressers besitzt keine Windungen.**

Herbivoren-Därme sind sehr stark gewunden, damit der Nahrungsmittelbrei langsam durch die Eingeweide geschoben wird, um dadurch eine optimale Aufnahme der Nährstoffe zu gewährleisten. Der menschliche Darm weist die Eigenschaften eines Pflanzenfresser-Darms auf.

5) Ballaststoffe:

Fleischfresser benötigen keine oder nur sehr wenige Ballaststoffe, um die Nahrung durch ihren kurzen und glatten Verdauungstrakt zu bewegen. Pflanzenfresser benötigen Ballaststoffe in der Ernährung, um die Nahrung durch den gewundenen Verdauungstrakt zu transportieren, was verhindert, daß die Därme durch verfaulende Nahrung belastet werden. Menschen weisen auch hier die gleichen Merkmale wie Pflanzenfresser auf.

6) Cholesterin:

Cholesterin ist kein Problem für das Verdauungssystem eines Fleischfressers. Ein Fleischfresser wie etwa eine Katze toleriert eine hohe Cholesterinaufnahme, ohne irgendwelche negativen gesundheitlichen Folgen erwarten zu müssen. Beim Menschen verhält sich das anders. Menschen haben ein sogenanntes „diätetisches Nullbedürfnis" nach Cholesterin, weil unser Körper so viel Cholesterin herstellen kann, wie er selbst benötigt. Cholesterin wird nur in tierischen Nahrungsmitteln vorgefunden, jedoch nie in pflanzlichen Nahrungsmitteln. Eine pflanzliche Ernährungsform ist daher definitionsgemäß cholesterinfrei.

Um ein immerwiederkehrende Übersäuerung des Körpers zu verhindern, ist eine Umstellung der Ernährungsweise zugunsten eines hohen Anteils ballaststoff- und basenreicher Lebensmittel unumgänglich. Durch den Verzehr von viel frischem, unbelastetem und häufig auch rohem Obst und Gemüse wird dies erreicht. Da der übermäßige Verzehr von Wurst und Fleisch zu einer Dauerübersäuerung vieler Menschen geführt hat, müssen die dabei entstandenen überschüssigen Säuren jedoch in harmlose Salze umgewandelt und ausgeschieden werden, um den Körper davon zu befreien.

Ein wirksames Entsäuerungsprogramm beinhaltet
1) die **intra- und extrazelluläre Entsäuerung** des Körpers zur Bindung und Ausscheidung der Säuren,
2) der **Schutz der Zellen vor Freien Radikalen**, und
3) die **Remineralisierung der Zellen** mit basischen Nährstoffen, die für ein gesundes Säure-Basen-Verhältnis sorgen.

Entsäuerungskuren wurden so zusammengestellt, daß alle diese Punkte erfüllt werden, um eine optimale Entsäuerung zu errzielen. Die Umsetzung von Schritt 1 kann mit dem *Urbase-Programm* ebenso wirkungsvoll erreicht werden wie mit dem *Aktiv Basen-Konzentrat*.

Astaxanthin ist ein starkes Antioxidans, das sich zum Zellschutz während einer Entsäuerungskur bewährt hat (Schritt 2).

Kurzfristigem Mineralstoffmangel im Rahmen der Entsäuerung – ein Zelle gibt ein saures Mineral erst dann frei, wenn sie einen idealerweise basischen Ersatz dafür erhält – kann mit einem mineralstoffreichem Wirkstoffkomplex, so wie er in der Natur vorkommt, Abhilfe geschaffen werden. Gemahlene *Sango Korallen* enthalten einen natürlichen Mineralstoffkomplex von über 70 Mineralien und gleichen Nährstoffdefizite schnell und effektiv aus. Die Einnahme einer geringen Menge des Korallenpulvers im Rahmen der Kur genügt. Synthetisch hergestellte Pillen oder Tabletten können den Mangel nicht ausgleichen, da der Körper sie nicht verstoffwechseln kann und sie damit eher schaden als nutzen.

Die Bestandteile einer Entsäuerungskur sind im Internet beispielsweise erhältlich bei:
http://zentrum-der-gesundheit.de/entsaeuerung.html

Eine Entsäuerungskur kann zusätzlich durch Basenbäder (mit basischen Salzen) oder basischen Tee abgerundet und unterstützt werden. Mit den Bestandteilen dieses Programmes verfügen Sie nun über in der Öffentlichkeit bislang nahezu unbeachtete, weil unbekannte, jedoch enorm wirkungsvolle Methoden zu Ihrer Gesunderhaltung durch effiziente Vorsorge und Behandlung in Eigenregie.

Was sagt die Bibel im Hinblick auf die menschliche Ernährung?

Die Aussagen der Bibel stimmen mit den Eigenschaften der menschlichen Physiologie überein. Die Bibel sagt eindeutig aus, daß als Nahrung für den Menschen ausschließlich pflanzliche Kost vorgesehen war: *„Und Gott sprach: Siehe, ich habe euch gegeben alles samentragende Kraut, das auf der Fläche der ganzen Erde wächst, und alle Bäume, die samentragenden Früchte tragen; sie sollen euch zur Speise dienen."* (1.Mose 1, 29)

Da der Mensch offenbar früh damit begonnen hatte, trotz dieses Gebotes auch Tiere zu essen, wurde das Gebot nach der Sintflut gelockert, damit der Mensch in Bezug auf seine Nahrung nicht permanent gegen Gottes Gebot verstieß. Da heißt es in **1.Mose 9, 1–4**: *„Und Gott segnete Noah und seine Söhne und sprach zu ihnen: Seid fruchtbar und mehret euch und füllet die Erde; und die Furcht und der Schrecken vor euch sei auf allem Getier der Erde und bei den Vögeln des Himmels! Alles, was sich auf Erdboden regt, und alle Fische des Meeres, in eure Hände sind sie gegeben; ales, was sich regt, was da lebt, soll euch zur Speise dienen; wie das grüne Kraut gebe ich es euch alles. Nur das Fleisch mit seiner Seele, seinem Blute, sollt ihr nicht essen."*

Achten Sie einmal auf die Worte „in eure Hände sind sie gegeben". Wie Gott zu Beginn die Erde dem Menschen untertan machte **(1.Mose 1:28)** und zur Bebauung und Bewahrung **(1.Mose 2:15)** anvertraute, so tut Er es hier mit den Tieren. Er überträgt uns damit eine Verantwortung für Seine Geschöpfe. Das von Gott ursprünglich angedachte Verhältnis zwischen Mensch und Tier wird deutlich, als Gott die Tiere aus demselben Stoff wie den Menschen formte **(1.Mose 2:19)**.

Damit stellt er eine zumindest materielle Verwandschaft zwischen Mensch und Tier her. Aus **1.Mose 2:17, 18 und 20** geht hervor, daß er die Tiere als mögliche Gehilfen und Partner für den Menschen erschafft, um ihn zu ergänzen und seine Einsamkeit zu beenden. Aus keinem dieser Worte läßt sich die Freigabe zur Ausplünderung, Ausbeutung und Willkür ableiten! Aus der Bibel geht klar hervor, daß Gott den ursprünglichen Schöpfungszustand nach der Wiederkunft Jesu Christi im Tausendjährigen Reich wiederherstellen wird. Dies trifft auch auf die Ernährung zu.

Für unsere menschlichen Maßstäbe heute noch völlig unvorstellbar ist, daß auch heutige Fleischfresser unter den Tierarten dann nur noch von pflanzlicher Kost leben werden: *„Und der Wolf wird bei dem Lamme weilen, und der Panther neben dem Böcklein lagern; und das Kalb und der Junglöwe und der Ochse werden zusammen sein, und ein kleiner Knabe wird sie treiben. Und Kuh und Bärin werden miteinander weiden, ihre Jungen zusammen lagern. Und der Löwe wird Stroh fressen wie das Rind."* (Jesaja 11:6 – 7)

Unter Berücksichtigung aller gegebenen Umstände leite ich meine eigene Ernährung schon heute wie folgt daraus ab:

Ich favorisiere in diesem Zusammenhang dennoch keine rein vegane, sondern eine vegetarische Ernährung auf der Basis von frischen Obst, Gemüse, Getreide Nüssen, Beeren, und als Ergänzung den Verzehr von tierischen Produkten aus artgerechter Haltung: Eier, mäßiger Konsum von Roh- bzw. Vorzugsmilch und deren Produkten wie Käse, Quark, Joghurt, Kefir, aber auch Seefisch, vor allem aber einheimische Fischarten.

Es wird Ihnen leichter fallen, einen permanenten Zustand der Übersäuerung des Körpers zu überwinden, wenn Sie Ihren Fleisch- und Wurstkonsum auf ein Maß, wie er in früheren Zeiten üblich war, nämlich als Festtagsbraten oder an Wochenenden. Versuchen Sie es und beobachten Sie die Reaktionen Ihres Körpers: Ob Sie beispielsweise mehr Ausdauer und Energie haben, weniger sauerriechenden Schweiß ausscheiden, ob sich Ihre Gelenkbeschwerden, Allergien oder Verdauungsbeschwerden abschwächen, oder was auch immer Sie plagen mag.

Es ist nicht leicht, alte Gewohnheiten abzulegen, insbesondere dann, wenn sie uns seit Kindertagen begleiten. Wir wurden auf „Fleischverzehr" konditioniert. Ich aß früher sehr viel Fleisch. Heute fällt mir der Verzicht darauf nicht mehr schwer, und auch häufig beschworene Mangelerscheinungen kann ich nicht feststellen. Im Gegenteil, mit einer vegetarischen Ernährung (nicht vegan!) fühle ich mich kräftiger und vitaler als je zuvor. Verdauungsbeschwerden aller Art gehören nun sogar gänzlich der Vergangenheit an.

Uns wurde gelehrt, Fleisch mache uns stark, groß und kräftig; ein Kind brauche Fleisch, um sein Gehirn zu entwickeln, lautet eine der neuesten Thesen. Fleisch sei ein Zeichen des Wohlstands und „daß man es sich leisten kann". Der entscheidende Punkt aber ist: Unser Verdauungstrakt ist nicht in der Lage, Fleisch zu verwerten. Ohne es mit Hilfsmitteln mechanisch (z.B. durch Zerschneiden) zu zerkleinern und seine Struktur durch Erhitzen (z.B. Braten, Grillen, Schmoren) zu verändern, wären wir nicht einmal in der Lage, es überhaupt aufzunehmen. Weder unsere Zähne, unser Speichel, unser Magen, noch unser Darm sind in der Lage, fleischliche Nahrung zu verarbeiten.

Der unverdaute Nahrungsbrei, der nicht ausgeschieden werden kann, verstopft zuletzt den Sitz unseres Immunsystems – den Darm – und geht in einen Verwesungsprozeß über, der Toxine freisetzt, unseren Körper schleichend vergiftet und die Ursache zahlreicher unterschiedlicher Krankheitsbilder ist.

Eine Balance aus 80% basenproduzierenden und 20% säureproduzierenden Lebensmitteln sind für den menschlichen Verzehr ideal. Aus diesem Grunden halte ich eine vegetarische Ernährung für die beste menschliche Ernährungsform.

Kaufen Sie alte Getreidesorten wie **Dinkel**, **Emmer** und **Einkorn**, die alten Lebensmittel **Hirse** und **Buchweizen** sowie die fast vergessenen **Braunhirse** und **Wildroggen**. Unterstützen Sie damit die Bauern und Händler, die diese Sorten bewahrt haben, und die zudem ein resiurcenschonendes und naturgemäßes Anbaukonzept verfolgen zum Beispiel bei:

http://biolandhof-knauf.de
http://gruenertiger.de/urgetreide.html
http://newstartcenter.biz/
http://e-biomarkt.de/

Kaufen Sie frisches, ungemahlenes Getreide und mahlen Sie es frisch vor der Zubereitung. Hierfür empfehlen wir die manuellen Getreidemühlen von „Kornkraft" - manuell nicht zuletzt deshalb, weil sie ein weiteres Stück Unabhängigkeit von den Stromversorgern und ihren Preisen sicherstellt.
Link kornkraft.de: http://tinyurl.com/8jtflsy

Hier zum Selbermachen das Rezept für das Legionärsbrot – panis militaris, ca. 1 ½ Pfund Brot, notfalls auch zur Herstellung über offenem Feuer wie zur Römerzeit.

Zutaten und Zubereitung:
500 g gemahlener Emmer, Einkorn oder Dinkel, 300 ml angewärmtes Wasser, 1 EL Honig, je 20 Gramm Salz und Hefe. Die Hefe wird mit warmem Wasser und Honig angesetzt und man läßt sie 15 min gehen. Mischen Sie diese nun mit dem frischgemahlenen Mehl und dem lauwarmen Wasser und lassen Sie den Teig eine Viertelstunde gehen. Kneten Sie den Teig nochmals und lassen Sie den Brotfladen noch einmal 20 Minuten lang ruhen. Die Römer taten das zugedeckt neben dem Feuer. Im Backofen auf kleiner Stufe erzielen Sie dasselbe Resultat. Danach wird das Brot je nach Volumen 30 bis 50 Minuten lang fertiggebacken. Bestreichen Sie es mit ein wenig Butter oder Honig, reiben Sie eine Knoblauchzehe darüber, oder belegen Sie es mit einer Zwiebel oder Trockenobst … Ihrer Phantasie sind keine Grenzen gesetzt. Guten Appetit!

Keimsprossen

Wie bereits erwähnt ist ein Großteil unserer heutigen Nahrung in Bezug auf Nährstoffe minder-wertig. Keimsprossen sind eine exzellente Möglichkeit, diesen Mangel auf köstliche Art und Weise zu beheben, sehr leicht zu pflegen, Aufzucht unabhängig von Strom, und in wenigen Tagen erntefertig. Sie können sie sogar auf Ihrer Fensterbank züchten und täglich frisch verzehren. Ein unverzichtbarer Vorteil während der Wintermonate!

Keimsaaten sind reich an hochwertigem pflanzlichen Proteinen, Mineralien, Vitaminen und Enzymen. Besonders während der Wintermonate sind sie ein wahrer Segen, wenn die Vitaminversorgung eher spärlich ausfällt, sie aber dennoch sicherstellen wollen, daß Ihre Familie alle Vitamine und Mineralstoffe bekommt, die sie braucht. Keimsprossen sind eine derzeit leider noch relativ unbeachtete und vernachlässigte Zutat auf unserem Speiseplan. Je nach Saat sind sie mild und knackig (Alfalfa, Mungbohnen), würzig (Braunhirse, Klee) bis hin zu scharf (Radieschen, Senfsaat). Die Keimgeräte von Biosnacky sind aus lebensmittelechtem Acryglas, das keine Weichmacher oder ähnliche giftige oder gesundheitsbedenkliche Stoffe enthält.

Erhältlich u.a. bei: **http://tinyurl.com/3lnmzu2**
und **http://tinyurl.com/3vd4zb7**

Auch erhältlich aus gebranntem Ton: **http://tinyurl.com/3dznftz**

„Das große Buch der Keime und Sprossen" von Rose-Marie Nöcker eröffnet Ihnen die Welt der Sprossen und deren Vielfalt mit vielen Rezepten und allerlei hilfreichen Zusatzinformationen zur Aufzucht.

Besonders empfehlenswert und mit den Biosnacky-Keimgeräten durchführbar ist die Aufzucht von Weizen- oder Gerstengras.

Frisch ausgepreßt enthalten diese Gräser eine hohe Menge an Chlorophyll und haben eine reinigende und aufbauende Wirkung auf Ihr Immunsystem!

Kapitel 14

Bewegung und Sport

Machen Sie es sich zur täglichen Gewohnheit, sich mindestens 30 Minuten möglichst zügig an der frischen Luft bewegen – bei Wind und Wetter. Sie stärken damit Ihr Immunsystem, Ihr Herz, Ihre Lungen und die Ausscheidung von Stoffwechselprodukten (über die Haut → Schwitzen) auf natürliche Weise. Es trägt somit ebenso zum Abbau von Übersäuerung bei!
Die Bewegung wirkt sich förderlich auf Ihre Verdauung aus und ist ein ausgezeichnetes, natürliches Training für Ihre Muskeln, Sehnen, Bänder und Gelenke. Kombinieren Sie Ihre tägliche Bewegung am besten mit der Erkundung der Natur in Ihrer Umgebung, und fügen Sie Ihren Ausflügen einen Hauch von praktischem Abenteuergeist hinzu.

Lernen Sie dabei etwas über die Pflanzen und Bäume Ihrer Heimat. Dieses praktische Wissen wird sie mit Ihrer Heimat „erden" und ganz neu verbinden. Packen Sie einen kleinen Ratgeber ein, der Ihnen dabei hilft, welche Wildkräuter, Wildbeeren und Wurzeln eßbar sind, um Ihren Speiseplan auf kostenlose, nährstoffreiche und die gesündeste Art überhaupt zu bereichern!

Auf **Youtube.de** finden Sie zahllose Videos zum Thema „(Über-)Leben in freier Natur". Vom Beeren- und Holzsammeln, der Gewinnung von Birken- und Ahornsaft bis hin zum Aufbau eines Lagerfeuers oder Biwaks. Vielleicht finden Sie dabei Gefallen an neuen Hobbys, etwa der Umgang mit Messer, Axt, und Tomahawk. Alle sind zudem nicht nur vielseitige und leichte Werkzeuge, sondern auch hervorragend zur Selbstverteidigung geeignet. Des weiteren finden sich wegen der steigenden Nachfrage immer mehr Überlebenstrainer, die den Interessenten die Grundlagen für ein (Über-)Leben in freier Natur vermitteln. Haben Sie selbst vielleicht Erfahrungen als Pfadfinder und betreiben das Thema „Survival" oder Camping als Hobby – käme die Weitergabe Ihres Wissens und Könnens als Geschäftsidee für Sie in Frage?

Nicht nur zu Fuß ist in freier Natur gut vorwärtszukommen. Auch das Radfahren erlebt eine Renaissance. In Zeiten wirtschaftlicher Knappheiten lassen viele Menschen zwangsläufig das Auto stehen und steigen dafür auf ihr Fahrrad. In krisengeschüttelten Ländern gehen Autoverkäufe in den Keller, und der Absatz von Fahrrädern und Fahrradzubehör explodiert. Überall bieten sich Geschäftsideen und unzählige Möglichkeiten für Menschen, die ihr Leben nicht mehr Politikern überlassen, sondern es wieder selbst in die Hand nehmen wollen. Vielleicht fände ein kleines Fahrradgeschäft auch in Ihrem Wohnort eine Marktlücke? Halten Sie Ausschau nach Gelegenheiten, bevor sie jedem ins Auge fallen!

Als Unternehmung mit der Familie ist das Radfahren geradezu ideal.

Studien belegen, daß sich besonders das Radfahren sehr förderlich auf den gesamten Bewegungsapparat und das Training des Herz-Kreislauf-Systems auswirkt, da nur ca. 30% des Körpergewichts getragen werden müssen und auf diese Weise auch bei Menschen mit Übergewicht eine ausreichende Ausdauerleistung als Grundlage zur Verbesserung der allgemeinen Fitness und eines gesteigerten Wohlbefindens erzielt werden kann, während man beim Schwimmen gegen den Wasserwiderstand arbeiten und beim Laufen die Gelenke, Sehen und Bänder eine hohe Belastung tragen müssen.

Vielleicht nehmen Sie sich einen Naturführer mit und lernen neben Ihrem Trainingspensum mehr über die reale Welt, von und mit der wir leben: Tiere, Bäume, Kräuter, Beeren und Pilze bestimmen – was ist zu welcher Jahreszeit eßbar? Die Schöpfung lehrt uns Ehrfurcht, wenn wir ihr wiederum mit Ehrfurcht und Respekt beggenen.

Wir finden in der Natur alles, was wir zum (Über-)Leben brauchen und was uns dort zudem völlig kostenlos zur Verfügung steht. Wenn Sie nicht bereits auf dem Land leben – ziehen Sie dahin um, wenn irgend möglich! Die kommenden Zeiten werden in der Stadt nicht nur gefährlich, sondern es wird dort ungleich schwerer sein, sich und seine Familie Tag für Tag zu ernähren. Ein größerer Zusammenhalt der Bevölkerung, weniger Kriminalität und Gewalt, weniger Überwachung, und der reich gedeckte Tisch der Natur sind nur vier gewichtige Gründe, um sich rechtzeitig aus der Stadt zurückzuziehen, solange Sie noch die Möglichkeit dazu haben.

Versöhnen Sie sich mit Familie, Freunden, Nachbarn. Bilden Sie Hilfsnetzwerke, die Sie wiederum untereinander vernetzen! Sie können und müssen nicht alles selbst machen; binden Sie andere auf Ihrem Weg in die Freiheit und Unabhängigkeit mit ein! Unterstützen Sie Ihre örtlichen und regionalen Bauern! So stellen Sie sicher, daß sich die Lebensmittel-produktion von abhängig-global nach autark-lokal/regional verlagert. Die Wirtschaftskraft bleibt Ihrer Region wird auf diese Weise erhalten und gestärkt. Sie bildet eine Grundlage der Erzeugung gesunder Lebensmittel, und dient nach dem Crash als Fundament für eine neue gesunde Wirtschaft, die daraus wachsen kann!

Versöhnung eliminiert Streß aus Ihrem Leben und trägt damit auch wesentlich zu Ihrem körperlichen Wohlbefinden bei! Je mehr Personen eine Gruppe umfaßt, die zusammenhält und in der alle für ein gemeinsames Ziel arbeiten, deren Mitglieder sich gegenseitig helfen können, desto besser geschützt und besser versorgt ist jeder Einzelne, desto effektiver und auch wehrhafter, falls nötig.

Tun Sie, was Sie interessiert und Ihnen Freude bereitet! Erlernen Sie **Pilates**, was Ihnen zu mehr Körpergefühl, Konzentration, Koordination und Kraft verhelfen wird. Oder schließen Sie sich Ihrem örtlichen Turnverein an. Die Turnbewegung begann übrigens während der Freiheitskriege gegen die napoleonische Fremdbesatzung Deutschlands unter dem „Turnvater" Friedrich Ludwig Jahn, der dem Lützowschen Freikorps angehörte. Jahn prägte das Motto „Turne bis zur Urne". Sie können in jedem Alter damit beginnen und arbeiten vor allem mit Ihrem eigenen Körpergewicht. Lernen Sie Ihren Körper kennen und entdecken Sie, über welch ein wunderbares Werkzeug sie mit ihm verfügen. Trainieren Sie Ihre Kraft, Kondition, Koordination, Geschicklichkeit. Gebrauchen Sie Ihren eigenen Körper! Hanteln sind ein sinnvolles Hilfsmittel, aber nicht unbedingt nötig. Ihr Körper bietet in vielen Fällen ausreichend Widerstand, gegen den Sie arbeiten und mit dem Sie wachsen können!

http://bodyrock.tv
http://passion4profession.net/de

Die **„Calisthenics"**-Bewegung, die ursprünglich aus den Elendsvierteln US-amerikanischer Großstädte stammt, findet über den Weg von Osteuropa kommend auch immer mehr Anhänger in Mitteleuropa. Die Erfinder dieses Intensiv-Trainings, das außer dem eigenen Körpergewicht lediglich Barren, Holme und Stangen nutzt, wie sie in fast jedem Park, auf dem Spielplatz und Trimm-dich-Pfad zu finden sind, bezeichnen ihr Training dementsprechend auch als „Street" oder „Ghetto"-Workout. Hauptelemente des „Calisthenics"-Trainings sind Zug- und Druckübungen. Genauer gesagt handelt es sich dabei neben dem Klimmzug und dem Liegestütz um Dips, Beinheben, Kniebeugen sowie Übungen zur Verbesserung der Sprungkraft. Alle Übungen werden von den fünf erstgenannten Grundübungen abgeleitet, aus denen sich eine große Zahl an Kombination, Varianten und Ausführungen ergibt. Durch unterschiedlichste Variationen der Handpositionen und des Abstandes der Hände voneinander werden alle wichtigen Muskelgruppen des Körpers auf dynamische Weise beansprucht und belastet.

„Barstarzz" - **http://barstarzz.com** / **http://youtube.com/user/OfficialBarstarzz**
„Bar Brothers" - **http://youtube.com/user/novoic**
„Baristi" - **http://youtube.com/user/baristiworkout**
„SebeRevolta" - **http://youtube.com/user/RevoltaTV**
„fitnessclown" - **http://youtube.com/user/fitnessclown**
„Fortress" - **http://youtube.com/user/TheF0rtress**

Das Training fordert und fördert nicht nur die Kraft und Ausdauer, sondern auch das Körpergefühl, die Balance und das Koordinationsvermögen des Übenden. Diese Art des ganzheitlichen, umfassenden Körpertrainings wird auch als **„Calisthenics"** bezeichnet. Das Resultat des Trainings sind außergewöhnliche Kraft und Körperbeherrschung. Was die Trainierenden mit ihren Körpern und ihren wenigen Trainingsgerätschaften anstellen, die sie überall finden, ist sehr beeindruckend und von den Leistungen von Kunstturnern oft kaum zu unterscheiden. Jeder von ihnen hat einmal klein angefangen: mit einem Klimmzug und einem Liegestütz. Das heute sichtbare Können ist das Ergebnis viel konsequenter Übung und Disziplin. Um den Einstieg der vielen Interessierten zu erleichtern, wurde mittlerweile auch eine Instruktions-DVD für einem Programm für Anfänger und Fortgeschrittene entwickelt.
http://barstarzz.com/portfolio/barstarzz-instructional

Eine sehr infomative Seite, vor allem mit Tips für Neueinsteiger (auf Englisch): **http://fortressbody.com**

Kurzeinstieg in Calisthenics-Grundlagen in geschriebener Form:
http://baristi-workout.com/de/wie-beginnt-man-mit-calistenics

Klimmzug-Trainingstips für Anfänger: **http://tinyurl.com/b8anac9**
http://tinyurl.com/akda5qv
Explosivkrafttraining mit Liegestützen: **http://tinyurl.com/ap7mabu**
CalisthenicsAnfängerkurs in Schweden: **http://tinyurl.com/ab27sfa**
„Alles dreht sich um die Kraft der Mittelpartie": **http://tinyurl.com/aen2sqc**

Als kleine Motivationshilfe sollen folgende kurze Videos (teils in englischer Sprache) dienen, die die Leistungen beeindruckend unter Beweis stellen, zu denen unser Körper bei richtiger Dosierung von Belastung und Erholung in der Lage ist.

„Barstarzz"-Frontmann Hannibal King Klimmzüge: **http://tinyurl.com/b33rbj9**
und Liegestütze: **http://tinyurl.com/7jr2upq**
Der Tscheche Adam Raw: **http://tinyurl.com/bvfxuxx**
Calisthenics-Wettbewerb in Rußland: **http://tinyurl.com/bch5omo**
Junge Damen können es auch!: **http://tinyurl.com/bq8e6ln**
Street Workout Weltmeisterschaft 2012 in Riga, Lettland: **http://tinyurl.com/a4teooa**

Vielleicht entdecken Sie ein Interesse an Sportarten, die Selbstverteidigung schulen: Fitneß, Kraft, Ausdauer, Koordination und Gleichgewichtssinn werden so kombiniert geübt. Selbst im hohen Alter können Sie damit beginnen. Darüber hinaus wird Ihr Selbstvertrauen einen Schub erleben und Sie werden in brenzligen Situationen eher Ruhe und Übersicht bewahren. Bewegen Sie sich viel an frischer Luft – Ihr Körper ist auf Sonnenlicht zur Bildung von Vitaminen angewiesen, und es tut natürlich auch Ihrem Gemüt gut.

Wenn Sie die Möglichkeit haben, einem Tier ein gutes neues Zuhause zu bieten – in den Tierheimen warten so viele auf solch ein Heim. Ein Hund sorgt automatisch dafür, daß Sie genügend Bewegung bei jedem Wind und Wetter bekommen und so Ihre Abwehrkräfte stärken. Tiere sind nicht emotional oberflächlich, wie wir Menschen es leider oftmal sind. Sie sind ehrlich, und dabei auf beeindruckende Weise unaufdringlich und charmant. Einem Tier ist unser Aussehen völlig egal, unsere Hautfarbe, oder ob wir reich oder arm, alt oder jung sind. Wir können so viele grundlegende, wesentliche Dinge von den Tieren lernen – Dinge, auf die es im Leben ankommt. Für die Tiere sind sie selbstverständlich: Loyalität, Dankbarkeit, ungeheuchelte Zuneigung, echte Freundschaft ... Fällt uns tatsächlich nichts besseres ein, als alles Lebende abschlachten und auffressen zu wollen? Die Tiere können uns viel lehren – wir müssen nur zuerst lernen, ihnen zuzuhören.

Oftmals können nur Tiere behinderten oder mißbrauchten Kindern dabei helfen, die sich gegenüber keinem Menschen mehr öffnen können, wieder (Selbst-)Vertrauen zu lernen. Tiere helfen älteren und kranken Menschen, ihre Einsamkeit zu überwinden, einfach indem sie da sind, indem sie unsere Nähe suchen.

Für einen Hund ist es das Größte, am liebsten den ganzen Tag mit seiner Familie zu verbringen. Jemand hat einmal gesagt: „Der Hund ist das einzige Geschöpf, das den Menschen mehr liebt als sich selbst". Es muß ein Hunde- und Menschenkenner gewesen sein.

Abschluß

Generell ist es stets von unschätzbarem Vorteil, besonders zu Beginn einer Behandlung den Therapeuten, Arzt und/oder Heilpraktiker Ihres Vertrauens zu konsultieren, um dort fachlichen Rat, Hilfe und Unterstützung einzuholen. Auch verfügen insbesondere eigens geschulte Therapeuten und Naturheilkundler über spezielle Meßgeräte, wie z.B. Biophotonen- und Bioresonanzmeßgeräten, mit deren Hilfe sie in der Lage sind, eine körperschonende Therapie zu bestimmen, die exakt auf Ihre Bedürfnisse abgestimmt ist.

Setzen Sie klug ein, was auch immer Sie für zweckmäßig und angemessen erachten. Vertrauen Sie Ihren Erfahrungen und ignorieren Sie auch Ihr „Bauchgefühl" nicht.

Ich wünsche Ihnen von Herzen eine gute Gesundheit und ein reich gesegnetes, zufriedenes Leben, von dem Sie eines Tages sagen können: es hat sich gelohnt!

Kapitel 15

Weiterführende Literatur und empfehlenswerte Gesundheits-Seiten

http://zentrum-der-gesundheit.de
http://gesund-heilfasten.de
http://naturheilt.com

Heilung Diabetes: http://dr-schnitzer.de/bhz001.htm
Heilung Asthma: http://prof-stemmann.de/Schriften/Asthma.htm

Themenschwerpunkt Krebs

Empfehlenswerte Websites:

http://buck-info.de
http://alternativheilung.eu/html/krebs.html
http://breuss-kur.de
http://neue-medizin.de
http://gnm-info.de/grundlagen/schmerzen-in-verschiedenen-phasen
http://germanische-heilkunde.at

Erfahrungsbericht einer ehemaligen Krebspatientin, die sich mit alternativen Therapien behandeln ließ:
http://home.arcor.de/Heike.Stetter/Ausarbeitungen/Aprikosenkerne.html

Erfahrungsbericht eines ehemaligen Hodenkrebspatienten, der sich ebenfalls für eine alternative Heilbehandlung nach der Neuen Medizin entschied: http://buck-info.de

Weiterführende Literatur:

Vernon Coleman
„Wie Sie Ihren Arzt davon abhalten, Sie umzubringen"

Suzy Cohen
„Diabetes heilen ohne Medikamente: Das erfolgreiche Fünf-Stufen-Programm"

Bezugsquellen für Vitamin B17 (Laetril / Amygdalin) – bittere Aprikosenkerne:

http://bittere-aprikosenkerne.de

http://sandos-naturkost.de/index.php/cat/c52_Aprikosenkerne.html

http://naturscheune.de/shop/aprikosenkerne.html/

http://vitamin-b17.de/

http://zieler.de/trockenfruechte/trockenobst/aprikosen/aprikosen.html

Krebsvorbeugende, -hemmende und heilende Nahrungsergänzung

Die folgenden Beschreibungen sind lediglich das Resultat meiner eigenen Recherchen und stellen keinesfalls eine Einnahmeempfehlung dar. Bei Erkrankungen ist es unumgänglich, einen erfahrenen Arzt oder Therapeuten aufzusuchen oder diesen eine eventuelle Eigenbehandlung zumindest medizinisch begleiten zu lassen!

Um den Bedarf an weiteren B-Vitaminen zu decken (vor allem B15, das von der Schulmedizin nicht anerkannt wird) und zur Steigerung Ihrer Regenerationsfähigkeit empfiehlt sich Bierhefe, die reich an Vitaminen der B-Gruppe ist.

Nimmt man **bittere Mandeln** und **bittere Aprikosenkerne** in den Ernährungsplan auf: 1-2 täglich genügen, und während des Tages sollte viel getrunken werden – am besten Osmosewasser oder ozonisiertes Wasser – um die Ausscheidung von abgestorbenen Keimen und Zellen zu unterstützen. **Aprikosenkerne müssen vor dem Verzehr selbstverständlich geknackt werden, um an den weichen, verzehrbaren Kerninhalt zu gelangen!** Ein gewöhnlicher Nußknacker leistet dabei gute Dienste.

Auch der Verzehr von ganzen Äpfeln – mitsamt Kerngehäuse und Kernen – hat einen positiven gesundheitlichen Effekt. Bevorzugen Sie nach Möglichkeit alte Obst- und Gemüsesorten, da diese im Vergleich zu Neuzüchtungen einen teils deutlich höheren Vitalstoffgehalt aufweisen!

Vertreter alter Obstsorten finden Sie unter anderem hier: http://pflanzmich.de/kategorie/alte-obstsorten.html

Das Innere eines Aprikosenkerns enthält je nach Größe und Anbaugebiet ca. 4-5 mg Vitamin B17. Zur Gesundheitsprophylaxe empfehlen manche Therapeuten die Aufnahme von täglich 50mg Vitamin-B17, was dem Verzehr von täglich 10-12 Aprikosenkernen entspricht.

Ich persönlich gehe dagegen lieber nach dem Minimalprinzip vor, indem ich mit einem Kern täglich beginne, die Reaktion meines Körpers beobachte, und die Anzahl mit jedem Tag um einen Kern steigere, bis ich bei der empfohlenen Tageseinnahme angekommen bin.

Vorgehensweise nach dem Minimalprinzip

Ich esse niemals mehr Kerne, als ich auch die dazugehörigen Früchte essen kann. Zuerst wird also die Aprikose gegessen, dann der Kern geknackt, und anschließend das weiche Kerninnere gegessen. Auf diese Weise erhält der Körper alle Nährstoffe, die er benötigt und verwerten kann. Alles darüber hinaus wird ausgeschieden. Nehme ich zu viel zu mir, signalisiert mein Körper dies durch Unwohlsein, Unbehagen oder Übelkeit. In diesem Fall wird mit der Einnahme pausiert, und mit derjenigen Dosis neu begonnen, die keine Übelkeit hervorgerufen hat.

Ein jegliches Zuviel schadet uns. Gehen Sie daher stets besonnen und vorsichtig mit allen Nahrungsmitteln, Zusätzen und Medikamenten um – so, wie es ein selbstbestimmter Mensch ohnehin tun sollte. Es gibt auch ein „zuviel des Guten".

Sie allein tragen die Verantwortung für Ihr Leben. Aber genau das ist es, was Ihr Leben so einzigartig und wertvoll macht.

„Alle Dinge sind Gift, und nichts ist ohne Gift. Allein die Dosis macht's, das ein Ding kein Gift ist", erkannte Paracelsus, der große Arzt des Mittelalters.

Die Inhaltsstoffe

Bei Vitamin B17 handelt es sich um einen Bitterstoff, der insbesondere in Kernobst vorkommt (die Substanz, die vom Kern geschützt wird). Sein Hauptwirkstoff besteht aus einem Molekül Hydrogenzyanid (Blausäure) sowie einem Molekül Benzaldehyd (einem Schmerzmittel). Gesundes Gewebe kann diese beiden Wirkstoffe nicht aufschlüsseln, da ihm das Enzym Beta-Glukosidase fehlt. Dieses ist jedoch reichlich in Krebszellen vorhanden! Diese beiden Glukoseeinheiten – das Zyanid und das Aldehyd – bilden gemeinsam eine stabile Verbindung und sind in ihrer natürlich gebundenen Form chemisch inaktiv. Auf gesundes Gewebe haben beide keinerlei negative Wirkung.

Zum Vergleich: Natriumchlorid wird täglich als Salz genutzt, Chlorgas in isolierter Form jedoch ist tödlich. Dies trifft analog auf die Hauptkomponenten in Laetril zu.

Die Wirkungsweise

Kommen die beiden Hauptkomponenten nun unter Zugabe von Wasser (Speichel) mit dem Enzym Beta-Glukosidase in Verbindung, werden sie aktiviert. Beide isoliert sind hochgiftig, mit Beta-Glukosidase erreichen sie einen Synergieeffekt und sind dann 100mal so giftig wie jedes für sich allein. Vitamin B17 / Laetril / Amygdalin wandert also inaktiv durch den Körper, bis es auf seinen Aktivator Beta-Glukosidase trifft. Und dieses findet es ausschließlich in Krebszellen in hoher Konzentration vor. So wird es dort aufgespalten, und seine Gifte entfalten sich nur dort.

Ein weiterer Schutzmechanismus unseres Körpers ist dabei ein weiteres Enzym, das man Rhodanese (chem.: Thiosulfat-Sulfur-Transferase) nennt. Es wandelt Zyanide in für den Körper unschädliche Nebenprodukte um, die diesem sogar nützlich sind.

Rhodanese findet sich überall im gesunden Körper – außer in Krebszellen.

Auf diese Weise wird gesundes Gewebe geschützt, da unser Schutzenzym (Rhodanese) die Wirkung unseres Spaltenzyms (Beta-Glukosidase) vollständig neutralisiert. Im Gegensatz dazu reagieren Krebszellen hochempfindlich aufgrund ihrer hohen Konzentration an dem Spaltenzym, während es keinerlei Schutzenzym aufweist.

Wie hoch liegt der Tagesbedarf an Vitamin B17?

Auf die Frage, wieviel Nitrilosid ein Körper braucht, kann keine allgemeingültige Antwort gege-ben werden. Der Arzt „Dr. Krebs" schlägt für einen gesunden Erwachsenen ein Minimum von 50mg täglich vor. Bei einem Laetril-Gehalt von 4-5mg pro Aprikosenkern entspräche dies einem Verzehr von etwa 10-12 Kernen. Eine Person mit Krebsveranlagung würde mehr benötigen, ein Krebskranker deutlich mehr, sagt der Arzt „Dr. Krebs". Und doch macht dabei stets die **Vorgehensweise nach dem Minimalprinzip** Sinn, da durch den Wirkstoff mehr Krebszellen absterben können, als der Körper aufzuräumen und abzutransportieren fähig ist.

Möglicherweise haben Sie nun eine kleine Vorstellung von der Heilkraft, die uns die Natur bieten kann, ohne unser körpereigenes Immunsystem übermäßig zu strapazieren, wie dies häufig bei Chemotherapien der Fall ist.

Fazit:
Vitamin B17 verfügt über eine doppelte Eigenschaft: Seine Spaltprodukte dienen gesundem Gewebe als Nährstoff, während es die Krebszelle vergiftet. Dieses Verfahren der Natur ist nicht patentierbar und seine Heilweise nicht auf chemisch-synthetischem Wege reproduzierbar.

Vielmehr macht sich der Körper seine ihm innewohnende natürliche Regulationsfähigkeit zunutze.

Der Autor **G. Edward Griffin** schreibt in seinem Buch **„Eine Welt ohne Krebs"**:
„Aspirintabletten sind 20mal giftiger als die gleiche Menge Laetril. Die Toxizität von Aspirin ist kumulativ (in der Wirkung zunehmend) und kann sich über Tage oder gar Monate aufbauen. Der von Laetril ausgelöste Prozess dagegen ist innerhalb weniger Stunden abgeschlossen und hinterlässt keinerlei Rückstände. In den USA sterben jährlich mehr als 90 Menschen an Aspirinvergiftung. Aber noch nie ist jemand an Vitamin B17 gestorben."

Die Schulmedizin weist häufig auf den Umstand hin, daß bittere Mandeln, bittere Aprikosenkerne und Apfelkerne Blausäure enthalten, und raten daher vom Verzehr ab. Letztlich muß man als mündiger Patient allein die Verantwortung dafür tragen, für welche Art der Therapie man sich entscheidet. Es ist nicht zuletzt eine Frage des Vertrauens.

Gegründet auf der oben angeführten Wirkungsweise der Hauptkomponenten, ihrer Inaktivität und Unschädlichkeit im natürlich gebundenen Zustand, sowie ihrer Aktivivierung durch die Spalt- und Schutzenzyme bleibt es nun Ihnen selbst überlassen, sich in Eigenverantwortung eine eigene, fundierte Meinung zu bilden. Die Dosis macht das Gift, wie Paracelsus bereits erkannte. Im übrigen ist es sinnvoll, jede unbekannte Zutat oder Medizin nach dem Minimalprinzip zu testen, um zu sehen, wie der individuelle Patient darauf reagiert.

Das ist der Preis eines freien Lebens: Nicht mehr gezwungen sein, die Meinung anderer zu übernehmen, sondern sein Leben selbst zu leben und sich die Freiheit herauszunehmen, eigenständig zu denken, zu forschen, zu handeln. Mit allen Konsequenzen. Haben Sie keine Angst, sondern suchen Sie selbst nach der Wahrheit! Nur auf diese Weise können Sie Erfahrungen sammeln und erkennen, was funktioniert, und was nicht.

Weiterführende Literatur zum Thema Heilung von Krebs:

John A. Richardson
„Laetril im Kampf gegen Krebs: Die Erfahrungen der Richardson Cancer Clinic mit dem Vitamin B17"

Peter Kern
„Krebs bekämpfen mit Vitamin B17: Vorbeugen und Heilen mit Nitrilen aus Aprikosen-kernen"

Impfproblematik

Weiterführende Websites:

http://aerzte-ueber-impfen.org

http://impfkritik.de

http://impfschaden.info/de/home.html

http://gesundheitlicheaufklaerung.de/erstes-berufsverbot-wegen-impfkritik

Weiterführende Literatur:

Dr. med. Johann Loibner
„Impfen – Das Geschäft mit der Unwissenheit"

Friedrich P. Graf
„Nicht impfen – was dann?"

Daniel Trappitsch
„Impfen – Eine kritische Darstellung aus ganzheitlicher Sicht"

Dr. Stefan Lanka
„Impfen – Völkermord im Dritten Jahrtausend?"

Carola Lange-Roy / Ravi Roy
„Impfschäden, Band 3"

Allgemeine weiterführende Literatur zum Thema Gesundheit:

Norbert Treutwein
„Übersäuerung – Krank ohne Grund"
„Krank durch Übersäuerung?"
„Übersäuerung – Die optimale Basen-Balance"

Jürgen Vormann
„Säure-Basen-Balance: Richtig essen – Gesund ins Gleichgewicht kommen"

Doris Wroblewski
„Basische Kost: Gesundheit aus der Küche der Natur"

Dr. med. Feridoon Batmanghelidj
„Sie sind nicht krank, Sie sind durstig! Heilung von innen mit Wasser und Salz"

Heilkunde nach Hildegard von Bingen

Weiterführende Internetseiten:
http://hildegard.de

Buchempfehlungen:

Wighard Strehlow
„Hildegard-Heilkunde von A – Z: Kerngesund von Kopf bis Fuß"

Gottfried Hertzka
„Große Hildegard-Apotheke"

Wighard Strehlow
„Die Psychotherapie der Hildegard von Bingen: Heilen mit der Kraft der Seele"
„So heilt Gott: Die Medizin der heiligen Hildegard von Bingen als neues Naturheilverfahren"

Das tausend Jahre alte Wissen der Äbtissin Hildegard von Bingen ist heute noch genauso aktuell wie damals. Ich habe mit den alten Heilmitteln aus der Hildegard-Heilkunde ausnahmslos sehr gute Erfahrungen sammeln dürfen. Sie verschaffen schnelle, zuverlässige und sanfte Linderung bei einer Vielzahl von Krankheiten und Beschwerden, von Verdauungsproblemen bis hin zu Schlafstörung oder Entgiftung (**Wermutwein**). **Fenchel-Galgant-Tabletten** sollten zum Beispiel in keiner Hausapotheke fehlen. Sie sorgen für eine sanfte Anregung der Verdauung. Bei hartnäckigem, zähem Schleim, der die Atemwege blockiert und sich nur sehr schwer löst, konnten mir **Odermennig-Tabletten** schnell Hilfe verschaffen, nachdem die Einnahme anderer Schleimlöser keine Linderung bringen konnte.

Das zentrale Lebens- und Heilmittel aus der Hildegard-Küche ist jedoch der **Dinkel**, ein uraltes nährstoff-reiches Getreide, das bereits in der Antike hochgeschätzt wurde und erst in der Neuzeit in Vergessenheit geriet, als die Nachfrage nach billigem Getreide (dafür jedoch mit geringem Nährwert) stieg, das höhere Erträge erzielt. In der Öffentlichkeit wird der Anbau von Mais thematisiert und das viel größere Problem dahinter ver-steckt: Man geht mittlerweile davon aus, daß mindestens 90% des Weizens genmanipuliert sind! Weizen trägt in Europa wesentlich mehr zur Ernährung der Bevölkerung bei als Mais!

Mittlerweile wurde jedoch das Dinkelgetreide wiederentdeckt und verdient es, daß ihm zunehmend mehr Aufmerksamkeit geschenkt wird. Dies muß von uns Verbrauchern durch gezielte Nachfrage unterstützt werden. Eine Eigenart des Dinkels ist der harte Spelz, der ihn umschließt und somit vor Verunreinigungen (auch Pestizide, Witterungseinflüsse usw.) wirksam schützt. Dinkel kann man nur wortwörtlich als urgesund bezeichnen. Geachtet werden sollte jedoch auf eine naturgemäße, nichtkonventionelle Anbauweise, um vollständig in den Genuß seiner hervorragenden Eigenschaften zu kommen.

http://hildegard.de/dinkel.htm   http://stadtmuehle-geisingen.de

<u>Ein weiteres „vergessenes" Heilmittel: Petroleum</u>

Wußten Sie, daß Petroleum bis Ende der 1960-er Jahre im Deutschen Arzneimittelbuch verzeichnet wurde und von Ärzten bei der Behandlung und Heilung von Diabetes und Krebs verabreicht wurde? Ich habe mich mit einer Frau aus Polen einmal über Gesundheitsfragen unterhalten und erwähnte beiläufig, daß man Petroleum nicht nur äußerlich (z.B. bei Gelenkbeschwerden), sondern auch innerlich anwenden könne. Ich habe nicht schlecht gestaunt, als sie mir daraufhin erklärte, daß sie das sehr wohl wisse und es früher in Polen üblich gewesen sei, daß man Kindern, die beispielsweise an Keuchhusten erkrankt waren, Petroleum zu trinken gegeben habe. Seit die Pharmaindustrie und ihre Lobbyisten in Politik, Ärzte- und Apothekerschaft jedoch entdeckt haben, daß es viel profitabler ist, Patienten stattdessen unzähligen und therapeutisch fragwürdigen Chemotherapien, Dialysen und synthetischen Diabetika auszusetzen, verschwand das Petroleum aus den Fachbüchern, und auf den Flaschen und Kanistern ist nun zu lesen: „Vorsicht: giftig! ätzend! Nicht einnehmen!"

Dem sogenannten „modernen Gesundheitswesen" geht es längst nicht mehr um die Gesundung der Menschen, sondern darum, sie möglichst in Krankheit und Abhängigkeit zu halten, denn aus Gesunden läßt sich kein Profit schlagen, aus dem Leid der Kranken jedoch umso mehr!

Ich fordere niemanden auf, es mir gleichzutun, sondern beschreibe lediglich, wie ich es selbst angewendet habe. Als freier, selbstbestimmter und eigenverantwortlicher Mensch, der Sie sind, kann ich Sie jedoch nicht davon abhalten, es ebenfalls auszuprobieren. Hochreines Petroleum hat einen überraschend milden Geschmack. Ich habe Petroleum im Rahmen einer vorbeugenden Trinkkur folgendermaßen zu mir genommen: 6 Wochen lang, 1 TL hochgereinigtes Petroleum auf nüchternen Magen, etwa zwei Stunden vor dem Frühstück; danach 8 Wochen Pause, anschließend weitere 4 Wochen nach obigem Einnahmeschema. Im Rahmen von Forschungsreihen zwischen den Jahren 1936 – 1940 stellten Ärzte fest, daß Petroleum offenbar in der Lage ist, durch Cholesterin verursachte Veresterungen in den Zellen aufzulösen, die andernfalls entarteten und zu Krebszellen wurden.

http://petroleum_de.lorincz-veger.hu
http://petroleum_de.lorincz-veger.hu/hatter_de

Da sich die meisten Apotheken heute – aus welchen Gründen auch immer – weigern, hochreines Petroleum an Kunden zu verkaufen, wollte ich einmal wissen, ob auch gewöhnliches, nicht entschwefeltes Petroleum – also reines Petroleum mit einem höheren Schwefelgehalt – ebenfalls genießbar ist.

Dabei stellte ich fest, daß es durchaus auch verträglich ist, aber durch den geruchlich und geschmacklich deutlich wahrnehmbaren höheren Schwefelgehalt weniger schmackhaft und bekömmlich. Die einzige negative Nebenwirkung, die ich dabei bemerkte, war ein intensives Aufstoßen, daß jedoch nach etwa 5 bis 10 Minuten abklang.

An dieser Stelle wird es auch Zeit, neben den Lügen von Pharmaindustrie, Ärzten und gesetzlosen Gesetzgebern endlich einmal mit der Theorie aufzuräumen, Petroleum sei ein „fossiler Wirkstoff", das heißt aus evolutionsbiologischer Sicht vor Hunderten Millionen von Jahren aus umstürzenden Bäumen und anderen Pflanzen unter Luftabschluß entstanden. Diese Theorie wird analog zur sogenannten Evolutionstheorie an allen Schulen und Universitäten gelehrt. Aber ist sie tatsächlich wahr?

In der Sowjetunion der Vor-Jelzin-Ära wurde die überall im Westen gelehrte sogenannten **biotische Theorie** abgelehnt und stattdessen gelehrt, daß Erdöl / Petroleum nicht aus Pflanzen, sondern aus Steinen entstehe, und zwar in einem bio-chemischen Vorgang, der in Hunderten Kilometern Tiefe **unter dem Einfluß von hohen Temperaturen und hohem Druck stattfindet** – also die **abiotische Herkunft** des Petroleums. Darauf deutet auch bereits der alte lateinische Name des Petroleums hin: **Oleum petrae = Stein-Öl!**, nicht Pflanzenöl!

Dieses Wissen machte sich Vietnam zunutze, das zuvor keinen einzigen Tropfen Rohöl förderte, weil es in dieser Region angeblich nicht vorkäme. Heute fördert Vietnam mehr Barrel Rohöl als der Jemen! Seitdem ist das Land nicht mehr auf Ölimporte angewiesen und folglich energieautark.

Und wer könnte wohl daran kein Interesse haben, und warum mag es wohl sein, daß man alles dafür ins Feld wirft, um die Verbreitung dieses Wissens zu verhindern?

Abermals während sowjetischer Zeiten führte man medizinische Routineuntersuchungen bei Männern durch, die auf den Ölfeldern rund um Baku, der Hauptstadt der damaligen Sowjetrepublik Aserbaidshan, arbeiteten. Dabei stellten die Ärzte fest, daß diese Arbeiter weder an Krebs erkrankten noch unter Tumoren, Geschwüren und Metastasen litten.

Bei der weiteren Untersuchung der Ursache dieses Phänomens stellten die Ärzte überrascht fest, daß die Gesundheit der Arbeiter in direktem Zusammenhang mit der unwillkürlichen Einnahme kleinster Mengen Rohöls, das sich als feiner Sprühnebel rund um die Fördertürme in der Luft befindet. Die Arbeiter nahmen das Öl unbewußt zu sich, wannimmer sie sich mit ölverschmierten Händen den Mund abwischten oder mit der Zunge unwillkürlich ihre Lippen befeuchteten.

Heute diskreditieren sich nicht nur die Politik, die Wirtschaft, die Wissenschaft und die Medien zunehmend im Versuch, ihr jahrzehntelang aufgebautes Lügengebäude fortzuführen und seinen Zusammenbruch zu verhindern, sondern auch die konventionelle Medizin, die während der vergangenen 100 Jahre das Monopol über die Gesundheit bzw. Krankheit der Menschen ausübte und ungeahnte Profite daraus zog. An gesunden Menschen ist jedoch kein Geld zu verdienen, was bislang durch Lüge, Betrug und Wahrheitsfälschung alltäglich war. Die Wahrheit drängt heute mit Macht ans Tageslicht, und in Verbindung mit der erwachenden Bereitschaft zur Eigenverantwortung auch im Bereich der Gesundheit steht die Menschheit vor einem Befreiungsschlag, der die Lüge und den Betrug wegwischen wird.

Informieren Sie sich selbst, und bilden Sie sich eine eigene, vorurteilsfreie Meinung!

Teil III: Der krisenfeste Haushalt

Die Lebensmittelbevorratung und Selbstversorgung

Die Bevorratung und Eigenerzeugung von Lebensmitteln ist insbesondere angesichts unwägbarer globaler Entwicklungen im (geo)politischen, finanziellen und wirtschaftlichen Bereich von höchster Bedeutung. In Krisenzeiten, ganz gleich ob ausgelöst durch Naturkatastrophen, Krieg oder Bürgerkrieg, oder durch den Zusammenbruch des globalen Finanz- und Wirtschaftssystems, ist von Seiten Dritter keinerlei Hilfe zu erwarten. Das Treffen von geeigneten Vorsorgemaßnahmen liegt in der Verantwortung eines jeden Einzelnen von uns. Auch die jahrzehntelang Pflege der Utopie einer imaginären sozialen Kollektivverantwortung ändert nichts an der Tatsache, daß eine solche niemals existiert hat, nicht existiert, und niemals existieren wird. Verantwortung ist immer – ohne Ausnahme! – individuell, niemals eine Sache der Allgemeinheit. **Eine Kollektivverantwortung existiert ebensowenig wie eine Kollektivschuld. Beide sind stets personenbezogen!**

Von allen obengenannten Szenarien ist der Kollaps des Weltfinanz- und Wirtschaftssystems das heute am naheliegendste. Die aufgetürmten Schulden können und werden niemals zurückgezahlt werden, und wer das Prinzip von „Schulden als Geld" einmal verstanden hat, der weiß, daß niemals je ein Heller zurückgezahlt wurde – und eine Rückzahlung niemals vorgesehen war, denn das Schuldensystem existierte nur, solange es seine Geldmenge parallel zu seiner Schuldenmenge ausdehnen kann.

Werden die Schulden faul, werden auch die gegenüberstehenden Guthaben faul. Die Völker verlieren das Vertrauen in das bedruckte Währungspapier, sodann in die Zentralbanken, die Banken und die Regimes, die dieses Papier zum „gesetzlichen Zahlungsmittel" erhoben haben. Dieses Phänomen ist heute nicht mehr – wie in früheren Zusammenbrüchen – lokal oder regional begrenzt, sondern weltweit feststellbar. Wir stehen vor dem Untergang des globalen Papiergeldexperiments, das auch durch neue Papierwährungen nicht mehr gelöst werden kann, da die Weltwirtschaft abstürzt und die Kreditwürdigkeit aller Welt sich in Luft auslöst.

Mit einem zumindest teilweisen oder vorübergehendem Zerfall der öffentlichen Ordnung muß zwingend gerechnet werden, denn die Sparer werden ihre papier- und schuldenbasierten Vermögen ebenso verlieren wie die Wirtschaft ihre bis dahin auf Kredit finanzierten Aufträge. Eine noch nie dagewesene Massenarbeitslosigkeit wird den folgenden völligen Wirtschaftskollaps kennzeichnen. **Unser Leben steht vor einer urplötzlichen Entschleunigung und Rückbesinnung auf das Wesentliche, auf Einfachheit und Werthaltigkeit in allen Aspekten.**

Mit dem Untergang des Weltfinanzsystems und dessen Folge der Weltwirtschaft wird der Warenverkehr weltweit abrupt zum völligen Erliegen kommen und unvorstellbare Panik und Chaos in Politik und Bevölkerung auslösen. Ungedeckte neue Währungen werden ihre Kaufkraft rasch in Luft auflösen, sollte sich herausstellen, daß die Zentralbanken über keine oder viel geringere Goldreserven verfügen, als heute stets behauptet wird.

Neue Währungen, die dem Volk als „goldgedeckt" verkauft werden, die jedoch nicht real in Gold einlösbar sind, sondern deren vermeintliche Reserven vielleicht gar im Ausland gelagert werden – und wenn auch nur als Wolframklumpen mit Goldüberzug – werden die Menschen nicht mehr lange täuschen können.

Der rasche Kaufkraftverlust des neuen – vielleicht sogar goldfarbenen – Währungspapiers wird sie als den alten Betrug unter neuem Namen schnell entlarven. Da sich die im Privatbesitz befindlichen „Zentralbanken" einer Überprüfung der real existierenden Goldbestände „aus Kostengründen" verweigern, sollten Sie damit rechnen, daß die global operierenden Papiergeldkaiser in Wirklichkeit nackt sind. Somit läuft auch die kurze Epoche des angeblich allfürsorglichen Wohlfahrts-, Sozial- und Überwachungsstaates ab, denn auch dieser wurde komplett auf Pump gebaut.

Derjenige, der sich statt auf staatliche und mediale „Alles wird gut"-Propaganda in falscher Sicherheit zu wiegen besser auf seinen eigenen Hausverstand und seine eigenen Beobachtungen verlassen und rechtzeitig Vorsorgemaßnahmen ergriffen haben wird, kann und wird froh sein, in solch chaotischen Situationen nicht aus dem Haus zu müssen, um wo auch immer Lebensmittel zu besorgen – denn die Lebensmittelläden werden geplündert oder einfach nur leer sein, da ihr Nachschub gemeinsam mit dem Welthandel zusammengebrochen sein wird.

Nach dem endgültigen Ende des eben doch nicht omnipotenten Staates in Folge seines finanziellen Kollaps wird zunächst vermutlich ein Machtvakuum entstehen, und viele fassungslose Menschen werden erkennen, daß der Machtapparat „Staat" nicht nur nicht in der Lage ist, Probleme zu lösen, sondern daß er vielmehr der Urheber der größten Probleme ist.

Anstatt den Kollaps eines ohnehin insolventen Finanzsystems, das gezielt auf Verschuldung und damit Abhängigkeit angelegt ist, mit „Rettungen" zu verschleppen, wäre es weitaus klüger gewesen, an den Fundamenten einer neuen und hoffentlich besseren Gesellschaft zu arbeiten. Dies umfaßt zum einen die Sicherstellung der Ernährungsgrundlage, und zum weiteren einen Ausweg aus der Arbeits-, Hoffnungs- und Perspektivlosigkeit. Wir benötigen dringendst ein neues Siedlungskonzept, das die Abwicklung von nicht überlebensfähigen industriellen Monokulturbetrieben übernimmt, die nur durch Subventionen am Leben gehalten werden, und parallel dazu die Errichtung von Millionen von Kleinsthöfen vorantreibt, die sowohl Unterkunft als auch Ernährung der Bevölkerung sicherstellen können.

Nach dem Kollaps der gleich dem Finanzsystem schuldenbasierten und kreditfinanzierten Industriegesellschaft bleibt hier nur der primäre, also grundlegendste Wirtschaftssektor: und das ist die Land- und Forstwirtschaft. Der urplötzliche Stillstand des Weltwarenverkehrs wird zudem zu regionalen Verteilungskonflikten führen, denn der gescheiterte Globalismus kehrt wieder zur Betonung der Region zurück. Regionen, deren Wirtschaft vom Import von Öl und Gas abhängig ist, sollten sich bereits heute dringend nach Alternativen umsehen – beispielsweise der Vielseitig-keit der alten Kulturpflanze Hanf, die pro Hektar nicht nur 6mal mehr Biomasse produziert als Wald und zwar in nur einer Saison, während der Wald Jahrzehnte zum Wachstum benötigt.

Hanffasern eignen sich ausgezeichnet zur Herstellung von Papier und Kleidung, und das Öl des Hanf bewährte sich jahrhundertelang als günstiges Brennmaterial, das jeder selbst anbauen und herstellen konnte: ohne staatliche Verbote, ohne Industriekonzerne, und … Halt! Liegt da etwa der Hund begraben, daß die Politik mit Gesetzen regiert, die die Profite der Monopolisten schützen sollen?

Das Ende des Erdölzeitalters wird zugleich die künstlich erzeugte Abhängigkeit der Menschheit vom Rohöl beenden, da Alternativen gesucht und gefunden werden. Zunächst aber werden landwirtschaftliche Maschinen wie Traktoren und Mähdreschern der Treibstoff über kurz oder lang ausgehen. Im Grunde genommen ist das ein Glück, denn die Menschen werden in Massen nach Arbeit und Einkommen suchen – und in der Land- und Forstwirtschaft sowie im neu aufkeimenden traditionellen Handwerk mit etwas Glück und Können auch finden werden.

Im ersten Jahrzehnt des 21. Jahrhunderts arbeiten lediglich 3% der Werktätigen in der Landwirtschaft. Das bedeutet, daß nur 3% der Arbeitenden die übrigen 97% ernähren müssen. Dieses Szenario läßt ganz klar werden, vor welcher Katastrophe wir heute stehen – und wie schnell wir umdenken und handeln müssen. Manche Kritiker mögen nun einen der Trend zeige ja eindeutig weg vom Land und noch mehr von der Arbeit auf dem Land, und hinein in die Städte.
Dem entgegen stehen neben Millionen von Erwerbslosen allerdings auch Millionen von Haus- und Schrebergärten. Eine neu erwachende Sehnsucht von Millionen von Menschen nach einem naturnahen Leben im Einklang mit der Natur und gesunden Ernährung verbindet sich mit einer neuen Sehnsucht nach Geborgenheit und Sicherheit, wie sie nur die eigene heimatliche Scholle zu bieten vermag.

In den 1930er Jahren begann die Erwägung solcher Projekte, und insbesondere nach Ende des 2.Weltkrieges wurden verschiedene dieser Konzepte von privater Seite verwirklicht. Nach Kriegsende 1945 waren Land und Wirtschaft nahezu vollständig zerstört. Die Menschen hungerten. Damals war der Krieg die Ursache für das Elend der Menschen. Heute ist es das staatlich legali-sierte Falschgeld, das in noch nie dagewesen Umfang vervielfältigt wird und dabei Kaufkraft, Vermögen, Wirtschaft und Gesellschaft ruiniert.

Die Siedlungskonzepte fanden damals jedoch leider nicht die ihnen zustehende Aufmerksamkeit und Unterstützung seitens der Politik und Wirtschaft. Stattdessen beschloß man, die Entstehung riesiger resourcenfressender und widernatürlicher Monokulturbetriebe zu fördern. Die dabei entstehenden Unmengen an ungeklärten Gift- und Schadstoffen in Form von Exkrementen verpesten nicht nur die Luft, sondern sie vergiften auch das Grundwasser und verseuchen die Äcker, die durch die Jauche versalzen, so daß das Bodenleben abstirbt, und mit ihm letztlich der ausgelaugte Boden.

Einige der Siedlungskonzepte, die heute nötiger und aktueller sind denn je, beinhalten eine intensive, kleine Tierhaltung (z.B. von **Max Karl Schwarz** oder **Heinrich Jebens**), andere wiederum verzichten wegen der dafür notwendigen Fläche komplett darauf, so etwa das Gärtnerhof-Konzept von Heinrich Frantzen. Die wichtigsten Siedlungs- und Selbstversorgerkonzepte werden in dem Büchlein „**Der Kleinsthof" von Oswald Hitschfeld** anschaulich beschrieben.

Allen gemeinsam ist die intensive Landnutzung. Für das Problem der Lagerung beziehungsweise gar Verwertung menschlicher Exkremente wurde damals noch keine probate Lösung gefunden. Diese haben wir jedoch heute verfügbar, und zwar durch die Fermentation und Kompostierung innerhalb eines Komposttoiletten-Systems mit Hilfe von Holzkohlestaub, Urgesteinsmehl und Effektiven Mikroorganismen. Auf diese ebenso einfache wie geniale Methode gehe ich etwas später intensiver ein.

Die zentrale Abwasserwirtschaft mit Kanalisation wird sich immer offensichtlicher als ein folgenschwerer Irrtum herausstellen. Sie produziert Unmengen an Giften, die anschließend teuer geklärt und entsorgt werden müssen. Im Gegenzug wird den Ackerböden der organische Dünger in Form der Stoffwechselendprodukte (= tierischer und menschlicher Kot) vorenthalten, und er stattdessen mit Kunstdünger zwangsernährt. Diese gesamte Verkettung von Fehlern und Irrtümern entspringt dem Wahn, die Gesetze der Natur bekämpfen und besiegen zu können oder zu müssen. Dieses Vorgehen schreit geradezu nach Versagen, Desaster, Katastrophe und Zusammenbruch. Eine Entwicklung weg vom derzeitigen Irrsinn und hin zu autarken Selbstversorgerhöfen mit wieder geschlossenem Wirtschaftskreislauf dürfte sich zum Bautrend und Arbeitsmarkt der Zukunft entwickeln.

<u>Wie stellt sich die derzeitige Versorgungslage dar?</u>

Wir befinden uns heute unmittelbar vor der Herausforderung, die scheinbare kollektive Verantwortung, die stets mit dem undefinierten Wort „sozial" beginnt und begründet wurde, auf schnellstem Wege zugunsten unserer eigenen, individuellen Verantwortung einzutauschen, die uns als mündige und eigenverantwortliche Menschen kennzeichnen sollte. Diese haben wir vor lauter „Karriere" und Geldverdienen durch Abhetzen im Hamsterrad, um Konsum auf Pump zu finanzieren, kurzum: einen Scheinwohlstand um uns herum aufzubauen, völlig ohne Not hergeschenkt und unser gesamtes Leben in völlige Abhängigkeit von Politikern und Industrie-Lobbyisten gegeben.

Heute sind wir getrimmt auf sofortige und jederzeitige Verfügbarkeit von Nahrungsmitteln. Wie und womit diese jedoch von einer undurchschaubaren, auf die Produktion von billiger minderwertiger Massenware konzipierten Agrarindustrie erzeugt werden, wird verschwiegen, vertuscht – lediglich bei leider an die Öffentlichkeit gekommenen Skandalen wird Zerknirschung geheuchelt. Die Produktionsweise dieser Industrie, die mit Landwirtschaft nichts mehr gemein hat, vergeudet und verschmutzt Unmengen an Resourcen durch die unvorstellbare Mengen an „Pflanzenschutz"- und sonstigen Giften, die dabei in den Kreislauf der Natur gelangen.

Die global operierenden Agrarmultis zeigen heute ein reges Interesse daran, die kulturelle Artenvielfalt an Pflanzen und Tieren, die ein Ergebis tausender Jahre sorgfältiger züchterischer Auswahl und Kultivierung ist, rücksichtslos und unwiederbringlich zu vernichten und durch hochgezüchtete, krankheitsanfällige und zu ihren Gunsten patentierte Hochleistungsrassen und -arten zu ersetzen.

Der einzige Weg, um uns von bestehenden Abhängigkeit zu befreien, ist die Rückbesinnung auf Eigeninitiative und die Bereitschaft zur Selbstverantwortung. Der grundlegendste Eckpfeiler ist dabei sicherlich die Fähigkeit, sich selbst gesund zu ernähren, indem wir wieder lernen, unsere eigenen Lebensmittel anzubauen – und somit eine neue Unabhängigkeit zu erreichen gegenüber repressiven Regimes, die ohne Rücksicht auf Verluste einzig und allein wirtschaftlichen Interessen der Lobbys vorantreiben, die da heißen: Monopolisierung, Patentierung, Genmanipulation, denaturierte Industrienahrung, Agrochemie und Kunstdünger.

Hierbei eine kleine Hilfestellung zu geben, ist das Anliegen dieses Buchabschnittes. Lebensmittel können im Augenblick noch überall gekauft werden, und ihre Preise sind trotz ihres beginnenden Anstiegs noch sehr günstig im historischen Vergleich.

Während eine durchschnittliche Familie in vorangegangenen Jahrtausenden und der Dritten Welt mindestens 80 bis 90% ihres verfügbaren Einkommens zum Erwerb von Lebensmitteln aufwenden mußten bzw. müssen, sind es heute in den sogenannten „entwickelten Ländern" gerade einmal magere 15%. Wir erkennen bereits hier die geringe Wertschätzung gesunder Lebensmittel in einer Gesellschaft, die satt ist vom vermeintlichen Wohlstand, in dem sie schwelgt.

Der Verlust aller Werte wird nicht zuletzt auch durch das zweifelhafte Prädikat „Wegwerfgesellschaft" deutlich.

Wegen der Geringschätzung gesunder Lebensmittel ist es ja im Augenblick für bäuerliche Kleinbetriebe auch so schwer, zumindest kostendeckend geschweige denn wirtschaftlich zu arbeiten und ihre Höfe zu erhalten – denn subventioniert werden ausschließlich die „Großen", was augenscheinlich auf eine bewußte Verdrängung der „Kleinen" abzielt.

Zurück bleiben gigantische Monokulturbetriebe, die allein auf sich gestellt und isoliert von ständigem Nachschub an riesigen Energiemengen (Strom, Wasser, Futter für Tiere) nicht mehr lebensfähig sind.

Möchten Sie – insbesondere im Ernstfall – von einer solch hochgezüchteten Agrarindustrie abhängig sein, die neben der fehlenden Nachhaltigkeit, dafür jedoch nachhaltigen Zerstörung eines gesunden Bodens und Verunreinigung des Grundwassers durch massiven Kunstdünger und Pestizideinsatz zudem durch Monokulturwirtschaft noch extrem krisenanfällig ist? Wie überall sollen auch hier die Kleinen am besten gleich ganz aus dem Markt gedrängt werden.

Erinnern wir uns an das Zitat des Freimaurers und Bilderbergers Henry Kissinger: **„Wer die Nahrungsmittel kontrolliert, der beherrscht die Menschen; wer das Öl kontrolliert, der beherrscht die Nationen; wer das Geld kontrolliert, der beherrscht die Welt."** (zitiert in: **F. William Engdahl „Die Saat der Zerstörung, die dunklen Seiten der Genmanipulation")**

Möchten Sie sich gern von Personen dieser Gesinnung beherrschen und kontrollieren lassen, oder eine solche Welt Ihren Kindern und Enkeln überlassen? Wenn diese Sie eines Tages fragen: „Warum hast du das zugelassen, warum dich nicht gewehrt?" - Was wollen Sie dann antworten? Weil Nebensächlichkeiten und freizeitliche Zerstreuung wichtiger waren? Ist es nicht bezeichnend, daß sämtliche Weltherrschaftsbestrebungen in der Geschichte und Gegenwart stets von hochintelligenten, abgrundtief bösartigen und dabei zugleich panisch ängstlichen und feigen Psychopathen gehegt wurden, die stets andere für ihre wahnsinnigen Ideologien voranschicken?

Zufriedene Menschen hassen nicht. Sie führen keine Kriege oder meinen, andere Menschen dominieren zu müssen. Sie wissen aber auch, daß das Gute täglich erkämpft, erhalten und gepflegt werden muß. Ein Leben in Freiheit und Frieden ist ebensowenig eine Selbstverständlichkeit wie eine glückliche Ehe oder ein solider, ehrlicher Einkommenserwerb. Alles von Wert muß täglich neu erarbeitet werden.

Nun, ich hoffe, ich kann Ihre Sehnsucht wecken, ab sofort Ihre eigenen, gesunden Lebensmittel mit den Ihnen zur Verfügung stehenden Mitteln und Möglichkeiten auf kleinstem Raum anzubauen; gleichgültig, ob Sie in der Stadt oder auf dem Land leben, oder ob Sie einen Garten besitzen oder nicht.

Die Fähigkeit, Ihre eigene Nahrung zu säen, zu pflanzen und zu ernten, wird Ihnen ein ganz neues, ein gutes Gefühl der Unabhängigkeit schenken – das Erleben, wie IHRE Arbeit Früchte tragen wird, ist einfach unbeschreiblich. Es werden Ihr angewandtes Wissen und Ihre Fertigkeiten sein, die in Verbindung mit den Kräften der Natur die gesündesten Nahrung hervorbringt!

Auf diese Weise wird der Grundstein gelegt für eine neue, freiere Gesellschaft, in der der Macht- und Kontrollwahn der Nahrungsmittel- und Agrokonzerne keinen Platz mehr haben werden. Ein Beispiel soll den Irrsinn unserer Tage verdeutlichen: Der Hunger der „Dritten Welt" wird maßgeblich befeuert, indem die amerikanische und europäische Agrarindustrie – denn mit Landwirtschaft hat das schon lange nichts mehr zu tun – aus Steuergeldern politisch begünstigt, sprich subventioniert, wird.

Sie werden feststellen, daß jeglicher politischer Eingriff in einen freien Markt diesen zu einem unfreien Markt macht, der letztlich alle ökonomischen Prinzipien aushebelt und am Ende sowohl die Europäer verarmt, die die Ware subventionieren, als auch die Afrikaner, die die zunächst so „günstigen" Waren kaufen.

Wie der Ausbau der Agrarindustrie zum Monopol nach westlichem Muster auf Steuerzahlerkosten die Ökonomien der sogenannten „Dritten Welt" nachhaltig zerstört und somit direkt für Armut und Hunger verantwortlich ist, wird am Beispiel der industriellen Geflügelmast deutlich – inklusive Druck der westlichen Regierungen auf die armen Länder, deren Erzeugnisse importieren und dadurch ihre einheimischen Kleinbetriebe zerstören zu müssen:

Da der westliche Konsument derzeit offenbar Hähnchenbrust (natürlich möglichst billig) bevorzugt, und dabei keinerlei Wert auf die Gesundheit der Tiere – und damit in letzter Konsequenz auf seine eigene – zu legen scheint, werden die übrigen Hähnchenteile nach Afrika verkauft. In Ghana beispielsweise kostet ein von einem dortigen Kleinbauern aufgezogenes Huhn ca. 6 US$.
Die europäischen Hähnchenstücke aus Massentierhaltung kosten jedoch lediglich 50 Cent, da die europäischen Steuerzahler – oft ohne es zu wissen oder sich dafür zu interessieren – die Verluste der Agrarindustrie per Subventionierung finanziell ausgleichen.

Dabei kommt es also zu einer Umverteilung der Vermögen von den Zahlern (Arbeitenden) hin zu den Großbetrieben in Form von Subventionszahlungen. Steuern sind nichts anderes als eine politische Form der Enteignung. Die Politik nimmt denen ihr Vermögen weg, die es erarbeitet haben, und verteilt es an ihre bevorzugte, privilegierte Klientel (z.B. Großkonzerne) um.

Dieser Vorgang wird als Lobbyismus bezeichnet. Zum Dank für treue Dienste erhalten Politiker während und nach ihrer Amtszeit hochdotierte Posten in Gremien, Aufsichts- und Verwaltungsräten, Vorständen, Lobbygruppen und anderen Konsortien.

Die sarkastische Einschätzung, ein Verbraucherschutzministerium sei lediglich dazu da, die Industrielobbys vor den Verbrauchern zu schützen, zeigt die bittere Realität in einem humoristischen Licht.

Dies nur als Randbemerkung, damit wir einmal darüber nachdenken, zu welchen Gebilden Demokratien in ihrem Endstadium stets verkommen, wie sie funktionieren, und wessen Interessen sie in Wirklichkeit vertreten. Doch zurück zu der Tatsche, wie subventionierte europäische Massentierhaltungshähnchen die einheimische Landwirtschaft der Dritte-Welt-Staaten zerstört, am Beispiel Ghanas. Viele Ghanesen weichen ebenso wie die westlichen Konsumenten auf die vermeintlich billigen europäischen Hähnchen aus.

Die Folge ist, daß die kleinbäuerliche Wirtschaft praktisch aller afrikanischer Völker damit im Keim erstickt wird, da kaum mehr jemand einheimische Waren kauft, denn den einheimischen Kleinbauern wird keine finanzielle Unterstützung zuteil. Sie können im Preiskampf gegen die subventionierte westliche Agrarindustrie nicht mithalten, da sie im Gegensatz zu den westlichen Agro-Multis den vollen Preis für Futter und Aufzucht ihrer Tiere zahlen müssen.

Sind die Kleinbauern zusätzlich verschuldet und somit finanziell abhängig, dann ist es nur eine Frage der Zeit, bis sie ihre Arbeit aufgeben müssen, sie aus dem Markt herausgedrängt werden und damit letztlich die Existenzgrundlage ihrer Familien verlieren. Auf diese Weise finanzieren die Steuerzahler des Westens die Verarmung und Verelendung der ohnehin wirtschaftlich geschwächten Völkern, während den westlichen Großindustrien ein globales Monopol angedient wird. Regierungen der sogenannten Dritten Welt, die ihre heimische Wirtschaft vor Billigimporten schützen wollen, werden von westlichen Politikern unter Druck gesetzt. Gedroht wird damit, daß Kredite für das Land gekürzt oder ganz gestrichen werden, falls es sich weigert, die Billigprodukte der westlichen Großkonzerne abzunehmen.

Dies ist eine hauptsächliche Eigenschaft des derzeitigen kreditbasierten, ungedeckten Papiergeldsystems: es schafft und nährt Abhängigkeiten und stellt ein Druckmittel und ein Mittel der Versklavung der Völker dar. Die Ausplünderung und Verarmung von Dritte-Welt-Staaten durch westliche Regierungen und Konzerne hat zahlreiche weitere Konsequenzen auch und gerade für die Völker Europas. Sie führte zu einer Destabilisierung der Gesellschaft in Form von noch nie dagewesener Überfremdung durch uneingeschränkte Zuwanderung und Flüchtlingsströme. Der einzige Profiteur dieser Situation ist eine gigantische Asylindustrie.

Der britische Abgeordnete der **British National Party** (BNP, http://bnp.org.uk) im EU-Parlament, **Nick Griffin** (http://nickgriffinmep.eu), benannte unverhohlen den politischen Zweck hinter der Schaffung von wirtschaftlichen Ungleichgewichte, die zu nicht zu bewältigenden Flüchtlingsströmen nach Europa führen.

Er sagte: *„Der 'Pate' der Europäischen Union, Richard Coudenhove-Kalergi, veröffentlichte den Plan für ein 'Vereinigtes Europa' und den kulturellen Völkermord an den Völkern Europas: Die Förderung massenhafter, nicht-weißer Zuwanderung, war zentraler Teil dieses Plans! Seitdem arbeitet eine unheilige Allianz aus Linken, Kapitalisten und zionistischen Rassisten bewußt daran, uns durch Zuwanderung und Vermischung mit der festen Absicht, uns aus unseren eigenen Heimatländern buchstäblich 'herauszuzüchten'. Da der Widerstand der einheimischen Bevölkerung gegen diese humangenetische Modifizierungsindustrie wächst sucht die kriminelle Elite nach neuen Wegen, um ihr Projekt zu tarnen. Zuerst bezeichnete man die Immigranten als 'temporäre Gastarbeiter', dann war es ein 'multirassisches Experiment', dann waren es 'Flüchtlinge', dann 'die Lösung des Problems der schrumpfenden Bevölkerung'. Unterschiedliche Ausreden, unterschiedliche Lügen! Und 'Asyl' ist nur eine weitere davon! Doch die wahre Absicht dahinter bleibt gleich: 'Der größte Völkermord der Menschheitsgeschichte!', 'Die Endlösung für das christlich-europäische Problem'. Dieses Verbrechen verlangt nach einem neuen 'Nürnberger Tribunal', und ihr Leute werdet auf der Anklagebank sitzen!"* Die EU-Parlamentabgeordnete Gomez antwortete darauf: *„Herr Präsident, ich bin wirklich beschämt wegen der rassistischen und fremdenfeindlichen Begriffe, die von Herrn Griffin gebraucht wurden. Und meine einzige Frage an ihn ist, ob er hier ist, um irgendwelche konkreten Vorschläge zu Gesetzesänderungen vorzubringen. Ist ihre Politik ernsthaft, oder schreien sie hier nur herum? Und ich hoffe, sie werden nicht wiedergewählt, falls sie*

danach streben sollten, wiedergewählt zu werden, denn die Aussagen, die sie gerade gemacht haben, sind eine Schande für dieses Parlament!" Herr Griffin antwortet darauf: *„Sie sind es, die herumschreit, denn offensichtlich tut die Wahrheit weh. Ja, ich werde mich zur Wiederwahl stellen; ja, ich hoffe wieder hierher zu kommen, um für die Interessen der eingeborenen Europäer zu sprechen, welche die Gründer dieses Ortes in voller Absicht zur Vernichtung freigegeben haben. Dabei handelt es sich um ein Verbrechen. Ich sage die Wahrheit.* **Ich habe einen konstruktiven Vorschlag, um den armen Asylsuchenden aus Afrika zu helfen: Ja, machen sie ihnen klar, daß sie nicht hierherkommen können, dann werden sie auch nicht versuchen, das Meer zu überqueren und dabei in großer Zahl ertrinken. <u>Der beste Weg für sie wäre, die Banken loszuwerden, die ihren Ländern im Nacken sitzen, dann können sie dort in Frieden leben – in ihren Ländern; und wir Europäer können ebenfalls in Frieden leben – in unseren Ländern.</u>** "
Link zum Video: **http://tinyurl.com/keo94bo**

Dieselben Politiker, die für die Umverteilung der Vermögen durch Besteuerung (= Enteignung) der Arbeitenden zugunsten der Lobbys verantwortlich sind, spielen sich in den Medien als die größten Vorkämpfer gegen Hunger und Armut in der Welt auf, die sie zuvor selbst durch ihre Lobbyarbeit erschaffen hat. Der westliche Steuerzahler soll dann „mit schlechtem Gewissen" geimpft, dafür bezahlen – an wen anschließend die Gelder der „Entwicklungshilfen" fließen, und wer und was genau „entwickelt" werden soll, neben den örtlichen Diktatoren … da dürfen Sie nun dreimal raten.

Wenn Ihnen an der Bekämpfung des Hungers und der Armut in der Welt liegt, dann sollten Sie die sofortige Einstellung aller Export-Subventionen fordern, und diese Forderung danach auf sämtliche Subventionen ausdehnen!
Übrigens: Die Verflechtung von Politik und Wirtschaft bezeichnet man als Faschismus (= „Bündelung" von Macht). Heute wird er im Neusprech als „Lobbyismus" bezeichnet und der Öffentlichkeit als völlig normal verkauft.

Gegen alle natürlichen Gesetzmäßigkeiten und Prinzipien wird heute ohne Rücksicht auf Gesundheit, Artenvielfalt, naturgemäße Ansprüche von Boden, Wasser, Tier und Mensch auf Teufel komm raus und unter heftigem Einsatz von chemischen Giften und isolierten künstlichen Düngemitteln „produziert" - jedoch keine gesunden Lebensmittel, sondern kranke Böden, kranke Pflanzen, kranke Tiere – und am Ende der Nahrungskette kranke Menschen.
Die Menschen der vermeintlichen Wohlstandsgesellschaft kennen den (Nähr-)Wert natürlich erzeugter, gesunder Lebensmittel nicht mehr und kümmern sich auch herzlich wenig darum, woher sie stammen und wie sie von wem angebaut wurden. Hauptsache billig muß es sein, damit noch genügend Geld für sinnlosen Konsum – gern auf Pump – übrig bleibt. Das neueste Elektonikspielzeug wird (noch) mehr wertgeschätzt als die Qualität der Lebensmittel. Das Thema Ernährung tritt meist erst durch das Auftreten von fehlernährungsbedingten Krankheiten oder aufgrund von Lebensmittelskandalen ins Bewußtsein, nur um kurz danach schnell wieder vergessen zu werden. **Mit Ihrer persönlichen Kaufentscheidung und Weichenstellung in Richtung eines höheren Selbstversorgungsgrades haben Sie es heute noch in der Hand, das Ruder herumzureißen.**

Kaufen Sie direkt bei Ihrem örtlichen oder lokalen Erzeuger! Unterstützen Sie das bäuerliche Handwerk in Ihrer Region, und stärken Sie damit Ihre regionale Wirtschaft! Sichern Sie mit Ihrem heutigen Konsumverhalten die zukünftige Produktion von gesunden regionalen Lebensmitteln! Leitsatz: Bauernmarkt statt Supermarkt!

Die heutigen Preise sind trotz der schon gesehenen Erhöhungen immer noch billig im Vergleich zu den kommenden zwangsläufigen Preissprüngen. Aus diesem Grunde macht der Kauf größerer Mengen an **lagerbaren Rohlebensmitteln** wie **Getreide**, **Bohnen**, **Linsen**, **Reis**, **Trockenfrüchten** usw. per heute, und ihre Einlagerung und Bevorratung sehr viel Sinn.

Übrigens: Schuld an den kommenden Teuerungen sind weder „gierige Spekulanten" noch „gierige Bauern" oder sonstige Unternehmer, sondern neben den staatlichen Subventionen, die die Großbetriebe aus Steuergeldern finanzieren, während zeitgleich die Kleinen aus dem Markt gedrängt werden, sind es die Zentralbanken, die so viel Papiergeld aus dem Nichts erzeugt haben, daß dessen Kaufkraft immer stärker schwindet: Dies nur als Vorabinfo, bevor die sozialistische Propagandamaschinerie auf diesem Gebiet anrollt.

Schauen wir uns als Beispiel die Aufstände in Nordafrika an: die Hauptgründe für diese Umbrüche sind in aller Regel:
→ massive (Jugend-)Arbeitslosigkeit – die Menschen sehen keine Perspektive mehr für ihr Leben und den Gegenwert ihrer Arbeit,
→ Korruption in Wirtschaft und Politik – eine vermeintliche „Elite" – ich gebrauche dieses Wort nicht gern; für mich ist es immer noch positiv besetzt – lebt lebt wie die Made im Speck, während das gemeine Volk in Armut lebt bzw zusehends verarmt,
→ explodierende Lebensmittelpreise – die Zentralbanken drucken so viele ungedeckte Zettel, daß diese immer wertloser werden; sie sind durch nichts anderes gedeckt als nur das Vertrauen der Bürger, im Tausch gegen diese Zettel existenzielle Güter zu erhalten (z.B. Lebensmittel);

Durch die Zerrüttung dieser Vermögen, die in diesen Zettelwährungen angelegt sind, werden die Preise für reale Werte und existenzielle Güter unerschwinglich. Die Menschen verarmen, ihre in diesen Zetteln gehaltenen Vermögen werden vernichtet.

Richten Sie Ihr Augenmerk bitte auf Staatsbankrott-Beispiele wie Kalifornien, Michigan, Rumänien, Irland, Griechenland, Portugal. Behörden und Bürokratie, die heute den gesamten Staatsapparat kennzeichnen, werden mit zunehmender Zahlungsunfähigkeit der Regierungen rigoros zurückgefahren werden (müssen). Selbst Polizisten und Bedienstete des öffentlichen Dienstes werden ihre sicher geglaubten Jobs verlieren – zeitgleich mit ihrer blinden Staatsgläubigkeit. In bankrotten Staaten, wie z.B. Kalifornien, werden Häftlinge, auch Schwerverbrecher, auf freien Fuß gesetzt, weil die Gefängnisse nicht mehr finanzierbar sind. Die Kriminalitätsraten reagieren entsprechend.

Wenn Sie den bereits weit fortgeschrittenen Verfall der Infrastruktur Ihres Landes während der letzten 10 – 15 Jahre bemerken, auch wenn er schleichend verläuft, dann bekommen Sie eine Ahnung, was auch vor Ihrer eigenen Haustür zu erwarten ist. Ausführlicher behandle ich sicherheitsrelevante Themen im Buchteil „Passive und aktive Sicherheit".

Überall auf der Welt künden separatistische Bewegungen vom Ende der künstlich vorangetriebenen und heute längst gescheiterten Globalisierung. Ein entschiedenes „Zurück zum eigenen Stamm" ist auf allen Kontinenten zu bemerken. Ein Rückblick in die Historie belegt, daß Zeiten großer wirtschaftlicher Not auch immer einhergingen mit extremen politischen und gesellschaftlichen Spannungen, die stets zum Zerfall von Machtverhältnissen, Reichen und Imperien führten.
Die Spaltungen fanden dabei meist entlang ethnischer, kultureller, sprachlicher und religiöser Grenzen statt. Ein Vorgeschmack auf das, was auf viele Länder zukommen und auch und gerade Riesenreiche wie die USA, China und das Kunstprodukt „EU" nicht verschonen wird. All diese Entwicklungen werden große Bedeutung für unsere künftige Art zu leben, zu handeln und zu wirtschaften haben. Damit einher geht ein vollständiger Abkehr von den heutigen zerstörerischen Ideologien (Anti-Werten) und einer Rückbesinnung auf alte, tragfähige, und gesellschaftsfördernde Werte.

Auch der Umgang miteinander, mit der Natur und den Tieren steht vor einem radikalen Wandel – heute Geringschätzung und Ausbeutung, morgen Achtung und Respekt.

Wenn wir heute einkaufen, sind die Meisten es gewohnt, in den Supermarkt zu gehen. Die Regale sind gut gefüllt, wir brauchen nur alles in unseren Einkaufskorb packen. Alles wird auf Abruf produziert und geliefert – der vielleicht einzige heute noch funktionierende freie Markt, bei dem die Preisfindung zwischen Angebot und Nachfrage noch einigermaßen vorhanden ist.

Eine völlige Fehlentwicklung – ja geradezu ein Verbrechen an der Menschheit – ist der Anbau von „Energiepflanzen" wie Raps oder Mais, die anschließend nicht in zu Lebensmitteln verarbeitet werden, sondern zur Gewinnung von „Bio"-Energie, während eine rapide wachsende Zahl an Menschen nicht mehr in der Lage sind, ausreichend Lebensmittel zu kaufen – und nicht nur in der sogenannten Dritten Welt, sondern bereits im Süden und Osten Europas. Dieser rein politische Markt, da finanziert aus Steuergeldern (= Subventionen), wird sich mit einer Änderung der Politik und der Streichung der Bezuschussung ebenso schnell in Nichts auflösen, wie er erschienen ist: und mit ihm die Biogasanlagen und „Energiepflanzen"-Felder.

Nun kommen wir aber zum entscheidenden Punkt, dem eigentlichen „Knackpunkt" des Systems:

Die hochspezialisierte Produktions- und Logistikkette – der Fallstrick der modernen Lebensmittelversorgung

Noch vor 60 oder 70 Jahren erwirtschafteten sich Bauernhöfe selbst, arbeiteten innerhalb eines geschlossenen Wirtschaftskreislaufs, lebten von Obst- und Gemüseanbau, Kartoffeln, pflegten einen überschaubaren und hochgeschätzten Tierbestand zur Eier-, Milch- und Fleischgewinnung. Heute gibt es nahezu ausschließlich Monokulturen, spezialisiert auf nur ein Gebiet: Die widernatürliche Konzentration von Massen an Tieren auf engstem Raum, die durch die vom Menschen vorgegebenen Existenzumstände nicht im Mindesten in der Lage sind, ein annähernd artgerechtes Leben zu führen, Sozialkontakte zu pflegen, sich ihrer Art gemäß zu ernähren und Bewegung zu verschaffen oder sich gar zurückzuziehen. Wie gesund mag das Fleisch Genfraß- und hormongemästeter, körperlich kranke und gestreßter Tiere sein?

Am Ende steht häufig ein Massentransport über tausende von Kilometern, um letztlich im Akkord gemetzelt zu werden. So sieht der Umgang des „modernen, aufgeklärten Menschen" mit den Schwächsten der Gesellschaft aus. Alles beim Alten! Und wir selbst? Ach, Hauptsache es betrifft uns nicht persönlich! Diese Haltungsformen der „industriellen Tierhaltung" ist einer der vielen Irrwege, die allesamt nur aus einem Grund existieren: sie werden von den Steuerzahlern zwangssubventioniert. Aus eigenen Mitteln wären sie wegen der enormen Verschwendung an Energie und anderen Resourcen nicht finanzierbar.

Die industrielle Tierhaltung wird mit dem Kollaps das Papiergeldsystem („fiat money system") zu Ende gehen, da auch die künstliche Erhaltung der Großhöfe durch Subventionierung einfach wegbrechen wird. Ohne Bezuschussung sind sie aber wirtschaftlich nicht überlebensfähig, da finanziell untragbar und unwirtschaftlich. Viele Bauern haben schon vor vielen Jahren mit dem Umdenken und einer Rückkehr zu einer geschlossenen Kreislaufwirtschaft begonnen, und immer mehr tun dies heute. **Dieser Schritt – die Verkleinerung der Höfe, die Abkehr von der Monokulturwirtschaft, der Aufbau eines breit aufgestellten Kleinbetriebes und die freiwillige Abnabelung der Abhängigkeit von Behörden durch Subventionsverzicht – verdient Respekt und Unterstützung, und stellt die einzige Überlebenschance der Höfe und ihre Betreiber dar.**

Das wachsende Interesse seitens der Bauern und der Bevölkerung an alten, robusten Landrassen der landwirtschaftlich genutzten Tierarten sowie eine Wiederentdeckung alter Nutzpflanzen, eine stetige Zunahme an Arche-Höfen, die Rückkehr zu einer organisch betriebenen regionalen Landwirtschaft sind alles Indikatoren dafür. Die auf Monokultur ausgerichteten Großbetriebe, die zu Tode industrialisiert wurden, bei denen der Bauer zum „Agraringenieur" gemacht wurde, der keinen Kontakt mehr zu seinen Tieren hat, werden in Zukunft und mit Zusammenbruch des Subventionssystems im übergeordneten Kollaps des gesamten Systems nicht mehr überlebensfähig sein.

Ich bitte deshalb dringend jeden Bauern und Gärtner, umzudenken, und die Monokulturwirtschaft zu Gunsten einer naturnahen Bewirtschaftung innerhalb eines breit aufgestellten und daher krisenfesten Vielseitigkeitshofes ernsthaft zu überdenken. Dieser Prozeß der Umstellung ist zwar nicht im Handumdrehen realisierbar, stellt aber dennoch den einzigen Weg zu einem neuem landwirtschaftlichem Unternehmertum in Freiheit und Unabhängigkeit dar, in dessen Prozeß statt einer Behörde dann der Bauer und Gärtner wieder frei entscheidet.

Die Bewirtschaftung dieser auf Einseitigkeit angelegten Großbetriebe verschlingt nicht nur Unmengen an Energie – Energie die immer knapper und teurer wird, sondern belastet zudem die Natur inklusive des Grundwassers mit agrochemischen Giften, von den angebauten Nahrungsmittel und den Konsumenten ganz zu schweigen. Während früher Kühe täglich weit weniger, dafür jedoch hochwertigste Milch gaben, wurden die Rassen heute so auf schiere Quantität hochgezüchtet - 50 Liter täglich und mehr – daß das Melken ohne Maschinen bei der Menge der gehaltenen Tiere gar nicht mehr möglich ist. Die auf schiere Quantität gezüchteten Tieren leiden unter starken Stoffwechselstörungen, die der Grund für die Überproduktion sind. Kann der Verzehr der Milch einer stoffwechselkranken Kuh noch als „gesund" bezeichnet werden?

Milchwirtschaft von der Antike bis zu Beginn der Industrialisierung

Früher wurde deutlich weniger Milch von den Menschen genutzt, da das Kalb die Milch seiner Mutter zum (Über-)Leben brauchte. In den menschlichen Verzehr gelangten nur überschüssige Mengen, die anschließend direkt getrunken, weiterverarbeitet (Buttermilch, Dickmilch, Quark) oder haltbar gemacht wurden (Käse).

Milchwirtschaft heute

Heute kann man Milch als Abfallprodukt einer widernatürlichen Massentierhaltung bezeichnen, bei der Mutterkuh und Kalb sofort nach der Geburt getrennt werden, weil der Mensch die Milch vollständig für sich selbst beansprucht. Dabei ist es gerade die sogenannte **Kolostralmilch**, die essentielle Nährstoffe und Antikörper enthält, die für die Entwicklung und Gesundheit des Neugeborenen von größter Wichtigkeit sind. Die Kälber werden anschließend mit künstlicher Ersatznahrung aufgezogen, die männlichen gemästet und die weiblichen geschlachtet, oder sie werden in die Milchproduktion nach oben genanntem Muster eingereiht und nachdem sie nach wenigen Jahren ausgelaugt sind, ebenfalls geschlachtet. **Ich habe einmal eine Bäuerin gefragt, um welche Menge Milch es sich handelt, die ein Kälbchen täglich benötigt. Sie sagte, es sind etwa 2 Liter. 2 Liter Milch gönnt der Mensch dem Kalb nicht, will alles für sich und zwingt die Tiere deshalb in eine künstliche Lebensform, die in keinem Punkt ihrer Art entspricht.**
Dies ist nur ein Beispiel unter vielen für die rücksichtslose und unbarmherzige Ausbeutung der Tiere, die krankgezüchtet und widernatürlich gehalten werden, da der „moderne" Mensch offenbar nach dem billigen Fleisch kranker und mißhandelter Tiere giert, deren Verzehr er gar für „normal" und „gesund" hält.

Plädoyer für eine Rückbesinnung auf artgerechte Haltung und naturgemäße Fütterung

Nutzen wir doch den vor unser aller Augen längst eingesetzten Zerfall der Globalisierung für eine Hinwendung zu traditionellen, altbewährten Anbaumethoden regional unterschiedlich, dafür jedoch optimal auf die regionalen Gegegenheiten angepaßter Pflanzenarten. Auch die Haltungsform unserer Tiere müssen dringend überdacht, von fatalen Irrwegen einer Monokulturwirtschaft befreit und auf ein traditionelles und überlebensfähiges Fundament gestellt werden, das den natürlichen Bedürfnissen der Tiere entspricht. Wenn wir meinen, uns die Natur anpassen und untertan machen zu können, dann werden wir furchtbar scheitern. Passen wir uns jedoch den Gesetzmäßigkeiten der Schöpfung an, deren Teil auch wir selbst sind, dann legen wir die Basis für eine gesunde nachhaltige Wirtschaft und einen respektvollen Umgang sowohl miteinander als auch mit den uns anvertrauten Tieren und der Natur im Allgemeinen.

Denn was tun im Rahmen des Systemkollaps und möglicherweise langanhaltendem Stromausfall? Wie sollen dann die energiefressenden Monokulturhöfe bewirtschaftet werden? Was wird dann aus den Tieren? Wie werden sie ernährt und gemolken werden ohne Strom? Wir sehen hier, wie die Automatisierung und Technisierung zur ausweglosen Sackgasse, ja zur Todesfalle wird.

Bauern – denkt und steuert um! Stellt Euer Hofkonzept wieder auf ein tragfähiges, vielseitiges Fundament, und werdet dadurch wieder zu freien bäuerlichen Unternehmern statt Weisungsempfängern von Behörden, die von Landwirtschaft nichts verstehen!

<u>Denn die große Gefahr, der wir heute ins Auge sehen müssen, ist die Abhängigkeit und damit Anfälligkeit dieser Großbetriebe.</u>

Wenn nun aber auch nur ein Arbeitschritt dieser hochtechnisierten Betriebe ausfällt, die Stromversorgung bei weiterem Verfall der Infrastruktur und noch mehr im Staatsbankrott für längere Zeit ausfallen sollte, bei Bankrott von Zulieferern, von Transportunternehmen, dann stehen ganze Produktions- und Lieferketten vor dem Zusammenbruch.
Geplünderte Supermärkte sind also beileibe kein Hirngespinst von „Verschwörungstheoretikern", sondern eine real existierende latente Gefahr, die sich aus dem Kollaps der Produktions- und Lieferkette ergibt. Die Frage ist nicht ob, sondern wann. Eine ausreichende Lebensmittelbevorratung für Sie, Ihre Familie und Haustiere ist ein unbedingtes MUSS! Mit der Flucht der Anleger aus den Staatsanleihen (= Staatsschulden) werden auch die jeweiligen Währungen zusammenbrechen und entwerten. Importe werden dann unmöglich, weil kein ausländischer Produzent mehr bereit ist, seine Waren gegen Euros/Dollars & Co. zu verkaufen. Eine Lebensmittel-Vorratshaltung in Mitteleuropa ist praktisch nicht existent.

Ich kann Ihnen nur raten, nicht auf den Staat bzw. dessen Lebensmittelmarken zu setzen. Möchten Sie gern von der Umsicht unserer Politiker abhängig und auf die Fürsorge eines Behördenapparates im absoluten Ernstfall angewiesen sein? Sehen Sie: ich auch nicht! Machen Sie sich in diesem lebenswichtigen Punkt unabhängig von den staatlichen Einrichtungen, und binden Sie Ihre Familie, Freunde, Nachbarn, Kollegen mit ein!

Unser Land wurde rigoros auf Export getrimmt und dabei systematisch von Lebensmittelimporten abhängig gemacht. Obst und Gemüse aus Deutschland, Österreich oder der Schweiz in den Regalen der Supermärkte zu finden, ist heute die Ausnahme. Und doch steht gerade uns in Mitteleuropa genügend Ackerland zur Verfügung. Die Bauern werden sogar dafür aus Steuergeldern bezahlt (subventioniert), wenn sie ihre Äcker brachliegen lassen, anstatt sie zu bestellen, oder „Bioenergiepflanzen" statt Lebensmittel anzubauen.

Die dadurch auf dem Markt fehlenden Waren treiben gemäß des Gesetzes von Angebot und Nachfrage die Lebensmittelpreise zusätzlich an. Wir haben das Glück, in einem gemäßigten Klima zu leben, in dem nahezu alle Pflanzen gut gedeihen können, so daß unser Tisch stets reich gedeckt sein könnte. Hinzu kommt ein bei klugem Gebrauch schier unerschöpflicher Wald- und Wasserreichtum, was sich in der Zukunft noch als großer Segen herausstellen dürfte. Durch völlig verfehlte Agrarpolitik in Zusammenhang mit massiver Geldmengenausweitung wird es unweigerlich zu bedrohlichen Knappheiten und Preisexplosionen bei Lebensmitteln kommen.

Sozialistische Politik sieht für diesen Fall gewöhnlich **Preiskontrollen und Preisfestsetzungen** vor, um die eigentliche Ursache der Teuerung zu verheimlichen: die außer Kontrolle geratene Geldvermehrung durch Banken und Zentralbanken. Preisdiktate führen zu einer rapiden Verschlimmerung der Situation. Die Produktionskosten der Erzeuger sind irgendwann höher als die Preise, die für ihre Waren bezahlt werden. Entweder werden die Erzeuger so in den Ruin getrieben und eine Hungersnot bricht aus, oder aber es bilden sich Schwarzmärkte, auf denen die Waren zu angemessenen und realistischen Preisen verkauft werden, von denen die Erzeuger leben können.

Sozialistische Planwirtschaft bedeutet IMMER die Manipulation und Zerstörung eines freien Marktes durch staatliche Eingriffe, an die sich eine Bereicherung der privilegierten Klientel und die Bevormundung und Massenverelendung der Bevölkerung anschließt.

Gesunde, vollwertige Nahrung und sauberes Trinkwasser sind die Grundvoraussetzung des Lebens. Die sogenannten Schlüsselindustrien Chemie und Pharmazie sowie der Einsatz ihrer Erzeugnisse in der Landwirtschaft steht den elementaren Lebensgrundlagen unvereinbar gegenüber. Aber auch die Agrarindustrie, die mehr von der Erzeugung großer Mengen minderwertiger Lebensmittel profitiert als am Anbau nährstoffreicher, hochwertiger Lebensmittel, sollte zum Umdenken gezwungen werden. Dazu in der Lage ist einzig und allein der Wille und die Nachfrage der Konsumenten.

Die Bewirtschaftung riesiger zusammenhängender landwirtschaftlicher Flächen, die nicht nur schutzlos der Erosion durch Niederschläge und Wind, sondern auch verstärktem Schädlingseinfall (z.B. Invasion durch Saatkrähen, Kartoffelkäfer u.a.) ausgesetzt sind, muß dringend hinterfragt werden. Die Lösung bietet auch hier die Rückkehr zur Einteilung der Flächen in kleinere Parzellen, die von Bäumen und Sträuchern gesäumt und damit vor Wind und Wetter besser geschützt werden. Dadurch wird neuer Lebensraum für zahlreiche Tier- und Pflanzenarten geschaffen (→ Erhalt der Artenvielfalt!), die einen geschlossenen Nahrungskreislauf bilden, der sich selbst zu regulieren in der Lage ist.

Versuche unter anderem in der Schweiz haben ergeben, daß ein solche kleine Fläche oft z.B. von einem Saatkrähenpärchen besiedelt wird, das andere Saatkrähen vertreibt und die Gefahr einer Invasion und massenhaften Vernichtung der Ernte unterbindet.
Vermutlich wird diese Rückbesinnung erst mit dem Auftreten erster Engpässe in der Energie- und Treibstoffversorgung beginnen, wenn die großen landwirtschaftlichen Maschinen mangels Diesel nicht mehr betrieben werden können und Millionen von Arbeitslosen in der Landwirtschaft nach Arbeit suchen werden. Die menschliche (und tierische) Arbeitskraft wird dann billiger sein als der Treibstoff der landwirtschaftlichen Großgeräte.

Was jeder bereits heute tun kann und sollte, um künftige Versorgungsengpässe abzumildern: Pflanzen Sie eßbare Früchte tragende einheimische Bäume und Sträucher wie Holunder, Mispel, Felsenbirne, Eberesche, Schlehe, Hagebutte, Weißdorn, Sanddorn, Him- und Brombeere; legen Sie Streuobstwiesen mit Apfel-, Birn-, Kirsch-, Pflaumen-, Quitten- und je nach Region auch Aprikosenbäumen an. Nicht vergessen werden sollten Nußbäume, wie Wal- und Haselnuß. Nüsse sind sehr kalorien- und fetthaltig, zudem lange halt- und gut lagerbar – ausgezeichnete Nahrung besonders während der kalten und kargen Wintermonate! Auch nordamerikanische Arten wie Schuppenrinden-Hickory (Carya ovata) **und Pekannuß** (Carya illinoisensis) **gedeihen in gemäßigtem Klima und ergänzen das Nahrungsmittelangebot und die Versorgung mit hochwertigen Nährstoffen! Sie können direkt aus Samen gezogen oder bei speziellen Baumschulen als junger Baum gekauft werden:**

Link eggert-baumschulen.de: http://tinyurl.com/aha7nfb
Link shop.herrenkampergaerten.de: http://tinyurl.com/bycwhz2
Link flora-toskana.de: http://tinyurl.com/d5pax35

Bei Obstbäumen sollten Sie alte Kultursorten gegenüber modernen Neuzüchtungen bevorzugen. Letztere werden meist auf Ertrag und hübsches Aussehen selektiert. An den Nährstoffgehalt und die Robustheit und Resistenz gegenüber Krankheiten und rauhes Klima der alten Sorten kommen sie jedoch kaum heran. Eine kürzlich veröffentlichte Studie der US Food and Drug Administration (US-amerikanische Gesundheitsbehörde) ergab, daß ein Apfel des Jahres 1914 das 26-fache an Nährstoffen gegenüber einem heutigen Apfel der auf Ertrag hochgezüchteten Apfelsorten enthielt.

Anders ausgedrückt: Um auf dieselbe Nährstoffmenge zu kommen wie durch den Verzehr eines Apfels im Jahre 1914 müßten Sie heute 26 Äpfel essen. Ausgelaugte, kunstdüngergeschädigte Böden und neue Obst- und Gemüsesorten, die für nahrungsarme Böden gezüchtet wurden und dementsprechend nährstoffarme Früchte tragen, sind sicherlich die heißesten Kandidaten bei der Ursachenforschung nach den Gründen moderner Mangelernährung. Die Lösung des ursächlichen Problems ist vielmehr die Wiederherstellung der Bodenfruchtbarkeit!

Nicht zuletzt aus diesem Grunde sollten wir den Erhalt und die Vermehrung alter Kultursorten durch aktive Nachfrage unterstützen! Immer mehr Baumschulen bemerken die große Nachfrage ihrer Kunden und nehmen sie in ihr Sortiment auf. Im Internet finden Sie ebenfalls zahlreiche Anbieter, wie z.B.:

http://alte-obstsorten.de   http://alte-obstsorten-online.de
http://baumgartner-baumschulen.de   http://biogartenversand.de

Fragen Sie am besten auch in Ihrer örtlichen Gärtnerei nach, um Ihr Interesse zu bekunden und natürliche Ihre regionalen Unternehmen zu unterstützen!

Falls Sie selbst über keinen eigenen Grund und Boden verfügen sollten – stoßen Sie entsprechende Initiativen innerhalb Ihrer Gemeinde an! Dazu gehört auch die Anlage von Brunnen, um in Zukunft die Trinkwasserversorgung zu gewährleisten.
Lehrer und Schüler: Legt Schulgärten und Brunnen an und fordert die Aufnahme des traditionellen Landbaus in den Stundenplan! Die praktische Fähigkeit, eigene Lebensmittel anzubauen, ist um so vieles realitätsnaher als die Vielzahl an ideologischer Nutzlosigkeit, mit der die Schüler heute bombardiert werden.

1) Der Lebensmittelvorrat

Früher war eine Wohnung ohne **Vorrats- und Speisekammer** undenkbar. Sie war überlebensnotwendig, und das wird sie wieder werden! Ernteüberschüsse wurden durch Konservieren haltbar gemacht und in ihr eingelagert, auch und gerade für die kargen Wintermonate. Als Vorratskammer ideal geeignet ist ein kühler, trockener Raum, in dem Luft dennoch zirkulieren kann: beispielsweise ein trockener Keller oder kühle Abstellkammer.

Schützen Sie Ihre Lebensmittel am besten dadurch, indem Sie die Säcke in 12,5 bzw 15 kg-Eimer umfüllen. Viele Restaurants, Großküchen oder Betriebskantinen werden Ihnen dankbar für die Abnahme sein, und Ihnen ihren „Plastikmüll" in Eimerform, der dazu noch lebensmittelecht ist, nur allzu gern gratis überlassen! Wenn Sie nun die abgefüllten Eimer auch noch in Echtholzschränken oder -truhen verwahren, haben Freßfeinde wie beispielsweise Motten kaum eine Chance! Das ist Ihnen vielleicht dadurch bekannt, daß Zedernholzbrettchen in Ihrem Wäscheschrank zuverlässig vor Mottenfraß schützen.

Lagern Sie Ihre Vorräte niemals direkt auf Steinböden. Neben der Aufbewahrung in Regalen bietet sich auch die Lagerung auf Holzpaletten dafür an, um eine Luftzirkulation der gelagerten Ware zu gewährleisten.

Beginnen Sie damit, Ihre Ernährung um **Keimsprossen** zu ergänzen. Sprossen sind sehr schnellwüchsig, reich an Mineralstoffen, Vitaminen und Proteinen, und einfach sehr schmackhaft als Beilage oder als Zutat zu Salaten. Keimgeräte gibt es aus Glas, Acrylglas oder Ton.

http://getreidemuehlen.de
http://getreidemuehle.com
http://kornkraft.de

Mit Keimsprossen stellen Sie die Versorgung Ihrer Familie mit lebenswichtigen Mineralien, Spurenelementen und Proteinen selbst im Winter sicher, was besonders schwierig werden dürfte, sollte der internationale Handel im Anschluß an die globalen Währungen kollabieren, was zu befürchten ist. Keimsprossen lassen sich sehr gut lagern, nur sollte dies in trockener Umgebung geschehen. Dann bleiben sie lange keimfähig.

Mein Tip:
Legen Sie sich je nach verfügbarem Stauraum einen Lebensmittelvorrat für mindestens 60 bis 90 Tage, besser noch 6-12 Monate an. Leben Sie aus Ihrem Vorrat Ihrer Rohlebensmittel, und bereiten Sie soviel wie möglich selbst täglich frisch zu. Stocken Sie danach Ihre verbrauchten Vorräte zügig auf!

Verzichten Sie am besten komplett auf Fertiggerichte. Dadurch meiden Sie in Zukunft den Konsum von Industriegiften wie jodiertem Speisesalz und Geschmacksverstärkern wie Glutamat und anderen synthetischen Zusätzen und schonen dadurch Ihre Gesundheit.
Die gesamte Welt verfügt heute aufgrund einer straffen Produktions- und Logistikkette nur noch über Nahrungsmittelreserven von ca. 67 Tagen, die nur auf Abruf nach Bedarf produziert werden. Sollte diese Kette aus irgendeinem Grund, seien es Wirtschafts- und Währungskollaps, Naturkatastrophe, Krieg oder aus welchem Grund auch immer, zusammenbrechen, dann wird es weltweit zu Hungerkatastrophen kommen, da die meisten Menschen vor allem in den westlichen Industrieländern nichts anderes mehr kennen als die stets vollen Regale der Supermärkte und weitgehend verlernt haben, wie man Lebensmittel selbst anbaut. „Karriere" im Hamsterrad und die Vergeudung von Freizeit mit unnützem Tand wurde mehr wertgeschätzt.

**Wenn man Freiheit als die Fähigkeit eines Menschen definiert, selbst für die Befriedigung der Grundbedürfnisse des Lebens sorgen zu können, ohne von Dritten abhängig zu sein, dann wird offenbar, daß wir eine Gesellschaft moderner Sklaven sind, denen man erzählt hat, sie seien frei. Freiheit bedeutet die Abwesenheit von Abhängigkeit. Stattdessen wird unser Leben kontrolliert und gesteuert von einer handvoll Konzerne, an deren Tropf wir hängen, indem sie kontrollieren: unsere Ernährung, unser Trinkwasser, unsere Gesundheit, unseren Transport, unsere Stromversorgung, unsere Versorgung mit Information. Zudem sind die meisten vom Wohl und Wehe eines Arbeitgebers abhängig, um ihren Lebensunterhalt zu finanzieren. Sehen Sie, so „frei" ist der moderne Sklave.
Die Kapelle „The Eagles" haben das moderne Sklaventum schon in ihrem Lied „Hotel California" besungen: „You can check out anytime you like, but you can never leave" - „Du kannst zwar dein Zimmer verlassen, aber du kommst hier nicht raus". Glücklicherweise stimmt das nicht. Wie sie doch herauskommen? Indem Sie die Abhängigkeiten beenden, die ihr Leben einengen und fesseln. Befreien Sie sich! Es liegt in Ihrer Hand, und dieses Buch bietet Ihnen den Schlüssel dazu!**

Mit einem Lebensmittelvorrat – der immer wieder ergänzt und selbstverständlich erneuert werden sollte (älteres wird zuerst verbraucht) – gehen Sie kein Risiko ein. Die Lebensmittelpreise werden nicht sinken, sondern in absehbarer Zukunft förmlich explodieren. Das Schlimmste, was Ihnen mit Ihrem Lebensmittelvorrat passieren kann … sie müssen ihn irgendwann aufessen oder Überschüsse verkaufen oder tauschen, und von Zeit zu Zeit sollten Sie Ihr Lebensmittellager ergänzen und aufstocken. Mit Sicherheit wird der Kollaps des Weltfinanzsystems und der Weltwirtschaft von langandauernden Stromausfällen begleitet werden.

Buchempfehlung: „Konservieren in Blechdosen"
Link **survivalpress.org**: http://tinyurl.com/nnvzquj

Aus diesem Grund ist eine stromunabhängige Lagerung von leichtverderblichen Lebensmitteln – ganz gleich ob Sommer oder Winter – von großer Bedeutung für Ihren Vorrat und damit auch für Sie selbst und Ihre Familie. Seit der Erfindung von Gefrierschränken und Kühltruhen wird er im Westen eigentlich nur noch zur Lagerung von Wein genutzt. Aber seine Zeit kommt zweifelsohne zurück:

Der Erdkeller / Naturkeller

In einem Erdkeller herrschen zu jeder Jahreszeit optimale und vor allem konstante Bedingungen für die Lagerung von verderblichen Lebensmitteln aller Art. Wer genug Platz auf seinem Grundstück übrig hat, sollte einmal darüber nachdenken, ob ein solcher Keller, der mit etwas Tarnung auch als Bunker und Versteck genutzt werden könnte, nicht ein unschätzbarer Vorteil in jeder Hinsicht für die ganze Familie wäre.

Buchempfehlung aus dem Fundus von survivalpress.org:

„Der Bau der Eiskeller": http://tinyurl.com/k25kt2c
„Wie baue ich mir selbst – Bd.265 – Kühlschrank" (stromlos): http://tinyurl.com/llpkjxg

Claudia Lorenz-Ladener
„Naturkeller: Neubau und Umbau von Räumen zur Frischlagerung von Obst und Gemüse"

Die Grundnahrungsmittel

Sie können **Reis**, **Linsen**, **Erbsen**, **Bohnen**, **Getreide**, **Hirse**, **Buchweizen**, sogar **Vollmilchpulver** gleich in Säcken zu 25 kg kaufen. Aber auch kleinere Gebinde zu 2 ½, 5 oder 10 kg sind günstig zu haben und auch bei geringem Platz einfacher zu verstauen. Diese Lebensmittel wurden dehydriert, sprich das Wasser entzogen, so daß sie enorm lange haltbar bleiben, solange sie möglichst kühl und trocken gelagert werden. Das regelmäßige Öffnen des Behältnisses (Sack, Tonne, Eimer) und Schütteln beugt Schädlingsbefall vor.

Bei der Zubereitung erreichen sie durch die Zugabe von Wasser natürlich wieder ihre ursprüngliche Größe. Reis und Bohnen quellen bei Zugabe von Wasser also um ca. 50%, Linsen um bis zu 75%. 25 kg Reis oder Bohnen entsprechen somit ca. 50 kg Reis/Bohnen, bei 25 kg Linsen kommen wir auf etwa 100 kg in verzehrbarer Form. Diese Berechnung wird Ihnen bei der Kalkulation Ihrer benötigen Vorräte sehr hilfreich sein.

Mein Tipp:
Um Energie und Brennstoff zu sparen, sollten Sie Reis und Hülsenfrüchte vor der Zubereitung 12 Stunden oder länger in kaltem Wasser einweichen. Damit verkürzen Sie die Kochzeit enorm und schonen dadurch Ihre Brennstoffvorräte.

Hier sind Sie qualitativ ausgezeichnete Rohprodukte zu immer noch günstigen Preisen:
http://newstartcenter.biz   http://reishunger.de   http://hinterauer.info

Meine besondere Empfehlung an die Landwirte unter Ihnen, sowie an jeden Verbraucher: **Entdecken Sie die uralten Getreidesorten für sich: Sibirisches Urkorn, Dinkel, Kamut, Emmer, Einkorn, Braunhirse, Wildroggen. Alle diese Sorten sind ursprünglich, urwüchsig, robust und nährstoffreich. Das bedeutet, die Ernten fallen etwas geringer aus, dafür sind die Sorten sehr robust, widerstands- und keimfähig und ihre Nähr- und Vitalstoffe schlagen alle hochge-züchteten Getreidesorten um ein Vielfaches!**

http://biolandhof-knauf.de   http://gruenertiger.de/urgetreide.html

Bauern sollten die Vorzüge der Direktvermarktung ihrer Erzeugnisse für sich entdecken – und Sie als Verbraucher tun gut daran, diese Unabhängigkeit der Bauern, die Ihnen und Ihrer Region direkt zugute kommt, durch Ihren Kauf aktiv zu unterstützen. *Beispiele für die Direktvermarktung:* http://erzeuger-direkt.de

Link Bioland: http://tinyurl.com/9u2nqdz
Link demeter: http://tinyurl.com/ljod5ly
Link naturland: http://tinyurl.com/mm7glqm

Unbedingter Teil eines jeden Lebensmittelvorrates sollten sein:

Nudeln, Pasta & Co.

Selbstverständlich bekommen Sie die in jedem Supermarkt. Wenn Sie allerdings Wert auf Qualität legen und größere Mengen online einkaufen möchten, sind hier einige Vorschläge:

http://martins-hof.at	http://nudelwerkstatt.de	http://rieser-frischeinudeln.de
http://die-nudelfabrik.de	http://jeremias.com	http://laerchenhof-nudeln.de

Auch die eigene Herstellung von Teigwaren wie Nudeln oder Spätzle erfreut sich einer stetig wachsenden Beliebtheit – und spart ergebliche Kosten!

Zubehör für die eigene Nudelherstellung:

Nudelmaschine – wir bei jeder Gelegenheit empfehle ich auch hier ein handbetriebenes Gerät für maximale Unabhängigkeit, Effizienz und Kostenersparnis. Ein solches Gerät ist zur Herstellung von Nudeln für eine große Familie völlig ausreichend. Die **Marcato Atlas 150** ist das weltweit meistverkaufte Gerät – und das aus gutem Grund. Der Hersteller verwendet keine billigen Bauteile aus Plastik, sondern aus Edelstahl, so daß Sie lange Zeit Freude an Ihrer Nudelmaschine haben werden. Auch optisch macht das Gerät einiges her! Das Gerät ist in der Ausführung „Edelstahl" als auch in verschiedenen Farben erhältlich, so daß Sie sicherlich Ihr Lieblingsgerät finden werden. Die eigene Nudelherstellung kann durch den **Nudeltrockner „Tacapasta"** sinnvoll ergänzt werden. Das alles wäre unvollständig ohne die **Rezepte für die besten Nudeln und Nudelsoßen**:
Link daskochrezept.de: http://tinyurl.com/ckqnyx7

Wichtiger Hinweis:
Wegen der längeren Haltbarkeit sollten statt Nudeln mit Ei besser Teigwaren aus Hartweizengrieß eingelagert werden. Dies gilt natürlich nur für die Lagerung von gekauften Teigwaren, und nicht, wenn Sie sie selbst herstellen und frisch zubereiten. In diesem Fall sollten Sie auf Eier aus Legebatterien verzichten, da die Tiere mit Insektiziden besprüht werden und deren Eier Rückstände enthalten könnten. Ihr Verzicht bedeutet natürlich auch das Ende der finanziellen Unterstützung dieser unwürdigen Lebensform für künftige Hühnergenerationen.

Suppen

Bevorraten Sie Suppen, soviel Sie können! Statt der Tütensuppen aus dem Supermarkt, die aus fragwürdigen Zutaten bestehen und Ihre Gesundheit negativ beeinflussen, empfehle ich als gesunde alternative Dosensuppen ohne die üblichen synthetischen Zusatzstoffe. Sie sind schnell zubereitet, im Gegensatz zu den Supermarkt-Laborsuppen halten Sie länger vor und sind nahrhafter. Sie ernähren Sie, anstatt Sie krank zu machen.

http://gefro.de	http://suups.de	http://kelles-onlineshop.de

Als Grundlage für Soßen und Eintopfgerichte empfehle ich eine hochwertige „Klare Suppe" im Vorratseimer – ideal auch für größere Familien.
Link newstartcenter.biz: http://tinyurl.com/cjzxw8c

Öl, Essig & Co.

Bevorraten Sie hochwertige **kaltgepreßte Öle**, **Essige**, **Senf**, **Tomatenmark**, **Ketchup**, **Marmeladen** und **Chutneys.** Eingemachtes Obst und Gemüse sollten Sie in Gläsern gegenüber Dosen bevorzugen. Durch die Verwahrung in Gläsern schließen Sie die mögliche Abgabe von Schwermetallen an den Inhalt aus. Kaltgepreßte Öle enthalten eine Vielzahl an ungesättigten Fettsäuren. Diese Fette sind essentieller Natur, können also vom Körper selbst nicht gebildet werden, aber sie sind nötig, damit z.B. fettlösliche Vitamine (wie Vitamin A) vom Körper aufgenommen und verstoffwechselt werden können. Zudem sind sie reich kalorienreich – ein Gramm Fett enthält die doppelte Menge Kalorien als Proteine und Kohlehydrate. Das heißt, sie haben einen hohen Sättigungswert.

In den kommenden Krisen und Nahrungsmittelknappheiten werden Sie sich glücklich schätzen, wenn Sie ausreichend Fette in Form von Ölen in Ihrem Vorrat haben. Ebenso wie Essige bereichern sie den Speiseplan und werten eintönige Speisen auf. Öle sind unter günstigen Umständen recht gut halt- und lagerbar. Achten Sie darauf, das dies **kühl und dunkel** geschieht. Öle und Fette werden in der kommenden Zeit im Gegensatz zu heute, wo sie förmlich verteufelt werden, wieder mehr gewertschätzt werden. Deshalb stellen sie ausgezeichnete Tausch- und Handelsware dar. Unterstützen Sie beim Kauf die kleinen Ölmühlen und -manufakturen!

„Ölmühle": http://tinyurl.com/889mbqs
„Ölmanufaktur": http://tinyurl.com/844deod

Falls Sie selbst Öl herstellen möchten, benötigen Sie eine Ölpresse. Beim kommenden Zusammenbruch der Versorgung mit Lebensmitteln werden Sie damit einer von wenigen Anbieter in einer wichtigen Marktnische sein.

Link oberacker: http://tinyurl.com/8vbu5r9
Link oekotec.ibg-monforts.de: http://tinyurl.com/bqlaok9
Link piteba.com: http://tinyurl.com/2e9mno6
Link rakuten.de: http://tinyurl.com/cblcrdp

Die Gefäße zur Aufbewahrung der Vorräte

Füllen Sie Ihre Öle am besten in dunkle Flaschen ab (grün, violett, braun), da die lichtempfindlichen Inhaltsstoffe so besser geschützt werden und das Öl länger haltbar bleibt.

Link glas-shop.com: http://tinyurl.com/c2pu7xd
Link glas-artikel.de: http://tinyurl.com/cfwrynb

Gläser und Flaschen zur Aufbewahrung von Selbstgemachtem:

http://glaeserundflaschen.de   http://flaschenbauer.de
http://bottles.de   http://flaschenland.de

Salz, Zucker & Honig

Unverzichtbar für jeden Haushalt, ist eine Küche ohne Süßes und Salziges undenkbar. Salz und Honig waren in früheren Jahrhunderten teure und hochgeschätzte Waren und deshalb häufig auf die gehobene Küche der Wohlhabenden beschränkt. Die industrielle Verarbeitung hat zwar die Preise wesentlich gesenkt, aber leider die Qualität der Waren in einem noch höheren Maß.

Salz wird heute meist mit Substanzen wie Jod und Fluor versetzt, angeblich weil diese der Gesundheit dienlich seien. Das Gegenteil ist das Fall. Beide sind giftige industrielle Abfallprodukte, die teuer entsorgt werden müßten. Statt die dafür Kosten zu tragen, wurde das Märchen des „Jodmangellandes" und des „Kariesschutzes" erfunden, und nun schlägt man mit dem Verkauf der Gifte sogar noch einen Profit daraus.
Natriumfluorid (gern verwendet in Zahncremes und Mundspülungen) ist Gift. Das ist einer der Gründe, warum es auch als Insektizid eingesetzt wird. Bürokraten, die seinen Einsatz in der Trinkwasserversorgung vorantreiben, bedienen einzig und allein Lobbyinteressen und sollten wegen geplanten Massenmordes und den Einsatz einer Massenvernichtungswaffe gegen die eigene Bevölkerung angeklagt werden.

Link kopp-verlag.de „Beweis: Chinesische Lieferanten listen Natriumfluorid offen als „Insektizid" und „anhaftendes Schutzmittel" bei der Wasseraufbereitung": http://tinyurl.com/8nk7f5b

Link kopp-verlag.de „Was Ärzte Ihnen nicht erzählen: Jawohl, Fluorid macht dumm!":
http://tinyurl.com/cemg3ly

Link das-lebendige-wort.de „Vom weißen Gold zum weißen Gift":
http://tinyurl.com/bnbxbq7

In der letztgenannten Leseempfehlung wird der Unterschied zwischen unraffiniertem Vollsalz und dem synthetischen Zellgift Natriumchlorid („Kochsalz", „Tafelsalz") - zumal mit den künstlichen Zusätzen Jod und Fluor – verständlich erklärt, und die gesundheitlichen Konsequenzen deutlich gemacht. Unraffiniertes Steinsalz kann an seinem milden Geschmack erkannt werden. „Kochsalz" hingegen schmeckt aggressiv scharf-salzig.
Naturbelassenes Steinsalz im 12,5 kg-Eimer, aber auch in kleineren Gebinden, sind hier erhältlich:
http://firmahurtig.de → Deutsches Steinsalz → Bestellung

Dieses Salz lagert in 400 bis 700 Meter Tiefe, vor Umwelteinflüssen geschützt, und entstand durch Austrockung des Urmeeres. Es wird bis heute bergmännisch abgebaut, schonend ohne Chemie gereinigt, und anschließend vermahlen. Es enthält keine chemischen Rieselhilfen oder andere Zusätze, dafür jedoch zahlreiche Mineralien und Spurenelemente in natürlich gebundener Form, ist also völlig naturbelassen. Es verdirbt nicht, also können durchaus auch größere Mengen an einem trockenen Platz gelagert werden. Außerdem sind auch Salzlecksteine für Tiere (Pferde, Rinder, Ziegen, Schafe) erhältlich, die dieses Salz lieben!
Zum Süßen verwende ich am liebsten Honig oder unraffinierten Vollrohrzucker. Je nach Herkunftsland trägt dieser einen anderen Namen (z.B. aus Indien: Jaggery, von den Philippinen: Mascobado). Woher er auch immer stammen mag: Er enthält im Gegensatz zu Industriezucker aus Zuckerrüben eine Menge an Vitaminen und Mineralstoffen in natürlicher Form. Dadurch können seine Inhaltsstoffe von unseren Körper leicht verwerten werden. Das ist ein wichtiger Aspekt im Hinblick auf die Deckung des täglichen Mineralstoffbedarfs! Vollrohrzucker schmeckt weniger süß als der Zucker aus dem Supermarkt, dafür aber leicht karamellartig. Sie können damit praktisch wie gewöhnt süßen und Speisen zubereiten.

Mein bevorzugter Zucker: *Weißer Rohrzucker aus Paraguay, ohne den karamellartigen Geschmack des braunen Vollrohrzuckers:*
Link dwpeg.de: http://tinyurl.com/ldd34by
Link dwpeg.de: http://tinyurl.com/q5dsqs4

ein etwas dunklerer Vollrohrzucker aus Ecuador:
Link e-puente.de: http://tinyurl.com/kocvzcd

der typische dunkle Vollrohrzucker („Mascobado")
Link dwpeg.de: http://tinyurl.com/lg6zwhk

Früher süßte man Speisen mit **Honig**. Dies ist auch heute noch sehr empfehlenswert und gesund. Der sprichwörtliche Fleiß der Bienen und ihr Beitrag zur Bestäubung der Blüten macht Landwirtschaft erst möglich. Wenn wir also in Zukunft gute Ernteerträge im eigenen Garten erzielen wollen, müssen die Bienen also auch unsere heimischen Pflanzen bestäuben. Beim Kauf von Honig aus Südamerika oder Asien werden nicht unsere heimischen Pflanzen bestäubt, und dement-sprechend wird auch nicht geerntet, was nicht zuvor bestäubt wurde.

Mein Aufruf, den ich nicht oft genug wiederholen kann: Kaufen Sie Honig aus Ihrer Region und unterstützen Sie dadurch Ihre einheimischen Imker und Ihre regionale Landwirtschaft! Nur die Pflanzen können schließlich in Ihrer Region wachsen, die zuvor auch dort bestäubt wurden! Honig aus regionaler Imkerei z.B. erhältlich bei: http://heimathonig.de

Gewürze, Nüsse & Trockenobst

Nüsse und Trockenobst sind reich an Nähr- und Vitalstoffen, enthalten viel Eiweiß, Kohlehydrate (Trockenobst: natürlicher Fruchtzucker) und wertvolle Fette. Kombiniert mit ihrem Reichtum an Vitaminen, Mineralstoffen und Spurenelementen sind sie eine echte Kraftnahrungsquelle. Sechs Paranüssen liefern beispielsweise genauso viel Energie und enthalten ebensoviel Protein wie ein 250 Gramm schweres Steak.

Nüsse sind bei kühler, dunkler und trockener Lagerung sehr lange haltbar. Aufgrund ihrer konzentrierten Nährwerte und Nährstoffdichte sollten sie Teil eines jeden Lebensmittelvorrates sein. Vorräte von einheimischen Nußarten wie Hasel- oder Walnuß können leicht aufgefüllt und auch deren gleich selbst angebaut werden. Sie tragen bereits nach kurzer Zeit reichlich Früchte und sind anspruchslos in der Pflege. Ein Walnußbaum kann insbesondere während des Winters leicht den Fettbedarf einer ganzen Familie decken. Aber auch Eichhörnchen und Vögel finden hier Nahrung und Nistmöglichkeiten.

Bei einem Währungskollaps und dem Zusammenbruch des Welthandels in Folge des Kollaps der Weltfinanz- und Wirtschaftssystems besteht die Gefahr, daß der Import von Gewürzen unmöglich bis extrem teuer (z.B. nur noch gegen Gold oder Silber erhältlich) werden wird. Ein Vorrat an exotischen Genußmitteln und Gewürzen wie Kaffee, Kakao, Pfeffer, Zimt, Vanille & Co. könnte in Zukunft zu einer Grundlage eines florierenden Waren- und Tauschhandels für Menschen werden, die nicht in linearen Schemata denken, sondern die über ausreichend Weitblick verfügen, um über den Tellerrand hinauszublicken. Die Preise werden im heutigen Vergleich wesentlich steigen und diese Waren wieder zu begehrten Luxusartikeln machen. Achten Sie beim Kauf darauf, daß beim Anbau auf den Einsatz von Pestiziden und anderen gefährlichen Substanzen verzichtet wurde!

Eine hitze- und kältefeste SIMAX Teekanne 1,3 oder 1,8 Liter aus Borosilikatglas mit Feindrahtsieb löst das Teebeutelproblem elegant und dauerhaft, **Link utes-kraeuterstube.de: http://tinyurl.com/ol8hnjz**

Hochwertige Gewürze und Genußmittel (Kaffee, Tee, Schokolade) finden Sie unter anderem bei:

http://tali.de	http://gewuerze24.com
http://bioinsel-shop.de	http://bremer-gewuerzhandel.de
http://sieler-kaffee.de	http://henrys-coffee.de
http://pforzheimer-kaffeeroesterei.de	

Viele Fachgeschäfte (auch im Internet!) bieten neben orientalischen Gewürzen auch **Trocken-früchte und Nüsse** an, auch in größeren Gebinden. Sie sind vakuumverpackt und sehr lange haltbar, zudem sehr gut lagerfähig.

Nüsse sind reich an Proteinen, zudem sehr kalorienhaltig und somit unverzichtbar in jedem Lebensmittelvorrat. Trockenfrüchte sind ebenfalls reich an Proteinen, Mineralien, Vitaminen, Ballaststoffen und Vitalstoffen aller Art. Von beiden sollten Sie sich bereits heute reichlich eindecken und großzügig bevorraten. Sowohl Nüsse als auch Trockenfrüchte stellen in Krisenzeiten ausgezeichnete, weil begehrte Tauschwaren dar!

Natürlich sollten Sie auch an den Nachschub an Lebensmitteln denken – das heißt: Dörrgeräte, idealerweise nicht strombetrieben, sondern auf Solarbasis, selbst bauen, um Ihre Obsternte selbst zu trocknen. Und die Dörrgeräte selbst zum Tausch/Verkauf anbieten? Alles ist möglich!

Buchempfehlungen:

Claudia Lorenz-Ladener „**Trocknen & Dörren mit der Sonne: Bau und Betrieb von Solartrocknern**"

Wolfgang Zemanek „**Trocknen & Dörren: Obst, Kräuter, Gemüse und Pilze**"

Frische, selbst verarbeitete Rohlebensmittel sind nicht nur deutlich günstiger, Sie kommen dank ihrer zahlreichen Vitalstoffe Ihrer Gesundheit zugute!

Nichts geht über frisch zubereitete Nahrung aus unbelasteten Zutaten – weder im Hinblick auf den Geschmack noch die Gesundheit! Bleiben Sie neugierig und wach! Denken Sie nach und finden Sie weitere Nischen als Ansätze für Ihre Geschäftsidee!

Bitte sorgen Sie für einen Ihrem Bedarf entsprechenden Vorrat an Grundnahrungsmitteln in haltbarer Form. Denken Sie dabei bitte nicht nur an Ihre zwei-, sondern auch an Ihre **vierbeinigen und gefiederten Familienmitglieder** und **Babynahrung** für Ihren Nachwuchs, falls erforderlich. Das Stillen liefert die beste Baby-nahrung; das war stets so, ist auch heute noch der Fall und wird bald auch wieder allgemein erkannt werden.

2) Die Selbstversorgung

Der Boden ist die Grundlage unserer Lebensmittel, und die offene Kreislauf das Problem der industrialisierten Landwirtschaft – Nährstoffe werden dem Boden entzogen, werden ihm aber nicht wieder in Form von gereinigen und mit Nährstoffen angereichertem organischen Dünger zugeführt, sondern durch unnatürlichen Kunstdünger ersetzt, der den Boden zwangsernährt und sein Leben absterben läßt.

Abfallverwertung und Pflanzenstärkung

Die weitaus beste Möglichkeit die uns bekannt ist, tierische und menschliche „Abfälle" zu verarbeiten, sind Effektive Mikroorganismen (EM). Effektive Mikroorganismen sind aktive Hefen, Milchsäure- und Photosynthesebakterien, die Fäkalien in einem Fermentationsprozeß reinigen. Zusätzlich werden die organischen Wertstoffe mit zusätzlichen Nährstoffen angereichert, die aus dem Stoffwechselprozeß der Mikroorganismen stammen. Fermentation ist das Gegenteil von Fäulnis. Sie arbeitet unter Luftabschluß und bringt ein fertiges Endprodukt hervor, das hochnährstoffreich ist.

Sie können damit eigenständig Ihre eigene Schwarzerde mit sehr hohem, stabilen Humusanteil herstellen. Diese ist unter anderem auch als sogenannte „**Terra preta**" (port.: „Schwarze Erde" bekannt, wie sie die Indiovölker des Amazonasbeckens herstellten, wie zwischenzeitlich entdeckt wurde. Eine komplette Streu, um eine Fermentation zu erreichen, besteht aus:

1) gemahlener Holzkohle – Sie bindet Gerüche und bietet durch ihre grobporige Struktur eine Heimstatt für die Mikroorganismen, die sich darin ansiedeln. Sorgt gleichzeitig für einen hohen Kohlenstoffgehalt; eine Erde auf dieser Grundlage besitzt die Fähigkeit, sehr viel Wasser und Nährstoffe speichern zu können
2) Urgesteinsmehl – Ist gemahlenes Vulkangestein, wie z.B. Diabas, Basalt und Zeolith; sorgt für die Bindung von Schadstoffen in Boden, Luft und Wasser, und reichert den Boden zusätzlichen mit wertvollen natürlich gebundenen Mineralien an
3) Effektive Mikroorganismen – Hefen, Pilze, Photosynthesebakterien und und verschiedene weitere Arten von Mikroorganismen, die in einem milchsaurem Milieu leben und vermehrt werden; Sie wandeln die organischen Wertstoffe in verträgliche und leicht verfügbare Nährstoffe für Boden und Pflanzen um.

Tip: Urin ist ein ausgezeichneter natürlicher und kostenloser Sofortdünger, dessen Nährstoffe und gelöste Mineralstoffe dem Boden und den Pflanzen umgehend zur Verfügung stehen. Geben Sie ihn NIEMALS pur – das wiederum würde die Pflanzen und den Boden überfordern und verätzen, wie ungeklärte Gülle es tut! Verdünnen Sie ihn aber stattdessen im Verhältnis 1:10 (z.B. 1 Liter Urin auf 10 Liter Wasser) und gießen damit Ihre Kulturpflanzen, Obstbäume und -sträucher, dann verwenden sie einen erstklassigen und kostenlosen, dazu völlig keimfreien und nährstoffreichen Flüssigdünger.

Bezugsquellen
Urgesteinsmehl:
http://25kilo.de → „Schicker Diabas" → „Urgesteinsmehl"
http://urgesteinsmehl-shop.de

gemahlene Holzkohle / Holzkohlenstaub:
Link em-chiemgau.de (450 kg Big Bag): http://tinyurl.com/nz8og27
Link em-chiemgau.de (20 kg Preta-Streu): http://tinyurl.com/8fq4ocx

Holzkohleherstellung

Jeder kann auf recht einfache Weise Holzkohle aus Pflanzenresten aller Art herstellen. Zum Verkohlen eignen sich etwa: altes Heu und Stroh, Laub, Tannenzapfen, Getreidespelzen, Holzreste aller Art und jeder Größe, …

Während der Aufbau eines Kohlemeilers zur Herstellung großer Mengen von Holzkohle sehr viel Erfahrung und Sorgfalt seitens des Köhlers bedarf, können wir mit sehr wenig Aufwand unsere eigene Pflanzenkohle herstellen. Das dahintersteckende Prinzip: Dem organischen Material wird unter Zufuhr von Hitze das Wasser und die Gase entzogen, so daß nur der reine Kohlenstoff zurückbleibt. Eine Tonne aus Stahlblech mit Deckel, die man für kleines Geld bei eBay bekommt, leistet als „Kohlemeiler" hervorragende Dienste. Ein zweiteiliges Video zeigt die Arbeitsschritte. Diese sind so überraschend einfach und selbsterklärend, daß die Informationen auch ohne englische Sprachkenntnisse verstanden und umgesetzt werden können:
Video Teil 1) Link Bushcraft Magazine: http://tinyurl.com/ns6udu6
Video Teil 2) Link Bushcraft Magazine: http://tinyurl.com/npd2nzx

Die Arbeitsschritte kurz zusammengefaßt:

1) In den Boden der Feuertonne wurden bereits Löcher gebohrt, um eine ausreichende Luftzufuhr für den Brand sicherzustellen.

2) Aushebung eines kreisrunden Loches von etwa 10 cm Tiefe. Der Durchmesser muß etwas geringer sein als der der Feuertonne, denn dieses wird direkt darüber aufgestellt. Eine kleine Mulde sorgt für die notwendige Luftzufuhr. Dadurch entsteht eine Kaminwirkung, durch die unerwünschte Gase verbrennen.

3) Die Feuertonne ist nun bereit zur Bestücken mit organischem Material, z.B. Papier, Pappe, Tannenzapfen, Baumschnitt, Holzreste und natürlich auch Holzscheite… Anschließend wird das Feuer entzündet und das zu verkohlende Material in die Tonne eingefüllt.

4) Die Tonne wird mit dem dazugehörigen Deckel abgedeckt, jedoch noch nicht luftdicht verschlossen. Ein zwischen Tonne und Deckel geschobener Ast stellt sicher, daß die entstehenden Gase abziehen können. Der beim Brand entstehende weiße Rauch zeigt an, daß es sich um ent-weichenden Wasserdampf handelt. Dem Brennmaterial wird also Wasser entzogen. Bei frischem Holz nimmt dieser Vorgang etwa 2 Stunden in Anspruch. Der anschließende bläuliche Rauch zeigt an, daß nun die Verbrennung anderer Gase (z.B. Holzgase) begonnen hat.

5) Nun wird die Tonne luftdicht mit dem Deckel verschlossen und evtl mit ein paar Holzscheiten beschwert. Der Verkohlungsvorgang beginnt. Wird der luftdichte Verschluß versäumt, dann verbrennt das Material zu Asche, anstatt zu verkohlen. Nach etwa 24 Stunden kann die Tonne geöffnet und die fertige Pflanzenkohle entnommen werden.

Eine weitere Möglichkeit, um Pflanzenkohle selbst herzustellen, ist der Gebrauch eines Pyrolyseofens zum Kochen im Freien. So kann die bei der Pflanzenkohleherstellung freigesetzte Energie zum Kochen und Backen genutzt werden.

In Indien ist diese Methode der Doppelnutzung sehr gebräuchlich. Die dabei entstehende Holzkohle wird an Juweliere oder Schmiede verkauft, die sie beim Betreiben ihres Handwerks benötigen. Für die indischen Haushalte ergibt sich durch die Herstellung und den Verkauf der Holzkohle ein kleiner finanzieller Neben-verdienst. Der in Indien entwickelte Pyrolyseofen für den Hausgebrauch ist mittlerweile auch in anderen Teilen der Welt erhältlich. Sehen Sie hier ein deutschsprachiges Video, die die Handhabung des Ofens und ihre praktische Nutzung demonstriert.
Link youtube.com, Tria terra, Pyrolysekocher „Sampada": http://tinyurl.com/ojxlpwf

Wer gern handwerklich tätig ist und neues ausprobiert, kann sich auch seinen eigenen Pyrolysekocher bauen.
Link youtube.com, Pyrolysekocher „El Carbonero": http://tinyurl.com/okm8hqj

Holzkohle, wenn sie als Grundstoff zur Herstellung von eigener Terra preta-Streu verwendet werden soll, muß anschließend noch zerkleinert bzw vermahlen werden. Bei Pflanzenkohle mit kleineren Strukturen kann dieser Vorgang entfallen.

Buchempfehlung:

Anne Lorch
„EM – Eine Chance für unsere Erde"

Bezugsquellen für EM-Produkte für Garten, Landwirtschaft, Tiere, Gesundheit, Gewässerpflege, Haus-halt, Haus & Bau ...

http://triaterra.de   http://em-chiemgau.de   http://multikraft.com
http://em-sued.de   http://em-inntal.de

Filmausschnitt aus der Dokumentation des Bayerischen Rundfunks „Terra preta - Frankens schwarze Erde", Link youtube.com: http://tinyurl.com/lbx3832

Die stromunabhängige Toilette

Das heutige Problem der Verödung der landwirtschaftlich genutzten Flächen ist eine Folge der Entfremdung des Menschen von der Natur, der in seinem Technologie-, Fortschritts- und Machbarkeitswahn den natürlichen Wertstoffkreislauf unterbrochen hat. Durch den Anbau von Nutzpflanzen werden dem Boden Nährstoffe entzogen, die ihm jedoch nicht in Form von organischem Dünger wieder zugeführt werden. Stattdessen werden Fäkalien in einer Schwemmkanalisation zu hochgiftigem Klärschlamm, der Böden, Gewässer und Trinkwasser verseucht und dessen Entsorgung (Verbrennen) Unsummen verschlingt.

Aus diesem Grunde muß unbedingt ein generelles Umdenken stattfinden. Wir müssen wieder damit beginnen, dem Boden die Nährstoffe in gereinigter Form wieder zurückzugeben, die ihm zu unserer Nahrung angebauten Nutzpflanzen zuvor entzogen haben, und auf diese Weise den Wert- und Nährstoffkreislauf wieder schließen.
Kunstdünger stellt hierbei keine Lösung, sondern eine Verschärfung des Problems dar. Er treibt die Erträge kurzfristig stark an, jedoch verliert der damit behandelte Boden die Fähigkeit, selbst Nährstoffe zu bilden und zu speichern, da die Kleinlebewesen und Mikroorganismen des Bodens diese künstliche Nahrung nicht verstoffwechseln können und folglich absterben – und mit ihnen der Boden, der zunehmend versteppt.
Mit einem Wertstoff-Toilettensystem machen Sie sich gleichzeitig unabhängig vom Strom und wappen sich für künftig zu erwartende Stromausfälle. Die westliche Gesellschaft ist heute dermaßen abhängig von einer unnatürlichen Schwemmkanalisation, daß nicht auszudenken ist, was geschehen wird, wenn dieses System zusammenbricht.

Der bekannte Künstler **Friedensreich Hundertwasser** beschrieb einmal in drastischen, aber sehr anschaulichen Worten den fatalen Irrtum der modernen Schwemmkanalisation so: „**Die Wasser-Toiletten sind eine der gefährlichen Sackgassen unserer Zivilisation: Verschwendung von Unmengen reinem Trinkwasser, um etwas Scheiße und Urin fortzutragen. Aus 1 Kilo Wertvollem werden so 50 Kilo gefährlicher Substanz, die Grundwasser, Brunnen, Flüsse, Seen und Meere verseucht. Der Raubbau wird durch Wegspülen von Lebenswichtigem vervielfacht. Das Land verarmt. Kunstdünger ist kein Ersatz. Wasserklosett: Aus 1.000 Gramm Scheiße wird 50.000 Gramm Unrat-Gift. Humusklosett: Aus 1.000 Gramm Scheiße wird 50 Gramm Rohstoff-Gold. Muß ich meine Scheiße verschenken und damit die Umwelt vergiften? Ich behalte sie mir lieber und wandle sie in Gold um. In einer Humustoilette werden Scheiße und auch Küchenabfälle zu nur 5% des ursprünglichen Volumens und Gewichtes zu Rohstoff kondensiert. Kein Wasserverbrauch, keine Kanalisation, keine Krankheitserreger, keine Seuchenverbreitung, kein Müll, keine Müllabfuhr, keine Latrinen, keine Senkgruben, keine Jauchetransporte, keine Chemikalien, billig, Einsparen von Kläranlagen, geruchfrei, Wiederverwertung als Humus."**
Quelle: http://mueller-wolff-web.de/hundertwasserklo.htm

Was tun, wenn im Stromausfall keine Toilettenspülung mehr funktioniert, weil die Wasserpumpen ausgefallen sind und den Notstromaggregaten nach gewisser Zeit der Treibstoff ausgeht? Unmöglich oder unwahrscheinlich? Hoffen Sie auf das Beste, aber erwarten Sie das Schlimmste. Wer einmal einen Stromausfall erlebt hat – vielleicht sogar im Winter – der weiß, daß allein der Gedanke daran schiere Panik auslösen kann.

Können Sie sich ausmalen, wie dann die ahnungslosen und stolzen Städte und Dörfer der „reichen" westlichen Welt aussehen – und schlimmer noch: zum Himmel stinken? Was werden die Menschen dann tun? Ihre Fäkalien wie in den Städten des Mittelalters auf die Straßen kippen? Es gibt bereits heute einen viel besseren Weg, der nicht halb so schlimm ist, wie die meisten sicherlich denken. Mit Omas „Plumpsklo" - das ja unter Sauerstoffabschluß zur Fäulnis führt und damit fürchterlich stinkt – hat das Trenntoilettensystem nichts zu tun.

Von Natur aus verfügen Mensch & Tier über separate „Ausgänge" für flüssige Stoffwechselendprodukte (Urin) und feste Stoffwechselendprodukte (Kot).

Das Problem beim Plumpsklo und der zentralen Abwasser- und Kanalisationswirtschaft ist die Vermischung von Fäzes und Urin, die einen Fäulnisprozeß in Gang setzt, während dem Unmengen an Giftstoffen (und Gestank) entstehen, die erst teuer geklärt werden müssen.

Im <u>Trenntoilettensystem</u> – wie der Name schon sagt – werden Urin und Kot strikt voneinander getrennt, um sie anschließend separat verwerten zu können. Der Kot gelangt dabei in den dafür vorgesehenen Behälter. Gerüche werden gebunden, indem eine Mischung aus gemahlenem Holzkohlestaub, Urgesteinsmehl und Effektiven Mikroorganismen darübergestreut wird. Dieser Vorgang ist bei fest installierten und mobilen Systemen gleich. Der Urin wird in einem fest installierten System automatisch in einem eigens dafür vorgehenes Behältnis gesammelt und kann dort entweder einem Reinigungsprozeß durch Fermentation unterzogen, oder als organischer Flüssigdünger-Vorrat (vor dem Gießen 1:10 gemischt mit Wasser) gelagert werden. In einem mobilen Komposttoiletten-System wird der Urin mittels spezieller Flaschen (konzipiert für Frauen und Männer) aufgefangen und dann ebenso wie bei einem festinstallierten System verwertet werden.

Urin ist völlig keimfrei, reich an Stickstoff, Mineralien und natürlichen Hormonen, die den Gartenpflanzen sofort zur Verfügung stehen. Unverdünnt darf er jedoch nie vergossen werden, da die Konzentration seiner Inhaltsstoffe zu Schäden an den Pflanzen und der Versalzung des Bodens führt. Menschliche und tierische Abfälle stellen ideale organische Dünger dar, wenn auf die strikte Trennung von Urin geachtet wird. Störende Gerüche werden mit Hilfe von Urgesteinsmehl und gemahlener Holzkohle neutralisiert und mit EM in einem Fermentationsprozeß gereinigt.

Nach einer Fermentationszeit von 6 bis 8 Wochen – abhängig von der Umgebungstemperatur, der Inhalt der Toilette reift bei höheren Temperaturen schneller – kann er in den normalen Kompost gegeben werden, wo er von Regenwürmern und vielen anderen nützlichen Kleinlebewesen und Mikroorganismen in beste Schwarzerde umgewandelt wird. Während dieses Umbauprozesses wird er zusätzlich mit weiteren Nährstoffen angereichert, die durch den Stoffwechsel der kleinen „Komposthelfer" entstehen. Mit der Vererdung des fertigen Kompost im Boden schließt sich der Nährstoffkreislauf wieder, der bis heute durch die Agrar- und chemische Industrie mit ihren Kunstdüngern und einem giftproduzierenden, unnatürlichen Abwassersystem unterbrochen ist.

Durch den Einsatz von Kompost- bzw. Trenntoilettensystemen kann dieser unterbrochene Kreislauf nun wieder geschlossen werden, so daß dem Boden die Nährstoffe, die er an unsere Obst- und Gemüsepflanzen abgegeben hat, wieder gereinigt zur Verfügung gestellt werden. Der Einsatz von Kunstdüngern wird damit völlig unnötig, da dem Boden nun wieder natürliche organische Nährstoffe zur Verfügung stehen, die von den Bodenorganismen benötigt werden. Nun kann sich selbst ausgelaugter Boden auf natürliche Weise erholen und wieder gesunden. Die gesamte Anwendung wird komplett beschrieben und ist sehr einfach und nachvollziehbar.

Trocken-Trenntoilette / Komposttoilette: http://tinyurl.com/c8vfwsr

Hier gelangen Sie zu dem Konzept, das Sie im Kleinen in jeder Stadtwohnung ebenso anwenden können wie als Betreiber eines großen Bauernhofes auf dem Land: **http://tinyurl.com/c5gexcu**

Verwerten Sie Ihre „inneren Werte" und schließen Sie den Wertstoffkreislauf wieder, der bis heute unterbrochen ist, weil wir dem Boden die dringend nötigen Nährstoffe nicht zurückgeben!

Nach ca. 6 Wochen Fermentationsphase an einem möglichst warmen Ort ist diese abgeschlossen und der Wertstoff kann in den Gartenkomposter gegeben werden, wo er anschließend durch Regenwürmer, Kleinstlebewesen und Mikroorganismen innerhalb von etwa drei Monaten – abhängig von der Außentemperatur – in beste Schwarzerde („Terra preta") umgewandelt wird. **Wer keinen Komposter besitzt, kann den Inhalt der Komposttoilette direkt im Garten entleeren und mit ein wenig Erde oder Mulch abdecken, wobei die Umwandlung zu Schwarzerde direkt an Ort und Stelle stattfindet.** Diese stabile hochnährstoffreiche Erde wird Ihrem Garten ein natürliches, organisches Wachstum bescheren, das Sie heute vermutlich für unmöglich halten. Die Verwertung der eigenen Wertstoffe schlägt dabei zwei Fliegen mit einer Klappe:

1) das Problem der Entsorgung menschlicher und tierischer Stoffwechselprodukte, und
2) die Kosten für besten organischen Dünger.

Bei Gebrauch eines Trenntoiletten- oder Komposttoilettensystems steht er ihnen kostenlos zur Verfügung. Eine weitere hervorragende Möglichkeit sind die sogenannten Humus- oder Komposttoiletten, die fest im Haus installiert werden, und anders als das Plumpsklo keine Fäulnisgrube füllt, sondern waldbodenartigen Humus produziert.

Bezugsquellen:
http://komposttoiletten.de   http://locustoilette.de   http://clivusmultrum.de
http://separett.de   http://berger-biotechnik.de

Diese Toilettensysteme lassen sich selbstverständlich ebenfalls mit dem Einsatz von Effektiven Mikroorganismen kombinieren, um in den Genuß ihrer Wirksamkeit zu kommen und den Kompost mit ihnen anzureichern.

Alle unsere organischen Abfälle aus Haus und Garten bilden die Grundlage eines guten, durchlässigen und nährstoffreichen – ja lebendigen! – Bodens, der Ihnen bei kluger Bewirtschaftung Erträge bescheren wird, die Sie heute vielleicht für unerreichbar halten. Der Anbau eigener Lebensmittel verschafft ein tiefes Gefühl innerer Zufriedenheit und Freude. Lernen Sie, den Regeln der Natur zu folgen und sich mit den Bedürfnissen von Tier, Pflanze, Boden und Mensch aktiv auseinanderzusetzen.

Wir müssen der Natur nichts abkämpfen – vielmehr mit ihr zusammenarbeiten! Dadurch erhalten wir ein völlig neues Verständnis für Pflanzen und Tiere, Boden und Mitwelt, beginnen die Natur und ihre Abläufe besser zu verstehen und uns als Teil dieser wunderbaren Natur begreifen. Anschließend wird es unmöglich sein, unsere Mitgeschöpfe nicht mit Wertschätzung, Achtung und Respekt zu betrachten.

Pflanzlicher Flüssigdünger aus Wildkräutern

Die Natur stellt uns eine Vielzahl von äußerst potenten, nährstoffreichen Wildpflanzen kostenlos zur Verfügung. Dieses Geschenk reichlich zu nutzen liegt im Interesse eines jeden Gärtners und Selbstversorgers. Die Möglichkeiten reichen von der Zubereitung der Wildpflanzen als Kaltaufguß über die Herstellung von Tees bis hin zur Verarbeitung zur Ansetzung als Jauche und ist in jedem Fall sehr leicht zu bewerkstelligen. Traditionell verwendet man für stärkende Aufgüsse, Tees / Brühen und Jauchen am häufigsten Brennessel, Beinwell, Löwenzahn, Farne (vor allem Rainfarn), Wermut, Baldrian, Kamille, Schachtelhalm, aber auch Kohl, Rhabarber, Zwiebel und Knoblauch und die Blätter von Tomatenpflanzen.

Der Kaltaufguß

Typisch für einen Kaltaufuß – auch Kaltansatz genannt – ist beispielsweise die Blattlausbekämpfung mit Hilfe eines Brennesselaufgusses. Dabei wird ein Eimer voll frischer Pflanzen (hier: Brennesseln; beim Ernten am besten Lederhandschuhe tragen) mit Regenwasser aufgefüllt. Nach 12 bis maximal 24 Stunden ist der Aufguß fertig. Einfach mittels eines Drucksprühgerätes unverdünnt auf die befallenen Pflanzen aufsprühen, und fertig ist die Spritzbrühe für die biologische Blattlausbekämpfung!

Der Kräutertee / die Kräuterbrühe

Die Zubereitung von Tee ist wohl jedem von Kindesbeinen an bekannt. Die Herstellung erfolgt ähnlich eines Kaltaufgusses, nur daß heißes statt kaltes Wasser verwendet wird. Tees und Brühen werden nach dem Abseihen sofort angewendet, nachdem das Wasser abgekühlt ist. Sie können gegossen oder versprüht werden, wo sie gegen

Ungeziefer wie Läuse eingesetzt werden. Manche Pflanzen bilden spezielle, natürliche Insektizide (z.B. den Wirkstoff Pyrethrum), die sie geradezu als biologisches Spritzmittel prädestinieren, etwa Chrysanthemenarten wie „Pyrethrum High Potency".

Link kraeuter-und-duftpflanzen.de: http://tinyurl.com/kx8re6t

Die Kräuterjauche

Kräuterjauchen sind wahre Zaubertränke für unsere Obst- und Gemüsepflanzen. Wegen ihres hohen Kalireichtums kommen am häufigsten Beinwell und Brennessel bei der Verjauchung zum Einsatz. Insbesondere starkzehrende Gemüsepflanzen – d.h. Pflanzen mit sehr hohem Nährstoffbedarf – danken dem Gärtner den regelmäßigen Jaucheguß mit üppigem und gesundem Wachstum, und einer oft überdurchschnittlichen Ernte. Der Aufwand des Gärtners ist dabei sehr gering, und das Ansetzen des Wildkräuter-Zaubertrankes kinderleicht. Die Wildpflanzen, die dabei wegen ihres Nährstoffreichtums am erfolgversprechendsten eingesetzt werden, sind **Brennessel** und **Beinwell**.

So wird's gemacht:
Je ca. 1 kg frisches Kraut oder 150 g getrocknetes Kraut werden in 10 Liter Regenwasser in einem Gefäß (Tonne, Eimer) aus Kunststoff oder Holz angesetzt. Die Kombination aus Jauche und Metall hingegen verträgt sich nicht gut. Tägliches Umrühren der Jauche sorgt für Sauerstoffzufuhr und begünstigt die Vergärung. Je nach Außentemperatur findet innerhalb von ein bis zwei Wochen ein Vergärungsprozeß statt. Nach dieser Zeit kann die Jauche sofort in einer Verdünnung von 1 Liter Jauche per 10 Liter Regenwasser direkt an die Wurzeln von Tomaten, Kartoffeln & Co gegossen. Der markante Geruch der Jauche kann durch die Verwendung von getrocknetem statt frischem Kraut gemindert werden. Die wachstumsfördernde Wirkung der Jauche auf Ihre Obstgewächse und Gemüsepflanzen wird Sie verblüffen!

Gartenwerkzeuge

Wenn Sie einen Garten bearbeiten, sollten Sie das beste Werkzeug verwenden, das Sie bekommen können. Ein Sprichwort aus England sagt: **„Gute Gartengeräte sind wie gute Freunde. Schwer zu finden, aber dann für's ganze Leben."**

Die Entdeckung der Vorzüge von Werkzeugen aus Kupfer ist eng mit dem Namen **Viktor Schauberger** (1885 – 1958) verbunden, einem österreichischen Förster, Forscher und Entdecker. Warum sind Gartengeräte aus Kupfer allererste Wahl für jeden Bauern, Gärtner und Selbstversorger? In einem naturbelassenen Boden herrscht eine bipolare Spannung zwischen dem Magnetismus der Erde und der Atmosphäre. Diese Spannung ist die Voraussetzung für sämtliche Stoffwechselprozesse. Sie gewährleistet, daß Nährstoffe ausgetauscht und den Pflanzen zugeführt werden. So versorgt sich ein so natürlich gespannter Boden stets selbständig mit Nährstoffen.

Durch den Magnetismus des Eisens (in den Werkzeugen) verliert der Boden seine natürliche Spannung. Stoffwechselprozesse geraten durcheinander. Der Boden und die in ihm lebenden Organismen werden krank. Kupfer ist nicht magnetisch. Es erhält somit die natürliche Spannung des Bodens. Darüber hinaus werden bei der Arbeit mit Kupfergeräten winzige Mengen dieses wichtigen Spurenelements an den Boden abgegeben, das wiederum die Pflanzen für ein gesundes und kräftiges Wachstum benötigen. Eventuelle Verformungen von Kupfergeräten können durch Ausdengeln leicht korrigiert werden. Nicht zuletzt fällt die Arbeit mit Kupfergeräten leichter, da die Erde an ihnen nicht wie an Geräten aus Stahl oder Eisen „kleben bleibt", da es einen geringeren Reibungswiderstand als Eisen oder Stahl besitzt. Gartenwerkzeuge aus Kupfer setzen keinen Rost an und benötigen keine Pflege. Sie schärfen sich durch ihre Nutzung selbst nach, können aber bei Bedarf ebenso mechanisch nachgeschärft werden.

Gartengeräte aus Kupfer finden sie unter anderem bei:
http://kupferspuren.at   **http://gruenertiger.de**   **http://staudengaerten-shop.de**
http://kupfer-anton.net   **http://shop.tonihalter.ch**

Ein weiteres uraltes Werkzeug erlebt neben vielen anderen alten Handwerkstechniken ein erstauniche Wiederentdeckung: **die Sense**. Die Sense hat unseren Vorfahren die Möglichkeit eröffnet, Getreideanbau zu betreiben. Während man beim motorisierten Rasenmähen nur hinter der Maschine herläuft, die die Bewegung vorgibt, ist es beim Sensenmähen der Rhythmus unseres Körpers, der sich an die Gegebenheiten des zu mähenden Terrains anpaßt.

Sensenmähen ist selbstbestimmtes Mähen. Es mag zwar körperlich ein wenig anstrengender sein als die motorisierte Variante, bietet aber ein völlig anderes Naturerlebnis – ohne Lärm und Abgase. Während der Arbeit kann man stattdessen der Natur zuhören. Es ist eine der Arbeiten, bei der man auch riecht, welche Arbeit man ausführt. Sie erdet uns mit dem Stück Heimat, das wir gerade bearbeiten. Zudem ist das Mähen in schwierigem Gelände ohne die Sense undenkbar.

Wie bei zahlreichen anderen alten Handwerkstechniken und Fertigkeiten schießen auch hier Kurse wie Pilze aus dem Boden, die unter anderen auch von immer mehr Volkshochschulen angeboten werden. Die Technik ist nicht schwer zu erlernen, und schließt auch die Vorarbeiten wie das Dengeln und Wetzen mit ein. Das Tragen von festem Schuhwerk während des Mähens mit der Sense gewährleistet einen sicheren Stand und ist Grundvoraussetzung zur Unfallverhütung.

Übrigens mäht es sich am leichtesten am frühen Morgen, wenn das Gras noch taufeucht ist. Dann gleitet die Sense am besten durch das Gras. Da in Zukunft Treibstoff und Strom knapp sein werden, steht auch das Sensenmähen vor einer neuen Zukunft. Mit hochwertigem Werkzeug macht auch diese ursprüngliche Arbeit noch mehr Freude.

Sensenblätter und -bäume, Dengel- und Schleifwerkzeug finden Sie im Internet:

http://sensenwerkstatt.de

http://sensenmaehen.at

http://sensenverein.de

Eine Kurzeinleitung zu jedem Schritt – Vorbereitung der Sense, Dengeln, Schleifen, Mähen – finden Sie hier: **http://tinyurl.com/8szrzwm**

Immer mehr Menschen entdecken, wie gut Gemüse und Obst aus dem eigenen Garten im Vergleich zur Supermarktware schmeckt. Außerdem wissen Sie, daß Sie beim Anbau auf Pestizide, Bestrahlung und Kunstdünger verzichtet haben. Mittlerweile wurde wiederentdeckt, welch **heilende Wirkung** kompostierter tierischer und menschlicher Dung **auf strapazierte und ausgelaugte Böden** hat. Er bildet die Grundlage für die Rückkehr von Klein- und Kleinstlebewesen, deren Aktivität einem toten Boden neues Leben und Vitalität zurückgeben kann.

Der Boden kann nur so viel Ertrag hervorbringen, wie wir ihm zuvor Nährstoffe in Form von organischem Dünger zugeführt haben. Deshalb ist eine regelmäßige Zufuhr von hochwertigen biologischen Abfällen für eine reiche Ernte unverzichtbar. Von nichts kommt wirklich nichts. Der konsequente Verzicht auf Kunstdünger ist die Grundlage für einen fruchtbaren, gesunden, nährstoffreichen, weil lebendigen Boden.

Kunstdünger führt zu einer Art Zwangsernährung des Bodens und der Pflanzen, während sie sich bei einem mit organischem Dung gepflegten Boden die benötigten Nährstoffe selbst aussuchen können. Zudem liegen organische Materialien in für die Bodenorganismen leichtverdaulicher Form vor.

Vor der Verwendung von organischem Dünger (Hühner-, Pferde-, Schweine-, Ziegen-, Schaf-, Rindermist, menschliche Fäkalien) ist es wichtig, zuerst für den Kompostiervorgang zu sorgen, in dem die daran beteiligten Klein- und Kleinstlebewesen Schad- und Giftstoffe neutralisieren und den Dünger mit zusätzlichen Nährstoffen anreichern. Auf diese Weise kann auch ein erschöpfter Boden regenerieren und wieder fruchtbar werden. Die Erholung und Gesundung des Bodens kann dann überraschend schnell geschehen.

Durch Kunstdünger verliert der Boden die ihm Fähigkeit, selbst Nährstoffe zu bilden und zu speichern und wird zwangsläufig veröden, nachdem der natürliche Lebenskreislauf durch Absterben oder Abwanderung der Bodenorganismen zusammengebrochen ist. Vor diesem Problem steht heute die globale industrialisierte Landwirtschaft, die wie alle anderen Industrien den schnellen Profit zum Geschäftsprinzip erkoren haben, ohne nachhaltig zu denken und zu handeln.

Viele Menschen empfinden die Gartenarbeit als etwas ungeheuer Befriedigendes, Produktives. Der Aufenthalt an der frischen Luft bei Wind und Wetter härtet uns ab, bringt uns die Schönheiten und den Rhythmus der Natur sowie die Besonderheit der Jahreszeiten nahe. Haben Sie das schon einmal erlebt … die singenden Vögel an einem warmen Sommertag, ein angenehm laues Lüftchen, das den Schweiß trocknet … und nach getaner Arbeit ein Glas kühles Wasser. Sie haben noch nie zuvor so gutes Wasser getrunken, das können Sie glauben!

Klingt ein solches einfaches – nicht zu verwechseln mit leichtes – Leben nicht mehr nach Sinn, nach Glück, nach Zufriedenheit als die Hetze im Hamsterrad nach Karriere, Einkommen, Prestige, Status … wofür denn das alles?

Wenn Sie Ihre Lebensmittel weitgehend selbst anbauen und ernten, können Sie Ihre Ausgaben massiv senken. Die dadurch freiwerdenden Reserven können Sie zum Aufstocken Ihrer Gold- und Silberbestände nutzen. So bauen Sie Vermögen auf!

Wenn Sie beginnen, so zu wirtschaften, dann denken und handeln Sie unternehmerisch und sind auf dem Weg in ihre persönliche Unabhängigkeit und finanzielle Freiheit! Verschieben Sie es nicht, sondern packen Sie die Planung und Ausführung an – noch heute! Lernen Sie Dinge, die Sie am meisten interessieren, aber konzentrieren Sie sich dabei auf wenige Spezialgebiete!

Viele Schultern tragen mehr Last: Sie müssen nicht alles allein schaffen. Binden Sie Ihre Familie mit ein! So stärken Sie den familiären Zusammenhalt, da jeder Verantwortung trägt.

Seien Sie neugierig, lesen und arbeiten Sie sich in die Materie ein! Dieses wertvolle Wissen wird einen unschätzbaren Wert für Sie darstellen, den Ihnen niemand mehr nehmen kann!

Die Bodenarten

Man unterscheidet grob drei unterschiedliche Bodenarten, die danach benannt werden, wieviel Kraftaufwand für ihre Bearbeitung aufgewendet werden muß. Daraus leiten sich also ab: der leichte, der mittelschwere und der schwere Boden.

Der leichte Boden: Einen sandigen Boden bezeichnet man als leichten Boden.

Seine Vorteile: Die meisten Pflanzen lieben leichten Boden und gedeihen ausgezeichnet in ihm. Der Grund dafür ist seine grobe, sandige Struktur, die es den Pflanzen sehr leicht macht, kräftige Wurzeln auszubilden und nach allen Seiten hin auf der Suche nach Wasser und Nährstoffen auszustrecken. Diese Struktur ist es auch, die es zu einer Freude und Leichtigkeit macht, einen solchen Boden zu bearbeiten.

Seine Nachteile: Seine hohe Durchlässigkeit erleichtert zwar den Pflanzen die Bewurzelung, jedoch besitzt der Boden dadurch auch eine nur geringe Kapazität zur Wasserspeicherung. Während langer Trockenperioden in der heißen Jahreszeit ist also die Bewässerung ein ständiges Problem. Des weiteren ist dieser Boden leider eher nährstoffarm. Neben fehlendem Wasser haben die darin wachsenden Pflanzen also zusätzlich das Problem des Nährstoffmangels.

Die Verbesserung des leichten Bodens: Nachdem wir die Mängel erkannt haben, können wir die dazu passende Lösung ableiten. Das heißt, wir müssen dafür sorgen, daß der Boden mehr organische Substanz erhält, die die Wasserspeicherkraft erhöht und zugleich das Bodenleben aktiviert, das wiederum Nährstoffe speichern und selbst bilden kann.

Um dies zu erreichen wird viel organisches Material in Form von fermentiertem Kompost und Mist, Düngerbokashi oder Terra preta – die wir bereits bei den Effektiven Mikroorganismen kennengelernt haben – oberflächlich mit Sauzahn oder Grabegabel in den Boden eingearbeitet.

Neueste Erkenntnisse aus der Terra preta-Forschung im südamerikanischen Regenwald deuten darauf hin, daß sich die Schwarzerde der Indios offenbar ständig regeneriert. Absterbende organische Substanz (z.B. Blätter) vererden ebenfalls zu Schwarzerde, wenn sie auf die bereits bestehende Schwarzerdeschicht fällt. Selbst in der Gegend um Halle, unmittelbar an den Ufern der Saale, fanden Archäologen menschengemachte Schwarzerde, die noch aus der Zeit der Slawen stammen muß, so stellten die Forscher erstaunt fest. Die gezielte Herstellung von Schwarzerde war also keine alleinige Erfindung der indigenen südamerikanischen Amazonasstämme, sondern offenbar auch in Europa seit alters her bekannt!

Verrottendes organisches Material, das auf diese Schwarzerde fällt, wird ebenfalls zu Schwarzerde. Grund dafür ist vermutlich der hohe Kohlenstoffanteil dieser Erde und die hohe Aktivität der darin lebenden Mikroorganismen.

Jeder Boden, dessen Nährstoff- und Wasserhaushalt verbessert werden soll, sollte als unterste Schicht eine dicke Lage fertige Terra-preta oder Terra preta-Streu erhalten, um das auf ihr liegende organische Material ebenfalls in Schwarzerde umzuwandeln. Terra preta-Streu enthält neben feingemahlener Holzkohle auch Urgesteinsmehl und EM-aktiv und ist als fertige Mischung erhältlich, z.B. bei http://em-chiemgau.de

Verwenden Sie viel gemahlene Pflanzen- bzw. Holzkohle, die ein optimales Refugium für die Effektiven Mikroorganismen (EM) bieten. Sie ist in der Lage, neben vielen Nährstoffen auch viel Wasser zu speichern, und somit beide Mängel des leichten Bodens auszugleichen. Nach dem Anreichern des Bodens sollte er mit EM-aktiv angegossen werden, um die Besiedelung mit Mikroorganismen zu unterstützen. Auf 10 Liter Wasser kommen dabei 50 Milliliter EM-aktiv.

Der mittelschwere Boden: Hier handelt es sich je nach dominierendem Anteil um einen sandigen Lehm-/Tonboden oder einen lehmigen/tonigen Sandboden.

Seine Vor- und Nachteile: Er vereint die Vorzüge von leichtem und schwerem Boden, ohne ihre Nachteile aufzuweisen, und ist somit der ideale Boden für den Land- und Gartenbau.

Die Verbesserung des mittelschweren Bodens: *Überwiegt der sandige Anteil*, können leichte Defizite mit Gaben von reifem Kompost, fermentiertem Mist, Terra preta und anderem organischem Dünger sowie natürlich der bewährten Mischung aus Terra preta-Streu, Urgesteinsmehl und EM-aktiv verbessert werden, was seinen Nährstoffhaushalt und seine Wasserspeicherkapazität erhöht. *Überwiegt der lehmig-tonige Anteil*, dann kann mit zusätzlichen Gaben von Sand seine Struktur und Durchlässigkeit verbessert werden.

Der schwere Boden: Wer einmal einen solchen Boden bearbeitet hat, der weiß, wie kräftezehrend er ist. Grund dafür sind feinste Lehm- oder Tonpartikel, die zusammenkleben und die Arbeit sehr schwer und mühsam machen. Er ist der sicherlich anspruchsvollste Boden für die Gartenarbeit.

Seine Vorteile: Lehm-/Tonboden ist nährstoffreich, aber die Pflanzen haben wegen des schweren Erdreichs Mühe, ihre Wurzeln auszubreiten, um an diese Nährstoffe heranzukommen. Er kann viel Wasser speichern, aber starke oder langanhaltende Niederschläge bringen sofort seine Nachteile zum Vorschein … .

Seine Nachteile: Bei starken oder langanhaltenden Niederschlägen neigt der schwere Boden zur **Verschlämmung und Staunässe**. Anschließende Trockenperioden sorgen für seine **Verkrustung**, die sein Bodenleben zum Erliegen bringt.

Die Verbesserung des schweren Bodens: Sand! Geben Sie ihm so viel Sand wie nur möglich! Sand sorgt durch seine grobe Struktur dafür, daß die feinen Partikel nicht mehr so stark aneinanderhaften. So wird seine Durchlässigkeit für Wasser verbessert und dem Problem der Staunässe entgegengewirkt. Zusätzliche Gaben von den oben zureichend angesprochenen organischen Materialien schaden nie, im Gegenteil! Sie erhöhen die Menge, Aktivität und Bewegung der fleißigen Bodenhelfer und sorgen damit für eine zusätzliche Auflockerung des Bodens.

Natur-, Fluß- oder Rheinsand, Spiel- oder Quarzsand, Edelbrechsand aus Basalt oder Diabas haben sich alle zur Verbesserung der Bodenstruktur vielfach bewährt und können über den örtlichen Baustoffhandel (→ „Gelbe Seiten") bezogen werden. Aber auch Kieswerke oder Sandgruben liefern jede Menge, die Sie benötigen. Auch über das Internet kann man ihn mittlerweile beziehen, z.B. bei: **http://kiesundco.de/de/Sand**

Gemäß Permakulturprinzipien müssen Sie sich nicht die Mühe machen, organische Materialien oder Sand tief in Ihren Boden einzuarbeiten. Es genügt in allen Fällen ein oberflächliches Einarbeiten mittels Sauzahn, Schuffel oder Grabegabel. Den Rest übernehmen die Natur – beispielsweise durch Regenfälle – und unsere unermüdlichen Bodenhelfer, die sich von ihnen ernähren und sie Stoffe nach und nach in den Boden hineinziehen. Sie arbeiten rund um die Uhr und viel effizienter, als wir es je könnten. Ihr Lohn ist die organische Kost, die wir ihnen zur Verfügung stellen.

Arbeiten nach den Regeln und Prinzipien der Natur ist keine Herkulesaufgabe, wenn man es „mit Köpfchen" tut und ebenjene Regeln kennt und achtet. Machen Sie es sich also nicht selbst schwer, sondern unterstützen Sie einfach die kleinen und kleinsten nützlichen Gartenhelfer wie Regenwurm & Co., damit diese Ihre Arbeit für Sie erledigen.

Dazu gehört auch eine **Mulchdecke**, die den Boden vor Vernässung und Austrockung schützt, Lebensraum für unzählige Tierarten und Mikroorganismen bietet, und für deren Vermehrung und Ansiedlung sorgt. Jede Bodenart profitiert von einer schützenden Mulchdecke, ganz besonders natürlich der schwere Boden.

Mehr dazu im **Kapitel „Mulchwirtschaft"**.

Der Samen

Die wahrscheinlich beste Investition, die jeder Gartenfreund und Selbstversorger tätigen kann, ist der Kauf von sortenreinem, keimfähigen Saatgut. Für eine Investition von wenigen Euro kommen Sie auf einen Gegenwert von oft mehreren Hundert Euro an frisch geerntetem Obst und Gemüse.

Unterstützen Sie durch Ihren Kauf den Erhalt und die Weitervermehrung von gesundem, keim- und widerstandsfähigem Saatgut alter und robuster Sorten. Gegenüber Neuzüchtungen, die vorrangig auf Quantität abzielen, zeichnen sich alte Sorten durch ihren deutlich höheren Nährstoffgehalt, ihre höhere Widerstandsfähigkeit und Anspruchslosigkeit aus.

Samen bleiben bei trockener, luftiger Lagerung oft viele Jahre haltbar und **keimfähig**. Selbst wenn Ihnen kein großer Garten zum Anbau zur Verfügung steht, so können Sie die Samen doch auch verkaufen oder tauschen und ihn auf diese Weise weiterverbreiten. Vielleicht halten Sie den Bedarf dafür zur Zeit noch für begrenzt – das wird sich sicherlich ändern, denn mit steigenden Preisen entdecken immer mehr Menschen die Vorzüge selbstgezogener Lebensmittel.

Die Preise für sortenreines Saatgut haben sich in den letzten Jahren bereits vervielfacht.

Ihre Entscheidung trägt wesentlich dazu bei, was wir und unsere Nachkommen morgen und übermorgen essen werden – gesunde und nährstoffreiche Pflanzen aus großer Sortenvielfalt, oder von Saatgutmonopolisten standardisiert-patentiertes Laborsaatgut aus Genmanipulation. Kein „Aber da kann man doch eh nichts machen"-Gejammer, sondern die Entscheidung liegt heute einzig in Ihren eigenen Händen.

Sortenreines Saatgut erhalten Sie im Internet unter anderen bei:
http://reinsaat.at
http://bio-saatgut.de
http://sativa-rheinau.ch/shop
http://magicgardenseeds.de
http://saemereien.ch
http://biogartenversand.de
http://zollinger-samen.ch/de
http://irinas-shop.de
http://gruenertiger.de
http://shop.dreschflegel-saatgut.de
http://oekoseeds.de

Da die Versorgung mit Nahrung (und natürlich Wasser) das Fundament der menschlichen Zivilisation ist, wird keimfähiges Saatgut sehr begehrt sein und entsprechend teuer werden. Stellen Sie sich bereits heute darauf ein und reagieren Sie entsprechend. Decken Sie sich reichlich ein, aber achten Sie dabei auf die unterschiedliche Lagerfähigkeit der jeweiligen Gemüsesorten. Die Angaben finden Sie meist auf dem Papiertütchen. Die Lagerung von Saatgut beansprucht wenig Platz. Saatgut sollte stets **dunkel, trocken und luftig gelagert** werden und erhält so seine optimale Keimfähigkeit.

Die Samengewinnung

Der Anbau von Pflanzen zum Zweck der Samengewinnung lohnt sich in finanzieller, wirtschaftlicher und gartenbaulicher Hinsicht. Jedes Kind weiß – oder sollte wissen – daß die Samen einer Pflanze in ihren artspezifischen Früchten reifen. Damit sich sowohl die Nährstoffe in der Frucht als auch der Samen voll entwickeln können, sollten sie stets erst dann gepflückt werden, wenn die Früchte ihre Vollreife erreicht haben. Nur dann entfalten sie auch ihren vollen Geschmack!

Die **Vollreife** ist leicht daran erkennbar, daß sich die Frucht mühelos von der Pflanze lösen läßt. Kein Ziehen und Zerren – ein einfaches „in die Hand nehmen" und leichtes Zupfen genügt dazu. Am Beispiel einer Bohne möchte ich einmal veranschaulichen, wie einfach die Gewinnung von Samen in den meisten Fällen ist. **Wichtig: Niemals angefaulte oder beschädigte Früchte verwenden!**

Zur Samengewinnung erntet man am besten nach mehreren trockenen und sonnigen Tage. Eine vollreife Frucht erkennt man an ihrem „schrumpeligen" Aussehen. Die Hülse ist brüchig und läßt sich leicht öffnen, so daß die innenliegenden Samen leicht entnommen werden können. Die Samen können nun herausgenommen und für ein paar Tage auf einem Stück Küchenpapier an einem schattigen Platz (nicht direkt in der Sonne!) nachgetrocknet werden. Dann werden sie in einer Dose, einem Papiertütchen, einem Druck- oder Gleitverschlußbeutel (Tip: Sorte beschriften!) an einem dunklen, trockenen Platz gelagert, etwa in einer Kiste oder einem Schrank.

Auch die Ernte von Tomatensamen – als stellvertretendes Beispiel für jedes Fruchtgemüse – ist sehr einfach: Die Frucht wird mittig aufgeschnitten, die Samen mit einem Löffel herausgelöst und in ein Glas gelegt, das mit mit Wasser aufgefüllt wird. Dadurch wird die keimhemmende Schicht entfernt, die sich auf dem Wasser absetzt und abgeschöpft werden kann.

Dieser Vorgang wird als „Stratifizierung" bezeichnet. Um den Vergärungsvorgang zu beschleunigen, wird das Glas mit einem Deckel abgedeckt, jedoch nicht luftdicht verschlossen! Nach etwa 1 bis 2 Tagen ist der Vorgang beendet. Das läßt sich am Samen erkennen, der auf den Boden des Glases herabsinkt, während sich das Fruchtfleisch oben absetzt. Der Glasinhalt wird nun durch ein feines Sieb abgegossen und so das Fruchtfleisch entfernt. Nun werden die Samen, die sich nach Entfernen der keimhemmenden Schicht rauh anfühlen, auf einem Stück Küchenpapier an einem schattigen Platz sorgfältig getrocknet.
Jede eventuell noch verbleibende Restfeuchte begünstigt die Bildung von Schimmel, der die Samen unbrauchbar machen würde. Stellen Sie also sicher, daß Ihre Samen wirklich vollständig trocknen. Um das zu erreichen, können Sie die Samen beispielsweise 2 Stunden lang im Backraum eines Ofens nachtrocknen. Die Resthitze des Ofens, etwa nach dem Brotbacken, ist dafür gut geeignet.

Die Ernte aller anderen Gemüsesorten ist noch einfacher, denn ihr Samen ist bereits fast trocken. Beispiel Paprikasamen: Nach dem Trocknen werden die Samen – jede Gemüseart und Sorte für sich – in kleine Papier- oder Plastiktüten gefüllt, beschriftet, und ebenfalls an einem trockenen Platz gelagert.
Zweijähriges Gemüse wie Rote Bete oder Kohl darf im ersten Jahr nicht geerntet werden, will man im darauffolgenden Jahr Samen ernten. Im ersten Jahr konzentriert die Pflanze ihre Kraft und Nährstoffe in der Wurzel, im zweiten Jahr Blumensamen wie Tagetes oder Nicandra (Wirkpflanze gegen die Weiße Fliege!) lassen sich einfach pflücken. Die Kapseln lösen sich von selbst von der Pflanze, sobald der Samen reif ist.

Buchempfehlung – aus gutem Grund als bestes Gartenbuch ausgezeichnet!:
Andrea Heistinger „**Handbuch Samengärtnerei: Sorten erhalten. Vielfalt vermehren. Gemüse genießen**"

Mit der Vermehrung von Saatgut und dem Erhalt alter, sortenreiner Pflanzen leisten Sie einen entscheidenden Beitrag zum Erhalt der Arten- und Sortenvielfalt sowie der generellen Nahrungsgrundlage. Da viele samenfeste Sorten bereits für immer verschwunden sind und der sogenannte genetische Pool der noch verfügbaren Sorten zunehmend kleiner wird, bietet es sich an, auf der Suche nach alten, robusten Kultursorten auch einmal ins benachbarte Ausland zu schauen, in dem die klimatischen Voraussetzungen, die Bodenverhältnisse und somit die Wachstumsbedingungen für die Pflanzen ähnlich sind wie in der Gegend, in der Sie leben und Ihren Garten bestellen.
Alte Sorten sind von Natur aus sehr anpassungsfähig, so daß sich sogar griechische, spanische, französische und italienische Gemüsesorten auch in unseren gemäßigten Klimazonen wohlfühlen, entsprechend gut gedeihen und gute Ernten von Früchten (und Samen) in ausgezeichneter Qualität versprechen.

Alte italienische Sorten: **http://borlotti.de**
Alte Französische Sorten: **http://kokopelli-semences.fr**
Alte Griechische Sorten: **http://www.griechische-pflanzen-und-samen.de**

Monokultur oder Mischkultur?

Der typische Bauerngarten früherer Jahrhunderte bestand zumeist aus einer bunten Mischung verschiedenster Gemüsesorten, Kräuter und Blumen. Diese Art des Anbaus wird heute meistens als Mischkultur bezeichnet. Auf diesem Prinzip baut heute die sogenannte Permakultur auf.

Im konventionellen Anbau hingegen dominiert nicht nur bei Tieren, sondern auch bei Obst, Gemüse, Kräutern und Pilzen die Monokultur. Das bedeutet, daß ganze Hektarflächen von Feldern mit ein und derselben Pflanzenart bestellt werden: Mais, Raps, Korn, Kartoffeln sind einige Arten von vielen, die die Agrar-Industrie in Monokulturwirtschaft anbaut.

Das Problem der Monokultur: Alle Pflanzen brauchen dieselben Nährstoffe zur gleichen Zeit. Und diese sind in der Natur nicht vorhanden. Der Infektionsdruck steigt. Die Pflanzen werden krank und anfällig für Schädlinge, die in Massen über die Menge kranker Pflanzen herfallen.

Deshalb versucht der Mensch, den vermeintlichen Mangel einerseits durch Verwendung von Unmengen von Kunstdünger auszugleichen. Andererseits versucht er das Schädlingsproblem in den Griff zu bekommen, indem Tonnen von Giften über den Pflanzen verspritzt werden. So werden nicht nur die Pflanzen abhängig gemacht und geschwächt, zudem mit Giften belastet, sondern auch der Boden wird vergiftet, und die Kunstdünger und Pestizide verseuchen außerdem das Grundwasser, und verteilen sich dadurch praktisch überall.

Viele Bauern und Gärtner haben diese Art der Bewirtschaftung längst als falsch erkannt und suchen nach anderen, besseren Wegen im Lebensmittelanbau und der Tierhaltung. So gelangen wir zwangsläufig zurück zum Anbau in Mischkulturen, wo sich unterschiedliche Pflanzen gegenseitig unterstützen, ergänzen und fördern – und dem Boden zugleich nur die Nährstoffe entziehen, die natürlich verfügbar sind.

Solche Pflanzenpartnerschaften aus verschiedenen Pflanzenarten konkurrieren nicht mehr um die gleichen Nährstoffe.

Die Mischkultur versucht die Natur und insbesondere den Aufbau des Waldes zu kopieren, **indem Pflanzen mit unterschiedlichsten Bedürfnissen mit- und nebeneinander angebaut werden**: flach- und tiefwurzelnde Pflanzen, sonnen- und schattenliebende Pflanzen, sowie Pflanzen, die viele Nährstoffe benötigen, gemeinsam mit solchen, die nährstoffarme Bedingungen bevorzugen.

Ob diese Pflanzen in abwechselnden Reihen oder Zeilen angebaut werden, oder einfach querbeet, spielt dabei keine Rolle.

Dokumentation von servus.tv über Sepp Holzer's Krameterhof: http://tinyurl.com/ozj4k2j

Mischkulturentabelle – welche Pflanzen sind gute Beetnachbarn?

Legende: ☺ - gute Partnerschaft, ■ - vertragen sich nicht, □ - neutral

	Artischocken	Aubergine	Buschbohnen	Dill	Endivien	Erbsen	Erdbeeren	Fenchel	Gurken	Kapuzinerkresse	Kartoffeln	Knoblauch	Kohlgewächse	Kohlrabi	Kopfsalat	Kürbis	Lauch	Mangold	Meerrettich	Möhren	Paprika	Pflücksalat	Rettich	Rhabarber	Rote Bete	Rüben	Schwarzwurzel	Sellerie	Spargel	Spinat	Stangenbohnen	Tomaten	Zucchini	Zuckermais	Zwiebeln
Artischocken	X								☺		■				■													■							■
Aubergine		X	☺									☺										☺													
Buschbohnen		☺	X		■		■	☺			■	☺				■	☺			☺	☺	☺	☺		☺					☺		☺			■
Dill				X		☺		■	☺				☺				☺			☺			☺		☺			☺							☺
Endivien					X			☺	☺				☺		☺															☺					
Erbsen			☺			X		☺			■	■	☺	☺	☺		■			☺			☺		☺										
Erdbeeren							X						☺	☺	☺							☺													☺
Fenchel	☺		■	■	☺			X							☺													■	■						
Gurken			☺						X		☺		☺		☺										■		☺			☺		☺	■		☺
Kamille																																			☺
Kapuzinerkresse										X										☺					☺					☺					
Kartoffeln			■			■					X	■	■	☺					☺		■		■			■		☺			☺	■		☺	
Knoblauch	■		■	☺		☺					X	■								☺			☺									■		☺	
Kohlgewächse				☺	☺	☺			☺	■	■	X		☺	☺	☺				☺	☺				☺	☺		☺		☺	☺				■
Kohlrabi		☺			☺				☺			X	☺	☺		☺			☺			☺			☺	☺		☺	☺	☺					
Kopfsalat		☺		☺	☺	☺	☺					☺	☺	X	☺		☺		☺			☺	☺		☺	■		☺					☺	☺	
Kürbis															X															☺			☺		
Lauch	■			☺	■	☺						☺	☺	☺	X		☺			☺					■		☺	☺			■	☺			
Mangold		☺									☺	☺		☺	X		☺			☺			☺												
Meerrettich									☺									X																	
Möhren			☺	☺		☺						☺		☺			☺	X	☺									☺					☺		
Paprika											■			☺	☺				X	☺															
Pflücksalat			☺		☺				☺								☺	X	☺	☺	☺		☺			☺		☺							
Rettich		☺			☺	☺			■	☺			☺		☺				☺	X		☺	☺												
Rhabarber																							X												
Rote Bete			☺					☺			■	☺			☺		■	■				☺		X								☺	☺		☺
Rüben			☺	☺											☺			☺				☺			X					☺	☺	☺			
Schwarzwurzel											☺	☺		☺			☺					☺				X									
Sellerie	■					☺					■	☺	☺		☺										☺	X			☺	☺		■			
Spargel					☺								☺										☺				X	☺			☺	☺			
Spinat																						☺			☺	☺		☺	X	☺	☺			
Stangenbohnen				☺	■	☺		■	☺		■	☺			☺	■	■					☺			☺			☺		☺	X	☺			■
Tomaten			☺		■		☺	■	■		☺				☺		☺			☺	☺		☺		☺			☺		☺	☺	X		☺	☺
Zucchini																														☺			X	☺	
Zuckermais									☺		☺											■			■						☺	☺	☺	X	
Zwiebeln	■		■		☺		☺		☺				■		☺					☺			☺		☺						■	☺			X

3) Der Gartenbau zur Selbstversorgung

Zwischen Aussaat und Ernte liegen allerdings Arbeit und ein wenig Fachwissen, der auch ein wenig Beobachtung und Gespür für die Natur verlangt. Doch glauben Sie mir: es lohnt sich, spart enorme Kosten – und fühlt sich gut an, seine eigenen Lebensmittel anzubauen und zu ernten. Und es ist nicht so schwer, wie manche denken. Sie müssen also keineswegs Agrarwissenschaften studiert haben, um ein guter Gärtner und Selbstversorger zu werden! Es ist ein ebenso weitverbreiteter Irrtum, daß Sie einen großen Garten benötigen, um sich und Ihre Familie weitgehend autark zu ernähren. Je nach Bodenart sind bereits etwa 100 Quadratmeter eines guten Bodens ausreichend, um einen Erwachsenen ein ganzes Jahr mit Obst, Beeren, Kräutern und Gemüse zu versorgen. Allerdings lassen sich mit den heute auf übliche Weise bepflanzten Flachbeeten tatsächlich keine überdurchschnittlichen Erträge erzielen.

Die meiner Ansicht und Erfahrung nach vielversprechendsten Alternativ im Intensiv-Anbau möchte ich Ihnen im Folgenden vorstellen. Wir wollen uns auf die Anbaumethoden konzentrieren, die bei einem Minimum an Aufwand und Arbeit maximale Ernten versprechen. Dabei arbeiten wir mit und den nach Prinzipien der Natur und machen uns vor allem die Arbeit der vielen kleinen und kleinsten Gartenhelfer im Boden zunutze. Die Methoden lassen sich auch unabhängig von Ihrem individuellen Platzangebot miteinander kombinieren. Experimentieren Sie, welche davon für Ihre persönlichen Gegebenheiten am besten umsetzbar sind!

Eßbare Landschaften: Der Wohnungs- und Balkongarten

Im Zuge der Entwicklung und immer weiteren Fortschreitung der Industriegesellschaft vollführte die Menschheit einen fundamentalen Wandel: vom Bauern und Gärtner, der unter Beachtung der Gesetze und Jahreszeiten der Natur ein Stück Land bestellte und seine eigenen Lebensmittel anbaute, zum Arbeiter und Angestellten, der in immer größeren Fabrikhallen. Landbewohner zogen auf der Suche nach Arbeit in die schnell wachsenden Städte. Damit einher ging die Veränderung der alten Familienstrukturen: aus der oft aus 3 oder 4 Generationen bestehenden Großfamilie auf dem Lande wurde die städtische Ein-Kind-Familie und der Einpersonenhaushalt. Das Leben in der Stadt mag zwar während wirtschaftlich solider Zeiten gewisse Annehmlichkeiten bieten. Je wirtschaftlich schwieriger die Zeiten werden, desto unkomfortabler und unpraktischer wird ein Leben in der Stadt: Massenarbeitslosigkeit, steigende Kriminalität – und der auf Fortschritt getrimmte, „industrialisierte" Mensch lebt heute in Hochhaussiedlungen. In der DDR nannte man diese Wohnsilos „Arbeiterschließfächer". Ich bezeichne die unnatürliche, verstädterte Lebensweise als menschliche Massentierhaltung. Auf kleinem Raum lebend, rundum jederzeit leicht kontrollier- und überwachbar, perfekt konditioniert für den Sklavendienst im Hamsterrad: Arbeiten, Steuern zahlen, konsumieren, belustigen, Klappe halten.

Heute leben im deutschsprachigen Mitteleuropa fast 80% der Bevölkerung in Städten. 4% der Bevölkerung arbeiten im primären Wirtschaftssektor, der Land- und Forstwirtschaft, und ernähren damit die übrigen 96%, die kaum mehr irgendetwas darüber wissen, wie man welche Lebensmittel anbauen kann. Subventionierung von monokulturtreibenden Großbetrieben hat Nebenerwerbslandwirte und Kleinbauern fast vollständig aus dem Markt gedrängt. Ohne permanente Subventionen sind diese Großbetriebe jedoch nicht überlebensfähig. Die Politik hat mit ihrem „Landflucht"- Konzept und völlig verfehlter Agrar-Lobbypolitik die Zutaten für Desaster zusammengebraut, die mit zunehmendem Kollaps der Finanzen und der Wirtschaft ihre verheerende Wirkung entfalten werden.

Wir werden ab einem gewissen Zeitpunkt nicht mehr an einer umfassenden Bodenreform herumkommen, die zu einer Zerschlagung und Aufteilung der ohne Subventionierung ohnehin nicht lebensfähigen, widernatürlich wirtschaftenden, resourcenverschwendenden und Giftstoffe produzierenden riesengroßen Monokulturbetriebe führt, zugunsten eines Siedlungskonzeptes für ein neues Kleinbauerntum. Nur solche wirtschaftlich breit aufgestellten Klein- und Kleinsthöfe werden in der Lage sein, zum Einen für Arbeit für Millionen von Arbeitssuchenden zu sorgen, und zugleich die Ernährungsgrundlage für die Bevölkerung sicherzustellen.

Bis es soweit ist, müssen wir aus der Not das Beste machen. Gleichgültig, ob Sie in einer kleinen Stadtwohnung oder auf dem Lande leben – der Anbau von so vielen als Nahrung geeigneten Pflanzen unterstützt nicht nur eigene Lebensmittelversorgung, sondern bietet auch einen weiteren wertvollen Effekt: **Sie können überschüssige Erträge verkaufen oder tauschen, und zudem Pflanzen beispielsweise durch Stecklinge vermehren, die Sie ebenfalls tauschen oder verkaufen können!**

Nutzen Sie daher den Platz in Ihrer Wohnung oder Ihrem Haus klug aus, und arrangieren Sie Ihr „Anbaugebiet" den Ansprüchen der verschiedenen Pflanzen entsprechend: einige brauchen einen vollschattigen Platz, andere wiederum lieben Sonne und Wärme. Ein weiterer Vorteil des „Indoor-Anbaus" ist die Unabhängigkeit von Jahreszeit und Witterung. Sie können Ihre Pflanzen also ganz nach ihren Bedürfnissen für die ideale Erde (nährstoffarm / nährstoffreich) und die richtige Menge Wasser dosieren, um für ein bestmögliches Wachstum zu sorgen.

Eine Vielzahl an Pflanzgefäßen bieten uns die Möglichkeit, in fast jeden Winkel unseres Heims Pflanzen zu kultivieren und eine ganz an unsere Wohnverhältnisse angepaßten Wohnungs- und Balkongarten aufzubauen.

Ich empfehle, auf Kunststofftöpfe wenn möglich zu verzichten und halte **Pflanzgefäße aus Terracotta** für die bei weitem beste, wenn auch etwas teurere Wahl. Terracotta ist italienisch und bedeutet „gebrannte Erde (= Ton)". Die grobporige Struktur des Tons ermöglicht einen idealen **Luftaustausch der Wurzeln**, ähnlich wie es das Auflockern des Bodens im Garten tun würde. Die Pflanzen können in einem Tontopf also „atmen". Der Ton hat außerdem eine temperaturregulierende Funktion. Er kann tagsüber Sonnenlicht in Form von Wärme aufnehmen und speichern, um sie nachts wieder an die Umgebung abzugeben. Sie erzeugen auf diese Weise also eine Mikroklimazone, die das Wachstum und die Gesundheit der Pflanzen fördert. Dieses Eigenschaft wissen nicht nur mediterrane Pflanzen wie Oliven- und Zitronenbäumchen, Basilikum & Co zu schätzen!

Sie müssen sich nicht unbedingt für die teure, wertvolle, weil sehr seltene *„Impruneta"*-Terracotta aus dem gleichnamigen Dorf in der Nähe von Florenz entscheiden, der wohl exklusivsten Terracotta, die heute noch wie vor Tausenden von Jahren in alter handwerklicher Tradition auf wunderbare Weise veredelt wird, so daß jedes Gefäß ein Unikat ist. Nur Terracotta aus Impruneta darf sich auch so nennen. Diese exklusiven Stücke aus uralter Handwerkstradition finden Sie hier:

http://impruneta.de   http://stores.ebay.de/toscanaversandeu
http://terracotta-impruneta.com

Töpferkunst aus Kreta: http://kreta-keramik.com

Jede andere Terracotta wird Ihnen ebenfalls gute Dienste leisten, wenn es nur darum geht, Ihren Pflanzen einen guten Standort anzubieten. Erhältlich sind Gartenkeramikwaren in allen gutsor-tierten Gartenfachgeschäften, und im Internet beispielsweise bei **Link blumentopf24.de:** http://tinyurl.com/mpbfdk6

1) Blumentöpfe in den unterschiedlichsten Größen

Orchideen und viele andere Blumen sehen wunderschön aus, aber wir können sie leider nicht essen. Damit nehmen sie Platz in Anspruch, den wir insbesondere im Hinblick auf kommende Nahrungsmittelknappheiten sinnvoller nutzen sollten. Ich sage keinesfalls, daß Sie nun alle Ihre Orchideen zugunsten von eßbaren Pflanzen ausrangieren sollten, aber eine Umstrukturierung Ihrer Zimmergewächse in Richtung eßbarer und leicht vermehrbarer Pflanzen wird in Zukunft aus großer Vorteil in doppelter Hinsicht sein: sie bereichern Ihre eigene Ernährung und öffnen eine weitere Tür für ein krisenfestes Einkommen, denn die Nachfrage nach hochwertigem Eßbaren wird in einer Weise ansteigen, wie es wir es uns heute kaum vorstellen können.

Je größer ein Pflanzgefäß, desto weiter kann eine Pflanze ihre Wurzeln auf der Suche nach Wasser und Nährstoffen ausstrecken. Sie hat in einem größeren Topf die Möglichkeit, ein umfangreicheres Wurzelsystem auszubilden als in einem kleineren Topf, und folglich mehr Wasser und Nährstoffe aufnehmen, was wiederum in einem stärkeren, gesünderen Wachstum resultiert. Mit großzügigen Pflanzgefäßen tun Sie also nicht nur Ihrer Pflanzen etwas Gutes, sondern Sie werden davon auch selbst profitieren. Genau diese Symbiose-Wirkung, aus der jede Seite Nutzen zieht, wollen wir erreichen! Passen Sie die Auswahl Ihrer Pflanzgefäße an die Größe Ihrer Wohnung und Ihre individuellen Platzverhältnisse an, um eine möglichst große Vielfalt an verschiedenen Pflanzen anbauen zu können, wie etwa Teepflanzen, Küchen- und Gewürzkräuter, Wild- und Heilpflanzen, Obst und Gemüsepflanzen, … .

Tipp: Befüllen Sie den Boden jedes Pflanzgefäßes mit einer dünnen Drainageschicht, damit überschüssiges Wasser von den empfindlichen Wurzeln wegtransportiert werden kann. Materialien aus zerbrochenem Ton sind dazu ideal. Blähtonkugeln finden Sie auch in jedem Gartenmarkt.

Beispiele für die Anzucht in Pflanztöpfen verschiedener Größe:

klein: z.B. Küchenkräuter wie Basilikum, Thymian, Majoran, Petersilie, Rauke
mittel: z.B. verschiedene Kressearten, Tagetes, Pfefferminze (für Tees)
groß: z.B. ausdauernde Pflanzen die regelmäßig stark beerntet werden können, wie Okinawa-Spinat („Handama"), Guter Heinrich, Neuseeländischer Spinat, Salbei (z.B. für Tee). Dazu zählen auch exotische Heilpflanze, wie sie beispielsweise seit Jahrtausenden in der traditionellen indischen Medizin („Ayurveda") verwendet werden, z.B. Vasaka, Sambung Nyawa, Ashwaganda, Tulsi, Pita Bringaradj, Brahmi und Gotu Kola.

Die drei Letztgenannten sind ideal für die Anzucht in einer Hängeampel. Dasselbe trifft auch auf Cissus zu, die ebenfalls hängend wächst, oder aber für einen aufrechten Wuchs durch ein Rankgitter gestützt werden muß.

Zitrusfrüchte wie Zitronen, Orangen, oder Aprikosen können sehr gut in großen Pflanztöpfen kultiviert werden. Im Sommer lieben die Pflanzen einen vollsonnigen Standort, und während der kalten Jahreszeit kann man sie im Haus überwintern. Andenbeeren („Physalis") können ebenso als Kübelpflanze gehalten und sogar ganzjährig beerntet werden, wenn man sie im Haus überwintert. Als Nachtschattengewächs müssen Andenbeeren wie Tomaten ausgegeizt, die Seitentriebe also für einen besseren Ernteertrag entfernt werden.

Tipp: Vermehren Sie die Pflanzen, indem Sie die Seitentriebe als Stecklinge zu neuen Pflanzen großziehen! Pflanzen wie die Andenbeere, die viele vitaminreiche Früchte tragen, werden in Zukunft hochbegehrt und entsprechend wertvoll sein. Vergrößern Sie Ihre Bestände und steigern Sie Ihre Ernte also durch immer neue Pflanzen, die Sie natürlich auch tauschen oder verkaufen können → krisenfestes Einkommen. Eine große Auswahl an Pflanzen, die sehr gut in einen Selbstversorgerhaushalt passen, finden Sie bei **http://kraeuter-und-duftpflanzen.de** , **http://kraeuter-des-lebens.de** oder **http://krautstecher-ruam.de**

Bestellen Sie von Rühlemann's den jeweils gültigen Jahreskatalog im Rahmen einer Bestellung gleich kostenlos mit! Das ist kein Katalog – das ist eine Enzyklopädie, die außerdem viele unschätzbar wertvolle Tips zur Pflanzenaufzucht und -pflege gibt!

Große Pflanzkübel sind außerdem ideal zum Anbau von **Zwerg- oder Säulenobst**. So können Sie Ihre Familie selbst in einer Stadtwohnung mit **frischem Obst** wie Äpfel, Birnen, Pflaumen und Kirschen und **Beeren** wie Stachel-,Him-, Brom-, Johannis-, und Apfelbeeren („Aronia") versorgen, wenn Sie einen Balkon haben. Eine nicht zu unterschätzende Nährstoffquelle zur Versorgung mit Mineralien und Vitaminen. Achten Sie beim Kauf darauf, daß manche Sorten eine andere Sorte derselben Art als Befruchtersorte benötigen! **http://balkonobst.de**

2) Balkonkästen

Balkonkästen sind ideal zum Anbau von Pflanzen, die Sie vor Schneckenfraß schützen müssen. Ein weiterer Vorteil der Kästen ist ein unkomplizierter Umzug vom Sommer- ins Winterquartier, so daß auch exotische, wärmeliebende und frostempfindliche Pflanzen sehr gut angebaut werden können. In meinen Balkonkästen wächst Griechischer Bergtee. Aber auch andere Arten wie Cystus sind begehrt und teuer, eignen sich daher ideal zur Eigenversorgung und zur Vermehrung! Empfindliche und insbesondere exotische Pflanzen sollten mit einer Balkonkastenüberdachung vor zu viel Nässe geschützt werden.

Link Beckmann-kg.de, Länge 80 cm: http://tinyurl.com/kmsph4s
Link Beckmann-kg.de, Länge 100 cm: http://tinyurl.com/mnncfzv

Zur Bepflanzung Ihrer Pflanzgefäße kann ich Ihnen das Rühlemann's-Sortiment nur wärmstens ans Herz legen. Dort finden Sie eine Vielzahl von Duft-, Heil-, Wild-, Tee-, Gewürz- und vielen anderen Pflanzen, die das Herz eines jeden Hobbygärtners und Selbstversorgers höher schlagen lassen.

3) Pflanzkübel mit Rank- oder Spaliergitter

Die Kombination von Pflanzkübeln mit einem Rankgitter ermöglicht Ihnen den Anbau von kletternden Pflanzen auf einem Balkon, an einer Hauswand, auf einer Terrasse, an einer Grundstücksmauer, an einer Garagenseite, am Treppengeländer oder Zaun… . Hier können – an sonnigen Südwänden, sogar wärme-liebende Pflanzen wie Kiwi (mit Rankhilfe) oder Wein (mit Spalier) gedeihen.

Zur Lebensmittelversorgung wichtige rankende Pflanzen wie Stangenbohnen und Erbsen sind für eine Kletterhilfe dankbar. Nun können Sie diese also auch dann anbauen, wenn Sie über keinen Garten verfügen.

Warum bepflanzen Sie Ihre Pergola oder Terrassenüberdachung nicht einmal mit köstlichen und vitaminreichen Kiwi *(Actinidia deliciosa)*, die zudem winterhart sind, statt mit Rosen?

Link pflanzenschleuder.de: http://tinyurl.com/nppeubg

Auch schnellwüchsige Tees wie den auch in Mitteleuropa wegen seiner gesundheitsfördernden Eigenschaften immer beliebter werdenden chinesischen Jiaogulan (sprich: Dschiao-gu-lan) nehmen Rankhilfen gern an, können aber auch als bodenbedeckende Pflanze angepflanzt werden. Gepflanzt in einen großen Trog und unterstützt durch ein Rankgitter kann dieser wertvolle Tee sogar während des ganzen Jahres im Haus angebaut und ständig geerntet werden!

Link kraeuter-und-duftpflanzen.de: http://tinyurl.com/cjmulq3

Wußten Sie schon, daß es auch kletternde Erdbeeren gibt? Die bekannteste und zudem immer-tragende Sorte, also ideal zum Anbau auf dem Balkon oder im Haus geeignet, die außerdem reichlich leckere Früchte trägt, ist die „Klettererdbeere Hummi®". Pflanzen Sie sie in einen großen Trog, Kübel oder Balkonkasten mit nährstoffreicher Erde, um bis in den Herbst hinein ständig frische Früchte zu ernten. Dort können die Pflanzen auch im Freien überwintern!

https://shop.hummel-erdbeeren.de

Welche Materialien Sie als Rankhilfen bevorzugen – Bambusstäbe, Maschendraht, Eisengitter, Holzstecken – und ob Sie sie fertig kaufen oder selbst ein Gitter darauf bauen möchten, Sie haben nun die Qual der Wahl.

4) Hängeampeln

Eine weitere, heute leider noch viel zu selten genutzte Variate im Wohnungsgarten ist der „hängende" Anbau. Hängeampeln oder -körbe schließen diese Lücke auf sehr elegante und nützliche Weise. Die Nutzung des Platzes an Ihrer Decke und Ihren Wänden erschließt Ihnen als Wohnungsgärtner bislang ungeahnte Möglichkeiten, ganz unabhängig von der Größe Ihrer Wohnung. Neben den traditionellen Hängeampeln finden sich neue Erfindungen, die einen vertikalen Anbau ermöglichen, wie etwa die „Eßbare Wand", einem quadratmetergroßen Vlies aus Nylon mit 20 Taschen, die mit Blumentöpfen bestückt, oder auch direkt mit Erde bepflanzt werden können.
Link lubera.com, „Eßbare Wand": http://tinyurl.com/l8z6pzg
Link lubera.com, Hängeampeln: http://tinyurl.com/mw35lr2

Es gibt zahlreiche Pflanzen, die „hängend" angebaut und quasi „auf Augenhöhe" geerntet werden können. Dazu gehören neben Tees, Sedanina und Hängeerdbeeren vor allem Buschtomaten, die im Gegensatz zu Stabtomaten im Freiland oder Gewächshaus nicht ausgegeizt werden müssen.

Link pflanzenversand-gaissmayer.de, Hängeerdbeeren: http://tinyurl.com/mvxax89
Link gaertnerei-bluetenmeer.de, Buschtomaten: http://tinyurl.com/n4dt8r8

Viele nützliche Gegenstände und wertvolle Tips zum „urbanen Gärtnern" finden Sie beispielsweise bei http://mein-gemuese.de

Das Konzept des Balkongartens läßt sich ideal mit der **Bienenhaltung** verbinden. Auf diese Weise entstehen Synergieeffekte, von denen jeder Beteiligte profitiert: Die Bienen haben kurze Flugwege, um sich vom Nektar Ihrer Pflanzen zu ernähren, die sie dabei bestäuben. Durch die zuverlässige Bestäubung und Befruchtung wird der Ernteertrag Ihres Balkonsgartens gesteigert. Nicht zuletzt stellen Sie Ihren Bienen gesunde Nahrung zur Verfügung. Die Gefahr, daß sie dabei mit genverseuchten Pflanzen oder Pestiziden in Berührung kommen und gesundheitlichen Schaden davontragen, wird ebenfalls reduziert.

Im Prinzip schlagen wir hier bereits einen Bogen zum **krisenfesten Einkommen**, das Sie sowohl durch Lebensmittelanbau, Pflanzenvermehrung und der Ernte von Bienenprodukten erzielen können. Alles ist eng miteinander verknüpft – und jeder gewinnt dabei: Sie als Mensch, Gärtner und Verkäufer ebenso wie die Käufer Ihrer Produkte, und nicht zuletzt auch die Pflanzen und Bienen, die Sie im Rahmen eines durchdachten **Wertschöpfungsprozesses** pflegen, erhalten und vermehren.

Einsteigern in die Bienenhaltung sei die Bienenkiste empfohlen. Das Hauptaugenmerk liegt dabei auf der einfachen Handhabung und Pflege, die besonders für Anfänger in der Imkerei geeignet ist. Des weiteren kommt die Bienenkiste den Ansprüchen der naturnahen Lebensweise der Bienen entgegen, ist also nicht wie herkömmliche Beuten auf maximalen kommerziellen Ertrag ausgerichtet.

Das heißt, daß der Ertrag an Honig und anderen Bienenprodukten einer Bienenkiste geringer ausfällt als in der konventionellen Imkerei. Zumindest für Einsteiger in die Bienenhaltung dennoch und gerade die beste Wahl!

Mein Tip: Hersteller der Bienenkiste bieten häufig zu Aufbau und Bienenhaltung Kurse an! Sie helfen dabei, mehr über Bienenverhalten, Lebensweise und Ansprüche zu lernen und mögliche Fehler von vornherein zu vermeiden.

http://oekobeute.de
http://bienenkiste.de
http://bienen-seb.de

Pflanzenvermehrung durch Stecklinge, Anzucht und Aufzucht

Während man bei der **Züchtung durch Samen** von **regenerativer Vermehrung** spricht, handelt es sich bei der **Vermehrung durch Stecklinge** um eine **vegetative Vermehrung**. Die vegetative Vermehrung hat ein paar wesentliche Vorteile gegenüber der Vermehrung durch Samen.

Zum Einen ist die Anzucht aus Samen wesentlich zeitintensiver. Das heißt, daß die aus einem Steckling gezogene Jungpflanze einen bedeutenden Wachstumsvorsprung gegenüber einer aus Samen gezogenen Pflanze verfügt. Das Problem, daß ein Samen möglicherweise nicht keimfähig ist, stellt sich bei einem Steckling erst gar nicht.

Ein Steckling ist keine neue Pflanze, sondern als Teil der Mutterpflanze deren exakte Kopie oder Klon. Viele Pflanzen lassen sich sehr leicht durch Stecklinge vermehren. Eine Pflanze besteht in der Regel aus einem Haupttrieb und mehreren Seiten- oder Nebentrieben. Beim Schneiden von Stecklingen trennt man einfach die Spitze des Haupt- oder eines Nebentriebes der Mutterpflanze ab, die man vermehren möchte. Der Steckling sollte bereits 2 oder 3 Sproßachsen mit Blattpaaren besitzen.

Was Sie zur Stecklingsaufzucht benötigen - Stecklingsbedarf z.B. erhältlich bei:
http://growland.net/Stecklingsbedarf

→ 1 steriles Skalpell oder (Okulier-)Messer
→ kleiner Anzuchttopf, Torfquelltopf
→ Zimmergewächshaus
→ Handsprühflasche (erhältlich z.B. bei kalsow.de: **http://tinyurl.com/q5xay8u**)
→ außerdem nützlich, aber kein Muß: Bewurzelungspulver oder – völlig kostenlos – der Preßsaft aus der Beinwellwurzel in etwas Wasser eingelegte Weidenrinde: beide enthalten wertvolle Pflanzenhormone, die die Wurzelbildung unterstützen. Beinwell wächst häufig in der Nähe von fließenden oder stehenden Gewässern, Weiden ebenso. Kein frisches Holz abschneiden, sondern ein wenig Rinde von bereits abgebrochenen Äste oder Zweigen verwenden!

Der Steckling, der zu einer eigenständigen Pflanze heranwachsen soll, wird nun nahe des Haupttriebes im Winkel von etwa 45° – also diagonal / schräg – mit dem sterilen Messer von der Mutterpflanze abgeschnitten.

Anschließend muß der Steckling sofort in ein Gefäß mit Wasser gestellt werden (z.B. Vase mit schmaler Öffnung, so daß nur der Stengel ins Wasser reicht), da durch die Schnittwunde Sauerstoff eindringen und eine Embolie und somit das Absterben des jungen Triebes zur Folge haben kann.

Nun kann man den Steckling entweder direkt in einen kleinen Pflanztopf oder Torfquelltopf einpflanzen, oder ihn in der Vase lassen, wobei das Wasser alle 2 Tage ausgetauscht werden sollte, damit es nicht samt Steckling fault. Bei dieser Methode dauert es etwa 8 bis 10 Tage, bis der Steckling beginnt, Wurzeln zu treiben. Sind die Wurzeln etwa halb so lang wie der Steckling selbst und damit kräftig genug, kann die junge Pflanze in einen Blumentopf mit geeigneter Erde umziehen. Eine Mischung aus zwei Drittel Sand und einem Drittel guter Gartenerde oder Kompost sorgt für optimale Wachstumsbedingungen, ohne die Jungpflanze mit zu viel Nährstoffen zu überfordern.

Die zweite Methode: Der Schock des Schnittes – es handelt sich bei einer Pflanze um ein lebendiges Individuum, das jedoch kein Zentrales Nervensystem besitzt – kann gemildert werden, indem die Schnittstelle kurz in ein Bewurzelungsgel oder -pulver getaucht und damit die Wunde dadurch versiegelt wird. Anschließend kann der Steckling wie oben beschrieben in ein Pflanzgefäß getopft werden.

Für welche der beiden Methoden Sie sich auch entscheiden, wird der Steckling nun am besten in ein Zimmergewächshaus versetzt, wo er nun täglich mit etwas Wasser besprüht und für ein paar Minuten belüftet wird (→ Deckel kurz abnehmen). Die Erde sollte feucht gehalten werden, darf aber niemals naß sein. Die Belüftungsklappen des Gewächshauses bleiben während der ersten beiden Tage geschlossen. Ab dem dritten Tag werden die Belüftungsklappen jeden Tag einen halben Zentimeter weiter geöffnet, bis sie nach etwa einer Woche komplett geöffnet sind und bleiben. Sobald Sie dein Eindruck haben, daß die junge Pflanze kräftig genug ist, wird sie in einen großen Einzeltopf umgepflanzt. Warten Sie nicht so lange damit, bis die Pflanzen im Gewächshaus gegeneinander um Platz, Licht und Nährstoffe konkurrieren. Nachdem die Erde für die Jungpflanzen im Gewächshaus eher nährstoffarm war, vertragen die Pflanzen nun mehr Nährstoffe. Empfehlenswert ist nun eine Mischung aus etwa zwei Dritteln reifem Kompost – für eine gute Nährstoffdichte, und einem Drittel Sand – für eine gute Durchlässigkeit des Bodens und kräftiges Wurzelwachstum der Pflanze.

Die Anzucht und Aufzucht von Pflanzen im Haus bietet zahlreiche Vorteile, nicht zuletzt den Schutz vor starken klimatischen Schwankungen (z.B. Fröste) und ermöglicht so einen Wachstumsvorsprung, die jeder Pflanze gut tut und von der auch jeder Gärtner nur profitieren kann. Ein intelligent eingerichteter und gutgepflegter Wohungs- und Balkongarten sorgt nicht nur für eine Bereicherung des Speiseplans, sondern ist außerdem eine Freude für alle Sinne, so daß Sie das „Wohnen mit Pflanzen" sicherlich bald in jeder Hinsicht genießen werden. Können Sie einen Garten bewirtschaften, dann ergeben sich natürlich aufgrund der zur Verfügung stehenden Fläche weitere Anbaumöglichkeiten für das Konzept „Höchster Ertrag auf kleinster Fläche", die wir im Folgenden einmal näher betrachten wollen:

A) Die Tiefkultur – Während früher oftmals das spatentiefe oder gar noch tiefere Umgraben üblich war, weiß man heute mehr über die Lebensweise der Bodenorganismen. Es gibt einerseits licht- und sauerstoffliebende Arten, die die Oberfläche des Bodens besiedeln, und es gibt weitere Arten, die durch den Einfluß von Licht (inbesondere durch UV-Strahlung) und Sauerstoff absterben.

Durch ein tiefes Umgraben werden diese Welten vollkommen durcheinandergebracht und beide Arten in Bodenschichten zwangsumgesiedelt, in denen sie nicht existieren geschweige denn ihre Arbeit erfüllen können. Der Boden wird durch tiefes Umgraben also nachhaltig geschwächt und es dauert Monate, bis er sich davon erholt. Dasselbe gilt natürlich ebenso für das tiefe Pflügen in der konventionellen Landwirtschaft, die enorm flächenintensiv betrieben wird – also viel Platz beansprucht.

Aus diesem Grund setze ich statt des Spatens ausschließlich zwei andere Geräte ein, um den Boden oberflächlich zu bearbeiten: das sind die **Grabegabel** und der **Sauzahn – um die natürliche Spannung des Bodens zu erhalten sollten die Werkzeuge wie bereits angesprochen aus Kupfer sein.**

Die Anlage eines Tiefkulturbeetes

Die einzige Arbeit, bei der ein Spaten zum Einsatz kommt, ist die Anlage eines Tiefkulturbeetes. Die Tiefkultur ist eine hochintensive Anbaumethode, die zwar ein wenig Vorbereitungszeit bedarf, danach aber sehr pflegeleicht und ertragreich ist.

Zuerst wird die Beetfläche von etwa 6 Meter Länge und 1,50 Meter Breite abgesteckt. Dies ergibt eine Gesamtbeetfläche von etwa 9 Quadratmeter. Die geringe Breite ermöglicht die Bewirtschaftung des Beetes – säen, pflanzen, jäten, gießen, ernten – von allen Seiten. Nun wird das Beet der Länge nach in Reihen unterteilt und diese nacheinander spatentief ausgehoben, und eine weitere Spatentiefe mit Hilfe der Grabegabel aufgelockert. Die ausgehobene Erde wird in einer Schubkarre oder am Rand des Beetes zwischengelagert, und Steine aus der Erde entfernt. Nachdem die gesamte Beetfläche auf diese Weise tief aufgelockert wurde, wird nun als unterste Schicht Terra preta oder Terra preta-Streu eingefüllt.

Darüber kommt eine Mischung aus der zuvor ausgehobenen Erde, **Urgesteinsmehl** und viel **reifem Kompost** oder **Düngerbokashi**. Bei schwerem, lehmigem Boden ist nun die Zeit gekommen, um eine **dicke Schicht Sand** aufzufüllen. Zur Bindung und Neutralisierung von Schadstoffen aller Art, wie Schwermetalle, Umweltgifte und sogar radioaktive Rückstände sollten Sie zusätzlich feingemahlenes **Zeolith** untermischen und zuletzt auf dem fertigen Beet ausstreuen. Sollte noch etwas von der ausgehobenen Erde übrig sein, wird diese zum Schluß angefüllt. Das optische Endergebnis ist ein Hügelbeet, dessen lockerer Boden die besten Wachstumsvoraussetzungen für Ihren Gemüseanbau bietet.

Besonders empfehlenswert ist es nun, auf dem Beet **Effektive Mikroorganismen** anzusiedeln, die maßgeblich dazu beitragen, mineralische Nährstoffe für die Pflanzen verfügbar zu machen. Die Mikroorganismen produzieren durch ihren Stoffwechsel Vitamine, Enzyme und zahlreiche weitere Vitalstoffe, die die Pflanzen optimal ernähren und später auch Ihrer eigenen Ernährung und Gesundheit zugute kommen. Ist eine zusätzliche Stärkung des Bodens gewünscht, kann noch folgende Mischung pro Quadratmeter Beet verteilt werden: **1 Teelöffel (TL) EM-Keramikpulver auf 1 Tasse Urgesteinsmehl.** Urgesteinsmehl ist sehr mineralstoffreich, und die Mikroorganismen (EM) machen diese Nährstoffe für die Pflanzen verfügbar. Diese Mischung wird nun **pro Quadratmeter Boden gleichmäßig verteilt, beispielsweise mit einem Sieb.**

Achtung: Den dabei entstehenden feinen Staub nicht einatmen! Urgesteinsmehl enthält Silizium, deshalb Silikosegefahr!

Wenn Sie das Beet nun anschließend mit einer Mischung aus **50 Milliliter (ml) EM-aktiv pro 10 Liter Wasser begießen** (mit einer Rückenspritze oder Gießkanne), dann haben Sie die Grundlage für eine neue Fruchtbarkeit Ihres Bodens gelegt. Anschließend sollte der Boden noch mindestens 2 – 3 Wochen ruhen, bevor Sie auf ihm säen oder pflanzen, damit die Bodenlebewesen mit ihrer Arbeit beginnen können und den Pflanzen anschließend ein perfekt vorbereiteter Lebensraum zur Verfügung steht.

Alle notwendigen Bestandteile erhalten Sie bei jedem gutsortiertem EM-Fachhändler, z.B. bei:
http://em-chiemgau.de   http://triaterra.de   http://em-sued.de
http://em-inntal.de   http://em-sanierung.de

Danach ist der Boden optimal aufgelockert, mit Nährstoffen und Wasser angereichert und zum Säen und Pflanzen vorbereitet und **darf nun nicht mehr betreten werden, da sonst der Boden an den Stelle verdichtet wird, auf die man tritt.** Zur Bearbeitung des Beetes kann ein breites Holzbrett verwendet werden, das quer über das Beet gelegt wird. Dieser Steg verteilt Ihr Körpergewicht gleichmäßig auf dem Boden, ohne ihn zu verdichten, wenn sie säen, pflanzen, jäten und ernten.

Die Vorbereitung eines solchen Beetes dauert etwa 5 – 6 Stunden und ist je nach Bodenart recht anspruchsvoll. Aber es bleibt bei diesem einmaligen Aufwand. Das Beet wird nun nur noch von Jahr zu Jahr mit Terra preta, Urgesteinsmehl, und bei schwerem Boden: Sand, angefüllt und verbessert. Ein solches Tiefkulturbeet wärmt sich schnell auf und bietet aufgrund seiner hohen Nährstoffdichte ein ideales Wachstumsumfeld für Pflanzen.

Zwar haben Hochbeete einen recht hohen Wasserbedarf, inbesondere während der heißen und regenarmen Jahreszeit, aber nirgendwo sonst entwickeln sich Pflanzen so ausgezeichnet. Der Wasserbedarf kann reduziert werden, indem Sie um die Pflanzen herum eine dicke Mulchschicht aufbringen. Weitere Vorzüge des Mulchens betrachten wir etwas später im Kapitel „Mulchwirtschaft".
Die tiefe Lockerung des Bodens begünstigt die Entwicklung eines regen und vielfältigen Bodenlebens, welches wiederum das gesundheits- und wachstumsfördernd auf das Pflanzenwachstum auswirkt und für die Lockerung des Bodens sorgt.

Ein solch lockerer Boden ermöglicht es den Wurzeln der Pflanzen, sich tief und ungehindert auf der Suche nach Wasser und Nährstoffen ausbreiten. Kräftige und gesunde Pflanzen sind die Folge davon, und sorgen für überdurchschnittliche Menge und Qualität der Ernten. In einem Tiefkultur-Testanbau einer kalifornischen Universität konnte auf einer Beetfläche von 9 – 10 Quadratmeter so viel Gemüse geerntet werden, um einen Erwachsenen ein ganzes Jahr lang zu ernähren. Der Ernteertrag betrug ca. 180 kg, was der Deckung des Bedarfs an frischem Gemüse von 500 g pro Tag für eine erwachsene Person entspricht.

Permakultur bedeutet energieeffizientes Arbeiten mit und nach den Regeln der Natur – nicht gegen sie, wie es die konventionelle Landwirtschaft und die Agarindustrie betreibt. Sie setzt einen respektvollen Umgang mit der Natur und die Beachtung ihrer Gesetzmäßigkeiten sowie ein gewisses Verständnis ihrer Abläufe voraus. Der Mensch muß sich wieder als Teil der Natur verstehen, und nicht als Jemand, der sie beherrscht oder gar über ihr steht.
Die besten und vor allem nachhaltigsten Erträge werden daher stets im Einklang, in Zusammenarbeit mit ihr, erzielt – niemals gegen ihre natürlichen Prinzipien und Gesetzmäßigkeiten. Und dieser Einklang, dieses Verständnis und der Respekt vor der Schöpfung kommt schließlich allen zugute: Natur, Tieren, Pflanzen und Menschen.

B) Das Hochbeet

Ich empfehle zur Selbstversorgung prinzipiell – unabhängig von dem in Ihrer Gegend vorherrschenden Boden (Sand, Lehm, Ton usw.) – die Bewirtschaftung von Hochbeeten. Der entscheidende Vorteil eines Hochbeetes ist, daß Sie die Art des Boden nach pflanzenspezifischen Bedürfnisse leicht selbst bestimmen können: einige Arten lieben einen sehr nährstoffreichen Boden, andere wiederum gedeihen in einem eher kargen, sandigen Boden besser. Einige Arten lieben Sonne, andere wiederum geben sich mit einem schattigen oder halbschattigen Standort zufrieden. Ein Hochbeet schenkt Ihrem Anbau maximale Flexibilität, um ideale Wachstumsbedingungen für Ihre Pflanzen zu schaffen! Sie füllen einfach die Art von Erde ein, die für die Pflanzen optimal ist, und platzieren das Beet genau dort, wo die Sonneneinstrahlung optimal ist. Auf diese Weise wärmt die Sonne die Beetwände und die Erde im Inneren, was für zusätzlich günstige Wachstumsbedingungen sorgt.

Der Aufbau eines Hochbeetes

… geschieht folgendermaßen: Zuerst wird der Boden unter dem Beet mit einer Grabegabel aufgelockert. Dazu wird auch hier die Grabegabel in den Boden gestoßen und danach leicht hin und her bewegt. Anschließend schneiden Sie ein engmaschiges **Drahtgeflecht** (Hühnerdraht / Kaninchendraht) so zurecht, daß es den Rahmen des Hochbeetes großzügig überlappt. Auf diese Weise verhindern Sie ein Eindringen von Wühlmäusen und anderen Nagern, denn sie lieben lockere, weiche Erde.

Andererseits erlaubt das Drahtgeflecht dennoch **Regenwürmern**, sich in Ihrem Hochbeet anzusiedeln und seine Erde nicht nur locker zu halten, sondern es auch mit dem wertvollen **Wurmhumus** zu düngen. Statt eines Drahtgeflechts können Sie auch **Lochziegel** verwenden, die ebenfalls Maulwurf und Wühlmaus das Eindringen verwehren, jedoch nicht den Regen-würmern. Verwenden Sie ein Hochbeet aus Holz (**Tipp: Lärchenholz**), dann sollte es innen **mit Folie (z.B. Teichfolie) ausgekleidet** werden, durch die eine deutlich längere Haltbarkeit erreicht wird, indem das Holz vor Nässe und damit Verrottung geschützt wird. Auf das vorbereitete Drahtgeflecht oder Lochziegel wird nun das Beet gestellt, und zwar so, daß kein Spalt offen bleibt, durch den Mäuse oder Maulwürfe eindringen können.

Hochbeete bestehen aus mehreren Schichten.

1) **Die unterste Schicht** besteht aus dickeren Asten und Zweigen, auf die eine Schicht aus dünneren folgt.

2) Darauf folgt ein Schicht aus Rasensoden oder einer Mischung aus Stroh und Laub.

3) Auf diese werden frische, grob zerkleinerte Garten- und Küchenabfälle geschichtet.

4) Darauf wiederum wird eine Schicht aus halbverrottetem Gartenkompost ausgebracht; ideal: mit Effektiven Mikroorganismen (EM) fermentierte pflanzliche, tierische und menschliche Abfälle (Fäkalien) → Terra Preta (Schwarzerde), die neben den organischen Abfällen aus Holzkohlestaub, Urgesteinsmehl und Effektiven Mikroorganismen besteht)

5) **Die oberste Schicht** besteht aus Reifekompost, der mit normaler Gartenerde vermischt wird. Die Wurzeln der Pflanzen können wegen des lockeren Bodens leicht in die Tiefe wachsen. So wachsen kräftige und robuste Pflanzen, die wegen der höheren Temperatur aufgrund des stattfindenden Rotteprozesses im Inneren des Beetes eine verlängerte Erntesaison bedeuten – mit mehrfachen Ernten, bei denen Sie deutlich größere Früchte ernten werden.

Ein weiterer Vorteil von Hochbeeten: sie sind wegen ihrer Höhe auch von älteren Menschen leicht zu bearbeiten ist, da starkes Bücken während der Arbeit entfällt. Die meisten Hochbeete sind zwischen 30 und 90 cm hoch – die Größe kann ganz an Ihre speziellen Bedürfnisse angepaßt werden. Das Hochbeet selbst kann aus Steinplatten, Holz oder Kunststoff bestehen – ganz abgestimmt auf Ihre speziellen Möglichkeiten, Anforderungen und Bedürfnisse. Je schneller sich das Material in der Sonne aufwärmt und Wärme speichert, desto besser für die Pflanzen im Inneren des Beetes. Mit ein wenig handwerklichem Geschick und überzähligen Holzbrettern kann man Hochbeete aus Holz selbst bauen. Es gibt jedoch auch fertige Hochbeete zu kaufen, die eventuell nur noch mit einer Teichfolie innen ausgekleidet werden müssen, falls sie nicht bereits so vorbereitet geliefert werden. Es werden Hochbeete aus Plastik angeboten, oder aber aus Holz. Ich persönlich mag Hochbeete aus Holz, deren Lebensdauer durch die Auskleidung mit Teichfolie verlängert werden kann. Häufig bei Hochbeeten verwendete Holzarten sind Akazie, Douglasie und Lärche, wobei Lärche das von den meisten Gärtnern bevorzugte Holz ist.

Hochbeete aus Holz: <u>http://hochbeete.eu/</u>
Link gartenallerlei.de: <u>http://tinyurl.com/8ffgy4e</u>
Link beckmann-kg.de: <u>http://tinyurl.com/8hub3so</u>
Link poetschke.de: <u>http://tinyurl.com/8nfhfgr</u>

Besitzen Sie bereits einen Garten, den Sie als Ziergarten oder als große Rasenfläche angelegt haben, dann sollten Sie ihn in einen

<u>C) Bauerngarten in Mischkultur</u> umgestalten, in dem Blumen und Nutzpflanzen eine Symbiose bilden. Die Blumen dienen als Nektarpflanzen, über die sich bestäubende Insekten wie Hummeln, Honigbienen, Schlupf-wespen, Solitärbienen, Schmetterlinge, Schwebfliegen und viele weitere Nützlinge freuen, und Ihre Nutzpflanzen werden auf diese Weise quasi „nebenbei" mit befruchtet, so daß Sie eine höhere Ernte erzielen. Reservieren Sie in Ihrem Garten also auch einen Platz für Pflanzen, die insbesondere als **Insektenweide** geeignet sind. Ich möchte Sie dazu ermutigen, **jeden verfügbaren Platz Ihres Hauses**, Ihrer **Wohnung**, Ihren **Balkon**, Ihre **Terrasse**, jede einzelne **Fensterbank**, jeden **Topf**, jeden **Pflanzkübel**, jede **Hänge-ampel**, jede **Pflanzschale** und jeden **Topf**, jeden **Hinterhof**, ja sogar den **Keller** (mit Lichteinfall), wenn Sie die Blüten mit einem Pinsel selbst bestäuben. Auf diese Weise können Sie etwa Nachtschattengewächse wie Kartoffeln in Pflanzkübeln oder Tonnen anbauen. Diese müssen jedoch regelmäßig gegossen werden. Auch sollten Sie darauf achten, daß Sie der Erde auffangen müssen, wenn Sie die Kartoffeln ernten wollen, ohne den Keller mit Erde zu verschmutzen, beispielsweise mit Hilfe einer Plastikfolie, die Sie darunter auslegen können.

Als **Permakultur** bezeichnet man das kreative Gärtnern nach dem Vorbild der Natur und unter Beobachtung natürlicher Gesetzmäßigkeiten. Ein Grundprinzip der Permakultur ist die **Mulchwirtschaft**, die wir noch näher betrachten wollen. Als Paradebeispiel dafür, wie ein moderne Landwirtschaft heute aussehen kann, die auf Grundlage und Beobachtung von natürlichen Prinzipien arbeitet und dabei unter anspruchsvollsten klimatischen Bedingungen höchste Erträge bei geringstmöglichem Arbeitsaufwand erzielt, sei Ihnen ein Besuch auf **Sepp Holzer's Krameterhof** – virtuell oder ganz real - wärmstens ans Herz gelegt: http://krameterhof.at
Link Sepp Holzer: http://seppholzer.at
Link Vorstellung von Sepp Holzer's Prinzipien auf Servus TV: http://tinyurl.com/nhylk8g

Ein naturgemäß und organisch – ohne Kunstdünger – bewirtschafteter Garten mit einem gemischten Anbau verschiedener Kulturpflanzen bietet optimale Lebensräume für zahlreiche Tierarten, laugt den Boden nicht mehr einseitig aus und reguliert Schädlinge auf natürliche Weise, indem er ihnen keinen Lebensraum bietet, so wie es Monokulturpflanzungen auf geschwächten Böden tun. So wird auch der Einsatz chemisch-synthetischer Pestizide und Insektizide völlig unnötig.

Um die Population der Nützlinge in Ihrem Garten, auf Ihrer Terrasse oder Ihrem Balkon zusätzlich zu stärken, sollten Sie diesen Unterschlupf- und Nistmöglichkeiten sowie Futterplätze anbieten. Dichte Hecken mit Wildfrüchten wie beispielsweise Holunder, Schlehe, Heckenrose und Eberesche können als natürlicher Windschutz angelegt werden und bieten zugleich Singvögeln und Insekten ideale Lebensräume, von denen aus sie auf Beutezug gehen können.

Renaturieren Sie ihren bislang vielleicht „aufgeräumten" Garten und machen Sie einen Ort zum Wohlfühlen, ein Biotop daraus. Es ist gar nicht kompliziert.

Hier und da einen Steinhaufen oder eine Trockenmauer, ein Baumstumpf in der Gartenecke, wo er nicht stört, oder ein Feuchtbiotop in Gestalt eines kleinen Teiches oder Tümpels laden Nützlinge verschiedenster Arten ein, die heute immer weniger Lebensraum finden. Amphibien wie **Frösche** und **Kröten** und Kriechtiere wie **Eidechsen**, **Blindschleichen** und **Ringelnattern**, nicht zuletzt **Igel** und nützliche Insekten wie **Ohrwürmer**, **Marienkäfer**, **Florfliegen**, **Laufkäfer** und **Raubwanzen**, aber auch **Spitzmäuse** werden unter solchen Lebensbedingungen schnell heimisch und werden Ihnen dabei helfen, Ihr Fleckchen Erde in ein natürliches Gleichgewicht von Schädlingen und Nützlingen zu bringen und letztlich dafür Sorgen, daß Blattläuse, Milben, Nacktschnecken und andere Fraßschädlinge für Sie künftig nicht mehr zum Problem werden.

Hornissen sind eine weitere Art mißverstandener Nützlinge. Sie wurden durch völliges Unverständnis des Menschen beinahe ausgerottet. Dabei vertilgen sie Unmengen an Bremsen, Pferdebremsen und andere Stech- und Schadinsekten. Ein starkes Hornissenvolk verspeist jeden Tag bis zu einem halben Kilo dieser Lästlinge.

Ähnliches gilt für **Fledermäuse** und deren Leibspeise – Mücken und Falter. Wenn die natürlichen Nistmöglichkeiten in Ihrer Umgebung nicht ausreichen sollten, oder Sie gern eine speziellen Nützling anlocken möchten, dann können Sie mit etwas handwerklichem Geschick Nistkästen anfertigen, oder diese aber fertig kaufen.

Ich habe die besten Erfahrungen mit Nistkästen und Bruthöhlen aus Holzbeton gemacht. Sie haben eine temperaturausgleichende Wirkung – kühl im Sommer, warm im Winter – und sind sehr robust und langlebig. Dies trifft sowohl auf Nistkästen für Vögel als auch für nützliche Insekten, wie z.B. Schwebfliegen, Solitärbienen und -wespen, Hummeln, Florfliegen, Marienkäfer, Ohrwürmer (die besten Blattlausvertilger!) und Hornissen (Nr.1-Vertilger von Bremsen und Pferdebremsen!).

Die Firma Schwegler aus Schorndorf hat sich auf diese Produkte spezialisiert: http://schweglershop.de

Die Mulchwirtschaft

Eine Schicht aus organischen Materialien erfüllt mehrere Schutzfunktionen für den Boden. Sie schützt einerseits vor Austrocknung bei großer Hitze und langen Trockenperioden. Andererseits schützt sie den Boden vor Verschlämmung / Vernässung bei starken Regenfällen. Bei Frost wärmt sie den Boden und schützt so das gesamte Bodenleben. Niederschläge werden durch die Mulchschicht abgebremst, damit der Regen langsam in den Boden einsickern kann, ohne ihn aufzugewühlen und seine feine Struktur zu zerstören.

Bei einer Mulchdecke handelt es sich im Prinzip um eine Art der Flächenkompostierung. Das dabei verwendete abgestorbene organische Material ernährt die im und vom Boden lebenden Klein- und Kleinstlebewesen. Dabei geben die den Boden bedeckenden Materialien schrittweise die zu Lebzeiten aufgenommenen Nährstoffe an den Boden und seine Bewohner ab, die sie verstoffwechseln und als extrem nährstoffreichen Humus wieder ausscheiden. Ganz besonders fleißig und wertvoll sind in diesem Prozeß die Regenwürmer.

In unseren Breitengraden werden hauptsächlich **Heu und Stroh** als Mulchmaterialien verwendet, welche locker und gleichmäßig auf der Anbaufläche verteilt werden, wobei Heu besonders gut von den Bodenorganismen angenommen wird, während Stroh dem Boden während des Verrottungsprozesses den wichtigen Stickstoff entzieht. Eine günstige Alternative ist die Verwendung von Heu und Stroh im Verhältnis 1:1.

Wichtig dabei ist, daß sich das Mulchmaterial bei Ausbringung in einem trockenen Zustand befindet und nicht mit Chemikalien behandelt wurde, z.B. Halmverkürzer beim Stroh, und daß auf Insektizide, Pestizide oder Kunstdünger verzichtet wurde. Aus diesem Grunde achte ich stets auf die Herkunft meiner Mulchmaterialien und bevorzuge sie aus nachhaltigem Anbau und von ökologisch wirtschaftenden Betrieben (bei Stroh) oder von Bergwiesen (bei Heu). Diese sind besonders nährstoffreich, und im Verrottungsprozeß werden diese Nährstoffe an den gemulchten Boden abgegeben.

Während größere Höfe oft ihr eigenes Heu und Stroh kostengünstig einbringen, wird ein Kleingärtner sein Mulchmaterial üblicherweise vom örtlichen Bauern oder Händler für Tierbedarf beziehen, da es sich meist um kleinere Mengen handelt, die benötigt werden.

http://heukauf.de   **http://heutraum.de**   **http://schwarzwaldheu.de**

Um Ihren Boden abwechslungsreich zu ernähren und dabei die verschiedensten Nährstoffe zuzuführen, ist die Verwendung von vielen verschiedenen Materialien als Mulch empfehlenswert. Um für Abwechslung zu sorgen, verwende ich also viele unterschiedliche Materialien, mit denen ich meinen Mulch ergänze, sobald ich den Eindruck habe, daß die Mulchdecke abnimmt – übrigens ein gutes Zeichen für fleißige Bodenaktivität und einen guten Gesundheitszustand Ihres Bodens!

Wildkräuter geben ausgezeichnete Mulchpflanzen ab! Während des Verrottungsvorgangs düngen Sie den Boden auf ganz natürliche, optimale boden- und pflanzenverträgliche Weise. Die am besten geeigneten und am liebsten von den meisten ökologisch wirtschaftenden Gärtnern verwendeten Wildkräuter sind

Beinwell (auch als Comfrey oder Beinwurz bekannt) – seine bevorzugten Standorte sind Feuchtwiesen, Waldränder, und die Nähe von Gewässern.

Brennesseln wachsen buchstäblich überall und „wie Unkraut", z.B. an Waldrändern und Waldwegen, an Bahndämmen und Böschungen. Bei der Ernte von Brennesseln müssen unbedingt Sie robuste Handschuhe tragen.

Farne – sind wie Brennesseln auch von Laien leicht zu erkennen und in jedem Wald reichlich zu finden; einige Gärtner schwören auf Adlerfarn und Wurmfarn als Mulchmaterial.

Wildkräuter, die sich über Samen vermehren, **sollten unbedingt vor der Blüte geerntet oder die Blütenstände vor der Verwendung als Mulch entfernt werden**, um ein Aussamen und damit die ungewollte Ausbreitung auf Ihrem Beet zu vermeiden. In diesem Falle verursachen Wildkräuter als Mulchmaterial deutlich weniger Nacharbeiten beim Jäten als etwa die Mulchmaterialien Heu oder Stroh.

Mein Tip:
Achten Sie unbedingt darauf, wenn Sie diese Pflanzen als Mulchmaterial verwenden wollen, daß Sie die Pflanzen vor der Blüte ernten, beziehungsweise die Blüten und Samenstände entfernen, damit sie nicht auf Ihrem Beet aussamen und sich unkontrolliert ausbreiten.

Auch ungewollte Beikräuter auf Ihrem Beet, wie z.B. Löwenzahn, können aus dem lockeren, leichtem Boden leicht mit der Wurzel entfernt und zum Verrotten auf die Mulchschicht gelegt werden, wo sie ebenfalls während des Verrottungsvorgangs die aufgenommenen Nährstoffe wieder an den Boden abgeben. Um regelmäßige Jäteinsätze wird man natürlich nicht ganz herumkommen, da gutes Heu auch stets Heublumen, und Stroh noch Getreidekörner enthält. Ich selbst jäte etwa höchstens alle zwei Monate gründlich, was bei einer bearbeiteten Fläche von etwa 50 qm dennoch stets schnell erledigt ist. Eine Mulchdecke sorgt zwar ebenfalls für die Unterdrückung von unerwünschten Beikräutern, indem sie die Lichteinstrahlung dämpft. Dennoch wollen wir uns ja die Arbeit so einfach wie möglich machen.

Weitere empfehlenswerte Mulchmaterialien sind:
→ **Pinienrinde und weitere Arten von Rinde** („Rindenmulch"), die besonders **zur Bedeckung des Bodens unter Sträuchern und Bäumen** geeignet sind, den Boden jedoch beim Verrotten sauer machen und sich deshalb **nicht als Mulch für Gemüsebeete eignen**. Der Grund: Bei ihrer Verrottung entziehen sie dem Boden wertvollen Stickstoff, von dem sich die an der Verrottung beteiligten Mikroorganismen ernähren.
→ **Rasenschnitt**, der jedoch vor der Verwendung als Mulch getrocknet sein sollte. Frischer Rasenschnitt übt eine starke Anziehungskraft auf Nacktschnecken aus, deshalb sollte er vor der Verwendung als Mulch in der Sonne trocknen.
→ **Laub** ist ein erstklassiges Mulchmaterial, steht aber leider nur im Herbst in ausreichende Menge zur Verfügung, sollte dann jedoch großzügig genutzt werden! Ein weiterer Vorteil: Das Problem des Aussamens ist beim Laub völlig ausgeschlossen. Wenn Sie Ihre Beete regelmäßig mit Laub mulchen, erhalten Ihr Boden nach einiger Zeit die begehrte Konsistenz und den Geruch von frischer, nährstoffreicher Walderde, die reich an Humus und damit ideal für alle Kulturpflanzen ist.

Auch das **Riesen-Chinaschilf („Miscanthus")** wird von immer mehr Gärtnern als erstklassiges Mulchmaterial entdeckt. Wegen seiner rauhen Oberfläche und scharfen Ränder wird es von Nacktschnecken gemieden, die nicht gern darüberkriechen. Miscanthus besitzt ein großes Potenzial als Wasserspeicher. Durch seine recht grobe Struktur verrottet es langsam. Nicht zuletzt eignet es sich ausgezeichnet als Mulchmaterial, weil es komplett samenfrei ist und damit späteres Jäten entfällt. Im Gegenteil: Es unterdrückt unerwünschte Beikräuter sehr effizient.

Ein naturnah nach Permakulturprinzipien bewirtschafteter Garten bietet einer Vielzahl von unterschiedlichsten Lebewesen einen ähnlich abwechslungsreichen Lebensraum wie die Natur selbst. Zahlreiche Arten von Käfern, Asseln, Würmern, Spinnen, aber auch Eidechsen, Kröten und Salamander finden hier eine Umgebung, in der sie sich wohlfühlen – und ihre Beute finden, die wir oft als „Schädlinge" bekämpfen. Statt buchstäblich Krieg gegen eine bestimmte Art zu führen, sollten wir vielmehr dankbar sein, daß sie uns darauf hinweisen, daß unser Garten sich noch nicht im natürlichen Gleichgewicht von „Schädling" und „Nützling" befindet, und uns daranmachen, Abhilfe zu schaffen, etwa indem wir den Nützlingen wie Ohrwürmern, Marienkäfern, Florfliegen, Schlupfwespen, Laufkäfern und vielen anderen Arten Nistmöglichkeiten anbieten, damit sie sich bei uns ansiedeln. Sie helfen uns dann dabei, indem sie Gartenschädlinge und deren Brut vertilgen: Schneckeneier, Käferlarven, Läuse & Co.

Schnecken betreffend habe ich die Erfahrung gemacht, daß der Garten in konventioneller Bewirtschaftung stets ein Sammelplatz für Nacktschnecken war („Braune Spanische Wegschnecke"). Seit der Umstellung auf Permakulturwirtschaft sind nun weniger Nacktschnecken zu finden, dafür umso mehr **Weinbergschnecken**, die die Eier der Nacktschnecken mit Vorliebe verzehren. Das Verhältnis Schädling : Nützling hat sich also ausgeglichen. Haben Sie im Garten ein Schneckenproblem, dann können Sie Ihre Pflanzen mit einem kleinen Zaun aus Kupferdrahtgeflecht oder Kupferband zuverlässig und wirksam schützen. Übrigens ist eine andere Nacktschnecke bei der Vertilgung der Brut der Braunen Nacktschnecke sehr aktiv und steht zudem **unter Naturschutz**: die Tigerschnecke, auch **Tigerschnegel** genannt: **http://de.wikipedia.org/wiki/Tigerschnegel**

Nicht alle Nacktschnecken sind also gleichzeitig auch Fraßschädlinge! Auch der Tigerschnegel ist an unseren gesunden Gemüsepflanzen ohnehin kaum interessiert. Dafür hilft auch er uns, die Population der Braunen Nacktschnecken im Gleichgewicht zu halten, indem er ihre Brut verzehrt. Auf diese Weise sorgt ein nach dem Vorbild der Natur angelegter Garten für vielerlei Lebensräume und Nischen und einen natürlichen Ausgleich zwischen „Schädlingen" und Nützlingen. Schädling schreibe ich deshalb in Anführungszeichen, weil wir heute aufgrund unserer Entfremdung von der Natur eine völlig falsche Vorstellung von natürlichen Zusammenhängen haben. Jedes Tier erfüllt in der Natur einen Zweck – auch wenn wir diesen vielleicht nicht auf den ersten Blick erkennen. Das sollten wir uns bei der Schädlingsbekämpfung stets vor Augen halten.
Zu Schädlingen werden manche Tierarten dann, wenn sie in Massen auftreten. Oft geschieht dies dann, wenn der Mensch der Natur Lebensräume nimmt, indem er beispielsweise riesige Ackerflächen mit Monokulturen bepflanzt. Bäume, Sträucher und Hecken, die das Land nicht nur vor Wind und Wetter schützen, sondern auch verschiedensten Tieren einen Lebensraum bieten und natürliche Feinde von Schädlingen sind, haben darin keinen Platz mehr.

Um insbesondere Ihre Jungpflanzen vor den ungeliebten gefräßigen Kriechtieren zu schützen, ist eine Beetumrandung durch einen Schneckenzaun, der aus Kupferdraht oder Kupferblech besteht, ausnahmslos empfehlenswert. Im Internet (z.B. Auktionsplattformen) finden Sie Händler, die den Schneckenzaun aus Kupferdraht nach Bedarf meterweise in Längen von 1 Meter bis 100 Meter anbieten.
Kupfer ist ein wirksamer Schutz gegen Schnecken. Seine Wirkung liegt höchstwahrscheinlich darin, daß bei Kontakt mit den Absonderungen der Kriechsohle der Schnecke eine chemische Reaktion stattfindet, bei der ein natürliches Gift für die Schnecke entsteht. Jedenfalls werden Kupferbarrieren von Schnecken zuverlässig gemieden. Was noch zu tun bleibt: Die Schnecken, die sich eventuell innerhalb der Umzäunung eingegraben haben, müssen selbstverständlich noch entfernt haben. Da Schnecken mit Einbruch der Dämmerung aktiv werden, lassen Sie sich dann am frühen Morgen oder späten Abend absammeln – Enten und Hühner freuen sich über diese Zusatzmahlzeit!

Eine Verkleinerung und Renaturierung des Landes wäre also ein wichtiger Teil, um viele hausgemachte Probleme an ihrer Wurzel zu beseitigen.

Auch „Schädlinge" nach menschlichen Maßstäben nehmen ihren zugewiesenen Platz in der Natur ein und dienen Tieren, die dem Menschen nützlich sind, oft als Beute. Sie treten überall dort in Mengen auf, wo organische Materie geschwächt und im Absterben begriffen ist. Diese natürlichen Abbau- und Zersetzungsprozesse locken diese Tiere an – denn dafür sind sie in der Natur zuständig! So weist ein massenhaftes Auftreten dieser Tiere – oftmals handelt es sich um Insekten – auf ein gesundheitliches Ungleichgewicht und Mangelerscheinungen von Boden und Pflanzen durch widernatürliche Bewirtschaftung hin.

Monokulturen sind deshalb besonders anfällig für ein massenhaftes Auftreten dieser Tiere, die dann wiederum mit Pestiziden besprüht werden, wobei nicht nur die „Schädlinge" bekämpft, sondern auch Nützlinge vernichtet werden. Gesundet nun aber der Boden durch Umstellung auf eine naturnahe Gestaltung, dann gesunden ebenfalls die Pflanzen, und den „Schädlingen" fehlt nun die Arbeitsgrundlage.

So trägt eine Garten- und Feldbewirtschaftung nach dem Vorbild der Natur wesentlich zur Genesung bzw. Gesunderhaltung des Bodens und der Pflanzen sowie zur natürlichen Regulierung von „Schädlingen" bei. Einige Gärtner verwenden auch **Papierstreifen (z.B. aus Akten-vernichtern) oder Pappe** als Mulchmaterial. Daß Kompostwürmer Papier und Pappe in zerkleinerter Form lieben, ist weithin bekannt.

Als Mulchmaterial habe ich beide jedoch noch nicht ausprobiert und plane dies auch aus optischen Gründen nicht, besonders wenn es andere bewährte Alternativen gibt. Wenn Sie Papier und Pappe als Mulch probieren möchten, dann sollten Sie keine chemisch behandelten Materialien (z.B. Hochglanzpapier) verwenden. Neben gewöhnlicher Pappe eignen sich gewöhnliche Zeitungen ausgezeichnet dafür, sofern sie keine bunten Farben enthalten.

Eine weitere Form der Mulchwirtschaft ist die Aussaat von **Gründüngerpflanzen,** die raschwüchsig sind und insbesondere während der kalten Jahreszeit den Boden schützend bedecken, im Frühjahr in den Boden eingearbeitet werden und den Boden auf diese Weise mit organischen Nährstoffen versorgen. Besonders wertvolle Gründüngerpflanzen sind z.B. solche, die Stickstoff aus der Luft binden und in kleinen Knöllchen im Boden speichern. Während des Verrottungsprozesses wird der Stickstoff an den Boden abgegeben. Durch starke Verwurzelung lockern diese Pflanzen ebenfalls den Boden auf und sorgen so für eine gute Struktur und Belüftung.

Lupinen, verschiedene Kleearten, Winterwicken, Luzerne, Phacelia („Bienenfreund") und Gelbsenf sind einige dieser wertvollen Pflanzen, die auch als Zwischenfrucht nach der Ernte Ihres Gemüses angebaut werden können und sehr schnellwüchsig sind. Anschließend können diese Pflanzen direkt mit der Grabegabel in den Boden eingegraben werden, wo sie schnell verrotten und in Humus umgewandelt werden, bevor 2 – 3 Wochen später z.B. starkzehrendes Wintergemüse gesät werden kann.

Für den Winteranbau eignen sich neben allen Kohlarten vor allem auch der Lauch / Porree. Wintergemüse schmeckt auch erst dann richtig gut, wenn es einmal Frost bekommen hat. So können Sie sich und Ihre auch im Winter mit allen Nährstoffen und Vitaminen versorgen. Nicht ohne Grund ist der anspruchslose Lauch das Nationalsymbol der Waliser.

Die Mulchdicke: Trockenes Mulchmaterial wie Heu und Stroh kann bis zu 20 cm aufgetragen werden, jedoch niemals in verdichteter, sondern stets in lockerer Art, um die Luftzirkulation und Atmung des Bodens nicht zu behindern. Ich selbst verwende meist gerade soviel Mulch, daß er den Boden vollständig bedeckt, so daß man ihn nicht mehr sieht. Dafür wird bei sehr aktivem Bodenleben und schneller Umsetzung in Humus häufig „nachgemulcht".

Dies genügt erfahrungsgemäß, um den gewünschten schützenden Effekt zu erzielen. Nur in Zeiten großer Trockenheit oder während der kalten Jahreszeit wird der Boden mit einer sehr dicken Mulchschicht geschützt.

Die Bewässerung von Permakulturgärten

Manch erfahrene Permakulturpioniere wie Sepp Holzer empfehlen, außer während langer Trockenperioden die Kulturen überhaupt nicht zu gießen, da der Mulch den Boden vor schneller Verdunstung schützt und anderenfalls nur wichtige Nährstoffe ausgespült werden. Ohnehin ist bei Austrocknung in den meisten Fällen nur die oberste Bodenschicht betroffen, und diese wird von der Mulchdecke geschützt.
Freilandkulturen genügt sicherlich die natürliche Bewässerung durch den Regen, wenn eine Mulchdecke den Boden vor Verdunstung des Wassers und Austrocknung des Bodens schützt. Gewächshauskulturen sind aber natürlich auf künstliche Bewässerung angewiesen. Mit der Zeit lernen Sie abzuschätzen, welchen individuellen Wasserbedarf Ihre Treibhauspflanzen, wie Tomaten und Paprika, haben. Pflanzen, die in leichtem Sandboden wachsen, werden einen höheren Wasserbedarf haben als ihre Verwandten, die in mittelschwerem oder schwerem Boden gedeihen.

Mein Tip:
Sammeln Sie im Herbst soviel Laub, wie Sie können, und schützen Sie Ihren Boden mit einer dicken Schicht davon vor Vernässung und Frost während der kalten Jahreszeit. Erfahrungsgemäß finden Sie kaum ein besseres, zudem völlig kostenloses Mulchmaterial in beliebiger Menge! Halten Sie vor allem Ausschau nach dem Laub von Ahorn, Eiche, Buche, Linde und Esche.

Manche Pflanzen sind recht empfindlich gegenüber Schädlingsbefall, oder tun sich in ihrer Entwicklung mit einem Wachstumsvorsprung leichter, wie beispielsweise Paprika oder Tomaten. Diese Pflanzen können bereits im Februar / März im Haus in einem sogenannten **Wurzeltrainer** vorgezogen werden, um dann Ende April / Anfang Mai ihren endlichen Platz in Freiland oder Gewächshaus einzunehmen. Werden vorgezogene Pflanzen ins Beet ausgepflanzt, dann wird die Mulchschicht an der Pflanzstelle einfach ein Stück beiseitegeschoben. Nach dem Einsetzen der Jungpflanzen wird anschließend um sie herum gemulcht.
Andere Pflanzen, wie etwa Bohnen, Erbsen, Rote Bete oder Kohlrabi, werden direkt ins Beet gesät. Die Saatstelle bleibt solange unbedeckt, bis sich die jungen Pflänzchen zeigen. Die junge Saat benötigt ebenso Licht für ihr gesundes Wachstum wie Wärme, Nährstoffe und Wasser. Schauen die jungen Pflanzen aus dem Erdreich, sollten sie ebenfalls mit Mulch geschützt werden. Ob Sie nur über die kleine Anbaufläche einer Wohnung oder einen großen Garten verfügen: die Permakultur bietet einen idealen Ansatz, um jeden Raum optimal zum Anbau von Lebensmitteln zu nutzen. Nutzen Sie Balkon- und Terassengeländer, Häuser- und Garagenwände, Dachterrassen, Fensterbänke, Wintergarten … **Lassen Sie Ihrem Einfallsreichtum, Ihrer Phantasie und Experimentierfreude freien Lauf!**

Rankhilfen und Rankgitter:

Link kuheiga.com: http://tinyurl.com/97w6ufm
Link biogartenversand.de: http://tinyurl.com/8znx8ww
Links poetschke.de: http://tinyurl.com/96kl5az
http://tinyurl.com/8skmh6k

Pflanzkübel (mit Rankgitter) und Hängeampeln:

Link hentschke-keramik.de: http://tinyurl.com/clok9nc
Link gartentips.com: http://tinyurl.com/dxbxs5w
Link shoppingpoint24.com: http://tinyurl.com/cduakfl
Link blumentopf24.de: http://tinyurl.com/bnwxhx6

Die Ernte fällt dann ebenfalls leichter, da Kräuter, Obst und Gemüse bequem im Stehen geerntet werden können und langes Bücken und Kauern entfällt. Ein „Zuviel" an Lebensmittel kann es nicht geben, ganz besonders in Zeiten wirtschaftlicher und finanzieller Not. Was nicht selbst verzehrt wird, kann eingemacht, getauscht oder verkauft werden. Der entscheidende Vorteil ist die hohe Wirtschaftlichkeit von Tiefkultur- und Hochbeet. Beide erwärmen sich schneller als herkömmlich bewirtschaftete Beete und erreichen so eine Verlängerung der Erntezeit.

Kombinieren können Sie diese Methoden mit Folienhäusern, Folientunnel, Frühbeeten, um zusätzlich noch bessere Aufzucht- und Wachstumsbedingungen für Ihre Pflanzen zu schaffen. Ein **Gewächshaus** bietet optimale Bedingungen für wärmeliebende Pflanzen. Sogar in kleinen Gärten ist die Anschaffung eines guten Gewächshauses stets lohnenswert. Auch hier lohnt sich eine Investition in Qualität, die zwar auf den ersten Blick ein wenig teurer sein mag als ihre billige Baumarkt-Konkurrenz, aber wer an hochwertigen Materialien und solider Verarbeitung spart, spart gerade in diesen Zeiten am falschen Fleck.

In einem Gewächshaus von nur 10 qm lassen sich innerhalb von nur 5 Monaten bis zu 125 Kilogramm der Hauptkulturen Tomaten, Gurken und Paprika anbauen – nicht eingerechnet die Vor- und Nachkulturen Kopfsalat, Radieschen, Kohlrabi, Blumenkohl, Spinat, Sellerie, Lauch, Endivien, Chicoree, Bohnen, Feldsalat, Winterkopfsalat, Möhren sowie sämtliche Küchenkräuter. Ein Gewächshaus macht Sie auch von kalten Frühjahren oder nassen Sommern unabhängig und läßt Sie sogar in Herbst und Winter anbauen und ernten. Gewächshäuser erzeugen automatisch ein wachstumsförderndes Kleinklima, das Ihre Pflanzen lieben und es Ihnen mit bis zu 5 Ernten pro Jahr danken werden. Überschüsse, die Sie nicht selbst verbrauchen, können Sie jederzeit verkaufen oder tauschen! Und glauben Sie uns: Mögen einige Zeitgenossen heute noch mitleidig darüber den Kopf schütteln – wenn es darauf ankommt, dann werden Sie zweifellos reißenden Ansatz für Ihre Waren finden! Im Gegensatz zu billigen Baumarkt-Gewächshäusern sind stabile und hochwertige Gewächshäuser die höheren Anschaffungskosten mehr als wert, z.B. von

http://beckmann-kg.de
http://frei-gewaechshaus.ch
http://hansel.co.at
http://kriegergmbh.de
http://neogard.ch
http://glashausbau.com
http://palmen-gmbh.de
http://jardina.ch
http://ziegler-handel.at

Weiterführende Literatur:

Sepp Holzer **„Sepp Holzers Permakultur"**

Margit und Sepp Brunner
„Permakultur für alle: Harmonisch leben und einfach gärtnern im Einklang mit der Natur"

Margit Rusch **„Anders gärtnern: Permakulturelemente im Hausgarten"**

Graham Bell **„Der Permakultur-Garten"**

Arthur Janson **„Auf 300qm Gemüseland den Bedarf eines Haushalts ziehen"**

Ich hoffe, daß ich Sie mittlerweile davon überzeugen konnte, daß beim Anbau Ihrer eigenen Lebensmittel keinerlei synthetischer Dünger oder Pestizide nötig sind, sondern der Weg der Natur die optimalen Voraussetzungen für eine erfolgreiche Selbstversorgung bietet, die sich mit Laborchemie nicht verbessern läßt und auch nicht verbessert werden muß, weil sie bereits perfekt sind.

N – Stickstoff: ist reichlich in **Brennesseln** enthalten → größere Pflanzen, größere Blätter
P – Phosphor: **Baldrian** ist reich an Phosphor → fördert Blüten- und Fruchtbildung
K – Kalium: der schnellwachsende **Beinwell** enthält viel davon → fördert Widerstandskraft und Festigkeit des Pflanzengewebes

In die jeweilige Erde eines jeden Hochbeetes sollten Sie also **organischen Dünger** einmischen, der zuvor fermentiert und kompostiert werden muß, denn im Fermentations- und Kompostierungsprozeß wird er von alten Schadstoffen gereinigt, mit neuen Nährstoffen angereichert und für die Pflanzen als Nahrung verfügbar gemacht.

Die Nährstoffe der Lebensmittel, die wir über unsere Nahrung zu uns genommen haben und nicht verwerten konnten, müssen wieder in diesen natürlichen Kreislauf zurückgeführt werden. Daß wir das heute NICHT tun, ist der Grund für ausgelaugte, versteppende und kranke Böden, denen diese Nährstoffe vorenthalten werden, weil wir den Wertstoffkreislauf unterbrochen haben. Die Natur kennt keine Abfälle!

Ideal ist die Kombination einer Gartenbewirtschaftung in Verbindung mit Bienenhaltung – ganz gleich wie klein Sie auch beginnen. So erhalten Sie einen in sich geschlossenen Wirtschaftskreislauf.

Der Garten ernährt die Bienen, die wiederum die Pflanzen bestäuben und für eine gute Ernte sorgen. Der Garten versorgt seinen Gärtner und seine Familie mit Obst und Gemüse, und die Bienen liefern ihm Honig, und weitere wertvolle Produkte wie Propolis (Bienenharz, wirkt antibakteriell und immunsystemstärkend!) und Bienenwachs.

Alle Produkte wiederum können einerseits den Eigenbedarf decken, Überschüsse aber zum Verkauf oder Tausch angeboten werden. Und aus dem Bienenwachs lassen sich wunderbar duftende Kerzen herstellen. Ein solcher in sich geschlossener Wertschöpfungsprozeß kann die gesamte Familie mit einbinden, stärkt den Zusammenhalt, die Kreativität, und nicht zuletzt auch die Haushaltskasse.

Ein Hummelkasten sollte Bestandteil eines jeden Selbstversorgergartens sein. Hummeln fliegen und bestäuben bereits bei Temperaturen knapp über dem Gefrierpunkt, wenn Bienen längst noch nicht aktiv sind.

Viele Pflanzen und Obstbäume blühen jedoch bereits im Frühjahr, beispielsweise frühe Kirschsorten. Während dieser kurzen Blütephase müssen die Pflanzen bestäubt werden, um Früchte zu tragen und eine Ernte möglich zu machen. **Nicht zuletzt leisten Sie damit einen wichtigen Beitrag zur Erhaltung der Artenvielfalt!**

Von einem Hummelkasten – den sie am besten etwas erhöht auf eine Steinmauer und im Schatten eines Strauches (z.B. Holunder) setzen – profitieren also beide: die Hummeln, und Sie! Als Nistmaterial empfehle ich statt der üblichen Polsterwolle **Kapok**-Fasern. Durch ihre kurze und sehr weich, und die Hummeln können sich nicht darin verfangen oder verkleben.

Die Hummeln in meinem Garten konnten sich erst nach 2 Jahren dazu entschließen, den Kasten als Heimstatt anzunehmen. Ein schattiges Plätzchen (vor allem im Hochsommer wichtig!) unter einem Holunderbusch oder einer Beerenhecke, und einen leicht erhöhten Standort auf einer Steinmauer läßt die Chancen auf einen raschen „Erstbezug" wesentlich steigen.

Im zweiten Jahr hatte das noch sehr kleine Hummelvolk schwer mit der Wachsmotte zu kämpfen. Indem man ein oder zwei frische Lavendelblüten vor den Eingang des Kastens legt, kann man den Hummeln etwas helfen, die Wachsmotte abzuwehren, denn diese mag den Lavendelduft nicht. Erst im dritten Jahr war das Hummelvolk so stark und zahlreich, daß es besser mit der Motte und deren Larven zurechtkam. Der Eingang wurde nun ständig von einer Wächterin bewacht.

Der Selbstversorger sollte immer darauf achten, viele Blüh- und Trachtenpflanzen zu pflanzen, von denen sich Bienen, Hummeln und zahlreiche andere Insekten während der nektararmen Jahreszeit ernähren können! Beinwell, Echte Seidenpflanze, Bienenfreund („Phacelia"), Lavendel und Herzgespann sind dabei ein paar von zahlreichen und attraktiven Möglichkeiten, deren Aussehen und Düfte auch unsere Sinne erfreuen!

Hummelkasten zum Selberbauen:
Link aktionhummelschutz.de: http://tinyurl.com/c8pjn5l

fertigen Hummelkasten kaufen:

Link handwerksprodukte.de: **Link aktion-wespenschutz.de:**
http://tinyurl.com/8q83wae http://tinyurl.com/8bn7hbo

von wildtierfreund.de:
http://tinyurl.com/chqlftp

Humusgewinnung für (Klein)Gärtner – die Regenwurmfarm

Was Hummeln und Bienen für die Bestäubung der Pflanzen leisten, die eine Ernte überhaupt erst ermöglichen, das leistet ein anderes kaum beachtetes Tier für den Boden und unsere Pflanzen: der Regenwurm. Humus ist nichts anderes als das Stoffwechselendprodukt der Regenwürmer, also Regenwurmkot. Unermüdlich im Einsatz, lockert er durch den Bau seiner Gänge den Boden auf, sorgt für eine feinkrümelige Struktur und nebenbei für eine Verbesserung der Beflüftung des Bodens.

Während dieser kräftezehrenden Arbeit verzehrt er täglich 50 bis 100 % seines eigenen Körpergewichts an organischer Nahrung. Was er ausscheidet, ist „Schwarzes Gold" – Humus. Humus ist also nichts anderes als Regenwurmkot. Kein anderer Dünger der Welt kann es mit ihm in puncto Nährstoffgehalt und Mikrobenbesatz pro Gramm aufnehmen.

Humus ist in der Lage, ausgelaugte und erschöpfte Böden neu zu beleben und zu ihrer Genesung beizutragen. Mit dem Humus kehrt Leben selbst in abgestorbene Böden zurück. Er ist ein idealer Wasser- und Nährstoffspeicher.

Unterstützt man die Neubesiedelung des Bodens, indem man ausreichend organischen Dünger wie Mist oder Mulchmaterial ausbringt, von dem sich die Klein- und Kleinstlebewesen des Bodens ernähren, dann kann ein Kreislauf der fortlaufenden Humusproduktion in Gang gesetzt werden. Mit dem Leben kehrt auch die Fruchtbarkeit des Bodens zurück.

Diesen perfekten Dünger der Natur kann man sich auch auf kleinstem Raum – sogar in einer Stadtwohnung – nutzbar machen, wenn man eine eigene kleine Regenwurmfarm aufbaut. Auf diese Weise wird gleichzeitig das Problem „Wohin mit den Küchenabfällen?" gelöst. Eine Regenwurmfarm kann für relativ teures Geld gekauft, aber auch problemlos und ohne viel Aufwand selbst gebaut werden. Dazu benötigen Sie lediglich eine Wasserpflanzenkiste mit geschlossenem Boden, und zwei Pflanzenkisten (z.B. Baumschulkisten) mit durchlässigem Boden.

Die unterste Etage der Wurmfarm bildet die Wasserpflanzenkiste. Sie muß einen geschlossenen Boden haben, da sich hier der sogenannte „Wurmtee" sammelt, der bei der Verarbeitung der Abfälle entsteht und 1:10 mit Wasser verdünnt ein nährstoffreicher und dabei schonender Dünger ist, der den Pflanzen sofort zur Verfügung steht. Um den Wurmtee abzuzapfen, wird in Bodennähe der Wasserpflanzenkiste ein Ablaßhahn eingelassen.

Die zweite Etage besteht aus einer Pflanzenkiste, deren Seiten mit Holzbrettern ausgekleidet und deren Boden mit Zeitungspapier ausgelegt und mit angerottetem Mist (falls Sie die Wurmfarm ins Freie setzen) oder guter Pflanzerde angefüllt wird. Da es Regenwürmern gern feucht und dunkel mögen, wird die Kiste mit einem Holzbrett zugedeckt. Diese Kiste wird zum Wohn-, Arbeits- und Speisezimmer der Regenwürmer. Wenn in Ihrem Haushalt etwa 50 Gramm Gemüse- und Obstabfälle täglich anfallen, werden etwa 100 Regenwürmer in die Kiste hineingesetzt. Dies stellt sicher, daß alle Obst- und Gemüseabfälle komplett verwertet werden und nicht verschimmeln.
Ein paar Mineralien in Form von leeren, zerdrückten Eierschalen, etwas feinem Sand oder Urgesteinsmehl bekommt den Regenwürmern sehr gut und unterstützt ihre Verdauung. Erscheint die Erde trocken, oder verfüttern Sie viele trockene Materialien wie in Streifen gerissenes Papier (bitte nur Zeitungen, Briefpapier usw., kein Hochglanz!), dann sollte sie mit Hilfe einer Sprühflasche ein wenig angefeuchtet werden, denn die Würmer lieben feuchte Erde.
Ist die Kiste schließlich mit reinem Humus gefüllt, wird die zweite Pflanzenkiste mit durchlässigem Boden darübergesetzt und das Futter dort hineingefüllt. Die Würmer ziehen nun dem Futter hinterher und durch die Öffnungen im Boden in die neue Kiste um. Sind die vollzählig umgezogen, kann die mit Humus gefüllte Kiste entfernt und zur Verbesserung des Bodens Ihrer Zimmer- und Gartenpflanzen verwendet werden.

Wenn auch die zweite Kiste voller Humus ist, werden abermals die Kisten getauscht und alles beginnt von vorn. Das Regenwurmfarm-Konzept ist so erfolgreich, daß es heute Firmen gibt, die nichts anderes mehr betreiben als Regenwurmzucht und Humusproduktion. Vielleicht wäre also die Herstellung solcher Regenwurmfarmen und die Regenwurmvermehrung mit automatisch angeschlossener Humusproduktion auch eine Möglichkeit für Sie, Ihre Einkommenssituation zu verbessern?

Regenwürmer, Regenwurmfarmen und Regenwurmkompost („Humus") sind im Internet erhältlich bei:
http://regenwurm.de   http://wurmwelten.de
http://jabeh.de   http://wurmhandel.de

Pflanzenkisten für den Eigenbau finden Sie eventuell in Ihrer örtlichen Gärtnerei oder einer Firma für Gartenbau, oder im Internet:
Link kammlott.info: http://tinyurl.com/9986lzu
Link meyer-shop.com: http://tinyurl.com/945s7hv

Ideal zur Selbstversorgung auf kleinstem Raum – der Kartoffelanbau

Ein Beispiel für den Anbau größter Mengen Früchte auf kleinstmöglichem Raum liefert das **Kartoffel-Anzucht-Beet,** das Ihnen den Anbau Kartoffeln auf nur einem Quadratmeter ermöglicht: **Link poetschke.de:** http://tinyurl.com/c4suu89

Kartoffel-Pflanzsack (3 Stück) für den Anbau in Haus, Balkon, Terrasse ...:
http://tinyurl.com/cum66mn

Alte Kartoffelsorten, die noch schmecken wie zu Großmutters Zeiten, und sich außerdem hervorragend zum Selbstanbau eignen, finden Sie hier:
http://erlesene-kartoffeln.de   http://kartoffelvielfalt.de   http://biogartenversand.de

Eine weit verbreitete ist es heute leider, winzige Kartoffeln als Saat- oder Pflanzkartoffeln zu verwenden. Welche Pflanzen wollen Sie als Gärtner wohl lieber vermehren? Die größten, stärksten, gesündesten, oder die kleinsten und schwächlichsten Pflanzen? Wählen Sie also auch beim Kartoffelanbau die größten, gesündesten Knollen als Pflanzkartoffeln aus!

Methoden des Kartoffelanbaus für Selbstversorger

Wie sieht ein ebenso einfacher wie ertragreicher Kartoffelanbau als Selbstversorger in der Praxis aus? Unabhängig von der Anbaumethode sollten die Kartoffeln zunächst vorgekeimt werden. Dazu wählen Sie zuerst die Sorte(n) aus, die Sie anbauen möchten. Je Sorte werden acht mittelgroße Kartoffeln an einem trockenen Ort mit Licht, aber ohne Sonneneinstrahlung, und einer Umgebungstemperatur von 10 bis 15 Grad auf einer Zeitung ausgebreitet, oder in eine Vorkeimkiste oder einen Korb gelegt. Ich beginne mit der Vorbereitung ca. 6 bis 8 Wochen vor dem geplanten Auspflanzen. Die Kartoffeln beginnen nun, Triebe zu bilden – die sogenannten „Augen".

Die Zeit der Pflanzung ist gekommen, sobald keine Fröste mehr zu erwarten sind. In der Regel sind Sie Ende April / Anfang Mai nach den „Eisheiligen" auf der sicheren Seite. Wenn Sie Kartoffeln traditionell in Erde pflanzen wollen, dann sollten diese leicht und sandig sein, denn Kartoffeln lieben leichten, lockeren Boden. Zum Pflanzen im Freien sollten Sie einen warmen und trockenen Tag auswählen. Bei den vorgekeimten Kartoffeln lassen Sie nun die 3 größten, kräftigsten Triebe stehen, alle anderen zwicken Sie mit den Fingernägeln oberhalb der Knolle vorsichtig ab, ohne die Schale zu verletzen. Eine verletzte Schale erleichtert das Eindringen von Keimen.

1) Anbau im Kartoffel-Anzucht-Beet:

Diese Variante ähnelt dem „konventionellen" Anbau am meisten. Sie benötigen dafür ein Beet mit einer Fläche von 1x1 Meter. Diese Fläche wird für die Pflanzung vorbereitet, indem der Boden mit einer Grabegabel aufgelockert und je nach Bodenart verbessert wird: viel Terra preta, Kompost oder **Düngerbokashi (Link em-sued.de: http://tinyurl.com/cqk8we9** , Artikel 913 bis 915) bei sandigem Boden; viel Sand und organische Dünger (siehe oben) bei schwerem Boden.

Kartoffeln lieben leichten, lockeren, folglich sandigen Boden, brauchen als Starkzehrer jedoch große Mengen an Nährstoffen, um gut zu gedeihen und gute Ernten zu liefern. Sie haben einen sehr hohen Nährwert, sind reich an Proteinen, Kohlehydrate, Vitaminen und Mineralstoffen. Diese Nährstoffdichte verlangt jedoch eine nährstoffreiche, wachstumsfördernde Umgebung.

Kartoffeln sind Starkzehrer. Sie benötigen also viele Nährstoffe, die wir ihnen durch hochwertigen organischen Dünger wie Schwarzerde, Kompost, fermentiertem Dung, Wurmkompost und Düngerbokashi zur Verfügung stellen. Auch Brennessel- und Beinwellblätter können mit untergemischt werden, denn sie enthalten viel Kalium.

Das Kartoffel-Anzucht-Beet oder Hochbeet wird auf die bearbeitete Fläche gestellt. Nun werden die Kartoffeln in 2 Reihen á 4 Kartoffeln in das Beet gesetzt, wobei die „Augen" nach oben zeigen sollten. Pflanzabstand: 20cm, Abstand zwischen den beiden Reihen: ca. 40cm.

Anschließend bedecken Sie die Kartoffeln mit nährstoffreicher Erde (siehe oben) und bei Bedarf Sand. Nun sollten Sie Ihre Pflanzung ein wenig bewässern, um günstige Wachstumsbedingungen zu schaffen. Bei Trockenheit müssen die Kartoffeln regelmäßig gegossen werden, da sie zur Entwicklung vieler Knollen viel Wasser benötigen. Mischen Sie gegebenenfalls ein paar **pulverisierte Kräuter** (Lavendel, Majoran, Thymian) in das Gießwasser, oder streuen Sie etwas **Kalk**, um Ameisen zu vertreiben, die die Kartoffeln sonst gern schädigen.

Nun beginnen die Kartoffeln zu keimen. Sobald die Pflanzen aus der Erde wachsen, füllen Sie nach und nach mehr Erde auf – solange, bis der obere Rand des Beetes erreicht ist. Wenn die Pflanzen blühen, werden sie **angehäufelt**. Das bedeutet, daß um die einzelnen Pflanzen herum weitere Erde aufgeschichtet wird, so daß sie kleine Hügel ergeben. Das Wachstum wird auf diese Weise zusätzlich begünstigt und die Pflanzen geschützt. Die Kartoffeln können geerntet werden, sobald ihr Kraut verwelkt ist, und muß an einem trockenen Tag erfolgen, dem idealerweise eine Reihe trockener Tage vorausgegangen sind.

Beim Kartoffel-Anzuchtbeet werden nun einfach die Splinte entfernt, und schon purzeln die ersten Kartoffeln heraus. Graben Sie nun am besten vorsichtig mit den Händen die Erde aus dem Beet, da Gabeln oder Spaten die Kartoffeln häufig verletzen und für die Lagerung unbrauchbar machen. Vorausgesetzt, daß Sie das Beet mit ausreichend organischem Dünger vorbereitet haben, werden Sie über die Menge Ihrer ersten selbstangebauten Kartoffeln vermutlich ebenso staunen, wie ich es getan habe! Sammeln Sie die Kartoffeln in einem großen Weidenkorb (wegen der Belüftung) und stellen Sie diesen an einen schattigen Platz, damit die Kartoffeln abtrocknen können, um später nicht zu faulen.

2) Anbau in einer Tonne / in Autoreifen / in einem Kartoffelpflanzturm

Bei dieser Variante entfällt das Auflockern / Umgraben des Bodens vor dem Pflanzen. Falls die Kartoffeln in einer Tonne angebaut werden sollen, dann wählen Sie bitte ein kleineres Modell, denn mit Erde und Kartoffeln gefüllt wird sie schwer und schwierig zu ernten. Um unnötigen Kraftaufwand zu vermeiden, stellen Sie Ihr bevorzugtes Anbaubehältnis zuerst an den Platz, an dem es bis zur Ernte stehenbleibt.

Anschließend füllen Sie die untersten 10cm mit guter, lockerer und nährstoffreicher Erde an. Als Starkzehrer lieben Kartoffeln nährstoffreiche und lockere, sandige Erde, deren Nährstoffgehalt beispielsweise durch Zugabe einer Handvoll pelletiertem Hühner-, Rinder- und Pferdemist (alle reich an Phosphor und Kalium!) auf natürliche Weise erhöht werden kann. Die Nährstoffe fördern ein kräftiges und gesundes Pflanzenwachstum und eine höhere Widerstandskraft gegenüber möglichen Krankheiten.

Die Kartoffeln werden ebenfalls größer, schmackhafter und länger lagerfähig! Bei dieser Variante genügt es, 1 bis 3 Kartoffeln zu pflanzen, so daß die Triebe nach oben zeigen.

Anschließend werden die Kartoffeln ganz mit Erde bedeckt, das Pflanzbehältnis jedoch **NICHT** ganz aufgefüllt. Ein wenig angießen – eventuell mit pulverisierten Kräutern oder Kalk gegen Ameisenbefall – ist stets eine gute Idee.

Wenn die Pflanze nun aus der Erde herauswächst, füllen Sie immer wieder neue Erde ein, bis das Pflanzbehältnis bis obenan gefüllt ist. Beim Bepflanzen von alten Autoreifen setzen Sie also Reifen über Reifen, sobald einer mit Erde gefüllt ist. Der Autoreifenturm kann also gut und gerne eine Höhe erreichen, die fast Ihrer eigenen Körpergröße entspricht! Gießen Sie bei heißer, trockener Witterung regelmäßig etwas an, um ein gutes Wachstum Ihrer Kartoffeln zu unterstützen! Nutzen Sie falls möglich eine **Gießkanne aus Kupfer**. Kupfer ist ein wichtiges Spurenelement zur Verhütung vieler Kartoffelkrankheiten wie etwa Krautfäule. Wenn die Pflanze geblüht hat und verwelkt ist, können Sie den Reifenturm Stück für Stück entfernen, und die Kartoffeln fallen heraus. Lassen Sie sich überraschen!

3) Heukartoffeln

Heukartoffeln sind eine typische Anbaumethode aus der Permakultur. Margit Rusch bezeichnet sie auch als „Königin der Vorfrucht", da sie eine Wiese ohne Umgraben in ein Gartenbeet für nachfolgende Gemüsekulturen verwandeln können.

Und so wird`s gemacht:
Legen Sie die vorgekeimten Kartoffeln im Abstand von 30 – 40 cm auf eine abgemähte Wiese. Bedecken Sie sie mit einer Schicht Heu, die mindestens 50 cm hoch sein sollte. An die Kartoffeln darf **kein Licht** kommen, da sie sonst Solanin produzieren und ungenießbar werden. Heukartoffeln besitzen ein ganz feines, einzigartiges Aroma. Da sie viel Kalium benötigen, können Sie ein paar Blätter Beinwell oder Brennessel in den Heuhaufen mischen. Beinwell ist besonders reich an Kalium. Die Pflanzen wachsen dann aus dem Heu heraus. Sobald die Pflanzen verwelkt sind, entfernen Sie einfach das Heu und können die Kartoffeln ganz leicht einsammeln.

4) Kartoffeln im Strohkasten

Mit unserer vierten Anbaumethode können Sie Kartoffeln noch flexibler anbauen – sogar auf der Terrasse, dem Balkon oder im Haus. Sie benötigen dazu einen Holzkasten (ohne Boden) – ideal sind die Maße 2 x 1,5 Meter, bei einer Höhe von 70 – 80 cm.
Er kann aus alten Brettern selbst zusammengebaut werden. In den Holzrahmen wird eine Schicht Stroh von etwa 15 cm Dicke eingefüllt und anschließend die Pflanzkartoffeln im Abstand von ca. 20 cm hineingelegt. Zuletzt wird die Kiste mit Stroh aufgefüllt. Eine natürliche Form der Düngung ist es, Wildkräuter unter das Stroh zu mischen, wie Brennesseln, Beinwellblätter, Schafgarbe, oder Löwenzahn. Sie sind reich an wichtigen Nährstoffen und geben diese an die Kartoffeln ab, fördern auf diese Weise deren Entwicklung und Wachstum – und nicht zuletzt Ihren Ernteertrag!

Zur Ernte wird einfach das Stroh entfernt und die Kartoffeln entnommen. Der Permakultur-Pionier **Bill Mollison** berichtet von seiner Erfahrung, man könne die Kartoffelkiste ohne Weiteres auf einen Betonboden stellen. Ob mit oder ohne Holzboden, auf dem Erdboden oder auf Beton stehend … Probieren Sie es aus, welche Methode sich am besten für Ihre Gegebenheiten eignet und mit welcher Sie den größten Erfolg erzielen! Ich wünsche Ihnen viel Freude beim Experimentieren – und natürlich beim Ernten!

<u>Die Lagerung</u>

Um Ihre Ernte gut und möglichst unbeschadet „über den Winter" zu bringen, um sie vor strengem Frost und Schädlingsfraß zu schützen, müssen Sie **<u>nicht unbedingt</u>** einen **kühlen, trockenen Keller** und eine **Kartoffelhorde** Ihr Eigen nennen. Es ist ebenso möglich – vielleicht genau an der Stelle, an der die Kartoffeln im Sommer gewachsen sind – eine sogenannte **Erdmiete** anzulegen. Auf diese Weise werden Kartoffeln und Wurzelgemüse wie Karotten und Pasternaken schon seit langen Zeiten aufbewahrt. Die Kartoffeln werden also „eingemietet". Am besten sollte die Miete an einem möglichst geschützten Platz liegen, den Sie aber auch bei viel Schnee noch gut erreichen sollten, wenn Sie Ihre Vorräte benötigen. Eine Erdmiete bzw in diesem Fall Kartoffelmiete anzulegen, ist nicht kompliziert:

<u>Das „Einmieten"</u>

Das Einmieten sollten Sie an einem trockenen, möglichst sonnigen Tag vornehmen. An der Stelle, wo die Miete entstehen soll, wird eine 10cm dicke Lage Stroh aufgeschichtet. Diese dient quasi als „Bett" für die Kartoffeln oder die Wurzelgemüsearten, die Sie lagern wollen. Schichten Sie sie also auf ihr Strohbett, und lassen Sie sie 1 bis 2 Stunden ruhen. Anschließend decken Sie das einzulagernde Gemüse mit einer weiteren dicken Schicht Stroh zu. Zuletzt wird das Lagergut idealerweise mit sandiger Erde 15cm dick zugedeckt und die Erde vorsichtig festgeklopft. Die Wände der Miete sollten zum besseren Abfließen des Regenwassers möglichst steil sein. Aus dem Hügel sollten ein paar lange Strohhalme herausschauen, was eine Luftzirkulation im Inneren ermöglicht.

<u>Weitere empfehlenswerte Bücher zum Aufbau einer Selbstversorgung:</u>

John Seymour **„Das neue Buch vom Leben auf dem Lande"**

Sepp Holzer **„Sepp Holzers Permakultur: Praktische Anwendung von Garten, Obst- und Landwirtschaft"**

Wolfgang Funke **„Selbstversorgung: Unabhängig, nachhaltig und gesund leben"**

Horst Oellrich **„Handbuch für Selbstversorger: Ein Ratgeber für Einsteiger"**

Lernen Sie von den „alten Hasen" - egal ob im Kleingartenverein, im Geflügelzucht- oder Imkerverein, bei den Landfrauen … insbesondere ältere Menschen verfügen über einen reichhaltigen Erfahrungsschatz, der zumindest im Moment viel zu gering geschätzt wird. Helfen Sie dabei, daß er weitergegeben wird – auch an Sie selbst, und multiplizieren Sie dieses alte Wissen, indem Sie es Ihrerseits ebenfalls weitergeben!

Bauen Sie Ihren Ziergarten in einen Nutzgarten um, der Sie mit Nahrung versorgen kann! Jedem Haushalt, der über einen Garten, einen Balkon oder eine Terrasse verfügt, sollte darüberhinaus eine oder gar mehrere **Bienenkisten** aufstellen. Die Bienen benötigen wenig Pflege, und ab dem zweiten Jahr können Sie einige Kilo Honig ernten. Bienen stellen eine ideale Symbiose zu einer Gartenwirtschaft dar. Sie sorgen für die Bestäubung und damit eine bessere Ernte. Gleichzeitig müssen Sie zur Nahrungsbeschaffung keine weiten Wege zurücklegen, sondern finden in Ihrem Garten (und den Nachbargärten) alles, was Sie benötigen – und wenn Sie Pflanzen aus gesundem und nicht-genveränderten Saatgut anbauen, bleiben Ihre Bienen gesund.

Der Honig ist ebenso wie das Wachs und das Kittharz (Propolis – mit antibiotischer Wirkung!) neben der besseren Befruchtung der Pflanzen Ihres Gartens ein weiteres angenehmes Nebenerzeugnis, welches nicht nur Heilkräfte, sondern auch einen hohen Nähr- und Tauschwert besitzt!

Stets eine gute Idee: Holen Sie sich Rat und Hilfe in Ihrem örtlichen Bienenzüchterverein, lassen Sie sich beraten und helfen – lernen Sie von den „alten Hasen", und geben Sie Ihr Wissen und Ihre Erfahrungen an Ihre Kinder weiter!

Alles rund um die Bienenhaltung:
http://bienenkiste.de
http://honighaeuschen.de
http://bienen-ruck.de/imkershop

Buchempfehlung:

Erhard Maria Klein
„**Die Bienenkiste. Selbst Honigbienen halten – einfach und natürlich**"

Nutztierhaltung in der Selbstversorgung

Die private Tierhaltung im Garten und sogar in Hinterhöfen steht vor einer Renaissance. Angesichts der Skandale der Agro-Industrie mit antibiotikaresistenten Keimen, mit Wachstumshormonen, Antibiotika, Gammelfleischskandalen, mit Giften, Pestiziden und Bestrahlungen, „Verpackungsgrößenverordnung", Analogkäse und Formfleisch – und dieser Nahrungsmüll zu explodierenden Preisen – läßt viele Menschen zu Eigeninitiative zurückkehren, die den Industrielobbys komplett das Vertrauen entzieht.

Eine maximalprofitorientierten industrielle Tierhaltung – mit Landwirtschaft hat dies nichts mehr zu tun – ist die Ursache von Krankheit und Siechtum der Tiere, die in widernatürliche Massenhaltungsformen gezwängt wurden, ohne Bewegungsfreiraum, ohne Rückzugsmöglichkeiten, ohne artgerechtes Futter, ohne sich artgerecht fortpflanzen, ihren Nachwuchs aufziehen oder Sozialkontakte pflegen zu können.
Die Massentierhaltung und die Bestandsimpfungen sind der Nährboden für die Entstehung und die Verbreitung von Tierseuchen. Sie verschwendet enorme Wasser- und Energieresourcen, verpestet die Luft und produziert massenweise kranke Tiere, die Zeit ihres Lebens niemals die Gelegenheit haben, ihre artspezifischen Bedürfnisse auszuleben. Immer mehr Bauern und private Halter haben diese Praktiken satt und kehren zurück zu einer naturgemäßen und artgerechten Tierhaltung, die die Bedürfnisse der Tiere berücksichtigt und sowohl Mensch und Tier ihre Würde zurückgibt.

Hühner

Die Hühnerhaltung ist auf dem besten Wege, wieder in der Breite der Bevölkerung anzukommen – und vor allem: dort wieder akzeptiert zu werden. Noch vor Jahren war es schwer vorstellbar, die Zustimmung mancher Nachbarn trotz erwarteter „Lärm- und Geruchsbelästigung" zur Haltung von Hühnern oder gar eines Hahns erhalten. Viele Zeitgenossen scheinen zu ahnen, daß das Gackern der Hühnern und Krähen der Hähne angesichts der möglichen Aussicht auf ein paar frische Eier in unsicherer Zukunft heute durchaus vertretbar scheint. Auch wenn diese Art der Haltungsform sicher nicht optimal ist, so werden heute selbst im sorglosen und selbstverliebten New York City wieder Hühner in Hinterhöfen gehalten.
Man hat die Skandale der Agrarindustrie buchstäblich satt und wendet sich automatisch und selbstverständlich der Eigenversorgung zu. Es besteht kein Zweifel daran, daß es vor allem auch die Tiere dabei garantiert besser treffen als in der industriellen Massenhaft.

Hühner stellen geringe Ansprüche an die Haltung. Wie alle intelligenten Lebewesen, die auch sie zweifellos sind, benötigen sie frische Luft, gesundes und artgerechtes Futter, jederzeit verfügbares sauberes Wasser, einen isolierten Stall mit einer Rückzugsmöglichkeit (Schlafplatz), und idealerweise einen kleinen Sandplatz zum Scharren und für das Staubbad zur Befreiung von kleinen Lästlingen (Milben etc.). All das läßt sich ohne Weiteres auf kleinstem Raum verwirklichen.

Der Standort des Hühnerstalls

Alles beginnt mit dem geeigneten Platz für den Stall – im Garten oder in der Nähe des Hauses. Der gewählte Platz sollte zugluftgeschützt und sonnig gelegen sein, um das Hühnerheim auch im Winter zu erwärmen. Der Stall selbst sollte gut isoliert und wetterfest sein sowie auf einem Untergrund aufgebaut werden, der nicht zu Staunässe neigt. Alte Landrassen sind wegen ihrer Robustheit zur privaten Haltung ganz besonders geeignet.

Selbstverständlich lieben auch Hühner Bewegungsfreiheit und so viel Platz wie nur möglich. Mit wie wenig sie aber bereits auskommen, wird bei folgenden Hühnerstallmodellen deutlich, die je nach Modell für 3 bis 6 Hühner geeignet sind – optimal also für den Einstieg in die Hühnerhaltung für eine kleine Familie. Bitte beachten Sie, daß manche Modelle noch mit einer **separaten Umzäunung** versehen werden müssen, um einerseits die Hühner an einem Entweichen zu hindern, vor allem aber, um **Fuchs, Marder, Mäuse** und nicht zuletzt **Ratten** (die beiden Letztgenannten vor allem wegen der Futterreste!) am Eindringen zu hindern. Wenn Sie einer Katze aus dem Tierheim ein Zuhause geben, dann ist diese meist bereits kastriert – Kater natürlich ebenfalls. Kastrierte Katzen schließen sich enger an Ihr Heim an und neigen nicht zum „Stromern". Einige Katzen sind durchaus in der Lage, unliebsame Nager im Griff zu halten. Mit einem größeren Rattenproblem werden raubzeugscharfe **Terrier** jedoch schneller fertig, insbesondere wenn man wegen seiner Haustiere auf den massiven Einsatz von Gift auf dem Hof verzichten will.

Für Hühner stellen Katzen keine Gefahr da, nur die Küken müssen geschützt werden. Der Hühnerauslauf sollte daher mit einem **engmaschigen Drahtzahn** (z.B. aus **„Kaninchendraht")** sichern, der idealerweise **15 bis 20 Zentimeter im Boden eingraben** wird, um ein „Durchgraben" von Fuchs und Marder zu verhindern und ein Eindringen von Ratten zu erschweren.

Um die Hühnerhaltung und -zucht auf räumlich begrenzten Grundstücken zu ermöglichen – vor allem in der Stadt, aber ebenfalls auf dem Lande – haben sich die Macher der Firma „Omlet" etwas einfaches wie geniales ausgedacht, aber sehen Sie selbst: **http://omlet.de**

Die Stallversion **„Egg Cube"** ermöglicht die Haltung von bis zu 10 Hühnern – wobei sich die Tiere wohler fühlen und entsprechend auch mehr Eier legen werden, wenn ihnen pro Tier mehr Platz zur Verfügung steht.
Eine unnatürliche Haltung den Ausbruch von Seuchen durch Verschmutzung und fördert soziale Probleme wie Federpicken, Kannibalismus und aggressives Verhalten.

Eine Haltung, die 20 Tiere pro Stall und Gehege übersteigt, ist auch in der Natur nicht zu finden und stört nur das Sozialgefüge der Tiere. Stehen die Hühner wegen zu hoher Belegsdichte unter Streß, dann legen sie auch deutlich weniger Eier. Zur Eigennutzung sind 10 – 12 Hühner optimal. Zu einem kompletten Hühnervolk gehört auch ein Hahn, der für die Einhaltung der Hackordnung sorgt, und mit dem Sie natürlich züchten können, wenn Sie möchten. Und das werden Sie gewiß wollen, denn die Nachfrage nach geflügeltem Nachwuchs alter Landrassen wird alsbald das Angebot bei weitem übersteigen.

Kombiniert mit einem geräumigen Auslauf / Käfig steht auch dem kleinsten Hühnerhof nun endlich nichts mehr im Weg. Alle Bauteile lassen sich rasch und unkompliziert entfernen, beispielsweise zur täglichen Reinigung. Darüberhinaus kann sämtliches Zubehör durch ein cleveres Baukastensystem ergänzt und erweitert werden.

Abgerundet werden die Innovationen durch Anti-Frost-Matten oder -Überzüge aus dem Raumfahrt-High-Tech Material **Flectalon**. Damit werden die Flügel Ihrer Hühnerschar auch bei frostigstem Wetter nicht kalt. Und auch das Eierlegen wird so nicht ganz eingestellt.

Hühnerstall-Empfehlungen (für die entsprechende Umzäunung zum Schutz der Tiere muß dabei eventuell noch gesorgt werden!):
http://hühnerstall.biz
http://glovital.ch/hühnerstall
http://gefluegelstall-discount.de
http://wachter-holz.de/de/gefluegelstaelle/gefluegelstaelle.php
Link foersterholz.de: http://tinyurl.com/mdtxp7a

Achten Sie darauf, spätestens mit Sonnenuntergang alle Türen und Klappen des Hühnerhauses sorgfältig zu verschließen!

Halten Sie eine oder mehrere Katzen! Ihr Tierheim kann Ihnen ganz gewiß Katzen vermitteln, die Freigang und das Jagen lieben. Insbesondere Tiere, die ausgesetzt wurden, bleibt nichts anderes übrig, als sich durch Jagen ihr Auskommen zu sichern. Bauernhofkatzen sind es gewohnt, alles zu jagen, was als Beute für sie in Frage kommt. Dabei handelt es sich meist um die besten Rattenfänger. Katzenwelpen von rattenfangenen Bauernhofkatzen werden später ebenfalls gute Rattenfänger werden. Ihre Mutter bringt es ihnen bei. Katzen jagen erfolgreicher, wenn sie zugefüttert werden, wenn sie Jagd also als Freizeitbeschäftigung betreiben statt als Überlebenskampf.

Katzen sind ebenso bemerkens- und liebenswerte Geschöpfe wie Hunde, mit erstaunlich unterschiedlichen Charakteren – wie wir Menschen eben auch. Wie alle unsere Tiere sind auch Katzen gern bereit, eine perfekte Symbiose aus Leistung und Gegenleistung mit uns Menschen einzugehen. Wir Menschen sorgen für ein gutes, warmes Plätzchen und eine sichere Versorgung, und die Katze sorgt oft schon durch ihre Anwesenheit dafür, daß Ratten sich auf dem Hof und im Stall nicht gern häuslich einrichten. Die Anwesenheit von Mäusen wird sich jedoch nie so ganz vermeiden lassen ...

Die Katze ist ein kleines Raubtier, wobei diese Charakterisierung eigentlich falsch ist. Denn die Tiere rauben nichts, sondern entnehmen der Natur, was sie zum Überleben benötigen – im Gegensatz zum Menschen. Seien Sie der Katze also nicht böse, wenn sie einmal einen Vogel mit nach Hause bringt. Wenn sie jagt, dann folgt sie nur ihrem angeborenen Trieb, der keine Einordnung von „richtig" und „falsch" kennt. Einen gesunden, kräftigen Vogel erbeutet sie so schnell nicht, sondern sorgt vielmehr für die Gesunderhaltung der Vogelbestände, wenn sie geschwächte Tiere erbeutet und dadurch zur Gesunderhaltung des Vogelbestandes beiträgt.

Die Hühnerfütterung

Optimal ist es, wenn Sie den Hühnern eine Freilauffläche von ca. 10 Quadratmetern pro Huhn zur Verfügung stellen, falls Sie über soviel Platz verfügen sollten. In einem solchen Idealfall brauchen Sie zumindest in der wärmeren Jahreszeit kaum zuzufüttern, da sich viele Landrassen gern und selbständig mit Futter versorgen (Gras und Kräuter, Schnecken, Insekten aller Art, Würmer usw.). Pflanzen Sie je nach Anzahl Ihrer Hühnerschar einen oder mehrere **Maulbeerbäume** (Schwarzer Maulbeer) im Hühnergehege – die vollreifen Früchte fallen herunter, und die Hühner werden begeistert und Sie der Held sein. Seien Sie gespannt auf die Farbe und den Geschmack des Eidotters!

Maulbeerbäume kann man in Baumschulen erhalten, oder im Internet beispielsweise bei:
Link kraeuter-und-duftpflanzen.de: http://tinyurl.com/d2e4p9m
Link gartenrot.com: http://tinyurl.com/bt2bp92

Wenn Sie über ein **mobiles Hühnerhaus** verfügen, dann läßt sich relativ leicht ein Platzwechsel vornehmen, sobald eine Grünfläche „abgegrast" ist. Diese muß anschließend neu mit Gras und Kräutern einsät werden, bis der Platz schließlich wieder gewechselt wird und zur weiteren Futterversorgung wieder zur Verfügung steht.

Saatgutmischungen erhalten Sie beispielsweise hier:
Link blauetikett.de: http://tinyurl.com/c6goluc

Die große Vorteil der freien, selbständigen Futteraufnahme ist die abwechslungsreiche, gesunde Nahrung, das Sie lediglich mit kleinen Steinchen – dem sogenannten Kalkgrit – ergänzen müssen, das die Hühner zur Verdauung benötigen. Außerdem ist die Zufüt-terung von etwas **Kalk oder feingemahlenen Eierschalen** sehr empfehlenswert. Dies stellt sicher, daß die Eier von einer festen, gesunden Schale umgeben werden, die ein Eindringen von Keimen verhindert.

<u>Ganze Eierschalen sollten nicht verfüttert werden, da die Tiere sonst häufig Geschmack an Eiern finden und diese anpicken.</u>

Das Hauptfutter kann durchgängig aus ganzen Getreidekörnern, z.B. aus **Weizen**, bestehend. Aber auch **geschroteter Mais** wird sehr gern angenommen. **Auf die Fütterung von Tiermehlen sollten Sie generell in Ihrem eigenen Interesse und dem der Tiere verzichten.** Nach dem Crash werden diese aber wohl ebenso von der Bildfläche verschwinden wie andere, heute leider übliche Unnatürlichkeiten. Die Hühner sind begeistert, wenn Sie die Körner einfach auf eine dicke duftende Einstreu aus gutem Stroh verteilen, denn die Tiere lieben es, nach dem Futter zu suchen und zu scharren.
Geschrotete Leckerbissen können in einem Hühner-Futtertrog angeboten werden:
Link breker.de: http://tinyurl.com/chrsmd2

Unverzichtbar ist auch eine Hühnertränke:
Link breker.de: http://tinyurl.com/d4yk4ey

Eigene Hühner im Garten sorgen nicht nur für frische, gesunde Eier, sondern sie wandeln auch pflanzliche Küchen- und Gartenabfälle in besten Hühnermist um, der wiederum **in einem Fermentationsprozeß kompostiert** werden sollte. Auf diese Weise stellen Sie Ihre eigene Schwarzerde mit extrem hohem und stabilem Humusanteil her, den Sie für den eigenen Garten nutzen oder verkaufen können. Dazu empfehle ich – wie generell in Haus, Garten und Landwirtschaft – den Einsatz von **Effektiven Mikroorganismen (EM)** – selbstverständlich gentechnikfrei – die Sie ebenfalls sogar selbst vermehren können. Während der warmen Jahreszeit können Sie Ihre Tiere mit einer EM-Dusche erfreuen, und wenn Sie Stall, Misthaufen und Auslauf regelmäßig mit EM besprühen, dann beugen Sie wirksam Geruchsbelästigung vor. Sie sorgen auf diese Weise für ein gesundes Stallklima und damit für gesunde Hühner, die sich rundum wohlfühlen.

Alles was Sie zur Anwendung und Herstellung von EM benötigen, finden Sie hier:
http://em-chiemgau.de
http://em-sued.de
http://em-inntal.de

Falls die Hühnerhaltung am Haus oder im Garten für Sie in Frage kommt, besitzen Sie ein weiteres Standbein für ein krisensicheres Einkommen, und natürlich auch der Lebensmittelversorgung Ihrer eigenen Familie. Die Hühner helfen Ihnen, einen geschlossenen Wirtschaftskreislauf zu betreiben. Sie ernähren sich von Gräsern, Garten- und Küchenabfällen, etwas Mais und Getreide, und liefern Ihnen neben Eiern auch Fleisch und Dünger in Form von Federn und Hühnermist – der wiederum Ihrem Garten zugutekommt.

Alte Hühnerrassen

Die Haltung von Tieren erfordert immer auch ein sehr hohes Maß an Verantwortung gegenüber den Tieren. Sie bildet zugleich die Grundlage für den Erfolg der gesamten Unternehmung und die Gesunderhaltung des Bestandes. Schließen Sie sich am besten Ihrem **örtlichen Geflügelzüchterverein** an! Dort warten jede Menge „alter Hasen" darauf, ihren reichen Erfahrungsschatz an jüngere Generationen weiterzugeben, denn an Nachwuchs mangelt es. Knüpfen Sie dort Freundschaften und Kontakte, die Ihnen bei allen Fragen rund um Haltung, Fütterung und Gesundheitsfragen sehr hilfreich sein werden.

Eine ausgezeichnete Idee ist die kombinierte Haltung einer Hühnerschar, die sowohl als alten Landrassen, als auch aus ehemaligen Legebatteriehühnern besteht. Letztere werden oft zum Schlachtpreis an Hobbyhalter abgegeben. Die **Initiative „Rettet das Huhn"** vermittelt „aussortierte Batterie-Hühner" an private Hühnerhalter. Die Tiere legen mehr Eier als die alten Landrassen. Neben dem günstigen Anschaffungspreis tun Sie als Halter ein gutes Werk an den Tieren, wenn Sie ihnen ermöglichen, nach der Käfighaltung für den Rest ihres Lebens ganz Huhn sein zu dürfen. Es spricht also alles dafür, den Tieren ein besseres Leben zu ermöglichen! http://rettetdashuhn.de

Aufzucht statt des in der Massentierhaltung üblichen „Schredderns" der männlichen Küken ist das Ziel der „**Initiative Bruderhahn"**: http://bruderhahn.de

Die Fütterung unserer Tiere muß nicht komplizierter gemacht werden, als sie in Wirklichkeit ist. Natürlich gibt es industriell hergestelltes Spezialfutter für jede Tierart. Fragen Sie sich stattdessen: Was würden die Tiere in freier Natur am liebsten fressen? Bei Hühner wird die Antwort darauf wohl lauten: Getreidekörner, Gräser, Weichtiere, und Insekten. Fügen Sie diesem Speiseplan mit **Effektiven Mikroorganismen** fermentierte Kräuter hinzu. So sorgen Sie für gesunde Tiere mit intakter Darmflora und damit einem funktionstüchtigem Immunsystem. Ganz nebenbei sparen Sie sich die gesamte Chemiepalette, die den Tieren ebenso wie den Menschen mehr schadet als nützt.

Empfehlenswert für die Gesundheit Ihrer Tiere ist eine regelmäßige Entwurmung auf pflanzlicher Basis. Sie ist einerseits sehr wirkungsvoll, und die Tiere fressen sie gern freiwillig. Mit den Produkten der Firma „Verm-X" habe ich sehr gute Erfahrung für verschiedene Tierarten gemacht. Es sind Entwurmungen für viele Haustierarten erhältlich, von der Taube und dem Kaninchen, über Katze und Hund, bis zum Schwein, Ziege, Schaf, Pferd, Rind, Lama, Alpaka und Brieftaube. Link Verm-X-Entwurmung: http://online-vetshop.de

In Ihrem örtlichen Geflügelzuchtverein und auf Ausstellungen haben Sie außerdem die Möglichkeit, für Sie interessante Rassen kennenzulernen und Kontakt zu Haltern und Züchtern zu knüpfen. Es gibt heute eine Vielzahl an Rassen, die sich optisch und charakterlich teils stark voneinander unterscheiden. Wählen Sie zum Einstieg in die Hühnerhaltung am besten eine ruhige Zwergrasse, die an Haltung und Pflege keine großen Ansprüche stellt, die nicht besonders gut fliegt („Appenzeller Spitzhauben" fliegen zum Beispiel ausgezeichnet!) und daher anfängliche Fehler eher verzeiht.
Zwerghühner sind aus mehreren Gründen optimal für Anfänger geeignet. Sie sind wegen ihrer geringen Größe sehr umgänglich zu handhaben, oftmals sehr zutraulich (rasseabhängig). Sie benötigen nur die Hälfte der Futtermenge im Vergleich zu den von größeren Rassen. Und doch legen sie genauso viele Eier, die sogar fast genauso schwer sind (ca. 40 Gramm) wie die der großen Rassen (ca. 55 Gramm).

Auf den Seiten verschiedener Interessengruppen und Verbände können Sie über die doch erstaunliche Vielzahl der Rassen informieren und Kontakte zu Haltern und Züchtern knüpfen. All diese Verbände und Interessengemeinschaften setzen sich zum Erhalt züchterischer Vielfalt ein und gegen industrielle Vereinheitlichung zur Wehr. Aus diesem Grunde sind sie alle – ebenso wie jede einzelne alte Rasse – besonders unterstützenswert.

In Deutschland: http://g-e-h.de   http://vhgw.de   http://vieh-ev.de
In Österreich: http://arche-austria.at
In der Schweiz: http://prospecierara.ch
In Großbritannien: https://www.rbst.org.uk

Empfehlenswerte Internetseite: http://huehner-info.de

Buchempfehlungen rund um die private Geflügelhaltung:

Katrin J. Schiffer, Carola Hotze **„Hühner halten artgerecht und natürlich"**
Ursula u. Wolf-Dietmar Unterweger **„Das Hühnerbuch: Praxisanleitung zur Haltung „glücklicher Hühner"**

Beate und Leopold Peitz **„Hühner halten"**
„Hühner in meinem Garten: Alles über Haltung und Ställe"

W. Schwarz, A. Six **„Der große Gefügelstandard in Farbe"**
„Brut und Aufzucht unserer Hühner"

Wilhelm Bauer **„Zwerghühner: Munter – fleißig – keck"**
„Hühnerställe bauen"

Esther Verhoef, Aad Rijs **„Illustrierte Gefügel-Enzyklopädie"**

Theodor Sperl **„Hühnerzucht für jedermann. Handbuch für die Praxis"**

Mike Ashton **„Enten und Gänse artgerecht halten"**

Ute Rhein **„Der Geflügelhof. Die artgerechte Haltung von Hühnern, Enten, Gänsen und Puten"**

Marion Bohn-Förder **„Liebenswerte Langhälse: Über den artgerechten Umgang mit Gänsen"**

Jessica Rohrbach **„Laufenten: Alles über die quirligen Schneckenfresser"**

Alice Stern-Les Landes **„Geflügel natürlich und artgerecht halten"**

Ziegen und Schafe

Sollten Sie über noch mehr Platz verfügen, können Sie sogar über die Haltung von Ziegen oder Schafen nachdenken. Auch als „die Kuh des kleinen Mannes" bezeichnet, sind Ziegen und Schafe sehr anpassungsfähig, robust und genügsam. Beide liefern hochwertige, besonders nährstoffreiche Milch – zum Direktverbrauch oder zur vielseitigen Weiterverarbeitung – werden jedoch auch wegen Ihres Felles (Schaf), Haares (Ziege, z.B. Angora, Kaschmir) oder Fleisches gehalten. In Ländern der Dritten Welt bedeutet eine Ziege oftmals den wertvollsten Besitz einer Familie. Abhängig von der Rasse, den Futter- und Haltungsbedingungen geben auch die Vertreter alter Landrassen bis zu 1.000 Liter Milch pro Jahr und Tier. Es gibt sogar Berichte von EM-Anwendern, deren Tiere bis zu 8 Liter Milch pro Tag (!) geben. In Zeiten großer Not kann ein Liter Milch pro Tag und pro erwachsener Person das Überleben sichern. Da die Tiere gern gesellig leben, bietet sich eine Haltung von mehreren, mindestens aber von zwei Tieren an. Übrigens „riechen" nur die Böcke so arttypisch intensiv.

Bei der Ziegenhaltung gilt es zu bedenken, daß die Tiere Kletterweltmeister und Ausbrecherkönige sind! Einen Zaun von 2 Meter Höhe zu überwinden, stellt für sie nicht unbedingt ein Problem dar. Größere Steine und Felsen im Gehege sorgen für körperliche Betätigung und Abwechslung, und somit Wohlbefinden, und tragen zugleich zur Klauenpflege durch natürliche Abnutzung bei. Die Umzäunung sollte möglichst ausbruchsicher angelegt werden. Raschwüchsige Hecken wie Rosen und Brombeeren sind als zusätzliche natürliche Einzäunung geeignet und zugleich als Leckerbissen beliebt. Wenn sich die Tiere wohlfühlen, werden sie kaum einen Grund für Ausbruchversuche haben. Ziegen sind recht standorttreu, jedoch hochintelligent und sehr neugierig. Sind sie doch einmal aus dem Gehege entlaufen, dann genügt meist das Klappern mit einer mit Hafer gefüllten Futterschüssel, um die Ausreißer zur Rückkehr zu bewegen.

In Gegenden mit vorherrschenden kalten Wintern werden sich Schafe deutlich wohler fühlen als Ziegen. Letztere benötigen in diesem Fall unbedingt einen zugluftfreien, gut isolierten Stall.

Weiterführende Literatur:

Annette Arnold, René Reibetanz **„Alles für die Ziege. Handbuch für die artgerechte Haltung"**

Nina Brörkens **„Ziegen artgerecht und natürlich halten"**

Britta Freith **„Unser Schaf- und Ziegenhof"**

Annette Arnold **„Alles für das Schaf. Handbuch für die artgerechte Haltung"**

Dorothee Dahl **„Schafe: Ideale Weidetiere an Haus und Hof"**

Hugo Rieder **„Schafe halten"**

Axel Gutjahr **„Schafhaltung auf Kleinflächen: Artgerechte Haltung – Fütterung – Eigene Produkte"**

Literatur über alte Haus- und Nutztierrassen

Hans Hinrich Sambraus
„Gefährdete Nutztierrassen: Ihre Zuchtgeschichte, Nutzung und Bewahrung"
„Farbatlas Seltene Nutztiere: 240 gefährdete Rassen aus aller Welt"

Martin Haller **„Seltene Haus- und Nutztierrassen"**

Kai Frölich, Susanne Kopte **„Alte Nutztierrassen: Selten und schützenswert"**

Andere Tiere

Ulrich Daniel
„Kühe halten"

Beate Peitz
„Schweine halten"

Gerhard Rappersberger
„Lamas und Alpakas"

Wenn Sie sich für die Tierhaltung oder -zucht interessieren, sollten Sie zuerst an einheimische und regionale Rassen denken, die ideal an das Klima der Region angepaßt und aus ihr hervorgegangen sind. Leben Sie beispielsweise im Flachland mit mildem Klima und möchten gern Ziegen halten, dann fühlen sich Edelziegen oder Thüringerwaldziegen dort sicherllich wohl.

Höhere Lagen, in denen es sehr kalt werden kann und die zu Wetterextremen neigen, sind wegen des fehlenden Unterhautfettgewebes weniger gut zur Haltung von Flachland-Rassen geeignet, da die Tiere dann schneller frieren und krank werden können. In diesem Fall wären Gebirgsrassen wie Tauernziege, Thüringerwald-Ziege, Walliser Schwarzhalsziege oder Kaschmirziege die bessere Wahl. Besonders letztere bilden in rauhem Klima eine besonders dichte, feine Unterwolle aus, die als eine der wertvollsten Texilfasern überhaupt gilt und einmal jährlich ausgekämmt wird. Ähnliches trifft auf die Alpakas zu, deren Haltung auch in Europa immer beliebter wird.

Die Haltung dieser Tiere ist dann ideal, wenn Sie auch die Wolle selbst verspinnen, vermarkten oder gar fertige Produkte daraus herstellen wollen (krisenfestes Einkommen → geschlossener Wertschöpfungsprozeß). Züchter, privat und gewerblich, finden Sie beispielsweise bei http://haustier-anzeiger.de und http://deine-tierwelt.de

Es bleibt zu hoffen, daß aus den Fehlern der Ära „industrielle Landwirtschaft" gelernt wurde, daß der Preis für maximalen Profit stets erkauft wird auf Kosten und Gesundheit der Tiere und damit letztendlich auch zu Lasten der Gesundheit der Konsumenten der industriellen Erzeugnisse. Von einem Umdenken und einer Rückkehr zu naturgemäßer Haltung, Fütterung und Fürsorge werden allem voran die Tiere profitieren, aber ebenso auch die Halter, Züchter und Konsumenten. Der Erhalt einer einzigartigen und über Jahrtausende entstandenen genetischen Artenvielfalt wird der Gesundheit, Robustheit, Genügsamkeit und Anspruchslosigkeit von Tieren und Pflanzen wesentlich zugute kommen und die Grundlage einer zukünftigen gesunden und nährstoffreichen Ernährung bilden, und damit nicht zuletzt auch unserer eigenen verbesserten Gesundheit, Vitalität und Zufriedenheit.

Wer übrigens kein Fleisch essen mag, der wird bald feststellen, daß auch Schweine ausgezeichnete „Selbstversorger" sind, die lediglich einen Erdstall für die Nacht und zum Schutz vor Wind und Wetter benötigen, und die sich wunderbar von Eicheln, Bucheckern, Früchten, Knollen und Wurzeln ernähren und auf der Suche nach diesen Leckerbissen den Boden tief umgraben und zugleich düngen. So sorgen sie für eine optimale Vorbereitung des Bodens, der danach bestens zum Anbau von Getreide, Obst und Gemüse geeignet ist. Bei entsprechendem Weideland eignen sich zur ganzjährigen Freilandhaltung (=extensiven Haltung) ganz hervorragend: **Turopolje**, **Duroc**, **Schwäbisch-Hällisches Schwein**, **Buntes Bentheimer**, **Angler Sattelschwein**, **Rotbuntes Husumer**, **Mangalitza (Wollschwein)**, **Deutsches Sattelschwein**.

Die Nachfrage nach den Produkten und dem Nachwuchs dieser alten, robusten, fast vergessenen Landrassen nimmt seit mehreren Jahren so rasch zu, daß sie kaum noch gedeckt werden kann. Dieser Sinneswandel bei Verbrauchern, Haltern und Züchtern dieser Rassen belegt, daß die Vorteile dieser Tiere gegenüber den bedauernswerten Tieren der sogenannten Hochleistungsrassen mittlerweile wieder erkannt wurde. Und doch ist dieser Sinneswandel erst der Anfang. Die Nachfrage vieler Menschen nach gesunden, schmackhaften Lebensmitteln wird bald auch zu der wachsenden Sehnsucht führen, die Tiere privat zur Selbstversorgung zu halten.

Buchempfehlungen (Link survivalpress.org):
  „Jeder Landwirt ein Geburtshelfer", http://tinyurl.com/kh76kb9
  „Die Ausführung der Melkarbeit" http://tinyurl.com/o6bppvw

Im letztgenannten Buch wird die Melktechnik nach Hegelund vorgestellt und bebildert erklärt. Diese Melktechnik ist nicht nur besonders tierschonend, sondern auch wesentlich ertragreicher. Besondere Leseempfehlung!

4) Das Selbermachen

Vielleicht wollten Sie schon immer einmal lernen, wie Sie Käse, Quark, Joghurt und Butter selbst herstellen können? Stellen Sie sich die überraschten Gesichter Ihrer Familie und Freunde vor, wenn Sie sie damit bewirten. Einen idealen Einstieg in den praktischen Teil des Selbermachens bietet die Sauerkrautherstellung. Alles, was Sie dazu benötigen, ist ein Gärtopf aus Steingut, ein mittleres bis großes Weißkraut, ein paar Karotten, Zwiebeln, Gewürze nach Ihrem Geschmack (meist werden Kümmel und Salz verwendet) und einen Kraut- oder Gemüsehobel.
Ein Messer erfüllt zwar ebenso seinen Zweck, aber ein Gemüsehobel schneidet das Kraut gleichmäßiger und feiner – und es geht viel schneller. Zuerst sollte jedoch der Gärtopf für mindestens 10 Minuten in einem kochenden Wasserbad desinfiziert werden, wie dies auch allgemein vor dem Einwecken ratsam ist, um Keime abzutöten und eine Schimmelbildung und damit Verderben des konservierten Lebensmittels möglichst zu vermeiden. Das gehobelte (oder geschnittene) Kraut wird anschließend schichtweise in den Gärtopf gefüllt und mit den Händen festgestampft, um den Saft aus dem Kraut zu pressen.

Jede Schicht des Krautes wird mit Salz bestreut, und immer wieder festgestampft, bis der Topf halb bis dreiviertelst voll ist. Der Krautsaft sollte das Kraut vollständig bedecken. Ist dies nicht der Fall, muß mit ein wenig Wasser aufgefüllt werden. Zuletzt wird das Kraut mit den beiden im Gärtopf mitgelieferten Steinhälften bedeckt. Um die Milchsäuregärung zu beschleunigen – das können Sie tun, müssen es aber nicht – kann man noch einen kleinen Schuß fertigen Sauerkrautsaft oder Effektive Mikroorganismen (EM) hinzugeben. Am Ende müssen das Kraut und die Steine vollständig bedeckt sind. Zuletzt wird der Deckel auf den Gärtopf gesetzt, und die Rinne mit Wasser gefüllt, so daß ein Luftabschluß des Topfinhaltes entsteht. Dieses Wasser verdunstet mit der Zeit, sollte also regelmäßig überprüft und gegebenenfalls nachgefüllt werden. Die ideale Umgebungstemperatur liegt bei ca. 15°C. Nach etwa 6 Wochen Gärzeit ist Ihr Sauerkraut fertig. Eine längere Gärzeit läßt das Sauerkraut milder werden. Probieren Sie es aus, wie es Ihnen am besten schmeckt!

Gärtöpfe aus Steingut erhalten Sie unter anderen bei: http://kerazo.de

Es gibt Sie in den verschiedensten Größen, beginnend ab einem Fassungsvermögen von 5 Litern. Stellen Sie soviel her, wie Sie wollen oder es Ihrem Platzangebot entspricht. Es ist ausgezeichnet lagerfähig. Sauerkraut ist reich an Vitaminen und Vitalstoffen aller Art. Captain James Cook war einer der ersten Seefahrer, der Sauerkraut an Bord einlagerte, um seine Besatzung vor der berüchtigten Seefahrerkrankheit Skorbut – einer Vitamin C-Mangelkrankheit – zu schützen. Seine Besatzung blieb während der langen Reisen gesund. Sie werden schnell bemerken, daß sich die Kostenersparnis des Selbermachens gegenüber dem Kaufen schnell positiv in Ihrem Geldbeutel bemerkbar machen wird. Das Selbermachen von Brot, Brötchen, Sauerkraut und Käse kostet Sie ca. ein Fünftel (20%) bis ein Drittel der Kosten, die Sie für das fertige Produkt zahlen würden. Anleitungen und Rezepte für jeden Geschmack gibt es kostenlos im Internet, oder speziell für den Hausgebrauch konzipiert in großer Auswahl in der Fachliteratur.

Halten Sie alles, was Sie tun, so einfach und grundlegend wie möglich. Die höchste Vollendung liegt in der Einfachheit. Die Bauern und Handwerker in alten Zeit gebrauchten Ihren Verstand, sammelten Erfahrungen und gaben diese weiter. Ihre Waren stehen den heutigen High Tech-Produkten in nichts nach, sondern waren oftmals sogar haltbarer. Weder der Eigenanbau von Lebensmitteln noch deren Verarbeitung, Veredelung oder Konservierung ist schwierig.

Mit der richtigen Ausrüstung, einer guten Bezugsquelle für die von Ihnen benötigten Rohwaren und dem Platz für Herstellung und Lagerung / Reifung (beim Käse) können Sie später sogar im größeren Stil produzieren und Ihre Produkte verkaufen. Idealerweise beziehen Sie Ihre Rohwaren direkt bei Ihrem ortsansässigen Bauern.

Beginnen Sie klein. Vielleicht bieten Sie Ihre Erzeugnisse zuallererst einmal in der Verwandschaft, der Nachbarschaft, dem Kollegenkreis an. Knüpfen Sie Kontakte und bauen Sie Ihren Markt dann immer weiter aus – ein gesundes Wachstum sollte immer aus eigenen Reserven heraus stattfinden, und niemals auf Kredit, denn dadurch begeben Sie sich in die Abhängigkeit von Kreditgebern. Das sollte unbedingt vermieden werden. Lassen Sie es deshalb besser langsam angehen, und bauen Sie eine gesunde, tragfähige Basis für ein solides Einkommen auf! Es ist immer von unschätzbarem Wert, ein Handwerk direkt von einem Fachmann zu lernen, an den Sie sich mit eventuellen Fragen oder bei Problemen wenden können, anstatt sich dieses Wissen mühsam aus Büchern anzueignen.

Um Ihnen Mut zu machen und zu beweisen, daß Sie z.B. bei der Käseherstellung keineswegs ein „Profi" sein müssen, hier nun ein Rezept zur Herstellung eines kleinen Halbhartkäse. Mit Hilfe dieses Rezeptes wurden ins die ersten Schritte in der hohen Kunst des Käsens in einem Käsekurs der Volkshochschule beigebracht. Seitdem stellen wir jede Woche einen solchen Käse selbst her. Durch die Variierung verschiedener Zutaten können Sie ganz nach Belieben Chilikäse, Knochlauchkäse, Kräuterkäse, Pfefferkäse und viele andere mehr herstellen.

Rezept für einen eigenen kleinen Käse

Die **wichtigste Regel**: Sie müssen absolut sauber arbeiten! Die verwendeten Gerätschaften müssen frei von Spülmittelrückständen sein!
Die **zweitwichtigste Regel**: Beim Käsen brauchen Sie Zeit. Langsame, bedächtige Bewegungen, beispielsweise beim Rühren und Einlaben, sind sehr wichtig für den Erfolg. Kein Wunder machen die Schweizer den besten Käse!

Aus den 2 Litern Milch, die wir verwenden, werden einen Käse mit einem Gewicht von etwa 200 Gramm und ca. 1,8 Liter Molke ergeben.

Was Sie benötigen:

→ die Hauptzutat: 2 Liter Milch – am besten Rohmilch oder Vorzugsmilch direkt vom Bauern. Pasteurisierte Milch kann ebenfalls verwendet werden. Homogenisierte Milch erzielt keine optimalen Ergebnisse; idealer Fettgehalt der Milch: 3,8 bis 3,9%.

Weiterhin benötigen Sie:

→ **2 Eßlöffel (EL) lebendigen Joghurt** (z.B. bulgarische Joghurtkultur, in vielen Supermärkten erhältlich)
→ **1 größeren Topf** – traditionell werden Kupfertöpfe oder -kessel beim Käsen verwendet (z.B. bei http://destillatio.de erhältlich)
→ **1 Käsethermometer**
→ **eine Käseform**, in die der Käsebruch eingefüllt wird
→ **Steinsalz** zur späteren Behandlung des Käse (als Salzbad und zum Einreiben des Käselaibs)
→ **Lab** – gibt es in flüssiger Form, als Tablette oder Pulver. Lab benötigen Sie, damit die Milch gerinnt. Wir empfehlen die Verwendung von **flüssigem Käselab mikrobiell, gentechnikfrei**
→ **Calciumchlorid 34%**, unterstützt die Gerinnung (Dicklegung der Milch)

Bei Lab handelt es sich um das Magenenzym eines neugeborenen Kälbchens oder Zickleins. Es sorgt dafür, daß die Muttermilch im Magen gerinnt.
Darum lehne ich die Verwendung von Käselab aus dem Magen von neugeborenen Kälbern und Zicklein ab: Kälbchen und Zicklein werden heute eigens dafür gezüchtet, um im Alter von 3-4 Tagen nur wegen ihres Magenenzyms geschlachtet zu werden. Da ich diese bestialische Praxis ablehne, habe ich mich für mikrobiell und gentechnikfrei hergestelltes Lab entschieden. Die Milchgerinnung gelingt perfekt, und kein (Jung-)Tier muß dafür sein Leben lassen.

Das Käsen – kein Hexenwerk!

1) etwas Milch mit der Joghurtkultur verquirlen und der Milch mit einem Schneebesen zusetzen, mindestens 30 Minuten ruhen lassen
2) Lab vorbereiten: einen EL Wasser in ein Glas geben, dazu 6 Tropfen Flüssiglab und 6 Tropfen Calciumchlorid, verrühren
3) Die Milch **langsam** auf 32°C erwärmen,
4) **Milch vom Herd nehmen**
5) Das Lab **zügig mit dem Schneebesen** in die Milch einrühren und anschließend Bewegung zum Stillstand bringen
6) Den Topf ca. 40 Minuten lang abgedeckt mit einem Geschirrtuch ruhen lassen
7) Die nun geronnene Milch (= Gallerte) im Abstand von ca.1 cm horizontal und vertikal mit einem Messer einschneiden – bis zum Boden des Topfes
8) Anschließend den so entstandenen Käsebruch langsam mit der Hand verrühren
9) Den Topf samt Inhalt für 15 Minuten bis zu einer Temperatur von 35°C erwärmen → der Käsebruch wird dabei griffig und erhält eine gummiartige Konsistenz, **während der gesamten Erwärmungszeit (Brennen) von Hand rühren!**
10) Die Käseform in eine tiefe Schüssel stellen und den Käsebruch samt Molke vom Topf in die Käseform umschütten; der Käsebruch verbleibt in der Form, die Molke fließt durch die Löcher der Käseform in die Schüssel ab
11) Nun haben Sie bereits die Grundform eines jeden Käse hergestellt: Frischkäse
12) Stellen Sie ein Gitter oder Rost über die Schüssel mit der Molke, und stellen Sie die Käseform mit dem Frischkäse darauf, damit die restliche Molke abtropfen kann, die sich noch darin befindet. Der Käse wird von Hand in der Form gepresst, je mehr Molke abfließt umso haltbarer (fester) wird der Käse –wenden Sie später den jungen Käse von Zeit zu Zeit in der Form
13) Nach 24 Stunden geben Sie den jungen Käse in ein Bad aus 1 Liter KALTEM Wasser und 30 Gramm Steinsalz. Das Salzwasser entzieht dem Käse die restliche Molke. Die Molke können Sie trinken – in der Schweiz ist es üblich, sie den Schweinen zu geben, für die sie eine Delikatesse ist
14) Zum Reifen und zur Pflege legen Sie den Käse auf ein Holzbrett in den Keller; optimale Reifetemperatur: 15°C!

Nun wird der Käse täglich gewendet und jeweils seine obere Seite mit Mostsalzwasser oder Salzwasser eingerieben (gepflegt und geschmiert). Nach einer Reifezeit von 1-2 Wochen können Sie ihn bereits essen. Je länger der Käse reift, desto härter wird er. Mit der beschriebenen Vorgehensweise und den Zutaten stellen Sie einen halbharten Schnittkäse her. Indem Sie den Salzgehalt des Käsebades erhöhen, können Sie einen Hartkäse herstellen, der noch länger haltbar ist. Testen Sie, was Ihnen am besten schmeckt! Guten Appetit!

In früheren Zeiten wurden übrigens Labkräuter verwendet, um die Milch gerinnen zu lassen. Das bekannteste davon ist sicherlich unser einheimisches **Kletten-Labkraut**. Aber auch Waldmeister und Karde kamen wohl zur Anwendung. Sicher ist, daß die Kräuter zuvor gequetscht werden müssen, um die Wirkung ihrer Enzyme in der Milch zu entfalten. Möglicherweise läßt sich durch Pressung der Kräuter auch ein Absud herstellen, der dann wie flüssiges Lab verwendet werden kann.

Leider sind mir keine Rezepte für die Verwendung von Pflanzenlab bekannt. Auch frischer Zitronensaft läßt Milch gerinnen! Ich denke, hier befindet sich ein interessantes Experimentierfeld. **Käsekurse** – ob direkt auf einer Sennerei oder Almwirtschaft, oder in der Volkshochschule – sind ideal, um sich mit dem gesamten Herstellungsprozeß in Theorie und Praxis vertraut zu machen. Jeder, der diese Möglichkeit nicht hat, kann selbstverständlich auf die jeweilige Fachliteratur zurückgreifen.

Literatur zur Käse-, Quark-, Joghurt- und Butterherstellung:

Lotte Hanreich, Edith Zeltner
„**Käsen leichtgemacht**"

Karl-Friedrich Schmidt
„**Käse, Butter, Joghurt: Leicht selbstgemacht**"

Auf die ständig steigende Nachfrage nach dem „Hausmachen" haben auch die Anbieter für Käsereibedarf reagiert und bieten ein breites Sortiment für die Hauskäserei an, u.a.:

http://oberacker.de   http://kaesereibedarf.de
http://kaesereibedarf-leidinger.com   http://kaesereibedarf.co.at

Liefert Ihr Obstgarten zu viele Früchte für den Frischverzehr, dann können sie durch Einwecken oder Dörren / Trocknen haltbar machen. Mit einer **Obstpresse** können Sie aber auch ihren eigenen Saft oder Most herstellen und ihre Früchte auf diese Weise halt- und lagerbar machen.

Link eBay.de Stichwort „Obstpresse, Beerenpresse, Weinpresse, Mostpresse":
http://tinyurl.com/8m7dplp

Link venatus.de: http://tinyurl.com/9x3xbzg

Haben Sie keine Angst, Neues und Ungewohntes auszuprobieren! Sie müssen beileibe nicht alles perfekt machen. Fehlermachen ist der wichtigsten Teil der Lernerfahrung. Nicht Erfolge bringen uns weiter, sondern Fehler. Seien Sie also weder zu streng zu sich selbst noch anderen gegenüber! Wie guter Käse reift braucht Erfahrung Zeit, um zu reifen.

Mit der Zeit wird sich Routine einstellen und Sie werden zu einem Könner in Dingen, von denen Sie heute vielleicht noch keine Ahnung haben. Lassen Sie Ihren Ideen freien Lauf, testen Sie, probieren Sie Neues aus! Teilen Sie Ihre Erkenntnisse und Erfahrungen mit anderen.

Ja, vielleicht geben Sie ja selbst einmal Ihr Wissen weiter, indem Sie einen Ratgeber schreiben! Ignorieren Sie Personen, von denen Sie in jedem zweiten Satz hören „Das schaffst du nie" oder „Da kann man sowieso nichts dran ändern". Sie sind auf Versagen und Resignation programmiert, und davon sollten Sie nicht anstecken lassen. Sie werden Ihre neue Unabhängigkeit und auch in Krisenzeite in der Lage sein, sich selbst zu verpflegen, sich täglich satt essen und dabei gesund und vollwertig zu ernähren.

Mein Tip: Je mehr Nahrungsmittel Sie selbst anbauen und herstellen (z.B. Ihr eigenes Brot backen), desto mehr Geld sparen Sie. Sehen Sie: durch je mehr Hände ein Produkt während der Herstellung gegangen ist, desto teurer wird es, denn natürlich will jeder Beteiligte in der Produktions- und Logistikkette daran verdienen.

Beispiel Brot: Neben dem Bauern wollen auch der Großhändler, der Zwischenhändler, der Spediteur, der Müller und der Bäcker verdienen. Kaufen Sie stattdessen nur das ungemahlene Getreide und machen alles selbst, werden Sie über Ihre Ersparnis staunen!

Und auch hier gilt natürlich wieder: **Auf diese Art setzen Sie Resourcen frei, um Ihr Vermögen auf- und auszubauen!**

5) Der krisenfeste und unabhängige Haushalt

Die Trinkwasserversorgung

Wenn Sie über einen Garten am Haus oder einen Schrebergarten verfügen, sollten Sie sich bei Ihrer Gemeinde erkundigen, in welcher Tiefe sich Grundwasser auf Ihrem Grundstück befindet. Denn eine eigene Wasserquelle, idealerweise direkt am Haus, ist zur Unabhängigkeit besonders in Krisenzeiten oder unter repressiven Regierungen kaum mit Gold aufzuwiegen.

Ich empfehle Ihnen bewußt nicht den Einsatz einer strombetriebenen Pumpe – es sei denn, sie produzieren den Strom auch selbst – würde dies doch dem Prinzip der Einfachheit und maximalen Unabhängigkeit widersprechen. Sehen Sie hier das Video „Der Brunnenmacher" - die alte Kunst des mechanischen Brunnenbaus als Anregung und Motivationshilfe: **http://tinyurl.com/9ha8b8q**

In Zukunft dürfte sich die Nachfrage auch nach diesem traditionellen Handwerk stark beleben, denn die Sehnsucht unzähliger Menschen nach mehr Unabhängigkeit wächst ständig. Gesundes, unbehandeltes Wasser aus der eigenen Quelle gehört eindeutig dazu! Brunnenbau-Anleitungen zum Nachlesen sowie die benötigten Werkzeuge finden Sie hier:
http://brunnenbau-shop.de   **http://erdbohrer-brunnenbau.de**
http://der-brunnen.de   **http://uwe-rosenberger.de/brunnen.htm**

Oder Sie beauftragen ein Unternehmen, das sich auf das Brunnenbohren spezialisiert hat, z.B.:
http://brunnen-bohren.at   **http://kleinbrunnen.de**

Oder schauen Sie in Ihrem örtlichen Telefonbuch oder den „Gelben Seiten"! Entscheiden Sie sich für eine frostsichere Schwengelpumpe, die all Ihre Sorgen rund um die Trinkwasserversorgung Ihrer Familie elegant lösen wird. Eine **frostsichere und winterfeste Brunnen-Handpumpe** ist in unseren Breitengraden unverzichtbar. Diese hier wird in Finnland hergestellt
Link walden-technik.eu: **http://tinyurl.com/9f6gxya**

Zur mobilen Trinkwasseraufbereitung gibt es nichts besseres als einen **Katadyn Pocket Wasserfilter**, der Teil jedes Haushalts sein sollte. Sie können damit aus bis zu 50.000 Litern Brackwasser Trinkwasser herstellen. Der microfeine Silberfilter desinfiziert Ihr Wasser und filtert sogar Viren, Bakterien und kleinste Teilchen radioaktiven Fallout heraus!

Verfügen Sie über ausreichend Platz, dann sollten Sie unbedingt eine **Regenzisterne, mehrere Regenfässer – oder -tonnen** oder sonstiges Wasserreservoirs zur Sammlung des Regenwassers installieren: ein Zuviel an Wasser kann es kaum geben, zum Eigenbedarf und zur Bewässerung des Gartens. Betonzisternen bieten gegenüber Kunststoffzisternen mehrere Vorteile: sie bestehen aus Naturmaterialien (Sand, Kies, Zement) und sind deshalb ökologisch und sorgen für einen besonders pflanzenverträglichen pH-Wert des Wassers. Aufgrund ihres Gewichts sind sie robust, stand- und auftriebsicher.
http://zisterne-ratgeber.de/zisternenarten/zisterne-beton
http://mall-zisterne.de   **http://dieregensammler.de**   **http://123regenwasser.de**
http://regenwasser-boehm.de/shop/Betonzisternen

Sind Sie an eine Stadtwohnung gebunden, dann wird Ihnen nichts anderes übrig bleiben, als einen Vorrat an Trinkwasserflaschen oder -kanistern anzulegen – und Ihre Stadtverwaltung dazu bewegen, öffentliche stromunabhängige Brunnen anlegen zu lassen, die eine Notversorgung gewährleisten können.

Buchempfehlungen:

Link **survivalpress.org**: „**Wie baue ich mir selbst – Wasserpumpe**"
http://tinyurl.com/pk443zg

Wilhelm Pengel „**Der praktische Brunnenbauer**"

Franz Bösenkopf „**Der Brunnenbau**"

Axel Gleue „**Wie kam das Wasser auf die Burg?**"

Eine handbetriebene Getreidemühle

stellt eine sinnvolle Komplettierung eines jeden Lebensmittelvorrates dar. Wenige Minuten leichter körperlicher Arbeit machen sie unabhängig vom Strom – und schon sehr bald auch vom Bäcker und immer schneller steigenden Brotpreisen. Ich selbst benutze die Kornkraft „Toscana" und mahle damit jede Art von Getreide mühelos und in kurzer Zeit. **Link kornkraft.de: http://tinyurl.com/8jtflsy**

Sie wird Ihre beste und zuverlässigste Helferin sein, wenn es darum geht, Getreide zu grobem Getreideschrot für Ihr Müsli oder feinstem Mehl für eigenes Brot oder Pfannkuchen zu vermahlen, sowie für viele andere Rezepte in der Küche, deren Zutat gesundes Vollkornmehl ist. Mich selbst hat besonders der hohe Nährwert des selbstgemahlenen Korns und sein Geschmack überzeugt. Nie wieder weißes Auszugsmehl!

Die (Not-)Stromversorgung

Wenn Sie ein umgangreicheres Treibstofflager besitzen sollten, kommt für Sie eventuell die Anschaffung eines Notstromaggregates in Frage. In diesem Fall sollten Sie sich für ein Gerät mit Inverter-Technik und Benzin- statt Diesel entscheiden, da Dieselmotoren zu laut sind und zu viele Abgase produzieren und daher für den Betrieb im Haus ungeeignet sind. Einen Link zum Preisvergleich verschiedener Mondelle und Hersteller finden Sie hier.
Link idealo.de: http://tinyurl.com/c7s2pjs

Da in Zukunft der Nachschub an Treibstoffen durch regionale Konflikte und ein Zusammenbruch des Welthandels und damit auch der Logistik nicht gewährleistet sein dürfte, halte ich es für riskant, allein auf Notstromaggregate zur Stromversorgung zu setzen.

Meiner Ansicht nach ist eine Kombination von Kaminfeuerung und/oder Festbrennstoffherd zum Heizen, Kochen und backen, ergänzt durch ein Windrad in winreichen Lagen zur autarken Stromerzeugung eine fast ideale Lösung.

Zu diesem Thema gleich mehr.

Ein Notstromaggregat ist meiner Meinung nach nur dann sinnvoll, wenn die Zeit eines Stromausfalles nur für kurze Zeit überbrückt werden muß. Bei grundlegenden, strukturellen Problemen, vor denen wir heute fraglos stehen, ist eine Planung für komplette Unabhängigkeit von der öffentlichen Stromversorgung sicherlich der sorgenfreiere Weg.

Notstromaggregate machen nur dann Sinn, wann absehbar ist, ob und wann Treibstoffvorräte aufgefüllt werden können. In wirtschaftlich und politisch turbulenten Zeiten ist eine solche Planung schlicht unmöglich.

Gehen Sie besser vom schlimmste Fall aus und machen Sie Ihre Versorgung so weit unabhängig (= autark) wie nur möglich!

Heizen und Kochen

Die beste Lebensmittelbevorratung und die leckersten Früchte aus dem eigenen Garten sind weitgehend nutzlos, wenn die Kochgelegenheit fehlt, um sie zuzubereiten. Zwar leben wir heute noch immer im Überfluß, dennoch sollten wir unbedingt zu einem sparsamen Umgang mit den uns zur Verfügung stehenden Resourcen übergehen, und mit dem Einüben dieses bewußten Haushaltens sollte am besten noch heute begonnen werden.

Das könnte etwa so aussehen, daß auf die „Festbeleuchtung" bewußt verzichtet, und nur der Raum beleuchtet wird, in dem man sich gerade aufhält … daß man den „Stand-by"-Schalter aller ungenutzter Elektronikgeräte ausschaltet … daß man sich daran gewöhnt, z.B. beim Kochen den Herd früher abzuschalten und die Restwärme zu nutzen … auch daß man nicht zweimal täglich duscht, sondern vielleicht nur aller zwei Tage einmal – das häufige Duschen tut der Haut ohnehin nicht gut und trocknet sie aus.

Die Zeit des bedenkenlos genutzten Überflusses wird bald in eine Zeit das Mangels umschlagen. Bereiten Sie sich physisch und mental besser schon heute darauf vor.

Hätten Sie gedacht, daß diese Festbrennstoffherde jemals ein derartiges Comeback erleben würde? Schwer vorstellbar war das noch vor wenigen Jahren! Denn der Elektroherd ist einfach so bequem – aber nur, solange jederzeit Strom verfügbar ist. Bricht die Stromversorgung zusammen – und die Stromnetze sind heute maroder denn je – dann heißt es „besser man hat, als man hätte".

Der **Austausch von teflonbeschichteten Pfannen gegen gußeiserne Pfannen ist aus mehreren Gründen ratsam**. Nicht ohne Grund sind Letztere wieder stark im Kommen.

Erstens – die Vielseitigkeit eiserner Pfannen: Im Notfall lassen sich die Mahlzeiten in gußeisernen Pfannen auch am offenen (Lager-)Feuer zubereiten. Das sollte man mit beschichteten Pfannen nicht ausprobieren!

Zweitens – Ihre Gesundheit: Ist die Teflonbeschichtung auch nur minimal beschädigt, dann können Stoffe an das Bratgut abgegeben werden, die im Verdacht stehen, krebserregend zu sein.

Drittens – natürliche Vorbeugung des heute häufigen Eisenmangels: Beim Bratvorgang werden winzige Mengen an Eisen von der Pfanne an das Bratgut abgegeben, was Ihnen ganz nebenbei hilft, Ihren täglichen Eisenbedarf auf ganz einfache und natürliche Art zu decken, wie dies unsere Vorfahren seit Hunderten von Jahren (unbewußt) getan haben.

Ein weiterer Vorteil schmiedeeiserner Pfannen ist die extrem **hohe Wärmeleitfähigkeit**. Sie benötigen bei Verwendung einer Eisenpfanne nur einen Bruchteil der Energie, die Sie bei heute üblichen Pfannen aufwenden müssen. Gewöhnlich müssen Eisenpfannen vor ihrem ersten Einsatz „eingebraten" werden, um ein späteres „Anhängen" oder Festkleben des Bratguts auszuschließen. Ich empfehle **handgeschmiedete Eisenpfannen, bei denen Sie sich das Einbraten ganz sparen können:**

Link damastklinge.de: http://tinyurl.com/cc8fgec

Falls Sie sich für eine andere Pfanne entscheiden sollten, die noch eingebraten werden muß, folgt nun hier eine kurze Anleitung:

Das Einbraten von Eisenpfannen

Zuerst muß der Korrosionsschutz entfernt werden. Dazu wird die Pfanne in heißem Wasser und ein wenig Spülmittel eingeweicht. Verzichten Sie Ihrer Gesundheit zuliebe auf Haushaltsmittel, deren chemische Zusätze Ihrer Haut, Gesundheit und dem Wasser Schaden zufügen! Da unsere Haut durchlässig ist und nicht nur Giftstoffe ausscheiden, sondern auch aufnehmen kann, sollten Sie stattdessen Pflegemittel verwenden, die auf fragwürdige Zusätze mit unbekannten Nebenwirkungen verzichten. Reinigungsmittel, die weder Sie noch der Mitwelt unnötig belasten, finden sie beispielsweise bei http://waschbaer.de oder http://izs-shop.de .

Mit einer Spülbürste und klarem, heißem Wasser werden die Reste des Schutzes entfernt und die Pfanne anschließend gründlich abgetrocknet. ***Danach folgt das „Einbraten":***

Geben Sie dazu ein hoch erhitzbares Fett oder Öl in die Pfanne. Es sollte den Boden der Pfanne gut bedecken. Nun geben Sie rohe Kartoffelscheiben oder -schalen mit einem Teelöffel Salz hinzu. Braten Sie die Kartoffeln gut durch, bis der Pfannenboden dunkel zu werden beginnt. Das Bratgut wird dabei mehrfach gewendet, bis es dunkelbraun ist. Danach wird die Pfanne entleert, ausgespült und sorgfältig abgetrocknet. Nun ist die Pfanne einsatzbereit. Bitte nicht vergessen: Die Pfanne ist aus Eisen und nun ohne Korrosionsschutz, d.h., wenn Sie nicht gebraucht wird, muß sie nach jeder „nassen" Reinigung mit etwas Öl und einem Küchenpapier leicht gefettet werden.

Generell sollte folgendes beachtet werden:

→ Achten Sie auf die richtige Pfannengröße, d.h. Der Pfannenboden darf nicht größer als die Herdplatte sein
→ Zuerst Pfanne und Fett erhitzen, dann erst das Bratgut dazugeben
→ Schon kurz nach dem Anbraten können Sie die Temperatur senken; die Pfanne reagiert schnell, da der Boden nicht so dick ist
→ **Niemals die Pfanne in der Spülmaschine reinigen!** Meistens genügt es, die Pfanne mit einem Küchenpapier und Salz ausreiben. Ansonsten mit heißem Wasser ausspülen, gut abtrocknen und leicht einfetten
→ In der Anfangszeit benötigen Sie zum Braten etwas mehr Fett/Öl als in einer beschichteten Pfanne. Je häufiger die Pfanne benutzt wird und je dunkler sie wird, desto weniger Fett wird benötigt.

Handgeschmiedete Eisenpfannen sind nicht beschichtet. Sie sind kratz- und schnittfest und verändert auch nach jahrelangem Gebrauch nicht ihre Oberflächenstruktur. Mit zunehmendem Gebrauch verbessern sich ihre hervorragenden Brateigenschaften nur, da sich auf der Bratfläche eine dunkle, glatte Patina bildet, die das Ankleben des Bratgutes und das Rosten der Pfanne verhindert. Im Laufe der Zeit erreicht eine solche Pfanne erst ihre besonderen Vorzüge. Eisenpfannen, die noch eingebraten werden müssen, sind hier erhältlich:
Link kochgut.de: http://tinyurl.com/8qz2sof
Link cookplanet.de: http://tinyurl.com/9cstbww

Falls keine der hier angesprochenen Kochgelegenheiten für Ihre persönlichen Umstände wirklich umsetzbar scheint, dann sollten Sie sich zumindest Kochutensilien besorgen, mit denen Sie „wie früher" im Freien kochen können, so daß wenigstens im Sommer die Essenszubereitung ohne größere Umstände möglich ist. Ein weiterer Vorteil neben ihrer Unverwüstlichkeit und hohen Wärmeleitfähigkeit ist, daß sie im Gegensatz zu „modernen" Bratgeräten auch über offenem Feuer eingesetzt werden können – falls Sie je im Freien kochen müssen oder möchten. Zur weiteren Kochausrüstung für draußen gehören: ein **Topf**, sowie nach Bedarf **Pfannen aus Gußeisen unterschiedlicher Größe – abhängig davon, wieviele Personen Sie verpflegen möchten**; des weiteren ein **Feldkochherd oder Dreibein** zur Fixierung von Pfanne oder Topf während des Kochens. Sollten Sie einen **Dutch Oven** verwenden, kann dieser direkt in die Glut gestellt werden.

Zubehör für das Kochen im Freien:

Parallel zum Voranschreiten des technischen Fortschritts ist unsere Abhängigkeit von diesen neuen Technologien gewachsen. Unserer Überlebensfähigkeit hat der blinde Fortschrittsglaube nicht gut getan. Heute sind die wenigsten von uns in der Lage, im Freien ohne technische Hilfsmittel ein Feuer anzuzünden, an dem man sich wärmen und seine Mahlzeiten kochen könnte. Nun, dieses Wissen mag im Schutt des Fortschrittsglaubens zwar verschüttet worden sein, aber verloren ist es nicht. Es muß nur wiederentdeckt und neu erlernt werden. Und wer hätte je gedacht, daß diese Fähigkeit tatsächlich wieder lebenswichtiger werden wird als die Bedienung des neuesten Smartphone?! Jedes verantwortungsbewußte Familienmitglied sollte mit der Technik des Feuermachens vertraut und darin geübt sein und die Utensilien im Rucksack oder am Gürtel tragen, mit denen man auf dieselbe Weise Feuer zu machen in der Lage ist wie unsere Vorfahren: mit Hilfe von Feuerschläger, Feuerstein und Zunder. Das Gegeneinanderschlagen von zwei Feuersteinen erzeugt übrigens nur kalte Funken. Ein Feuer läßt sich so nicht entfachen. Der Feuerstein schlägt das Feuer aus dem kohlenstoffhaltigem Stahl des Feuerschlägers, der manchmal auch als Feuereisen oder Pikeisen bezeichnet wird. Die heißen Funken verfangen sich in dem Zunder, den man über den Feuerstein hält. Der Zunder wird anschließend in ein zuvor vorbereitetes trockenes „Heunest" gelegt, das schon bald zu rauchen und glimmen beginnt und durch vorsichtiges Pusten verstärkt wird, bis es brennt. Hier finden Sie nicht nur alles Zubehör rund ums Feuermachen auf diese uralte und bewährte Art. Ein kurzes Demonstrationsvideo veranschaulicht darüberhinaus auch die Kunst des Feuermachens auf diese Weise. Empfehlenswert als täglicher Begleiter in Wald und Flur, und unverzichtbares Utensil für jeden Camping-Rucksack: das *„Feuerset im Beutel"*

Link lederkram.de: http://tinyurl.com/cujsqdp

Da wir jetzt wieder in der Lage sind, auch ohne technische Hilfsmittel für Feuer zu sorgen, fehlt uns nun noch das passende Kochutensil für einfachste Verhältnisse, mit dem wir uns in jedem bewohnten und unbewohnten Gebiet unsere Mahlzeiten zubereiten und uns wärmen können. Das ist der **Hobo-Ofen**.

Als „Hobo" wurden während der bislang schwersten Weltwirtschaftskrise Ende der 1920-er / Anfang der 1930-er Jahre in den USA Menschen bezeichnet, die als Tagelöhner, Landstreicher und Bettler auf der Suche nach Arbeit, Nahrung und Unterkunft von Ort zu Ort zogen. Der Hobo-Ofen war ihr vermutlich wertvollster Besitz.
Es handelt sich um einen primitiven Ofen aus einfachsten Materialien, obwohl man ihn mittlerweile auch aus Titan kaufen kann. Dennoch liegt der ganz besondere Reiz im Eigenbau.

Das „Selbermachen" ist eine unvergleichliche Sammlung von Erfahrungen, von denen unser Leben profitiert. Bei einem Kauf – wenn wir also nur als Konsument auftreten – bleiben uns diese wertvollen Erfahrungen verwehrt. Alles was Sie dazu benötigen ist eine große leere Konserven- oder Edelstahldose, wie sie zur Aufbewahrung von Lebkuchen oder Kaffee verwendet wird, ein Multifunktionswerkzeug („Multitool") und einen Filzschreiber.

Der Hobo-Ofen ist ein solch einfaches Konstrukt, daß jeder Nutzer seinen eigenen bauen sollte – warum nicht gemeinsam im Kreise der Familie, und die Öfen anschließend bei der Zubereitung des Essens im Freien ausprobieren? Insbesondere Ihre Kinder werden diesen Hauch von Abenteuer und Lagerfeuerromantik lieben! Ganz nebenbei lernen Sie dabei selbständiges und eigenverantwortliches Denken und Handeln, sowie ein paar praktische Fertigkeiten zum (Über-)Leben in der Natur.

Video zur Bauanleitung eines Hobo-Ofens: http://tinyurl.com/d6o5x27

Zum Kochen mit dem Hobo-Ofen eignet sich **originale Militär-Kochausrüstung** auf ideale Weise. Sie ist nahezu unkaputtbar und seit fast 100 Jahren unverändert millionenfach in der Praxis bewährt. Da wir unsicheren Zeiten entgegensehen, halte ich für nicht verkehrt, das Leben und Überleben in freier Natur von Zeit zu Zeit zu üben.

Besonders Ihre Kinder werden von dem „Abenteuerfaktor" begeistert sein und vieles selbstverständlich und spielerisch lernen.

Alle folgenden Links führen zum Anbieter http://asmc.de :

Kochgeschirr NVA: http://tinyurl.com/3q8oedd
Kochgeschirr Bundeswehr: http://tinyurl.com/cts7xyc
Das dazu passende Eßbesteck: http://tinyurl.com/9hkxho2
Emaille-Trinkbecher: http://tinyurl.com/9m4bf2q

Um mit Materialien, die Sie überall in der Natur finden (z.B. Zweige, Zapfen, Moos, trockenes Gras), in kürzester Zeit Wasser zu erhitzen, hat sich ein irischer Kelly-Kessel bewährt: **http://kellykettle.de**
Die Notausrüstung für jedes Familienmitglied sollte außerdem Ausrüstung zum Biwakbau umfassen, etwa zum Sägen, Graben, und Hacken:

Klappspaten NVA: http://tinyurl.com/9rwyunv
Klappspaten Bundeswehr: http://tinyurl.com/9yc5lho
Kinderrucksäcke: http://tinyurl.com/9aw94af
Rucksäcke: http://tinyurl.com/8c4t4q6

Tip: Gebrauchte Originalware ist in jeder Hinsicht besser als billige neue Importartikel!

Die Notfall- und Biwakausrüstung wird komplettiert durch Zelt, Schlafsack und Isoliermatte: http://tinyurl.com/9d6lf9g

Einige Leser werden nicht die Möglichkeit haben, ihre Wohnung mit einem Festbrennstoffherd krisentauglich zu machen, geschweige denn über so viel Platz verfügen, um ein Backhaus zu bauen. Insbesondere wird das dann der Fall sein, wenn sie in der Stadt leben. Falls dies auf Sie zutrifft, müssen Sie dennoch nicht die Flinte ins Korn werfen. Während der kalten Tage hilft Ihnen ein Cobb-Grill beim Zubereiten Ihrer warmen Mahl-zeiten. Er kann ohne Weiteres in Ihrer Woh-nung betrieben werden – wie Fondue oder Raclette. Der einzige Unterschied: Ein Cobb-Grill benötigt keinen Strom. Er erreicht in seinem Inneren eine Hitze von bis zu 300°C, was Ihnen das Kochen, Grillen, Garen oder Braten ermöglicht.

Ein Cobb Grill kann zwar auch mit gewöhnlicher Holzkohle befeuert werden. Vom Hersteller empfohlen wird jedoch die Verwendung eines Grillbriketts, das unter der Bezeichnung „Cobble Stone" vermarktet wird. Die Briketts sind so konzipiert, daß sie eine gute Sauerstoffzufuhr und dadurch einen gleichmäßig guten Abbrand gewährleisten. Nach einer Minute brennt ein „Cobble Stone" zuverlässig und ermöglicht eine Kochzeit des Cobb-Grills von bis zu 3 Stunden. Sogar Brot können dann gebacken werden!

In der warmen Jahreszeit können Sie sicherlich auf jeder (Dach-)Terrasse, auf Ihrem Balkon, im Hof oder auf einer kleinen freien Fläche hinter dem Haus eine Feldküche in Form einer Gulaschkanone betreiben.
Link eBay.de „Gulaschkanone": http://tinyurl.com/9sdnwks

Weitere altbewährte Kochutensilien sind:

Feldkochherd:
Link ronniesunshines.com:
http://tinyurl.com/9ptc3vc

und der dazu passende Wasserkocher:
Link ronniesunshines.com:
http://tinyurl.com/9jc2mvq

Dreibein samt den dazu passenden Kochtöpfen:
Link eBay.de: http://tinyurl.com/9sdnwks

Dutch Oven:
Link ronnieshunshines.com: http://tinyurl.com/8jafpqz

Dutch Oven gibt es in vielen verschiedenen Größen; egal also, wieviele Leute Sie verpflegen müssen – alles ist möglich! Mit Hilfe eines Dutch Oven – dem Universal-Kochgerät nordamerikanischer Siedler (aus Mitteleuropa) – können Sie sogar Brot backen!

Das südafrikanische Pendant zum „Dutch Oven" ist als ein weiteres Allroundtalent zum Kochen und Backen – auch über offenem Feuer – unter dem Namen **Potjie** bekannt und auch in Mitteleuropa stark im Kommen. Der Potjie ist sozusagen der „Dutch Oven" der holländischen Siedler, der Buren. Potjies werden in Südafrika handgefertigt und sind damit auch heute noch so unverwüstlich wie damals: **http://potjierie.de**

Koch-Tip:
Kochen Sie Kartoffeln und Gemüse in Zukunft nicht mehr, sondern dünsten Sie sie! Beim Dünsten und Garen bleibt die Mehrzahl der Nährstoffe erhalten, während die hitzeempfindlichen und wasserlöslichen Nährstoffe beim Kochen an das Kochwasser abgegeben werden und verlorengehen! Mit Hilfe eines **Dampfeinsatzes** bleiben die Nährstoffe indes erhalten, z.B. erhältlich bei:

Link neuetischkultur.de: http://tinyurl.com/co25bap

In Anbetracht der turbulenten Zeiten, denen wir entgegengehen, sollte auch robustes Koch- und Eßgeschirr Teil jedes krisenfesten Haushaltes sein. Emaille erlebt nicht ohne Grund gerade wieder eine Renaissance, da es nicht nur unzerbrechlich, einfach zu reinigen und sehr leicht ist, sondern sich zudem ausgezeichnet als Kochgeschirr im Freien eignet. Kochen mit Emaille-Geschirr ist zudem eine traditionelle und gesunde Art, Essen zuzubereiten. Dasselbe trifft auf Holzgeschirr zu.

Emaillegeschirr: *Holzgeschirr:*
http://emaille24.de **http://eisenbeisser-shop.de**
http://kräuterliebe.de
Link lederkram.de: http://tinyurl.com/8bsfdzs

Das eigene Backhäuschen

Haben Sie im Garten etwas mehr Platz, dann könnte ein Backhäuschen einer Ort zum Backen und Kochen bei Wind, Wetter und zu jeder Jahreszeit sein, der sie völlig unabhängig vom öffentlichen Stromnetz macht. Daß auch die Nachfrage nach alternativen Koch- und Backgelegenheiten stark zunimmt, wird am ebenso wachsenden Angebot erkennbar. Ein Backhaus kann man sich bauen lassen oder als Bausatz erwerben. Heute müssen bestimmte Bauauflagen und Vorschriften erfüllt und das Backhaus vom Schornsteinfeger abgenommen werden. Nach dem Kollaps wird das niemanden mehr interessieren. Hilfreiche und informative Seiten zum Thema Holzbackofen finden Sie hier:

http://ofenbau-busam.de **http://backhaus-welt.de**
http://holzbrotofen.de **http://holzbackofen-maurer.de**
http://holzofen-projekte.de

Link backdorf.de „Selbst-Bausätze": http://tinyurl.com/8bsfk52

Brot, Pizza und Kuchen backen, Obst dörren … Sie haben dieselben Möglichkeiten wie mit einem Elektroherd – nur ohne Abhängigkeit von der Stromversorgung. Falls Sie über einen Kaminanschluß verfügen, können Sie ihre Wohnung oder Ihr Haus auch direkt mit einem Festbrennstoffherd ausrüsten. **Lassen Sie sich am besten von Ihrem örtlichen / regionalen Ofenbauer fachkundig beraten! Adressen finden Sie im Internet oder in Ihren „Gelben Seiten".**

Haushalte, die einen Kaminabzug besitzen, oder einen **Edelstahl-Außenkamin nachrüsten** können, sollten ihren **Elektroherd gegen einen Festbrennstoffherd austauschen oder ihren Haushalt um einen solchen ergänzen**. Manche Festbrennstoffherde erlauben die Anpassung der Backröhre mittels einer Handkurbel. Auf diese Weise kann die Hitze zielgenau konzentriert werden. Das spart Heizmaterial und erlaubt auch das Backen (und Kochen) im Sommer. Als **Brennstoff während der Sommermonate,** wenn keine hohe Hitzeentwicklung gewünscht wird, ist **Erlenholz** besonders empfehlenswert.

Kaminöfen mit Backfach
Link ofen.edingershops.de: http://tinyurl.com/8zm6x3w

Kaminöfen mit Kochplatten
Link ofen.edingershops.de: http://tinyurl.com/99od9qv

Gartenbackofen zum Grillen / Kochen und Backen
Link kamdi24.de: http://tinyurl.com/9dfdxx7

Der Grundofen
http://sancal.de

Der Lehmofen
http://lehmofen.de   http://derlehmbackofen.de

Link any-way-out.de: http://tinyurl.com/9q9xa5u

Der Festbrennstoffherd / Küchenherd
Manufaktur aus Südtirol: Hersteller aus Österreich:
http://pertinger.com   http://lohberger.com

Mit einem **Festbrennstoffherd** heizen, kochen und backen Sie unbeeindruckt von Strom-, Öl- und Gaspreisen, vor allem wenn Sie bereits auf dem Land leben und im Idealfall über ein eigenes Waldstück oder sogar eine eigene Quelle verfügen – oder einer Ihrer Nachbarn dies tut. Mitteleuropa ist enorm wasser- und waldreich. Praktisch nirgendwo dürfte es hier in keiner Gegend an Nachschub für Stamm-, Rest-, Bruch- und Brennholz fehlen.

Achten Sie darauf, daß es sich bei Ihrem Herd oder Kamin um ein Modell handelt, **das idealerweise zum Dauerbetrieb („Dauerbrand") geeignet ist.** Das bedeutet, daß der Ofen nicht nur mit Holz („Zeitbrand"), sondern auch mit Steinkohle beheizt werden kann! Insbesondere Steinkohle besitzt eine enorm hohe Energiedichte. Informieren Sie sich bei Ihrem Ofenbauer und / oder Ofenhersteller, ob Ihr Ofen auch mit Steinkohle beheizt werden kann!

Öfen aus Gußeisen strahlen nicht nur eine massive Wuchtigkeit aus, sondern auch eine besondere Eleganz, die sich in fast jedes Heim gut integriert. Gußeisen verzieht sich auch unter großer nicht, bleibt also formstabil und damit nahezu wartungsfrei. Viele Modelle sind Vielseitigkeitswunder, mit denen Sie problemlos heizen, kochen, backen oder sogar grillen können. Hier eine kleine Auswahl:

Die „Iron Dog"-Serie von der Ofenmanufaktur Brunner aus Bayern: http://iron-dog.de

Das Topmodell ist Iron Dog No. 5, der Ihnen zugleich Heizquelle, Kochstelle, Backofen und wahlweise Grillstation sein kann. Der Videokanal der Firma: http://youtube.com/user/heizkultur

Der „Ironheart" der schottischen Ofenmanufaktur „Esse"
Link british-stoves.de: http://tinyurl.com/bdcxloz

Der renommierte schwedische Ofenherstelle Davidssons, z.B. erhältlich bei: http://ofen-outletshop.com

Besitzer von Holzöfen kennen das Problem: Während der Raum, in dem der Ofen steht, oft fast unerträglich überheizt ist, bleiben die anderen Räume fast kalt. Hier kann ganz leicht mit einem Holzofenventilator Abhilfe geschaffen werden, beispielsweise dem kanadischen **„Ecofan"**. Er ist völlig wartungsfrei, geräuscharm und benötigt keinerlei Strom, sondern wird angetrieben durch die thermische Energie des Ofens. Hitze steigt nach oben und treibt die Flügel des Ventilators an. Dadurch verteilt sich die Wärme gleichmäßig im Haus, und die Heizleistung wird ebenfalls gesteigert, während der Verbrauch von Brennmaterial gesenkt werden kann.

http://holzofenventilator.de   http://waermepropeller.de
http://ecofan-schweiz.ch   Link aa-shop24.de: http://tinyurl.com/cvvdp6y

Neben der **unkomplizierten Verfügbar- und Beschaffbarkeit** des Heizmaterials bietet sich ein weiterer großer Vorteil: Keine repressive Behörde und kein Energiemonopolist kann Ihnen mehr „den Strom ausknipsen" - insbesondere wenn Sie leicht für Nachschub an Brennmaterial zu sorgen in der Lage sind. Achten Sie darauf und setzen Sie sich dafür ein, daß in Ihrer Region **kein wahlloses Abholzen** und eine förmliche Plünderung des Waldes stattfindet, wie dies in Notzeiten häufig geschieht. Leider scheint der Mensch in seinem Unverstand dazu zu neigen, seine eigene Lebensgrundlage zu zerstören, um kurzzeitigen Mangel auszugleichen. Stattdessen sollte möglichst **überwiegend Bruch- und Restholz** verwendet werden, was Brennstoffe und Heizmaterial betrifft.

Der Wald nimmt eine zentrale Funktion im Ökosystem der Erde als Wasserspeicher und größter Sauerstoff- und Humusproduzent ein. Darüberhinaus ist er Heimat und Lebensraum einer Vielzahl einheimischer Tiere und Pflanzen. Er ist damit auch der größte Lebens- und Heilmittelproduzent, deckt er doch unseren Tisch mit vielerlei Wildkräutern, Beeren, Pilzen und Wurzeln, die uns kostenlos zur Verfügung stehen. Schon aus diesem Grund sollte der Wald vor Raubbau geschützt werden. Fruisch geschlagenes Holz benötigt mindestens ein bis zwei Jahre der Ruhe und Trocknung, bevor es als Heizmaterial geeignet ist. Der Wert der Bäume wird veranschaulicht in ihrem langsamen Wachstum. Die Forstwirtschaft veranschlagt für Werthölzer wie Buche und Eiche eine Produktionszeit von mindestens 75 bis 100 Jahren. Erst ab einem Alter von 30 Jahren beginnen die Bäume zu blühen. Ein sorgfältiger, verantwortungsbewußter Umgang mit unserem Wald ist also unverzichtbar.

Wir sind nicht von toten Gegenständen abhängig, die uns in Hülle und Fülle zur Verfügung stehen, sondern von natürlich begrenzten und sensiblen Ökosystem: **Verantwortung und Fürsorge** ist also das oberste Gebot im Umgang mit ihm.

Vor ein paar Jahren noch undenkbar, bieten große Versandhäuser wie Baur, Neckermann, Otto & Co heute Festbrennstoffherde zum Kauf an. Wenn Sie diesen Trend ebenfalls erkannt haben, dann sind Sie also längst kein Exot mehr! Sollte Ihr **Holzofen, Kaminofen, Heizofen, Kachelofen, Specksteinofen, Schwedenofen, Garten-grill**, ... , über kein spezielles Backfach verfügen, dann können Sie ihn durch einen **mobilen Ofeneinsatz** notgedrungen backtauglich machen: **http://pizza-casa.de** .
Link ofen.edingershops.de: http://tinyurl.com/9jv92yz

Mir persönlich gefällt die seit alters bewährte gußeiserne Variante optisch und praktisch viel besser. Ein handgeschmiedetes Grillrost bekommen Sie heute in zahlreichen auf Mittelalter spezialisierten Läden, wie beispielsweise **Link kayserstuhl.de: http://tinyurl.com/9pnwkwc** oder
bei http://lederkram.de → Lagerausrüstung → Kochutensilien → Grillzubehör

Beachten sollten Sie dabei, daß die Grillroste derzeit „nach deutschem Recht" nur als mittelalterliche Requisite gelten, da ihre Zertifizierung zur Verwendung mit Lebensmitteln zu teuer wäre und sich wegen der geringen Fertigungsmengen nicht lohnt. Sie leben und essen also unbevormundet und auf eigene Gefahr.

Falls Sie Ihnen unsere Auswahl nicht zusagen sollte – sprechen Sie mit einem Ofensetzer oder Kaminbauer, oder suchen Sie im Internet nach einer Lösung, die zu Ihren Anforderungen paßt! Sie werden staunen, was es alles gibt, und finden ganz bestimmt die für Sie optimale Lösung!

Achtung: Verwenden Sie ausschließlich unbehandeltes Scheitholz oder Kohlebriketts als Heizmaterial. Die Asche muß nicht entsorgt werden, sondern kann mit ihrem hohen Gehalt an Kali und anderen Mineralstoffen als ausgezeichneter Dünger für Ihren Garten verwendet werden. Falls Sie keinen Garten besitzen – vielleicht hat ja ein Bauer oder Gartenbesitzer Verwendung dafür, so daß Sie sie als Tauschware verwenden können.

Auch wenn Sie sicherlich ohne Probleme einen Lieferanten für Brennholz in Ihrer Nähe finden werden, an dieser Stelle noch ein paar **Bezugsquellen im Internet**:

http://brennholz.com   http://brennholz-gmeiner.de   http://brennholz-partner.de

Link traumofen.de „Hardbriks": http://tinyurl.com/92hyvzb
Link heizbriketts-preise.de: http://tinyurl.com/9a9pkpn

In vielen Gemeinden ist es üblich, daß alljährlich im Frühjahr eine umfangreiche Brennholzversteigerung in Form von Flächenlosen oder Brennholzpoltern (Polterholz) aus dem Gemeindewald stattfindet. Auf diese Weise können Sie oft deutlich günstiger an das von Ihnen benötigte Brenn-holz gelangen, müssen jedoch den Abtransport und die Zerkleinerung selbst organisieren bzw. übernehmen.

Um in Zukunft selbständig Brennholz zu schlagen und zu zerkleinern, ohne dabei auf Resourcen wie Treibstoff oder Strom Zugriff zu haben, sollten altbewährte Werkzeuge, die diesem Zweck dienen, Teil eines jeden autarken Haushaltes sein. Was das fachgerechte Fällen von Bäumen betrifft, ist eine Ausbildung als Forstwirt oder ein spezieller Kurs sicherlich von großem Wert und Nutzen, gerade aus Gründen der Sicherheit.

Zubehör zum manuellen Zerkleinern von Brennholz:

Einmann- bzw. Zweimann-Schrotsäge   *Handsäge wie z.B. eine Schittersäge*
http://feinewerkzeuge.de/onemansaw.html   **Link ulmia de.: http://tinyurl.com/aumgbwq**

Ich könnte mir durchaus vorstellen, daß nach dem Kollaps verstärkt das Thema **Freie Energie** und **Overunity** ins öffentliche Interesse rücken wird. Man munkelt, daß sogar Baupläne für serienreife Geräte zur Erzeugung freier Energie in den Tresoren der Energiemultis schlummern sollen – derzeit läßt sich mit fossiler Energie aber mehr Geld verdienen. Freie Energie stünde jedem kostenlos zur Verfügung.

Die kommenden Entwicklungen verfolge ich mit „Spannung"!

Sie können auch damit beginnen, aus Altpapier Papierbriketts selbst herzustellen. Zeitungen und Pappe (alles ausschließlich unbehandelt) werden dabei über Nacht in Wasser eingeweicht, die Papiermasse anschließend in eine Papierbrikettpresse gefüllt, und das Wasser herausgepreßt. Dann müssen die Papierbriketts mehrere Tage lang trocknen. Besser ist es jedoch, sie ausschließlich **an warmen Tagen von Frühling bis Spätsommer** herzustellen und so lange wie nur möglich zu **trocknen, idealerweise direkt an der Sonne**.

Nur vollständig trockene Papierbriketts minimieren die Papierflusenbildung, die den Ofen verrußen läßt!

Hersteller von Papierbrikettpressen geben an, daß die Papierbriketts einen ähnlichen Heizwert wie Kohlebriketts haben sollen. Dies trifft allenfalls auf die maximal getrockneten Briketts zu. Eine Feuerung von tageweise getrockneten Papierbriketts dürfte eher den Effekt der Verfeuerung von gebeiztem oder nassem Holz haben, was unter allen Umständen vermieden werden sollte. Das bekommt weder Ihrer Umgebung noch Ihrem Ofen gut! Im Augenblick rechnet sich die Mühe der Herstellung (bitte im Freien, da eine ziemliche „Sauerei"!) noch kaum. Heute verbieten die meisten Ordnungsämter die Verwendung von Papierbriketts – aus Umweltschutzgründen.

Vielleicht geht es dabei auch eher um den Schutz der Energiekonzerne, aber lassen wir das dahingestellt. Im Notfall, wenn auch der Kauf von Heizmaterial immer unerschwinglicher wird, dürften Verbote dieser Art niemanden mehr interessieren. Zu Zeiten der Weimarer Hyperinflation wurden schubkarrenweise die wertlosen Papierscheine verheizt, die billiger waren als das Heizmaterial, das man dafür bekommen hätte. Vor dieser Lernerfahrung steht heute die gesamte sogenannte „entwickelte Welt".

Achtung: Verwenden Sie bei der Herstellung ausschließlich normales Zeitungspapier (schwarz-weiß) ohne Farbdruck, und niemals Hochglanzpapier, Kataloge u.a., da deren Farben Schwermetalle enthalten. Lassen Sie die Papierbriketts so lange wie nur möglich, am besten direkt an der Sonne, trocknen (Herstellung: warme Tage von Frühling bis Spätsommer), bevor Sie sie im Winter als Notfeuerung verwenden können.

Kochen mit Sonnenenergie

Wer über einen Balkon, eine (Dach-)Terrasse oder sonstigen Platz im Freien verfügt, kann sich die Energie der Sonne zum Kochen nutzbar machen, und zwar mittels eines Solarkochers. Es gibt Kocher, die die Sonnenenergie mittels eines Parabolspiegels einfangen, und wiederum andere, die eher an einen Dörrschrank erinnern. Finden Sie heraus, welches eher für Ihre Zwecke in Frage käme! Ein kleiner Nachteil besteht selbstverständlich darin, daß das Gerät nur bei Sonnenschein ausreichend Energie verfügbar machen kann. Doch allein die Ersparnis an anderem Heizmaterial könnte die Anschaffung bereits lohnenswert machen.

http://solarfood.de   http://sun-and-ice.de
Link solar.verkauf-internet.de: http://tinyurl.com/9tupy4n

Eigenstromerzeugung

Der Zustand des Stromnetzes ist heute viel maroder, als man der Bevölkerung zu informieren wagt. Unangenehme Fragen könnten dann aufgeworfen werden: Etwa wohin die exzessiven Strompreiserhöhungen der letzten Jahre und Jahrzehnte geflossen sind. Wenn es sogar zu Stromausfällen von mehreren Tagen kommen kann, selbst wenn dieses System noch nicht kollabiert und die Infrastruktur noch weitgehend intakt ist – zum Beispiel in einem Winter mit Eisregen und Schneemassen – was wird erst während eines Finanz- und Wirtschaftskollaps geschehen?

Doch auch so: Atomkraftwerke werden abgeschaltet, noch bevor regenerierbare Energien so ausgereift sind, um den Strombedarf wirklich decken zu können. Mit der sogenannten „Energiewende" wurden „Energieparks" aus dem Boden gestampft, noch bevor die dazu benötigten Stromleitungen errichtet waren.

Die Abschaltungen unwirtschaftlicher und naturschädigender Windparks werden finanziell alternativlos den Stromkunden aufgelastet. Die Ausplünderung der Massen ist hervorstechendstes Kennzeichen eines totalitären Systems. Parallel dazu wird nun gegen teures Geld Atomstrom aus angrenzenden Nachbarländern importiert, und so ausländische Atomkraftwerke aus Steuergeldern bezuschußt – eine wahre Meisterleistung „grüner" Politik!

Natürlich gibt es heute auch Lösungen, die auf **Solar und Photovoltaik (PV)** aufbauen. Beide sind allerdings auch mit eindeutigen Nachteilen behaftet, von denen ein niedriger Wirkungsgrad und das Problem der Speicherung zu nennen sind. Photovoltaik erzeugt zudem Starkstrom. Wird ein Kurzschluß verursacht, dann kommt nicht einmal die Feuerwehr aus genau diesem Grund zum Löschen – Stromschlaggefahr! Außerdem erzeugt die PV-Anlage eine **starke elektromagnetische Strahlung** im Umkreis des Gebäudes, auf dem sie installiert wurde. Gesundheitliche Folgen auf Körper und vor allem Gehirnströme wurden bislang nicht erforscht.

Von schwerwiegenden Charakterveränderungen wird aber bereits berichtet, z.B. auch im Hinblick auf den „intelligenten Stromzähler", der nicht nur das gesamte Haus überwacht, sondern ebenfalls eine sehr starke permanente elektromagnetische Strahlung erzeugt, die die die Gehirnströme der Bewohner so extrem beeinflußt, daß das Gehirn quasi nie „abschalten" und sich erholen kann, sondern permanent mit elektromagnetischer Strahlung förmlich bombardiert wird. Daß dies tiefgreifende charakterliche Veränderungen hervorrufen **muß**, liegt auf der Hand. Die durch elektromagnetische Dauerbestrahlung hervorgerufenen Symptome reichen von schwerer Depression bis hin zu hoher Aggressivität.

Ein weiteres großes Problem dabei ist das Auftauchen weiterer Abhängigkeiten, z.B. bei Defekt solcher Anlagen. Mag auch heute noch alles repariert werden können – wer garantiert das in wirtschaftlichen Notzeiten, wenn Hunderttausende Firmen pleite gehen. Woher dann einen geschulten Monteur oder auch nur ein spezielles Ersatzteil bekommen? Aus diesem Grunde ist die weitestgehende **Autarkie** von Strom sicher der Königsweg. Wer vom Strom unabhängig ist, dem kann er auch nicht abgestellt werden … denn wie sich die Dinge nach dem Kollaps entwickeln, kann noch nicht prognostiziert werden. Aus diesem Grund sollten wir alle Abhängigkeiten so weit wie möglich beenden und ausschließen.

In den USA sorgt ein „Energie-Selbsthilfeprogramm" für Furore. Statt Tausende Dollar für Solar- und Windanlagen auszugeben, hat ein Tüftler mit Hilfe eines Energie-Experten ein Konzept entwickelt, das den vollständigen Eigenbau ermöglicht – mit Bauteilen, die in jedem besseren Baumarkt für insgesamt nicht mehr als 200 US-Dollar zu haben sind und sogar von Strom-Autarkisten mit zwei „linke Händen" gebaut werden kann.

http://power4patriots.com

Aus schwarzer Kunststoffolie und Kupferdraht sollen wohl bereits Solaranlagen gebaut worden sein, die den teuren Anlagen, die die Industrie anbietet, in nichts nachstehen sollen und zu einem Bruchteil der Kosten gefertigt werden können. Eigeninitiative und Eigenbau sind tatsächlich die Grundlage für ein freies, selbstbestimmtes Leben, und dem Kauf eines fertigen Produkts auf jeden Fall vorzuziehen. In Nischen wie diesen tun sich ausgezeichnete Möglichkeiten für Geschäftsideen auf. Sie beackern eine Marktlücke mit gewaltigem Potenzial. Wenn Sie also handwerklich ein wenig geschickt sind, gern ausprobieren und des Englischen mächtig sind – das Programm verzichtet weitgehend auf Fachbegriffe gebrauchte einfache Worte – dann sollten Sie es versuchen! Wer dennoch Fertiglösungen bevorzugt – dann jedoch deutlich teurer in der Anschaffung und Instandhaltung – der findet hier interessante Informationen:

http://klein-windkraftanlagen.com   http://wind-mobil.de   http://kleinwindanlagen.de

Gerade weil alternative Energieformen noch nicht völlig marktreif bzw deren Wirkungsgrad noch nicht sehr hoch ist, ist ein **sparsamer Umgang** mit der erzeugten Energie unverzichtbar.

Die Anschaffungskosten sind im Vergleich zu Solar und PV oft bedeutend geringer, auch wird der erzeugte Strom direkt ins eigene Netz eingespeist oder kann in einem Akku gespeichert werden. Informieren Sie sich am besten selbst, welche Methode für den Einsatz in Ihrer Wohnlage am sinnvollsten ist. Ihre Stromrechnung wird sich so oder so reduzieren. Kombinieren Sie Ihre Stromautarkie mit dem sparsamen Umgang Ihrer Resourcen.

Dadurch unterstreichen Sie Ihre Unabhängigkeit von Stromkonzernen, Öl- und Gaspreisen, Steuererhöhungen oder Konflikten mit den Öl-und-Gas-Förderstaaten. Ansonsten führt in puncto Heizen und Kochen kein Weg an einem Kaminofen oder Festbrennstoffherd vorbei. Sie waren zu allen Zeiten der behagliche Mittelpunkt des Hauses. Holz ist zudem ein in unseren Breitengraden überall vorkommender und zudem nachwachsender Rohstoff. Insbesondere Öfen mit **Brennkammern aus Gußeisen** sind nahezu unverwüstlich, verziehen sich auch bei großer Hitze nicht und sind dementsprechend wartungsarm.

Licht – ohne Strom

Eine alte und bewährte Form für Beleuchtung und Heizung sind und bleiben **Petroleumlampen und -kocher**. Was in der „guten alten Zeit" funktionierte, das klappt auch heute noch zuverlässig. Empfehlenswert sind hier die „Feuerhand"-Petroleumlampen und die Petromax Sturmlaterne, die mit **großer Sparsamkeit bei günstigem Preis** überzeugen. Noch immer aus **bester deutscher Handarbeit**. Oft kopiert, aber dennoch nie erreicht!
http://stores.ebay.de/outdoor-explorer   http://stores.ebay.de/nuddnik-goods

Aladdin-Petroleumglühlampen sind stufenlos regulierbar, erzeugen ein beachtliche Helligkeit wie eine 50 – 60 Watt-Glühbirne, und das bei sparsamem Brennstoffverbrauch von etwa 1 Liter / 12 Stunden bei maximaler Leuchtstärke.
Petroleum-Starklichtlampen wie die „**Petromax**" oder „**Sea Anchor**" können ebenso wie der **Aladdin Blue Flame Heater** als **Leuchte und Kocher** Verwendung finden, was ideal bei wenig Platz und kleinen Wohnräumen ist. Leider wird der Blue Flame Heater derzeit nicht mehr gefertigt, ist jedoch ab und zu mit etwas Glück noch in gutem Zustand bei **eBay** erhältlich. Vielleicht findet sich ja die eine oder andere Manufaktur, die ein solches Produkt neu auflegt … der Markt dafür wird sich mit Sicherheit wieder entwickeln. Bei den **Aladdin-Leuchten** handelt es sich um Glühlampen, die mit sehr geringem Petroleumverbrauch die Helligkeit einer 60Watt-Glühbirne erzeugen können. http://hytta.de/aladdin

Alles, was Sie benötigen, von den Originalgeräten bis hin zu Ersatzteilen, Dochten und hochreinem Petroleum, finden Sie unter http://hytta.de und http://pelam.de

Handwerklich hochwertig und ästhetisch sind die Tisch-, Wand- und Hängeleuchten, die bis heute in Manufakturen in Handarbeit gefertigt werden.
Link toplicht.de: http://tinyurl.com/lv6b2yw
Link elbufer.de: http://tinyurl.com/lwmkoju

Falls Sie an der Grenze zu Tschechien, Frankreich, oder den Niederlanden wohnen, könnte sich ein Abstecher in dortige Supermärkte und Tankstellen lohnen, wo Sie hochreines Petroleum (es hochgereinigtes, unparfümiertes Petroleum sein mit minimalem Schwefelanteil von unter 1% sein!) oft günstiger als in Deutschland kaufen können. Alternativ zu Petroleum können Sie auch **Paraffinöl (Alkan)** als Brennstoff verwenden.

Petroleum kann während der Lagerung im Gegensatz zu Paraffinöl verschlämmen. Zudem verbrennt es sauberer und damit auch geruchsärmer als Petroleum. Da Paraffinöl unter Lichteinfluß leicht zerfällt, wird es in schwarzen Flaschen oder Kanistern angeboten und gelagert.
Erhältlich beispielsweise bei **pelam.de**: http://tinyurl.com/cvoesbb

Die Bestände können auch direkt beim Hersteller bestellt werden. Mittlerweile werden auch immer mehr Pflanzenöle als Petroleumersatz angeboten, z.B. bei **http://hoefer-shop.de**

Tipp: Bevor Erdöl „en vogue" wurde, war zumeist Hanföl das Mittel der Wahl unserer Urgroßmütter und -väter. Hanf wurde überall angebaut, wächst schnell und bringt reiche Ernte, ohne viel Pflege zu benötigen. Ein weiterer Vorteil des regionalen Anbaus: Null Abhängigkeit von Importen! Diese Vorzüge dürften eher früher als später dafür sorgen, daß sich die Abhängigkeit vom Erdöl, der Handvoll Erdölkonzernen und den erdölfördernden (Krisen-)Regionen der Welt letztlich überall auf Null reduzieren wird.

Falls Ihre Wohnung zentralgeheizt wird, oder Sie aus irgendwelchen anderen Gründen keinen Holzofen oder Festbrennstoffherd in Betrieb nehmen können, sollten Sie für den Notfall dennoch einen **Petroleumofen** wie den **„Kero 260"** (auf dem im äußersten Notfall auch Kochgut erhitzen können), anschaffen – und ein paar Kanister Petroleum als Vorrat. Link campingplus.de: **http://tinyurl.com/bokq3od**

Wenn Sie auf Petroleum und andere aus Erdöl gewonnenen Produkte verzichten möchten, können Sie zumindest beim Thema „Licht" auf die uralte Technik der Öllampe ausweichen. Eine Öllampe kann mit Pflanzenöl betrieben werden, was hinsichtlich des Nachschubproblems anders als beim Petroleum leichter lösbar erscheinen. Früher war Hanföl der am meisten genutzte Brennstoff. Ob es ähnliche Eigenschaften hat wie Petroleum und deshalb als Alternative zu Petroleum verwendet werden kann, werde ich ausprobieren. Bevorraten Sie außerdem **Kerzen**, soviel Sie können. Falls Kerzenziehen Ihr Hobby ist oder es werden sollte, dann öffnet sich hier eine kleine Marktlücke als (Neben-) Einkommensquelle. Eine Anleitung sowie das dafür benötigte Zubehör finden Sie hier. **Link hobbyversand-schlachter.de: http://tinyurl.com/csa4cnx**

Kleinutensilien des täglichen Bedarfs

Zum Betrieb der obengenannten Licht- und Heizquellen unverzichtbar sind selbstverständlich Anzündhilfen, und dabei stehen **Streichhölzer** ganz oben auf der Bedarfsliste. In Krisenzeiten wurde schon oftmals der Grundstein für künftige Vermögen gelegt, indem kleine Händler damit begannen, in sogenannten Bauchläden Kleinwaren wie **Schnürsenkel** und Streichhölzer zu verkaufen. Sie verderben nicht, können nahezu unbegrenzt (wenn trocken) gelagert werden, und sind außerdem ausgezeichnete **Tauschwaren**!
Überschüssige Vorräte dieser Art können Sie also ohne Weiteres im Tauschhandel anbieten und werden dabei wahrscheinlich keinerlei Mühe haben, Interessenten zu finden. Kaufen und bevorraten Sie daneben **Gasflaschen und -kartuschen** – für den Eigenbedarf oder als dann begehrte Tauschobjekte. **Nägel, Muttern, Schrauben**, Werkzeuge aller Art: **Sägen, Feilen, Zangen, Drähte** in allen denkbaren Stärken, **Messerschärfgeräte / Wetzsteine, Zwirn, Garne, Nadel und Faden, Schnüre, Seile** in allen möglichen Stärken und verschiedenen Materialien, **Petroleum, Leim und Klebstoffe / Alleskleber, Schuhreparatursets.**

Eine Bevorratung von unscheinbaren und selbstverständlichen Kleingegenständen des täglichen Bedarfs ist nicht nur wegen des vorteilhaften Einkaufspreises im Vergleich zu späteren Preissprüngen, sondern weil zunehmend durch Mißwirtschaft, Bankrotte und Lieferengpässe Knappheiten entstehen werden – die dann für jeden eine Möglichkeit zum Einkommenserwerb bietet, der rechtzeitig klug vorgesorgt hat. Achten Sie einmal bewußt darauf, welche Gegenstände Sie häufig im Haushalt gebrauchen – und legen Sie von allem einen kleinen Vorrat an!

Beispiel Streichhölzer
Link zuendholzriesa.de: http://tinyurl.com/8tbtmvn
Beispiel Feuerstahl
Link outdoor-renner.de: http://tinyurl.com/buutuz5
Beispiel Toilettenpapier
Link hamburgpapier-shop.de: http://tinyurl.com/n6d4muu

Taschenlampe & Co + Akku- und Ladegerät

Jede Person im Haushalt sollte eine eigene Taschenlampe besitzen, die ohne Akkus oder Batterien auskommt und damit auch unabhängig von der Stromversorgung funktioniert. Induktionslampen erzeugen Energie aus Bewegung. Sie erzeugen also kinetische Energie nach dem Faradey'schen Prinzip. Je nach Bauart werden sie durch Schütteln, Drehen oder Kurbeln der Lampe aufgeladen. Dieser Vorgang kann beliebig oft wiederholt werden, ohne daß es zu Verschleiß- oder Abnutzungserscheinungen kommt. Die „Everlight"-Serie der Firma Sunartis funktionieren alle nach diesem Prinzip: **http://schuettel-lampe.de**

***Mein Tip*:**
Taschenlampen, Akkus, (Solar-)Ladestationen, aber auch gewöhnliche Batterien sind ausgezeichnete, da begehrte Tauschgegenstände in Krisenzeiten!

Modell- und Preisvergleich Taschenlampen (Link: idealo.de)
http://tinyurl.com/8zwd774

Modell- und Preisvergleich Batterie-Ladegeräte Solar:
Link rakuten.de: http://tinyurl.com/9laq9a4
Link solarc.de: http://tinyurl.com/95kugct

Hygienartikel

Bitte denken Sie außerdem an alle die kleinen täglichen Hygieneartikel, von Seife, **Rasierklingen** bis hin zu **Zahncreme (ohne Fluorid! am besten auf Solebasis), Zahnbürsten und Watte**. Seife wird in Zeiten eines wirtschaftlichen Niederganges zu einem begehrten Luxusartikel. Natürlich können Sie auch damit beginnen, Seife selbst herzustellen und diese wiederum verkaufen oder tauschen. Es gibt unzählige Möglichkeiten und Ideen zur Verbesserung der Einkommenssituation!

Claudia Kasper
„Naturseife, das reine Vergnügen: Die Hersteller feiner Pflanzenseifen in der eigenen Küche"

Leanne & Sylvain Chevallier
„Seifen – selbst gemacht; Einfach und natürlich"

Anne Schaaf
„**Seifenwerkstatt: Pflegende Naturseifen aus eigener Küche – mit erprobten Rezepten**"

Eine Anleitung zum Kerzen gießen und alles dazu nötige Zubehör finden Sie bei
hobbyversand-schlachter.de: http://tinyurl.com/9p5sglh

Ausführlicher behandle ich das Thema im Teil IV dieses Buches - das krisensichere Einkommen. In früheren Zeiten ohne Strom in jedem Badezimmer zu finden, gelten ***Waschständer und Waschtische*** heute eher als schickes Bad-Accessoire. Ihren praktischen Nutzen für die tägliche Körperhygiene bewahren sie jedoch nach wie vor. Eine ausgezeichnete unabhängige Waschgelegenheit für kommende Strom- und damit Wasserausfälle: **Link emaille24.de: http://tinyurl.com/9qotf3f**
Da in Zukunft aufgrund insolventer Regimes und bankrotter Kommunen auch die wachsenden Müllberge ein Problem darstellen werden, gilt auch hier: **Weg mit der Wegwerfgesellschaft und zurück zu Altbewährtem wie der Reinigung und Wiederverwendung zahlreicher Haushaltwaren**. Taschentücher werden in Zukunft wieder aus Textilien statt aus Zellstoff sein, waschbar und viele Male nutzbar. Dasselbe wird auch für Windeln gelten.

Waschen Sie Ihre Wäsche wieder selbst und stromunabhängig, und sparen Sie das Geld für immer teurer werdenen Strom und Energie.

Waschmaschine „White Magic" mit Handbetrieb (verbraucht weniger Wasser als eine Handwäsche und reinigt die Wäsche fasertief mittels Hochdruck innerhalb weniger Minuten)
Renaissance des Waschbrettes (nicht nur zum Musikmachen!): http://waschbretter.de

Auch Stoffwindeln und Stofftaschentücher gibt es noch beziehungsweise wieder zu kaufen: Sparen Sie enorme Kosten für Kauf und Entsorgung, indem Sie reinigen und wiederverwenden:

Stoffwindeln:
Link baby-walz.de: http://tinyurl.com/bsonl86
Link naturwindeln.de: http://tinyurl.com/8bx8pw5

Oder sogar selbst Windeln nähen – als Geschäftsidee?
Link naturwindeln.de: http://tinyurl.com/5slta66

Stofftaschentücher für Damen
Link nettegeschenkideen.de: http://tinyurl.com/c2lgm4c

für Herren
Link nettegeschenkideen.de: http://tinyurl.com/9uu9fj9
Link eBay.de: http://tinyurl.com/ckhz2rp

Alle Artikel Ihrer Krisenvorsorge stellen gleichzeitig ideale Verkaufs- und Tauschgegenstände dar, die bei der heutigen großen, unvorbereiteten Masse sehr begehrt sein werden.

Werkzeuge und Gebrauchsgegenstände

Eine **Handsäge**, **Axt** oder ein **Beil** zum Zerkleinern von Brennholz, Entasten sollte in keinem Haushalt fehlen. Bevorzugen Sie dabei unverwüstliche handgeschmiedete Werkzeuge aus kohlenstoffhaltigem Stahl, die ein ganzes hartes Arbeitsleben und länger halten. Ihr Schmied (→ „Gelbe Seiten") kann Ihnen sicher anfertigen, wonach Sie suchen. **Beispiel damastklinge.de:** http://tinyurl.com/9zuxvzf

Eine Innovation aus Finnland zum Spalten von Feuerholz ist die Spaltaxt **„Vipukirves"**, die mit Hebelwirkung arbeitet. **Link balticproducts.eu:** http://tinyurl.com/c3de4ay

Die außergewöhnlich hohe Produktqualität der Werkzeuge aus der schwedischen Schmiede **Gränsfors** ist geradezu legendär und hat deshalb weltweit zahlreiche zufriedener Nutzer, z.B. erhältlich bei
Link wildnissport.de: http://tinyurl.com/qjycy9u
Link olsenstore.com: http://tinyurl.com/kkew4hn

Leben Sie in einer fischreichen Gegend, dann ist am Meer oder im Binnenland, dann ist auch eine **Angelausrüstung** zum Nahrungserwerb empfehlenswert.

Die Grundlagen zum erfolgreichen Angeln sollten in einem der zahlreichen örtlichen Angelvereine erworben werden, die Sie auch wegen der erforderlichen Ausrüstung und der regionalen Besonderheiten bezüglich des Fischens (Art des Gewässers, Fischbestand usw.) beraten können.

Die Kleidung und Schuhe

Denken Sie unbedingt auch an ausreichend **Kleidung und Schuhwerk für jede Jahreszeit für jedes Familienmitglied**! Jedes Familienmitglied sollte mindestens ein Paar gute (Wander)Stiefel besitzen. Investieren Sie in ein wirklich gutes Paar zwie- oder trigenähte Schuhe. Das einzige, was nach vielen Jahren des Gebrauchs verschleißen kann, ist die Sohle. Diese kann durch das Öffnen der Naht leicht vom Schuhleder gelöst und die Sohle beliebig oft ersetzt werden. „Teurer" ist hier vor allem deutlich haltbarer, langlebiger und durchdachter.
http://zwienaht-onlineshop.de   http://classic-kontor.de   http://wanderschuh-shop.de

Zur weiteren Kostenersparnis können Sie in Zukunft Ihre Schuhe selbst ausbessern, wie beispielsweise Absätze oder Sohne erneuern. **Link Firma Langlauf:** http://www.langlauf-schuhbedarf.de

Auch ein Vorrat an **Socken** (und Stopfmaterial!), ausreichend **Unterwäsche** und auch Angora- / Thermounterwäsche für die kalte Jahreszeit sowie mehrere Paar warme Hausschuhe aus Filz sollten dabei nicht zu kurz kommen. **Decken** können Sie ebenfalls kaum genug haben, sei es, um für länger andauernde Stromausfälle – um Heizmaterial zu sparen, wenn Sie die Beheizung Ihres Heims jetzt oder später auf Holz und Briketts umstellen wollen – als auch zum späteren Tauschhandel. Es sind die heute selbstverständlichen Dinge, an die kaum jemand denkt, die dann rar und begehrt sein werden, ganz besonders während der kalten Jahreszeit. Besonders Naturhaardecken könnten zu einem wertvollen Besitz werden – für sich selbst und als ganz besondere Tauschgegenstände. Qualitativ hochwertige Naturhaardecken finden Sie z.B. zum Beispiel bei:
Link wolldecken-tagesdecken.de: http://tinyurl.com/9o4x32r
Link mongoleishop.de: http://tinyurl.com/8n5e6p8

Läßt sich mangels Platz kein von der Stromversorgung unabhängiger Ofen betreiben oder ausreichend Brennmaterial zu bevorraten, sollten Sie an einige warme Pullover (mit Rollkragen, z.B. Troyer) und an eine **Isomatte und einen warmen, qualitativ hochwertigen Schlafsack für jedes Familienmitglied** denken – für den Fall der Fälle, insbesondere während der kalten Jahreszeit.
Erstellen Sie einen Plan und persönliche Prioritätenliste über die von Ihnen am häufigsten genutzten Haushaltsgegenstände. Bevorraten Sie diese großzügig! Sie können davon ausgehen, daß sie bei kommenden Knappheiten, Lieferengpässen und Preisexplosionen sehr gute Tauschgegenstände sein werden.

Die Kommunikation

Der CB-Funk ist ein sogenannter Jedermannfunk, der ohne Anmeldung und kostenfrei von jedem als Daten- und Sprechfunk genutzt werden kann, der ein CB-Funkgerät besitzt. So bleiben Sie auch in Notsituationen und in Zeiten von Störungen der gewohnten Telekommunikationsnetze (Telefon, Internet, Handy usw) mit Ihrer Familie, mit Freunden, Nachbarn und Ihrem Netzwerk in Kontakt, wenn sowohl Sie als auch Ihre Kontakte für eine gewisse **Strom-Grundversorgung** Vorsorge getroffen haben (siehe Stromversorgung). CB-Funk ist nicht nur kostenlos, sondern die dafür notwendigen Geräte kosten ebenfalls nur den Bruchteil eines Hightech-Handys. Die Reichweite ist wetterunabhängig und beträgt 20 bis 80 km. Mit einigen Einstellungen und Ausrichtungen kann die Reichweite deutlich vergrößert werden.
Die Aufrechterhaltung der Kommunikation mit Ihrem Netzwerk, Familie, Freunde, Nachbarn hat einen weiteren großen Vorteil: Sie bleiben in der Lage, in Notfällen Hilfe anzufordern, sei es bei Krankheit, Komplikationen während der Schwangerschaft oder Überfällen. Bauen Sie ein Hilfsnetzwerk auf, bündeln Sie Ihre Fähigkeiten und Ihre individuellen Stärken. Mittels CB-Funk bleiben Sie stets in Kontakt – auch über größere Entfernungen.
http://hobbyfunk.de   http://funkshop.de/CB-Funk

Buchempfehlung: „Anleitung zum Morsen"; Link survivalpress.org: http://tinyurl.com/kjdt79p

Und wer weiß? Vielleicht erlebt sogar der Briefverkehr mit Hilfe von Brieftauben wieder eine Renaissance. Auf diesem uralten Weg des Gedankenaustauschs kann garantiert niemand ohne weiteres „mithören". Die Tiere sind außerdem nur für Ausstellungen viel zu schade. Sie wollen und müssen fliegen. Wem also der Gedanke gefällt und wer für die nötigen Voraussetzungen wie Unterkunft und Pflege dieser wunderbaren Tiere sorgen kann – warum nicht? Ihr Adressat benötigt dann jedoch ebenfalls einen Taubenschlag. Für Nachrichten an Sie verwen-det er Ihre Taube, und umgekehrt, denn die Tauben kehren stets in ihren Heimatschlag zurück! Wenn Sie „Brieftaubenzucht" googeln, dann erhalten Sie Züchteradressen in Ihrer Nähe.

Die durchschnittliche „Reisegeschwindigkeit" von Brieftauben beträgt je nach Wetterlage zwischen 60 und 100 km/h. Sie können bei günstigen Wetterbedingungen eine Strecke von 1000 km an einem Tag zurücklegen. Dabei verfügen über einen bemerkenswerten Orientierungssinn und steuern normalerweise punktgenau ihren Heimatschlag an, können jedoch durch Unwetter oder andere Einflüsse die Orientierung verlieren, oder auch durch Bejagung oder Greifvögel verlorengehen. Diese Risiken sollten berücksichtigt werden.

Verband: http://brieftaube.de
Schläge: http://dh-holz.de/de/produktion/taubenschlaege
http://taubenschlagbauschorr.de/taubenschlaege.html
Taubenzucht: http://herbots.be/en   http://hermansduiven.com   http://brieftauben-most.de
Auktion: http://brieftauben-auktion.de

Die Mobilität

Stellen Sie sicher, daß Sie beweglich bleiben. Ich persönlich rechne vorsichtshalber mit einem Totalcrash, der die Hochtechnologie aus dem Rennen wirft und die Infrastruktur (Straßen, Wege, usw) komplett verfallen läßt. Eine wachsende Zahl von Zukunftsforschern, Ökonomen und Krisenratgebern erwarten realistischerweise ein solches „worst case"-Szenario. Nach dem Zusammenbruch des Welthandels (Rohöl) und der damit verbundenen Stillegung der meisten Raffinerien in Ländern, die kein eigenes Rohöl fördern, dürften sich die Mobilität auf Pferde / Pferdewagen und – für die meisten Menschen – Fahrrad und Fortbewegung zu Fuß konzentrieren. Die künftige Treibstoffbeschaffung dürfte kompliziert und teuer werden.

Aus diesem Grund ist auch hier eindeutig die rechtzeitige Konzentration auf manuelle Fortbewegungsarten sinnvoll. Die heutige Gesellschaft ist völlig übermotorisiert. Zweipersonenhaushalte mit 2-3 Autos oder Vierpersonenhaushalte mit 3-4 Autos sind heute keine Seltenheit, sondern eher die Regel. Das alles ist nur möglich gewesen durch billigen Kredit, die die Preise für Autos, Motorräder, Mopeds und Roller auf ein Vielfaches ihres eigentliches Wertes katapultiert hat. In Zukunft werden die meisten Fahrzeuge wegen explodierender Arbeitslosigkeit und Verfügbarkeit von Treibstoff in Folge des Kollaps des Welthandels und regionaler Konflikte einfach nicht mehr unterhalten geschweige denn betrieben werden können.

Die Ölpreise werden so lange steigen, solange die Weltwirtschaft einigermaßen am Leben erhalten werden kann. Mit der Wirtschaft wird auch die Nachfrage nach Öl kollabieren, und infolgedessen auch der Preis. Das sich daraus ergebende Problem wird dann die fehlende Verfügbarkeit sein. Wir alle sollten uns deshalb rechtzeitig nach Alternativen zum Rohöl umschauen.

Wie die gesamte Industrie wurden auch die Kraftfahrzeuge dermaßen technisch hochgezüchtet, daß man heute oftmals nicht einmal mehr in der Lage ist, ohne Kundendienst des Autohauses die Glühbirnen oder das Öl zu wechseln. Der heutige prestigeträchtige und elektroniklastige Fuhrpark sollte abgebaut und gegen zuverlässige Altmodelle getauscht werden, die man im Notfall auch selbst nach Möglichkeit zu reparieren in der Lage ist – oder zumindest von jedem Mechaniker ohne Sonderausbildung oder -werkzeug instandgesetzt werden kann.

Deshalb sollte es sich auch um ein Modell handeln, das in Ihrer Region häufig zu finden war und ist. Stichwort: Ersatzteile. Ein guterhaltener Käfer, Golf II, Polo, Jetta oder Mercedes 190, aber auch andere Fabrikate älteren Datums ohne elektronischen Firlefanz wird Ihre Beweglichkeit bei akzeptablem Treibstoffverbrauch vereinfachen, auch wenn die Infrastruktur kollabiert und die Straßen – wenn überhaupt – nur noch notdürftig geflickt werden.

Für noch geringeren Verbrauch ist speziell für die frostfreien Monate ein vielleicht sogar geländegängiges Motorrad oder Moped empfehlenswert, beispielsweise Fabrikate wie MZ, Simson, Kreidler, Zündapp, KTM usw.:
http://autoscout24.de   **http://mobile.de**

Idealerweise sollte jedes Familienmitglied ein Fahrrad besitzen, damit die ganze Familie im Notfall ganz ohne Treibstoff mobil ist. Meiner Einschätzung nach werden sich die Menschen zukünftig je nach finanziellen Möglichkeit allem voran wieder **zu Fuß**, **per Fahrrad**, und wegen verfallender Straßen auch – falls noch (teure) Treibstoffreserven verfügbar sein sollten – mit geländegängigen Fahrzeugen fortbewegen werden.

Außerdem werden die **Pferde** sowohl als **wertvolle, unverzichtbare Hilfe bei der Fortbewegung** als auch in der **Land- und Forstwirtschaft** eine ungeahnte Renaissance erleben und auch die Wertschätzung erhalten, die ihnen aufgrund ihrer unschätzbaren Dienste für uns zusteht. Jeder Haushalt sollte ein möglichst **geländetaugliches Fahrrad für jedes Familienmitglied** (z.B. Mountainbike) besitzen. Die Fahrräder für die Erwachsenen können zum **Lasten- oder Kindertransport** mit speziellen Anhängern ausgerüstet werden.

Bevorzugen Sie beim Kauf wie in jedem Wirtschaftsbereich Ihren örtlichen Fahrradhändler! Bei eventuellen Pannen haben Sie so einen Fachmann (und Ersatzteile!) stets vor Ort. Vielleicht können auch Sie sich ein Einkommen durch **Reparaturdienstleistungen** verdienen oder der Fahrrad-handel erweist sich als Marktnische in Ihrem Umfeld? Je schwieriger das wirtschaftliche Umfeld, desto mehr wenden sich die Menschen zwangsläufig vom Auto ab und zum Fahrrad hin.

Lastenanhänger für Fahrräder:
Link fahrradgigant.de: **http://tinyurl.com/95weveg**
http://fahrradanhaenger-direkt.de

Buchempfehlungen zum Thema Fahrrad-Selbstbau; alle Links **survivalpress.org**:

„Fahrrad: Lastenräder, Schwerlasträder und Anhänger" **http://tinyurl.com/nx8nbl4**
„Fahrrad: Liegerad und Chopper bauen" **http://tinyurl.com/q3yguug**
„Fahrrad: Rad kaputt und Gangschaltungen" **http://tinyurl.com/keuvbgx**
„Fahrrad: Tandems, Tretmobile und Anhängertandems" **http://tinyurl.com/m3dgzuk**

Auch eine Renaissance der Pferde zur Fortbewegung und in der Landwirtschaft (insbesondere Kaltblutpferde für den mittelschweren und schweren Zug in Land- und Forstwirtschaft; Ochsen zum schweren Zug in der Landwirtschaft) halte ich durchaus für wahrscheinlich, gepaart mit einer deutlich höheren Wertschätzung als heute, die man den Tieren dann wieder zwangsläufig entgegenbringen wird. Die Treibstoffresourcen werden in Zukunft sehr viel weniger verfügbar oder teurer sein als wir es heute gewohnt sind. Die Unterhaltung und der Betrieb von schweren Landmaschinen wird dann schier unmöglich bis hin zu unwirtschaftlich sein. Ich hoffe und bin recht zuversichtlich, daß ein Großteil des kommenden Heeres an Arbeitslosen dann glücklicherweise wieder Arbeit in einer dann mehr wertgeschätzten Landwirtschaft finden wird, so daß die Menschen darin ihren Lebensunterhalt bestreiten können.
Ich rechne damit, daß mit dem Wegfall des Konsums auf Pump (durch billigen Kredit) auch der Dienstleistungssektor deutlich schrumpfen wird, und daß parallel dazu die Chance besteht, daß der **primäre Sektor (Garten-, Land- und Fortwirtschaft)** und das **Handwerk** (Schmied, Schlosser, Wagner, Köhler usw.) neu aufblühen werden. Schülern und Jugendlichen sind sicherlich gut beraten, sich bei der Berufswahl speziell auf diese Bereiche zu konzentrieren. Wer sich aus welchen Gründen auch immer beruflich umorientieren möchte, der sollte sich dabei ebenfalls verstärkt auf diesen primären und sekundären Wirtschaftsbereich konzentrieren. Wissen und Fertigkeiten, die Sie sich angeeignet haben, kann Ihnen niemand nehmen und wird sich in jedem Fall auszahlen!

Stärken Sie primär Ihren familiären und sekundär Ihren nachbarschaftlichen Zusammenhalt

Schaffen Sie alte und neue Streitigkeiten aus der Welt! Versöhnen Sie sich in der Familie, in der Nachbarschaft, im Freundes- und Kollegenkreis! Beleben Sie die Nachbarschaftshilfe neu! Nichts kann so bedeutsam sein, daß es insbesondere eine Familie auseinanderdividieren kann. Wir werden in Zukunft alle enger zusammenrücken und zusammenarbeiten müssen, auch viel mehr als heute aufeinander angewiesen sein. Wir werden wieder erleben, wie gut es gut, miteinander statt gegeneinander zu arbeiten! Neben dem starken emotionalen Auftrieb, den eine Versöhnung schafft, wird letztlich die gesamte Gemeinschaft profitieren. Bündeln Sie Ihre Kräfte und helfen Sie sich gegenseitig.

Verbringen Sie viel Zeit mit Ihrer Familie. Ihre Kinder brauchen weder Geld noch teure Spielsachen: sie brauchen ihre Mutter und ihren Vater. Überlassen Sie die Erziehung Ihrer Kinder nicht länger Fremden, sondern vermitteln Sie selbst Ihren Kindern echte, tragfähige Werte: Ehrlichkeit, Höflichkeit, Freundlichkeit, Mut und Tapferkeit, Zuverlässigkeit, Treue, Liebe zur Wahrheit, Respekt vor dem Leben / vor Schwächeren, Ehrfurcht vor dem Schöpfer und dem Geschöpf, und Achtung vor dem Alter, aber auch das Respektieren von Gegnern.

Eine der erfolgreichsten Aktionen zur Erweiterung meines Horizontes und Befreiung meines gesunden Menschenverstandes war die ganz bewußte Abschaffung des Verblödungsverstärkers „Fernseher". Ich empfand die gesendeten Programme schon seit langer Zeit als Beleidigung meiner Intelligenz. Der Rausschmiß der „Flimmerkiste" hat die Wiederentdeckung und vor allem den Gebrauch des eigenen Gehirns sehr unterstützt und mein Urteilsvermögen in Abwesenheit von sinnentleertem Informationsmüll wesentlich geschärft.
Verbringen Sie also wieder mehr Zeit mit Ihrer Familie, entdecken Sie alte und neue **Brett- und Denkspiele**, unternehmen Sie gemeinsame Wanderungen, gehen Sie auf gemeinsame Entdeckungs- und Abenteuerreise, campieren Sie in Zelten, üben Sie dabei das Leben in freier Natur, und welche Nahrung sie kostenlos für Sie bereitstellt, und entdecken Sie die Schönheit Ihrer Heimat wieder neu! Ihre Familie wird diese gemeinsame Zeit schätzen, und die gemeinsamen Aktivitäten werden Sie enger zusammenschweißen.

Fazit zur Vorsorge

Arbeiten Sie die Punkte durch und stimmen Sie alles sorgfältig auf Ihre eigenen speziellen Bedürfnisse ab. Welche Möglichkeiten haben Sie, was ist für Sie persönlich umsetzbar? Werden Sie kreativ, setzen Sie sich mit Familie, Verwandten, Freunden, Nachbarn und Kollegen zusammen und arbeiten Sie Strategien aus, die Ihr Leben erleichtern und für zusätzliche Einnahmequellen sorgen. Ich kann und will Ihnen nicht alles abnehmen, sondern möchte Sie dazu ermutigen, Ihr Leben unabhängiger zu machen von dem Wahnsinn da draußen. Sie werden bald spüren, wie gut sich Eigenständigkeit, Unabhängigkeit und Entscheidungsfreiheit anfühlen! Sie sind derjenige, der das alles schafft! Aus Ihren erfolgreich abgeschlossenen aktiven Schritten in Ihre persönliche Freiheit und Unabhängigkeit werden Sie eine tiefe Zufriedenheit und starkes Selbstbewußtsein gewinnen! **Lassen Sie sich nicht von der gegenwärtigen Angststarre lähmen, sondern nutzen Sie das Erkennen der Realität als Chance zum Aufwachen und werden Sie aktiv! Nehmen Sie die Verantwortung für sich und Ihre Familie sowie die Planung Ihrer Finanzen wieder in Ihre eigenen Hände!**

Kaufen Sie Produkte aus Ihrer Region! Vermeiden Sie Produkte, die synthetische Zusatzstoffe enthalten! Die von der EU eingefädelte „Verpackungsgrößenverordnung" zur Verschleierung der wahren Inflation wird schamlos von den Multis für versteckte Preiserhöhungen ausgenutzt! Auch wenn Preise (bislang) nicht deutlich spürbar erhöht wurden – die Reduzierung der Füllmengen um 50% entspricht ebenfalls einer Preiserhöhung um 50%! Erteilen Sie den Globalisten eine Abfuhr, die sich gewaschen hat, und unterstützen Sie die Kleinunternehmer und Erzeuger aus Ihrer Region, in dieser Reihenfolge: lokal → regional → national → kontinental → global.

Bevorzugen Sie stets frische Rohlebensmittel, aus denen Sie Ihr Essen selbst herstellen, und meiden Sie industriell aufbereitete Nahrung!

Seit dem 1.1.2010 wurde in aller Heimlichkeit und an der Öffentlichkeit vorbei – wie auch sonst? - der sogenannte „Codex Alimentarius" eingeführt. Ziel ist die Bestrahlung von Lebensmitteln – auch Bio-Produkten – bis Mineralien, Vitamine und sonstige Nährstoffe weitgehend zerstört wurden. Kein Witz: Die „Experten" der „Weltgesundheitsorganisation" WHO stuften Vitamine, Mineralien und Spurenelemente als „potenziell gefährliche Stoffe" ein, vor denen die Bevölkerung natürlich „geschützt" werden muß. Alle „übergeordneten Weltorganisationen" sind private Vereine der sogenannten „Illuminaten", auf die kein Volk auch nur den geringsten Einfluß nehmen kann. Wurden Sie über den „Codex Alimentarius" informiert? Nicht? Die Freimaurer behaupten, zum Wohle der Menschheit zu handeln. Nur, warum tun sie das stets im Geheimen? Muß denn Gutes heimlich und im Verborgenen geplant und beschlossen werden? Das eigentliche Ziel hinter allem Tun und Treiben ist neben der Weltherrschaft die Reduzierung der Weltbevölkerung um 90%

Wenn Sie etwas gegen ein Nahrungsmittelmonopol, Abhängigkeit der Massen, Preisdiktatur und Zerstörung der Gesundheit haben, dann ist es sehr leicht, etwas dagegen zu unternehmen: Steigen Sie um auf die Erzeugnisse Ihrer regionalen Erzeuger und Direktvermarketer und kaufen Sie frische, unbehandelte Lebensmittel direkt bei Ihrem örtlichen Bauern oder auf dem Wochenmarkt.

Seien Sie stolz auf Ihre Herkunft, entdecken Sie die Liebe zu Ihrer Heimat wieder neu und stärken Sie Ihre Region und deren Produzenten! Durch die dadurch erzielte Stärkung Ihrer Region werden auch Sie selbst direkt und indirekt profitieren.

Ihr Bauern, reißt Euch los von den Subventionsfesseln und beginnt damit, Schritt für Schritt auf Direktvermarktung umzustellen! Subventionen manövrieren direkt in die Abhängigkeit einer seelenlosen Bürokratie, die nicht davon lassen mag, das längst gescheiterte Konzept der Monokulturwirtschaft noch immer finanziell zu fördern und auf diese Weise Steuergelder zu veruntreuen, indem sie gegen die besten Interessen ihres Volkes agiert. Diese Großbetriebe werden im Kollaps des Systems gemeinsam mit den Subventionszahlungen untergehen.

Entdeckt neue Konzept, traut Euch, neue Wege zu gehen! Verzichtet auf Abhängigkeit von Behörden (Subventionen) und öffnet Euch stattdessen für private Investoren! Nehmt die traditionellen breit aufgestellten Vielseitigkeitshöfe früherer Zeiten zum Vorbild, so wie es Eure Eltern und Großeltern jahrhundertelang erfolgreich praktiziert haben - Getreide, Milch, Zucht alter robuster (!) Haustier-rassen, Obst und Gemüse (keimfähige Sorten, keine Hyride!), und das alles auf nachhaltiger Bewirtschaftung ohne Pestizide, Massentierhaltung, Genmanipulation, Künstdünger und Gülle, die den Boden auslaugt und die lebenswichtigen Bodenorganismen schädigt und abtötet!

Schließt Euch untereinander zu privaten Erzeuger-Genossenschaften zusammen, die keinem fremdgesteuerten Lobbyismusverband unterstehen, und bündelt Eure Kräfte zum wirtschaftlichen Austausch!

DIE VERÄNDERUNG BEGINNT IM KLEINEN.

Dieses System geht zu Ende. Retten Sie sich selbst, Ihre Familie und Ihr Vermögen. Oder gehen Sie zusammen mit diesem System unter. So hart es klingen mag – eine andere Möglichkeit gibt es nicht. Die Diktatur der Politik, Parteien, Lobbyisten und Konzerne kann nur durch den Kollaps ihres Systems beendet werden, da es so mit Lüge, Korruption und Betrug durchsetzt ist, daß es nicht mehr reformierbar ist. Verzichten Sie auf unnötigen Konsum und kaufen Sie nur, was Sie unbedingt zum Leben und für Ihre Krisenvorsorge benötigen, und investieren Sie die dadurch freiwerdenden finanziellen Reserven außerhalb des Bankensystems.

Die kommende Depression wird große wirtschaftliche, politische, finanzielle und gesellschaftliche Umwälzungen mit sich bringen, ist jedoch dringend notwendig zur Bereinigung von Gescheitertem, von Arroganz und Dekadenz quer durch alle Bevölkerungsschichten.

Ich hoffe, eine kleinen Beitrag dazu geleistet zu haben, Sie bestmöglich darauf vorzubereiten. Es genügt jedoch nicht, Finanzen und Wirtschaft auf eine gesunde Grundlage zu stellen. Wir müssen uns selbst verändern: wie wir mit unserem Schöpfer und mit diesem wunderbaren Planeten und allen seinen Lebewesen umgehen. Dies alles müssen wir auf den Prüfstand stellen, wollen wir eine bessere, gerechtere Welt als dieses vergehende System aufbauen. Denn letztlich wollen die meisten Bewohner dieser Erde nur eines: frei, friedlich und glücklich leben und ein sicheres Auskommen durch ehrliche Arbeit haben.

Tragen Sie dazu bei, daß die Brutalität, Grausamkeit und Willkür ein baldiges Ende finden – einzig und allein SIE sind es, der entscheidet, wie die Welt zukünftig aussehen wird, in der wir leben, und die wir unseren Kindern und Enkeln hinterlassen.

Verändern Sie diese Welt: Helfen Sie den Schwächsten in der Gesellschaft, die den Wahnsinn unserer Zeit am wenigsten zu verantworten, und dennoch am meisten darunter zu leiden haben: Obdachlose, Witwen, Waisen, Kinder, Alte, Kranke, und die Tiere!

Teil IV: Das krisensichere Einkommen

Eine schnell wachsende Anzahl von Menschen leidet heute unter Arbeitslosigkeit. Noch verheerender als die damit verbundene Sinn- und Perspektivlosigkeit der Betroffenen ist das Gefühl, offenbar nicht mehr gebraucht zu werden. Dennoch stemmen sich viele verzweifelt dagegen, in die finanzielle und wirtschaftliche Abhängigkeit eines anonymen Behördenapparates abzurutschen. Je größer die Masse der Arbeitslosen auf der Angebotsseite des Arbeitsmarktes wird, desto mehr erhöht sich der Druck auf die noch existierenden Arbeitsplätze und die Löhne (→ Konkurrenzdruck). Es gibt zu viele Arbeitssuchende für zu wenig Arbeit.

Aufgrund des Überangebots von Arbeitskräften auf dem Arbeitsmarkt sinken die Löhne noch weiter ab. Die Wirtschaft wurde durch ihre Abhängigkeit von der Kreditvergabe der Banken in einen Teufelskreis gestoßen, der zu einer wirtschaftlichen Rezession ausufert und die Wirtschaft in eine Depression zieht, aus der sie sich ohne Crash des gesamten Systems nicht mehr befreien kann. Die Kombination der zügellosen Geldpolitik der Zentralbanken, die sich in massiver Monetisierung von Staatsanleihen äußert, in Kombination mit einer einbrechenden Realwirtschaft läßt nur eine Erwartung zu, was nun bevorsteht: eine **hyperinflationäre Depression**. Diese ist gekennzeichnet durch explodierende Preissteigerungsraten der Lebenshaltungskosten bei einer in die Knie gehenden Wirtschaft und einer in dieser Form noch nie dagewesenen Massenarbeitslosigkeit.

Da die natürliche Bereinigung durch Bankrott der Unrettbaren mittels „Rettungen" und „Bailouts" verschleppt wurde, muß und wird der Kollaps des gesamten Systems für die Reinigung sorgen müssen, bevor eine Erholung und Gesundung überhaupt möglich wird. Die globale gegenseitige Abhängigkeit und Vernetzung der Wirtschaft „dank" Globalisierung, und die Verschuldung beinahe aller Regierungen sowie zahlreicher Unternehmen und Privathaushalte rund um den Globus wird unweigerlich zum Kollaps der Weltwirtschaft führen. Es tut mir leid, falls diese Botschaft Sie schockiert. Andererseits kann ich Ihnen keinen Sand der Desinformation und falschen Hoffnung in die Augen streuen, wie es Medien und Politik unablässig zu tun pflegen. Die schlechte Botschaft zur rechten Zeit ermöglicht Ihnen wichtige Vorbereitungszeit, die die Jubelmeldungen der Medien stiehlt.

Mit dem vorliegenden Kapitel möchte ich Sie ermutigen, Resignation abzuschütteln und berechtigte neue Hoffnung und Zuversicht zu gewinnen. Denn das Wertvollste Ihrer Arbeitskraft tragen Sie in sich selbst. Es sind Ihr Wissen, ihre bereits erworbenen Fähigkeiten und Fertigkeiten, Ihr Wille umzudenken, sich neu zu orientieren und Neues zu lernen. Talente und Kreativität schlummern auch in Ihnen! Haben Sie den Mut, danach zu suchen und sie zu ent-decken! Legen Sie heute den Grundstein für die sinnvolle berufliche Tätigkeit, die Sie sich wünschen oder von der Sie gar schon immer geträumt haben!

Durch die hochgradige Spezialisierung – man kann auch sagen: Verfachidiotung – der Arbeitsabläufe in zahlreichen Arbeitsbereichen wurden sie nur verschüttet und warten doch nur darauf, nun von Ihnen endlich wiederentdeckt zu werden! In einer Wirtschaft, in der nur das stupide Funktionieren des Arbeiters wie ein Roboter zählte, waren sie unerwünscht. Aber jetzt, hier, heute sind sie wieder gefragt! Eine schrumpfenden Weltwirtschaft in Verbindung mit einer sinkenden Konsum- und Investitionsnachfrage aufgrund der wirtschaftlichen und finanziellen Situation vieler Unternehmen und Privatpersonen macht das Finden eines Arbeitsplatzes umso komplizierter. Die bereits erwähnte Hochspezialisierung verschärft das Problem zusätzlich. Es ist in diesem Szenario unmöglich, alle geforderten Punkte einer Stellenanforderung zu erfüllen. In einer Zeit, in der Veränderungen rasend schnell geschehen, gibt es keine Allround-Talente mehr, die einfach alles können. Vor diesem Hintergrund stellt sich die Frage, welche Kriterien eine Arbeit erfüllen muß, um das Prädikat „krisensichere Arbeit" zu verdienen und damit das Potenzial einer unabhängigen und soliden Einkommensquelle zu erfüllen in der Lage ist. Angesichts einer ins Koma fallenden Weltwirtschaft wächst das Bedürfnis und die Notwendigkeit, sein Einkommen unabhängiger zu machen von wirtschaftlich und finanziell strauchelnden Unternehmen und unsicheren Lohnzahlungen.

Selbstverständlich wird auch die Vermeidung der Abhängigkeit von Transferleistungen (Arbeitslosengeld, Hartz IV, Rente) oder eine Ergänzung zu diesen für viele Menschen ein Thema werden, um auch in Zukunft einigermaßen finanziell „über die Runden" zu kommen. Aus diesem Grunde wollen wir einmal der Frage nachgehen:
Gibt es eigentlich so etwas wie ein krisensicheres Einkommen?
Falls ja, was macht eine Arbeit eigentlich krisensicher?
Und ist es möglich, daß ich eine solche auch für mich finde und nutzbar mache?

Natürlich ist Arbeit zur Finanzierung der Lebenshaltungskosten notwendig. Unterhalten Sie sich einmal mit Familienmitgliedern, Freunden, Kollegen und Nachbarn über das Thema Arbeit und Arbeitsplatz, und Sie werden bemerken, daß viele unter der Sinnlosigkeit ihrer derzeitigen Tätigkeit „im Hamsterrad" leiden: unter mobbenden Vorgesetzten und Kollegen, unter immer höher geschraubten „Zielvorgaben", oder auch nur unter einer eintönigen Arbeit, die die Frage aufwirft „Wozu das alles, tagein, tagaus?". Während die alten Geldmetalle Ihr passives Vermögen repräsentieren, stellen Ihre Fähigkeiten und Ihr Wissen Ihr aktives Kapital dar. Passives Vermögen wird irgendwann aufgebraucht sein, kann sogar Raub und Diebstahl zum Opfer fallen. Durch Ihr aktives Vermögen jedoch werden Sie immer in der Lage sein, sich und Ihre Familie zu ernähren!

Es gibt viele Arbeiten, die Freude machen; bei denen das Ergebnis der Mühe am Ende des Tages sicht- und fühlbar vor dem Arbeitenden steht oder liegt, und der Nutzen der Arbeit nicht hinterfragt werden muß. Diese Arten von Arbeit teilen die Eigenschaft, daß am Ende des Tagwerkes ein greifbares Ergebnis vorhanden ist. Es sind Arbeiten, die den ganzen Menschen fordern: das **Herz** – um etwas Gutes zu schaffen; den **Verstand** – um etwas besser zu machen; und die **Hand** – die das Wollen des Herzens und die Ideen des Verstandes umzusetzen in der Lage ist. Eine solche Tätigkeit weckt ein hohes Maß an Zufriedenheit und vermittelt dem Arbeitenden die Gewißheit: „Ich habe mit einer sinnvollen Arbeit etwas Nützliches, Wertvolles, Bleibendes geschaffen." Etwas, das kein „sauberer Bürojob" zu bewerkstelligen fähig ist. Aber genau darum geht es bei krisensicherer Arbeit: Um die Schaffung realer Werte. Lassen Sie uns zur besseren Anschaulichkeit einmal einen Blick auf die sogenannte Maslowsche Bedürfnispyramide werfen. Sie skizziert die existenziellen Grundbedürfnisse des Menschen.
Bildquelle: http://informatikkaufmann-azubi.de/tagebuch/2005/08/25/maslowsche-bedurfnispyramide

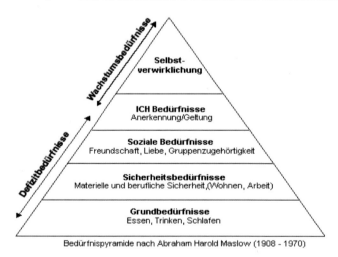

Bedürfnispyramide nach Abraham Harold Maslow (1908 - 1970)

Die Bedürfnispyramide veranschaulicht den Aufbau der menschlichen Bedürfnisse, die sich überall auf der Welt ähneln sind, unabhängig von Nation, Sprache, Kultur, Religion. Das tragende, untere Fundament bilden dabei die lebenswichtigen Bedürfnisse (= Existenzbedürfnisse), die zum schieren Überleben notwendig sind: **Essen, Trinken, Kleidung, Schlafen, Gesundheit**. Ohne die Erfüllung dieser Existenzbedürfnisse ist kein Mensch dauerhaft lebensfähig. Kann ein Mensch diese existenziellen Grundbedürfnisse stillen, wachsen seine Ansprüche. Es wächst das Bedürfnis nach **beruflicher und materieller Sicherheit**, die ihm die Erfüllung der grundlegenden Bedürfnisse dauerhaft sichert – das Bestreiten der Kosten für das Leben durch eine (sinnvolle) Arbeit, die Unterhaltung eines möglichst sicheren und behaglichen Zuhauses und der Schutz des eigenen Lebens und seines Eigentums.

Ist für die Bedürfnisse des unmittelbaren Überlebens, der Gesundheit und Sicherheit gesorgt, erwacht die **Sehnsucht nach Gemeinschaft und Zusammengehörigkeit**: das Pflegen von Freundschaften, die Sehnsucht nach Liebe, das Gründen einer Familie, die Zugehörigkeit zu einer Gruppe von Gleichgesinnten ... Die beiden letzten, oberen Bausteine der Pyramide spiegeln unsere heutige Gesellschaft wider: die **(Über-)Betonung des ICH**, des Ego – hier beginnt das Streben nach Macht, Einfluß, Luxus, Status, Prestige – kurzum: EGOismus. Egoismus versteckt sich heute oft hinter dem Begriff „Selbstverwirklichung". Ich ordne dem, was ich will, was ich bin, alles andere unter.

Hier beginnt letztlich die selbstzerstörerische Wirkung dieses Verhaltens, der Vergötzung des eigenen ICH. Schauen Sie sich an, wie die Welt heute aussieht, die von Machtanspruch, Gier, Habsucht, und Neid zerfressen wird, an die sich die rücksichtslose Ausbeutung von Natur, Mensch und Tier anschließt.

Insbesondere das staatlich geförderte Leben auf Kosten anderer führt über kurz oder lang zur Entwicklung der Anspruchshaltung einer imaginären Bringschuld („Das steht mir zu"), die in vielen Fällen die Ausprägung asozialen Verhaltens nach sich zieht und in eine generelle gesellschaftliche Degeneration mündet, die man als Dekadenz bezeichnet und die letztlich zwangsläufig zum gesellschaft-lichen Niedergang führt.

Die Menschheit ist heute finanziell, wirtschaftlich, gesellschaftlich, in vielen Fällen auch geistig und gesundheitlich dem Bankrott nahe. Die Ursache dafür ist in einem generellen Verlust jeglicher Werte und gesellschaftlicher Normen zu suchen. **In einer wirtschaftlichen Depression (durch Kollaps / Crash) wird der obere Teil der Pyramide – die Dekadenz – in einem Augenblick abgerissen** – und die Menschen müssen sich wieder darauf besinnen, was wirklich Wert hat, was tragfähig ist und zum Leben dient. Dabei setzt sich letztlich die Erkenntnis durch, daß man selbst ein tragendes Element der Gesellschaft ist, man als Mensch jedoch nicht für sich allein steht, sondern auch auf andere angewiesen ist.

Es kann mir mittel- bis langfristig betrachtet nur so gut gehen, wie es den Menschen um mich herum geht. Wäre ich unermeßlich reich, und die Menschen um mich herum bettelarm, entstünden dadurch Spannungen, die mein eigenes Leben ebenfalls negativ beeinflussen würden: beispielsweise meine Sicherheit. Aus diesem Grunde ist es so wichtig, die Grundlage für eine gesunde, unabhängige und freie Gesellschaft zu legen, von der letztlich alle gleichermaßen profitieren können, wenn auch aufgrund der individuellen Unterschiede auf unterschiedliche Art und Weise.

In den frühen 1990er Jahren öffnete sich die ehemalige Sowjetunion für marktwirtschaftliche Prinzipien. Bauern, die zuvor in einer genossenschaftlichen Kolchose arbeiteten, bei der alle dieselbe Entlohnung erhielten (Kommunismus), erhielten Land zur privaten Nutzung und Bewirtschaftung. Niemand konnte sich mehr auf der Arbeit des anderen ausruhen.

Das Ergebnis: Die Produktivität des Einzelnen stieg deutlich an. Jeder arbeitete nun zunächst „für sich". Den Lohn der Arbeit steckten nun nicht mehr andere ein. Auf diese Weise wuchsen die individuelle Motivation und der Ansporn, gut und hart zu arbeiten, um die Grundlage für ein besseres Leben zu legen. Die Menschen spürten: Es liegt nun in meiner Hand, für meine Familie und mich eine bessere Zukunft aufzubauen. Die dabei entstehenden individuellen Vorteile kamen letztlich der gesamten Gesellschaft zugute – Wohlstand wurde erarbeitet und vermehrt, die der ganzen Gruppe Vorteile brachten, und beispielsweise in der Verbesserung der Infrastruktur sichtbar wurden.

Aus diesem Beispiel gehen die **Vorzüge der Privatwirtschaft gegenüber einer Kollektivwirtschaft (Sozialismus, Kommunismus)** hervor. **Voraussetzung dafür muß sein, daß die Menschen die Möglichkeit haben, sich individuell und untermehmerisch frei zu entfalten.**

Die heutige gesellschaftliche Grundlage ist extrem brüchig geworden. Viele Arbeitnehmer leben „vom Staat", vom beamteten Universitätsprofessor bis hin zum Sozialhilfeempfänger – dem eigentlichen „Arbeitgeber" der Sozialhilfeindustrie. Diejenigen jedoch, die die realen Werte erwirtschaften, werden zum einen immer weniger, und zum anderen immer stärker besteuert, um die wachsende Zahl der Leistungsempfänger zu finanzieren. Dies ist ein Merkmal der Dekadenz, die niemals von Dauer sein kann und im Kollaps des Systems enden muß – wenn die wenigen Produktiven nicht mehr in der Lage sind, die vielen Unproduktiven mit „durchzufüttern".

Wird die obere Hälfte der Pyramide im Kollaps urplötzlich abgerissen (obwohl sich das Ereignis schon lange zuvor andeutete), dann zählt von heute auf morgen nur mehr, wie man in der Lage ist, seine plötzlich wieder in den Vordergrund getretenen Existenzbefürfnisse zu stillen. Ob sich jemand für schwul hält, stolz ist fett zu sein und ähnlich belangloses Zeug, wird dann überhaupt niemanden mehr interessieren – auch diese Menschen selbst nicht, da dann ganz andere, nämlich existenzielle Themen plötzlich viel dringlicher sein werden.

Heute herrscht ein Überangebot an Akademikern. Die Hürden für die Zulassung zu einem Studium liegen viel zu niedrig. Leider entscheiden sich heute aus Mangel an Perspektiven oder aus Arbeitsscheu viele für's Studieren. Eine Vielzahl Studierender bricht ihr Studium ab – und beginnt ein anderes. Aber wie soll eine Person auch wissen, welches Ziel sie anpeilen soll, wenn ihr Antrieb, Orientierung und Motivation fehlt? Studienrichtungen wie Kunstgeschichte, Sozialpädagogik usw. sind brotlose Künste – Kennzeichen eines aufgeblähten Behörden- und Bürokratentums, das letztlich niemanden nützt, aber aus Steuergeldern alimentiert wird.

Im Jahre 2009 gingen 60.000 Uni-Absolventen in Deutschland direkt von der Uni ab und in Hartz IV hinein. Das Prestige eines Studiums allein macht bereits heute niemanden mehr satt. Es ist einfach ein Überangebot an Studierten vorhanden. Dafür mangelt es heute an grundlegendem handwerklichen Wissen und Können.

Wir benötigen auch hier eine völlig neue – im Prinzip aber sehr alte – Erkenntnis, dass wir Wohlstand **erarbeiten** müssen, und ihn weder herbeidebattieren noch in der Druckerpresse erschaffen können. Überlegen Sie es sich also bitte sehr genau, ob es für Sie selbst als Schulabgänger oder für Ihre Kinder wirklich erstrebenswert ist, in Zeit eines akademischen Überangebots ein Studium zu beginnen. Falls Sie sich dennoch dafür entscheiden sollten, dann wählen Sie die Fachrichtung sehr sorgfältig aus, bzw. stehen Sie Ihren Söhnen und Töchtern dabei beratend zur Seite!

Eine alte Weisheit besagt: „Handwerk hat goldenen Boden". Diese alte Erkenntnis wird sich abermals durchsetzen. Und um den Kreis zu unserer Bedürfnispyramide zu schließen, möchte ich hinzufügen: Dazu gehört auch ein Acker- oder Gartenboden! Heute sieht es leider vielfach so aus, daß zahlreiche Schulabgänger nach einem bequemen, „sauberen Job" suchen. Schmutzige Hände werden offenbar noch immer als Makel betrachtet, so daß zahlreiche Handwerks- und Landwirtschaftsbetriebe händeringend Nachwuchs suchen.

Es ist das Produkt jahrelanger sozialistischer Erziehung, daß ein Behördenjob „beim Staat", der mit seiner Verwaltungstätigkeit keinerlei reale Werte erwirtschaftet, als erstrebenswerter angesehen wird, als die persönliche und berufliche Selbständigkeit und unternehmerische Verantwortung eines Handwerksmeisters, der durch sinnvolle Tätigkeit reale Werte erschafft und somit zum echten gesellschaftlichen Nutzen beiträgt. Angesichts der realen Staatsverschuldungen sind die Staatsjobs alles andere als sicher, wie ein Blick über die Grenzen der Länder belegt, deren Wirtschaftsverfall bereits weiter vorangeschritten ist als der ihres eigenen Landes.

Ich denke, die schiere Notwendigkeit des täglichen Broterwerbs wird hier bald Abhilfe schaffen und für ein dringend notwendiges Umdenken sorgen. In Anbetracht der sich global rasant verschlechternden wirtschaftlichen Situation sollten Sie sich zur Erzielung eines krisensicheren, unabhängigen Einkommens im Wesentlichen auf die menschlichen Grundbedürfnisse konzentrieren.

Der Garten – ein ideales Fundament zur Wertschöpfung!

Früher meist als Hobby für Rentner belächelt, erlebt es heute seine Renaissance in allen Schichten der Bevölkerung: Das Gärtnern. Die Bewirtschaftung eines Gartens bietet eine einzigartige Möglichkeit einer kompletten Wertschöpfungspalette.

Doch was genau bedeutet eigentlich "Wertschöpfung"?

Wertschöpfung beschreibt die Verarbeitung von Rohmaterialien (das können Minerale, Metalle, Getreide, Wolle, Milch u.v.m. sein) in fertige Endprodukte innerhalb eines produktiven Veredelungsprozesses. Beispiele: Aus Gerste, Malz und Hopfen werden durch spezielle handwerkliche Fertigkeiten des Brauens das Endprodukt Bier. Aus Milch werden in einem Veredelungs- und Konservierungsprozeß Quark, Buttermilch, Dick- oder Sauermilch, und abhängig von der Reifezeit verschiedene Arten von Käse: Frischkäse, Weichkäse, Schnittkäse, Hartkäse.

Falls Sie Käsen lernen und später selbst Käse herstellen möchten, sollten Sie auf die Verwendung von **Kälberlab** zur Gerinnung der Milch verzichten, sondern stattdessen mikrobielles Lab verwenden, das ohne Gentechnik hergestellt wurde! Kälberlab stammt aus dem Magen vom Kälbchen, die im Alter von 3-4 Tagen geschlachtet werden, nur um das Enzym in ihrem Magen zu gelangen, welches die Muttermilch gerinnen läßt.

Der allgemeine Werteverlust und die Verachtung für fremdes Leben spiegelt sich auch hier wider, so wie jede Art der Qual und Gewalt, zu der der Mensch heute offenbar bedenken- und gewissenlos fähig zu sein scheint: Mord an ungeborenen und neugeborenen Kindern, Mord an Tierkindern in einem unfaßbaren Ausmaß – die Meßlatte der Bestialität liegt heute offenbar niedriger als je zuvor. Es genügt nicht, die Fehler bei anderen zu suchen. Bei jedem von uns muß ein Umdenken stattfinden, und zwar schleunigst!

Mittlerweile bieten auch Volkshochschulen Käsekurse an. http://vhs.de   http://vhs.or.at   http://up-vhs.ch

Falls es die Volkshochschule in Ihrer Nähe noch nicht tut, dann schreiben Sie sie doch einmal an und fragen Sie speziell danach. Bei sich häufenden Anfragen stehen die Chancen gut, daß solche Kurse auch bald auf dem Studienplan Ihrer VHS steht.

Wertschöpfungsprozeß-Beispiele:

Schafwolle wird in einem Veredelungsprozeß für eine Weiterverarbeitung nutzbar gemacht, um daraus Socken, Pullover, Mützen, Decken, und viele andere Dinge mehr herzustellen.

Ein Gärtner sät Samen in fruchtbare, nährstoffreiche Erde und versorgt sie mit Wasser. Das Wasser transportiert die löslichen Nährstoffe in den Samen und ernährt ihn. Er beginnt zu wachsen. Die junge Pflanze wird gepflegt und bei Bedarf mit Wasser versorgt. Der Boden wird auf natürliche Weise mit organischen Nährstoffen gedüngt seine Luftzirkulation durch oberflächliches Hacken verbessert. Die Pflanze beginnt ihre jeweils typischen Früchte herauszubilden: Bohnen, Erbsen, Linsen, verschiedene Arten von Getreide, Tomaten, Kartoffeln, … .

Worum geht es?

Alle diese Vorgänge haben eines gemeinsam: Ausgangsprodukte werden durch handwerkliche Tätigkeiten, Wissen, Fähig- und Fertigkeiten sowie den Faktor Arbeit zu höherwertigen Produkten weiterentwickelt und erhalten so einen höheren Wert. Den Samen zu essen würde uns nicht satt machen. Aber die Arbeit und das Wissen des Gärtners oder des Bauerns läßt in Kooperation mit den Regeln der Natur beste nahrhafte Früchte entstehen, die uns ernähren.

In Kürze: Ausgangsmaterial + Arbeit / Wissen / Handwerkskunst = ein hochwertiges Endprodukt → Wertschöpfung. Die Schaffung von Werten durch Veredelung.

Wertschöpfungsprozesse werden heute (noch) nicht wirklich wieder wertgeschätzt. Quantität geht vor Qualität, oder neudeutsch ausgedrückt: Eine sinnleere Überfluß- und Wegwerfgesellschaft findet Geiz offenbar "geil".

Die Wertschöpfung selbst ist fast ausschließlich in den beiden tragenden Fundamenten der Bedürfnispyramide angesiedelt: im Bereich der Ernährung, der Gesundheit, und der Sicherheit. Mit dem fortschreitenden Zerfall der Wirtschaft und einer rasanten Zunahme der Arbeitslosenzahlen wird das alte Handwerk die Aufmerksamkeit und Anerkennung zurückerlangen, die ihm allein schon als Kitt der menschlichen Zivilisation zukommt.

Zurück zum Garten: er ist ein idealer Wertschöpfungsfaktor. Ein kleiner Obst- und Gemüsegarten läßt sich auf optimale Weise mit einer kleinen Hühner- und/oder Bienenhaltung kombinieren. In der Natur bilden sich beständig Symbiosen zwischen Organismen und Lebewesen, die wir durch geschickte Kombination nutzen können.

1) Der Garten versorgt Sie und Ihre Familie mit Nahrung; Überschüsse können zur Vorratshaltung haltbar gemacht (= konserviert) werden.

2) Die Hühner freuen sich über die Abfälle aus dem Garten. Sie sich über die frischen gesunden Eier. Ihr Garten freut sich über den hochnährstoffreichen Hühnermist, den Sie zuvor mit Hilfe von **Effektiven Mikroorganismen** zur zusätzlichen Nährstoffanreicherung in einem Fermentationsprozeß reifen lassen sollten.

3) Die eigenen Bienenvölker wiederum profitieren vom Garten, der eine leicht verfügbare und gesunde Nahrungsgrundlage für sie bereitstellt, ohne daß Genmanipulation eine Gefahr für den Bestand darstellt. Sie freuen sich doppelt: an Ihren gesunden Bienen, und da Ihre Obst- und Gemüsepflanzen reichlich bestäubt werden, an einer noch reicheren Ernte.

So könnte ein geschlossener Wertschöpfungskreislauf aussehen, der eine Familie schon je nach Größe der Betriebsfläche einer kompletten Selbstversorg-ung sehr nahebringt und zusätzliche Einnahmequellen aus dem Verkauf bzw. Tausch der Produkte erzielen kann! In unserem Beispielfall müßten bei Haltung und Anbau auf sehr engem Raum also eventuell nur noch etwas Futter für die Hühner und für die Überwinterung der Bienen (→ Zucker) zugekauft werden – oder man überläßt den Bienen einen Teil des während des Sommers von ihnen gesammelten Honigs (ca. 12 bis 15 kg pro Volk, je nach zu erwartender Strenge des Winters).

<u>1) Die Wertschöpfung</u>

Bauen Sie Ihre berufliche Zukunft auf einer tragfähigen Wertschöpfungskette auf, z.B. in der Herstellung eines existenziellen Produktes oder dem Anbieten einer Dienstleistung (vor allem in den Bereichen Handwerk, Land- und Forstwirtschaft)! Solange das derzeitige kreditbasierte System existiert, werden Sie zwar vermutlich keine Reichtümer damit anhäufen. Sie werden jedoch mit dem Systemkollaps und damit dem Wegfall aller Kredite in der komfortablen Lage sein, bereits Erfahrungen auf Ihrer neuen Einkommensgrundlage gesammelt und sich schon in Ihrem Markt oder Ihrer Nische etabliert zu haben.
Bieten Sie dann existenzielle Güter an, wie Brot, Käse, Lebensmittel aller Art, selbstgemachte Kleidung, handgeschmiedete Werkzeuge und Küchenutensilien, Seife … oder können Sie Werkzeuge herstellen oder reparieren, dann werden Ihnen Ihre Waren und Dienstleistungen förmlich aus den Händen gerissen werden. Formen Sie eine neue Gemeinschaft innerhalb Ihrer Familie, oder schließen Sie sich mit Gleichgesinnten zu einer zusammen, die gemeinsam arbeiten und leben. Ein Beispiel, wie so etwas aussehen könnte:
http://in-kehna.de

Das Miteinanderarbeiten und Miteinanderleben wird Ihnen bald ein Gefühl neuer Zusammengehörigkeit, Stärke und Verläßlichkeit geben – etwas, was uns durch den Betrug des Hedonismus und Egoismus weitgehend verlorengegangen ist. Unsere Sehnsucht nach Geborgenheit und Zugehörigkeit zu einer funktionierenden Familie ist aber geblieben. Entdecken Sie die Segnungen dieser Sehnsucht wieder und beleben Sie sie wieder auf's Neue!

Geben Sie sich und Ihrer Familie eine neue Chance! Sie ist die kleinste funktionstüchtige Einheit und Zuflucht in einer körperlich und geistig kranken Welt. Versöhnen Sie sich, räumen Sie alte Streitigkeiten aus und beginnen Sie neu miteinander! Die traditionelle Familie ist die Keimzelle einer jeden gesunden Gesellschaft. Dagegen eine Gesellschaft aus Egoisten bedeutet den Verfall der Zivilisation.

Ein Wertschöpfungsprozeß bedeutet die grundlegendste und damit die sicherste Art Ihrer Einkommensgrundlage. Ausgehend von verschiedenartigen Rohmaterialien als Ausgangsbasis stellen Sie in Verbindung mit Ihren speziellen Kenntnissen und Fertigkeiten in einem Herstellungsvorgang ein veredeltes Endprodukt her.

Sind Sie auf Rohmaterialien angewiesen, die Sie selbst zukaufen müssen, wie z.B. Roh- oder Vorzugsmilch für die Käseherstellung, oder Wolle zur Herstellung für Strickwaren, dann sind langfristige Geschäftsbeziehungen zu Bauern oder Schäfern wichtig. Dies kann nur auf gegenseitigem Vertrauen beruhen, was im völligen Gegensatz zur derzeitigen Abzocke, Betrug und minderwertiger Qualität der Waren steht.

Beispiel "Wollverarbeitung"

Sie wollen eine kleine Textilmanufaktur betreiben, nehmen Kontakt mit einem Schäfer aus Ihrer Gegend auf und kommen überein, die von ihm angebotene Wolle abzukaufen. Für den Schäfer stellen Sie einen verläßlichen Abnehmer und damit eine sichere Einkommensquelle dar. Der Schäfer wiederum wird für Sie zum zuverlässigen Lieferanten als Grundlage Ihrer kleinen Spinn- und Strickwarenmanufaktur. So oder so ähnlich kann die Bildung eines stabilen Wirtschafts- und Wertschöpfungskreislaufs beginnen. Frauen aus dem Erzgebirge, die in der Textilindustrie beschäftigt waren, verloren ihre Arbeit und machten aus der Not eine Tugend. Sie schlossen sich zu einem Verein zusammen, um Wolle auf „altmodische" Weise zu fertigen Waren aus einer Hand zu verarbeiten. Die Wolle wird mit Hilfe eines Spinnrades gesponnen, und anschließend an Webstühlen zum fertigen Produkt weiterverarbeitet. http://leitfaden-schafwolle.de

Unterstützen Sie diese Art der Eigeninitiative, indem sie die dabei entstehenden handwerklichen Qualitätswaren gegenüber industriell hergestellten Billigartikeln bevorzugen!

Nach dem Untergang des Weltfinanzsystems werden die Menschen zwangsläufig zur Regional-Wirtschaft und Tauschhandel zurückkehren. Wer dann nicht in der Lage ist, durch seiner Hände Arbeit Werte zu schaffen, die er im Tausch oder gegen ehrliches Geld verwenden kann, der wird kaum eine Überlebenschance haben, denn mit dem Kollaps des Weltfinanzsystems und der auf dessen Prinzipien erbauten Weltwirtschaft wird auch der vermeintliche Wohlfahrtsstaat unfinanzierbar werden und untergehen. Aus diesem Grunde genügt es nicht, sein Vermögen in Gold und Silber anzulegen. Es wird Vielen unter den Händen wegschmelzen wie der letzte Schnee in der Aprilsonne.

Mein Rat ist deshalb: Lernen Sie, was Sie schon immer lernen wollten! Eine günstigere Zeit dafür als HEUTE wird niemals kommen! Beginnen Sie Ihre Tätigkeit in Ihrer Freizeit, als Hobby, in Heimarbeit und als Nebenberuf. Konzentrieren Sie sich dabei auf Dinge, die die eingangs beschriebenen Grundbedürfnisse stillen.

Sie benötigen dazu keine hohen Vorlaufkosten oder umfangreiche Lagerhaltung. Beginnen Sie klein und erweitern Sie schrittweise mit der Nachfrage ihrer Dienstleistungen oder Waren. Wir gehen auf unvorstellbare Zeiten des Mangels zu. Sie dürfen also darauf vertrauen, das Ihre Arbeit mit Verschärfung des Mangels auf ein extrem große Nachfrage treffen wird.

Auf diese Weise schaffen Sie neue Arbeitsplätze, und leisten einen unschätzbar wertvollen Dienst beim Aufbau einer neuen Gesellschaft. Die Nachfrage nach lebensnotwendigen Produkten wird auch mit der Verschärfung der wirtschaftlichen Not nicht abreißen – denn auf die Stillung der Grundbedürfnisse kann kein Mensch verzichten, ganz gleich, wie schwer die Not auch werden wird. **Es folgt eine kleine Auswahl weniger Beispiele, die als Heimarbeit, während der Freizeit und als Hobby begonnen werden und anschließend ausgebaut werden können. Sie haben sicherlich noch viel mehr Ideen!**

Behalten Sie die Grundbedürfnisse im Blick. Insbesondere die Ver-sorgung mit Essen und sauberem Wasser bergen das höchste Erfolgspotenzial. Das notwendige Wissen können Sie sich in Kursen, Schulungen oder mit Hilfe von Fachbüchern aneignen.

→ mobile und immobile Suppenküche mit einem Sortiment an leckeren Suppen und Eintöpfen dürften künftig wahre Goldgruben werden; Ausstattung: Gulaschkanone(n), Vorrat an Grundnahrungsmitteln (unterschiedliche Sorten von Getreide, Linsen, Bohnen, Erbsen, Reis, Hirse, Buchweizen, Hartweizengrieß, Milchreis, …) und natürlich entsprechende Bezugsquelle(n) für Nachschub

→ Herstellung und / oder Vertrieb von Kochgelegenheiten wie Gulaschkanonen, Eintopf-Öfen usw.

→ Backhäuser bauen, z.B. mit Bausätzen, oder alte Backhäuser restaurieren

→ Kurse für das Backen von Holzofenbrot und andere Holzbackofenerzeugnisse anbieten

→ Teigwaren backen (Brot, Kuchen, Kekse, Plätzchen, Pizza, ...)

→ Seife oder Kerzen gießen
  (Zubehör bei: **http://die-kerze.de**
    http://hobbyversand-schlachter.de
    http://kerzenidee.de
    http://kerzenkiste.de
    http://stockmar.de
  oder in jedem gut sortierten Laden für Bastelbedarf in Ihrer Nähe!

→ Marmelade, Gelees, Kompotts, Ketchups oder Chutneys herstellen,

→ Senf und Essig herstellen (**Link dein-senf.de**: **http://tinyurl.com/8jpopb9**)

→ Gemüse und Obst (selbst anbauen) und durch Einlegen haltbar machen („Einwecken"),

→ Handarbeiten (Schneidern, Nähen, Sticken, Stricken, Häkeln, Spinnen usw.) herstellen,

→ Brunnen anlegen,

→ Bierbrauen und Schnapsbrennen; Zubehör für Ihre eigene Destille bei **http://destillatio.de**

→ Ihr handwerkliches, land- und forstwirtschaftliches Wissen in Kursen und Seminaren weitergeben,

→ Ihr Wissen durch Bücher, Broschüren, Seminarangebote usw. erhalten und verbreiten,

→ Töpfern von Hauhaltsgegenständen und Gartenzubehör, Kurse z.B. bei **http://toepfer-kurse.de** , **http://anleitung-zum-toepfern.de** oder an vielen Volkshochschulen (**http://www.vhs.de**)

→ Pflege- und Heilsalben sowie andere Körperpflegeprodukte herstellen, Anleitung zur Salbenmischung unter: **http://kraeuter-verzeichnis.de/pages/salbe.htm** und **http://heilkraeuter.de/salben**

→ Werkzeuge herstellen und reparieren, denn die Wegwerfgesellschaft geht zu Ende und handgefertigte Qualität wird sich letztlich doch gegen seelenlose Massenware durchsetzen,

→ Arbeiten Sie gern mit Holz, dann nehmen Sie beispielsweise an einem Drechselkurs teil: Spinnräder, Webstühle & Co werden eine Renaissance erleben

→ Arbeiten Sie gern mit Metall, wie wäre es mit einem Schmiedekurs? Zahlreiche Schmiede bieten Intensivkurse an, vom Messerschmieden bis hin zur Axt- und Damastklingenherstellung und schmiedeeisernen Pfannen. Immer mehr Schmiedemeister bieten Kurse und Lehrgänge an – einfach weil die Menschen sich instinktiv den alten Handwerkskünsten zuwenden und die Nachfrage nach sinnvoller Arbeit, Ausbildung und Qualitätswerkzeug steigt! Nutzen Sie eine Suchmaschine im Internet oder Ihr örtliches Telefonbuch, um Schmieden in Ihrer Region zu finden, die Ihnen gern weiterhelfen werden! Beispiele:
http://atelier-funkenflug.de, **http://damastklinge.de**, **http://schmiedeglut.de**
Link rickert-werkzeug.de: **http://tinyurl.com/9sf722q**

→ Kupferschmiede, Herstellung von Töpfen, Pfannen und Kesseln aus Kupfer.

→ Eßbestecke, Becher und Trinkgefäße aus Zinn herstellen; **Link hobbyversand-schlachter.de:** **http://tinyurl.com/8gyj8fz**
→ Holzbearbeitung wie Schreinern und Drechseln; Herstellung von Werkzeugen, die dafür benötigt werden; z.B. Hobel- und Drechselbänke, Schraubzwingen usw.; Manufaktur für die Weiterverarbeitung anderer Rohstoffe, z.B. Nähmaschinen, Webstühle, Spinnräder usw., z.B. **http://spinnrad-henkys.de**
→ mit Improvisationsgeschick Dinge reparieren; Schlossern & Klempnern
→ Fischteiche anlegen; in neuangelegten Teichen oder renaturierten fließenden Gewässern können insbesondere einheimische Fischarten neu angesiedelt werden (z.B. Forelle, Lachs, Hecht, Wels, Karpfen usw.)
→ Verbinden Sie die Leidenschaft für's Angeln mit technischem Geschick, können Sie Angelruten und Zubehör aus einheimischen Materialien herstellen; in zahlreichen Ländern geht der Trend längst wieder weg von High-Tech-Materialien, hin zu heimischen und exotischen Hölzern im Angelrutenbau; Bambus ist schnellwüchsig und kann in eigenen Garten angebaut werden. Solche handgefertigten Qualitätsprodukte erfreuen sich bereits heute wieder einer steigenden Nachfrage und erzielen entspechende Preise
→ alte Haustierrassen durch Zucht erhalten (siehe auch **http://vieh-ev.de** und **http://g-e-h.de**), wertvolle Lebensmittel gewinnen, Produkte veredeln, Nachzucht verkaufen
→ Hühnerställe selbst herstellen oder deren Aufbau anbieten (z.B. Bausätze von **http://hühnerstall.biz/**),
→ (Varroa-resistente) Bienen und einheimische Bienen (**http://nordbiene.de**) halten, züchten und pflegen, Honig herstellen, aus dem Bienenwachs Kerzen herstellen (also die komplette Wertschöpfungskette aus einer Hand), Propolis gewinnen, Infos: **http://resistantbees.com** und **http://tinyurl.com/8cy599d**
→ Schuhe reparieren! Das dafür benötigte Werkzeug für diese Art Heimarbeit erhalten Sie bei **http://langlauf-schuhbedarf.de** und das kostenlose Handbuch zum Ausdrucken im PDF-Format: **http://langlauf-schuhbedarf.de/pdf/handbuch_schuhreparatur.pdf**
→ Mit dem Bankrott des Gesundheitssystems und zahlreicher Krankenhäuser werden Hausgeburten wieder zur Regel werden → **Hebamme / Geburtshelferin** wird wieder zu einem krisensicheren und hochgeschätzten Beruf werden
→ Ähnliches trifft auf die **Naturheilkunde** zu, zu der sich immer mehr Menschen hinwenden; Ausbildungen zum Homöopathen für Mensch und Tier, sowie für weitere Fachbereiche wie Physiotherapie, Phytotherapie (Pflanzenheilkunde), Akupunktur oder Osteopathie werden heute von vielen Naturheilkunde-Schulen angeboten; Kurse dauern meist ca. 2 Jahre und umfassen einen theoretischen und praktischen Teil. Seriöse Schulen teilen Ihnen gern ihre Referenzen vorangegangener Studiengänge mit, bei deren Teilnehmern Sie sich interessanten der Lehrgänge über die Qualität des Unterrichts informieren können und sollten! **http://ausbildung-heilpraktiker.de**
→ In Gegenden mit fischreichen Gewässern bietet sich auch der **Angelrutenbau** oder die Herstellung und Reparatur von Netzen sowie anderem Angel- und Fischereibedarf an
→ Auch wenn der Fleischkonsum mit dem Ende der industriellen Agrarwirtschaft und damit auch Bankrott und Zusammenbruch der Massentierhaltung und der Akkordschlachthöfe rapide abnehmen wird, wird sicherlich der Beruf des **Hausmetzgers** und allgemein **Hausschlachtungen** eine Rückkehr erleben. Link **survivalpress.org**: „Das Hausschlachten" **http://tinyurl.com/pgobdo9**
→ Bau und Reparatur von Fahrrädern und Lastenfahrrädern Link: **survivalpress.org** **http://tinyurl.com/pcx9vsh**
→ (Ex-)Polizisten, Soldaten, Kampfsportler oder auch Pfadfinder können ein krisensicheres Einkommen erzielen, indem sie ihr Wissen rund um das Thema Sicherheit, Selbstverteidigung, Verhalten in Gefahrensituationen, Survival, Biwakbau, Überleben in der Natur und vieles mehr vermitteln. Auch hier wächst die Nachfrage nach Ausbildung und professioneller Anleitung sprunghaft! Das Leben in, mit und vor allem aus und von der Natur wird in Zukunft sicherlich ein großes Thema werden!

Johannes Vogel	http://youtube.com/user/vranger	http://vivalranger.com
Kai Sackmann	http://youtube.com/user/kaisackmann	http://kaisackmann.de
Survivalschule	http://youtube.com/user/survivalmike	http://survivalschule.at
Waldhandwerk	http://youtube.com/user/Waldhandwerk	

→ **Nur für Hundefreunde, nicht Vermehrer!** Das wachsende Sicherheitsbedürfnis und die Vereinsamung der Menschen wird zu einer steigenden Nachfrage nach Begleit-, Gesellschafts-, Wach- und Schutzhunden führen; die zurückkehrende alte Form der Landwirtschaft, Tierhaltung und Jagd zur wachsenden Nachfrage nach entsprechenden Arbeitshunden, die Notwendigkeit der Ungezieferbekämpfung zu einer steigenden Nachfrage nach raubzeugscharfen Hunden und anderen Jagdhelfern (siehe auch Thema Hund im Kapitel „aktive Sicherheit").
→ Herstellung von Vorratsgefäßen für das Konservieren von Lebensmitteln: z.B. Gläser, Blechdosen
→ Restauration und Herstellung von manuellen Dosenverschließmaschinen

Hanfanbau stellt aufgrund der zahlreichen Anwendungsmöglichkeiten der Pflanze eine ausgezeichnete Basis des Einkommenserwerbs dar; in Ländern, die den privaten Anbau und die Nutzung des Hanfs (wieder) erlauben und Verbote aufheben, sollte JEDERMANN mit ein wenig Platz Hanf anbauen; Die Pflanzen zur medizinischen Anwendung können sogar dank ihrer geringen Wuchshöhe sogar im Haus angebaut werden, Faserhanf / Nutzhanf zur Gewinnung von Öl aus den Samen, für Textilfasern und Biomasse dagegen im Freien, da er eine Höhe von über 4 Meter in nur wenigen Monaten erreichen kann. Die kleineren, auch auch für den Anbau im Haus geeigneten Pflanzen zeichnen sich durch einen hohen THC-Gehalt in den Blüten und Blattspitzen aus, der bis zu 25% betragen kann. Das Öl der Hanfpflanze ist nicht nur sehr gesund und weist ein optimales Verhältnis von Omega 3- und Omega 6-Fettsäuren auf, sondern ist aufgrund seiner weiteren besonderen Eigenschaften auch in Industrie und Handwerk nutzbar. Früher wurde Hanföl als Brennstoff verwendet, unter anderem zur Lichterzeugung in Öllampen.

Eine weitere lukrative Nische ist die Restauration und Herstellung von Geräten für Heim- und Handarbeiten. Alte Nähmaschinen wurden bereits wiederentdeckt. Instandsetzungen lohnen sich dank der wachsenden Nachfrage auch hier. Die Hausfrau des Hauses kann auf diese Weise nicht nur bereits getragene Kleidung ausbessern, sondern auch neue Kleidung schneidern – die alten Maschinen werden selbstverständlich ohen Strom und somit völlig ohne laufende Nebenkosten betrieben und werden in Zukunft wieder zum Mittelpunkt des Einkommenserwerbs vieler Familien avancieren. Die wachsende Nachfrage nach Qualitätswaren eröffnet zahlreiche Marktnischen für handwerklich begabte Menschen, die alte Maschinen reparieren, restaurieren und instandsetzen können. Beispiel: http://altenaehmaschine.de

Abschließend möchte ich Ihnen noch einen meiner Lieblingsverlage wärmstens ans Herz legen: http://survivalpress.org . Einige wenige ausgewählte Werke aus dem einzigartigen Literatursortiment, das aus alten Büchern zwischen den 1900er und 1950er Jahren neu zusammengestellt sowie ständig erweitert und ergänzt wird: http://survivalpress.org

„Selbstherstellung einer Drehbank (Drechselbank)" http://tinyurl.com/ntsqnqf
„Hobelbank – Anleitung zum Selbstbau" http://tinyurl.com/nb2uwv9
„Behelfsherd und -ofen selber bauen" http://tinyurl.com/qymnksz
„Einführung in die Schlosserarbeit" http://tinyurl.com/lkdnmrc
„Das Selbstanfertigen von Holzhauergerät" http://tinyurl.com/mpjmjdz
„Die Selbstanfertigung von Holzstielen" http://tinyurl.com/pp674rc
„Werkzeuge und Hilfsmittel für die Tischlerwerkstatt" http://tinyurl.com/nbl5qb9
„Glasbläserei – Anleitung zum Glasblasen" http://tinyurl.com/mtpps63
„Anleitung für die Arbeiten des Zimmerers" http://tinyurl.com/o6kcf3q
„Der Bau der Eiskeller" http://tinyurl.com/oufokg9
„Wie baue ich mir selbst – Kühlschrank" (ohne Strom) http://tinyurl.com/kd97n3v
„Praktische Anleitung zur Maurerarbeit" http://tinyurl.com/nazsoh2
„Wie baue ich mir selbst – Wasserpumpe" http://tinyurl.com/n98pa4b
„Windmühlenbau einst und jetzt" http://tinyurl.com/n5bbbk9

→ **Kategorie „Selbstversorgung"**

„Futter und Fütterung der Bienen" http://tinyurl.com/ptlne6k
„Die Bienenkiste – einfach selbst imkern" http://tinyurl.com/mr35lj9
„Die Ausführung der Melkarbeit" http://tinyurl.com/qe3vcvl
„Milchverwertung im Haushalt" http://tinyurl.com/ow24e3r
„Das Hausschlachten" http://tinyurl.com/orwjpvc
„Konservieren in Blechdosen" http://tinyurl.com/nnvzquj

2) Handel und Tauschwirtschaft

Eine überlegenswerte Idee ist es, einen Warenhandel aufzubauen, z.B. **hochwertige Gewürze** heute günstig einzukaufen und zu bevorraten, die nach einem Zusammenbruch des Welthandels nur sehr schwer erhältlich und damit sehr begehrt sind, wenn gegen dann wertloses Papiergeld keine Importe mehr möglich sein werden. Insbesondere die besonders häufig genutzten Gewürze wie Pfeffer, Vanille, Zimt, Nelken werden bald zu Luxusartikeln werden.

http://gewuerze24.com   http://tali.de
http://bremer-gewuerzhandel.de   http://bioinsel.de

Neben orientalischen Gewürzen werden Nüsse und Trockenfrüchte ebenfalls bald eine begehrte Tausch- und Handelsware werden, wie alle Produkte, die das Grundbedürfnis nach Ernährung stillen. Der Bau von Solardörrschränken könnte hier als Beispiel für eine künftige Marktnische dienen. Aber auch Anbieter von für **Kaffee** (ungemahlen für längere Haltbarkeit), naturbelassenes **Steinsalz** (kein jodiertes / fluoriertes Kochsalz!) oder **Honig** werden immer ihre Käufer finden. Dasselbe trifft auf alltägliche Haushaltwaren wie Seife, Schnürsenkel oder Seilwaren zu, ebenso wie auf Handarbeitswaren wie Nadeln, Faden und Zwirn.

Das alte Handwerk kehrt zurück, und mit ihm triumphiert die Qualität des Handgemachten über die billigen Massenwaren der Wegwerfgesellschaft. Kaufen Sie die Waren heute günstig, lagern Sie es dem Produkt entsprechend ein, und verkaufen Sie Überschüsse, die Sie selbst nicht benötigen, oder beginnen Sie bei großen Mengen damit zu handeln, um den Bedarf Ihres Umfeldes zu decken!

Finden Sie eine oder mehrere Nischen, die zu Ihnen und Ihren persönlichen Interessen und Möglichkeiten paßt – denn wofür Sie sich begeistern, dort sind höchstwahrscheinlich auch Ihre Talente verborgen! Knüpfen Sie Kontakte – auch über Ländergrenzen hinweg – und tauschen Sie Erfahrungen und Ideen aus!

Vielleicht verfügen sich schon heute über gute Kontakte in andere Länder, mit deren Hilfe Sie in der Lage sind, den Import der Waren aus diesen Ländern logistisch zu bewerkstelligen? Werden Sie kreativ, bieten Sie Ihre Waren und Dienstleistungen zunächst im Freundes- und Bekanntenkreis an, auf Flohmärkten, im Internet und in der Nachbarschaft. Gründen Sie Tauschbörsen und Tauschringe, die Angebot und Nachfrage zusammenführen!

Nehmen wir an, Sie besitzen einen Obstgarten oder eine Streuobstwiese und stellen Marmelade oder Säfte aus den Erträgen her. Mit den Resten aus der Verarbeitung können Sie – je nach Menge – ein paar Hühner oder ein Paar Schweine füttern. Diese liefern wiederum ausreichend Mist und damit besten organischen Dünger für den Garten. Damit verfügen Sie bereits über eine lückenlose Wertschöpfungskette vom Anbau, Pflege und Ernte bis hin zur Herstellung und Vermarktung Ihrer Produkte – alles aus einer Hand.

Bevorraten Sie Dinge großzügig, die Sie nicht selbst anbauen oder herstellen können, sondern zukaufen müssen. Mit einer entsprechenden Lagerhaltung der Zutaten, die Sie selbst nicht produzieren, sind Sie unabhängiger von äußeren Faktoren.

Klöster sind noch häufig Orte, an denen auch heute noch immer traditionelle alte Handwerks- und Landwirtschaftstraditionen gepflegt werden!

Bleiben Sie neugierig, wissensdurstig und aufgeschlossen! Bleiben Sie neugierig, aufgeschlossen und lernbereit, und geben Sie Ihren Erfahrungsschatz weiter! Es gibt eine wachsende Anzahl von Anbietern, die sich auf Zubehör für Selbstversorger spezialisiert haben: Käsen, Joghurt herstellen, Brotbacken, Schnapsbrennen, Bierbrauen … Sie werden staunen, was es alles gibt, und daß es unheimlich befriedigend ist, Ihre eigenen Lebensmittel herstellen oder damit gar Ihre Einkommensgrundlage stärken können!
Werden Sie tätig, fragen Sie bei Ihrem ortsansässigen **Bauern**, ob Sie helfen und lernen dürfen, oder auf einer **Sennerei** … erkundigen Sie sich bei Ihrem örtlichen **Landfrauenverein**, wo Sie alte Handwerkstechniken erlernen können!

Schließen Sie sich Ihrem örtlichen Geflügelzucht- oder Imkerverein an.

Selbst in New York City's Hinterhöfen schießen Hühnerhalter wie Pilze aus dem Boden. Die Städte bieten zwar oft keine optimale Haltung, aber die Tatsache zeigt aber doch die Einstellung der Menschen überdeutlich, daß Sie der Regierung und der staatlichen Versorgung nicht mehr vertrauen. **Tun Sie es Ihnen nach – idealerweise natürlich auf dem Land, mit Auslauf und frischem Grünfutter und direkt am Haus oder im Garten!**

Erkundigen Sie sich über Kurse auch bei Ihrer Volkshochschule!
http://vhs.de/ **(z.B in der Rubrik "Ökologie & Landbau")**

Die Möglichkeiten sind gewaltig und nur abhängig von Ihren Interessen und Ihren örtlichen Gegebenheiten. Ich kann und will Ihnen nicht alles abnehmen, sondern wir haben unser Ziel erst ab dem Zeitpunkt erreicht, wenn SIE damit beginnen, über IHR Leben, über IHRE Möglichkeiten und IHRE Talente nachzudenken – denn nur SIE selbst sind in der Lage, IHREN Platz im Leben zu finden, bei einer Tätigkeit, zu der Sie einen Bezug finden, die Ihnen Freude macht.

Ich bin sicher, daß Ihnen diese "altmodischen" Arbeiten ungleich mehr Freude machen werden als Ihr derzeitiger Schuldendienst im Hamsterrad.

Lassen Sie Ihrem Entdecker- und Erfindergeist freien Lauf!

Tausch- und Handelswaren

Prinzipiell sind alle in diesem Buch erwähnten Dinge ausgezeichnete Tausch- und Handelsgegenstände. Dennoch möchte ich gern noch einmal ein paar Ideen in den Raum werfen, die aber vor allem als Anregungen und Denkanstöße dazu dienen sollen, um die am besten geeigneten Gegen-stände für Ihre Bedürfnisse, Möglichkeiten und Umstände zu finden. Idealerweise sollten Sie vor allem Dinge bevorraten, die Sie selbst häufig benötigen, oder die in Krisenzeiten generell stark gefragt sind. Die folgende Aufzählung erhebt selbstverstänlich keinerlei Anspruch als Vollständigkeit!

Lebensmittel: Grundnahrungsmittel in jeder Menge (Kleinpackungen bis Großgebinde), wie Reis, Getreide, Bohnen, Erbsen, Linsen, Hirse, Buchweizen; Gemüse- und Kompottkonserven, Fischkonserven – **Achten Sie bei Konserven vor allem darauf, daß sie nicht verbeult, eingedellt oder sonstwie beschädigt sind; die Ware verdirbt dann deutlich schneller! Konserven, bei denen sich der Deckel wölbt sind ein Hinweis auf einen Gärungsprozeß im Inneren, und dürfen unter keinen Umständen verzehrt werden → höchste Vergiftungsgefahr!**

Nudeln, Suppen, Klare Brühe als Basis für Suppen und Eintöpfe; Steinsalz (ohne Jod / Fluor!), Zucker (am besten Vollrohr- / Rohrohrzucker), einheimische und exotische Gewürze werden sehr gefragte Tauschwaren sein. Kaffee, Kakao (jeweils am besten ungemahlen und daher besonders haltbar → Kaffeemühle!), handbetriebene Getreidemühle, Mörser und Stößel, Gewürzmühlen, … Vorratsdosen für Genußmittel;

Manche „Prepper" schwören auf billigen Fusel und Zigaretten, aber unsere Gesellschaft ist so süchtig und kaputt. Ob Sie dies unterstützen möchten, liegt natürlich bei Ihnen. Ich tue es nicht. Im übrigen werden Nikotin- und Alkoholsüchtige ohnehin kaum Geld noch Tauschwaren haben, um ihre Sucht zu finanzieren. Spricht sich herum, das Sie das Zeug bunkern, könnten bald ungeladene Besucher bei Ihnen auftauchen. Das bedeutet allerdings nicht, daß Bierbrauen und Schnapsbrennen unehrenhafte Einkommenszweige wären – im Gegenteil! Diese Produkte sind auch als Grundlage für Kräutertrunke und -extrakte (Schnaps) oder zur Körperpflege und zur Behandlung von Krankheiten mancher Art (Bier) äußerst wertvoll! Das trifft beispielsweise auch auf viele Gewürze wie Senf zu; eine Übersicht über die Pflanzen mit ihren Heilwirkungen finden Sie hier: **http://heilkraeuter.de**

Anleitungen und Zubehör zum Brauen Ihres eigenen Bieres oder für Ihre Heimdestille finden Sie beispielsweise bei **http://mein-bier.de** und **http://destillatio.eu**

Feuer: Streichhölzer in jeder Menge und verschiedenen Längen, (nachfüllbare) Feuerzeuge, Feuerstähle, Feuerschläger / Feuereisen, Feuersteine (auch für z.B. Zippo!) und Zunder; hochwertige Werkzeuge zum einfachen Feuermachen sind u.a. bei **http://lederkram.de** erhältlich, Feuerzeuge etwa bei **http://zuendholzriesa.de**

Kleidung: Werfen Sie Ihre alten Kleider, Hosen, T-Shirts und Pullover nicht weg, falls Sie nicht völlig verschlissen sind und Sie kein Platzproblem haben; diese Dinge können Ihnen in Notzeiten als „Second Hand"-Tauschwaren beste Dienste leisten. Dasselbe trifft auf Handtücher, Geschirrtücher, Waschlappen, Unterwäsche, Babywäsche, Windeln, Bettwäsche und viele andere Dinge zu. Lernen Sie stricken, schneidern, nähen, häkeln, stopfen, dann sind sie in der Lage, kaputte Kleidung auszubessern oder sogar neue Kleidung herzustellen → Wertschöpfung! Falls Sie sich auf das Schustern / Schuhherstellung und -reparatur verstehen, dann wird Ihnen zukünftig Arbeit niemals ausgehen! Nicht vergessen: Schnürsenkel! Auch Werkzeuge zum Kleidung reparieren / herstellen, wie alle Formen von Nadeln, stellen exzellente Tauschgegenstände dar, die heute noch billig überall zu haben sind, die aber in Zukunft unter Umständen schwer zu bekommen sein werden: Näh-, Stopf-, Strick-, Häkelnadeln, Garne, Zwirne, Wolle, Fingerhüte, … .

Werkzeuge und Zubehör: Hämmer, Feilen, Schraubendreher, Werkzeugschlüssel in verschie-denen Größen, aber auch Schrauben, Muttern, Nägel, Unterlegscheiben in allen Größen nehmen nicht viel Platz in Anspruch; alle Arten von Messern, Äxten, Beilen, aber auch Gartenwerkzeuge (vor allem aus Kupfer!) werden immer benötigt werden und ohne Probleme Interessenten finden. Seile, Stricke, Garne, Klebebänder, Sicherheitsschlösser und -ketten, Lötkolben, Angelzubehör, …
Werkzeuge, um Werkzeuge zu schärfen / zu schleifen: Schleifsteine wie Belgische Brocken, Arkansas oder eine Vielzahl europäischer und japanischer Schleifsteine für ein Schärfen mit Schärföl, Wasser oder trockenes Schleifen; Schleifpapier – wie Schleifsteine in grober bis feinster Körnung für verschiedenste Einsatzzwecke erhältlich; Sensen und Sensenbäume, ...

Haushalt: Taschenlampen, die keine Batterien oder Akkus benötigen, sondern durch kinetische Energie aufgeladen werden (Schütteln, Kurbeln), aber auch Akkus, Batterien, Akkuladegeräte (Solar!) und konventionelle Taschenlampen; daneben Kerzen in allen Größen (aus Stearin / Paraffin / Bienenwachs) … Lernen Sie Seifensieden, um Nachschub herzustellen, auch dann wird Ihnen niemals Arbeit ausgehen! Warme Decken (Baumwolle, hochwertige Naturhaardecken als besonders wertvolle Tauschgegenstände!) kann man nie zu viel haben; Bücher über Selbstversorgung, Gartenbau, Permakultur, Artgerechte Tierhaltung, Samengewinnung, eßbare einheimische Wildpflanzen und -früchte werden sehr begehrt werden!

Emaillierte Töpfe und schmiedeeiserne Pfannen, mit denen man auch im Freien über offenem Feuer kochen kann (etwa bei Stromausfällen), ebenso wie robustes Geschirr (Emaille, Holz) und Bestecke; Backpapier, Alufolie, Frischhalte- und Gefrierbeutel... Vorratsgläser und Einweck-Zubehör, Gartenscheren und Gießkannen; Trockenhefe zum Backen, z.B. **http://teetraeume.de/Trockenhefe-Hefe-Fermipan-500g** ; Natriumhydrogencarbonat („Kaiser-Natron", „Bullrich-Salz") als vielseitiges Mittel in Küche (verkürzte Kochzeit und bessere Verträglichkeit z.B. bei Hülsenfrüchten) und Haushalt; vollständig biologisch abbaubare Putz- und Reinigungsmittel, z.B. bei **http://izs-shop.de**; Behältnisse zum Anbau von Keimsprossen aus Ton oder Kunststoff (z.B. Biosnacky), ... Honig, Salz, Zucker!

Nicht zu vergessen: Falls Sie viel Lagerraum haben sollten, können Sie Petroleumlampen und Zubehör (z.B. Sturmlaterne „Feuerhand") kaufen. Heute sind sie noch sehr günstig, z.B. bei **http://stores.ebay.de/outdoor-explorer** oder **http://stores.ebay.de/nuddnik-goods** . Lampenöle auf pflanzlicher und konventioneller Petroleumbasis gehören ebenfalls zu jedem Krisensortiment, erhältlich bei **http://hoefer-shop.de** . Die Nachfrage nach stromunabhängigen Lichtquellen wird spätestens mit den ersten großflächigen und/oder langandauernden Stromausfällen rapide steigen. Dasselbe dürfte für Waschbretter zutreffen, z.B. **http://waschbretter.de** und ebenso auf Kernseife. Denken Sie unbedingt an Toiletten- und anderen Haushaltspapier wie Küchenrollen usw. Verfügen Sie über viel Stauraum, können Sie diese sogar besonders günstig palettenweise kaufen, z.B. bei **http://hamburgpapier-shop.de**

Ihnen fällt garantiert noch viel mehr ein!

Sicherheit: Bögen und Pfeile, Armbrüste, Wander- und Kampfstöcke können bevorratet oder sogar selbst hergestellt werden; Je nach Gesetzgebung: Munition für erwerbscheinpflichtige und erwerbscheinfreie Waffen können in nahezu jeder Menge bevorratet werden – sie verderben nicht. Da das Sicherheitsbedürfnis der Menschen in Zukunft stark zunehmen wird, wird jede hochwertige Ware und Dienstleistung im Bereich Selbstverteidigung, Schutz und (Haus-)Sicherheit stark nachgefragt werden.

Gesundheit: Silbergeneratoren zur Herstellung von kolloidalem Silber, Zutaten zur Herstellung von MMS, Geräte zur Vermehrung von Effektiven Mikroorganismen, Bücher zum Thema Gesundheit in Eigenbehandlung, insbesondere Kräuterheilkunde, Homöopathie für Mensch und Tier werden eine wichtige Marktnische bilden; Legen Sie sich einen Vorrat an Erste-Hilfe-Materialien an, wie sterile Kompressen, Mullbinden, Heftpflaster, Dreiecktücher, Pinzetten, oder komplette Erste-Hilfe-Koffer.

Mit zunehmender Verschlechterung der wirtschaftlichen und damit individuellen Situation wird auch die „Schwarzarbeit" explodieren. Wer dabei ertappt wird, bei dem sind Probleme mit den Behörden vorprogrammiert. Schwarzarbeit kann also keinesfalls empfohlen werden, da auch kein Versicherungsschutz – zumindest solange das Versicherungssystem noch existiert – im Falle eines Unfalls besteht.

Dennoch wird die Verschlimmerung der wirtschaftlichen und finanziellen Lage viele in die Illegalität treiben, wenn die Arbeiter es nicht mehr einsehen, daß sie trotz Arbeit immer mehr verarmen, weil die Politik ihres Landes ihre Einkünfte beschlagnahmt, um sie an die bevorzugten Lobbygruppen zu transferieren, während sie selbst kaum noch vom Lohn ihrer Arbeit leben und ihre Familien versorgen können.

Aus purem Geldmangel werden die Menschen zum privaten Tauschhandel untereinander zurückkehren: Waren gegen Ware, Dienstleistung gegen Ware, und umgekehrt. Die Menschen werden bemerken, daß sie keine Behörden, keine staatliche Regulierung, ja nicht einmal die Organisation „Staat" zum (über-)leben brauchen, sondern daß sie sehr wohl in der Lage sind, eigenverantwortlich zu handeln und untereinander selbständig Verträge zu schließen.

Mit Offenbarwerden der real katastrophalen Lage von Wirtschaft und Finanzen, sowie sich häufenden Fällen von Korruption, Bestechungen und Vorteilsnahme im Amt seitens der Politik und der Konzerne beginnen sich immer mehr Menschen zu fragen, weshalb sie weiterhin Steuern zahlen sollen, wenn die Regierenden ihr Geld permanent gegen ihre eigenen Interessen verwenden, ein überdehnter Staatsapparat immer mehr fordert, während er ihre Rechte einstampft und die Gelder direkt an insolvente Banken umgeleitet und antidemokratische zentralistische Machtmonster damit finanziert, auf die das Volk keinerlei Einfluß nehmen kann.

Die Politik der Weltregierungen fordert die Völker förmlich zum Aufstand heraus, der sich höchstwahrscheinlich in massivem direktem und indirektem weltweitem Steuerboykott und zivilem Ungehorsam äußern wird.

Den Menschen beginnt zu dämmern, daß das System lediglich den Interessen eines kleinen Kreises Hochprivilegierter dient und nicht durch angeblich freie und demokratische Wahlen verändert werden kann, da die Profite und das süße Leben der modernen Sklavenhalter (Hochfinanz) und ihrer privilegierten Aufseher (Politik und Bürokratie) den Wenigen einen leistungslosen Wohlstand auf Kosten der Vielen ermöglicht. Diese Machtstruktur durch Wahlen zu gefährden, wurde niemals vorgesehen.

Daß Wahlen anonym sind, während die Privatsphäre und die Rechte der Menschen atomisiert und ihre Vermögen per Inflation und Besteuerung gestohlen werden, öffnet Tür und Tor für fehlerhafte Stimmenauszählung oder -übermittlung, bis hin zur plumpen Wahlfälschung.

Wer wäre schon so dumm, seine eigenen Plünderer und Schlächter immer wieder und wieder neu zu legitimieren?

Eine statthafte Wahl kann nur offen und öffentlich stattfinden. Nur der direkte, öffentliche Eintrag in eine Wahlliste ist in der Lage, Fehler jeder Art auszuschließen und Wahlbetrug zu verhindern. Zudem erleichtert es die Auszählung der Stimmen. Komplizierte „Wahlmethematik" und unverständliche „Überhangmandate" sind ebenso intransparent wie überflüssig. Das gesamte Parteiensystem ist völlig gescheitert an seiner Machtgier und Korruption, und steht vor dem Untergang, da die Menschen das Vertrauen in Regierungen, Parteien, Politiker und Behörden verloren haben.

Schafft den Macht- und Unterdrückungsapparat „Staat" ab! Er wurde und wird immer wieder von Wenigen mißbraucht, um Macht über Viele auszuüben und diese restlos auszuplündern. Wie jeder Vereinigung wurde auch der Staat immer wieder unterwandert, ausgehöhlt und infiltriert, um Macht und Kontrolle über Menschen zu gewinnen. Bei der Erfüllung seiner Schutzfunktion hat er immer wieder versagt und sie ins Gegenteil pervertiert.

Wenn Dinge aus den Fugen geraten, suchen wir in der Regel nach Schuldigen. Halten Sie ein und richten Sie Ihren Zorn nicht gegen irgendwelche Personen, denn das Problem sind nicht nur die Personen an den Schalthebeln der Macht, sondern der Egoismus und das menschliche Streben nach Macht im Allgemeinen. Jeder, der sich in einer Machtposition befindet, ist stets an deren Erhalt und Ausdehnung interessiert. Das Tragen der Verantwortung eines jeden Menschen für sein eigenes Leben ist die bestmögliche Gewaltenteilung.

Die Lösung kann daher nur lauten: Weg von der Konzentration von immer mehr Macht in immer weniger Händen; Regionalisierung statt Globalisierung, und eine Rückbesinnung auf alte, tragfähige Werte. Solange Sie es anderen Personen, Politik und Konzernen erlauben, die Grundbedürfnisse Ihres Lebens zu kontrollieren, dann haben diese Sie in der Hand. Dazu gehören: Ernährung, Trinkwasser, Energieversorgung, Gesundheit und Geld. Abhängigkeit = Unfreiheit = Sklaverei.

Lösen Sie sich von diesen Abhängigkeiten, wenn Sie frei werden und es bleiben wollen, und nehmen Sie diese Bereiche des Lebens wieder in Ihre eigenen Hände!

Werden Sie erfinderisch, und wenn Sie Wege gefunden haben, die Ihr Leben verbessern, dann helfen Sie anderen, dasselbe zu tun – ja, und warum nicht Ihre neue Lebensgrundlage darauf aufbauen?! Sie wurden frei geboren.

Erstreiten und erarbeiten Sie sich Ihre Freiheit und Unabhängigkeit!

Ihr Handeln wird direkten Einfluß haben auf das Bild des Menschen, als den man Sie in Erinnerung behalten wird. Lassen Sie es zum Bild eines mündigen, selbstverantwortlichen, mutigen und tatkräftigen Menschen werden, an den sich Ihre Kinder und Enkel mit Stolz und Respekt erinnern können!
Die Zeit des Egoismus ist zu Ende. Veränderung ist bitter nötig.

Wenn wir wirklich frei werden und bleiben wollen, dann brauchen wir eine Revolution unserer inneren Einstellung: wie wir mit uns selbst, mit anderen Menschen, mit unserer Arbeit und unserem Leben, mit den Tieren, mit der Natur, mit dieser ganzen Schöpfung umgehen – es liegt viel Arbeit vor uns.

Wir brauchen keine äußere Revolution, um unsere Welt radikal zum Besseren zu verändern. Zetteln Sie eine Revolution in sich selbst an! Entdecken und erleben Sie die Schönheit eines einfachen Lebensstils frei von äußeren Abhängigkeiten! Ihr Handeln wird Ihrem Denken folgen. Sie werden erstaunt sein zu sehen, wie nachhaltig sich dann die Welt um Sie herum ebenfalls ändern wird. Werden Sie ein Teil dieser Erneuerung!

Teil V: Die passive und aktive Sicherheit

Ursachenforschung und Gesellschaftskritik: Die Trennung von Handeln + persönlicher Verantwortung = eine aus den Fugen geratene Gesellschaft

„Jugendlicher Straftäter – eine Stadt in Angst", titelte kürzlich eine deutsche Regionalzeitung. Beim Hauptakteur der Geschichte handelte es sich um einen Zehnjährigen, zu dessen Lasten bereits Delikte wie Raub, Sachbeschädigung, Körperverletzung, Diebstahl und Einbruch gehen, und der bereits im infantilen Alter von acht Jahren erstmalig bei der Polizei aktenkundig wurde, und zum Zeitpunkt der Berichterstattung 37 Straftaten begangen, die die Polizei bis dahin registriert hatte.

Stellen Sie sich vor: ein Zehnjähriger, vor dem Kinder, Jugendliche und Erwachsene zittern … und dabei handelt es sich nicht etwa um einen Einzelfall, sondern lediglich um einen von zahlreichen in der heutigen Gesellschaft. Jugendliche Gewalttäter, ja sogar Kinder – und ihre Zahl steigt beängstigend – sind kaum mehr in den Griff zu bekommen. Aber weshalb ist das so? Sie haben keine Achtung mehr vor Eltern, Lehrern, Polizei und anderen Autoritätspersonen, geschweige denn gleichaltrigen Mitschülern oder allgemein Schwächeren. Ihnen fehlt der Respekt vor anderen, weil ihnen niemals Respekt gelehrt wurde.

Natürlich sind auch Kinder für ihr Tun selbst verantwortlich. Die Reaktionskette des persönlichen Handelns und dem Tragen der persönlichen Verantwortung wurde jedoch durch den Gesetzgeber ausgehebelt, indem er einen Erziehungsstil aus einer Mischung von antiautoritär und *„laissez-faire"* per Dekret vorgab, der es weder Eltern, noch Lehrern oder Erziehern fortan gestattete, notfalls mit dosierter Härte in die Erziehung eines Kindes einzugreifen, spätestens sobald die propagierte Nicht-Erziehung zur Gefahr für das Kind und die Gesellschaft selbst wird.

Laissez-faire – aus dem Französischen entlehnt für „laßt machen" oder salopp „einfach laufen lassen" – steht für das erzieherische sich-selbst-überlassen des Kindes. Realitätsbezogener sollte man es als schlichte Vernachlässigung der Entwicklung des Kindes bezeichnen.

Der antiautoritäre Erziehungsstil wiederum entspringt der Philosophie der Frankfurter Schule um Erich Fromm, Max Horkheimer, Theodor W. Adorno, Herbert Marcuse und Jürgen Habermas, die davon überzeugt waren, daß die in der bürgerlichen Familie entwickelten Autoritätsverhältnisse die Ursache für die Herausbildung autoritärer Charaktere und letztlich des Faschismus seien. Apologetiker der antiautoritären Erziehung vertreten die These, daß der Mensch von Natur aus gut sei, und daß sich ein Kind entsprechend seiner Natur frei entfalten müsse. Das völlige Versagen und die öffentliche Widerlegung dieser Theorie erleben wir in unseren Tagen auf erschreckende Weise. Es ist bekannt, und viele Leser werden es aus eigener Erfahrung aus Kindertagen bestätigen können, daß manche Kinder zu besonderer Grausamkeit gegenüber anderen, Schwächeren neigen. Die Facetten reichen von Verhöhnung und Spott über Psychoterror bis hin zu körperlicher Gewalt.

Die Erziehung im Kindesalter legt die Grundlage für das gesamte weitere Leben. Läßt man ein Kind laufen, wohin es will, ohne es mit Recht und Unrecht vertraut zu machen und ihm zu seinem eigenen Nutzen Regeln mit auf seinen Weg zu geben, die es zu beachten und zu respektieren, oder anderenfalls mit Strafe zu rechnen hat, dann schaffen wir orientierungslose, haltlose Kinder, denen es unmöglich ist, ihren Weg und Platz im Leben und der Gesellschaft zu finden.

Lehrt man einem Kind Respekt, Achtung, Freundlichkeit, Ehrlichkeit und Höflichkeit gegenüber Altersgenossen, Erwachsenen und anderen Lebewesen, aber auch wirtschaftliche Tugenden wie Fleiß, Disziplin und Sparsamkeit, und gesellschaftliche Tugenden wie Mut, Gerechtigkeitssinn, Wahrheits- und Freiheitsliebe und Tapferkeit, dann legt man den Grundstein zur Herausbildung eines entsprechenden Charakters, der einem freien, mündigen und verantwortungsbewußtem Menschen gut zu Gesicht steht.

Hier gelangen wir an den Zirkelpunkt und die Überschrift, unter die ich dieses Thema gestellt habe: dem Tragen persönlicher Verantwortung für persönliches Handeln. Leben braucht ein tragfähiges Fundament, auf dem es gedeihen kann. Dieses Fundament wird während der Erziehung des Kindes gelegt. Wer ihm die Stabilität der Erziehung vorenthält, aus welchen vermeintlich edlen, jedoch realitätsfernen Vorwänden oder Theorien auch immer, der macht sich selbst an dem Kind schuldig. Die Auswirkungen der Trennung zwischen persönlichem Handeln und den daraus resultierenden Konsequenzen hat zu einer zerbrochenen und zerrütteten Gesellschaft geführt, die keine Werte mehr kennt und respektiert, in der niemand mehr für sein Tun Verantwortung trägt und jedes Fehlverhalten geduldet, entschuldigt und somit gefördert wird.

Dies führt dazu, daß …
→ Täter zu Opfern und Opfer zu Tätern gemacht werden, daß Mördern und Vergewaltigern eine „schlimme Kindheit" oder „kulturelle Eigenheiten" beispielsweise bei sogenannten „Ehrenmorden" attestiert wird.

→ sich politisch Verantwortliche selbst unter juristische Immunität stellen, um keine persönliche Verantwortung für unwillkürliche oder willkürliche Handlungen (z.B. Korruption) übernehmen zu müssen.

→ Banken hemmungslos zocken. Erzielen sie dabei Milliardengewinne, werden diese in Form von Salären oder Boni an Vorstände, Führungsgremien und eine Handvoll Händler ausgeschüttet. Erzielen sie aber Milliardenverluste, werden diese der Allgemeinheit aufgelastet.

Die Abschaffung der persönlichen Verantwortung frißt sich gesellschaftlich von oben nach unten durch und fördert eine Mißkultur, die nun Fehlverhalten nicht mehr nur nicht mehr ahndet, sondern wohlwollend darüber hinwegsieht und sogar belohnt, und die gewissenloses und asoziales Handeln als Belanglosigkeit verharmlost, was jedoch zum moralischen und sittlichen Verfall der Gesellschaft führt. Werden Handeln und Verantwortung voneinander getrennt, dann hört Recht auf, Recht zu sein.
Wenn Ihr Kind übermütig auf einen Abgrund zuläuft, den es gar nicht selbst erkennen kann, was würden Sie tun? Lassen Sie es laufen, weil es ja selbst Erfahrungen sammeln muß, oder würden Sie alles Notwendige tun, um ihr Kind vor dem Absturz zu bewahren? Die Beantwortung der Frage zeigt Ihnen selbst, wie sehr Sie Ihr Kind wirklich lieben. Hier ist Augenmaß und Erfahrung der Eltern gefragt. Aus biblischer Sicht wird die Bedeutung der Erziehung durch folgende Worte hervorgehoben:

→ *„Denn welchen der HERR lieb hat, den züchtigt er; er stäupt einen jeglichen Sohn, den er annimmt."* (Hebräer 12:6)
→ Jesus Christus: *„Welche ich liebhabe, die strafe und züchtige ich; so sei nun fleißig und tue Buße"* (Offb. 3:19)
→ *„So erkennst du ja in deinem Herzen, daß der HERR, dein Gott, dich gezogen hat, wie ein Mann seinen Sohn zieht"* (5.Mose 8:5)
→ *„Wohl dem, den du, HERR, züchtigst, und lehrst ihn durch dein Gesetz"* (Psalm 94:12)
→ *„HERR, ich weiß, daß deine Gerichte gerecht sind; du hast mich treulich gedemütigt."* (Psalm 119:75)
→ *„Mein Kind, verwirf die Zucht des HERRN nicht, und sei nicht ungeduldig über seiner Strafe"* (Sprüche 3:11)
→ *„Denn welchen der HERR liebt, den straft er, und er hat doch Wohlgefallen an ihm wie ein Vater an seinem Sohn"* (Sprüche 3:12)

Die Bibelworte lehren uns, daß Strafe niemals Selbstzweck sein darf, **keinesfalls ein Freibrief für Willkür und Mißhandlung** durch den Strafenden, sondern daß Strafe die Konsequenz für Fehlverhalten sein und vom Gestraften auch als solche empfunden werden muß. Nur dann ist sie gerecht und erfüllt ihren erzieherischen Auftrag, um später größeres Ungemach zu vermeiden. Strafe darf nie ungerechtfertigt oder der Tat unangemessen angewandt werden, sonst wird sie zur Demütigung und artet zur nackten Willkür des Strafenden aus.

Die notwendige erzieherische Maßnahme schlägt dann ins Gegenteil um, verstärkt Trotz und Fehlverhalten. Der Gestrafte beginnt den Strafenden als Tyrannen zu betrachten und wird sich ihm noch mehr widersetzen. Dadurch büßt der Strafende Respekt und Ansehen in den Augen des Gestraften ein.

Mir war als Kind eher ein sensibel und schüchternes Naturell zueigen. Für mich war es schon eine Tragödie, wenn meine Mutter zu mir sagte „Du hast mich traurig gemacht". Wenn ich es manchmal gar zu sehr auf die Spitze getrieben hatte, hat mir aber auch ein Klaps auf den Hintern nicht geschadet. Zum seelischen Krüppel wurde ich dadurch jedenfalls nicht. Wenn das Bewußtsein für rechtes und unrechtes Handeln nicht im Kindesalter geweckt wird – ab einem gewissen Zeitpunkt ist es zu spät, und der Einfluß auf das Kind / den Jugendlichen geht verloren. **„Was Hänschen nicht lernt, lernt Hans nimmermehr."**

Streng autoritäre Erziehung ist ebenfalls keine Lösung. Prügeln ist barbarisch und erzieht entweder zu Unterwerfung und Resignation, oder zu Aufsässigkeit und Trotz. Wer sich so versieht, der hat nichts begriffen und gehört selbst geschlagen. Auch Strafen wie das Schlagen ins Gesicht oder das Schlagen in demütigender Haltung („übers Knie legen") hat genau die entgegengesetzte als die beabsichtigte erzieherische Wirkung. Dazu sollte man sich niemals hinreißen lassen. Wenn es sich nicht vermeiden läßt, dann muß Strafe kurz und zeitnah geschehen. Autoritäre Erziehung, für viele gleichbedeutend mit einer strengen Erziehung zu Härte, insbesondere gegenüber Jungen, läßt keinen Platz zum Freiraum für das Kind, in dessen Rahmen es sich entfalten und entdecken kann, sondern zielt auf völlige Unterordnung, ja Unterwerfung unter den Erziehenden ab. Der individuelle Charakter, Talente, Wünsche, Träume, Sehnsüchte und Hoffnungen des Kindes finden dabei keine Berücksichtigung.

Ich denke, wir können schlußfolgern, daß alle extremen Erziehungsstile als gescheitert gelten können. Dosierte körperliche Strafe muß **immer** die allerletzte Maßnahme sein, die ergriffen werden kann, wenn andere Einwirkung auf den zu Strafenden nicht mehr möglich ist. Bei Dauergebrauch nutzt sie sich ab. Erzieht man Kinder von klein auf mit Verständnis zum einen und Konsequenz zum anderen, dann wird man in den meisten Fällen niemals zu strengen Strafen greifen müssen. Voraussetzung für diese Art der Erziehung ist ein gegenseitiges Vertrauensverhältnis von Eltern und Kind. Ich bin davon überzeugt, daß die beste Art der Erziehung die **Vorbildwirkung durch die Eltern** ist. Vorbildhaft gerechtes, konsequentes, aber auch mutiges Verhalten stärkt die Autorität, den Respekt und die Anerkennung der Eltern in den Augen der Kinder. Sie brauchen Erwachsene, zu denen sie aufschauen und an denen sie sich orientieren können.

Wir dürfen niemals den Fehler begehen, unsere eigenen Erwartungen auf das Leben unserer Kinder zu projizieren. Der daraus entstehende Druck wird für ein Kind unerträglich. Tun wir also nicht so, als wüßten wir, was das Beste für unsere Kinder ist! Als Eltern können wir im besten Fall helfend und beratend zur Seite stehen und es unseren Kindern erlauben, auch Fehler zu machen, die sie brauchen, um eigene Erfahrungen zu sammeln. Was Kinder und Jugendlichen heute mehr denn je brauchen, ist Halt und Orientierung. Das Ausloten der Grenzen ist ein Schrei nach Anleitung durch einen erfahrenen Menschen, dem sie vertrauen und von dem sie lernen können. Gerade Kinder und Jugendliche benötigen genügend Freiraum, um sich selbst auszuprobieren und ihre Fähigkeiten kennenzulernen. Die Grenzen festzulegen, in deren Rahmen sich diese Entdeckungsreise bewegen soll, ist nicht so kompliziert, wie man meinen möchte.

„Was du nicht willst, das man dir tu', das füg' auch keinem and'ren zu", könnte man als „goldene Regel der Erziehung" beschreiben, an der sich Väter, Mütter und Kinder leicht orientieren können. Versuchen wir also auch einmal, die Welt mit den Augen und aus dem Blickwinkel unserer Kinder zu betrachten und fragen uns „Wären wir als Kind gern so erzogen worden, wie wir heute unsere Kinder erziehen?"
„Wenn Kinder klein sind, gib ihnen Wurzeln; wenn sie groß werden, gib ihnen Flügel", versuchte mir meine Mutter einmal die Methode meiner Eltern bei meiner Erziehung zu erklären. Dabei erhielt ich viel Freiraum, lernte dabei aber auch, Grenzen zu erkennen und zu respektieren.

Der Film „**Der Club der toten Dichter**" hat mich beeindruckt und dazu bewegt, mich einmal intensiver mit diesem Thema zu beschäftigen, denn unsere Kinder sind wirklich unsere Zukunft. Sie verdienen unsere Liebe, Fürsorge und Aufmerksamkeit. Aufsässigkeit ist häufig ein Schrei nach Orientierung, die Kinder heute immer seltener erhalten, wenn wir vor lauter Verausgabung im Hamsterrad keine Zeit mehr für sie haben.
Vor dem Verblödungsverstärker (Fernseher) geparkt und mit dem neusten teurem Elektronikschrott zum Spielen ruhiggestellt, fehlt ihnen in einer immer kälter werdenden, zum Relativismus und Beliebigkeit neigenden Gesellschaft das, was sie nur zu Hause erfahren können: die Nestwärme, der Zusammenhalt, die Geborgenheit und Verläßlichkeit einer intakten Familie. Lassen Sie uns dahin zurückkehren, unsere kostbarsten Stunden unseres kurzen Lebens wieder mit den kostbarsten Menschen zu verbringen, die wir haben – unserer Familie! Die sonst mit sinnlosem Zeug verschwendete Zeit ist unwiederbringlich verloren.

„**Wenn du mich schlägst, zeig' ich dich an**" - Das Verbot des Staates an die Eltern, auf die Erziehung ihrer Kinder notfalls mit letzter Konsequenz einzuwirken, hat zu einem Autoritätsverlust der Eltern in den Augen der Kinder geführt und ihnen den Freibrief ausgestellt, zu tun und zu lassen, was ihnen paßt. Als Kind lernte ich, daß ich meine Hand nicht auf heiße Herdplatten legen darf. Mit dem Verbot wollten meine Eltern mich nicht schikanieren und meine Freiheiten einschränken, sondern mich vor Verletzungen und Schmerzen bewahren. Das wurde mir aber erst dann überdeutlich klar, als ich dem Verbot aus Neugier trotzte. Der darauffolgende Schmerz war die automatische und prompte Strafe für das Überschreiten einer Grenze. Ich hatte meine Lektion gelernt und tat es nie wieder. Das staatliche Verbot der Anwendung von Strafe durch Mutter und Vater ist der Versuch, Fehlverhalten des Kindes zu ermöglichen, ohne daß es sich dabei die Finger verbrennt. Die Konsequenzen und Probleme stellen sich spätestens mit Erreichen der Strafmündigkeit ein, denn der „Staat" straft sehr wohl, was er den Eltern untersagt. Mehr als das: der „Staat" stellt die aus Sorge und zurecht strafenden Eltern als Feinde in den Augen der Kinder dar. Dieser Eingriff ist ein weiterer Mosaikstein im menschenverachtenden „Spalte und herrsche"-Konzept zur Spaltung der Gesellschaft. Diesen Prozeß gilt es umzukehren und Eltern und Kinder wieder zu versöhnen. Kinder, Eure Eltern sind **nicht** Eure Feinde!

Unsere Gesellschaft wird in nächster Zukunft große Problemen mit Menschen haben, die als Kinder weder die Nestwärme und Geborgenheit einer intakten Familie, noch den Halt und die Orientierung genossen haben, die sie verdient gehabt hätten. Diese unverzeihlichen Verfehlungen zu bereinigen und korrigieren wird mindestens eine Generation in Anspruch nehmen.

<u>Der Schutz von Familie, Leib, Leben und Eigentum</u>

„Kein freier Mann soll jemals am Gebrauch von Waffen gehindert werden. Das stärkste Argument des Volkes, das Recht zum Besitz und Tragen von Waffen zu bewahren ist, als letzte Zuflucht, um sich selbst vor einer tyrannischen Regierung zu schützen."

Soweit das Zitat Thomas Jefferson's (1743 – 1826), US-amerikanischer Politiker, 3. Präsident der USA, Kämpfer in den Freiheitskriegen gegen die Besatzung der US-Kolonien durch die Engländer unter König Georg III., und maßgeblich an der Ausarbeitung der US-Verfassung beteiligt.

Die Waffenpolitik zahlreicher Länder ist ebenso scheinheilig wie verlogen. Während Rüstungskonzerne und Waffenexporte mit Steuergeldern gefördert werden und Politiker sich ebenfalls auf Steuerzahlerkosten personenschützen lassen, oder sich aufgrund ihrer Gesetzgebung die Ausstellung eines Waffenscheins zugestehen, der ihnen nicht nur den Besitz, sondern sogar das Führen von Waffen erlaubt, sprechen dieselben Personen dem ehrlichen Bürger und Zahler ihrer „Diäten" dasselbe Recht ab, das Sie für sich selbst in Anspruch nehmen.

Leben wir denn auf Orwell's „Farm der Tiere", auf der das Volk gleich, aber seine politischen Vertreter gleicher sind?

Wo bleibt der Aufschrei der Berufsempörten nach Gerechtigkeit und der für Ausgleich sorgende „Gleichberechtigungsbeauftragte", der heute für jeden Unsinn auf dem Weg der totalen Gleichmacherei installiert wurde? Ist das Leben eines Politikers etwa schützenswerter als das Leben eines Handwerkers oder Angestellten? Furcht der Volksvertreter kann es kaum sein, denn wovor sollten sie wohl Angst haben, die doch als Wohltäter ihres Volkes bekannt sind und die Interessen ihrer Wähler unermüdlich verteidigen und uneigennützig vertreten … .

<u>Die in der Forderung nach dem totalen Waffenverbot sichtbar werdende Dekadenz einer wertelosen Gesellschaft</u>

Stellen wir uns einmal den Staat als Zusammenschluß von vielen verschiedenen Familien vor. Nun kommt es aufgrund schlechten menschlichen Charakters – Neid, Habsucht, Mißgunst, Egoismus, Eifersucht – zu furchtbaren Zwischenfällen, bei denen Menschen verletzt oder gar getötet werden. Hierauf unterbreitet eine Gruppe – nennen wir sie zur besseren Veranschaulichung einmal Familie Bauer – den Vorschlag, daß alle Menschen ihre Waffen abgeben sollen, um bewaffnete Gewaltdelikte künftig zu verhindern. Das klingt doch logisch und ist zweifellos gut gemeint, oder nicht?

Der Vorschlag stößt auf breite Zustimmung, und alle redlichen Bürger, die ja nichts zu verbergen haben, geben nun endlich ihre Waffen ab. Alle … bis auf Familie Bauer und ihre Unterstützer. Denn jemand muß ja schließlich für Recht und Ordnung sorgen und den Schutz der Gemeinschaft gewährleisten. Familie Bauer und ihre unbestechlichen Helfer schützen von nun an alle.

Doch Moment mal!

Wer schützt nun die Vielen vor Familie Bauer und ihren neugegründeten paramilitärischen Einheiten? Diese übt ja nun das Gewaltmonopol aus und hat schnell entdeckt, wie leicht es auf einmal ist, Vorteile aus ihrem neugewonnenen Privileg zu ziehen und Schutzgeldzahlungen ihrer unbewaffneten Mitbürger zu erpressen, die selbstverständlich anders genannt werden, um den eigentlichen Akt des Raubes zu verschleiern. Kapitalverbrechen zu verhindern ist Familie Bauer aber trotz aller Bemühungen nicht einmal ansatzweise in der Lage. Seltsam. Seit dem Waffenverbot scheinen Waffendelikte sogar anzusteigen. Wie ist das nur möglich?

Verbote sind die Grundlage für die Bildung von Schwarzmärkten, denn das Schutzbedürfnis der Menschen bleibt dennoch bestehen. Und auch arbeitsscheue Berufskriminelle bemerken, welch leichtes Spiel sie auf einmal bei den naiv-gutgläubigen, entwaffneten Mitbürgern haben. Wenn Waffen verboten werden, warum nicht auch Autos, Flugzeuge, Kerzenständer, Rasiermesser, Schraubendreher, Eßbestecke, Nagelfeilen, Impfungen, Medikamente, Steuerbescheide (akute Herzanfallgefahr!) … mit allen kann doch Menschen Schaden zugefügt werden!

Nun aber Waffen zu dämonisieren, offenbart zugleich abgrundtiefe Dummheit und Verlogenheit – und daß es bei dem Ruf nach „mehr Sicherheit" in Wirklichkeit um den Vorwand geht, Menschen zu entwaffnen, um den Weg für totalitäre Strukturen zu schaffen, mit denen die Wehrlosen noch effizienter ausgeraubt und unterdrückt werden können, ohne Gegenwehr befürchten zu müssen.

Eine Waffe ist – ebenso wie Geld – an sich weder gut noch böse. Sie ist neutral und tut niemandem etwas zuleide. Böse oder gut macht sie erst der Mensch und dessen Absicht, mit der er sie führt oder den Abzug zieht. Sie kann ein Werkzeug der Gerechtigkeit oder Verhinderung einer Straftat sein – oftmals genügt dabei ihre bloße Anwesenheit – aber auch ein Werkzeug des Unrechts und der Unterdrückung.

Sprengstoff ist ein nützliches Werkzeug in den Händen eines erfahrenen Sprengmeisters im Bauwesen oder Bergbau. In den Händen eines Terroristen wird Sprengstoff jedoch zur Bedrohung.

Verhindern aber Verbote, daß Terroristen an Sprengstoff gelangen? Nein, wir müssen eben lernen, mit der Gefahr zu leben, und eine Gesellschaft aufbauen, die die Gefahr auf ein Minimum reduziert.

Totale Sicherheit gibt es nicht einmal um den Preis der totalen Unfreiheit!

Eine Waffe versetzt einen Menschen in die Lage, eine Straftat zu begehen, aber auch eine Straftat zu verhindern. **Ausschlaggebender Faktor dabei ist der Mensch, nicht die Waffe!**

Warum also nicht gleich Menschen verbieten? Bemerken Sie die Ausweglosigkeit der Argumentation? Es gibt keine hundertprozentige Lösung des Problems, ebensowenig wie es jemals eine hundertprozentige Sicherheit geben kann!

Wem nützt aber ein strenges Waffengesetz, das es der Bevölkerung nahezu unmöglich macht, sich selbst zu verteidigen, und ihr sogar das Recht auf Waffenbesitz und damit angemessene Selbstverteidigung abspricht?
1) Einerseits den Kriminellen, die sich illegal bewaffnen, keiner Kontrolle unterliegen und nun mit der entwaffneten Volksmasse leichtes Spiel haben
o d e r
2) Machthabern, die planen, das Volk zu entwaffnen, um es bis auf die Knochen auszuplündern, ohne anschließend vom Volk zur Rechenschaft gezogen zu werden.

Oder sind Sie ernsthaft der Meinung, daß weniger Straftaten geschähen, weil der durchschnittliche Normalbürger unbewaffnet ist? Damit stellten Sie jedoch dem Normalbürger – und auch sich selbst? – ein sehr schlechtes charakterliches Zeugnis aus, und rechtfertigen im Gegenzug den Verbrecher, denn Sie fordern im Grunde die Wehrlosigkeit der potenziellen Opfer und stufen deren Leib, Leben und Besitz niedriger ein als das Leben der Kriminellen, die sich nicht um Waffenverbote scheren.

Die Annahme, Waffenverbote seien in der Lage, Straftaten zu verhindern, sind an Realitätsferne kaum zu überbieten. Denn wie wir eingangs nachgewiesen haben, können unzählige Gegenstände des täglichen Lebens ebenfalls als Waffe mißbraucht werden. Oder ist ein Überfahrener, Erwürgter, Erschlagener, Erstochener oder Ertränkter weniger furchtbar als ein durch Schußwaffen zu Tode Gekommener? Und wie verhält es sich mit Zivilisten, die im Rahmen des globalen „Kampf für die Demokratie" ums Leben kommen und als „Kollateralschaden" archiviert werden? **Oder sind völkerrechtswidrige Kriege und darin zu Tode Gekommene akzeptabler, wo statt eines Zivilisten nun Politiker und Söldner als gedungene Mörder Amok laufen?**

Gern argumentieren Befürworter des restriktiven oder gar totalen Waffenverbotes mit den USA und der dortigen Kriminalitätsrate. Leider wird die Tatsache verschwiegen, daß das Waffenrecht Angelegenheit der Bundesstaaten ist und somit jeder US-Bundesstaat ein eigenes Waffengesetz kennt. Wird die Information zufällig unterschlagen, ist es Unwissen, oder gar Absicht? Fakt ist, daß in US-Bundesstaaten mit einem besonders strikten Waffengesetz, etwa Kalifornien oder New York, die Kriminalitätsrate (Waffendelikte je Einwohner) im US-Durchschnitt wesentlich höher ist als in Bundesstaaten mit einem liberalen Waffenrecht, wie beispielsweise in Texas oder Montana.

Die von den Protagonisten eines Waffenverbots behauptete Kausalität zwischen strengem Waffenrecht und einer niedrigen Zahl an Waffendelikten existiert schlicht und einfach nicht. Seriöse Erhebungen belegen vielmehr das Gegenteil: **Mehr Waffen (in den Händen der Bürger), weniger Verbrechen.**

In einer Gesellschaft, die keine Werte mehr kennt, sinken Respekt und Hemmschwellen. Sadismus frißt sich durch die Gesellschaft.

Die Opfer sind die Schwächsten der Gesellschaft: Arme, Kranke, Behinderte, Kinder, und Tiere. Amokläufe häufen sich in finanziellen, wirtschaftlichen und damit persönlichen Krisenzeiten. Viele Menschen haben nichts mehr zu verlieren und rasten aus. Insbesondere wenn bei solchen Greueltaten Kinder ums Leben kommen, werden sie von den Massenmedien genüßlich ausgeschlachtet, während Betroffenheit geheuchelt wird. Der nach immer mehr Macht gierenden herrschende Kaste kommt es nicht ungelegen. Um ihre Allmachtsphantasien durchzusetzen, braucht sie ein entwaffnetes und wehrloses Volk, das sie nicht zur Rechenschaft zieht.

Nun betrachten Sie doch einmal die Fotos, die von Amokläufern kurz nach der Tat aufgenommen wurden, z.B. von Anders Breivik nach dem Massaker von Utoya (Norwegen) oder der „Batman-Killer" James Holmes von Aurora, Colorado (USA). Betrachten Sie einmal die weit ausgerissenen Augen und der Blick der Täter.

Psychologen erkennen auf den ersten Blick, daß es sich entweder um Geistesgestörte handeln muß, oder daß sie unter dem Einfluß von Psychopharmaka stehen. Fragen Sie doch einmal nach den Umständen und Hintergründen zum Massaker an einer Grundschule in Newtown (USA), und informieren Sie sich, ob ein Amokläufer nicht vielleicht auch bewußt durch Psychopharmaka zum Mörder gemacht wurde … nur, wem würde das wohl nützen? Bei dem sogenannten „Batman-Killer" von Aurora, James Holmes, wurde eine neuartige synthetische Droge **„Scopolamin"** festgestellt, die man auch „Atem des Teufels" nennt. Opfer, die unter dem Einfluß dieser Droge stehen, verlieren jegliches Erinnerungsvermögen. Scopolamin ist farb-, geruch- und geschlacklos, und kann den Opfern leicht und völlig unbemerkt in Getränke gemischt oder über Mahlzeiten gestreut werden.

Pikantes Detail im Fall des „Batman-Killers": James Holmes wurde Tage vor der Tat entführt. Sein Vater, Robert Holmes, ist ein hochrangiger leitender Wissenschaftler von FICO, dem ersten und größten US-Finanzdienstleistungsunternehmen, das eine Software entwickelte, die Geldflüsse verfolgen und aufdecken kann. Diesbezüglich sollte er vor dem US-Senatsausschuß für Finanzfragen eine Zeugenaussage im Fall des LIBOR-Skandals machen, in dessen Verlauf während der vergangenen Jahre die Zinsen manipuliert wurden, wobei Kunden ein Schaden von 800 Billionen Dollar zugefügt wurde. Die FICO-Software wäre in der Lage, nachzuverfolgen, auf wessen Konten die Summen geflossen sind. Wäre es also möglich, daß sein Sohn als Faustpfand diente, um Robert Holmes an einer wahrheitsgemäßen Aussage zu hindern? Eine Zusammenfassung des Falles können Sie nachlesen unter:
http://derhonigmannsagt.wordpress.com/2012/08/06/das-batman-massaker-eine-black-op

Haben Sie jemals einen Politiker fordern hören, statt eines Waffenverbotes zweckdienlicher Charaktertests durchzuführen, oder gar die Verschreibung von Psychopharmaka zu reglementieren? Da macht man es sich doch mit der Forderung nach immer schärferen Waffengesetzen für alle viel einfacher, und: man produziert ganz nebenbei ein wehrloses Volk, das sehr leicht und notfalls mit blanker Gewalt unterdrückt werden kann, wie Demonstrationen in aller Welt beweisen, bei denen die Polizei gegen ihr eigenes Volk geschickt wird. „Cui bono – Wem zum Vorteil?", fragte sich einst der römische Senator Crassus. Und dieselbe Frage sollten auch wir uns stets stellen.

Die Umerziehung und Zerstörung der Gesellschaft durch Gender Mainstreaming, Political Correctness, Quotenwahn & Co.

„Political Correctness" ist die Selbstzensur im Kopf eines jeden modernen Sklaven. „Offiziell" gelten Meinungs-, Rede- und Denkfreiheit. Da diese jedoch nicht politisch erwünscht sind, wurde die Ideologie der „politischen Korrektheit" installiert, um das elementare Menschenrecht der Meinungsäußerung zu unterdrücken. **Professor Norbert Bolz** charakterisierte die Gedankenpolizei einmal so: „**Der Politischen Korrektheit geht es nicht darum, eine abweichende Meinung als falsch zu erweisen, sondern die abweichend Meinenden als unmoralisch zu verurteilen. Man kritisiert abweichende Meinungen nicht mehr, sondern haßt sie einfach. Wer widerspricht, wird nicht widerlegt, sondern zum Schweigen gebracht."**

Im Jahre 1999 sahen die Dinge freilich noch anders aus. In der Fernsehserie „Unser Lehrer Dr. Specht" spricht **Robert Atzorn** (als „Dr. Specht") Klartext über das Sprachverbrechen der modernen selbsternannten „Sittenwächter". **Link: http://tinyurl.com/asmd5vu**

Der „Gender Mainstreaming" - Ideologie geht es weit weniger um die behauptete Gleichberechtigung von Mann und Frau, sondern vielmehr um den Versuch, die biologischen Gesetze der Natur auszuhebeln und natürliche Unterschiede zwischen Mann und Frau zu verwischen, um beide Geschlechter gegeneinander zu instrumentalisieren und aufzuhetzen: also Gleichmachung statt Gleichberechtigung im modernen „Spalte und herrsche"-Konzept. Daß Frauen dieselben Rechte zustehen wie Männern, steht dabei völlig außer Zweifel.

Mädchen werden heute schon im frühesten Kindesalter dazu angehalten, sich wie Jungen zu verhalten und zu kleiden, und umgekehrt. Mädchen sollen „vermännlicht", Jungen „verweiblicht" und verweichlicht werden. Die Gesellschaft wurde ganz zielgerichtet immer stärker sexualisiert. Zugleich beklagt man heute auf scheinheilige Weise einen zunehmenden „Sexismus". Liebe und Nächstenliebe wurden zurückgedrängt unter dem Banner der „sexuellen Revolution" und einer modernen Sodomie „jeder mit jedem". Ist es denn ein Wunder, daß Jugendliche, die die aufregende Welt des anderen Geschlechts entdecken, heute ständig Sex mit Liebe verwechseln, und umgekehrt? Der Partner wird zu anstrengend, der Alltag zu langweilig? Kein Problem! Dating- und „Seitensprung"-Seiten bieten diskrete Abhilfe. Was der betrogene Partner dabei empfindet, wenn stört das im Zeitalter der „Selbstverwirklichung"? Die Zerstörung der Gesellschaft entspringt aus der Zerstörung traditionell-familiärer Werte, zu denen unter anderen auch Vertrauen und Treue gehören. Um diese zu zerstören, wurde die „sexuelle Revolution" erfunden, die die Trennung des Sex vom Kinderkriegen propagiert, und deren Methoden von der „Verhütung" über die „Pille danach" reicht und auch vor dem Mord am Ungeborenen („Abtreibung") nicht zurückschreckt.
Behandlung des Problems in **freiewelt.net**: **http://tinyurl.com/a9y38gs**

Heute werden Kinder bereits in Kindergärten und Grundschulen (!!!) „mit der Homosexualität vertraut gemacht". Dies hört aber nicht bei der Erziehung zu Toleranz gegenüber anderen sexuellen Neigungen auf, sondern umfaßt die gezielte Förderung sexueller Handlungen. Ein weiteres Beispiel dafür, wie selbst unsere Kinder bereits instrumentalisiert werden, und wie krank und moralisch verdorben diese Gesellschaft mittlerweile ist. Jemandes sexuelle Neigung macht einen Menschen nicht per se besser oder schlechter, solange er anderen dabei nicht Leid und Schaden zufügt. Daß der Mensch gerade auf dem Gebiet des Geschlechtlichen sehr hin- und anfällig ist, ist kein Geheimnis. Die Sehnsucht nach Halt, Nähe und Geborgenheit spielt dabei sicherlich eine große Rolle.
Gott schuf den Menschen ganz bewußt mit unterschiedlichen natürlichen Veranlagungen und auch äußerlichen Unterschieden: Mann und Frau, unterschiedliche Haut-, Haar- und Augenfarben in allen möglichen Kombinationen sprechen eine deutliche Sprache, daß Gott die Vielfalt liebt und will. Die vielen unterschiedlichsten Sprachen, Völker und Kulturen entsprechen also zweifellos Gottes Willen, wie die Zerstreuung der Menschheit nach dem Turmbau zu Babel belegt. Unterschiede sind also durchaus von Gott gewollt. Gleichmachung – der vereinheitlichte und ISO-zertifizierte, standardisierte Mensch widerspricht Gottes Plan auf's Krasseste. Gott lehnt zwar die Homosexualität entschieden ab – Er schuf den Menschen als Mann und Frau, nicht als Mann und Mann, Frau und Frau, Mann und mehrere Frauen, Frau und mehrere Männer! Homosexualität widerspricht daher Gottes natürlichen Schöpfungsplan zum Erhalt und Vermehrung des Menschen, aber Er lehnt nicht den homosexuellen Menschen ab, sondern will dessen Umkehr und Heil.

Wir sollten uns also davor hüten, über Schwule und Lesben die Nase zu rümpfen. Sie tragen als mündige Menschen ebenso die volle Verantwortung für ihr eigenes Leben wie jeder andere Mensch. Und diese steht ihnen auch zu. Homosexuelle sollten im Gegenzug auf bewußt provokantes Auftreten verzichten. Der Umgang Jesu mit der Ehebrecherin steht exemplarisch dafür, wie wir mit anderen umgehen sollten – und uns auch stets vor Augen führen, daß auch wir selbst nicht frei von Fehlern sind. *„Wer von euch ohne Sünde ist, der werfe den ersten Stein."*. Der Ehebrecherein aber sagt Jesus: *„Geh hin, und sündige von jetzt an nicht mehr."* (Johannes 8:1-11)

Die politische Förderung und angebliche „Gleichstellung" der Homosexualität zielt mittel- bis langfristig auf die Reduzierung der Weltbevölkerung und die weitere Zerrüttung der traditionellen Familie ab. Der Versuch, eine Gleichberechtigung gegenüber der traditionellen Familie zu konstruieren und die Adoption und Erziehung von Kindern durch homosexuelle Paare voranzutreiben, ist ein Verbrechen an den Kindern, die keine Wahl haben. Gleichberechtigung enthält das Wort „Recht".

Von Natur aus leitet sich für gleichgeschlechtliche Partnerschaften jedoch kein Recht auf die Erziehung von Kindern ab, da sie innerhalb dieser Partnerschaften von ihnen auch nicht auf natürlichem Wege gezeugt werden können.

Im Grunde geht es bei der gesamten Sachlage nur um eines: die Umkehr von Gottes Ratschluß nach dem Turmbau zu Babel, die Vereinheitlichung der Völker, die Verwischung natürlicher biologischer Grenzen, die Ermunterung zu sexuellen Ausschweifungen, die Zerstörung der traditionell-natürlichen Lebensweise, und die Züchtung eines egobezogenen Neutrums: nicht mehr Mann, nicht mehr Frau, ohne Tradition, ohne Geschlecht, ohne Herkunft, ohne Volk („Vermischung der Kulturen und Völker"), ohne Halt, ohne Orientierung, ohne Familie, und vor allem ohne Gott, und daher ohne Hoffnung auf Gerechtigkeit – und dadurch leicht beeinfluß-, steuer- und kontrollierbar.

Es ist ein durch und durch satanisches System, das Begriffe verdreht und Menschlichkeit heuchelt. Erkennbar wird es als solches, weil es die Gesetze der Schöpfung Gottes für ungültig erklären und aushebeln will, und eine Menschheit gemäß ihrer kruden Ideologien züchten will. Gott schuf den Menschen in Freiheit.

Satanische Systeme entlarven sich selbst dadurch, weil sie auf die totale Kontrolle und Steuerung des gemäß Gottes Schöpfungsplans freien Menschen in jeder Facette des Lebens abzielen. Sozialismus ist immer – IMMER – mit antichristlichen Prinzipien verknüpft und wächst zu Faschismus aus, sobald Gewalten vollends gleichgeschaltet werden. Totalitäre, antifreiheitliche Strukturen zielen auf die Kontrolle, Überwachung, Enteignung, Verarmung, Bevormundung, Entrechtung und Entwaffnung der Menschen sind, um seine menschenverachtenden Pläne durchzusetzen. Wie sich die Prinzipien auch getarnt werden: An ihren faulen Früchten werden sie erkannt.

Aus der „Geschichte der politischen Korrektheit" ist zu entnehmen, wie man dem weiblichen Geschlecht eingeredet hat, sich selbst verwirklichen zu müssen. Als ob es nun befriedigender ist, im Büro Rechnungen abzuhaken oder im Supermarkt Lippenstifte zu verkaufen, anstelle sich um die eigene Familie zu kümmern, sei dahingestellt. Betrachtet man einmal Berufe, in die die Frauen streben, dann erkennt man beispielsweise, daß fast 100% aller Kindergärterinnen und etwa 90% aller Grundschullehrer weiblich sind.

Und nun fragen Sie sich doch einmal, wie es selbstverwirklichender sein soll, sich um anderer Leute Kinder zu kümmern, als um seine eigenen! Der wie wild springende Punkt es: Das Argument „Selbstverwirklichung" dient nur als Vorwand im künstlich aufgebauten Feindbild des abgeblichen „Geschlechterkampfes" Mann gegen Frau – und umgekehrt. Dabei wird eine Unabhängigkeit vom (Ehe-)Mann propagiert, den die Frau nun „dank" Emanzipation fortan als Tyrannen betrachten soll. Als Lösung wurde der vermeintlich emanzipierten Frau dann das Hamsterrad als Ersatz präsentiert, um „Karriere" zu machen. Nachdem die (Ehe-)Frau den (Ehe-)Mann als Tyrann betrachtet, prostituiert sie sich nun auf dem Arbeitsmarkt. Wenn das kein Fortschritt ist!

In der traditionellen Familie ist die (Ehe-)Frau und Mutter weder verzichtbar noch austauschbar: sie ist vielmehr der Eckpfeiler der Familie, die gute Seele des Hauses. Heute ist sie nur ein kleines Rädchen im Wirtschaftssystem, das jederzeit entsorgt werden kann, wenn es sich nicht so dreht, wie ihr Arbeitgeber es wünscht. Das ist der Betrug des Feminismus und der angeblichen Emanzipation und Selbstverwirklichung. Noch nicht überzeugend genug?

Dann muß es uns Herr Nicholas Rockefeller von der **Rockefeller Foundation** am besten selbst erklären: „**Der Feminismus ist unsere Erfindung aus zwei Gründen.** Vorher zahlte nur die Hälfte der Bevölkerung Steuern, jetzt fast alle, weil die Frauen arbeiten gehen. Außerdem wurde damit die FAMILIE ZERSTÖRT, und wir haben dadurch die Macht über die Kinder erhalten. Sie sind unter unserer Kontrolle mit unseren Medien und bekommen unsere Botschaft eingetrichtert, stehen nicht mehr unter dem Einfluss der intakten Familie. Indem wir die Frauen gegen die Männer aufhetzen und die Partnerschaft und die Gemeinschaft der Familie zerstören, haben wir eine KAPUTTE GESELLSCHAFT aus Egoisten geschaffen, die arbeiten (für die angebliche Karriere), konsumieren (Mode, Schönheit, Marken), dadurch unsere SKLAVEN sind und es auch noch gut finden."** http://tinyurl.com/b8f7eyr

Feminismus zerstört die Weiblichkeit der Frau im abartigen Versuch, die Frau zu vermännlichen.

Ein letztes Wort zum **Quotenwahn** unserer Zeit: Unter der Vorgabe, eine nicht existierende Diskriminierung zu bekämpfen, werden „Quotenregelungen" festgelegt, die beispielsweise in Berufen für einen bestimmten Anteil von Frauen, Ausländern oder einer bestimmten Religionszugehörigkeit sorgen sollen. Dieses Meisterstück an Gerechtigkeit nach linksgrüner Logik sorgt nun dafür, daß nicht derjenige die Arbeit bekommt, der aufgrund seiner Qualifikation dafür am besten geeignet ist, sondern derjenige, der das „richtige" Geschlecht, die „richtige" Herkunft oder die „richtige" Religionszugehörigkeit mitbringt. Unter der Maßgabe, Diskriminierung zu bekämpfen, wird Diskriminierung nun also „gesetzlich" sogar gefördert! Genau diese Art der Politik ist es auch, die das ultimative Menschenrecht der Verteidigung unseres Lebens und Eigentums für ungültig erklären möchte und beständig als altmodisch-vorzeitlich und barbarisch herabwürdigt.

Damit wurden wir jedoch nicht zur Friedfertigkeit erzogen, sondern zur Wehrlosigkeit. Wehrlosigkeit ist kein Kennzeichen mündiger Menschen, sondern von Sklaven und potenziellen Opfern.

Die zeitgenössische, naiv-vergutmenschlichte Geisteshaltung bezüglich unserer Freiheit und dem Recht auf Selbstverteidigung sind einer der Gründe, warum Gewaltverbrechen immer stärker zunehmen. Weil die Bürger hilf- und wehrlos, und die staatlichen Ordnungskräfte eben selbstverständlich nicht in der Lage sind, die Bürger im Notfall effektiv zu schützen! Oder haben Sie einen Polizisten als persönlichen Leibwächter?

Kriminelle werden es sich zweimal überlegen, uns zu bedrohen, wenn wir wehrhaft und vorbereitet sind und keinen Zweifel daran aufkommen lassen, daß wir bereit sind, unsere Familien und unser Eigentum kompromißlos zu verteidigen.

Wir steuern turbulenten Zeiten entgegen, und das schnell. Naturkatastrophen häufen sich in erschreckendem Ausmaß dank Wettermanipulation via „Chemtrails". Googeln Sie einmal die n-tv Dokumentation „Kriegswaffe Wetter". Erlebte Realität kann sehr augenöffnend wirken! Geopolitische Entwicklungen lassen sich anbahnende lokale und regionale Konflikte und gewaltsame Auseinandersetzungen erwarten. Zu allem Überfluß steht überdies das globale Finanz- und Wirtschaftssystem vor dem Kollaps. Es ist zu befürchten, daß mit den Pleiten nahezu aller Staaten dieser Welt auch die öffentliche Ordnung zahlreicher Staaten zu zerbrechen droht, die dann unregierbar – sogenannte „failed states", also gescheiterte Staaten – werden. Spätestens der Hintergrund dieser Gefahren wachsender gesellschaftlicher Instabilität und des gesellschaftlichen Zerfalls macht die Betrachtung der fünften Säule der Freiheit notwendig. Sie ist der ultimative Garant eines freien Menschen und einer freien Gesellschaft: die Sicherheit.

Ich distanziere mich **AUSDRÜCKLICH** von der Anwendung von Selbstjustiz, sondern betrachte aktive Sicherheitsmaßnahmen lediglich als die Wahrnehmung des unveräußerlichen Menschenrechts auf körperliche Unversehrtheit zum ultimativen Schutz von Leib, Familie, Leben und Besitz vor mutwilliger Beschädigungen jeder Art, wenn alle anderen Schutzmaßnahmen versagen.

Im vorliegenden Teil wollen wir mit dem heute verpönten Schutz des Lebens und des Eigentums freier Menschen beschäftigen. Wie dringend dies geboten ist, wird am explosiven Anstieg von Kriminaldelikten, einem generellen Anstieg der Gewaltbereitschaft und der Angst der Herrschenden vor ihren Völkern sichtbar, die sich in Terror- und Überwachungs-Panaoia widerspiegeln. **Der Staat hat sich gewandelt vom Diener des Volkes zum Aggressor, dem Terror gerade recht kommt oder der ihn gar selbst inszeniert, um aus nackter Angst vor Volk und Machtverlust den „Kampf gegen den Terror" vorzuschieben zur Installation eines totalitäten Überwachungsstaates. Die moderne Tyrannei und eine neue Facette des Faschismus durch eben jene, die ihn zu bekämpfen vorgeben.**

Der Zerfall der öffentlichen Ordnung beginnt mit der Häufung von kleinen Delikten, wie Diebstahl und Erpressung, und setzt sich fort über schweren Raub bis hin zu einer Eskalation der Gewalt, und gipfelt im Anstieg der Mordrate. Wenn die Behörden und Polizei entweder nicht mehr in der Lage sind, die Sicherheit der Bürger und deren Eigentums samt der bestehenden öffentlichen Ordnung zu gewährleisten, werden die Bürger beizeiten Mittel und Wege finden, eigenständig für ihren Schutz zu sorgen. Die schiere Notwendigkeit wird sie dazu veranlassen.

Ein rigides Waffenrecht wird vom Volk während wirtschaftlich guter Zeiten mit entsprechend niedriger Kriminalität toleriert. Seine Verschärfung zu Lasten der Bürger entfacht jedoch wachsenden Widerstand und führt zum weiteren Autoritätsverlust der herrschenden Kaste, sobald diese nicht mehr in der Lage ist, mittels ihrer Organe für die Sicherheit der Bürger zu sorgen. „Unbescholtene Bürger werden kontrolliert und mit Gesetzen schikaniert, während die Berufskriminellen ungehindert und unkontrolliert aufrüsten."

So trägt ein strenges Waffengesetz keineswegs zur höheren Sicherheit einer Gesellschaft bei, sondern ist im Gegenteil die Ursache für daraus erwachsende Gesetzlosigkeit, sobald der gesellschaftliche Konsens der Friedfertigkeit und Gewaltlosigkeit von Kriminellen zunehmend mißbraucht wird, um sich auf Kosten des friedfertigen Bevölkerungsanteils zu bereichern, der dabei geschädigt wird. Tatsächlich wird am Waffenrecht unmißverständlich erkennbar, wie es um die Freiheit einer Gesellschaft tatsächlich bestellt ist.

Wird es unbescholtenen, geistig gesunden und waffenfähigen Bürgern verwehrt, im Notfall selbst für ihren Schutz sorgen zu dürfen, dann existiert Freiheit nur auf dem Papier und in Propagandaslogans einer ängstlichen, aber macht-besessenen herrschenden Kaste, die das Gewaltmonopol für sich allein beansprucht, während sie die Bürger entwaffnet und somit zur Hilflosigkeit verdammt, während sie Kriminellen Tür und Tor öffnet.

Denn aktiven Wehrdienst an der Waffe im Auftrag der Regierenden ist der „Bürger in Uniform" ja offenbar zu leisten in der Lage! Warum nicht auch zu seinem eigenen Schutz? Das Recht auf Wehrhaftigkeit zur Verteidigung von Leben, Familie, Hab und Gut muß in einem Staat, der sich selbst als dem Volke dienend bezeichnet, für jeden Bürger selbst-verständlich sein.

Auslöser von Umwälzungen haben die unangenehme Angewohnheit, urplötzlich und ohne Vorwarnung aufzutreten, von Naturkatastrophen bis hin zum Kollaps des Finanz- und Wirtschaftssystems. Politische Konflikte wiederum benötigen meist einen etwas längeren Zeitraum zur Vorbereitung. Aus diesem Grunde muß die siebte Säule der Freiheit im Leben eines freien und mündigen Menschen nach der Fähigkeit zur eigenständigen Vermögensverwaltung, dem eigenverantwortlichen Erhalt der Gesundheit, die Fähigkeit zur Selbstversorgung und unabhängige Erwerb eines krisensicheren Einkommens die Bereitschaft und Fähigkeit zur Verteidigung seiner Person, seiner Rechte, seiner Freiheit und seines Besitzes, und damit der gesamten Gesellschaft sein.

Das Motto eines wahrhaft freien Volkes sollte lauten: **"Frieden, Freundschaft und freier Handel mit allen Völkern – Allianzen jedoch mit keinem."** (Zitat: Thomas Jefferson)

Der zweite Zusatz zur US-Verfassung (das hart umkämpfte *„Second amendment"*), der den Bürgern das Recht auf den Besitz und des Tragen von Waffen ausdrücklich garantiert, wurde nicht wegen der Entenjagd erlassen, sondern um zu verhindern, daß sich Tyrannen des Staates bemächtigen und die Regierung besetzen. Wenn dieser Gesetzestext heute unter schweren Attacken seitens der Regierung steht, dann ist dies kein Fingerzeig, sondern ein Wink mit dem Zaunspfahl, in welche Richtung die Regierenden streben – und daß diese Interessen keineswegs im Sinne eines freiheits- und friedliebenden Volkes sein können!

„Unser Plan zur Schaffung eines sozialistischen Amerika kann nur gelingen, wenn diejenigen, die sich uns widersetzen könnten, entwaffnet werden."
Sara Brady, Vorsitzende der Organisation „Handgun Control", an Senator Metzenbaum, „The National Educator", Januar 1994.

Sozialismus ist stets die Vorstufe zum Faschismus, in den er stets mündet. Ihn kennzeichnen die Ambitionen der herrschenden Kaste, ein Volk – oder heute die ganze Menschheit – vollständig zu überwachen und das gesamte Leben eines jeden Einzelnen Menschen zu bestimmen und in Abhängigkeit zu halten, indem ihre Ernährung, Trinkwasserversorgung, Gesundheit, Transport, Energieversorgung, Medien von einem Machtkartell aus Politik, Behörden und Konzernen gesteuert wird. Kurzum: Es findet eine Bündelung und Gleischschaltung von Politik und Industrie, oftmals auch Religion statt, um Menschen total zu beherrschen.

Zwei Zitate verdeutlichen, daß die Entwaffnung eines Volkes die Grundvoraussetzung für die Machtergreifung eines totalitären Regimes ist, das erst das Volk zur Wehrlosigkeit verdammen und potenziellen Widerstand im Keim ersticken muß, um seine Tyrannei zu installieren:

„Als erste zivilisierte Nation haben wir ein Waffenregistrierungsgesetz. Unsere Straßen werden dadurch sicherer werden; unsere Polizei wird effizienter und die Welt wird unserem Beispiel in die Zukunft folgen!"
Adolf Hitler auf dem NSDAP-Reichsparteitag am 15.09.1935

„Gedanken sind mächtiger als Waffen. Wir erlauben es unseren Bürgern nicht, Waffen zu führen - warum sollten wir es ihnen erlauben, selbständig zu denken?"
Josef Wissarionowitsch Dschugaschwili („Stalin")

Wege zur Organisierung der Selbstverteidigung in Selbstverantwortung zeigt zum Beispiel das
http://human-survival-project.de/

Der Besitz von und Umgang mit Waffen ist in unserer Gesellschaft unter heftigem Medieneinsatz zu einem heiklen, verpönten Thema stigmatisiert worden, und das aus guten Grund. Wir stehen am Vorabend eines Paradigmenwechsels. Ein solcher ist stets von einer unaufhaltsamen Dynamik, Unwiderstehlichkeit und Heftigkeit gekennzeichnet, daß er buchstäblich urplötzlich eintritt, und die Welt, so wie wir sie kennen, von einer Stunde auf die nächste radikal verändern wird, wobei alte Machtstrukturen unwiderstehlich zerbrechen. Die Bürger und Politiker werden von der Wucht der Ereignisse gleichermaßen überrascht und überrannt werden, selbst diejenigen, die damit rechnen – so schnell werden sich die Veränderungen einstellen.

Eine wehrhafte Bürgerschaft steht der Errichtung eines totalitären Überwachungsstaates trotzig im Weg. Aus diesem Grund werden die Organisation von Bürgern in Bürgerwehren, die von der Eruption der Gewalt und Kriminalität überforderte Ordnungskräfte des Staates einspringen und an deren Stelle für einen Selbstschutz der Bürger sorgen, auch wenn sie heute in allen westlichen Staaten von den Massenmedien verunglimpft und psychologisch bekämpft werden. Den Zusammenbruch der Staatsmacht und ihrer Organe im Finanzkollaps wird zweifellos jedermann bemerken, so groß wird das Chaos sein, das darauf folgen wird.

Auch am Beispiel von Naturkatastrophen wie dem Hurricane „Katrina" oder dem Erdbeben in Haiti wird deutlich, wie urplötzlich Veränderungen eintreten, in denen jedermann auf sich allein gestellt ist.

Bis dahin werden Politik und Behörden keinem Bürger milde gesonnen sein, der sich im Notfall unter Einsatz von Waffen zur Wehr setzt, so gerechtfertigt dies auch sein mag, wenn staatliche Ordnungskräfte nicht in der Lage sind, in gewissem Maße Ordnung und Sicherheit zu gewährleisten. Solange also eine Staatsgewalt noch nicht vollends zusammengebrochen ist, wird man Selbstverteidigung mit hoher Wahrscheinlichkeit zur Anklage bringen und dabei Begriffe wie „unzumutbare und nicht tolerierbare Selbstjustiz" gebrauchen.

Denn vergessen Sie nicht, daß auf Expansion ausgerichtete Politik stets das Gewaltmonopol bei sich selbst sieht und selbst die Verteidigung von Leib und Leben nicht gern duldet, insbesondere wenn dabei Waffen gebraucht werden, und selbst wenn dies gegen mehrere Gegner und innerhalb des eigenen umfriedeten Besitzes oder der Bedrohung in der eigenen Wohnung geschieht.

Der Schutz von Leib, Leben und Besitz seiner Bürger, sowie der Gewährleistung einer gewissen Rechtssicherheit sind die einzigen Aufgaben, die einer Regierung und einem Staat zukommen, der sich selbst als frei und rechtstaatlich bezeichnet. Sobald der Schutz der Bürger nicht mehr gewährleistet werden kann, werden die Bürger zwangsläufig und notgedrungen dazu übergehen, selbst dafür sorgen zu müssen, wie heute bereits in Griechenland und anderen Staaten erkennbar wird, die sich auf dem Weg zu „failed states" befinden.

Der Machtverlust der herrschenden Klasse eines Systems verläuft häufig parallel zum Zerbruch der öffentlichen Ordnung, wie eine Untersuchung der Geschichte lehrt. Der Beginn einer solchen Phase ist gekennzeichnet durch wachsender Unsicherheit und Ratlosigkeit (bzgl. Finanzen / Wirtschaft / Politik) sowohl in der Bevölkerung als auch der Politik. Aufgrund des Kollaps der Realwirtschaft kommt es zu einer (sprunghaften) Zunahme der Gewaltbereitschaft und Kriminalität, der die staatlichen Kontroll- und Ordnungsorgane zunehmend hilfloser gegenüberstehen.

Leben Sie in der Schweiz – dem Land mit dem derzeit freiesten Waffengesetz der Welt, und entsprechend prozentual niedrigsten mit Waffen verübten Verbrechen! – oder in Österreich, dann sollten Sie auf das Recht des Besitzes einer Waffe aus Gründen der Selbstverteidigung keinesfalls verzichten.

Im Extremfall eines gesellschaftlichen Zerfalls steht nur eine gut ausgerüstete und geübte Bürgerwehr schützend zwischen dem Volk und der Machtergreifung des Mobs, der Clans und der Banden.

Dabei kommt es jedoch darauf an, daß die Bürger sich als eigenverantwortliche und eigenständig handlungsfähige Menschen begreifen, die die Möglichkeit besitzen, eine neue, bessere und freiere Gesellschaft für sich, ihre Kinder und Enkel aufzubauen, und nicht auf der Suche nach einem Heilsbringer von einem Extrem ins andere zu fallen.

Dazu müssen die Menschen jedoch zunächst einmal in der Lage sein, ein gewisses Maß an Sicherheit und Ordnung in Ihrem eigenen unmittelbaren Umfeld zu erhalten und zu gewährleisten. Hier endet der Individualismus und beginnt die nachbarschaftliche Hilfeleistung und Organisation. Es ist also heute an der Zeit, alte Streitigkeiten zu begraben und zu entdecken, daß Sicherheit und Ordnung nur in Gegenseitigkeit und gegenseitiger Hilfeleistung gewährleistet werden kann.

Versöhnen Sie sich also, rücken Sie zusammen und erkennen Sie, daß eine verläßliche und funktionierende Gemeinschaft die Grundvoraussetzung ist, um ein lebenswertes, harmo-nisches und friedliches Leben führen zu können.

Mein Anliegen ist es, Sie psychisch und physisch so vorzubereiten, damit Sie sich selbst, Ihre Familie, Ihre Gruppe, Ihre Gemeinde, Ihren Wohnort, Ihr Zuhause im Notfall effizient gegen Plünderungen und schlimmere Übergriffe zu schützen in der Lage sind, wenn im Rahmen eines zu befürchtenden Systemkollaps Recht und Ordnung parallel zur öffentlichen Ordnung und Sicherheit zusammengebrochen sind.

Konventionen, wie wir sie heute kennen und die heute von den Meisten allgemein beachtet und akzeptiert sind, werden im Chaos hinfällig sein. Lassen Sie uns anschauen, welche Möglichkeiten man als Einzelperson, als Familie, als Nachbarschaft, als Gemeinde, als Bezirk, als Landkreis, als Land hat, sich aktiv und passiv vor den Auswirkungen von Gewalt und Kriminalität wirksam zu schützen, und damit automatisch einem völligen Zusammenbruch der Zivilisation entgegenzuwirken.

Ich kann nicht genug betonen, daß es den größtmöglichen Schutz bietet, jeder potenziellen Gefahrensituation zunächst vorausschauend aus dem Weg zu gehen. Das beinhaltet das Führen eines zurückgezogenen, unscheinbaren, bescheidenen Lebensstils ohne zur Schau gestellten Pomp und Luxus. Bescheidenheit und Unauffälligkeit sind nicht nur erstrebenswerte Tugenden, sondern zugleich auch die beste Grundlage, um Zeiten von zunehmender Gewaltbereitschaft und Kriminalität möglichst unbeschadet zu überstehen.

Da diese naturgemäß in den Ballungsräumen am stärksten in Erscheinung treten, in denen eine große Anzahl an Menschen tagtäglich aufeinandertreffen und damit natürlich das Konfiktpotenzial überproportional zunimmt, sollten Sie wenn irgend möglich planen, Ihren Wohnort von der Stadt in ländlichere Gegenden zu verlagern. Wirklich abgeschiedene Gegenden zu finden, ist in Mitteleuropa (Schweiz, Österreich, Deutschland) kaum mehr möglich. An jedem Ort, zu dem eine Straße führt, kann man letztlich gefunden werden. Dennoch bietet das Leben auf dem Land gegenüber dem in der Stadt mehrere schwergewichtige Vorteile. Argumente für Ihren Neustart auf dem Land:

Auf dem Land ist ...

… durch Feld, Wald und Flur einerseits die Versorgung Ihrer Familie mit Lebensmitteln leichter zu gewährleisten.

… der Bedarf für Bau- und Heizmaterial deutlich unkomplizierter zu decken als inmitten von städtischen Betonwüsten mit vielen Einwohnern, die alle in der gleichen Notlage sind und Mangel an existenziellen Gütern leiden (Konkurrenzdruck).

… der Zusammenhalt der Bewohner ist oft stärker ausgeprägt als in der Anonymität der Städte.

… die Kriminalitätsrate und -dichte ist weitaus geringer als in den Städten.

Naturgemäß sind Bauernhöfe und Landwirtschaft eher in ländlichen Gegenden mit geringer Einwohnerdichte angesiedelt, eher selten in unmittelbarer Nähe von dichtbesiedelten Gegenden → Sicherstellung der regionalen Lebensmittelversorgung, die im Gegensatz zu den Vertriebs-netzen der multinationalen Agrarindustrie nicht auf eine komplizierte Warenlogistik angewiesen ist; man kauft direkt beim Erzeuger und spart teure Zwischenkosten von Händlern usw.

Falls Sie nicht über die finanziellen Resourcen verfügen, Eigentum auf dem Land zu erwerben oder keine geeignete Mietwohnung auf dem Land finden ... verlassen Sie die Stadtzentren und ziehen Sie nach Möglichkeit zumindest in Vororte und ruhigere Randgebiete. Neben dem bestmöglichen Schutz und der größtmöglichen Distanz zu potenziellen Unruhegebieten muß sich insbesondere auch die tägliche Versorgung mit Lebensmitteln relativ leicht bewerkstelligen lassen. Im Augenblick gibt es noch einen gewisse Form von gesellschaftlichem

Konsens, zumindest einigermaßen friedlich miteinander umzugehen. Rechnen Sie damit, daß sich diese Einstellung radikal ändern wird, sobald im Finanz-, Währungs- und Wirtschaftskollaps Staat, Ordnungskräfte, Infrastruktur, Versorgung mit Lebensmitteln, Wegfall von finanziellen Hilfen nach Zusammenbruch des Sozialstaates und Entwertung der Vermögen zusammenbrechen.

Ob Kauf oder Miete – billiger ist das Leben auf dem Land **im Moment noch** allemal. Das dürfte sich ändern, wenn beim Ausbruch größerer Unruhen eine Stadtflucht in Richtung der Dörfer einsetzen wird. Betrachten Sie einmal ganz nüchtern die Lage in Ländern, die bereits vor dem Zusammenbruch stehen: Griechenland, Tunesien, Ägypten, Jordanien, Syrien, diverse Bundes-staaten der USA (Michigan, Illinois, Kalifornien), sowie die Ballungszentren in Westeuropa.

Wo liegen stets die Brennpunkte des Aufruhr, Aufständen, Unruhen und anderen (gewaltsamen) Auseinandersetzungen? Speziell in den Haupt- und Großstädten, nicht wahr? Ziehen Sie daraus die richtigen Schlüsse für Ihre eigene Vorsorge! Erkennen Sie durch Ihre eigene Beobachtung die Zeichen der Zeit – vertrauen Sie Ihrem natürlichen Hausverstand mehr als staatlicher „Alles wird gut"-Medienpropaganda – und handeln Sie nach Ihren eigenen Beobachtungen und Einschätzungen! Damit werden Sie der geistig und körperlich trägen Masse immer mindestens einen Schritt voraus sein, was in Zukunft überlebenswichtig sein kann.

1) Die passive Sicherheit

Unter passiver Sicherheit versteht man mechanische Vorkehrungen, die zum Schutz von Wohnungen, Häusern, Gebäuden, Grundstücken getroffen werden. Wegen der enormen Wichtigkeit möchte ich an dieser Stelle noch einmal ganz besonders die Vorzüge des einfachen und schlichten Lebensstils hervorheben. Verzichten Sie in Ihrem ureigenen Interesse auf Protz und Prestige, z.B. in Form einer luxuriösen Villa mit Rundumverglasung (= nicht die geringste Chance zur Verteidigung) und Nobelkarossen vor der Tür, und tauschen Sie Ihr Leben gegen ein völlig unglamouröses, dafür bescheideneres und unauffälligeres Leben auf dem Land ein.

Man wird Sie künftig kaum mehr als Neureichen verdächtigen, sondern Sie eher wegen der vermeintlichen neuen Armut bemitleiden, wenn Sie Stadtvilla gegen Bauernhaus (plus ausreichendem Platz zum Aufbau eines wirtschaftlich breit aufgestellten Selbstversorgerhofs für den Anbau von Obst und Gemüse, Haltung und Zucht robuster alter Landrassen von Rind, Schwein, Ziege, Schaf, Geflügel …) getauscht und Ihren Fuhrpark abgespeckt haben.

Ärgern Sie sich nicht darüber, sondern lächeln Sie milde und wissend: Der Spott der Mitmenschen über die scheinbare wohnliche Verschlechterung ist ungleich leichter zu ertragen und weit ungefährlicher als deren Neid und Mißgunst. Ihre neue sichtbare ehrliche **Bescheidenheit** – falls Sie es nicht ohnehin längst getan haben – wird Sie in Zukunft ein ruhigeres und unbehelligteres Leben führen lassen. Kommen wir nun zu **Vorkehrungen der passiven Sicherheit**. Nutzen Sie die Angebote der Kriminalpolizei, die tatsächlich Ihr Freund und Helfer ist, wenn es darum geht, Ihr Heim so einbruchsicher wie nur möglich zu machen.

Link polizei-beratung.de: http://tinyurl.com/64m8rov

Dazu gehören teils sichtbare, teils unsichtbare Maßnahmen, die es potenziellen Einbrechern erschweren, sich Zugang zu Ihren unmittelbaren Wohnräumen zu verschaffen. Wir möchten nach Möglichkeit zwei Dinge erreichen: die Kombination von **visueller Abschreckung** potenzieller Krimineller durch die Umfriedung Ihres Grundstückes mit einer robusten Abgrenzung – ein Ziergartenzaun stellt kein Hindernis dar! – und zugleich die **tatsächliche Erschwerung des unerlaubten Eindringens**.

Die äußere Sicherheitsbarriere - Das Setzen sichtbarer Grenzen

Der schmiedeeiserne Zaun

Ein schmiedeeiserner Zaun ist sicherlich eine grundlegende und auch nicht ohne weiteres überwindbare erste Barriere. Er ist zudem robust und – mit einem zusätzlichen Schutzanstrich versehen – ebenfalls witterungsbeständig und pflegeleicht. Außerdem läßt sich aufgrund der Umfriedung eines Grundstücks mit einem solchen Zaun nicht unbedingt auf die Vermögenswerte seines Besitzers schlußfolgern. Entscheiden Sie sich daher möglichst für einen schlichten, simplen und funktionellen Zaun ohne viel Schnörkel und Extravaganz.

Das sollte leichtfallen, wenn man sich immer vor Augen hält, daß er in erster Linie eine Schutzfunktion erfüllen soll anstatt eine Attraktion darzustellen, die Bewunderer aller Art anzieht. Der Nachteil eines solchen Zauns ist jedoch seine „Durchsichtigkeit". Einen unmittelbaren Sichtschutz bietet er also nicht. Welche Möglichkeit es gibt, dieses Manko elegant und kostengünstig auszugleichen, schauen wir uns gleich an.

Schmiedeeiserne Zäune finden Sie unter anderem bei:
http://zaunmanufaktur.de   http://zauncenter.de   http://zaunkoenig-wendenschloss.de

Die oberen Enden des Zauns sollten spitz zulaufen, um ein Übersteigen oder Überklettern so mühsam, gefährlich, unangenehm und zeitraubend (Einbrecher haben keine Zeit!) wie nur möglich zu machen.

Mauer mit „Übersteigschutz"

Die Umfriedung eines Grundstücks mit einer robusten Mauer ist im Gegensatz zu Ländern mit einem bereits weiter fortgeschrittenem Zusammenbruch der öffentlichen Ordnung (z.B. Argentinien, Südafrika, USA) hierzulande eher noch unüblich. In den genannten Ländern ist sie die vorrangige Einzäunung der Wahl für vermögendere Hausbesitzer und wird dort oftmals mit privaten, bewaffneten Wachdiensten kombiniert – und das nicht nur für Superreiche. In Mitteleuropa würde eine solche offensichtliche „Schutzmauer" innerhalb dichtbesiedelter Wohngegenden eher für Kopfschütteln in der Nachbarschaft sorgen, sowie vermutlich für großes Interesse seitens der Bau- und Ordnungsämter.

Letzteres ist leider ein weiterer Beleg dafür, daß man hierzulande nicht einmal mehr als Grundstückseigentümer auf seinem eigenen Grund und Boden in baulicher Sicht tun und lassen darf, was man möchte. Wer sich vor fremden Blicken verwahrt und schützt, der hat offensichtlich „etwas zu verbergen" und ohne Zweifel „Dreck am Stecken", so die populäre Einschätzung einer Gesellschaft, die ihre Freiheiten immer mehr gegen die sozialistische Ideologie der „Gleichheit" **(„Das Volk ist gleich (arm) – die privilegierte und herrschende Kaste ist gleicher")** eingetauscht hat, die durch sorgsame Pflege einer Neidgesellschaft erzeugt wurde.

Wie im Feudalismus herrschen auch heute zwei verschiedene Arten von „Recht": ein „Herrenrecht" für die Günstlinge des Systems (mit entsprechend milden Urteilen, wenn überhaupt), und ein „Sklavenrecht" für die breite Bevölkerungsmasse, gegen die bei Verstößen mit aller Härte vorgegangen wird („Im Namen des Volkes" … - und namentlich exakt welches Volkes?).

Während eine solche Umzäunung innerhalb eines Wohngebietes also gewiß Aufsehen in Form von Mißtrauen und Neugierde – auch seitens potentieller Krimineller – erwecken würde, stellt sie doch eine ausgezeichnete Wahl zur Umfriedung insbesondere eines größeren Anwesens dar, das sich in abgelegeneren Gegenden befindet. Die Höhe einer solchen äußeren Begrenzung sollte neben einer ausreichenden Dicke mindestens 2 Meter betragen – je höher, desto besser und sicherer.

Wehrhaft wird sie durch einen Überwindungsschutz in Form von spitzen und scharfkantigen Gegenständen wie z.B. Glasscherben, Nägel, und sonstigen scharfkantigen und gezahnten Metallteilen, die oben auf der Mauerkante eingearbeitet werden. Im Extremfall kann zusätzlich NATO- oder eine andere Form von Stacheldraht auf ihr angebracht werden, um ein Eindringen zusätzlich zu erschweren. Da eine solche Mauer natürlich keinen optischen Höhepunkt darstellt, bietet sich eine Bepflanzung sowohl innerhalb als auch außerhalb des Grundstücks mit Hecken und Büschen an.

Mit der Zeit verwachsen Mauer und Büsche zu einem nahezu unüberwindlichen Hindernis. Der Schutzwall erfüllt auf diese Weise automatisch einen weiteren Nutzen: Er wird zum Biotop der Artenvielfalt einer Vielzahl von Tieren, die sich darin bald ansiedeln und nisten. Innerhalb des Grundstücks kann eine solche Mauer sogar zum windgeschütztem Anbau von Weinreben, von Stangenbohnen und sonstigen Kletterpflanzen, oder von Spalierobst genutzt werden.

Die Naturhecke

Eine kostengünstige, effektive und sich natürlich einfügende Sicherheitslösung ist auch bereits die alleinige Anpflanzung schnellwüchsiger, dichter und teilweise auch dornenbewehrter Hecken oder dichter Büsche wie Berberitze, Brombeeren, Holunder und Eberesche, bei denen das dahinterliegende Grundstück und seine Bewohner nicht oder nur sehr schwer eingesehen, ausspioniert und eingeschätzt werden können. Wenn es die Größe des Grundstücks zuläßt, kann ein schmiedeeiserner Zaun ebenso wie eine Mauer mit einer solchen Naturhecke miteinander kombiniert werden und „verwachsen" mit der Zeit, so daß sie nahezu undurchdringlich werden.

Kommen wir nun zur zweiten Sicherheitsbarriere, die für die meisten Städter die erste darstellt und in jedem Fall von größter Bedeutung ist: **Sicherheitsmaßnahmen an Wohnung und Haus**

Die Sicherung von Türen und Fenstern

Die Investition in die Einbruchsicherheit des Wohnbereiches lohnt sich in jedem Fall. Heute sind mehrere unterschiedliche Sicherheitsklassen für Türen und Fenster erhältlich, die sich nicht nur im Hinblick auf die Widerstandsklasse unterscheiden, sondern natürlich auch im Preis. Wer an einer gewissen Grundsicherheit seines Wohnbereichs spart, tut das zweifellos an der verkehrten Stelle. Ein sich abzeichnender Zerfall der öffentlichen Ordnung wird an der Straftaten ersichtlich, die am hellichten Tag begangen werden. Rüsten Sie Ihre Wohnungs- bzw Haustür mit einem **aufbohr- und kerngeschütztem Schließzylinder** als Grundschutz aus, z.B. dem KESO 4000 S Omega.

Mein Tip: Schließen Sie Ihre Haus- und Wohnungstür auch dann ab, wenn Sie zu Hause sind; nicht nur abends und nachts, sondern auch tagsüber. Diese einfache Sicherheitsmaßnahme ist besonders bei Eingangstüren mit Mehrfachschließvorrichtung wirksam. Anderenfalls läßt sich die Tür ganz schnell und unkompliziert unter Verwendung einer simplen Kreditkarte öffnen.

Fensterschutz

Wer es sich leisten kann und will, oder wer ein besonders hohes Sicherheitsbedürfnis hat, kann seine Fenster selbstverständlich sogar mit Panzerglas ausstatten. In diesem Hinblick ist heute tatsächlich nichts unmöglich. Die Investition in Ihre eigene passive Sicherheit lohnt sich allemal. Denn auch für Durchschnittsverdiener ist Einbruchschutz bezahlbar. Hier dürften Fenster mit Verbund-Sicherheitsglas (VSG) einen Schutz für durchschnittliche Ansprüche bieten. Dabei handelt es sich um dieselbe Verglasung wie bei Autoscheiben.

Im Verbund-Sicherheitsglas ist eine Kunststoffolie zwischen zwei Glasscheiben eingebettet, die ein geräuscharmes Eindringen durch die Scheibe mittels Eindrücken oder unter Einsatz eines Glasschneiders verhindert. Somit stellt eine Fensterverglasung mit Verbund-Sicherheitsglas einen deutlich höheren Schutz gegenüber gewöhnlichem Fensterglas sicher. Einen noch höheren Schutz bieten Fenster (und Türen) der Widerstandsklassen 2 und 3, die auch professionellen Einbrechern, die mit Kuhfüßen, Stemmeisen, Schleifwerkzeugen usw. ausgerüstet sind, viel wertvolle Zeit kosten – die sie wegen Entdeckungsgefahr aber nicht haben. Dabei verursachen sie zwangsläufig viel Lärm. Lärm verursachen – Zeit verlieren – die Gefahr, entdeckt zu werden … all das schafft ein „Arbeitsumfeld", das Einbrechern nicht entgegenkommt. Wie alle Kriminelle suchen sie nicht nach Gegnern, sondern nach Opfern, nach leichter Beute.

Indem Sie die Sicherheitsmaßnahmen Ihrer Wohnung erhöhen, werden Sie von einem wehrlosen potentiellem Opfer zu einem Gegner und damit letztlich uninteressant, da eine Gefahr für Kriminelle. Empfehlenswert ist der Kauf einer Haustür und möglicherweise anderen einbruchsgefährdeten Türen, wie etwa der Kellertür, die extra verstärkt und mit einer **Mehrfach-Schließvorrichtung (3, 5 oder 7-fach)** ausgerüstet ist, um eine stärkere einbruchhemmende Wirkung zu erzielen. Der Fachhandel bietet zahlreiche Lösungsmöglichkeiten an, die sich an Ihre speziellen Wünsche und Anforderungen anpassen lassen. Auch das Anbringen zusätzlicher Sicherheitsvorrichtungen, wie z.B. einer **Türkett**e oder einem **Türriegel** oder ein **Aufhebelschutz bei Fenstern** ist eine kleine Mühe mit einer großen Wirkung.

Insbesondere bei von Straßen und Wegen nicht einsehbaren, also versteckt liegenden Türen und Fenstern lohnt sich jeder kleine und große Aufwand, der der Gewährleistung einer erhöhten Sicherheit dient. Einbrecher scheuen meist vor der Gefahr, entdeckt zu werden, zurück. So bietet sich auch der Einbau von Türspionen in Haus- und Kellertüren an. Glasscheiben in Fenstern und Eingangstüren können mit **einbruchhemmender Folie** verstärkt werden. **Kellerfenster,** die bei vielen Häusern die größte Schwachstelle darstellen, sollten generell mit einem Stahlgitter ausgerüstet, und auch die Fensterscheiben zusätzlich geschützt werden, beispielsweise ebenfalls mit einbruchhemmender Folie. Insbesondere Fenster im Erd- und Untergeschoß stellen die größten Sicherheitslücken dar und sollten mit einem Aufhebelungsschutz verstärkt werden.

Darüberhinaus sollten Sie vor, neben und unter diesen Fenstern dornige Büsche pflanzen, die Sie idealerweise auch in Ihrer Ernährung einbauen können – beispielsweise Sanddorn, Brom- und Himbeeren, oder die in Mitteleuropa **einzige heimische Berberitzenart, deren Früchte eßbar sind: die Gewöhnliche Berberitze**. Die Kombination solch vieler kleiner Maßnahmen ist nicht nur sehr einfach, kostengünstig und effektiv, sondern macht es Einbrechern so schwer wie nur möglich, sich unerlaubten Zutritt zu Ihren Wohnbereichen zu verschaffen.

Einen ersten Überblick über getestete Sicherheitsprodukte können Sie sich beim VdS verschaffen: http://vds-home.de/einbruch-diebstahl/einbruchrisiko

Falls Ihr Budget es erlaubt, dann investieren Sie in die Sicherheit Ihrer eigenen vier Wände, indem Sie eine **Haupteingangstür** und zumindest die **Fenster im Erdgeschoß** nach Sicherheitsstandard Widerstandsklasse 3 (WK 3) oder gar 4 (WK 4) einbauen. **Demonstrationsvideo der Herstellerfirma MLine** mit einem gestellten Einbruchsversuch unter realen Voraussetzungen mittels Brecheisen durch den "Stihl Timbersports Series"-Europameister Dirk Braun an einem WK3-Sicherheitsfenster: http://tinyurl.com/c8ff3cg

Dieses Video beweist eindrucksvoll, daß diese Fenster und Türen selbst mit extremstem Gewalteinsatz kaum überwindbar sind. Und davon abgesehen: so viel Kraft und Zeit haben Einbrecher sehr selten. Hinzu kommt die ständige Gefahr, durch den dabei entstehenden Lärm entdeckt zu werden. Die Zeiten von äußerlichem Protz und Prestige sind unweigerlich vorbei.

Zeigen Sie nach außen hin, daß bei Ihnen nichts zu holen ist. Lassen Sie aber ebenfalls keinen Zweifel aufkommen, daß Sie im Notfall willens und in der Lage sind, sich aktiv zur Wehr zu setzen.

Überzeugen Sie Ihre Nachbarn, Familie, Verwandte, Kollegen und Mitarbeiter von der Wichtigkeit von Sicherheitsvorkehrungen und helfen Sie ihnen dabei, falls möglich. Auf diese Weise verstärken sich emotionale Bindung und das Gefühl gegenseitiger Verantwortung, so daß ein starker Zusammenhalt entsteht, von dem Sie alle letztlich profitieren werden. **Beenden Sie kleine und große Nachbarschaftsstreitigkeiten! Versöhnen Sie sich im Freundes- und Kollegenkreis! Es kommt die Zeit, da wir alle zusammenrücken und zusammenhalten müssen. Niemand muß sich auch in Zukunft selbst verleugnen, aber das „Wir" wird wesentlich mehr an Bedeutung gewinnen. Sie werden bald merken, daß Zusammenhalt sehr nötig ist und für ein gutes und sicheres Gefühl bei allen Beteiligten sorgt.**

Natürlich ist eine Gruppe in vielerlei Hinsicht stärker als eine Einzelperson. Sie bündelt Talente und Fähigkeit, und verteilt Verantwortung auf mehrere Schultern. Der Mensch ist nun einmal auf Gemeinschaft „programmiert", und in den meisten Fällen kein „einsamer Kämpfer". Unser Leben und Überleben ist wesentlich vom Zusammenhalt innerhalb einer funktionierenden Gruppe abhängig, deren beste Grundlage gegenseitiger Respekt ist. Die traditionelle Familie ist die kleinste funktionierende Einheit einer gesunden Gesellschaft.

Versöhnen Sie sich insbesondere innerhalb Ihrer Familie! Die Zerwürfnisse inner-halb von Familien sind die Auswirkung der globalen Agenda um Stile eines von alters her praktizierten Systems des "Spalte und herrsche": der Aufbau künstlicher Feindbilder und willkürliche Einteilung in Gruppierungen, die anschließend gegeneinander ausgespielt werden.

Beliebt sind unter anderem die Gruppierungen: Frau – Mann, Alt – Jung, Ost – West, Arm – Reich, Arbeiter – Rentner, Arbeiter – Arbeitslose, Polizei – Volk, Beamte – Volk, sowie beginnende Versuche, Völker gegeneinander aufzuhetzen. Weigern Sie sich, sich für diesen Wahnsinn vor den Karren spannen zu lassen! Die Einigkeit und der Zusammenhalt der Menschen und Völker wurde stets von denen gefürchtet, die sie zu beherrschen und unterdrücken beabsichtigen.

Deshalb: Versöhnen Sie sich! In unserer Versöhnung und unserem Zusammenhalt liegt der Schlüssel zu unserer Freiheit, die alle gegenteiligen Pläne der Mächtigen unwiderstehlich und wirksam durchkreuzt. Weigern Sie sich, das "Spalte und herrsche"-Spiel mitzuspielen!

Passive Sicherheitsmaßnahmen:
→ Bringen Sie Gitter vor Ihren Kellerfenstern an, insbesondere wenn diese durch z.B. eine Vertiefung nicht einsehbar sind und sich Einbrecher somit nahezu unbeobachtet zu schaffen machen könnten
→ Versehen Sie vor allem die Fenster des Unter- und Erdgeschosses mit einem abschließbaren Fenstergriff und / oder einer Fenstersicherung aus, die ein Aufhebeln verhindert („Fensterschloß")
→ Pflanzen Sie dichte Dornenbüsche wie Heckenrosen, Sanddorn, Brom- oder Himbeeren unter jedes Fenster im Erdgeschoß
→ Prüfen Sie Ihre Wohnung / Haus auf potenzielle Schwachpunkte (Wintergarten, breite Kamine, Dachluken und -fenster …)
→ Sichern Sie Fenster und (Terrassen-)Türen, beispielsweise durch das Anbringen von Fensterläden oder Rolläden mit Hochschiebeschutz (z.B. Klemmsicherung)
→ Entfernen Sie Leitern und Gitter an der Hauswand, an denen potenzielle Einbrecher hochklettern könnten
→ Sichern Sie auch Balkontüren gegen Aufbrechen
→ Bedenken Sie, daß Einbrecher eventuell über Dächer von Nachbarhäusern in Ihr Haus / Wohnung eindringen könnten

Nehmen Sie sich die Zeit … versetzen Sie sich einmal in eine Person, die in Ihre Wohnung oder Ihr Haus einsteigen will: wo würden Sie in Ihre Wohnung einbrechen, wenn Sie der Einbrecher wären? Dann wird es Ihnen leichter fallen, die Brennpunkte zu entschärfen.

Die Polizei bietet Ihnen dabei Hilfe und Beratung an. Nehmen Sie diese in Anspruch!!!

Ein **weiterer Aspekt der passiven Sicherheit** – kugel- beziehungsweise schnittsichere Kleidung, die Sie hier finden – sicherlich auch für Wiederverkäufer interessant:

http://vip-security.cc   http://miguelcaballero.com

Keinesfalls vergessen dürfen Sie einen Verbandskasten samt großzügigen Vorrat an
- Kompressen und Verbandsmaterial,
- Wunddesinfektionsmittel (z.B. Silberkolloid zur innerlichen und äußerlichen Anwendung!),
- Wundpflaster,
- sterile Mullbinden,
- Pinzetten,
- Dreieckstücher,
- Skalpell,
- Schere,
- Pinzetten, Nadel und Faden …
- statt Zeckenzange besser einen Zeckenhaken – ich mußte es leider selbst testen. Mit einem Zeckenhaken können kleinste bis große Zecken vollständig, schnell und unkompliziert entfernt werden. Bei Mensch und Tier! http://tinyurl.com/cmnmwfj (Otom-Zeckenhaken, Doppelpack klein und groß) für Ihre Hausapotheke.

Buch-Tipp: **„Die Schmerzverhütung", Link survivalpress.org:** http://tinyurl.com/n6jpyo8

Auch das gehört zum Thema Sicherheit: Frischen Sie Ihre Kenntnisse als Ersthelfer doch noch einmal auf und belegen Sie einen Erste-Hilfe-Kurs!!!

Zu guter Letzt: Auch einen Feuerlöscher und Löschdecken können Sie niemals zu viel im Hause haben!

<u>**2) Die aktive Sicherheit**</u>

Verlassen Sie sich im Hinblick auf die Absicherung Ihrer Wohnung oder Ihres Hauses nicht zu sehr auf technische Geräte wie Überwachungskameras oder Bewegungsmelder (außer in Solarbetrieb), da sie Abhängigkeit von Elektrizität bedeuten und diese in Zukunft womöglich nicht ständig zur Verfügung stehen wird, so wie wir uns heute daran gewöhnt haben. So bereiten die Massenmedien die Bevölkerung bereits „durch die Blume" auf zukünftige Stromausfälle vor, und das praktisch überall im Westen marode Stromnetz selbst gibt tatsächlich wenig Anlaß zur Zuversicht auf Stabilität in diesem Bereich.

<u>Bedenken Sie: Bei Stromausfällen werden sämtliche netzabhängigen Sicherheitsvorkehrungen unbrauchbar. In Südafrika beispielsweise finden täglich planmäßige Stromabschaltungen statt, die dort von Kriminellen gezielt für Einbrüche genutzt werden, weil Überwachungskameras, Bewegungsmelder und Alarmanlagen während dieser Zeiten außer Gefecht gesetzt sind. Organisieren Sie also bitte gerade Ihre Sicherheitsvorkehrungen so einfach und wirkungsvoll wie nur möglich. Aus diesem Grunde sollten wir auch und gerade im Bereich Haussicherheit wiederentdecken, was früher ohne Strom funktionierte, und was auch heute in Gegenden mit hohen Kriminalitätsraten effektiv wirkt:</u>

Der altbewährte, vielseitige, treue und verläßliche Wächter und Beschützer der Familie: der Hund

Wir erleben bereits in vielerlei Hinsicht ein verstärktes „Zurück zu den Wurzeln", und diese Entwicklung wird sich über kurz oder lang auch bei unseren Haustieren bemerkbar machen und schließlich durchsetzen. Konkret bedeutet das: Weg von der oftmals alles andere als artgerechten reinen Liebhaberhaltung – zurück zu Tieren, die ihren Lebensunterhalt wieder erarbeiten (müssen).

Die heute durch zweifelhafte Schönheitsideale krankgezüchteten, durch synthetische Wurmkuren und Impfungen kranktherapierten und durch Überfütterung und Industriefraß krankgefütterten Hunde werden von der zukünftigen Vereinfachung des menschlichen Lebens und der damit verbundenen Rückbesinnung auf ihre ursprünglichen Tätigkeitsfelder sowohl charakterlich als auch physisch mit Sicherheit profitieren.

Am Ende dieser Rückbesinnung werden wieder körperlich und charakterlich belastbare, ausgeglichene und in allen Belangen gesunde Tiere stehen. Hunde werden in Zukunft weniger mit modernen Hundesportarten beschäftigt sein, sondern in erster Linie wieder vorrangig in ihrem ursprünglichen Einsatzbereich arbeiten, für den sie je nach Rasse einst – nicht selten durch jahrhundertelange Auslese – gezüchtet wurden: als Freund, Wächter, Beschützer und Verteidiger von Familie, Haus und Hof; als Treiber und Beschützer der Viehherden und Helfer der Schäfer und Hirten; als unentbehrlicher Jagdhelfer; als Zug- und Tragtier von leichten bis mittleren Lasten; als Jäger von Ratten und Mäusen, sowie in vielen weiteren Einsatzgebieten.

Hunderassen sind besonders schützenswerte Kulturgüter der Völker, und der irrsinnige Trend, durch wahllose Verpaarung zweier oder mehrerer unterschiedlicher Rassehunde eine neue „Rasse" erschaffen zu wollen, nur um sich „einen Namen zu machen", greift heute wie eine Seuche um sich – als ob 343 international anerkannte Hunderassen (Stand: Juli 2014, **Link:** http://fci.be) für sämtliche Einsatzbereiche nicht mehr als ausreichend wären. Leidtragende sind Millionen von Mischlingshunden, die letztlich eben doch keiner „Rasse" angehören, und deren Endstation meist irgendein Tierasyl ist, in dem sie den Rest ihres Lebens zu fristen gezwungen sind – falls sie Glück haben und sie nicht einfach irgendwo ausgesetzt und sich selbst überlassen werden. Hinzu kommt der allgemein respektlose menschliche Umgang mit Natur und Geschöpfen. Das Aussetzen von reinrassigen Tieren kommt zwar ebenfalls vor, geschieht wegen der für gewöhnlich höheren Anschaffungskosten jedoch seltener als bei Mischlingshunden.

Es ist übrigens ein Märchen, daß Mischlinge gesünder seien als Rassetiere. Beide können gleichermaßen unter Erbschäden (z.B. des Bewegungsapparates wie Hüftgelenkdysplasie (HD) oder Ellbogengelenkdysplasie (ED)) leiden, ebenso wie unter schlechten hygienischen Haltungs- und Aufzuchtbedingungen.

Verantwortungsvolle Züchter bemühen sich jedoch darum, Erbkrankheiten durch eine geeignete Zuchtauswahl vorzubeugen. Die dafür notwendigen tierärztlichen Untersuchungen sind kostspielig für die Züchter, und wem es lediglich um die Vermehrung zweier beliebiger Hunde aus Profit- oder Geltungssucht geht und wer keinem Zuchtverband angehört, wird diese Kosten zum Wohl der Elterntiere, der Welpen und zukünftigen Halter scheuen und gewiß vermeiden.

Ein Vorteil von Rassehundwelpen und -junghunden besteht zweifellos darin, daß der zukünftige Besitzer recht genau weiß, welche Körpermaße, welches Aussehen und welchen Charakter von dem erwachsenen Hund später einmal zu erwarten ist – und für welche Arbeiten die betreffende Rasse gezüchtet wurde. Daraus leitet sich auch der ideale Einsatzbereich des jungen Hundes ab. Die Anforderungen an den Halter, die der junge Hund aufgrund seines züchterisch gefestigten Charakters in sich trägt, erleichtert wiederum seine Erziehung, Sozialisierung und Prägung. Das beinhaltet das frühzeitige Vertrautmachen mit seinem späteren Aufgabenbereich, z.B. als Hütehund, Wachhund, Blindenführhund, Suchhund, Jagdhund, Polizeihund, Rettungshund, Schutzhund, …).

Prinzipiell ist jeder gesunde Hund als Wächter und „Warnmelder" geeignet, der sich nähernde Fremde und unbekannte Bedrohungen verbellt und durch Lautzeichen ankündigt, lange bevor es unsere menschlichen Sinne bemerken. Ob ein Hund darüberhinaus charakterlich und physisch fähig ist, seine Menschen im Ernstfall auch tatsächlich zu verteidigen, hängt von mehreren Faktoren ab. Die **Internationale Kynologische Vereinigung** (Fédération Cynologique Internationale, kurz: FCI) teilt die von ihr betreuten Hunderassen in zehn unterschiedliche Gruppierungen ein:

Gruppe 1: Hüte- und Treibhunde (ausgenommen die Schweizer Sennenhundrassen)
Gruppe 2: Pinscher und Schnauzer / Molosser / Schweizer Sennenhunde
Gruppe 3: Terrier
Gruppe 4: Dachshunde
Gruppe 5: Spitze und Hunde vom Urtyp (Nordische Hunde sowie sogenannte Pariahunde)
Gruppe 6: Laufhunde, Schweißhunde und verwandte Rassen
Gruppe 7: Vorstehhunde
Gruppe 8: Apportierhunde, Stöberhunde und Wasserhunde
Gruppe 9: Gesellschafts- und Begleithunde
Gruppe 10: Windhunde

Jagdhunde sind für gewöhnlich sehr menschenfreundlich und meist auch Fremden gegenüber nicht besonders mißtrauisch, deswegen auch wenig verteidigungsbereit. Darüberhinaus sind sie raubzeugscharf, und das bedeutet, daß sie unter anderen auch (fremde) Katzen für gewöhnlich als Beute betrachten, vor allem wenn diese Hunde tasächlich jagdlich geführt werden. Jagdhunde – zu denen man auch die meisten nordischen Rassen zählt – arbeiten eigenständig, ohne Befehle von ihrem Rudelführer abzuwarten oder darauf angewiesen zu sein, sind grundsätzlich besonders menschenfreundlich, betrachten aber häufig alle kleineren Haustiere als Beute, zumindest wenn diese nicht zur eigenen Familie gehören. Naturgemäß neigen diese Rassen oft zum Stromern und / oder Wildern, was in ländlichen und waldreichen Gegenden zu Problemen oder gar zum Tod des Tieres durch Abschuß führen kann. Das sind alles Dinge, die man als künftiger Hundehalter bedenken sollte.

Terrier sind unermüdliche Tausendsassas. Den meisten Terrierrassen fehlt die für die effektive Verteidigung notwendige respekteinflößende Größe, was sie jedoch durch ihr sprichwörtliches Kämpferherz, ihren temperamentvollen Schneid gepaart mit Ungestüm und starkem Selbstbewußtsein wettmachen. Aus diesem Grunde sind Terrier eher für Familien mit älteren Kindern geeignet. Früher bewachten sie Hab und Gut ihres Besitzers, jagten ab und zu einen Sonntagsbraten für die arme Landbevölkerung, und hielten in der Stadt und auf dem Land Mäuse und Ratten kurz. Sogar kleine Terrierrassen sind begeisterte Mäuse- und Rattenjäger.

Allerdings kann die ihnen eigene stark ausgeprägte Jagdpassion auch zum Problem werden, so daß sie am besten schon ab dem frühesten Welpenalter an andere tierische Mitbewohner im Haushalt (z.B. Katzen, Geflügel, Frettchen) gewöhnt werden müssen.

Wer nach einem Hund sucht, der potentielle Gefahren nicht nur verbellt, sondern auch aktiv verteidigt, findet – von einigen Ausnahmen abgesehen – geeignete Rassen vor allem in den Gruppen 1 – 3, deren Zuchtziel seit Beginn ihrer Selektion die Arbeit mit Viehherden und das Bewachen und Beschützen war.

Dazu gehören neben den **Hüte- und Herdenschutzhunden** die sogenannten **anerkannten Diensthunde-rassen**, die auch von Polizei, Militär, sowie zahlreichen Hilfsorganisationen (u.a. Bergrettungshunde, Lawinensuchhunde, …) aufgrund ihrer feinen Sinne und körperlichen Merkmale unersetzliche Dienste leisten. Zu diesen Rassen gehören unter anderen: Deutscher Schäferhund, Rottweiler, Dobermann, Riesenschnauzer, Deutscher Pinscher, Deutscher Boxer, Airedale Terrier, Mittelschnauzer und seit einigen Jahren die kurzhaarige Variante des Belgischen Schäferhundes, der Malinois, Bouvier des Flandres, Bouvier des Ardennes, … .

Aufgrund ihrer hervorragenden körperlichen Voraussetzungen und dank ihres Charakters, hoher Reizschwelle und Nervenfestigkeit eignen sich zahlreiche weitere Rassen zum vielseitigen Gebrauchshund mit Schutzfunktion – das macht sie aber nicht zwangsläufig zu „idealen Familienhunden": Beauceron, Cane Corso, Presa Canario, Dogo Argentino, Ca de Bou (Dogo Mallorquin), Rhodesian Ridgeback, American Bulldog, Boerboel („Burenbulldogge"), Bordeauxdogge, Bullmastiff.

Diese sehr ursprünglichen, zum Teil sehr alten Rassen wurden zum Bewachen und Verteidigen gezüchtet und setzen zwingend grundlegende Kenntnisse der Körpersprache der Hunde voraus, ebenso einen engen Familienanschluß, frühe Prägung und Erziehung ohne Härte, Aggression und Geschrei – das sollte jedoch für die Erziehung jedes Hundes selbstverständlich sein.

Herdenschutzhunde (auch als Hirtenhunde bezeichnet) sind geborene Beschützer. Im Gegensatz zu den Hüte- und Schäferhunden war ihre Aufgabe nicht das Treiben und Hüten der Viehherden, sondern einzig und allein der Schutz der Herde gegen Angreifer wie Wolf, Luchs und Bär, aber auch die Verteidigung „ihrer" Herde gegen menschliche Viehdiebe.

Besonders in der Nacht sind sie sehr wachsam und verteidigungsbereit. Über viele Jahrhunderte unterlagen die Hirtenhunde einer natürlichen Selektion, da nur die kräftigsten, robustesten und intelligentesten Tiere die harte Auslese und den Kampf gegen Viehräuber und die rauhen Kräfte der Natur überlebten. Ihre große Eigenständigkeit haben sie sich bis heute bewahrt. Sie warten nicht auf den Wink des Besitzers, sondern handeln bis heute oft nach eigenem Ermessen, und das kann gefährlich werden.

Deswegen ist eine frühe Prägung und konsequente, sorgfältige und liebevolle Erziehung mit engem Familienanschluß zwingend notwendig. Die Hunde müssen lieben, was sie beschützen sollen.

Wo sie bis heute ihre ursprünglichen Dienst tun und die Herden bewachen, werden die Welpen von klein auf mit den Tieren vertraut gemacht, die sie später schützen sollen. Diese frühzeitige Prägung sorgt dafür, daß die Hunde ihre Herde als ihre Familie betrachten, für die sie bereit sind, sie bis auf's Äußerste zu verteidigen. Die Haltung von Hirtenhunden empfiehlt sich weder für Hundeanfänger noch für ein Leben in der Stadt.

Ideal ist es, wenn man ihnen die Gelegenheit gibt, auf ihrem ureigensten Einsatzgebiet arbeiten zu dürfen und Herden zu bewachen. Aber auch als Wachhunde für große ländliche Anwesen eignen sie sich bei engem Familienanschluß hervorragend. Besonders wachsam sind sie mit Einbruch der Dämmerung.

Zu den Hirtenhunden zählen (Aufzählung beispielhaft und nicht abschließend!):
→ der Kuvasz und der Komondor aus Ungarn,
→ der Sarplaninac aus Kroatien und Serbien,
→ der Kraski Ovcar aus Slowenien,
→ der Mioritic und der Carpatin aus Rumänien,
→ der Kaukasische, Mittelasiatische und Südrussische Owtscharka aus Rußland,
→ der Kangal (Anatolischer Hirtenhund), Karabash und Akbash aus der Türkei,
→ der Rafeiro do Alentejo, Cao de Castro Laboreiro, Cao de Serra da Estrela aus Portugal,
→ der Owczarek Podhalanski (Podhalaner) aus Polen (nördliche Hohe Tatra),
→ der Slovensky Cuvac aus der Slowakei (südliche Hohe Tatra),
→ der Mastin Espanol aus Spanien,
→ der Pyrenäen-Berghund aus Frankreich und
→ der Do Khyi (Tibetdogge) aus Tibet.

Im Gegensatz zu Herdenschutzhunden war es die Aufgabe der **Hütehunde**, die Viehherden beieinander zu halten und versprengte Tiere zurück in die Herde zu treiben. So wurden in vielen Ländern temperamentvolle, wachsame und agile Hunde gezüchtet, die neben dem Treiben und Hüten der Herden zahlreiche weitere Aufgaben übernahmen. Schutz und Bewachung liegen auch ihnen im Blut. Außerdem sind sie im Gegensatz zu den Hirtenhunden von mittlerer Größe und sehr viel leichter erzieh- und lenkbar.

Zu den typischen Hütehunden zählen – um nur einige wenige aufzuzählen – beispielsweise der **Australian Shepherd, Australian Cattle Dog, Bobtail, Collie, Shetland Sheepdog** („Sheltie"), **Katalanischer Schäferhund (Gos d'Atura), Cao da Serra de Aires, Schapendoes**. In diesen Rassen finden wir zwar immer noch Hunde aus reinen Arbeitslinien, die bei der täglichen Arbeit an der Herde ihre Triebe ausleben können und müssen. Die meisten Züchter wählen ihre Zuchttiere jedoch nach den Anforderungen eines modernen Familien- und Begeithundes aus – der durchaus auch Wach- und Schutzaufgaben übernehmen kann. Weitere noch weitgehend unbekannte Vielseitigkeitstalente sind der **Friesische Wasserhund („Wetterhoun")**, den Kenner als idealen Wachhund beschreiben, oder der **Louisiana Catahoula Leopard Dog**.

Dazu gehören auch die **Schweizer Sennenhunde** – der Entlebucher, der Appenzeller, der Berner und der Große Schweizer. Sie sind hochintelligent und auch Anfänger in der Hundehaltung werden Freude an diesen ursprünglichen Hunden haben, deren Passion das Behüten und Beschützen ist – hundegerechte Erziehung und enger Familienanschluß immer vorausgesetzt.

Es ist völlig unnötig, ja sogar gefährlich, die Hunde künstlich „scharf" zu machen. Bei liebevollem Umgang und konsequenter Erziehung werden die Hunde ihre Familie stets zuverlässig, eigenständig und in letzter Konsequenz mit ihrem eigenen Leben verteidigen, ohne daß sie eigens dazu ausgebildet werden müssen. Wegen des zwingend notwendigen engen Familienanschlusses verkaufen viele seriöse Züchter ihre Welpen auch niemals in reine Zwingerhaltung, von Kettenhaltung ganz abgesehen.

Rassen, deren Hauptaugenmerk nach wie vor ihre Tätigkeit als Arbeitshund ist, eignen sich nur unter ganz bestimmten charakterlichen Bedingungen als Familienhunde. Sie brauchen eine Aufgabe, die sie fördert und fordert. Unterforderung und Vernachlässigung führen zu unliebsamen charakterlichen Störungen wie andauerndem Bellen, das zwanghafte „Hüten" von anderen Tieren und Kindern, bis hin zur Aggression gegen Mensch und Tier. Einen interessanten Einblick in das faszinierende Wesen und den Charakter dieser typischen Arbeitshunde bietet die Arbeitsgemeinschaft zur Zucht Altdeutscher Hütehunde: http://a-a-h.de

Jeder Hund benötigt eine enge Bindung zu seiner Familie (= dem schützenswerten Gut), und das trifft ganz besonders auf die Wach- und Schutzhunde zu. Insbesondere Anfänger in der Hundehaltung sollten sich intensiv mit der gewünschten Hunderasse beschäftigen und alle verfügbaren Informationen sammeln und abwägen. Für eine einmal getroffene Entscheidung sollte man bereit sein, mindestens ein Hundeleben lang mit allen Konsequenzen einzustehen.

Rückblickend betrachtet muß man nüchtern feststellen, daß Hundezuchtverbände wesentlich dazu beigetragen haben, unsere Hunde zu verweichlichen. Keiner Rasse tat die Aufnahme in einen Hundezuchtverband („Kennel Club") gut. Mit dem Aufkommen von Hundeschauen wurde Schönheit den wirklich wichtigen Bewertungskriterien Gesundheit, Wesen und Charakter übergeordnet und ehemalige Arbeitshunde zu oftmals körperlich und charakterlich verkrüppelten Salonschönheiten umgezüchtet. Oft gilt auch heute noch ein Stück Papier mehr als Wesen und Gesundheit. Die reine Schönheitsschau muß dringend wieder einer allgemeinen Arbeitsprüfung weichen. Viele Hundefreunde, -züchter und -halter beginnen bereits wieder damit, das Hundezuchtmonopol einzelner Dachverbände aufzubrechen, indem sie sich selbst organisieren und den Partner Hund wieder über bürokratische Richtlinien zu stellen, sowie neue alte Schwerpunkte in der Hundezucht wiederzubeleben.

Bitte widerstehen Sie dem Mitleidskauf von „Wühltischwelpen", die leider nur allzu häufig auf Parkplätzen auf sogenannten „Polenmärkten" angeboten werden. Die dort angebotenen, bedauernswerten Welpen stammen mit an Sicherheit grenzender Wahrscheinlichkeit aus osteuropäischen Massenvermehrungen. Für jeden verkauften Welpen werden weitere „nachproduziert", so daß diese tierverachtende Praxis erst dann aufhört, sobald der finanzielle Erfolg ausbleibt. Aufgrund der katastrophalen Haltungsbedingungen und Mißbrauch der Hündinnen als „Gebärmaschinen" leiden die Tiere unter chronischen Krankheiten, die sie oft ein Leben lang zu Dauerpatienten machen. Die dabei entstehenden Kosten übersteigen den zunächst scheinbar „billigen" Kaufpreis bei weitem.

In den Tierheimen finden sich heute viele Rassehunde. Deshalb sollte das Tierheim oder eine der zahlreichen „in Not"-Seiten im Internet stets die erste Anlaufstelle sein, sollten Sie sich eine spezielle Rasse wünschen. Hunde werden heute meist nur zum Zeitvertreib und zu keinem speziellen Zweck mehr gehalten, was die Tiere jedoch geistig und körperlich verkümmern läßt. Eine Änderung der Anforderungen und damit Rückkehr zum Einsatz von Hunden als echte Gebrauchshunde (Wach-, Schutz-, Such-, Fährtenhunde usw.) halte ich für eine folgerichtige, sehr wahrscheinliche und erstrebenswerte Entwicklung.

Züchter, die sich einem Dachverband oder Spezialrasseverband angeschlossen haben, unterziehen sich im Rahmen ihrer Vereinsmitgliedschaft freiwillig und zum Wohle der Tiere ihrer Rasse strengen Auflagen und regelmäßigen Kontrollen. Für einen Vermehrer hingegen ist die Mitgliedschaft in dem solchen Verband finanziell nicht mehr lukrativ. Die bekanntesten Dachverbände mit Quasi-Monopolstellung, bei denen viele Entscheidungen heute als kritisch betrachtet werden, sind:

→ in Deutschland: **Verband für das Deutsche Hundewesen (VDH), Link: http://vdh.de**
→ in der Schweiz: **Schweizerische Kynologische Gesellschaft (SKG), Link: http://skg.ch**
→ in Österreich: **Österreichischer Kynologenverband (OeKV), Link: http://oekv.at**)

Des weiteren gibt es zahlreiche **Hobby- oder Liebhaberzüchter**, die sich bewußt gegen die Mitgliedschaft in einem Verein entscheiden und ihre Tiere dennoch aus Liebe zu Hund und Rasse liebevoll pflegen, erhalten und verantwortungsbewußt züchten, **und sogar tierärztlich auf eventuelle Erbkrankheiten untersuchen lassen**, weil bei ihnen nicht der finanzielle Aspekt im Vordergrund steht, sondern das Wohlergehen ihrer Tiere. Der einzige „Nachteil" für einen Käufer eines Hundes aus einer solchen Zucht ist, daß er keinen Abstammungsnachweis („Ahnentafel") erhält, der die Rassereinheit des betreffenden Tieres bestätigt und seinen Stammbaum nachvollziehbar macht.

Verantwortungsvolle Züchter lernen die neuen Besitzer ihrer Welpen und Junghunde gern persönlich kennen, haben nichts gegen die Besichtigung der Wurfstätte und allgemein der Hundezuchtanlage einzuwenden, stehen bei allen sachlich-fachlichen Fragen Rede und Antwort – und haben idealerweise beide Elterntiere, zumindest aber die Mutterhündin direkt vor Ort. Das Verhalten der Elterntiere sagt viel über den Umgang mit ihnen aus. Sie dürfen weder scheu noch aggressiv sein.
Wichtig ist es, daß die jungen Hunde sich innerhalb eines umzäunten Areals frei bewegen dürfen und auf das Leben vorbereitet werden, indem sie möglichst viele positive Eindrücke von Menschen sammeln (insbesondere im Umgang mit Kindern), so viele neue Dinge und Geräusche wie möglich kennenlernen (z.B. Auto, Türglocke, Rasenmäher, Waschmaschine, Staubsauger, …), und nicht zuletzt auch Kontakte mit anderen Hunden unterschiedlichen Alters, Größe und Geschlecht und mit andere Tieren knüpfen können (z.B. Geflügel, Katzen, Pferde, Rinder, Schafe, Ziegen, …), mit denen sie später einmal leben sollen.
Man kann als Kaufinteressent davon ausgehen, bei einem solchen Züchter einen gesunden, wesensfesten und charakterstarken Hund zu erhalten, der ein Hundeleben lang ein treuer Freund und Gefährte sein wird. Selbstverständlich sind Tiere aus diesen Zuchten naturgemäß teurer, denn eine sorgfältige Aufzucht und Pflege von Elterntieren und Welpen kostet Geld, an dem der künftige Hundebesitzer nicht sparen sollte.

Bedenken Sie in Vorbereitung auf kommende Notzeiten auch an die Versorgung Ihrer Tiere mit Nahrung und Wasser, denn sie sind voll und ganz auf Sie angewiesen. Diese Vorbereitungen werden Ihnen das gute Gefühl eines gewissen Maßes an Sicherheit geben und Ihr Selbstvertrauen wachsen lassen.

Delegierten Commission – Hundeverband für Deutschland e.V.: http://hundeverband-deutschland.de
Union Cynologie International e.V.: http://uci-ev.de
Internationaler Dachverband der Rassenhundvereine e.V.: http://idr-ev.de
Internationaler Dachverband der Hundecubs e.V.: http://iddhc.de
Föderation Canis Germany e.V.: http://fcgev.de

<u>Vor dem Hundekauf</u>

Hunde benötigen einen Rückzugsbereich innerhalb des Hauses, wo sie ausruhen und schlafen können, ohne gestört zu werden. Eine warme alte Decke genügt als Unterlage des Ruheplatzes. Im Freien muß dem Hund ein Aufenthaltsort zur Verfügung gestellt werden, wo er vor Wind und Wetter geschützt ist. Eine gut isolierte Hundehütte bietet sich dazu an, jedoch sind sich Hundefachleute heute einig, daß ein Hund als familienbezogenes Rudeltier engen Kontakt mit seiner menschlichen Familie braucht, um nicht zu verkümmern oder auffällige negative Verhaltensweisen (z.B. Aggression oder Scheu) zu entwickeln. Eine reine Zwingerhaltung wird daher heute generell abgelehnt, und auch verantwortungsvolle Züchter geben ihre Tiere nicht in reine Zwingerhaltung ab. Jedoch spricht nichts dagegen, einen Hund für eine begrenzte Zeit (etwa bei Besuchern, die Angst vor Hunden haben) im Zwinger unterzubringen.

Nicht unterschätzt werden sollten die Kosten für die tägliche Fütterung und Pflege. Wie bei uns selbst sparen wir auch bei unseren Hunden bei der Qualität der Nahrung an der verkehrten Stelle. Hochwertige Nahrung erhält und fördert die Gesundheit. Es ist nicht notwendig, die Hundefütterung wissenschaftlicher und akribischer zu betreiben als unsere eigene Ernährung. Der beste Maßstab ist das äußere Erscheinungsbild. Klare Augen, eine leicht feuchte Nase ohne Ausfluß, ein sauberer Gehörgang, seidiges und glänzendes Fell mit nicht schuppender Haut und ein schlanker, aber doch kräftiger Körperbau sind sichtbare Zeichen einer guten Gesundheit. Erscheint der Hund zu dick, muß die tägliche Gesamtfuttermenge reduziert, erscheint er zu dünn, muß sie erhöht werden.
Immer mehr Halter und Züchter entdecken, daß die einfache, grundlegende Rohfleischfütterung („BARF"), ergänzt um Getreideflocken, ein wenig geriebenes Obst und Gemüse, Fleischbrühe, Quark, gekochte Eier, feingemahlenes Eierschalenpulver, sowie ein hochwertiges Speiseöl (Leinöl, Hanföl, Distelöl, Sonnenblumenöl, Rapsöl, Lachsöl, …) ihren Lieblingen mit allen Nährstoffen versorgen, die sie jeden Tag brauchen. Getrocknete Fleischstücke oder ab und zu ein roher Rindsknochen sorgen für eine natürliche, gesunde Zahnpflege.
Fleisch oder Knochen vom Schwein dürfen unter keinen Umständen verfüttert werden. Hier besteht die Gefahr von Aujetzky'scher Krankheit. Da die Erreger für Menschen nicht gefährlich sind, werden geschlachtete Schweine nicht im Rahmen einer Fleischbeschau auf diesen Erreger untersucht. Bei Hund und Katze verläuft eine Infektion damit jedoch stets tödlich. Auch jegliche gekochte Knochen dürfen niemals angeboten werden, da die Knochen splittern und den Verdauungstrakt verletzten können.
Einen ersten Überblick über verschiedene Rassen, ihre Herkunft und Aufgabe, für die sie ursprünglich gezüchtet wurden, finden Sie hier: http://www.partner-hund.de/info-rat/hunderassen.html

Welpen, Junghunde und erwachsene Tiere von Züchtern, privat und aus dem Tierschutz suchen über verschiedene Plattformen ein neues Zuhause, z.B.

http://tieranzeigen.at   http://tier-inserate.ch   http://pets4homes.co.uk
http://snautz.de   http://deine-tierwelt.de   http://haustier-anzeiger.de
http://markt.de → Tiere
http://shelta.net (die Tiervermittlung des Suchdienstes Tasso.net)

Es entspricht der überall in der Natur vorkommenden Symbiose – einer gegenseitigen Nutzwirkung – einem oder sogar mehreren Hunden ein freundliches, artgerechtes Zuhause zu bieten, und die Tiere im Gegenzug, ganz ihrem Charakter, ihren Anlagen und ursprünglichen Zuchtzweck entsprechend einzusetzen. Mit ihren besonderen Fähigkeiten machen sie sich schnell in Haus, auf Hof und Weide, Feld, Wald und Flur unentbehrlich. Erste Kontakte können in Tierheimen, bei verantwortungsvollen Züchtern, in Hundeschulen, auf Hundeplätzen, bei Gebrauchshundeprüfungen und auf Hundeschauen geknüpft werden. Überall dort kann man die Hunde „in Aktion" erleben.

Hundeerziehung

Beim Zusammenleben mit Hunden ist das Verstehen der Körpersprache des Hundes das Entscheidende und die Grundlage der Erziehung und Kommunikation – sogar ganz lautlos und fast „telepathisch". Wie bei Kindern trifft auch auf Hunde zu, daß das *„Laissez faire"-Erziehungsprinzip (oder besser: Nichterziehungsprinzip)* als völlig gescheitert betrachtet werden kann. Wie junge Menschen brauchen auch junge Hunde klare, erkennbare Grenzen. Bei der Hundeerziehung wird das Bestehen auf der Beachtung und Einhaltung dieser klar festgelegten Regeln als **Konsequenz** bezeichnet.

Die derzeit erfolgreichsten Hundetrainer haben sich auf diese alte Wahrheit besonnen und vermitteln ihren menschlichen und tierischen Schülern, daß drei Dinge zum harmonischen Zusammenleben unabdingbar sind:

1. Bewegung / Arbeit
2. Disziplin
3. Zuneigung / Liebe

Die Bücher von Hundeforschern und -kennern wie Eberhard Trumler und Günther Bloch, und von Hundetrainern (und Menschenerziehern) wie **Cesar Millan, Mirko Tomasini, Martin Rütter, Maike Maja Nowak, Katharina Schlegl-Kofler, Patricia B. McConnell** und anderen sind für jeden Hunde- und Tierfreund lehrreich, empfehlenswert und ein Vergnügen!

Erlauben Sie Ihrem Hund idealerweise den täglichen spielerischen Kontakt mit jüngeren, gleichaltrigen und älteren Hunden und mit anderen Tieren von Welpenbeinen an – mit anderen Worten: Ermöglichen Sie es ihrem Hund, ganz Hund sein zu dürfen, dann wird es auch später nie Probleme mit anderen Hunden geben und Ihr Hund wird sich bei Begegnungen stets ruhig, entspannt, souverän und gelassen verhalten.

Viele Hunde sind von Natur aus wachsam und mißtrauisch allem Fremden gegenüber, und zugleich doch sehr anschmiegsam den Mitgliedern der eigenen Familie gegenüber, und insbesondere zuverlässig im Umgang mit Kindern, die den Tieren jedoch mit dem notwendigen Respekt begegnen und sie als Freund und Beschützer statt als Spielgerät betrachten sollten. Insbesondere die angeblichen „Kampfhunderassen" – deren hervorragende Eigenschaften leider immer wieder vom Menschen mißbraucht wurden und werden – sind in ihrer Familie sehr anhänglich und den Kindern der Familie besonders lievevoll zugeneigt.

Sie besitzen typischerweise ein natürlich hohes Selbstbewußtsein und eine hohe Reizschwelle. Wenn überhaupt, dann richtet sich ihre Aggression aufgrund früher Zuchtauslese – dem Tierkampf – für gewöhnlich nicht gegen Menschen, sondern gegen andere Hunde und Tiere. Deshalb müssen wir ihnen von Welpenbeinen an die Gelegenheit geben, ganz Hund sein zu dürfen, indem sie andere Tiere und Hunde unterschiedlichster Größen und unterschiedlichen Geschlechts spielerisch kennenlernen. Diese wunderbaren Hunde – darunter Bullterrier, Staffordshire Bullterrier (wird in Großbritannien aufgrund seiner großen Kinderfreundlichkeit als „Nanny Dog" bezeichnet), American Staffordshire Bullterrier und Pit Bull Terrier – sind, sofern sie gesund sind und aus verantwortungsvoller Zucht stammen, nicht so schnell aus der Ruhe zu bringen, was ihre große Selbstsicherheit unterstreicht. Der Umgang mit anderen Tiere sollte aber von frühesten Welpenbeinen an geübt werden, dann wird es später nicht zu Problemen kommen.

Von der Hundehaltung und -erziehung profitieren gerade auch die Kinder. Sie haben die Gelegenheit, in jungem Alter den verantwortungsvollen Umgang und Respekt vor dem Tier zu lernen und zu begeifen, daß es sich um ein Lebewesen mit ausgeprägter individueller Persönlichkeit handelt, das ebensolche Bedürfnisse nach Nahrung, Aktivität, aber auch Ruhe hat wie wir Menschen. Daraus ergibt sich auch das Verständnis, daß sich ein Tier, das sich in unserer Obhut befindet, auf unsere Versorgung angewiesen und ein Teil der Familie ist, das man nicht ärgern sollte, indem man ihm das Fressen wegnimmt, ins Maul greift oder am Schwanz (Fachbegriff: Rute) ziehen darf. Haben Kinder das Glück, mit Tieren aufzuwachsen, dann ergeben sich daraus häufig die größten Freundschaften und prägen beide Heranwachsenden. Es ist erwiesen, daß Erwachsene, die im Kindesalter Tiere gequält haben, später oft auch Gewalt gegenüber Menschen anwenden.

Hunden und Katzen sollte ein abgeschirmter Rückzugsort für Ruhepausen zur Verfügung stehen, den auch die Kinder der Familie zu respektieren lernen. Tiere sind für Kinder das Wunderbarste, um Verantwortung zu üben und zu lernen, daß auch andere Lebewesen Ansprüche, Bedürfnisse und Gefühlsregungen haben, die es zu respektieren gilt.

Neben der Funktion als Wächter, Beschützer und Verteidiger (Hund) sowie als Schädlingsbekämpfer (Katze und Terrier) strahlen Tiere auch eine starke beruhigende Wirkung auf uns Menschen aus. Der Körperkontakt durch Streicheln oder Kraulen des Fells tut Mensch und Tier gut. In Notzeiten ist dieses Gefühl des Nichtalleinseins umso wichtiger. Lieben Sie Hunde und haben die finanziellen Mittel – zum Beispiel nach Lektüre des Vermögensteils dieses Buches – auch zeitlebens für sie zu sorgen, dann geben Sie einem oder mehreren ein gutes Zuhause! Sie werden es gewiß niemals bereuen, sondern tausendfach für Ihren Aufwand durch das ehrliche Wesen der Tiere und ihre bloße Anwesenheit entschädigt.

Weiterer Nutzen vieler Rassen: Raubzeugschärfe (z.B. die Jagd auf Ratten und Mäuse)

Bei dem ebenfalls zu erwartenden Kollaps der Infrastruktur (z.B. Müllabfuhr) und der Wasserwirtschaft (hier: Toiletten bei langandauerndem Stromausfall!) sollten wir uns auf gravierende Hygieneprobleme einstellen, die das Potenzial besitzen, sich zu gigantischen Mäuse- und Rattenplagen auszuwachsen. Katzen, Frettchen und manche Hunderassen werden dann sicherlich wieder die Wertschätzung erfahren, die sie verdienen, um diese Probleme zu begrenzen.

Vor allem **Pinscher, Schnauzer, Spitze** und **Terrier** waren in der Vergangenheit als passionierte Rattenjäger berühmt und haben sich diese Eigenheit bis heute erhalten. Dafür wurden sie einst gezüchtet und geschätzt. Ihre natürliche Schärfe und Furchtlosigkeit prädestiniert sie für die Rattenjagd. In Großbritannien gibt es bis heute viele solcher Terriermeuten, die meist 3 bis 8 Tiere umfassen und als „Rat Pack" bekannt sind. Die Rattenjagd ist ihre Leidenschaft, der sie mit Begeisterung frönen. So ist es auf den britischen Inseln bis heute Brauch, daß viele Terrierzüchter mit ihren Arbeitsterrier („Working Terrier") zum „Ratting" auf Farmen gerufen werden, die sie von Rattenplagen befreien und dabei nicht selten Hunderte Ratten pro Farm und Tag erlegen.

Die Rattenjagd mit Hunden ist dabei die effektivste Art der Schädlingsbekämpfung. Ratten haben im Laufe der Menschheitsgeschichte mehr Menschen getötet als alle Kriege zusammengenommen. Sie sind nicht nur Überträger zahlreicher Krankheiten, sondern fügen auch Gebäuden, Lebensmittelvorräten und Tierbeständen immensen Schaden zu. Da sie in Gruppen auftreten und sich zudem rasch vermehren, müssen sie wirksam und dennoch tierschonend bekämpft werden, ohne die Umwelt und andere Tiere zu gefährden (z.B. durch Giftköder und Schlagfallen). Terrier sind deshalb das effektivste und zugleich selektivste Mittel der Wahl, wenn es um die Rattenbekämpfung geht. Die Hunde gefährden dabei weder andere Tiere, noch richten sie Flurschäden an oder vergiften die Umwelt. Auch können Ratten nicht immun gegen die Bejagung durch Hunde werden. Die Rattenjagd mit Terrier ist die bei weitem billigste, effektivste und natürlichste Methode der Schädlingsbekämpfung (engl.: „Pest Control").

In jedem Terrier steckt auch heute noch ein Rattenjäger: vom kleinen **Yorkshire Terrier** bis hin zum **Pit Bull Terrier**. Mittelgroße, schlanke, kräftige Hunde mit guter Nase und wendiger Ausdauer eignen sich am besten für die Jagd auf die wehrhaften Nager. Dazu gehörten damals wie heute folgende Terrier-Rassen (nur Aufzählung, keine Rangliste!): **Bull, Manchester, Bedlington, Australian, Australian Silky, Staffordshire Bull, Jack Russell, Fox (Kurz- und Rauhhaar), Airedale, Irish, Welsh, American Staffordshire, Kerry Blue, Soft Coated Wheaten, Glen of Imaal, Patterdale, Skye, Norfolk und Norwich, Brasilianischer (Fox Paulistinha), Cairn, West Highland White, Border, Lakeland und Scottish Terrier, Westfalenterrier, Deutscher Jagdterrier, Prager Rattler, Ratonero Andaluz.** Weitere geeignete Rassen: **Svensk/Dansk Gardhund, Smoushond, Australian Cattle Dog, Pumi, Pinscher** und **Schnauzer**. Der Hundeliebhaber steht vor der Qual der Wahl. Für Furore sorgt auf den britischen Inseln derzeit eine relativ neue Kreuzung, die in den 1970er Jahren begann. Der Lehrer und Hobbyjäger **Brian David Plummer** züchtete aus Jack Russell Terrier, Beagle, Fell Terrier und Bullterrier einen „rattenscharfen", ausdauernden, kräftigen, wendigen, draufgängerischen, unerschrockenen und zudem noch attraktiven Hund, der unter der Bezeichnung **Plummer Terrier** zunehmend für Aufsehen sorgt.

Bis heute arbeiten aneinander gewöhnte Terrier und Frettchen als Jagdpartner bei der Rattenjagd. Ratten, die sich vor den Hunden in unzugängliche Gebilde wir Schächte, Kamine oder Röhren flüchten, werden von speziell dazu ausgebildeten Jagdfrettchen herausgetrieben oder zuweilen direkt erlegt, wenn andere austreibende Maßnahmen wie beispielsweise der Einsatz von Rauch, versagt oder nicht sinnvoll ist. Die Rattenjagd erfordert insbesondere von den jagenden Frettchen Mut, Schnelligkeit und Härte. Die Jagd mit Hilfe von Frettchen wird als **Frettieren** bezeichnet. Prinzipiell kann jedes erwachsene, gesunde und gutgepflegte Frettchen als Jagdfrettchen ausgebildet und eingesetzt werden. Ursprüngliches Einsatzgebiet der Frettchen ist die Kaninchenjagd, für die sie bereits seit der Antike gehalten und gezüchtet wurden. Jahrelange Qual- und engste Inzucht sollten den Jagdtrieb der Tiere unterdrücken. Diese menschlichen Eingriffe sind gescheitert und haben Tiere hervorgebracht, deren Jagdtrieb zwar noch immer vorhanden, deren Körper (Körperbau, Taub- und Blindheit) jedoch nicht mehr jagdtauglich sind. Ursprüngliche Frettchen sind kurzhaarige Tiere in den Farben Albino oder iltisfarben.
Die Einzelhaltung von Frettchen ist nicht artgerecht. Sie fühlen sich nur in Gemeinschaft mit anderen Frettchen wohl, und werden bei intensiver menschlicher Zuwendung dennoch handzahm. http://frettchen-kampagne.tripod.com

Um auch im Winter gesund zu bleiben, ist ein ausbruchsicheres Außengehege (z.B. Voliere), das mit Schlafnestern, Ästen und Kletterröhren ausgestattet ist, das beste Frettchenheim. In Kombination mit einer nicht übermäßigen Rohfütterung bleiben die Tiere geistig und körperlich fit und wendig.

Weitere interessante Internetseiten zum Thema Unterkunft, Haltung, Fütterung, Zucht und Ausbildung von Frettchen:
http://jagdfrettchen.de   http://svenwalther.jimdo.com   http://jagdpartner.de/?p=219
http://harrys-ferrets.co.uk   http://wessexferretclub.co.uk   http://ferreter.co.uk

Sozialisierung von Arbeitshunden mit ihren tierischen Jagdpartnern

Unverzichtbar ist die frühe Gewöhnung von Hunden, Katzen und Frettchen aneinander, vor allem wenn sie gemeinsam in einem Haushalt oder auf einem Hof leben und später als Schädlingsbekämpfer zusammenarbeiten sollen. Deshalb müssen die Hunde möglichst von klein auf mit Katzen und Frettchen vertrautgemacht werden, da sonst die jagdlich aktiven Hunde die Katzen als Beute betrachten, und die Frettchen in das Beuteschema von beiden – Hund und Katze – fallen. Diese notwendige frühzeitige Gewöhnung läßt sich recht einfach lösen, indem man die Jungtiere und bereits aneinander gewöhnten älteren Tiere unter Aufsicht miteinander spielen läßt. Gewünschtes friedliches Verhalten wird dabei belohnt (z.B. durch Lob / Stimme; „positive Verstärkung"), unerwünschtes, grobes Verhalten jedoch gerügt und aktiv unterbunden.

Gesundheitsprophylaxe

Eventuelle Bißverletzungen, die ab und zu vorkommen können, sowie eine allgemeine regelmäßige Prophhylaxe lassen sich zügig und unkompliziert bei Mensch und Tier mit Silberkolloid zur inneren und äußeren Anwendung bewerkstelligen. Falls nicht zur Hand, erfüllt auch eine Reinigung der Bißwunden mit einer Steinsalzlösung ihren Zweck. Frettchen leiden und sterben heute häufig an Tumoren. Früher wurde **Petroleum** (Oleum petrae) häufig zur Heilung von Krebs und allgemein Tumoren medizinisch angewandt. Es wäre zu erforschen, ob Petroleum in Globuliform und homöopathischer Verdünnung einen ähnlich heilenden Effekt bei den Tieren besitzt.

Zusammenfassung

Angesichts der Zunahme von Kriminalität und Gewalt wächst der Wunsch vieler Menschen nach aktivem Schutz. Hunde erfüllen die daraus erwachsenden Anforderungen mit Bravour; mit ihren besonderen Fähigkeiten und wegen ihrer Anhänglichkeit gegenüber ihrer Familie sind sie nicht nur unersetzliche Wächter und Beschützer, sondern wundervolle Kameraden, die uns in jeder Situation – und auch in der Einsamkeit – treu zur Seite stehen. Ihr Arbeitseifer will gefördert und gefordert werden. Hier bieten sich zahlreiche Einsatz-möglichkeiten an. Dienstleistungen wie Wach- und Schutzdienst, Katastrophenhilfe, Schädlingsbekämpfung, Zucht u.v.a. können auch zur Grundlage eines **krisenfesten Einkommens** heute und in Zukunft werden.

Unser primäres Zuhause ist – wenn man so will – nicht unser Land, unser Wohnort, unser Haus, unsere Wohnung, unser Heimatland… es ist in erster Linie unser Körper! Lernen Sie Ihren Körper kennen! Erfahren Sie, was er alles vermag, zu welchen Leistungen er fähig und wie hoch seine Belastbarkeit ist – all das ist trainier- und verbesserbar! Während des körperlichen – und geistigen! – Trainings werden Sie allgemein mehr über sich und ihren Körper erfahren, und darüberhinaus auch Ihre Grenzen, Limitierungen und Schwächen kennenlernen. Diese Erfahrungen werden die vermutlich wertvollsten sein, die Sie in Ihrem Leben machen werden, viel bedeutender noch als das Erkennen Ihrer Stärken.

Denn das Erkennen unserer Schwächen lehrt uns Demut, und Demut läßt uns bescheiden, aufmerksam und neugierig bleiben, während uns das Bewußtsein der Stärke viel leichter zu Sattheit, Arroganz und Selbstüberschätzung (ver)führt. Sie werden einen Kollaps des Finanz- und Wirtschaftssystems viel besser überstehen können, wenn Sie sowohl mental als auch physisch fit und vorbereitet sind. Hanteln sind zwar hervorragende Hilfsmittel zum körperlichen Training. Nicht jeder hat jedoch die finanziellen Mittel oder den nötigen Platz dafür. Übungen mit dem eigenen Körpergewicht dagegen können jederzeit und überall durchgeführt werden, ganz wie es Ihre Zeit erlaubt. Stellen Sie sich doch einfach ein eigenes Trainingsprogramm zusammen.

Beispiel: http://passion4profession.net/de/

Buchempfehlungen für ein Training daheim, ohne Geräte, ohne Kosten:

Joshua Clark
„Fit ohne Geräte: Training mit dem eigenen Körpergewicht"
„Fit ohne Geräte für Frauen: Training mit dem eigenen Körpergewicht"

Martin Rooney **„Training für Warrior: Das ultimative Kampfsport-Workout"**

Christian Reinschmidt **„Fitness-Spiele für Kinder und Jugendliche: 60 Ideen für Sportunterricht und Freizeit"**

Peter Preuß **„Silver Generation: Krafttraining für Senioren: Muskuläre Fitness aufbauen, bewahren und steigern"**

Die **„Calisthenics"**-Bewegung habe ich Ihnen bereits im Kapitel „Bewegung und Sport" in der Rubrik Gesundheit kurz vorgestellt und möchte an dieser Stelle nur noch einmal kurz darauf querverweisen. Ich denke, sie bringt das Potenzial mit, zu einer neuen, weltweiten Turnbewegung zu werden. Sport bringt Menschen zusammen. Unterschiede wie Geschlecht, Alter, Beruf, Status, Herkunft, Religionszugehörigkeit oder Kontostand werden dabei unwichtig. Damit dient der Sport dem Aufbau von persönlichen Freundschaften über alles sonst vielleicht Trennende hinweg, bis hin zur Völkerverständigung, solange er nicht professionell betrieben wird, denn sonst tritt das Geldverdienen an erste Stelle.
Entdecken Sie das wunderbare Werkzeug, das Ihr Körper tatsächlich ist. Lernen Sie, auf seine Signale zu achten – und sie zu beherzigen. Nehmen Sie sich die Zeit, ihn kennenzulernen und behandeln Sie ihn pfleglich – er ist Ihre Heimstatt hier auf Erden, und vermag viel, viel mehr zu leisten, als wir ihm für gewöhnlich zutrauen. Wir auch immer Ihr persönliches Äußeres von Anderen oder auch von Ihnen selbst beurteilt werden mag: Sie sind ein Meisterwerk aus Gottes Hand … einzigartig … ein Original. Wie Sie selbst, so kann auch Ihr Körper eine Geschichte erzählen, je länger und intensiver Sie leben.

Machen Sie das Beste aus Ihrem Leben! Leben Sie ein Leben, das sich lohnt! Duckmäusertum, Angepaßtheit, Resignation, Unterwürfigkeit und Feigheit sind eines freien Menschen unwürdig. Ihr Körper wird Ihnen auf sichtbare Weise helfen, die Träume, Pläne und Ziele Ihres unsichtbaren Geistes zu erreichen.

Die Notwendigkeit der Eigeninitiative

Wer verteidigt und schützt Sie? Die Polizei? Sie ist nicht einmal in ruhigen Zeiten personell und logistisch dazu in der Lage. Ihre Aufgabe ist nicht in erster Linie die Verhinderung, sondern die Aufklärung von Verbrechen. Sie kann nicht jedem Straftäter zuvorkommen, und leere öffentliche Kassen sorgen heute eher dafür, daß sie weniger mit der Aufklärung von Straftaten beschäftigt wird, sondern eher zur Aufspürung neuer Geldquellen herangezogen wird und sie beispielsweise in Form von hochgefährlichen Falschparkern und sonstigen „Verkehrssündern" findet.

Diktaturen mißbrauchen stets die staatlichen Ordnungskräfte, indem sie sie zum vorübergehenden Machterhalt skrupellos auch gegen die eigene Bevölkerung einsetzen.

Alexander Solschenizyn: **„Das Kennzeichen des Sozialismus ist es, daß er den politischen Gegner diffamiert, und die wahren Kriminellen laufen läßt."**

Der politische Gegner jeder totalitären Herrschaftsstruktur ist der mündige, wohlhabende, unabhängige, wehrhafte Bürger.

Erwirtschaftetes Privateigentum in den Händen der Bürger ist dem Sozialismus jeglicher Farbschattierung ein Greuel. Wundern Sie sich immer noch über die Massenenteignung in Form von „Steuern und Abgaben"? **In Extremfällen wird niemand da sein, der Sie schützen kann, wenn Sie nicht selbst dazu in der Lage sind!** Sollte im Verlauf eines Kollaps durch welchen Auslöser auch immer – Naturkatastrophe, Wirtschafts- und Finanzkollaps, echter terroristischer Anschlag oder "inside job" - Chaos und Panik aus- und die öffentliche Ordnung zusammenbrechen, dann wird die Bevölkerung dringend disziplinierte, einsatzfähige, trainierte, mutige und beherzte Bürger brauchen, die sich zügig in Bürgerwehren organisieren können, um den randalierenden Mob ebenso wie marodierende Banden im besten Fall abzuschrecken, im Ernstfall ihre Familien und Menschen gegen diese zu verteidigen – idealerweise in Kooperation mit den noch funktionierenden Sicherheitskräften der Polizei. Wer diese Befürchtungen für lächerlich hält, wird umso schockierter sein, wenn sie tatsächlich eintreten. Schocks verursachen oft eine Art körperliche und/oder geistige Lähmung oder Starre und damit völlige Hilflosigkeit. Auch falls Sie zweifeln sollten – bereiten Sie sich physisch und mental vor. „Better be safe, than sorry" - „Besser man hat, als man hätte", bewahrheiten sich alte Weisheiten stets auf Neue.

Machen Sie dies zu Ihrem Ziel: Ein freiheitsliebender Pazifist zu werden, der aber psychisch ebenso wie physisch bereit und in der Lage ist, im Extremfall sein Leben, seine Familie, seine Rechte und Freiheit mit allen zur Verfügung stehenden Mitteln zu vertei-digen, wenn er dazu gezwungen wird.

Mit dem Kollaps des Systems werden auch heute noch weitgehend intakte soziale Verhaltensmuster abrupt enden, so daß mit dem Ausbruch von Chaos zu rechnen ist und der Zerfall der öffentlichen Ordnung schneller realistische Züge annehmen wird, als heute jedermann wahrhaben mag. Der Ökonom Ludwig von Mises wies bereits vor vielen Jahrzehnten auf den wahrscheinlichen Kollaps der Zivilisation hin, wenn dem ungedeckten Geldwesen erlaubt wird, die Stützpfeiler der Gesellschaft auszuhöhlen. Das ist heute längst geschehen und der Prozeß kaum mehr korrigierbar. Aus diesem Grund sind Sicherheitsvorkehrungen unumgänglich, ja ihr Verzicht unverantwortlich.

Kriminelle suchen nicht nach Gegnern, sie suchen nach Opfern!

Wer im Ernstfall als Überfallener von der Menschlichkeit "seines" Räubers überzeugt ist, der braucht selbstverständlich nichts zu unternehmen, außer zu hoffen – und zu beten, falls er das noch nicht verlernt hat. Jeder andere sollte die Erlaubnis erhalten, bei Volljährigkeit, Unbescholtenheit und dem Nachweis der Fähig- und Fertigkeiten im Umgang mit einer Waffe eine solche zu besitzen und im Notfall bei Bedrohung des Lebens, zur Notwehr und Nothilfe, sowie zum Schutz seines Besitzes diese in Selbstverteidigung gebrauchen zu dürfen.

Wenn wir nicht aufhören, die mentale Einstellung eines Opfers beizubehalten, dann werden wir stets auch nach außen hin immer als potenzielles Opfer erkannt werden!

Üben Sie Ihre Verteidigungsbereitschaft, und lassen Sie es alle wissen, daß jeder, der Ihre Familie, Ihren Leib, Ihr Leben und Ihr Eigentum bedroht, selbst dabei zu Schaden kommen kann. Was ich Ihnen zu vermitteln versuche, ist nichts anderes, als was Ihnen in jeder ernstzunehmenden Armee-Einheit eingebleut werden würde: im Kampf geht es nicht um Heldentum, um Ehre. Der Kampf ist kein Platz für Milde, Mitleid, Fairness. Es geht dabei ums nackte Überleben, und sonst nichts.

<u>Selbstverteidigung und Nothilfe – was sagt die Bibel?</u>

Das „Auge um Auge, Zahn um Zahn"-Gesetz im Alten Testament ist kein Befehl eines „Rachegottes", wie viele Gegner und Feinde der Bibel, von Juden und Christen, nicht müde werden zu behaupten. Es ist der eindringliche Aufruf an jeden Menschen, sich über die Konse-quenzen seines Handelns vollends im Klaren zu sein: **„Gewalt, die ich anderen antue, kann und wird letztlich auf mich selbst zurückfallen."**
Jesus unterscheidet dabei eindeutig zwischen dem Gebrauch von Waffen zum Angriff, und denen zur Verteidigung. Seinen Jünger Simon Petrus weist er bei Seiner Gefangennahme zurecht: ***„Wer zum Schwert greift, wird durch das Schwert umkommen."***

Petrus hatte sein Schwert als Waffe zum Angriff verwendet, mit der er einem der Häscher, die zu Jesu Gefangennahme erschienen waren, das Ohr abschlug. Jesus wies Seine Jünger mehrmals darauf hin, daß Er letztlich in die Hände der Gottlosen (säkulär und klerikal) fallen müsse, um mißhandelt und getötet zu werden. Der Tod Jesu war kein Justizirrtum. Dies alles war notwendig, damit das Lamm Gottes stellvertretend die Schuld der Welt tragen und durch Sein Opfer Vergebung schaffen konnte!

Das unschuldige und freiwillige Opfer Jesu ist der zentrale Pfeiler in Gottes Heilsplan für die Menschheit. Durch das Befolgen von selbstgemachten Regeln werden wir vor Gott nicht gerecht. Wir versagen und schaffen es nicht. Der Richter entscheidet über die Art der Sühne, nicht der Täter. Das unschuldige Leiden und Sterben des sündlosen Sohnes Gottes an Stelle des sündigen Menschen ist der Eckpfeiler der Vergebung.

Jeder, der behauptet, Jesus sei nach der Kreuzigung und dem tödlichen Herzstich durch ein römisches Pilum vom Kreuz gestiegen und anschließend nach Indien oder Südfrankreich ausgewandert – üblicherweise dieselben Kreise, die dem Herrn eine (wilde) Ehe mit Maria Magdalena andichten wollen – der weiß genau um die Heilsbedeutung der Kreuzigung. Ohne Jesu Tod und Auferstehung stünde der Mensch noch immer unter der Gewalt Satans, der Sünde, der fremden menschlichen und satanischen Einflüsse.

Wundern Sie sich also nicht, daß immer obskurere Theorien ausgepackt werden und selbstverständlich unbewiesen bleiben. Die Zeit des Satans und seiner Helfer läuft ab. Danach wartet das Gericht Gottes, und das wissen sie sehr genau. Dieses Ereignis hinauszuzögern und andere in den Sog der Lüge und des Betrugs hineinzuziehen ist alles, was ihnen noch bleibt.

Die Zehn Gebote gab uns Gott, damit wir zwei Dinge erkennen: Erstens unser Heilsbedürfnis: die Notwendigkeit unserer Vergebung. Zweitens: Daß wir wegen unseres widerspenstigen Ich nicht in der Lage sind, diese weder zu erfüllen noch zu erarbeiten. Sie wird uns in dem Moment geschenkt, in dem wir Gottes Heilsangebot in Christus annehmen. Weil Gott uns trotz unseres Abfalls von Ihm liebt, erwirkte Er unsere Vergebung selbst für uns – durch Jesus Christus. Er starb, damit wir mit Gott Frieden schließen, Vergebung finden und in Ewigkeit mit Gott leben sollen, wie es von Anfang an geplant war.

Viele Menschen meinen, als Christ sei man prädestinierter Fußabtreter und Prügelknabe für all jene, die in uns wehrlose Opfer sehen, an denen sie ihren Übermut und ihre Willkür ausleben können. Nichts kann der Wahrheit ferner sein. Für gewöhnlich bezieht man sich dabei auf die Worte Jesu aus der Bergpredigt: ***„Wenn dich einer auf die rechte Wange schlägt, dann halte auch die andere hin"*** (Matthäus 5:23)

Jesus ruft damit keineswegs zur Duldung von Mißhandlung auf. Um zu verstehen, was Er meint, muß man sich in die damalige Zeit zurückversetzen. Die römischen Besatzer nahmen sich das Recht heraus, die Bevölkerung eines besetzten Landes fast nach Belieben zu schikanieren und zu demütigen. Um einen Menschen zu demütigen, schlugen sie mit der Rückseite der rechten Hand auf die rechte Wange ihres Gegenübers: ein Akt der Demütigung und Entehrung. Die Handinnenfläche wurde zum Essen gebraucht und mußte daher sauber bleiben. Hält das Opfer nach dem ersten Schlag auch die andere Wange hin, so muß der „Schläger" mit der Handinnenfläche zuschlagen. So machte er sich buchstäblich seine Hände schmutzig. Er wird als Gewalttäter bloßgestellt.

Das „Hinhalten der anderen Wange" ist also ein Akt der Deeskalation. Dem Schlagenden wird durch die ausbleibende Gegenwehr des Geschlagenen die Gnade zuteil, über seine Gewalt nachzudenken und sich seines eigenen rohen Tuns bewußt zu werden. Jesus selbst, als Er vor dem Hohen Rat verhört wurde und der Diener des Hohepriesters ihn schlug, nahm diese Gewalt nicht einfach hin. Er konfrontierte ihn mit dem Unrecht, das jener soeben begangen hatte: ***„Habe ich übel geredet, so beweise, daß es böse ist; habe ich aber recht geredet, was schlägst du mich?"*** (Johannes 18:23)
Seit dem Sündenfall – dem Abfall des Menschen von Gott – hat sich der Mensch für das Böse entschieden. Die Bibel erzählt, wie der Satan in Form der Schlange Eva mit demselben Traum lockte, der ihn selbst faszinierte: ***„sein wie Gott."*** (1. Mose 3:4 – 5)
Weil jeder Mensch – jeder! – sein eigener Gott sein will, duldet er keine anderen „Götter" neben sich, was sich in Egoismus, Mord, Totschlag, Gewalt, Haß, Habgier, Neid, Mißgunst, Besserwisserei und vielen anderen Charakterzügen äußert. Unser Egozentrismus, der aus unserer Gottlosigkeit entspringt, hat die Welt zu dem gemacht, wie sie heute aussieht. Jesus verschärft das mosaische Gesetz in der Bergpredigt zusätzlich. Nun gilt nicht nur ein Mord als Mord, sondern bereits das haßerfüllte Anblicken des Anderen. Nun gilt nicht nur der „Seitensprung" als Ehebruch, sondern bereits der begehrliche Blick. Damit macht Er überdeutlich und unterstreicht, daß wir gottentfremdeten Menschen unsere eigene Erlösung und Gerechtigkeit nicht zu schaffen in der Lage sind – Jesus aber erfüllt dies an unserer Statt. Er fragt sogar Personen, die ihm feindlich gesinnt sind: ***„Wer von euch kann mich einer Sünde bezichtigen?"*** (Johammes 8:46)

Das würde ich mich nicht einmal trauen, meine Freunde zu fragen – und Sie gewiß auch nicht! Aber Jesus fragt die, die ihn hassen. Und bringt damit alle zum Schweigen. Im Hinblick auf die 2000-jährige Verfolgung und Anfeindungen der Welt gegen die Christen legt Jesus Seiner Gemeinde nahe: **„Wer kein Schwert hat, der verkaufe seinen Mantel, und kaufe sich eins."** (Lukas 22:6)

Er liefert uns nicht der Willkür unserer Feinde aus, denn seit dem Erlösungswerk Christi sind wir wieder als Gottes Töchter und Söhne angenommen. Sich als solche ohne Gegenwehr verprügeln, ausrauben, abschlachten oder vergewaltigen zu lassen ist allenfalls der Wunschtraum der Hasser von Juden und Christen.

Der Tod ist nicht das Schlimmste, was einem Menschen widerfahren kann. In Extremsituation erhebt sich die Bestialität des Menschen, wie ein Blick in (Bürger-)Kriegsgebiete der Welt erschreckend belegt. Jesus liefert uns dieser Gewalt nicht hilflos aus, indem er uns Selbstverteidigung und Nothilfe untersagt. Dies stünde im krassen Gegensatz zu Gottes Geboten und würde geradezu eine Einladung für Willkür und Terror bedeuten. Das Dulden des Bösen führt ja dazu, daß Gottes Gebote gebrochen werden und widerspricht damit Seinem Willen. Vom geistlichen Vater der Gerechtigkeit, die aus dem Vertrauen in Gottes Handeln kommt, Abraham, – dies gilt für Juden und Christen – berichtet die Bibel folgendes:
Der Sohn seines Bruders, Lot, lebte in Sodom, das überfallen und geplündert worden war: *„Die Feinde nahmen die ganze Habe von Sodom und Gomorra sowie alle ihre Vorräte mit und zogen ab. Als sie abzogen, nahmen sie auch Lot, den Neffen Abrams, und seine Habe mit; Lot wohnte damals in Sodom. Ein Flüchtling kam und berichtete es dem Hebräer Abram; Abram wohnte bei den Eichen des Amoriters Mamre, des Bruders Eschkols und Aners, die seine Bundesgenossen waren. Als Abram hörte, sein Bruder(sohn) sei gefangen, musterte er seine ausgebildete Mannschaft, dreihundertachtzehn Mann, die alle in seinem Haus geboren waren, und nahm die Verfolgung auf bis nach Dan. In der Nacht verteilten sie sich, er und seine Knechte, um sie zu überfallen. Er schlug sie und verfolgte sie bis Hoba, nördlich von Damaskus. Er brachte die ganze Habe zurück, auch seinen Bruder Lot und dessen Besitz sowie die Frauen und die übrigen Leute."* (1. Mose 14:11 – 16)

Diese Geschichte zeigt uns das beispielhafte Handeln eines gottesfürchtigen Mannes, der Gott bedingungslos vertraut. Abraham legt die Hände nicht in den Schoß und wartet auf ein Eingreifen Gottes. Er handelt vielmehr in voller Gewißheit, in Gottes Sinn zu verfahren, dessen Gesetz besagt: *„Du sollst nicht stehlen."* (2. Mose 20:15). Und so eilt er seinem Neffen Lot zu Hilfe und befreit ihn aus dessen Notlage (= Nothilfe).

Ein weiterer Hinweis, die Selbstverteidigung betreffend, finden wir im Buch Ester (Kapitel 8:10 – 11): *„Und er schrieb im Namen des Königs Ahasveros (= Xerxes) und untersiegelte mit dem Siegelringe des Königs; und er sandte durch die berittenen Eilboten, welche auf den Rennern der königlichen Gestüte ritten, Briefe, worin geschrieben stand, daß der König den Juden, die in jeder einzelnen Stadt wären, gestattet habe, sich zu versammeln und für ihr Leben einzustehen, zu vertilgen, zu töten und umzubringen alle Heeresmacht von Volk und Truppen, die sie, ihre Kinder und Frauen bedrängen würden, und ihre Habe zu plündern."*

Nicht zuletzt weist auch die Offenbarung des Johannes darauf hin, daß der Antichrist gegen die letzte Gemeinde Christi auf Erden kämpfen (Offenbarung 13:7), die sich also wehren und nicht nur duldsam abschlachten lassen wird. Nicht zuletzt wird auch der wiederkehrende Jesus Christus gegen die satanische Allianz kämpfen und sie vernichten (Offenbarung 19:11f). Das Böse, das nicht aufhört nach totaler Macht zu streben, kann nicht allein mit guten Worten, Diplomatie und Kompromissen besiegt werden.

Gute Waffen sind Werkzeuge der Verteidigung – niemals der Eroberung und Unterwerfung! Das Tragen einer Waffe fordert mehr als alles andere dieses Eine von seinem Träger: <u>Höchstes Verantwortungsbewußtsein!</u>

Versuchen Sie unter allen Umständen, gewaltsame Auseinandersetzungen wenn irgend möglich zu vermeiden. Wenn Sie aber dazu gezwungen werden, sich im Notfall verteidigen zu müssen, dann tun Sie es ohne Rücksicht, ohne Mitleid, und ohne Bedenken.

Früher war es ungeschriebenes Gesetz, daß man von einem Gegner abläßt, der am Boden liegt. Heute wird man in diesem Fall oft bis zum Tod mit Füßen traktiert. Ändern Sie Ihr Denken – und werden Sie vom potenziellen Opfer zu einem selbstbewußten und wehrhaften, mündigen Menschen!

Wählen Sie Waffen, ...

→ die Ihnen gut in der Hand liegen,
→ bei deren Gebrauch Sie sich wohl und sicher fühlen,
→ die einfach bedienbar und leicht zu pflegen sind.

Das Tragen einer Waffe spiegelt die höchste Verantwortung wider, die wir als Mensch tragen können. Es bedeutet, niemals auf Mensch oder Tier zu zielen, es sei denn mein Leben wird bedroht. Der verantwortungsvolle Gebrauch einer Waffe zur Verteidigung ist niemals ein Zeichen niederer Instinkte, Gewalt- oder gar Mordlust, sondern das ultimative Kennzeichen eines freien, selbstbestimmten und verantwortungsbewußten Menschen, der seine Rechte kennt und bereit ist, für sein Leben und das Leben anderer aktiv Verantwortung zu übernehmen, sowie – notfalls mit der Waffe in der Hand – den Schutz und die Sicherheit einer freiheitlichen Gesellschaft zu erhalten.

In Österreich und der Schweiz kann jeder geistig gesunde Volljährige recht unkompliziert eine Waffe erwerben. Es genügt in den meisten Fällen, als Grund der Beantragung „zur Selbstverteidigung" anzugeben. Öffentlich führen dürfen Sie die Waffe zwar nur mit Sondergenehmigung, aber der Besitz zur Verteidigung Ihrer Wohnung oder Ihres Hauses wird Ihnen zumindest nicht verwehrt. Anders stellt sich die Situation in Deutschland dar.

Ein **Waffenschein**, der zum Führen der Waffe berechtigt, wird abgesehen von Mitgliedern der Polizei oder hochrangigen Politikern kaum erteilt.
Um eine **Waffenbesitzkarte** zu erhalten, die Sie – wie die Bezeichnung schon sagt – zum Besitz von Waffen berechtigt, müssen Sie entweder Mitglied in einem Schützenverein werden oder das „grüne Abitur" in Form eines Jagdscheins erwerben.

Da der Politik offenbar zunehmend unwohl wird beim Gedanken an ein bewaffnetes und wehrhaftes Volk, wird der Druck auf und die Überwachung von legalen Waffenbesitzer (Jäger und Sportschützen) beständig erhöht, um den legalen Waffenbesitz nahezu unmöglich zu machen. Gegen unbescholtene Bürger wird „per Gesetz" vorgegangen, während illegal bewaffnete Kriminelle keinerlei Kontrolle unterliegen. Die Diskriminierung der großen Mehrzahl der ehrlichen Bürger und Waffenbesitzer ist längst unerträglich geworden. Im Gegensatz zu vielen anderen Staaten gibt es in Deutschland eben keine starke Lobbygruppe, die sich dieses elementaren Bestandteils eines freiheitlichen Staates annimmt. Der im Augenblick noch eher kleine Interessenverband prolegal hat hier durchaus mehr Aufmerksamkeit und Unterstützung verdient: **http://prolegal.de**

Bündnis gegen die Diskriminierung legaler Waffenbesitzer: **http://legalwaffen.de/aktion.html**
Der Interessenverband der Schweiz: **http://protell.ch**
Und der Österreichs: **http://iwoe.at/inc/nav.php**

Schließen Sie sich dem Kampf um Entkriminalisierung der Bürger und deren Recht zum Waffenbesitz und Selbstverteidigung an!

Im Gegensatz zu Sportschützen besitzt die Jägerschaft – auch durch Unterstützung der Bauern – eine Lobby, an die sich die Politik nicht heranwagt, und die triftige Gründe für den Besitz und Umgang mit Waffen vorzubringen hat. Da dies also im Augenblick die einzig sichere Möglichkeit ist, legal Waffen besitzen und gebrauchen zu dürfen, stellt der Erwerb eines Jagdscheins den derzeitigen Königsweg dar. Jungjägerkurse (unabhängig vom Alter des Interessenten) werden in allen Bundesländern angeboten. Hier können Sie sich darüber informieren, welche Schule für Sie in Frage käme, sollten Sie einen Jagdschein erwerben wollen: **http://jagdschulatlas.de**

Freie (legale, nicht genehmigungspflichtige) Waffen:

Selbstverständlich gibt es auch legale, frei verkäufliche Waffen, die also nicht genehmigungspflichtig sind, sobald ihr Käufer volljährig ist, mit denen man sich auch auf größere Distanzen effektiv verteidigen kann. Jede von ihnen ist in geübten Händen ein effizientes, ernstzunehmendes Werkzeug zur Verteidigung.

Hinweis: Alle im Folgenden aufgeführten Waffen können insbesondere in verantwortungslosen Händen enorme Schäden anrichten. Zielen Sie niemals, auch nicht „aus Spaß" oder mit ungeladener Waffe, auf Mensch oder Tier. Für Übungen sollten dafür vorgesehene und speziell dafür konzipierte Zielscheiben genutzt werden. Für das Üben mit Armbrust und Pfeil/Bogen sind Strohwische oder spezielle Schaumstoffscheiben am besten geeignet, für das Vorderladerschießen die entsprechende Untergruppierung Ihres örtlichen Schützenvereins.

Drei Waffen sind hier im Speziellen zu erwähnen:

1) Armbrust
2) Pfeil und Bogen
3) Vorderlader

Lassen Sie uns diese 3 Möglichkeiten, sowie Vor- und Nachteile kurz betrachten:

1) **Die Armbrust**

Die Armbrust – vom lat. Wort "arcubalista": Bogenschleuder – wurde vermutlich erstmalig im antiken Griechenland des 5. Jahrhunderts vor Christus eingesetzt. Im großen Stil betrat sie die Schlachtfelder Europas im Jahre 1066, als die Normannen die schwere Reiterei (Panzerreiter) der Angelsachsen in der Schlacht überraschend schlug, die bis dahin als unbesiegbar galt. Von da an wurde ihre Kampftauglichkeit stetig verbessert. Erst mit Entwicklung des Schießpulvers und dem Aufkommen der Feuerwaffen verlor die Armbust an Bedeutung.

Die Wirkung der von ihr verschossenen Pfeile oder Bolzen haben eine verheerende und furchterregende Wirkung, sowohl vom psychologischen als auch vom visuellen Faktor, die von ihrer Durchschlagskraft noch verstärkt wird. Daran hat sich bis heute nichts geändert. Je nach Zuggewicht einer Armbust lassen sich damit Schußweiten von mehreren hundert Metern erzielen. Sie sind mit Leichtigkeit auf eine 100 Meter-Entfernung zielgenau, wenn ein geübter Schütze sie führt. Es gibt heute wieder einige Hersteller, die Armbrüste nach mittelalterlichen Vorlagen herstellen, die ebenso effizient sind wie die Originale der damaligen Zeit.

http://armbrustschmiede.de → Armbrüste
http://armbrust-manufaktur.de
Link kayserstuhl.de: **http://tinyurl.com/8vvv2g2**

und aus „High-Tech"-Materialien: **http://bogensportwelt.de/Armbrueste**

Vorteile:
→ Armbrüste sind meist auch in Ländern mit strengen Waffengesetzen für volljährige Personen gegen Ausweisvorlage erwerbscheinfrei erhältlich
→ Ihr Gewicht ist nicht höher als das eines Gewehrs.
→ Sie können so viel entsprechende Munition (Bolzen und Pfeile) bevorraten wie Sie können und möchten
→ Sie können mit ein wenig handwerklichem Geschick die Munition selbst herstellen
→ es gibt Pistolenarmbrüste mit geringeren Zuggewichten, die handlich sind, und mit denen ebenfalls Pfeile, Bolzen oder Kugeln verschossen werden können

Nachteile:
→ Der Vorgang des Spannens ist abhängig vom Zuggewicht der Sehne sehr kraftaufwändig und insbesondere für junge Erwachsene oder Frauen eher schwer zu bedienen; das kann durch Einsatz spezieller Spannhebel oder einer Winde erleichtert werden
→ Durch den relativ langen Spannvorgang erhöht sich naturgemäß die Zeit, bis weitere Schüsse abgefeuert werden können; vom Abfeuern eines Bolzens → Neuspannen des Bogens → Einlegen des Bolzens → Abfeuern können leicht 30 Sekunden und mehr vergehen.

Die Auswahl an modernen Armbrüsten, die aus modernen „High-Tech"-Materialien herstellt werden, wächst beständig. Dennoch scheint wie bei zahlreichen Werkzeugen die Nachfrage wieder zurück zu traditionellen Werkstoffen und Herstellungsmethoden zu geben.

2) Pfeil und Bogen

Schreiben Sie den Wert dieses altbewährten Duos nicht vorschnell ab! Der Vorteil gegenüber der Armbrust liegt in ihrer erheblich besseren Handlichkeit, dem deshalb leichteren Umgang – und der Möglichkeit einer sehr schnellen fortlaufenden Schußabfolge! Geübte Bogenschützen können leicht 5 - 10 gezielte Pfeile innerhalb von 20 Sekunden abfeuern – und dabei besser treffen als mäßige Pistolenschützen. Zur Selbstverteidigung kommen weniger die modernen Bogenschießarten (Compound) in Frage als vielmehr das traditionelle Bogenschießen wegen seiner deutlich höheren Flexibilität. Aufgrund des Flaschenzug-Prinzips können beim Compound-Schießen deutlich höhere Zuggewichte überwunden werden.

Allerdings handelt es sich dabei um eine technische Art des sportlichen Schießens, bei dem am Bogen Voreinstellungen für z.B. Entfernungen vorgenommen werden müssen, was ihn zu Selbstverteidigungszwecken untauglich macht. Auch und gerade auf dem Gebiet des Selbstschutzes gilt das Motto, alles so einfach wie nur möglich zu halten.

Empfehlenswert für Selbstverteidigungszwecke sind
a) der **Recurvebogen** – mit Pfeilauflage zur Erleichterung des Zielvorgangs
b) der **Reiterbogen** der traditionellen alten Reitervölker (Skythen, Hunnen, Mongolen, Awaren, Assyrer, Ungarn, Türken); während es in Mitteleuropa einige sehr gute Bogenmanufakturen gibt, die sich auf den Bau von Langbogen spezialisiert haben, stammen hochwertige, handwerklich gefertigte traditionelle Reiterbögen oft von ungarischen Bogenbaumeistern, z.B.
Péter Németh: http://nature-longbow.com
Róbert Végh: http://veghbow.com
Csaba Grózer: http://grozerarchery.com   http://nomadbows.com
Vertrieb von Reiterbögen in Mitteleuropa beispielsweise durch:
   http://archai.de   http://elite-bogen.com   http://reiterbogenshop.eu
Ungarischer Händler mit weltweitem Versand: http://classic-bow.com

c) der **englische Langbogen** – der Langstreckenbogen mit hoher Durchschlagskraft, aber bis zu zwei Meter lang und nicht leicht zu ziehen, z.B. bei **http://stegmeyer-bogenbau.de**

d) der **Samurai-Bogen** ("Yumi"), ist ein langer, asymmetrischer Bogen, der sich leicht spannen läßt, allenfalls eine mittlere Zugstärke erfordert und dennoch eine hohe Reichweite und Durchschlagskraft besitzt. **http://yumi.hu**   **http://handruecken.de**   **http://kyudopfeile.de**

Ein Tip: Das Bogenschießen ist eine wunderbare Freizeitbeschäftigung, das in freier Natur auf spezielle 3D-Figuren aus Gummi ausgeübt werden kann, das sogenannte **3D-Bogenschießen**. Ein Einstiegskurs zur Grundlagenbildung ist sehr zu empfehlen. Geübt wird nicht in Hallen, sondern zu jeder Jahreszeit in natürlichem Gelände.

Durch das Ablaufen verschiedener Stationen werden oft mehrere Kilometer auf Wiesen, Waldrändern und im Wald zurückgelegt. Die Schützen erhalten dabei ein Gespür für das instinktive Einschätzen natürlicher Umstände, wie Licht und Schatten, Wind, und Entfernungen. Sie werden überrascht sein, wie schnell Sie dabei erste Treffer erzielen werden, was Ihre Motivation und Ihr Selbstvertrauen steigern wird. Durch regelmäßiges Üben verbessert sich die Einschätzung äußerer Umstände sehr schnell. Der Körper beginnt Automatismen zu entwickeln, mit denen er den gesamten Ziel- und Schußvorgang instinktiv steuert. Dafür benötigt er Zeit und regelmäßige Übung.

Regelmäßiges Üben, praktisches und mentales Einstudieren von Bewegungsabläufen sind entscheidend. Das trifft nicht nur auf das Bogenschießen, sondern allgemein auf die Verteidigung mit und ohne Waffe zu. Im realen Verteidigungsfall hat man keine Zeit zum Nachdenken. In Extremsituationen schüttet der Körper so viel von dem Streßhormon Adrenalin aus, daß er automatisch auf Überlebensmodus schaltet. Das Gehirn reagiert in ein Streßsituationen zu langsam, denn für rationale Entscheidungen bleibt dann keine Zeit. Alle Reaktionen werden in einem solchen Moment einzig und allein vom Zentralen Nervensystem (ZNS) gesteuert.

Das ist der Grund für den „Blackout", von dem Personen berichten, die sich schon einmal in einer Extremsituationen befanden, oder die einen Unfall oder sonstiges schockierendes Ereignis erlebt und überlebt haben. Der Körper reagiert automatisch, und zwar so, wie er es zuvor am besten hundertmal und mehr eingeübt hat und nun quasi „im Schlaf" beherrscht. Bogensportparcours in ganz Europa finden Sie unter **http://3dbogenschiessen.com**

Zum Bogenschießtraining werden **spezielle Trainingsspitzen** verwendet, die die Figuren aus Spezialgummi – abgesehen von einem kleinen Einschußloch – nicht beschädigen. Obwohl sie Verletzungen verursachen können, die eine mannstoppende Wirkung haben, sind sie im Extremfall einer lebensbedrohlichen Situation nicht zur Selbstverteidigung prädestiniert. In einem solchen Fall müssen Pfeile mit anderen Spitzen verwendet werden: Jagdspitzen oder Kriegspfeile, die sogenannten „Bodkins" (engl. „Panzerknacker"), die im Mittelalter gegen gepanzerte Reiterei eingesetzt wurden und in der Lage waren und sind, selbst eiserne Rüstungen zu durchschlagen.

Vorteile:
→ relativ günstige Anschaffungskosten bei guter Qualität
→ Sie können ihre eigenen Bögen und Pfeile herstellen – Hobby, Nebenerwerb oder potenzielles krisenfestes Einkommen?
→ Sie können so viel Munition (hier: Pfeile) erwerben und lagern wie Sie möchten oder die Pfeile bei ein wenig handwerklichem Geschick in Heimarbeit selbst nach Ihren eigenen Anforderungen herstellen
→ Sie können (fast) überall dort üben, wo sich ungestört eine Zielscheibe aufstellen läßt, ohne daß Sie während der Schießübungen Menschen & Tiere gefährden
→ nahezu lautloser Schuß mit abschreckender Trefferwirkung

Nachteile:
→ Im Selbstverteidigungsfall ist es möglicherweise schwierig, Bogeneinsatz und ein gewisses Maß an Deckungsschutz miteinander zu verbinden.
→ Bogen, Sehne und Pfeile sind unter extremen Witterungsbedingungen (Nässe, Kälte, Hitze) empfindlich und müssen regelmäßig gepflegt werden. Zum Schutz empfiehlt sich das Einreiben der Wicklungen des Bogens und der Sehne(n) mit Bienenwachs.

Interessante Links:

http://vph-mugler.de
http://bogensportverlag.com
http://ot-bogensport.com
http://stegmeyer-bogenbau.de

3) Der Vorderlader

Der Vorderlader ist die ursprüngliche Form der Feuerwaffe. Der charakteristische Unterschied zu den heute gebräuchlichen erwerbscheinpflichtigen, mehrschüssigen Kurz- und Langwaffen, liegt in der Ladung der Munition über den Lauf – von vorn geladen. Es gibt sie als Handfeuerwaffen oder Langwaffen.

Vorteile:
→ Sie sind ähnlich handlich wie moderne Feuerwaffen, jedoch umständlicher zu laden, nämlich Schuß für Schuß; ein Ladevorgang kann je nach Übung durchaus 30 bis 60 Sekunden dauern
→ Verfügen über eine ansehnliche Reichweite und bis auf den Ladevorgang unkomplizierte Bedienbarkeit
→ Munition kann in unbegrenzter Menge unregistriert erworben und gelagert, oder gar teilweise selbst hergestellt werden (Kugeln gießen); dennoch muß auch Zubehör wie Zündhütchen berücksichtigt werden
→ Üben können Sie das Vorderladerschießen (und den Umgang mit den Vorderladern samt Zubehör) in fast jedem Schützenverein

Nachteile:
→ kaum ganz autarke Herstellung der eigenen Munition möglich
→ Schwarzpulver darf nicht naß werden, wird sonst unbrauchbar
→ in einigen Ländern unterliegt die Herstellung bzw. der Besitz von Schwarzpulver bestimmten Restriktionen

Wollen Sie mit Vorderladern Ihre Feuerkraft erhöhen, dann benötigen Sie mindestens einen guten Schützen in Ihrer Gruppe, mehrere Vorderlader, und eine Mannschaft, die das schnelle Nachladen bestenfalls im Schlaf beherrscht. Buchempfehlungen unter **http://survivalpress.org** → Kategorie „Spreng- und Pyrotechnik" z.B. **„Schwarzpulver für Survival Bd. 1"**

Selbstverteidigung ohne und mit Waffen

Versuchen Sie, Nahkämpfe möglichst zu vermeiden. Die Chancen, etwa aus einem Messerkampf völlig unverletzt herauszukommen, sind gering. Erlernen Sie am besten eine Kampfsportart wie z.B. Karate, Wing Tsun, Krav Maga oder Aikido. Alle bereiten Sie sowohl auf waffenlosen als auch bewaffneten Kampf vor, ganz besonders auch im Hinblick auf **Ihre mentale Einstellung**.

Aikido-Kurse werden fast in jedem größeren Ort angeboten. Hier lernen Sie nicht nur eine ruhige Atmung und Konzentration, sondern auch die notwendige Gelassenheit, um selbst schwierige Situationen meisten zu können.

Eine unschätzbare Voraussetzung für jede erdenkliche Lebenslage. Beim Aikido haben Sie ebenfalls die Möglichkeit, mit Bokken (Holzschwert), Tanto (Dolch), Jo (Kurzstab), Bo (Langstab) und Naginata (japanische Lanzenhellebarde) zu üben. Auf diese Weise bekommen Sie ein Gefühl für die geeigneten Waffe und die richtige Distanz.

Jede Waffenart besitzt ihre ganz eigenen Vor- und Nachteile. Ein Beispiel: Mit einer Naginata und ihrer Länge von 2,50m halten Sie sich im Freien leicht einen Gegner vom Leibe, falls dieser nicht gerade eine Schußwaffe besitzt. Innerhalb eines Hauses mit engen Räumen und niedriger Deckenhöhe ist sie jedoch nahezu wertlos, und ihr Reichweitenvorteil wird schnell zu einem verhängnisvollen Nachteil an fehlender Flexibilität und Beweglichkeit.

Interessant ist der Lösungsansatz der Bauern der japanischen Insel Okinawa (Japan), die im Mittelalter von Samurai des Hauptinseln erobert wurde. Den Bauernkriegern wurde das Führen und der Gebrauch von Waffen nach der Besetzung der Insel ausdrücklich untersagt. Um den Besatzungstruppen nicht hilflos ausgeliefert zu sein, begannen die Bauern auf Okinawa, Geräte des täglichen Gebrauchs zur Selbstverteidigung zu benutzen, z.B. die Sichel.

Ihr wurde eine Kette aus Metall am unteren Ende des Griffs hinzugefügt, an deren Ende sich wiederum eine oder mehrere Kugeln befanden. So entstand eine der gefürchtetsten Nahkampfwaffen der damaligen Zeit – die Kusarigama, eine Kugel-Ketten-Sichel. Mit einer Wirkung, die der eines europäischen Morgensterns nahekommt, konnten Kopf, Hals, Oberkörper, Arme, Beine und Waffe des Gegners gezielt und auf mittlere Nahkampfdistanz angegriffen und regelrecht kampfunfähig gemacht werden, bevor der Gegner in die Reichweite der rasiermesserscharfen Sichel geriet.

Not macht erfinderisch

Ähnlich erfinderisch wie die Bauern auf Okinawa waren die Iren während der Besatzung Irlands durch die Engländer. Zahlreiche Engländer kamen durch den traditionellen Kampfstock der Iren – den Shillelagh (sprich: Schi-ley-li, die Betonung liegt auf den unterstrichenen Silben) – ums Leben, weswegen die englischen Besatzer die irische Version der Kugelkopfkeule verboten. Auf welche Idee kamen die findigen Iren?
Sie verlängerten ihren Shillelagh und machten daraus einen Spazierstock. Und das ist er offiziell bis heute – nur daß aus dem einzigartigen Wanderstock im Fall einer Bedrohung ganz schnell der ehemals gefürchtete Kampfstock werden, mit dem sich sein Besitzer auch gegen mehrere Gegner verteidigen kann. Traditionell werden Shillelaghs aus dem Holz von Schwarzdorn (Schlehe) gefertigt, das aus den Wäldern rund um das irische Städtchen Shillelagh in der Grafschaft Wicklow, oder der Grafschaft Kerry stammt.

Schwarzdorn ist ein sehr zähes und dabei leichtes Holz, das sich ideal zur Herstellung der Kampfstöcke eignet. Wegen der großen Nachfrage, die heute wieder spürbar anzieht, werden aber auch andere harte Hölzer wie Esche oder Eiche verwendet. Insbesondere Städter, die einen Anstieg von Gewalt und Kriminalität bemerken und sich schützen wollen, haben die Vorzüge des getarnten Spazierstocks bereits wieder für sich entdeckt. Die Beliebtheit des Shillelagh steigt, und mit ihr die Preise für den „Genuine Irish Walking Stick":
http://oldeshillelagh.com
Link irishshopper.co.uk: http://tinyurl.com/9bgham4
Link eBay.de: http://tinyurl.com/97k3hmb
Link owenmoreireland.com: http://tinyurl.com/92rk5o2
Link handmadeirishwalkingsticks.com: http://tinyurl.com/8zt4mjl

Das Holz des Shillelagh reift mit der Zeit und wird dadurch immer besser und wertvoller, so daß die Stöcke in Irland oft über Generationen hinweg vererbt werden.

Die ganze Rubrik Selbstverteidigung läuft letztlich auf diesen Punkt hinaus: **Jeder der Böses im Schilde führt, sollte wissen, daß es sich nicht lohnt, sich mit Ihnen anzulegen, und daß er mit ernsthaften Konsequenzen zu rechnen hat, sollte er es dennoch wagen. Niemand wird Sie in einem Ernstfall schützen, wenn Sie es nicht selbst tun. Das ist die Wahrheit, auch wenn sie Personen nicht gefällt, die uns gerne hilflos, wehrlos und eingeschüchtert sehen wollen.**

Die Möglichkeiten, sich selbst zu verteidigen, sind unglaublich vielfältig, so daß es letztlich eine Frage der persönlichen Entscheidung und Vorlieben ist, für welches Werkzeug der Verteidigung man sich letztlich entscheidet. Neben (Spazier-)Stöcken, deren Besitz und Gebrauch wohl in kaum einem Land verboten sind oder verboten werden können, gibt es zahlreiche weitere Werkzeuge, die auch eine Doppelfunktion als Waffe erfüllen können. Wegen ihrer vielseitigen Verwendung als Werkzeug ist auch ihr zukünftiges Verbot höchst unwahrscheinlich, da auch die Bürger immer mehr dagegen aufbegehren, wehr- und waffenlose Opfer zu bleiben.

1) **Das Messer**

Das Messer ist **das Universalwerkzeug** schlechthin. Es kann in der Küche bei der Zubereitung des Essens ebenso verwendet werden wir bei der Garten- und Waldarbeit. Für jedes erdenkliche Einsatzgebiet gibt es unzählige unterschiedliche Klingenformen – kurz oder lang, schmal oder breit; mit beweglicher oder feststehender Klinge; mit Sägezahnung, Wellenschliff oder glatter Schneide; ein- oder zweischneidig; und aus den unterschiedlichsten Stahlsorten – vom rostfreien Schälmesser bis hin zum nicht-rostfreien Waldwerkzeug, das dafür schärfer angeschliffen werden kann. Ein Messer, das für den Zweck der Selbstverteidigung in Frage kommt, muß verschiedene Bedingungen erfüllen.

Es muß
→ eine **feststehende Klinge** besitzen – eine bewegliche Klinge verletzt im Kampf eher seinen Träger, als dessen Gegner
→ eine **gewisse Klingenlänge** besitzen – ein Pilzschälmesser dürfte kaum einen Gegner beeindrucken, aber **genau das sollte erreicht werden: den Gegner möglichst abschrecken, um einen Kampf wenn irgend möglich zu vermeiden.**

Vielleicht erinnern Sie sich an den Film „Crocodile Dundee II", als Mick Dundee (Paul Hogan) in New York auf der Straße von Gangstern überfallen und mit einem Messer bedroht wird. Da Mick die Jugendlichen nicht sonderlich ernst nimmt, weist ihn seine verängstigte weibliche Begleitung darauf hin, daß ihr Gegenüber ein Messer besitzt. Mick antwortet darauf: „Das ist doch kein Messer! DAS ist ein Messer!", woraufhin er sein Buschmesser zieht, das eher einer Kreuzung aus Machete und Kurzschwert ähnelt, was die Kleinkriminellen zur panischen Flucht veranlaßt.

Tatsächlich ist es häufig so, daß insbesonders Klein- oder Gelegenheitskriminelle eine Waffe allenfalls als Druckmittel einsetzen, aber diese in Wirklichkeit weder einsetzen wollen noch geübt darin sind. Tiere besitzen grundsätzlich gegenüber Artgenossen eine Art „Beißhemmung", wenn es sich nicht gerade um einen Rivalen handelt. Unsere menschliche „Beißhemmung" – wenn Sie so wollen – liegt in unserer natürlichen Abneigung, andere Menschen (zumindest äußerlich) verletzen oder gar töten zu wollen. Sie ist von Mensch zu Mensch unterschiedlich stark ausgeprägt.
In Extremsituationen fehlt sie oft völlig, wenn ein Mensch buchstäblich ums Überleben kämpft. Mit Verschlechterung der wirtschaftlichen Situation müssen Sie künftig damit rechnen, in Situationen zu geraten, in denen Sie sich tatsächlich verteidigen müssen – es sei denn, es macht Ihnen nichts aus, verletzt oder vielleicht sogar getötet zu werden. In einem solchen Fall zunächst auf einen **Abschreckungsfaktor** zu setzen, **kann beiden von Nutzen sein**: dem Überfallenen, und dem Räuber. Der Räuber will für gewöhnlich nicht verletzt werden oder gar sein Leben riskieren, und der Überfallene will nicht ausgeraubt werden.

Bei **Gelegenheitskriminellen** handelt es sich in der Regel um gewöhnliche Menschen wie Sie und mich, die die **wirtschaftliche und finanzielle Not** in verzweifelte Lebenslagen und damit in die Kriminalität getrieben hat. Sie sind in ihrer Grundeinstellung kaum „Killer" und auf Gewalt aus, sondern suchen nach einem leichten Opfer und schneller Beute – nicht nach Kampf und Abenteuer. Nach dem Wirtschafts- und Finanzcrash werden diese Menschen die überwiegende Mehrheit an Kriminellen ausmachen.

Vertrauen Sie sich selbst. Sie werden instinktiv spüren, welchen Charakter Ihr Gegenüber besitzt, sollten Sie einmal in eine solche Situation kommen. In einem solchen Fall sollte in beiderseitigem Interesse gelten: Abschreckung vor Verteidigung.

Professionelle Banden sind da durchaus skrupelloser und besser bewaffnet. In vielen Städten, die sich in wirtschaftlichem Verfall befinden, haben straff organisierte Banden längst ganze Stadtteile übernommen, die sie kontrollieren, während sich selbst reguläre Ordnungskräfte insbesondere nachts nicht mehr hineintrauen. In den Massenmedien, die doch eine journalistische Informationspflicht gegenüber den Bürgern haben, hört man davon kaum etwas. Es wird totgeschwiegen. In polizeilichen und politischen Kreisen ist das Problem bekannt. Aber es wird nichts dagegen unternommen.

Vertrauen Sie noch auf den allmächtigen „Vater Staat"? Er ist autoritär gegenüber den einfachen Bürgern, die nicht organisiert sind und alles dulden, die sich nicht wehren. Aber das Treiben von kriminellen Banden wird von seinen Ordnungskräften oftmals nicht unterbunden. Daran wird der eigentliche Machtverfall bereits erkennbar. Was meinen Sie, welche Verhältnisse in den Städten herrschen werden, wenn sich die Staatsmacht mit dem Crash auflöst? Die Banden sind im Vergleich zu den Normalbürgern, die guten Willens sind, eine winzige Minderheit. Rigide Waffengesetze verdammen das Volk zur Wehrlosigkeit gegenüber diesen Entwicklungen. Aus diesem Grunde setze ich mich für ein freies Waffenrecht und eine Entkriminalisierung der Bürger ein – und Sie sollten dasselbe tun, wenn Sie in Zukunft nicht unter Drittweltland-Verhältnissen leben und Ihre Kinder aufwachsen sehen wollen.

Zurück zum Messer:

Nicht nur jeder Haushalt sollte über ein hochwertiges Vielseitigkeitsmesser verfügen, sondern am besten jeder (verantwortungsbewußt handelnde) Familienangehörige. Techniken im Kampf mit dem Messer sind der **Block**, der **Stich**, der **Schnitt**, und der **Hieb**. Um der Hand bzw. den Fingern einen gewissen Schutz zu bieten, sollte das Messer eine **Parierstange** besitzen. Die Klinge des Messers sollte aus **hochanteiligem Kohlenstoffstahl („High Carbon Steel")** bestehen. Der Stahl ist nicht rostfrei, aber die Bildung von Flugrost kann vermieden werden, wenn auf die Klinge regelmäßig ein dünner Ölfilm aufgebracht wird.

Die Pflege ist unkompliziert und wenig zeitaufwendig. Ballistol Waffenöl, oder ein anderes hochwertiges Öl wird mit einem Lappen dünn auf die Klinge aufgetragen, anschließend überschüssiges Öl mit sauberem Lappen entfernt und der Stahl trockengerieben. Fertig! Damit das Öl besser in den Stahl einziehen kann und eine höhere Schutzwirkung entfaltet, kann das zu behandelnde Werkzeug in die Sonne gelegt werden (im Sommer), oder in die Nähe einer Wärmequelle (z.B. Ofen) während der kälteren Jahreszeit.
Messer aus Kohlenstoffstahl können besonders scharf geschliffen und leicht nachgeschärft werden. Ein Lederriemen, auch Hänge, Spann- oder Streichrieme genannt (Rückseite: Hanf) leistet hierbei wertvolle Dienste. Mancher verwendet zum Klingenschärfen sogar nur Papier oder Karton! Andere wiederum bevorzugen Schleifsteine, wie etwa japanische Wasserschleifsteine oder einen Arkansas Schleifstein. Eine Entscheidungshilfe, welche Methode für Sie und Ihre Klingen die richtige ist, finden Sie hier: **http://www.messer-machen.de/messer.htm**

Verschiedensprachige Praxisanleitungen in Bild und Ton finden Sie bei Videoporalen wie YouTube.

Es gibt Schmiedemeister, die heute wieder in bester alter Handwerkstradition und mit viel Fachwissen und Liebe zur Schmiedekunst Messer herstellen. Und die Nachfrage nach diesen einzigartigen Qualitätsmessern steigt oft schneller, als sie mit dem Schmieden nachkommen. Viele Schmiede sind gern bereit, Ihnen ein Messer ganz nach Ihren Anforderungen herzustellen, falls Sie das wünschen. Handgeschmiedete Messer sind nicht immer sehr viel teurer als industriell gefertigte – die dabei ebenfalls nicht schlecht sein müssen! – aber die Qualität macht den Unterschied zugunsten der handgeschmiedeten Messer.
Man spürt, daß die Arbeit und das Können eines Arbeiters in die Herstellung des Werkzeugs eingeflossen sind. Handgearbeitete Werkzeuge sind einzigartige Originale. Vielleicht hat sich ein Messerschmied in Ihrer Nähe niedergelassen. Schauen Sie doch einmal in die „Gelben Seiten" oder suchen Sie im Internet!

Das Messer war seit den Zeiten der Distanzwaffen – und dazu zählen schon Pfeil und Bogen – neben ihrem Einsatzbereich als Universalwerkzeug stets eine Ersatzwaffe für den Nahkampf. Ein solch nahezu unverwüstliches Allzweckwerkzeug sollte jeder sein Eigen nennen. Dank seiner Vielseitigkeit und Belastbarkeit kann es im Haushalt, im Garten, im Handwerk oder im Wald für die unterschiedlichsten Arbeiten eingesetzt werden. Nicht zuletzt dient ein solches Messer auch zur Selbstverteidigung.

Das Vielzweckmesser der Germanen – der Sax (Sahs, Sachs)

Beim Sax handelt es sich um das vielseitige Gebrauchsmesser der germanischen Völker, das es in den verschiedensten Variationen gibt: mit kurzer, langer, breiter, schmaler Klinge und in allen möglichen Kombinationen. Germanische Krieger trugen das Sax häufig als Ersatz zum keltisch-germanischen Schwert, dem Spatha. Er ist je nach Ausführung ein kürzeres oder längeres Messer, dem meist die Parierstange fehlt. Abhängig von der Aufhängung der Scheide kann er an der Seite oder auf dem Rücken getragen werden. Die Germanen trugen ihn waagerecht vorn oder hinten am Gürtel befestigt. Mit seinem geringen Gewicht ist er sehr wendig und flexibel einsetzbar: in der Küche, im Garten, im Wald, oder eben im Notfall zur Selbstverteidigung. Manche Schmiedemeister und historische Schmieden stellen heute sehr hochwertige Saxe her, indem sie häufig – abgesehen vielleicht vom Stahl, der heute hochwertiger ist – dieselben Materialien verwenden wie unsere Vorfahren vor 2500 Jahren.

http://fabri-armorum.com
http://shieldmaker.eu/sax-handgeschmiedet
http://lederkram.de/ → Rüstzeug → Messer
Link armbrustschmiede.de: http://tinyurl.com/qygmwk5
Link eysenhut.de: http://tinyurl.com/kdtc95g
Link kayserstuhl.de: http://tinyurl.com/lj3xytv
Link hacheschmiede.de: http://tinyurl.com/mewq39u

Das Kampfmesser der Gurkhas – das Khukuri

Beim Khukuri (oder Kukri) handelt es sich um das Arbeits- und Kampfmesser einer der wohl besten Eliteeinheiten der Welt, die seit dem 18. Jahrhundert im Dienst der Briten stehen: die Gurkha (oder Gorkha) aus Nepal. Die Schreibweise „Khukuri" kommt der Nepali-Aussprache am nächsten. Das Khukuri ist seit langer Zeit des typische Gebrauchsmesser der Nepalesen, weltweit berühmt wurde es jedoch wegen der disziplinierten und furchtlosen Gurkhas. Khukuris unterscheiden sich in Länge, Gewicht und verarbeiteten Materialien. Gemeinsam haben sie die nach vorn gekrümmte Klinge, die es dem Träger ermöglicht hauende, ziehend-reißende Bewegungen auszuführen. Obwohl messerscharf und auch zum Schneiden geeignet, ist das Khukuri in erster Linie eine wuchtige Hiebwaffe, die wie eine Verschmelzung aus Machete und langem Messer erscheint, und die Einsatzgebiete von beiden in sich vereint. Das typische Khukuri, das bis heute von den Gurkhas im Einsatz verwendet wird, hat eine Gesamtlänge von ca. 42 cm.

Mit dem Kauf eines originalen nepalesischen Khukuri unterstützen Sie nicht nur den Aufbau und Erhalt der dortigen Wirtschaft und sorgen für den Lebensunterhalt der Menschen, sondern erhalten außerdem ebenso handgefertigt-hochwertige wie vielseitige Werkzeuge, und das zu sehr günstigen Preisen. Die meisten der auf die Herstellung von Khukuris spezialisierten Schmieden wurden von ehemaligen Gurkhas gegründet und beschäftigen mehrere Hundert Arbeiter, um die nepalesische Armee und Polizei ebenso auszurüsten wie die berühmten Gurkhas.

Ex-Gurkha Khukuri House (EGKH)
Internetseite: http://nepalkhukurihouse.com
und eBay-Shop: http://stores.ebay.de/exgurkhakhukurihouse

The Khukuri House (KHHI)
Internetseite: http://thekhukurihouse.com

Da die Versandkosten von Nepal nach Europa recht gering sind, lohnt sich der Eigenimport auf jeden Fall, lediglich Mehrwertsteuer und evtl Zollgebühren fallen noch zusätzlich an.

Importeure von Khukuris
in Europa: http://gurkha-imports.com
in USA: http://knivesbyhand.com
         http://himalayan-imports.com

2) Das Tomahawk

Die Axt, oder in ihrer leichten Version – das Tomahawk – ist ein altes und sehr vielseitig einsetzbares Werkzeug, und eine furchterregende Nahkampfwaffe. Die Krieger des germanischen Volksstammes der Franken schleuderten ihre gefürchtete Wurfaxt – Franziska genannt – bogenlampenförmig in die gegnerischen Schlachtreihen, bevor sie mit dem Kurzschwert bewaffnet versuchten, in die durch die „Franziska" gerissenen Lücken des Gegners einzudringen.
Link Damastklinge „Franziska": http://tinyurl.com/8gf6jvq

Auch die Nordmänner oder Wikinger bevorzugten die Axt zum Werfen und im Nahkampf. Die spezielle Form des Axtkopfes hat sich bis heute wegen ihrer Zweckmäßigkeit erhalten. Ihre langgezogene Schneide spaltet Holz mühelos, und bietet eine hohe Wahrscheinlichkeit, um beim Werfen im Ziel steckenzubleiben. Die Bezeichnung dieser spezielle Form der Axt klingt an ihre Herkunft an: Norse Hawk – die Axt der Nordmänner.

Bis heute verwenden Armee-Spezialeinheiten der US-Streitkräfte die wahrscheinlich uramerikanischste Waffe – das Tomahawk – während ihrer Einsätze: sei es zum Aufbrechen von Türen, oder in letzter Instanz im Nahkampf. Hier bringt es seine Vorteile zur Geltung: Durch seinen relativ langen Griff wird eine **große Reichweite** erzielt, um den Gegner auf Distanz zu halten, seine **Angriffe zu blocken**, und zugleich selbst durch **Stoß**, **Hieb**, **Schnitt** oder **Schlag** den Kampf zu beenden.

Das Tomahawk ist eine ideale Nahkampfwaffe. Durch seine spezielle schmale Form seines Kopfes ist es deutlich leichter als ein herkömmliches Beil oder eine Axt, und damit wesentlich beweglicher und flexibler einsetzbar. Durch seinen relativ langen Griff kann ein dynamisches Momentum erzeugt und eine hohe Geschwindigkeit erreicht werden, die jeden Gegner überraschen und überrumpeln kann. Die Länge und Form des Tomahawks bietet einen weiteren Vorteil. Es kann nicht nur für vertikal, horizontal und diagonal verlaufende Angriffe von oben verwendet werden.

Seine eigentliche Gefährlichkeit spielt es bei Angriffen von schräg unten aus, die sich gegen untere Angriffsziele wie Knie oder Schienbeine richten, da diese außerhalb des Sichtbereichs des Gegners liegen und meist nicht von diesem erwartet werden. Der Vorteil des zur Selbstverteidigung geworfenen Tomahawks oder der Wurfaxt gegenüber dem Messer ist seine Dynamik aufgrund seines höheren Gewichts und seiner größeren Trefferfläche und intensiveren Trefferwirkungen.

In seinem Buch „*The Fighting Tomahawk*" schreibt **Dwayne McLemore**, der über viele Jahre Sondereinsatzkräfte der US-Armee im Umgang mit dem Tomahawk trainiert hat, daß allein der Treffer mit dem Kopf oder auch nur dem Griff eines Tomahawk genügt, um einen Gegner kampfunfähig zu machen – ein „Stecken" ist nicht erforderlich.

Dwight C. McLemore
„The Fighting Tomahawk: An Illustrated Guide to Using the Tomahawk and Long Knife as Weapons"
„The Fighting Tomahawk, Volume 2: Further Studies in the Combat Use of the Early American Tomahawk"

Außerdem ist ein Video zum Training mit dem Tomahawk von Dwight McLemore bei Paladin Press als DVD oder Download-Version erhältlich: http://paladin-press.com/product/The-Fighting-Tomahawk-The-Video
Sowohl die Siedler der jungen USA, als auch die Ureinwohner Nordamerikas – bleiben wir wegen der Einfachheit halber bei der verkehrten Bezeichnung Indianer – und die Trapper und Milizen der nordamerikanischen Kolonien des 18. Jahrhunderts kämpften oft – nachdem ihre Musketen abgefeuert waren – mit dem Messer in der einen und dem Tomahawk in der anderen Hand.

Das Werfen der Wurfaxt oder des Tomahawks bleibt generell auf den Notfall beschränkt, beispielsweise **zur Nothilfe**, **zur Ablenkung eines oder mehrerer Gegner, um Zeit für die Flucht zu gewinnen,** oder **zur Verteidigung gegen mehrere Gegner**, solange das Tomahawk nicht die letzte verbliebene Waffe ist. Das Werfen der Axt oder des „Hawks" auf Holzscheiben wird heute vielerorts sportlich betrieben. Es schult nicht nur die Kraft und Beweglichkeit, sondern auch Koordination und Konzentration.

Das Axtwerfen ist eine ausgezeichnete Übung zum gleichmäßigen Training beider Körperhälften, um einseitigen Belastungen vorzubeugen. Werfen Sie also – falls sie es einmal ausprobieren möchten – nicht nur mit Ihrem „starken" Arm, sondern auch mit Ihrem schwächeren. Gehen Sie dabei vorsichtig zu Werke und wärmen Sie sich vorher gut auf, um keine Verletzungen wie z.B. Zerrungen zu riskieren, insbesondere wenn Sie neu mit dem Werfen beginnen.

McLemore sagt: „Wie man das Tomahawkwerfen lernt? Nun, werfen Sie!"

Link Axtwerfen: http://tinyurl.com/8guxb6z

Tomahawks mit breiter Klinge sind sehr gut für das Spalten von Holz geeignet. Andere wiederum besitzen eine schmale Klinge auf der einen und einen Hammerkopf oder Dorn auf der anderen Seite. Diese beiden Modelle sind vielseitig als Werkzeuge verwendbar, aber wegen ihrer Leichtigkeit auch besonders als Waffe.

Günstige Tomahawks von guter Qualität von der Firma „Cold Steel" (z.B. Norse Hawk, Frontier Hawk, Trail Hawk) sind z.B. erhältlich bei:

Link waffen-baumann.de: http://tinyurl.com/9vxs3nn
Link swordsandmore.de: http://tinyurl.com/boazxk6
Link battlemerchant.com: http://tinyurl.com/cpsznhu

Cold Steel-Tomahawks sind gut geeignet, um den vielseitigen Umgang mit diesem Werkzeug zu üben. **Vor dem ersten Gebrauch eines Cold Steel-"Hawks" sollte die Schraube entfernt werden, mit der der Metallkopf am Griff fixiert ist.**

Falls der Griff durch einen Fehlwurf splittern sollte, ist der unkomplizierte Austausch des Griffes in freier Natur ohne Werkzeug (Schraubendreher) nicht mehr möglich. Ersatzgriffe aus Hickoryholz (amerikanischer Walnußbaum) sind vom Hersteller erhältlich, können jedoch auch ohne Hilfsmittel selbst gefertigt werden:

Link Herstellung eines Ersatzgriffes in freier Natur mit einem Axtkopf: http://tinyurl.com/d3s9x4w

Hier noch ein paar Beispiele für erstklassige, hochwertige, handgeschmiedete Tomahawks aus Kohlenstoffstahl, die aus den besten mir bekannten Schmieden der USA stammen.

Link Kings Forge (William King):
http://tinyurl.com/cl5ds82

Link Deer Mountain Forge (Craig Barr):
http://tinyurl.com/4rk5jt

Link Butches Forge (Robert Silver):
http://tinyurl.com/aoy7lhj

Link Coal Creek Forge (Stephen Liley):
http://tinyurl.com/afgd3km

2hawks (Devin Price):
http://2hawks.net

Fort Turner (Turner Family)
http://fortturner.com

Vorläufer des Tomahawks ist neben der Axt bzw. dem Beil auch der mittelalterliche **Streit- oder Kriegshammer**. Dessen Kopf-Rückseite endet in einem Metalldorn, dem sogenannten *„Rabenschnabel"*. Während die Ritter in der Schlacht Lanze und Schwert bevorzugten, war der Kriegshammer vornehmlich die Waffe der Fußsoldaten (Infanteristen). Mit dem Aufkommen der gepanzerten Reiterei und eiserner Rüstungen wurde eine Waffe gesucht, die in der Lage war, die Panzerung zu zertrümmern oder gar zu durchdringen. Dies gelang dem Hammerkopf und speziell dem Rabenschnabel des Streithammers mit Leichtigkeit.

Link armbrustschmiede.de (Rabenschnabel, zum Seitenende herunterscrollen): **http://tinyurl.com/onazhka**

Die Vorderseite seines Kopfes war entweder ein Hammer – dieser diente dem Streithammer auch als Vorbild – oder die Schneide einer Axt. Streithämmer sind auch heute noch in zahlreichen Mittelalterläden erhältlich. Die Firma Cold Steel stellt ebenfalls einen Streithammer (*„War Hammer"*) her. Das in einem spitzen Dorn zulaufende Tomahawk kam ursprünglich bei Marinetruppen als **Enterbeil** und im Kampf zum Einsatz. Dieses *„Spike Hawk"* war von indianischen Kriegern als Statussymbol begehrt und war aus diesem Grunde ein geschätztes Tausch- und Handelsobjekt ab der Zeit um das Jahr 1700. Weniger als Werkzeug konzipiert, ist das Spike Hawk, das oft auch als *„Trade Hawk"* bekannt ist, vor allem eine furchterregende Waffe.

3) Hieb- und Stichwaffen – Schwert, Säbel, Rapier & Co.

Eine weitere Waffengattung, die heute legal und ohne Erwerbsscheinberechtigung erworben werden kann, sind Hieb- und Stichwaffen. Das Schwert ist eines der ältesten Werkzeuge, das nicht für die Jagd, sondern allein für den Kampf entwickelt wurde. Die höchste Vollendung der Schwertschmiedekunst findet sich ohne Zweifel in einem traditionell handgefertigtem japanischen Langschwert, dem Katana. Da ein solches für den Durchschnittsverdiener kaum erschwinglich ist, aber sich die Schwerter dennoch einer wachsenden Beliebtheit erfreuen, wurden Mittel und Wege gefunden, sie günstiger und in einfacherer Qualität herzustellen. Die Schmieden „Thaitsuki Nihonto" aus Thailand und „Dynasty Forge" aus China haben sich dabei einen recht guten Namen erworben.

Der erste chinesische Hersteller, der japanische Kampfschwerter in Massenproduktion fertigte, ist die Schmiede von „Paul Chen / Hanwei". Mit der Ausnahme von wenigen Stilrichtungen der ehemals zahlreichen japanischen Schwertkampfschulen wird das Katana traditionell beidhändig geführt. Neben verschiedenen Katanas bietet **Cold Steel** ein chinesisches Kampfschwert an, das unter der Bezeichnung „Chinese War Sword" im Handel erhältlich ist. Cold Steel ist bekannt dafür, Klingen von sehr guter Qualität zu fertigen, und produziert mittlerweile sogar für andere, zum Teil wesentlich teurere Marken.

Das Schwert, ebenso wie seine Abkömmlinge Säbel, Rapier, Degen und Florett, wird im Kampf zum **Block** (bei den letztgenannten: Parade) eines gegnerischen Angriffs verwendet. Angriffstechniken mit dem Schwert sind der **Hieb oder Schlag**, der **Stich**, und der **Schnitt**. Während das Schwert eher als Hiebwaffe eingesetzt wird, handelt es sich bei den Letztgenannten vornehmlich um Stichwaffen. Mit der Erfindung des Schießpulvers und damit dem Ende der schweren Rüstungen – und auch der schweren Handwaffe Schwert – waren nun für den Nahkampf leichtere Waffen gefragt. Die schwere Klinge des Schwertes wurde abgelöst durch die leichtere Klinge eines Säbels und eines Rapiers, und später durch eine flexible Klinge eines Degens und Floretts.

4) Weitere Nahkampfwaffen – die Kugelkopfkeule („Ball Headed War Club") und Gewehr-kolben-Kriegskeule („Gunstock War Club")

Kampfstöcke und Kriegskeulen wurden von zahlreichen Völkern auf fast allen Kontinenten eingesetzt. Am ehesten sind sie uns heute aus authentischen Indianerfilmen bekannt, wie „Der letzte Mohikaner" oder „Der mit dem Wolf tanzt". Beide Waffen erzeugen beim Auftreffen auf ein Ziel eine sehr hohe Trefferenergie und somit starke Wirkungstreffer. Sie sind in unseren Breitengraden mit Ausnahme vom zuvor bereits angesprochenen irischen Shillelagh recht selten und daher eher unbekannt. Potenzielle Gegner könnte ihr Anblick durchaus abschrecken, besonders wenn sie ihre Wirkung kennen. Ihre Techniken sind neben dem **Block** vor allem der **Schlag**, **Stoß** oder **Hieb**.

Kriegskeulen werden bis heute zu zeremoniellen Zwecken sowie im Kampf und zur Jagd verwendet! Beispiele dafür sind die „rungu" der Massai, die als Nahkampfwaffe oder als Wurfgerät Verwendung findet, oder die Kriegskeulen polynesisch-ozeanischer Völker wie etwa der Maori. Die Waffen werden bis heute traditionell von Hand und aus einheimischen Harthölzern gefertigt.

Während die indianische Kugelkopfkeule eine uralte indianische Waffe ist, die lange vor dem Erscheinen der Europäer von den Ureinwohnern Nordamerikas im Kampf verwendet wurde, handelt es sich beim „Gunstock War Club" um eine recht junge Waffenart. Die Indianer beobachteten, daß die Siedler und Soldaten ihre abgefeuerten Musketen (Vorderlader → aufwendiger Ladevorgang) im Nahkampf oft zur Keule umfunktionierten. Diese Kampfweise beeindruckte die indianischen Krieger offenbar so sehr, daß sie begannen, alte Musketen mit einem Dorn aus Eisen oder Stein zu versehen, um die Trefferwirkung im Kampf zu erhöhen.

Später wurden keine Musketen mehr dazu verwendet. Lediglich ihre Form blieb erhalten.

Insbesondere der „Gunstock War Club" ist eine furchterregende Waffe mit einer für den Nahkampf hohen Reichweite, der einen geringer bewaffneten Gegner leicht auf Distanz halten kann, obwohl die Waffe selbst vergleichsweise schwer ist. Gegnerische Waffen können geblockt werden. Verheerend ist seine Trefferwirkung, die mit der eines Baseballschlägers vergleichbar ist, jedoch verstärkt durch einen langen Metalldorn. Doch auch „nur" Treffern des Holzes hält kein Knochen stand. Manchmal wird diese Waffe auch ähnlich einer großen und schweren Axt geworfen. Ihre Wucht ist in jedem Fall enorm. Auf der Seite der **Kings Forge** finden Sie Bilder von handgearbeiteten indianischen Kugelkopfkeulen, eine originalgetreue Replika von Chingachgooks blauem „Gunstock War Club" (aus dem Film „Der letzte Mohikaner"), und sogar ein Set zum Selberbauen („Gun Stock War Club Kit"): **http://kingsforgeandmuzzleloading.com/page11**

Vergleichbare Waffen sind der mittelalterliche **Streitkolben** und der **Morgenstern**. Unter dem Begriff „rungu" oder „war club" werden interessierte Käufer bei Auktionshäusern wie eBay.com schnell fündig. Das Leiden vieler indigener Völker reicht von der Kolonialzeit bis in die heutige Zeit. Oft leben sie bis heute in Reservaten in ärmlichsten und menschenunwürdigsten Verhältnissen. Durch den Erwerb ihrer in Handarbeit hergestellter Waren tragen Käufer wesentlich zur Verbesserung der Lebenssituation in Form von finanzieller Unterstützung durch Hilfe zur Selbsthilfe bei. Ein Beispiel für die Freiheitsbestrebungen eines stolzen und souveränen Volkes, das jedem von uns als Vorbild dienen sollte und unsere Unterstützung verdient: **http://republicoflakotah.com**

5) „Guerilla"-Waffen

Als Guerilla-Waffen bezeichne ich solche, die entweder früher einmal als Waffen verwendet wurden und heute allenfalls noch bei Sammlern Beachtung finden, oder die kaum als vollwertige Waffen betrachtet werden.

a) Die Steinschleuder

Die Schleuder ist die vermutlich älteste Distanzwaffe überhaupt. Mit Hilfe einer solchen Schleuder tötete David den riesigen Vorkämpfer der Philister, Goliath aus Gath **(1. Samuel 17:48–49)**. Die Bibel berichtet, daß sich insbesondere Männer aus dem Stamm Benjamin im geschickten Umgang mit der Schleuder hervortaten **(Richter 20:15–16)**.
Balearische Schleuderer waren gefürchtet und wurden von der römischen Armee gezielt als Söldner angeworben. Hirtenvölker waren traditionell im Umgang mit der Schleuder geübt. Sie brauchten eine wirksame, billige und leichte Fernwaffe, um Raubtiere zu vertreiben und Viehdiebe von ihren Herden fernzuhalten. Außerdem hatten sie viel Zeit, um den Umgang mit der Waffe zu üben. Heute wird die Kunst des traditionellen Steinschleuderns kaum noch praktiziert. Von einer Schleuder beschleunigte Geschosse, wie Steine oder gegossenes Blei, können eine Reichweite von bis zu 450 Meter und eine Höchstgeschwindigkeit von bis zu 400 km/h erreichen. Das Zielen ist nicht leicht und muß regelmäßig geübt werden.

Vorteile:
→ billig und leicht herzustellen; andere Distanzwaffen wie Speer, Pfeil/Bogen oder Armbrust erfordern besondere Materialien, Kenntnisse und eine mehr oder weniger aufwendige Herstellungsverfahren.
→ wegen ihres geringen Preises und Gewichts kann leicht ein Ersatz mitgeführt werden; Balearische Schleuderer trugen ihre Ersatzschleuder als Stirnband.
→ Munition muß nicht mitgeführt werden, sondern liegt buchstäblich überall auf dem Boden (Steine). Bleigeschosse können leicht über jedem Lagerfeuer gegossen werden. Pfeile und Armbrustbolzen erfordern einmal mehr besondere Materialien und Fertigkeiten bei der Herstellung.
→ Schleudern sind unempfindlich gegenüber Witterungseinflüssen (Hitze, Kälte, Nässe, Trockenheit) und leicht ersetzbar.
→ sehr leichtes Gewicht und damit auch leicht in jeder Tasche transportierbar.
→ Pfeile sind im Flug gut erkennbar, Schleudergeschosse hingegen nicht (Chance für Überraschungstreffer)
→ Hohe Wurffrequenz der Schleuder ermöglicht dichte Wurfabfolge.
→ Einhändig bedienbar
→ Nahezu lautlos (→ Überraschungsfaktor kombiniert mit verblüffender Wucht der Geschosse)

Nachteile:
→ Das Zielen erfordert sehr viel regelmäßige Übung. Viele antike Herrscher machten sich nicht die Mühe, ihre Soldaten im Umgang mit der Scheuder ausbilden zu lassen, sondern warben stattdessen gleich Söldner als Schleuderer an.
→ In dichtbewachsenem Gebiet (Wald, Gestrüpp) oder Räumen kann die Schleuder nicht wirkungsvoll eingesetzt werden, da mindestens 1 ½ Meter Bewegungsspielraum notwendig.

Schleudern nach antikem Vorbild, Pläne zum Selbstbauen und zahlreiche Anregungen zu den verschiedensten Techniken finden Sie hier:

http://slinging.org
http://davidtheshepherd.com
http://www.seekyee.com/Slings/index.htm
http://www.amdocraft.com/shop/en/tibetan-products/e10.html

Steinschleuder selbst flechten: http://tinyurl.com/m56k3b7
Allgemeine Infos zu Herstellung und Technik (auf englisch): http://tinyurl.com/p2ntfft

Die moderne Form der Schleuder ist die Zwille. Ihr Gummiband verliert mit der Zeit an Spannung und muß dann ausgetauscht werden. Die am häufigsten genutzte Munition für die Zwille sind Stahlkugeln. In einigen Ländern unterliegt die Zwille dem Waffengesetz, was Erwerb und Mitführung betrifft. Die antike Schleuder unterliegt dagegen keiner Restriktion.

http://slingshotchannelstore.de
http://milbroproshotuk.com (auch erhältlich: Kugelzangen zum Selbergießen von Munition)
http://kugel-winnie.de

b) Das Blasrohr

Das Blasrohr ist neben Pfeil und Bogen die bis heute verwendete Jagd- und Kriegswaffe vieler indigener Völker in Südamerika, Zentralafrika und Südostasien. Es soll Krieger geben, die mit einem Blasrohr Schußweiten von bis zu 120 Meter erzielen. In unseren Breitengraden ist sie eher als Utensil von Tierärzten zur Betäubung von Großtieren in Zoos bekannt. Aber auch das sportliche Blasrohrschießen nimmt mittlerweile einen festen Platz als Randsportart ein. Wie die antike Schleuder und die Zwille ist auch das Blasrohr nahezu lautlos, und aus diesem Grund zumindest eine sinnvolle Ergänzung zur Selbstverteidigung. Alle diese Waffen haben gemeinsam, daß Gegner insbesondere nachts kaum ausmachen können, von wo aus und womit sie beschossen werden, was zu Panik und damit Flucht beitragen kann. Viele Anfänger im Blasrohrschießen berichten davon, wie leicht es ihnen fiel, innerhalb kürzester Zeit sogar kleine Ziele zuverlässig zu treffen, was sich natürlich sehr motivierend auswirkt. Neben den heute oft üblichen Stahlpfeilen werden traditionell Pfeile aus Bambus oder Holz, sowie gebrannte Tonkugeln oder auch getrocknete Erbsen verschossen.

Vorsicht! Die Geschosse erzielen eine ungeahnte Wucht und Durchschlagskraft! Üben Sie deshalb am besten draußen, indem sie auf spezielle Zielscheiben oder Getränkedosen zielen. Ein Kugelfang in Form einer Mauer oder eines feinmaschigen Netzes ist dabei sehr ratsam. Zielen Sie nicht auf Mensch und Tier! Wie bei jeder Art von Schießen und Werfen gilt auch hier: üben Sie nur, wenn Sie freies Sichtfeld haben und Gefährdungen anderer ausschließen können!

Blasrohre unterliegen auch in Deutschland nicht dem Waffengesetz und können selbst hergestellt und ohne Beschränkung von Alter oder Erwerbsberechtigungen erworben werden. Moderne Blasrohre werden aus Aluminium gefertigt. Viele Schützen bezeichnen die Blasrohre von „Cold Steel" als die derzeit besten und hochwertigsten industriell gefertigten „Blowguns". Es gibt sie in zwei Varianten – Standard und Professional – und innerhalb dieser beiden Kategorien in verschiedenen Längen.

Alle bestehen aus schwarz eloxiertem Aluminium. Die Standard-Modelle mit einer Wandstärke von 1,5 mm, die Professional-Modelle mit einer Wandstärke von 3 mm. Letztere sind 45% schwerer als ein gleich langes

Standard-Modell, erreichen aber noch mehr Geschwindigkeit, Stabilität und Durchschlagskraft der Geschosse. Je länger ein Blasrohr, desto höher die erreichbare Weite und Treffergenauigkeit der verschossenen Munition. Dabei muß jedoch besondere Aufmerksamkeit auf das „Nachhalten" gelegt werden, um den Schuß nicht zu verziehen. Das Zielen und Nachhalten kann geübt und verbessert werden, wenn ein Laserpointer mit Klebeband an der Mündung des Blasrohrs befestigt wird. Dies ist eine ausgezeichnete optische Hilfe und fungiert quasi als „Zielfernrohr".

Link idealo.de „Laserpointer": http://tinyurl.com/9duzuqr
Link wolfster „Cold Steel Big Bore Blowguns": http://tinyurl.com/9xmjn88
Link waffen-baumann.de „Blasrohr Mini Breitkopfpfeil und Bambuspfeil": http://tinyurl.com/8pkbe38

Gesundheitliche Aspekte des Blasrohrschießens:

Nicht zu unterschätzen sind auch die gesundheitlichen Aspekte des Blasrohrsports. Bei regelmäßigem Training erweitert sich das Lungenvolumen merklich, wodurch die Kondition verbessert wird. Bei einigen Fällen von Atembeschwerden wird Blasrohrschießen sogar als Therapie angewendet.

In folgenden Fällen sollte dies mit dem Arzt abgesprochen werden:

→ **Aneurisma**: Druckschwankungen im Thoraxbereich, evtl. Rupturgefahr,

→ **Cor pulmonale**: der Lungenwiderstand erhöht sich kurzfristig relativ stark, dadurch könnte Herz und Kreislauf entsprechend mehr belastet werden,

→ **Asthma**: wobei der Blasrohrsport sogar ein gutes Training für das bewusste Ausatmen bei einem Bronchiospasmus sein kann.

Bereiten Sie sich mental vor. Wie würden Sie sich in einer Notsituation verhalten? Falls Sie jemals überfallen werden sollten, und Ihre passiven Sicherheitsvorkehrungen wurden überwunden – wie würden Sie sich verhalten?

In Zukunft werden Verbrechen und Übergriffe auf offener Straße zunehmen. Die Menschen werden das nicht lange dulden. In Grenzregionen wird die Polizei bereits Raubdelikten und Diebstählen nicht mehr Herr, und die Bürger fordern zu recht Abhilfe und das Recht ein, sich und ihr Eigentum selbst bewaffnen, schützen und verteidigen zu dürfen. Wer mag es ihnen verdenken? Es ist ihr elementares Menschenrecht! Unter welchen Umständen würden Sie sich wie verhalten? Es macht Sinn, darüber nachzudenken, bevor wir mit einer solchen Situation konfrontiert werden.

Ich wiederhole abermals: **Dies ist unter keinen Umständen als Aufruf zur Selbstjustiz zu mißdeuten, sondern um Verhalten und Selbstschutz in Extremsituationen. Dabei geht es vor allem um die individuelle und gesellschaftliche Notwendigkeit der Auseinanderset-zung mit unseren moralischen Werten.**

Sie selbst müssen letztlich in eigener freien Entscheidung festlegen, wie Sie in welcher Situation reagieren würden. Noch einmal zum Einprägen, weil es so wichtig ist: Sich selbst wehren und verteidigen zu dürfen entspricht den Grundsätzen **ureigensten natürlichen Rechts! Jedes Tier verteidigt sein Leben, wie dürfte der Mensch dies also nicht tun?** Jeder, der versucht, Ihnen etwas anderes einzureden, ist weder an Ihrer Unversehrtheit noch an Ihrer Freiheit interessiert.

JE MEHR MENSCHEN DIE WAHRHEIT ERKENNEN, SICH VORBEREITEN, SICH WEITGEHEND VON DEM KOLLABIERENDEN SYSTEM UNABHÄNGIG MACHEN , DESTO GRÖSSER DIE CHANCE, DEN FRIEDEN ZU ERHALTEN, CHAOS WEITGEHEND VORZUBEUGEN UND EINE BESSERE GESELLSCHAFT AUFZUBAUEN.

Bleiben Sie in jeder Situation möglichst gelassen. Vorsorge und Training werden Ihnen Sicherheit und Selbstvertrauen schenken. **Haben Sie keine Angst.** Angst ist der Schlechteste aller Ratgeber. Sie lähmt unser Denken und Handeln. Vertrauen Sie sich selbst, und lernen Sie, Gott neu zu vertrauen. **Tauschen Sie sich mit anderen aus.** Sprechen Sie miteinander über Ihre Erfahrungen, **geben Sie selbst Ihre Erfahrung weiter**. Suchen Sie ehrliche, gewissenhafte und vertrauenswürdige Menschen, und teilen Sie Verantwortung.

<u>Sie müssen und können nicht alle Lasten alleine tragen!</u>

Bewahren Sie eine friedfertige Einstellung. Halten Sie Haß und Aggression von sich fern. Zögern Sie aber auch nicht, sich wenn nötig zur Wehr zu setzen. Vertrauen Sie sich und Ihren Vorbereitungen! Haben Sie Kinder, dann proben Sie den „Ernstfall" doch einmal an einem Wochenende. Schalten Sie bewusst Strom und Wasser ab und veranstalten Sie ein Abenteuer-Wochenende. Testen und erweitern Sie dabei Ihr Wissen!

Gehen Sie hinaus in die Natur, auch einmal abseits befestigter Wege, mit Karte und Kompaß, Zelt und Rucksack, und sammeln Sie sich in Wald und Flur Ihr Mittag- oder Abendessen (Pilze, Wildkräuter). Gerade in unserem gemäßigten Klima ist der Tisch überreich gedeckt. Bringen Sie Ihren Kindern spielerisch bei, was Sie wissen, und geben Sie so Ihren Erfahrungsschatz weiter.

Ernten Sie frische Kräuter und Gemüse aus Ihrem Haus, von Ihrem Balkon oder Ihrem Garten. Backen Sie Brot im eigenen Backhäuschen, in Ihrem Holz- oder Kaminofen, ihrem Grill. Bereiten Sie Ihr Essen in ihrem Grill oder auf Ihrem Gas- oder Petroleumkocher zu. Oder vielleicht zünden Sie ein kleines Holz- oder Holzkohle-Lagerfeuer dafür an. Ihrem Einfallsreichtum sind keine Grenzen gesetzt – und Ihre Kinder werden es lieben und zu Ihnen aufschauen.

Nehmen Sie Ihre Kinder mit in die Vorbereitungen hinein und übertragen Sie ihnen kleinere Aufgaben. Leiten Sie sie an, und nehmen Sie sich Zeit, zu erklären. So lehren Sie sie angewandtes Verantwortungsbewußtsein und gewinnen ihren Respekt.

Abends zünden Sie dann in Ihrem Zeltlager, auf Ihrer Terrasse oder in Ihrer Wohnung ein oder zwei Petroleumlampen an und lassen Sie Ihre Kinder an Ihren Erinnerungen und Geschichten aus Ihrer Kindheit teilhaben. Ihre Kinder werden dem Fernseher kaum hinterhertrauern, wenn Sie stattdessen mit Ihnen einen Karten- oder Brettspielabend veranstalten. Knüpfen Sie alte, verlorengegangene familiäre Kontakte wieder neu. Selbstverständlich können Sie zu einem solchen Abenteuer-Wochenende Ihre Familie, Freunde, Nachbarn und Bekannten einladen. Vielleicht kommen auch diese dann auf die Idee, über ihre Zukunft nachzudenken und die befreiende Wirkung eines unabhängigen Lebens selbst zu entdecken und wertzuschätzen.

Für ein neues Denken und eine grundlagend neue Einstellung genügt manchmal schon eine kleine Veränderung des Blickwinkels, um unser Leben auf ein trag- und zukunftsfähiges Fundament zu stellen.

Angst vor dem Unbekannten lähmt. Deshalb neigen die Menschen zum Erdulden von Unterdrückung und Verarmung, bis sie nichts mehr zu verlieren haben, sich dann jedoch umso heftiger zur Wehr setzen. Lassen Sie es nicht soweit kommen!
Die Angst ist nur in unseren Köpfen. Gewöhnen Sie sich bewußt und schrittweise an Neues – gehen Sie den Weg wenn möglich nicht allein, sondern binden Sie Ihre Familie, Verwandte, Freunde, Nachbarn und Kollegen mit ein – entdecken Sie, wie stark Sie eine loyale Gemeinschaft macht! Dazu wünsche ich Ihnen Kraft, Klugheit, Mut und Gottes reichen Segen! Altes und Gescheitertes muß vergehen, damit Neues entstehen kann. Lassen Sie uns alle gemeinsam eine bessere Welt mit alten Tugenden aufbauen!

„Ihr seid teuer erkauft: Werdet nicht Sklaven der Menschen", ermahnt uns die Bibel (1. Korinther 7:23).

Mein Appell an alle: Lassen Sie die alten, pervertierten Strukturen sich selbst zerstören. Bauen Sie indes eine neue, lebenswertere Welt auf: Rücken Sie innerhalb Ihrer Familie wieder zusammen! Machen Sie den Anfang, sich im Familienkreis, mit Verwandten, Freunden, Kollegen und Nachbarn zu versöhnen!

Wir können nicht mehr so weitermachen wie bisher und müssen alte Gewohnheiten hinterfragen und vermeintliche Selbstverständlichkeiten auf den Prüfstand stellen. Dies gilt insbesondere für unseren Umgang miteinander und mit unseren Mitlebewesen und unserem gesamten Lebensraum.

Lassen Sie uns zu einem gesunden Umgang mit Gott, Schöpfung, Natur, Tier, Pflanze und Mensch zurückfinden, der von Respekt, Achtung und der Würde des Lebens gekennzeichnet ist.

Nehmen Sie sich deshalb der Schwächsten der Gesellschaft an, die auf unsere Fürsorge angewiesen sind: Witwen, Waisen, Arme, Obdachlose, Kranke, Kinder, und die Tiere.

Werden Sie zu ihrer Stimme, die für ihre Rechte und den respektvollen Umgang mit ihnen eintritt! Lassen Sie uns dieses Land – unser Land! - umgestalten in ein Land, in dem Recht wieder gleichbedeutend für Gerechtigkeit steht!

Stehen Sie auf gegen jede Form von Gewalt, Unrecht und Unterdrückung, auch wenn Sie vielleicht zunächst nicht unmittelbar davon betroffen sind! Wenn das Unrecht erst eine Bresche geschlagen hat, bedroht es jeden Kritiker und Andersdenkenden.

Der Theologe und Widerstandskämpfer Martin Niemöller (1892 – 1984), den die Nazis ins Konzentrationslager sperrten, brachte das Dilemma der Duldung, der Feigheit und der Gleichgültigkeit einmal so auf den Punkt:
„Als die Nazis die Kommunisten holten, habe ich geschwiegen; ich war ja kein Kommunist. Als sie die Sozialdemokraten einsperrten, habe ich geschwiegen; ich war ja kein Sozialdemokrat. Als sie die Gewerkschafter holten, habe ich geschwiegen; ich war ja kein Gewerkschafter. Als sie mich holten, gab es keinen mehr, der protestieren konnte."

Respektieren Sie andere, auch wenn sie einen anderen Standpunkt als Sie selbst vertreten sollten. Beginnt ein Regime erst, die Meinungsfreiheit einzuschränken (heute u.a. durch „political correctness"), steht die gesamte Freiheit der Gesellschaft auf dem Spiel. Geduldet wird dann nur noch die „richtige" Meinung, die die Gewalthaber diktieren. Das sind dieselben, die die Deutungshoheit für sich beanspruchen, wer „Freiheitskämpfer" und wer „Terrorist" ist. Symbol-, Zitat-, Rede-, Meinungs- und Denkverbote leisten nicht nur keinen Beitrag zum Erhalt einer freiheitlichen Gesellschaft, sondern befinden sich im Hinblick auf ihre totalitäre und diskursresistente Gesinnung in derselben Reihe wie die Nazi-Ideologie selbst, die sie zu bekämpfen vorgeben.

„Ich bin frei, gleichgültig welche Gesetze mich umgeben. Wenn sie tolerierbar sind, dann toleriere ich sie; wenn ich sie als widerwärtig empfinde, dann breche ich sie. Ich bin frei, weil ich weiß, daß ICH ALLEIN die moralische Verantwortung für alles trage, was ich tue."
Robert A. Heinlein (1907 – 1988), US-amerikanischer Science Fiction-Schriftsteller

Teil VI – Nachdenkenswerte Zitate

Die folgenden Zitate dienen einzig und allein dem Zweck, sich der Vergangenheit und Gegenwart bewußt zu werden, um Vergangenes endgültig aufzuarbeiten, abzuschließen und sich fortan der Gestaltung der Gegenwert und Zukunft zuzuwenden. Die Grundlage der Zukunft kann nur ein Neuanfang in Wahrheit, ehrlicher Freundschaft und dauerhaftem Frieden zwischen den Völkern sein.

Eine Zukunft in Frieden bedeutet zwingend, daß alte Feindseligkeiten und Verfehlungen nicht immer wieder neu belebt und Verbrechen nicht mehr gegenseitig vorgehalten werden dürfen. Die für die Verbrechen der Vergangenheit Verantwortlichen sind heute tot. Kollektivschuld existiert ebensowenig wie Kollektivverantwortung. Sowohl Schuld als auch Verantwortung sind stets individueller Natur.

Normale Menschen – egal welcher Nationalität, welcher Rasse, welchen Geschlechts, welcher Religion – wollen keinen Krieg. Sie wollen – wie jeder normaldenkende Mensch – in Frieden, Ruhe und Freiheit leben.

Völker sind in der Geschichte immer wieder von ihren Machthabern gegeneinander aufgehetzt worden, um sich für die Interessen und Machtgelüste der Kriegstreiber gegenseitig umzubringen. Das Volk mußte stets den Preis in Form unsagbaren Leids, Verarmung, Zerstörung, Unterdrückung und Blutzoll zahlen.

Wann werden wir Menschen dies endlich begreifen und keiner Person oder Gruppierung mehr so viel Macht über unser Leben geben?

Man sagt, kluge Menschen lernen aus ihren Fehlern, aber wirklich weise Menschen lernen aus fremden Fehlern. Lassen Sie uns gemeinsam voneinander und miteinander lernen!

Wer soll diese Welt zu einem lebenswerteren Ort umgestalten, wenn wir es nicht selbst tun, und zwar indem wir HIER und HEUTE damit beginnen?!

„Wir stehen am Beginn eines weltweiten Umbruchs. Alles, was wir brauchen, ist die eine richtig große Krise und die Nationen werden die neue Weltordnung (engl. new world order) akzeptieren."
„Das derzeit günstige Zeitfenster dafür, während dem eine wahrhaft friedliche und voneinander abhängige Weltordnung geschaffen werden kann, wird nicht für lange Zeit geöffnet sein. Es sind bereits mächtige Kräfte am Werk, die unsere Pläne zu zerstören drohen, eine dauerhafte Struktur globaler Verflechtung aufzurichten."
David Rockefeller am 19.September 1994 in einer Ansprache vor dem Wirtschaftsausschuß der USA im Auftrag der „Vereinten Nationen" (UN)

"Wir werden eine Weltregierung haben, ob ihr das wollt oder nicht – entweder via Konsensus oder durch Eroberung."
James Warburg, am 17.2.1950 vor dem US-Kongreß

"Die Wenigen, die das System verstehen, werden so sehr an seinen Profiten interessiert oder so abhängig sein von der Gunst des Systems, daß aus deren Reihen niemals eine Opposition hervorgehen wird. Die große Masse der Leute aber, mental unfähig zu begreifen, wird seine Last ohne Murren tragen, vielleicht sogar ohne zu mutmaßen, daß das System ihren Interessen feindlich ist."
Gebrüder Rothschild (London), 1863 in einem Brief an Geschäftspartner

Gebt mir die Kontrolle über die Währung einer Nation, und es ist mir egal, wer die Gesetze schreibt.
Mayer Anselm (oder: Amschel) Bauer (1744 – 1812), Begründer der Rothschild-Dynastie

"Es wäre unmöglich gewesen, daß wir unseren Plan für die Weltherrschaft hätten entwickeln können, wenn wir Gegenstand der öffentlichen Beobachtung gewesen wären. Aber die Welt ist jetzt weiter entwickelt und bereit, in Richtung einer Weltregierung zu marschieren. Die supranationale Souveränität einer intellektuellen Elite und der Weltbanker ist sicher der nationalen Souveränität, wie sie in der Vergangenheit praktiziert wurde, vorzuziehen."
David Rockefeller auf dem Bilderberg-Treffen in Baden-Baden im Jahre 1991

"Manche glauben sogar, wir seien Teil einer geheimen Verbindung, welche gegen die besten Interessen der USA arbeitet; sie charakterisieren meine Familie und mich als "Internationalisten" und behaupten, daß wir uns weltweit mit anderen zur Errichtung einer global integrierten, politisch-wirtschaftlichen Struktur verschworen haben, (…). Wenn das die Anklage ist, bekenne ich mich schuldig, und ich bin stolz darauf."
David Rockefeller in seiner Autobiographie "Memoiren", 2006

"Wir sind der Washington Post, der New York Times, dem Time Magazine und anderen großen Publikationen dankbar, deren Chefredakteure an unseren Treffen in der Vergangenheit teilnahmen und die Zusage der Vertraulichkeit fast 40 Jahre lang respektierten. Es wäre unmöglich für uns gewesen, unsere Pläne für die Welt zu entwickeln, wenn wir all die Jahre im Rampenlicht der Öffentlichkeit gestanden hätten. Nun ist unsere Arbeit jedoch soweit durchdacht und bereit in eine Weltregierung zu münden. Die supranationale Souveränität von Welt-Bankern und einer intellektuellen Elite ist sicher der nationalen Selbstbestimmung, welche in den letzten Jahrhunderten praktiziert wurde, vorzuziehen."
David Rockefeller im Juni 1991

„Falls ich reinkarniert werde, würde ich gern als Killervirus zurückkommen, um das Problem der Überbevölkerung [der Menschheit] zu lösen."
Prinz Philip von Großbritannien, World Wildlife Fund (WWF), in seinem Vorwort in „If I were an animal", United Kingdom, Robin Clarl Ltd., 1986
viele weitere derartige Aussagen von ihm in englischer Sprache: **http://tinyurl.com/acxbo8a**

„Ich vermute, die Ausrottung der Pocken war falsch. Sie spielten eine wichtige Rolle im Ausgleich der Ökosysteme."
„Menschen, als Spezie, haben keinen größeren Wert als Schnecken."
John Davis, Herausgeber des „Earth First"-Journals

„Es ist gut, daß die Menschen unser Banken- und Geldsystem nicht verstehen, denn wenn sie es täten, glaube ich, gäbe es eine Revolution noch vor morgen früh."
Henry Ford

„Militärpersonal ist blödes, dummes Vieh, das man als Bauernopfer in der Außenpolitik benutzt!" zitiert in **Woodward und Bernstein, "The Final Days", Kapitel 14**

„Wer das Öl kontrolliert, der beherrscht die Staaten; wer die Nahrungsmittel kontrolliert, der beherrscht die Völker; und wer das Geld kontrolliert, der beherrscht die Welt!"

„Heute wären Amerikaner außer sich, wenn UN-Truppen nach Los Angeles kommen würden, um wieder Ordnung herzustellen, morgen wären sie dankbar. Das trifft insbesondere dann zu, wenn ihnen erzählt wird, dass eine Gefahr von außen existierte, ob nun wahr oder erfunden, die unsere Existenz bedrohte. Es ist dann so, daß alle Menschen der Welt den Führern der Welt beipflichten, damit diese sie von dem Bösen erlösen." (auf dem Bilderbergertreffen in Evian, Frankreich, 21 Mai, 1992)

„Die vier Botschafter (der Siegermächte des zweiten Weltkrieges) brauchten über das Berlin-Abkommen nicht viel zu verhandeln. Sie brauchten nur den Text zu unterzeichnen, den die Bilderberger ausgearbeitet hatten." (1993 bei einem Treffen im Haus der Weltkulturen in Berlin)
Henry Kissinger, ex-US-Außenminister und „Bilderberger"

„Die reine Wahrheit ist, daß der Hochfinanz die Regierung gehört, und zwar seit den Tagen von Andrew Jackson."
Franklin Delano Roosevelt

„Die Wahrheit gilt als Hochverrat im Imperium der Lüge."
US-Kongreßabgeordneter und Präsidentschaftskandidatsanwärter Ron Paul in seinem Buch „The Revolution"

„In der Politik geschieht nichts durch Zufall. Wenn etwas geschah, kann man sich sicher sein, daß es so geplant war." **(Karl Otto Braun, „Pearl Harbor in neuer Sicht – Wie F.D. Roosevelt die USA in den Zweiten Weltkrieg führte", Herbig Materialien zur Zeitgeschichte, München-Berlin 1986, Seite 76)**

„Ich bin ein höchst unglücklicher Mensch. Ich habe unbeabsichtigt mein Land ruiniert. Eine große Industrienation wird von ihrem Kreditsystem beherrscht. Unser Kreditsystem ist zentralisiert. Das Wachstum der Nation und alle unsere Aktivitäten befinden sich in den Händen von einigen wenigen Männern. Wir sind zu einer der am schlechtesten geführten, am meisten kontrollierten und fremdbestimmten Regierungen der zivilisierten Welt geworden, keine Regierung der freien Meinung mehr, keine Regierung der Überzeugung und der Mehrheitsentscheidung, sondern eine Regierung, die von der Meinung und der Nötigung einer kleinen Gruppe dominanter Männer abhängt.", **schrieb US-Präsident Woodrow Wilson einige Jahre, nachdem er auf Jekyll Island den "Federal Reserve Act" unterzeichnet hatte, mit dem 1913 eine von privaten Bankiers beherrschte Zentralbank (FED) geschaffen wurde, die sogenannte "Kreatur von Jekyll Island"...**

„Wenn der Kongreß nach der Verfassung das Recht hat, Papiergeld auszugeben, so wurde es ihm gegeben, damit er es selber ausübt, anstatt es an Personen oder Konzerne zu delegieren." **US-Präsident Andrew Jackson**

„Die Bank hat den Nutzen durch Zinsen auf alle Gelder, die sie aus dem Nichts erschafft."
William Paterson, Gründer der „Bank of England"

„Wenn eine Regierung von Bankern abhängig ist, dann kontrollieren SIE die Situation und nicht die Regierung, denn die Hand, die gibt, steht über der Hand, die nimmt. Das Geld hat kein Vaterland. Finanziers sind ohne Patriotismus und ohne Anstand; ihr einziges Ziel ist der Profit." **Napoleon Bonaparte**

„Mit Ausnahme der Zeiten des Goldstandards haben praktisch alle Regierungen in der Geschichte ihr Exklusivrecht zur Ausgabe von Geld dazu benutzt, die Menschen zu betrügen und zu plündern."
Friedrich August von Hayek

„Der Staatsdienst muß zum Nutzen derer geführt werden, die ihm anvertraut sind, nicht zum Nutzen derer, denen er anvertraut wurde."
Marcus Tullius Cicero (106 – 43 v.Chr.), römischer Redner und Staatsmann

„Die bewußte und intelligente Manipulation der Gewohnheiten und Meinungen der Masse ist ein wichtiger Bestandteil der demokratischen Gesellschaft. Die, die diesen nicht sichtbaren Mechanismus der Gesellschaft manipulieren, bilden eine unsichtbare Regierung, die die tatsächliche Macht im Land hält. Eine kleine Gruppe von Menschen, von denen wir noch nie gehört haben, regiert uns, bildet unsere Meinung, formt unseren Geschmack und suggeriert uns unsere Ideen. Diese kleine Gruppe zieht die Fäden der öffentlichen Meinung, kontrolliert so die offizielle Regierung und plant die Zukunft…." **Edward Bernays in seinem Buch „Propaganda"**

„Pressefreiheit ist die Freiheit von 200 reichen Leuten, ihre Meinung zu verbreiten. (...) Da die Herstellung von Zeitungen und Zeitschriften immer größeres Kapital erfordert, wird der Kreis der Personen, die Presseorgane herausgeben, immer kleiner. Damit wird unsere Abhängigkeit immer größer und immer gefährlicher..."
Paul Sethe am 5. Mai 1965

„Wir lehnen die Idee des Privatbesitzes ab." **Paul Berle, National Audubon Society**

„Es gibt hier und heute in Amerika nichts, was man als unabhängige Presse bezeichnen könnte. Sie wissen das, und ich weiß das. Es gibt keinen unter Ihnen, der es wagt, seine ehrliche Meinung zu schreiben; und wenn Sie es täten, wüßten Sie im Voraus, daß sie niemals gedruckt würde. Ich werde wöchentlich dafür bezahlt, meine ehrliche Überzeugung aus der Zeitung, der ich verbunden bin, herauszuhalten. Andere von Ihnen werden für ähnliches bezahlt; und jeder von Ihnen, der so dumm wäre, seine ehrliche Meinung zu schreiben, stünde auf der Straße und müßte sich nach einer anderen Arbeit umsehen. Würde ich mir erlauben, meine ehrliche Meinung in einer Ausgabe meiner Zeitung erscheinen zu lassen, würden keine vierundzwanzig Stunden vergehen, und ich wäre meine Stelle los. Das Geschäft von uns Journalisten ist es, die Wahrheit zu zerstören, freiheraus zu lügen, zu verfälschen, zu Füßen des Mammons zu kriechen und unser Land und seine Menschen für's tägliche Brot zu verkaufen. Sie wissen es, und ich weiß es. Wozu der törichte Trinkspruch auf die unabhängige Presse? Wir sind die Werkzeuge und Vasallen reicher Menschen hinter der Szene. Wir sind die Marionetten; sie ziehen die Schnüre, und wir tanzen. Unsere Talente, unsere Fähigkeiten und unsere Leben sind das Eigentum anderer. **Wir sind intellektuelle Prostituierte.**" **(John Swaiton, ehem. Herausgeber der New York Times, vor Redakteuren im Jahre 1889 zum Anlaß seiner Pensionierung, zitiert nach: Richard O. Boyer und Herbert M. Morais, Labor's Untold Story, NY: United Electrical, Radio & Machine Workers of America, 1955/1979)**

„Diesen blinden Sklaven wird erzählt, dass sie „frei" seien und „hochgebildet", auch wenn jeder einfache mittelalterliche Bauer schreiend vor ihren Symbolen weglaufen würde. Diese Symbole, die der moderne Mensch mit kindlicher Naivität akzeptiert könnte man mit einer Werbetafel vergleichen auf der steht: Dies ist dein Weg zu Tod und Versklavung – im Hinblick auf ihre ursprüngliche Bedeutung." **Michael Hoffmann in „Secret Societies and Psychological Warfare"**

„Wir beschließen etwas, stellen das dann in den Raum und warten einige Zeit ab, ob was passiert. Wenn es dann kein großes Geschrei gibt und keine Aufstände, weil die meisten gar nicht begreifen, was da beschlossen wurde, dann machen wir weiter – Schritt für Schritt, bis es kein Zurück mehr gibt."
Jean-Claude Junker, Ministerpräsident Luxemburgs, erklärt seinen EU-Kollegen die Demokratie (Spiegel Ausgabe 52 / 1999)

„Wenn das amerikanische Volk wirklich wüßte, was wir getan haben, dann würde man uns die Straße hinunterjagen und lynchen."
US-Präsident George H.W. Bush zur Korrespondentin des Weißen Hauses, Sara McClendon im Jahre 1992

„Die Welt wird von ganz anderen Personen regiert, als man sich das denkt, wenn man nicht hinter die Kulissen blicken kann."

„Die Staatsmänner haben es nicht allein mit Regierungen, Kaisern, Königen und Ministern zu tun, sondern auch mit geheimen Gesellschaften, Elementen, denen man Rechnung tragen muß. Diese Gesellschaften können schließlich alle politischen Arrangements zunichte machen."

Benjamin Disreali, britischer Staatsmann und Schriftsteller, 1804 – 1881)

„Die herrschende Elite wird zu ihrem eigenen Schutz Privatarmeen unterhalten. Um ihre Herr-schaft zu sichern, werden diese Eliten frühzeitig den totalen Überwachungsstaat schaffen und eine weltweite Diktatur errichten. Die ergebenen Handlanger dieses Geldadels werden korrupte Politiker sein. Die Kapitalwelt fördert einen noch nie dagewesenen Faschismus. Zum Zweck der Machterhaltung wird man die Weltbevölkerung auf ein Minimum reduzieren. Dies geschieht mittels künstlich erzeugter Krankheiten. Hierbei werden Bio-Waffen als Seuchen deklariert, aber auch mittels gezielter Hungersnöte und Kriege. Die Menschheit wird nach dem Niedergang des Kommunismus ein skrupelloses und menschenverachtendes System erleben, wie es die Welt noch nie erlebt hat. Das System, welches für diese Verbrechen verantwortlich sein wird, heißt ‚unkontrollierter Kapitalismus'".

Carl Friedrich von Weizsäcker in „Der bedrohte Friede - heute", 1983

„Der Drang der Rockefellers und ihrer Verbündeten ist es, eine Weltregierung zu kreieren, welche Kapitalismus und Kommunismus vereint – unter ihrer Kontrolle. Meine ich eine Verschwörung? Ja, das tue ich. Ich bin überzeugt davon, daß so ein Plan existiert. Die Eliten planen es, und ihre Absichten sind unglaublich bösartig."
US-Kongreßabgeordneter Larry P. McDonald (McDonald kam am 1. September 1983 beim Abschuß von "KAL-007", einem koreanischen Passagierflugzeug, ums Leben, das sich angeblich aus Versehen in den Luftraum der Sowjetunion verirrt hatte.)

„Eine Gesamtbevölkerung (der Erde) von 250 bis 300 Millionen Menschen, eine 95%-ige Reduzierung vom derzeitigen Niveau, wäre ideal!"

Medienmogul Robert „Ted" Turner in einem Interview im „Audubon"-Magazin

„Auf der Suche nach einem neuen Feind der uns vereint, sind wir auf die Idee gekommen, daß Umweltverschmutzung, die Gefahr der globalen Erwärmung, Wasserknappheit, Hungersnöte und ähnlichem sehr gut passen würde."
Alexander King und Bertrand Schneider, "The First Global Revolution", aus dem Bericht des Club of Rome von 1991.

„Niemand wird Eingang in die neue Weltordnung finden, wenn er oder sie nicht gelobt, Luzifer anzubeten. Niemand wird Eingang in "New Age" finden, es sei denn er willigt in eine luziferianische Weihe ein."
David Spangler, planetarische Initiative der "Vereinten Nationen" (UN)

„On September 11th, when the twin towers were blown up ..." – „Am 11. September, als die Zwillingstürme gesprengt wurden ..."

GB-Premierminister David Cameron in einer Rede vor Soldaten, ausgestrahlt von der BBC am 11. Juni 2010, kurz bevor die Berichterstattung abgebrochen wurde, Link: http://tinyurl.com/csctypq

„Die wahren Herrscher in Washington sind unsichtbar, und üben ihre Macht hinter den Kulissen aus."

Felix Frankfurter, Richter des Obersten Gerichtshofes der USA (Supreme Court), 1952

„Die neue Weltordnung muß eher von Grund auf errichtet werden, als von oben herab ... aber wenn es letztlich um nationale Souveränitäten geht, so wird deren schrittweise Erosion letztlich viel mehr bewirken als ein altmodischer Frontalangriff."
James Gardner, Mitglied des "Coucil of Foreign Relations" (CFR), in der April-Ausgabe 1974 im CFR-Magazin "Foreign Affairs" („Auslandsangelegenheiten")

Zitate mit Freiheitsbezug

„Die größten Feinde der Freiheit sind die zufriedenen Sklaven."

Marie von Ebner-Eschenbach

„Die Geschichte der Freiheit ist vor allem die Geschichte des Widerstandes."

Woodrow Wilson, 28.Präsident der USA, 1856 – 1924

„Die Freiheit steht niemals mehr als eine Generation vor ihrer Auslöschung. Wir haben sie unseren Kindern nicht genetisch vererbt. Sie muß erkämpft, geschützt, und an sie weitergegeben werden, damit sie dasselbe tun."

„Freiheit wächst, wenn der Glaube lebhaft ist, und der Rechtstaat unter dem Gesetz Gottes stehend wahrgenommen wird."
Ronald Reagan, 40.Präsident der USA, 1911 – 2004

„Anpassung ist der Gefängniswärter der Freiheit und der Feind des Wachstums."

„Die beste Straße zum Fortschritt ist die Straße der Freiheit."

„Denn wir haben es mit einer monolithischen und rücksichtslosen weltweiten Verschwörung zu tun, die sich hauptsächlich auf verdeckte Mittel zur Erweiterung ihres Einflußbereichs stützt - auf Infiltration statt Invasion, auf Subversion statt freier Wahlen, auf Einschüchterung statt Selbst-bestimmung, auf Guerillas in der Nacht anstatt Armeen bei Tag. Es ist ein System, welches beträchtliche menschliche und materielle Ressourcen in den Aufbau einer eng geknüpften, hocheffizienten Maschinerie verstrickt hat, die diplomatische, geheimdienstliche, ökonomische, wissenschaftliche und politische Operationen kombiniert."
John Fitzgerald Kennedy, 35. Präsident der USA, 1917 – 1963

„Wir müssen die Gremien unserer Regierung gegen die unberechtigte Einflußnahme durch den militärisch-industriellen Komplex schützen. Das Potential für eine verhängnisvolle Zunahme unberechtigter Macht existiert und besteht fort. Wir dürfen unsere Freiheiten und demokratischen Gepflogenheiten niemals durch diesen Einfluß gefährden lassen. Wir sollten nichts als selbstverständlich betrachten. Nur wachsame und informierte Bürger können ein angemessenes Zusammenwirken dieser riesigen industriellen und militärischen Maschinerie mit unseren friedlichen Methoden und Absichten herbeiführen, so daß Sicherheit und Freiheit zusammen gedeihen."
US-General Dwight D. Eisenhower am 17. Januar 1961

„Die Kräfte des Finanzkapitalismus haben einen weitreichenden Plan, und zwar nichts geringeres, als ein Weltsystem der finanziellen Kontrolle in privater Hand zu schaffen, das in der Lage ist, das politische System eines jeden Landes und die Wirtschaft der Welt als Ganzes zu beherrschen. (...) Ihr Geheimnis ist, daß sie von Regierungen, Monarchien und Republiken die Macht der Geld-schöpfung an sich gerissen haben."
Professor Carroll Quigley

„Wenn uns die Meinungsfreiheit genommen wird, dann werden wir dumm und still geführt, wie Schafe zur Schlachtbank."

„Schußwaffen stehen in ihrer Wichtigkeit an zweiter Stelle der Verfassung. Sie sind die Zähne der Freiheit des Volkes."

„Es ist unmöglich, ein Land gerecht zu regieren ohne Gott und die Bibel."

George Washington, 1. Präsident der USA, 1732 – 1799

„Setze dich deinen größten Ängsten aus. Danach verliert die Furcht ihre Macht, und die Angst vor der Freiheit verschwindet. Dann bist du frei."
Jim Morrison

„Was Tyrannei braucht, um einen Fuß in die Tür zu bekommen, ist daß gute Menschen still bleiben."

„Nachdem unsere Feinde gelernt haben, daß wir wie Männer rechten können, laßt uns ihnen nun zeigen, daß wir auch wie Männer kämpfen können!"

„Frieden, Handel und ehrliche Freundschaft mit allen Nationen, Allianzen mit keiner, das soll unser Motto sein."

„Willst du wissen wer du bist? Frage nicht. Handle! Dein Handeln wird dich beschreiben und es dir erklären."

„Kläre die Menschen auf, und Tyrannei und Unterdrückung werden vergehen wie böse Geister bei Tagesanbruch."

„Jeder Bürger sollte ein Soldat sein. Dies war der Fall bei den Römern und Griechen, und sollte das Prinzip eines jeden freien Staates sein."

„Für ein Volk das frei sein und es bleiben will, ist eine gutorganisierte und bewaffnete Bürgerwehr die beste Sicherheit."

„Die Geschichte im Allgemeinen zeigt uns erst, was schlechte Regierung bedeutet."

„Ich habe am Altar Gottes jedweder Tyrannei über den menschlichen Geist ewige Feindschaft geschworen."

„Keinem freien Mann soll der Gebrauch von Waffen versagt werden."

„Von Zeit zu Zeit muß der Baum der Freiheit mit dem Blut einiger Patrioten und dem der Tyrannen gedüngt werden."

„Demokratie ist, wenn ein Schaf und zwei Wölfe entscheiden, was es zum Abendessen gibt."

„Wo ein Volk seine Regierung fürchtet – da ist Tyrannei! Wo eine Regierung ihr Volk fürchtet – da ist Freiheit!"

Thomas Jefferson, 3.Präsident der USA, 1743 – 1826

Zitate aus dem Freiheitskampf der Schotten gegen die englische Besatzung unter König Edward I. „the Longshanks" um das Jahr 1300:

„Wir kommen hierher ohne friedliche Absichten, bereit zum Kampf, entschlossen dazu, unsere Verfehlungen zu rächen und unser Land zu befreien"

Zitat William Wallace vor der Schlacht von Stirling Bridge am 11. September 1297, zitiert in „Die Geschichte Schottlands" (1841) von Patrick Fraser Tytler, Seite 121

„... und wenn ihr dann in vielen Jahren sterbend in eurem Bett liegt, wärt ihr dann nicht bereit, jede Stunde einzutauschen von heute bis auf jenen Tag, um einmal nur, ein einziges Mal nur wieder hier stehen zu dürfen, um unseren Feinden zuzurufen: "Ja, sie mögen uns das Leben nehmen, aber niemals nehmen sie uns - UNSERE FREIHEIT!!!""

Filmzitat William Wallace aus dem Film „Braveheart" in seiner Ansprache an das schottische Heer vor der Schlacht von Stirling Bridge

„Ich kann kein Verräter (gegenüber König Edward) sein, denn ich habe ihm niemals Treue geschworen und schulde ihm daher keine Gefolgschaft. Er ist nicht mein Herrscher; nie empfing er meine Huldigung, und solange Leben in diesem verfolgten Leib ist, wird er sie niemals empfangen."

Aussage von William Wallace in seinem Verhör am 23. August 1305, zitiert in „Das Leben schottischer Berühmtheiten" von Patrick Fraser Tytler, Seite 279

Zitate über Mensch, Gesundheit und Leben

„Krankheiten überfallen den Menschen nicht wie ein Blitz aus heiterem Himmel, sondern sind die Folgen fortgesetzter Fehler wider die Natur."

„Nicht der Arzt heilt, sondern die Natur. Der Arzt kann nur ihr getreuer Helfer und Diener sein. Er wird von ihr, niemals aber die Natur von ihm lernen."
Hippokrates von Kós (ca. 460 - um 375 v.Chr.), griechischer Arzt der Antike

---

„Gott hat niemals eine Krankheit entstehen lassen, für die Er nicht auch eine Arznei geschaffen hat."

„Der Arzt verbindet deine Wunden. Dein innerer Arzt aber wird dich gesunden. Bitte ihn darum, sooft du kannst."
Philippus Theophrastus Paracelsus (1493 - 1541), eig. Philippus Aureolus Theophrast Bombastus von Hohenheim, dt. Arzt und Reformator der Medizin

---

Allgemeine Zitate

„Der Staatshaushalt muß ausgeglichen sein. Die öffentlichen Schulden müssen verringert, die Arroganz der Behörden gemäßigt und kontrolliert werden. Die Zahlungen an ausländische Regierungen müssen reduziert werden, wenn der Staat nicht bankrott gehen soll. Die Leute müssen wieder lernen zu arbeiten, anstatt auf Kosten Anderer zu leben."
Marcus Tullius Cicero, römischer Philosoph und Staatsmann, ca. 55 vor Christus

---

„Nicht, was er mit seiner Arbeit verdient, ist der eigentliche Lohn des Menschen, sondern was er durch sie wird."
John Ruskin (1819 - 1900), engl. Schriftsteller

„Papiergeld kehrt früher oder später stets zu seinem inneren Wert zurück: Null."
Voltaire (1694 - 1778), frz. Philosoph und Schriftsteller

„Wenn ihr eure Augen nicht gebraucht, um zu sehen, werdet ihr sie brauchen, um zu weinen."
Jean Paul Sartre

„Wer in der Demokratie schläft, wacht in der Diktatur auf."

Johann Wolfgang von Goethe

„Ich bin frei, gleichgültig welche Gesetze mich umgeben. Wenn sie tolerierbar sind, dann toleriere ich sie; wenn ich sie als widerwärtig empfinde, dann breche ich sie. Ich bin frei, weil ich weiß, daß ICH ALLEIN die moralische Verantwortung trage für alles, was ich tue."
Robert Anson Heinlein (1907 – 1988), US-amerikanischer Science Fiction-Schriftsteller

„Macht ist Wissen, das der Mehrheit der Menschen verschwiegen wurde."
unbekannt

„Sei du selbst die Veränderung, die du dir wünschst für diese Welt."

„Die Welt hat genug für jedermanns Bedürfnisse, aber nicht für jedermanns Gier."

„Die Größe einer Nation und ihr moralischer Fortschritt läßt sich daran erkennen, wie sie die Tiere behandelt."
Mohandras Karamchand („Mahatma") Gandhi

„Es gibt keine großen Entdeckungen und Fortschritte, solange es noch ein unglückliches Kind auf Erden gibt."
„Die Welt wird nicht bedroht von den Menschen, die böse sind, sondern von denen, die das Böse zulassen" **Albert Einstein**

„Gewalthaber werden so lange über dich herrschen, solange du nach ihren Regeln spielst."
Chris Duane, Sons of liberty-Akademie, http://dont-tread-on.me

---

„Es ist kein Zeichen geistiger Gesundheit, an eine kranke Gesellschaft gut angepaßt zu sein."
Jiddu Krishnamurti, indischer Philosoph

„Genügsamkeit ist natürlicher Reichtum, freiwillige Armut Luxus."
Sokrates, Philosoph der Antike

„Wir neigen dazu, Erfolg eher nach der Höhe unserer Gehälter oder nach der Größe unserer Autos zu bestimmen als nach dem Grad unserer Hilfsbereitschaft und dem Maß unserer Menschlichkeit. Für die Menschen ist die Zeit gekommen, die Gewaltlosigkeit in allen Bereichen menschlicher Konflikte zu erproben, und das bedeutet Gewaltlosigkeit auf internationaler Ebene."
Martin Luther King

„Niemand ist hoffnungsloser versklavt als der, der fälschlich glaubt frei zu sein."
Johann Wolfgang von Goethe

„Wenn du keinen Menschen töten kannst – gut; Kannst du kein Vieh und keine Vögel töten – noch besser; keine Fische und Insekten – noch besser. Bemühe dich, soweit wie möglich zu kommen. Grüble nicht, was möglich ist und was nicht – tu' was du mit deinen Kräften zustande bringst – darauf kommt alles an."

„Es gibt Menschen, die ein Stück Land ‚Mein' nennen, und dieses Land nie gesehen und betreten haben. Die Menschen trachten im Leben nicht danach zu tun, was sie für gut halten, sondern danach, möglichst viele Dinge ‚Mein' zu nennen."

aus dem Buch „Der Leinwandmesser" von Lew Nikolajewitsch Tolstoi (1828-1910), russischer Schriftsteller (u.a. "Krieg und Frieden")

„Wann immer Zerstörer unter den Menschen erscheinen, beginnen sie damit, das Geld zu zerstören, denn das Geld ist der Schutz der Menschen und die Grundlage moralischen Daseins. Die Zerstörer bemächtigen sich des Goldes und geben seinen Besitzern dafür ein wertloses Bündel Papier. Damit werden alle objektiven Maßstäbe vernichtet und die Menschen der Willkür derjenigen ausgeliefert, die nun willkürlich Werte festsetzen. Gold ist ein objektiver Wert, ein Äquivalent des erzeugten Reichtums. Papier ist ein Pfandbrief auf nicht vorhandene Werte mit einem Gewehr als Sicherheit, das man denen an den Kopf hält, die sie erschaffen sollen. Papier ist ein von gesetzlich autorisierten Plünderern auf ein fremdes Konto gezogener Wechsel: ein Wechsel auf die Tugend der Opfer. Und es wird der Tag kommen, an dem er platzt, weil das Konto überzogen ist."

„Man kann die Realität ignorieren, aber man kann nicht die Konsequenzen der ignorierten Realität ignorieren" **Ayn Rand, eig. Alissa Sinowjewna Rosenbaum (1905 – 1982), russisch-amerikanische Schriftstellerin**

„Die EU ist ein impotentes Imperium, das Frankreich ausgeplündert hat"
Marine Le Pen, französische Politikerin und Vorsitzende der Partei „Front National"

„Ich beuge mich nicht dem Diktat unnützer Forderungen aus Brüssel"
Geert Wilders, niederländischer Politiker und Vorsitzender der Partei „Partij voor de Vrijheid"

„Selbst wenn ich wüßte, daß morgen die Welt untergeht, so würde ich doch heute noch ein Apfelbäumchen pflanzen." - **Martin Luther**

„Denk ich an Deutschland in der Nacht, dann bin ich um den Schlaf gebracht."
Heinrich Heine, deutscher Schriftsteller

„Wer sich zum Wurm macht, soll nicht klagen, wenn er getreten wird."
Immanuel Kant, deutscher Philosoph

„Kein Abschied auf der Welt fällt schwerer als der Abschied von der Macht."

„Niemand vermag zu sagen, wieviele politische Dummheiten aus Mangel an Geld schon verhindert wurden."

Charles-Maurice de Talleyrand-Périgord (1754 – 1838), französischer Staatsmann

---

„Ein wahrhaft großer Mann wird weder einen Wurm zertreten, noch vor einem Kaiser kriechen."
Benjamin Franklin (1706 – 1790), US-amerikanischer Verleger, Schriftsteller, Erfinder, Naturwissenschaftler und Staatsmann

---

„Die Sklaven von heute werden nicht mit Peitschen, sondern mit Terminkalendern angetrieben."
John Steinbeck

„Gut sind die Waffen, ist nur die Absicht, die sie führt, gerecht"
William Shakespeare, englischer Schriftsteller und Dramatiker

---

„Ein Staat ist immer nur so frei wie sein Waffengesetz."
Gustav Heinemann, ehemaliger BRD-Bundespräsident

„Als erste zivilisierte Nation haben wir ein Waffenregistrierungsgesetz. Unsere Straßen werden dadurch sicherer werden; unsere Polizei wird effizienter und die Welt wird unserem Beispiel in die Zukunft folgen!"
Adolf Hitler auf dem NSDAP-Reichsparteitag am 15.09.1935

„Kapital muss sich in jeder Hinsicht schützen, durch beides, Kombination und Legislation. Schulden müssen eingetrieben werden, ebenso Hypotheken so schnell wie möglich. Wenn, durch den Gang des Gesetzes, das gemeine Volk seine Häuser verliert, werden sie fügsamer und leichter zu regieren, durch den starken Arm des Staates, angewandt durch eine zentrale Macht des Reichtums der führenden Finanziers. Diese Wahrheiten sind bekannt unter den führenden Persönlichkeiten, die jetzt engagiert sind einen Imperialismus zu formen, um die Welt zu regieren. Durch die Aufspaltung der Wähler in das politische Parteiensystem, können wir sie dazu bringen ihre Energie für Kämpfe aufzubrauchen, für Fragen die keinerlei Bedeutung haben. Es folgt daraus: Durch diskrete Aktionen können wir für uns ernten, was so gut geplant und erfolgreich erreicht wurde."
Montagu Norman, Gouverneur der Bank of England von 1920 – 1944, während einer Ansprache auf anläßlich einer Bankiersvereinigung in den USA im Jahre 1924

„Im Neuen Testament finde ich unendlich mehr Klarheit und tiefere Wahrheit als in allen Schriften aller Philosophen zusammen."
Immanuel Kant (1724 – 1804), deutscher Philosoph der „Aufklärung"

„Eine gründliche Kenntnis der Bibel ist mehr wert als ein Universitätsstudium"
Theodore Roosevelt

„Hier liegt das Buch par excellence of meinem Tische (die Bibel); ich werde nicht müde, es immer wieder zu lesen: jeden Tag lese ich es mit derselben Lust."
Napoleon Bonaparte

„Die sterbenden Gesellschaften häufen Gesetze an wie die Sterbenden Heilmittel."

Nicolás Gómez Dávila

„Nachhaltigkeit auf der Basis von Papiergeld? Das wäre so wahrscheinlich wie ein Keuschheitsgelübde im Puff."
Edgar L. Gärtner

„Da die Torheit der Regierenden keine Grenzen kennt, bleibt dem klugen Bürger nicht anderes übrig, als sein Schicksal in die eigenen Hände zu nehmen und sich seine persönlichen Goldreserven anzulegen und mit Vorteil, so lange es noch so billig ist, wie zum heutigen Zeitpunkt."
Ferdinand Lips aus "Die Goldverschwörung": "Was geschah mit Deutschlands Gold"

„Der Sozialismus ist nicht Wegbereiter einer besseren und schöneren Zukunft, sondern der Zertrümmerer dessen, was Jahrtausende der Kultur mühsam geschaffen haben. Er baut nicht auf, er reißt nieder. Die Massen wissen nicht, dass Sozialismus nicht Wohlstand für alle, sondern Elend für alle bedeutet. Sie ahnen nicht, dass sie zwischen Sozialismus auf der einen Seite und Freiheit und Demokratie auf der anderen Seite zu wählen haben, weil beide unverträglich sind. Bemerkenswerterweise ist die gebildete Schicht einfältiger als die ungebildete. Die begeistersten Anhänger des Marxismus, des Nationalsozialismus und des Faschismus waren die Intellektuellen, nicht die Grobiane."

„Durch Kunstgriffe der Bank- und Währungspolitik kann man nur vorübergehende Scheinbesserung erzielen, die dann zu umso schwererer Katastrophe führen muß."
Ludwig Heinrich Edler von Mises (1881 – 1973), österreichisch-amerikanischer Wirtschaftswissen-schaftler; einer der wichtigsten Vertreter der Österreichischen Schule der Nationalökonomie

„Wenn alle wahren und echten Rechte zerstört sind, muß die entartete, jakobinische Demokratie die „Menschenrechte" erfinden, um sich überhaupt noch vom Totalitarismus unterscheiden zu können – wenigstens rhetorisch."

„Jeder Wahlsieger ist ein Meisterdieb."

„Je größer der Papiergeld-Reichtum der Welt, desto größer die Armut, die ihm folgen wird."

Roland Baader, deutscher Schriftsteller

„Nicht die Diktatoren schaffen die Diktaturen, sondern die Herden."
Georges Bernanos

„Alles was Sozialisten von Geld verstehen, ist die Tatsache, daß sie es von anderen haben wollen." **Konrad Adenauer**

„Das Geheimnis des Glücks ist die Freiheit, das Geheimnis der Freiheit aber ist der Mut."
Perikles (490 – 429 vor Christus), Staatsmann von Athen

„Wer in der Demokratie die Wahrheit sagt, wird von der Menge getötet."
Platon (427 - 347 vor Christus), griechischer Philosoph

„Wenn du dich weigerst, ungerechte Steuern zu bezahlen, wird dein Eigentum konfisziert. Wenn du versuchst, dein Eigentum zu verteidigen, wirst du festgenommen. Wenn du dich der Festnahme widersetzt, wirst du niedergeknüppelt. Wenn du dich dagegen wehrst, wirst du erschossen. Diese Maßnahmen sind bekannt als Rechtstaatlichkeit."
Edward Abbey (1927 – 1989), amerikanischer Naturforscher und Philosoph, über den „Rechtsstaat"

„Wer in der Demokratie schläft, wacht in der Diktatur auf."
Immanuel Kant (1724 – 1804), deutscher Philosoph

„Eine Frömmigkeit, die nur dann, verstaubt und verrostet, aus der Schublade geholt wird, wenn und weil der Träger im Dreck sitzt, ist keine. Sage mir, zu wem du betest, wenn es dir gut geht, und ich will dir sagen, wie fromm du bist. Not lehrt beten; aber das echte Gebet ist das nicht."
Kurt Tucholsky (1890 – 1935), deutscher Schriftsteller

„Es werden mehrere Jahrtausende von Liebe nötig sein, um den Tieren ihr durch uns zugefügtes Leid heimzuzahlen."
Artur Schopenhauer (1788 – 1860), deutscher Philosoph, Autor und Hochschullehrer

„Atheismus ist der Versuch, die Erde ohne die Sonne zu erklären."
Sigismund von Radecki in „Als ob das immer so weiter ginge"

„Die heutige Abwendung der Menschheit muß man verstehen als ein Abwenden von Gott." **Paul Ernst in „Der schmale Weg zum Glück"**

„Wissen Sie, ich bin als Atheist in das Konzentrationslager gekommen, und nach allem, was ich dort erlebt habe verließ ich es als gläubiger Christ. Mir ist klargeworden, daß ein Volk ohne metaphysische Bindung, ohne Bindung an Gott, weder regiert noch auf Dauer blühen kann."

Carlo Mierendorff, nach seiner Befreiung aus der Lagerhaft, zitiert in die-tagespost.de, 15. September 2007

„Alles, was gegen die Natur ist, hat auf Dauer keinen Bestand."

„Die Tiere empfinden wie der Mensch Freude und Schmerz, Glück und Unglück; sie werden durch dieselben Gemütsbewegungen betroffen wie wir."

„Ich habe niemals die Existenz Gottes verneint. Ich glaube, daß die Entwicklungstheorie absolut versöhnlich ist mit dem Glauben an Gott. Die Unmöglichkeit des Beweisens und Begreifens, daß das großartige, über alle Maßen herrliche Weltall ebenso wie der Mensch zufällig geworden ist, scheint mir das Hauptargument für die Existenz Gottes."
Charles Darwin (1809 – 1882), englischer Naturforscher, Begründer der Evolutionstheorie

„Zwei Dinge sind unendlich, das Universum und die menschliche Dummheit, aber bei dem Universum bin ich mir noch nicht ganz sicher."

„Der Fortgang der wissenschaftlichen Entwicklung ist im Endeffekt eine ständige Flucht vor dem Staunen."

„Die Definition von Wahnsinn ist es, immer das Gleiche zu tun und andere Ergebnisse zu erwarten."

„Welch triste Epoche, in der es leichter ist, ein Atom zu zertrümmern als ein Vorurteil!"
Albert Einstein

„Der erste Trunk aus dem Becher der Naturwissenschaft macht atheistisch, aber auf dem Grund des Bechers wartet Gott."
Werner von Heisenberg (1901 – 1976), deutscher Physiker

„Die Naturwissenschaften braucht der Mensch zum Erkennen, den Glauben zum Handeln. Religion und Naturwissenschaft schließen sich nicht aus, wie heutzutage manche glauben und fürchten, sondern sie ergänzen und bedingen einander. Für den gläubigen Menschen steht Gott am Anfang, für den Wissenschaftler am Ende aller Überlegungen."

„Religion und Naturwissenschaft - sie schließen sich nicht aus, wie manche heutzutage glauben oder fürchten, sondern sie ergänzen und bedingen einander. Wohl den unmittelbarsten Beweis für die Verträglichkeit von Religion und Naturwissenschaft auch bei gründlich-kritischer Betrachtung bildet die historische Tatsache, daß gerade die größten Naturforscher aller Zeiten, Männer wie Kepler, Newton, Leibniz von tiefer Religiosität durchdrungen waren."
Max Planck (1858 – 1947), deutscher Physiker, Begründer der Quantentheorie

---

„Die moderne Physik führt uns notwendig zu Gott hin, nicht von ihm fort. - Keiner der Erfinder des Atheismus war Naturwissenschaftler. Alle waren sie sehr mittelmäßige Philosophen."
Sir Arthur Stanley Eddington (1882 – 1946), englischer Astronom und Physiker

---

Zitate bezüglich heute gelehrter Ideologien und ihrer massenpsychologischen Durchsetzung:

„Der Politischen Korrektheit geht es nicht darum, eine abweichende Meinung als falsch zu erweisen, sondern die abweichend Meinenden als unmoralisch zu verurteilen. Man kritisiert abweichende Meinungen nicht mehr, sondern haßt sie einfach. Wer widerspricht, wird nicht widerlegt, sondern zum Schweigen gebracht."
Prof. Norbert Bolz

„Abweichende Meinungen werden heute schärfer sanktioniert als abweichendes Verhalten. Diese Sanktionen laufen zumeist nicht über Diskussionen, sondern über Ausschluß. [...] Es gibt keine Freiheit des Denkens ohne die Möglichkeit einer öffentlichen Mitteilung des Gedachten. [...] Gedankenfreiheit bedeutet für die meisten Menschen nämlich nur die Möglichkeit, zwischen einigen wenigen Ansichten zu wählen, die von einer kleinen Minderheit öffentlich Redender und Schreibender verbreitet worden sind. Deshalb zerstört das Zum-Schweigen-Bringen abweichender Meinungen die Gedankenfreiheit selbst. In der massendemokratischen Öffentlichkeit können sich die Meinungen der Einzelnen kaum zur Geltung bringen. Umso stärker ist der Druck der öffent-lichen Meinung auf den Einzelnen und sein Meinen. Aus Angst vor Isolation beobachtet man ständig die öffentliche Meinung. Und öffentlich heißt eben: die Meinung, die man ohne Isolationsangst aussprechen kann. Wir fürchten also nicht, eine falsche Meinung zu haben, sondern mit ihr allein zu stehen. Die Isolationsangst regiert die Welt. Wer den Zorn der anderen fürchtet, schließt sich leicht der Meinung der scheinbaren Mehrheit an, auch wenn er es eigentlich besser weiß. Er bringt sich selbst zum Schweigen, um seinen guten Ruf nicht aufs Spiel zu setzen. Das ist der Ansatzpunkt für eine Dynamik, die Elisabeth Noelle-Neumann „Schweigespirale" genannt hat. Sie wird heute von der Politischen Korrektheit genutzt." - **Prof. Norbert Bolz in „Die neuen Jacobiner", FOCUS-Nr. 37/2010**

„Der Feminismus ist unsere Erfindung aus zwei Gründen. Vorher zahlte nur die Hälfte der Bevölkerung Steuern, jetzt fast alle, weil die Frauen arbeiten gehen. Außerdem wurde damit die Familie zerstört, und wir haben dadurch die Macht über die Kinder erhalten. Sie sind unter unserer Kontrolle mit unseren Medien und bekommen unsere Botschaft eingetrichtert, stehen nicht mehr unter dem Einfluß der intakten Familie. Indem wir die Frauen gegen die Männer aufhetzen und die Partnerschaft und die Gemeinschaft der Familie zerstören, haben wir eine kaputte Gesellschaft aus Egoisten geschaffen, die arbeiten (für die angebliche Karriere), konsumieren (Mode, Schönheit, Marken), dadurch unsere Sklaven sind und es auch noch gut finden."
Nicholas Rockefeller, Rockefeller Foundation, Link: http://tinyurl.com/b8f7eyr

„Political Correctness, dieses grünäugige Monster, ist doch allgegenwärtig. Dieses Monster bekämpft das freie Denken überall dort, wo es um die möglichen Unterschiede von Menschen unterschiedlicher Rassen, die Unterschiede zwischen den Geschlechtern und den Zusammenhang von Gesellschaft und Biologie geht, um nur einige Beispiele zu nennen. Die Political Correctness versucht zudem die Unterschiede zwischen Objektivität und Subjektivität, zwischen Feigheit und Mut und sogar zwischen Gut und Böse aufzulösen. Um es mit Friedrich Nietzsche zu sagen: Die Political Correctness ist die Manifestation einer Sklavenmoral. Sie ist ein Kennzeichen einer niedergehenden Gesellschaft, die sich selbst in ihrem Niedergang für ihre Rechtschaffenheit, Freiheit und ihre angebliche Toleranz preist." **Martin Levi van Creveld**

„Die weiße Rasse ist das Krebsgeschwür der Menschheit."
Die weiße, linke „Menschenrechtsaktivistin" Susan Sontag, gestorben 2004 an Krebs

„Traditionelle Moralvorstellungen sollen verschwinden. Die Gesetze zum Schutz Minderjähriger §§ 175 und §§ 182 Strafgesetzbuch sollen gestrichen werden. Diese Paragraphen bedrohen einvernehmliche sexuelle Kontakte mit Strafe und dienen damit nicht dem Schutz der sexuellen Selbstbestimmung. Sie behindern die freie Entfaltung der Persönlichkeit [...] Die Strafdrohung belastet das konfliktfreie sexuelle Erleben derjenigen Jugendlichen, die sich ihrer homosexuellen Orientierung bereits gewiss sind. Die Strafandrohung, der sich ein zufällig über 18 Jahre alter Partner ausgesetzt sieht, vermittelt eine negative Bewertung der gesamten Beziehung [...] Schutzgüter wie Virginität, Geschlechtsehre und ähnliches sind nur scheinbar individuelle und gehen auf ältere Vorstellungen von 'Marktwert' und 'Heiratschancen' des Mädchens zurück (...) Mädchen wird die Fähigkeit zur Entscheidung über ihre sexuellen Interaktionen abgesprochen, das Vorhandensein einer eigenständigen und selbstbestimmten Sexualität von Mädchen wird geleugnet." **„Bündnis 90/Die Grünen" in Bundesdrucksache 10/2832 vom 4. Februar 1985**

„Auf ihrer Landeskonferenz in Lüdenscheid (März 1985) fordern **die Grünen** in NRW, daß „gewaltfreie Sexualität" zwischen Kindern und Erwachsenen niemals Gegenstand strafrechtlicher Verfolgung sein dürfe. Sie sei „im Gegenteil von allen Restriktionen zu befreien, die ihr in dieser Gesellschaft auferlegt sind". Der mit Mehrheit verabschiedete Programmteil attestiert zum Thema Beziehungen zwischen Erwachsenen und Kindern denjenigen eine „gesellschaftliche Unterdrückung, die gewaltfreie Sexualität mit Kindern wollen, dazu fähig sind und deren gesamte Existenz von einem Tag auf den anderen vernichtet wird, wenn bekannt wird, daß sie Beziehungen eingegangen sind, die wir alle als für beide Teile angenehm, produktiv, entwicklungsfördernd, kurz: positiv ansehen müssen". (…) „gewaltfreie Sexualität muß frei sein für jeden Menschen, unabhängig von Alter, Geschlecht oder anderen Merkmalen (…) Daher sind alle Straftatbestände zu streichen, die gewaltfreie Sexualität mit Strafe bedrohen". **„Bündnis 90/Die Grünen" auf ihrer Landeskonferenz in Lüdenscheid (dpa 10.3.1985; Bild 11.3.1985; FAZ 16.3.1985; Die Welt 20.3.1985)**

„Eine Entkriminalisierung der Pädosexualität (= Kinderschändung, Anm. des Autors) ist angesichts des jetzigen Zustandes ihrer globalen Kriminalisierung dringend erforderlich [...] Allein eine Mobilisierung der Schwulenbewegung für die rechtlich im Gegensatz zur Pädosexualität völlig unproblematische Gleichstellung von Homo- und Heterosexualität [...] wird das Zementieren eines sexual-repressiven Klimas verhindern können – eine Voraussetzung, um eines Tages den Kampf für die zumindest teilweise Entkriminalisierung der Pädosexualität aufnehmen zu können." **(Beitrag „Das Strafrecht ändern?: Plädoyer für eine realistische Neuorientierung der Sexualpolitik" in: Angelo Leopardi (Hrsg.): Der pädosexuelle Komplex, Foerster, Berlin 1988)**

„Mein ständiger Flirt mit allen Kindern nahm bald erotische Züge an. Ich konnte richtig fühlen, wie die kleinen Mädchen von fünf Jahren schon gelernt hatten, mich anzumachen. Es ist kaum zu glauben. Meist war ich ziemlich entwaffnet. (…) Es ist mir mehrmals passiert, dass einige Kinder meinen Hosenlatz geöffnet und angefangen haben, mich zu streicheln. Ich habe je nach den Umständen unterschiedlich reagiert, aber ihr Wunsch stellte mich vor Probleme.

Ich habe sie gefragt: „Warum spielt ihr nicht untereinander, warum habt ihr mich ausgewählt und nicht andere Kinder?" Aber wenn sie darauf bestanden, habe ich sie dennoch gestreichelt."
Daniel Cohn-Bendit („Die Grünen") in seinem Buch „Der Große Bazar"

Zitate zum Hintergrund der Asyl- und Flüchtlingsproblematik

„Der 'Pate' der Europäischen Union, Richard Coudenhove-Kalergi, veröffentlichte den Plan für ein 'Vereinigtes Europa' und den kulturellen Völkermord an den Völkern Europas: Die Förderung massenhafter, nicht-weißer Zuwanderung, war zentraler Teil dieses Plans! Seitdem arbeitet eine unheilige Allianz aus Linken, Kapitalisten und zionistischen Rassisten bewußt daran, uns durch Zuwanderung und Vermischung mit der festen Absicht, uns aus unseren eigenen Heimatländern buchstäblich 'herauszuzüchten'. Da der Widerstand der einheimischen Bevölkerung gegen diese humangenetische Modifizierungsindustrie wächst sucht die kriminelle Elite nach neuen Wegen, um ihr Projekt zu tarnen. Zuerst bezeichnete man die Immigranten als 'temporäre Gastarbeiter', dann war es ein 'multirassisches Experiment', dann waren es 'Flüchtlinge', dann 'die Lösung des Problems der schrumpfenden Bevölkerung'. Unterschiedliche Ausreden, unterschiedliche Lügen! Und 'Asyl' ist nur eine weitere davon! Doch die wahre Absicht dahinter bleibt gleich: 'Der größte Völkermord der Menschheitsgeschichte!', 'Die Endlösung für das christlich-europäische Problem'. Dieses Verbrechen verlangt nach einem neuen 'Nürnberger Tribunal', und ihr Leute werdet auf der Anklagebank sitzen!"

Die EU-Parlamentabgeordnete Gomez antwortete darauf: „Herr Präsident, ich bin wirklich beschämt wegen der rassistischen und fremdenfeindlichen Begriffe, die von Herrn Griffin gebraucht wurden. Und meine einzige Frage an ihn ist, ob er hier ist, um irgendwelche konkreten Vorschläge zu Gesetzesänderungen vorzubringen. Ist ihre Politik ernsthaft, oder schreien sie hier nur herum? Und ich hoffe, sie werden nicht wiedergewählt, falls sie danach streben sollten, wiedergewählt zu werden, denn die Aussagen, die sie gerade gemacht haben, sind eine Schande für dieses Parlament!" Herr Griffin antwortet darauf: „Sie sind es, die herumschreit, denn offensichtlich tut die Wahrheit weh. Ja, ich werde mich zur Wiederwahl stellen; ja, ich hoffe wieder hierher zu kommen, um für die Interessen der eingeborenen Europäer zu sprechen, welche die Gründer dieses Ortes in voller Absicht zur Vernichtung freigegeben haben. Dabei handelt es sich um ein Verbrechen. Ich sage die Wahrheit. Ich habe einen konstruktiven Vorschlag, um den armen Asylsuchenden aus Afrika zu helfen: Ja, machen sie ihnen klar, daß sie nicht hierherkommen können, dann werden sie auch nicht versuchen, das Meer zu überqueren und dabei in großer Zahl ertrinken. Der beste Weg für sie wäre, die Banken loszuwerden, die ihren Ländern im Nacken sitzen, dann können sie dort in Frieden leben – in ihren Ländern; und wir Europäer können ebenfalls in Frieden leben – in unseren Ländern." **Nick Griffin**, Abgeordneter der British National Party (BNP) im EU-Parlament;
Link: http://tinyurl.com/keo94bo

Zitate Deutschland und die Deutschen betreffend:

Carl Friedrich von Weizsäcker über die Deutschen in „Der bedrohte Friede – heute" (1. Auflage):
„Absolut obrigkeitshörig, des Denkens entwöhnt, typischer Befehlsempfänger, ein Held vor dem Feind, aber ein totaler Mangel an Zivilcourage! Der typische Deutsche verteidigt sich erst dann, wenn er nichts mehr hat, was sich zu verteidigen lohnt. Wenn er aber aus seinem Schlaf erwacht ist, dann schlägt er in blindem Zorn alles kurz und klein, auch das was ihm noch helfen könnte."

Der französische Kaiser und Feldherr Napoléon Bonaparte (1769 – 1821) über die Deutschen:
„Es gibt kein gutmütigeres, aber auch kein leichtgläubigeres Volk als das deutsche. Keine Lüge kann grob genug ersonnen werden, die Deutschen glauben sie. Um eine Parole, die man ihnen gab, verfolgen sie ihre Landsleute mit größerer Erbitterung als ihre wirklichen Feinde."

„Wir haben wahrlich keinen Anspruch auf Demokratie und soziale Marktwirtschaft in alle Ewigkeit.", resümierte Angela Merkel in einer Rede im Jahre 2005 anläßlich der CDU-Jahrestagsfeier – **Link: http://tinyurl.com/ccet682**

„Meine Damen und Herren, ich sage ihnen: wir haben gar keine Bundesregierung! Wir haben Frau Merkel als Geschäftsführerin einer neuen Nichtregierungsorganisation in Deutschland." offenbarte der SPD-Vorsitzende Sigmar Gabriel im Jahre 2010 auf dem SPD-Sonderparteitag in Dortmund seinen Zuhörern – **Link: http://tinyurl.com/cojsg6a**

„Die, die gewählt werden, haben nichts zu entscheiden, und die, die entscheiden, können nicht gewählt werden.", bekannte der CSU-Vorsitzender Horst Seehofer (CSU) bei Erwin Pelzig ("Aufgemerkt!") in der ARD – **Link: http://tinyurl.com/amoclec**

„Deutschland ist seit dem 8. Mai 1945 niemals mehr ein souveräner Staat gewesen.", bestätigte BRD-Finanzminister Wolfgang Schäuble am 18.11.2011 auf dem "European Banking Congress" in Frankfurt – **Link: http://tinyurl.com/bdpyt3y**

„Mit der Kapitulation der deutschen Wehrmacht am 8. Mai 1945 ist das Deutsche Reich nicht untergegangen. Es gibt keinen völkerrechtlich wirksamen Akt, durch den die östlichen Teile des Deutschen Reiches von diesem abgetrennt worden sind. Unser politisches Ziel bleibt die Wiederherstellung der staatlichen Einheit des deutschen Volkes in freier Selbstbestimmung.", erklärte ex-CSU-Vorsitzender und ex-BRD-Außenminister Theo Waigel im Jahre 1990 auf dem Schlesiertreffen in Hannover – **Link: http://tinyurl.com/b9y77hv**

Weitere Zitate – einige von ihnen erfüllen den Tatbestand des Aufrufs zum bzw. der Planung des Völkermordes an der deutschen Bevölkerung und unterliegen somit der internationalen Strafverfolgung. Personen, die sich jemals auf diese Weise haben ideologisch blenden lassen, sollten – sofern sie überhaupt noch dazu in der Lage sind, zu erkennen, auf welchem trostlosem Weg sie sich befinden – Gott, ihr Volk, und denjenigen, an denen sie sich schuldig gemacht haben, ehrlich um Verzeihung bitten. Völkermord wird gemäß Wikipedia folgendermaßen definiert (Quelle: http://de.wikipedia.org/wiki/Völkermord)

„Grundlage war die Resolution 180 der UN-Vollversammlung vom 21. November 1947, in der festgestellt wurde, dass „Völkermord ein internationales Verbrechen [ist], das nationale und internationale Verantwortung von Menschen und Staaten erfordert", um der völkerrechtlichen Verbrechen im Zweiten Weltkrieg zu gedenken.

Die Konvention definiert Völkermord in Artikel II als „eine der folgenden Handlungen, begangen in der Absicht, eine nationale, ethnische, rassische oder religiöse Gruppe als solche ganz oder teilweise zu zerstören:
a) das Töten von Angehörigen der Gruppe
b) das Zufügen von schweren körperlichen oder seelischen Schäden bei Angehörigen der Gruppe
c) die absichtliche Unterwerfung unter Lebensbedingungen, die auf die völlige oder teilweise physische Zerstörung der Gruppe abzielen
d) die Anordnung von Maßnahmen zur Geburtenverhinderung (u.a. „Verhütung" „Abtreibung")
e) die gewaltsame Überführung von Kindern der Gruppe in eine andere Gruppe"

Joseph „Joschka" Fischer:
„Deutschland muß von außen eingehegt und von innen durch ständigen Zustrom verdünnt, quasi heterogenisiert werden." (Quelle: "Die Welt", 7. Februar 2005 in „Joschka Fischer in Bedrängnis"; Mariam Lau, Rezension des Buches „Risiko Deutschland" von Josef „Joschka" Fischer)

„Deutsche Helden müßte die Welt, tollwütigen Hunden gleich, einfach totschlagen." 1982 in der Frankfurter Linkspostille Pflasterstrand. zitiert in: Nation & Europa, Mai 1999, S. 7.

Kurt Tucholsky:
„In Deutschland gilt derjenige, der auf den Schmutz hinweist, für viel gefährlicher als derjenige, der den Schmutz macht"

Christin Löchner, „Die LINKE":
„Es mag Sie vielleicht überraschen, aber ich bin eine Volksverräterin. Ich liebe und fördere den Volkstod, beglückwünsche Polen für das erlangte Gebiet und die Tschech/innen für die verdiente Ruhe vor den Sudetendeutschen." **Quelle: julius-hensel.com:** http://tinyurl.com/9boxab4

Jürgen Trittin, „Bündnis90/Die Grünen":
„Deutschland ist ein in allen Gesellschaftsschichten und Generationen rassistisch infiziertes Land."
Quelle: dip21.bundestag.de: http://tinyurl.com/c4x9qyh
„Deutschland verschwindet jeden Tag immer mehr, und das finde ich einfach großartig."
Quelle: Frankfurter Allgemeine Sonntagszeitung vom 2. Januar 2005; http://tinyurl.com/9aypp96

„Ich wollte, daß Frankreich bis zur Elbe reicht und Polen direkt an Frankreich grenzt."
Sieglinde Frieß, Bündnis90/"Die Grünen" vor dem Parlament im Bundestag, Quelle: FAZ vom 6.9.1989

Franziska Drohsel, SPD und ehemalige Bundesvorsitzende der „Jusos": „Deutsche Nation, das ist überhaupt nichts, worauf ich mich positiv beziehe – würde ich politisch sogar bekämpfen." **Quelle Cicero.tv:** http://tinyurl.com/94clpxu

Angela Merkel, CDU-Vorsitzende und Bundeskanzlerin, am 3.2.2003 im CDU-Präsidium:
„Es ist Aufgabe der Politik, das Bedrohungsgefühl in der Bevölkerung zu stärken."

„Moscheen werden Teil unseres Stadtbildes sein." **Quelle faz.net:** http://tinyurl.com/8c5wyay

„Man kann sich nicht darauf verlassen, daß das, was vor der Wahl gesagt wurde, auch nach der Wahl noch gilt. Und wir müssen damit rechnen, daß sich das in verschiedenen Weisen wiederholen kann."
Quelle: http://tinyurl.com/8c5wyay

Wolfgang Schäuble, BRD-Finanzminister:
„Wir sind dabei, das Monopol des alten Nationalstaates aufzulösen. Der Weg ist mühsam, aber es lohnt sich, ihn zu gehen." **Quelle: Frankfurter Allgemeine Sonntagszeitung vom 8.10.2011**

„Wir können die politische Union nur erreichen, wenn wir eine Krise haben."
Quelle: New York Times am 18.11.2011, Link: http://tinyurl.com/bv8ohfr

Letzter Abschnitt des Artikels: „He sees the turmoil as not an obstacle but a necessity. 'We can only achieve a political union if we have a crisis', Mr. Schäuble said."
Übersetzung: „Er betrachtet Chaos nicht als Hindernis, sondern als Notwendigkeit. „Wir können die politische Union nur erreichen, wenn wir eine Krise haben.", sagte Herr Schäuble.
Erkenntnis: Die „Krise" war also gewollt und wurde bewußt herbeigeführt, um die bestehende Ordnung souveräner Nationalstaaten aufzulösen, die Entrechtung und Enteignung der Bürger samt ihrer Totalüberwachung aufgrund des „internationalen Terrorismus" voranzutreiben, und nicht demokratisch legitimierte Nichtregierungsorganisation mit staatlichen Vollmachten zum Zweck der Staatssimulation auszurüsten (EU-Parlament, EU-Kommission, EU-Räte, EU-Gerichtshof. „EU-Bürger" etc.). Ohne „Krise" hätten die Bürger alldem niemals zugestimmt – und sie tun es bis heute nicht und beginnen nun, sich gegen den Terror des neuen Faschismus weltweit zur Wehr zu setzen.

Theodor W. Adorno: **„Ich fürchte nicht die Rückkehr der Faschisten in der Maske der Faschisten, sondern in der Maske der Demokraten."**
Ignazio Silone: **„Der neue Faschismus wird nicht sagen: ich bin der Faschismus; er wird sagen: ich bin der Anti-Faschismus"**

Renate Schmidt, SPD- Familienministerin:
„Die Frage (ob die Deutschen aussterben), das ist für mich eine, die ich an allerletzter Stelle stelle, denn dieses ist mir, also so wie sie hier gestellt wird, verhältnismäßig wurscht."
Quelle: am 14.3.1987 im Bayerischen Rundfunk

Vorstand der Bündnis 90/Die Grünen von München:
„Es geht nicht um Recht oder Unrecht in der Einwanderungsdebatte, uns geht es zuerst um die Zurückdrängung des deutschen Bevölkerungsanteils in diesem Land."

Cem Özdemir, Bündnis90/Die Grünen:

„Was unsere Urväter vor den Toren Wiens nicht geschafft haben, werden wir mit unserem Verstand schaffen!"
Quelle: In der türkischen Tageszeitung „Hürriyet" vom 8.9.1998 (auf türkisch), abgedruckt im Nachrichtenmagazin „Focus" am 14.9.1998

„In zwanzig Jahren haben wir eine Grüne Bundeskanzlerin und ich berate die türkische Regierung bei der Frage, wie sie ihre Probleme mit der deutschen Minderheit an der Mittelmeerküste in den Griff bekommt."
Quelle: Tagesspiegel, Artikel „Türkisch für Fortgeschrittene"; Link: http://tinyurl.com/7wcjcku

Sinngemäß: „Wir wollen, daß Deutschland islamisch wird"
Quelle: Interview mit Susanne Zeller-Hirzel, der letzten Überlebenden der Widerstandsgruppe „Weiße Rose" im 3.Reich; Link zum Interview: http://tinyurl.com/28v7cjc

„Das Problem ist nicht Sarrazin selbst als Person, sondern der gleichgesinnte Bevölkerungsanteil in Deutschland"
Quelle sabah.de: http://tinyurl.com/34jktkn

„Ich denke, daß die christlich-abendländische Kultur als solche nicht existiert. Vielmehr wird sie konstruiert, um andere Gruppen von ihr auszuschließen." **Quelle: Özdemir in einem Antwortschreiben vom 25.11.2011, Link kopp-verlag.de: http://tinyurl.com/a2h9ybp**

Claudia Roth, „Bündnis90/Die Grünen":
„Am Nationalfeiertag der Deutschen ertrinken die Straßen in einem Meer aus roten Türkenflaggen und ein paar schwarzrotgoldenen Fahnen."
Roth's Wunschversion zum Tag der Deutschen Einheit, aus dem Artikel „Hinter-List" in der „Welt am Sonntag" am 6.2.2005, Link: http://tinyurl.com/b3utowa

„Türkei ist zweite Heimat für mich. Ich mach' seit 20 Jahren Türkeipolitik!"
Quelle: Fernsehmagazin Spiegel TV, Link: http://tinyurl.com/cyv25y (weitere Videos bei Youtube unter den Stichworten „Sonne, Mond, Sterne")

„Die Türken haben Deutschland nach dem Krieg wieder aufgebaut."
Quelle: In der „Münchner Runde" am 5.10.2004 zum Thema „Angst vor der Türkei"

Bundeskanzlerin Angela Merkel zum Vorsitzenden der britischen UKIP-Partei, Nigel Farage, gemäß Aussage Herrn Farage, Link geolitico.de: http://tinyurl.com/8gwjaq6 (ca. ab Minute 8 des Interviews)

Link zum Video mit der Aussage von Herrn Farage bei rt.com: http://tinyurl.com/a4qc4e5

Farage: „Ich sagte zu ihr: Wäre es nicht eine freundliche Geste gegenüber den deutschen Steuerzahlern, wenn sie nicht mehr ständig Blankoschecks unterschreiben müßten? Und wäre es nicht eine Befreiung Griechenlands, den Euro zu verlassen, eine stark abgewertete Drachme wieder einzuführen und so das Land wirtschaftlich zu gesunden?"
Merkel: „Wenn Griechenland den Euro verläßt, werden andere Staaten folgen. Das wäre das Ende unseres europäischen Traumes. Es ist uns völlig egal, ob die Jugendarbeitslosigkeit die 60-Prozent-Marke erreicht. Es ist uns völlig egal, ob 25 Prozent der Privatunternehmen zusammenbrechen. Es ist offen gesagt sogar egal, ob ganz Griechenland zusammenbricht, solange wir das europäische Projekt erhalten."

Günter Verheugen, ehemaliger deutscher EU-Kommissar:
„Wir sollten bitte nicht vergessen: dieses ganze Projekt „Europäische Einheit" ist nur wegen Deutschland nötig geworden. Es geht immer darum, Deutschland einzubinden, damit es nicht zur Gefahr für andere wird. Das dürfen wir in diesem Lande nicht vergessen. Wenn sie glauben, daß das 65 Jahre nach Kriegsende keine Rolle mehr spielt, dann sind sie vollkommen schief gewickelt. Es spielt jeden Tag eine Rolle."
Quelle: am 9.12.2010 bei Maybrit Illner: http://tinyurl.com/boawz5y

---

Und besonders politisch inkorrekt – Zitate mit geschichtlichem Hintergrund und dazugehörender Quellenangabe, die die Alleinschuld der Deutschen am 2.Weltkrieg widerlegen:

Lecache, Paris, am 18. November 1938 (vgl. Lecache, B. "Le droit de vivre"): „Es ist unsere Sache, die moralische und wirtschaftliche Blockade Deutschlands zu organisieren und diese Nation zu vierteilen: ... Es ist unsere Sache, endlich einen Krieg ohne Gnade zu erwirken."

Gustave Hervé, französischer Politiker, 1931 (vgl. Hennig, E. "Zeitgeschichtliche Aufdeckung", München, 1964, S. 39): „Die nicht rechtzeitige Revision des Versailler Vertrages wird in mehr oder minder naher Zukunft Europa wieder in einen Krieg hineinziehen, dessen Krönung die bolschewistische Weltrevolution sein wird."

Churchill zu Lord Robert Boothby, zitiert in: Sidney Rogerson, Propaganda in the Next War, Vorwort zur 2. Auflage 2001, ursprünglich 1938 erschienen: „Das unverzeihliche Verbrechen Deutschlands vor dem Zweiten Weltkrieg war der Versuch, seine Wirtschaftskraft aus dem Welthandelssystem herauszulösen und ein eigenes Austauschsystem zu schaffen, bei dem die Weltfinanz nicht mehr mitverdienen konnte."

„Sie müssen sich darüber klar sein, daß dieser Krieg nicht gegen Hitler oder den Nationalsozialismus geht, sondern gegen die Kraft des deutschen Volkes, die man für immer zerschlagen will, gleichgültig, ob sie in den Händen Hitlers oder eines Jesuitenpaters liegt"
Mitteilung an einen Beauftragten des deutschen Widerstandes während des Krieges (vgl. Kleist, Peter "Auch du warst dabei", Heidelberg, 1952, S. 370 und Emrys Hughes, Winston Churchill – His Career in War and Peace, S. 145)

Mocarstwowiec, polnische Zeitschrift, Ausgabe Nr. 3 aus dem Jahre 1930, d. h. noch bevor Hitler Kanzler wurde! Mocarstwowiec war das polnische Blatt der "Liga für Großmacht". Zit. in: Bertram de Colonna, Poland from the Inside, S. 90.: „Wir sind uns bewußt, daß der Krieg zwischen Polen und Deutschland nicht vermieden werden kann. Wir müssen uns systematisch und energisch für diesen Krieg vorbereiten. Die heutige Generation wird sehen, daß ein neuer Sieg bei Grunwald in die Seiten der Geschichte eingeschrieben wird. Aber wir werden dieses Grunwald in den Vorstädten von Berlin schlagen. Unser Ideal ist, Polen mit Grenzen an der Oder im Westen und der Neiße in der Lausitz abzurunden und Preußen vom Pregel bis zur Spree wiedereinzuverleiben. In diesem Krieg werden keine Gefangenen genommen, es wird kein Platz für humanitäre Gefühle sein. Wir werden die ganze Welt mit unserem Krieg gegen Deutschland überraschen."

Rathenau, Walther (1867-1922), Sozialdemokrat und deutscher Außenminister, in "Brief an Frankreich", 6. Februar 1920, zitiert in: Nachgelassene Schriften Bd. 1, S. 113-116.: „Frankreich ist heute politisch sehr stark: Durch eine große und siegreiche Armee und durch mächtige Bündnisse. Aber auch wenn die Bündnisse fünfhundert Jahre lang mit Italien, England, Amerika standhalten, ohne sich auch nur einen Augenblick zu lockern, wird jeder weitsichtige Mensch Frankreich dennoch nur einen Rat geben können: Verlaßt Euch nicht darauf! Vernichtet Deutschland im eigentlichen Sinne, tötet seine Menschen, besiedelt das Land mit anderen Völkern…."

Woltersdorf, Hans Werner, in: „Hinter den Kulissen der Politik. Was die Deutschen nicht wissen sollten", S. 69f.: „'Nie wieder Krieg!' war die gängige und verständliche Parole der Völker Europas nach dem Zweiten Weltkrieg. Doch nach dem 8. Mai 1945 hat es keinen einzigen Tag mehr gegeben, an dem nicht irgendwo in der Welt Krieg war… Rund 200 Kriege und Revolten wurden in den letzten Jahren weltweit registriert und dauern zum Teil immer noch an, ohne daß Deutschland darin verwickelt gewesen wäre. Außerdem waren alle Siegernationen des Zweiten Weltkrieges, die Russen, die Amerikaner, die Engländer und Franzosen an diesen Kriegen – und zwar als Aggressoren! – beteiligt; nur die Deutschen nicht! Aber sie gelten weiterhin als kriegs-lüsterne Militaristen und Friedensstörer."

<u>**Hörtipps:**</u>

Xavier Naidoo
„Deutschland ist noch nicht verloren", aus seinem Album „Danke für's Zuhören"
„Raus aus dem Reichstag", aus seinem Album „Alles muß besser werden"

<u>**Buchempfehlungen:**</u>

Robin L. Brock **„Freispruch für Deutschland: Ausländische Historiker und Publizisten widerlegen antideutsche Geschichtslügen"**

Udo Walendy
„Wahrheit für Deutschland: Die Schuldfrage des Zweiten Weltkrieges"

Robin de Ruiter
„Adolf Hitler: Chronik seiner Flucht aus Berlin – mit Hilfe des britischen Geheimdienstes"

Dr. Klaus Sojka (parteiloser Staatsrechtler):
„Die BRD ist kein Staat (Dokumentation): Sind alle Deutschen staatenlos?"

Sven B. Büchter:
„Geheimsache BRD (Dokumentation): Beweise zur Nichtexistenz der Bundesrepublik Deutschland"

Norman G. Finkelstein
„Die Holocaust-Industrie: Wie das Leiden der Juden ausgebeutet wird"
„Antisemitismus als politische Waffe: Israel, Amerika und der Mißbrauch der Geschichte"

Andreas von Rétyi
„Schwarz auf weiß: Dokumente und Informationen, die Regierungen gern vor Ihnen verborgen hätten"

Jan van Helsing
„politisch unkorrekt: Unbequeme Tatsachen und gefährliche Wahrheiten, die man nicht aussprechen darf"

Die Internetseite des politischen Aktivisten Mark Dice, der die okkulten Praktiken der Freimaurer, die sich selbst als „Illuminati" (= „die Erleuchteten") bezeichnen, schonungslos aufdeckt und deren geplante „Neue Weltordnung" bekämpft, indem er Recherchen und Aufklärungsarbeit über diese Kreise und deren alles andere als „philantrope" (=menschenfreundliche) Ziele und Machenschaften betreibt:

http://markdice.com

Teil VII – Die Bibel in aller Kürze

Ich selbst gehöre weder einer Kirche, Freikirche, Sekte oder sonstigen religiösen oder gar politischen Gruppierung an, sondern bin konfessionsloser, entschiedener Christ. Alle menschlichen Organisationen sind streng hierarchisch aufgebaut und widersprechen meiner Auffassung zufolge der Tatsache der Schöpfung des freien Menschen als Abbild Gottes, wann immer er in ein striktes Regelkorsett gezwängt werden soll. Aus diesem Grunde lehne ich jeden Herrschaftsanspruch des Menschen über den Menschen ab, ganz gleich ob religiös oder säkulär. Ich legitimiere niemanden, über mein Leben zu entscheiden oder um politisch in meinem Interesse zu handeln, indem ich an einer „Wahl" teilnehme, die ich ohnehin nicht habe. Auch begrabe ich meine Stimme nicht in einer „Urne", sondern behalte sie und übe sie selbst aus. Der Ökonom und Autor Roland Baader sagte einmal in einem Interview: **„Die einzige Partei, die ich wählen würde, ist Jesus Christus."** Dieser Aussage schließe ich mich vollumfänglich an.

Ohne die Bibel ist der abgrundtiefe Wahnsinn ebenso wie wenig zu verstehen wie alles Böses, was in dieser Welt geschieht, geplant und mit rücksichtsloser Skrupellosigkeit umgesetzt wird. Deshalb ist die Bibel ein solch „gefährliches" Buch, denn sie deckt die bösen Absichten auf, entlarvt ihren Ursprung und ihre Hintergründe und kündigt den Übeltätern das Gericht Gottes an.

Die Bibel mag das meistgelesene Buch der Welt sein, aber es ist zweifellos auch das am meisten Unverstandene. Bei der Bibel handelt es sich nicht um ein Buch, sondern um eine Sammlung von 70 Büchern (65 + die 5 Bücher der Psalme, die heute zu einem Buch zusammengefaßt wurden), die wiederum von etwa 40 unterschiedlichen Autoren aus unterschiedlichsten Zeitepochen stammen. Da beispielsweise unklar ist, wer den Hebräerbrief verfaßt hat, kann die Zahl der Autoren nicht genau bestimmt werden. Etwa um das Jahr 1450 v. Chr. wurde um die Zeit des Auszugs Israels aus Ägypten durch Mose mit der Niederschrift der Worte Gottes begonnen.

Die Bibel ist die Geschichte Gottes mit der Menschheit im Allgemeinen und mit dem Volk Israel im Besonderen. Sie gibt Antwort auf die brennenden Fragen unseres Lebens, die sich ein jeder von uns früher oder später stellt.

Woher komme ich?
Wohin gehe ich?
Wozu bin ich überhaupt da? Wozu lebe ich?
Gibt es einen Gott, und falls ja, wer oder was ist das?
Woher kommt die Schuld, und wie werde ich mit ihr fertig?
Woher kommt das Leid, der Krieg, die Ungerechtigkeit?
Warum stirbt man, und was kommt nach dem Tod?

Nachdem über viele Jahrzehnte hinweg der Glaube an einen persönlichen Schöpfergott zunehmend ins Reich der Fabeln versetzt, als lächerlich und überholt dargestellt wurde, und stattdessen ein materialistisch geprägtes, säkuläres Weltbild mit „neuen Werten" konstruiert wurde, erwacht nach dem immer offensichtlicher werdenden Scheitern der propagierten neuen Ideologien bei vielen Menschen abermals die Frage nach dem Sinn des Lebens. Karriere, Geldverdienen und ein Leben ohne Identität, Halt und Orientierung werden immer mehr als sinnlos, unbefriedigend und nicht lebenswert erkannt und kritisch hinterfragt. Die Menschen begeben sich wieder auf die Suche nach einem tragfähigen Fundament, auf dem sie ihr Leben auf- und weiterbauen können.
Wer diese Suche – und damit sich selbst – ernst nimmt und die mit allerlei Un- und Halbwissen behafteten Vorteile gegenüber diesem „Buch der Bücher" einmal über Bord wirft, dem eröffnet sich ein tiefes Verständnis der Welt um uns herum, das mit nichts anderem vergleichbar ist. Jedem, der sich mit diesem Buch aus ehrlichem Herzen beschäftigt, der erkennt: Ja, das Buch wurde natürlich von Menschen geschrieben, der Geist dieses Buches jedoch ist göttlicher Natur – von Gottes Geist inspiriert. Nichts übertrifft die Aktualität und Dringlichkeit der Botschaft dieses von Vielen so geliebten, und von noch mehr Menschen so verachteten und gehaßten Buches.

„Ein Jünger steht nicht über seinem Lehrer, und ein Sklave nicht über seinem Herrn. Es ist dem Jünger genug, daß er sei wie sein Lehrer, und der Sklave wie sein Herr. Wenn sie den Hausherrn Baal Sebul (= Satan) genannt haben, wieviel mehr seine Hausgenossen! Fürchtet euch nun nicht vor ihnen. Denn nichts ist verdeckt, was nicht aufgedeckt, und verborgen, was nicht kundwerden wird. Was ich euch sage in der Finsternis, das redet im Licht, und was ich euch ins Ohr flüstere, das ruft aus auf den Dächern. Und fürchtet euch nicht vor denen, die zwar den Leib töten können, die Seele aber nicht zu töten vermögen; fürchtet aber vielmehr den, der Leib und Seele in der Hölle verderben kann; ja, ich sage euch, den fürchtet!" (Matthäus 10:24 – 28)

Nach dem Erlebnis meiner eigenen Bekehrung, die ich zu Beginn des Buches im Kapitel „Meine Geschichte" erzählt habe, begann ich, anders zu denken, mich anders zu unterhalten, Werte zu hinterfragen, Dinge anders und neu zu denken, und die Menschen und die Welt um mich herum mit anderen Augen zu betrachten. Während ich die Bibel zuvor aus intellektuellem Interesse gelesen hatte, wurde sie nun wie zu einem Brief, den Gott an mich persönlich geschrieben hatte. Gott sieht nicht die Masse. Er sieht den individuellen Menschen. Gleichmachung gibt es bei Gott nicht. Jeder Mensch, ja jedes Lebewesen ist einzigartig und wertvoll.

Die Bibel erfährt wohl auch deshalb seit jeher so viel Widerspruch, weil sie schonungslos ehrlich mit uns umgeht. Es ist, als halte sie uns einen Spiegel vor's Gesicht – so als ob wir erschrecken sollen vor dem, was wir darin sehen, und ausgehend von diesem heilsamen Schock unser Leben hinterfragen, überdenken und letztlich umkehren von unserem zerstörerischen Weg gegenüber uns selbst, unserer Mitwelt, und unserem Schöpfer.

Da heute viele Vorurteile und wenig Wissen oder gar praktische Erfahrung im Umgang mit der Bibel bestehen, möchte ich versuchen, ihre Kernbotschaften zusammenzufassen. Vor allem aber möchte ich Sie dazu ermutigen, dieses außergewöhnliche Buch selbst – vielleicht zum allerersten Mal – unvoreingenommen zu lesen. An der Bibel – auch wenn ich bei weitem nicht alles verstehe – habe ich begriffen, daß die Religionen mit ihren Verhaltensregeln, so gut sie es auch meinen mögen, lediglich die Sehnsucht und Suche der Menschen nach dem seit dem Sündenfall verborgenen Gott darstellen.

Das Evangelium ist völlig anders. Es zeichnet die Suche des lebendigen Gottes nach uns verlorenen Menschen, und die Bemühungen Gottes, uns mit Ihm zu versöhnen, auf eine Weise, die wir beide – Gott und wir – annehmen und akzeptieren können. Denn weil Er gerecht und heilig ist, kann Er Ungerechtigkeit und Gottlosigkeit nicht einfach dulden. Gott handelt so ganz anders, als wir es stets von Ihm erwarten. Er ist weder der Wunschautomat, bei dem man oben ein Gebet hineinsteckt und hinten den erfüllten Wunsch herauszieht, noch der Weltpolizist, dessen Job es ist, Böses zu verhindern. Es ist der Mensch, der Gott verlassen hat und das Böse tut, der lügt, betrügt, vergewaltigt, mordet, Kriege führt – und auch nicht davor zurückscheut, Gottes Wort für seine eigenen Ziele zu mißbrauchen und vorzuschieben, weil ihm selbst die Rechtfertigung für sein gottloses Handeln fehlt.

Unsere Gesellschaft ist am Ende, nachdem man „per wissenschaftlichem Dekret" beschlossen hat, das auch ganz ungeniert nur mit Thesen und säkulärer Dogamtik auskommt und auf stichhaltige Beweise verzichtet, daß es keinen Gott gibt und wir irgendwann aus der Ursuppe gekrochen sind. Jeder darf nun tun und lassen, was er will.

Niemand trägt mehr Verantwortung für sein Tun, denn wenn es keinen Gott gibt, gibt es auch keinen moralischen Gesetzgeber mehr, von dem wir letzten Endes für unser Tun und Lassen zur Verantwortung gezogen werden. Und falls es doch einen Gott geben sollte, dann muß der ja „Liebe", und sein Job sein, in einer Art „Schwamm drüber"- Philosophie alles zu entschuldigen. Wer Gott auf ein Haupt- oder Eigenschaftswort reduzieren will, der springt viel zu kurz. Gott ist nicht nur Liebe, da Liebe immer personenbezogen ist und deshalb stets einem Gegenüber gilt.

Wäre Gott nur „Liebe", dann hätte Er vor Erschaffung der Welt nicht existiert, weil es nichts gab, dem Seine Liebe hätte gelten können. Eine ähnliche Unmöglichkeit ist die Annahme der universellen Vergebung. Diese impliziert: Selbst wenn ich der größte Verbrecher auf Gottes Erdboden bin – Gott muß mir verzeihen; das ist doch sein Job!

Am Ende kommen doch eh alle in den Himmel! Das denken doch heutzutage 90% aller Leute, oder nicht? Warum also sollte ich mich ändern, selbst wenn ich der durchtriebenste Strauchdieb wäre, wenn ich ohnehin für mein Tun nicht zur Verantwortung gezogen werde? Verstehen Sie? Das ist doch eine großartige Rechtfertigung, die man sich da zusammengereimt hat. Man bastelt sich einfach einen Ersatz-Gott für alle Fälle aus dem globalen Supermarkt der Religionen, der schön geschmeidig in das bevorzugte individuelle Lebenskonzept paßt, keinen Ärger macht und schon gar nicht irgendwelche Änderungen von mir fordert. Die allgemeine Akzeptanz dieser Auffassung quer durch die Gesellschaft hat Menschen hervorgebracht, denen Achtung, Anstand und Respekt gegenüber jedem anderen fehlt – nur selbst ge- und beachtet und respektiert zu werden, danach schreien sie beständig.

Jesus sagt unmißverständlich: *„Gehet ein durch die enge Pforte. Denn die Pforte ist weit, und der Weg ist breit, der zur Verdammnis führt; und ihrer sind viele, die darauf wandeln. Und die Pforte ist eng, und der Weg schmal, der zum Leben führt; und wenige sind's, die ihn finden."* (Matthäus 7:13-14)

Ja, Gott liebt tatsächlich, und Er liebt es auch, gnädig zu sein und zu verzeihen. Doch vor Seine Vergebung hat Er – und hier versagen fast alle Kirchen, Prediger, Priester, Pfarrer, Bischöfe und Päpste – die Erkenntnis und das Bekenntnis des Sünders vor Gott gesetzt, die einer Umkehr und Sinnesänderung vorausgehen muß. Keinem Priester muß man beichten, sondern Jesus ganz persönlich im Gebet ansprechen und Ihm bekennen, was man getan oder nicht getan hat. Ja, Gott ist allmächtig und allwissend, und Er weiß es ohnehin, aber Er will, daß wir uns vertrauensvoll an Ihn wenden. Das Bekenntnis unserer Schuld vor Gott bringt nicht nur unser Versagen und unseren Schmutz ans Tageslicht, damit Jesus sie durch Sein stellvertretendes Opfer für uns tilgen kann; nein, es befreit uns auch selbst von Bergen unvergebener Schuld, die wir bis dahin mit uns herumgeschleppt haben.

Die „Abschaffung" Gottes mit Hilfe der „Wissenschaft" hat zu einer Herausbildung von noch nie dagewesenem Egoismus und Narzißmus in unvorstellbarer Breite geführt, der durch eine in höchstem Maße verantwortungs- und rücksichtslose, enthemmte Lebensweise einer Masse von Menschen gekennzeichnet ist. Wer Gott nicht mehr fürchtet und offenbar für nichts mehr persönlich verantwortlich ist – notfalls ist die Art eben „genetisch bedingt" – der schreckt nun im Einzelfall auch vor Mitmenschen, Tieren, oder der Natur im Allgemeinen erst recht nicht mehr zurück.

Nach außen hin wird zwar dargestellt, wie wunderbar dieses beliebige Leben ohne Gott ist, aber innerlich sind die Menschen zerrissen und heimatlos. Ich kenne Menschen, die so auf der Überholspur leben, die sich selbst so belügen, die sich ständig ablenken und Trubel um sich herum haben müssen – weil sie die Stille in und um sich herum nicht mehr ertragen können. Denn in der Stille steht unweigerlich der Gedanke auf „Was machst du aus deinem Leben?".

Der „liebe Gott" wird heute bei Taufen, Hochzeiten und Beerdigungen noch bemüht. So ist es ja Tradition und sooo romantisch (die Hochzeiten, nicht die Beerdigungen), aber sonst kümmert man sich nicht mehr um Ihn, läßt Ihn „einen guten Mann" sein. Und man braucht Ihn für noch etwas: um Ihm die Schuld für die Konsequenzen unseres eigenen gottlosen Handelns in die Schuhe zu schieben. Amokläufe, Morde, Unglücksfälle aller Art. Und die selbstgerechte Menschheit steht fassungslos dabei mit ihren Kerzen und ratlosen „Warum?"-Schildern. Anstatt „Wo war denn da Gott?" zu fragen, sollten wir besser einmal damit beginnen, zu fragen „Warum stehen wir denn heute so da?". Und Gottes Antwort darauf: *„Es ist deiner Bosheit Schuld, daß du so gestäupt wirst, und deines Ungehorsams, daß du so gestraft wirst. Denn du mußt innewerden und erfahren, welch Jammer und Herzeleid es bringt, den HERRN, deinen Gott, zu verlassen und ihn nicht zu fürchten, spricht der Herr, HERR Zebaoth."* (Jeremia 2:19)

Leute kamen zu Jesus und berichteten Ihm entsetzt von den Galiläern, deren Blut Pilatus (der römische Statthalter) mit dem ihres Opfers gemischt hatte. Die Menschen wurden also während ihres religiösen Opferns von Pilatus' Truppen ermordet.

Jesus antwortet ihnen: *„Meint ihr, daß diese Galiläer mehr gesündigt haben als alle anderen Galiläer, weil sie das erlitten haben? Ich sage euch: Nein; sondern wenn ihr nicht Buße tut (d.h.: nicht von eurem Weg umkehrt), dann werdet ihr alle auch so umkommen. Oder meint ihr, daß die 18, auf die der Turm zu Siloah fiel und sie erschlug, schuldiger gewesen sind als alle anderen Menschen, die in Jerusalem wohnen? Ich sage euch: Nein, sondern wenn ihr nicht Buße tut, werdet ihr alle auch so umkommen."* (Lukas 13:1- 5)

Unglücksfälle jeglicher Art sind ein Ruf Gottes zur Umkehr. Wenn Er zu richten beginnt, ist es zu spät dafür. Die Bibel charakterisiert den Verfall der Sitten in der Endzeit folgendermaßen: *„Das aber sollst du wissen, daß in den letzten Tagen schlimme Zeiten kommen werden. Denn die Menschen werden viel von sich halten, geldgierig sein, prahlerisch, hochmütig, Lästerer, den Eltern ungehorsam, undankbar, gottlos, lieblos, unversöhnlich, verleumderisch, zuchtlos, wild, dem Guten feind, Verräter, unbedacht, aufgeblasen. Sie lieben die Wollust mehr als Gott; sie haben den Anschein von Frömmigkeit, aber deren Kraft verleugnen sie; solche Menschen meide!"* (2. Timotheus 3:1-5)

Nach einer kurzen Beschreibung des Sittenbildes, das voll und ganz auf unsere heutige Zeit zutrifft, müssen wir bei der Suche nach der Ursache zurückgehen bis zum Ausgangspunkt, der den Beginn der Entwicklung in diese Richtung darstellt. Die Bibel bezeichnet diesen Punkt als den Sündenfall. Der Sündenfall ist weit mehr als nur ein moralischer Fehltritt. Der originäre Sündenfall in Eden steht stellvertretend für jeden weiteren im Leben eines jeden Menschen seit dieser Zeit. Er bedeutet das Verlassen der Ordnung Gottes durch den Menschen, der Gottes Regeln nicht akzeptieren, sondern die Regeln selbst machen will, wie wir noch sehen werden.

Die Doktrin der Schlange – der Mensch als Gott: Der Sündenfall

Gott schuf den Menschen in völliger Freiheit. Das bedeutet, daß der Mensch eigene Entscheidungen zu treffen in der Lage ist. Wie ein verantwortungsvoller Vater gegenüber seinen Kindern setzt aber auch Gott Richtlinien fest, die wie Leitplanken dafür sorgen sollen, daß unser Leben nicht aus der Bahn gerät. Diese Richtlinien werden auch als Gebote oder Gesetz Gottes bezeichnet. Bauen wir diese Leitplanken ab, indem wir sie nicht beachten, dann ernten wir die Konsequenzen unseres Handelns. Die Bibel berichtet, daß Gott dem Menschen Adam und seiner Frau Eva einen Garten anlegte und ihren Gehorsam Gott gegenüber einer Prüfung unterzog. *„Und Gott der HERR gebot dem Menschen und sprach: Du darfst essen von allen Bäumen im Garten, aber von dem Baum der Erkenntnis des Guten und Bösen sollst du nicht essen; denn an dem Tage, da du von ihm issest, mußt du sterben."* (1. Mose 2:16-17)

Gott vertraut uns etwas an, und legt uns durch Sein Gebot eine Verantwortung auf. Erst Gottes Gebot überträgt uns Verantwortung, die von uns also verantwortungsvolles Handeln erfordert. Nun wäre Verantwortung aber nicht Verantwortung, wenn unser Handeln konsequenzlos bliebe.

Entweder erfüllen wir einen Auftrag in Treue, oder aber wir versagen und scheitern. Gott macht uns nichts vor. Er stellt uns die Konsequenz unseres Handelns klar vor Augen. Wenn Gott der Schöpfer des Universums und von uns selbst ist, dann legt Er entsprechend die Gesetzmäßigkeiten und Regeln fest. Weil die ganze Welt aus Gottes Hand kommt und deshalb Sein Eigentum ist, entscheidet Er folglich auch, welche Gesetze darin gültig sind – nicht wir oder sonst irgendjemand. Warum? Ist Gott etwa ein Tyrann? Gegenfrage: Schafft ein Tyrann eine perfekte und harmonische Welt von unvergleichlicher Schönheit? Nein, sondern weil eine bestehende Ordnung ohne feste moralische Bezugspunkte ins Chaos stürzt, wenn Werte und Normen durch Nicht-beachtung abgesetzt werden, wie an der heutigen Gesellschaft erkennbar wird.

„Aber die Schlange war listiger als alle Tiere auf dem Felde, die der HERR gemacht hatte, und sprach zu dem Weibe: Ja, sollte Gott gesagt haben: ihr sollt nicht essen von allen Bäumen im Garten?" (1. Mose 3:1)

Nun betritt der Widersacher Gottes die Bühne der Welt, und zwar in Gestalt einer Schlange. Seit dieser Zeit steht die Schlange – nicht die Tiergattung! - symbolisch für das Böse, für den Widersacher Gottes, der deshalb Satan (= „Widersacher") oder auch Teufel (= „Durcheinanderwerfer" - weil er Gottes Worte durcheinander-wirft) genannt wird. Wie er Gottes Worte verdreht, um Verwirrung und Mißtrauen zu stiften, haben wir bereits gelesen: „Sollte Gott wirklich gesagt haben …?" Wir sehen hier die immer wiederkehrende Methodik Satans, daß er sich (sogar sehr oft!) auf Gottes Worte bezieht, diese jedoch entweder komplett verdreht oder durch Überspitzung völlig entstellt (siehe dazu auch die Versuchung Jesu).

„Da sprach die Frau zu der Schlange: Wir essen von den Früchten der Bäume im Garten; aber von den Früchten des Baumes mitten im Garten hat Gott gesagt: Esset nicht davon, rühret sie auch nicht an, daß ihr nicht sterbt!" (1. Mose 3:2-3)

Die Frau ist nicht so naiv, wie die Schlange zunächst erwartet hatte. Sie rückt die Dinge ins rechte Licht und korrigiert die von der Schlange verdrehten Worte Gottes. Aus den Worten der Frau geht klar hervor, daß Gott ihnen geraten hat, die Früchte des Baumes nicht einmal zu berühren, um nicht doch der Versuchung zu erliegen, die Hand verlangend danach auszustrecken. Gott will nicht, daß wir sterben! Er will, daß wir unseren Auftrag treu erfüllen und die Prüfung bestehen. Aber gleichzeitig ist er auch gerecht und kann Ungehorsam nicht ungestraft lassen.

„Da sprach die Schlange zur Frau: Ihr werdet keineswegs sterben, sondern Gott weiß: an dem Tage, da ihr davon esset, werden eure Augen aufgetan, und ihr werdet sein wie Gott und wissen, was gut und böse ist." (1. Mose 3:4-5)

Nun kommt der Stein ins Rollen. Wie geht der Satan vor, um Menschen bis heute zum Abfall von Gott zu verführen? Er streut Mißtrauen gegenüber Gott ins Herz des Menschen und verspricht Freiheit von Gottes angeblicher Bevormundung durch Seine Gebote. „Er hat euch belogen und will euch nur etwas vorenthalten, das euch zusteht! Nehmt es euch doch einfach – dann werdet ihr es selbst sehen!" Pirscht sich die Sünde nicht immer auf genau dieselbe Weise bis heute in Ihr und mein Leben, mit dem immer gleichen Argument? Und dann greift der Satan zur größten Lüge und der Aussicht, die ihn selbst am meisten reizt: „Sein wie Gott". Und das überzeugt den Menschen damals wie heute. Er greift zu und ißt. Die Konsequenzen sind verheerend.

Seit unserer Abwendung von Gott – das ist der Sündenfall: „Ich will sein wie Gott" (1. Mose 3:5) sind wir in uns selbst völlig verdreht. Mißtrauen hat sich eingeschlichen. Wir kommen mit uns selbst nicht mehr klar. Wir kommen untereinander und mit dieser Welt nicht mehr klar. Und wir kommen schon gar nicht mehr mit Gott klar. Adam sah Gott von Angesicht zu Angesicht.

„Und sie hörten die Stimme Gottes des HERRN, der im Garten wandelte bei der Kühle des Abends. Da rief Gott der HERR den Menschen und sprach: Wo bist du? Er sprach: Ich hörte deine Stimme im Garten und fürchtete mich; denn ich bin nackt, darum verbarg ich mich." (1.Mose 3:8 – 10)

Der Mensch hatte bemerkt, daß er von der Schlange betrogen worden war und der Verstoß gegen Gottes Gebot ihn keineswegs göttlich gemacht hatte. Dasselbe Prinzip des „essen vom Baum der Erkenntnis" wirkt bis heute fort, wo Menschen allen Ernstes meinen, es gäbe ein Wissen und eine geheime Erkenntnis, die Gott uns vorenthalten habe, und dieses Wissen oder diese Erkenntnis würde uns selbst gottgleich machen.
Der erste Mensch war zu diesem Zeitpunkt der Geschichte bereits schlauer. Er erkennt sich nun stattdessen als hilf- und schutzlos („nackt") und fürchtet sich plötzlich vor Gott und dessen Strafe. Er versucht sich zu verstecken, aber es ist ihm nicht möglich, von Gott ungesehen zu leben. *„Von allen Seiten umgibst du mich und hältst deine Hand über mir"* (Psalm 139:5), beschrieb ein Psalmist einmal erschrocken, als ihm die reale Existenz des lebendigen Gottes klargeworden war. Wir sehen Gott nicht mehr, so wie Adam es tat, denn seit unserem Abfall in Eden ist Gott ein verborgener Gott für uns.

Wir sehen Ihn nicht, aber Er ist immer da. Das ist sein Eigenname in Ewigkeit: **Jahwe (nicht Jehova!). Jahwe!** Das heißt: **Ich bin da. Ich bin immer da**, in deiner Not und in deinem Überfluß, in deinem Leid und in deiner Freude; **Ich bin da** – wenn du ehrlich bist und wenn du lügst, ich kenne deine guten Wege und mir sind auch deine Abgründe nicht verborgen. **Ich bin da** – in deinem Leben, und in deinem Tod. **Ich bin immer da.** Das ist der Name Gottes – Jahwe – vor dem der Satan und die Dämonen zittern und den die Freimaurer als „verboteten" Namen bezeichnen, weil er jede Lüge und jedes Verbrechen in Sein helles Licht zieht und aufdeckt. Man hat uns weisgemacht, der Name Gottes könne oder dürfe nicht ausgesprochen werden, weil er so heilig sei, oder sei den Juden oder auch Christen verboten, den Namen Gottes auszusprechen.

In meinem Buch „**Das sechste Siegel: Die Signale der Endzeit und die Rückkehr des Königs**" unternehme ich unter vielen anderen Themen einmal eine biblische Beweisaufnahme, die diese Aussagen als Lüge entlarven und beweisen, daß die Israeliten und die Propheten des Alten Testamentes sehr wohl den Namen Gottes anriefen – denn die Kenntnis dieses Eigennamens Gottes zeichnet das Volk Gottes vor allen anderen Völkern aus!

Alfred Mittelbach
„Das sechste Siegel: Die Signale der Endzeit und die Rückkehr des Königs"

Gewisse Kreise fürchten, daß die Menschen wieder damit beginnen, Gott bei Seinem Eigennamen anzurufen, weil Kraft in diesem Namen steckt, die jede Unreinheit und Lüge aufdeckt und das Reich Satans nicht bestehen kann vor dem Reich Gottes, so wie das Licht die Finsternis vergehen läßt. Der Mensch hat sich gegen Gott entschieden und tut es bis heute. Aber der Heilige und die Unheiligen können keine Gemeinschaft haben. Wir haben bewiesen, daß wir – wir alle – ein rebellisches Wesen haben, das Gott im Prinzip nicht haben will, das selbst Gott sein und die Regeln machen will. Sie selbst rebellieren doch auch ständig gegen Gottes Absolutheitsanspruch in Ihrem Leben, oder etwa nicht?

Würden wir mit einer Zeitmaschine nach Eden zurückreisen und Adam fragen „Wie finde ich Gott?", dann würde Adam antworten: „Das Problem ist doch nicht, Gott zu finden. Er ist ja da, immer da! Das eigentliche Problem ist doch, Ihn loszuwerden. Wir werden Ihn nicht los!". Gott hat die Ewigkeit in Ihr und mein Herz gelegt. (Prediger 3,11) Das bedeutet, wir wissen insgeheim alle, daß wir sterben müssen und wir danach vor Gott über unser Leben Rechenschaft ablegen müssen – gleichgültig ob wir das heute abstreiten oder zugeben.

Adam versteckte sich vor Gott. Die Schlange hatte gelogen. Gott tritt als Gott, als der Lebendige, Heilige, Absolute und Souverän des Universums auf. Der Satan aber verstellt sich. Die Menschen waren trotz des Essens der verbotenen Frucht nicht wie Gott geworden, und ihr neues Wissen um das Gute und Böse war, daß sie der Schlange nie hätten glauben dürfen. Der Satan indes hatte sein Ziel erreicht: Der Mensch hatte sich von Gott getrennt und stand nun unter seinem Einfluß. Der Mensch hatte Satan mehr geglaubt als Gott.

<u>**Wer ist eigentlich der Satan?**</u>

Satan ist ebenso wie Teufel, Engel oder Gott kein Eigenname, sondern eine Bezeichnung des Charakters. Der Satan ist ebenso wie Gott kein Prinzip, sondern eine reale Person. Das Wort Gottes beschreibt ihn als das schönste Geschöpf, das je von Gott geschaffen wurde: *„**So spricht Gott der HERR: Du warst das Abbild der Vollkommenheit, voller Weisheit und über die Maßen schön … Du warst ein glänzender, schirmender Cherub und auf den heiligen Berg hatte ich dich gesetzt; ein Gott warst du und wandeltest inmitten der feurigen Steine. Du warst ohne Tadel in deinem Tun von dem Tage an, als du geschaffen wurdest, bis an dir Missetat gefunden wurde. Durch deinen großen Handel wurdest du voll Frevels und hast dich versündigt. Da verstieß ich dich vom Berge Gottes und tilgte dich, du schirmender Cherub, hinweg aus der Mitte der feurigen Steine. Weil sich dein Herz erhob, daß du so schön warst, und du deine Weisheit verdorben hast in all deinem Glanz, darum habe ich dich zu Boden gestürzt und ein Schauspiel aus dir gemacht vor den Königen."*** (Hesekiel 28:12-17)

Und an einer anderen Stelle: *„Wie bist du vom Himmel gefallen, du schöner Morgenstern! Wie wurdest du zu Boden geschlagen, der du alle Völker niederschlugst! Du aber gedachtest in deinem Herzen: 'Ich will in den Himmel steigen und meinen Thron über die Sterne Gottes (eine biblische Bezeichnung für die Engelheere Gottes) erhöhen, ich will mich setzen auf den Berg der Versammlung im höchsten Norden. Ich will auffahren über die hohen Wolken und gleich sein dem Allerhöchsten.'"* (Jesaja 14:12 – 14)

Bei dem Satan handelt es sich also um ein Geschöpf Gottes – einen der höchsten Engelfürsten und einen der Erzengel (= ranghöchsten Engel) aus dem unmittelbaren Gefolge Gottes, der – und hier schließt sich der Kreis zur Verführung in Eden – sein wollte wie Gott. Die Rebellion Satans gegen Gott spiegelt sich in seiner Aufwiegelung des Menschen zur Rebellion gegen Gott wider. Der Begriff „Morgenstern" wurde in der Antike für den Planeten Venus als den hellsten Stern verwendet, der auch „Luzifer" genannt wurde, was „Lichtträger" oder „Lichtbringer" bedeutet. Und als dieser verstellt sich der Satan bis heute: als Engel des Lichts. Aber er ist ein gefallener Engel.

Als Nebenbemerkung: Finden Sie es nicht eigenartig, daß der Mensch den Planeten die Namen heidischer Götzen gegeben hat, unsere alte Erde heißt aber noch immer „Erde". Gott hatte sie von Beginn an so genannt. „Mensch" heißt im Hebräischen „adama": „von der Erde (genommen)". Die Erde ist die Heimstatt des Menschen. Aus diesem Grunde wird er auch niemals einen anderen Planeten besiedeln. Der Mensch ist auf die Erde festgelegt. Lebt die Erde, kann auch der Mensch leben. Stirbt die Erde (weil der Mensch sie in seiner Gier zerstört), dann stirbt auch der Mensch. So ernst meint es Gott mit unserer Verantwortung, als Er uns die Bebauung und Bewahrung der Erde als zweiten Auftrag überträgt (wie wir sehen, versagen wir hier ebenfalls).

Gott schuf den Satan nicht als den Bösen, sondern wie alle anderen Geschöpfe begabte Er ihn mit einem freien Willen, durch den er gegen Gott rebellierte und selbst wie Gott sein wollte. Die Bibel weist darauf hin, daß ein Drittel der Engel im Gefolge von Satan ebenfalls von Gott abgefallen sind: *„.... und sein Schwanz* (des Drachen = Satan, Anm.des Autors) *zog den dritten Teil der Sterne des Himmels nach sich und warf sie auf die Erde"* (Offenbarung 12:4) Das sind die gefallenen Engel, die Esoteriker und die „New Age"-Sekte als „aufgestiegene Meister" anbeten. Engel, die treu zu Gott stehen, akzeptieren es hingegen nicht, daß sie angebetet werden. *„.... und als ich es gehört und gesehen hatte, fiel ich nieder, um vor den Füßen des Engels anzubeten, der mir solches zeigte. Und er sprach zu mir: Sieh dich vor, tu das nicht! Denn ich bin dein Mitknecht und der deiner Brüder, der Propheten, und derer, die die Worte dieses Buches bewahren. Bete Gott an!"* (Offenbarung 22:8b - 9)

Bei dem Gebot, nicht vom Baum der Erkenntnis zu essen, handelt es sich nicht um eine Willküraktion Gottes, sondern Er erprobt den freien Willen des Menschen, den Er ihm gegeben hat, wie sich der Mensch Ihm gegenüber entscheiden wird. Und der Mensch will Gott nicht gehorchen, will selbst „göttlich" oder „wie Gott" sein. Er glaubt Gott nicht. Er vertraut den Einflüsterungen der Schlange. **Der Mensch will nicht warten, bis Gott ihm die Frucht der Erkenntnis nach bestandener Probe schenkt – und noch viel mehr obendrein – sondern er will sie jetzt sofort haben.**

Und Gott läßt uns auf unserem falschen Weg gehen. Es ist unser freier Wille, unsere eigene Wahl. Wir können gehen, wohin wir wollen. Wir können tun und lassen, was wir wollen. Aber dann haben wir auch die Konsequenzen dafür zu tragen. Das nennt die Bibel „Zorn Gottes": Wir wollten Gott sein – jetzt müssen wir Gott sein. Wir wollten unser Leben selber bestimmen – jetzt müssen wir unser Leben selbst bestimmen. Wir wollten ohne Gott leben – jetzt müssen wir ohne Gott leben. Wir wollten die Industriegesellschaft haben – jetzt müssen wir zusehen, wie wir mit ihr fertig werden. Aus diesem Grund ist es völlig unsinnig zu fragen. „Wie kann Gott das zulassen?". Wir haben ja IHN verlassen, und im Gegenzug hat Er uns verlassen.
Dann bricht wegen unserer Schuld das Unglück über uns herein, und wir machen Gott dafür verantwortlich? Sehen Sie, das ist die Situation, in der sich jeder von uns befindet. Aber Gott läßt es nicht darauf beruhen. Ja, Er vertreibt den Menschen zwar aus dem Paradies, und zugleich verheißt Er unsere Rettung, die uns mit Gott wieder ins Reine bringt und die Macht der Schlange über uns endgültig bricht.

Hier, gleich zu Beginn der Bibel, kündigt Gott bereits den Erlöser der verlorengegangenen Menschheit an: *"**Ich will Feindschaft setzen zwischen dir** (= dem Satan, Anm.des Autors) **und der Frau und zwischen deinem Nachkommen und ihrem Nachkommen; der soll dir den Kopf zertreten, und du wirst ihm in die Ferse stechen"* (1. Mose 3:15)

Die Prophezeihung wurde in Jesus Christus erfüllt. Sündlos am Kreuz sterbend und damit den Sold der Sünde – den Tod – als Fluch Gottes über unsere Rebellion stellvertretend für uns ertragend, die Fersen von Nägeln durchbohrt, zertritt er die Macht des Satans über uns, schafft Vergebung, erkämpft unsere Wiederannahme als Kinder Gottes für uns. Glauben Sie Ihm das, und wollen Ihm dieses Mal vertrauen? Von Ihrer Entscheidung hängt alles ab. Das Opfer Jesu bedeutet bedeutet die Versöhnung mit Gott und macht der Macht Satans ein Ende. Das ist der Grund, warum dem Leben, Sterben, Tod und Auferstehung Christi heute so vehement abgestritten wird. Die Weltzeit Satans wurde ein Ende bereitet – schon heute, bald aber sichtbar für die gesamte Menschheit! Sie müssen nur sagen: Ja, ich will mich von Dir auch davon befreien lassen, Herr Jesus!

Immer wieder verblüffend für mich ist, daß Gott so ganz anders handelt, als wir Menschen es von Ihm erwarten. Er sendet Seinen Sohn. Er heilt unsere Krankheiten, unsere Gebrechen, lädt sich unsere Not und unsere Sorgen auf – ist unser verstocktes und versteinertes Herz noch in der Lage, das zu verstehen? – und dann trägt er die ganze Last und den ganzen Dreck dieser Welt ans Kreuz. Er opfert sein Leben für die, die Ihn verspotten und hassen.

<u>Der den Menschen mit sich selbst versöhnende Gott – Wer ist Jesus von Nazareth?</u>

Nun könnte man meinen, Gott habe verloren – und die Menschheit auch – aber Gott hatte nicht nur in der Schöpfung das erste Wort. Nein, er behält sich auch das Letzte vor. Er erweckt Seinen Sohn von den Toten, beglaubigt dadurch Sein Heilsopfer für uns, und bestätigt Ihn damit als rechtmäßig eingesetzten Erlöser. Wenn jemand in seinem Leben plötzlich Jesus von Nazareth begegnet – in Wirklichkeit ist es aber stets umgekehrt, nicht wir finden Ihn, sondern Er findet uns – dann lüftet sich kein Schleier, so daß man plötzlich alles klar sieht. Zuerst ist das Gegenteil der Fall. Wir blicken überhaupt nicht mehr durch. Unsere alten Wege, Pläne, Ziele, sogar Freundschaften zerbrechen. Jemand, der ernst macht mit Jesus, der wird in den Augen der übrigen Welt zum Sonderling, zum Ausgestoßenen. Die gottferne Welt wird beunruhigt in ihren Gewissen, wenn jemand aus ihrer Mitte ausschert, weil er den lebendigen Gott erlebt hat und er deshalb nun sein Leben in Ordnung bringen muß. Wenn Gott erfährt, der kann in seinem Leben nicht mehr so weitermachen wie bisher.

Bei mir war es so, daß beispielsweise alte Freundschaften zerbrachen, weil ich andere Werte zu entdecken begann. Das oberflächliche Unterhaltungsprogamm (Kino, Disco usw.) meiner Altersgenossen hatte mir nichts mehr zu bieten. Ich habe bis heute nichts gegen Spaß und Vergnügungen, und mag auch intelligente Filme und Musik gern; aber nur von Zeit zu Zeit und nicht als Dauerberieselung, Ersatzbefriedigung und Lebenssinn.

Wer das Neue Testament aufmerksam liest, und hier speziell die vier Evangelien, der stellt immer wieder fest, daß Jesus ein Herz hat für die Menschen, die kaputt sind. Die ausgelaugt sind durch andere und durch sich selbst. Die Bibel berichtet, wie Er Aussätzige gesund macht. Lepra galt damals als unheilbar. Leprakranke wurden wegen der hohen Ansteckungsgefahr aus der Gesellschaft ausgeschlossen, mußten außerhalb der Siedlungen in separaten Lagern leben. Tagsüber durften sie in die Siedlungen, um durch betteln und mit Almosen ihren kärglichen Lebensunterhalt zu verdienen, mußten sich aber als aussätzig zu erkennen geben.

Jesus handelt so ganz anders als wir es tun. Kein Dreck von uns ist ihm zu schmutzig, nichts zu eklig. Er zieht predigend von Ort zu Ort. Eine riesige Menschenmenge begleitet Ihn. Er war ein Magnet für die Massen, die nach Halt, Orientierung und Hoffnung suchten – und ist es bis heute. Und damals gab es keine Sozialhilfe. Während die Menschen Jesus begleiteten, verdienten sie kein Einkommen! Dann begegnet Ihm ein Aussätziger. Er hat nach Jesus gerufen, hat die Berichte vom Sohn Davids gehört, der die Kranken heilt.

Er wirft sich vor Jesus nieder und weint ihm sein ganzes zerstörtes Leben hin. Aussatz war manchmal so aggressiv, daß der hochinfektiöse Eiter Körperteile förmlich wegfraß. Ich kann mir vorstellen, wie die Leute vor ihm zurückweichen. Ja, Aussätzigen macht man Platz! Und wenn ich ehrlich bin: Ich wäre auch zurückgewichen. Aber Jesus nicht. Er nimmt ihn nicht nur wahr, sondern geht auf ihn zu und spricht ihn an: *„Was willst du, daß ich dir tun soll?"*

„Ja", denken wir, „der wird natürlich gesund werden wollen!". Vielleicht. Aber so sicher war das nicht, denn wenn er gesund war, mußte er wieder arbeiten und konnte seinen Lebensunterhalt nicht mehr mit Betteln bestreiten. Jesus heilt nicht „auf Verdacht" und gegen unseren eigenen Willen. Niemals! Er fragt uns nach unserem Begehr.

Aber die Sehnsucht, ein vollwertiges Mitglied der Gesellschaft zu sein, ist stark in jedem von uns verankert. Und so antwortet der Aussätzige: *„Herr, willst Du, so kannst Du mich wieder reinigen!"*. Jesus könnte nun natürlich wegen der Ansteckungsgefahr aus sicherer Entfernung sagen: „In Ordnung, sei gesund!" Aber das tut Er nicht. Er geht dem Kranken entgegen. Ich kann mir vorstellen, wie die Menschenmenge aufschreit: „Der wird doch nicht ...". Oh doch, Der wird!

Er bleibt vor dem zerstörten Menschenbild stehen und beugt sich zu ihm hinab. Ja, ist denn der verrückt? Die Menge kreischt. Aber Jesus achtet nicht auf sie. Nur der kaputte Mensch ist das, was Ihm in diesem Augenblick so viel wert ist, daß alles andere unwichtig wird und warten muß. *„Ich will; sei rein!"*, sagt Jesus ihm zu und berührt ihn. Und dann weicht der Aussatz von dem Mann, und der Kranke wird tatsächlich gesund. Unfaßbar und mit menschlichem Verstand unbegreiflich! Wir kennen die Berichte, haben Sie hundertmal gelesen und tun dabei, als sei dies so gewöhnlich und würde uns alltäglich widerfahren. Erwarten wir – erwarten Sie noch – daß Ihnen ein Wunder geschieht? Nicht? Vertrauen Sie lieber auf eigene Stärke? Wie mächtig ist diese?

Könnte das der Grund dafür sein, warum wir heute solche Wunder nicht mehr erleben – weil wir die Wunder nicht mehr von Gott erwarten, sondern von uns selbst? Körperlicher Aussatz ist uns heute unbekannt. Heute ist unser Geist mehr denn je aussätzig. Wir wertschätzen vergängliche Dinge, protzen mit Status, Einfluß, Macht und Geld, leben ein bedeutungsloses, leichtfertiges und spaßbezogenes Leben. Wir haben die Klappe groß und die Hosen voll – letzteres leider zumeist auf der verkehrten Seite, sind im wahrsten Sinne des Wortes kastrierte Weicheier. Wir wissen alles besser, sind intellektuell turmhoch überlegen, plappern Thesen nach, die nach Wissenschaft klingen und die wir als unsere eigene Meinung übernommen haben, und halten uns dabei selbst für gebildet.

Aber warum gehen wir und unsere Welt dann kaputt, wenn wir doch die Größten sind und alles wissen? Unsere Wirtschaft und Finanzen stehen am Abgrund, unsere Familien sind zerstritten, unsere Beziehungen und Ehen gehen reihenweise zu Bruch – die Scheidungsrate wäre nahe 100%, wenn die Leute nur das Geld dafür hätten, glauben Sie mir! Ich finde das nicht amüsant. Es ist eine Tragödie! Für jeden von uns, und für die gesamte Gesellschaft, ist der Einzelne bis zum Erbrechen auf SICH … SICH … SICH konditioniert. „**Mein** Bauch gehört **mir**", „weil **ich** es **mir** wert bin", …

Und seien Sie einmal ehrlich, wenn Sie die Gesellschaft und sich selbst einmal betrachten: Sind wir nicht alle im Grunde genommen wie der Aussätzige? Fühlen Sie sich nicht allein und verlassen, sogar inmitten einer riesigen Menschenmenge? Macht Sie der Dreck und Schmutz in Ihrem Leben, und der Konkurrenzkampf ums Überleben in dieser kalten Gesellschaft, als Egomane unter Egomanen, nicht auch kaputt?

Und Jesus ist da. Er kommt uns entgegen, auch wenn wir nicht nach Ihm schreien. Er will auch uns anrühren und unser Leben heil machen, wie er den Aussätzigen berührt und heil gemacht hat. Aber was machen wir geistig Aussätzigen? Wir lachen Ihn aus und spotten über Ihn. Wir stoßen Seine Hand weg, die sich uns rettend entgegenstreckt.

„Ich bin der Weg, und die Wahrheit, und das Leben", sagt Jesus. *„Niemand kommt zum Vater außer durch mich."* Aber das ist doch alles nur eine Frage der Auslegung, brüllen die Gelehrten! Bitte, warum legen sie sie dann nicht aus? Weil die Botschaft so eindeutig ist, daß weder der Bedarf noch die Möglichkeit zur Interpretation besteht. Wer könnte so etwas von sich behaupten? An Jesus scheiden sich buchstäblich die Geister. Niemand kann neutral gegenüber Jesus sein. Er polarisiert ultimativ. Gelehrte haben sich an seinen Aussagen die Zähne ausgebissen. Und doch gibt es nur drei Möglichkeiten:

1) **Jesus ist ein Wahnsinniger** – aber könnte ein Wahnsinniger Menschen Hoffnung und Zuversicht geben?

2) **Jesus ist ein Lügner** – aber könnte ein Lügner Unheilbare heilen und Tote auferwecken?

3) **Jesus ist genau das, was er von sich selbst sagt: Er ist der Erlöser, der von Gott Gesalbte (= Messias; hebr.: Maschiach), der Sohn Gottes und das letzte Wort Gottes an eine ohne Ihn verlorene Menschheit.**
Durch eine Salbung wurden früher nur Könige und Hohepriester in ihr Amt eingesetzt. „Der von Gott Gesalbte" bedeutet: Gott hat Ihn sowohl mit dem Amt des Königs als auch dem des Hohepriesters beauftragt. Der Name Jesus ist die lateinische Übersetzung des hebräischen *„Jahoschua"*, Kurzform: Joschua oder Jaschua. Er bedeutet zugleich *„Gott ist Rettung / Hilfe / Erlösung"* und *„Gott ist bei / für / mit uns"*.

Erlösung ist ein Begriff aus dem antiken Sklavenmarkt. Er bedeutet die Zahlung eines Löse-Geldes, um einen versklavten Menschen zu befreien, ihn loszukaufen. Der Preis unserer Erlösung aus der Gewalt Satans ist das Blut Christi! Aus diesem Grund schreibt der Apostel Paulus später an die Christen in Rom: *„Was kann man noch mehr erwarten? Wenn Gott so für uns ist, wer mag dann noch gegen uns sein? Gott, der für uns seinen einzigen Sohn geopfert hat, wie soll er uns noch etwas vorenthalten?"* (Römer 8:31 – 32).

Das bedeutet: Wenn der von Gott eingesetzte König und Hohepriester uns rein und heil macht, unser Leben in Ordnung bringt, unsere Schuld auf sich nimmt und stellvertretend an unserer Stelle stirbt und so eine ewiggültige Gerechtigkeit vor Gott und Frieden mit Gott für uns erkämpft, dann kann keine menschliche, satanische oder sonstige Gewalt der Erde, des Himmels, des Universums diese Erlösung mehr ungültig machen.

Sehen Sie, das ist die Tragweite der Bibel, um die es geht. Nicht irgendein uraltes, verstaubtes und altmodisches Buch, das beliebig interpretierbar wäre, sondern die Lösung der Probleme des einzelnen Menschen und der gesamten Menschheit. Was die gottferne Welt über Jesus denkt, spielt keine Rolle. Interessant wird es immer erst, wenn uns etwas persönlich betrifft. Jesus nimmt zwar die Menschenmenge wahr, aber Er hebt Dich daraus hervor. Es ist nur eine Sache zwischen Dir und Ihm. Darf ich Dich fragen: Wer ist Jesus für Dich ganz persönlich? Kennst Du Ihn schon? Wer Jesus wirklich kennenlernen will, der findet Ihn nicht in den hochgestochenen intellektuellen Debatten von Theologen, Professoren und Wissenschaftlern, die Ihn selbst nicht kennen, weil sie genau denselben Fehler machen wie die religiöse und säkuläre Elite der damaligen Zeit. Er muß in die intellektuelle Schublade passen, die wir für Ihn zurechtgemacht haben. Paßt Er da nicht hinein, dann wird Er ans Kreuz geschlagen – damals genauso wie heute.

„Er kam in sein Eigentum, und die Seinen nahmen ihn nicht auf. Allen denen aber, die ihn aufnahmen, denen gab er Vollmacht, Kinder Gottes zu heißen, denen, die an seinen Namen glauben." (Johannes 1:11–12)

Jesus ist der menschgewordene Gott des Alten Testamentes. Aus diesem Grund wird Er auch das Wort Gottes und Sohn Gottes genannt. Als die Juden sich auf Abraham als ihren Stammvater beriefen, antwortete ihnen Jesus: *„Ehe Abraham war, BIN ICH."* (Johannes 8:58). Die Menge verstand sofort, was Jesus ihnen damit sagte. Darum wollten Sie Ihn wegen vermeintlicher Gotteslästerung steinigen, denn es handelt sich um den Eigennamen Gottes, mit dem Er sich dem Mose im brennenden Dornbusch – der dabei aber nicht verbrannte – zu erkennen gab.

Die hebräischen Schriftzeichen lesen JHWH, was auch fälschlich als „Jehova" oder „Jahuwah" übersetzt wird. In Wirklichkeit ergeben die Schriftzeichen den Namen „Jahwe" in Anlehnung an das hebräische Wort „SEIN" in allen Zeitformen, den gläubige Juden jedoch aus Respekt und Ehrfurcht nicht auszusprechen wagen und der im Alten Testament als „HERR" widergegeben wird. Wörtlich bedeutet der Name: *„Ich war / bin / werde sein, der ich war / bin / sein werde"*. Er ist ein Hin-weis auf die Allgegenwart Gottes in Vergangenheit, Gegenwart und Zukunft. Gott läßt sich nicht von uns in Beschlag nehmen, zurechtbiegen, manipulieren, bestechen, und für unsere Pläne mißbrauchen, so wie wir das gern möchten. Und weil Er nicht das tut, was wir von Ihm erwarten, deshalb muß Er weg. Ist es nicht so?

Die Menschen haben heute keine Ahnung mehr von der Bibel. Das ist keine Frage von Religiösität, sondern es ist eine Frage der Bildung. Wir haben nicht einmal mehr eine Ahnung, was eigentlich „Glaube" in Wirklichkeit bedeutet. Wenn die Leute heute von „glauben" reden, dann wollen sie damit ausdrücken „Man weiß es nicht genau". So als sei da ein nebulöser Dunst, und man weiß nicht, „Was kommt dahinter?". Aber das ist nicht die Definition von Glaube, sondern von Unglaube.

Der Glaube hat etwas damit zu tun, daß ich mich für eine Kraft öffne, über die ich nicht gebieten, die ich nicht beherrschen kann, die größer ist als mein Verstand, ja, die mein Verstand nicht fassen kann. Aus diesem Grunde gibt es auch kaum jemanden, der durch die Anhäufung von Wissen zum Glauben kommt. Je mehr wir wissen, umso mehr begreifen wir, wie wenig wir in Wirklichkeit wissen. Unser an Raum und Zeit gebundener Verstand ist nicht in der Lage, Gott zu fassen. Die Bibel selbst definiert den Glauben so: *„Es ist aber der Glaube eine feste Zuversicht auf das, worauf man hofft, und ein Nichtzweifeln an dem, den man nicht sieht."* (Hebräer 11:1)

Ich möchte einmal anhand eines Beispiels versuchen zu verdeutlichen, was echter Glaube ganz praktisch bedeutet. Pastor Klaus Vollmer bediente sich dieses Beispiels einmal auf einer Evangelisationsveranstaltung. Nehmen wir an, Sie haben furchtbare Kopfschmerzen und gehen zum Arzt. Der Arzt antwortet Ihnen: „Passen Sie auf: Ich gebe Ihnen eine Tablette, und dann verschwinden die Kopfschmerzen." Sie sind skeptisch, weil Sie gehört haben, daß sich Ärzte auch irren können und Patienten versehentlich schon Gift gegeben haben. Deshalb fragen Sie: „Woher soll ich wissen, daß in der Tablette der richtige Wirkstoff für mich drin ist, und nicht Zyankali?"
Der Arzt antwortet: „Machen Sie den Mund auf. Ich lege die Tablette hinein, Sie trinken noch ein Glas Wasser hinterher, und dann werden Sie spüren, daß die Kopfschmerzen nachlassen."

Es ist Ihr Recht und klug dazu, nicht blindlings zu vertrauen. Aber Sie müssen sich entscheiden: Will ich Linderung und Heilung, oder werde ich vor Schmerz wahnsinnig. In dem Moment, in dem Sie den Mund öffnen und die Tablette einnehmen, öffnen Sie sich für die Wirkung der Tablette. Sie können sie ab diesem Moment nicht mehr beeinflussen, nicht mehr kontrollieren. Diese Kraft und Wirkung liegt außerhalb Ihres eigenen Einflußbereichs. Sie vertrauen der Tablette (und dem Arzt) Ihr Leben an. Sie öffnen sich für eine Realität, die außerhalb von Ihnen selbst steht und größer ist als Sie selbst, um eine Erfahrung zu machen, die Sie selbst nicht allein schaffen können. Sehen Sie, das ist die Definition von Glaube. **„Man weiß es nicht genau" ist kein Glaube, sondern das Gegenteil, nämlich Unglaube.**

Das Problem ist, daß wir heute fast nichts mehr wissen, was in der Heiligen Schrift steht, was die Bibel uns überhaupt sagt. Wenn wir aber nicht wissen, was wir eigentlich glauben sollen, wie können wir es dann annehmen oder ablehnen? Weisen Sie nicht auf die Priester, Pastoren, Bischöfe, Päpste, andere Personen in der Kirche und kirchliche Institutionen, wenn es um den Glauben geht. Wenn Gott Sie einst fragen wird: „Warum hast du mir nicht geglaubt?", was wollen Sie dann antworten? „Weil die Kirchenleute auch nicht besser waren als anderen"? Ich suche immer noch nach der Bibelstelle, die uns dazu auffordert, an kirchliche Institutionen, Päpste, und sonstige klerikale Würdenträger zu glauben. Aber Jesus verspricht: *„Ich sage dir: wer mein Wort hört, und glaubt dem, der mich gesandt hat, der HAT ewiges Leben und kommt nicht ins Gericht, sondern er IST aus dem Tode ins ewige Leben übergegangen."* (Johannes 5:24)

Auch hier wieder: Keine Doppeldeutigkeit, kein Interpretationsbedarf. Eine klare Aussage.

Entweder wir lassen Jesus die Schuld vor Gott hier und heute ein für allemal für uns bezahlen, vertrauen Ihm unser Leben an, oder wir werden sie im Gericht Gottes selbst tragen müssen. Weil wir nicht in der Lage sind, die Gerechtigkeit zu erfüllen, die Gott akzeptiert, weil unser ganzes Wesen, unser Ego total in sich verdreht ist, schafft Gott selbst die Erlösung für uns. Einer muß bezahlen, verstehen Sie? Jesus hat durch sein unschuldiges Leben und Sterben voll bezahlt – für Sie und für mich. Er hat die Rechnung beglichen. Wir sind nun frei, wenn wir das für uns persönlich in Anspruch nehmen und Ihm glauben, was Er für uns getan hat. Leichter kann Gott uns die Erlösung nicht machen. Jesus schenkt sie uns. Das lehrt keine Religion. Nur das Evangelium vom Reich Gottes bietet uns Ausweg, Versöhnung und Neuanfang an.

Jesus ruft uns zu: *„Kommt her zu mir, alle die ihr mühselig und beladen seid; ich will euch erquicken"* (Matthäus 11:28) Das heißt: „Ich trage eure Last, eure Not, eure Schuld, eure Furcht – gebt sie mir doch ab!" Was hindert Sie heute daran?

Er will nicht unseren Tod, unsere Verdammnis, unseren Schuldspruch, der durch die Trennung und Abweichung von Ihm entstanden ist. Er hat ein Herz für uns und will Zerbrochenes wieder heilen. Er liebt uns und will den Plan Seiner Schöpfung vollenden: Gemeinschaft haben mit Seinen Geschöpfen. Gott schenkt uns sein Erbarmen, seine Vergebung. Die Wirkung eines Geschenks entfaltet sich aber erst dann, wenn man es annimmt und auspackt.

Aber die Menschen wollen es nicht annehmen und auspacken. Sie lachen und spotten darüber, weil sie ihr begrenztes bißchen Verstand zur ultimativen Meßlatte erheben. In Wahrheit geht es aber um etwas anderes. Wir wollen selbst Gott sein in unserem Leben, wollen selber bestimmen, was wir für richtig und falsch, für gut und böse halten. Wundern Sie sich immer noch, warum diese Welt heute so aussieht, wie sie es tut? Die Wirkung des Glaubens an Jesus Christus ist deshalb nicht Unsicherheit, sondern Sicherheit, Zuversicht, Trost, Hoffnung und Gewißheit. Jesus sucht nicht die Selbstgerechten und Selbstzufriedenen, sondern die vom Leben und von sich selbst Gebeutelten.

Unser Leben funktioniert deshalb nicht, weil wir die Gebote Gottes, die dazu dienen sollen, daß unser Leben gelingt, verlassen und verspottet haben. Die Konsequenz aus dem Gehen unseres selbstgewählten Weges ist, daß wir daran scheitern. Weil Gott darum weiß, schenkt Er uns Seine Gebote, die uns als Orientierungshilfe dienen sollen. Aber wir mißdeuten sie als Einschränkung unserer Freiheit. Verrückt!

„Du sollst keine anderen Götter haben, du sollst dir kein Bildnis machen, du sollst den Sabbat heiligen, du sollst nicht töten, nicht stehlen, nicht begehren, nicht falsch Zeugnis ablegen, ehre Vater und Mutter, ..." Wir schaffen es einfach nicht! Hieran wird deutlich, daß die Zehn Gebote nicht auf einer menschlichen Ethik beruhen können, denn noch niemals wurde so viel gemordet, gelogen, gestohlen, gegiert, gehaßt, wie in unseren Tagen, heute, wo die Bosheit der von Gott abgefallenen Menschheit sich vollends entfaltet.

Wannimmer wir versuchen, die Gebote Gottes zu tun, und sie ernsthaft zu beachten, dann geht uns auf: Wir können es überhaupt nicht! Das bin ja gar nicht ich und das, was ich eigentlich tue! Der Apostel Paulus begann das zu begreifen, als er vor Damaskus von dem Auferstandenen zu Boden gestreckt wurde: Die Gebote Gottes sind nicht dazu da, damit wir sie tun, sondern damit wir sie tun, um daran zu scheitern und zu erkennen, daß wir nicht dazu in der Lage sind. Gott läßt uns zwar auf unseren selbstgewählten Wegen ins Unglück laufen, aber Er erzieht uns dabei, wie ein liebender Vater seine Kinder erzieht. Und wenn wir an dem Punkt angelangt sind, daß wir das begreifen, dann werden wir reif für die Gnade, die Er uns in Jesus schenken will. „Gnade" bedeutet unverdiente Vergebung. Wir müssen und können uns Gottes Liebe und Vergebung und Erlösung nicht verdienen. Wir sind nicht fähig dazu. Nach unserem Abfall von Gott – wir selbst wollen ja „Gott" sein in unserem Leben – gesteht es uns Gott nicht zu, aus eigener Kraft oder selbstgewählten Regeln vor Ihm gerechtfertigt zu werden, damit sich kein Mensch mehr Ihm gegenüber brüsten kann.

Wir retten, was noch zu retten ist. Jesus aber kommt und rettet, was – nach unseren Maßstäben – verloren ist. Als man Ihm die Nachricht überbringt, daß Sein Freund Lazarus im Sterben liegt (Johannes 11:1–45), eilt Er nicht umgehend zu Hilfe. Er läßt sich bewußt Zeit. Als Er am Grab ankommt und hineingehen will, sagt Lazarus' Schwester Maria *„Herr, er stinkt schon; denn er liegt seit vier Tagen"* (Johannes 11:39). Die Verwesung hatte also bereits eingesetzt. Man fragt sich, warum Jesus sich wohl so viel Zeit genommen hat, bis man begreift, daß wir hieran etwas lernen sollen: Jesus ist Gott, ist nicht wie wir an Raum und Zeit gebunden. Er ist der Herr und Urheber des Lebens. Für Ihn ist niemand tot – Er kann uns jederzeit aus dem Tod ins Leben zurückrufen!

Ich bin davon überzeugt, daß Jesus so lange gewartet hat, damit wir genau das begreifen sollen. Niemand soll behaupten können, Lazarus sei nur scheintot gewesen, und dadurch Jesu Vollmacht anzuzweifeln. Verwesung und Tod bedeuten für uns das endgültige Ende. Jesus schafft daraus einen neuen Anfang. Als die Sadduzäer, die lehrten, es gäbe keine Auferste-hung, mit einer spitzfindigen Frage zu Jesus kommen, da antwortet Er ihnen: *„Daß aber die Toten auferstehen, hat auch Mose beim Dornbusch angedeutet, wenn er den Herrn 'den Gott Abrahams und den Gott Isaaks und den Gott Jakobs' nennt. Er ist aber nicht ein Gott der Toten, sondern der Lebenden; denn für ihn leben alle."* (Lukas 20:37 – 38)

Jeder von uns – Sie und ich – sind die verlorenen Söhne und Töchter, die aus dem Vaterhaus davongelaufen sind, weil wir unser Leben nach eigener Fasson leben wollten. Und dann stehen wir irgendwann plötzlich voller Verzweiflung vor unserem aus den Fugen geratenen Leben.

Das Gleichnis vom verlorenen Sohn – achten Sie einmal darauf: in Wirklichkeit sind beide Söhne verloren – steht im **Lukas-Evangelium Kapitel 15, Verse 11 – 32**. Die Reaktion des jüngsten Sohnes, als er in seinem Elend auf seinem Irrweg erwacht, ist die **Umkehr (= Bekehrung)** zurück ins Vaterhaus. Nun achten Sie einmal auf den Vater. Der Vater ist ein Sinnbild für Gott. Er sieht seinen zurückkehrenden Sohn bereits von weitem, das heißt: Er hat ihn nie vergessen, hat insgeheim immer auf ihn gewartet! Und so wie der Vater im Gleichnis auf den Sohn wartet, so wartet Gott darauf, daß du zu Ihm zurückkehrst. Er springt auf und läuft dir entgegen. Der Sohn weint seinem Vater entgegen: *„Vater, ich habe gesündigt gegen den Himmel und vor dir"*. Das nennt die Bibel „Buße tun". Es bedeutet das Bekennen von begangenem Unrecht und Verfehlungen.
Der erste Teil des Gleichnisses ist ein Überblick über den Umgang des fordernden gottfremden Menschen mit Gott („Gib mir ..."). Der zweite Teil des Gleichnisses ist ein Überblick über den Umgang Gottes mit uns: *„Bringet das beste Kleid hervor und tut es ihm an (...), laßt uns essen und fröhlich sein! Denn dieser mein Sohn war tot und ist wieder lebendig geworden; er war verloren und ist gefunden worden."*

Dieses Gleichnis wirft aber auch ein Licht auf unseren Umgang miteinander.
Der jüngere Sohn ist ein Lebemann, ein „Kind dieser Welt", wie die Bibel sagt, der den Sinn seines Lebens in materiellen Vergnügungen sucht und dabei Schiffbruch erleidet.
Der ältere Sohn ist ein Spiegelbild des religiösen Menschen. Er ist hart gegenüber sich selbst, hart gegenüber seinem Bruder, und hart gegenüber dem Vater. Er hebt seine vermeintlichen Vorzüge hervor, während er die Sünde des jüngeren Bruders rücksichtslos benennt und sie ihm in Wirklichkeit neidet: „Er hat dein Vermögen" – das er selbst gern gehabt hätte – „mit Huren durchgebracht".

Das Gleichnis entlarvt, daß das wahre Motiv des religiösen Menschen das äußere Ansehen seiner eigenen Person und damit sein Ego ist; er liebt weder seinen Bruder, noch seinen Vater. Es geht ihm nicht um Bruder und Vater; er beneidet den „weltoffenen" leichtfertigen Lebensstil des Bruders und liebt in Wirklichkeit das materielle Vermögen und die Belohnung, die er sich beide aus seinem zwanghaft religiösem Verhalten verspricht. Der Ausgang des Gleichnisses bleibt zunächst offen: *„Er (der Vater, Anm.des Autors) aber sprach zu ihm (dem älteren Sohn): Mein Sohn, du bist allezeit bei mir, und alles, was mein ist, das ist dein. Du solltest aber fröhlich und guten Mutes sein; denn dieser dein Bruder war tot und ist wieder lebendig geworden; er war verloren und ist wiedergefunden."*. So endet die Geschichte abrupt.

Die Bibel erzählt das Gleichnis am Passahfest zu Ende. Der ältere Sohn – die religiöse und weltliche Elite, die Schriftgelehrten und Pharisäer – schlägt den Vater ans Kreuz, um an das Erbe des Vaters (= Gottes) zu kommen: die Herrschaft über die Welt (siehe auch vergleichend das Gleichnis von den bösen Weingärtnern; Matthäus 21:33–46, Lukas 20:9 – 19).

Sind Sie der bußfertige Sohn, oder der, der selbst über sein Leben herrschen will?

Bekehrung ist immer individuell. Deshalb ist der Satz „Ich lasse mich nicht bekehren" völlig unsinnig, denn Sie können sich nicht von einem Menschen bekehren (= umkehren) lassen – Sie müssen selbst umkehren! Die Missionierung dagegen ist der Auftrag Jesu an die Gemeinde, um die Menschen zu ebendieser Umkehr aufzurufen. Genau genommen handelt es sich um mehr als einen Missionsauftrag. Es ist ein Missionsbefehl. *„Geht hinaus in die ganze Welt und verkündet die Heilsbotschaft (= das Evangelium) allen Geschöpfen!"* (Markus 16:15)

Jesus liefert auch die Erklärung für Seinen Aufruf: *„Wer da glaubt und getauft wird, wird gerettet werden. Wer aber nicht glaubt, wird verdammt werden."* (Markus 16:16)

Diese hart erscheinenden Worte haben folgenden Hintergrund: Durch seine Rebellion gegen Gott gerät der Mensch unter den Einfluß dessen, der ihn verführt hat – des Teufels. Wie wir in **1. Mose 3** lesen, handelt es sich bei der Sünde nicht um einen moralischen Fehltritt, sondern um ein viel gravierenderes Ereignis. Der Mensch läßt sich durch die Aussicht verführen, durch eine Nichtbeachtung und Übertretung von Gottes Geboten selbst zu werden wie Gott. Unsere Rebellion gegen Gottes Autorität führt zu einer Trennung des Menschen von Gott. Das bedeutet, daß ein Mensch, der sein Leben lang in dieser Trennung verharrt, auch in Ewigkeit von Gott getrennt sein wird. Das nennt die Bibel Verdammnis oder Verlorenheit.

Jesus legt uns eine große Verantwortung auf, wenn Er uns dazu aufruft, unseren Mitmenschen die Botschaft von der Erlösung und Vergebung der Sünden durch Sein unschuldiges Leiden und Sterben an unserer Statt zu überbringen. Ignorieren wir den Missionsbefehl, und die Menschen gehen wegen unserer Versäumnis verloren, dann werden wir darüber Rechenschaft ablegen müssen. Gleichzeitig entbindet uns Jesus von der Verpflichtung, daß unsere Mission Erfolg haben muß.

Unser Auftrag ist es also, die Botschaft der Erlösung auszurichten. Wie Jesus uns liebt, so sollen wir auch unsere Mitmenschen lieben, und darum werden wir Seinen Auftrag nach besten Kräften erfüllen.

Sie fragen, wann Sie Christ sind? Wenn Sie Ihre Schuld vor Gott erkennen und Ihm im Gebet bekennen, die angebotene durch Jesu stellvertretendes Opfer gewirkte Vergebung aus Gnade für sich persönlich annehmen, Ihr Leben damit Jesus anvertrauen, und Jesus öffentlich bekennen, dann sind Sie Christ. Eine Kirchenmitgliedschaft oder Zugehörigkeit zu dieser oder jener Gruppierung garantiert Ihnen keine Erlösung, denn Gott schaut in Ihr Herz. Wir können ihn nicht betrügen.

Es gibt keinen Ort, an dem der Schmutz und die Schuld unseres Lebens besser aufgehoben wäre als in den Händen mit den Nägelmalen. Dort finden wir Vergebung, Ruhe und Frieden. Jesus Christus streckt sich aus nach Ihnen und erbarmt sich über Sie und Ihre Not.

Keine der Religionen hat Erbarmen für Sie übrig, egal ob Buddhismus, Shintoismus, Taoismus, weder die primitiven Urwaldreligionen noch die modernen menschen- und lebensverachtenden atheistischen Ideologien mit „humanistischem" Hintergrund, und auch ein Mohammed hat keine Ahnung von Barmherzigkeit. Aber der für Sie Gekreuzigte, und zu Ihrer Rechtfertigung vor Gott Auferstandene, Jesus Christus, der erbarmt sich über Sie und will Sie zurücklieben ins Vaterhaus.

Meine Bitte: Lesen Sie einmal unvoreingenommen das Lukas-Evangelium, Kapitel 1 – 24. Und dann stellen Sie sich einmal zwei Fragen:
1) Wer ist dieser Jesus von Nazareth?
2) Würden Sie Ihm heute vertrauen und mit Ihm gehen?

Wenn Sie Ihm Ihr Leben übergeben, dann kümmert Er sich um Ihre Not, Ihre Schuld, Ihre Sorgen. Und er gestaltet Sie um in einen komplett neuen Menschen, der anders denkt, anders fühlt, anders redet, anders handelt. Die Bibel nennt das „Neugeburt". Auf diesem neuen Weg mit Jesus wird es Höhen und Tiefen geben. Er führt uns auch durch dunkle Zeiten und trägt uns durch die Anfechtungen und Versuchungen durch den Bösen.

Hier lehrt Gott uns Demut, und Geduld – und vielmehr noch: daß wir uns auf Ihn verlassen und Ihm vertrauen können! So werden wir im Glauben immer erwachsener, der auf unserem Weg mehr und mehr reift. Auch Sünde wird immer wieder einmal geschehen. Aber vertrauen Sie Ihm und bringen sie sie mit und legen Sie sie im Gebet vor Ihm nieder. Er kennt uns ohnehin besser, als wir uns selbst, und weiß auch um unsere Schwachheiten. Jesus wird Ihr Leben radikal umgestalten, damit werden Sie rechnen müssen, wenn Sie sich auf Ihn einlassen.

Ich selbst habe seit meiner Bekehrung nur eines bereut: daß ich Jesus nicht viel früher in mein Leben gelassen und Ihn habe meine Last und Schuld tragen lassen. Er hat mir eine Gewißheit und eine Freude geschenkt, die ich weder missen will, noch mit irgendetwas in dieser Welt vergleichen kann. Und wenn ich sterbe, dann kann ich von nun an unmöglich tiefer fallen als in die Hand meines Herrn, der meine Rettung mit Seinem Leben bezahlt hat. Ich habe mich früher über Paulus geärgert, wenn er sich in seinem Briefen als „ein Sklave Christi" bezeichnet.

Heute weiß ich, was er damit gemeint hat. Jesus hat sich für mich zum Diener gemacht. Wie sollte ich nun nicht auch Ihm dienen? Die vermeintliche Freiheit, die uns die Welt verspricht, verführt uns zum Abfall von Gott, hinein in Zügellosigkeit, Halt- und Orientierungslosigkeit und zuletzt Zerstörung.

Ein Sklave Christi gehört sich nicht mehr selbst, aber der Mensch gehört ohnehin niemals sich selbst. Jesus hat mit Seinem Leben für mich bezahlt, damit ich in Ewigkeit als Kind Gottes leben darf – so wie Gott es von Anfang an vorgesehen hatte. Er hat mich freigekauft von Tod und Teufel, von Sünde und Haß und dem zerstörerischen Wesen dieser Welt, das mich zuvor kaputtgemacht hat. Mein Leben gehört keinem Teufel, keinem Dämon, keiner Regierung, keiner Behörde, keinem anderen Menschen – ich gehöre Jesus Christus, und Ihm allein schulde ich Dank, Treue und Rechenschaft. Er starb für mich, nun lebe ich für Ihn. ER ist mein rechtmäßiger König, der Herr über alle Herren, und der König über alle Könige. Dieses Leben beginnt hier und heute, und endet auch dann nicht, wenn ich diesen vergänglichen Leib ablegen werde.

Das bedeutet aber nicht die Rechtfertigung zur Verantwortungslosigkeit, sondern im Gegenteil! Ich bin mir meiner hohen Verantwortung sehr bewußt und weiß, daß mich andere Menschen als Christ an Maßstäben messen werden, die sie an sich selbst niemals anlegen würden. Man sucht nach einer Schublade, in die man einen wahren Christen stecken kann, und findet keine andere als die des „religiösen Eiferers". Doch religiös bin ich nicht. Ich weiß, daß mich stundenlange Gebete, kirchliche Absolutionen und Mitgliedschaften, nicht einmal Almosengeben vor Gott auch nur ein Stück besser machen können als ich bin. Christus hat mich bereits gerecht gemacht. Er hat meine Schuld bezahlt. Nun darf ich frei sein, ein verlorengegangenes und wiedergefundenes Kind Gottes.

Heute weiß ich: Es existiert keine größere Freiheit als die Freiheit eines Sklaven Jesu Christi. Daß Sie diesen wunderbaren Herrn kennenlernen und in Ihr Leben lassen, das wünsche ich Ihnen von Herzen! Er wartet in der Stille auf Sie. Vertrauen Sie Ihm Ihr Leben an! Ich weiß keinen Ort, an dem es in besseren Händen wäre!

Wenn alle Machtsysteme und alle Selbsterlösungsversuche der Menschen gescheitert sein werden, dann muß der Gekreuzigte und Auferstandene zeigen, daß Er kann, was niemand sonst konnte: in Gerechtigkeit regieren.

Und Er kann es: Er ist das Lamm Gottes, das die Sünde der Welt trägt. Er hat unseren Schuldbrief ausgelöst und zerrissen, wenn wir nur darauf vertrauen, daß Er unsere Gerechtigkeit vor Gott wiederhergestellt hat, weil unsere selbstgewählten Wege immer wieder in Nichts führen. Jesus bringt uns zurück ins Vaterhaus, aus dem wir nie hätten weggehen dürfen. Ich bitte Sie in Jesu Namen: Kehren Sie um! Nehmen Sie Gottes Friedensangebot durch Jesus an! Das Ende der durchtriebenen und gottlosen Menschheit ist vor Gott gekommen. Er kommt, um Gericht zu halten über eine boshafte, selbstgerechte und gottlästernde Menschheit, um Rechenschaft über unser Tun und Lassen zu fordern und uns zur Verantwortung zu ziehen für alles, was wir getan, und auch für all das, was wir nicht getan haben. Noch ist es nicht Zuspät zur Umkehr! Lassen Sie sich versöhnen mit Gott und mit sich selbst!

Wenn Sie Sehnsucht nach Ruhe, inneren Frieden, Freiheit, Halt, Orientierung, Hoffnung, Zuversicht und Gewißheit, nach Leben haben – kein Kirchenausweis oder Kirchenmitgliedschaft kann Ihnen diese geben. Nur einer kann es: der Gekreuzigte und Auferstandene. Er ist der Herr über alle Herren, und der Könige über alle Könige. Wenn Sie das tun, wird Ihnen aufgehen, was das Wort Jesu bedeutet: *„Wenn ihr auf mein Wort vertraut, dann seid ihr wahrhaftig meine Jünger und werdet die Wahrheit erkennen, und die Wahrheit wird euch frei machen"* (Johannes 8:31–33).
Frei von Lügen, Zwängen, Süchten, Ängsten, Habgier, zerstörerischen Bindungen und von Menschenfurcht. Ist es nicht gerade das, was die Welt heute dringender braucht als alles andere?

Wer auch immer Sie sind … was auch immer Sie in Ihrem Leben getan haben … Genau Sie meint Jesus, wenn er ruft: *„Kommt her zu mir, alle, die ihr mühselig und beladen seid! Wer zu mir kommen wird, den werde ich nicht hinausstoßen!"* (Johannes 6:37).

Kommen Sie zu Jesus! Noch ist Gnadenzeit, noch ist Zeit zur Umkehr: Er wartet auf Sie und sehnt sich nach Ihnen, um Sie endlich dahin zurück zu bringen, wohin Sie von Anfang an gehörten und nie hätten weggehen sollen – nach Hause ins ewige Vaterhaus, in die Arme Gottes.

Es ist sehr interessant, einmal zu betrachten, wie Gottes Plan des Zusammenlebens der Menschen und Völker auf Grundlage der Bibel aussieht. Aus der Bibel geht unmißverständlich hervor, daß Gott den Menschen als Sein Abbild erschaffen hat. Er übertrug dem Menschen anschließend die Verwaltung über die Erde zur Bebauung und Bewahrung, und die Verantwortung für die Tiere. Schauen Sie sich heute Massentierhaltung, Akkordschlachthöfe, Tierversuchslabors und Tierparks an, dann erkennen Sie, welch schlechte Verwalter wir bis heute waren. Man kann durchaus behaupten, wir haben schlecht angefangen und sind immer brutaler und schlimmer geworden.

Den Menschen als Sein Abbild unterstellte Gott keiner Autorität außer Seiner Eigenen. Folglich lehnt Gott den Herrschaftsanspruch des Menschen über andere Menschen kategorisch ab. Aus diesem Grunde lehnt Gott auch das Konstrukt „Staat" ab, durch das Wenige über Viele herrschen.

Ich möchte Ihnen einmal am Beispiel des Volkes Israel zeigen, wieviel individuelle Freiheit Gott für jeden Einzelnen vorgesehen hat – und wie leichtfertig die Menschen diese Freiheit gegen die Illusion von Macht und Prestige hergeschenkt haben. Erleben Sie nun eine Gesellschaft, die keiner fremden Autorität in Form eines Staates unterliegt, sondern auf einer privatrechtlichen Ordnung basiert.

Seit dem Auszug aus Ägypten wurde das Volk Israel von Richtern regiert. Das Amt der Richter begann mit Moses und endete mit Samuel. Grundlage der altisraelischen Privatrechtsordnung war das mosaische Gesetz mit den Zehn Geboten im Zentrum der Rechtsprechung. Diese garantierten den Schutz des Lebens („Du sollst nicht töten"), des Eigentums („Du sollst nicht stehlen"), der Ehe und Familie als Grundpfeiler der Gesellschaft („Du sollst nicht ehebrechen") und auf diese Weise der Privatsphäre einen jeden Einzelnen. Das Volk war dabei also vollkommen frei, solange ein Mensch nicht die Rechte eines anderen verletzte.

Als Samuel alt geworden war, setzte er seine beiden Söhne in das Richteramt ein. Diese begannen, das Gesetz Gottes zu verdrehen. Sie sprachen denen das Recht zu, die ihnen Geld zahlten. Eine Form antiker Korruption und Vorteilsnahme im Amt also. Und ein krasser Bruch von Gottes Gesetz, und Aushebelung der Grundlage der Gerechtigkeit. Das Volk kam zu Samuel und beschwerte sich. Sie forderten jedoch nicht die Absetzung von Samuel's Söhnen, sondern die Einsetzung eines Königs, **„daß auch wir seien wie alle Heiden, daß uns unser König richte und vor uns her ausziehe und unsere Kriege führe"** (1. Samuel 8:20).

Samuel wies das Volk eindringlich darauf hin, daß Gott ihr König sei, wenn sie nur dem Gesetz Gottes unterständen, daß jedoch ein menschlicher König ihr Vermögen und ihr bestes Land und Vieh fordern würde, um es seinen Beamten und Günstlingen zu geben, und daß er ihre Söhne und Töchter zwingen würde, ihm zu dienen. Das Volk beharrte dennoch auf seiner Forderung. Der Benjaminiter Saul wurde zum König gesalbt.

Der König führte nun jedoch nicht den Kampf des Volkes, sondern zwang das Volk, die Last seiner Kriege zu tragen. Innerhalb weniger Generationen zersplitterte ein ehemals geeintes Volk im Kampf um Macht, Einfluß und Herrschaft in seine Stämme. Bürgerkriege (= Bruderkriege) zehrten Land und Leute aus. Das Reich zerfiel in Nordreich (**Israel**) und Südreich (**Juda**). Zuletzt wurden beide Reiche von ihren Feinden erobert, und das übriggebliebene Volk in die babylonische Gefangenschaft geführt. Die Geschichte können Sie ab **1.Samuel Kapitel 8** nachlesen. Halten Sie die Bibel für rückständig, überholt und altmodisch? Ich halte sie für hochaktuell!

Werte, zu denen auch Wahrheit gehört, veralten nicht wie vergängliche Modeerscheinungen, sondern bleiben durch die Irrungen und Wirrungen der Zeit hindurch bestehen. Überall in der Welt werden die Bibel und die Christen angefeindet und bekämpft, etwa in islamischen oder kommunistisch-atheistisch geprägten Staaten wie China und Nordkorea. Hierzulande geschieht der Kampf gegen Bibel und Christen auf subtilere, versteckte Art: durch Verhöhung und Verspottung. Warum? Sie stellen eine existenzielle Bedrohung für alle dar, die Macht über Menschen ausüben und sich an Machtpositionen bereichern wollen und dabei auf Lüge, Drohung und Illusion zurückgreifen.

<u>Geld regiert die Welt, sagt man. Aber wer regiert das Geld? Wer übt die Macht auf Erden aus?</u>

Wir stoßen heute an vielen Stellen auf okkulte Symbolik, ohne diese häufig überhaupt zu bemerken. Uns wurde ja beigebracht, das sei alles Unsinn und es gäbe weder einen Gott noch einen Teufel. Okkulte Gruppierungen versuchen, durch den Gebrauch geheimer Zeichen und Symbolik Macht und Einfluß zu gewinnen. Die Dollar-Note der „Fed" ist voller solcher Symbolik. Manche bezeichnen die Eigentümer des Zentralbank-Systems als „Hochfinanz" und sagen diesem kleinen „Zirkel der Macht" eine jüdische Herkunft nach, was dem jüdischen Volk viel Ärger, Mißtrauen, falsche Verdächtigungen und Schaden aller Art zugefügt hat. Gläubige Juden verwenden jedoch ebenso wie gläubige Christen keine okkulten Zeichen. Wer es doch bewußt tut, der kann eben **kein** Jude oder Christ sein. **Achten Sie nicht auf ihr REDEN, achten Sie auf ihr TUN!**

Wie wir im Kapitel „Vermögen" gesehen haben, handelt es sich bei dem heutigen Zentrum der Macht, dem Finanzsystem, um ein sogenanntes Schneeball- oder auch Pyramidensystem. Ein Hinweis darauf findet sich auf der Ein-Dollar-Note der „Federal Reserve" abgebildet. Sie spiegelt zugleich das Wesen des Finanzsystems als Pyramidensystem wider, als auch die Bündelung der Macht: sowohl Vermögen als auch Macht konzentrieren sich auf die Spitze der Pyramide hin zulaufend, die aus 13 Stufen besteht.

Die Spitze der Pyramide ist dabei vom Unterbau losgelöst und wird von hellem Licht umstrahlt oder erleuchtet („illuminiert"). Innerhalb der Pyramidenspitze sehen wir nicht das „Auge Gottes", wie häufig behauptet wird, sondern das lidlose Auge des altägyptischen Götzen Osiris: das sogenannte „allsehene Auge", das totale Dominanz und Überwachung („Full Spectrum Dominance and Surveillance") symbolisieren soll. Osiris wurde seit jeher von **Freimaurern** verehrt.

Links und rechts des Auges finden wir 13 Buchstaben, die lesen: **„Annuit coeptis"**. Annuit läßt sich mit „begonnen", und coeptis mit „gewährt" übersetzen. Für den Sinn der Worte ergeben sich zwei mögliche Übersetzungen, die beide zutreffend sind: „Er war unserem Anfang gnädig" und „Unser Vorhaben wird erfolgreich sein".

In der tragenden, untersten Säule der Pyramide finden wir die römische Zahl **„MDCCLXXVI"**. Hier handelt es sich offensichtlich um die arabische Zahl 1776. Es wird immer wieder behauptet, 1776 deute auf die Gründung der USA hin, aber das trifft nicht zu. Im Jahre 1776 fand die Erklärung der Unabhängigkeit der 13 US-Kolonien von der britischen Krone statt, jedoch auch die Gründung der Geheimgesellschaft der Illuminaten. Die Geburtsstunde der USA kann mit Einsetzung der US-Verfassung auf das Jahr 1789 festgelegt werden.

Unterhalb der Pyramide befindet sich das Band der Doppelzüngigkeit: ein Symbol der Lüge. Darauf lesen wir die Buchstaben **„Novus ordo seclorum"** - „Neue Ordnung der Zeitalter", oder „Neue Weltordnung". Eigentlich heißt es „secolorum" (= nicht religiös, nicht kirchlich), also säkular. Auch dies ein Hinweis darauf, daß es sich um keine jüdische Verbindung handeln kann, wie heute unablässig unterstellt wird. Durch die umgangssprachliche Verwendung des Wortes (seclorum) ergibt sich ein Satz von 17 Buchstaben. Die „alte Ordnung" sind unabhängige Völker und Nationen.

Die „Neue Weltordnung" soll eine zentralistisch gesteuerte Menschheit sein. Dafür wäre die Abschaffung der Nationalstaaten und die Bündelung der Macht in den Händen zentralistischer und von den Völkern nicht mehr beeinflußbarer „Weltorganisationen" notwendig. Erkennen Sie diese Bestrebungen heute in der Politik unserer Tage? Sogar viele christliche Kreise sind heute der festen Überzeugung, daß der Antichrist der „neuen Weltordnung" entspringen wird. Aus biblischer Sicht gibt es keine belastbaren Anhaltspunkte für diese Annahme.

Auf der rechten Seite der Rückseite der Ein-Dollar-Note sehen wir einen Weißkopfseeadler – das Wappentier der USA. Früher war an dieser Stelle ein „Phoenix" abgebildet. Der Adler ist – unabhängig in welchem Wappen oder von welchem Staat er geführt wird – ein Symbol der Stärke und Überlegenheit. In den Krallen seines rechten Fußes trägt er einen Olivenzweig. Er symbolisiert Frieden. In den Krallen seines linken Fußes trägt er ein Bündel Pfeile – sie symbolisieren Krieg.

Die Botschaft dieses Bildes lautet also: „Wer sich unserem Herrschaftsanspruch nicht friedlich unterwirft, gegen den führen wir Krieg". In seinem Schnabel trägt der Adler abermals ein Band der Doppelzüngigkeit auf dem zu lesen ist: **„E pluribus unum"** (13 Buchstaben), was mit „Aus vielen (Völkern) Eines" übersetzt werden kann.

Das Band der Doppelzüngigkeit deutet an, wie dies geschehen soll: auf Lüge und Betrug basierend. So spricht man beispielsweise vom „Weltfrieden", und der „Rettung des Klimas der Erde", oder der „Bekämpfung des Terrorismus", nachdem diese Probleme künstlich geschürt wurden, um anschließend zu behaupten, sie könnten nur von einer Weltregierung gelöst werden. Um dieses Ziel zu erreichen, dem die Menschen und Völker ohne „Krise" niemals zustimmen würden, müssen zuvor die Freiheit, die Privatsphäre, das Privateigentum, die Menschenrechte eingeschränkt und aufgelöst werden, denn eine Weltdiktatur braucht verarmte, entrechtete, verängstigte, halt- und orientierungslose sowie wehrlose und leicht kontrollier- und steuerbare Untertanen.

<u>Es gibt zahlreiche weitere Anhaltspunkte um die Zahlen 13 und 17 und weitere versteckte okkulte Symbole. Aber all das soll nicht Thema dieses Buches sein. Im Internet oder im Buchhandel gibt es zahlreiche gut fundierte Informationen darüber, falls Sie die Hintergründe interessieren sollten. Aussagen von ausgestiegenen Insidern wie etwa John Todd, oder die Bücher von Dean Henderson und John Coleman dienen hier als Augenöffner. Anliegen dieses Buches soll es vielmehr sein, wie Sie sich aus den Abhängigkeiten dieses Systems zu befreien, bevor es im Kollaps seines Machtzentrums, des Finanzsystems, untergeht.</u>

Die Bibel beantwortet die Frage nach der Herrschaft über die Welt in der Geschichte der Versuchung Christi durch den Satan. Der Satan strebt nach der Umkehrung der Schöpfungsordnung Gottes, Verführung der Menschen zum Aufstand gegen Gott und dessen Gesetze, er träumt von der Anbetung an Gottes Statt und Herrschaft über die Menschheit. Er versucht nun auch Jesus selbst zur Anbetung zu verführen, indem er Ihm in der dritten und letzten Versuchung die Weltherrschaft anbietet: *„Wieder nahm ihn der Teufel mit sich und führte ihn auf einen sehr hohen Berg; er zeigte ihm alle Reiche der Welt und ihre Pracht und sagte: Dies alles will ich dir geben, wenn du vor mir niederfällst und mich anbetest."* (Matthäus 4:8f).

Und nun erleben wir, daß der Teufel keine Macht über Jesus hat. So wie Jesus die Dämonen, die gefallenen Engel austreibt, so treibt Er den Fürsten der Finsternis selbst aus. Er kann nicht vor dem Sohn Gottes bestehen. Jesus antwortet dem Satan: *„Hebe dich weg von mir, Satan, denn es steht geschrieben: „Du sollst den HERRN, deinen Gott, anbeten, und ihm allein dienen!"* (Matthäus 4:10). Und der Satan gehorcht. Er täuscht Macht vor, erhält diese aber erst, wenn wir auf seine Lockungen und Versuchungen hereinfallen – so wie auf die Schlange in Eden. Nun, der Satan kann nicht verschenken, was ihm nicht gehört.
Christus hat die Welt geschaffen, denn Er ist *„das Wort Gottes, das am Anfang war, durch das alle Dinge geworden sind"*. (1. Mose 1:1; Johannes 1:1-2)

Der bemerkenswerteste Charakterzug Satan's ist sein Zwang zur Lüge. Er betrügt damit selbst diejenigen, die meinen, durch einen Paktschluß mit ihm die Weltherrschaft erlangen zu können. Jesus charakterisiert ihn und seine Anhänger wie folgt: *„Ihr habt den Teufel zum Vater; und nach Eures Vaters Gelüste wollt ihr tun. Der ist ein Mörder von Anfang an, und steht nicht in der Wahrheit; denn es ist keine Wahrheit in ihm. Wenn er Lügen redet, so redet er aus seinem Eigenen, denn er ist ein Lügner und der Vater der Lüge. Weil ich aber die Wahrheit sage, glaubt ihr mir nicht."* (Johannes 8:44)

Im Hinblick auf die menschlichen Weltherrscher sagt Jesus Seiner Gemeinde: *„Ich kenne deine Bedrängnis und deine Armut – jedoch bist du reich! – und die Lästerungen derer, die behaupten, sie seien Juden, und sind es nicht, sondern sind die Synagoge des Satans."* (Offenbarung 2:9). Der Abfall von Gottes Gesetz – das dem Leben dienen soll und nicht privater Machtgelüste – sind sie zur *„großen Hure Babylon"* geworden, *„mit der gehurt haben die Könige auf Erden, und sind trunken geworden vom Wein ihrer Hurerei"* (Offenbarung 17:1-2)

Die Bibel berichtet im Hinblick auf die Endzeit von einer Stadt, erbaut auf sieben Hügeln. Manche deuten dies als Bild für Rom und die Katholische Kirche. Doch die Stadt Rom spielt weder eine Rolle im Alten noch im Neuen Testament. Der angekündigte Untergang der Hure Babylon wird die Händler, Kaufleute, Mächtigen und sämtliche Personen, die *„von ihrer Üppigkeit gelebt haben"*, auf's Äußerste schockieren (Offenbarung 18:9–19). Wodurch sollten die abgefallenen sogenannten Amtskirchen „in nur einer Stunde" untergehen, es sei denn als Anhängsel eines untergehenden Finanzsystems als Basis einer global implementierten Machtstruktur?

Weitere bedeutende Städte, erbaut auf sieben Hügeln, sind New York und London. Sie sind heute die wichtigsten Finanzzentren der Welt und damit die Zentren der weltlichen Macht unserer Tage. Wie wir gesehen haben, beherrscht derjenige die Völker, der das Geldsystem bestimmt. Dennoch trifft auf diese beiden Städte dasselbe zu wie auf die Stadt Rom: sie haben weder im Alten noch im Neuen Testament eine tiefere geistliche Bedeutung, abgesehen von ihrer säkulären Rolle als Weltmacht ihrer Zeit. Bei Jerusalem jedoch verdichten sich die Hinweise, daß sie die besagte Stadt ist, *„die da geistlich heißt: Sodom und Ägypten, wo auch ihr Herr gekreuzigt wurde."* (Offenbarung 11:8)

Zudem wurde auch Jerusalem auf sieben Hügeln erbaut. Diese sind: 1) Gareb 2) Goath 3) Acra 4) Bezetha
5) Moriah 6) Ophel 7) Zion. Acra und Bezetha werden in der Bibel nicht namentlich speziell erwähnt, jedoch die fünf anderen: Gared und Goath in Jeremia 31:39, Ophel in 2. Chronik 33:14, Moriah in 2. Chronik 3:1 und Zion in insgesamt 153 Textstellen.

Jesus wurde nicht in Rom, London oder New York, sondern in Jerusalem gekreuzigt. Der Name steht jedoch weniger für die Stadt selbst, als vielmehr für die Gesinnung der von Gott abtrünnigen Machthaber der Erde. Sodom wird sie genannt wegen ihres völligen geistlichen und sittlichen Abfalls von Gott, und Ägypten wegen ihres Götzendienstes, denn sie huldigen dem altägyptischen Sonnenkult und der altägyptischen Mythologie. Altägyptische Symbolik findet sich in zahlreichen Bauwerken der Moderne. Das „Washington Monument" etwa ist ein Obelisk (altägyptisches Phallussymbol). Ihre Ideologien haben ihren Ursprung in jahrtausendealten Satanskulten aus Babylon und Kanaan.

Die Bibel sagt uns weiterhin, wodurch die Hure Babylon über die Könige auf Erden (modern: die Regierungen und Staaten) herrschen wird. Eine gewöhnliche Hure erhält Geld von ihren Liebhabern, die Hure Babylon jedoch leiht ihren Liebhabern Geld und kontrolliert sie auf diese Weise. So sind sie von ihr abhängig geworden. In 5.Mose 15, 6 lesen wir: *„Denn der HERR, Dein Gott, wird dich (Israel) segnen, wie er dir verheißen hat; so wirst du vielen Völkern leihen, du sollst aber wirst von niemandem borgen; du wirst über viele Völker herrschen, aber über dich wird niemand herrschen."* (siehe auch 5. Mose 28:12).

Unzweifelhaft wird hier die Wahrheit einer weiteren Textstelle bestätigt: *„Der Schuldner ist der Sklave des Gläubigers."* (Sprüche Salomos 22:7)

Was aber meint die Bibel damit? Es gibt manche, die diese Stelle so verdrehen, als rufe Gott sein Volk Israel auf, andere Völker zu versklaven. <u>Dies ist aber keineswegs der Fall, da dies in völligem Kontrast zum mosaischen Gesetz steht.</u> Da die Juden sich schon immer von anderen Völkern absonderten und nur dadurch ihre eigene Identität über Jahrtausende bewahren konnten, waren sie anderen Völkern seit jeher häufig verhaßt, was zu furchtbaren Judenverfolgungen und -vertreibungen während mehrerer Jahrtausende führte.

Gott aber wandte diesen Fluch der heidnischen Völker gegen Israel in einen Segen um, damit die Verachteten über ihre Verächter herrschen sollten. Im Mittelalter war das Volk der Juden über weite Teile Afrikas, Asiens und Europas zerstreut. Überall gab es große jüdische Gemeinden. In Europa verbot man den Juden, ein Handwerk zum Lebensunterhalt auszuüben. Christen (in islamischen Staaten auch Moslems) hingegen war das Gewerk des Geldverleihens und der Zinsnahme nicht nur verboten, sondern auch verpönt.

Es galt als unanständiges und betrügerisches Geschäft. Geldverleiher kamen in adeligen Häusern nicht durch den Vordereingang, sondern mußten unauffällig den Dienstboteneingang nehmen. Um mit ihren Familien zu überleben, blieb den Juden nichts anderes übrig, als eben mit dem Geldverleih und dem Geldhandel ihr Auskommen zu erzielen. Natürlich kam es dabei auch zu Betrug, Wucher und Geldfälschungen, die jedoch mit harten Leibstrafen geahndet wurden. Verallgemeinerungen sind immer ungerecht und unangebracht, denn wie wir bereits gesehen haben, gibt es so etwas wie die kollektive Schuld eines Volkes nicht, da Vergehen stets von Individuen begangen werden. Ein Beispiel: Nur weil ein Schweizer eine Bank ausraubt, sind deswegen nicht gleich alle Schweizer Bankräuber. Sie verstehen? Schuld ist immer direkt mit dem Handeln einer Person verknüpft.

Die meisten von Ihnen kennen sicherlich die Geschichte, als Jesus die Geldwechsler und Händler aus dem Tempel in Jerusalem hinauswarf. Das war das erste und einzige Mal, bei dem Jesus körperliche Gewalt einsetzte. (Matthäus 21:12-17)

Was war hier geschehen? Wenn Juden nach Jerusalem kamen, um ihre Tempelsteuer zu entrichten, dann konnten sie diese nur mit einer speziellen Münze begleichen, und zwar einem halben Schekel. Diese Münze bestand anders als alle anderen Münzen dieser Zeit aus reinem Silber und gleichem Gewicht. Außerdem war es die einzige Münze ohne das Abbild eines heidnischen Kaisers, und damit von Gott akzeptiert. Leider waren diese Münzen sehr knapp. Die Geldwechsler hatten sich das Monopol für diese Münze gesichert, indem sie die verfügbaren Stücke bevorzugt aufkauften, und sie zum höchsten Preis verkauften, den die Menschen zu zahlen in der Lage waren.

Dadurch erzielten sie unvorstellbare Profite auf Kosten der Juden, die gezwungen waren, diese Münze zu jedem Preis zu erwerben, um damit die Tempelsteuer zu begleichen. Die Menschen wurden also durch Geldwucher beraubt, und das im Hause Gottes. Aus diesem Grunde warf Jesus die Geldwechsler aus dem Tempel hinaus. Wenige Tage später forderten sie Jesu Kreuzigung.

Das Geschäft des Geldverleihs war oftmals so einträglich, und manche Geldhändler so geschäftstüchtig, daß sie dabei häufig zu großem Reichtum kamen, und selbst in Adelshäusern und sogar Königs- und Kaiserhöfen ein und aus gingen – jedoch durch die Hintertür, da das Geldleihen insbesondere in den hohen Adelskreisen als anrüchig galt. Vordergründig und unter seinesgleichen rümpfte man über die Geldverleiher die Nase, und hinten ließ man sie zur Tür ins Haus. Erkennen Sie die Zusammenhänge zwischen Geld und Macht? Die Herrscher waren abhängig geworden von den Geldverleihern. **Diese wiederum fanden heraus, daß die Kreditvergabe an die Herrscher nicht nur politischen Einfluß kaufen konnten, sondern daß diese Kredite auch, anders als Kredite an Privatpersonen, mit dem Vermögen des Volkes „gedeckt" waren, das die Herrscher jeder-zeit mittels Steuern und Angaben erheben und eintreiben konnten – notfalls durch Androhung und Ausübung von Gewalt.**
Mit der Gründung der **Bank von Amsterdam** (1609) und der **Bank of England** im Jahre 1694 wurde privaten Geldverleihern das Geldmonopol des Staates endgültig geöffnet, und die ersten großangelegten Experimente mit der Verwendung von Papier als Geld begannen – und scheiterten immer wieder. Da aber erkannt wurde, welch große Macht von Geld ausgeübt werden kann, das selbst keinerlei inneren Wert besitzt und beliebig erzeugt werden kann, wurde dieses Geschäftsmodell in alle Welt exportiert.
Falschgeld trat an die Stelle von ehrlichem Geld, und so wurde der Segen Gottes für Israel von den Geldverleihern abermals in einen Fluch umgewandelt. Wenn nun heute ein kleiner Kreis hinter den Kulissen agiert, die Strippen ihrer politischen Marionetten zieht und nach der Herrschaft über die ganze Welt greift, dann war dies von Gott niemals so vorgesehen. Die Verdrehung von Gottes Wort und das Streben nach uneingeschränkter Macht hat sie zum Gegenteil Zion's werden lassen – Babylon.

Jerusalem → die Burg David's: Zion → danach der Abfall zur Hure Babylon, „der Mutter der Hurerei und aller Greuel auf Erden" (Offenbarung 17:5)

Der Name „Zion" ist der Ehren- und Kosename Gottes seit alttestamentarischen Zeiten für gläubige Juden. Gott bezeichnet Seine Gemeinde häufig als „die Jungfrau Zion", um ihre geistliche Reinheit von der gottfremden Welt und „weltoffenen" Kirche um sie herum abzugrenzen. Der Ehrenname „Zion" wurde von gottfeindlichen Kreisen mißbraucht, die ein Werk vorantreiben, das in krassem Widerspruch zum Weg Gottes steht. So wurde der Ehrenname verunehrt und entweiht.

Dem falschen Zion kündigt Gott das Gericht an: *„Wie geht das zu, daß die treue Stadt zur Hure geworden ist? Sie war voll Rechts, Gerechtigkeit wohnte darin, nun aber Mörder; dein Silber ist Schlacke (= Falschgeld) geworden und dein Wein mit Wasser gepanscht (= Kennzeichen von Betrug, Korruption und wirtschaftlichem Verfall); deine Obersten sind Diebsgesellen, sie nehmen alle gern Geschenke und trachten nach Bestechung; den Waisen schaffen sie nicht Recht, und die Sache der Witwen bekümmert sie nicht. Darum spricht der Herr, HERR Zebaoth: Wehe euch! Ich werde mich trösten an meinen Feinden und mich rächen an meinen Widersachern; und werde meine Hand gegen euch ausstrecken und deine Schlacken ausschmelzen im Feuer und all dein Blei ausscheiden und dir wieder Richter geben wie ehedem, und Ratgeber wie im Anfang. Alsdann wirst du wieder eine Stadt der Gerechtigkeit und eine treue Stadt heißen. Zion muß durch Recht erlöst werden und ihre (körperlich und geistig) Gefangenen durch Gerechtigkeit, daß die Übertreter und Sünder miteinander zerbrochen werden, und die den HERRN verlassen, umkommen. Denn ihr müßt zuschanden werden wegen der Eichen, an denen ihr eure Lust habt, und schamrot werden wegen der Gärten, die ihr (als Orte des Götzendienstes) erwählt habt; dann werdet ihr sein wie eine Eiche mit dürren Blättern und wie ein Garten ohne Wasser, und der Mächtige wird sein wie Zunder, und sein Tun wie ein Funke; und beide werden miteinander verbrennen, und niemand wird löschen."* (Jesaja 1:21 – 31).

Der Untergang Babylons, der kurze Aufstieg des antichristlichen Reiches und die Vollendung biblischer Endzeitprophetie

Der Untergang des Weltfinanzsystems steht synonym für den Untergang von „Babylon", dem falschen Zion. Das ist es, was Händler, Unternehmer, Entscheidungsträger und alle ahnungslosen und unvorbereiteten Menschen zutiefst schockieren wird. Die Annahme, die Katholische Kirche bzw der Papst sei die Hure Babylon, kann sich nicht auf die Bibel stützen. Die Hure Babylon übt vielmehr politische Macht über alle Volker aus, und zwar durch die „Könige der Erde", die sie mittels ihres Kreditgeldes kontrolliert, und sie übt wirtschaftliche Macht über alle Völker aus, indem sie die „Kaufleute der Erde" (= supra- und multinationale Mega-Konzerne) ebenfalls kontrolliert (Offenbarung 17). Der Antichrist hingegen ist nicht ihr Verbündeter, sondern ihr Todfeind, der die Hure hassen und sie zerstören wird (Offenbarung 18).

Der Versuch, eine „Neue Weltordnung" (NWO) zu installieren, die als supranationale Weltregierung über alle Völker herrschen soll, mit High-Tech Rundumüberwachung, eigenem „Antichristen" und Chip-Implantat als „Malzeichen des Tieres" ist der verzweifelt-hilflose Versuch der Hure Babylon, den Aufstieg des Reiches zu verhindern, an dessen Spitze sich der Antichrist stellen wird. Er ist von Gott als Richter über die anmaßende Gottlosigkeit der Hure Babylon bestimmt – und wird sich nach deren Vernichtung ebenfalls auf die Seite Satans und gegen Gott stellen.

Die NWO wird gemeinsam mit der Hure Babylon untergehen. Ihr Untergang ist das als nächstes unmittelbar bevorstehende weltweite Großereignis. Die Bibel sagt diesen großen Fall voraus und weist sich daduch als vollmächtiges Wort Gottes aus, das tatsächlich wahr ist und deren Berichte zuverlässig sind. Der Autor dieser Worte ist der lebendige Gott, den die Bibel bezeugt und der die Menschheit in Gestalt des Menschen Jesus von Nazareth besucht hat, ihm die Sünde der von Gott getrennten Menschheit zu tragen, die Macht Satans über den Menschen endgültig zu brechen und eine ewige Versöhnung des Menschen mit sich selbst zu erwirken.

Der Antichrist

„*Und er sprach zu mir: Die Wasser, die du gesehen hast, wo die Hure sitzt, sind Völker und Kulturen und Nationen und Sprachen. Und die zehn Hörner, die du gesehen hast, und das Tier, die werden die Hure hassen und werden sie einsam machen und nackt und werden ihr Fleisch fressen und werden sie mit Feuer verbrennen. Denn Gott hat's ihnen in ihr Herz gegeben, sein Strafgericht an ihr auszuführen und in einerlei Meinung ihr Reich dem Tier zu geben, bis daß vollendet werden die Worte Gottes. Und das Weib, das du gesehen hast, ist die große Stadt, die geherrscht hat über die Könige auf Erden.*" (Offenbarung 17:15 – 18)

Hier erweist Gott Seine Souveränität und Allmacht: Er spielt die ihm beide feindlichgesinnten Mächte gegeneinander aus. Bei dem „Tier" handelt es sich um den Antichristen, der uns dann gemeinsam mit dem zweiten Tier – dem falschen Propheten – in Offenbarung 13 wiederbegegnet. Der Prophet Daniel (Kapitel 7) sah in einer Vorschau vier aufeinanderfolgende Weltreiche: einen Löwen mit Adlerfügeln, die ihm ausgerissen wurden (= Babylon unter Nebukadnezar), einen alles zermalmenden Bären (= Medo-Persien unter Kyros) und einen Leoparden mit vier Köpfen und vier Flügeln (= Griechenland unter Alexander dem Großen, dessen Reich nach dessen Tod in vier Reiche zerfiel). Beim vierten Tier berichtet er davon, wie er erschauderte, da dieses Monstrum mit zehn Hörnern und sieben Köpfen die Macht der drei vorangegangenen Reiche auf furchtbare Weise in sich vereinte: Rom.

Die Bibel weist auf ein geheimnisvolles Wesen hin, das „*(früher schon) da war, (jetzt) nicht mehr da ist, und plötzlich aus dem Abgrund wieder aufstehen wird*". Dabei handelt es sich sowohl um den Geist des multireligiös-heidnischen römischen Reiches als auch einer Person, die als vermeintlicher Befreier und Erlöser der Menschheit möglicherweuse im Geiste eines König Artur auftreten wird – nach außen hin religiös-christlich, als Erlöser und Befreier (= Messias, Christus) von der Tyrannei der Hure Babylon, aber innerlich einem heidnischen Druidentum und Satanismus verhaftet: der Antichrist, der vollkommen von Gott abgefallene Mensch.

Macht übt er aus, indem er sich an die Spitze eines Reiches setzt, das „früher schon da war, jetzt nicht mehr da ist, und plötzlich aus dem Abgrund wieder auferstehen wird". Da die EU als Teil der Hure Babylon und gemeinsam mit dieser untergehen wird, kann sie nicht das Reich des Antichristen sein.

Jesus selbst gibt uns einen Hinweis, welches das Reich des Antichristen sein wird. In Offenbarung 2:12-14 sagt Jesus der verweltlichten Gemeinde von Pergamon: *„Und dem Engel der Gemeinde in Pergamon schreibe: das sagt, der da hat das scharfe zweischneidige Schwert: Ich weiß wo du wohnst; da, wo der Thron des Satans ist; und du hältst an meinem Namen fest und hast den Glauben an mich nicht verleugnet, auch nicht in den Tagen, als Antipas, mein treuer Zeuge, bei euch getötet wurde, da wo der Satan wohnt."* (Offenbarung 2:12 – 14) Die Bibel beschreibt das Reich weiterhin so: *„Da sah ich aus dem Meer (= ein Abbild der Völkerwelt) ein Tier herauskommen, das hatte zehn Hörner und sieben Köpfe und auf seinen Hörnern zehn Königskronen und auf seinen Köpfen gotteslästerliche Namen."* (Offenbarung 13:1).

<u>Biblische Endzeitprophetie</u>

Eine detaillierte Chronologie der biblischen Prophezeihungen für die letzten Tage vor dem Ende dieser Weltzeit und der Aufrichtung einer tatsächlichen „Neuen Weltordnung", nämlich aller freien Menschen und Völker unter der Regierung des wiederkehrenden Schöpfers der Welt, Jesus Christus – dem Wort Gottes, finden Sie in meinem Buch

<u>Buchvorstellung „Das sechste Siegel"</u>

„Das sechste Siegel: Die Signale der Endzeit und die Rückkehr des Königs"

mit unter anderen diesen Themen:

Welche Bedeutung haben die biblischen Berichte, und lassen sie sich wissenschaftlich beweisen?

Welchen Zusammenhang gibt es zwischen der Evolutionstheorie und dem totalen Werteverfall der Menschheit?

Wo und wer sind die Nachfahren der als „verloren" geltenden zehn Stämme des Nordreiches Israel heute, die nach der assyrischen Gefangenschaft niemals ins Land ihrer Väter zurückkehrten?

Welches sind die nächsten Ereignisse, die auf uns zukommen?

Wie lautet der Eigenname Gottes, und warum Sie ihn unbedingt kennen sollten!

Wer ist die Hure Babylon tatsächlich?

Welche Anhaltspunkte gibt uns die Bibel, um das Reich des Antichristen zuverlässig zu identifizieren?

Was hat es mit dem Malzeichen des Tieres auf sich, und was ist es? (Hinweis: Es ist <u>kein</u> Mikrochip!)

Die Erde ist freundlich und von vollkommener Schönheit; ein idealer Ort zum Leben mit einem Überfluß an allem, was alle Lebewesen benötigen – ein Abbild des Charakters ihres Schöpfers. Die Werke des Satans sind Verzweiflung, Not, Tod, Zerstörung, Gewalt, Haß, Neid, Mißgunst, Habgier, Elend. Der Abfall des Menschen von Gottes guten Geboten, die dem Leben dienen, haben dem Satan die Tore geöffnet. Er hat den Menschen mit derselben Aussicht verführt, die ihn selbst unendlich reizt: *„sein wie Gott"* (1. Mose 3:5). Wir leben in einer gefallenen – einer von Gott abgefallenen Welt.

Je weiter wir von Gott weg und auf Satan's Weg gehen, desto unerträglicher wird unser Leben – und die Welt um uns herum. Und das spiegelt die Welt heute wider: wir haben unseren eigenen Lebensraum zerstört, haben die Luft verpestet, das Wasser vergiftet, die Böden verseucht. Wir haben alles kaputt, haben alles falschgemacht auf unserem immer gottloseren Weg. Die Menschheit lebt in einem Gefängnis aus Überwachung und Schikanerie, mißtraut, beneidet und haßt sich gegenseitig.

Wir haben unzählige Pflanzen- und Tierarten in unserer Habgier und Fortschrittswahn ausgerottet – für kurzfristigen Profit. Ja, andere haben es vielleicht getan, aber wir alle haben es still zugelassen. Es betraf ja nicht uns persönlich – zumindest nicht sofort, nicht wahr?! Gott schlägt uns nicht kurz und klein. Sein Plan ist nicht unsere Vernichtung, sondern Er läßt uns auf unserem verkehrten Weg gehen in der Hoffnung, daß wir die Verkehrtheit unseres Herzens und unseres Weges erkennen und zu Ihm umkehren. Er läßt sich aber auch nicht spotten oder von uns an der Nase herumführen, und Er schaut sich unser Treiben nicht ewig an. Weil der Riß zwischen Ihm und uns unüberbrückbar tief ist und wir Vergangenes nicht wiedergutmachen können, sendet Er Seinen Sohn: Jesus. Jesus bezahlt die Schuld unseres Leben, indem Er Seines dafür gibt. So groß ist Seine Liebe zu Ihnen.

Der Weg heim zu Gott ist nun für uns wieder frei. Aber in Gottes Welt gibt es anders als im System Satans weder Kontrolle noch Zwang noch Bevormundung noch Überwachung. Wer sich gegen Gott und Seinen Heilsplan entscheidet, der darf das tun. So viel Freiheit gesteht Er jedem Menschen zu. Ein zwanghaftes Korsett existiert nicht. Der Mensch muß sich nur darüber im Klaren sein, daß wer heute nicht mit Gott leben will, wird es auch in Ewigkeit nicht tun. Wer mit Gott heute nichts zu tun haben will und seinen eingeschlagenen Weg – manchmal sogar religiös oder spirituell, mit selbstgebasteltem „Gott", der schön elastisch ist und in den eigenen Lebensentwurf paßt – weitergehen will, der darf das. Aber diese Entscheidung gilt dann für die Ewigkeit.

Gottes letztes, endgültiges Wort an uns ist Christus. Er hat das mosaische Gesetz erfüllt (das Alte Testament) und einen neuen Bund der Vergebung aus Glauben aufgerichtet, der nun allen Menschen aus allen Völkern Vergebung und Versöhnung mit Gott anbietet – aus Gnade. Deshalb spricht man vom „Neuen Testament". Es gibt von nun an nichts Neueres, nichts Aktuelleres mehr.

Die Hölle ist nicht der Ort, an dem der Teufel die Seelen der armen Sünder röstet, oder so ein Blödsinn. Die Hölle ist der Ort, an den Gott nicht mehr hinschaut; wo Gott dem nichts mehr zu sagen hat, der Sein letztes Wort – die Vergebung in Jesus – nicht annehmen will.

„Wie oft habe ich meine Hände nach dir ausgestreckt und dich sammeln wollen, wie eine Henne ihre Küken (schützend) unter ihren Flügeln sammelt; und du hast nicht gewollt!" (Matthäus 23:37) Und damit beginnt die Hölle schon hier und heute. Das Schweigen Gottes über diese Welt kündigt Sein Gericht an. Der Mensch darf dann ganz ungeniert lästern, spotten, hämisch lachen, huren, saufen, fluchen, hoffen, zittern, weinen und beten – Gott interessiert es nicht mehr, sobald Er die Tür zur Umkehr zugeschlossen hat. Lassen Sie sich versöhnen mit Gott, solange noch Zeit dafür ist! Jesus hat auch Ihre Schuld vor Gott beglichen – Sie sind frei.

Das ist die wahre Definition von Liebe: Das Wohl des Anderen über sein eigenes zu stellen.

Das hat Jesus für Sie getan. Warum sollten Sie ihm nicht vertrauen können, wenn in einer Welt aus Lüge, Verleumdung, Betrug, Manipulation, Haß, Gewalt und Wahnsinn das Wort Gottes das einzig vertrauenswürdige und verläßliche ist? „Herr Jesus, danke daß Du Dein Leben für mich gegeben hast. Nun will ich Dir auch meines anvertrauen!"

Haben Sie keine Angst! Gott hat weder Seinen Herrschaftsanspruch über Seine Schöpfung noch Sie jemals aufgegeben. Auch wenn der Wahnsinn um uns herum überhandnimmt – Gott behält die Kontrolle über alles. Vertrauen Sie Ihm!

Wie es dann weitergehen wird? Die Bibel zeichnet ein tausendjähriges Reich – nicht das von Hitler oder der EU – sondern ein Friedensreich unter der Herrschaft Jesu Christi. *„Und er wird richten unter den Nationen und zurechtweisen viele Völker. Dann werden sie ihre Schwerter zu Pflugscharen und ihre Spieße zu Sicheln machen"* (Jesaja 2:4); *„Es wird kein Volk wider das andere das Schwert erheben, und sie werden hinfort nicht mehr lernen, Krieg zu führen"* (Micha 4:3).

„Und ein Sproß wird hervorgehen aus dem Stumpf Isais (= der Vater David's), und ein Schößling aus seinen Wurzeln wird Frucht bringen. Und auf ihm wird ruhen der Geist des HERRN, der Geist der Weisheit und des Verstandes, der Geist des Rates und der Kraft, der Geist der Erkenntnis und Ehrfurcht des HERRN; und er wird sein Wohlgefallen haben an der Ehrfurcht des HERRN. Er wird nicht richten nach dem, was seine Augen sehen, und nicht zurechtweisen nach dem, was seine Ohren hören, sondern er wird (auch) die Geringen richten in Gerechtigkeit und den Gebeugten im Lande Recht sprechen mit Redlichkeit. Und er wird den Gewalttätigen schlagen mit dem Stab seines Mundes und mit dem Hauch seiner Lippen den Gottlosen (= Satan und dessen Anhänger) töten. Gerechtigkeit wird der Gurt seiner Hüften sein und die Treue der Gürtel seiner Lenden. Und der Wolf wird beim Lamm weilen und der Leopard beim Böckchen lagern. Das Kalb und der Junglöwe und der Ochse werden vereint weiden, und ein kleiner Junge wird sie treiben. Kuh und Bärin werden [miteinander] weiden, ihre Jungen werden zusammen lagern. Und der Löwe wird Stroh fressen wie das Rind. Und der Säugling wird spielen an dem Loch der Viper und das entwöhnte Kind seine Hand ausstrecken nach der Höhle der Otter. Man wird nichts Böses tun noch verderblich handeln in meinem ganzen heiligen Bergland. Denn das Land wird voll von der Erkenntnis des HERRN sein, wie von Wassern, die das Meer bedecken." (Jesaja 11:1 – 9)

„Welche der Geist Gottes leitet, die sind Gottes Kinder. Der Geist, den ihr empfangen habt, ist ja kein Geist der Knechtschaft, so daß ihr euch aufs neue fürchten müßtet, sondern ein Geist der Kindschaft, durch den wir rufen: „Abba, lieber Vater!" Dieser Geist ist es, der vereint und unserem Geiste bezeugt, daß wir Kinder Gottes sind. Sind wir aber Kinder, so sind wir auch Erben, nämlich Gottes Erben und Miterben Christi, wenn wir nämlich mit ihm leiden, um (einst) auch seiner Herrlichkeit teilhaftig werden." (Römer 8:14 – 17)

Daß Sie in Ihrem Leben diese Heilsgewißheit, diesen inneren Frieden, diesen Halt, diese sichere Hoffnung, diese Erfüllung, diese Freude erfahren, die mit nichts auf dieser Welt vergleichen sind, so daß Sie aus ganzem Herzen dem Paulus zustimmen können, wenn er schreibt: *„Ist Gott für uns, wer mag wider uns sein? Der auch seines eigenen Sohnes nicht verschonte, sondern gab ihn für uns alle dahin; wie sollte er uns mit ihm nicht auch alles andere schenken? Wer will die Auserwählten Gottes beschuldigen? Gott ist hier, der gerecht macht. Wer will verdammen? Christus ist hier, der gestorben ist, ja vielmehr, der auch auferweckt ist, der zur Rechten Gottes sitzt und uns vertritt. Wer will uns scheiden von der Liebe Gottes? Trübsal oder Angst oder Verfolgung oder Hunger oder Blöße oder Gefahr oder Henkerbeil? wie geschrieben steht: "Um deinetwillen werden wir getötet den ganzen Tag; wir sind geachtet wie Schlachtschafe." Aber in alldem überwinden wir weit wegen dem, der uns geliebt hat. Denn ich bin gewiß, daß weder Tod noch Leben, weder Engelfürsten noch Gewalten, weder Gegenwärtiges noch Zukünftiges, weder Hohes noch Tiefes (= höchstes Glück und tiefstes Elend) noch keine andere Kreatur uns zu scheiden vermag von der Liebe Gottes, die in Christus Jesus ist, unserm HERRN."* (Römer 8:31 – 39)

… das wünsche ich Ihnen von ganzem Herzen!

Ihr Alfred Mittelbach

Hörtip: aus einer Predigt von **Dr. Shadrach Meshach Lockridge**, einem Baptisten-Prediger, mit dem Titel „That's my king" („Das ist mein König!"), mit deutscher Übersetzung und Filmsequenzen aus Mel Gibson's Film **„Die Passion Christi"** unterlegt: „That's my king": http://tinyurl.com/4re938b

Was die Bibel über Wirtschaft, Gesellschaft und unseren Umgang miteinander zu sagen hat …

… über die Natur individueller Souveränität, und warum Regierungen „das gottgegebene Recht aller Lebewesen auf Erden" zu respektieren haben:

„Ihr aber seid das auserwählte Geschlecht, die königliche Priesterschaft, das heilige Volk, das Volk des Eigentums, daß ihr verkündigen sollt die Wohltaten dessen, der euch berufen hat von der Finsternis zu seinem wunderbaren Licht." (1. Petrus 2:9)

„Und sie sangen ein neues Lied: Du bist würdig, zu nehmen das Buch und aufzutun seine Siegel; denn du bist geschlachtet und hast mit deinem Blut Menschen für Gott erkauft aus allen Stämmen und Sprachen und Völkern und Nationen und hast sie unserm Gott zu Königen und Priestern gemacht, und sie werden herrschen auf Erden." (Offenbarung 5:9-10)

… über die Menschenrechte und die Rechte der Schwachen, Unterdrückten, und Tiere:

„Tu deinen Mund auf für die Stummen und für die Sache aller, die verlassen sind. Tu deinen Mund auf und richte in Gerechtigkeit und schaffe Recht den Elenden und Armen." (Sprüche Salomos 31:8-9)

… über die Demokratie, oder „Herrschaft der Mehrheit":

„Du sollst einer Menge nicht auf dem Weg zum Bösen folgen und nicht so antworten vor Gericht, daß du der Menge nachgibst und vom Recht abweichst." (2. Mose 23:2)

„Jedes Reich, das mit sich selbst uneins ist, wird verwüstet; und jede Stadt oder jede Familie, die mit sich selbst uneins ist, kann nicht bestehen." (Matthäus 12:25)

„Geht hinein durch die enge Pforte. Denn die Pforte ist weit, und der Weg ist breit, der zur Verdammnis führt, und viele sind's, die auf ihm gehen. Wie eng ist die Pforte und wie schmal der Weg, der zum Leben führt, und wenige sind's, die ihn finden." (Matthäus 7:13-14)

… über die Rechtmäßigkeit ehrlich erworbenem Privateigentums:

„Da sprach sein Herr zu ihm: Recht so, du tüchtiger und treuer Knecht, du bist über wenigem treu gewesen, ich will dich über viel setzen; geh hinein zu deines Herrn Freude!" (Matthäus 25:21)

… über die Klugheit freien, unbeschränkten Handels und internationalen Austauschs:

„Und sie kam nach Jerusalem mit einem sehr großen Gefolge, mit Kamelen, die Spezerei trugen und viel Gold und Edelsteine. Und als sie zum König Salomo kam, redete sie mit ihm alles, was sie sich vorgenommen hatte." (1. Könige 10:2)

„Und der König Salomo gab der Königin von Saba alles, was ihr gefiel und was sie erbat, außer dem, was er ihr von sich aus gab. Und sie kehrte um und zog zurück in ihr Land mit ihrem Gefolge." (1. Könige 10:13)

… darüber, warum Kriegsdienst freiwillig und ohne Zwang sein muß:

„Und die Offiziere sollen weiter mit dem (Kriegs-)Volk reden und sprechen: Wer sich fürchtet und ein verzagtes Herz hat, der mache sich auf und kehre heim, auf daß er nicht auch das Herz seiner Brüder feige mache, wie sein Herz ist." (5. Mose 20:8)

... über das Recht auf Selbstverteidigung und die Pflicht der Nothilfe:

„Als nun Abram hörte, daß seines Bruders Sohn gefangen war, musterte er seine Knechte, dreihundertachtzehn Mann, in seinem Hause geboren, und jagte ihnen nach bis Dan und teilte seine Schar, fiel des Nachts über sie her mit seinen Knechten und schlug sie und jagte sie bis nach Hoba, das nördlich der Stadt Damaskus liegt. Und er brachte alle Habe wieder zurück, dazu auch Lot, seines Bruders Sohn, mit seiner Habe, auch die Frauen und das Volk." (1. Mose 14:14-16)

„In seinem Edikt gab der König (Ahasveros = Xerxes) den Juden [die einem geplanten Pogrom zum Opfer fallen sollten], in welchen Städten sie auch waren, die Erlaubnis, sich zu versammeln und ihr Leben zu verteidigen und alle Macht des Volks und Landes, die sie angreifen würden, zu vertilgen, zu töten und umzubringen samt deren Kindern und Frauen und Hab und Gut zu plündern." (Ester 8:11)

... über den Umgang mit unseren Müttern, Vätern, und alten Menschen:

„Vor einem grauen Haupt sollst du aufstehen und die Alten ehren und sollst dich fürchten vor deinem Gott; ich bin der HERR." (3. Mose 19:32)

„Ein jeder habe Ehrfurcht vor seiner Mutter und seinem Vater." (3. Mose 19:3a)

... über gemäßigte Zuwanderung und den Umgang mit Fremden:

„Wenn ein Fremdling bei euch wohnt in eurem Lande, den sollt ihr nicht bedrücken. Er soll bei euch wohnen wie ein Einheimischer unter euch, und du sollst ihn lieben wie dich selbst" (3. Mose 19:33)

... über den Verzicht auf Habgier zugunsten von Wohltätigkeit:

„Wenn du dein Land aberntest, sollst du nicht alles bis an die Ecken deines Feldes abschneiden, auch nicht Nachlese halten. Auch sollst du in deinem Weinberg nicht Nachlese halten noch die abgefallenen Beeren auflesen, sondern dem Armen und Fremdling sollst du es lassen; ich bin der HERR, euer Gott."
(3. Mose 19:9-10)

... über den rechtschaffenen und ehrlichen Umgang miteinander:

„Ihr sollt nicht stehlen noch lügen noch betrügerisch handeln einer mit dem andern. Ihr sollt nicht falsch schwören bei meinem Namen und den Namen eures Gottes nicht entheiligen; ich bin der HERR. Du sollst deinen Nächsten nicht bedrücken noch berauben. Es soll des Tagelöhners Lohn nicht bei dir bleiben bis zum Morgen."
(3. Mose 19:11-13)

„Du sollst dem Tauben nicht fluchen und sollst vor den Blinden kein Hindernis legen, denn du sollst dich vor deinem Gott fürchten; ich bin der HERR. (3. Mose 19:14)

„Du sollst nicht unrecht handeln im Gericht: du sollst den Geringen nicht vorziehen, aber auch den Großen nicht begünstigen, sondern du sollst deinen Nächsten recht richten." (3. Mose 19:15)

„Du sollst nicht als Verleumder umhergehen unter deinem Volk. Du sollst auch nicht auftreten gegen deines Nächsten Leben; ich bin der HERR." (3. Mose 19:16)

„Du sollst deinen Bruder nicht hassen in deinem Herzen, sondern du sollst deinen Nächsten zurechtweisen, damit du nicht seinetwegen Schuld auf dich lädst." (3. Mose 19:17)

„Du sollst dich nicht rächen noch Zorn bewahren gegen die Kinder deines Volkes. Du sollst deinen Nächsten lieben wie dich selbst; ich bin der HERR." (3. Mose 19:18)

„Rächt euch nicht selbst, Geliebte, sondern gebt Raum dem Zorn Gottes; denn es steht geschrieben: 'Mein ist die Rache, ich will vergelten, spricht der HERR.'" (Römer 12:19; 5. Mose 32:35)

... über „Modeerscheinungen" wie Tattoos, Branding, Piercing, Chipping & Co:

„Ihr sollt (…) an eurem Leibe keine Einschnitte machen noch euch Zeichen einätzen; ich bin der HERR." (3.Mose 19:28)

... über Steuern:

„Und er sprach zu ihnen: Wessen Bild und Aufschrift ist das? Sie sprachen zu ihm: Des Kaisers. Da sprach er zu ihnen: Dann gebt dem Kaiser, was des Kaisers ist, und Gott, was Gottes ist." (Matthäus 22:21-22)

„Mein ist das Silber, und mein ist das Gold, spricht der HERR Zebaoth." (Haggai 2:8)

... über sexuelle Ausschweifungen sowie deren Konsequenzen:

„Ihr sollt nicht tun nach der Weise des Landes Ägypten, darin ihr gewohnt habt, auch nicht nach der Weise des Landes Kanaan, wohin ich euch führen will. Ihr sollt auch nicht nach ihren Satzungen wandeln, sondern nach meinen Rechten sollt ihr tun und meine Satzungen sollt ihr halten, daß ihr darin wandelt; ich bin der HERR, euer Gott. Darum sollt ihr meine Satzungen halten und meine Rechte. Denn der Mensch, der sie tut, wird durch sie leben; ich bin der HERR." (3. Mose 18:3-5)

„Keiner unter euch soll sich irgendwelchen Blutsverwandten nahen, um mit ihnen geschlechtlichen Umgang zu haben; ich bin der HERR." (Auflistungen der sexuellen Verbote 3. Mose 18:7-18)

„Du sollst nicht zu einer Frau gehen, solange sie ihre Tage hat, um in ihrer Unreinheit mit ihr Umgang zu haben. Du sollst auch nicht bei der Frau deines Nächsten liegen, daß du an ihr nicht unrein wirst." (3.Mose 18:19-20)

„Du sollst auch nicht eins deiner Kinder geben, daß es dem Moloch geweiht werde, damit du nicht entheiligst den Namen deines Gottes; ich bin der HERR." (3. Mose 18:21)

„Du sollst nicht bei einem Mann liegen wie bei einer Frau; es ist ein Greuel." (3. Mose 18:22)

„Du sollst auch bei keinem Tier liegen, daß du an ihm unrein werdest. Und keine Frau soll mit einem Tier Umgang haben; es ist ein schändlicher Frevel." (3. Mose 18:23)

„Ihr sollt euch mit nichts dergleichen unrein machen; denn mit alledem haben sich die Völker unrein gemacht, die ich vor euch her vertreiben will. Das Land wurde dadurch unrein, und ich suchte seine Schuld an ihm heim, daß das Land seine Bewohner ausspie. (3. Mose 18:24-28)

„Du sollst deine Tochter nicht zur Hurerei anhalten, daß nicht das Land Hurerei treibe und voll Schandtat werde." (3. Mose 19:29)

Wohin die Abwendung von Gott und Seinen Gesetzen führt, offenbart unsere Gesellschaft. Aus diesem Grunde lautet das erste der Zehn Gebote: „Ich bin der HERR, dein Gott (...). Du sollst keine anderen Götter haben neben mir." (2. Mose 20:2-3). Gott ist der moralische Gesetzgeber. Ihm gegenüber sind wir letztlich verantwortlich.

Sowohl das Gesetz als auch unsere Verantwortung erhalten erst durch dieses Gebot die notwendige Bedeutung, denn es gibt keinen Menschen, der gerecht oder moralisch integer genug wäre, um von anderen Menschen Verhaltensregeln einzufordern, die er selbst nicht zu halten in der Lage ist.

Die Erfüllung des Gesetzes Gottes ist Jesus Christus. Er trug unser Unvermögen und schaffte damit eine ewiggültige Vergebung, die JEDEM offensteht, der sie annehmen will und bereit ist, sein Leben zu ändern.

Und daß unsere Welt eine Änderung dringendst benötigt, steht außer Zweifel. Lassen Sie uns heute damit beginnen – bei uns selbst!

Ich danke Ihnen für Ihre Aufmerksamkeit und wünsche Ihnen Gottes Segen für Sie und Ihre Familie!